ERWACHSENENSCHUTZRECHT

Daniel Rosch | Andrea Büchler | Dominique Jakob
Herausgeber

ERWACHSENENSCHUTZRECHT

Einführung und Kommentar
zu Art. 360 ff. ZGB und VBVV

2., überarbeitete und erweiterte Auflage

HELBING LICHTENHAHN VERLAG

Zitiervorschlag:
ESR Komm-BEARBEITER/IN, Art. .... ZGB N....
ESR Komm-BEARBEITER/IN, Art. .... VBVV N....
ESR Komm-BEARBEITER/IN, Einführung N....

Bibliographische Information der Deutschen Nationalbibliothek

Die Deutsche Nationalbibliothek verzeichnet diese Publikation in der Deutschen Nationalbibliographie; detaillierte bibliographische Daten sind im Internet unter http://dnb.d-nb.de abrufbar.

Alle Rechte vorbehalten. Dieses Werk ist weltweit urheberrechtlich geschützt. Insbesondere das Recht, das Werk mittels irgendeines Mediums (grafisch, technisch, elektronisch und/oder digital, einschliesslich Fotokopie und Downloading) teilweise oder ganz zu vervielfältigen, vorzutragen, zu verbreiten, zu bearbeiten, zu übersetzen, zu übertragen oder zu speichern, liegt ausschliesslich beim Verlag. Jede Verwertung in den genannten oder in anderen als den gesetzlich zugelassenen Fällen bedarf deshalb der vorherigen schriftlichen Einwilligung des Verlags.

ISBN 978-3-7190-3364-4

© 2015 Helbing Lichtenhahn Verlag, Basel
www.helbing.ch

Vorwort zur zweiten Auflage

Das revidierte Erwachsenenschutzrecht ist beinahe zwei Jahre alt. Die erste Auflage dieses Buchs erschien 2011 und rief in der Berufspraxis eine überaus erfreuliche Resonanz hervor. Zudem prägte «Das neue Erwachsenenschutzrecht» zahlreiche andere Publikationen mit. Dies motivierte uns, eine umfassendere Zweitauflage in Angriff zu nehmen. Dabei war es uns wichtig, eine Kommentierung der Verordnung vom 4. Juli 2012 über die Vermögensverwaltung im Rahmen einer Beistandschaft oder Vormundschaft (VBVV) aufzunehmen und die kantonalen Ausführungsbestimmungen der deutschsprachigen Kantone mitzuberücksichtigen und thematisch aufgeschlüsselt zur Verfügung zu stellen. Wir haben zudem die praxisrelevanten Diskussionen der übrigen Publikationen zum Thema sowie die im Entstehen begriffene Rechtsprechung der Gerichte einfliessen lassen. Damit ist ein neues Werk entstanden, das den Benutzerinnen und Benutzern, insbesondere auch den Nichtjuristinnen und Nichtjuristen, den Stand der aktuellen Diskussion in der Praxis nachvollziehbar und einfach erklären will, aber auch Orientierungshilfe und praktische Anleitung geben soll. Für künftige Auflagen ist es uns ein Anliegen, auch die Entwicklungen im französisch- und italienischsprachigen Landesteil einzubeziehen, was aufgrund der engen zeitlichen Vorgaben bisher nicht möglich war.

Besonderer Dank gebührt den bisherigen und den neuen Autorinnen und Autoren für ihre Mitarbeit, ebenso Ass. iur. Giedre Neverauskas, LL.M., Assistentin am Lehrstuhl für Privatrecht und Rechtsvergleichung von Prof. Dr. Andrea Büchler an der Universität Zürich, sowie Ass. iur. Matthias Uhl und cand. iur. Andreas Wehowsky, beide Assistenten am Lehrstuhl für Privatrecht von Prof. Dr. Dominique Jakob an der Universität Zürich, für die grosse redaktionelle Arbeit, insbesondere die Vereinheitlichung der Textfassungen. Schliesslich sei den Mitarbeitenden des Helbing Lichtenhahn Verlags gedankt, welche das Projekt begleiteten.

Bern/Luzern/Zürich im Oktober 2014

Die Herausgeber:
Daniel Rosch
Andrea Büchler
Dominique Jakob

Vorwort zur ersten Auflage

Erwachsenenschutzrecht ist ein Rechtsgebiet, das massgeblich auf das Wissen von Nachbardisziplinen wie Soziale Arbeit, Psychologie, Medizin und Psychiatrie angewiesen ist. Das neue Erwachsenenschutzrecht trägt dem mit der professionalisierten interdisziplinären Erwachsenenschutzbehörde Rechnung, welche künftig zentrale Akteurin im Erwachsenenschutz sein wird. Die vorliegende Publikation zum neuen Recht will die wichtigsten Neuerungen und deren Bedeutung allen im Berufsfeld tätigen Personen erläutern, dies in einer kurzen, prägnanten und übersichtlichen Form. Der eigentlichen Kommentierung geht eine Einführung voraus, und ein Glossar erläutert die wichtigsten Rechtsbegriffe.

Die Kommentierung der einzelnen Artikel des Erwachsenenschutzrechts ist ein Auszug aus dem demnächst erscheinenden Kurzkommentar zum Zivilgesetzbuch, der von Andrea Büchler und Dominique Jakob herausgegeben werden wird. Mit dem vorliegenden Sonderband wird das Erwachsenenschutzrecht für ein fachspezifisches Publikum zugänglich gemacht. Die Herausgeber hoffen, mit diesem Sonderband der Praxis Orientierungshilfen für den Umgang mit dem im Jahr 2013 in Kraft tretenden neuen Recht zu bieten und sind für Anregungen und Kritik dankbar. Da die meisten der kommentierten ZGB-Artikel bei Erscheinen des Buches noch nicht in Kraft sind, verwenden die Autoren für das geltende Recht (ZGB) ausnahmsweise die Abkürzung gArt. ZGB.

Besonderer Dank gebührt allen Autoren und der Autorin für ihre Mitarbeit, MLaw Justyna Gora, Assistentin am Lehrstuhl für Privatrecht und Rechtsvergleichung von Prof. Dr. Andrea Büchler an der Universität Zürich, für die grosse Arbeit, insbesondere für die vorgenommene Vereinheitlichung der Textfassungen.

Bern/Luzern/Zürich im Februar 2011

Die Herausgeber:
Daniel Rosch,
Andrea Büchler,
Dominique Jakob

Autorinnen & Autoren

Simon Bachmann, *MLaw*
Studium der Rechtswissenschaften an der Universität Zürich.
Simon Bachmann war als Substitut in einer grossen Wirtschaftskanzlei in Zürich vorwiegend in den Bereichen Banken- und Versicherungsrecht, Mergers & Acquisitions sowie allgemeines Gesellschafts-, Handels- und Vertragsrecht tätig (2012–2013).
Aktuell arbeitet er als Gerichtsschreiber am Bezirksgericht Horgen.

Kommentierung der VBVV

Jürg Gassmann, *lic. iur., Rechtsanwalt*
Studium der Rechtswissenschaften an der Universität Zürich.
Jürg Gassmann war u.a. Geschäftsleiter der Schweizerischen Stiftung Pro Mente Sana (1994–2010) und Mitglied der Expertenkommission für die Revision des Vormundschaftsrechts (1999–2002).
Aktuell arbeitet Jürg Gassmann als Anwalt in Winterthur mit den Schwerpunkten Kindes- und Erwachsenenschutzrecht, Gesundheitsrecht, Strafrecht, Vereins- und Stiftungsrecht sowie als Organisations- und Projektberater. Zudem ist er als Lehrbeauftragter an der Hochschule Luzern – Soziale Arbeit tätig.

Kommentierung der Artikel 370–373 und 377–381 ZGB

Christoph Häfeli, *Prof. (FH), lic. iur., dipl. Sozialarbeiter, dipl. Supervisor*
Ausbildung zum Sozialarbeiter, Weiterbildung zum Supervisor, Studium der Rechtswissenschaften an der Universität Zürich.
Christoph Häfeli war Dozent an Hochschulen für Soziale Arbeit, Rektor der Hochschule Luzern – Soziale Arbeit, Jugendsekretär des Bezirks Dielsdorf, Mitglied mehrerer eidg. Expertenkommissionen, u.a. Expertengruppe und Expertenkommission Revision Vormundschaftsrecht; bekannt ist er auch durch seine Publikationen zum Kindesrecht und Kindes- und Erwachsenenschutz; er ist in mehreren Kantonen als Experte an den Umsetzungsarbeiten des neuen Erwachsenenschutzrechts beteiligt.
Aktuell ist Christoph Häfeli Rechtskonsulent von Kindes- und Erwachsenenschutzbehörden und Mandatsträgerinnen und -trägern.
Kommentierung der Artikel 400–414, 420 ZGB

Ernst Langenegger, *lic. iur., Rechtsanwalt*
Studium der Rechtswissenschaften an der Universität Zürich.
Ernst Langenegger war langjähriger Leiter der Amtsvormundschaft Zürich. Bekannt ist er auch als Kommentator verschiedener anderer Werke zum zivilrechtlichen Kindes- und Erwachsenenschutz.
Aktuell ist er Rechtsanwalt in Zürich.
Kommentierung der Artikel 360–369, 374–376, 399, 415–419, 421–425 ZGB

Peter Mösch Payot, *Prof. (FH), MLaw, LL.M., Nonprofit-Manager NDS FH*
Studium beider Rechte (Universität Basel, MLaw). Weiterbildungen in Nonprofit-Management (Fachhochschule Nordwestschweiz) und Kriminologie (LL.M., School of Criminology, International Criminal Law and Psychology of Law, Universität Bern).
Peter Mösch Payot war mehrere Jahre als Strafrichter und Gerichtsschreiber sowie in einer auf Sozial- und Strafrecht spezialisierten Anwaltskanzlei tätig. Er ist Autor diverser Publikationen zum Sozialrecht.
Aktuell ist er Professor für Sozialrecht an der Hochschule Luzern – Soziale Arbeit, Lehrbeauftragter für Sozialrecht an der Fachhochschule Nordwestschweiz und an der HES-SO Wallis. Er ist als Organisations-, Rechts- und Projektberater sowie Gutachter für Behörden und Institutionen aus dem Sozial- und Gesundheitsbereich tätig.
Kommentierung der Artikel 382–387, 452, 453, 454–456 ZGB

Daniel Rosch, *Prof. (FH), lic. iur., dipl. Sozialarbeiter FH, MAS Nonprofit-Management*
Studium beider Rechte (Universität Basel) und der Sozialen Arbeit FH (Berner Fachhochschule), Weiterbildung zum Master of Advanced Studies in Nonprofit-Management (Hochschule für Wirtschaft FHNW) sowie zum Dirigenten SMV.
Daniel Rosch war u.a. mehrere Jahre als Leiter des Bereichs Soziales der Stadt Zofingen tätig, arbeitete im Rechtsdienst Sozialhilfe, war Mitglied der kantonalen Vormundschaftskommission BL (verwaltungsinterne Aufsichtsbehörde, inkl. FFE) sowie Friedensrichter Birsfelden/Muttenz. Er ist Autor diverser Publikationen zum Kindes- und Erwachsenenschutzrecht sowie zum Datenschutzrecht.
Aktuell ist Daniel Rosch Dozent und Projektleiter an der Hochschule Luzern – Soziale Arbeit, Institut Sozialarbeit und Recht, nebenamtlicher Dozent der Berner Fachhochschule – Soziale Arbeit, teilselbständiger Berater für Sozialrecht, gesetzliche Sozialarbeit und Nonprofit-Management; er führt zudem Rechtsberatungen der Schweizerischen Vereinigung der Berufsbeiständinnen und -beistände durch.
Einführung in den zivilrechtlichen Erwachsenenschutz und **Kommentierung** der Artikel 388–398, 426–439, 443, 448–449c, 451, 454–456 ZGB

Daniel Steck, *Dr. iur., Dr. h.c.*
Studium der Rechtswissenschaften an der Universität Zürich.
Daniel Steck war Gerichtsschreiber (1967–1971) und Bezirksrichter (1971–1988; davon 10 Jahre Gerichtspräsident) am Bezirksgericht Uster sowie Oberrichter in Zürich (1988–2001). Zudem war er Mitglied der Anwaltsprüfungskommission des Kantons Zürich (1994–2007).
Aktuell arbeitet Daniel Steck vorab an Kommentaren im Familienrecht und im Zivilprozessrecht mit. In mehreren Kantonen war er massgeblich an der Vorbereitung der kantonalen Anpassungsgesetzgebung im Bereich des Kindes- und Erwachsenenschutzrechts beteiligt.
Kommentierung der Artikel 444–447, 450–450g ZGB und Art. 14 und 14a SchlT ZGB

Eric Stupp, *lic. iur., LL.M., Rechtsanwalt*
Studium der Rechtswissenschaften an der Universität St. Gallen und der University of Chicago Law School.
Eric Stupp ist Partner einer grossen Wirtschaftskanzlei in Zürich. Er ist vorwiegend in den Bereichen Banken- und Versicherungsregulierung, Enforcement-Verfahren von Finanzinstituten sowie Mergers & Acquisitions im Finanzsektor tätig.
Kommentierung der VBVV

Diana Wider, *Prof. (FH), lic. iur., dipl. Sozialarbeiterin FH*
Studium der Rechtswissenschaften (Universität Freiburg) und Sozialen Arbeit (Hochschule Luzern).
Diana Wider war Leiterin eines mittelgrossen polyvalenten Sozialdienstes im Kanton Zürich (1999–2003) und zuvor im Bundesamt für Justiz (1998) tätig. Sie ist Autorin und Herausgeberin diverser Publikationen zum Kindes- und Erwachsenenschutzrecht.
Aktuell ist Diana Wider Verantwortliche des Kompetenzzentrums Kindes- und Erwachsenenschutz (seit 2010) sowie Dozentin und Projektleiterin (seit 2003) der Hochschule Luzern – Soziale Arbeit. Sie ist zudem (seit 2006) Generalsekretärin der Konferenz der Kantone für Kindes- und Erwachsenenschutz KOKES (‹www.kokes.ch›).

Kommentierung der Artikel 440–442 ZGB

Inhaltsverzeichnis

Vorwort zur zweiten Auflage	V
Vorwort zur ersten Auflage	VII
Autorinnen & Autoren	IX
Inhaltsverzeichnis	XIII
Abkürzungsverzeichnis	XVII
Verzeichnis der kantonalen Erlasse	XXIX
Literaturverzeichnis	XXXVII
Materialienverzeichnis	XLIII
Einführung in den zivilrechtlichen Erwachsenenschutz	1
Zehnter Titel: Die eigene Vorsorge und Massnahmen von Gesetzes wegen	41
Erster Abschnitt: Die eigene Vorsorge	**43**
Erster Unterabschnitt: Der Vorsorgeauftrag	43
Art. 360–369	43
Zweiter Unterabschnitt: Die Patientenverfügung	93
Art. 370–373	93

Zweiter Abschnitt: Massnahmen von Gesetzes wegen für urteilsunfähige Personen 109

Erster Unterabschnitt: Vertretung durch den Ehegatten, die eingetragene Partnerin oder den eingetragenen Partner 109
   Art. 374–376 109

Zweiter Unterabschnitt: Vertretung bei medizinischen Massnahmen 126
   Art. 377–381 126

Dritter Unterabschnitt: Aufenthalt in Wohn- oder Pflegeeinrichtungen 139
   Art. 382–387 142

Elfter Titel: Die behördlichen Massnahmen 163

Erster Abschnitt: Allgemeine Grundsätze 165
   Art. 388–389 165

Zweiter Abschnitt: Die Beistandschaften 173

Erster Unterabschnitt: Allgemeine Bestimmungen 173
   Art. 390–392 173

Zweiter Unterabschnitt: Die Arten von Beistandschaften 185
   Art. 393–398 185

Dritter Unterabschnitt: Ende der Beistandschaft 199
   Art. 399 199

Vierter Unterabschnitt: Der Beistand oder die Beiständin 201
   Art. 400–404 201

Fünfter Unterabschnitt: Die Führung der Beistandschaft 240
   Art. 405–414 241

Sechster Unterabschnitt: Die Mitwirkung der Erwachsenenschutzbehörde 275
   Art. 415–418 276

Siebter Unterabschnitt: Einschreiten der Erwachsenenschutzbehörde 290
   Art. 419 290

Achter Unterabschnitt: Besondere Bestimmungen für Angehörige 299
   Art. 420 299

Neunter Unterabschnitt: Das Ende des Amtes des Beistands oder der Beiständin 301
   Art. 421–425 301

Dritter Abschnitt: Die fürsorgerische Unterbringung 313
    Art. 426–439 313

Zwölfter Titel: Organisation 407

Erster Abschnitt: Behörden und örtliche Zuständigkeit 409
    Art. 440–442 409

Zweiter Abschnitt: Verfahren 443

    Erster Unterabschnitt: Vor der Erwachsenenschutzbehörde 443
        Art. 443–449c 443

    Zweiter Unterabschnitt: Vor der gerichtlichen Beschwerdeinstanz 522
        Art. 450–450e 522

    Dritter Unterabschnitt: Gemeinsame Bestimmung 561
        Art. 450f 561

    Vierter Unterabschnitt: Vollstreckung 570
        Art. 450g 570

Dritter Abschnitt: Verhältnis zu Dritten und Zusammenarbeitspflicht 575
    Art. 451–453 575

Vierter Abschnitt: Verantwortlichkeit 589
    Art. 454–456 589

Schlusstitel: Anwendungs- und Einführungsbestimmungen 603
    Art. 14, 14a SchlT 605

Verordnung über die Vermögensverwaltung im Rahmen einer
Beistandschaft oder Vormundschaft (VBVV) 615
    Art. 1–13 VBVV 617

Glossar 685

Sachregister 699

Abkürzungsverzeichnis

Für die Abkürzungen der kantonalen Erlasse mit Ausführungsbestimmungen zum Kindes- und Erwachsenenschutzrecht s. das Verzeichnis der kantonalen Erlasse.

a	alt (vor einem Erlass oder Artikel [z.B. aZGB oder aArt.])
a.	auch
a.A.	andere Ansicht, am Anfang
a.a.O.	am angeführten Ort
abl.	ablehnend
Abs.	Absatz, Absätze
ABV FINMA	Verordnung vom 21. Oktober 1996 der Eidgenössischen Finanzmarktaufsicht über die ausländischen Banken in der Schweiz (*Auslandbankenverordnung-FINMA*; SR 952.111)
abw.	abweichend
a.E.	am Ende
AG	Aargau
AGB	Allgemeine Geschäftsbedingungen
AHVG	Bundesgesetz vom 20. Dezember 1946 über die Alters- und Hinterlassenenversicherung (SR 831.10)
AI	Appenzell Innerrhoden
AJP	Aktuelle Juristische Praxis (St. Gallen)
allg.	allgemein
a.M.	anderer Meinung; am Main
AmtlBull	Amtliches stenographisches Bulletin der Bundesversammlung (vor 1967: StenBull)
Anm.	Anmerkung

AR	Appenzell Ausserrhoden
ArG	Bundesgesetz vom 13. März 1964 über die Arbeit in Industrie, Gewerbe und Handel (SR 822.11)
Art.	Artikel
art.	article
AT	Allgemeiner Teil
ATSG	Bundesgesetz vom 6. Oktober 2000 über den Allgemeinen Teil des Sozialversicherungsrechts (SR 830.1)
Aufl.	Auflage
ausf.	ausführlich
AVIG	Bundesgesetz vom 25. Juni 1982 über die obligatorische Arbeitslosenversicherung und die Insolvenzentschädigung (*Arbeitslosenversicherungsgesetz*; SR 837.0)
BankG	Bundesgesetz vom 8. November 1934 über die Banken und Sparkassen (*Bankengesetz*; SR 952.0)
BankV	Verordnung vom 17. Mai 1972 über die Banken und Sparkassen (*Bankenverordnung*; SR 952.02)
BBl	Bundesblatt
Bd.	Band
BE	Bern
BetmG	Bundesgesetz vom 3. Oktober 1951 über die Betäubungsmittel und die psychotropen Stoffe (*Betäubungsmittelgesetz*; SR 812.121)
betr.	betreffend
bez.	bezüglich
BG	Bundesgesetz
BGB	Bürgerliches Gesetzbuch vom 18. August 1896 (D)
BGE	Entscheidungen des Schweizerischen Bundesgerichts. Amtliche Sammlung (Lausanne)
BGer	Schweizerisches Bundesgericht
BGFA	Bundesgesetz vom 23. Juni 2000 über die Freizügigkeit der Anwältinnen und Anwälte (*Anwaltsgesetz*; 935.61)
BGG	Bundesgesetz vom 17. Juni 2005 über das Bundesgericht (*Bundesgerichtsgesetz*; SR 173.110)
BG-KKE	Bundesgesetz vom 21. Dezember 2007 über internationale Kindesentführung und die Haager Übereinkommen zum Schutz von Kindern und Erwachsenen (SR 211.222.32)
BGS	Bereinigte Gesetzessammlung

BJTP	Berner Tage für die juristische Praxis
BK	Berner Kommentar, s. *Literaturverzeichnis*
BL	Basel-Landschaft
BS	Basel-Stadt
BSK	Basler Kommentar, s. *Literaturverzeichnis*
bspw.	beispielsweise
BT	Besonderer Teil
BTJP	Berner Tage für die juristische Praxis (Bern)
BV	Bundesverfassung der Schweizerischen Eidgenossenschaft vom 18. April 1999 (SR 101)
BVG	Bundesgesetz vom 25. Juni 1982 über die berufliche Alters-, Hinterlassenen- und Invalidenvorsorge (SR 831.40)
BVV 2	Verordnung vom 18. April 1984 über die Berufliche Alters-, Hinterlassenen- und Invalidenvorsorge (SR 831.441.1)
BVV 3	Verordnung vom 13. November 1985 über die steuerliche Abzugsberechtigung für Beiträge an anerkannte Vorsorgeformen (SR 831.461.3)
bzw.	beziehungsweise
c.	contre (= gegen)
ca.	zirka
CCQ	Code civil du Québec
CHK	Handkommentar zum Schweizer Privatrecht, s. *Literaturverzeichnis*
CHSS	Soziale Sicherheit, Zeitschrift des Eidgenössischen Departements des Innern EDI, Bundesamts für Sozialversicherungen BSV (Bern; bis 1992: ZAK)
ders.	derselbe (Autor)
dgl.	dergleichen
d.h.	das heisst
dies.	dieselbe (Autorin), dieselben (Autoren)
diesbez.	diesbezüglich
Diss.	Dissertation
DSG	Bundesgesetz vom 19. Juni 1992 über den Datenschutz (SR 235.1)
E	Entwurf, Einführung
E.	Erwägung
EG	Einführungsgesetz (gefolgt vom betreffenden Gesetz [Bsp.: EG SchKG])

EG KESR	kantonales Einführungsgesetz zum Kindes- und Erwachsenenschutzrecht, *s. Verzeichnis der kantonalen Erlasse*
EG ZGB	kantonales Einführungsgesetz zum Schweizerischen Zivilgesetzbuch, *s. Verzeichnis der kantonalen Erlasse*
EGMR	Europäischer Gerichtshof für Menschenrechte in Strassburg
Einl.	Einleitung
ELG	Bundesgesetz vom 6. Oktober 2006 über Ergänzungsleistungen zur Alters-, Hinterlassenen- und Invalidenversicherung (SR 831.30)
EMRK	Konvention vom 4. November 1950 zum Schutze der Menschenrechte und Grundfreiheiten (SR 0.101)
et al.	et alii (= und andere)
etc.	et cetera
EuGH	Europäischer Gerichtshof in Luxemburg
E-VBVV	Entwurf Verordnung über die Vermögensverwaltung im Rahmen einer Beistandschaft oder Vormundschaft (VBVV)
evtl.	eventuell
ExpK	Expertenkommission
f.	folgende (Seite, Note usw.)
FamPra.ch	Die Praxis des Familienrechts (Bern)
ff.	und folgende (Seiten, Noten usw.)
FFE	Fürsorgerische Freiheitsentziehung
FINMA	Eidgenössische Finanzmarktaufsicht (Bern)
FN	Fussnote
FR	Freiburg
FS	Festschrift
FU	fürsorgerische Unterbringung
G	Gesetz
GE	Genf
gem.	gemäss
GemR	Gemeinderat
ggf.	gegebenenfalls
GL	Glarus
gl.M.	gleicher Meinung
GR	Graubünden

GWG	Bundesgesetz vom 10. Oktober 1997 über die Bekämpfung der Geldwäscherei und der Terrorismusfinanzierung im Finanzsektor (*Geldwäschereigesetz*; SR 955.0)
GwV-FINMA	Verordnung der Eidgenössischen Finanzmarktaufsicht vom 8. Dezember 2010 über die Verhinderung von Geldwäscherei und Terrorismusfinanzierung (*Geldwäschereiverordnung-FINMA*; SR 955.033.0)
h.L.	herrschende Lehre
h.M.	herrschende Meinung
Habil.	Habilitation
HEsÜ	Übereinkommen vom 13. Januar 2000 über den internationalen Schutz von Erwachsenen (*Haager Erwachsenenschutzübereinkommen*; SR 0.211.232.1)
HKSÜ	Übereinkommen vom 19. Oktober 1996 über die Zuständigkeit, das anzuwendende Recht, die Anerkennung, Vollstreckung und Zusammenarbeit auf dem Gebiet der elterlichen Verantwortung und der Massnahmen zum Schutz von Kindern (*Haager Kindesschutzübereinkommen*; 0.211.231.011)
i.A.	im Allgemeinen
i.c.	in casu (= im zu beurteilenden Fall)
ICD	International Classification of Diseases
IDAG	Gesetz [des Kantons Aargau] vom 24. Oktober 2006 über die Information der Öffentlichkeit, den Datenschutz und das Archivwesen (SAR 150.700)
IDG BL	Gesetz [des Kantons Basel-Landschaft] vom 10. Februar 2011 über die Information und den Datenschutz (*Informations- und Datenschutzgesetz*; SGS 162)
IDG ZH	Gesetz [des Kantons Zürich] vom 12. Februar 2007 über die Information und den Datenschutz (LS 170.4)
i.d.R.	in der Regel
i.d.S.	in dem Sinn
i.e.S.	im engeren Sinn
i.f.	in fine (= am Ende)
inkl.	inklusive
insb.	insbesondere
IPR	Internationales Privatrecht
IPRG	Bundesgesetz vom 18. Dezember 1987 über das Internationale Privatrecht (SR 291)
i.S.	im Sinn; in Sachen

i.S.v.	im Sinn von
it.	italienisch
i.V.m.	in Verbindung mit
IV	Invalidenversicherung
IVG	Bundesgesetz vom 19. Juni 1959 über die Invalidenversicherung (SR 831.20)
i.w.S.	im weiteren Sinn
JStG	Bundesgesetz vom 20. Juni 2003 über das Jugendstrafrecht (*Jugendstrafgesetz*; 311.1)
KAG	Bundesgesetz vom 23. Juni 2006 über die kollektiven Kapitalanlagen (*Kollektivanlagengesetz*; SR 951.31)
kant.	kantonal
Kap.	Kapitel
KDSG	Datenschutzgesetz [des Kantons Bern] vom 19. Februar 1986 (BGS 152.04)
KES	Kindes- und Erwachsenenschutz
KESB	Kindes- und Erwachsenenschutzbehörde
KESG	kantonales Gesetz über den Kindes- und Erwachsenenschutz, s. *Verzeichnis der kantonalen Erlasse*
KESV	Verordnung über den Kindes- und Erwachsenenschutz, s. *Verzeichnis der kantonalen Erlasse*
KGer	Kantonsgericht (gefolgt von der amtlichen Abkürzung des Kantons [Bsp.: KGer SG])
KKV	Verordnung vom 22. November 2006 über die kollektiven Kapitalanlagen (*Kollektivanlagenverordnung*; SR 951.311)
KOKES	Konferenz der Kantone für Kindes- und Erwachsenenschutz (bis 31.12.2009 VBK)
Komm.	Kommentar, Kommentierung
krit.	kritisch
KS	Kreisschreiben
Kt.	Kanton
KUKO	Kurzkommentar, s. *Literaturverzeichnis*
KVG	Bundesgesetz vom 18. März 1994 über die Krankenversicherung (SR 832.10)
KVV	Verordnung vom 27. Juni 1995 über die Krankenversicherung (SR 832.102)
lit.	Litera (= Buchstabe)

LS	Loseblattsammlung
LU	Luzern
m.a.W.	mit anderen Worten
m.E.	meines Erachtens
MedBG	Bundesgesetz vom 23. Juni 2006 über die universitären Medizinalberufe (*Medizinalberufegesetz*; SR 811.11)
m.H.	mit Hinweis
m.H.a.	mit Hinweis auf
MüKo	Münchener Kommentar zum Bürgerlichen Gesetzbuch, *s. Literaturverzeichnis*
m.w.H.	mit weiteren Hinweisen
N	Note, Randnote
no.	Numéro (= Nummer)
NR	Nationalrat
Nr.	Nummer
NW	Nidwalden
o.	oben
o.ä.	oder ähnlich
OGer	Obergericht (gefolgt von der amtlichen Abkürzung des Kantons [Bsp.: OGer BE])
OHG	Bundesgesetz vom 23. März 2007 über die Hilfe an Opfer von Straftaten (*Opferhilfegesetz*; SR 312.5)
OR	Bundesgesetz vom 30. März 1911/18. Dezember 1936 betreffend die Ergänzung des Schweizerischen Zivilgesetzbuches (Fünfter Teil: Obligationenrecht; SR 220)
OW	Obwalden
PartG	Bundesgesetz vom 18. Juni 2004 über die eingetragene Partnerschaft gleichgeschlechtlicher Paare (*Partnerschaftsgesetz*; SR 211.231)
PAVO	Verordnung vom 19. Oktober 1977 über die Aufnahme von Pflegekindern (*Pflegekinderverordnung*; SR 211.222.338)
RDAF	Revue de droit administratif et de droit fiscal (Lausanne)
recht	recht, Zeitschrift für juristische Ausbildung und Praxis (Bern)
resp.	respektive
rev.	revidiert
RSDA	Revue suisse de droit des affaires et du marché financier (Zürich) (= SZW, *s. dort*)

Rz	Randziffer
S.	Seite
s.	siehe
s.a.	siehe auch
SAMW	Schweizerische Akademie der medizinischen Wissenschaften
SBVg	Schweizerische Bankiervereinigung
sc.	scilicet (= d.h.; nämlich)
SchKG	Bundesgesetz vom 11. April 1889 über Schuldbetreibung und Konkurs in der Fassung des Bundesgesetzes vom 16. Dezember 1994, in Kraft seit 1. Januar 1997 (SR 281.1)
SchlT	Schlusstitel
SG	St. Gallen
SG Komm	St. Galler Kommentar, s. *Literaturverzeichnis*
SH	Schaffhausen
SJK	Schweizerische Juristische Kartothek (Genf)
SJZ	Schweizerische Juristen-Zeitung (Zürich)
SLR	Sozialwissenschaftliche Literatur Rundschau
SO	Solothurn
s.o.	siehe oben
sog.	sogenannt
SR	Systematische Sammlung des Bundesrechts (Systematische Rechtssammlung)
ST	Der Schweizer Treuhänder (Zürich)
StGB	Schweizerisches Strafgesetzbuch vom 21. Dezember 1937 (SR 311.0)
StPO	Schweizerische Strafprozessordnung vom 5. Oktober 2007 (*Strafprozessordnung*; SR 312.0)
StR	Ständerat
s.u.	siehe unten
SVBB	Schweizerische Vereinigung der Berufsbeiständinnen und Berufsbeistände
syst. Teil	systematischer Teil
SZ	Schwyz
SZfSA	Schweizerische Zeitschrift für Soziale Arbeit (Zürich)
SZS	Schweizerische Zeitschrift für Sozialversicherung und berufliche Vorsorge (Bern)

SZW	Schweizerische Zeitschrift für Wirtschafts- und Finanzmarktrecht (Zürich) (= RSDA, s. dort)
TG	Thurgau
u.	unten
u.a.	unter anderem
u.E.	unseres Erachtens
UeB	Übergangsbestimmung
ÜMB	Europäisches Übereinkommen vom 4. April 1997 über Menschenrechte und Biomedizin
UN-KRK	UNO-Übereinkommen vom 20. November 1989 über die Rechte des Kindes (SR 0.107)
unveröff.	unveröffentlicht
UR	Uri
usw.	und so weiter
u.U.	unter Umständen
UVG	Bundesgesetz vom 20. März 1981 über die Unfallversicherung (SR 832.20)
V	Verordnung, s.a. VO
VA	Vorsorgeauftrag
v.a.	vor allem
VBK	Konferenz der kantonalen Vormundschaftsbehörden (seit 1.1.2010 KOKES)
VBVV	Verordnung vom 4. Juli 2012 über die Vermögensverwaltung im Rahmen einer Beistandschaft oder Vormundschaft (SR 211.223.11)
VD	Waadt
VE	Vorentwurf
VerwGer	Verwaltungsgericht (gefolgt von der amtlichen Abkürzung des Kantons [Bsp.: VerwGer GR])
vgl.	vergleiche
VO	Verordnung, s.a. V
Vor Art.	Vorbemerkungen zum Artikel bzw. zu den Artikeln
Vorbem.	Vorbemerkung
VormBehörde	Vormundschaftsbehörde
VPB	Verwaltungspraxis der Bundesbehörden (Bern)
VS	Wallis

VSB 08	Vereinbarung über die Standesregeln zur Sorgfaltspflicht der Banken zwischen der Schweizerischen Bankiervereinigung einerseits und den unterzeichnenden Banken andererseits vom 7. April 2008 (Basel)
VSB 14	Vereinbarung über die Standesregeln zur Sorgfaltspflicht der Banken zwischen der Schweizerischen Bankiervereinigung einerseits und den unterzeichnenden Banken andererseits (revidiert 2014) (Basel), noch nicht in Kraft
VV	Vollzugsverordnung
VVG	Bundesgesetz vom 2. April 1908 über den Versicherungsvertrag (*Versicherungsvertragsgesetz*; SR 221.229.1)
VVK	Verordnung vom 14. Februar 2007 über die Versichertenkarte für die obligatorische Krankenpflegeversicherung (SR 832.105)
VwVG	Bundesgesetz vom 20. Dezember 1968 über das Verwaltungsverfahren (*Verwaltungsverfahrensgesetz*; SR 172.021)
z.B.	zum Beispiel
ZAK	Zeitschrift für die Ausgleichskassen der AHV und ihre Zweigstellen, die IV-Kommissionen und IV-Regionalstellen, die Durchführungsstellen der Ergänzungsleistungen zur AHV und IV, der Erwerbsersatzordnung für Dienstleistende in Armee und Zivilschutz sowie der Familienzulagen (Bern; seit 1993: CHSS)
ZBGR	Schweizerische Zeitschrift für Beurkundungs- und Grundbuchrecht (Wädenswil)
ZBJV	Zeitschrift des Bernischen Juristenvereins (Bern)
ZBl	Schweizerisches Zentralblatt für Staats- und Verwaltungsrecht (Zürich)
ZG	Zug
ZGB	Schweizerisches Zivilgesetzbuch vom 10. Dezember 1907 (SR 210)
ZH	Zürich
Ziff.	Ziffer
zit.	zitiert
ZK	Zürcher Kommentar, *s. Literaturverzeichnis*
ZKE	Zeitschrift für Kindes- und Erwachsenenschutz (Zürich; bis 31.12.2009 ZVW)
ZPO	Schweizerische Zivilprozessordnung vom 19. Dezember 2008 (*Zivilprozessordnung*; SR 272)
ZSR	Zeitschrift für Schweizerisches Recht (Basel)
ZStV	Zivilstandsverordnung vom 28. April 2004 (SR 211.112.2)

z.T.	zum Teil
ZUG	Bundesgesetz vom 24. Juni 1977 über die Zuständigkeit für die Unterstützung Bedürftiger (*Zuständigkeitsgesetz*; SR 851.1)
ZVW	Zeitschrift für Vormundschaftswesen (Zürich; seit 1.1.2010 ZKE)

Verzeichnis der kantonalen Erlasse

Dieses Verzeichnis enthält als besonderes Abkürzungsverzeichnis nach Kantonen geordnet die Abkürzungen der kantonalen Erlasse mit Ausführungsbestimmungen zum Kindes- und Erwachsenenschutzrecht.

AG – Aargau

Betreuungsgesetz	Gesetz vom 2. Mai 2006 über die Einrichtungen für Menschen mit besonderen Betreuungsbedürfnissen (SAR 428.500)
Betreuungsverordnung	Verordnung vom 8. November 2006 über die Einrichtungen für Menschen mit besonderen Betreuungsbedürfnissen (SAR 428.511)
EG ZGB	Einführungsgesetz vom 27. März 1911 zum Schweizerischen Zivilgesetzbuch und Partnerschaftsgesetz (SAR 210.100)
SPG	Gesetz vom 6. März 2001 über die öffentliche Sozialhilfe und die soziale Prävention (*Sozialhilfe- und Präventionsgesetz*; SAR 851.200)
SPV	Sozialhilfe- und Präventionsverordnung vom 28. August 2002 (SAR 851.211)
V KESR	Verordnung vom 30. Mai 2012 über das Kindes- und Erwachsenenschutzrecht (SAR 210.125)

AI – Appenzell Innerrhoden

EG ZGB	Einführungsgesetz vom 29. April 2012 zum Schweizerischen Zivilgesetzbuch (GS 211.000)

AR – Appenzell Ausserrhoden

EG zum ZGB	Gesetz vom 27. April 1969 über die Einführung des Schweizerischen Zivilgesetzbuches (BGS 211.1)
Heimverordnung	Verordnung vom 11. Dezember 2007 über die Heimaufsicht (BGS 811.14)

BE – Bern

ESBV	Verordnung vom 19. September 2012 über die Entschädigung und den Spesenersatz für die Führung einer Beistandschaft (BSG 213.361)
HEV	Verordnung vom 18. September 1996 über die Betreuung und Pflege von Personen in Heimen und privaten Haushalten (*Heimverordnung*; BSG 862.51)
KESG	Gesetz vom 1. Februar 2012 über den Kindes- und Erwachsenenschutz (BSG 213.316)
KESV	Verordnung vom 24. Oktober 2012 über den Kindes- und Erwachsenenschutz (BSG 213.316.1)
ZAV	Verordnung vom 19. September 2012 über die Zusammenarbeit der kommunalen Dienste mit den Kindes- und Erwachsenenschutzbehörden und die Abgeltung der den Gemeinden anfallenden Aufwendungen (BGS 213.318)

BL – Basel-Land

EG ZGB	Gesetz vom 16. November 2006 über die Einführung zum Zivilgesetzbuch (SGS 36.0153)
GeBPA	Gesetz vom 20. Oktober 2005 über die Betreuung und Pflege im Alter (SGS 35.0828)
Heimverordnung	Verordnung vom 25. September 2001 über die Bewilligung und Beaufsichtigung von Heimen (SGS 34.0278)
SHG	Gesetz vom 21. Juni 2001 über die Sozial-, die Jugend- und die Behindertenhilfe (*Sozialhilfegesetz*; SGS 34.0143)

BS – Basel-Stadt

KESG	Kindes- und Erwachsenenschutzgesetz vom 12. September 2012 (SG 212.400)
VoKESG	Verordnung vom 16. April 2013 zum kantonalen Kindes- und Erwachsenenschutzgesetz (SG 212.410)

FR – Freiburg

KESG	Gesetz vom 15. Juni 2012 über den Kindes- und Erwachsenenschutz (SGF 212.5.1)
–	Gesetz vom 20. Mai 1986 für Hilfe an Sonderheime für Behinderte oder Schwererziehbare (SGF 834.1.2)
KESV	Verordnung vom 18. Dezember 2012 über den Kindes- und Erwachsenenschutz (SGF 212.5.11)
PflHG	Gesetz vom 23. März 2000 über Pflegeheime für Betagte (SGF 834.2.1)

GE – Genf

LaCC	Loi d'application du 11 octobre 2012 du code civil suisse et d'autres lois fédérales en matière civile (RSG E 1 05)

GL – Glarus

EG ZGB	Gesetz vom 07. Mai 1911 über die Einführung des Schweizerischen Zivilgesetzbuches im Kanton Glarus (*Einführungsgesetz zum Zivilgesetzbuch*; GS III B/1/1)
Sozialhilfegesetz	Gesetz vom 7. Mai 1995 über die öffentliche Sozialhilfe (GS VIII E/21/3)
V Geb EG ZGB	Verordnung mit Gebührentarif vom 16. Februar 1949 zum Schweizerischen Zivilgesetzbuch und zum Schweizerischen Obligationenrecht (GS III B/7/1)
V KESG	Verordnung vom 20. November 2012 über die Kindes- und Erwachsenenschutzbehörde (GS III B/1/6)

GR – Graubünden

BIG	Gesetz vom 2. September 2011 zur sozialen und beruflichen Integration von Menschen mit Behinderung (*Behindertenintegrationsgesetz*; BR 440.100)
BIV	Verordnung vom 7. Februar 2012 zur sozialen und beruflichen Integration von Menschen mit Behinderung (*Behindertenintegrationsverordnung*; BR 440.110)
EG ZGB	Einführungsgesetz vom 12. Juni 1994 zum Schweizerischen Zivilgesetzbuch (BR 210.100)
Gesundheitsgesetz	Gesetz vom 2. Dezember 1984 über das Gesundheitswesen des Kantons Graubünden (BR 500.000)
KESV	Verordnung vom 11. Dezember 2012 zum Kindes- und Erwachsenenschutz, gestützt auf Art. 66 des Einführungsgesetzes zum Schweizerischen Zivilgesetzbuch (BR 215.010)

JU – Jura

KESG	Loi du 23 mai 2012 sur l'organisation de la protection de l'enfant et de l'adulte (RSJU 213.1)

LU – Luzern

EGZGB	Einführungsgesetz vom 20. November 2000 zum Schweizerischen Zivilgesetzbuch (SRL 200)
KESV	Verordnung vom 4. Dezember 2012 über den Kindes- und Erwachsenenschutz (SRL 206)
SHG	Sozialhilfegesetz vom 24. Oktober 1989 (SRL 892)
SHV	Sozialhilfeverordnung vom 13. Juli 1990 (SRL 892a)

NE – Neuenburg

LAPEA	Loi du 6 novembre 2012 concernant les autorités de protection de l'enfant et de l'adulte (RSN 213.32)

NW – Nidwalden

EG ZGB	Gesetz vom 24. April 1988 über die Einführung des Schweizerischen Zivilgesetzbuches (*Einführungsgesetz zum Zivilgesetzbuch*; NG 211.1)
Sozialhilfegesetz	Gesetz vom 29. Januar 1997 über die Sozialhilfe (*Sozialhilfegesetz*; NG 761.1)

OW – Obwalden

AB EV KESR	Ausführungsbestimmungen vom 26. Juni 2012 zur Verordnung betreffend die Einführung des Kindes- und Erwachsenenschutzrechts (GDB 211.611)
EG ZGB	Gesetz vom 30. April 1911 betreffend die Einführung des Schweizerischen Zivilgesetzbuches (GDB 210.1)
EV KESR	Verordnung vom 3. Mai 2012 betreffend die Einführung des Kindes- und Erwachsenenschutzrechts (GDB 211.61)

SG – St. Gallen

BehV	Verordnung vom 11. Dezember 2012 über die soziale Sicherung und Integration von Menschen mit Behinderung (sGS 381.41)
EG-KES	Einführungsgesetz vom 24. April 2012 zur Bundesgesetzgebung über das Kindes- und Erwachsenenschutzrecht (sGS 912.5)

SHG	Sozialhilfegesetz vom 27. September 1998 (sGS 381.1)
–	Verordnung vom 3. Februar 2004 über private Betagten- und Pflegeheime (sGS 381.18)

SH – Schaffhausen

AbPG	Altersbetreuungs- und Pflegegesetz vom 2. Juli 2007 (SHR 813.500)
EG ZGB	Gesetz vom 27. Juni 1911 über die Einführung des Schweizerischen Zivilgesetzbuches (SHR 210.100)
JG	Justizgesetz vom 9. November 2009 (SHR 173.200)
SHEG	Gesetz vom 28. Oktober 2013 über die öffentliche Sozialhilfe und soziale Einrichtungen (SHR 850.100)
SHEV	Verordnung vom 18. Februar 2014 über die öffentliche Sozialhilfe und soziale Einrichtungen (SHR 850.111)

SO – Solothurn

EG ZGB	Gesetz vom 4. April 1954 über die Einführung des Schweizerischen Zivilgesetzbuches (BGS 211.1)
SG	Sozialgesetz vom 31. Januar 2007 (BGS 831.1)

SZ – Schwyz

EG ZGB	Einführungsgesetz vom 14. September 1978 zum schweizerischen Zivilgesetzbuch (SRSZ 210.100)
SEG	Gesetz vom 28. März 2007 über soziale Einrichtungen (SRSZ 380.300)
VV KESR	Vollzugsverordnung vom 18. Dezember 2012 zum Kindes- und Erwachsenenschutzrecht (SRSZ 211.311)

TG – Thurgau

EG ZGB	Einführungsgesetz vom 3. Juli 1991 zum Schweizerischen Zivilgesetzbuch (RB 210.1)
KESV	Verordnung des Obergerichts vom 22. Oktober 2012 zum Kindes- und Erwachsenenschutz (*Kindes- und Erwachsenenschutzverordnung*; RB 211.24)

TI – Tessin

KESG	Legge dell'8 marzo 1999 sull'organizzazione e la procedura in materia di protezione del minore e dell'adulto (CAN 4.1.2.2.)

ROPMA	Regolamento del 29 novembre 2000 della legge sull'organizzazione e la procedura in materia di protezione del minore e dell'adulto (CAN 4.1.2.2.1)

UR – Uri

EG/KESR	Gesetz vom 23. Oktober 2011 über die Einführung des Kindes- und Erwachsenenschutzrechts (RB 9.2113)
Reglement zum EG/KESR	Reglement vom 15. Mai 2012 zum Gesetz über die Einführung des Kindes- und Erwachsenenschutzrechts (RB 9.2117)
Tarif KESR	Tarifordnung der Kindes- und Erwachsenenschutzbehörde vom 18. Dezember 2012 (RB 9.2119)

VD – Waadt

LVPAE	Loi du 29 mai 2012 d'application du droit fédéral de la protection de l'adulte et de l'enfant (LOI 211.255)

VS – Wallis

EG ZGB	Einführungsgesetz vom 24. März 1998 zum Schweizerischen Zivilgesetzbuch (SGS 211.1)
–	Gesundheitsgesetz vom 14. Februar 2008 (SGS 800.1)
VKES	Verordnung vom 22. August 2012 über den Kindes- und Erwachsenenschutz (SGS 211.250)

ZG – Zug

EG ZGB	Gesetz vom 17. August 1911 betreffend die Einführung des Schweizerischen Zivilgesetzbuches für den Kanton Zug (BGS 211.1)
GesG	Gesetz vom 30. Oktober 2008 über das Gesundheitswesen im Kanton Zug (*Gesundheitsgesetz*; BGS 821.1)
SEG	Gesetz über soziale Einrichtungen vom 26. August 2010 (BGS 861.5)
VormV	Verordnung vom 20. November 1943 über das Vormundschaftswesen (*Vormundschaftsverordnung*; BGS 213.2), in Kraft bis 31. Dezember 2012

ZH – Zürich

EG KESR	Einführungsgesetz vom 25. Juni 2012 zum Kindes- und Erwachsenenschutzrecht (LS 232.3)

EG ZGB	Einführungsgesetz vom 2. April 1911 zum Schweizerischen Zivilgesetzbuch (LS 230)
ESBV	Verordnung vom 3. Oktober 2012 über Entschädigung und Spesenersatz bei Beistandschaften (LS 232.35)

Literaturverzeichnis

AMONN/WALTHER	Kurt Amonn/Fridolin Walther, Grundriss des Schuldbetreibungs- und Konkursrechts, 9. Aufl., Bern 2013
BERNHART	Christoph Bernhart, Handbuch der fürsorgerischen Unterbringung: die fürsorgerische Unterbringung und medizinische Behandlung nach dem neuen Erwachsenenschutzrecht sowie dessen Grundsätze, Basel 2011
BK-BEARBEITER/IN	Berner Kommentar zum Schweizerischen Privatrecht, Bern ab 1910, unterschiedliche Auflagen, die Nachweise beziehen sich auf die laufende Auflage
BK ZPO-BEARBEITER/IN	Güngerich Andreas (Hrsg.), Berner Kommentar, Kommentar zum Schweizerischen Privatrecht, Schweizerische Zivilprozessordnung, Bern 2012
BOHNET	François Bohnet, Autorités et procédure en matière de protection de l'adulte, Droit fédéral et droit cantonal, in: Olivier Guillod/François Bohnet (Hrsg.), Le nouveau droit de la protection de l'adulte, Basel 2012, 33 ff.
Brunner/Gasser/Schwander-BEARBEITER/IN	Alexander Brunner/Dominik Gasser/Ivo Schwander (Hrsg.), Schweizerische Zivilprozessordnung, Kommentar, Zürich/St. Gallen 2011
BSK BankG-BEARBEITER/IN	Rolf Watter/Nedim Peter Vogt/Thomas Bauer/Christoph Winzeler (Hrsg.), Basler Kommentar zum Bankengesetz, 2. Aufl., Basel 2013
BSK BGG-BEARBEITER/IN	Marcel Alexander Niggli/Peter Uebersax/Hans Wiprächtiger (Hrsg.), Basler Kommentar zum Bundesgerichtsgesetz, 2. Aufl., Basel 2011

BSK DSG-BEARBEITER/IN	Urs Maurer-Lambrou/Nedim Peter Vogt (Hrsg.), Basler Kommentar zum Datenschutzgesetz/Öffentlichkeitsgesetz, 3. Aufl., Basel 2014
BSK Erwachsenenschutz-BEARBEITER/IN	Thomas Geiser/Ruth E. Reusser (Hrsg.), Basler Kommentar zum Erwachsenenschutz, Aktualisierungsband zum ZGB I, Basel 2012 (neu enthalten in BSK ZGB I, 5. Aufl., Basel 2014)
BSK Strafrecht II-BEARBEITER/IN	Marcel Alexander Niggli/Hans Wiprächtiger (Hrsg.), Basler Kommentar zum Strafrecht, Bd. II (Art. 111–392), 3. Aufl., Basel 2013
BSK ZGB I-BEARBEITER/IN	Heinrich Honsell/Nedim Peter Vogt/Thomas Geiser (Hrsg.), Basler Kommentar zum Zivilgesetzbuch, ZGB I (Art. 1–456 ZGB), 5. Aufl., Basel 2014
BSK ZGB I-BEARBEITER/IN [1. Aufl.]	Heinrich Honsell/Nedim Peter Vogt/Thomas Geiser (Hrsg.), Basler Kommentar zum Zivilgesetzbuch, ZGB I (Art. 1–456 ZGB), 4. Aufl., Basel 2010
BSK ZPO-BEARBEITER/IN	Karl Spühler/Luca Tenchio/Dominik Infanger (Hrsg.), Basler Kommentar zur Schweizerischen Zivilprozessordnung, 2. Aufl., Basel 2013
BUCHER A., Personen	Andreas Bucher, Natürliche Personen und Persönlichkeitsschutz, 4. Aufl., Basel 2009
CHK-BEARBEITER/IN	Marc Amstutz/Peter Breitschmid/Andreas Furrer/Daniel Girsberger/Claire Huguenin/Markus Müller-Chen/Vito Roberto/Alexandra Rumo-Jungo/Anton K. Schnyder (Hrsg.), Handkommentar zum Schweizer Privatrecht, 2. Aufl., Zürich 2012–2013
CHK-BEARBEITER/IN [1. Aufl.]	Marc Amstutz/Peter Breitschmid/Andreas Furrer/Daniel Girsberger/Claire Huguenin/Markus Müller-Chen/Vito Roberto/Alexandra Rumo-Jungo/Anton K. Schnyder (Hrsg.), Handkommentar zum Schweizer Privatrecht, 1. Aufl., Zürich 2007
DESCHENAUX/STEINAUER	Henri Deschenaux/Paul-Henri Steinauer, Personnes physiques et tutelle, 4. Aufl., Bern 2001
ELSENER	Aldo Elsener, Das Vormundschaftsgeheimnis, Diss., Zürich 1993
FamKomm Erwachsenenschutz-BEARBEITER/IN	Andrea Büchler/Christoph Häfeli/Audrey Leuba/Martin Stettler (Hrsg.), Erwachsenenschutz, Bern 2013
FASSBIND	Patrick Fassbind, Erwachsenenschutz, Zürich 2012

Gasser/Rickli	Dominik Gasser/Brigitte Rickli, Schweizerische Zivilprozessordnung (ZPO), Kurzkommentar, 2. Aufl., Zürich 2014
Geiser et al.	Thomas Geiser/Ernst Langenegger/Christian Minger/Urs Mosimann/Jacques André Nicod, Mustersammlung Erwachsenenvormundschaftsrecht, Basel 1996
Häfeli, Grundriss	Christoph Häfeli, Grundriss zum Erwachsenenschutzrecht, Bern 2013
Häfeli, Wegleitung	Christoph Häfeli, Wegleitung für vormundschaftliche Organe, 4. Aufl., Zürich 2005
Häfelin/Haller/Keller	Ulrich Häfelin/Walter Haller/Helen Keller, Schweizerisches Bundesstaatsrecht, 8. Aufl., Zürich 2012
Häfelin/Müller/Uhlmann	Ulrich Häfelin/Georg Müller/Felix Uhlmann, Allgemeines Verwaltungsrecht, 6. Aufl., Zürich 2010
Hausheer/Aebi-Müller	Heinz Hausherr/Regina E. Aebi-Müller, Das Personenrecht des Schweizerischen Zivilgesetzbuches, 3. Aufl., Bern 2012
Hausheer/Geiser/Aebi-Müller, Erwachsenenschutzrecht	Heinz Hausherr/Thomas Geiser/Regina E. Aebi-Müller, Das neue Erwachsenenschutzrecht, 2. Aufl., Bern 2014
Hausheer/Geiser/Aebi-Müller, Familienrecht	Heinz Hausherr/Thomas Geiser/Regina E. Aebi-Müller, Das Familienrecht des Schweizerischen Zivilgesetzbuches, 5. Aufl., Bern 2014
Hrubesch-Millauer/Jakob	Stephanie Hrubesch-Millauer/David Jakob, Erwachsenenschutzrecht, Zürich/St. Gallen 2013
Kieser	Ueli Kieser, ATSG-Kommentar, 2. Aufl., Zürich 2009
KOKES	KOKES (Hrsg.), Praxisanleitung Erwachsenenschutzrecht (mit Mustern), Zürich 2012
Kropholler	Jan Kropholler, Internationales Privatrecht, einschliesslich der Grundbegriffe des Internationalen Zivilverfahrensrechts, 6. Aufl., Tübingen 2006
KUKO ZGB-Bearbeiter/in	Andrea Büchler/Dominique Jakob (Hrsg.), ZGB: Kurzkommentar, Basel 2012
Meier/Lukic	Philippe Meier/Suzana Lukic, Introduction au nouveau droit de la protection de l'adulte, Genève 2011
Meier/Stettler	Philippe Meier/Martin Stettler, Droit de la filiation, 5. Aufl., Genf 2014

MICHEL	Margot Michel, Rechte von Kindern in medizinischen Heilbehandlungen, Diss., Basel 2009
MONSCH ET AL.	Andreas U. Monsch/Stephan Wolf/Anna Lea Setz/Stephanie Hrubesch-Millauer/David Jakob/Peter Stähli, Das neue Erwachsenenschutzrecht – insbesondere Urteilsfähigkeit und ihre Prüfung durch die Urkundsperson, Bern 2012
MÜKO-BEARBEITER/IN	Franz Jürgen Säcker/Roland Rixecker (Hrsg.), Münchener Kommentar zum Bürgerlichen Gesetzbuch, 6. Aufl., München 2012
OFK ZGB-BEARBEITER/IN	Jolanta Kren Kostkiewicz/Peter Nobel/Ivo Schwander/Stephan Wolf (Hrsg.), Schweizerisches Zivilgesetzbuch Kommentar, 2. Aufl., Bern 2011
PEDRAZZINI/OBERHOLZER	Mario M. Pedrazzini/Niklaus Oberholzer, Grundriss des Personenrechts, 4. Aufl., Bern 1993
RHINOW/KOLLER/KISS/THURNHERR/BRÜHL-MOSER	René Rhinow/Heinrich Koller/Christina Kiss/Daniela Thurnherr/Denise Brühl-Moser, Öffentliches Prozessrecht, Grundlagen und Bundesrechtspflege, 2. Aufl., Basel 2010
SCHMID	Hermann Schmid, Erwachsenenschutz: Kommentar zu Art. 360–456 ZGB, Zürich 2010
SCHWENZER	Ingeborg Schwenzer, Obligationenrecht, Allgemeiner Teil, 6. Aufl., Bern 2012
SG Komm-BEARBEITER/IN	Bernhard Ehrenzeller/Philippe Mastronardi/Rainer J. Schweizer/Klaus A. Vallender (Hrsg.), Die schweizerische Bundesverfassung, Kommentar, 2. Aufl., Zürich 2008
SPÜHLER/DOLGE/VOCK	Karl Spühler/Annette Dolge/Dominik Vock, Kurzkommentar zum Bundesgerichtsgesetz (BGG), Zürich 2006
STEINAUER/FOUNTOULAKIS	Paul-Henri Steinauer/Christiana Fountoulakis, Droit des personnes physiques et de la protection de l'adulte, Bern 2014
STRATENWERTH AT I	Günter Stratenwerth, Schweizerisches Strafrecht, Allgemeiner Teil I, Die Straftat, 4. Aufl., Bern 2011
STRATENWERTH/JENNY/BOMMER, BT I	Günter Stratenwerth/Guido Jenny/Felix Bommer, Schweizerisches Strafrecht, Besonderer Teil I, Straftaten gegen Individualinteressen, 7. Aufl., Bern 2010
STRATENWERTH/BOMMER, BT II	Günter Stratenwerth/Felix Bommer, Schweizerisches Strafrecht, Besonderer Teil II, Straftaten gegen Gemeininteressen, 7. Aufl., Bern 2013

STRATENWERTH/ WOHLERS	Günter Stratenwerth/Wolfgang Wohlers, Schweizerisches Strafgesetzbuch, Handkommentar, 3. Aufl., Bern 2013
Sutter-Somm/Hasenböhler/Leuenberger-BEARBEITER/IN	Thomas Sutter-Somm/Franz Hasenböhler/Christoph Leuenberger (Hrsg.), Kommentar zur Schweizerischen Zivilprozessordnung, 2. Aufl., Zürich/Basel/Genf 2013
TUOR/SCHNYDER/ SCHMID/RUMO-JUNGO	Peter Tuor/Bernhard Schnyder/Jörg Schmid/Alexandra Rumo-Jungo, Das Schweizerische Zivilgesetzbuch, 13. Aufl., Zürich 2009
VILLIGER	Mark Eugen Villiger, Handbuch der Europäischen Menschenrechtskonvention (EMRK), unter besonderer Berücksichtigung der schweizerischen Rechtslage, 2. Aufl., Zürich 1999
VOGEL/SPÜHLER	Oscar Vogel/Karl Spühler, Grundriss des Zivilprozessrechts und des internationalen Zivilprozessrechts der Schweiz, 8. Aufl., Bern 2006
WIDMER BLUM	Carmen Ladina Widmer Blum, Urteilsunfähigkeit, Vertretung und Selbstbestimmung – insbesondere: Patientenverfügung und Vorsorgeauftrag, Zürich 2010
ZK-BEARBEITER/IN	Zürcher Kommentar zum Schweizerischen Zivilgesetzbuch, unterschiedliche Auflagen, die Nachweise beziehen sich auf die laufende Auflage, Zürich ab 1909

Materialienverzeichnis

Anhörungsbericht VBVV 2012	Verordnung über die Vermögensverwaltung im Rahmen einer Beistandschaft oder Vormundschaft (VBVV), Bericht des Bundesamts für Justiz über das Ergebnis des Anhörungsverfahrens, Mai 2012
Begleitbericht VBVV 2012	Verordnung über die Vermögensverwaltung im Rahmen einer Beistandschaft oder Vormundschaft (VBVV), Begleitbericht des Bundesamts für Justiz, November 2011
Bericht VE Erwachsenenschutz	Revision des Vormundschaftsrechts. Begleitbericht mit Vorentwurf für eine Änderung des ZGB (Erwachsenenschutz), Juni 1998
BerichtExpK Erwachsenenschutz 03	Expertenkommission für die Gesamtrevision des Vormundschaftsrechts. Erwachsenenschutz. Bericht zum Vorentwurf für eine Revision des Zivilgesetzbuchs (Erwachsenenschutz, Personen- und Kindsrecht), Juni 2003
BerichtExpK Erwachsenenschutz 95	Zur Revision des Schweizerischen Vormundschaftsrechts. Bericht der vom Bundesamt für Justiz im Hinblick auf die Revision des Vormundschaftsrechts eingesetzten Expertengruppe (Schnyder Bernhard/ Stettler Martin/Häfeli Christoph), Bern 1995
Botschaft Erwachsenenschutz	Botschaft zur Änderung des Schweizerischen Zivilgesetzbuches (Erwachsenenschutz, Personenrecht und Kindsrecht) vom 28. Juni 2006, BBl 2006 7001 ff.
Botschaft ÜMB	Botschaft betreffend das Europäische Übereinkommen vom 4. April 1997 zum Schutz der Menschenrechte und der Menschenwürde im Hinblick auf die Anwendung

	von Biologie und Medizin (Übereinkommen über Menschenrechte und Biomedizin) und das Zusatzprotokoll vom 12. Januar 1998 über das Verbot des Klonens menschlicher Lebewesen vom 12. September 2001, BBl 2002 271 ff.
Botschaft ZPO	Botschaft zur Schweizerischen Zivilprozessordnung (ZPO) vom 28. Juni 2006, BBl 2006 7221 ff.
Bundesbeschluss ÜMB	Bundesbeschluss über die Genehmigung des Übereinkommens über Menschenrechte und Biomedizin vom 20. März 2008, BBl 2008 2341 ff.
E-Erwachsenenschutz	Schweizerisches Zivilgesetzbuch (Erwachsenenschutz, Personenrecht und Kindesrecht), Entwurf vom 28. Juni 2006, BBl 2006 7139 ff.
VE Erwachsenenschutz 03	Schweizerisches Zivilgesetzbuch (Erwachsenenschutz, Personenrecht und Kindesrecht), Vorentwurf vom Juni 2003
VE Erwachsenenschutz/ Verfahren	Bericht mit Vorentwurf für ein Bundesgesetz über das Verfahren vor den Kindes- und Erwachsenenschutzbehörden von a.Oberrichter Dr. Daniel Steck, Greifensee, Juni 03
VE Erwachsenenschutz/ Vernehmlassungen	Zusammenstellung der Vernehmlassungen, Vorentwurf für eine Revision des Zivilgesetzbuches (Erwachsenenschutz, Personenrecht und Kindesrecht), Oktober 2004

Einführung in den zivilrechtlichen Erwachsenenschutz

Literatur

AEBI-MÜLLER, Perpetuierte Selbstbestimmung? Einige vorläufige Gedanken zur Patientenverfügung nach neuem Recht, ZBJV 2013, 150 ff.; AUER, Bundeskompetenzen in Verfahren vor vormundschaftlichen Behörden, ZVW 2003, 188 ff.; FUCHS, Europäisches Sozialrecht – Eine Einführung, in: Fuchs (Hrsg.), Europäisches Sozialrecht, 5. Aufl., Baden-Baden 2010, 1 ff.; GÄCHTER/RÜTSCHE, Gesundheitsrecht. Ein Grundriss für Studium und Praxis, 3. Aufl., Basel 2013; GEISER, Die fürsorgerische Freiheitsentziehung als Rechtsgrundlage für eine Zwangsbehandlung?, in: Gauch et al. (Hrsg.), Familie und Recht. Festgabe der Rechtswissenschaftlichen Fakultät der Universität Freiburg für Bernhard Schnyder zum 65. Geburtstag, Freiburg 1995, 289 ff. (zit. FS Schnyder); DERS., Die Aufsicht im Vormundschaftswesen, ZVW 1993, 201 ff.; HEIDER, Die Geschichte der Vormundschaft seit der Aufklärung, Diss. Bochum, 2011; HENKEL, Die Anordnung von Kindesschutzmassnahmen gem. Art. 307 rev. ZGB, Diss. Zürich 1977; KÄHLER/ZOBRIST, Soziale Arbeit in Zwangskontexten, Wie unerwünschte Hilfe erfolgreich sein kann, 2. Aufl., Basel 2013; LUTHE, Bildungsrecht, Berlin 2003; MAURER, Schweizerisches Sozialversicherungsrecht, Bd. 1, AT, 2. Aufl., Bern 1983; MAURER/SCARTAZZINI/HÜRZELER, Bundessozialversicherungsrecht, 3. Aufl., Basel 2008; MEYER/SIKI, Bestand und Umsetzung der Sozialrechte in der Schweiz, SZS 2010, 407 ff.; RIEMER, Die Vertretung bei der Ausübung von Rechten, die unmündigen oder unter einer vormundschaftlichen Massnahme stehenden Personen «um ihrer Persönlichkeit willen zustehen», ZVW 1998, 216 ff.; ROSCH, Die Bestimmung der Aufgabenbereiche des Beistandes nach nArt. 391 ZGB, ZKE 2010, 184 ff.; DERS., Die Begleitbeistandschaft – per aspera ad astra?, FamPra.ch 2010, 268 ff.; DERS., Zwangskontext und «Zwangsbeglückung» in der gesetzlichen Sozialen Arbeit – Phänomen und rechtliche Aspekte, SZfSA 2011, 84 ff.; SCHMID, Einführung in die Beistandschaften (Art. 377–384 VE), ZSR 2003 I, 311 ff.; SCHWARZ, Die Vormundschaftsbeschwerde Art. 420 ZGB, Diss. Zürich 1968; TSCHUDI, Der Schweizerische Sozialstaat – Realität und Verpflichtung, in: Saladin/Vischer (Hrsg.), Beiträge zum Arbeits- und Sozialrecht, Festgabe zum 70. Geburtstag des Verfassers, Bern 1983, 3 ff.; VBK, Kindes- und Erwachsenenschutzbehörde als Fachbehörde (Analyse und Modellvorschläge), Empfehlungen der Konferenz der kantonalen Vormundschaftsbehörden (VBK), ZVW 2008, 63 ff.; VOLL, Recht in der Sozialen Arbeit, in: Rosch/Wider: Zwischen Schutz und Selbstbestimmung. Festschrift für Professor Christoph Häfeli zum 70. Geburtstag, Bern 2013; WOLFFERS, Grundrisse des Sozialhilferechts, Eine Einführung in die Fürsorgegesetzgebung von Bund und Kantonen, 2. Aufl., Bern 1993; ZOBRIST, Die psychosoziale Dimension der vormundschaftlichen Arbeit im Zwangskontext, ZVW 2008, 465 ff.

I. Ziel und Zweckbestimmung des zivilrechtlichen Erwachsenenschutzes (materielle Begriffsbestimmung)

Natürliche Personen handeln, soweit sie urteilsfähig und volljährig sind, als Rechtssubjekte im Rahmen der Rechtsordnung im Grundsatz selbständig. Diese Autonomie kann dann fraglich sein, wenn eine natürliche Person einen Schwächezustand (z.B. Demenz) aufweist, der ihr Wohl gefährdet, da sie wichtige Angelegenheiten nicht mehr oder nur noch unzureichend besorgen kann (z.B. finanzielle Angelegenheiten). Hier sieht das Erwachsenenschutzrecht Instrumente vor, welche es ermöglichen, in solchen Situationen zum Wohl der betroffenen Person Lösungen zu deren Schutz zu finden, sofern dieser Schutz nicht anders (z.b. durch private Dritte oder Dienste) gewährleistet werden kann. Der zivilrechtliche Erwachsenenschutz bezweckt somit, dass die aufgrund eines Schwächezustandes (z.b. psychische Störung, geistige Behinderung) bestehende Hilfs- und Schutzbedürftigkeit (z.b. Unfähigkeit der Regelung der finanziellen Angelegenheiten) behoben, ausgeglichen oder gemildert wird.

2   Die Instrumente des Erwachsenenschutzrechts im engeren Sinn (s. N 4) umfassen:
– «Massnahmen», die **von der betroffenen Person selbst** getroffen werden können (Vorsorgeauftrag [Art. 360 ff.], Patientenverfügung [Art. 370 ff.]); es handelt sich hier nicht um eigentliche Massnahmen, sondern um Instrumente, mit denen das Selbstbestimmungsrecht auch über die Zeit der eigenen Urteilsunfähigkeit hinaus gewahrt werden kann.
– «Massnahmen» die **von Gesetzes wegen** für urteilsunfähige Personen eintreten (Vertretung Ehegatten, eingetragene Partnerin [Art. 374], Vertretung bei medizinischen Massnahmen [Art. 377], Aufenthalt in Wohn- und Pflegeeinrichtungen [Art. 382]); es handelt sich auch hier nicht um eigentliche Massnahmen, sondern um gesetzliche Vertretungsberechtigungen nahestehender Personen.
– **Behördliche Massnahmen** (Beistandschaft und Fürsorgerische Unterbringung, Art. 388 ff.).

3   Mit diesen Instrumenten soll das Manko an Personensorge (persönliche Betreuung und Beratung), Vermögenssorge (vermögensrechtliche Hilfestellungen) und der Vertretung im Rechtsverkehr ausgeglichen werden (s. Art. 388 N 2 f.; Hausheer/Geiser/Aebi-Müller, Familienrecht, Rz 19.10; Fassbind, 40). Es geht also darum, natürliche Personen, die aufgrund ihrer persönlichen Situation, z.B. aufgrund einer geistigen Behinderung, einer psychischen Störung, ausgeprägter Unerfahrenheit etc. hilfs- und schutzbedürftig werden, zu schützen resp. ihnen im Rahmen ihrer Hilfs- und Schutzbedürftigkeit zu helfen.

Schutz- und Hilfsbedürftigkeit aufgrund eines Schwächezustandes	Zu regelnde Aufgabenbereiche (Art. 391)
Schutz- und Beistandsbedürftigkeit im persönlichen Bereich (gesundheitliche Versorgung, Hygiene, Ernährung etc.)	Persönliche Betreuung/Beratung/Fürsorge (Personensorge)
Schutzbedürftigkeit in finanziellen Angelegenheiten	Vermögensrechtliche Hilfestellungen
Mangelnde Handlungsfähigkeit	Gesetzliche Vertretung im Rechtsverkehr

II. Umfang des zivilrechtlichen Erwachsenenschutzes (formale Begriffsbestimmung)

Der zivilrechtliche Erwachsenenschutz **im weiteren Sinn** (i.w.S.) umfasst die Gesamtheit der Regeln des Bundesprivatrechts, welche vom zivilrechtlichen Erwachsenenschutz, dessen Organen etc. handeln, auch wenn diese zum Teil ausserhalb der dritten Abteilung des Familienrechts angesiedelt sind (z.b. Bestimmungen des Handlungsfähigkeitsrechts) sowie weitere Bestimmungen ausserhalb des Bundesprivatrechts (z.B. kantonales Recht). Demgegenüber umfasst der zivilrechtliche Erwachsenenschutz **im engeren Sinn** (i.e.S.) ausschliesslich die in der dritten Abteilung des Familienrechts genannten Bereiche der eigenen Vorsorge und Massnahmen von Gesetzes wegen (10. Titel), der behördlichen Massnahmen (11. Titel) und der Organisation (12. Titel; HAUSHEER/GEISER/AEBI-MÜLLER, Familienrecht, Rz 19.07.; andere Aufteilung bei BK-SCHNYDER/MURER, Syst. Teil N 6 ff.). Erwachsenenschutzrecht i.w.S.:

- Erwachsenenschutzrecht i.e.S. (Art. 360–456)
- Bestimmungen des Bundesprivatrechts ausserhalb von Art. 360–456
- Bestimmungen ausserhalb des Bundesprivatrechts

III. Zivilrechtlicher Erwachsenenschutz als Teil des Sozialrechts

Die schweizerische Rechtsordnung definiert kein Gebiet mit dem Titel «Sozialrecht». Aufgrund dessen wird der Begriff des Sozialrechts auch als «schillernd und unscharf» (MAURER, 46) umschrieben, auch wenn einzelne Rechtsbereiche den Begriff «sozial» tragen (z.B. Sozialhilfe, Sozialversicherungen). Die unterschiedlichen Definitionsversuche in der Literatur haben die sozialpolitische Zwecksetzung gemeinsam (s. die Übersicht bei MAURER, 47 f.; MAURER/SCARTAZZINI/HÜRZELER, § 2 Rz 1, 3; FUCHS, Rz 5). Darunter sind in aller Regel Massnahmen zu verstehen, welche Hilfe resp. Ausgleich von (finanziellen, strukturellen, persönlichen) Defiziten ermöglichen (Verteilungsgerechtigkeit, ausgleichende Gerechtigkeit). Diese Fokussierung auf die Sozialpolitik wurde v.a. von der sozialpolitischen Literatur geprägt (FUCHS, Rz 6).

Ursprünglich fussten Bestrebungen im Bereich des Sozialrechts, gerade im Sozialversicherungs- und Arbeitsrecht, in der schwierigen sozialen Lage der Arbeitnehmenden. Es ging also in der Tendenz um Daseinsfürsorge und -vorsorge von unterprivilegierten Bevölkerungsschichten. Spätere Vorkehrungen, wie Mieterschutz, Förderung des Wohnungsbaus, Konsumentenschutz, Opferhilfe etc., waren nicht mehr auf bestimmte Bevölkerungsschichten ausgerichtet. Sie verfolgen Ziele, «die der Einzelne aus eigener Kraft nicht erreichen kann, weshalb der Einsatz des Staates zum Wohle der Allgemeinheit unerlässlich ist» (TSCHUDI, 15, 7 ff. m.w.H.). Sozialrechtliche Massnahmen beinhalten Massnahmen zur Befriedigung der als notwendig erachteten Lebensbedürfnisse, der Daseinsfürsorge und -vorsorge gerade dort, wo sie aufgrund der tatsächlichen Situation (z.B. Wohnungsmarkt) nicht mehr gewährleistet sind. Was zu diesen Lebensbedürfnissen gehört, ergibt sich aufgrund einer gesellschaftlich wandelbaren Wertung. Sozialrecht ist somit Ausdruck des verfassungsmässig verankerten **Sozialstaatlichkeitsprinzips** (z.B. Art. 12, 19,

29 Abs. 3, Art. 41, 111 f. BV; in diese Stossrichtung nun auch MEYER/SIKI, SZS 2010, 408 ff.). Sozialrecht würde somit als Querschnittsmaterie zwischen öffentlichem Recht und Privatrecht **sämtliche rechtlichen Normen umfassen, welche die für die Lebensbewältigung notwendige Teilhabe ermöglichen sollen und zugleich Ausdruck einer besonderen sozialstaatlichen Zielsetzung sind, also auf soziale Absicherung, sozialen Ausgleich, Schutz, Teilhabe und Chancengleichheit ausgerichtet sind** (gl.M. FASSBIND, 32). Damit wird die ursprünglich auf Sozialpolitik ausgerichtete Definition erweitert; gerade mit Blick auf das geltende Erwachsenenschutzrecht, das auch Teile des Gesundheitsrechts umfasst, erscheint diese Erweiterung sinnvoll.

7 Zum **Eingriffssozialrecht** s. ausf. u. N 8 ff.
Sozialversicherungen decken die Folgen von eingetretenen Risiken mittels einer Versicherung ab. Das Kausalprinzip steht im Vordergrund, wonach die Ursache, welche zum wirtschaftlichen Schaden geführt hat, über die Zuständigkeit, Ausrichtung, Höhe etc. der Sozialversicherungsleistung entscheidet (MAURER/SCARTAZZINI/HÜRZELER, § 2 Rz 11 ff., § 22 Rz 14 mit weiteren Differenzierungen).
Sozialhilfe gelangt subsidiär zum Sozialversicherungsrecht zur Anwendung. Sie richtet sich im Rahmen der wirtschaftlichen Sozialhilfe nach dem Finalprinzip: Die Differenz der wirtschaftlichen Eigenleistung zum sozialen Existenzminimum wird ausbezahlt (WOLFFERS, 34; MAURER/SCARTAZZINI/HÜRZELER, § 2 Rz 9); im Rahmen der persönlichen Beratung und Betreuung sind die Dienstleistungen der Sozialhilfe mit jenen des Kindes- und Erwachsenenschutzrechts weitgehend deckungsgleich (HÄFELI, Wegleitung, 34).
Gesundheitsrecht umfasst in Anlehnung an die Definition der Weltgesundheitsorganisation (WHO) sämtliche Rechtsnormen, die einen Zustand des vollständigen körperlichen, geistigen und sozialen Wohlergehens zum Ziele hat (GÄCHTER/RÜTSCHE, Rz 11 ff. mit weiteren Differenzierungen).
Bildungsrecht ist die Gesamtheit der rechtlichen Bestimmungen, die im Zusammenhang mit Ausbildung und Weiterbildung erlassen werden (zur kaum fassbaren Definition LUTHE, 1 ff. m.w.H.).

Folgende typologische Kategorisierung des Sozialrechts mit *exemplarischen* Gesetzen wäre in Anlehnung an HÄFELI, Wegleitung, 33, möglich:

Eingriffssozialrecht	Sozialhilferecht	Sozialversicherungsrecht	Teile des Gesundheitsrechts	Teile des Bildungsrechts	übrige Sozialrechtsgesetzgebung
– Zivilrechtliches Kindes- und Erwachsenenschutzrecht – Kant. EG ZGB – PAVO – Jugendstrafrecht – StGB und Straf- und Massnahmenvollzugsrecht – StGB (56 ff.) – Betäubungsmittelgesetz – Teile des kant. Polizeirechts (z.B. Pflichtberatung Häusliche Gewalt)	– BG Zuständigkeit für Unterstützung Bedürftiger (ZUG) – Asylrecht – BG Fürsorgeleistung an Ausland-CH – Kant. Sozialhilfegesetze und -verordnungen	– AHVG – IVG – ELG – BVG – KVG – UVG – ALVG – ATSG – Bundesrechtliche und kant. Familien- und Kinderzulagengesetze – Verordnungen zu den Sozialversicherungen – Abkommen mit der EU über Personenfreizügigkeit – Bilaterale Sozialversicherungsabkommen	– Übereinkommen über Menschenrechte und Biomedizin – Kant. Gesundheitsgesetzgebung – BG Betäubungsmittelgesetz	– BG über Berufsbildung – Fachhochschulgesetz – Kant. Stipendiengesetze – Kant. Schul- und Bildungsgesetzgebung	– Arbeitsgesetz (ArG) – OR Arbeitsvertrag – Konsumkreditgesetz – OR: Mietrecht – Bundesrechtliche und kant. Bestimmungen über genossenschaftliche Wohnbauförderung – ZGB: Ehe- und Scheidungsrecht, insb. Unterhalt – Kantonale Bestimmungen über die Alimentenbevorschussung – ZGB: Persönlichkeitsschutz – ZGB: Erbrecht (Pflichtteile) – Teile des Asyl- und Ausländerrechts – OHG – SchKG – Versicherungsvertragsrecht

IV. Zivilrechtlicher Erwachsenenschutz als Teil des Eingriffssozialrechts

8 Zivilrechtlicher Erwachsenenschutz gehört insb. im Bereich der behördlichen Massnahmen (Art. 388 ff.), aber auch in anderen Bereichen (Art. 368, 373) zum Eingriffssozialrecht. Als spezifisches Element kommt hier der Eingriff zum Sozialrecht hinzu. Der Einzelne wird im Grundsatz vor Eingriffen des Staates in seinen Freiheitsrechten geschützt. Im Rahmen des Erwachsenenschutzrechts geht es in aller Regel um den Schutz durch das **Grundrecht auf persönliche Freiheit**. Dieses schützt den Einzelnen vor Eingriffen des Staates, insb. in die körperliche Integrität, in die Bewegungsfreiheit und in die geistige Unversehrtheit (HÄFELIN/HALLER/KELLER, Rz 346 ff.).

9 Dieser grundrechtliche Schutz gilt nicht absolut; in die Grundrechte kann auch eingegriffen werden. Art. 36 BV umschreibt unter welchen Voraussetzungen ein **Grundrechtseingriff** erlaubt ist. Dies ist der Fall, wenn:
– eine gesetzliche Grundlage dies vorsieht (hier: das Erwachsenenschutzrecht i.e.S. im ZGB);
– der Eingriff durch ein öffentliches Interesse gerechtfertigt ist (hier: Schutz und Wohl der hilfsbedürftigen Person);
– der Eingriff verhältnismässig ist (Geeignetheit, Erforderlichkeit, Zumutbarkeit sowie angemessenes Zweck-Mittel-Verhältnis; s. hierzu Art. 389 N 2 ff.);
– der absolute Kerngehalt geschützt ist (z.B. Lügendetektoren, Narkoanalyse zum Zweck der Wahrheitsermittlung [BGE 109 Ia 273 E. 7]; zum Ganzen HÄFELIN/HALLER/KELLER, § 9).

Sind diese Voraussetzungen gegeben, ist der Grundrechtseingriff rechtmässig. Im Einzelfall ist somit zu prüfen, ob für die Anordnung einer Beistandschaft eine gesetzliche Grundlage vorhanden ist, deren Voraussetzungen erfüllt sind (Art. 393 ff.) und sie durch ein öffentliches Interesse gedeckt ist. Zudem muss der Eingriff im Einzelfall verhältnismässig sein und darf den absoluten Kerngehalt nicht tangieren.

10 Damit gibt das Recht eine **formale Struktur** vor und legt die Voraussetzungen für einen rechtmässigen Grundrechtseingriff fest. Diese formale Struktur gilt es zu beachten. Gleichzeitig verweist das Recht aber massgebend auf **Referenzdisziplinen**, insb. auf die Soziale Arbeit (für den Bezug zum Kindes- und Erwachsenenschutzrecht s. BSK ZGB I-LANGENEGGER, Vor aArt. 360–456 N 11 f.; BK-SCHNYDER/MURER, Syst. Teil N 314), aber auch auf Medizin, Psychiatrie, Psychologie, Treuhand etc. Die Einschätzung, ob eine Beistandschaft geeignet und erforderlich ist und in einer angemessen Zweck-Mittel-Relation steht, wird inhaltlich massgeblich durch diese Referenzdisziplinen diskutiert. Die Fragen, welche Aufgabenbereiche (Art. 391) bei einer Schizophrenie einer Beiständin zum Schutz der Person für die Zukunft zuzuweisen sind, ob es Alternativen zu den oder zu einzelnen Formen der Beistandschaften gibt, welche Entwicklungsverläufe von Schizophrenien bekannt sind und wie sich diese auf die Schutzbedürftigkeit der Person auswirken etc., reichen weit über das Rechtssystem hinaus und verdeutlichen die Notwendigkeit einer **interdisziplinären Herangehensweise**.

Eingriffssozialrecht steht immer in einem **Spannungsfeld** zwischen **Betreuung** (insb. gegen den Willen der Person) und **Freiheit** bzw. **Fremd- und Selbstbestimmung**. Im Einzelfall ist eine Interessenabwägung vorzunehmen. Der Grundsatz der Freiheitsvermutung gilt eingeschränkt: Einerseits geht ein Entscheid über Eingriff oder Nichteingriff von einer Prognosestellung aus, welche auch nicht zutreffend sein kann und somit Zweifel offen lässt; andererseits kann im Einzelfall der unmittelbar zu erreichende Vorteil beim Eingriff in keinem Verhältnis zum allenfalls sonst eintretenden Schaden stehen, sodass im Zweifelsfall ausnahmsweise vom Eingriff auszugehen ist (BK-SCHNYDER/MURER, Syst. Teil N 249 ff.).

V. Rechtsquellen des zivilrechtlichen Erwachsenenschutzes

Die Bundesverfassung überträgt in Art. 122 BV dem Bundesgesetzgeber die Kompetenz, auf dem gesamten Gebiet des **Zivilrechts** und des Zivilprozessrechts Normen zu erlassen. Der Gesetzgeber hätte somit die **Kompetenz** gehabt, das **Verfahren umfassend zu regeln** (AUER, ZVW 2003, 188 ff.); aufgrund der Rückmeldungen in der Vernehmlassung (s. u. N 52) wurde es aber nur punktuell in den dringend gebotenen Aspekten vereinheitlicht (gl.M. FASSBIND, 34; a.M. HAUSHEER/GEISER/AEBI-MÜLLER, Familienrecht, Rz 19.16). Gemäss Art. 450f sind die Bestimmungen der Zivilprozessordnung sinngemäss anwendbar, soweit die Kantone nichts anderes bestimmen. Damit ergibt sich für das Verfahren aus Art. 450f folgende Normenhierarchie:
1) Verfahrensbestimmungen im ZGB
2) Kantonale Ausführungsbestimmungen zum Verfahren oder Verweis auf kantonales oder Bundesrecht
3) Anwendbarkeit der ZPO
Zum internationalen Recht s. Art. 388 N 6.

Das Erwachsenenschutzrecht i.e.S. ist massgebliche Rechtsquelle und wie folgt gegliedert:

Abteilung	Titel	Abschnitt	Unterabschnitt
1. Das Eherecht			
2. Die Verwandtschaft			
3. Der Erwachsenenschutz	10. Die eigene Vorsorge und Massnahmen von Gesetzes wegen	1. Die eigene Vorsorge	1. Der Vorsorgeauftrag (Art. 360–369)
			2. Die Patientenverfügung (Art. 370–373)
		2. Massnahmen von Gesetzes wegen für urteilsunfähige Personen	1. Vertretung durch den Ehegatten, den eingetragenen Partner (Art. 374–376)
			2. Vertretung bei medizinischen Massnahmen (Art. 377–381)
			3. Aufenthalt in Wohn- oder Pflegeeinrichtungen (Art. 382–387)
	11. Die behördlichen Massnahmen	1. Allgemeine Grundsätze (Art. 388 f.)	
		2. Die Beistandschaften	1. Allgemeine Bestimmungen (Art. 390–392)
			2. Die Arten von Beistandschaften (Art. 393–398)
			3. Ende der Beistandschaft (Art. 399)
			4. Der Beistand oder die Beiständin (Art. 400–404)
			5. Die Führung der Beistandschaft (Art. 405–414)
			6. Die Mitwirkung der Erwachsenenschutzbehörde (Art. 415–418)
			7. Einschreiten der Erwachsenenschutzbehörde (Art. 419)
			8. Besondere Bestimmungen für Angehörige (Art. 420)
			9. Das Ende des Amtes der Beiständin (Art. 421–425)
		3. Die fürsorgerische Unterbringung (Art. 426–439)	
2. Titel: Familienrecht			

Abteilung	Titel	Abschnitt	Unterabschnitt
	12. Organisation	1. Behörden und örtliche Zuständigkeit (Art. 440–442)	
		2. Verfahren	1. Vor der Erwachsenenschutzbehörde (Art. 443–449c)
			2. Vor der gerichtlichen Beschwerdeinstanz (Art. 450–450e)
			3. Gemeinsame Bestimmung (Art. 450f)
			4. Vollstreckung (Art. 450g ZB)
		3. Verhältnis zu Dritten und Zusammenarbeitspflicht (Art. 451–453)	
		4. Verantwortlichkeit (Art. 454–456)	

2. Titel: Familienrecht

14 Das **kantonale Recht** konkretisiert nach Bedarf das Erwachsenenschutzrecht i.e.S. oder legiferiert in Bereichen, in denen das Bundesrecht die Kompetenz den Kantonen übertragen hat. Das kantonale Recht darf dabei dem Bundesrecht nicht widersprechen (Bundesrecht bricht kantonales Recht, *lex superior derogat legi inferiori*; HÄFELIN/HALLER/KELLER, Rz 1173 ff.). Kantonalrechtliche **Ausführungsbestimmungen** finden sich insb. bei der Organisation der KESB (Grösse, Zusammensetzung, Abklärungsdienste) und deren Zuständigkeit, bei der Bezeichnung der Aufsichts- und Rechtsmittelinstanzen, beim Verfahren (Art. 450f, Kosten, weitergehende Bestimmungen), bei der Mandatsführung (Art. 400 Abs. 1, Art. 404 Abs. 3), der fürsorgerischen Unterbringung (Zuständigkeit Ärzte, Frist ärztliche Unterbringung, Nachbetreuung) und der Verantwortlichkeit (anzuwendendes Verfahrensrecht, Rückgriff). Vgl. für die jeweiligen kantonalen Ausführungsbestimmungen der Deutschschweizer Kantone und der drei zweisprachigen Kantone BE, FR und VS die Kommentierung der einzelnen Artikel.

VI. Zivilrechtlicher Erwachsenenschutz als Teil des Familienrechts

15 Das Erwachsenenschutzrecht befindet sich im zweiten Teil des Zivilgesetzbuches, dem Familienrecht. Es bildet nach dem Eherecht (Art. 90–251) und der Verwandtschaft (Art. 252–359) die dritte Abteilung des Familienrechts und gehört somit **formal zum Privatrecht und zum Familienrecht**. Inhaltlich wird die Zuordnung insb. **historisch** begründet oder aber damit, dass das Erwachsenenschutzrecht weitgehend der elterlichen Fürsorge nachgebildete individuelle Fürsorge für Person und Vermögen sei und das Kindesrecht ergänze (ZK-EGGER, Einl. N 12, 14; BK-SCHNYDER/MURER, Syst. Teil N 152 ff., 55 f.).

VII. Zivilrechtlicher Erwachsenenschutz als Teil des Handlungsfähigkeitsrechts

16 Zivilrechtlicher Erwachsenenschutz ist **Teil des Handlungsfähigkeitsrechts**. Ist eine Person aufgrund eines Schwächezustandes schutzbedürftig, so sieht das zivilrechtliche Erwachsenenschutzrecht vor, dass diese Schutzbedürftigkeit behoben, gemildert oder ausgeglichen wird, indem Instrumente bereitgestellt werden, welche die Handlungsfähigkeit der betroffenen Person beschränken oder entziehen (z.B. Beistandschaften) resp. ermöglichen, dass ihr Wille ausgeführt wird (z.B. Patientenverfügung) oder von Gesetzes wegen die Kompetenz jemandem zugeteilt wird (z.B. Kompetenzen des Ehegatten einer urteilsunfähigen Person). **Anknüpfungspunkt** in Bezug auf die **Rechtsfolge** des zivilrechtlichen Erwachsenenschutzes ist somit das Handlungsfähigkeitsrecht. Das Erwachsenenschutzrecht bestimmt wie das Handlungsfähigkeitsrecht auch darüber, «unter welchen Voraussetzungen menschliches Verhalten die ordentlichen von der Rechtsordnung an dieses geknüpften Rechtsfolgen auslöst» (BK-BUCHER, Art. 12 ZGB N 2) und ergänzt das Handlungsfähigkeitsrecht, indem es gewisse Personenkreise von vornherein (teilweise) vom Rechtsleben ausschliesst und sie dadurch schützt (BK-SCHNYDER/MURER, Syst.

Teil N 22 ff.) bzw. Instrumente und Regelungen im Falle der Urteilsunfähigkeit vorsieht. Demgegenüber korreliert die **fürsorgerische Unterbringung** nicht mit dem Handlungsfähigkeitsrecht. Als nicht amtsgebundene Massnahme ist sie alleine auf Personensorge ausgerichtet. Bei ihr wird ausschliesslich über den Aufenthalt einer Person gegen deren Willen bestimmt (vgl. Art. 426 N 14). Damit wird zwar massiv in die Handlungsfreiheit, nicht aber in die Handlungsfähigkeit eingegriffen (s. N 25), weil sie nicht auf Rechtsgeschäfte ausgerichtet ist (ähnlich auch die Begleitbeistandschaft [Art. 393 N 4 f.]).

1. **Die Rechtsfähigkeit**

Rechtsfähig ist gem. Art. 11 Abs. 1 jedermann. Unter Rechtsfähigkeit versteht man, dass eine Person die Möglichkeit hat, **Träger von Rechten und Pflichten** zu sein, diese zu erwerben, zu behalten und darüber zu verfügen (HAUSHEER/AEBI-MÜLLER, Rz 02.01; PEDRAZZINI/OBERHOLZER, 24, 27 f.; BUCHER A., Personen, Rz 18). Es geht um die **Zurechenbarkeit** von Rechten und Pflichten (BK-BUCHER, Art. 11 ZGB N 30). Damit wird verdeutlicht, dass auch Handlungsunfähige (Kleinkinder, geistig behinderte oder bewusstlose Personen) rechtsfähig sind (HAUSHEER/AEBI-MÜLLER, Rz 02.02). Mit der Rechtsfähigkeit wird der Mensch vom Rechtsobjekt zum **Rechtssubjekt** (PEDRAZZINI/OBERHOLZER, 25).

Art. 11 Abs. 2 sieht vor, dass das Gesetz die Rechtsfähigkeit **begrenzen** darf. Hierzu gehören Beschränkungen

– aufgrund des Alters, z.B. dass ein Testament gem. Art. 467 nur mit vollendetem 18. Altersjahr rechtsgültig errichtet werden kann; zuvor kann auch der gesetzliche Vertreter für das Kind kein Testament errichten;
– aufgrund von Urteilsunfähigkeit, z.B. kann nur ein urteilsfähiges Kind in einen ärztlichen Eingriff einwilligen, der keinen Heilzweck verfolgt (z.B. Schönheitsoperationen).

Es handelt sich hierbei i.d.R. um Beispiele von **absolut höchstpersönlichen Rechten** (s. N 29 f.).

Ausfluss der Rechtsfähigkeit ist sodann die **Parteifähigkeit**, also die prozessuale Berechtigung, als Partei im Prozess aufzutreten. Sie steht allen rechtsfähigen Subjekten uneingeschränkt zu (PEDRAZZINI/OBERHOLZER, 29; BK-BUCHER, Art. 11 ZGB N 76 ff.; vgl. z.B. Art. 66 ZPO).

2. **Die Handlungsfähigkeit**

Rechtsfähigkeit meint die Zurechenbarkeit von Rechten und Pflichten, wohingegen die Handlungsfähigkeit die Zurechenbarkeit von **rechtserheblichen Verhaltensweisen** ist (BK-BUCHER, Art. 11 ZGB N 30); Personen bedürfen der Handlungsfähigkeit, um über die ihnen aufgrund der Rechtsfähigkeit zustehenden Rechte zu bestimmen (BUCHER A., Personen, Rz 18). Eine unter umfassender Beistandschaft stehende Person ist zwar rechtsfähig, sie kann aber über weite Teile nicht über die ihr zustehenden Rechte und Pflichten bestimmen. Handlungsfähigkeit meint somit die Möglichkeit, durch eigenes Verhalten **Rechte und Pflichten zu begründen**, zu ändern und aufzuheben oder sonstige rechtliche Wirkungen auszulösen (HAUSHEER/AEBI-MÜLLER, Rz 06.03), z.B. einen Vertrag abzuschliessen.

20 Gemäss Art. 13 ist handlungsfähig, wer volljährig sowie urteilsfähig ist. **Handlungsunfähig** sind somit Personen, die nicht urteilsfähig oder minderjährig sind oder unter umfassender Beistandschaft stehen (Art. 17). **Volljährig** ist gem. Art. 14, wer das 18. Altersjahr zurückgelegt hat und gem. Art. 17 nicht unter umfassender Beistandschaft steht. **Urteilsfähig** ist gem. Art. 16 «jede Person, der nicht wegen ihres Kindesalters, infolge geistiger Behinderung, psychischer Störung, Rausch oder ähnlicher Zustände die Fähigkeit mangelt, vernunftgemäss zu handeln». Somit ist – abgesehen von den genannten Zuständen – grundsätzlich jede Person urteilsfähig. Es gilt im Rechtsverkehr die **Vermutung der Urteilsfähigkeit**. Wer die Urteilsfähigkeit bestreiten möchte, muss die Urteilsunfähigkeit der jeweiligen Person beweisen. Folge ist somit eine Umkehr der Beweislast (BGE 124 III 8 E. 1b; HAUSHEER/AEBI-MÜLLER, Rz 06.54); wo aber objektiv Zweifel an der Urteilsfähigkeit angezeigt sind, gilt die Vermutung nicht. Die Tatsache, dass jemand unter einer umfassenden Beistandschaft steht, gehört nicht dazu (BGE 56 II 161 E. 2; HAUSHEER/AEBI-MÜLLER, Rz 06.56 f.). Urteilsfähigkeit meint gem. Art. 16 die Fähigkeit, **vernunftgemäss zu handeln**. Diese Fähigkeit umfasst wiederum einerseits die intellektuelle Fähigkeit, eine bestimmte Situation zu verstehen und vernünftig einzuschätzen sowie diesbezüglich eine Motivation und einen Willen bilden zu können, der nicht völlig ausserhalb der in der Gesellschaft geltenden Werte steht **(Willensbildungsfähigkeit)**, und andererseits die Fähigkeit, entsprechend diesem Willen zu handeln, d.h. ihn in die Tat umzusetzen **(Steuerungsfähigkeit)** (HAUSHEER/AEBI-MÜLLER, Rz 06.24 ff.; PEDRAZZINI/OBERHOLZER, 70 ff.; BUCHER A., Personen, Rz 60 f.). Die Willensbildungs- und Steuerungsfähigkeit bezieht sich jeweils auf eine **konkrete Situation oder Handlung** (PEDRAZZINI/OBERHOLZER, 76). Einer an Wahnvorstellungen leidenden Person gilt in Bezug auf die Überquerung einer Strasse als urteilsfähig, wenn sie die Gefahrenlage in Bezug auf den Strassenverkehr gem. den geltenden Regeln des Strassenverkehrs einzuschätzen, bez. der Überquerung der Strasse einen Willen zu bilden vermag und diesen Willen in die Tat umsetzen kann, indem sie zunächst schaut, ob ein Auto kommt, und, wenn die Fahrbahn frei ist, die Strasse überquert. Die Urteilsfähigkeit ist immer gegeben oder nicht gegeben; es gibt keine Graubereiche (z.B. teilweise Urteilsfähigkeit). Dieses **«Alles-oder-nichts-Prinzip»** ist zwar nicht immer sehr praxisnah, erfüllt aber eine wichtige Funktion im Geschäftsverkehr: Es muss klar sein, ob der Vertrag gültig ist oder eben aufgrund mangelnder Urteilsfähigkeit nicht gültig ist (BK-BUCHER, Vor Art. 12–19 ZGB N 23 f.; anders verhält es sich in Bezug auf die Beurteilung von Deliktsfolgen [s. N 22], wo sich die Haftung nach der Grösse des Verschuldens richtet und darin auch das Mass an Urteilsfähigkeit berücksichtigt werden kann [BGE 102 II 363 E. 4]). Zudem ist die Urteilsfähigkeit **relativ**; sie muss mit Bezug auf das **konkrete Handeln einer Person** beurteilt werden (HAUSHEER/AEBI-MÜLLER, Rz 06.50 ff.). So kann es sein, dass bei oben erwähnter Person mit Wahnvorstellungen die Urteilsfähigkeit davon abhängen kann, ob sie die Strasse in ihrem gewohnten Umfeld (ländliche Umgebung mit wenig Strassenverkehr) oder in einer ihr wenig vertrauten Umgebung (Stadtverkehr) überqueren

will. In Bezug auf die Überquerung der Strasse in ihrem gewohnten Umfeld könnte sie durchaus urteilsfähig sein, demgegenüber könnte sie im Stadtverkehr mit seinen erhöhten Anforderungen als nicht urteilsfähig beurteilt werden. Aus der Relativität der Urteilsfähigkeit folgt somit, dass eine Person in Bezug auf gewisse Situationen (z.B. Einteilung von Taschengeld) urteilsfähig, in Bezug auf andere (z.B. Vermögensanlage) hingegen nicht urteilsfähig ist.

Zur Feststellung der Urteilsfähigkeit ist i.d.R. ein **psychiatrisches Gutachten** angezeigt; welche rechtlichen Schlüsse aus der medizinischen Begutachtung gezogen werden, entscheidet der Richter (HAUSHEER/AEBI-MÜLLER, Rz 06.58; BGE 98 Ia 324 E. 3). Es handelt sich somit um eine Rechtsfrage, die aber materiell weitgehend von der Medizin geprägt wird, weshalb man durchaus auch zum Schluss kommen kann, dass die Frage, wer hier die Definitionshoheit hat, ungeklärt bleibt (so: AEBI-MÜLLER, ZBJV 2013, 156 f.).

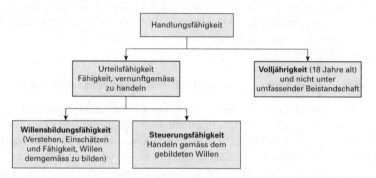

Die soeben dargestellte Handlungsfähigkeit bezieht sich auf die **Geschäftsfähigkeit**. Darunter ist zu verstehen, dass eine Person verbindlich rechtsgeschäftliche Handlungen vornehmen kann. Sie kann insb. Verträge abschliessen (**Vertragsfähigkeit**). Daneben ist die Urteilsfähigkeit im Bereich der **Delikts- resp. Verschuldensfähigkeit** leicht modifiziert: In diesem Zusammenhang meint Urteilsfähigkeit «die Fähigkeit, das Schädigungspotenzial und das Unrecht seines Vorhabens einzusehen und entsprechend dieser Einsicht zu handeln» (HAUSHEER/AEBI-MÜLLER, Rz 06.35).

Die Parteifähigkeit entspricht i.d.R. der Rechtsfähigkeit (s.o. N 18); die **Prozessfähigkeit** stellt demgegenüber das prozessuale Gegenstück zur Handlungsfähigkeit dar. Wer handlungsfähig ist, ist regelmässig auch prozessfähig und kann damit einen Prozess in eigenem Namen führen, einen Rechtsvertreter bestellen oder einen fremden Prozess als Vertreter führen. Urteilsunfähige Personen sind prozessunfähig (HAUSHEER/AEBI-MÜLLER, Rz 06.71 f.; vgl. z.B. Art. 67 ZPO). Verbeiständete Personen sind nur dann prozessunfähig, wenn der Beistand im Aufgabenbereich (Art. 391) mit ausschliesslicher Kompetenz zur Vertretung ermächtigt wurde. Bei konkurrierender Kompetenz im Aufgabenbereich bleibt die verbeiständete Person prozessfähig.

Wer handlungsfähig ist, verfügt im Grundsatz auch über **Verfügungsfähigkeit**, also die Möglichkeit, über Rechte zu verfügen (übertragen, belasten, verzichten;

z.B. Übertragung von Eigentum im Rahmen eines Kaufvertrages), wobei das Gesetz i.d.R. zum Schutz der schwächeren Partei Ausnahmen vorsehen kann (HAUSHEER/AEBI-MÜLLER, Rz 06.73).

3. Handlungsfreiheit und Handlungsfähigkeit

25 Bei der **Handlungsfreiheit** geht es um die persönliche Freiheit der betroffenen Person, somit um ihre Freiheit, «diese oder jene Handlung vorzunehmen oder zu unterlassen, ihr Leben so oder anders zu gestalten» (Bericht VE Erwachsenenschutz, 18). Die Einschränkung der Handlungsfähigkeit hat eine entsprechende Einschränkung der Handlungsfreiheit zur Folge. Die Beschränkung der Handlungsfreiheit muss demgegenüber nicht zwingend eine Beschränkung der **Handlungsfähigkeit** bewirken (SCHMID, ZSR 2003 I, 314). Typisches Beispiel ist, dass sich die betroffene Person bei einer Verwaltungsbeistandschaft gem. Art. 394 Abs. 3 die Handlungen der Beiständin anrechnen lassen muss (Beschränkung der Handlungsfreiheit), ohne dass sie dabei in ihrer Handlungsfähigkeit beschränkt ist. Man spricht hier auch von Eingriff in die **faktische** (nicht aber rechtliche) **Handlungsfähigkeit**.

4. Handlungsfähigkeitsrecht und zivilrechtlicher Erwachsenenschutz

26 Das Verhältnis von zivilrechtlichem Erwachsenenschutz und Handlungsfähigkeitsrecht stellt sich somit wie folgt dar: **Behördliche Massnahmen des Erwachsenenschutzes setzen zwingend beim Schwächezustand und der Schutzbedürftigkeit an.** Der Schwächezustand kann durchaus auch in der Urteilsunfähigkeit (im Rahmen einer psychischen Störung oder geistigen Behinderung) bestehen; es bedarf aber jeweils zusätzlich einer Schutzbedürftigkeit, somit einer Auswirkung dieser Urteilsunfähigkeit auf wesentliche und wichtige zu regelnde Angelegenheiten (Art. 390). Die **Voraussetzungen**, wann Erwachsenenschutzrecht zur Anwendung gelangt, hängt somit **nicht** vom Handlungsfähigkeitsrecht resp. einzig von der Urteilsfähigkeit ab. Dies zeigt auch, dass urteilsfähige Personen durchaus unter umfassende Beistandschaft gestellt werden können; die Handlungsfähigkeit wird zwar von Gesetzes wegen gem. Art. 398 Abs. 3 entzogen; soweit jedoch die Person unter umfassender Beistandschaft in Bezug auf eine konkrete Situation urteilsfähig ist, können ihre Handlungen im Rahmen von Art. 19c (höchstpersönliche Rechte) durchaus Rechtswirkungen entfalten (Art. 407).

26a Bei der Behebung bzw. Ausgleichung der Schutzbedürftigkeit greift man jedoch auf das Handlungsfähigkeitsrecht zurück. Mit den Beistandschaften soll die Schutzbedürftigkeit dadurch behoben oder gemildert werden, indem eine Person mit entsprechenden Kompetenzen versehen wird, die anstelle oder zusammen mit der schutzbedürftigen Person handelt. Im Rahmen der **Rechtsfolge (Anordnung der Beistandschaften)** ergänzt somit das Erwachsenenschutzrecht das Handlungsfähigkeitsrecht (BK-SCHNYDER/MURER, Syst. Teil N 22 ff.).

26b Die den behördlichen Massnahmen vorgelagerten Instrumente der **Eigenen Vorsorge** (Vorsorgeauftrag und Patientenverfügung) und diejenigen der **gesetzlichen Vertretungsrechte** (Art. 374–387) setzen im Unterschied zu den behördlichen

Massnahmen immer Urteilsunfähigkeit voraus (s. auch N 40a). Sie bieten ein «Ersatzinstrumentarium» im Falle der Urteilsunfähigkeit, um behördliche Massnahmen zu vermeiden.

5. Die Vertretungsmacht im Rahmen der behördlichen Massnahmen als Ergänzung des Handlungsfähigkeitsrechts

Wie soeben ausgeführt ergänzt das Erwachsenenschutzrecht das Handlungsfähigkeitsrecht für hilfs- und schutzbedürftige Personen. Gerade bei den behördlichen Massnahmen, den Beistandschaften, werden Beiständen Kompetenzen übertragen. Sie erhalten mit der Einsetzung ins Amt eine **Vertretungsmacht resp. Kompetenzen**, die sie zum Wohl der verbeiständeten Personen (Art. 388 Abs. 2, Art. 406) einsetzen. Mit der Vertretungsmacht der Beistände werden die Handlungsfreiheit oder die Handlungsfähigkeit der verbeiständeten Personen beschränkt.

Diese Eingriffe in die Handlungsfreiheit resp. die Handlungsfähigkeit stellen sich überblicksmässig wie folgt dar («–» = eingeschränkt; «+» = fortbestehend bzw. nicht eingeschränkt):

27

	Kompetenzen Klientin	Kompetenzen/ Vertretungsmacht Mandatsträgerin	Massnahmen im zivilrechtlichen Erwachsenenschutzrecht	Auswirkung auf Handlungsfreiheit und Handlungsfähigkeit der Klientin	
				Handlungsfreiheit	Handlungsfähigkeit
Ohne Massnahme	+			+	+
Beistandschaft ohne Vertretungsrechte	+	Informationskompetenzen (Art. 393 N 5/ nur das Recht, Informationen einzuholen	Art. 393 (**Begleitbeistandschaft**)	–	+
Beistandschaft mit konkurrierender Kompetenz	+	+	Art. 394 Abs. 1; Art. 395 (**Vertretungsbeistandschaft**)	–	+
Beistandschaft mit mitwirkungsbedürftigen Geschäften	+	(Nicht-) Zustimmung (Beistand ist nicht gesetzlicher Vertreter)	Art. 396 (**Mitwirkungsbeistandschaft**)	–	–
Beistandschaft mit ausschliesslicher Kompetenz		+	Art. 394 Abs. 2 (evtl. i.V.m. Art. 395) (**Vertretungsbeistandschaft**); Art. 398 (**umfassende Beistandschaft**)	–	–

Im Einzelnen s. die Kommentierung zu Art. 393 ff.

6. Unentgeltliche Vorteile, geringfügige Angelegenheiten des täglichen Lebens und höchstpersönliche Rechte als Grenze der Vertretung für Beistände bei urteilsfähigen Verbeiständeten

28 Art. 18 hält fest, dass, wer **nicht urteilsfähig**, ist grundsätzlich durch seine Handlungen keine rechtlichen Wirkungen herbeiführen kann. Abgeschlossene Rechtsgeschäfte sind nichtig, wobei insb. Art. 54 OR zu beachten ist (HAUSHEER/AEBI-MÜLLER, Rz 07.38 ff. m.w.H.). Demgegenüber können gem. Art. 19 Abs. 2 **urteilsfähige minderjährige oder urteilsfähige Personen**, auch wenn ihnen mit einer Beistandschaft im besagten Bereich die Handlungsfähigkeit entzogen bzw. eingeschränkt wurde (umfassende Beistandschaft, Vertretungsbeistandschaft gem. Art. 394 Abs. 2 oder Mitwirkungsbeistandschaft gem. Art. 396), ohne die Zustimmung ihres gesetzlichen Vertreters **unentgeltliche Vorteile** (insb. Schenkungen gem. Art. 239, 241 Abs. 1 OR und Vermächtnisse [Art. 484] sowie Rechtsgeschäfte, die keine Verpflichtungen nach sich ziehen [BUCHER A., Personen, Rz 139 f.]) erlangen oder aber **geringfügige Angelegenheiten des täglichen Lebens** besorgen (a.M. offenbar Botschaft Erwachsenenschutz, 7095, welche Art. 19 nur auf umfassende Beistandschaften beschränken möchte). Zu den geringfügigen Angelegenheiten des täglichen Lebens gehören Gegenstände, die dem gewöhnlichen Lebensvollzug angehören und zum baldigen Verbrauch angeschafft werden, wie alltägliche Bargeschäfte (Lebensmittel, Hygieneartikel, Zigaretten, Gebrauchstextilien; MüKo-SCHWAB, § 1903 BGB N 45 f.; KUKO ZGB-HOTZ, Art. 19 N 8).

29 Daneben können urteilsfähige minderjährige Personen oder Personen, denen mit einer Beistandschaft im besagten Bereich die Handlungsfähigkeit entzogen bzw. beschränkt wurde, gem. Art. 19c Rechte ausüben, die ihnen **um ihrer Persönlichkeit willen** zustehen. Diesen sog. **höchstpersönlichen Rechten** ist gemeinsam, dass Stellvertretung nicht zugelassen ist, sie also im Regelfall **stellvertretungsfeindlich** sind. Sie werden bei *Urteilsfähigkeit* immer selbständig ausgeübt, wobei das Gesetz im Einzelfall die Zustimmung der gesetzlichen Vertreterin vorsehen kann. Bei *Urteilsunfähigkeit* handelt demgegenüber gem. Art. 19c Abs. 2 der gesetzliche Vertreter (**sog. relativ höchstpersönliche Rechte**, weil Stellvertretung bei Urteilsunfähigkeit zugelassen wird), sofern nicht ein Recht so eng mit der Persönlichkeit verbunden ist, dass jede Vertretung ausgeschlossen ist (**sog. absolut höchstpersönliche Rechte**, weil Stellvertretung nie zugelassen ist). Festzuhalten ist, dass weder die Terminologie noch die Zuordnung zu den absolut oder relativ höchstpersönlichen Rechten in der Literatur einheitlich ist (BUCHER A., Personen, Rz 145 m.w.H.). Die Zuordnung beruht auf einer Wertung durch Lehre und Rechtsprechung, bei welcher das Ermessen und sich wandelnde allgemeine Anschauungen eine beträchtliche Rolle spielen. Gerade hier wird das Ermessen besonders *ergebnisorientiert* gehandhabt, d.h. es wird berücksichtigt, welche Folgen die Zuordnung hat (RIEMER, ZVW 1998, 217; HAUSHEER/AEBI-MÜLLER, Rz 07.23). Das **Dilemma** besteht darin, dass absolut höchstpersönliche Rechte sich von anderen Rechten dadurch unterscheiden, dass urteilsfähige Minderjährige oder Verbeiständete, bei welchen die Handlungsfähigkeit im besagten Bereich beschränkt bzw. entzogen wurde, allein handeln können, aber die Ausübung dieser Rechte im Falle der Urteilsunfähigkeit nicht möglich ist, weil eine Vertretung ausgeschlossen

ist (BGE 116 II 385 E. 6). Sie setzen Urteilsfähigkeit somit voraus. Bei Urteilsunfähigkeit vermöchte eine allfällige Zustimmung der gesetzlichen Vertretung deren Ungültigkeit nicht zu heilen. Diese Unmöglichkeit, derartige Rechte ausüben zu können, kann stossend sein und hebt faktisch die Rechtsfähigkeit (Art. 11) auf. So könnte man durchaus mit guten Gründen argumentieren, dass medizinische Eingriffe grundsätzlich derart eng mit der Persönlichkeit verbunden sind, dass sie zu den absolut höchstpersönlichen Rechten zu zählen wären und somit nur die urteilsfähige Person rechtmässig in einen Eingriff einwilligen kann und sonst niemand. Dies hätte aber die stossende Konsequenz, dass bei Urteilsunfähigkeit, z.b. bei Bewusstlosigkeit infolge eines Autounfalls, niemand vertretungsweise einwilligen und die Person ggf. nicht operiert werden könnte. Deshalb geht man hier gerade im Hinblick auf die Konsequenzen davon aus, dass medizinische Eingriffe mit einem Heilzweck relativ höchstpersönliche Rechte darstellen und deshalb der gesetzliche Vertreter bei Urteilsunfähigkeit der betroffenen Person rechtmässig in den medizinischen Eingriff einwilligen kann (s.a. Art. 377 ff.).

Folgendes Schaubild soll einen Überblick über die höchstpersönlichen Rechte ermöglichen:

Relativ höchstpersönliche Rechte		Absolut höchstpersönliche Rechte	
→ Stellvertretung ist möglich (bei Urteilsunfähigkeit)		→ Stellvertretung ist nicht möglich (bei Urteilsunfähigkeit)	
→ Bei Urteilsfähigkeit ist keine Zustimmung notwendig	→ Bei Urteilsfähigkeit bedürfen sie zusätzlich der Zustimmung der gesetzlichen Vertreter *(unechte höchstpersönliche Rechte)*	→ Bei Urteilsfähigkeit ist keine Zustimmung notwendig	→ Bei Urteilsfähigkeit bedürfen sie zusätzlich der Zustimmung der gesetzlichen Vertreter *(unechte höchstpersönliche Rechte)*
Persönlichkeitsrechte gem. Art. 28 ff. ZGB		Recht auf Leben (BV 10)	
		Rücktritt von der Verlobung (Art. 91 ZGB)	Verlobung (Art. 90 Abs. 2 ZGB)
Klage auf Namensänderung (Art. 29 ZGB)	Recht auf Namensänderung (Art. 30 ZGB)		
		Eheschliessung (Art. 94 Abs. 1 ZGB); Eheanfechtungs- & Ehescheidungsklage (Art. 104 ff./ 111 ff. ZGB) Abschluss eines Ehevertrages (Art. 183 Abs. 1 ZGB).	Abschluss eines Ehevertrages (Art. 183 Abs. 2 ZGB)
		Religiöse Zugehörigkeit kann das urteilsfähige 16-jährige Kind alleine befinden (Art. 303 ZGB).	
ärztliche Eingriffe (mit Heilzweck)		ärztliche Eingriffe (Art. 28 ZGB) ohne Heilzweck	

Relativ höchstpersönliche Rechte		Absolut höchstpersönliche Rechte	
→ Stellvertretung ist möglich (bei Urteilsunfähigkeit)		→ Stellvertretung ist nicht möglich (bei Urteilsunfähigkeit)	
→ Bei Urteilsfähigkeit ist: keine Zustimmung notwendig	→ Bei Urteilsfähigkeit bedürfen sie zusätzlich der Zustimmung der gesetzlichen Vertreter *(unechte höchstpersönliche Rechte)*	→ Bei Urteilsfähigkeit ist keine Zustimmung notwendig	→ Bei Urteilsfähigkeit bedürfen sie zusätzlich der Zustimmung der gesetzlichen Vertreter *(unechte höchstpersönliche Rechte)*
Vaterschaftsklage (Art. 261 ZGB), Anfechtung Kindesanerkennung (Art. 260a ZGB); Unterhaltsklage (Art. 279 ff. ZGB)		Ehelichkeitsanfechtung (Art. 256 ZGB); Anerkennung eines Kindes (Art. 260 Abs. 1 ZGB).	Anerkennung eines Kindes (Art. 260 Abs. 2 ZGB)
	Zustimmung und Antrag zur Adoption (Art. 264 ff. ZGB)	Zustimmung des Kindes zur Adoption (Art. 265 Abs. 2 ZGB)	Zustimmung des Kindes zur Adoption (Art. 265 Abs. 3 ZGB)
		Beschwerde gegen KESB und Mandatsträger/in (Art. 419 ZGB)	
		Beschwerde gegen FU (Art. 314b ZGB)	
		Errichtung eines Testamentes und dessen Widerruf (Art. 467/509 ZGB); Abschluss von Erbverträgen als Erblasser (Art. 468 ZGB)	
		Vereinsmitgliedschaft	

7. Urteilsfähige Personen unter Beistandschaft, insb. Folgen der fehlenden Zustimmung

31 Gemäss Art. 407 kann die urteilsfähige Person, der mit einer Beistandschaft im besagten Bereich die Handlungsfähigkeit entzogen bzw. beschränkt wurde (umfassende Beistandschaft, Vertretungsbeistandschaft gem. Art. 394 Abs. 2 oder Mitwirkungsbeistandschaft gem. Art. 396; a.M. Botschaft Erwachsenenschutz, 7095 [s. N 28]), im Rahmen des Personenrechts Rechte und Pflichten begründen. Es handelt sich um eine Verweisungsnorm auf Art. 19 ff. Somit kann sich dieser Personenkreis bei Urteilsfähigkeit im Grundsatz mit **Zustimmung des gesetzlichen Vertreters** im Rechtsverkehr verpflichten, auch wenn der Beistand im Rahmen der Vertretungsmacht eine ausschliessliche Kompetenz hat. Mit Art. 19 Abs. 1 wird die **Vertretungsmacht des Beistandes** mit ausschliesslicher Kompetenz nicht begrenzt. Sie kann weiterhin im Rahmen ihrer Vertretungsmacht tätig sein, die verbeiständete urteilsfähige Person kann aber gleichzeitig auch tätig werden, bedarf aber zur Perfektion des Rechtsgeschäfts der Zustimmung des gesetzlichen Vertreters (BUCHER A., Personen, Rz 116; gl.M. BSK ZGB I-HENKEL, Art. 394 N 34). Möchte eine unter umfassender Beistandschaft stehende urteilsfähige Person einen Mietvertrag für eine Zweitwohnung abschliessen, bedarf sie hierfür der Zustimmung des Beistandes und der Zustimmung der Erwachsenenschutzbehörde gem. Art. 416 Abs. 1 Ziff. 2. Zugleich könnte der Beistand auch aufgrund seiner umfassenden Vertretungsmacht den Mietvertrag selbständig für die verbeiständete Person, sofern ihr dies zum Wohle gereicht (Art. 407), unter Mitwirkung der Erwachsenenschutzbehörde (Art. 416 Abs. 1 Ziff. 2) abschliessen.

31a Eingeschränkt wird diese Kompetenz einzig in **Art. 416 Abs. 2** im Hinblick auf die *in Abs. 1 genannten Geschäfte*. Gemäss dieser Bestimmung kann die urteilsfähige Person auch den Beistand direkt ermächtigen, ein Geschäft gem. Art. 416 Abs. 1 vorzunehmen; das ist aber nur möglich, wenn gleichzeitig ihre Handlungsfähigkeit nicht beschränkt ist (gl.M. BSK ZGB I-VOGEL, Art. 416/417 N 11). Damit betrifft Art. 416 Abs. 2 ausschliesslich Vertretungsbeistandschaften mit Beschränkung der Handlungsfähigkeit gem. Art. 394 Abs. 2 oder umfassende Beistandschaften nach Art. 398. Zu beachten ist aber selbst dann Art. 416 Abs. 3, wonach solche Verträge nur **unentgeltlich** sein dürfen, ansonsten sie wiederum der Zustimmung der KESB benötigen. Die in N 31 erwähnte Person unter umfassender Beistandschaft, die einen Mietvertrag abschliessen möchte, kann diese Aufgabe zwar wie beschrieben selbständig mit Zustimmung des Beistandes tun. Sie kann aber gem. Art. 416 Abs. 2 den Beistand nicht selber ermächtigen, den Vertrag abzuschliessen, weil ihre Handlungsfähigkeit beschränkt ist. Der Beistand muss zwingend bei der KESB die Zustimmung einholen.

32 Die **Zustimmung** kann gem. Art. 19a ausdrücklich oder stillschweigend erfolgen sowie im Voraus oder nachträglich erteilt werden. Zudem kann die Zustimmung für einen gesamten überblickbaren Rechtsbereich (Rechtsgeschäfte, die eine in einem Heim lebende verbeiständete Person üblicherweise abschliesst, oder über bestimmtes Vermögen [Taschengeld]) erteilt werden (HAUSHEER/AEBI-MÜLLER, Rz 07.91; BUCHER A., Personen, Rz 135 ff.). Solange die Zustimmung nicht erteilt

wird, liegt das Rechtsgeschäft in der Schwebe; es handelt sich um ein **hinkendes Rechtsgeschäft**, da erst die Zustimmung das Rechtsgeschäft perfekt macht (HAUSHEER/AEBI-MÜLLER, Rz 07.87). Die Zustimmung muss aber innerhalb einer angemessenen Frist erfolgen, da ansonsten der Vertragspartner der verbeiständeten Person gem. Art. 19a Abs. 2 von seinen vertraglichen Verpflichtungen befreit wird.

Wird die **Zustimmung nachträglich nicht erteilt**, also das Rechtsgeschäft nicht genehmigt, so kann gem. Art. 19b Abs. 1 jede Vertragspartei die vollzogenen Leistungen zurückfordern. Damit wird das Rechtsgeschäft rückwirkend auf den Entstehungszeitpunkt *(ex tunc)* hinfällig. Beide Parteien können die erbrachten Leistungen einklagen (BSK ZGB I-LEUBA, aArt. 411 N 5 f.). Die urteilsfähige handlungsunfähige (verbeiständete) Person **haftet** aber nur insoweit, als die Leistung in ihrem Nutzen verwendet worden ist oder als sie zur Zeit der Rückforderung noch bereichert ist oder sich böswillig der Bereicherung entäussert hat. Böswilligkeit ist im Unterschied zu Art. 64 OR noch nicht gegeben, wenn die verbeiständete Person mit einer Rückerstattung rechnen musste (BK-KAUFMANN, Art. 411 aZGB N 8). Die Einrede der freiwilligen Zahlung einer Nichtschuld gem. Art. 61 Abs. 1 OR kann nicht erhoben werden (FamKomm Erwachsenenschutz-MEIER, Art. 396 N 27; BUCHER A., Personen, Rz 130). **Gutgläubige Dritte** sind im Rahmen von Art. 452 grundsätzlich nicht geschützt. Der/die Vertragspartner/in hat im Unterschied zu Art. 64 OR die noch vorhandene Bereicherung, die böswillige Entäusserung oder die nützliche Verwendung zugunsten der verbeiständeten Person zu **beweisen** (BK-BUCHER, Art. 17/18 ZGB N 197; BK-KAUFMANN, Art. 411 aZGB N 5 ff.; FamKomm Erwachsenenschutz-MEIER, Art. 396 N 27f). **Ausnahme** hiervon bildet gem. Art. 19b Abs. 2 die Situation, in der die urteilsfähige handlungsunfähige Person den Vertragspartner zur irrtümlichen Annahme ihrer Handlungsfähigkeit verleitet hat. Hierfür ist Voraussetzung, dass die andere Vertragspartei durch aktives Verhalten in die Irre geführt wurde (FamKomm Erwachsenenschutz-MEIER, Art. 396 N 29). Ein blosses Geschehenlassen reicht nicht aus (KUKO ZGB-HOTZ, Art. 19b N 2). Notwendig ist eine Rechtspflicht zur Aufklärung im Rahmen des Vertragsabschlusses (KOKES, Rz 5.101). Dann ist sie ihm für den verursachten Schaden verantwortlich. Voraussetzungen ist ein Verschulden der verbeiständeten Person am Schadenseintritt (Fahrlässigkeit oder Vorsatz). Konnte sie nicht vorhersehen, dass durch den Abschluss ein Schaden entsteht, oder war die Nichtgenehmigung für sie nicht voraussehbar oder war sie sich ihrer Geschäftsfähigkeit nicht bewusst, fehlt das Verschulden (BK-BUCHER, Art. 19 ZGB N 413). Neben dem Verschulden bedarf es eines Schadens und eines adäquaten Kausalzusammenhangs (s. Art. 454–456 N 7).

34 Folgende Übersicht fasst die vier Gruppen der Handlungsfähigkeit nochmals zusammen:

Zustand der Person bezogen auf eine konkrete Situation	Folge in Bezug auf die Handlungsfähigkeit
urteilsunfähige Personen	im Grundsatz voll handlungsunfähig (Art. 18)
urteilsfähige Personen, denen mit einer Beistandschaft mit konkurrierender Kompetenz im besagten Bereich die Handlungsfähigkeit bzw. die Handlungsfreiheit faktisch eingeschränkt wird	voll handlungsfähig, muss sich aber die Handlungen des Beistandes anrechnen lassen (Art. 394 Abs. 3, Art. 395 Abs. 3)
urteilsfähige minderjährige oder urteilsfähige Personen, denen mit einer Beistandschaft im besagten Bereich oder auch umfassend die Handlungsfähigkeit in ausschliesslicher Kompetenz einer Beiständin übertragen wurde	handlungsfähig nur im Rahmen von Art. 19 ff.
urteilsfähige volljährige Personen	voll handlungsfähig (Art. 13)

VIII. Rechtsnatur bzw. rechtstheoretische Einordnung des zivilrechtlichen Erwachsenenschutzes

35 Die Familie hatte immer schon einen Einfluss auf die Vormundschaft, jedoch je nach historischem Kontext in unterschiedlichem Ausmass (HEIDER, 230). Bis in die Neuzeit hinein war die Vormundschaft im westlichen Europa primär auf das Problem der Verwaltung und Bewahrung des Familienvermögens bezogen (vgl. auch FamKomm Erwachsenenschutz-VOLL, Sozialwissenschaftliche Grundlagen, N 3). Daher entstammt wohl auch die Einordnung in die Zivilgesetzgebung. Das Erwachsenenschutzrecht ist **formell Zivilrecht** und eng mit dem Handlungsfähigkeitsrecht verknüpft; zugleich verweist es im Rahmen des Eingriffssozialrechts auf die Grundrechtsdogmatik und somit auf das **öffentliche Recht**. Inhaltlich stellt das Erwachsenenschutzrecht als Eingriffssozialrecht zu erheblichen Teilen öffentliches Recht dar (HAUSHEER/GEISER/AEBI-MÜLLER, Familienrecht, Rz 19.15). Rechtstheoretisch fällt die Einordnung schwer: Einerseits finden sich privatrechtliche Normen über die individuelle Personensorge, über die eigene Vorsorge sowie Bestimmungen über die Handlungsfähigkeit, andererseits Normen öffentlich-rechtlicher Natur wie die der fürsorgerischen Unterbringung oder die Organisation und Tätigkeiten der Erwachsenenschutzbehörde (CHK-AFFOLTER/STECK/VOGEL, Art. 360 aZGB N 2; BK-MURER/SCHNYDER, Syst. Teil N 66 ff.). Damit ist das Erwachsenenschutzrecht ein **Mischgebilde aus formellem Privatrecht mit öffentlich-rechtlichem Charakter**. Die Zuordnung zum öffentlichen Recht hat zur Folge, dass es sich in Bezug auf Auslegung und Lückenfüllung an den verwaltungsrechtlichen Leitlinien orientiert; verfahrensmässig wird es unter Art. 6 Ziff. 1 EMRK subsumiert (vgl. FASSBIND, 38 f.; CHK-AFFOLTER/STECK/VOGEL, Art. 360 aZGB N 2; BK-MURER/SCHNYDER, Syst. Teil N 85; s. auch BGE 98 V 230).

Die **Gesetzestexte** legen sich in dieser Frage nicht fest. Es wurde im alten Recht 36
zwar in Art. 402 aZGB und Art. 421 ff. aZGB von einem Amt gesprochen, von der
Pflicht zur Übernahme und Modalitäten der Entlassung aus dem Amt. Dies ist im
Unterschied zum geltenden Recht (z.B. Art. 405 ZGB; Art. 420 ZGB) der einzige
Hinweis auf eine Nähe zum öffentlichen Recht. Die Haftung ist – im Unterschied
zum alten Recht – demgegenüber öffentlich-rechtlicher Natur. Zudem verweisen
die Verfahrensbestimmungen des revidierten Rechts in Art. 450f subsidiär auf die
sinngemässe Anwendung der Zivilprozessordnung und, soweit die Kantone die
Möglichkeit nutzen, auf kantonales (Verwaltungsverfahrens-)Recht.

In Bezug auf das **Verhältnis des Mandatsträgers zur schutzbedürftigen Person** 37
wird gem. herrschender Lehre und Rechtsprechung von einem **privatrechtlichen
Verhältnis** ausgegangen. Die bundesgerichtliche Rechtsprechung ist diesbezüglich einheitlich: Gemäss BGer vom 25.8.2003, 5A.15/2003 E. 1 sei nach der im alten Recht verankerten Auffassung die Bevormundung und alles, was mit der Führung der Vormundschaft (bzw. Beistandschaft) zusammenhängt und im ZGB
geregelt sei, als Teil des Privatrechts zu betrachten. Gemäss BGE 83 II 180 E. 3 gehört die Entscheidung über eine nach Art. 406 aZGB zu treffende vormundschaftsrechtliche Massnahme zu den Zivilsachen. In BGE 98 V 230 E. 4a äussert sich das
Bundesgericht (zum alten Vormundschaftsrecht) wie folgt:

> «Das Gesetz spricht denn auch vom Vormund als ‹vormundschaftlichem Organ› (Art. 360 [a]
> ZGB) und enthält im 11. Titel je einen Abschnitt ‹Das Amt des Vormundes› und ‹Das Amt des
> Beistandes›. Nach Egger steht der Vormund zum Staat in einem verwaltungsrechtlichen Verhältnis und ist ihm gegenüber öffentlich-rechtlich zur Erfüllung seiner Pflicht verbunden; das
> Amt beruht auf öffentlicher Übertragung (Art. 379, 385, 387 ZGB; Egger, N 4 zu Art. 367
> ZGB). Der Vormund steht jedoch nicht in einem öffentlich-rechtlichen Dienstverhältnis und
> ist nicht Beamter des Gemeinwesens. Auch die II. Zivilabteilung des Bundesgerichtes bemerkt, der Vormund handle – bei der Prozessführung – zwar nicht namens oder in unmittelbarem Interesse des Gemeinwesens, aber doch in Ausübung eines ihm von diesem verliehenen Amtes, also nicht in eigener Sache (BGE 83 II 186, 192). Die Tätigkeit des Vormundes im
> Rahmen seiner gesetzlichen Pflichten und Befugnisse dient, wie die Einrichtung seines Amtes
> und die der gesamten vormundschaftsrechtlichen Behördenorganisation sowie deren öffentlich-rechtliche Ausgestaltung durch formelles Bundeszivilrecht und ergänzendes kantonales
> Recht (vgl. Kaufmann, N 11, 29, 30; Egger, N 15, 16), der Verwirklichung von Zivilrecht: denn
> das materielle Vormundschaftsrecht, insbesondere die Bestimmungen über die Handlungsfähigkeit des Mündels, das Verhältnis des Vormundes zum Mündel, die Vertretung des Mündels,
> die Fürsorgepflicht, die Vermögensverwaltung und die persönliche Verantwortlichkeit der
> vormundschaftlichen Organe, ist im wesentlichen Privatrecht (Egger, N 12). Gleicher rechtlicher Natur ist auch der Hauptzweck der Tätigkeit des Vormundes: gesetzliche Vertretung
> von und individuelle Fürsorge für Person und Vermögen des Mündels. Jedoch ist dieses Handeln zum Wohle des Mündels nicht nur Interessenwahrung für eine natürliche Person, sondern nach dem Gesagten auch Ausübung amtlicher Pflichten und Befugnisse kraft staatlicher
> Ernennung unter Aufsicht und Mitwirkung der vormundschaftlichen Behörden und nach
> Massgabe öffentlich-rechtlicher Bestimmungen. Der nebenamtliche Vormund (vom Amtsvormund ist hier nicht die Rede) hat demnach gegenüber der übergeordneten Behörde eine ähnliche Stellung wie der (nebenamtliche) Grundbuchführer (ZAK 1958 S. 63), der Handelsregisterführer, der Friedens- und der Zivilrichter; sie alle üben öffentliche Funktionen aus, die der
> Verwirklichung des materiellen Zivilrechts dienen.»

Schnyder/Murer verweisen darauf, dass zwar die Mandatsträger öffentlich rechtlich angestellt seien, sie in ihrer öffentlichen Funktion demgegenüber jedoch materielles Zivilrecht verwirklichten. Privat- und Berufsbeistände nähmen im Verhältnis
zur hilfs- und schutzbedürftigen Person die genau gleiche Rechtsstellung ein wie der
Privatbeistand. Der einzige Unterschied zwischen Privat- und Berufsbeistand be-

stünde somit im unterschiedlich gestalteten Verhältnis zum Gemeinwesen (BK-SCHNYDER/MURER, Art. 360 aZGB N 49 ff., 59 ff.). STEINAUER/FOUNTOULAKIS verweisen darauf, dass Mandatsträger im Rahmen ihrer Amtsausübung in einer öffentlich-rechtlichen Beziehung stehen (STEINAUER/FOUNTOULAKIS, Rz 1070). Für GEISER wiederum ist im Rahmen der Grundrechtslehre ein privates Interesse (bei der Prüfung der öffentlichen Interessen) ausreichend (GEISER, FS Schnyder, Rz 4.6.; BSK ZGB I-GEISER, Vor aArt. 397a–f N 8a). Dies führen SCHNYDER/MURER aus und stellen sich auf den Standpunkt, dass die erwachsenenschutzrechtlichen Organe mittelbar eine öffentlich-rechtliche Aufgabe wahrnehmen; sie aber unmittelbar und in erster Linie den Interessen des Schutzbedürftigen dienen und nicht jenen des Gemeinwesens. Deshalb hätten die Mandatsträger keine Beamtenstellung im Verhältnis zur schutzbedürftigen Person (BK-SCHNYDER/MURER, Art. 360 aZGB N 22 ff.).

38 Demgegenüber ist die **Tätigkeit der Kindes- und Erwachsenenschutzbehörde und der Aufsichtsbehörde**, deren Rolle und Organisation, der Charakter der Anordnungen, die Bestimmungen des Verfahrens, die Haftung im revidierten Recht etc. materiell dem **öffentlichen Recht** zuzuordnen. Gemäss BGer vom 25.8.2003, 5A.15/2003 E. 1 sind theoretisch Verfügungen im Bereich des Vormundschaftswesens zum öffentlich Recht hinzuzählbar. Gemäss BGer vom 6.6.2007, 5A.147/2007 E. 1 stellt die Verantwortlichkeitsklage gegen einen Beirat ein öffentlich-rechtliches Verfahren auf dem Gebiet der Aufsicht über die Vormundschaftsbehörden dar, das in unmittelbarem Zusammenhang mit dem Zivilrecht steht. Dem entspricht auch Art. 72 Abs. 2 lit. b. des Bundesgerichtsgesetzes (BGG), in welchem die Entscheide der Behörde als «öffentlich-rechtliche Entscheide, die in unmittelbarem Zusammenhang mit Zivilrecht stehen» qualifiziert werden und nur deshalb als Beschwerde in Zivilsachen ans Bundesgericht weitergezogen werden können.
Die Zuordnung zum öffentlichen Recht hat zur Folge, dass es sich in Bezug auf Auslegung und Lückenfüllung an den verwaltungsrechtlichen Leitlinien orientiert. Von der Natur der Sache her handelt es sich somit um öffentliches Recht (BSK ZGB I-AUER/MARTI, Art. 446 N 2).

39 Aus dem Ausgeführten ist zu schliessen, dass Rechtsprechung und überwiegende Lehre tendenziell von einem zivilrechtlichen Verhältnis zwischen Mandatsträger und schutzbedürftiger Person ausgehen (gl.M. FASSBIND, 39). M.E. wäre materiell eine Zuordnung des Verhältnisses zwischen schutz- und hilfsbedürftiger Person und Beistand materiell durchaus auch ausschliesslich zum öffentlichen Rechts vertretbar. Das von SCHNYDER/MURER aufgeführte Spannungsverhältnis zwischen Interessen des Schutzbedürftigen und des Gemeinwesens sind in der Sozialen Arbeit typisch: Das sogenannte doppelte Mandat zeichnet die Soziale Arbeit insb. im gesetzlichen Rahmen aus und findet sich vor allem auch im Sozialhilferecht, einem typischerweise dem öffentlichen Recht zugeordneten Bereich. Dem steht die Nähe zum Handlungsfähigkeitsrecht und Personenrecht nicht entgegen (so CHK-BREITSCHMID, Vorbem. ESR N 4); diese Normen sind auch im Rahmen der öffentlich-rechtlichen Amtsführung zu beachten.
Demgegenüber sind die Handlungen der Erwachsenenschutzbehörde grundsätzlich dem öffentlichen Recht zuzuordnen; gleiches gilt für die Aufsichtsbehörden. Auch wenn das Erwachsenenschutzrecht rechtshistorisch aus dem Familienrecht

herauswuchs, so ist das öffentliche Recht zumindest auf der Ebene der Behörde allgegenwärtig. Die dem öffentlichen Recht zugeordnete Offizialmaxime (Art. 446 Abs. 3) und Untersuchungsmaxime (Art. 446) gelten uneingeschränkt. Zumeist sind die KESB Verwaltungsbehörden und wenden in aller Regel das kantonale Verwaltungsverfahrensrecht an (Art. 450f). Zudem ist in den vergangenen Jahrzehnten im Erwachsenenschutzrecht eine zunehmend grundrechtliche Perspektive erkennbar (FamKomm Erwachsenenschutz-VOLL, Sozialwissenschaftliche Grundlagen, N 9). Erwachsenenschutzrecht wird nicht nur im Sinn des zivilrechtlichen Persönlichkeitsschutzes behandelt, sondern auch als Eingriff in das Grundrecht auf persönliche Freiheit (Art. 10 BV) verstanden. Deshalb sind auch die Aspekte des Grundrechtseingriffs (Art. 36 BV) jeweils zu prüfen. Diese grundrechtliche Perspektive führt das revidierte Recht durchaus fort und stärkt sie noch. Damit werden auch die vielerorts vorhandenen auslegungsbedürftigen Ermessensbegriffe mit einem grundrechtlichen bzw. öffentlich-rechtlichen Verständnis konkretisiert.

IX. Das Massnahmensystem des zivilrechtlichen Erwachsenenschutzes

Das Massnahmensystem des zivilrechtlichen Erwachsenenschutzes sieht folgende Massnahmen vor: **40**
Behördliche Massnahmen:
- Die **Begleitbeistandschaft** (Art. 393) wird angeordnet, wenn eine schutzbedürftige Person zur Erledigung ihrer Aufgaben begleitende Unterstützung braucht. Die Begleitbeistandschaft bedarf bei der Anordnung der Zustimmung der betroffenen Person.
- Die **Vertretungsbeistandschaft** (Art. 394 f.) wird errichtet, wenn eine schutzbedürftige Person bestimmte Angelegenheiten nicht erledigen kann und vertreten werden muss. Dabei kann die Handlungsfähigkeit eingeschränkt (Art. 394 Abs. 2 [evtl. i.V.m. Art. 395]: ausschliessliche Kompetenz des Beistandes) oder belassen werden (Art. 394 Abs. 3 und Art. 395: konkurrierende Kompetenz).
- Die **Mitwirkungsbeistandschaft** (Art. 396) wird angeordnet, wenn es zum Schutz der Person zum Abschluss eines Rechtsgeschäftes der Zustimmung des Beistandes bedarf. Dieser ist nicht gesetzlicher Vertreter.
- Die **umfassende Beistandschaft** (Art. 398) wird bei besonderer Hilfsbedürftigkeit errichtet. Die Handlungsfähigkeit entfällt von Gesetzes wegen.

Die Beistandschaften können – mit Ausnahme der umfassenden Beistandschaft – miteinander kombiniert werden (Art. 397). Damit können die Massnahmen individuell angeordnet werden (sog. **Massschneiderung**).
- Die **fürsorgerische Unterbringung** (Art. 426 ff.) wird dann angeordnet, wenn einer an einer psychischen Störung, einer geistigen Behinderung oder schweren Verwahrlosung leidenden Person die nötige Behandlung oder Betreuung nicht anders erwiesen werden kann als mit einer Unterbringung in einer geeigneten Einrichtung. Mit der Unterbringung können medizinische, betreuerische und bewegungseinschränkende Massnahmen verbunden werden. Sie ist eine nicht amtsgebundene Massnahme, da mit der fürsorgerischen Unterbringung keine Person (ein Beistand) eingesetzt wird.

Zu beachten sind insb. bei den behördlichen Massnahmen die Grundsätze der Komplementarität, der Selbstbestimmung und der Verhältnismässigkeit (inkl. der Subsidiarität; Art. 388 f.).
- **Anordnungen der Erwachsenenschutzbehörde** gem. Art. 392: Die Erwachsenenschutzbehörde kann im Rahmen von Art. 392 direkt handeln, einer Drittperson einen Auftrag erteilen oder eine Aufsichtsperson bzw. -stelle bezeichnen, sofern jeweils die Errichtung einer Massnahme wegen ihres Umfangs als offensichtlich unverhältnismässig erscheint (s. Art. 392 N 3 f.). Nur die Anordnung einer Aufsichtsperson ist eine amtsgebundene Massnahme (analog zur Aufsichtsperson gem. Art. 307 s. HENKEL, 79).

Nicht-behördliche «Massnahmen» (zum Begriff s. N 2):
- **Gesetzliche Vertretungsrechte für Urteilsunfähige** (Ehegatten bzw. eingetragenen Partner und bei medizinischen Massnahmen [Art. 374 ff.]). Es geht um Automatismen im Fall der Urteilsunfähigkeit. Der Gesetzgeber sieht neu vor, dass Urteilsunfähige in besonderen Konstellationen (Ehe, eingetragene Partnerschaft) oder Situationen (medizinische Massnahmen bei Angehörigen, Betreuungsvertrag bei Angehörigen) automatisch von einer im Gesetz bezeichneten Person vertreten werden können. Es geht hier nicht um Selbstbestimmung, sondern – aus Sicht des Gesetzgebers – um gesellschaftlich anerkannte Lösungen.
- **Vorsorgeauftrag und Patientenverfügung** (Art. 360 ff.): Mit dem Vorsorgeauftrag beauftragt die betroffene Person eine andere, für sie zu handeln, für den Fall, dass sie selbst urteils- und somit handlungsunfähig wird. Mittels einer Patientenverfügung kann eine Person für den Fall ihrer Urteilsunfähigkeit festlegen, welchen medizinischen Massnahmen sie zustimmt resp. nicht zustimmt bzw. wer an ihrer Stelle über medizinische Massnahmen bestimmen kann. Für beide Institute sind besondere Formvorschriften vorgesehen (Art. 361, 371).

40a
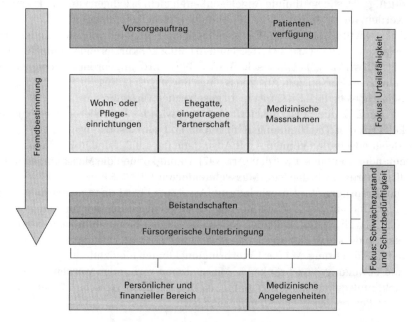

Die einzelnen Massnahmen greifen unterschiedlich stark in die **Rechtsstellung** 41
der betroffenen Person, resp. in das Grundrecht der persönlichen Freiheit ein. Je
nach Bedarf muss mehr oder weniger stark eingegriffen werden. Mit der neuen
Kombination der Beistandschaften wird es je nach Konstellation ganz unterschiedliche **Massnahmenportfolios** geben, die im Einzelnen unterschiedlich stark in die
Rechtsstellung eingreifen. Hier kann nur eine typologische Darstellung der Massnahmen in Bezug auf den Eingriff in die Rechtsstellung vorgenommen werden. Damit ist auch gesagt, dass eine solche Stufenfolge schwieriger ist als im früheren
Recht (vgl. FamKomm Erwachsenenschutz-MEIER, Art. 391 N 7); man könnte vielleicht eher von einer «**Kletterwand**» sprechen (so BSK ZGB I-HENKEL, Art. 389
N 14). Trotzdem wird nachstehend versucht, eine solche **typologisierte Stufenfolge** darzustellen (andere Stufenfolge bei HAUSHEER/GEISER/AEBI-MÜLLER, Erwachsenenschutzrecht, Rz 19.32 sowie bei FASSBIND, 47). Dabei werden auch die
Massnahmen der Selbstbestimmung mitberücksichtigt, weil diese durchaus auch
Elemente der Fremdbestimmung kennen (z.B. Art. 368, 373):

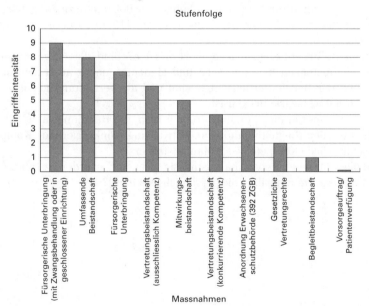

Wie bereits erwähnt setzen die behördlichen Massnahmen bei der Hilfs- und Schutz- 42
bedürftigkeit einer Person an, welche auf einem Schwächezustand basiert. Unter
Berücksichtigung der Selbstbestimmung, der Komplementarität und des Verhältnismässigkeitsprinzips werden Aufgabenbereiche (Art. 391) definiert und mit einer
Massnahme verbunden, um die Schutzbedürftigkeit zu beheben. Im Rahmen der
Abklärungsphase hat die Erwachsenenschutzbehörde somit die sich aus einem
Schwächezustand ergebende Hilfs- und Schutzbedürftigkeit abzuklären (anschaulich: BGer vom 26.6.2012, 5A_175/2012). «Der Schwächezustand muss dazu führen, dass bei der betroffenen Person die Fähigkeit zur Ausübung ihres Selbstbestimmungsrechtes in Bezug auf die zu erledigenden Angelegenheiten ausgeschlossen
oder derart beeinträchtigt ist, dass eigenverantwortliches Handeln nicht mehr mög-

lich oder zumindest erschwert ist. Aus diesen und weiteren erforderlichen Sachverhaltsabklärungen wird eine **Prognose** abgeleitet. Mithilfe der Prognose werden sowohl das Ziel der Massnahme als auch die Massnahme, resp. neu die Aufgaben selber unter Berücksichtigung der Verhältnismässigkeit eruiert» (ROSCH, ZKE 2010, 186). Dabei sind folgende Fragen handlungsleitend (aus ROSCH, ZKE 2010, 188):
1. Worin besteht der Schwächezustand der betroffenen Personen (insb. geistige Behinderung, psychische Störung)?
2. Worin besteht die Schutz- und Hilfsbedürftigkeit der betroffenen Person? Besteht ein innerer Zusammenhang zwischen Schwächezustand und konkreter Schutzbedürftigkeit?
3. Welches wäre das Ziel der Massnahme, um eine bestehende Schutzbedürftigkeit für die Zukunft abzuwenden oder mindestens zu mildern?
4. Welche Aufgaben sind zur Auftragserfüllung einer Beiständin unter Berücksichtigung der Subsidiarität gem. Art. 389 erforderlich, um die Schutzbedürftigkeit für die Zukunft zu beheben?
5. Sind die Aufgaben zur Aufgabenerfüllung einer Beiständin zulässig (höchstpersönliche Rechte, verbotene Geschäfte gem. Art. 412, fürsorgerische Unterbringung etc.)?
6. Können Aufgabenbereiche formuliert werden? Sind die Aufgabenbereiche, resp. Kompetenzen klar umrissen und eindeutig, damit auch die Sorgfaltspflichten der Beiständin herleitbar sind und die Vertretungsmacht auch für Dritte (im Rechtsverkehr) klar ist?
7. Inwiefern muss in die Handlungsfreiheit resp. die Handlungsfähigkeit eingegriffen werden (Begleithandlungen, Mitwirkung, konkurrierende Kompetenz, ausschliessliche Kompetenz des Mandatsträgers)?
8. Sind diese Massnahmen verhältnismässig (geeignet, erforderlich, überwiegendes Interesse am Eingriff in die persönliche Freiheit)?

Die wichtigsten Punkte eines Ablaufs im zivilrechtlichen Erwachsenenschutz stellen sich somit wie folgt dar: 43

```
┌─────────────────────────────────────────┐
│           Schwächezustand               │
└─────────────────────────────────────────┘
                    ↓
┌─────────────────────────────────────────┐
│          Schutzbedürftigkeit            │
└─────────────────────────────────────────┘
                    ↓
┌─────────────────────────────────────────┐
│     Ziel einer behördlichen Massnahme?  │
└─────────────────────────────────────────┘
                    ↓
┌─────────────────────────────────────────┐
│    Bestimmung der Aufgabenbereiche      │
│   und der erforderlichen Vertretungsmacht│
└─────────────────────────────────────────┘
                    ↓         ↑
┌─────────────────────────────────────────┐
│         Verhältnismässigkeitsprüfung    │
│ Sind die Aufgabenbereiche und die Vertretungsmacht geeignet, um das Ziel
│ der behördlichen Massnahme zu erreichen (Zwecktauglichkeit)? Sind die
│ Vertretungsmacht und die Aufgabenbereiche erforderlich, um das Ziel der
│ behördlichen Massnahme zu erreichen oder gibt es weniger weit in die per-
│ sönliche Freiheit eingreifende Massnahmen (Patientenverfügung, Vorsorge-
│ auftrag, Vollmacht/Auftrag, gesetzliche Vertretungsrechte, Dienstleistungs-
│ angebote Dritter [öffentlich oder privat], familieninterne Lösungen etc.)
└─────────────────────────────────────────┘
                    ↓
┌─────────────────────────────────────────┐
│ Entscheid der Erwachsenenschutzbehörde unter Beachtung der Verfahrens-
│ bestimmung und Einsetzung/Beauftragung eines Beistands
└─────────────────────────────────────────┘
                    ↓
┌─────────────────────────────────────────┐
│ Mandatsführung unter Berücksichtigung der gesetzlichen
│ Bestimmungen (mitwirkungsbedürftige Geschäfte, Berichterstattung
│ und Rechnungslegung, Schweigepflicht, Grundsätze der
│ Vermögensverwaltung, Antrag auf Abänderung einer Massnahme etc.)
└─────────────────────────────────────────┘
```

X. Die Akteure im zivilrechtlichen Erwachsenenschutz

44 Der Erwachsenenschutzbehörde, die zugleich Kindesschutzbehörde ist, werden diverse Aufgabenbereiche übertragen (im Einzelnen VBK, ZVW 2008, 117 ff.):
- **nicht massnahmegebundene Aufgaben** wie Auslegung des Vorsorgeauftrages (Art. 364);
- **Anordnung bzw. Änderung bzw. Aufhebung von behördlichen Massnahmen** (Art. 393 ff.);
- **Mitwirkung bei ausgewählten Rechtsgeschäften** wie zustimmungsbedürftigen Geschäften (Art. 416 f.);
- **Aufsicht, Steuerung und Qualitätssicherung** wie bei der Patientenverfügung (Art. 373) oder bei Handlungen bzw. Unterlassungen des Beistands (Art. 419)

Die **KESB** ist als Fachbehörde ausgestaltet (im Einzelnen s. Kommentierung zu Art. 440). Mitarbeitende oder Hilfspersonen (insb. Abklärungsdienste/Behördensekretariate) arbeiten **punktuell** mit (potenziell) hilfs- und schutzbedürftigen Personen zusammen. So klären sie bspw. aufgrund einer eingegangenen Gefährdungsmeldung ab, ob eine behördliche Massnahme angezeigt ist. Wird eine solche angeordnet und Aufgabenbereiche auf einen Mandatsträger übertragen, so beschränken sich seine Aufgaben auf die Aufsichts-, Änderungs- bzw. Aufhebungs- und/oder auf die Mitwirkungsfunktion.

45 Die **Mandatsführung** wird Beiständen und bei Minderjährigen, die nicht unter elterlichen Sorge stehen, Vormunden übertragen. In der Regel ist die amtsgebundene Massnahme als Dauermassnahme konzipiert. Dementsprechend haben die Mandatsträger im Rahmen ihres behördlichen Auftrages die Massnahmen umzusetzen und die Hilfs- und Schutzbedürftigkeit der betroffenen Person auszugleichen. Es geht somit i.d.R. um **dauerhafte Begleitung und Betreuung** (s. im Einzelnen die Kommentierung zu Art. 400 ff.).

46 Die Kantone bestimmen die **Aufsichtsbehörden** (Art. 441). Diese haben die Aufgabe, für eine korrekte und einheitliche Rechtsanwendung besorgt zu sein, und beaufsichtigen die Erwachsenenschutzbehörden (GEISER, ZVW 1993, 216 ff.). Entscheide der Erwachsenenschutzbehörde im Einzelfall beurteilen demgegenüber die zuständigen **gerichtlichen Überprüfungsinstanzen** im Rahmen des Rechtsmittelverfahrens (Art. 450; s. im Einzelnen Komm. zu Art. 441 und 450 ff.). Die Kombination von Aufsichtsbehörden und gerichtlichen Überprüfungsinstanzen führen in der Praxis oft zu schwierigen Abgrenzungsfragen.

Die wesentlichen Akteure sind im Überblick: 47

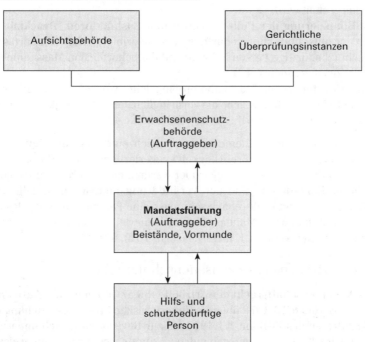

XI. Erwachsenenschutzrecht als Bereich der gesetzlichen Sozialarbeit mit Pflichtklienten

Wie oben aufgezeigt befindet sich der zivilrechtliche Erwachsenenschutz im Bereich des Eingriffssozialrechts (N 8 ff.). Insbesondere im Bereich der behördlichen Massnahmen kommen Klienten oft nicht aus eigenem Antrieb, sondern auf behördliche Anordnung; sie sind **Pflichtklienten**. Die Abklärung, resp. Mandatsführung findet i.d.R. im **Zwangskontext** statt, d.h. es wird in den Willensbildungsprozess eingegriffen und die Entscheidungsfreiheit und damit die Handlungsfreiheit eingeschränkt (vgl. ROSCH, SZfSA 2011, 86 ff. m.w.H.). Dieser Zwangskontext wird dann rechtlich relevant, wenn in die Rechtsstellung der hilfsbedürftigen Person, insb. in deren Freiheitsrechte, eingegriffen wird. Pflichtklienten reagieren oft mit **Widerstand** (Reaktanz) gegen solche Eingrenzungen der Entscheidungsfreiheit. Aktive Formen von Reaktanz sind Unmut, das Nichteinhalten von Terminen und Vereinbarungen, passive Formen Resignation, (Schein-)Anpassung, Überanpassung etc. (ZOBRIST, ZVW 2008, 470 m.w.H.). 48

Die Auswirkungen der Pflichtklientschaft resp. der Arbeit im Zwangskontext sollte im Rahmen der Zusammenarbeit mitberücksichtigt werden. Wichtig erscheint gerade im Rahmen der Herstellung eines **Arbeitsbündnisses** insbesondere, dass 49
– eine **Rollenklärung** (Erklärung der [verhandelbaren und nicht verhandelbaren] Aufgabenbereiche des Beistandes, insb. auch derjenigen, die auch gegen den Willen der hilfs- und schutzbedürftigen Person vollzogen werden) stattfin-

det und **Transparenz** (inkl. Informationen über den Umgang mit Personendaten) hergestellt wird;
- eine **Bilanzierung der Pull- (Anreize) und Pushfaktoren (Druckmittel)** aus Sicht der hilfs- und schutzbedürftigen Person erfolgt (welche Hindernisse sieht die schutzbedürftige Person in Bezug auf die behördlichen Massnahmen; welche Chancen ergeben sich?);
- **motivationsfördernde Massnahmen** eingeleitet werden, insb. dadurch, dass Ziele definiert werden, welche die vordringlichsten Schwierigkeiten mindern. (Ausf. KÄHLER/ZOBRIST, 76 ff.; ZOBRIST, ZVW 2008, 471 ff.)

50 Mit der Beachtung dieser Elemente wird gleichzeitig das **Paradigma der sog. «Freiwilligkeit»** relativiert. Freiwilligkeit suggeriert gerade bei Massnahmen, die im Einverständnis der Person angeordnet werden, dass ein Zusammenhang zwischen dieser **Einwilligung** und der **Veränderungsmotivation** besteht. Dem ist aber nicht so. So kann es durchaus sein, dass eine Person, die einer Massnahme zustimmt, im Rahmen der Mandatsführung keinerlei Interesse an einer Veränderung zeigt und umgekehrt (s. KÄHLER/ZORBRIST, 16 ff., 43 ff.).

XII. Die Revision des Erwachsenenschutzrechtes

51 Das **alte Vormundschaftsrecht** der Art. 360–455 aZGB blieb – mit Ausnahme des Bundesgesetz vom 6.10.1978 über die fürsorgerische Freiheitsentziehung (FFE) – seit Inkrafttreten des ZGB am 1.1.1912 bis zur Revision praktisch unberührt. Es beinhaltete im Kern drei amtsgebundene Hauptmassnahmen, mit welcher die Schutzbedürftigkeit von Personen ausgeglichen oder gemindert werden sollte: die die Handlungsfähigkeit nicht berührende Beistandschaft, die die Handlungsfähigkeit einschränkende Beiratschaft und die die Handlungsfähigkeit aufhebende Vormundschaft. Gemäss dem Grundsatz der Typenfixierung und -gebundenheit hatten diese amtsgebundenen Massnahmen einen genau umschriebenen Inhalt. Daneben fanden sich im Vormundschaftsrecht die nicht amtsgebundene und die Handlungsfähigkeit nicht beschränkende FFE. Die Fachleute waren sich einig, dass der dritte Teil des Familienrechts teils oder ganz **revisionsbedürftig** sei. Seit den 60er-Jahren erschienen diesbezüglich über 50 Aufsätze und Abhandlungen (BerichtExpK Erwachsenenschutz 95, 28). Als revisionsbedürftig wurden insb. folgende Punkte gesehen:
- die stigmatisierende **Terminologie** (Trunksucht, Geistesschwäche, lasterhafter Lebenswandel etc.),
- das aufgrund der **Typenfixierung und -gebundenheit** wenig flexibel handhabbare und den Einzelfall wenig berücksichtigende Massnahmensystem,
- die auf Laien aufbauende **Behördenorganisation**,
- die Veränderungen aufgrund der sich professionalisierenden **Mandatsträgern**,
- die strenge persönliche **Haftung** der vormundschaftlichen Organe,
- das **Verfahrensrecht** infolge der EMRK-Anforderungen und
- die fehlende Regelung der (medizinischen) **Zwangsmassnahmen**.

52 Ab September 1993 wurden Vorarbeiten getätigt, die in einen Grundlagenbericht zuhanden des Bundesamtes für Justiz mündeten. Der Grundlagenbericht 1993

mit Thesen und Teilentwürfen wurde von einer dreiköpfigen Expertengruppe verfasst, bestehend aus **Prof. Ch. Häfeli**, Jurist und Sozialarbeiter und ehemaliger Rektor der Hochschule Luzern-Soziale Arbeit, **Prof. Dr. B. Schnyder**, Universität Fribourg, und **Prof. Dr. M. Stettler**, Universität Genf. Daraufhin wurden die Experten im November 1996 mit der Erarbeitung eines **Vorentwurfs** beauftragt (Bericht VE Erwachsenenschutz), der im Juni 1998 vorgelegt wurde. Aufgrund dessen wurde 1999 eine interdisziplinäre **Expertenkommission** eingesetzt, welche einen Vorentwurf und einen dazugehörigen Bericht ausarbeitete (BerichtExpK Erwachsenenschutz 03). Gestützt auf die Justizreform im Jahr 2000 und die dazugehörige Neuregelung des Bundeszuständigkeit für das Zivilprozessrecht (Art. 122 BV) wurde **alt Oberrichter Dr. D. Steck** mit der Ausarbeitung eines **Verfahrensgesetzes** beauftragt (VE Erwachsenenschutz/Verfahren). Im Sommer 2003 wurde zu beiden Vorentwürfen eine breit angelegte **Vernehmlassung** eröffnet. Die Gesamtrevision wurde grossmehrheitlich gut aufgenommen. Höchst umstritten war die Einsetzung eines Fachgerichtes für die Kindes- und Erwachsenenschutzbehörde. Unterschiedlich wurde zudem der VE Erwachsenenschutz/Verfahren aufgenommen, weshalb der Entwurf dann auf eine eigenständige Vorlage verzichtete. Der Auftrag zur Ausarbeitung der **Botschaft** erfolgte 2004 durch den Bundesrat. 2006 wurde sie den Räten zugestellt. Im Jahr 2007 beschloss der Ständerat als Erstrat das neue Recht, im Herbst 2008 folgte ihm der Nationalrat. Beide **Parlamentskammern** beschlossen das Recht ohne grosse Veränderungen. Die **Inkraftsetzung** erfolgte per 1.1.2013.

Die zentralen Revisionsanliegen waren (Botschaft Erwachsenenschutz, 7011 ff.)   53
– die Förderung des **Selbstbestimmungsrechts** in der Form der eigenen Vorsorge gem. Art. 360 ff. (Patientenverfügung und Vorsorgeauftrag),
– die Stärkung der **Solidarität in der Familie** (z.B. Vertretungsrechte des anderen Ehegatten bei Urteilsunfähigkeit, Verzicht auf Inventarpflicht [Art. 374], Rechnungsablage etc. gem. Art. 420) und die **Entlastung des Staates** (z.B. eigene Vorsorge [Art. 360 ff.], Subsidiaritätsprinzip gem. Art. 389),
– besserer Schutz der urteilsunfähigen Personen in **Wohn- und Pflegeeinrichtungen** (z.B. bei bewegungseinschränkenden Massnahmen [Art. 383 ff.]),
– die **behördlichen Massnahmen** nach Mass,
– die Beschränkung der Beistandschaft auf natürliche Personen,
– der **Verzicht auf die erstreckte elterliche Sorge**,
– der Verzicht auf die **Veröffentlichung** der Einschränkung oder des Entzugs der Handlungsfähigkeit,
– **Verbesserung des Rechtschutzes** und die Schliessung von Lücken bei der FFE (z.B. medizinische Massnahmen ohne Zustimmung [Art. 434]),
– die Einrichtung der KESB als **Fachbehörden**,
– die Verankerung der wesentlichen **Verfahrensgrundsätze** im ZGB (z.B. Untersuchungs- und Offizialmaxime [Art. 446]),
– die **Koordination** mit dem Personen- und Kindesrecht sowie
– eine zeitgerechte **Terminologie**.

XIII. Konkordanztabelle neues Erwachsenenschutzrecht/ altes Vormundschaftsrecht

54 Das revidierte Erwachsenenschutzrecht hat zu diversen Veränderungen, Anpassungen und Neuerungen geführt, die teilweise mit dem alten Vormundschaftsrecht korrespondieren. Damit die Bezüge des revidierten Rechts zum alten Recht ersichtlich werden, findet sich nachstehend eine Konkordanztabelle. Dabei werden auch weitere Bezüge zu relevanten Bestimmungen (z.B. die Richtlinien der Schweizerischen Akademie der medizinischen Wissenschaften [SAMW-Richtlinien]) hergestellt (eine inhaltlich weitgehend identische, aber anders dargestellte Konkordanzliste findet sich bei FASSBIND, 353 ff.):

Revidiertes Erwachsenenschutzrecht	Vormundschaftsrecht im weiteren Sinne (ohne kantonales Recht)
10. Titel: Die eigene Vorsorge und Massnahmen von Gesetzes wegen	
1. Abschnitt: Die eigene Vorsorge	
1. Unterabschnitt: Der Vorsorgeauftrag Art. 360–369	Art. 394 ff. OR, Art. 419 ff. OR, Art. 32 ff. OR
2. Unterabschnitt: Die Patientenverfügung Art. 370–373	Art. 394 ff. OR, Art. 32 ff. OR, SAMW-Richtlinien zur Patientenverfügung («www.samw.ch»)
2. Abschnitt: Massnahmen von Gesetzes wegen für urteilsunfähige Personen	
1. Unterabschnitt: Vertretung durch den Ehegatten, die eingetragene Partnerin oder den eingetragenen Partner Art. 374–376	Art. 166 ZGB, Art. 15 f. PartG, Art. 195 ZGB, Art. 227 f. ZGB, Art. 394 ff. OR, Art. 32 ff. OR, Art. 419 ff. OR, Art. 174 ZGB
2. Unterabschnitt: Vertretung bei medizinischen Massnahmen Art. 377–381	Art. 6, 8 f. ÜMB, Art. 419 ff. OR, Art. 4 ZGB, SAMW-Richtlinien zur Selbstbestimmung («www.samw.ch»)
3. Unterabschnitt: Aufenthalt in Wohn- oder Pflegeeinrichtungen Art. 382–387	SAMW-Richtlinien Zwangsmassnahmen, Patientenverfügung und Betreuung ältere pflegebedürftiger Menschen («www.samw.ch»); Art. 316 Abs. 3 ZGB und PAVO
11. Titel: Die behördlichen Massnahmen	
1. Abschnitt: Allgemeine Grundsätze	
Art. 388 (Zweck)	Nicht explizit
Art. 389 (Subsidiarität und Verhältnismässigkeit)	Art. 5 Abs. 2 BV
1. Unterabschnitt: Allgemeine Bestimmungen	
Art. 390 (Voraussetzungen)	Abs. 1 Ziff. 1: implizit in Art. 369–372, 392–395 ZGB Abs. 1 Ziff. 2: Art. 392 Ziff. 1 ZGB Abs. 2: Art. 369 f., 397 a ZGB

Revidiertes Erwachsenenschutzrecht	Vormundschaftsrecht im weiteren Sinne (ohne kantonales Recht)
Art. 391 (Aufgabenbereiche)	Abs. 1 und 2: Art. 367, 398 ff., 417 ff. ZGB
Art. 392 (Verzicht auf eine Beistandschaft)	Ziff. 1: Art. 393 ZGB Ziff. 2: Art. 394 ff. OR Ziff. 3: Art. 307 Abs. 3 ZGB analog
2. Unterabschnitt: Die Arten von Beistandschaften	
Art. 393 (Begleitbeistandschaft)	Art. 394, 308 Abs. 1 ZGB analog
Art. 394/395 (Vertretungsbeistandschaft evtl. mit Vermögensverwaltung)	Art. 394 Abs. 1 und 3, Art. 395: Art. 392, 393, 417 Abs. 1 ZGB Abs. 2: Art. 395 Abs. 2 ZGB
Art. 396 (Mitwirkungsbeistandschaft)	Art. 395 Abs. 1 ZGB
Art. 397 (Kombination von Beistandschaften)	Art. 392 Ziff. 1/Art. 393 Ziff. 2, Art. 395 Abs. 1/2 ZGB
Art. 398 (Umfassende Beistandschaft)	Art. 369–371 ZGB
3. Unterabschnitt: Ende der Beistandschaft	
Art. 399	Art. 432 f., 439 ZGB
4. Unterabschnitt: Der Beistand oder die Beiständin	
Art. 400 (Ernennung; allgemeine Voraussetzungen)	Abs. 1: Art. 379 ZGB Abs. 2: Art. 382 ZGB
Art. 401 (Wünsche der betroffenen Person oder Nahestehender)	Art. 380 f. ZGB
Art. 402 (Übertragung des Amtes auf mehrere Personen)	Art. 379 Abs. 2/3 ZGB
Art. 403 (Verhinderung und Interessenkollision)	Art. 392 Ziff. 2/3 ZGB
Art. 404 (Entschädigung und Spesen)	Art. 416 ZGB
5. Unterabschnitt: Die Führung der Beistandschaft	
Art. 405 (Übernahme des Amtes)	Abs. 1: Art. 399 ff. ZGB Abs. 2/3: Art. 398 ZGB
Art. 406 (Verhältnis zur betroffenen Person)	Art. 367 Abs. 1 ZGB
Art. 407 (Eigenes Handeln der betroffenen Person)	Art. 19, 410 f. ZGB
Art. 408 (Vermögensverwaltung)	Abs. 1: Art. 413 Abs. 1, Art. 419 ZGB Abs. 3: Art. 425 Abs. 2, Art. 399 ff. ZGB
Art. 409 (Beiträge zur freien Verfügung)	ZGB 414
Art. 410 (Rechnung)	Art. 413 Abs. 2/3 ZGB
Art. 411 (Berichterstattung)	Art. 425/423 ZGB
Art. 412 (Besondere Geschäfte)	Abs. 1: Art. 408, 404 ZGB Abs. 2: Art. 400 Abs. 2 ZGB
Art. 413 (Sorgfalts- und Verschwiegenheitspflicht)	bisher ungeschriebener Grundsatz des Vormundschaftsrecht
Art. 414 (Änderung der Verhältnisse)	Art. 433 Abs. 2/3, Art. 313 Abs. 1 ZGB analog

Revidiertes Erwachsenenschutzrecht	Vormundschaftsrecht im weiteren Sinne (ohne kantonales Recht)
6. Unterabschnitt: Die Mitwirkung der Erwachsenenschutzbehörde	
Art. 415 (Prüfung der Rechnung und des Berichts)	Art. 423 ZGB
Art. 416 (Zustimmungsbedürftige Geschäfte/von Gesetzes wegen)	Abs. 1: Art. 421 f. ZGB Abs. 2: Art. 419 Abs. 2 ZGB Abs. 3: Art. 422 Ziff. 7 ZGB
Art. 417 (Auf Anordnung)	
Art. 418 (Fehlen der Zustimmung)	Art. 424 i.V.m. Art. 411 ZGB
7. Unterabschnitt: Einschreiten der Erwachsenenschutzbehörde	
Art. 419	Art. 420 Abs. 1 ZGB
8. Unterabschnitt: Besondere Bestimmungen für Angehörige	
Art. 420	z.T. Praxis zu Art. 385 Abs. 3 ZGB
9. Unterabschnitt: Das Ende des Amtes des Beistands oder der Beiständin	
Art. 421 (Von Gesetzes wegen)	Ziff. 1: Art. 442 i.V.m. Art. 415 ZGB Ziff. 2: Art. 432 f. i.V.m. Art. 436–438, 439 ZGB Ziff. 4: Art. 441 ZGB
Art. 422 (Entlassung/auf Begehren des Beistandes)	Abs. 1: Art. 415 Abs. 3; ZGB Abs. 2: Art. 443, 445 f. ZGB
Art. 423 (Übrige Fälle)	Art. 443, 445 ff. ZGB
Art. 424 (Weiterführung der Geschäfte)	Art. 444 ZGB
Art. 425 (Schlussbericht und -rechnung)	Abs. 1/2: Art. 451 f. Abs. 3/4 ZGB: Art. 453 Abs. 2/3 ZGB)
Dritter Abschnitt: Die Fürsorgerische Unterbringung	
Art. 426 (Die Massnahmen/ I. Unterbringung zur Behandlung oder Betreuung)	Abs. 1–3: Art. 397a ZGB Abs. 4: Art. 397d/397e Ziff. 2 ZGB implizit; Art. 5 Abs. 4 EMRK
Art. 427 (II. Zurückbehaltung freiwillig Eingetretener)	Abs. 1: Art. 397a Abs. ZGB Abs. 3: Art. 397e Ziff. ZGB
Art. 428 (Zuständigkeit/I. Erwachsenenschutzbehörde)	Art. 397b Abs. 1/3 ZGB
Art. 429 (II. Ärzte/-innen/1. Zuständigkeit)	Art. 397b Abs. 2 ZGB
Art. 430 (2. Verfahren)	Abs. 1: Art. 397e Ziff. ZGB Abs. 3: Art. 397e Ziff. 4 ZGB Abs. 5: Art. 397e Ziff. 1/2 i.V.m. Art. 397d Abs. 1 ZGB implizit
Art. 431 (periodische Überprüfung)	
Art. 432 (Vertrauensperson)	
Art. 433 (medizinische Massnahmen bei psychischer Störung/ Behandlungsplan)	Art. 5 ÜMB
Art. 434 (Behandlung ohne Zustimmung)	Art. 6 f. ÜMB, SAMW-Richtlinien Zwangsmassnahmen («www.samw.ch»),
Art. 435 (Notfälle)	Art. 8 ÜMB, SAMW-Richtlinien Zwangsmassnahmen («www.samw.ch»)

Revidiertes Erwachsenenschutzrecht	Vormundschaftsrecht im weiteren Sinne (ohne kantonales Recht)
Art. 436 (Austrittsgespräch)	SAMW-Zwangsmassnahmen («www.samw.ch»)
Art. 437 (Kantonales Recht)	
Art. 438 (Massnahmen zur Einschränkung der Bewegungsfreiheit)	S.o. Art. 382 ff. ZGB
Art. 439 (Anrufung des Gerichts)	Art. 5 Abs. 4 EMRK, Art. 397 d, 397 f ZGB
12. Titel: Organisation	
1. Abschnitt: Behörden und örtliche Zuständigkeit	
Art. 440 (Erwachsenenschutzbehörde)	Art. 361 ZGB, Art. 52 SchlT ZGB
Art. 441 (Aufsichtsbehörde)	Art. 361 ZGB, Art. 52 SchlT ZGB
Art. 442 (Örtliche Zuständigkeit)	Abs. 1/4: Art. 376, 396 ZGB Abs. 2: Art. 397 b Abs. 1 ZGB Abs. 3: Art. 396 Abs. 2 ZGB Abs. 5: Art. 377 ZGB
2. Abschnitt: Verfahren	
1. Unterabschnitt: Vor der Erwachsenenschutzbehörde	
Art. 443 (Melderechte und -pflichten)	Art. 369 Abs. 2 ZGB
Art. 444 (Prüfung der Zuständigkeit)	
Art. 445 (Vorsorgliche Massnahmen)	Abs. 1: Art. 386 ZGB
Art. 446 (Verfahrensgrundsätze)	Abs. 1: Art. 392, 393 ZGB Abs. 2 i.f.: Art. 374 Abs. 2; Art. 397 e Ziff. 5 ZGB
Art. 447 (Anhörung)	Art. 29 Abs. 2 BV, Art. 374 Abs. 1, Art. 397 f Abs. 3 ZGB
Art. 448 (Mitwirkungspflichten und Amtshilfe)	Abs. 1: Art. 386 Abs. 1 ZGB
Art. 449 (Begutachtung in einer Einrichtung)	Art. 397 a Abs. 1 ZGB implizit
Art. 449 a (Anordnung einer Vertretung)	Art. 29 Abs. 2 BV, Art. 397 f Abs. 2, Art. 392 ZGB
Art. 449 b (Akteneinsicht)	Art. 29 Abs. 2 BV
Art. 449 c (Mitteilungspflicht)	Ziff. 1: Art. 375 ZGB
2. Unterabschnitt: Vor der gerichtlichen Beschwerdeinstanz	
Art. 450 (Beschwerdeobjekt und -befugnis)	Art. 420 Abs. 2 i.V.m. Abs. 1 ZGB
Art. 450 a (Beschwerdegründe)	Art. 373 ZGB Abs. 2: Art. 29 Abs. 1 BV
Art. 450 b (Beschwerdefrist)	Abs. 1: Art. 420 Abs. 2 ZGB Abs. 2: Art. 397 d ZGB Abs. 3: Art. 29 Abs. 1 BV
Art. 450 c (Aufschiebende Wirkung)	Art. 397 e Ziff. 4, Art. 373 ZGB
Art. 450 d (Vernehmlassung der Vorinstanz/Wiedererwägung)	Art. 373 ZGB

Revidiertes Erwachsenenschutzrecht	Vormundschaftsrecht im weiteren Sinne (ohne kantonales Recht)
Art. 450e (Besondere Bestimmungen bei fürsorgerischer Unterbringung)	Abs. 1: Art. 397d Abs. 1 ZGB Abs. 2: Art. 397e Ziff. 4 ZGB Abs. 3: Art. 397e Ziff. 5 ZGB Abs. 4: Art. 397f Abs. 2/3 ZGB Abs. 5: Art. 5 Abs. 4 EMRK, Art. 397f Abs. 1 ZGB
3. Unterabschnitt: Gemeinsame Bestimmung	
Art. 450f	Art. 373 ZGB
4. Unterabschnitt: Vollstreckung	
Art. 450g	Art. 373 ZGB
3. Abschnitt: Verhältnis zu Dritten und Zusammenarbeitspflicht	
Art. 451 (Verschwiegenheitspflicht und Auskunft)	Abs. 1: bisher ungeschriebener Grundsatz des Vormundschaftsrecht Abs. 2: Art. 375 ZGB
Art. 452 (Wirkung der Massnahmen gegenüber Dritten)	Abs. 1: Art. 375 Abs. 3 ZGB Abs. 2: Art. 375 ZGB Abs. 3: Art. 411 Abs. 2 ZGB
Art. 453 (Zusammenarbeitspflicht)	
4. Abschnitt: Verantwortlichkeit	
Art. 454 (Grundsatz)	ZGB 426–430
Art. 455 (Verjährung)	Art. 454 f.
Art. 456 (Haftung nach Auftragsrecht)	

Eine Konkordanztabelle vom alten Vormundschaftsrecht zum neuen Erwachsenenschutzrecht, also umgekehrt zu der vorstehenden, findet sich bei KOKES, 357 ff.

Zehnter Titel:

Die eigene Vorsorge und Massnahmen von Gesetzes wegen

Erster Abschnitt:

Die eigene Vorsorge

Erster Unterabschnitt: Der Vorsorgeauftrag

Art. 360

A. Grundsatz

¹ Eine handlungsfähige Person kann eine natürliche oder juristische Person beauftragen, im Fall ihrer Urteilsunfähigkeit die Personensorge oder die Vermögenssorge zu übernehmen oder sie im Rechtsverkehr zu vertreten.

² Sie muss die Aufgaben, die sie der beauftragten Person übertragen will, umschreiben und kann Weisungen für die Erfüllung der Aufgaben erteilen.

³ Sie kann für den Fall, dass die beauftragte Person für die Aufgaben nicht geeignet ist, den Auftrag nicht annimmt oder ihn kündigt, Ersatzverfügungen treffen.

Literatur

AFFOLTER, Die Aufwertung der Selbstbestimmung im neuen Erwachsenenschutzrecht, AJP 2006, 1057 ff.; BREITSCHMID, Vorsorgevollmachten, ZVW 2003, 269 ff.; DERS., Ersatzlösungen anstelle der Errichtung einer Vormundschaft oder von vormundschaftlichen Massnahmen, ZVW 2003, 47 ff.; BREITSCHMID/MATT, Im Vorfeld des Vorsorgeauftrags: Wirrungen um die (altrechtliche) Vorsorgevollmacht (BGE 134 III 385 ff.), Pflegerecht 2012, 223 ff.; BREITSCHMID/REICH, Vorsorgevollmachten – ein Institut im Spannungsfeld von Personen-, Vormundschafts-, Erb- und Obligationenrecht, ZVW 2001, 144 ff.; FOUNTOULAKIS/GAIST, Le mandat pour cause d'inaptitude dans le nouveau droit de la protection de l'adulte, in: Zufferey et al. (Hrsg.), L'homme et son droit – Mélanges en l'honneur de Marco Borghi, Zürich 2011, 153 ff.; FÜLLEMANN, Das internationale Privat- und Zivilprozessrecht des Erwachsenenschutzes, Diss. Zürich/St.Gallen 2008, GUILLOD/HELLE, Mandat d'inaptitude, directives anticipées et représentation de la personne incapable: porte ouverte à la confusion? (art. 360–373 AP), ZSR 2003 I, 291 ff.; GUTZWILLER, Zur Bedeutung der Urteilsfähigkeit im Rahmen des «Vorsorgeauftrages», AJP 2007, 556 ff.; HAAS-LEIMACHER/BREITSCHMID, Conflits d'intérêts en matière de protection de l'adulte, FamPra 2012, 889 ff.; HOPF, Neues Erwachsenenschutzrecht und Vorsorgeauftrag, ST 3/13, 145 ff.; DERS., Zum Selbstbestimmungsrecht des Vorsorgenden de lege lata und de lege ferenda – Die Vorsorgevollmacht de lege ferenda, ZKE 2011, 102 ff.; LEUBA, Le mandat pour cause d'inaptitude dans le projet de révision du code civil, in: Baddeley (Hrsg.), La protection de la personne par le droit, Journée de droit civil 2006, en l'honneur du Professeur Martin Stettler, Genf 2007, 27 ff. (zit. FS Stettler); MEIER, Le nouveau droit de protection de l'adulte – présentation générale, Jusletter vom 17.11.2008; DERS., Perte du discernement et planification du patrimoine – droit actuel et droit futur, in: Baddeley (Hrsg.), La Planification du patrimoine, Journée de droit civil 2008, en l'honneur du professeur Andreas Bucher, Genf 2009, 39 ff. (zit. FS Bucher); MINGER, La responsabilité des organes de protection dans le nouveau droit de la protection de l'adulte, ZVW 2006, 171 ff.; PLOTKE, Weitergeltung einer Vollmacht trotz Verlust der Handlungsfähigkeit des Vollmachtgebers?, recht 2005, 151 f.; RIEMER, Vormundschaftliche Hilfe für Betagte, ZVW 1982, 121 ff.; DERS., Willensvertretung bei Betagten, recht 1998, 21 ff.; ROSCH, Ende des vormundschaftlichen Mandates, ZVW 2009, 357 ff.; STETTLER, Les limites juridiques de l'aide extratutélaire apportée aux personnes âgées, ZVW 1983, 1 ff.; DERS., L'accompagnement socio-juridique de la personne très âgée, de lege lata et de lege ferenda, in: Geiser et al. (Hrsg.), Festschrift für Heinz Hausheer zum 65. Geburtstag, Bern 2002, 717 ff. (zit. FS Hausheer); DERS., La sauvegarde des intérêts des personnes incapables de discernement dans le nouveau droit de la protection de l'adulte, ZVW 2003, 258 ff.; VBK, Vormundschaftsstatistik 2006, ZVW 2007, 330 ff.; WOLF, Erwachsenenschutz und Notariat, ZBGR 2010, 73 ff.; vgl. die Literaturhinweise zur Einführung.

I. Vorbemerkungen

1. Allgemeines

1 Mit dem VA wurde in das seit 2013 geltende **Erwachsenenschutzrecht** ein **Rechtsinstitut** eingeführt, mit dem das **Selbstbestimmungsrecht** einer Person über den Zeitpunkt eines allfälligen Verlustes der eigenen Urteilsfähigkeit hinaus ein Stück weit gewahrt werden kann. Im Minimum bewirkt der VA selbstbestimmte Fremdbestimmung in dem Sinne, dass die auftraggebende Person selbst bestimmt, wer nach dem Eintritt des Verlustes der eigenen Urteilsfähigkeit «fremdbestimmend» tätig sein wird. Wie weit darüber hinaus Selbstbestimmung wirksam wird, hängt von der Ausgestaltung des VA im Einzelfall ab (s. N 22). Der VA bewirkt ausserdem eine **gewisse Kontrolle** des durch ihn begründeten Vertragsverhältnisses **durch die Erwachsenenschutzbehörde**, dies zumindest im Zeitpunkt des Eintritts der Urteilsunfähigkeit der betroffenen Person und des Wirksamwerdens des Auftrags (zur Rechtsnatur des VA s. Art. 365 N 1 f.).

2 Der VA (französisch: «*mandat pour cause d'inaptitude*»), wie er Eingang in das ZGB gefunden hat, richtet sich an Vorbildern in ausländischen Rechtsordnungen aus (GUILLOD/HELLE, ZSR 2003 I, 294 ff.; LEUBA, FS Stettler, 28 f.). Insbesondere in der ka-

nadischen Provinz Quebec, wo der Code civil seit 1990 ein «*mandat donné en prévision de l'inaptitude du mandant*» vorsieht (Art. 2166 ff. CCQ), war eine starke Zunahme von VA zu verzeichnen, wobei das **Instrument** insb. **der Personen- und Vermögenssorge für** über 80 Jahre **alte Personen** zu dienen scheint. Seit 2009 benennt das **deutsche Recht** in der neu ins Betreuungsrecht aufgenommenen Bestimmung von § 1901c BGB die **Vorsorgevollmacht** ausdrücklich als Instrument, welches gem. § 1896 Abs. 2 BGB die Bestellung eines Betreuers durch das Betreuungsgericht grundsätzlich ausschliesst. Diese Vorsorgevollmacht unterliegt keinen strengen Formvorschriften und ist auch hinsichtlich des Wirksamwerdens nicht an besondere Voraussetzungen und Verfahren geknüpft wie der VA nach schweizerischem Recht. Das deutsche Bundesministerium der Justiz hat im Internet der knappen gesetzliche Regelung u.a. eine Broschüre mit ausführlichen Informationen (Empfehlungen) beigestellt (‹http://www.bmj.de› Suchbegriff «Betreuungsrecht»). Auch in **Frankreich** und **Grossbritannien** kennt man das Instrument der eigenen Vorsorge (HÄFELI, Grundriss, Rz 08.03; zur deutschen und französischen Regelung überdies: BSK ZGB I-RUMO-JUNGO, Art. 360 N 3 ff.). Die **künftige Verbreitung des VA in der Schweiz** ist nicht einfach zu prognostizieren, und ob dieser, wie in Quebec, ein Erfolgsmodell wird oder ob davon auszugehen ist, dass nur ein kleiner Teil der Bevölkerung einen VA errichten wird (HAUSHEER/GEISER/AEBI-MÜLLER, Erwachsenenschutzrecht, Rz 2.53), dürfte nicht zuletzt davon abhängen, wie das neue Rechtsinstitut durch staatliche Stellen (z.b. Erwachsenenschutzbehörden, kantonale Aufsichtsbehörden) und private Organisationen (z.B. Pro Senectute, Finanzinstitute, Treuhänder etc.) propagiert wird, welche **Beratungsleistungen** den Personen, die einen VA errichten wollen, angeboten werden und welche privaten Organisationen VA als **vorsorgebeauftragte juristische Personen** anzunehmen geeignet und bereit sind (Art. 363 N 16).

Viele Menschen werden sich angesichts der Unwägbarkeiten zukünftiger Entwicklungen überlegen, ob sie sich überhaupt auf das **Wagnis selbstbestimmter eigener Vorsorge** einlassen und die damit verbundene **Selbstverantwortung** auf sich nehmen sollen oder ob sie für sich möglicherweise einstellende Zustände eigener ausgeprägter Hilfe- und Schutzbedürftigkeit nicht die Chance wahren wollen, dass dannzumal zwar fremdbestimmte aber der aktuellen Situation angepasste geeignete Hilfe- und Schutzmassnahmen durch Angehörige ihres dannzumaligen sozialen Umfeldes, allenfalls mit professioneller und behördlicher Mitwirkung getroffen werden. Der Entscheid hängt von zahlreichen einzelfallspezifischen Faktoren ab. Undifferenzierte Propagierung des VA als stets bessere, weil selbstbestimmte Lösung, ist deshalb nicht angezeigt (ähnliche Überlegungen für die Patientenverfügung bei SCHMID, Art. 370 N 1).

Personen- und/oder Vermögenssorge, welche gestützt auf einen VA geleistet wird, dürfte oft **an** die **Stelle einer behördlichen Massnahme** (Beistandschaft i.S.v. Art. 393 ff.) treten, die andernfalls unumgänglich wäre. Die Erwachsenenschutzbehörde hat den im VA geäusserten Willen und damit den **Selbstbestimmungsanspruch** der betroffenen Person möglichst umfassend zu **respektieren** und darf dem VA die **Wirksamkeit nicht ohne triftige Gründe** verweigern und stattdessen eine **behördliche Massnahme** anordnen (s. Art. 368 N 1 und 3; zur Respektierung

3

des Selbstbestimmungsrechtes hilfebedürftiger Personen, die noch urteilsfähig sind: BGE 140 III 49 ff.).

3a Die **kantonalen Einführungsgesetze und -verordnungen** enthalten bez. des VA teilweise Bestimmungen betr. Zuständigkeiten von Präsidenten bzw. Präsidentinnen oder einzelner Behördenmitglieder der KESB sowie bez. Hinterlegung von VA und vereinzelt betr. Beurkundung und Beratung (vgl. Anhang nach Art. 369).

2. Eigene Vorsorge nach geltendem Recht im Vergleich mit dem neuen Vorsorgeauftrag

4 Im bis Ende 2012 geltenden Vormundschaftsrecht fand sich zwar **kein dem VA entsprechendes Rechtsinstitut** und dennoch kam es längst nicht jedes Mal, wenn eine Person, etwa im hohen Alter, urteilsunfähig wurde, zu einer behördlichen Massnahme. Gemäss Ausführungen in der Botschaft Erwachsenenschutz war im Jahr 2006 bei ca. 89 000 der über 65 Jahre alten Personen eine Demenzerkrankung auszumachen (Botschaft Erwachsenenschutz, 7011). Die Zahl der für über 65-Jährige geführten vormundschaftlichen Massnahmen lag jedoch um ein Vielfaches tiefer (VBK, ZVW 2007, 330 ff.). Gestützt auf das **Subsidiaritätsprinzip** wurde i.d.R. von der Errichtung einer **vormundschaftlichen Massnahme abgesehen**, wenn im Einzelfall **andere Hilfestellungen** ausreichten, um den durch die Urteilsunfähigkeit hervorgerufenen Schwächezustand zu kompensieren. Die Art und Weise dieser **Hilfestellungen** war in tatsächlicher und rechtlicher Hinsicht **vielfältig** (dazu BSK ZGB I-LANGENEGGER [4. Aufl.], vor aArt. 360–456 N 8 m.H.; STETTLER, ZVW 1983, 1 ff.; RIEMER, ZVW 1982, 122 f.) und **nicht selten mehr oder weniger prekär** (Vollmachten ohne zugrunde liegende Aufträge, Anmassung [oder fälschliche Annahme] weitergehender Vertretungsbefugnisse lediglich gestützt auf eine Vollmacht zur Verfügung über Bankkonten, Vorspiegelung bestehender Handlungsfähigkeit, indem noch schreibfähige, aber nicht mehr urteilsfähige Personen Unterschriften leisteten, Geschäftsführung ohne Auftrag gem. Art. 419 ff. OR als Dauerzustand etc.; vgl. Botschaft Erwachsenenschutz, 7013). Die Vormundschaftsbehörde erhielt davon oft keine Kenntnis oder manchmal erst, nachdem die Interessen der betroffenen Person bereits vernachlässigt oder verletzt worden waren. Sollte die Aufnahme des Abschnittes über die eigene Vorsorge in das seit 2013 geltende Erwachsenenschutzrecht in der Gesellschaft einen bewussteren Umgang mit den Grenzen und Risiken von privaten Lösungen bewirken, die keiner Kontrolle unterstehen, wäre damit etwas gewonnen.

5 Neben solchen prekären privaten Lösungen, die übrigens längst nicht in allen Fällen zu einer konkreten Verletzung von Interessen der betroffenen Person führten, wurde **eigene Vorsorge** im Hinblick auf eigene Urteilsunfähigkeit auch bereits **unter dem bis Ende 2012 geltenden Recht** häufig **bewusst, qualitativ befriedigend und rechtlich korrekt** getroffen, indem von der im Gesetz ausdrücklich vorgesehenen Möglichkeit Gebrauch gemacht wurde, durch entsprechende rechtsgeschäftliche Anordnung den Auftrag bzw. die rechtsgeschäftlich erteilte Befugnis zur Stellvertretung (Vollmacht) über den Zeitpunkt des Verlustes der Handlungsfähigkeit der auftrag- bzw. vollmachterteilenden Person hinaus gelten zu lassen

(Art. 405 Abs. 1 OR bzw. Art. 35 Abs. 1 OR). Oftmals vereinbarten die vollmachterteilende und die bevollmächtigte Person im Rahmen des der Vollmacht zugrunde liegenden Auftragsverhältnisses, dass der Auftrag oder Teilaspekte desselben erst wahrgenommen werden sollen, wenn die auftraggebende Person nicht mehr selbst in der Lage ist, ihre entsprechenden Interessen wahrzunehmen. Solche Vereinbarungen eines zeitlichen Aufschubs der Wirksamkeit des Auftrages wurden oft zusätzlich abgesichert, indem die Auftrags- und Vollmachtsurkunden in Verwahrung der noch urteilsfähigen auftraggebenden Person verblieben. Bei entsprechend bewusster Gestaltung und Handhabung konnten mit den **obligationenrechtlichen Instituten** des Auftrags und der Stellvertretung bereits vor Inkrafttreten des neuen Erwachsenenschutzrechtes **beinahe** die gleichen **Wirkungen** erzielt werden **wie** nun mit dem VA; der Unterschied liegt im Wesentlichen darin, dass die VormBehörde bei solchen Vertragsverhältnissen regelmässig nicht einbezogen wurde, im Gegensatz zur Erwachsenenschutzbehörde, die künftig die VA wird validieren müssen (Art. 363 N 22).

Die **Wirksamkeit einer Weitergeltungsklausel** gem. Art. 35 Abs. 1 OR für den Fall der Handlungsunfähigkeit, welche sich bspw. regelmässig in den Formularvollmachten zur Verfügung über Bank- und Postkonten oder -depots findet, ist in der Lehre nicht unumstritten (dazu die Hinweise bei STETTLER, ZVW 1983, 7 f.; PLOTKE, recht 2005, 151; MEIER, FS Bucher, 49), wurde jedoch für den Fall, dass der Verlust der Handlungsfähigkeit auf den Verlust der Urteilsfähigkeit (und nicht auf eine altrechtliche Entmündigung oder Verbeiratung) zurückzuführen war, **im Grundsatz durch das Bundesgericht bestätigt** (BGE 132 III 222 E. 2), **jedoch** insofern wieder relativiert, als in neueren Urteilen verlangt wurde, es sei **trotzdem eine Beistandschaft** für die urteilsunfähig gewordene Person anzuordnen, wenn diese nicht mehr in der Lage sei, die Tätigkeit der bevollmächtigten Person wenigstens in den Grundzügen zu kontrollieren und sie nötigenfalls zu ersetzen. Dies auch dann, wenn die Weitergeltung der Vollmacht im Falle des Eintritts der Handlungsunfähigkeit des Vollmachtgebers ausdrücklich stipuliert worden sei. Die VormBehörde habe in diesen Fällen dem Beistand u.a. den Auftrag zu erteilen, die **Vollmachten zu überprüfen und nötigenfalls zu widerrufen** (BGer vom 17.11.2008, 5A_588/2008 E.3.3.2, m.H. u.a. auf BGer vom 22.5.2008, 5A_67/2008, teilweise [ohne hier interessierende E. 6] publiziert als BGE 134 III 385). Ungeachtet dieser bundesgerichtlichen Rechtsprechung wird es voraussichtlich in der Praxis weiterhin nur in den wenigsten Fällen, in denen urteilsunfähige Personen gestützt auf obligationenrechtliche Auftragsverhältnisse und darauf basierende Vollmachten betreut und vertreten werden, zur Anordnung von Beistandschaften kommen. Dies einmal deshalb, weil die KESB in vielen Fällen gar keine Kenntnis von solchen Verhältnissen erhalten wird. Sodann würde ein zu enges Festhalten an dem vom Bundesgericht skizzierten Weg zu einer massiven Zunahme von Beistandschaften führen. Zudem würde das Selbstbestimmungsrecht derjenigen Personen erheblich tangiert, die schon mit den vom früheren Recht eingeräumten Möglichkeiten bewusst eigene Vorsorge für den Fall der eigenen Urteilsunfähigkeit getroffen haben und damit sich (und dem Staat) erwachsenenschutzrechtliche Massnahmen haben ersparen wollen. Solchen Überlegungen folgend dürften KESB, dort wo sie überhaupt involviert werden, in vielen Fällen zur Feststellung gelangen, dass mit obligationenrechtlichen Instrumenten eine qualitativ befriedigende eigene Vorsorge getroffen worden ist, dass diese auch wirksam zum Tragen gekommen ist und dass, nicht zuletzt mit Blick auf das Rechtsinstitut des Vorsorgeauftrags, mit dessen Einführung der Gesetzgeber das Selbstbestimmungsrecht Betroffener aufwerten wollte (Botschaft Erwachsenenschutz, 7011 f.; AFFOLTER, AJP 2006, 1060), eine Abwägung der Interessen der betroffenen Person oftmals für die Weiterführung des Auftragsverhältnisses und gegen die Anordnung einer Beistandschaft sprechen dürfte. Damit sollen die aus BGE 134 III 385 zu ziehenden Schlüsse nicht in Frage gestellt werden, wonach eine selbstbestimmte Vorsorge einer behördlichen Überprüfung und nötigenfalls Korrektur zugänglich sein muss, wenn die urteilsunfähig gewordene Person die mit der Vorsorge getroffene Lösung, obschon sie qualitativ nicht (mehr) befriedigt, nicht mehr zu verbessern vermag. Dies gilt für Vorsorgelösungen, die auf den obligationenrechtlichen Instrumenten von Vollmacht und Auftrag mit Weitergeltungsklausel basieren ebenso wie nun ausdrücklich gem. Art. 368 für den erwachsenenschutzrechtlichen VA (zum Ganzen überzeugend: BREITSCHMID/MATT, Pflegerecht 2012, 223 ff., insb. Abschn. I und VIII).

3. Fragen des Übergangs vom alten zum neuen Recht

7 Die **Frage**, ob die oben (N 5) beschriebenen **obligationenrechtlich** begründeten **Aufträge** zur eigenen Vorsorge ihre **Gültigkeit nach dem Inkrafttreten des neuen Erwachsenenschutzrechtes behalten, ist zu bejahen**, wobei es keine Rolle spielt, ob die auftraggebende Person im Zeitpunkt des Inkrafttretens noch urteilsfähig war oder nicht (gl.M. BSK ZGB I-RUMO-JUNGO, Art. 360 N 12a; BREITSCHMID/MATT, Pflegerecht 2012, 226 und FN 28 m.H. auf HOTZ, ZKE 2011, 109; HÄFELI, Grundriss, Rz 08.08 m.H. auf a.M. MEIER/LUKIC, Rz 195). Ebenfalls spielt es keine Rolle, ob oder ob nicht vereinbart worden ist, dass der Auftrag erst im Falle der Handlungsunfähigkeit der auftraggebenden Person wirksam werden soll. Letztere durfte im Zeitpunkt der Auftragserteilung davon ausgehen, dass sie mit der Weitergeltungsklausel das Zweckmässige für den Fall der eigenen Urteilsunfähigkeit vorgekehrt hatte. Die Übergangsbestimmung von Art. 1 Abs. 2 SchlT gebietet, die getroffene Disposition weiterhin gelten zu lassen, umso mehr als auch bei der Neuformulierung von Art. 35 Abs. 1 und Art. 405 Abs. 1 OR im Zusammenhang mit dem neuen Erwachsenenschutzrecht der **dispositive Charakter** der Bestimmungen, wonach der Auftrag bzw. die Vollmacht mit dem **Verlust der Handlungsfähigkeit** (neue Formulierung: «mit dem Verlust der entsprechenden Handlungsfähigkeit») **erlischt**, vom Gesetzgeber ausdrücklich **bestätigt** worden und somit die Weitergeltungsklausel weiterhin möglich ist (im Ergebnis gleich HAUSHEER/GEISER/AEBI-MÜLLER, Erwachsenenschutzrecht, Rz 2.05). Die grundsätzliche Weitergeltung solcher Aufträge hindert die Erwachsenenschutzbehörde nicht daran, dort, wo sie von der Urteilsunfähigkeit der auftraggebenden Person erfährt, zu überprüfen, ob mit der getroffenen Lösung deren Interessen noch ausreichend gewahrt sind, und, wo indiziert, erwachsenenschutzrechtliche Massnahmen zu treffen (s.a. N 6 a.E.).

8 Der **Abschluss neuer obligationenrechtlich begründeter Aufträge** zur Personen- und Vermögenssorge entspricht nach dem Inkrafttreten des neuen Erwachsenen-

schutzrechtes weiterhin einem **praktischen Bedürfnis**, weil die eigene Vorsorge nach dem Willen der Betroffenen oft schon vor dem Verlust der Urteilsunfähigkeit einsetzen soll, etwa während unvorhergesehener vorübergehender Krankheitsphasen oder sonstiger temporärer Schwächezustände. Werden solche Aufträge und die zugehörigen Vollmachten (zweckmässigerweise) mit der Weitergeltungsklausel versehen, bleiben sie nach dem klaren Wortlaut des Gesetzes gültig, selbst wenn die auftrag- bzw. vollmachterteilende Person andauernd, d.h. nicht bloss vorübergehend urteilsunfähig wird (gl.M. BSK ZGB I-RUMO-JUNGO, Art. 360 N 12c). Das oben (N 7) betreffend Überprüfungsbefugnis der Erwachsenenschutzbehörde Gesagte gilt auch für diese Fälle.

In diesem Kontext von Bedeutung ist der Umstand, dass zusammen mit dem neuen Erwachsenenschutzrecht eine **neue Bestimmung** ins Auftragsrecht aufgenommen worden ist, wonach der **Beauftragte** die **Erwachsenenschutzbehörde** am Wohnsitz des Auftraggebers **benachrichtigen** muss, wenn der **Auftraggeber** voraussichtlich **dauernd urteilsunfähig** wird und wenn eine solche Meldung zur Interessenwahrung angezeigt erscheint (**Art. 397a OR**). Mit STETTLER und MEIER ist übrigens davon auszugehen, dass die auftragsrechtliche Sorgfaltspflicht schon nach dem früheren Recht eine solche **Meldepflicht** begründete (STETTLER, ZVW 1983, 8; MEIER, FS Bucher, 50). Die geltende Bestimmung stellt dies nun eindeutig klar und damit auch die **Befugnis und Verpflichtung der Erwachsenenschutzbehörde**, die **Situation zu überprüfen** und, wo erforderlich, die geeigneten Massnahmen zu treffen. Die Formulierung in der neuen Bestimmung, wonach die Meldung (nur) erfolgen muss, wenn sie zur Interessenwahrung angezeigt erscheint, eröffnet dem Beauftragten keinen nennenswerten Ermessensspielraum; er ist stets zur Meldung verpflichtet, wenn der Auftraggeber dauernd urteilsunfähig wird und deshalb die Tätigkeit des Beauftragten nicht einmal mehr in den Grundzügen zu kontrollieren vermag (in diesem Sinne auch MEIER, FS Bucher, 51). Jedoch lässt diese Einschränkung der Meldepflicht in Art. 397a OR erkennen, dass der Gesetzgeber nicht ausschliesst, dass nach Eintritt dauernder Urteilsunfähigkeit die Interessen der betroffenen Person mittels Weiterführung des obligationenrechtlichen Auftrags auch ohne flankierende erwachsenschutzrechtliche Massnahmen ausreichend gewahrt werden können.

Dazu ist im Übrigen anzumerken, dass auch **Dritte** nicht einfach unbesehen und gänzlich unkritisch auf die vereinbarte Weitergeltung einer Vollmacht nach Verlust der Handlungsfähigkeit des Vollmachtgebers abstellen sollten. Insb. stellt sich die **Frage**, ob **Dritten**, die mit einer andauernd, d.h. nicht bloss vorübergehend urteilsunfähigen Person in einem Vertragsverhältnis stehen, in dem die urteilsunfähige Person durch eine bevollmächtigte Person vertreten wird, dann, wenn sie bei gehöriger Sorgfalt eine Gefährdung der Interessen ihres Vertragspartners durch die Art und Weise der Ausübung der Stellvertretung erkennen müssten, nicht nur ein **Melderecht** i.S.v. Art. 443 Abs. 1 zusteht, sondern aufgrund ihres Vertragsverhältnisses auch eine **Meldepflicht** obliegt.

Die **Frage**, ob es nach dem Inkrafttreten des neuen Erwachsenenschutzrechtes noch möglich ist, einen **obligationenrechtlich begründeten Auftrag** zur Personen-

und Vermögenssorge und Vertretung zu erteilen, **der erst auf den Zeitpunkt des Eintritts der andauernden, d.h. nicht bloss vorübergehenden Urteilsunfähigkeit** der auftraggebenden Person **wirksam werden soll**, dann aber auch ohne Mitwirkung der Erwachsenenschutzbehörde, ist nach der hier vertretenen Auffassung **zu verneinen**. Die Bestimmungen von Art. 360 ff. regeln den Sachverhalt, dass eine urteilsfähige Person für den Fall ihrer dauernden Urteilsunfähigkeit eine andere Person mit der Wahrnehmung ihrer Interessen beauftragen will, abschliessend. Der Vorsorgeauftrag des Erwachsenenschutzes stellt diesbezüglich lex specialis dar (so auch WIDMER BLUM, 124), welche die Anwendung der obligationenrechtlichen Bestimmungen, soweit sie nicht selbst auf diese verweist (Art. 365 Abs. 1), ausschliesst. Die auftraggebende Person soll sich des Schutzes, den das Rechtsinstitut des VA für die Phase der dauernden Urteilsunfähigkeit vorsieht, nicht durch Abschluss eines obligationenrechtlichen Auftrags entledigen können (MEIER, FS Bucher, 68 m.H. auf a.M. für das im Vorentwurf vorgesehene Institut von STETTLER, ZVW 2003, 263; gl.M. BSK ZGB I-RUMO-JUNGO, Art. 360 N 12d; offen gelassen v. BREITSCHMID/MATT, Pflegerecht 2012, 227 und FN 30 m.H. auf a.M. HOTZ, ZKE 2011, 111).

12   Die Frage, ob bereits **vor dem Inkrafttreten** des neuen Erwachsenenschutzrechtes ein **VA gem. den inhaltlichen und formellen Regeln von Art. 360 ff. aZGB** etabliert werden konnte, der dann im Falle der Urteilsunfähigkeit der auftraggebenden Person **nach dem Inkrafttreten des neuen Rechtes** wirksam werden kann, ist zu **bejahen** (gl.M. BSK ZGB I-RUMO-JUNGO, Art. 360 N 13). Die wesentlichen Tatsachen des VA sind der Eintritt einer andauernden Urteilsunfähigkeit bei der auftraggebenden Person und die Annahme und Erfüllung des Auftrages durch die beauftragte Person. Diese sind gem. Art. 1 Abs. 3 SchlT nach dem neuen Recht zu beurteilen. Die Gültigkeit des Errichtungsaktes ist mit Blick auf den mit dem VA wahrgenommenen Selbstbestimmungsanspruch aufgrund der Regel von Art. 4 SchlT gegeben (s.a. BREITSCHMID/MATT, Pflegerecht 2012, 226 und FN 29).

13   Für den Fall, dass die auftraggebende Person bereits vor dem Inkrafttreten des neuen Rechtes andauernd, d.h. nicht bloss vorübergehend urteilsunfähig wurde, konnte sie überdies bestimmen, dass der **VA bis zum Inkrafttreten der neuen Bestimmungen als Auftrag nach den Bestimmungen des Obligationenrechtes wirksam** sein sollte (s. N 5 f.; s.a. BREITSCHMID/MATT, Pflegerecht 2012, 226 und FN 29) und diesen mit einer Weitergeltungsklausel versehen, die bis zu diesem Zeitpunkt wirken soll. Für diese Zeit wird sie auch die erforderlichen Ermächtigungen formulieren bzw. Vollmachten ausstellen müssen, damit sich die beauftragte Person Dritten gegenüber als Vertreter legitimieren kann (zur Frage, ob der VA auch nach dem Inkrafttreten des neuen Erwachsenenschutzrechtes als zweistufiger Auftrag gestaltet werden kann, der in einer ersten Phase als obligationenrechtlicher Auftrag ohne Mitwirkung durch die Erwachsenenschutzbehörde wirksam wird, vgl. Art. 363 N 11; s.a. BSK ZGB I-RUMO-JUNGO, Art. 360 N 13).

II. Auftraggebende Person, vorsorgebeauftragte Person

1. Auftraggebende Person

Die **Person, die einen VA errichtet**, muss im Zeitpunkt der Errichtung (s. Meier/ Lukic, Rz 206; BSK ZGB I-Rumo-Jungo, Art. 360 N 22) **handlungsfähig**, d.h. volljährig und urteilsfähig sein (Art. 13) und darf nicht unter umfassender Beistandschaft stehen (Art. 17, 398 Abs. 3). Erfüllt sie diese Voraussetzungen nicht, kann sie einen VA nicht gültig errichten. Die Anforderungen an die **Urteilsfähigkeit** sind unter Berücksichtigung der **Tragweite** des VA, die von den allgemeinen Lebensumständen der Person abhängt, und der **Komplexität der Aufgaben**, die der beauftragten Person in den Auftragskorb gelegt werden, zu beurteilen (dazu ausf. Widmer Blum, 274 ff.; BSK ZGB I-Rumo-Jungo, Art. 360 N 22; zur Feststellung der Urteilsfähigkeit s.a. Art. 363 N 6). 14

Ist ihre **Handlungsfähigkeit** durch eine Massnahme des Erwachsenenschutzes **lediglich eingeschränkt** (Art. 19d), **behält** eine Person die **Fähigkeit zur Errichtung eines Vorsorgeauftrages**, und zwar grundsätzlich für alle Bereiche (a.M. Schmid, Art. 360 N 7, der in diesem Fall die Fähigkeit, einen VA zu errichten, für alle Bereiche verneint; desgleichen FamKomm Erwachsenenschutz-Geiser, Art. 360 N 5; a.M. auch Widmer Blum, 273 f. und CHK-Widmer Blum, Art. 360 ZGB N 3 m.H.a. Hotz, ZKE, 2011, 106 f., welche immerhin die Fähigkeit, einen VA zu errichten, für jene Bereiche bejaht, in denen die Handlungsfähigkeit nicht eingeschränkt ist; so auch BSK ZGB I-Rumo-Jungo, Art. 360 N 23). Entscheidend ist nach der hier vertretenen Auffassung allein die Urteilsfähigkeit und diese muss der betroffenen Person bezüglich eines Bereiches, in dem ihre Handlungsfähigkeit eingeschränkt ist, nicht zwingend fehlen zur Beurteilung, ob die in diesem Bereich zu besorgenden Aufgaben im Falle ihrer eigenen andauernden Urteilsunfähigkeit durch eine bestimmte natürliche oder juristische Person sorgfältig wahrgenommen werden könnten. Sache der Erwachsenenschutzbehörde ist es dann, erst zu gegebener Zeit zu prüfen, ob die bis dahin in diesem Bereich allenfalls durch einen Beistand wahrgenommenen Aufgaben der vorsorgebeauftragten Person zu überlassen sind (s. Art. 363 N 14 f.). Damit erscheint das Argument, wonach die in ihrer Handlungsfähigkeit eingeschränkte Person sonst eine bereits angeordnete Beistandschaft durch Errichtung eines VA beseitigen könnte (FamKomm Erwachsenenschutz-Geiser, Art. 360 N 5) stark relativiert. Zudem stellt sich die Frage, ob die «Beseitigung» in jedem Fall unzweckmässig wäre. 15

Die Errichtung eines VA ist ein absolut höchstpersönliches Recht i.S.v. Art. 19c Abs. 2, zweiter Satzteil. Es mag deshalb **kritisiert** werden, dass **im Unterschied zur Patientenverfügung**, für deren Errichtung Urteilsfähigkeit genügt, **für den VA zusätzlich Handlungsfähigkeit** verlangt wird. Grosse Relevanz dürfte der Frage in der Praxis allerdings nicht zukommen. Jedoch ist zu bedenken, dass nach dem Inkrafttreten des neuen Erwachsenenschutzrechtes gem. Übergangsbestimmung Art. 14 Abs. 2 SchlT Tausende bis dahin unter Vormundschaft stehende Personen unter umfassender Beistandschaft stehen. Darunter befinden sich zahlreiche Personen, die bezüglich der Errichtung eines VA urteilsfähig sind. Die Be- 16 hörden sind zwar gem. der angeführten Übergangsbestimmung verpflichtet, die erforderlichen Anpassungen an das neue Recht so bald wie möglich vorzunehmen. Gleichwohl ist damit zu rechnen, dass eine grössere Anzahl urteilsfähiger Personen über längere Zeit daran gehindert sein wird, eigene Vorsorge mit einem VA zu erstellen. Demgegenüber dürfte die Zahl urteilsfähiger Jugendlicher, die infolge einer Krankheit damit rechnen müssen, noch vor ihrer Volljährigkeit dauernd urteilsunfähig zu werden und die für die Zeit nach dem Wegfall elterlicher Sorge nicht nur für den medizinischen, sondern auch für andere Lebensbereiche eigene Vorsorge mit einem VA erstellen möchten, sehr gering sein. Dennoch, eine gesetzgeberische Lösung, die auf das Erfordernis der Handlungsfähigkeit für die Errichtung eines VA verzichtet hätte, wäre nicht impraktikabel gewesen. Gleich wie im Falle der eingeschränkten Handlungsfähigkeit hätte die Erwachsenenschutzbehörde im Zeitpunkt des Wirksamwerdens des VA die zweckmässigen Anordnungen treffen können. Angesichts des **klaren Wortlautes** in Art. 360 Abs. 1 kann aber vom **Erfordernis der Handlungsfähigkeit** nicht abgesehen werden.

2. Vorsorgebeauftragte Person

17 Als vorsorgebeauftragte Person kommt eine **natürliche oder eine juristische Person** in Frage. Weitere Voraussetzungen nennt das Gesetz nicht und muss die vorsorgebeauftragte Person im Zeitpunkt der Errichtung des VA auch nicht erfüllen. Sie muss aber in diesem Zeitpunkt **ausreichend genau bezeichnet** sein, mit Namen und normalerweise weiteren Angaben, die es ermöglichen, sie auch noch im Zeitpunkt des Wirksamwerdens des VA eindeutig zu bestimmen. Namensänderungen natürlicher Personen in der Zeit zwischen Errichtung und Wirksamkeit des VA bewirken selbstverständlich keinen Ausschluss als Vorsorgebeauftragte. Wie andere Veränderungen (z.B. «... beauftrage ich meinen Schwiegersohn, NN, ...» bei nachträglichem Wegfall dieser Qualität infolge Scheidung) zu berücksichtigen sind, hat die Erwachsenenschutzbehörde nach den gesamten Umständen im Rahmen ihrer Überprüfungen im Zeitpunkt des Wirksamwerdens zu klären, wobei nach Möglichkeit der mutmassliche wirkliche Wille des Auftraggebers festzustellen ist. Fraglich erscheint, ob die indirekte Bezeichnung einer natürlichen Person mittels Funktion im Zeitpunkt des Wirksamwerdens des VA, etwa derart: «den dannzumal amtierenden Präsidenten des Turnvereins X» oder «die jeweilige Leiterin des Betriebs-Sozialdienstes von Y» als gültige Bezeichnung genügt (unter Hinweis auf die in der Vorauflage vertretene Auffassung verneinend: FOUNTOULAKIS/GAIST, 156; bejahend: FamKomm Erwachsenenschutz-GEISER, Art. 360 N 6; BSK ZGB I-RUMO-JUNGO, Art. 360 N 22 m.w.H.). Im konkreten Einzelfall dürfte es zweckmässig sein, die Bestimmbarkeit genügen zu lassen, wenn mit der Bezeichnung mindestens eine gewisse Qualifikation – wie in den vorstehend angeführten Beispielen – verbunden ist (s.a. HÄFELI, Grundriss, Rz 08.09).
Für den Begriff der juristischen Person gelten die Bestimmungen des Personenrechts (Art. 52 ff.). Die einfache Gesellschaft ist keine juristische Person, z.B. aber schon eine als Kollektivgesellschaft organisierte Anwaltskanzlei. Bei juristischen Personen kann sich die Frage stellen, ob Fusionen, Aufspaltungen, wesentliche Statutenänderungen, allenfalls verbunden mit Namensänderungen, es erlauben,

jene noch als die ursprünglich bezeichnete Person anzusehen (HAUSHEER/GEISER/ AEBI-MÜLLER, Erwachsenenschutzrecht, Rz 2.10). Es ist in einem solchen Fall nach Möglichkeit der mutmassliche wirkliche Wille der auftraggebenden Person durch Auslegung zu klären, d.h. danach zu fragen, ob sie diese juristische Person auch beauftragt hätte, wenn sie die Änderungen vorausgesehen hätte (FamKomm Erwachsenenschutz-GEISER, Art. 360 N 9).

Im Zeitpunkt des Wirksamwerdens des VA wird die vorsorgebeauftragte Person **weitere Voraussetzungen** erfüllen müssen, damit sie als geeignet bezeichnet werden kann (s. Art. 363 N 16). Die auftraggebende Person bezieht bei der Benennung der vorsorgebeauftragten Person sinnvollerweise **Überlegungen zu deren künftigen Eignung** mit ein. Sie kann (objektivierbare) **Voraussetzungen und Bedingungen bestimmen**, die die beauftragte Person zu gegebener Zeit erfüllen muss, um den Auftrag zu erhalten (z.b. erfolgreicher Abschluss einer Ausbildung, Bereitschaft, den Auftrag unentgeltlich zu erfüllen) und kann (muss aber nicht) für den Fall der Nichterfüllung Ersatzverfügungen treffen (N 19). Im Zeitpunkt des Wirksamwerdens des VA wird die vorsorgebeauftragte Person handlungsfähig sein müssen (dazu u. Art. 363 N 16). 18

Gemäss Abs. 3 kann die auftraggebende Person **Ersatzverfügungen** treffen für den Fall, dass die beauftragte Person für die Aufgaben nicht geeignet ist oder den Auftrag nicht annimmt oder ihn kündigt. Sie kann eine oder mehrere Ersatzpersonen bezeichnen, kann aber auch in Kauf nehmen, dass bei Ausfall der ursprünglich bezeichneten Person der VA nicht zum Tragen kommen oder dahinfallen wird und demzufolge die Erwachsenenschutzbehörde die geeigneten Massnahmen wird treffen müssen (unpräzis die Ausführung in Botschaft Erwachsenenschutz, 7026, wonach sie statt Ersatzverfügungen zu treffen, auch *anordnen* könne, dass eine Beistandschaft errichtet werde; s. jedoch N 22). **Nicht** zum Tragen käme eine der vorsorgebeauftragten Person eingeräumte **Substitutionsbefugnis** (HAUSHEER/GEISER/AEBI-MÜLLER, Erwachsenenschutzrecht, Rz 2.08; BSK ZGB I-RUMO-JUNGO, Art. 360 N 29; a.M. SCHMID, Art. 360 N 14). 19

Die auftraggebende Person kann auch **mehrere Personen** bezeichnen, die den Auftrag gemeinsam wahrzunehmen haben (Botschaft Erwachsenenschutz, 7025). Sie kann, muss aber nicht (a.M. HAUSHEER/GEISER/AEBI-MÜLLER, Erwachsenenschutzrecht, Rz 2.11), **einzelne Aufgaben und Kompetenzen einzelnen Beauftragten zuweisen** und regeln, in welchem Verhältnis diese zueinander stehen, etwa, dass für bestimmte Verpflichtungen eine Kollektivunterschrift erforderlich ist. Trifft sie **keine Regelung**, ist davon auszugehen, dass die mehreren Personen die **Aufgaben gemeinsam zu besorgen** haben (so auch MEIER, FS Bucher, 57 [aufgrund analoger Anwendung von Art. 402, gemeinsame Führung der Beistandschaft]; s.a. Art. 403 Abs. 2 OR und dazu Art. 365 N 3). Sie kann gem. Art. 403 Abs. 2 OR aber auch bestimmen, dass die **beauftragten Personen** sich gegenseitig alle oder einzeln aufgezählten Aufgaben oder Aufgabenbereiche zur alleinigen Besorgung zuweisen dürfen und so **je einzeln zur Wahrnehmung aller oder bestimmter Aufgaben** und entsprechenden Vertretung **befugt** sind (s.a. MEIER/LUKIC, Rz 198). Damit wird die konkrete Gestaltung der Aufgabenwahrnehmung und 20

-verteilung ganz oder teilweise den Beauftragten überlassen, was sinnvoll sein dürfte, wenn die auftraggebende Person damit rechnen kann, dass die Beauftragten zu gegebener Zeit einvernehmlich zweckmässige Lösungen finden und gut miteinander kommunizieren werden. Eine solche Anordnung verschafft zudem die Vorteile, dass sich die Beauftragten bei Bedarf gegenseitig vertreten können und eine gewisse gegenseitige Kontrolle der Tätigkeiten der einzelnen Beauftragten stattfinden kann, ohne dass der Aufwand der ständigen gemeinsamen Besorgung aller Aufgaben betrieben werden muss (zum Ganzen auch: BSK ZGB I-RUMO-JUNGO, Art. 360 N 35 f. m.w.H.; FamKomm Erwachsenenschutz-GEISER, Art. 360 N 11).

Die **Erwachsenenschutzbehörde** hat im Einzelfall beim Wirksamwerden des VA und im Falle von späteren Veränderungen zu prüfen, ob mit der Bezeichnung mehrerer vorsorgebeauftragter Personen eine Lösung getroffen worden ist, mit der die **Interessen der betroffenen Person** wirksam wahrgenommen werden können (dazu Art. 363 N 16). **Fällt eine von mehreren** vorsorgebeauftragten **Personen** aus und hat die auftraggebende Person für diesen Fall keine ausdrückliche Anordnung (evtl. Ersatzverfügung) getroffen, so muss durch Auslegung des VA ermittelt werden, ob die verbleibende(n) Person(en) diesen weiterzuführen hat bzw. haben oder ob er dahinfällt. Nach Möglichkeit ist der mutmassliche wirkliche Wille des Auftraggebers festzustellen.

20a Die Möglichkeit, mehrere vorsorgebeauftragte Personen zu bezeichnen, kann zudem genutzt werden, um gezielt – und nicht nur als Nebeneffekt (o. N 20) – und ungeachtet des vorhandenen Vertrauens gegenüber der vorsorgebeauftragten Person eine Kontrolle über die Tätigkeit derselben durch eine weitere von der ersten unabhängigen Vertrauensperson zu etablieren. Die der kontrollierenden vorsorgebeauftragten Person zugewiesenen Aufgaben und Befugnisse (z.B. Recht auf Einsichtnahme in Daten bei Dritten) und damit die Modalitäten der Kontrolle können im VA den Bedürfnissen entsprechend allgemein oder bis in Einzelheiten umschrieben werden.

III. Inhalt des Vorsorgeauftrags

21 Neben der Bezeichnung der auftraggebenden und der vorsorgebeauftragten Person (N 14, 17) muss der VA **inhaltlich** folgenden **Minimalanforderungen** genügen: Es muss zum Ausdruck kommen, dass ein **Auftrag für den Fall und mit Wirkung ab Zeitpunkt des Eintritts dauernder oder länger andauernder Urteilsunfähigkeit** der auftraggebenden Person erteilt wird. Der Begriff der eigenen Urteilsunfähigkeit muss im Auftrag nicht zwingend verwendet werden; der Zustand kann auch anders umschrieben werden (z.B. «… wenn ich einmal meine Angelegenheiten nicht mehr selber erledigen kann, …» o.ä.). Die blosse Verwendung des Begriffs «Vorsorgeauftrag» oder «Vorsorgeauftrag gem. Art. 360 ZGB» dürfte ebenfalls ausreichen, wenn zusammen mit dem übrigen Inhalt und der Einhaltung der Formvorschriften klar zum Ausdruck kommt, dass die Disposition für den Fall der eigenen andauernden Urteilsunfähigkeit getroffen wird.

Des Weiteren müssen die **Aufgabenbereiche** der vorsorgebeauftragten Person **zumindest in genereller Weise** bezeichnet werden. Dass die übertragenen Aufgaben möglichst genau umschrieben werden müssen (so Botschaft Erwachsenenschutz, 7025), ist lediglich als Empfehlung anzunehmen, nicht jedoch als Minimalanforderung. **Mangelt es dem Auftrag an Präzision**, soll deswegen dem VA die Wirksamkeit nicht versagt werden, sondern **soll die Erwachsenenschutzbehörde den VA auslegen** (MEIER, FS Bucher, 58). Damit sie dies im Sinne der betroffenen Person tun kann, muss diese aber zumindest zum Ausdruck gebracht haben, ob sich der VA auf **Personensorge oder Vermögenssorge oder beides** (zu diesen Begriffen N 23) erstrecken soll. Insbesondere bezüglich Personensorge ist Gewissheit wichtig, weil damit grundsätzlich auch Befugnisse im Bereich der medizinischen Massnahmen verbunden sind (HAUSHEER/GEISER/AEBI-MÜLLER, Erwachsenenschutzrecht, Rz 2.07; s.a. Art. 378 N 14). Werden im VA die Aufgaben der beauftragten Person lediglich mit einer Generalklausel in der Art «diese soll meine Angelegenheiten besorgen und meine Interessen wahren» umschrieben, reicht dies nach der hier vertretenen Auffassung für sich allein nicht für eine Auslegung des VA in dem Sinne, dass umfassende Personen- und Vermögenssorge gewollt ist (a.M. MEIER, FS Bucher, 58, und BSK ZGB I-RUMO-JUNGO, Art. 360 N 32; für eine grosszügige Handhabung des Erfordernisses der Aufgabenumschreibung und entsprechende Auslegung durch die KESB: CHK-WIDMER BLUM, Art. 360 ZGB N 20).

Indem sich die auftraggebende Person bei der Formulierung des VA nicht auf die oben (N 21) dargestellten Minimalia beschränkt, sondern ausgehend von **ihrer konkreten Lebenssituation differenziert diejenigen Aufgaben** bezeichnet, die durch die beauftragte Person wahrgenommen werden sollen, und zudem, wo es ihr angezeigt erscheint, **Weisungen bezüglich Aufgabenbesorgung** erteilt, nimmt sie im Voraus **entscheidenden Einfluss** auf die Art und Weise, wie sie dann, wenn sie einmal urteilsunfähig geworden ist und deshalb nicht mehr selber korrigierend eingreifen kann, betreut und vertreten wird. Damit **realisiert sie ihr Selbstbestimmungsrecht** ein gutes Stück weit. Mit dem VA kann auch differenziert bestimmt werden, **welche Aufgaben** dereinst von **einer vorsorgebeauftragten Person** wahrgenommen und **welche** im Rahmen der Massnahmen von Gesetzes wegen für urteilsunfähige Personen beim **Ehegatten bzw. dem eingetragenen Partner** verbleiben sollen (zur Verbindlichkeit einer solchen Anordnung s. Art. 374 N 5). Möglich ist auch, neben der gesetzlichen Suspensivbedingung der Urteilsunfähigkeit weitere aufschiebende Bedingungen für die Wirksamkeit festzulegen, etwa die Klausel, wonach der VA erst wirksam werden soll, wenn der Ehegatte bzw. der eingetragene Partner die Aufgaben nicht mehr als Vertreter von Gesetzes wegen wahrnehmen kann (s. Art. 374 N 5). Die auftraggebende Person kann Aufgaben ausdrücklich von der Besorgung durch die vorsorgebeauftragte Person ausnehmen und so die Errichtung einer Beistandschaft bewirken, wobei sie auch eine Vertrauensperson als Beistand vorschlagen kann (Art. 401 Abs. 1). Durch entsprechende inhaltliche Dispositionen kann die auftraggebende Person **massgeschneiderte eigene Vorsorge** treffen, die neben den Aufgabenbereichen der vorsorgebeauftragten Person noch Vertretung von Gesetzes wegen durch den Ehegatten bzw. Partner oder die Tätigkeit eines Beistandes zum Zuge kommen lässt (s.a. BSK ZGB I-Rumo-Jungo, Art. 360 N 34 und 37).

23 Die Aufgaben, die mit dem VA erteilt werden können, gehören zu den Bereichen der **Personensorge** oder **Vermögenssorge** oder der **Vertretung im Rechtsverkehr** (Art. 360 Abs. 1). Diese Begriffe wurden bereits von der Praxis zum Vormundschaftsrecht verwendet (s. z.B. BSK ZGB I-Langenegger [4. Aufl.], aArt. 369 N 13 m.H.). Zur Vermögenssorge gehört auch die Einkommensverwaltung (Widmer Blum, 286 m.H.). Die Aufgaben der Personensorge, der Vermögenssorge und der Vertretung im Rechtsverkehr können kumulativ oder alternativ übertragen werden (Botschaft Erwachsenenschutz, 7025), wobei die Wahrnehmung von Aufgaben der Personen- und der Vermögenssorge stets eine entsprechende Vertretungsbefugnis bedingen (dazu Widmer Blum, 287). Werden in einem VA mit einer **Generalklausel** sämtliche Aufgaben, die im Bereich der Personen- und Vermögenssorge im Interesse der betroffenen Person wahrzunehmen sind, zum Inhalt des Auftrages erklärt, wird eine umfassende Betreuung und Vertretung der betroffenen Person sichergestellt, die in den Wirkungen der umfassenden Beistandschaft i.S.v. Art. 398 nahekommt (Botschaft Erwachsenenschutz, 7025; Hausheer/Geiser/Aebi-Müller, Erwachsenenschutzrecht, Rz 2.07; BSK ZGB I-Rumo-Jungo, Art. 360 N 31). Immerhin, die Rechtsfolge des Verlustes der Handlungsfähigkeit (Art. 398 Abs. 3) ist mit dem «umfassenden VA» nicht verbunden; die auftraggebende Person bleibt handlungsfähig, soweit sie noch urteilsfähig ist (dazu u. Art. 363 N 10). Zur Vermeidung von Betreuungs- oder Vertretungslücken werden auftraggebende Personen den VA häufig im soeben dargestellten Sinn umfassend ausgestalten. Dies braucht sie aber nicht davon abzuhalten, **neben der «Generalklausel»** beliebig viele **Aufgaben** noch einzeln aufzuführen und mit **Weisungen und Bedingungen** zu verbinden. Es können z.B. Vermögensanlagevorschriften oder Preisvorstellungen für allfällige Verkäufe von Mobilien oder Immobilien festgehalten werden, die Ausrichtung von Schenkungen zu Lebzeiten bei Eintritt gewisser Bedingungen, etwa bei Auflösung einer Wohnung, oder gemischte Schenkungen vorgesehen werden. Die vorsorgebeauftragte Person kann zur Vornahme bestimmter Geschäfte oder zur Prozessführung, wofür der Auftragnehmer gem. Art. 396 Abs. 3 OR einer besonderen Ermächtigung bedarf, ermächtigt werden (zur Frage der Erforderlichkeit einer solchen Ermächtigung, s. Art. 365 N 7). Weisungen können sich auf bestimmte einzelne Aufgaben und Angelegenheiten beziehen oder auch zum Ausdruck bringen, welche Haltungen die vorsorgebeauftragte Person bei der Besorgung von Aufgaben oder bestimmten Aufgabenbereichen generell einnehmen soll, z.B. wie sie es mit den Geheimhaltungspflichten (s. Art. 365 N 5) gegenüber bestimmten Bezugspersonen oder allgemein halten soll. Sodann kann die auftraggebende Person Massnahmen vorsehen, mit denen die Tätigkeit der vorsorgebeauftragten Person überwacht wird, dieser z.B. auferlegen, die Rechnung periodisch einer Revisionsstelle vorzulegen, welche das Ergebnis der Prüfung im Falle von Beanstandungen der Erwachsenenschutzbehörde zu melden hat (zur Möglichkeit, eine Revisionsstelle als vorsorgebeauftragte Person einzusetzen, s.o. N 20a).

24 **Nicht zu beachten** haben wird die vorsorgebeauftragte Person **Aufgabenzuweisungen** oder **Weisungen, die gegen die Rechtsordnung verstossen**, die z.B. zum

Steuerbetrug oder zu Nötigungen oder widerrechtlicher Schädigung von Dritten auffordern, sowie Ermächtigungen zur **Vertretung in gewissen absolut höchstpersönlichen Angelegenheiten**, wie z.B. eine letztwillige Verfügung zu errichten oder Scheidungsklage anzuheben (vgl. LEUBA, FS Stettler, 32; gl.M. BSK ZGB I-RUMO-JUNGO, Art. 360 N 40; s.a. Art. 363 N 7, 20).

Die mit dem VA einhergehende **Selbstbindung** (die auftraggebende Person kann ihre eigenen mit dem VA getroffenen Anordnungen, wenn sie einmal dauernd urteilsunfähig geworden ist, nicht mehr widerrufen) ist grundsätzlich **nicht widerrechtlich** i.S.v. Art. 27 Abs. 2, sondern wird durch das Gesetz als Instrument der **Selbstbestimmung** als zulässig etabliert, wobei entscheidend ist, dass die Selbstbindung insofern nicht absolut ist, als die **Erwachsenenschutzbehörde**, allenfalls auch auf Antrag der vorsorgebeauftragten Person, **einschreiten** kann und muss, wenn die Interessen der auftraggebenden Person nicht mehr gewahrt sind (zum Ganzen WIDMER BLUM, 295 ff.; s.a. BSK ZGB I-RUMO-JUNGO, Art. 363 N 10; s.a. Art. 368 N 1). 25

Der VA kann sodann auch **Elemente einer Patientenverfügung** enthalten (s. dazu auch u. Art. 371 N 1 und N 3 und Art. 361 N 4). Die auftraggebende Person kann die **vorsorgebeauftragte Person**, bei der es sich diesfalls angesichts des sehr persönlichen Charakters des Auftrags um eine **natürliche Person** handeln muss (Botschaft Erwachsenenschutz, 7026), mit den Befugnissen und Aufgaben i.S.v. Art. 370 Abs. 2 versehen und ihr Weisungen erteilen. Sie kann im VA auch **Verfügungen** i.S.v. **Art. 370 Abs. 1** treffen. Separate Niederschrift solcher Verfügungen, die sich an den Arzt richten, ist nicht vorgeschrieben; **empfohlen** wird die **Eintragung** auf der **Versichertenkarte** (Botschaft Erwachsenenschutz, 7026; s.a. Art. 371 N 4). **Konkurrieren** mit VA zugewiesene Aufgaben der Personensorge mit entsprechenden in einer **Patientenverfügung** erteilten Aufträgen, so wird im Falle unterschiedlicher Auffassungen bezüglich medizinischer Fragen i.d.R. die Anordnung bzw. der Auftrag gem. Patientenverfügung durchzuführen sein (u. Art. 377/378 N 14 m.H.). Hingegen wird für den Abschluss, die Änderung und Beendigung von Betreuungsverträgen i.S.v. Art. 382 Abs. 3, ebenfalls im Fall unterschiedlicher Auffassungen, i.d.R. auf den Entscheid der mit VA beauftragten Person abzustellen sein, da die vertragliche Regelung des Aufenthaltes zu den typischen Aufgaben der vorsorgebeauftragten Person im Bereich der Personensorge gehört (Art. 377/378 N 15). Die vorsorgebeauftragte Person hat jedenfalls vor Vertragsabschluss die mit Patientenverfügung gem. Art. 370 Abs. 2 bezeichnete Vertrauensperson nach ihrer Meinung zu befragen. Bei unauflösbaren Widersprüchen hat die KESB einzuschreiten und es tritt entweder eine Vertretung von Gesetzes wegen (Art. 374 ff.) in Kraft oder es ist eine Beistandschaft anzuordnen (BSK ZGB I-RUMO-JUNGO, Art. 360 N 38). 26

Gemäss **HEsÜ** (Haager Erwachsenenschutzübereinkommen vom 13.1.2000, für die Schweiz in Kraft getreten am 1.7.2009), auf welches Art. 85 Abs. 2 **IPRG** für den Schutz von Erwachsenen bezüglich der Zuständigkeit der schweizerischen Gerichte und Behörden, des anwendbaren Rechtes und der Anerkennung und Vollstreckung ausländischer Entscheidungen und Massnahmen verweist, richtet sich die Errichtung des Vorsorgeauftrags nach dem **Recht des Staates des gewöhn-** 27 lichen Aufenthaltes der auftraggebenden Person (Art. 15 Abs. 1 HEsÜ), **es sei denn**, diese treffe gestützt auf Abs. 2 von Art. 15 HEsÜ eine **andere Rechtswahl** (Heimatstaat, Staat eines früheren gewöhnlichen Aufenthaltes, Staat, wo Vermögen liegt). Bezüglich Art und Weise der **Ausübung der Vertretung** durch die vorsorgebeauftragte Person gilt das **Recht des Staates, in dem die Ausübung erfolgt** (Art. 15 Abs. 3 HEsÜ). Schliesslich wird mit Art. 16 HEsÜ (i.V.m. Art. 5 ff. HEsÜ) für den Fall, dass die Vertretungsmacht nicht im Interesse der vertretenen Person ausgeübt wird, für **Schutzmassnahmen wie Aufhebung oder Änderung der Vertretungsmacht** die **primäre Zuständigkeit der Gerichte und Behörden im Staat des gewöhnlichen Aufenthaltes** der betroffenen Person begründet. **Subsidiäre Zuständigkeiten** sind gegeben für Gerichte und Behörden des Heimatstaates und weiterer Staaten, die nach Auffassung von Gerichten bzw. Behörden im Staat des gewöhnlichen Aufenthaltes für den Erlass der Schutzmassnahmen besser geeignet sind und deshalb um solche zu ersuchen sind. Bezüglich Anerkennung von Massnahmen, die in einem Nicht-HEsÜ-Vertragsstaat ergangen sind, gilt Art. 85 Abs. 4 IPRG (zum Ganzen: BSK ZGB I-RUMO-JUNGO, Art. 360 N 7; FamKomm Erwachsenenschutz-GEISER, Vorbem. zu Art. 360–369 N 8 ff.).

Art. 361

B. Errichtung und Widerruf

I. Errichtung

¹ Der Vorsorgeauftrag ist eigenhändig zu errichten oder öffentlich zu beurkunden.

² Der eigenhändige Vorsorgeauftrag ist von der auftraggebenden Person von Anfang bis Ende von Hand niederzuschreiben, zu datieren und zu unterzeichnen.

³ Das Zivilstandsamt trägt auf Antrag die Tatsache, dass eine Person einen Vorsorgeauftrag errichtet hat, und den Hinterlegungsort in die zentrale Datenbank ein. Der Bundesrat erlässt die nötigen Bestimmungen, namentlich über den Zugang zu den Daten.

Literatur

Vgl. die Literaturhinweise zu Art. 360.

I. Normzweck und Formvorschriften (Abs. 1 und 2)

1 Weil mit dem VA eine Entscheidung von grosser Tragweite getroffen wird, sind gewisse Formvorschriften unerlässlich (Botschaft Erwachsenenschutz, 7026). Die **Formvorschriften** sollen verhindern, dass die auftraggebende Person einen ihr vorgelegten VA ohne genauere Überlegungen und leichtfertig («blind», s. BSK ZGB I-RUMO-JUNGO, Art. 361 N 6) unterzeichnet. Die Formvorschriften gleichen denen für die letztwillige Verfügung.

Mit der **öffentlichen Beurkundung** ist diese Schutzwirkung verbunden, weil die 2
Urkundsperson nicht nur eine Unterschrift zu beglaubigen hat, sondern die betroffene Person bei der Errichtung des VA zu beraten, deren Identität festzustellen und zu klären hat, ob der Inhalt der Urkunde tatsächlich deren Willen entspricht, was alles die Urkundsperson mit der Beurkundung bestätigt (bundesrechtliche Minimalanforderungen an die öffentliche Beurkundung, die im Übrigen gem. Art. 55 SchlT nach kantonalem Recht vorgenommen wird, s. HAUSHEER/GEISER/AEBI-MÜLLER, Erwachsenenschutzrecht, Rz 2.14). Im Unterschied zur Beurkundung der letztwilligen Verfügung ist die Mitwirkung von Zeugen nicht vorgesehen (gl.M. SCHMID, Art. 361 N 1; MEIER/LUKIC, Rz 210; FOUNTOULAKIS/GAIST, 161; BSK ZGB I-RUMO-JUNGO, Art. 361 N 1; FamKomm Erwachsenenschutz-GEISER, Art. 361 N 11; CHK-WIDMER BLUM, Art. 361 ZGB N 3; a.M. WOLF, ZBGR 2010, 93 ff.). Nicht prüfen muss die Urkundsperson, ob die vorsorgebeauftragte Person bereit ist, den Auftrag anzunehmen und dafür geeignet erscheint (Botschaft Erwachsenenschutz, 7026).

Im Falle der **eigenhändigen Errichtung** des Vorsorgeauftrags hat die auftragge- 3
bende Person diesen vollständig von Hand zu schreiben, zu datieren und zu unterzeichnen. Hinsichtlich des mit der Formvorschrift angestrebten Schutzzweckes ist diese Form deutlich weniger wirksam als die öffentliche Beurkundung.

Die **Missachtung der Formvorschriften bewirkt Ungültigkeit** des VA; dem ungül- 4
tigen VA ist die Wirksamkeit zu versagen (Art. 363 N 22). Die analoge Anwendung von Art. 520a im Falle fehlender oder fehlerhafter Datierung ist angezeigt. Enthält ein formungültiger VA **Elemente einer Patientenverfügung** (Art. 360 N 25), so sind diese als **gültig** zu beachten, wenn die für Patientenverfügungen vorgeschriebenen formalen Anforderungen eingehalten sind. Der formungültige VA kann der Erwachsenenschutzbehörde und dem zu ernennenden Beistand allenfalls Hinweise geben, wie eine notwendig werdende Beistandschaft möglichst nach den Vorstellungen der betroffenen Person gestaltet und geführt werden kann (s.a. u. Art. 363 N 4 für den Fall der Nichtannahme des VA durch den Beauftragten).

II. Eintragung in das Register beim Zivilstandsamt (Abs. 3)

Auf Antrag trägt das **Zivilstandsamt** die Tatsache, dass eine Person einen **VA errich-** 5
tet hat und den **Hinterlegungsort** in die **zentrale Datenbank** ein. Die Eintragung ist fakultativ (Botschaft Erwachsenenschutz, 7026) und nicht Gültigkeitserfordernis. Die auftraggebende Person kann auf andere geeignete Weise sicherstellen, dass die Existenz eines VA zu gegebener Zeit bekannt wird, etwa mittels Information mehrerer Personen aus dem familiären Umfeld oder mittels Hinterlegung des VA bei der KESB (welche Möglichkeit mehrere Kantone zulassen [vgl. Tabelle nach Art. 369: Kantonale Bestimmungen zum Vorsorgeauftrag (Art. 360–369 ZGB)]). Die in Abs. 3 vorgesehene Regelung der Registrierung durch den Bundesrat findet sich nun in der ZStV (Fassung vom 7.11.2012 in Kraft seit 1.1.2013). Die Eintragung erfolgt in das elektronisch geführte Personenstandsregister («Infostar»; Art. 8 lit. k und Art. 93 Abs. 1 lit. d ZStV). Der Zugang zu den Daten wird durch die für Personenstandsdaten geltenden Regeln der ZStV bestimmt. Die KESB erhält Zugang zu den Daten gestützt

auf Art. 58 ZStV. Private Dritte dürften die Voraussetzungen von Art. 59 ZStV für den Datenzugang, nämlich ein unmittelbares schutzwürdiges Interesse, kaum je erfüllen. Nur die Person, die den VA errichtet hat, oder eine von ihr gehörig bevollmächtigte Person kann die Eintragung bei jedem Zivilstandsamt veranlassen und nicht noch andere Personen, etwa die vorsorgebeauftragte Person oder eine andere Person oder Stelle, bei welcher der VA aufbewahrt wird. Der VA muss bei der Antragstellung dem Zivilstandsamt nicht vorgewiesen werden (Botschaft Erwachsenenschutz, 7027). Auch eine Person ausländischer Herkunft, die sonst noch nicht im Personenstandsregister verzeichnet ist, kann die Eintragung betr. VA erwirken (Art. 15a Abs. 2 ZStV). Die noch urteilsfähige Person, die den VA erstellt und beim Zivilstandsamt hat eintragen lassen, ist berechtigt, diese **Eintragung löschen** zu lassen (z.B. nach Widerruf des VA durch Vernichtung der Urkunde gem. Art. 362 Abs. 2) oder eine **Änderung des Hinterlegungsortes** oder einen **Widerruf** des VA anmerken zu lassen (Art. 23 ZStV). Ferner ist es gem. Art. 23 ZStV möglich, mehr als einen VA einzutragen oder einen VA, der lediglich die **Änderung oder Ergänzung eines früheren VA** zum Inhalt hat, bei der Eintragung als solchen zu bezeichnen (s. Art. 362 N 2).

Art. 362

II. Widerruf

¹ Die auftraggebende Person kann ihren Vorsorgeauftrag jederzeit in einer der Formen widerrufen, die für die Errichtung vorgeschrieben sind.
² Sie kann den Vorsorgeauftrag auch dadurch widerrufen, dass sie die Urkunde vernichtet.
³ Errichtet sie einen neuen Vorsorgeauftrag, ohne einen früheren ausdrücklich aufzuheben, so tritt der neue Vorsorgeauftrag an die Stelle des früheren, sofern er nicht zweifellos eine blosse Ergänzung darstellt.

1   Der Widerruf eines Vorsorgeauftrags (VA) kann durch eine **Widerrufserklärung** erfolgen, die in einer der beiden für die Errichtung vorgeschriebenen Formen, d.h. öffentlich beurkundet oder eigenhändig niedergeschrieben, datiert und unterzeichnet, zu erstellen ist (Abs. 1). Es ist nicht erforderlich, den Widerruf in derselben Form zu tätigen, in der der VA errichtet worden ist. Immerhin dürfte es in gewissen Fällen ratsam sein, den öffentlich beurkundeten VA ebenfalls durch eine öffentlich beurkundete Erklärung zu widerrufen, etwa dann, wenn die auftraggebende Person nicht die Möglichkeit hat oder nicht beabsichtigt, die Originalurkunde zu beschaffen und zu vernichten (N 3).

2   Statt des ganzen VA können auch nur **Teile** desselben **widerrufen** werden (z.B. einzelne Weisungen, Widerruf der Ernennung eines von mehreren Vorsorgebeauftragten), obschon diese Möglichkeit, anders als bei der letztwilligen Verfügung (Art. 509 Abs. 2), im Gesetz nicht ausdrücklich erwähnt ist. Solche (Teil-)Widerrufserklärungen können für sich allein stehen und bewirken so eine **Änderung des ursprünglichen VA**. Sie können aber auch in einem VA integriert sein, der den ur-

sprünglichen in anderen Punkten **ergänzt** (gl.M. BSK ZGB I-Rumo-Jungo, Art. 362 N 2). Dabei braucht es die auftraggebende Person nicht auf die Fähigkeiten der Erwachsenenschutzbehörde und der vorsorgebeauftragten Person zur richtigen Auslegung im Sinne der Bestimmung von Abs. 3 am Ende ankommen zu lassen, sondern kann selber im VA deklarieren, in welchen Punkten er den ursprünglichen VA widerruft und wo er eine **Änderung und Ergänzung** desselben bewirkt. VA, mit denen lediglich bezweckt wird, frühere VA abzuändern, ohne die früher getroffene eigene Vorsorge von Grund auf neu zu formulieren, sind zulässig. Den auftraggebenden Personen wird damit ermöglicht, ihre eigene Vorsorge ohne grossen Aufwand veränderten Verhältnissen anzupassen.

Der **Widerruf** kann **durch Vernichtung** der Urkunde erfolgen, auf der der VA verbrieft ist (Abs. 2). Damit der Widerruf gültig ist, muss die **Originalurkunde** vernichtet werden. Existiert mehr als ein Original, müssen alle vernichtet werden. Wird auf der Urkunde der Vermerk «widerrufen» angebracht (so als Möglichkeit aufgeführt in Botschaft Erwachsenenschutz, 7027), muss dieser Vermerk eigenhändig erfolgen, datiert und unterzeichnet sein. Es handelt sich dabei nach der hier vertretenen Auffassung nicht um einen konkludenten Widerruf durch Vernichtung, sondern um einen solchen durch Widerrufserklärung gem. Abs. 1 (a.M. BSK ZGB I-Rumo-Jungo, Art. 362 N 9 m.H.a. divergierende weitere Lehrmeinungen in dieser vom Bundesgericht noch offen gelassenen Frage). 3

In Abs. 2 nicht geregelt ist, was gelten soll, wenn die **Urkunde aus Verschulden Dritter** vernichtet wird. Die letztwillige Verfügung verliert in einem solchen Fall ihre Gültigkeit, sofern ihr Inhalt nicht genau und vollständig festgestellt werden kann (Art. 510 Abs. 2). Es erscheint angezeigt, diese Regel auf den VA analog anzuwenden (gl.M. BSK ZGB I-Rumo-Jungo, Art. 362 N 13). Dies dürfte auch für den Fall gelten, dass die auftraggebende Person die Urkunde in urteilsunfähigem Zustand (mithin nicht «animo revocandi») vernichtet hat.

Durch **Errichtung eines neuen VA** hebt die auftraggebende Person den früheren auf, sofern der neue nicht zweifellos eine blosse Ergänzung des früheren darstellt (Abs. 3). Durch entsprechende Formulierung kann die auftraggebende Person dafür sorgen, dass keine Zweifel darüber aufkommen, was der neue VA mit Bezug auf den früheren bewirken soll, zumal an den Nachweis des «zweifellosen Feststehens einer blossen Ergänzung» hohe Anforderungen gestellt werden (BSK ZGB I-Rumo-Jungo, Art. 360 N 35). Der «blossen Ergänzung» ist die «blosse Änderung» gleichzusetzen (N 2). 4

Zur **Anmerkung** von Widerruf, Ergänzung und Änderung von VA im **Register beim Zivilstandsamt** s. Art. 361 N 5. Wurde der frühere VA beim Zivilstandsamt registriert, empfiehlt es sich, den Widerruf bzw. die Ergänzung oder Änderung ebenfalls einzutragen. Die Eintragung ist aber nicht Gültigkeitserfordernis. 5

Obschon sich die Frage in der Praxis kaum je stellen wird, ist festzuhalten, dass im Gegensatz zur Errichtung für den Widerruf **Urteilsfähigkeit genügt** und die Handlungsfähigkeit bei der widerrufenden Person nicht zusätzlich gegeben sein muss. Das **Widerrufsrecht ist absolut höchstpersönlich** i.S.v. Art. 19c Abs. 1 und Abs. 2, zweiter Satzteil (gl.M. BSK ZGB I-Rumo-Jungo, Art. 362 N 2). 6

Art. 363

C. Feststellung der Wirksamkeit und Annahme

¹ Erfährt die Erwachsenenschutzbehörde, dass eine Person urteilsunfähig geworden ist, und ist ihr nicht bekannt, ob ein Vorsorgeauftrag vorliegt, so erkundigt sie sich beim Zivilstandsamt.

² Liegt ein Vorsorgeauftrag vor, so prüft die Erwachsenenschutzbehörde, ob:
1. dieser gültig errichtet worden ist;
2. die Voraussetzungen für seine Wirksamkeit eingetreten sind;
3. die beauftragte Person für ihre Aufgaben geeignet ist; und
4. weitere Massnahmen des Erwachsenenschutzes erforderlich sind.

³ Nimmt die beauftragte Person den Vorsorgeauftrag an, so weist die Behörde sie auf ihre Pflichten nach den Bestimmungen des Obligationenrechts über den Auftrag hin und händigt ihr eine Urkunde aus, die ihre Befugnisse wiedergibt.

Literatur

Vgl. die Literaturhinweise zur Einführung und zu Art. 360.

I. Abklärung, ob ein Vorsorgeauftrag existiert – Herausgabe des Vorsorgeauftrags an die Erwachsenenschutzbehörde

1. Anfrage an das Zivilstandsamt

1 Nach dem Wortlaut der Gesetzesbestimmung **erfährt** die Erwachsenenschutzbehörde, **dass** eine **Person urteilsunfähig geworden** ist (Abs. 1), worauf sie, sofern ihr nicht bekannt ist, ob ein Vorsorgeauftrag (VA) vorliegt, eine **Anfrage an das Zivilstandsamt** richtet. Liegt ein solcher dann vor, prüft die Erwachsenenschutzbehörde u.a., ob die Voraussetzungen für dessen Wirksamkeit eingetreten sind (Abs. 2 Ziff. 2), was konkret gleichbedeutend ist mit der **Prüfung, ob** die betroffene **Person urteilsunfähig geworden** ist. Aus dem Wortlaut und Aufbau der Gesetzesbestimmung abzuleiten, die Erwachsenenschutzbehörde habe auf einfache Meldung hin, wonach eine Person urteilsunfähig sei, unbesehen jeglicher weiterer Umstände und ohne jegliche eigene Prüfung immer als Nächstes und (vorerst) Einziges die Anfrage an das Zivilstandsamt zu richten, wäre wohl falsch (dazu auch WIDMER BLUM, 280, die von einer legislatorischen Ungenauigkeit spricht). Die Erwachsenenschutzbehörde darf sich nach Eingang einer solchen Meldung nicht darauf beschränken, abzuklären, ob die betroffene Person eigene Vorsorge mit einem VA getroffen hat oder nicht. Vielmehr hat sie ein **Verfahren zur Prüfung der Notwendigkeit erwachsenenschutzrechtlicher Massnahmen** einzuleiten, das sich **nach den Regeln von**

Art. 444 ff. richtet. Die **Anfrage an das Zivilstandsamt** gem. Art. 363 Abs. 1 ist ein **Bestandteil der Sachverhaltserforschung** gem. Art. 446 (gl.M. BSK ZGB I-Rumo-Jungo, Art. 363 N 3 und 7). Je nach Umständen im Einzelfall sind weitere Abklärungen dringlich vorzunehmen und allenfalls auch vorsorgliche Massnahmen anzuordnen, bevor bekannt ist, ob ein VA vorliegt oder nicht. In anderen Fällen mag es vertretbar sein, das Verfahren ruhen zu lassen, bis diese Frage geklärt ist. Die Erwachsenenschutzbehörde hat zu entscheiden, zu welchem **Zeitpunkt** die **Anfrage** an das Zivilstandsamt zweckmässigerweise erfolgt, ob damit zugewartet werden soll, etwa bis die betroffene Person in das Verfahren einbezogen worden ist (zum **Einbezug der urteilsunfähigen Person in das Verfahren**, s. Art. 377/378 N 8) oder etwa bis eine zuverlässige Aussage zur Frage der Wirksamkeit eines allfälligen VA möglich ist.

Gemäss Gesetzestext braucht die Erwachsenenschutzbehörde eine Anfrage an das Zivilstandsamt nicht zu machen, sofern ihr bekannt ist, ob ein VA vorliegt. Die **Erwachsenenschutzbehörde** muss jedoch praktisch **in jedem Fall** beim **Zivilstandsamt** anfragen, weil sie in den seltensten Fälle mit Sicherheit davon wird ausgehen können, sie verfüge über alle und die aktuellsten Information bezüglich des Vorhandenseins von VA und von Widerrufserklärungen. Sie darf nicht unbesehen auf Aussagen Dritter abstellen und nicht davon ausgehen, ein ihr vorgelegter VA sei nicht durch einen neueren ersetzt, abgeändert oder widerrufen worden und es bestünden keine entsprechenden Registereinträge. Die betroffene Person wird selber i.d.R. keine zuverlässige Aussage dazu mehr machen können. Angesichts des geringfügigen Aufwandes, der mit einer Anfrage an das Zivilstandsamt verbunden ist, dürfte es sich rechtfertigen, diese routinemässig vorzunehmen (gl.M. BSK ZGB I-Rumo-Jungo, Art. 363 N 4).

2. Weitere Abklärungen bezüglich Existenz eines Vorsorgeauftrags

Stösst die Erwachsenenschutzbehörde im Zuge ihrer Abklärungen auf sonstige Hinweise zur Existenz eines Vorsorgeauftrags, hat sie diesen nachzugehen. Je nach Umständen ist auch aktives Nachfragen bei nahestehenden Personen angezeigt (Meier, FS Bucher, 60; gl.M. BSK ZGB I-Rumo-Jungo, Art. 363 N 4).

3. Herausgabe des Vorsorgeauftrages an die Erwachsenenschutzbehörde

Die natürliche oder juristische Person, die die **Originalurkunde des** VA aufbewahrt, hat diese, wenn sie die auftraggebende Person für urteilsunfähig hält, der Erwachsenenschutzbehörde vorzulegen und herauszugeben. Die **Herausgabepflicht** ist, anders als bei der letztwilligen Verfügung (Art. 556 Abs. 1), im Gesetz nicht festgeschrieben, soll sinngemäss aber auch für den VA gelten (BSK ZGB I-Rumo-Jungo, Art. 363 N 5). Sie dürfte zudem regelmässig aus dem Vertragsverhältnis zwischen der Person, die den VA erstellte, und der Person, die diesen aufbewahrt, abzuleiten sein, wobei es sich dabei i.d.R. um einen gemischten Vertrag (Hinterlegung und Auftrag) handeln dürfte (vgl. BSK OR I-Koller, Art. 472 N 12, 16; gl.M. BSK ZGB I-Rumo-Jungo, Art. 363 N 32). Die **vorsorgebeauftragte Person**, die den VA aufbewahrt, hat diesen auch dann herauszugeben, wenn sie **nicht ge-**

willt ist, den **Auftrag anzunehmen**, und sich auch keine Ersatzverfügungen im VA finden (gl.M. BSK ZGB I-Rumo-Jungo, Art. 363 N 32). Der VA kann der Erwachsenenschutzbehörde und dem zu ernennenden Beistand allenfalls Hinweise geben, wie die Massnahme möglichst nach den Vorstellungen der betroffenen Person geführt werden kann.

5 Die **Erwachsenenschutzbehörde** hat, wenn erforderlich, der aufbewahrenden Person vom Verfahren Kenntnis zu geben und sie aufzufordern, ihr den Vorsorgeauftrag herauszugeben. Wird die Herausgabe mit der Begründung verweigert, die betroffene Person sei nicht urteilsunfähig, hat die Erwachsenenschutzbehörde diese Frage allenfalls noch zu prüfen. Bleibt es bei einer aus Sicht der Erwachsenenschutzbehörde unbegründeten Weigerung, ist der auftraggebenden Person ein Beistand zu bestellen, der den **Herausgabeanspruch** durchsetzt (gl.M. BSK ZGB I-Rumo-Jungo, Art 363 N 33). Ebenfalls in Betracht kommt eine Durchsetzung gestützt auf Art. 448 durch die KESB im Verfahren der Massnahmeprüfung.

II. Prüfung der Gültigkeit des Vorsorgeauftrags

6 Die Prüfung, ob der VA gültig errichtet worden ist (Abs. 2 Ziff. 1), umfasst folgende Prüfpunkte:
– Liegt ein **Originaldokument** vor und sind die **Formvorschriften** (Art. 361 N 1–3) eingehalten? Auf eine Kopie des nicht mehr vorhandenen Originaldokumentes kann u.U. abgestellt werden, wenn letzteres aus Verschulden Dritter vernichtet oder beseitigt worden ist (o. Art. 362 N 3).
– War die **auftraggebende Person** im Zeitpunkt der Errichtung des VA **handlungsfähig**, d.h. **volljährig, nicht einer** (nach der hier vertretenen Auffassung, s.o. Art. 360 N 14–16) **umfassenden Beistandschaft** bzw., wenn der Errichtungszeitpunkt vor dem Inkrafttreten des neuen Erwachsenenschutzrechtes liegt (Art. 360 N 12), nicht einer Vormundschaft **unterstellt** und **urteilsfähig**?
– Sind die **inhaltlichen Minimalanforderungen** an einen VA erfüllt (Art. 360 N 21) und steht dieser als Ganzes in Übereinstimmung mit der Rechtsordnung?
Wenn alle diese Fragen bejaht werden können, liegt ein gültiger VA vor.
Ob im Zeitpunkt der Errichtung die **Handlungsfähigkeit** durch eine Massnahme entzogen war, hat die Erwachsenenschutzbehörde **bei der damals zuständigen Behörde** zu erfragen. Die Erwachsenenschutzbehörde darf für den Zeitpunkt der Errichtung des VA auf die **Vermutung der Urteilsfähigkeit** abzustellen, es sei denn, ihr seien oder werden Umstände bekannt, aufgrund derer die Vermutung nicht haltbar erscheint.

7 Als Ganzes gegen die Rechtsordnung verstossend und damit ungültig muss ein VA bezeichnet werden, wenn er ausschliesslich oder zum überwiegenden Teil **widerrechtliche Anordnungen** (Art. 360 N 24) enthält. Der VA kann aber auch nur teilweise nichtig sein (dazu: BSK ZGB I-Rumo-Jungo, Art. 363 N 10 m.H.), was eine von der KESB festzustellenden Teilwirksamkeit zur Folge hat. Grundsätzlich **nicht** als **widerrechtlich** ist die mit dem VA einhergehende **Selbstbindung** zu qualifizieren (Art. 360 N 25).

III. Wirksamkeitsvoraussetzungen (i.w.S.)

Nachdem der in der Vergangenheit liegende Errichtungsakt des VA gem. Abs. 2 Ziff. 1 als gültig erkannt worden ist, müssen im Zeitpunkt, in dem der VA seine Wirkungen entfalten soll, die in Abs. 2 Ziff. 2 und 3 aufgeführten Voraussetzungen erfüllt, die Klärung gem. Abs. 2 Ziff. 4 erfolgt sein und die Zusage der vorsorgebeauftragten Person zur Übernahme des Auftrages vorliegen, damit der VA wirksam werden kann. Diese Wirksamkeitsvoraussetzungen (Botschaft Erwachsenenschutz, 7028) sind **im Rahmen des Verfahrens betreffend Prüfung der Notwendigkeit erwachsenenschutzrechtlicher Massnahmen** (vgl. N 1) zu prüfen. Die betroffene Person ist gestützt auf Art. 447 einzubeziehen. Eine bestimmte Reihenfolge der Bearbeitung der einzelnen Prüfpunkte ist nicht vorgeschrieben.

1. Urteilsunfähigkeit und Sorgebedürftigkeit der auftraggebenden Person (Wirksamkeitsvoraussetzungen i.e.S.)

Das Gesetz schreibt in Abs. 2 Ziff. 2 die Prüfung der Voraussetzungen für die Wirksamkeit des VA vor, ohne selber zu bestimmen, was darunter zu verstehen ist. Aus Sinn und Zweck des VA ergibt sich ohne Weiteres die **Urteilsunfähigkeit** der auftraggebenden Person als Wirksamkeitsvoraussetzung, wobei es sich um **Urteilsunfähigkeit von einer gewissen Dauer** handeln muss (HAUSHEER/GEISER/AEBI-MÜLLER, Erwachsenenschutzrecht, Rz 2.30; BSK ZGB I-RUMO-JUNGO, Art. 363 N 14). Eine voraussichtlich vorübergehende Urteilsunfähigkeit von wenigen Tagen oder, je nach sonstigen Umständen, auch von wenigen Wochen rechtfertigt nicht die Etablierung der eigenen Vorsorge gem. VA. Es braucht aber auch nicht die Prognose einer bis zum Tod der betroffenen Person andauernden Urteilsunfähigkeit vorzuliegen, damit der VA wirksam werden kann.

Die **Relativität der Urteilsfähigkeit** (dazu z.B. BSK ZGB I-BIGLER-EGGENBERGER, Art. 16 N 34 ff.) in zeitlicher und inhaltlicher Hinsicht (MEIER, FS Bucher, 42) bringt es mit sich, dass der **Zeitpunkt des Eintritts dieser Wirksamkeitsvoraussetzung nicht eindeutig** feststeht, sondern **im Einzelfall bestimmt** werden muss. Insbesondere bei betagten Personen reduziert sich die Fähigkeit, Sachverhalte zu verstehen und zu beurteilen und Willensentschlüsse zu fassen, in vielen Fällen schrittweise (MEIER, FS Bucher, 42 f. m.H.a. STETTLER, FS Hausheer, 724). Insbesondere beim **VA, der auf umfassende Betreuung und Vertretung** ausgelegt ist, stellt sich die Frage, ob dieser wirksam werden soll, sobald erste Geschäfte zu besorgen sind, für die die Urteilsfähigkeit nicht mehr gegeben ist, oder erst wenn dauernde Urteilsunfähigkeit für alle zu besorgenden Geschäfte eingetreten ist. Beide Auffassungen werden vertreten (WIDMER BLUM, 281; GUTZWILLER, AJP 2007, 558). Im **Einzelfall** wird die Erwachsenenschutzbehörde die **sachgerechte Entscheidung** treffen müssen, wobei die aktuell absehbaren konkreten Bedürfnisse der betroffenen Person ausschlaggebend sind (gl.M. BSK ZGB I-RUMO-JUNGO, Art. 363 N 14). Die Erwachsenenschutzbehörde hat die betroffene Person gem. Art. 447 in das Verfahren einzubeziehen. Dabei dürften sich bez. der Aufgabenbereiche der vorsorgebeauftragten Person, für die die auftraggebende Person noch urteilsfähig ist, i.d.R. mittels Beratung und Absprachen mit den Beteiligten zweckmässige Lösungen finden lassen. Im

Einzelfall i.d.R. nicht praktikabel dürfte es sein, den auf umfassende Betreuung und Vertretung ausgelegten VA entsprechend der fortschreitenden Urteilsunfähigkeit in mehreren Teilschritten, d.h. in mehreren separaten Validierungsverfahren, wirksam werden zu lassen (s.a. WIDMER BLUM, 281; MEIER/LUKIC, Rz 221; BSK ZGB I-RUMO-JUNGO, Art. 363 N 15).

11 In diesem Zusammenhang sind auch **Dispositionen** zu berücksichtigen, die die auftraggebende Person **für die Zeit ihrer noch vorhandenen Urteilsfähigkeit** getroffen hat. Obligationenrechtliche Aufträge und zugehörige Ermächtigungen zum Zwecke der Betreuung und Vertretung der auftraggebenden Person können mit der Bestimmung versehen werden, dass sie über den Zeitpunkt des Verlustes der Handlungsfähigkeit hinaus gelten sollen (s. Art. 360 N 5 f., 8). Die auftraggebende Person kann einen solchen obligationenrechtlichen Auftrag mit einer «**Vorsorgeauftragsklausel**» versehen, wonach dieser **nach Eintritt der Urteilsunfähigkeit** als VA gem. Art. 360 ff. wirksam werden soll. Mit einer solchen **zweiphasigen Ausgestaltung der eigenen Vorsorge** mit einem (obligationenrechtlichen) Auftrag für eine Phase, in der die auftraggebende Person noch in der Lage ist, die Tätigkeit der beauftragten Person angemessen (in den Grundzügen) zu überwachen, und einem (erwachsenenschutzrechtlichen) VA für die Phase nach eingetretener andauernder Urteilsunfähigkeit, wird zwar der Zeitpunkt des Eintrittes derselben als Wirksamkeitsvoraussetzung auch nicht bestimmt, aber immerhin können damit für die Zeit zwischen Eintritt und Feststellung der Urteilsunfähigkeit durch die Erwachsenenschutzbehörde die «Unwägbarkeiten einer kompetenzlosen Übergangsphase» (GUTZWILLER, AJP 2007, 559) bzw. ein «**Kompetenzvakuum**» (WIDMER BLUM, 282) **vermieden** werden (gl.M. BSK ZGB I-RUMO-JUNGO, Art. 363 N 16). Ein solches Kompetenzvakuum muss ansonsten durch vorsorgliche Massnahmen behoben werden (dazu N 1; WIDMER BLUM, 283).

12 **Nicht beizupflichten ist jedoch dem Vorschlag** von GUTZWILLER (AJP 2007, 559), zur Vermeidung einer kompetenzlosen Phase den **Auftraggeber selbst bestimmen zu lassen, wer den Zeitpunkt des Eintritts der Urteilsunfähigkeit feststellen soll**, also z.B. der Ehepartner, ein bestimmter Nachkomme, der Haus- oder ein bestimmter Spezialarzt oder die vorsorgebeauftragte Person selbst, zu der ja offenbar ein gesteigertes Vertrauensverhältnis bestehe, und zwar aus Gründen des Schutzes der betroffenen Person (s. dazu WIDMER BLUM, 280 f.; gl.M. BSK ZGB I-RUMO-JUNGO, Art. 363 N 17).
Hat die auftraggebende Person im Vorsorgeauftrag gleichwohl angeordnet, dass eine bestimmte Person ihres Vertrauens für die Feststellung der Urteilsunfähigkeit zuständig sein solle, so wird die für diese Feststellung trotzdem allein zuständige Erwachsenenschutzbehörde i.d.R. eine Stellungnahme dieser Person dazu einholen.

12a Immerhin kann die auftraggebende Person, wenn sie die eigene Vorsorge wie oben (N 11) dargestellt zweiphasig ausgestaltet, in der Auftragsurkunde im Hinblick auf die Relativität der Urteilsfähigkeit zum Ausdruck bringen, ob sie ein möglichst langes **Andauern der obligationenrechtlichen Vertretung und Fürsorge** gestützt auf die Weitergeltungsklausel oder eine frühzeitige Prüfung durch die Erwachsenenschutzbehörde wünscht. Hat sie im erstgenannten Fall für die obligationenrechtliche Phase die zweckmässigen begleitenden Dispositionen getroffen, insb. Spezialvollmachten mit Weitergeltungsklauseln etwa für den Verkehr mit Banken ausgestellt, allenfalls auch bereits für diese Phase obligationenrechtlich eine Kontrolle der Tätigkeit der beauftragten Person durch eine weitere Vertrauensperson eingerichtet (analog der o. unter Art. 360 N 20a für den VA dargestellten Möglichkeit), mag die beauftragte Person dem Wunsch der auftraggebenden Person entsprechen und den Auftrag obligationenrechtlich weiterführen und darauf verzichten, die Auftragsurkunde der Erwachsenenschutzbehörde zur Prüfung und Deklaration der Wirksamkeit als VA vorzulegen. Mit dem VA «im Rücken» können die beauftragten und allfällige weitere involvierte Personen es u.U. verantworten, eine Meldung gem. Art. 397a OR (s. dazu o. Art. 360 N 9) oder eine Meldung im Sinne von Art. 443 an die KESB zu unterlassen, zumal der gültige **VA als einseitiges Rechtsgeschäft** nach Eintritt der Voraussetzungen (insb. der Suspensivbedingung der Urteilsunfähigkeit der auftraggebenden Person) **ex lege wirksam** wird (u. N 23; BSK ZGB I-RUMO-JUNGO, Art. 363 N 1a m.H.). Die beauftragte Person erscheint somit zweifach zur Wahrnehmung des Auftrags und damit verbundenen Vertretungen legitimiert, erstens als Auftragnehmerin nach OR und zweitens als vorsorgebeauftragte Person nach ZGB, die das empfangsbedürftige Rechtsgeschäft des VA annehmen kann und nach erfolgter Annahme auch ohne behördlichen Entscheid für die betroffene Person rechtsverbindlich handeln kann (FamKomm Erwachsenenschutz-GEISER, Art. 363 N 1). Ob die beauftragte Person den VA allerdings vor einem behördlichen Entscheid gem. Art. 363 Abs. 3 über ihre Geeignetheit annehmen kann, ist nicht unumstritten. Es wird auch die Auffassung vertreten, dies sei nach der Konzeption des Gesetzes nicht möglich (BSK ZGB I-RUMO-JUNGO, Art. 363 N 1b). Beide Auffassungen sind vertretbar. Dem Selbstbestimmungsanspruch wird besser gerecht, wenn der vorsorgebeauftragten Person die Auftragsannahme ohne behördliches Zutun zugestanden wird, wenn dies dem geäusserten Willen der auftraggebenden Person entspricht. Die Risiken dieser Lösung dürften in der Praxis nicht sehr gross sein, da Dritte aus Gründen der Rechtssicherheit i.d.R. auf einer Wirksamkeitsfeststellung des VA durch die Behörde bestehen werden.

Sodann erscheint es zweckmässig, im Rahmen von Abs. 2 Ziff. 2 zu prüfen, ob in den im VA aufgeführten Aufgabenbereichen überhaupt Aufgaben anstehen, die zu besorgen sind. Erstreckt sich der VA auf Bereiche der Personensorge, dürfte diese Voraussetzung wegen der generellen Hilfsbedürftigkeit einer urteilsunfähigen Person regelmässig gegeben sein. Im Bereich der Vermögenssorge jedoch wird hin und wieder festzustellen sein, dass die Aufgabenbereiche gem. VA inhaltslos geworden sind (z.B. weil eine zu verwaltende Liegenschaft veräussert wurde, ein zu verwaltendes Vermögen aufgebraucht ist oder eine Erbengemeinschaft, in der die auftraggebende durch die beauftragte Person hätte vertreten sein wollen, nicht mehr besteht). Es besteht dann keine **Sorgebedürftigkeit** mehr **in den vom VA beschlagenen Aufgabenbereichen**. Der VA leidet diesfalls zwar nicht an einem Ungültigkeitsgrund bei der Errichtung infolge Nichteinhaltung der inhaltlichen Minimalanforderungen (N 6), doch ist ihm die Wirksamkeit zu versagen (s.a. BSK ZGB I-Rumo-Jungo, Art. 363 N 18).

14 Das Vorliegen einer Sorgebedürftigkeit als Wirksamkeitsvoraussetzung des VA ist jedoch nicht allein deswegen zu verneinen, weil für die auftraggebende Person schon eine behördliche Massnahme, insb. eine Beistandschaft geführt wird und schon ein Beistand in den Aufgabenbereichen des VA tätig ist. Sind die übrigen Wirksamkeitsvoraussetzungen (i.w.S.) erfüllt, darf dem gültigen VA die Wirksamkeit nicht versagt werden. Dies gilt grundsätzlich auch dann, wenn ein VA erst lange Zeit nach Errichtung der Beistandschaft zum Vorschein kommt und zwischen betroffener Person und Beistand ein Vertrauensverhältnis (Art. 406 N 4) entstanden ist (gl.M. BSK ZGB I-Rumo-Jungo, Art. 363 N 19). Analoges gilt für den Fall, dass ein Ehegatte oder ein eingetragener Partner gestützt auf die Vertretungsbefugnis von Gesetzes wegen (Art. 374 ff.) bereits tätig ist. Der Einbezug der betroffenen Personen in das Verfahren zur Überprüfung der Wirksamkeitsvoraussetzung wird verhindern, dass eine Entscheidung getroffen wird, die nicht ihrem Willen entspricht, wobei die Weiterführung der Beistandschaft gestützt auf Annahme eines entsprechenden mutmasslichen Willens der urteilsunfähigen Person nur in den seltensten Fällen gerechtfertigt sein dürfte. Der geeigneten vorsorgebeauftragten Person wird es i.d.R. gelingen, ein demjenigen des Beistandes gleichwertiges Vertrauensverhältnis zur betroffenen Person (wieder) aufzubauen.

15 Die **Frage**, ob eine **Beschränkung der Handlungsfähigkeit** (Art. 394 Abs. 2) **oder** die bei der umfassenden Beistandschaft von Gesetzes wegen eingetretene **Handlungsunfähigkeit** (Art. 398 Abs. 3 und Art. 17) **als Wirksamkeitsvoraussetzung an die Stelle der Urteilsunfähigkeit** treten können, ist **zu verneinen** (a.M. Widmer Blum, 128, 277; gl.M. BSK ZGB I-Rumo-Jungo, Art. 363 N 13; offen gelassen CHK-Widmer Blum, Art. 360 ZGB N 9). Nicht nur der klare Gesetzeswortlaut spricht gegen eine Relativierung der Urteilsunfähigkeit als Wirksamkeitsvoraussetzung des VA. Die mit der Sorge für die und Vertretung der von einem Schwächezustand betroffenen Person beauftragte Person muss die Interessen bis zu einem gewissen Grad unabhängig von den Willensäusserungen der betroffenen Person wahrnehmen können. Über diese notwendige Unabhängigkeit würde eine vorsorgebeauftragte Person nicht verfügen; auch wenn der VA von der Erwachsenenschutzbehörde wirksam erklärt worden ist, kann die noch **urteilsfähige auftraggebende Person den VA jederzeit widerrufen** (Art. 362 N 6).

2. Eignung der vorsorgebeauftragten Person

16 Die **Eignung einer natürlichen Person** zur ordnungsgemässen Sorge für eine mit dem Schwächezustand der Urteilsunfähigkeit behafteten Person ist im Wesentlichen **abhängig** einerseits von ihren **individuellen persönlichen und fachlichen Kompetenzen** (zu den verschiedenen Kompetenzarten, vgl. Art. 400 N 9–13) und ihren **zeitlichen und emotionalen** (Motivation) **Ressourcen**, über die sie als vorsorgebeauftragte Person oder als Beistand für die Wahrnehmung der Aufgaben verfügt, und anderseits **vom Umfang und der Schwierigkeit der Aufgaben**, die mit der Sorge für eine bestimmte urteilsunfähige Person verbunden sind. Beide

Faktoren, die Fähigkeiten der beauftragten Person und der Aufgabenumfang, sind Gegenstand von **Einschätzungen und Prognosen**, die **teilweise auf objektiv feststellbaren Kriterien** beruhen. Dazu zählen bezüglich der beauftragten Person etwa der strafrechtliche und betreibungsrechtliche Leumund, abgeschlossene Ausbildungen, berufliche Erfahrungen, Ergebnis von Referenzauskünften, Ausmass zeitlicher Beanspruchungen durch berufliche und regelmässige ausserberufliche Verpflichtungen usw., bezüglich der Aufgaben etwa das Netz von Bezugspersonen und die Wohn- und Betreuungssituation der betroffenen Person, ihre Renteneinkünfte, Umfang und Zusammensetzung ihres Vermögens, laufender oder absehbarer Vertretungsbedarf zur Durchsetzung oder Abwehr von Ansprüchen etc. Sind mehrere vorsorgebeauftragte Personen zur Wahrnehmung der Aufgaben berufen, ist entsprechende Kooperationsfähigkeit erforderlich. Die beauftragte Person muss während der Dauer der Wirksamkeit des VA **vollumfänglich handlungsfähig** (WIDMER BLUM, 284; MEIER/LUKIC, Rz 223; BSK ZGB I-RUMO-JUNGO, Art. 360 N 24 und 25 m.H. auf die Auffassung von HOTZ, ZKE 2011, 107 f., wonach die urteilsfähige minderjährige Person mit Zustimmung der Eltern als Vorsorgebeauftragte in Frage käme), **bereit** und **in der Lage** sein, die Aufgaben aus dem **Auftrag im Wesentlichen persönlich zu erfüllen** (Art. 365 N 3; zum Ganzen gl.M. BSK ZGB I-RUMO-JUNGO, Art. 363 N 22).

Die **Eignung der juristischen Person** (s. Art. 360 N 2 a.E. und N 17) ist im Wesentlichen abhängig von den persönlichen und fachlichen Kompetenzen und der Verfügbarkeit der natürlichen Personen, welche für die Besorgung der im Rahmen des VA anfallenden Aufgaben eingesetzt werden. Die Verantwortung für die ordnungsgemässe Erfüllung des VA liegt bei den für die Geschäftsführung verantwortlichen Organen der juristischen Person (gl.M. BSK ZGB I-RUMO-JUNGO, Art. 363 N 23). Diesen Organen müssen deshalb, soweit sie die Aufgaben aus dem VA, z.B. als geschäftsführender Gesellschafter einer Kollektivgesellschaft, nicht selber wahrnehmen, gegenüber den Personen, welche die Aufgaben wahrnehmen, Weisungs- und Kontrollbefugnisse zustehen, wie sie üblicherweise im Rahmen eines Arbeitsvertrages bestehen, allenfalls aber auch durch entsprechende Ausgestaltung eines Auftragsverhältnisses begründet werden können. Als nicht geeignet müsste wohl eine juristische Person bezeichnet werden, die sich darauf beschränken würde, Personen zu vermitteln, welche die mit dem VA anfallenden Aufgaben in der Folge faktisch in delegierter Funktion «freiberuflich» wahrnehmen würden.

Im Gegensatz zur behördlichen Massnahme, bei der die **Verantwortung für die Eignung** des eingesetzten Beistandes allein bei der Erwachsenenschutzbehörde liegt, liegt diese bezüglich der **Eignung der vorsorgebeauftragten Person** primär **bei der auftraggebenden Person**. Gleichwohl hat die **Erwachsenenschutzbehörde** die Eignung der vorsorgebeauftragten Person **in jedem Fall von Amtes wegen** zu **prüfen** (Botschaft Erwachsenenschutz, 7027: «sich zu vergewissern») und nicht nur dann, wenn ihr Umstände bekannt werden, die begründete Zweifel an der Eignung der vorsorgebeauftragten Person hervorrufen (**a.M.** sinngemäss GUTZWILLER, AJP 2007, 558). Allerdings soll das Selbstbestimmungsrecht der auftraggebenden Person möglichst weitgehend respektiert werden und deshalb soll die Erwachsenenschutzbehörde (nach erfolgter Prüfung) die Eignung nur abspre-

chen, wenn «offensichtlich ist, dass die bezeichnete Person ihren Aufgaben nicht gewachsen ist» (Botschaft Erwachsenenschutz, 7027) und gewichtige Gründe, wie etwa Interessenkonflikte, gegen eine Anerkennung der Eignung sprechen (LEUBA, FS Stettler, 31; MEIER, FS Bucher, 60; BSK ZGB I-RUMO-JUNGO, Art. 363 N 25). Die Beachtung des Selbstbestimmungsrechtes der auftraggebenden Person kann in der Praxis jedoch nicht so weit gehen, dass vorsorgebeauftragte Personen selbst dann noch als geeignet zugelassen werden, wenn absehbar ist, dass sie ihre Aufgaben andauernd nur mit aufwändigen flankierenden Unterstützungs- und Kontrollmassnahmen ordnungsgemäss werden erledigen können. Es spricht nichts dagegen, sondern ist zu befürworten, vorsorgebeauftragten Personen insb. in einer ersten Phase der Auftragserfüllung gleiche **Beratungsleistungen** anzubieten, wie sie von privaten Beiständen gestützt auf Art. 400 Abs. 3 beansprucht werden (s. Art. 400 N 5, 15). Das Selbstbestimmungsrecht verleiht der auftraggebenden Person jedoch keinen Anspruch darauf, für die vorsorgebeauftragte Person Leistungen der Erwachsenenschutzbehörde oder von Beratungsstellen zu generieren, die weit über diejenigen hinausgehen, die in ähnlichem Kontext für eine gem. Art. 401 Abs. 1 als «Vertrauensbeistand» gewünschte Person erbracht würden (vgl. dazu LEUBA, FS Stettler, 31 FN 13). Wird die mit dem Selbstbestimmungsrecht einhergehende Eigenverantwortung von der auftraggebenden Person im Zeitpunkt der Errichtung des VA nicht wahrgenommen, müssen die dadurch verursachten späteren Mängel und Risiken nicht durch aufwändige Massnahmen der Erwachsenenschutzbehörde kompensiert werden. Es geht aber auch nicht an, solche Mängel und Risiken unter Berufung auf die Eigenverantwortung der auftraggebenden Person in Kauf zu nehmen und bestehen zu lassen. Dies würde dem Schutzzweck widersprechen, der mit der Ausgestaltung des VA als Institut des Erwachsenenschutzes einhergeht, weshalb in diesem Fall dem VA die Wirksamkeit zu versagen ist. Nicht zweckmässig dürfte es sein, die ungeeignete vorsorgebeauftragte Person als Beiständin einzusetzen, in der Annahme, eine stärkere Kontrolle kompensiere die Mängel (s. dazu HAUSHEER/GEISER/AEBI-MÜLLER, Erwachsenenschutzrecht, Rz 2.36: ausnahmsweise als Lösung in Betracht gezogen, wenn sich eine vorsorgebeauftragte Person erst nach Wirksamkeit des VA als ungeeignet erweist). In Fällen, in denen die **Eignung** der vorsorgebeauftragten Person im Zeitpunkt der Errichtung des VA gegeben war und **erst nachträglich weggefallen** ist, stellt sich die Frage der **Berücksichtigung des Selbstbestimmungsanspruchs** der auftraggebenden Person **anders** und verschieden, je nachdem, ob sie sich dieser Veränderung zu Zeiten, als sie urteilsfähig war, noch bewusst geworden war oder nicht.
Die Erwachsenenschutzbehörde hat unter Einbezug der betroffenen Personen die den **Umständen im Einzelfall angemessene Entscheidung** zu treffen. Sie kann der vorsorgebeauftragten Person die **Eignung ohne Vorbehalte** oder **in Verbindung mit flankierenden Massnahmen** (s. N 20; Art. 368 N 4) zuerkennen oder ihr die **Eignung aberkennen** (s.a. MEIER/LUKIC, Rz 223; BSK ZGB I-RUMO-JUNGO, Art. 363 N 25).

3. Weitere Massnahmen

Wenn die im VA aufgeführten Aufgabenbereiche **nicht alle Sorge- und Vertretungsbedürfnisse** der urteilsunfähig gewordenen auftraggebenden Person **abdecken**, so wird die Erwachsenenschutzbehörde für die Besorgung der Aufgaben in den nicht abgedeckten Bereichen eine **behördliche Massnahme gem. Art. 393 ff. (Beistandschaft) oder Art. 392** treffen müssen, sofern diese Aufgaben nicht im Rahmen einer Vertretung von Gesetzes wegen durch den Ehegatten oder den eingetragenen Partner wahrgenommen werden können (s. a. MEIER/LUKIC, Rz 224; BSK ZGB I-RUMO-JUNGO, Art. 363 N 13). Als Beistand kann sie die vorsorgebeauftragte Person oder eine Drittperson einsetzen (HAUSHEER/GEISER/AEBI-MÜLLER, Erwachsenenschutzrecht, Rz 2.31). Im Falle zeitlicher Dringlichkeit kann sie solche ergänzende Massnahmen vorsorglich (Art. 445) oder ordentlich schon treffen, bevor feststeht, ob der VA wirksam wird, andernfalls wird sie damit zweckmässigerweise zuwarten. Gegebenenfalls kann sie bezüglich einzelner durch den VA nicht abgedeckter, zeitlich begrenzter Vertretungsbedürfnisse ein bestehendes obligationenrechtlich mit Wirkung über den Zeitpunkt des Verlustes des Handlungsfähigkeit hinaus geltendes Auftragsverhältnis (N 11 sowie Art. 360 N 5 f., 8) weiter laufen lassen, gleichgültig, ob die vorsorgebeauftragte Person oder eine andere Person Auftragnehmerin ist.

18

Nach der hier vertretenen Auffassung kann die Erwachsenenschutzbehörde die **Handlungsfähigkeit der urteilsunfähig gewordenen Person** bezüglich Angelegenheiten, die in einen von der vorsorgebeauftragten Person zu besorgenden Aufgabenbereich fallen, **einschränken**. Solche trotz fehlender Urteilsfähigkeit (und damit in den konkreten Angelegenheiten grundsätzlich auch fehlender Handlungsfähigkeit) zusätzlich behördlich angeordnete Einschränkungen der Handlungsfähigkeit sind bisweilen zum Schutz der betroffenen Person angesichts der Relativität und Vermutung der Urteilsfähigkeit erforderlich (dies auch im Rahmen von Beistandschaften, die für urteilsunfähige Personen geführt werden). Obschon die Einschränkung der Handlungsfähigkeit als Rechtsinstitut im Kontext der behördlichen Massnahmen und dort bei den Beistandschaften steht, obschon der Bestimmung von Art. 19d keine selbständige Bedeutung zukommt, sondern jene nur deklaratorisch festhält, was bereits durch Art. 394 Abs. 2 bestimmt ist (in diesem Sinne wohl Botschaft Erwachsenenschutz, 7096) und aus ihr somit keine Befugnis der Erwachsenenschutzbehörde abgeleitet werden kann, die Handlungsfähigkeit einer Person im Zusammenhang mit einer beliebigen Massnahme des Erwachsenenschutzes, also etwa einer erwachsenenschutzrechtlichen Massnahme zur Sicherung der Umsetzung eines VA, einzuschränken, erscheint es nach dem Grundsatz «a maiore ad minus» zulässig, eine solche Einschränkung zum Schutz der auftraggebenden Person als Massnahme im Rahmen von Abs. 2 Ziff. 4 anzuordnen (a.M. sinngemäss FamKomm Erwachsenenschutz-GEISER, Art. 365 N 21). Eine Alternative wäre, der vorsorgebeauftragten Person die Vertretungsbefugnis im entsprechenden Bereich gestützt auf Art. 368 Abs. 1 und 2 zu entziehen, diese mit einer Beistandschaft der vorsorgebeauftragten Person als Beiständin wieder zuzuweisen und die Handlungsfähigkeit der auftraggebenden und nun zusätzlich verbeiständeten Person entsprechend einzuschränken. Mit der **Einschränkung der**

19

Handlungsfähigkeit ohne gleichzeitige Errichtung einer Beistandschaft wird der im VA zum Ausdruck gebrachte Selbstbestimmungsanspruch jedoch i.d.R. besser respektiert. Allerdings kommt sie nur in Frage, wenn die betroffene Person effektiv urteilsunfähig ist und Konflikte zwischen ihr und der vorsorgebeauftragten Person (s. N 11) nicht zu befürchten sind. Ansonsten ist die oben angeführte Alternative zu wählen.

20 Sodann hat die Erwachsenenschutzbehörde im Zuge der Wirksamkeitsprüfung zu klären, ob **präventiv Massnahmen** gem. Art. 368, insb. Art. 368 Abs. 1 (s. dort N 2), vorzusehen sind. Nicht als Massnahmen des Erwachsenenschutzes i.S.v. Abs. 2 Ziff. 4 zu verstehen, aber zweckmässigerweise dennoch zu klären, bevor die vorsorgebeauftragte Person um Annahme des Auftrages angefragt wird, sind die Fragen, ob der VA auslegungsbedürftig ist, in Nebenpunkten ergänzt werden soll (Art. 364, s. dort), ob einzelnen widerrechtlichen Aufgabenzuweisungen oder Weisungen (Art. 360 N 24) die Wirksamkeit zu versagen ist und ob eine Entschädigungsregelung gem. Art. 366 Abs. 1 (s. dort) vorzusehen ist.

4. Annahme des Auftrags durch die vorsorgebeauftragte Person

21 Falls die bis dahin vorgenommenen Prüfungen (N 6–20) ergeben, dass der VA wirksam werden könnte, sind die bzw. ist die vorgesehene(n) vorsorgebeauftragte (n) Person(en) **unter Bekanntgabe der wesentlichen Resultate** dieser Prüfungen **anzufragen**, ob sie **bereit** ist bzw. sind, **den VA anzunehmen**. Die Erwachsenenschutzbehörde kann eine Frist für die Erklärung ansetzen. In Anlehnung an die Regelung betr. das Willensvollstreckermandat (Art. 517 Abs. 2) erscheint eine 14-tägige Frist angemessen, wobei die für den Willensvollstrecker geltende Regel, wonach Stillschweigen als Annahme gilt, auf den VA nicht anwendbar ist (MEIER/LUKIC, Rz 225; BSK ZGB I-RUMO-JUNGO, Art. 363 N 27). Wird der VA angenommen, steht der Validierung nichts mehr im Wege. Die vorsorgebeauftragte Person kann eine nur **teilweise Annahme des Auftrages** anbieten. Falls der VA selber für diesen Fall keine Regelung vorsieht, hat die Erwachsenenschutzbehörde diesen auszulegen (Art. 364 N 1 ff.) und, falls kein entgegenstehender (mutmasslicher) Wille der auftraggebenden Person zu erkennen ist und eine solche Lösung nicht aus anderen Gründen den Interessen der betroffenen Person zuwiderläuft, den **VA teilwirksam** werden zu lassen und die übrigen Aufgaben der Besorgung im Rahmen einer behördlichen Massnahme (gem. Art. 392 Ziff. 1 oder 2 oder Beistandschaft) zuzuführen oder gegebenenfalls im Vertretungsbereich des Ehegatten bzw. eines eingetragenen Partners zu belassen (Art. 374 N 5).

IV. Validierung

22 Sind bezüglich eines **gültigen VA** alle Wirksamkeitsvoraussetzungen (i.w.S., N 8 ff.) **erfüllt**, erlässt die Erwachsenenschutzbehörde einen begründeten schriftlichen Entscheid, mit dem sie den VA, allenfalls mit inhaltlichen Präzisierungen, wirksam erklärt und die vorsorgebeauftragte(n) Person(en) und deren Aufgaben und Befugnisse bezeichnet **(Validierungsentscheid)** bzw. feststellt, dass der VA nicht wirksam wird. Der Entscheid ist den von ihm betroffenen Personen mitzutei-

len, somit auch einem Ehegatten oder eingetragenen Partner der auftraggebenden Person sowie allfälligen weiteren Personen, die sich bis dahin um die Belange der urteilsunfähig gewordenen Person gekümmert haben (gl.M. BSK ZGB I-Rumo-Jungo, Art. 363 N 28). Aus der Begründung muss ersichtlich sein, welche Motive die Erwachsenenschutzbehörde gegebenenfalls dazu veranlasst haben, einzelnen Punkten des VA die Wirksamkeit zu versagen oder den Inhalt des VA in anderer Weise zu präzisieren bzw. zu ergänzen. Sodann ordnet die Erwachsenenschutzbehörde im Validierungsentscheid **allfällige Massnahmen zur Sicherung der ordnungsgemässen Erfüllung** des VA (N 20) sowie **allfällige ergänzende behördliche Massnahmen** (N 18 f.) an oder trifft sie Anordnungen im Zusammenhang mit der Beendigung einer bis dahin geführten Beistandschaft, wenn die mit dieser wahrgenommenen Aufgaben neu der vorsorgebeauftragten Person obliegen. Nötigenfalls entzieht sie mit entsprechender Begründung der allfälligen Beschwerde gegen bestimmte Anordnungen des Validierungsentscheides die aufschiebende Wirkung (Art. 450c). Der gem. Abs. 3 verlangte Hinweis auf die Pflichten nach den Bestimmungen des OR über den Auftrag kann im Entscheid in allgemeiner kurzer Form erfolgen und ergänzend ein Merkblatt o.ä. abgegeben werden (gl.M. BSK ZGB I-Rumo-Jungo, Art. 363 N 27).

Dem **Validierungsentscheid** kommt **insofern konstitutive Wirkung** zu, als i.d.R. 23 erst mit ihm von der dafür **allein zuständigen Erwachsenenschutzbehörde rechtsgültig** festgestellt wird, dass die dem VA anhaftende **Suspensivbedingung** (Urteilsunfähigkeit der auftraggebenden Person) eingetreten ist. Dass im Übrigen die Wirkung des VA von Gesetzes wegen eintritt (Hausheer/Geiser/Aebi-Müller, Erwachsenenschutzrecht, Rz 2.22; s.a. o. N 12a), ändert nichts daran, dass die vorsorgebeauftragte Person i.d.R. eine **Urkunde** benötigt, mit der sie sich Dritten gegenüber als vertretungsbefugt ausweisen kann. Als **Urkunde**, in der ihre **Befugnisse** wiedergegeben sind, kann das Dispositiv des Validierungsentscheides dienen, sofern dieses keine Informationen enthält, welche Dritten gegenüber nicht zu offenbaren sind. Andernfalls hat die Erwachsenenschutzbehörde eine **separate Urkunde** zu erstellen, in welcher die aufgrund des konkreten VA gegebenen **Vertretungsbefugnisse genau und abschliessend** umschrieben sind (gl.M. BSK ZGB I-Rumo-Jungo, Art. 363 N 29). Die Urkunde erfüllt den Zweck eines Legitimationsausweises und begründet selber keine Rechte und Pflichten der vorsorgebeauftragten Person. Der **Gutglaubensschutz** zu Gunsten des Dritten, der sich auf eine unrichtig oder fälschlicherweise ausgestellte Urkunde verlässt, ist angesichts der verbindlich geregelten Wirksamkeitsprüfung durch die KESB zu bejahen (Widmer Blum, 317 f.; BSK ZGB I-Rumo-Jungo, Art. 363 N 29; FamKomm Erwachsenenschutz-Geiser, Art. 363 N 25).

Der **VA** ist, selbst in Verbindung mit einer Validierungsbestätigung der Erwachse- 24 nenschutzbehörde, **als Urkunde zum Nachweis der Vertretungsbefugnis** gegenüber Dritten **ungeeignet**, jedenfalls dann, wenn er Informationen enthält, welche Dritten gegenüber nicht zu offenbaren sind. Es spricht im Übrigen einiges dafür, die Originalurkunde nach Vorlage und Herausgabe derselben (N 4) in **sicherer Verwahrung bei der Erwachsenenschutzbehörde** zu behalten und der oder den mehreren vorsorgebeauftragten Personen lediglich Kopien auszuhändigen.

25 Gemäss Art. 449c Ziff. 2 hat die Erwachsenenschutzbehörde dem Zivilstandsamt mitzuteilen, wenn sie für eine **dauernd urteilsunfähige Person** einen VA hat wirksam werden lassen. Diese Meldung führt dazu, dass die auftraggebende Person aus dem Stimmrechtsregister gestrichen wird, gleich wie eine unter umfassender Beistandschaft stehende Person, währenddem die übrigen urteilsunfähigen Stimm- und Wahlberechtigten vom **Stimm- und Wahlrechtsausschluss** nicht erfasst werden (Botschaft Erwachsenenschutz, 7082). Die in die ZStV aufgenommenen Meldepflichten und Meldewege (Art. 42 Abs. 1 lit. c und Art. 49 Abs. 1 lit. d ZStV in der Fassung vom 7.11.2012, in Kraft seit 1.1.2013) lassen keinen Raum mehr für Abwägungen, ob eine Meldung (an das Stimmrechtsregister) im Einzelfall gerechtfertigt ist, wie dies in der 1. Auflage noch vertreten worden ist.

26 Die meisten Kantone haben, einer Empfehlung der VBK (heute KOKES) folgend (ZVW 2008, 86), die Feststellungen und den Entscheid betreffend Validierung des VA in die Einzelzuständigkeit des Präsidenten, der Präsidentin oder eines einzelnen Mitglieds der KESB delegiert.

Art. 364

D. Auslegung und Ergänzung

Die beauftragte Person kann die Erwachsenenschutzbehörde um Auslegung des Vorsorgeauftrags und dessen Ergänzung in Nebenpunkten ersuchen.

1 **Unklare Punkte** im VA sind **durch Auslegung zu präzisieren** bzw. **zu ergänzen**, soweit dies **zur gehörigen Erfüllung des Auftrages** vonnöten ist. Es soll vermieden werden, dass gewisse Aufgaben nur deshalb nicht gestützt auf den VA wahrgenommen werden, weil ihre Zuweisung an die vorsorgebeauftragte Person nicht ausreichend klar und deutlich formuliert ist, obwohl sie durch Auslegung als im VA enthalten erkannt werden können. Abweichend vom Wortlaut der Bestimmung von Art. 364 ist diese so auszulegen, dass die **Erwachsenenschutzbehörde Auslegungen und Ergänzungen** auch **ohne** entsprechendes **Ersuchen der vorsorgebeauftragten Person** vornehmen kann, ja im Verfahren der Prüfung der Wirksamkeitsvoraussetzungen wohl sogar **von Amtes wegen** vornehmen muss, wenn dies zur Umsetzung des Willens der betroffenen Person erforderlich erscheint (gl.M. BSK ZGB I-RUMO-JUNGO, Art. 364 N 5). Der VA ist der vorsorgebeauftragten Person zusammen mit den Auslegungen und Ergänzungen zur Annahme anzubieten (Art. 363 N 21), allenfalls mit der Einladung zur Stellungnahme. Vorbehältlich solcher durch die Erwachsenenschutzbehörde von Amtes wegen bereits vorgenommener Auslegungen beseitigt die Bestimmung von Art. 364 nicht die Befugnis und Pflicht der vorsorgebeauftragten Person, den VA ohne Inanspruchnahme der Erwachsenenschutzbehörde nach bestem Wissen selber auszulegen.

2 Obschon es sich beim VA nicht um einen rein obligationenrechtlichen Vertrag handelt (Art. 365 N 1), gelten gestützt auf Art. 7 jedenfalls die anerkannten auf der **Willenstheorie** beruhenden **Auslegungsregeln zum Vertragsrecht** (gl.M. BSK

ZGB I-Rumo-Jungo, Art. 364 N 8; zum Ganzen BSK OR I-Wiegand, Art. 18 N 1 ff.). Diese sind auch auf einseitige Willenserklärungen anzuwenden (Wiegand, a.a.O., N 53). Im Kontext der Auslegung und Ergänzung von VA sind neben den Regeln zur Ermittlung **des mutmasslichen wirklichen Willens** insb. die **Regeln zur Vertragsergänzung und Lückenfüllung** (Wiegand, a.a.O., N 61 ff.) und zur Heranziehung eines **hypothetischen Willens** (Wiegand, a.a.O., N 76 ff.) von Bedeutung. Für die Auslegungen bzw. Ergänzung des VA durch die beauftragte Person kann diese allenfalls für sich das **Vertrauensprinzip** in Anspruch nehmen (BSK ZGB I-Rumo-Jungo, Art. 363 N 15).

Entsprechend den **Regeln zur Lückenfüllung** ist der **Umfang der Befugnis der Erwachsenenschutzbehörde** zur **Ergänzung des VA in Nebenpunkten** zu definieren. Die Erwachsenenschutzbehörde darf dort, wo qualifiziertes Schweigen der auftraggebenden Person anzunehmen ist, keine Ergänzung vornehmen. Sodann mag als Regel gelten, dass eine Ergänzung in einem Nebenpunkt vorgenommen werden darf, wenn dies zur gehörigen Erfüllung des Auftrags in einem Hauptpunkt absolut erforderlich ist und wenn es für die auftraggebende Person und auch jede andere Person in der gleichen Lage, hätte man sie im Zeitpunkt der Errichtung auf das Fehlen aufmerksam gemacht, absolut selbstverständlich gewesen wäre, dass sie zum entsprechenden Hauptpunkt einen Nebenpunkt regeln muss (Meier/Lukic, Rz 228 m.H. auf die entsprechende Regel von Art. 2 Abs. 2 OR; BSK ZGB I-Rumo-Jungo, Art. 363 N 16). Die beauftragte Person hat sich an die nämlichen Regeln zu halten, wenn sie den VA in Nebenpunkten ergänzen muss, wozu sie befugt erscheint, da Auslegung und Ergänzung oft ineinander übergehen (Schmid, Art. 364 N 4; im Ergebnis so a. BSK ZGB I-Rumo-Jungo, Art. 363 N 15 unter Hinweis auf das für die beauftragte Person geltende Vertrauensprinzip; a.M. Hausheer/Geiser/Aebi-Müller, Erwachsenenschutzrecht, Rz 2.33). Geht es jedoch um zusätzliche Aufgaben, die zwar mit Blick auf das Ganze als nebensächlich erscheinen, aber nicht in der dargestellten Weise mit einer Hauptaufgabe zusammenhängen, so sind diese mittels einer behördlichen Massnahme zu besorgen, wobei sich die Auftragserteilung an die vorsorgebeauftragte Person gestützt auf Art. 392 Ziff. 2 regelmässig als Lösung anbieten dürfte (in etwa so auch Hausheer/Geiser/Aebi-Müller, Erwachsenenschutzrecht, Rz 2.33, wenn auch weniger restriktiv bezüglich der Befugnis, mittels Ergänzung zusätzliche Verpflichtungen zu begründen; sowie BSK ZGB I-Rumo-Jungo, Art. 363 N 18 m.H.a. die unterschiedlichen Haftungen [auftragsrechtliche Verschuldenshaftung nach OR für vorsorgebeauftragte Person; Kausalhaftung des Kantons im Falle des behördlichen Auftrags nach Art. 392 Ziff. 2]). 3

Art. 365

E. Erfüllung

[1] Die beauftragte Person vertritt im Rahmen des Vorsorgeauftrags die auftraggebende Person und nimmt ihre Aufgaben nach den Bestimmungen des Obligationenrechts über den Auftrag sorgfältig wahr.

² Müssen Geschäfte besorgt werden, die vom Vorsorgeauftrag nicht erfasst sind, oder hat die beauftragte Person in einer Angelegenheit Interessen, die denen der betroffenen Person widersprechen, so benachrichtigt die beauftragte Person unverzüglich die Erwachsenenschutzbehörde.

³ Bei Interessenkollision entfallen von Gesetzes wegen die Befugnisse der beauftragten Person.

Literatur

Vgl. die Literaturhinweise zur Einführung und zu Art. 360.

I. Rechtsnatur des Vorsorgeauftrags und Anwendbarkeit des Auftragsrechtes nach OR

1   Die **Rechtsnatur des VA** ist geprägt durch Elemente des Erwachsenenschutzrechtes einerseits und solche des Auftragsrechtes gem. Art. 394 ff. OR andererseits. Die **erwachsenenschutzrechtlichen Besonderheiten** des Auftrages in seiner Ausprägung als VA sind insb. die gesetzlich zwingend vorgegebene Suspensivbedingung der Urteilsunfähigkeit für die Wirksamkeit (inkl. Wegfall der Wirksamkeit, wenn die Suspensivbedingung wieder wegfällt [Art. 369 Abs. 1]) und die ebenfalls nicht wegzubedingenden Regeln, die dem Schutz der urteilsunfähig gewordenen auftraggebenden Person dienen, d.h. die i.d.R. vorzunehmende Prüfung der Wirksamkeitsvoraussetzungen durch die Erwachsenenschutzbehörde (zum grundsätzlichen ex lege-Eintritt der Wirksamkeit, s.o. Art. 363 N 12a und 23), die Meldepflichten der vorsorgebeauftragten Person an die Erwachsenenschutzbehörde gem. Abs. 2 (N 9), die Regelung im Falle einer Interessenkollision gem. Abs. 3 (N 10), die Kündigungsfrist von mindestens zwei Monaten (Art. 367) und die Befugnis und Pflicht der Erwachsenenschutzbehörde, im Falle der Gefährdung der Interessen der auftraggebenden Person einzuschreiten (Art. 368). Letzteres rechtfertigt, die mit der Vermögensverwaltung vorsorgebeauftragte Person nicht dem Geldwäschereigesetz zu unterstellen (Rundschreiben FINMA 2011/1 betr. Finanzintermediation nach GwG; vgl. ZKE 2013, 312).

2   Im Übrigen gilt Auftragsrecht gem. den obligationenrechtlichen Bestimmungen über den einfachen Auftrag (Art. 394 ff. OR). Soweit es um die Wahrnehmung der Aufgaben durch die vorsorgebeauftragte Person geht, werden die Regeln des Auftragsrechtes ausdrücklich anwendbar erklärt (Abs. 1, 2. Teilsatz). Ansonsten sind die auftragsrechtlichen Regeln sinngemäss anzuwenden, soweit das ZGB keine abweichende Norm enthält (HAUSHEER/GEISER/AEBI-MÜLLER, Erwachsenenschutzrecht, Rz 2.26; WIDMER BLUM, 289; BSK ZGB I-RUMO-JUNGO, Art. 365 N 9 ff.).

3   Für die **vorsorgebeauftragte Person** gelten kraft der Verweisungsnorm von Abs. 1, 2. Teilsatz, **hinsichtlich der Auftragserfüllung im Einzelnen**:
   – Pflicht zur **vorschriftsgemässen Ausführung**, d.h. zur Einhaltung des Umfangs des Auftrages und die Beachtung von Weisungen (Art. 397 OR);

- Regel betreffend **Beschränkung des Umfangs der Vertretungsmacht** (Art. 396 Abs. 3 ZGB; dazu N 6);
- Pflicht zur **sorgfältigen und getreuen Besorgung** der Geschäfte (Art. 398 Abs. 1 und 2 OR);
- Pflicht zur **persönlichen Besorgung** und die **Ausnahmen** von dieser Pflicht (Art. 398 Abs. 3 OR), ohne die Ausnahme der durch den Auftraggeber erteilten Substitutionsbefugnis (s. dazu Art. 360 N 17, 19, jedoch auch N 20 für den Fall der Bezeichnung von mehreren gegenseitig übertragungsberechtigten vorsorgebeauftragten Personen; s. ferner zur Abgrenzung zwischen Substitut und Erfüllungsgehilfe und Zulässigkeit der Substitution BSK OR I-Weber, Art. 398 N 3 ff.);
- Pflicht, auf Verlangen **Rechenschaft** über die Geschäftsführung abzulegen (Art. 400 Abs. 1, 1. Teilsatz OR);
- Pflicht, **vereinnahmte Gelder abzuliefern**, inkl. Pflicht zur Verzinsung im Unterlassungsfall (Art. 400 Abs. 1, 2. Teilsatz und Abs. 2 OR);
- Regeln betreffend **Übergang erworbener Rechte** (Art. 401 OR);
- im Falle gemeinsamer Wahrnehmung des Auftrags durch mehrere vorsorgebeauftragte Personen (Art. 360 N 20): Regeln zur **Verpflichtung durch gemeinschaftliches Handeln** und **die Ausnahme davon** und betreffend **solidarischer Haftung** (Art. 403 Abs. 2 OR).

Gemäss spezieller Verweisungsnorm im Gesetzesabschnitt zur **Verantwortlichkeit** im Erwachsenenschutz (Art. 456 ZGB) **haftet** die vorsorgebeauftragte Person nach **Auftragsrecht** (Art. 454 ff. N 5), womit die Anwendbarkeit der Haftungsregeln von **Art. 397 Abs. 2 OR, Art. 398 Abs. 1 und 2 OR, Art. 399 OR** und wohl auch von **Art. 404 Abs. 2 OR** (sinngemässe Anwendung bei Nichteinhaltung der Kündigungsregeln von Art. 367 ZGB) gegeben ist (BSK ZGB I-Rumo-Jungo, Art. 365 N 17).

4

Zu den **Treuepflichten** der vorsorgebeauftragten Person gegenüber dem Auftraggeber (Art. 398 Abs. 2 OR) gehört die **Diskretions- und Geheimhaltungspflicht** (BSK OR I-Weber, Art. 398 N 11 ff.), welche im Übrigen analog der Verschwiegenheitspflicht der Beiständin bzw. des Beistandes zu handhaben ist (Art. 413 N 4 ff.).

5

Zum Teil **wiederholen** die **Bestimmungen zum VA Regeln**, die schon kraft **Auftragsrecht** gelten würden. Es sind dies die Vertretungsbefugnis im Rahmen des VA (Art. 365 Abs. 1, 1. Teilsatz ZGB/Art. 396 Abs. 2 OR), die Entschädigungs- und Spesenersatzregeln (Art. 366 ZGB/Art. 394 Abs. 3 OR und Art. 402 Abs. 1 OR), die Pflicht der vorsorgebeauftragten Person, nach Erlöschen des VA die Aufgaben fortzuführen, bis die auftraggebende Person ihre Interessen selber wahren kann (Art. 369 Abs. 2 ZGB/Art. 405 Abs. 2 OR [per analogiam]) und die Verpflichtung der auftraggebenden Person durch Geschäfte, die die vorsorgebeauftragte Person vornimmt, bevor sie vom Erlöschen des Auftrags erfährt (Art. 369 Abs. 3 ZGB/Art. 406 OR).

6

Umstritten ist die **Anwendbarkeit** der Bestimmung von **Art. 396 Abs. 3 OR**, wonach die beauftragte Person einer **besonderen Ermächtigung** bedarf für die **Vertretung** in besonders **risikoreichen Geschäften**, konkret wenn es sich darum handelt, einen Prozess anzuheben, einen Vergleich abzuschliessen, ein Schiedsgericht

7

anzunehmen, wechselrechtliche Verbindlichkeiten einzugehen, Grundstücke zu veräussern oder zu belasten oder Schenkungen zu machen. Diese **Bestimmung verfolgt – in Einschränkung von Art. 396 Abs. 2 OR – einen Schutzzweck** wegen der hohen Risiken für den Auftraggeber oder seiner fraglichen Interessen (BSK OR I-WEBER, Art. 396 N 14). Gegen die Anwendbarkeit auf den VA wird im Wesentlichen vorgebracht, dieser stelle im Vergleich zum Auftrag ein Spezialinstitut dar, welches solche Beschränkungen nicht enthalte (MEIER, FS Bucher, 65; WIDMER BLUM, 289 f.; BSK ZGB I-RUMO-JUNGO, Art. 365 N 8; FamKomm Erwachsenenschutz-GEISER, Art. 365 N 14; CHK-WIDMER BLUM, Art. 365 ZGB N 2). Für die Anwendbarkeit wird der Schutzzweck der Bestimmung angeführt (LEUBA, FS Stettler, 45; FÜLLEMANN, Rz 296; HOPF, 149 und Anm. 13).

Nach der hier vertretenen Auffassung ist die **Bestimmung von Art. 396 Abs. 3 OR auf den VA anwendbar** und zwar nicht nur sinngemäss, sondern **direkt gestützt** auf die **Verweisungsnorm** von Art. 365 Abs. 1, 2. Teilsatz ZGB. Diese Verweisung beschränkt sich nicht auf die Bestimmungen von Art. 397–401 OR im II. Unterabschnitt unter der Überschrift «Verpflichtungen des Beauftragten», sondern es gilt bezüglich der Wahrnehmung der Aufgaben durch die vorsorgebeauftragte Person ganz allgemein das Auftragsrecht nach OR. Die Bestimmung von Art. 396 Abs. 3 OR betrifft klar den Bereich der Wahrnehmung der Aufgaben durch die beauftragte Person – diese ist Adressatin der Norm. Sie darf, wenn sie eines der genannten Geschäfte abschliessen will, dies nur mit ausdrücklicher Ermächtigung der auftraggebenden Person tun und darf die Befugnis nicht gestützt auf Abs. 2 aus einem allgemein formulierten Auftrag ableiten, unter den sich das beabsichtigte Geschäft subsumieren liesse und dessen Abschluss zur Erfüllung des Auftrages allenfalls auch zweckmässig oder erforderlich wäre. Konkret verschafft etwa der Auftrag zur Vermögensverwaltung und die damit gem. Art. 396 Abs. 2 OR einhergehende Vertretungsbefugnis ohne besondere Ermächtigung nicht die Befugnis, ein zum Vermögen gehörendes Grundstück zu veräussern oder zu belasten oder einen Prozess gegen einen Dritten einzuleiten, etwa auf Herausgabe eines nach Ansicht der beauftragten Person zum Vermögen der auftraggebenden Person gehörenden Vermögenswertes. Die auftraggebende Person wird davor geschützt, dass die beauftragte Person in den von Art. 396 Abs. 3 OR erfassten Geschäftsbereichen tätig wird, ohne dass die auftraggebende Person vorgängig die Risiken abgeschätzt und dazu eine Entscheidung getroffen hat. Auch beim VA kann die auftraggebende Person im Zuge der Errichtung des Auftrags ausdrückliche Ermächtigungen i.S.v. Art. 396 Abs. 3 OR festhalten. Hat sie dies bewusst oder unbewusst nicht getan, ist nicht ersichtlich, weshalb ausgerechnet ihr die Schutzbestimmung im Unterschied zu anderen Auftraggebern nicht zugute kommen sollte. Die Schwierigkeit allein, die sich daraus ergibt, dass im Fall des VA die urteilsunfähig gewordene auftraggebende Person die besondere Ermächtigung nicht mehr nachträglich erteilen kann, ist kein Grund für die Nichtanwendung. Wenn abweichend von der Verweisungsnorm von Art. 365 Abs. 1, 2. Teilsatz ZGB, die obligationenrechtliche Schutzbestimmung beim VA nicht gelten sollte, müsste dies in den erwachsenenschutzrechtlichen Bestimmungen klar zum Ausdruck kommen. Dann wüsste die auftraggebende Person, worauf sie sich bei einer allgemein gehaltenen Formulierung mit dem VA einlässt. Dass mit dem ersten Teilsatz von Art. 365 Abs. 1 ZGB, welcher in allgemeiner Form festhält, dass die beauftragte Person die auftraggebende Person im Rahmen des VA vertritt, die Anwendbarkeit von Art. 396 Abs. 3 OR hätte ausgeschlossen werden sollen, ist nicht erkennbar. In der Botschaft Erwachsenenschutz wird die Frage nicht aufgeworfen (S. 7028). Es darf damit gerechnet werden, dass **die Anwendbarkeit von Art. 396 Abs. 3 OR in der Praxis nicht zu Schwierigkeiten führen** wird. Auftraggebende Personen, die sich bei der Errichtung eines VA fachkundig beraten lassen, werden, wenn ihre Lebensumstände dies erforderlich erscheinen lassen, die sich stellenden Fragen im VA nicht unbeantwortet lassen. Wo sie offen geblieben sind, hat die Erwachsenenschutzbehörde das Erforderliche vorzukehren (N 9). Hingegen ist die nicht dem Auftragsrecht zugehörige Bestimmung von Art. 416 ZGB auf den VA nicht anzuwenden (gl.M. MEIER, FS Bucher, 65; a.M. LEUBA, FS Stettler, 45 f.; s. jedoch Art. 368 N 5; s.a. BSK ZGB I-RUMO-JUNGO, Art. 365 N 8; WIDMER BLUM, 290).

II. Durch Vertretungsbefugnis der vorsorgebeauftragten Person nicht abgedeckte Sorgebedürftigkeit

Der Normzweck von Art. 365 Abs. 2 und 3 ist mit demjenigen von Art. 403 Abs. 1 und 2 (Verhinderung des Beistandes und Interessenkollision) vergleichbar. Bezüglich **Interessenkollision** gelten die gleichen **strengen Regeln** wie im bis 2012 geltenden Vormundschaftsrecht (BSK ZGB I-LANGENEGGER [4. Aufl.], aArt. 392 N 23 ff.; BSK ZGB I-REUSSER, Art. 403 N 13). Die Vertretungsbefugnis entfällt bei Interessenkollision in der entsprechenden Angelegenheit von Gesetzes wegen (Abs. 3), und zwar bei direkter (Selbstkontrahieren, Doppelvertretung) und indirekter Interessenkollision (nahe Beziehung zwischen vorsorgebeauftragter Person und Vertragspartner der auftraggebenden Person). Die Anwendung der (weniger strengen) aus den Treuepflichten gem. Art. 398 Abs. 2 OR abgeleiteten auftragsrechtlichen Regeln wird durch die ausdrückliche Norm von Abs. 3 ausgeschlossen und die strikte Anwendung letzterer kann durch die vorsorgebeauftragte Person grundsätzlich nicht wegbedungen werden. Es stellt sich jedoch die Frage, ob in Fällen, in denen die auftraggebende Person mit der Bezeichnung einer bestimmten vorsorgebeauftragten Person, z.B. einer ihr gegenüber erbberechtigten Person, eine latente (abstrakte) Interessenkonfliktkonstellation in Kauf genommen hat, die Wirkung von Abs. 3 eintreten soll. Würde die Frage streng bejaht, könnten z.B. Kinder als Vorsorgebeauftragte ihrer betagten Eltern nur eingeschränkt zum Zuge kommen, haben doch die meisten Dispositionen der Personen- und Vermögenssorge z.B. mögliche Auswirkungen auf künftige erbrechtliche Ansprüche (dazu und zu weiteren Konfliktkonstellationen: HAAS-LEIMACHER/BREITSCHMID, FamPra 2012, 892 ff., insb. 895). Eine solche Einschränkung der Möglichkeit, den VA als Instrument der selbstbestimmten eigenen Vorsorge zum Tragen kommen zu lassen, ist vom Gesetzgeber nicht gewollt. Deshalb sollen von der auftraggebenden Person mit der Bezeichnung der vorsorgebeauftragten Person willentlich in Kauf genommene latente Interessenkonfliktkonstellationen nicht eine Pflicht der Benachrichtigung der KESB (BSK ZGB I-RUMO-JUNGO, Art. 365 N 23) und nicht die Wirkung von Abs. 3 auslösen (FamKomm Erwachsenenschutz-GEISER, Art. 365 N 28). Mittels klarer Anweisungen zur Auftragsausführung kann die Gefahr einer

8

Interessenvernachlässigung erheblich verringert werden (in dem Sinne CHK-WIDMER BLUM, Art. 365 ZGB N 15).

9 Erkennt die vorsorgebeauftragte Person bei der auftraggebenden Person eine **zusätzliche Sorgebedürftigkeit**, die durch sie, die beauftragte Person, **mangels** entsprechenden **Auftrags nicht abgedeckt** ist, so hat sie die Erwachsenenschutzbehörde zu benachrichtigen, damit diese die erforderlichen Massnahmen treffen kann. Die **Meldepflicht und -berechtigung** der vorsorgebeauftragten Person kann auch als Ausfluss ihrer Sorgfalts- und Treuepflichten gem. Art. 398 OR verstanden werden (Botschaft Erwachsenenschutz, 7028), aufgrund derer sie überdies gehalten sein kann, der Erwachsenenschutzbehörde geeignete Vorschläge zu unterbreiten. Im Übrigen ist die Situation die gleiche, wie wenn im Zeitpunkt der Prüfung der Wirksamkeitsvoraussetzungen der VA nicht alle Sorge- und Vertretungsbedürfnisse der urteilsunfähig gewordenen auftraggebenden Person abdeckt. Wie in jenem Fall (Art. 363 N 18) wird die Erwachsenenschutzbehörde für die Besorgung der Aufgabe eine **behördliche Massnahme gem. Art. 394 ff. oder 392** treffen müssen. Als Spezialfall zusätzlicher Sorgebedürftigkeit ist die Situation zu betrachten, wo der vorsorgebeauftragten Person in einem Aufgabenbereich, für den sie ansonsten zuständig ist, eine besondere Ermächtigung i.S.v. Art. 396 Abs. 3 OR für den Abschluss eines Geschäftes fehlt (vgl. N 7), wenn z.B. im Rahmen der Vermögenssorge eine Liegenschaft zwecks Beschaffung der erforderlichen liquiden Mittel zur Deckung der Lebenshaltungskosten der betroffenen Person zu veräussern ist.

10 Die vorsorgebeauftragte Person hat eine eingetretene Interessenkollision unverzüglich bei der Erwachsenenschutzbehörde anzuzeigen, d.h. bereits schon, wenn in der Angelegenheit, z.B. bei Eintritt eines Erbfalles, noch keine konkreten Geschäfte zu besorgen und Vertretungshandlungen vorzunehmen sind (gl.M. BSK ZGB I-RUMO-JUNGO, Art. 365 N 24). Ansonsten gilt bei **Wegfall der Vertretungsbefugnis infolge Interessenkollision** (N 8) grundsätzlich das Gleiche wie bei von Beginn an fehlender Sorge- und Vertretungsbefugnis, wobei allerdings die vorsorgebeauftragte Person weder als Auftragnehmer gem. Art. 392 Ziff. 2 noch als Beistand in Frage kommt.

Art. 366

F. Entschädigung und Spesen

¹ Enthält der Vorsorgeauftrag keine Anordnung über die Entschädigung der beauftragten Person, so legt die Erwachsenenschutzbehörde eine angemessene Entschädigung fest, wenn dies mit Rücksicht auf den Umfang der Aufgaben als gerechtfertigt erscheint oder wenn die Leistungen der beauftragten Person üblicherweise entgeltlich sind.

² **Die Entschädigung und die notwendigen Spesen werden der auftraggebenden Person belastet.**

Literatur

Vgl. die Literaturhinweise zur Einführung und zu Art. 360.

Die vorsorgebeauftragte Person und die Erwachsenenschutzbehörde sind grundsätzlich an eine **Entschädigungsregelung** gebunden, welche die **auftraggebende Person im VA** getroffen hat. Die vorsorgebeauftragte Person kann die Annahme eines unentgeltlichen oder eines aus ihrer Sicht zu gering entschädigten Auftrags ablehnen.

Enthält der **VA keine ausdrücklichen Hinweise** zur Frage der Entschädigung, ist dieser nur dann als unentgeltlicher Auftrag zu interpretieren, wenn noch andere Umstände für diese Annahme sprechen. Der Umstand allein, dass ein naher Verwandter als vorsorgebeauftragte Person vorgesehen ist, begründet keine Vermutung für Unentgeltlichkeit (gl.M. BSK ZGB I-Rumo-Jungo, Art. 366 N 3). Die **Erwachsenenschutzbehörde** erhält mit der Bestimmung von Abs. 1 die Kompetenz zur Ergänzung des VA, die weiter geht als diejenige aus Art. 364 zur Ergänzung des VA in Nebenpunkten. Sie hat die **angemessene Entschädigungsregelung** mit Rücksicht auf den Umfang der Aufgaben und nach den gesamten Umständen (Botschaft Erwachsenenschutz, 7029), etwa auch der wirtschaftlichen Situation der auftraggebenden Person, festzulegen. Dies hat sie auch dann zu tun, wenn die auftraggebende Person im VA lediglich den Grundsatz der Entschädigung ohne ausreichende Bemessungskriterien festgehalten hat. Letzteres wird i.d.R. nicht so zu verstehen sein, dass die vorsorgebeauftragte Person befugt sein soll, die Höhe der Entschädigung selbst zu bestimmen. Die Erwachsenenschutzbehörde kann jedoch bei der vorsorgebeauftragten Person einen Vorschlag zur Entschädigungsregelung einholen. Dass sich die für die Beistandschaften durch die Kantone zu erlassenden Richtlinien (s. Art. 404 N 5) bei der Festsetzung von Entschädigungsregelungen für vorsorgebeauftragte Personen durch die Erwachsenenschutzbehörde als nützliche Vergleichsrahmen erweisen könnten, ist nicht auszuschliessen.

Abs. 1 verleiht der Erwachsenenschutzbehörde sodann in Verbindung mit Art. 364 die Kompetenz, die im VA festgehaltene Entschädigungsregelung auf Ersuchen der vorsorgebeauftragten Person nach den anerkannten Regeln **auszulegen** und zu **ergänzen** (Art. 364), wobei als Ergänzung insb. die **Anpassung der Höhe** der Entschädigung an veränderte Verhältnisse in Betracht fällt (Hausheer/Geiser/Aebi-Müller, Erwachsenenschutzrecht, Rz 2.28; Meier, FS Bucher, 64 f.; Widmer Blum, 288). Hingegen kann die Reduktion einer durch den VA festgesetzten Entschädigung, die das Übliche bei Weitem übersteigt und nach objektiven Kriterien als deutlich übersetzt zu bezeichnen wäre, i.d.R. nicht auf Art. 366 Abs. 1 i.V.m. Art. 364 abgestützt werden. Grundsätzlich ist es der auftraggebenden Person unbenommen, der vorsorgebeauftragten Person solche Vorteile (gemischte Schenkungen zu Lebzeiten) zukommen zu lassen. Werden die Interessen der auftraggebenden Person durch eine «ruinöse» Entschädigungsregelung gefährdet, so hat die Erwachsenenschutzbehörde die **Reduktion** im Rahmen der Prüfung der Wirksamkeitsvoraussetzungen (Art. 363 N 20) als (präventive) Schutzmassnahme **gestützt auf Art. 368 Abs. 1** vorzunehmen (gl.M. BSK ZGB I-Rumo-Jungo, Art. 366 N 4).

4 Die **Entschädigung und den Ersatz** der im Zusammenhang mit der richtigen Erfüllung des Auftrages getätigten Auslagen und Verwendungen (**Spesen** gem. Formulierung von Art. 402 OR) hat die vorsorgebeauftragte Person **aus den Mitteln der auftraggebenden Person** zu beziehen (s.a. BSK ZGB I-Rumo-Jungo, Art. 366 N 9 m.H. auf Aufschub einer Überprüfung bis zur Beendigung des Mandats und auf die sachliche Zuständigkeit der Zivilgerichte [nicht der KESB] für den Entscheid im Streitfall). Die Regelung von Abs. 2 verunmöglicht nicht, Personen, die nicht bzw. nicht mehr über ausreichende finanzielle Ressourcen verfügen, um die vorsorgebeauftragte Person zu entschädigen, die Personen- und Vermögenssorge (Einkommens-/Rentenverwaltung) im Rahmen des von ihnen errichteten Vorsorgeauftrags zukommen zu lassen. Vorsorgebeauftragte Personen können auf die Entschädigung ganz oder teilweise verzichten. Ebenfalls nicht ausgeschlossen werden durch Abs. 2 Leistungsvereinbarungen der Erwachsenenschutzbehörde bzw. des Gemeinwesens mit juristischen Personen, wonach Fallpauschalen als Gegenleistung für den Verzicht auf die Geltendmachung von Entschädigungen bei mittellosen auftraggebenden Personen auszurichten sind. Auch Honorarvereinbarungen des Gemeinwesens (Sozialhilfe) oder der KESB (sofern ihr ein entsprechendes Budget zur Verfügung steht) mit einzelnen natürlichen Personen, die von (nunmehr) mittellosen betroffenen Personen als Vorsorgebeauftragte bezeichnet wurden, sind denkbar (Schmid, Art. 366 N 12; BSK ZGB I-Rumo-Jungo, Art. 366 N 8). Mit solchen Vereinbarungen kann Aufwand bei der Erwachsenenschutzbehörde und Aufwand von Beiständen (Art. 404 Abs. 3) eingespart werden, der sonst für die Führung von Beistandschaften zu erbringen wäre.

Art. 367

G. Kündigung

¹ **Die beauftragte Person kann den Vorsorgeauftrag jederzeit mit einer zweimonatigen Kündigungsfrist durch schriftliche Mitteilung an die Erwachsenenschutzbehörde kündigen.**
² **Aus wichtigen Gründen kann sie den Auftrag fristlos kündigen.**

1 Die Kündigung auf das Ende der zweimonatigen Kündigungsfrist muss nicht begründet werden und die einfache schriftliche Form genügt (BSK ZGB I-Rumo-Jungo, Art. 367 N 4). Wenn die vorsorgebeauftragte Person die Kündigung mit einer längeren als der Mindestfrist von zwei Monaten ausspricht, wird dies im Normalfall den Interessen aller Beteiligten dienen.

2 Als wichtiger Grund für eine fristlose Kündigung oder Verkürzung der Frist unter zwei Monate wird insb. eine plötzliche Verschlechterung des Gesundheitszustandes der vorsorgebeauftragten Person anzuerkennen sein oder die Entstehung von nicht vorausgesehenen Interessenkollisionen (BSK ZGB I-Rumo-Jungo, Art. 367 N 7). Im Falle der fristlosen Niederlegung des Mandates ohne wichtigen Grund wird die vorsorgebeauftragte Person gem. Verweisungsnorm von Art. 456 einen dadurch verursachten Schaden nach Art. 404 Abs. 2 OR zu ersetzen haben (Art. 365 N 4; gl.M. RUMO-JUNGO, a.a.O.).

Art. 368

H. Einschreiten der Erwachsenenschutzbehörde

¹ **Sind die Interessen der auftraggebenden Person gefährdet oder nicht mehr gewahrt, so trifft die Erwachsenenschutzbehörde von Amtes wegen oder auf Antrag einer nahestehenden Person die erforderlichen Massnahmen.**

² **Sie kann insbesondere der beauftragten Person Weisungen erteilen, diese zur Einreichung eines Inventars, zur periodischen Rechnungsablage und zur Berichterstattung verpflichten oder ihr die Befugnisse teilweise oder ganz entziehen.**

Literatur

Vgl. die Literaturhinweise zur Einführung und zu Art. 360.

Ganz allgemein und nicht nur im Kontext eines VA hat die Erwachsenenschutzbehörde gem. Art. 388 und 389 die zum Schutz hilfsbedürftiger Personen gesetzlich vorgesehenen Massnahmen unter Berücksichtigung des **Subsidiaritäts- und des Verhältnismässigkeitsprinzips** von Amtes wegen anzuordnen (gl.M. BSK ZGB I-RUMO-JUNGO, Art. 368 N 3). Was das Verhältnis zwischen behördlicher Massnahme und eigener Vorsorge betrifft, ist die Subsidiarität ersterer in Art. 389 Abs. 1 Ziff. 2 ausdrücklich festgehalten. Obschon es im Gesetzesabschnitt über die eigene Vorsorge (VA und Patientenverfügung) nicht ausdrücklich steht, gilt das Verhältnismässigkeitsprinzip auch bezüglich der Massnahmen, die gestützt auf Art. 368 getroffen werden. Sie müssen **erforderlich, geeignet** und **zumutbar** sein (Art. 389 N 4 ff.). Dabei ist **zu berücksichtigen,** dass die **auftraggebende Person den VA unter Wahrnehmung ihres Anspruchs auf Selbstbestimmung eigenverantwortlich** errichtet hat. Gewisse voraussehbare nicht allzu schwerwiegende Unzulänglichkeiten der von ihr selbst getroffenen Lösung sind ihr in der Folge auch anzurechnen und in Kauf zu nehmen. Weil die urteilsunfähig gewordene auftraggebende Person nicht mehr korrigierend in das Auftragsverhältnis eingreifen und den Auftrag nicht mehr widerrufen kann, muss zu deren Schutz im Rahmen von Art. 363 und 368 **dennoch ein bestimmtes Mass an behördlichen Eingriffsmöglichkeiten** bestehen bleiben (Botschaft Erwachsenenschutz, 7012; MEIER/LUKIC, Rz 234). Ohne solche Eingriffsmöglichkeiten müsste ein VA im konkreten Einzelfall u.U. infolge übermässiger Selbstbindung i.S.v. Art. 27 Abs. 2 als ungültig beurteilt werden (s.a. WIDMER BLUM, 299 f.).

Massnahmen, die erforderlich und geeignet sind, die **ordnungsgemässe Erfüllung des Auftrages** durch die vorsorgebeauftragte Person sicherzustellen, sind gegebenenfalls **bereits präventiv im Verfahren** der Prüfung der **Wirksamkeits-**

1

2

voraussetzungen vorzusehen (Art. 363 N 20) und mit dem **Validierungsentscheid** anzuordnen (Art. 363 N 22; HAUSHEER/GEISER/AEBI-MÜLLER, Erwachsenenschutzrecht, Rz 2.35).

3   Wird der Erwachsenenschutzbehörde eine **Gefährdung der Interessen** der auftraggebenden Person angezeigt oder sonst wie bekannt, hat sie die Gegebenheiten in einem geregelten Verfahren (Art. 444 ff.) von Amtes wegen zu prüfen (gl.M. BSK ZGB I-RUMO-JUNGO, Art. 368 N 13). Anzeigeberechtigt ist jedermann (Art. 443; s.a. MEIER/LUKIC, Rz 235), nahestehenden Personen steht ein Antragsrecht zu und ein solches hat auch die auftraggebende Person selbst, soweit sie hierfür urteilsfähig ist, was angesichts der Relativität der Urteilsfähigkeit nicht von vornherein auszuschliessen ist. Auch die vorsorgebeauftragte Person sollte angesichts ihrer Treuepflichten (Art. 365 N 5, 9) anzeigen, wenn sie selber aus welchen anderen Gründen auch immer, wie wegen Interessenkollision, vorübergehend ausserstande ist, ihre Aufgaben wahrzunehmen (vgl. die entsprechende Regelung für den Beistand in Art. 403). Der Begriff der nahestehenden Person ist gleich zu verstehen wie in Art. 390 Abs. 3 (gl.M. BSK ZGB I-RUMO-JUNGO, Art. 368 N 12). Der Entscheid der Erwachsenenschutzbehörde kann von den antragsberechtigten Personen und der vorsorgebeauftragten Person gem. Art. 450 ff. angefochten werden.

4   Die Erwachsenenschutzbehörde ist an eigene frühere Feststellungen im Validierungsentscheid, z.B. bezüglich Eignung der vorsorgebeauftragten Person, nicht gebunden (gl.M. BSK ZGB I-RUMO-JUNGO, Art. 368 N 13). Als **Massnahmen zur Abwendung** einer festgestellten **Gefährdung** nennt das Gesetz das Erteilen von **Weisungen** an die vorsorgebeauftragte Person, deren Verpflichtung, ein **Inventar** einzureichen, **periodisch Rechnung abzulegen** und **Bericht** zu erstatten und schliesslich den **teilweisen oder gänzlichen Entzug der Befugnisse** der vorsorgebeauftragten Person. Letzteres führt, wenn für diesen Fall von der auftraggebenden Person keine tauglichen Ersatzverfügungen getroffen worden sind, zur **teilweisen oder gänzlichen Unwirksamkeit des VA**, was nach Möglichkeit durch Anordnung der weniger weitgehenden Massnahmen, deren Aufzählung nicht abschliessend ist, vermieden werden soll (Botschaft Erwachsenenschutz, 7029). Bei Bedarf hat die KESB gleich wie im Zeitpunkt der Validierung des VA ergänzende behördliche Massnahmen zu treffen (s.o. Art. 363 N 18). Nötigenfalls hat sie zudem der beauftragten Person eine neue Urkunde nach Art. 363 Abs. 3 auszustellen (BSK ZGB I-RUMO-JUNGO, Art. 365 N 13). Im Einzelfall sind allenfalls neben den Massnahmen mit Kontroll- und Weisungscharakter unterstützende Massnahmen (Beratung) zur Qualitätsverbesserung geeignet (dazu und zu den Grenzen solcher Massnahmen, s. Art. 363 N 17). Als relativ wenig aufwändige Kontrollmassnahme mit einer gewissen (präventiven) Wirkung käme etwa die jährliche Einsichtnahme durch die Erwachsenenschutzbehörde beim Steueramt in die für die auftraggebende Person erstellte Steuererklärung (inkl. Beilagen) in Betracht (mit Wissen und, falls erforderlich, Einsichtsermächtigung der vorsorgebeauftragten Person). Der infolge Entzugs der Befugnisse der vorsorgebeauftragten Person unwirksam gewordene VA kann **wieder aufleben**, wenn die Gründe, die zum Entzug führten wieder wegfallen und die vorsorgebeauftragte Person wieder in ihr «Amt» eingesetzt werden kann (BSK ZGB I-RUMO-JUNGO, Art. 368 N 9; zum Wiedereinsetzungsverfahren s.u. Art. 369 N 4).

Aus zureichenden Gründen kann die Erwachsenenschutzbehörde auch **ausdrückliche Weisungen oder Ermächtigungen**, die die auftraggebende Person erteilt hat, **ändern oder aufheben** (gl.M. BSK ZGB I-Rumo-Jungo, Art. 365 N 5), etwa die gem. Art. 396 Abs. 3 OR erteilte besondere Ermächtigung zur Prozessführung, zur Veräusserung einer Liegenschaft oder zur Vornahme einer Schenkung. Sie kann zudem andere risikoreiche Geschäfte als die von Art. 396 Abs. 3 OR ohnehin schon erfassten (Art. 365 N 7) von den im Rahmen des VA von Gesetzes wegen (Art. 365 Abs. 1, 1. Teilsatz) entstandenen Vertretungsbefugnissen ausnehmen, z.B. Geschäfte aus dem Katalog von Art. 416. Die unmittelbare Anwendbarkeit von Art. 416 auf den VA ist jedoch nicht gegeben (Art. 365 N 7 a.E.).

Schreitet die **Erwachsenenschutzbehörde** pflichtwidrig nicht ein, wenn Interessen der urteilsunfähigen Person gefährdet sind, und entsteht dieser daraus ein Schaden, so richtet sich die **Haftung** nicht wie diejenige der vorsorgebeauftragten Person nach Auftragsrecht, sondern es greifen die erwachsenenschutzrechtlichen Haftungsregeln von Art. 454 und 455 mit Staatshaftung (u. Art. 454 N 4; dazu Minger, ZVW 2006, 177; BSK ZGB I-Rumo-Jungo, Art. 365 N 13).

Art. 369

I. Wiedererlangen der Urteilsfähigkeit

¹ Wird die auftraggebende Person wieder urteilsfähig, so verliert der Vorsorgeauftrag seine Wirksamkeit von Gesetzes wegen.

² Werden dadurch die Interessen der auftraggebenden Person gefährdet, so ist die beauftragte Person verpflichtet, so lange für die Fortführung der ihr übertragenen Aufgaben zu sorgen, bis die auftraggebende Person ihre Interessen selber wahren kann.

³ Aus Geschäften, welche die beauftragte Person vornimmt, bevor sie vom Erlöschen ihres Auftrags erfährt, wird die auftraggebende Person verpflichtet, wie wenn der Auftrag noch bestehen würde.

Abs. 2 und 3 sind den Bestimmungen von Art. 405 Abs. 2 und Art. 406 OR nachgebildet, welche die **Folgen des Erlöschens des Auftrags** infolge Tod, Verlust der Handlungsfähigkeit oder Konkurs des Auftraggebers oder des Beauftragten (Art. 405 Abs. 1 OR) regeln. Die Situation ist insofern nicht ganz vergleichbar, als sich nach Erlöschen des Auftrags gem. Art. 405 Abs. 1 OR stets eine handlungsfähige Vertragspartei den Erben ihrer verstorbenen oder dem Vertreter ihrer handlungsunfähig gewordenen Vertragspartei gegenüber sieht, während im Falle des unwirksam gewordenen VA beide Vertragsparteien handlungsfähig sind. Sie können deshalb die mit der Beendigung des VA verbundenen Angelegenheiten auch abweichend vereinbaren und z.B. den bis dahin als VA geführten Auftrag als rein obligationenrechtliches Vertragsverhältnis weiterführen.

2 **Sache der auftraggebenden Person** ist es, dafür zu sorgen, dass die Erwachsenenschutzbehörde von der Unwirksamkeit des VA erfährt, worauf die **Erwachsenenschutzbehörde** der auftraggebenden Person die **Originalurkunde des VA** (s. Art. 363 N 24) **zur Verfügung** stellt und von der beauftragten Person die ausgestellte **Urkunde über die Befugnisse** (s. Art. 363 N 23) gestützt auf Art. 36 OR zurückverlangt. Sodann hat die KESB das Zivilstandsamt über den Wegfall der Wirksamkeit des Vorsorgeauftrags zu benachrichtigen und diese die Gemeindekanzlei der Wohnsitzgemeinde (Umkehrschlüsse aus den Bestimmungen von Art. 42 Abs. 1 lit. c und Art. 49 Abs. 1 lit. d ZStV).

3 Eine Regelung zur **Beendigung des Vorsorgeauftrags durch Tod der auftraggebenden Person** hat das ZGB nicht aufgestellt. Es gelangen die Regeln zur Beendigung des einfachen Auftrags analog zur Anwendung (N 1). **Stirbt die vorsorgebeauftragte Person** oder wird sie handlungsunfähig, hat die **Erwachsenenschutzbehörde** unverzüglich die geeigneten behördlichen Massnahmen zu treffen oder gegebenenfalls die Eignung einer mittels Ersatzverfügung bezeichneten weiteren vorsorgebeauftragten Person zu prüfen und sie im positiven Fall gem. Art. 363 Abs. 3 in ihre Aufgaben und Befugnisse einzuweisen.

4 Wird die betroffene Person nach zwischenzeitlicher Wiedererlangung der Urteilsfähigkeit **erneut urteilsunfähig** und sorgebedürftig, so **lebt der VA wieder auf**, sofern die VA-Urkunde noch vorhanden und zwischenzeitlich nicht widerrufen worden ist. Obschon der VA nach erneutem Eintritt der Suspensivbedingung der Urteilsunfähigkeit des Auftraggebers ex lege wirksam werden kann (o. Art. 363 N 12a und 23), wird i.d.R. ein neues Validierungsverfahren gem. Art. 363 erforderlich sein, mit dem die Wirksamkeit behördlich festgestellt wird, wobei Erkenntnisse aus dem früheren Verfahren, soweit sie nicht infolge Zeitablaufs überholt sind, für die neue Entscheidung beigezogen werden dürfen.

Kantonale Bestimmungen zum Vorsorgeauftrag (Art. 360–369 ZGB)	
AG	**§ 60a EG ZGB – Hinterlegung von Vorsorgeauftrag und Patientenverfügung** ¹ Vorsorgeaufträge und Patientenverfügungen können bei der Kindes- und Erwachsenenschutzbehörde am Wohnsitz der betroffenen Person gegen Gebühr hinterlegt werden. ² Die Kindes- und Erwachsenenschutzbehörde führt über hinterlegte Vorsorgeaufträge und Patientenverfügungen ein Verzeichnis und bewahrt sie an einem sicheren Ort auf. **§ 60b EG ZGB – Einzelzuständigkeiten** ¹ Die Bezirksgerichtspräsidentin oder der Bezirksgerichtspräsident entscheidet in Einzelzuständigkeit [...]. ² [...]. ³ In die Einzelzuständigkeit fallen ferner folgende Geschäfte des Erwachsenenschutzes: a) Überprüfung, Auslegung und Ergänzung des Vorsorgeauftrags und Einweisung der beauftragten Person in ihre Pflichten (363 und 364), b) Prüfung der Kündigung des Vorsorgeauftrags (367), [...].

	Kantonale Bestimmungen zum Vorsorgeauftrag (Art. 360–369 ZGB)
	⁴ Die Bezirksgerichtspräsidentin oder der Bezirksgerichtspräsident kann die Angelegenheiten gemäss § 60b Abs. 1–3 dem Kollegium zur Beurteilung überweisen, wenn es die rechtlichen oder tatbeständlichen Verhältnisse rechtfertigen.
AR	**Art. 47 EG zum ZGB – Einzelzuständigkeiten** ¹ […]. ² In die Einzelzuständigkeit jedes Mitgliedes fallen folgende Geschäfte des Erwachsenenschutzes: Überprüfung, Auslegung und Ergänzung des Vorsorgeauftrages sowie Einweisung der beauftragten Person in ihre Pflichten (Art. 363 und 364 ZGB); […]. ³ Wenn die Art der Entscheidung es erfordert, kann das zuständige Mitglied eine Entscheidung in Dreierbesetzung verlangen.
BL	**§ 64 EG ZGB – Spruchkörper, Zuständigkeit** ¹ […]. ² Das Präsidium des Spruchkörpers oder das von ihr delegierte Mitglied eines Spruchkörpers ist zuständig für den Erlass folgender erstinstanzlicher Entscheide: a.–d. […]; e. Ergänzung des Vorsorgeauftrags (Artikel 364 ZGB); f. Festlegung der Entschädigung beim Vorsorgeauftrag (Artikel 366 Absatz 1 ZGB); […].
BS	**§ 10a KESG – Vorsorgeauftrag** ¹ Die KESB bietet auf Ersuchen Beratung und Unterstützung bei der Erstellung von Vorsorgeaufträgen an. Sie kann mit dieser Aufgabe auch eine geeignete Stelle beauftragen. ² Vorsorgeaufträge werden auch durch die KESB verurkundet. ³ Vorsorgeaufträge können bei der KESB hinterlegt werden. Die KESB macht dem Zivilstandsamt zwecks Eintragung in die zentrale Datenbank hiervon Mitteilung. **§ 4 KESG – Einzelentscheide** ¹ Zuständig für Einzelentscheide ist die Vorsitzende oder der Vorsitzende einer Spruchkammer. ² Einzelentscheide sind in folgenden Fällen vorgesehen: a. Vorsorgeauftrag aa) Art. 361 ZGB: Verurkundung des Vorsorgeauftrages ab) Art. 363 ZGB: Instruktion der beauftragten Person; Ausstellung der Handlungsvollmacht […]. **§ 15 VoKESG – Beurkundung von Vorsorgeaufträgen** ¹ Für die Entgegennahme und Beurkundung der Willenserklärungen gemäss Art. 361 ZGB sind die Vorsitzenden der Spruchkammern zuständig. ² Für das Beurkundungsverfahren und die Gestalt der öffentlichen Urkunde gelten die Bestimmungen des Notariatsgesetzes des Kantons Basel-Stadt vom 18.1.2006 sinngemäss.

	Kantonale Bestimmungen zum Vorsorgeauftrag (Art. 360–369 ZGB)
BE	**§ 16 VoKESG – Hinterlegung von Vorsorgeaufträgen** ¹ Ein Vorsorgeauftrag kann der KESB gegen Gebühr zur Aufbewahrung übergeben werden. ² Auf Begehren der Vorsorgeauftraggeberin oder des Vorsorgeauftraggebers händigt die KESB den bei ihr hinterlegten Vorsorgeauftrag aus. **Art. 57 KESG** Auf dem Gebiet des Erwachsenenschutzes fallen in die Zuständigkeit der Präsidentin oder des Präsidenten: a. Auslegung und Ergänzung des Vorsorgeauftrags (Art. 364 ZGB), […]. **Art. 58 KESG** Die Präsidentin oder der Präsident kann die Angelegenheiten nach den Artikeln 55 bis 57 dem Kollegium zur Beurteilung überweisen, wenn die rechtlichen oder tatbeständlichen Verhältnisse es rechtfertigen. **Art. 59 Abs. 2 KESG** ² Wo es die besonderen Verhältnisse rechtfertigen, kann die Präsidentin oder der Präsident eine Angelegenheit nach den Artikeln 55 bis 57 an ein anderes Mitglied der Kindes- und Erwachsenenschutzbehörde zur selbstständigen Erledigung übertragen. Artikel 58 gilt sinngemäss.
FR	**Art. 4 KESG – Zuständigkeit/Befugnisse der Präsidentin oder des Präsidenten** ¹⁻² […]. ³ Im Bereich des Erwachsenenschutzes unterstehen folgende Entscheide und Massnahmen ausschliesslich der Befugnis der Präsidentin oder des Präsidenten der Schutzbehörde: a) die Erkundigung, ob ein Vorsorgeauftrag vorliegt (Art. 363 Abs. 1 ZGB); b) die Auslegung und Ergänzung des Vorsorgeauftrags (Art. 364 ZGB); c) die Überprüfung der Kündigungsbedingungen des Vorsorgeauftrags (Art. 367 Abs. 1 ZGB); […].
GL	**Art. 65 EG ZGB** ¹ Die Kindes- und Erwachsenenschutzbehörde entscheidet grundsätzlich in Dreierbesetzung. ²⁻⁴ […]. ⁵ Folgende Geschäfte kann die Behörde einem einzelnen ständigen Mitglied übertragen: 1.–10. […]; 11. Auslegung und Ergänzung des Vorsorgeauftrags (Art. 364 ZGB), Abklärung, ob ein Vorsorgeauftrag besteht (Art. 363 Abs. 1 ZGB), Prüfung der Kündigung eines Vorsorge-auftrags (Art. 367 Abs. 1 ZGB); […]. **Art. 104a Abs. 4 EG ZGB – Kantonale Zuständigkeiten** Vorsorgeaufträge können bei der Kindes- und Erwachsenenschutzbehörde hinterlegt werden (Art. 361 Abs. 3 ZGB).

	Kantonale Bestimmungen zum Vorsorgeauftrag (Art. 360–369 ZGB)	
	Art. 19 V KESB – Entschädigung der Vorsorgebeauftragten ¹ Sofern der Vorsorgeauftrag keine Anordnung über die Entschädigung der beauftragten Person enthält, hat der Vorsorgebeauftragte Anspruch auf eine Entschädigung gemäss Artikel 17 sofern dies mit Rücksicht auf den Umfang der Aufgaben als gerechtfertigt erscheint oder die Leistung üblicherweise entgeltlich ist. ² Die Entschädigung geht vollumfänglich zu Lasten der auftraggebenden Person.
GR	**Art. 59c EG ZGB – Einzelzuständigkeit im Erwachsenenschutz** Im Erwachsenenschutzverfahren fallen in die Einzelzuständigkeit des instruierenden Behördenmitgliedes: a) Überprüfung, Auslegung und Ergänzung des Vorsorgeauftrages sowie Einweisung der beaufragten Person in ihre Pflichten und Aushändigung der Urkunde (Art. 363, 364); b) Festlegung der Entschädigung bei fehlender Regelung im Vorsorgeauftrag (Art. 366); […]. **Art. 35 KESV – Entschädigung und Spesenersatz – Vorsorgeauftrag** Sofern der Vorsorgeauftrag die Entschädigung nicht regelt, richtet sich die Entschädigung der beauftragten Person nach der Entschädigung und dem Spesenersatz der privaten Beiständinnen und Beistände.
LU	**§ 49 EG ZGB – Einzelzuständigkeiten** ¹ […]. ² In Erwachsenenschutzverfahren entscheidet ein Mitglied der Kindes- und Erwachsenenschutzbehörde über: a. Abklärung, ob ein Vorsorgeauftrag besteht, und Prüfung des Vorsorgeauftrags (Art. 363 Abs. 1 und 2 ZGB), b. Auslegung und Ergänzung des Vorsorgeauftrags (Art. 364 ZGB), c. Prüfung der Kündigung des Vorsorgeauftrags (Art. 367 ZGB), […]. ³ Ist vor der Kindes- und Erwachsenenschutzbehörde ein Verfahren hängig, kann diese auch über Geschäfte gemäss den Absätzen 1 und 2 entscheiden.
NW	**Art. 30 EG ZGB – Präsidium** ¹ […]. ² In die Zuständigkeit des Präsidiums fallen folgende Geschäfte des Erwachsenenschutzes: 1. Überprüfung, Auslegung und Ergänzung des Vorsorgeauftrages sowie Einweisung der beaufragten Person in ihre Pflichten (Art. 363 und 364 ZGB); […].
OW	**Art. 1 AB EV KESR – Einzelzuständigkeit** ¹ […]. ² In die Zuständigkeit eines Mitgliedes fallen folgende Geschäfte des Erwachsenenschutzes: a. Überprüfung, Auslegung und Ergänzung des Vorsorgeauftrages sowie Einweisung der beaufragten Person in ihre Pflichten (Art. 363 und 364 ZGB); […].

	Kantonale Bestimmungen zum Vorsorgeauftrag (Art. 360–369 ZGB)
SH	**Art. 2 Abs. 1 AB EV KESR – Erweiterung des Spruchkörpers** Das einzelzuständige Mitglied ist in besonderen Fällen berechtigt, die Sache dem Kollegium zum Entscheid vorzulegen. **Art. 57d JG – Einzelzuständigkeit** [1] Die Kindes- und Erwachsenenschutzbehörde behandelt folgende ihr zugewiesenen Aufgaben durch ein Mitglied der Behörde: 1.–8. [...]; 9. Erkundigung beim Zivilstandsamt (Art. 363 Abs. 1 ZGB); 10. Auslegung und Ergänzung eines Vorsorgeauftrages (Art. 364 ZGB); 11. Prüfung der Kündigung eines Vorsorgeauftrages (Art. 367 Abs. 1 ZGB); [...]. **Art. 21 EG ZGB – Öffentliche Beurkundung** Die öffentliche Beurkundung wird vollzogen durch 1.–4. [...], 5. die Kindes- und Erwachsenenschutzbehörde bei: [...] Art. 361 [ZGB] Errichtung eines Vorsorgeauftrages.
SZ	**§ 28 EG ZGB – Einzelzuständigkeit** [1–2] [...]. [3] In die Einzelzuständigkeit jedes Mitgliedes fallen die folgenden Geschäfte des Erwachsenenschutzes: a) Überprüfung, Auslegung und Ergänzung des Vorsorgeauftrages sowie Einweisung der beauftragten Person in ihre Pflichten (Art. 363 und 364 ZGB); [...].
SO	**§ 113 EG ZGB – Vorsorgeauftrag – Beurkundung und Herausgabepflicht** **Art. 361 und 363 ZGB** [1] Die öffentliche Beurkundung des Vorsorgeauftrages wird durch den Amtschreiber oder einen Notar vorgenommen. [2] Wer einen Vorsorgeauftrag aufbewahrt, ist verpflichtet, diesen auf Verlangen der Erwachsenenschutzbehörde auszuhändigen. **§ 138 EG ZGB – Einzelkompetenz – Präsidium** [1] In die Einzelzuständigkeit des Präsidiums fallen a.–e. [...]; f. Überprüfung, Auslegung und Ergänzung des Vorsorgeauftrages nach Artikel 364 ZGB; [...]. **§ 136 Abs. 3 EG ZGB – Beschlussfassung – Entscheidgremium** [3] Im Rahmen eines vor der Kollegialbehörde hängigen Verfahrens kann diese auch über Geschäfte entscheiden, die in der Einzelkompetenz liegen.
SG	**Art. 17 EG-KES – Einzelzuständigkeit – Grundsatz** Die Kindes- und Erwachsenenschutzbehörde bezeichnet die Mitglieder, denen nach Massgabe dieses Erlasses Einzelzuständigkeit mit Verfügungsbefugnis zukommt.

Kantonale Bestimmungen zum Vorsorgeauftrag (Art. 360–369 ZGB)	
	Art. 19 EG-KES – Erwachsenenschutzverfahren Einzelzuständigkeit im Erwachsenenschutzverfahren besteht für: a) Überprüfung, Auslegung und Ergänzung des Vorsorgeauftrags sowie Einweisung der beauftragten Person in ihre Pflichten (Art. 363 und 364 ZGB); b) Prüfung der Kündigung des Vorsorgeauftrags (Art. 367 ZGB); [...].
TG	**§ 4 Abs. 1 EG ZGB – Einzelrichterliche Zuständigkeiten** Der Präsident oder ein von diesem bezeichnetes Mitglied der Kindes- und Erwachsenenschutzbehörde ist für folgende Aufgaben und Entscheide zuständig: 1–7. [...]; 8. Erkundigung beim Zivilstandsamt betreffend Vorliegen eines Vorsorgeauftrages (Artikel 363 Absatz 1 ZGB); 9. Prüfung der Kündigung eines Vorsorgeauftrages (Artikel 367 Absatz 1 ZGB); [...]. **§ 26 KESV – Vorsorgeaufträge und Patientenverfügungen** ¹ Vorsorgeaufträge und Patientenverfügungen können bei der Kindes- und Erwachsenenschutzbehörde am Wohnsitz oder Aufenthalt der betreffenden Person hinterlegt werden. ² Das Präsidium der Behörde führt ein Verzeichnis der hinterlegten Dokumente. ³ Die Bemessung der Entschädigung der beauftragten Person richtet sich, soweit im Vorsorgeauftrag keine Anordnung enthalten ist, in der Regel sinngemäss nach den Bestimmungen über die Beistandschaft.
UR	**Art. 4 Reglement zum EG/KESR – Hinterlegung** ¹ Die Kindes- und Erwachsenenschutzbehörde ermöglicht den Betroffenen bzw. deren Vertretungen, gesetzlich vorgesehene Dokumente des Erwachsenen- und des Kindesschutzrechts, namentlich Vorsorgeaufträge, Patientenverfügungen und dergleichen, gegen Entgelt an geeigneten Orten zu hinterlegen. ² Sie informiert die betroffenen Behörden, Ämter und Fachstellen, sofern die Hinterlegung ausserhalb der Kindes- und Erwachsenenschutzbehörde erfolgt. **Art. 6 Reglement zum EG/KESR – Zuständigkeiten – Entscheidungen der einzelnen Mitglieder – im Bereich des Erwachsenenschutzes** ¹ Jedes Mitglied der Kindes- und Erwachsenenschutzbehörde ist befugt, im Bereich des Erwachsenenschutzes als einzelnes Behördenmitglied: a) sich über das Vorliegen eines Vorsorgeauftrags zu erkundigen (Art. 363 ZGB); b) den Vorsorgeauftrag zu überprüfen, auszulegen und zu ergänzen sowie die beauftragte Person auf ihre Pflichten hinzuweisen (Art. 363 und 364 ZGB); c) eine angemessene Entschädigung festzulegen, wenn der Vorsorgeauftrag keine Anordnung über die Entschädigung enthält (Art. 366 Abs. 1 ZGB); [...].
VS	**Art. 112 EG ZGB – Beratungen und interne Kompetenzaufteilung** ¹ Unter Vorbehalt der in den Absätzen 3 und 4 aufgezählten Fälle, trifft die Schutzbehörde ihre Entscheide als Kollegialbehörde (Art. 440 Abs. 2 ZGB). Dies namentlich in folgenden Fällen:

	Kantonale Bestimmungen zum Vorsorgeauftrag (Art. 360–369 ZGB)
	a)–f) […]; g) Beschränkung oder Entzug der Vertretungsbefugnisse im Rahmen der eigenen Vorsorge und der Massnahmen von Gesetzes wegen sowie einer damit verbundenen Beistandschaft (Art. 368 Abs. 2, 373 Abs. 2 und 381 ZGB); […]. [2-3] […]. [4] Der Präsident kann zu diesem Zweck folgende Kompetenzen einem einzelnen Mitglied der Behörde oder einem delegierten Beisitzer übertragen: a)–b) […]; c) die Feststellung der Gültigkeit, der Annahme, der Auslegung und Ergänzung eines Vorsorgeauftrags (Art. 363 und 364 ZGB); d) die Verantwortung, einzuschreiten, wenn die Interessen der Person im Rahmen der eigenen Vorsorge oder von Massnahmen von Gesetzes wegen auf dem Spiel stehen, unter dem Vorbehalt der Beschränkung oder des Entzugs der Vertretungsbefugnis und der Errichtung einer Beistandschaft (Art. 366, 367, 368. 373, 376, 381, 385 und 386 ZGB); […].
ZG	**§ 39 EG ZGB – Sachliche Zuständigkeit** Die Kindes- und Erwachsenenschutzbehörde ist für die ihr vom Schweizerischen Zivilgesetzbuch zugewiesenen Aufgaben zuständig. Insbesondere ist sie für folgende Aufgaben zuständig: a) […]; b) die Förderung der eigenen Vorsorge (Art. 360 – 373 ZGB); […]. **§ 43 EG ZGB – Einzelzuständigkeiten** [1] […] [2] In die Einzelzuständigkeit jedes Mitgliedes fallen folgende Geschäfte des Erwachsenenschutzes: a) Überprüfung, Auslegung und Ergänzung des Vorsorgeauftrages sowie Einweisung der beauftragten Person in ihre Pflichten (Art. 363 und 364 ZGB); […]. [3] Wenn die Art der Entscheidung es erfordert, kann das zuständige Mitglied eine Entscheidung in Dreierbesetzung verlangen.
ZH	**§ 45 EG KESR – Einzelzuständigkeit** [1] Ein Mitglied der KESB entscheidet über die a.–k. […], l. Feststellung der Wirksamkeit, Auslegung und Ergänzung des Vorsorgeauftrags (Art. 363 und 364 ZGB), m. Prüfung der Kündigung des Vorsorgeauftrags (Art. 367 ZGB), […]. [2] Im Zusammenhang mit einem hängigen Verfahren kann das Kollegium aus zureichenden Gründen über Geschäfte gemäss Abs. 1 entscheiden. **§ 75 EG KESR – Weitere Bestimmungen – Vorsorgeauftrag** Die KESB ist Hinterlegungsort für Vorsorgeaufträge (Art. 361 Abs. 3 ZGB).

Zweiter Unterabschnitt: Die Patientenverfügung

Art. 370

A. Grundsatz

¹ Eine urteilsfähige Person kann in einer Patientenverfügung festlegen, welchen medizinischen Massnahmen sie im Fall ihrer Urteilsunfähigkeit zustimmt oder nicht zustimmt.

² Sie kann auch eine natürliche Person bezeichnen, die im Fall ihrer Urteilsunfähigkeit mit der behandelnden Ärztin oder dem behandelnden Arzt die medizinischen Massnahmen besprechen und in ihrem Namen entscheiden soll. Sie kann dieser Person Weisungen erteilen.

³ Sie kann für den Fall, dass die bezeichnete Person für die Aufgaben nicht geeignet ist, den Auftrag nicht annimmt oder ihn kündigt, Ersatzverfügungen treffen.

Literatur

AEBI-MÜLLER, Perpetuierte Selbstbestimmung? Einige vorläufige Gedanken zur Patientenverfügung nach neuem Recht, ZBJV 2013, 150 ff.; BABAÏANTZ, Les directives aniticipées en matière de soins medicaux et la représentation thérapeutique privée, Institut de droit de la santé Neuchâtel, Cahier no. 6, 2000; BAUMANN, Vorsorgeauftrag für medizinische Massnahmen und Patientenverfügung, ZVW 2005, 58 ff.; BRIDLER, Patientenverfügung und Zwangsernährung, SÄZ 2011, 714 ff.; FEDERSPIEL, Patientenverfügung zur Auftragsklärung für Entscheidungen am Lebensende, Bern 2004; FOUNTOULAKIS/KÖBRICH, Die Verbindlichkeit des mittels No-CPR-Stempels erklärten Verzichts auf Reanimationsmassnahmen im neuen Erwachsenenschutzrecht, AJP 2013, 1437 ff.; GETH/MONA, Widersprüche bei der Regelung der Patientenverfügung im neuen Erwachsenenschutzrecht: Verbindlichkeit, mutmasslicher Wille oder objektive Interessen?, ZSR 2009 I, 155 ff.; GUILLOD/GUINAND, Validité et efficacité du testament biologique, ZSR 1988 I, 401 ff.; HRUBESCH-MILLAUER/JAKOB, Das neue Erwachsenenschutzrecht – insbesondere Vorsorgeauftrag und Patientenverfügung, Schriften INR 2012, 65 ff.; MANAÏ, Les droits du patient face à la médecine contemporaine, Basel 1999; NATIONALE ETHIKKOMMISSION IM BEREICH HUMANMEDIZIN, Patientenverfügung, Ethische Erwägungen zum neuen Erwachsenenschutzrecht unter besonderer Berücksichtigung der Demenz, Stellungnahme Nr. 17/2011, Bern 2011, ‹http://www.nek-cne.ch›, dort: Themen, Stellungnahmen (4.6.2014; zit. Patientenverfügung); MÜLLER/JENNI, Hungerstreik und Zwangsernährung, SÄZ 2011, 284 ff.; REHBERG, Arzt und Strafrecht, in: Honsell (Hrsg.), Handbuch des Arztrechts, Zürich 1994, 303 ff.; REUSSER, Patientenwille und Sterbebeistand, Eine zivilrechtliche Beurteilung der Patientenverfügung, Diss. Zürich 1994; SAMW, Patientenverfügungen, Medizinisch ethische Richtlinien und

Empfehlungen der SAMW, 2009, aktualisiert 2012 ‹http://www.samw.ch› dort: Ethik, Patientenverfügungen (4.6.2014; zit. Patientenverfügungen); SCHNELL, Begleitung am Lebensende im Zeichen der Patientenverfügung, in: Schnell (Hrsg.), Patientenverfügung, Begleitung am Lebensende im Zeichen des verfügten Patientenwillens – Kurzlehrbuch für die Palliative Care, Bern 2009, 21 ff.; WIEGAND, Die Aufklärungspflicht und die Folgen ihrer Verletzung, in: Honsell (Hrsg.), Handbuch des Arztrechts, Zürich 1994, 119 ff.; Zusammenstellung von vorformulierten Patientenverfügungen mit Bezugsquellen ‹http://www.pflegeportal.ch/pflegeportal/Patientenverfuegungen_Informationen_und_Quellen.php› (27.7.2014); vgl. die Literaturhinweise zur Einführung.

I. Vorbemerkungen

1. Gesetzessystematik/Grundlagen

1   Die Bestimmungen über die Patientenverfügung bilden als zweiter Unterabschnitt gemeinsam mit dem Vorsorgeauftrag, dem der erste Unterabschnitt gewidmet ist, im zehnten Titel den **ersten Abschnitt über die eigene Vorsorge**. Die Regeln zur Patientenverfügung wurden durch die Expertenkommission in die Vorlage eingefügt, wobei sie noch die Einführung eines **separaten Vorsorgeauftrages für medizinische Massnahmen** vorgeschlagen hatte (BerichtExpK Erwachsenenschutz 03, 2, 26, 28; Kritik zur Einführung von zwei separaten Instrumenten bei BAUMANN, ZVW 2005, 58 ff.). Zur Vereinfachung und im Interesse der Übersichtlichkeit hat der Bundesrat den speziellen Vorsorgeauftrag für medizinische Massnahmen in die **Patientenverfügung integriert** (Botschaft Erwachsenenschutz, 7031).

2   Mit der Verankerung der Patientenverfügung im Bundesrecht verfolgt der Gesetzgeber die Absicht, das verfassungsrechtlich durch die Garantie der Menschenwürde (Art. 7 BV) und die persönliche Freiheit (Art. 10 Abs. 2 BV) geschützte **Selbstbestimmungsrecht** (ausf. zu Grundlagen und Inhalt MICHEL, 10 ff., sowie WIDMER BLUM, 8 ff.) über den Eintritt der Urteilsunfähigkeit hinaus zu stärken (Botschaft Erwachsenenschutz, 7011). Gleichzeitig soll das **Subsidiaritätsprinzip** verwirklicht werden. Die eigenverantwortliche Vorsorge in medizinischen Angelegenheiten entlastet den Staat (Botschaft Erwachsenenschutz, 7012).

3   Im alten Recht fehlte auf Bundesebene eine spezifische gesetzliche Regelung der Patientenverfügung. In der medizinischen Praxis spielte sie aber bereits vor Inkrafttreten des Erwachsenenschutzrechts eine zunehmende Rolle und ihre **Zulässigkeit** war unbestritten, obwohl ihre **rechtliche Tragweite** unterschiedlich beurteilt wurde (Botschaft Erwachsenenschutz, 7012, 7032 f.; WIDMER BLUM, 94 ff., 172; zu den vor Inkrafttreten von Art. 370–373 anwendbaren bundesrechtlichen Grundlagen BABAÏANTZ, 7; GUILLOD/GUINAND, ZSR 1988 I, 403). Ein Teil der **Kantone** hatte die Patientenverfügung in ihren **Gesundheitsgesetzen** (Zusammenstellung kantonaler Gesetze in FEDERSPIEL, 115) ausdrücklich verankert. Die mit dem föderalistischen Ansatz verbundene Uneinheitlichkeit war jedoch rechtlich unbefriedigend, weshalb die einheitliche bundesrechtliche Regelung auf breite Akzeptanz stiess (Botschaft Erwachsenenschutz, 7030). Im internationalen Recht hält das **Europä-**

ische Übereinkommen über Menschenrechte und Biomedizin in Art. 9 die rechtliche Gültigkeit von Patientenverfügungen fest. Die «Wünsche» des Patienten sind gem. Übereinkommen bei der Entscheidung über die Behandlung jedoch nur «zu berücksichtigen» (ausf. BSK ZGB I-Wyss, Art. 372 N 7 f.). Diese Bestimmung geht somit weniger weit als die neue Regelung von Art. 372 Abs. 2, wonach der Arzt der Patientenverfügung grundsätzlich zu entsprechen hat (vgl. dazu wie auch zu den Ausnahmen Art. 372 N 2 ff.).

2. Einordnung

Die Patientenverfügung erweitert das Selbstbestimmungsrecht der Patienten in medizinischen Angelegenheiten um die Möglichkeit einer **antizipierten Anordnung** (BABAÏANTZ, 7) bzw. **Vorausverfügung** (REUSSER, 154). Es handelt sich um ein **einseitiges, nicht empfangsbedürftiges Rechtsgeschäft** (BABAÏANTZ, 10; REUSSER, 146; WIDMER BLUM, 164; HRUBESCH-MILLAUER/JAKOB, Schriften INR 2012, 99), das eine eventuelle künftige **Krankheitssituation vorwegnimmt** und für den Fall einer später auftretenden Entscheidungsunfähigkeit rechtlich bindende Anordnungen für die medizinische Behandlung trifft (Botschaft Erwachsenenschutz, 7030).

4

Die Möglichkeit, eine Patientenverfügung zu errichten, besteht für **alle Fälle von Krankheiten und Unfällen,** in denen die betroffene Person ihre Urteilsfähigkeit verloren hat (Botschaft Erwachsenenschutz, 7030 f.). Ihre Reichweite ist nicht auf bestimmte Phasen einer Krankheit eingeschränkt (Botschaft Erwachsenenschutz, 7012). In der Praxis geht es oft um Entscheidungen und Wünsche im Zusammenhang mit einer **würdevollen Beendigung des Lebens** in der Endphase einer Krankheit. Die Anordnungen können aber auch den Fall betreffen, in der eine Person nach einem Unfall oder durch eine Krankheit das **Bewusstsein verloren** hat. Ein weiterer Anwendungsbereich sind **schwere psychische Erkrankungen,** die schubweise auftreten. Die betroffene Person trifft Anordnungen für die Phase eines Krankheitsschubes, der eine vorübergehende Urteilsfähigkeit zur Folge hat (Beispiele: BGE 127 I 6 E. 7; VerwGer GE vom 7.3.1995, RDAF 1996, 64 ff.).

5

II. Persönliche Voraussetzungen und Inhalt

1. Die verfügende Person (Abs. 1)

Jede **urteilsfähige Person** ist berechtigt, eine Patientenverfügung zu errichten. Da die Zustimmung zu oder die Ablehnung von medizinischen Massnahmen ein **höchstpersönliches Recht** (Art. 19c) ist, wird bei der verfügenden Person keine volle Handlungsfähigkeit vorausgesetzt. Auch **urteilsfähige Minderjährige und urteilsfähige Schutzbefohlene unter umfassender Beistandschaft (Art. 398)** können somit eine Patientenverfügung errichten (Botschaft Erwachsenenschutz, 7031; SCHMID, Art. 370 ZGB N 7). Die Errichtung der Patientenverfügung selbst ist ein absolut höchstpersönliches Recht i.S.v. Art. 19c Abs. 2, bei dem jede Vertretung ausgeschlossen ist (gl.M. FASSBIND, 192).

6

Die **Urteilsfähigkeit** ist nach den in Lehre und Rechtsprechung entwickelten Grundsätzen zu Art. 16 zu beurteilen (ausf. BUCHER A., Personen, Rz 58 ff.; MICHEL,

44 ff.; WIDMER BLUM, 38 ff.; s. auch Art. 433–435 N 2). Der Verfasser muss in der Lage sein, die Tragweite einer Patientenverfügung zu verstehen und er muss deren Folgen für einen bestimmten Krankheitszustand abschätzen können (SAMW, Patientenverfügungen, 6; ausf. WIDMER BLUM, 157 f.). Eine bestehende Geisteskrankheit hat nicht zwingend Urteilsunfähigkeit zur Folge, sondern ist mit der **konkreten zu beurteilenden Willenserklärung** in Beziehung zu setzen (BGE 127 I 6 E. 7; BUCHER A., Personen, Rz 69 ff.). Die Entscheidung des Patienten muss nicht objektiv vernünftig sein, jedoch in einem autonom ablaufenden Willensbildungsprozess gereift sein (MICHEL, 45). Allein aus dem Umstand, dass die verfügende Person eine aus der Sicht der Ärzte **«vernünftige» Massnahme ablehnt**, darf nicht auf deren Urteilsunfähigkeit geschlossen werden (BGE 127 I 6 E. 7; MANAÏ, 174; WIDMER BLUM, 86). Die Frage, ob die Anforderungen an die Urteilsfähigkeit in Bezug auf eine **Einwilligung** in medizinische Massnahmen höher anzusetzen seien als bei einer **Verweigerung der Einwilligung**, wird kontrovers diskutiert (dazu ausf. WIDMER BLUM, 84 f., die sich zu Recht für einheitliche Anforderungen ausspricht).

2. Anordnung «medizinischer Massnahmen» (Abs. 1)

7   Die Anordnungen einer Patientenverfügung haben «medizinische Massnahmen» zum Gegenstand, beziehen sich somit auf die **Personensorge für den Krankheitsfall**. Der Begriff ist weit auszulegen und kann neben der ärztlichen Behandlung auch **weitere Aspekte der Gesundheitsversorgung** wie z.B. die Art der seelsorgerischen Betreuung zum Inhalt haben. Er umfasst insb. **diagnostische, therapeutische und pflegerische Massnahmen** und kann sich auf kurative wie auch palliative Methoden beziehen (gl.M. BSK ZGB I-WYSS, Art. 370 N 14). Die Willenserklärung kann zudem die Wahl eines bestimmten medizinischen Leistungserbringers zum Gegenstand haben (gl.M. FamKomm-BÜCHLER/MICHEL, Art. 370 N 6). Allerdings ist zu beachten, dass Patientenverfügungen, die pflegerische Massnahmen betreffen, rechtlich nicht in derselben Weise verbindlich sind wie medizinische Anordnungen i.e.S. (FamKomm-BÜCHLER/MICHEL, Art. 370 N 5; NEK, Patientenverfügung, 6). Die Anordnungen der Patientenverfügung vermögen keinen Anspruch auf die Anwendung von wissenschaftlich nicht anerkannten Methoden zu begründen, die nicht zum Behandlungsangebot der Klinik gehören.

8   Gemäss dem Wortlaut des Gesetzes geht es darum, dass die verfügende Person einer medizinischen Massnahme **«zustimmt oder nicht zustimmt»**. Der Wille des Patienten bezieht sich somit einerseits auf die **Einleitung** und **Fortsetzung** (Fälle des Zustimmens, positive Patientenverfügung) oder den **Verzicht** auf und die **Beendigung** (Fälle des Nichtzustimmens, negative Patientenverfügung) von bestimmten Behandlungen (SCHNELL, 23). Die Patientenverfügung kann stattdessen oder ergänzend dazu **Werthaltungen oder Therapieziele** beschreiben (gl.M. BSK ZGB I-WYSS, Art. 370 N 15; SAMW, Patientenverfügungen, 9). Diese dienen dem Arzt als Hilfe bei der Interpretation des Inhalts der medizinischen Anordnung oder einer vertretungsberechtigten Person als Leitlinie bei der Ausübung des Vertretungsrechts.

Der **Verzicht auf lebensverlängernde Massnahmen** (z.B. Verzicht auf künstliche 9
Ernährung, auf den Einsatz von Antibiotika etc.) in der Endphase einer schweren
Krankheit wird oft kombiniert mit dem Wunsch, die medizinische Hilfe auf **palliative Methoden** (ausf. zu Palliative Care SCHNELL) auszurichten, die Schmerzen und
Beschwerden lindern und eine bestmögliche Lebensqualität erhalten. Die Beschränkung der medizinischen Massnahmen auf den Linderungszweck der ärztlichen Behandlung fällt unter den Begriff der **passiven Sterbehilfe** (vgl. dazu REHBERG, 320; Art. 372 N 7).

Die Patientenverfügung kann auch dazu verwendet werden, den persönlichen Willen 10
bezüglich **Spende von Organen, Geweben und Zellen** kundzugeben. Der Verfasser kann festhalten, ob er nach seinem Tod einer Spende zustimmt, die Zustimmung auf bestimmte Organe, Gewebe oder Zellen beschränkt oder diese generell
ablehnt. Gemäss Art. 8 des **Transplantationsgesetzes** gilt in der Schweiz das **Zustimmungsmodell**: Die Entnahme setzt voraus, dass die Zustimmung des Spenders vorliegt. Die Zustimmung kann **frühestens ab dem 16. Altersjahr** erteilt werden. Der Wille der verstorbenen Person hat in jedem Fall Vorrang. Ist ihr Wille
nicht bekannt, können die nächsten Angehörigen an ihrer Stelle entscheiden. Für
die **Lebendspende** gelten besondere Regeln: die spendende Person muss gem.
Art. 12 des Transplantationsgesetzes vor der Entnahme umfassend informiert
werden und der Entnahme frei und schriftlich zustimmen. Die Anordnungen in
einer Patientenverfügung werden diese Anforderungen nur selten erfüllen (dazu
ausf. FamKomm Erwachsenenschutz-BÜCHLER/MICHEL, Art. 370 N 6).

3. Bezeichnung einer vertretungsberechtigten Person (Art. 370 Abs. 2)

Die verfügende Person hat die Möglichkeit, eine Person ihres Vertrauens zu bezeichnen, die sie bei medizinischen Entscheidungen vertritt. Es handelt sich dabei 11
um eine sogenannte **Patientenvollmacht**. Der Auftrag kann aufgrund seines «**sehr
persönlichen Charakters**» (Botschaft Erwachsenenschutz, 7031) nur einer **natürlichen Person** erteilt werden. In Einklang mit den üblichen Stellvertretungsregeln
(i.S.v. Art. 32 ff. OR) wird bei der ernannten Person nicht Handlungsfähigkeit, sondern nur **Urteilsfähigkeit** vorauszusetzen sein (so WIDMER BLUM, 162 f.; gl.M. BSK
ZGB I-WYSS, Art. 370 N 20; FamKomm Erwachsenenschutz-BÜCHLER/MICHEL,
Art. 370 N 25; **a.M.** SCHMID, Art. 370 ZGB N 10; kritisch HRUBESCH-MILLAUER/JAKOB,
Schriften INR 2012, 100). Die ernannte Person muss eindeutig bestimmbar sein
und sollte zur Vermeidung von Unklarheiten möglichst namentlich genannt werden (SCHMID, Art. 370 N 8; BSK ZGB I-WYSS, Art. 370 N 20). Es wäre unzulässig, die
Vertretung einer nicht genauer definierten Personengruppe, wie z.B. «dem Behandlungsteam», zu übertragen. Nicht statthaft ist es zudem, die behandelnde
Ärztin oder den behandelnden Arzt als vertretungsberechtigte Person einzusetzen, da damit das Verbot des Selbstkontrahierens verletzt würde. Es ist ausgeschlossen, den Auftrag einer **juristischen Person** zu erteilen. Ist eine juristische
Person im Rahmen eines Vorsorgeauftrages mit der Wahrnehmung einer umfassenden Personensorge beauftragt, so bleibt der Entscheid über medizinische
Massnahmen ausgeklammert, da es sich dabei materiell um eine Patientenverfügung handelt (BSK ZGB I-WYSS, Art. 370 N 21; HAUSHEER/GEISER/AEBI-MÜLLER, Er-

wachsenenschutzrecht, Rz 2.11). Bezeichnet eine Patientenverfügung **mehrere Personen**, so sind diese **nebeneinander vertretungsberechtigt** (vgl. dazu Art. 378 Abs. 2). Werden durch deren Uneinigkeit die Interessen der beauftragten Person gefährdet, so kann die Erwachsenenschutzbehörde angerufen werden (Botschaft Erwachsenenschutz, 7031; Art. 373 und 368).

12 Gemäss dem Wortlaut von Art. 370 Abs. 2 besteht der Auftrag des Vertreters darin, im Namen der urteilsunfähigen Person über medizinische Massnahme **zu entscheiden**. Die vertretungsberechtigte Person muss vor dem Entscheid von der behandelnden Ärztin oder vom behandelnden Arzt vollumfänglich aufgeklärt werden. Die Entscheidungsbefugnis liegt allein bei der vertretungsberechtigten Person, wobei sich die Anforderungen nach dem Grundsatz des Informed Consent richten (FamKomm Erwachsenenschutz-BÜCHLER/MICHEL, Art. 370 N 28). Ihre Aufgabe kann sich auch darauf beschränken, den Anordnungen der verfügenden Person **Respekt zu verschaffen** (BABAÏANTZ, 5; GUILLOD/GUINAND, ZSR 1988 I, 402; FamKomm Erwachsenenschutz-BÜCHLER/MICHEL, Art. 370 N 29) und hat dann den Charakter eines «**Vollstreckungsinstrumentes**» (BAUMANN, ZVW 2005, 60). Bei der Ausübung ihres Vertretungsrechts ist die beauftragte Person an die **Weisungen** gebunden, die ihr in der Patientenverfügung erteilt werden. Die Ausübung des Vertretungsrechts hat gegenüber den formell und materiell gültigen inhaltlichen Anordnungen der verfügenden Person einen **subsidiären Charakter** (BAUMANN, ZVW 2005, 61), der tatsächliche Wille der betroffenen Person geht dem Entscheid durch die Vertretungsperson vor (WIDMER BLUM, 134).

13 Die in der Patientenverfügung genannte Person ist grundsätzlich frei zu entscheiden, ob sie den Auftrag annehmen will oder nicht. Ist die eingesetzte Person aufgrund abweichender eigener Werthaltungen nicht dazu bereit, die Weisungen der verfügenden Person zu befolgen, so darf sie den Auftrag nicht annehmen. Ihre Vertretungsberechtigung entsteht erst mit der **Annahme** des Auftrages (gl.M. BSK ZGB I-WYSS, Art. 370 N 19; FASSBIND, 381). In Analogie zu Art. 365 Abs. 1 wird sie durch die Annahme zur sorgfältigen Erfüllung ihrer Aufgabe nach den **Grundsätzen des Auftragsrechts (Art. 394 ff. OR)** verpflichtet. Da das Kündigungsrecht der beauftragten Person bei der Patientenverfügung im Gegensatz zum Vorsorgeauftrag (Art. 367 Abs. 1) nicht eingeschränkt ist, kann diese ihren Auftrag gestützt auf Art. 404 OR jederzeit niederlegen (gl.M. BSK ZGB I-WYSS, Art. 370 N 27; HAUSHEER/GEISER/AEBI-MÜLLER, Erwachsenenschutzrecht, Rz 2.43). Es ist ausgeschlossen, die bezeichnete Person vorgängig verbindlich zu verpflichten, die ihr zukommenden Befugnisse auszuüben (WIDMER BLUM, 266). Die Frage einer **Entschädigung** an die beauftragte Person ist bei der Patientenverfügung im Gegensatz zum Vorsorgeauftrag (vgl. Art. 366) nicht geregelt. Das Fehlen einer Regelung dürfte jedoch nicht als qualifiziertes Schweigen zu interpretieren sein. Wenn die Erfüllung des Auftrages – ausnahmsweise – mit einem hohen zeitlichen Aufwand verbunden ist, erscheint die Ausrichtung einer Entschädigung in analoger Anwendung von Art. 366 gerechtfertigt. In jedem Fall hat die beauftragte Person in Anwendung von Art. 422 OR **Anspruch auf Ersatz der Spesen** (gl.M. BSK ZGB I-WYSS, Art. 370 N 24; a.M. FamKomm Erwachsenenschutz-BÜCHLER/MICHEL, Art. 370 N 25).

4. Ersatzverfügung (Abs. 3)

Die Ersatzverfügung kommt dann zum Zuge, wenn die bezeichnete Person ihre Aufgabe nicht wahrnehmen kann oder will. Als Inhalt der Ersatzverfügung (Art. 370 Abs. 3) kommt v. a. die **Bezeichnung einer Ersatzperson** in Frage. Fehlt in dieser Situation eine Ersatzverfügung, kommt die Kaskadenregelung von Art. 378 über die vertretungsberechtigte Person in medizinischen Belangen zur Anwendung. 14

Art. 371

B. Errichtung und Widerruf

[1] Die Patientenverfügung ist schriftlich zu errichten, zu datieren und zu unterzeichnen.

[2] Wer eine Patientenverfügung errichtet hat, kann diese Tatsache und den Hinterlegungsort auf der Versichertenkarte eintragen lassen. Der Bundesrat erlässt die nötigen Bestimmungen, namentlich über den Zugang zu den Daten.

[3] Die Bestimmung über den Widerruf des Vorsorgeauftrags ist sinngemäss anwendbar.

Literatur

Vgl. die Literaturhinweise zur Einführung und zu Art. 370.

I. Form (Abs. 1)

Die Patientenverfügung bedarf der Schriftform. Eine eigenhändige Niederschrift des Dokumentes ist nicht erforderlich. Die Patientenverfügung kann als **vollständig individuell formulierter Text** verfasst werden. Es ist jedoch auch zulässig, **standardisierte, vorformulierte Formulare** zu verwenden, wie sie von verschiedenen Organisationen zur Verfügung gestellt werden (vgl. Hinweis zur Zusammenstellung von vorformulierten Patientenverfügungen im Literaturverzeichnis zu Art. 370). Das Dokument muss vom Verfasser in jedem Fall datiert und eigenhändig unterschrieben werden (Botschaft Erwachsenenschutz, 7031). Die formellen Voraussetzungen sind somit erfüllt, wenn die Verfügung das Formerfordernis der **einfachen Schriftlichkeit** (Art. 13 OR) wahrt und sie **zusätzlich datiert** ist (HAUSHEER/GEISER/AEBI-MÜLLER, Erwachsenenschutzrecht, Rz 2.44, die die Einführung einer weiteren Schriftform neben der Schriftform nach Art. 13 OR und der qualifizierten Schriftlichkeit für das Testament kritisieren). Kann die verfügende Person nicht eigenhändig unterzeichnen, so besteht gem. Art. 15 OR die Möglichkeit, die Unterschrift durch ein beglaubigtes Handzeichen oder durch eine öffentliche Beurkundung ersetzen zu lassen. Auf eine Ortsangabe der Errichtung kann verzichtet werden (HÄFELI, Grundriss, Rz 09.11). Die Einhaltung der Formvorschrift ist eine **Gültigkeitsvoraussetzung**. Die Patientenverfügung kann auch **in einen Vorsorgeauftrag integriert** werden, der an sich strengeren Formvorschriften untersteht 1 (vgl. Art. 361 Abs. 1 und 2; Art. 360 N 26; Botschaft Erwachsenenschutz, 7031). Medizinische Anordnungen, die Bestandteil eines Vorsorgeauftrages sind, sind jedoch materiell als Patientenverfügung einzustufen. Sie unterstehen deshalb nicht den allgemeinen Voraussetzungen des Vorsorgeauftrages, sondern insb. auch in formeller Hinsicht den tieferen Anforderungen der Patientenverfügung (WIDMER BLUM, 108; BSK ZGB I-WYSS, Art. 371 N 5; FamKomm Erwachsenenschutz-BÜCHLER/MICHEL, Art. 371 N 3; HÄFELI, Grundriss, Rz 09.12).

2 Eine **Nichtbeachtung der Formvorschriften** hat die **Ungültigkeit** der Patientenverfügung zur Folge. Wird die Form nicht gewahrt, so ist die Verfügung jedoch rechtlich nicht einfach unbeachtlich (Botschaft Erwachsenenschutz, 7031). So haben **mündliche Anordnungen** zwar nicht die Wirkung einer vorgängigen Zustimmung oder Ablehnung zu einer Behandlung. Sie können jedoch bei der **Ermittlung des mutmasslichen Willens**, nach dem die vertretungsberechtigte Person gem. Art. 378 Abs. 3 zu entscheiden hat, von Bedeutung sein (Botschaft Erwachsenenschutz, 7031 f.; WIDMER BLUM, 212 f.).

2a Der auf der Haut angebrachte **Stempelaufdruck «No-CPR»** (CPR bedeutet cardiopulmonary resuscitation), mit dem eine Person zum Ausdruck bringen will, dass sie eine Herz-Lungen-Wiederbelebung ablehnt, ist **formungültig**, da eine eigenhändige Unterschrift fehlt (ausf. FOUNTOULAKIS/KÖBRICH, AJP 2013, 1442 ff.). In der Regel ist der No-CPR-Stempel ein Signalzeichen dafür, dass eine Patientenverfügung existiert, die nach ihrem Auffinden zu befolgen ist, wenn die formellen und materiellen Voraussetzungen erfüllt sind. Ist eine rechtsgültige Patientenverfügung nicht auffindbar, so wird der No-CPR-Stempel beim Entscheid über die medizinische Behandlung als **Ausdruck des mutmasslichen Willens** i.S.v. Art. 378 Abs. 3 bzw. Art. 379 zu beachten sein (dazu ausf. FOUNTOULAKIS/KÖBRICH, AJP 2013, 1445 ff.).

II. Adressierung und Versichertenkarte (Abs. 2)

3 Als **Adressaten** der Patientenverfügung kommen einzelne Ärzte, eine bestimmte Klinik, die Vertrauensperson (Art. 370 Abs. 2) sowie eine vertretungsberechtigte Person (Art. 378 Abs. 1) in Frage. In der Regel wird sie sich aber an eine **unbestimmte Vielzahl von Personen** richten, die an der Behandlung der einwilligungsunfähigen Person beteiligt sind (ausf. zur Adressierung BABAÏANTZ, 11; GUILLOD/GUINAND, ZSR 1988 I, 413; SCHNELL, 24 f.). Die Anordnung richtet sich unter Umständen nicht nur an Ärzte, sondern auch an sonstiges medizinisches Personal, das ärztliche Tätigkeiten übernimmt (FOUNTOULAKIS/KÖBRICH, AJP 2013, 1446). Es ist **Sache des Verfassers** dafür zu sorgen, dass die Adressaten der Verfügung Kenntnis davon erhalten. Als **Hinterlegungsort** der Patientenverfügung kommen insb. der behandelnde Arzt, eine Vertrauensperson (Art. 370 Abs. 2), eine vertretungsberechtigte Person (Art. 378) oder eine private Organisation, die sich dieser Aufgabe annimmt, in Betracht. Der Verfasser kann sie aber auch bei sich tragen. Mit einem **Eintrag auf der Versichertenkarte** kann sie zudem auf die Existenz der Patientenverfügung und den Hinterlegungsort aufmerksam machen. Enthält ein **Vorsorgeauftrag medizinische Anordnungen** (vgl. dazu N 1), so ist zu empfeh-

len, diese nicht nur zivilstandsamtlich zu registrieren (Art. 361 Abs. 3), sondern auch auf der Versichertenkarte eintragen zu lassen, da allein für diesen Eintrag gem. Art. 372 Abs. 1 eine gesetzliche Abklärungspflicht der Ärzte besteht (gl.M. BSK ZGB I-WYSS, Art. 371 N 12; WIDMER BLUM, 110).

Seit dem 1.1.2010 müssen alle nach der Verordnung über die Krankenversicherung (KVV) versicherungspflichtigen Personen über eine **Versichertenkarte** verfügen (Art. 42a KVG; Art. 1 VVK). Der Hinweis auf eine bestehende Patientenverfügung ist freiwillig und somit kein Gültigkeitserfordernis (WIDMER BLUM, 109). Er wird nur **mit dem Einverständnis der versicherten Person** auf der Versichertenkarte abgespeichert (Art. 6 Abs. 1 lit. i VVK). Der Eintrag erfolgt im Auftrag der verfügenden Person durch die **im Anhang zur Verordnung aufgeführten medizinischen Fachpersonen** (Art. 7 VVK). Der genannte Anhang regelt auch den Kreis der leseberechtigten Medizinalpersonen.

4

III. Widerruf (Abs. 3)

Die Bestimmungen über den **Widerruf des Vorsorgeauftrages** (Art. 362) sind auf den Widerruf der Patientenverfügung sinngemäss anwendbar. Die verfügende Person kann die Patientenverfügung grundsätzlich jederzeit widerrufen, wobei diese Möglichkeit entfällt, wenn sie in den Zustand der Urteilsunfähigkeit gerät. Der Widerruf kann **schriftlich** (Art. 362 Abs. 1) oder durch **Vernichtung** der Urkunde (Art. 362 Abs. 2) erfolgen. Sie kann diese zerreissen, verbrennen oder darauf den Vermerk «widerrufen» anbringen. Wichtig ist, dass das Original und nicht nur eine Kopie vernichtet werden muss (Botschaft Erwachsenenschutz, 7027). Errichtet die verfügende Person eine neue Patientenverfügung, ohne eine frühere ausdrücklich aufzuheben, so tritt die **neue Patientenverfügung** an die Stelle der früheren, sofern sie nicht zweifellos eine blosse Ergänzung darstellt (Art. 362 Abs. 2). Ein **mündlicher Widerruf** erfüllt diese Formerfordernisse nicht und bewirkt somit keine Aufhebung der Patientenverfügung (gl.M. BSK ZGB I-WYSS, Art. 371 N 15; a.M. SCHMID, Art. 371 ZGB N 7 sowie FamKomm Erwachsenenschutz-BÜCHLER/MICHEL, Art. 371 N 7). Ein mündlicher Widerruf durch die urteilsfähige betroffene Person gegenüber der in der konkreten Situation behandelnden Ärzteschaft bewirkt zwar gegenüber den Adressaten dieser Mitteilung eine Aufhebung der Patientenverfügung. Denn die urteilsfähige Patientin oder der Patient kann der behandelnden Ärztin oder dem behandelnden Arzt jederzeit verbindliche Anordnungen erteilen, die von der Patientenverfügung abweichen. Erfährt hingegen eine Ärztin oder ein Arzt von einer Drittperson vom mündlichen Widerruf, so ist eine Abweichung von den Anordnungen der Patientenverfügung nur dann erlaubt, wenn diese Information begründete Zweifel i.S.v. Art. 372 Abs. 2 hervorruft, dass die Patientenverfügung noch dem mutmasslichen Willen der Patientin oder des Patienten entspricht (so auch FASSBIND, 193).

5

Kantonale Bestimmungen zur Hinterlegung von Patientenverfügungen (Art. 371 ZGB)	
AG	**§ 60a EG ZGB – Hinterlegung von Vorsorgeauftrag und Patientenverfügung** [1] Vorsorgeaufträge und Patientenverfügungen können bei der Kindes- und Erwachsenenschutzbehörde am Wohnsitz der betroffenen Person gegen Gebühr hinterlegt werden. [2] Die Kindes- und Erwachsenenschutzbehörde führt über hinterlegte Vorsorgeaufträge und Patientenverfügungen ein Verzeichnis und bewahrt sie an einem sicheren Ort auf.
GR	**Art. 61 Abs. 2 EG ZGB** Wer im Besitz einer Patientenverfügung ist, hat diese dem behandelnden Arzt zu melden, sofern er von der Urteilsunfähigkeit der verfügenden Person Kenntnis erhält.
TG	**§ 26 KESV – Vorsorgeaufträge und Patientenverfügungen** [1] Vorsorgeaufträge und Patientenverfügungen können bei der Kindes- und Erwachsenenschutzbehörde am Wohnsitz oder Aufenthalt der betreffenden Person hinterlegt werden. [2] Das Präsidium der Behörde führt ein Verzeichnis der hinterlegten Dokumente.

Art. 372

C. Eintritt der Urteilsunfähigkeit

[1] Ist die Patientin oder der Patient urteilsunfähig und ist nicht bekannt, ob eine Patientenverfügung vorliegt, so klärt die behandelnde Ärztin oder der behandelnde Arzt dies anhand der Versichertenkarte ab. Vorbehalten bleiben dringliche Fälle.

[2] Die Ärztin oder der Arzt entspricht der Patientenverfügung, ausser wenn diese gegen gesetzliche Vorschriften verstösst oder wenn begründete Zweifel bestehen, dass sie auf freiem Willen beruht oder noch dem mutmasslichen Willen der Patientin oder des Patienten entspricht.

[3] Die Ärztin oder der Arzt hält im Patientendossier fest, aus welchen Gründen der Patientenverfügung nicht entsprochen wird.

Literatur

Vgl. die Literaturhinweise zur Einführung und zu Art. 370.

I. Feststellung der Wirksamkeit (Abs. 1)

1   Die Feststellung der Wirksamkeit ist **Sache des Arztes**. Es findet also keine Validierung durch die Erwachsenenschutzbehörde statt wie beim Vorsorgeauftrag (Art. 363). Der Arzt ist gehalten, die Urteilsunfähigkeit des Patienten festzustellen. Die Beurteilung ist sehr anspruchsvoll, vor allem gegen Ende des Lebens bei de-

menten und schwer erkrankten Personen, zumal einheitliche medizinische Standards bislang fehlen (FamKomm Erwachsenenschutz-BÜCHLER/MICHEL, Art. 372 N 1; ausf. AEBI-MÜLLER, ZBJV 2013, 155 ff.). Im Weiteren muss der Arzt abklären, ob eine gültige Patientenverfügung besteht, wobei auf jeden Fall die **Versichertenkarte** zu konsultieren ist. Eine darüber hinausgehende allgemeine Abklärungspflicht des Arztes besteht hingegen nicht (AmtlBull NR 2008 1796). In **dringlichen Fällen** kann auf Nachforschungen verzichtet werden (Art. 372 Abs. 1 Satz 2). In Notfallsituationen, z.B. nach einem Verkehrsunfall, ist es regelmässig ausgeschlossen vor Einleitung von medizinischen Massnahmen nach einer Patientenverfügung zu suchen. In diesen Fällen sind die unaufschiebbaren lebenserhaltenden Massnahmen sofort einzuleiten. Wenn bei den anschliessenden Abklärungen eine Patientenverfügung gefunden wird, müssen die eingeleiteten Massnahmen unter Umständen abgebrochen werden (SAMW, Patientenverfügungen, 10, 15), hingegen dürfen sie aufgrund des Verbotes der aktiven Sterbehilfe nicht rückgängig gemacht werden. Der Inhalt einer Patientenverfügung ist aber auch bei Dringlichkeit zu beachten, wenn er dem Arzt zweifelsfrei bekannt ist (gl. M. BSK ZGB I-WYSS, Art. 372 N 6). Selbstverständlich verliert die Patientenverfügung ihre Wirksamkeit, sobald der Patient die Urteilsfähigkeit wiedererlangt (analoge Anwendung von Art. 369 Abs. 1).

II. Rechtsfolgen (Art. 372 Abs. 2)

Die in der Patientenverfügung enthaltene Willenserklärung, sofern sie hinreichend klar ist, ist **verbindlich** und gilt als wirklicher Wille der betroffenen Person im Zeitpunkt des Eingriffs (WIDMER BLUM, 172). Sie gilt als **Zustimmung zu einer Behandlung oder als deren Ablehnung**, wenn die in Aussicht genommene Situation tatsächlich eintritt (BerichtExpK Erwachsenenschutz 03, 29; Botschaft Erwachsenenschutz, 7033). Die **Einwilligung einer urteilsfähigen Person** unterliegt den **Grundsätzen der informierten Zustimmung (Informed consent)**, wird also nur wirksam, wenn eine hinreichende Aufklärung vorausgegangen ist (BUCHER A., Personen, Rz 498 ff.; WIEGAND, 180 f.; MICHEL, 46 ff.). Verzichtet der Patient ausnahmsweise auf die Aufklärung, so hat der Arzt den Aufklärungsverzicht zu beweisen (WIEGAND, 166). In Abweichung davon trifft den Arzt bei der Zustimmung mittels einer Patientenverfügung **keine Aufklärungspflicht**. Es darf ohne Weiteres davon ausgegangen werden, dass der Verfasser über die für die Willensbildung erheblichen Informationen verfügte und auf zusätzliche Aufklärung verzichtet (Botschaft Erwachsenenschutz, 7033; gl. M. BSK ZGB I-WYSS, Art. 372 N 21; WIDMER BLUM, 209; FASSBIND, 189; GETH/MONA, 161; HÄFELI, Grundriss, Rz 09.26; SCHMID, Art. 372 ZGB N 13; a.M. FamKomm Erwachsenenschutz-BÜCHLER/MICHEL, Art. 370 N 32, die verlangen, dass die Verfasserin oder der Verfasser zumindest in groben Zügen über die in der Patientenverfügung abgelehnten Eingriffe informiert worden ist; Kritik am Verzicht auf die Aufklärung als Gültigkeitserfordernis übt AEBI-MÜLLER, ZBJV 2013, 160 ff., die de lege ferenda die Einführung einer Beratungspflicht postuliert).

2

Der Arzt muss den Anordnungen der Patientenverfügung auch dann entsprechen, wenn diese nicht den **wohlverstandenen Interessen** des Patienten dienen (gl. M.

3

FamKomm Erwachsenenschutz-BÜCHLER/MICHEL, Art. 372 N 5; zum Begriff der wohlverstandenen Interessen SAMW, Patientenverfügungen, 17, FN 26). Der Einzelne wird durch das Recht nicht zu einer vernünftigen Entscheidung verpflichtet (MICHEL, 19). Die **Bindungswirkung** eines Behandlungsverzichts geht dabei weiter als im Falle der Zustimmung zu einer bestimmten medizinischen Massnahme. Es gilt der Grundsatz: «Der Arzt darf nichts, was der Patient nicht haben will, der Arzt darf aber keineswegs alles, was der Patient haben will» (dazu BABAÏANTZ, 14). Es besteht ein weitgehendes **Abwehrrecht** gegenüber Eingriffen in die persönliche und physische Integrität, weshalb die **Verweigerung** einer medizinisch indizierten Behandlung grundsätzlich verbindlich ist (SAMW, Patientenverfügungen, 9; zu den Ausnahmen N 5, 6). Mit Ausnahme von Massnahmen der Grundpflege können grundsätzlich alle Behandlungen abgelehnt werden, auch wenn der Verzicht auf ihre Anwendung zum Tod führt (HRUBESCH-MILLAUER/JAKOB, Schriften INR 2012, 102). Zu den Massnahmen der Grundpflege, die nicht abgelehnt werden können, zählen elementare pflegerische Massnahmen wie die Körperpflege, die Dekubitusprophylaxe, die Hilfe beim An- und Auskleiden sowie beim Essen und Trinken. Unbeachtlich wird auch die Ablehnung einer Behandlung sein, die der Schmerzbekämpfung dient, wenn die betroffene Person unter unerträglichen Schmerzen leidet, was sich in Schreien der Patientin bzw. des Patienten manifestiert, die auch der Umgebung nicht zumutbar sind. Umgekehrt muss der **Wunsch nach einer konkreten Behandlung** nicht befolgt werden, wenn diese den **Regeln der ärztlichen Kunst** nicht entspricht. Mit der Patientenverfügung können somit keine Massnahmen eingefordert werden, die sinnlos oder **medizinisch nicht indiziert** sind (FamKomm-BÜCHLER/MICHEL, Art. 370 N 20; NEK, Patientenverfügung, 22 f.; SAMW, Patientenverfügungen, 9; sowie N 8). Befolgt der Arzt die Anordnungen der Patientenverfügung nicht, so müssen die Gründe für die Abweichung vom Patientenwillen objektiv überprüfbar sein und im Patientendossier festgehalten werden (Art. 372 Abs. 3).

4   Die ärztliche Behandlung ist **zivilrechtlich** als eine **Verletzung der Persönlichkeit** des Patienten zu qualifizieren, auch wenn sie lege artis durchgeführt wurde (BGE 117 Ib 197 E. 2; BSK ZGB I-WYSS, Art. 370 N 1; WIEGAND, 167 f.; MICHEL, 39, 41). **Strafrechtlich** erfüllt jeder ärztliche Eingriff in die körperliche Unversehrtheit eines Menschen den Tatbestand einer **Tätlichkeit bzw. einer Körperverletzung** (BGE 99 IV 208 E. 2; BSK ZGB I-WYSS, Art. 372 N 11; REHBERG, 304; MICHEL, 32 ff.). Ein Eingriff, der unter Nichtbeachtung der Anordnungen der Patientenverfügung ausgeführt wird, kann also zivil- wie auch strafrechtliche Sanktionen nach sich ziehen, wenn der Abweichung keine triftigen rechtlichen Gründe zugrunde liegen (gl.M. FamKomm Erwachsenenschutz-BÜCHLER/MICHEL, Art. 372 N 11). Umgekehrt gilt die in einer Patientenverfügung rechtsgültig festgehaltene **Zustimmung zu einer Behandlung** sowohl zivilrechtlich (Art. 28 Abs. 2; BUCHER A., Personen, Rz 497 ff.) wie auch strafrechtlich als **Rechtfertigungsgrund**, der die Rechtmässigkeit des Eingriffes begründet (STRATENWERTH, AT I, 213 f.; REHBERG, 304).

III. Schranken der Wirksamkeit

1. Vorrang von Sonderregelungen

Bei der **fürsorgerischen Unterbringung** (Art. 426 ff.) gelten für die medizinische Behandlung besondere Regeln, sofern die Unterbringung nicht nur ausschliesslich der Betreuung dient, sondern auch eine Behandlung zum Zweck hat (Art. 426 Abs. 1). Diese Sonderreglung kommt allerdings nur zum Zug, wenn es um die Behandlung einer psychischen Störung geht (Art. 380; HAUSHEER/GEISER/AEBI-MÜLLER, Erwachsenenschutzrecht, Rz 2.67), nicht hingegen bei der Behandlung einer somatischen Erkrankung einer psychisch kranken Person (a.M. FASSBIND, 213, FN 432). Für die Behandlung der psychischen Störung bildet der Behandlungsplan die Grundlage (Art. 433). Während der Behandlungsplan einer urteilsfähigen Person zur Zustimmung zu unterbreiten ist, ist bei einer urteilsunfähigen Person eine allfällige Patientenverfügung lediglich «**zu berücksichtigen**» (Art. 372 Abs. 3 Satz 2). Das bedeutet, dass die Behandlungswünsche der betroffenen Person so weit wie möglich zu respektieren sind, mittels einer Patientenverfügung aber eine Therapie nicht einfach verhindert werden kann (Botschaft Erwachsenenschutz, 7068). Der Arzt muss also entgegen der allgemeinen Regelung von Art. 372 Abs. 2 der Patientenverfügung nicht unter allen Umständen entsprechen. Gleichzeitig darf er sich jedoch nur dann über den Patientenwillen hinwegsetzen, wenn die Voraussetzungen für eine Behandlung ohne Zustimmung i.S.v. Art. 434 erfüllt sind. Angemessene Massnahmen, die weniger einschneidend sind, haben gem. Art. 434 Abs. 1 Ziff. 3 den Vorrang gegenüber einer Zwangsmassnahme. In aller Regel wird eine Behandlung, zu der der Patient in einer Patientenverfügung die Zustimmung gibt, weniger einschneidend sein als eine Zwangsmassnahme. Der Chefarzt darf deshalb nur dann eine Behandlung anordnen, die sich über eine rechtsgültig errichtete Patientenverfügung hinwegsetzt, wenn im Falle der Befolgung des Patientenwillens der **Zweck der FU** nicht mehr auf angemessene Art und Weise erreicht werden kann (s. dazu auch Art. 433–435 N 7; zur Tragweite einer Patientenverfügung bei fürsorgerischen Freiheitsentziehungen BGE 127 I 6 E. 7 und VerwGer GE vom 7.3.1995, RDAF 1996, 64 ff.).

Die Bestimmungen über die Verbindlichkeit von Patientenverfügungen sind nicht anwendbar auf **Sterilisationen zu Verhütungszwecken** bei urteilsunfähigen Personen. Das Bundesgesetz vom 17.12.2004 über Voraussetzungen und Verfahren bei Sterilisationen (Sterilisationsgesetz, SR 211.111.1) regelt, unter welchen Voraussetzungen ein medizinischer Eingriff zulässig ist, mit dem die Fortpflanzungsfähigkeit auf Dauer aufgehoben wird, und welches Verfahren dabei zu beachten ist. Die Regelung ist abschliessend und das Sterilisationsgesetz hat als lex specialis Vorrang gegenüber den Bestimmungen zur Patientenverfügung.

2. Verstoss gegen gesetzliche Vorschriften (Art. 372 Abs. 2)

Für die Beurteilung der **Widerrechtlichkeit** der Anordnungen einer Patientenverfügung sind die Bestimmungen von **Art. 19 und 20 OR** heranzuziehen, die auch auf einseitige Willenserklärungen anwendbar sind (gl.M. FamKomm Erwachsenenschutz-BÜCHLER/MICHEL, Art. 372 N 12; GUILLOD/GUINAND, ZSR 1988 I, 414 ff.; REUSSER, 79 ff.). Eine grosse praktische Bedeutung hat der **strafrechtliche Schutz des Lebens**, insb. Art. 111 (Vorsätzliche Tötung) und Art. 114 (Tötung auf Verlangen) StGB. Die **passive Sterbehilfe** im Sinne des Unterlassens lebensverlängernder medizinischer Vorkehren auf Wunsch des Patienten ist zulässig (FamKomm Erwachsenenschutz-BÜCHLER/MICHEL, Art. 372 N 13; REHBERG, 317; SCHMID, Art. 372 ZGB N 8; Art. 370 N 9). Als Tötung auf Verlangen (Art. 114 StGB) strafbar ist die **direkte aktive Sterbehilfe**. Unter diesen Begriff fällt jeder Eingriff in die körperliche Integrität eines Menschen, der die Verkürzung des Lebens bezweckt (REHBERG, 316 f.). Hingegen gilt die **indirekte aktive Sterbehilfe** als zulässig (AmtlBull StR 2007 831; SCHMID, Art. 372 ZGB N 8). Damit gemeint ist die Verabreichung von schmerzlindernden Medikamenten, wobei eine Verkürzung des Lebens als Nebenwirkung in Kauf genommen wird (FamKomm Erwachsenenschutz-BÜCHLER/MICHEL, Art. 372 N 13; REHBERG, 317). Unzulässig ist eine Patientenverfügung, die gegen die guten Sitten verstösst (Art. 20 Abs. 1 OR; REUSSER, 81; GUILLOD/GUINAND, ZSR 1988 I, 417). Als sittenwidrig zu klassifizieren ist die Vornahme eines **nicht indizierten Eingriffes** (WIEGAND, 179) oder einer risikoreichen Massnahme, wenn ein weniger riskanter Eingriff mit identischem therapeutischen Zweck zur Verfügung steht (BUCHER A., Personen, Rz 505). Betrifft die Unzulässigkeit nur einen Teil der Patientenverfügung, wird dadurch der zulässige Teil nicht hinfällig gemacht (Art. 20 Abs. 2 OR; AmtlBull StR 2007 831).

8 Kontrovers diskutiert wird die Frage, ob ein Gefangener entgegen seinem zuvor in einer Patientenverfügung geäusserten Willen zwangsernährt werden darf, um den Hungerstreik zu beenden. Das Bundesgericht hat im Fall Rappaz eine **Zwangsernährung** trotz Fehlen einer gesetzlichen Grundlage durch Rückgriff auf die polizeiliche Generalklausel als zulässigen Eingriff bewertet, um eine Fortdauer der Haft zu gewährleisten (BGE 136 IV 97). Einzelne Autoren begrüssen den Entscheid mit Hinweis auf die Fürsorgepflicht des Staates (die Schutz- und Fürsorgepflicht ergibt sich aus dem für Strafgefangene geltenden Sonderstatusverhältnis, s. auch Art. 433–435 N 7) und dem Argument, der Rechtsstaat dürfe sich bei der Durchsetzung von rechtmässig angeordneten Strafen nicht erpressen lassen (MÜLLER/JENNI, SÄZ 2011, 285; SCHMID, Art. 370 ZGB N 3). Andere Autoren sehen im Urteil eine Geringschätzung der Patientenverfügung und erachten es als problematisch, vom Gefängnisarzt eine Art blinden Gehorsams zu verlangen (BRIDLER, SÄZ 2011, 717).

3. Willensmängel (Art. 372 Abs. 2)

9 Der Patientenverfügung ist nicht zu entsprechen, «wenn begründete Zweifel bestehen, dass sie auf freiem Willen beruht oder noch dem mutmasslichen Willen des Patienten entspricht». Eine Ungültigerklärung der Patientenverfügung ist nur dann statthaft, wenn **«begründete Zweifel»** bestehen. Damit wird vorausgesetzt, dass sich die Zweifel auf **Indizien von einer gewissen Intensität und Überzeugungskraft** abstützen können (BAUMANN, ZVW 2005, 62). Um dem Grundsatz der Selbstbestimmung Nachachtung zu verschaffen, ist bei Zweifeln, ob die Patientenverfügung noch dem mutmasslichen Willen entspricht, eher zugunsten der Patientenverfügung und damit zuungunsten bestehender Zweifel Dritter zu

entscheiden (so BSK ZGB I-Wyss, Art. 372 N 30; vgl. auch Geth/Mona, 163 ff., die m.E. zu Unrecht die Auffassung vertreten, das «Korrektiv eines abweichenden mutmasslichen Willens» hebe das Konzept der Verbindlichkeit der Patientenverfügung aus den Angeln). Die Verbindlichkeit der Patientenverfügung ist **zu vermuten**. Wer sie bestreitet, trägt die **Beweislast** dafür, dass die Willensbildung mangelhaft war oder die verfügende Person ihre Meinung geändert hat (Baumann, ZVW 2005, 65). Die Patientenverfügung beruht nur dann auf einem **«freien Willen»**, wenn eine mängelfreie Willensbildung stattgefunden hat. Dieses Kriterium ist nicht erfüllt, wenn ein **Willensmangel i.S.v. Art. 23 ff. OR** vorliegt (Reusser, 109). Von den Anweisungen der Patientenverfügung kann und muss auch dann abgewichen werden, wenn konkrete Anhaltspunkte dafür bestehen, dass diese nicht mehr dem **aktuellen mutmasslichen Willen** des Patienten entsprechen (AmtlBull StR 2007 831; Baumann, ZVW 2005, 62, FN 7 kritisiert zu Recht die Verwendung des Begriffes «mutmasslich»). Begründete Zweifel können sich ergeben, weil sich seit der Errichtung **neue oder wesentlich weniger belastende Behandlungsmöglichkeiten** für eine Krankheit etabliert haben (Botschaft Erwachsenenschutz, 7033; SAMW, Patientenverfügungen, 16) oder der Patient später nachweislich einen **anderen Willen** geäussert hat (Botschaft Erwachsenenschutz, 7033). Da der Gesetzgeber bewusst auf eine **Befristung der Gültigkeit verzichtet** hat (AmtlBull StR 2007 831), kann grundsätzlich auch eine Patientenverfügung, die vor längerer Zeit errichtet wurde, noch dem «mutmasslichen Willen» entsprechen (gl.M. FamKomm Erwachsenenschutz-Büchler/Michel, Art. 372 N 20; ausf. Widmer Blum, 188 ff.). Erst wenn das zeitliche Element der grossen Zeitspanne zwischen Errichtung und Anwendung durch einen sachlichen Aspekt ergänzt wird, könnte die Patientenverfügung dem mutmasslichen Willen nicht mehr entsprechen (so BSK ZGB I-Wyss, Art. 372 N 24).

4. Dokumentationspflicht (Art. 372 Abs. 3)

Die Gründe für eine Abweichung von den Anweisungen der Patientenverfügung müssen im Patientendossier festgehalten werden. Die in der Dokumentation festgehaltenen Angaben bilden die **Grundlage der Beurteilung des ärztlichen Entscheides** durch die Erwachsenenschutzbehörde (Botschaft Erwachsenenschutz, 7034).

10

Art. 373

D. Einschreiten der Erwachsenenschutzbehörde

[1] Jede der Patientin oder dem Patienten nahestehende Person kann schriftlich die Erwachsenenschutzbehörde anrufen und geltend machen, dass:
1. der Patientenverfügung nicht entsprochen wird;
2. die Interessen der urteilsunfähigen Person gefährdet oder nicht mehr gewahrt sind;
3. die Patientenverfügung nicht auf freiem Willen beruht.

² **Die Bestimmung über das Einschreiten der Erwachsenenschutzbehörde beim Vorsorgeauftrag ist sinngemäss anwendbar.**

Literatur

Vgl. die Literaturhinweise zur Einführung.

1 Zur Anrufung der Erwachsenenschutzbehörde sind die betroffenen und **nahestehenden Personen** befugt. Der Begriff der nahestehenden Person ist weit auszulegen. Er umfasst alle Personen, die die Patientin oder den Patienten gut kennen. Neben Angehörigen, Verwandten, Freunden und anderen Vertrauenspersonen sind auch der behandelnde Arzt und das Pflegepersonal **antragsberechtigt** (Botschaft Erwachsenenschutz, 7034; AmtlBull StR 2007 831; BSK ZGB I-EICHENBERGER/KOHLER, Art. 373 N 2). Das Gesetz nennt abschliessend drei Anrufungsgründe (FamKomm Erwachsenenschutz-BÜCHLER/MICHEL, Art. 373 N 3; ausf. WIDMER BLUM, 215 ff.). **Erstens** kann die Erwachsenenschutzbehörde angerufen werden, weil die Anordnungen der Patientenverfügung **ungerechtfertigterweise nicht umgesetzt** werden (SCHMID, Art. 373 N 3). Die Befolgung der Patientenverfügung soll in diesem Fall sichergestellt werden und zwar möglichst bevor die Behandlung durchgeführt wird und die Interessen der betroffenen Person konkret verletzt sind. In diesem Fall kann die Erwachsenenschutzbehörde die behandelnde Ärztin oder den behandelnden Arzt anweisen, die Patientenverfügung zu befolgen. **Zweitens** kann geltend gemacht werden, dass die Interessen der urteilsunfähigen Person nicht mehr gewahrt sind. Dieser Anrufungsgrund ist unter anderem dann erfüllt, wenn die **Patientenverfügung befolgt wird, obwohl sie rechtlich nicht wirksam** ist (gl.M. FamKomm Erwachsenenschutz-BÜCHLER/MICHEL, Art. 373 N 5). Ungültigkeit kann vorliegen, weil die Formvorschriften nicht erfüllt sind (s. Art. 371 N 1 f.), wegen ungenügender Bestimmtheit der Anordnungen oder weil der Inhalt der Patientenverfügung widerrechtlich ist (s. Art. 372 N 7). **Drittens** kann der Grund der Anrufung darin liegen, dass die Patientenverfügung auf **unfreiem Willen** beruht. Dieser Anrufungsgrund erfasst die fehlende Urteilsfähigkeit bei der Errichtung und andere Mängel bei der Willensbildung wie Drohung, Zwang und Irrtum (s. Art. 372 N 9; gl.M. BSK ZGB I-EICHENBERGER/KOHLER, Art. 373 N 9; FamKomm Erwachsenenschutz-BÜCHLER/MICHEL, Art. 373 N 10; **a.M.** SCHMID, Art. 373 N 5, wonach der Begriff des «freien Willens» nur die Täuschung und die Furchterregung betrifft).

2 Sind die Interessen der verfügenden Person gefährdet oder nicht mehr gewahrt, so muss die Erwachsenenschutzbehörde in analoger Anwendung von Art. 368 Abs. 1 auch **von Amtes wegen** tätig werden (Art. 373 Abs. 2; gl.M. BSK ZGB I-EICHENBERGER/KOHLER, Art. 373 N 3, und FamKomm Erwachsenenschutz-BÜCHLER/MICHEL, Art. 373 N 11; **a.M.** FASSBIND, 198, sowie SCHMID, Art. 373 N 2). Zur verbesserten Durchsetzung ihres Entscheides kann sie die erteilten Weisungen mit der Androhung einer Bestrafung i.S.v. Art. 292 StGB kombinieren (WIDMER BLUM, 21 f.).

Zweiter Abschnitt:

Massnahmen von Gesetzes wegen für urteilsunfähige Personen

Erster Unterabschnitt: Vertretung durch den Ehegatten, die eingetragene Partnerin oder den eingetragenen Partner

Art. 374

A. Voraussetzungen und Umfang des Vertretungsrechts

¹ Wer als Ehegatte, eingetragene Partnerin oder eingetragener Partner mit einer Person, die urteilsunfähig wird, einen gemeinsamen Haushalt führt oder ihr regelmässig und persönlich Beistand leistet, hat von Gesetzes wegen ein Vertretungsrecht, wenn weder ein Vorsorgeauftrag noch eine entsprechende Beistandschaft besteht.

² Das Vertretungsrecht umfasst:
1. alle Rechtshandlungen, die zur Deckung des Unterhaltsbedarfs üblicherweise erforderlich sind;
2. die ordentliche Verwaltung des Einkommens und der übrigen Vermögenswerte; und
3. nötigenfalls die Befugnis, die Post zu öffnen und zu erledigen.

³ Für Rechtshandlungen im Rahmen der ausserordentlichen Vermögensverwaltung muss der Ehegatte, die eingetragene Partnerin oder der eingetragene Partner die Zustimmung der Erwachsenenschutzbehörde einholen.

Literatur

IMBACH, Die vermögensrechtliche Vertretung der Ehegatten und eingetragenen Partner im Erwachsenenschutzrecht, Diss. Zürich 2013; FANKHAUSER, Die gesetzliche Vertretungsbefugnis bei Urteilsunfähigen nach den Bestimmungen des neuen

Erwachsenenschutzrechts, BJM 2010, 240 ff.; MEIER, Le nouveau droit de protection de l'adulte – Présentation générale, Jusletter vom 17.11.2008; STETTLER, La protection des adultes incapables de discernement: Les mesures appliquées de plein droit (art. 431–442 AP), ZSR 2003 I, 369 ff.; vgl. die Literaturhinweise zur Einführung.

I. Vorbemerkungen und Anwendungsbereich

1. Normzweck

1 Das neu eingeführte Rechtsinstitut der unter gewissen Bedingungen von Gesetzes wegen entstehenden Vertretungsbefugnis des Ehegatten oder des eingetragenen Partners soll sicherstellen, dass die grundlegenden persönlichen und materiellen Bedürfnisse einer urteilsunfähig gewordenen Person befriedigt werden können, ohne dass die Erwachsenenschutzbehörde tätig werden muss (Botschaft Erwachsenenschutz, 7034). Die Vertretung einer urteilsunfähig gewordenen Person durch den Ehegatten, Partner und andere Angehörige wird ohne ausreichende rechtliche Grundlage schon unter geltendem Recht häufig praktiziert. Dabei handeln Angehörige für betroffene Personen häufig, ohne zu klären, ob sie tatsächlich rechtsgültig ermächtigt sind (Botschaft Erwachsenenschutz, 7013; STETTLER, ZSR 2003 I, 369 m.H. auf Bericht zum Vorentwurf). Die Rechtspraxis improvisiert (STETTLER, a.a.O.) und behilft sich pragmatisch auf verschiedenste Weisen, um die Rechtshandlungen von Angehörigen zu legitimieren (Botschaft Erwachsenenschutz, 7013; HAUSHEER/GEISER/AEBI-MÜLLER, Erwachsenenschutzrecht, Rz 2.54; o. Art. 360 N 23; BSK ZGB I-REUSSER, vor Art. 374–376 N 4). Wenigstens für Ehegatten und eingetragene Partner wird mit dem neuen Rechtsinstitut die Vertretung einer urteilsunfähig gewordenen Person in einem gewissen Umfang und unter der Bedingung, dass mit dieser eine gelebte Beziehung besteht (Botschaft Erwachsenenschutz, 7035), auf eine solide rechtliche Basis gestellt (BSK ZGB I-REUSSER, vor Art. 374–376 N 5 f.).

1a Die **kantonalen Einführungsgesetze und -verordnungen** enthalten bezüglich der Vertretung nach Art. 374 ff. lediglich Bestimmungen betr. Zuständigkeiten von Präsidenten bzw. Präsidentinnen oder einzelner Behördenmitglieder der KESB (vgl. Anhang nach Art. 376).

2. Die Vertretung von Gesetzes wegen im Verhältnis zum Vorsorgeauftrag und zur behördlichen Massnahme der Beistandschaft sowie als Element der eigenen Vorsorge im Rahmen der ehelichen bzw. partnerschaftlichen Gemeinschaft

2 Die **Vertretung von Gesetzes** wegen kommt nur zum Tragen, **wenn weder ein Vorsorgeauftrag** gem. Art. 360 ff. **noch eine Beistandschaft** gem. Art. 394 ff. besteht (Abs. 1 a.E.). Die **Vertretung von Gesetzes wegen** wird allerdings **nur so weit beseitigt**, als mit den anderen Rechtsinstituten **entsprechende Aufgaben und Befugnisse** an die vorsorgebeauftragte Person bzw. den Beistand oder die Beiständin übertragen sind (Botschaft Erwachsenenschutz, 7035; HAUSHEER/GEISER/

AEBI-MÜLLER, Erwachsenenschutzrecht, Rz 2.58). Es ist rechtlich möglich und in der Praxis durchaus vorstellbar (N 5), dass die **Interessen** einer urteilsunfähigen Person **parallel teilweise im Rahmen der Vertretung von Gesetzes wegen** durch den Ehegatten oder den eingetragenen Partner **teilweise im Rahmen eines Vorsorgeauftrags** durch eine Drittperson oder den (Ehe-)Partner als vorsorgebeauftragte Person und **teilweise im Rahmen einer Vertretungsbeistandschaft** durch die vorsorgebeauftragte Drittperson oder eine weitere Drittperson als Beistand wahrzunehmen sind (FANKHAUSER, BJM 2010, 243 f.; CHK-FANKHAUSER, Art. 374 ZGB N 3; BSK ZGB I-REUSSER, Art. 374 N 14). Neben erwachsenenschutzrechtlichen Instrumenten können eherechtliche Vertretungsbefugnisse (s. u. N 4a f.) oder der vor Eintritt der Urteilsunfähigkeit erteilte Auftrag zur Vermögensverwaltung i.S.v. Art. 195 das Wirksamwerden der Vertretung von Gesetzes wegen nach Art. 374 verhindern (zum Vorrang des gewillkürten Vertretungsrechtes vor dem gesetzlichen s. BSK ZGB I-REUSSER, Art. 374 N 25; FamKomm Erwachsenenschutz-LEUBA, Art. 374 N 10 f.).

Unter Hinweis auf eine entsprechende Anmerkung in der Botschaft wird verschiedentlich die **Auffassung** vertreten, die **Vertretung von Gesetzes wegen** sei lediglich **bei vorübergehender Urteilsunfähigkeit** der betroffenen Person geeignet und bei **dauernder Urteilsunfähigkeit** sei eine **Beistandschaft** anzuordnen, wobei der Ehegatte oder der eingetragene Partner bei Erfüllung der Voraussetzungen als Beistand eingesetzt werden könne (Botschaft Erwachsenenschutz, 7034; HAUSHEER/GEISER/AEBI-MÜLLER, Erwachsenenschutzrecht, Rz 2.57; FANKHAUSER, BJM 2010, 246). Für diese Auffassung werden Schutz- und Überwachungsgründe vorgebracht (WIDMER BLUM, 63 m.H. auf MEIER, Jusletter vom 17.11.2008, Rz 60). In der Rechtswirklichkeit wird sich diese **Auffassung kaum durchsetzen**. Es ist illusorisch anzunehmen, dass Angehörige nun unter neuem Recht wesentlich bereitwilliger mit der Behörde zusammenarbeiten als unter dem alten (so Botschaft Erwachsenenschutz, 7013). So unberechtigt Vorbehalte gegen die neue Erwachsenenschutzbehörde auch sein mögen, wird die Schwelle für den Gang zur Behörde hoch bleiben (so Botschaft Erwachsenenschutz, a.a.O.). Es ist zu erwarten, dass die **Vertretung von Gesetzes** wegen durch den Ehegatten oder den eingetragenen Partner **auch** in den (zahlreichen) Fällen **dauernder Urteilsunfähigkeit** der betroffenen Person **verbreitet Anwendung** finden wird. 3

Anstatt dem Rechtsinstitut der Vertretung von Gesetzes wegen lediglich die Funktion eines Notbehelfs für Zustände vorübergehender Urteilsunfähigkeit eines (Ehe-)Partners beizumessen (hierfür steht ja schon das Institut der Geschäftsführung ohne Auftrag zur Verfügung), könnte es nämlich, immer unter der Voraussetzung einer gelebten Beziehung (Botschaft Erwachsenenschutz, 7035), als von Gesetzes wegen etabliertes **Instrument zur Verwirklichung der ehelichen bzw. partnerschaftlichen Treue- und Beistandspflicht** (Art. 159 ZGB bzw. Art. 12 PartG) betrachtet werden, die ja bekanntlich auf Dauer angelegt ist (bis der Tod [bzw. der Richter] Euch scheidet) und die Pflicht mit enthält, für den anderen (Ehe-)Partner zu handeln, wenn dieser verhindert ist (BSK ZGB I-BÜHLER [4. Aufl.], Art. 159 N 12). Die meisten (Ehe-)Partner gingen schon unter altem Recht davon aus, dass für den Fall, dass sie einmal auf Dauer urteilsunfähig werden sollten, 4 ihre Interessen vom noch handlungsfähigen (Ehe-)Partner möglichst umfassend wahrgenommen werden. Um dies zu erleichtern, bevollmächtigen sich (Ehe-)Partner meistens gegenseitig zur Verfügung über Bank- oder Postkonten, wobei solche Vollmachten standardmässig mit einer Weitergeltungsklausel über den Zeitpunkt des Verlustes der Handlungsfähigkeit hinaus versehen sind (s. Art. 360 N 5 f.). Im Übrigen gehen (Ehe-)Partner i.d.R. von der Annahme aus, im Falle eigener dauernder Urteilsunfähigkeit und Hilfsbedürftigkeit komme dem anderen (Ehe-)Partner aufgrund der ehelichen bzw. partnerschaftlichen Gemeinschaft eine dauernde Vertretungsbefugnis in einem deutlich weiteren Umfang zu als dem in Art. 166 Abs. 1 ZGB bzw. Art. 15 PartG umschriebenen. Die Rechtswirklichkeit (s. N 1) gibt ihnen keinen Anlass, die Richtigkeit dieser Annahme in Zweifel zu ziehen. In diesem Sinne zieht das neue Rechtsinstitut der Vertretung von Gesetzes wegen auf Gesetzesebene ein Stück Rechtswirklichkeit nach. Es kommt einem legitimen Bedürfnis von Ehegatten und eingetragenen Partnern in gelebten Beziehungen entgegen, dass im Fall der eigenen Urteilsunfähigkeit der andere Teil zur Vertretung und Wahrnehmung der Interessen in einem gewissen vernünftigen Umfang befugt sein soll und zwar auch auf Dauer. In diesem Sinne ist mit der Begründung und Pflege einer ehelichen oder partnerschaftlichen Gemeinschaft auch ein **Element selbst bestimmter eigener Vorsorge** für den Fall der eigenen Urteilsunfähigkeit verbunden. Das neue Rechtsinstitut beschränkt die von Gesetzes wegen eingeräumten Vertretungsbefugnisse auf einen zweckmässigen Umfang und sieht Eingriffsmöglichkeiten für die Erwachsenenschutzbehörde vor, falls die Interessen der urteilsunfähig gewordenen Person gefährdet sind. Damit bietet es sich für die Wahrung der Interessen einer dauernd urteilsunfähigen Person je nach Umständen neben dem VA und den behördlichen angeordneten Massnahmen als diesen praktisch gleichwertiges Instrument an. Aus dem Gesetz ist etwas Anderes nicht abzuleiten und insb. auch nicht, dass eine Vertretung von Gesetzes wegen durch den Ehegatten oder den eingetragenen Partner im Falle dauernder Urteilsunfähigkeit der betroffenen Person und mangels Vorsorgeauftrag zwingend durch eine Beistandschaft ersetzt werden müsste (so WIDMER BLUM, 326). Gemäss Botschaft Erwachsenenschutz soll im Falle der dauernden Urteilsunfähigkeit grundsätzlich eine Beistandschaft angeordnet werden (Botschaft Erwachsenenschutz, 7034). Dieser Grundsatz ist nach dem Gesagten im Einzelfall zu hinterfragen (so wohl auch FANKHAUSER, BJM 2010, 247; OFK ZGB-FASSBIND, Art. 374 N 2). In vielen Fällen kann die Vertretung von Gesetzes wegen die Bedürfnisse der urteilsunfähigen Person **auf Dauer** sichern (CHK-FANKHAUSER, Art. 374 ZGB N 2; BSK ZGB I-REUSSER, Art. 374 N 7; MEIER/LUKIC, Rz 312; FamKomm Erwachsenenschutz-LEUBA, Art. 374 N 25; KOKES, Rz 3.2; IMBACH, Rz 223).

4a Die von Gesetzes wegen bestehende Befugnis eines Ehegatten gem. Art. 166 ZGB bzw. eines eingetragenen Partners oder einer eingetragenen Partnerin gem. Art. 15 PartG, die Gemeinschaft während des Zusammenlebens für die laufenden Bedürfnisse der Familie bzw. der Gemeinschaft zu vertreten, entfällt nicht, wenn der andere Ehegatte bzw. die andere Partnerin oder der andere Partner urteilsunfähig wird, und bleibt neben der für diesen Fall von Gesetzes wegen hinzugekommenen Vertretungsbefugnis nach Art. 374 ZGB bestehen (zum Geltungsbereich s.u. N 7). Die Geltungsbereiche beider Befugnisse überlagern sich (FamKomm Erwachsenenschutz-LEUBA, Art. 374 N 9). Die besonderen rechtlichen Wirkungen im Falle des **Handelns für die Gemeinschaft**, nämlich die grundsätzliche Verpflichtung beider Ehegatten (im Umfang ihrer beidseitigen Beiträge an den Unterhalt gem. Art. 163 ZGB bzw. Art. 13 PartG) und ihre solidarische Haftung sprechen für den **Vorrang der eherechtlichen bzw. partnerschaftsgesetzlichen Vertretung vor der erwachsenenschutzrechtlichen** (BSK ZGB I-REUSSER, Art. 374 N 24).

Im Fall der **Gütergemeinschaft** gem. Art. 221 ff. ZGB kann das **Gesamtgut** bei Urteilsunfähigkeit eines Ehegatten nicht gestützt auf Art. 374 ZGB verwaltet werden. Für die **ordentliche Verwaltung** hat der andere Ehegatte die Befugnisse gem. Art. 227 Abs. 2 ZGB zu beanspruchen. Müssen Verwaltungshandlungen betreffend oder Verfügungen über das Gesamtgut getätigt werden, die über die ordentliche Verwaltung hinausgehen, hat sich der handlungsfähige Ehegatte an die KESB zu wenden, welche das Erforderliche für die Vertretung vorzukehren hat. Sieht sie von der Errichtung einer Beistandschaft ab, hat sie ihre Zustimmung oder Verweigerung der Zustimmung nicht auf Art. 374 Abs. 3 ZGB, sondern auf Art. 392 Ziff. 1 ZGB abzustützen. Nur das Eigengut des urteilsunfähigen Ehegatten ist gegebenenfalls gestützt auf Art. 374 ZGB zu verwalten (BSK ZGB I-REUSSER, Art. 374 N 23).

4b

Ehegatten oder eingetragene Partner können, solange sie noch urteilsfähig sind, ihre Vorstellungen zur Frage äussern, ob sie im Falle ihrer eigenen Urteilsunfähigkeit im Rahmen der Vertretung von Gesetzes durch (Ehe-)Partner vertreten werden wollen oder nicht. Die Vertretung von Gesetzes wegen ist dispositiv und eine solche ausschliessende Erklärung ist an keine Formvorschriften gebunden (CHK-FANKHAUSER, Art. 374 ZGB N 3; für einfache Schriftlichkeit: BSK ZGB I-REUSSER, Art. 374 N 19). Ehegatten oder eingetragene Partner können – müssen aber nicht –, solche Erklärungen in einer für den VA vorgeschriebenen Form abgeben, was den Erklärungen allerdings nicht die Eigenschaft eines VA verleiht. Die Erwachsenenschutzbehörde darf sich angesichts des Selbstbestimmungsanspruchs der betroffenen Person über solche Willenserklärungen nicht ohne ausreichende Gründe hinwegsetzen, auch wenn ihnen aus inhaltlichen Gründen nicht die gleiche Verbindlichkeit wie einer vorsorgeauftragsrechtlichen Anordnung zukommt (s. dazu CHK-FANKHAUSER, Art. 374 ZGB N 3; IMBACH, Rz 297). Wie für den Vorsorgeauftrag kann die Existenz und der Hinterlegungsort einer schriftlichen Erklärung des Ausschlusses der Vertretung nach Art. 374 beim Zivilstandsamt als «Vorsorgeverfügung» registriert werden (BSK ZGB I-REUSSER, Art. 374 N 19). Ehegatten oder eingetragene Partner können auch in einem VA mit entsprechenden inhaltlichen Dispositionen **massgeschneiderte eigene Vorsorge** treffen, die neben den Aufgabenbereichen der vorsorgebeauftragten Person noch Vertretung von Gesetzes wegen durch den Ehegatten den eingetragenen Partner zum Zuge kommen lässt (dazu Art. 360 N 22). Oder sie können einen VA mit der aufschiebenden Klausel versehen, wonach er der Erwachsenenschutzbehörde erst vorgelegt und erst wirksam werden soll, wenn der Ehegatte oder der eingetragene Partner die entsprechenden Aufgaben nicht mehr als Vertreter von Gesetzes wegen wahrnehmen kann.

5

II. Norminhalt

1. Entstehung und Erlöschen des Vertretungsrechtes

6 Das Vertretungsrecht des einen Ehegatten oder des einen eingetragenen Partners entsteht von Gesetzes wegen, wenn die folgenden Voraussetzungen kumulativ erfüllt sind:
1. **Urteilsunfähigkeit des anderen Ehegatten, der anderen eingetragenen Partnerin oder des anderen eingetragenen Partners**;
2. **Zusammenleben** im gemeinsamen Haushalt **oder regelmässige Beistandsleistung** des einen Ehegatten oder des einen eingetragenen Partners an den anderen (Ehe-)Partner;
3. es bestehen **kein Vorsorgeauftrag** und **keine Beistandschaft**.

Fällt eine der drei Voraussetzungen dahin, entfällt das Vertretungsrecht ebenso von Gesetzes wegen wie es entstanden ist.

- **zu Ziff. 1**: Das Vertretungsrecht entsteht auch bei voraussichtlich nur vorübergehender **Urteilsunfähigkeit** für deren Dauer (zur Frage der Wahrnehmung bei kurzer Dauer Art. 375 N 1 a.E.).
- **zu Ziff. 2**: Bei **Zusammenleben im gemeinsamen Haushalt** wird meistens gleichzeitig auch die Voraussetzung der **regelmässigen Beistandsleistungen** erfüllt sein. Diese alternative **Voraussetzung genügt für sich allein, wenn** die urteilsunfähige **Person ausserhalb einer gemeinsamen Wohnung in einer Wohn- und Pflegeeinrichtung** betreut wird (Botschaft Erwachsenenschutz, 7035). Als Indizien für die Erfüllung dieser Voraussetzung sind regelmässige Besuche des einen beim andern (Ehe-)Partner und Interesse und Einsatz für die Erhaltung einer möglichst guten Lebensqualität des urteilsunfähigen (Ehe-)Partners zu werten sowie eine durch die gesamten Umstände gestützte Prognose, dass die (Ehe-)Partner wieder einen gemeinsamen Haushalt führen würden, wenn eine Verbesserung des Gesundheitszustandes dies erlauben würde.
- **zu Ziff. 3**: Ein VA schliesst die Vertretung von Gesetzes wegen in dem Umfang aus, in dem die vorsorgebeauftragte Person zur Vertretung berufen ist. Weil für die Wirksamkeit des VA eine Urteilsunfähigkeit von einer gewissen Dauer erforderlich ist (Art. 363 N 9 sowie Art. 363 N 23), steht der Vorsorgeauftrag, solange diese Wirksamkeitsvoraussetzung nicht erfüllt ist, der Vertretung von Gesetzes wegen nicht entgegen. Ist der Ehegatte oder der eingetragene Partner als vorsorgebeauftragte Person berufen, wird der Übergang der Vertretung von Gesetzes wegen zu derjenigen kraft VA in der Praxis nicht zu Schwierigkeiten Anlass geben. In anderen Konstellationen wird die Erwachsenenschutzbehörde zweckdienliche Anordnungen nötigenfalls bereits vorsorglich (Art. 363 N 1, Art. 376 N 1) treffen müssen. Wenn der (**Ehe-)Partner Kenntnis hat von der Existenz eines VA oder nicht mit Sicherheit weiss, dass ein solcher nicht besteht**, hat er die **Erwachsenenschutzbehörde zu informieren**, wobei er gleichzeitig mitteilen soll, ob und wie weit er bereit und in der Lage ist, die Interessen des urteilsunfähigen (Ehe-)Partners im Rahmen des von Gesetzes wegen entstandenen Vertretungsrechts (weiterhin) wahrzunehmen.

Auch die **Beistandschaft** schliesst die Vertretung von Gesetzes wegen nur in dem Umfang aus, in dem der **Beistand** zur Vertretung berufen ist. Wenn der Ehegatte oder der eingetragene Partner als Beistand eingesetzt wird, ist die Beistandschaft so auszugestalten, dass alle Aufgaben im Rahmen derselben wahrgenommen werden können. Paralleles Wirken eines Ehegatten oder eines eingetragenen Partners im Rahmen der Vertretung von Gesetzes wegen einerseits und einer Beistandschaft andererseits ist nicht praktikabel (gl.M. FamKomm Erwachsenenschutz-Leuba, Art. 374 N 37). In Fällen, in denen die Erwachsenenschutzbehörde den Ehegatten oder den eingetragenen Partner als Beistand von der Inventarpflicht und der Pflicht zur periodischen Berichterstattung und Rechnungsablage zu entbinden gedenkt, weil sie nach pflichtgemässem Ermessen die Voraussetzungen hierzu als erfüllt betrachtet (s. Art. 420 N 3), dürfte i.d.R. auch bereits der Verzicht auf Errichtung einer Beistandschaft angezeigt sein. Bezüglich des Übergangs der Vertretung von Gesetzes wegen zu derjenigen kraft Beistandschaft gelten die Feststellungen zum Übergang beim Vorsorgeauftrag sinngemäss.

Als weitere, in Art. 374 nicht genannte, sich jedoch aus Art. 12 ergebende Voraussetzung für die Entstehung der Vertretung von Gesetzes wegen ist die **uneingeschränkte Handlungsfähigkeit** des Ehegatten bzw. Partners zu nennen, der die Vertretung wahrnehmen soll, sowie – in analoger Anwendung von Art. 421 Ziff. 4 – das Fehlen einer Beistandschaft für denselben (BSK ZGB I-Reusser, Art. 374 N 9; FamKomm Erwachsenenschutz-Leuba, Art. 374 N 28 f.). Ist die Beistandschaft allerdings nicht mit einer Einschränkung der Handlungsfähigkeit verbunden, müssten nach der hier vertretenen Auffassung gestützt auf Art. 374 vorgenommene Vertretungshandlungen aus Gründen der Rechtssicherheit als gültig anerkannt werden, solange die KESB das Vertretungsrecht nicht entzogen hat.

6a

Sinngemäss sind sodann die Bestimmungen von Art. 365 Abs. 2 und 3 betr. die Vertretung im Rahmen eines VA auf die Vertretung von Gesetzes wegen durch den Ehegatten bzw. die Partnerin oder den Partner anzuwenden, woraus sich ergibt, dass dessen bzw. deren Vertretungsbefugnis im Falle einer **Interessenkollision** von Gesetzes wegen entfällt (s. Hinweise dazu u. Art. 376 N 3).

6b

Kontrovers wird die Frage erörtert, ob die Beschränkung des Vertretungsrechts auf Ehegatten bzw. eingetragene Partnerinnen und Partner sinnvoll ist, oder ob de lege ferenda das Vertretungsrecht auf schon länger **andauernde nichteheliche Lebenspartnerschaften** auszudehnen wäre (befürwortend: Imbach, Rz 1178; offen bzw. kritisch zur geltenden Regelung: CHK-Fankhauser, Art. 374 ZGB N 4 m.H.a. Fankhauser, BJM 2010, 248; kritisch bzw. ablehnend gegenüber Ausdehnung: BSK ZGB I-Reusser, vor Art. 374–376, N 6; FamKomm Erwachsenenschutz-Leuba, Art. 374 N 2). Die eine Ausdehnung ablehnende Auffassung erscheint überzeugender angesichts der Risiken und angesichts des Umstandes, dass faktische Lebenspartnerinnen und -partner wie alle anderen Personen des Vertrauens mittels VA zur Vertretung berufen werden können (FamKomm Erwachsenenschutz-Leuba, Art. 374 N 3).

6c

2. Der Umfang des Vertretungsrechtes

7 Das Vertretungsrecht umfasst gem. Abs. 2 Ziff. 1 vorerst alle **Rechtshandlungen**, die zur **Deckung des Unterhaltsbedarfs** üblicherweise erforderlich sind. Der Unterhaltsbedarf richtet sich nach dem bisherigen Lebensstandard, wobei allerdings die Veränderungen infolge Verschlechterung der Gesundheit der betroffenen Person zu berücksichtigen sind (BSK ZGB I-Reusser, Art. 374 N 36 m.w.H.). Darunter fallen im Wesentlichen die Erschliessung von Dienstleistungen und materiellen Leistungen, inkl. Versicherungsleistungen, die der Erhaltung der nach den Umständen angemessenen, bestmöglichen Lebensqualität der betroffenen Person dienen sowie die für diese Leistungen zu entrichtenden Gegenleistungen (gl.M. Reusser, a.a.O.). Im Aussenverhältnis wird der urteilsunfähige Ehegatte bzw. Partner allein verpflichtet; die **Aufteilung der Unterhaltskosten im Innenverhältnis** bestimmt sich nach Art. 163 ZGB bzw. nach Art. 13 PartG (BSK ZGB I-Reusser, Art. 374 N 38). Die Deckung des Unterhaltsbedarfs kann einen **Vermögensverzehr** notwendig machen. Dieser kann grundsätzlich im Rahmen des Vertretungsrechts gem. Abs. 2 Ziff. 2 erfolgen, welches nebst der Deckung des Unterhaltsbedarfs die **ordentliche Verwaltung** (dazu N 11) **des Einkommens und der übrigen Vermögenswerte** umfasst. Die Beanspruchung von Einkommens- und Vermögensteilen nicht nur für den Unterhalt der urteilsunfähigen Person, sondern auch für den Ehegatten bzw. Partner, allenfalls auch für Kinder mit einem Unterhaltsanspruch, fällt ebenfalls unter die ordentliche Verwaltung, sofern diese Beanspruchung der Aufteilung der Unterhaltskosten entspricht, die bereits vor Eintritt der Urteilsunfähigkeit gestützt auf Art. 163 ZGB bzw. Art. 13 PartG praktiziert wurde (BSK ZGB I-Reusser, Art. 374 N 43; FamKomm Erwachsenenschutz-Leuba, Art. 374 N 45). Ist die Erhöhung des Unterhaltsbedarfs eines oder mehrerer Familienmitglieder durch objektiv ausgewiesene Umstände indiziert, können die zusätzlich erforderlichen Mittel allenfalls im Rahmen der ordentlichen Verwaltung ausgelöst werden (BSK ZGB I-Reusser, Art. 374 N 44). Andernfalls oder im Zweifel hat die KESB das Erforderliche zur Wahrung der Interessen der urteilsunfähigen Person vorzukehren, d.h. entweder nach Art. 392 selbst zu handeln oder eine Beistandschaft wegen Interessenkollision zu errichten. Da der Unterhaltsanspruch nicht ein absolut höchstpersönliches Recht ist, kann die Verständigung im Sinne von Art. 163 Abs. 2 aussergerichtlich stattfinden, wobei die KESB ihre Zustimmung nach Art. 417 vorbehalten kann. Mangels Einigung ist ein richterlicher Entscheid nach Art. 173 zu erwirken (vgl. BSK ZGB I-Reusser, Art. 374 N 44).

8 **Nur mit Zustimmung der Erwachsenenschutzbehörde** kann der Ehegatte oder der eingetragene Partner Rechtshandlungen im Rahmen der **ausserordentlichen Vermögensverwaltung** (dazu N 11) tätigen (Abs. 3).

9 Unter dem Vorbehalt der soeben erwähnten Mitwirkung der Erwachsenenschutzbehörde kann der Ehegatte oder der eingetragene Partner somit kraft der Vertretung von Gesetzes wegen in den **Bereichen der alltäglichen Personensorge und der Vermögenssorge** die **Interessen** des dauernd urteilsunfähigen (besonders hilfsbedürftigen) (Ehe-)Partners **umfassend** wahren. Inhaltlich entspricht das Ver-

tretungsrecht dann demjenigen des Beistandes bei umfassender Beistandschaft gem. Art. 398.

Nicht gestützt auf Art. 374 im Vertretungsrecht des Ehegatten oder des eingetragenen Partners von Gesetzes wegen enthalten ist das Recht zur **Vertretung bei medizinischen Massnahmen** (Art. 377) und damit – gem. Art. 382 Abs. 3 davon abgeleitet – **auch nicht** das Recht zur Vertretung beim Abschluss, der Änderung oder Aufhebung des **Betreuungsvertrags** mit einer Wohn- oder Pflegeeinrichtung (gl. M. BSK ZGB I-Reusser, Art. 374 N 35). Dem Ehegatten oder dem eingetragenen Partner steht jedoch gestützt auf Art. 378 Abs. 1 Ziff. 3 das Vertretungsrecht auch in medizinischen Belangen unter den gleichen Voraussetzungen zu, wie sie für die Anwendung von Art. 374 gelten (N 6). 10

Zur **Abgrenzung der ausserordentlichen von der ordentlichen Vermögensverwaltung** sind Lehre und Rechtsprechung zu den Bestimmungen von Art. 227 und 228 beizuziehen (Botschaft Erwachsenenschutz, 7035; Stettler, ZSR 2003 I, 373 m.H. auf BK-Hausheer/Reusser/Geiser, Art. 227/228 ZGB N 20 ff.; BSK ZGB I-Reusser, Art. 374 N 40). Noch unter die ordentliche Verwaltung fallen **Vertretungshandlungen von geringerer Bedeutung**, wie kleinere Reparaturen (Sacherhaltung), kleinere Neuanschaffungen bzw. Veräusserungen, das Einziehen von Guthaben wie z.B. Mietzinsen (Durchsetzung von Ansprüchen) und die Neuanlage von Wertschriften (Vermögensdispositionen), soweit dabei die Anlagepolitik nicht wesentlich verändert wird (BSK ZGB I-Hausheer/Aebi-Müller, Art. 227/228 N 8 ff.). Ebenfalls zur ordentlichen Verwaltung gehören der Abschluss und die Geltendmachung von Ansprüchen aus Sachversicherungs- und Haftpflichtversicherungsverträgen. Der **ausserordentlichen Verwaltung** sind somit die **Vertretungshandlungen von grösserer Bedeutung** zuzurechnen. Dabei erscheint es vertretbar, im erwachsenenschutzrechtlichen Kontext der Vertretung von urteilsunfähigen Personen den erwachsenenschutzrechtlichen Katalog von Art. 416 als Richtschnur beizuziehen (gl.M. FamKomm Erwachsenenschutz-Leuba, Art. 374 N 43). Generell ausgeschlossen bleibt unter der ordentlichen Verwaltung die Prozessführung, da sich eine Unterscheidung von wichtigen und weniger bedeutenden Verfahren kaum als praktikabel erweist (BSK ZGB I-Hausheer/Aebi-Müller, Art. 227/228 N 10). 11

Das Vertretungsrecht umfasst sodann das Recht, nötigenfalls die **Post zu öffnen** und zu erledigen (Abs. 2 Ziff. 2). Je nach Umständen ist das Öffnen bei bloss vorübergehender Urteilsunfähigkeit nicht nötig, so weit es sich nicht offensichtlich um Rechnungen und dergleichen handelt, welche die laufende ordentliche Administration betreffen. Soweit möglich ist bei Post, die von aussen erkennbar eher persönlichen Charakters ist, die absendende Person zu kontaktieren (FamKomm Erwachsenenschutz-Leuba, Art. 374 N 50). 12

3. Die Zustimmung zu Geschäften im Bereich der ausserordentlichen Vermögensverwaltung im Besonderen

Bezüglich der Zustimmung der Erwachsenenschutzbehörde zu Geschäften, die der Ehegatte oder der eingetragene Partner im Bereich der ausserordentlichen Ver- 13 waltung abzuschliessen gedenkt oder bereits abgeschlossen hat, sind aufgrund analoger Anwendung von Art. 418 (gl.M. WIDMER BLUM, 65 f.; BSK ZGB I-REUSSER, Art. 374 N 63; FamKomm Erwachsenenschutz-LEUBA, Art. 374 N 52) die Regeln von Art. 19a und 19b massgebend (dazu o. Einführung, N 32 f.). Auch bezüglich der übrigen Wirkungen der Zustimmung und des Verfahrens können die für die behördliche Mitwirkung nach Art. 416 und 417 geltenden Regeln analog angewendet werden (s.u. Art. 416 N 4 f.).

Art. 375

B. Ausübung des Vertretungsrechts

Auf die Ausübung des Vertretungsrechts sind die Bestimmungen des Obligationenrechts über den Auftrag sinngemäss anwendbar.

1 Im Gegensatz zur Wahrnehmung der Aufgaben aus einem VA durch die vorsorgebeauftragte Person, auf welches Auftragsverhältnis die **obligationenrechtlichen Bestimmungen über den Auftrag** unmittelbar anzuwenden sind (Art. 365 Abs. 1, 2. Teilsatz), kommen diese Bestimmungen bei der Ausübung des Vertretungsrechtes durch den Ehegatten oder den eingetragenen Partner gem. Gesetzeswortlaut **nur sinngemäss zur Anwendung**. Im Unterschied zum VA liegt der Vertretung von Gesetzes wegen eben kein Auftrag zugrunde, den die beauftragte Person erst annehmen muss, damit er zum Tragen kommt. Das Vertretungsrecht entsteht von Gesetzes wegen (CHK-FANKHAUSER, Art. 374 ZGB N 6), doch der (Ehe-)Partner wird nicht von Gesetzes wegen verpflichtet, das Vertretungsrecht auszuüben. Es trifft ihn **keine Ausführungspflicht i.S.v. Art. 397 OR** (gl.M. FamKomm Erwachsenenschutz-LEUBA, Art. 374 N 16; BSK ZGB I-REUSSER, Art. 374 N 22 und Art. 375 N 7). Hingegen ist er gestützt auf die **eheliche bzw. partnerschaftliche Beistandspflicht** (Art. 159 ZGB bzw. Art. 12 PartG) verpflichtet, die Interessen seines urteilsunfähigen (Ehe-)Partners nach seinen Möglichkeiten und dessen Bedürfnissen wahrzunehmen. Ist er dazu selbst mit dem Institut der Vertretung von Gesetzes wegen nicht in der Lage oder nicht willens, hat er die Erwachsenenschutzbehörde zu verständigen (HAUSHEER/GEISER/AEBI-MÜLLER, Erwachsenenschutzrecht, Rz 2.61; BSK ZGB I-REUSSER, Art. 374 N 22). Die mit der Beistandspflicht verbundene Pflicht zu gegenseitiger Rücksichtnahme kann allerdings bei lediglich vorübergehender voraussichtlich kürzerer Dauer der Urteilsunfähigkeit auch einmal gebieten, vom Vertretungsrecht keinen Gebrauch zu machen und ein aufschiebbares Geschäft zu vertagen (gl.M. FamKomm Erwachsenenschutz-LEUBA, Art. 374 N 26).

2 Wenn der Ehegatte oder der eingetragene Partner vom Vertretungsrecht Gebrauch macht und für den urteilsunfähigen (Ehe-)Partner handelt, ergibt sich aus der sinngemässen Anwendung der obligationenrechtlichen Bestimmungen über den Auftrag insb. die Pflicht **zur getreuen und sorgfältigen Ausführung** gem. Art. 398 Abs. 1 und 2 OR (HAUSHEER/GEISER/AEBI-MÜLLER, Erwachsenenschutzrecht, Rz 2.61), worunter auch die **Verschwiegenheitspflicht** fällt (dazu BSK ZGB I-REUSSER, Art. 375 N 9). Sodann gelten die Regeln von Art. 398 Abs. 3 und

Art. 399 OR betreffend die **persönliche Besorgung der Geschäfte** (Botschaft Erwachsenenschutz, 7035; betr. Zulässigkeit des Beizugs von Hilfspersonen: s. KOKES, Rz 3.6) sowie die Bestimmungen von Art. 400 OR (Rechenschaftsablegung) und 401 OR (Übergang erworbener Rechte) und gestützt auf die Verweisung von Art. 456 auch die **auftragsrechtlichen Haftungsregeln** (vgl. zum Ganzen auch Art. 365 N 3 und 4). Angesichts der ehelichen bzw. partnerschaftlichen Beistandspflicht (s.o. N 1) lässt die sinngemässe Anwendung von Art. 394 Abs. 3 OR auf **Unentgeltlichkeit** der Vertretung von Gesetzes wegen schliessen (CHK-FANKHAUSER, Art. 375 ZGB N 2). Entgegen der in der Vorauflage vertretenen Auffassung ist die Bestimmung von Art. 397a OR betreffend **Meldepflicht** an die Erwachsenenschutzbehörde nicht anzuwenden, auch nicht sinngemäss und auch nicht hinsichtlich zu besorgender Geschäfte ausserhalb des Vertretungsbereichs von Art. 374, da die entsprechende Meldepflicht bereits in der ehelichen bzw. partnerschaftlichen Beistandspflicht enthalten ist (BSK ZGB I-REUSSER, Art. 375 N 7, 6. Tabellenzeile und Art. 374 N 33; IMBACH, Rz 756). Schliesslich sind **bei Wegfall der Vertretungsbefugnis** oder bei Wegfall der Bereitschaft, die Vertretungsaufgabe wahrzunehmen (analog Art. 404 OR) die Bestimmungen von Art. 405 Abs. 2 und Art. 406 OR sinngemäss anzuwenden; es besteht kein Anlass, den Ehegatten oder den eingetragenen Partner diesbezüglich anders zu behandeln als die vorsorgebeauftragte Person (Art. 369 N 1).

Art. 376

C. Einschreiten der Erwachsenenschutzbehörde

¹ Bestehen Zweifel, ob die Voraussetzungen für eine Vertretung erfüllt sind, so entscheidet die Erwachsenenschutzbehörde über das Vertretungsrecht und händigt gegebenenfalls dem Ehegatten, der eingetragenen Partnerin oder dem eingetragenen Partner eine Urkunde aus, welche die Befugnisse wiedergibt.

² Sind die Interessen der urteilsunfähigen Person gefährdet oder nicht mehr gewahrt, so entzieht die Erwachsenenschutzbehörde dem Ehegatten, der eingetragenen Partnerin oder dem eingetragenen Partner auf Antrag einer nahestehenden Person oder von Amtes wegen die Vertretungsbefugnisse teilweise oder ganz oder errichtet eine Beistandschaft.

Literatur

Vgl. die Literaturhinweise zu Art. 360.

Zweifel können bezüglich jeder der in **Art. 374** genannten Voraussetzungen (Art. 374 N 1) vorhanden sein und zwar beim potenziell vertretungsberechtigten (Ehe-)Partner, bei anderen Angehörigen oder bei Dritten, denen gegenüber das Vertretungsrecht geltend gemacht wird (Botschaft Erwachsenenschutz, 7035). 1

Wird die **Erwachsenenschutzbehörde** um Klärung der Frage angegangen, hat sie insb. dann, wenn vorgebracht wird, die betroffene Person sei dauernd urteilsunfähig, gestützt auf Art. 363 **von Amtes wegen** ein Verfahren zur **Prüfung der Notwendigkeit erwachsenenschutzrechtlicher Massnahmen** einzuleiten, das sich nach den Regeln von Art. 444 ff. richtet (dazu Art. 363 N 1 ff.).

2   Ergibt dieses Verfahren, dass die Voraussetzungen für die Vertretung von Gesetzes wegen erfüllt sind, insb. auch die Vertretungsmacht ausreicht und keine weiteren (behördlichen) Massnahmen zum Schutze der Interessen der urteilsunfähigen Person nötig sind (Hausheer/Geiser/Aebi-Müller, Erwachsenenschutzrecht, Rz 2.63), so stellt die Erwachsenenschutzbehörde dem **vertretungsberechtigten (Ehe-) Partner** eine **Urkunde** aus, welche dessen **Befugnisse** wiedergibt. Die Gültigkeit der Urkunde kann befristet werden (Hausheer/Geiser/Aebi-Müller, Erwachsenenschutzrecht, Rz 2.62), womit allerdings keine Befristung der von Gesetzes wegen bestehenden Vertretung verbunden ist. Der Urkunde kommt eine ähnliche Funktion zu wie derjenigen für die vorsorgebeauftragte Person (Art. 363 N 23), wird im Unterschied zu jener jedoch i.d.R. keine auf einen konkreten Vorsorgeauftrag abgestimmten Aufgaben und Kompetenzen umschreiben, sondern den Umfang des gesetzlichen Vertretungsrechtes gem. Art. 374 Abs. 2 in allgemeiner Form festhalten (gl.M. FamKomm Erwachsenenschutz-Leuba, Art. 376 N 6, und im Grundsatz auch CHK-Fankhauser, Art. 376 ZGB N 4, jedoch für Konkretisierungsmöglichkeit in speziellen Fällen). Im Falle massgeschneiderter eigener Vorsorge (Art. 374 N 5), d.h. wenn nur ein **Teil der Aufgaben mit einem Vorsorgeauftrag** vergeben werden, oder wenn der Ehegatte oder der eingetragene Partner **nur** einen **Teil** der anfallenden **Aufgaben im Rahmen der Vertretung von Gesetzes** wegen wahrnehmen will und deshalb für **andere Aufgaben eine Drittperson** (z.B. ein anderer Angehöriger) als Beistand einzusetzen ist, sind die beim Ehegatten oder beim eingetragenen Partner als Vertreter von Gesetzes wegen verbleibenden **Vertretungsbefugnisse in der Urkunde abschliessend** festzuhalten (gl.M. Leuba, a.a.O.). Es dürfte in solchen Fällen meistens zweckmässig sein, in den verschiedenen Urkunden auf die jeweils daneben bestehenden Vertretungsverhältnisse und -befugnisse hinzuweisen. Entfällt das Vertretungsrecht (Art. 374 N 3, 6), ist die Urkunde vom Ehegatten oder vom eingetragenen Partner zurückzuverlangen (Hausheer/Geiser/Aebi-Müller, Erwachsenenschutzrecht, Rz 2.62).

3   Die Erwachsenenschutzbehörde hat bei **Gefährdung der Interessen** der urteilsunfähigen Person in gleicher Weise tätig zu werden wie im Falle der Interessengefährdung im Zuge der Ausübung eines Vorsorgeauftrages (Art. 368 N 3). Der **gänzliche Entzug der Vertretungsbefugnisse** ohne gleichzeitige Errichtung einer Beistandschaft dürfte höchstens als vorsorgliche Massnahme für kurze Zeit in Frage kommen (gl.M. BSK ZGB I-Reusser, Art. 376 N 28). Ansonsten muss, falls dies zur Abwendung einer Interessengefährdung erforderlich ist, **eine Beistandschaft** errichtet und diese so ausgestaltet werden, dass sie alle Vertretungsbefugnisse des Ehegatten oder des eingetragenen Partners beseitigt. Der Ehegatte oder der eingetragene Partner kommt in diesem Fall unter Umständen als Beistand in Frage (s. N 4).

Wenn zur Abwendung einer Gefährdung dem Ehegatten oder dem eingetragenen Partner als Vertreter von Gesetzes wegen **nur ein Teil der Vertretungsbefugnisse entzogen** werden muss, ist eine Beistandschaft mit einer Drittperson als Beistand anzuordnen, sofern die Beschränkung nicht lediglich präventiv ausgesprochen wird, ohne dass aktuell ein entsprechender Vertretungsbedarf vorliegt. Liegt ein solcher bezüglich einer einzelnen Angelegenheit vor, kann je nach Umständen auch eine Auftragserteilung gem. Art. 392 Ziff. 2 ausreichen. Bei **Interessenkollision** entfällt die Vertretungsmacht von Gesetzes wegen (OFK ZGB-Fassbind, Art. 376 N 2; CHK-Fankhauser, Art. 374 ZGB N 6; BSK ZGB I-Reusser, Art. 374 N 26) und ein formeller Entzug der Vertretungsbefugnis ist nicht erforderlich (BSK ZGB I-Reusser, Art. 376 N 21).

Im Unterschied zur vorsorgebeauftragten Person können dem Ehegatten oder dem eingetragenen Partner als Vertreter von Gesetzes wegen keine Weisungen erteilt und kann er nicht zur Einreichung eines Inventars oder zur periodischen Rechnungsablage oder Berichterstattung verpflichtet werden (a.M. betr. Weisungen und Mahnungen: OFK ZGB-Fassbind, Art. 374 N 2; CHK-Fankhauser, Art. 376 ZGB N 4). Wären **flankierende Massnahmen** dieser Art angezeigt, ist der Ehegatte oder der eingetragene Partner als Beistand einzusetzen, wobei er dann konsequenterweise nicht gestützt auf Art. 420 wieder von den entsprechenden Pflichten befreit werden sollte. Immerhin steht es den Beteiligten frei, einvernehmlich weniger intensive flankierende Massnahmen vorzusehen, wie etwa Beratung statt Weisungen oder periodische Vorlage gewisser Unterlagen statt lückenlose Abrechnung und Berichterstattung (s. dazu BSK ZGB I-Reusser, Art. 376 N 26). 4

Die **Haftung der Erwachsenenschutzbehörde** richtet sich nach den Bestimmungen von Art. 454 und 455 (s.a. Art. 368 N 6 und Minger, ZVW 2006, 177). 5

Kantonale Bestimmungen zur Vertretung durch Ehegatten oder eingetragene Partner (Art. 374–376 ZGB)	
AG	**§ 60b EG ZGB – Einzelzuständigkeiten** ¹ Die Bezirksgerichtspräsidentin oder der Bezirksgerichtspräsident entscheidet in Einzelzuständigkeit […]. ² […]. ³ In die Einzelzuständigkeit fallen ferner folgende Geschäfte des Erwachsenenschutzes: a)–b) […], c) Zustimmung zu Rechtshandlungen des Ehegatten beziehungsweise der eingetragenen Partnerin oder des eingetragenen Partners im Rahmen der ausserordentlichen Vermögensverwaltung (374 Abs. 3), […]. ⁴ Die Bezirksgerichtspräsidentin oder der Bezirksgerichtspräsident kann die Angelegenheiten gemäss § 60b Abs. 1–3 dem Kollegium zur Beurteilung überweisen, wenn es die rechtlichen oder tatbeständlichen Verhältnisse rechtfertigen.
AR	**Art. 47 EG zum ZGB – Einzelzuständigkeiten** ¹ […]. ² In die Einzelzuständigkeit jedes Mitgliedes fallen folgende Geschäfte des Erwachsenenschutzes:

	Kantonale Bestimmungen zur Vertretung durch Ehegatten oder eingetragene Partner (Art. 374–376 ZGB)
	1. [...]; 2. Zustimmung zu Rechtshandlungen des Ehegatten im Rahmen der ausserordentlichen Vermögensverwaltung (Art. 374 Abs. 3 ZGB); [...]. ³ Wenn die Art der Entscheidung es erfordert, kann das zuständige Mitglied eine Entscheidung in Dreierbesetzung verlangen.
BS	**§ 4 KESG – Einzelentscheide** ¹ Zuständig für Einzelentscheide ist die Vorsitzende oder der Vorsitzende einer Spruchkammer. ² Einzelentscheide sind in folgenden Fällen vorgesehen: a) [...]; b) Vertretung durch den Ehegatten, die eingetragene Partnerin oder den eingetragenen Partner: Art. 376 ZGB: Ausstellung einer Urkunde über die Vertretungsbefugnisse [...].
BE	**Art. 57 KESG** Auf dem Gebiet des Erwachsenenschutzes fallen in die Zuständigkeit der Präsidentin oder des Präsidenten: a. [...], b. Zustimmung zu Rechtshandlungen des Ehegatten im Rahmen der ausserordentlichen Vermögensverwaltung (Art. 374 Abs. 3 ZGB), [...]. **Art. 58 KESG** Die Präsidentin oder der Präsident kann die Angelegenheiten nach den Artikeln 55 bis 57 dem Kollegium zur Beurteilung überweisen, wenn die rechtlichen oder tatbeständlichen Verhältnisse es rechtfertigen. **Art. 59 Abs. 2 KESG** Wo es die besonderen Verhältnisse rechtfertigen, kann die Präsidentin oder der Präsident eine Angelegenheit nach den Artikeln 55 bis 57 an ein anderes Mitglied der Kindes- und Erwachsenenschutzbehörde zur selbstständigen Erledigung übertragen. Artikel 58 gilt sinngemäss.
FR	**Art. 4 KESG – Zuständigkeit/Befugnisse der Präsidentin oder des Präsidenten** ¹⁻² [...] ³ Im Bereich des Erwachsenenschutzes unterstehen folgende Entscheide und Massnahmen ausschliesslich der Befugnis der Präsidentin oder des Präsidenten der Schutzbehörde: a)–c) [...]; d) die Gewährung der Zustimmung zur Ausübung von Rechtshandlungen im Rahmen der ausserordentlichen Vermögensverwaltung durch den Ehegatten, die eingetragene Partnerin oder den eingetragenen Partner (Art. 374 Abs. 3 ZGB); [...].

Kantonale Bestimmungen zur Vertretung durch Ehegatten oder eingetragene Partner (Art. 374–376 ZGB)	
GL	**Art. 65 EG ZGB** ¹ Die Kindes- und Erwachsenenschutzbehörde entscheidet grundsätzlich in Dreierbesetzung. ²⁻⁴ […]. ⁵ Folgende Geschäfte kann die Behörde einem einzelnen ständigen Mitglied übertragen: 1.–11. […]; 12. Zustimmung zu Rechtshandlungen des Ehegatten und des eingetragenen Partners/der eingetragenen Partnerin im Rahmen der ausserordentlichen Vermögensverwaltung (Art. 374 Abs. 3 ZGB); […].
GR	**Art. 59c EG ZGB – Einzelzuständigkeit im Erwachsenenschutz** Im Erwachsenenschutzverfahren fallen in die Einzelzuständigkeit des instruierenden Behördenmitgliedes: a)–b) […]; c) Zustimmung zu Rechtshandlungen im Rahmen der ausserordentlichen Vermögensverwaltung (Art. 374 Abs. 3); […].
LU	**§ 49 EG ZGB – Einzelzuständigkeiten** ¹ […]. ² In Erwachsenenschutzverfahren entscheidet ein Mitglied der Kindes- und Erwachsenenschutzbehörde über: a. – c. […], d. Zustimmung zu Rechtshandlungen des Ehegatten im Rahmen der ausserordentlichen Vermögensverwaltung (Art. 374 Abs. 3 ZGB), […]. ³ Ist vor der Kindes- und Erwachsenenschutzbehörde ein Verfahren hängig, kann diese auch über Geschäfte gemäss den Absätzen 1 und 2 entscheiden.
NW	**Art. 30 EG ZGB – Präsidium** ¹ […]. ² In die Zuständigkeit des Präsidiums fallen folgende Geschäfte des Erwachsenenschutzes: 1. […]; 2. Zustimmung zu Rechtshandlungen des Ehegatten im Rahmen der ausserordentlichen Vermögensverwaltung (Art. 374 Abs. 3 ZGB); […].
OW	**Art. 1 AB EV KESR – Einzelzuständigkeit** ¹ […]. ² In die Zuständigkeit eines Mitgliedes fallen folgende Geschäfte des Erwachsenenschutzes: a. […]; b. Zustimmung zu Rechtshandlungen des Ehegatten im Rahmen der ausserordentlichen Vermögensverwaltung (Art. 374 Abs. 3 ZGB); […].

	Kantonale Bestimmungen zur Vertretung durch Ehegatten oder eingetragene Partner (Art. 374–376 ZGB)	
SH	**Art. 2 Abs. 1 AB EV KESR – Erweiterung des Spruchkörpers** Das einzelzuständige Mitglied ist in besonderen Fällen berechtigt, die Sache dem Kollegium zum Entscheid vorzulegen. **Art. 57d JG – Einzelzuständigkeit** ¹ Die Kindes- und Erwachsenenschutzbehörde behandelt folgende ihr zugewiesenen Aufgaben durch ein Mitglied der Behörde: 1.–11. […]; 12. Zustimmung für Rechtshandlungen im Rahmen der ausserordentlichen Vermögensverwaltung (Art. 374 Abs. 3 ZGB); […]	
SZ	**§ 28 EG ZGB – Einzelzuständigkeit** ¹⁻² […]. ³ In die Einzelzuständigkeit jedes Mitgliedes fallen die folgenden Geschäfte des Erwachsenenschutzes: a) […]; b) Zustimmung zu Rechtshandlungen des Ehegatten im Rahmen der ausserordentlichen Vermögensverwaltung (Art. 374 Abs. 3 ZGB); […].	
SO	**§ 138 EG ZGB – Einzelkompetenz – Präsidium** ¹ In die Einzelzuständigkeit des Präsidiums fallen a.–f. […]; g. Zustimmung zu Rechtshandlungen des Ehegatten im Rahmen der ausserordentlichen Vermögensverwaltung nach Artikel 374 ZGB; […]. **§ 136 EG ZGB – Beschlussfassung – Entscheidgremium** ¹⁻² […]. ³ Im Rahmen eines vor der Kollegialbehörde hängigen Verfahrens kann diese auch über Geschäfte entscheiden, die in der Einzelkompetenz liegen. […].	
SG	**Art. 17 EG-KES – Einzelzuständigkeit a) Grundsatz** Die Kindes- und Erwachsenenschutzbehörde bezeichnet die Mitglieder, denen nach Massgabe dieses Erlasses Einzelzuständigkeit mit Verfügungsbefugnis zukommt. **Art. 19 EG-KES – Erwachsenenschutzverfahren** Einzelzuständigkeit im Erwachsenenschutzverfahren besteht für: a)–b) […]; c) Zustimmung zu Rechtshandlungen des Ehegatten beziehungsweise der eingetragenen Partnerin oder des eingetragenen Partners im Rahmen der ausserordentlichen Vermögensverwaltung (Art. 374 Abs. 3 ZGB); […].	
TG	**§ 4 EG ZGB – Einzelrichterliche Zuständigkeiten** ¹ Der Präsident oder ein von diesem bezeichnetes Mitglied der Kindes- und Erwachsenenschutzbehörde ist für folgende Aufgaben und Entscheide zuständig:	

Kantonale Bestimmungen zur Vertretung durch Ehegatten oder eingetragene Partner (Art. 374–376 ZGB)	
	1.–9. […]; 10. Zustimmung für Rechtshandlungen im Rahmen der ausserordentlichen Vermögensverwaltung (Artikel 374 Absatz 3 ZGB); […].
UR	**Art. 6 Reglement zum EG/KESR – Zuständigkeiten – Entscheidungen der einzelnen Mitglieder im Bereich des Erwachsenenschutzes** ¹ Jedes Mitglied der Kindes- und Erwachsenenschutzbehörde ist befugt, im Bereich des Erwachsenenschutzes als einzelnes Behördenmitglied: a)–c) […]; d) Rechtshandlungen des Ehegatten im Rahmen der ausserordentlichen Vermögensverwaltung zuzustimmen (Art. 374 Abs. 3 ZGB); e) die Urkunde über die Vertretungsbefugnisse auszustellen (Art. 376 ZGB); […].
VS	**Art. 112 EG ZGB – Beratungen und interne Kompetenzaufteilung** ¹ Unter Vorbehalt der in den Absätzen 3 und 4 aufgezählten Fälle, trifft die Schutzbehörde ihre Entscheide als Kollegialbehörde (Art. 440 Abs. 2 ZGB). Dies namentlich in folgenden Fällen: a)–f) […]; g) Beschränkung oder Entzug der Vertretungsbefugnisse im Rahmen der eigenen Vorsorge und der Massnahmen von Gesetzes wegen sowie einer damit verbundenen Beistandschaft (Art. 368 Abs. 2, 373 Abs. 2 und 381 ZGB); […]. ² […]. ³ In die ausschliessliche Kompetenz des Präsidenten der Schutzbehörde oder seines Stellvertreters fallen: a)–i) […]; j) die Erteilung oder Verweigerung der Zustimmung zu Handlungen des gesetzlichen Vertreters (Art. 327c Abs. 2, 374 Abs. 3, 416 und 417 ZGB); […]. ⁴ Der Präsident kann zu diesem Zweck folgende Kompetenzen einem einzelnen Mitglied der Behörde oder einem delegierten Beisitzer übertragen: a)–c) […]; d) die Verantwortung, einzuschreiten, wenn die Interessen der Person im Rahmen der eigenen Vorsorge oder von Massnahmen von Gesetzes wegen auf dem Spiel stehen, unter dem Vorbehalt der Beschränkung oder des Entzugs der Vertretungsbefugnis und der Errichtung einer Beistandschaft (Art. 366, 367, 368. 373, 376, 381, 385 und 386 ZGB); […].
ZG	**§ 39 EG ZGB – Sachliche Zuständigkeit** Die Kindes- und Erwachsenenschutzbehörde ist für die ihr vom Schweizerischen Zivilgesetzbuch zugewiesenen Aufgaben zuständig. Insbesondere ist sie für folgende Aufgaben zuständig: a)–b) […]; c) die Anordnung von Massnahmen von Gesetzes wegen für urteilsunfähige Personen (Art. 374–387 ZGB); […].

	Kantonale Bestimmungen zur Vertretung durch Ehegatten oder eingetragene Partner (Art. 374–376 ZGB)	
	§ 43 EG ZGB – Einzelzuständigkeiten [1] [...]. [2] In die Einzelzuständigkeit jedes Mitgliedes fallen folgende Geschäfte des Erwachsenenschutzes: a) [...]; b) Zustimmung zu Rechtshandlungen des Ehegatten im Rahmen der ausserordentlichen Vermögensverwaltung (Art. 374 Abs. 3 ZGB); [...]. [3] Wenn die Art der Entscheidung es erfordert, kann das zuständige Mitglied eine Entscheidung in Dreierbesetzung verlangen.	
ZH	§ 45 EG KESR – Einzelzuständigkeit [1] Ein Mitglied der KESB entscheidet über die a.–m. [...], n. Zustimmung zu Rechtshandlungen des Ehegatten bzw. der eingetragenen Partnerin oder des eingetragenen Partners im Rahmen der ausserordentlichen Vermögensverwaltung (Art. 374 Abs. 3 ZGB), [...]. [2] Im Zusammenhang mit einem hängigen Verfahren kann das Kollegium aus zureichenden Gründen über Geschäfte gemäss Abs. 1 entscheiden.	

Zweiter Unterabschnitt: Vertretung bei medizinischen Massnahmen

Art. 377

A. Behandlungsplan

[1] Hat sich eine urteilsunfähige Person zur Behandlung nicht in einer Patientenverfügung geäussert, so plant die behandelnde Ärztin oder der behandelnde Arzt unter Beizug der zur Vertretung bei medizinischen Massnahmen berechtigten Person die erforderliche Behandlung.

[2] Die Ärztin oder der Arzt informiert die vertretungsberechtigte Person über alle Umstände, die im Hinblick auf die vorgesehenen medizinischen Massnahmen wesentlich sind, insbesondere über deren Gründe, Zweck, Art, Modalitäten, Risiken, Nebenwirkungen und Kosten, über Folgen eines Unterlassens der Behandlung sowie über allfällige alternative Behandlungsmöglichkeiten.

[3] Soweit möglich wird auch die urteilsunfähige Person in die Entscheidfindung einbezogen.

[4] Der Behandlungsplan wird der laufenden Entwicklung angepasst.

Art. 378

B. Vertretungsberechtigte Person

¹ Die folgenden Personen sind der Reihe nach berechtigt, die urteilsunfähige Person zu vertreten und den vorgesehenen ambulanten oder stationären Massnahmen die Zustimmung zu erteilen oder zu verweigern:
1. die in einer Patientenverfügung oder in einem Vorsorgeauftrag bezeichnete Person;
2. der Beistand oder die Beiständin mit einem Vertretungsrecht bei medizinischen Massnahmen;
3. wer als Ehegatte, eingetragene Partnerin oder eingetragener Partner einen gemeinsamen Haushalt mit der urteilsunfähigen Person führt oder ihr regelmässig und persönlich Beistand leistet;
4. die Person, die mit der urteilsunfähigen Person einen gemeinsamen Haushalt führt und ihr regelmässig und persönlich Beistand leistet;
5. die Nachkommen, wenn sie der urteilsunfähigen Person regelmässig und persönlich Beistand leisten;
6. die Eltern, wenn sie der urteilsunfähigen Person regelmässig und persönlich Beistand leisten;
7. die Geschwister, wenn sie der urteilsunfähigen Person regelmässig und persönlich Beistand leisten.

² Sind mehrere Personen vertretungsberechtigt, so dürfen die gutgläubige Ärztin oder der gutgläubige Arzt voraussetzen, dass jede im Einverständnis mit den anderen handelt.

³ Fehlen in einer Patientenverfügung Weisungen, so entscheidet die vertretungsberechtigte Person nach dem mutmasslichen Willen und den Interessen der urteilsunfähigen Person.

Literatur

BREITSCHMID, Ersatzlösungen anstelle der Errichtung einer Vormundschaft oder von vormundschaftlichen Massnahmen, ZVW 2003, 47 ff.; CHATAGNY, Droits et devoirs de porteurs/euses de mandats tutélaires, ZVW 2003, 61 ff.; FANKHAUSER, Die gesetzliche Vertretungsbefugnis bei Urteilsunfähigen nach den Bestimmungen des neuen Erwachsenenschutzrechts, BJM 2010, 240 ff.; GUILLOD/HELLE, Traitement forcé: des dispositions schizophrènes?, ZVW 2003, 347 ff.; DIES., Mandat d'inaptitude, directives anticipées et représentation de la personne incapable: porte ouverte à la confusion? (art. 360–373 AP), ZSR 2003 I, 291 ff.; NÄGELI, Die ärztliche Behandlung handlungsunfähiger Patienten aus zivilrechtlicher Sicht, Diss. Zürich 1984; PAYLLIER, Rechtsprobleme der ärztlichen Aufklärung, unter besonderer Berücksichtigung der spitalärztlichen Aufklärung, Diss. Zürich 1999; RIEMER, Die Vertretung bei der

Ausübung von Rechten, die unmündigen oder unter einer vormundschaftlichen Massnahme stehenden Personen «um ihrer Persönlichkeit willen zustehen», ZVW 1998, 216 ff.; SAMW, Richtlinien zum Recht der Patientinnen und Patienten auf Selbstbestimmung, 2005 (nicht mehr gültig; zit. SAMW, Selbstbestimmung); THOMMEN, Medizinische Eingriffe an Urteilsunfähigen und die Einwilligung der Vertreter, Diss. Basel 2004; WIEGAND, Die Aufklärungspflicht und die Folgen ihrer Verletzung, in: Honsell (Hrsg.), Handbuch des Arztrechts, Zürich 1994, 119 ff.; vgl. auch die Literaturhinweise zur Einführung sowie zu Art. 370.

I. Vorbemerkungen

1 Die Bestimmungen von Art. 377–380 halten fest, wer urteilsunfähige Personen bei einer Entscheidung über medizinische Massnahmen vertritt und wie dabei vorzugehen ist. Die Regelung hat die **Rechtslage in der Schweiz vereinheitlicht** und hat **Konformität** des Schweizerischen Rechts mit den Anforderungen des **Europäischen Übereinkommens über Menschenrechte und Biomedizin (ÜMB)** hergestellt. Gemäss der Bestimmung von Art. 6 Abs. 3 ÜMB darf bei volljährigen Personen, die nicht einwilligungsfähig sind, eine Intervention «nur mit Einwilligung ihres gesetzlichen Vertreters oder einer von der Rechtsordnung dafür vorgesehenen Behörde, Person oder Stelle erfolgen».

2 Im alten Recht war nicht vollständig geklärt, wer an Stelle eines urteilsunfähigen Patienten handeln durfte, wenn kein gesetzlicher Vertreter vorhanden war (Botschaft ÜMB, 295 ff.; SAMW, Selbstbestimmung, 8 ff.). Das Bundesgericht liess dem kantonalen Gesetzgeber die **Wahl**, ob er die Verantwortung für die Entscheidung einer nahestehenden Person oder dem Arzt oder der Ärztin überliess (BGE 114 Ia 350 E. 7). Bei einer **Vielzahl von Kantonen** lag die alleinige **Entscheidungsbefugnis bei den behandelnden Ärztinnen und Ärzten**, wobei teilweise die Angehörigen vorgängig konsultiert werden mussten (SCHMID, Art. 377 N 1). Diese kantonalen Regelungen standen nicht im Einklang mit dem ÜMB, das in Art. 6 Abs. 3 verlangt, dass die Einwilligung **einer Instanz übertragen wird, die nicht identisch ist mit der Person, die den Eingriff durchführt** (Botschaft ÜMB, 297; GUILLOD/HELLE, ZSR 2003 I, 293). Die Ratifikation des Übereinkommens erfolgte bis zum Inkrafttreten des Erwachsenenschutzrechts unter dem **Vorbehalt der kantonalen Gesetzgebung**, welche die Entscheidungsbefugnisse bei urteilsunfähigen Personen ohne gesetzliche Vertreter dem Arzt übertrug (Art. 1 Abs. 3 lit. a Bundesbeschluss ÜMB).

II. Anwendungsbereich

1. «Urteilsunfähige Person» (Art. 377 Abs. 1, 378 Abs. 1)

3 Eine medizinische Behandlung stellt einen Eingriff in die durch Art. 28 geschützten Persönlichkeitsrechte dar. Um rechtmässig zu sein, bedarf sie eines **Rechtfertigungsgrundes**, der in aller Regel in der **Einwilligung** des Verletzten besteht (BGE 117 Ib 197 E. 2a; BUCHER A., Personen, Rz 497 ff.; GUILLOD/HELLE, ZVW 2003, 349; WIEGAND, 167; NÄGELI, 98 ff.; MICHEL, 41 ff.). Urteilsfähige Personen üben ihre Ent-

scheidungsbefugnis selbst aus. Bei urteilsunfähigen Personen (zum gesetzlichen Begriff der Urteilsunfähigkeit vgl. Art. 16; sowie die Ausführungen von BUCHER A., Personen, Rz 58 ff.; MICHEL, 44 f.; MONSCH ET AL., 7 ff.) muss die eigene Entscheidung durch **Surrogate** ersetzt werden (SAMW, Selbstbestimmung, 7). Die Bestimmungen über Vertretung bei medizinischen Massnahmen haben primär Personen mit **erworbener Urteilsunfähigkeit** im Fokus, die in einer früheren Phase in der Lage waren, ihren Willen in urteilsfähigem Zustand durch Errichtung einer Patientenverfügung oder durch Bezeichnung einer Vertrauensperson zum Ausdruck zu bringen. Bei Personen mit **originärer Urteilsunfähigkeit** sind die Art. 377 und 378 insofern nur von **beschränkter Tragweite**, als bei dieser Zielgruppe meist eine umfassende Beistandschaft i.S.v. Art. 398 zu errichten ist, die auch ein Vertretungsrecht bei medizinischen Massnahmen umfasst. Damit sind nahestehende Personen i.S.v. Art. 378 Abs. 1 Ziff. 3–7 der Kaskadenregelung von einem Vertretungsrecht regelmässig ausgeschlossen. Die Regelung des Erwachsenenschutzes gilt nur für urteilsunfähige volljährige Personen. Für die Vertretung von urteilsunfähigen Minderjährigen sind die Bestimmungen über die elterliche Sorge (Art. 296 ff.) und den Kindesschutz (Art. 307 ff.) anwendbar (BSK ZGB I-EICHENBERGER/KOHLER, Art. 377 N 11).

2. «Medizinische Massnahmen» (Art. 377 Abs. 1 und 2)

Gegenstand der Entscheidungen sind «medizinische Massnahmen». Der Begriff bezieht sich auf **den medizinischen Aspekt der Personensorge** und umfasst alle **diagnostischen, therapeutischen und pflegerischen Massnahmen** (gl.M. BSK ZGB I-EICHENBERGER/KOHLER, Art. 377 N 16; FamKomm Erwachsenenschutz-GUILLOD/HERTIG PEA, Art. 377 N 14; sowie Art. 370 N 7 ff.). Die vertretungsberechtigten Personen müssen jedenfalls dann beigezogen werden, wenn die Entscheidung von einer gewissen Tragweite ist. Dazu zählen insb. **invasive Eingriffe** in den Körper (wie z.B. Operation, Chemotherapie) und **Massnahmen mit einem erhöhten Risiko von unerwünschten Nebenwirkungen**. Demgegenüber ist der Beizug der vertretungsberechtigten Person bei **medizinischen Alltagsmassnahmen** (z.B. Blutentnahme zu diagnostischen Zwecken, pflegerische Massnahmen wie etwa Körperpflege) nicht für jede einzelne Massnahme zwingend erforderlich, was v.a. bei längeren Heim- oder Klinikaufenthalten nicht praktikabel wäre. Gemäss der Rechtsprechung des Bundesgerichts besteht bei «alltäglichen Massnahmen, die keine besondere Gefahr und keine endgültige oder länger dauernde Beeinträchtigung der körperlichen Integrität mit sich bringen», keine ärztliche Pflicht zur Aufklärung des Patienten (BGE 117 Ib E. 3; vgl. auch die Unterscheidung zwischen schwerwiegenden und leichten Eingriffen in SAMW, Selbstbestimmung, 17). Auf diese Kriterien kann m.E. auch bei der Frage abgestellt werden, ob ein bestimmter Eingriff zwingend die **ausdrückliche Zustimmung der vertretungsberechtigten Person** erfordert oder nicht. Bei «alltäglichen Massnahmen» kann auf das Erfordernis der Einzeleinwilligung verzichtet werden. Es genügt, dass die vertretungsberechtigte Person ausdrücklich oder durch konkludentes Verhalten zum Ausdruck bringt, dass sie ihr Einverständnis zu den im Alltag erforderlichen pflegerischen und ärztlichen Massnahmen gibt (gl.M. BSK ZGB I-EICHENBERGER/ KOHLER, Art. 377 N 16; FASSBIND, 207; HÄFELI, Grundriss, Rz 12.01)

5   Gemäss Art. 378 Abs. 1 umfasst die Entscheidungsbefugnis «**ambulante und stationäre Massnahmen**». Die vertretungsberechtigte Person befindet über eine allfällige **Einweisung in ein Spital zur Behandlung einer somatischen Erkrankung** (Botschaft Erwachsenenschutz, 7037, 7063) und ist berechtigt, zwischen verschiedenen möglichen Kliniken eine Wahl zu treffen. Die **Einweisung einer urteilsunfähigen Person in eine psychiatrische Klinik** richtet sich demgegenüber immer nach den Bestimmungen über die FU, unabhängig davon, ob sie Widerstand leistet oder nicht (Art. 426; Art. 380 N 3).

III. Grundlagen der Entscheidung

1. «Behandlungsplan» (Art. 377 Abs. 1 und 4)

6   Im Vernehmlassungsverfahren kritisierte die Ärzteschaft das vorgesehene Konzept der Vertretungsberechtigung und setzte sich stattdessen für das Konzept des Shared Decision Making (gemeinsame Entscheidungsfindung von Ärzten und Angehörigen) mit Letztverantwortung des Behandlungsteams ein. Diesem Anliegen der Ärzte wurde nur teilweise Rechnung getragen (BSK ZGB I-EICHENBERGER/KOHLER, Art. 377 N 5 f.). Die gesetzliche Verankerung des Behandlungsplans bringt nun zwar zum Ausdruck, dass der für die Planung der Behandlung zuständige Arzt die **Verantwortung für die angemessene Behandlung** trägt (Botschaft Erwachsenenschutz, 7036). Die abschliessende Entscheidung über die medizinische Behandlung steht jedoch nicht mehr dem Arzt, sondern den vertretungsberechtigten Personen zu. Den Materialien ist zu entnehmen, dass der Inhalt des Behandlungsplans **nicht zwingend schriftlich festgehalten** werden muss (Botschaft Erwachsenenschutz, 7036; AmtlBull StR 2007 832; SCHMID, Art. 377 ZGB N 5). Diese Auffassung ist m.E. problematisch und nur schwer vereinbar mit der **ärztlichen Dokumentationspflicht**, die sich aus dem für die Arzt-Patienten-Beziehung massgeblichen Auftragsrecht (Art. 400 Abs. 1 OR) und öffentlich-rechtlichen Normen des kantonalen Gesundheitsrechts ergibt (gl.M. BSK ZGB I-EICHENBERGER/KOHLER, Art. 377 N 16, wonach der Behandlungsplan «mehrheitlich» schriftlich in die Krankengeschichte Eingang finden soll; ausf. zur ärztlichen Dokumentationspflicht WIEGAND, 196 ff.).

2. Aufklärungspflicht (Art. 377 Abs. 2)

7   Die vertretungsberechtigte Person ist gem. Art. 377 Abs. 2 über alle Umstände, die im Hinblick auf die vorgesehenen medizinischen Massnahmen wesentlich sind, zu informieren. Mit dieser Bestimmung werden die von Lehre und Rechtsprechung entwickelten Grundsätze zum **Inhalt der ärztlichen Aufklärungspflicht** gesetzlich verankert (BGE 117 Ib 197 E. 3b; BUCHER A., Personen, Rz 498 ff.; PAYLLIER, 37 ff.; WIEGAND, 119 ff.; WIDMER BLUM, 88 ff.). Die Aufklärungspflicht dient dem Schutz der Willensfreiheit, dem Selbstbestimmungsrecht wie auch der körperlichen Integrität des Patienten und zählt zu den allgemeinen Berufspflichten des Arztes

(BGE 117 Ib 197 E. 2a). Gegenüber der vertretungsberechtigten Person besteht grundsätzlich die **gleiche umfassende Aufklärungspflicht** wie gegenüber dem Patienten (gl.M. BSK ZGB I-Eichenberger/Kohler, Art. 377 N 20; Nägeli, 117). Die gesetzliche Verpflichtung zur Aufklärung der vertretungsberechtigten Person entbindet den Arzt vom ärztlichen Berufsgeheimnis, das durch Art. 321 StGB strafrechtlich geschützt ist (Nägeli, 118; gl.M. FamKomm Erwachsenenschutz-Guillod/Hertig, Art. 377 N 24). Die **Auflistung** der Punkte, über die aufzuklären ist, ist **nicht abschliessend** (Botschaft Erwachsenenschutz, 7036). Die Aufklärung **muss klar, verständlich und vollständig** sein (BGE 133 III 121 E. 4.1.2). Führt ein Arzt bei einer urteilsunfähigen Person einen Eingriff durch, ohne die vertretungsberechtigte Person darüber zu informieren und ihre Zustimmung einzuholen, handelt er widerrechtlich.

3. Partizipation des Patienten (Art. 377 Abs. 3)

Bei der **Beurteilung der Urteilsfähigkeit** gibt es **keine Stufen** oder Zwischenkategorien (Bucher A., Personen, Rz 78). Hingegen existieren in der Praxis durchaus **Grauzonen**. Denn die Zuordnung zur Kategorie der urteilsfähigen oder urteilsunfähigen Personen ist vorab bei Kindern und betagten Menschen ein delikates Unterfangen (Chatagny, ZVW 2003, 64). Deshalb sollen auch Personen bei der Entscheidungsfindung mitwirken, die nicht als urteilsfähig im Rechtssinne gelten, die aber über einen «**natürlichen Willen**» verfügen und diesen auch zum Ausdruck bringen können. Diese Regelung trägt der aktuellen Tendenz Rechnung, dass das **Recht zur Selbstbestimmung** weiter geht als die Urteilsfähigkeit (Bucher A., Personen, Rz 508). Die Kluft zwischen Selbst- und Fremdbestimmung wird bei urteilsunfähigen Personen durch ein **Partizipationsrecht** überwunden, das sich an die individuelle Situation anpasst (Michel, 4). Sie verfügen zwar nicht über ein eigentliches Vetorecht, jedoch darf ihr Wille bei der Entscheidungsfindung nicht ohne sachlichen Grund übergangen werden (vgl. zur rechtlichen Tragweite des ablehnenden «natürlichen Willens» Thommen, 40; FamKomm Erwachsenenschutz-Guillod/Hertig Pea, Art. 377 N 26 f.)

8

IV. Zustimmung oder Ablehnung

Adressat der Willenserklärung, mit der die vertretungsberechtigte Person einer medizinischen Massnahme zustimmt oder diese ablehnt, ist der Arzt. Die Einwilligung muss sich immer auf **einzelne Eingriffe oder Massnahmen** beziehen. Eine pauschale Einwilligung der vertretungsberechtigten Person im Sinne einer **Blankoermächtigung** zum medizinischen Handeln ist **unzulässig**, da sie gegen die guten Sitten verstösst (Art. 20 OR; Nägeli, 137). Die Zustimmung unterliegt **keiner Form**, wenn eine solche nicht durch ein Spezialgesetz gefordert wird (Botschaft Erwachsenenschutz, 7037). Die Einwilligung muss nicht in jedem Fall expressis verbis kundgegeben werden, sondern kann auch durch konkludentes Verhalten erfolgen (Nägeli, 137). Die Zustimmung kann jederzeit widerrufen werden.

9

Ist der Patient aufgrund besonderer Umstände nur **vorübergehend urteilsunfähig**, muss mit der Entscheidung über einen ärztlichen Eingriff zugewartet werden,

10

bis dieser die Einwilligungsfähigkeit wiedererlangt, wenn das **Abwarten keine Gefahr für die Gesundheit** mit sich bringt (NÄGELI, 136; gl.M. FamKomm Erwachsenenschutz-GUILLOD/HERTIG PEA, Art. 377 N 13).

11 Die Wahrung der Interessen des urteilsunfähigen Patienten unterliegt verschiedenen Schranken. Unzulässig ist die Einwilligung zu medizinischen Massnahmen, die als **widerrechtlich** zu qualifizieren sind (Art. 20 OR; ausf. Art. 372 N 7). Eine Schranke für die Zustimmung bilden sodann die **«absolut höchstpersönlichen Rechte»** (ausf. FANKHAUSER, BJM 2010, 261). Es handelt sich dabei gem. der neuen Legaldefinition von Art. 19c Abs. 2 um Rechte, die «so eng mit der Persönlichkeit verbunden» sind, «dass jede Vertretung ausgeschlossen ist». Die «absolut höchstpersönlichen Rechte» sind **vertretungsfeindlich**, die vertretungsberechtigte Person vermag die Rechte der urteilsunfähigen Person nicht an ihrer Stelle auszuüben, was eine Beschränkung ihrer **Rechtsfähigkeit** bewirkt (s. Einführung N 29; FamKomm Erwachsenenschutz-GUILLOD/HERTIG PEA, Art. 378 N 28, die m.E. zu Recht die Entscheidung, sich einer medizinisch unterstützten Fortpflanzung zu unterziehen, als vertretungsfeindlich einstufen). Ärztliche Heileingriffe gelten im Unterschied zu solchen ohne therapeutischen Zweck grundsätzlich als relativ höchstpersönliche Rechte (BSK ZGB I-EICHENBERGER/KOHLER, Art. 377 N 14 m.w.H.).

12 Die Entscheidungsfreiheit der vertretungsberechtigten Person ist stärker eingeschränkt als diejenige einer einwilligungsfähigen Person, die autonom über die eigenen Persönlichkeitsrechte verfügt (NÄGELI, 144; WIDMER BLUM, 111). Zentrale Pflicht ist die **Fürsorge zum Wohl** des Patienten (NÄGELI, 38). Als **Leitplanken** für die Entscheidung sind mit dem **«mutmasslicher Willen»** eine subjektive Komponente und mit den **«Interessen»** der urteilsunfähigen Person eine objektive Komponente zu berücksichtigen. In **subjektiver Hinsicht** sind insb. frühere **Willensäusserungen oder Werthaltungen** zu beachten, die der Patient durch die **Art der Lebensführung** zum Ausdruck gebracht hat. Der «mutmassliche Wille» ist bei Personen mit originärer Urteilsunfähigkeit nicht eruierbar und kommt deshalb nur bei Personen mit einer erworbenen Urteilsfähigkeit zum Zuge. Kann der Vertreter die Wertungen der betroffenen Person nicht teilen, muss er die Aufgabe ablehnen bzw. die Vertretung niederlegen (HAUSHEER/GEISER/AEBI-MÜLLER, Erwachsenenschutzrecht, Rz 2.69). In **objektiver Hinsicht** ist die Ausrichtung auf das **Gesundheitsinteresse** der urteilsunfähigen Person und ihr **Grundrecht der Menschenwürde** (Art. 7 BV) wegleitend. Bei Personen mit erworbener Urteilsunfähigkeit kommen die objektiven Interessen nur dann zum Tragen, wenn sich kein «mutmasslicher Wille» eruieren lässt. Wegen seiner Bindung an das gesundheitliche Wohl der betroffenen Person kann der Vertreter nicht in Massnahmen einwilligen, die nicht indiziert oder gar kontraindiziert sind (THOMMEN, 29; HAUSHEER/GEISER/AEBI-MÜLLER, Erwachsenenschutzrecht, Rz 2.69; BSK ZGB I-EICHENBERGER/KOHLER, Art. 378 N 13).

V. Zur Vertretung berechtigte Personen

1. Vertretungsberechtigung und ihre Reihenfolge

Die in einer rechtsgültigen Patientenverfügung enthaltenen konkreten Anordnungen über die medizinische Behandlung der betroffenen Person haben Vorrang gegenüber den Vertretungsrechten (Art. 377 Abs. 1). Das Gleiche gilt auch für medizinische Anordnungen, die in einem Vorsorgeauftrag festgehalten sind (BSK ZGB I-EICHENBERGER/KOHLER, Art. 378 N 1). Nur wenn für die konkrete medizinische Situation weder in einer Patientenverfügung noch in einem Vorsorgeauftrag ein erklärter Wille über die Behandlung zu finden ist, besteht Raum für eine stellvertretende Entscheidung von vertretungsberechtigten Personen. Art. 378 regelt die Reihenfolge der Vertretungsberechtigung im Sinne einer **klaren Hierarchie**. Mit Ausnahme des Beistandes sind die vertretungsberechtigten Personen nur berechtigt, aber nicht verpflichtet, von ihrem gesetzlichen Vertretungsrecht Gebrauch zu machen (gl.M. FamKomm Erwachsenenschutz-GUILLOD/HERTIG PEA, Art. 378 N 1). Der **Verzicht** auf die Vertretungsbefugnis kann formlos erfolgen (gl.M. HÄFELI, Grundriss, Rz 12.13). Bei den in einer Patientenverfügung bezeichneten Vertretern (Art. 378 Abs. 1 Ziff. 1) sowie bei den nahestehenden Personen (Art. 378 Abs. 1 Ziff. 3–7) ist für die Ausübung des Vertretungsrechts nur Urteilsfähigkeit vorausgesetzt (so FamKomm Erwachsenenschutz-GUILLOD/HERTIG PEA, Art. 378 N 3; a.M. BSK ZGB I-EICHENBERGER/KOHLER, Art. 378 N 3, die in Analogie zur elterlichen Sorge gem. Art. 296 Abs. 2 Handlungsfähigkeit der vertretungsberechtigten Person verlangen). Innerhalb der siebenstufigen gesetzlichen **Kaskadenordnung**, die der Rechtssicherheit und Praktikabilität dient (Botschaft Erwachsenenschutz, 7036), können drei Kategorien von vertretungsberechtigten Personen unterschieden werden:

1. **Vertretungsberechtigung aufgrund eigener Vorsorge** (Art. 378 Abs. 1 Ziff. 1): In erster Linie liegt die Vertretungsberechtigung bei der in einer Patientenverfügung oder in einem Vorsorgeauftrag bezeichneten Person. Das Primat der eigenen Vorsorge ist Ausdruck des Selbstbestimmungsrechts der betroffenen Person und des Subsidiaritätsprinzips (Art. 389). Die in einer Patientenverfügung bezeichnete Vertrauensperson und die vorsorgebeauftragte Person stehen auf der gleichen Stufe. Es wurde keine Regelung getroffen, welche den beiden Formen der eigenen Vorsorge vorgeht, wenn sowohl in einem Vorsorgeauftrag wie auch in einer Patientenverfügung ein Vertretungsmandat erteilt wird (vgl. dazu die Kritik von GUILLOD/HELLE, ZSR 2003 I, 303). Liegen im Einzelfall in Bezug auf medizinische Fragen divergierende Auffassungen vor, dürfte es i.d.R. angezeigt sein, dem in der Patientenverfügung erteilten «Spezialauftrag» aufgrund seiner grösseren sachlichen Nähe zur konkreten Entscheidung gegenüber einem Vorsorgeauftrag mit einem umfassenderen Inhalt den Vorrang zu geben (gl.M. BSK ZGB I-EICHENBERGER/KOHLER, Art. 378 N 5; FamKomm Erwachsenenschutz-GUILLOD/HERTIG PEA, Art. 378 N 8). Hingegen wird beim Abschluss, bei der Änderung oder bei der Aufhebung von Betreuungsverträgen i.S.v. Art. 382 Abs. 3 die Entscheidung der im Vorsorgeauftrag bezeichneten Person zu bevorzugen sein,

da die vertragliche Regelung des Aufenthaltes zum typischen Inhalt eines Vorsorgeauftrages mit Aufgaben im Bereiche der Personensorge zählt.

15 2. **Vertretungsberechtigung aufgrund behördlicher Anordnung** (Art. 378 Abs. 1 Ziff. 2): In zweiter Linie liegt die Entscheidungsbefugnis bei einem Beistand mit Vertretungsrecht bei medizinischen Massnahmen. Der Beistand kann selbstverständlich die Angehörigen konsultieren. Seine Entscheidungsbefugnis wird durch eine solche Konsultation jedoch nicht tangiert. Die Vertretungsbeistandschaft kann von der Erwachsenenschutzbehörde unabhängig von der konkreten Entscheidungssituation errichtet worden sein oder als aktuelle Massnahme, weil in concreto ein behördliches Einschreiten i.S.v. Art. 381 erforderlich war. Gleichzeitig mit der Errichtung der Beistandschaft wird die Erwachsenenschutzbehörde die in einer Patientenverfügung oder in einem Vorsorgeauftrag ernannte Person ihres Amtes entheben (gl.M. HÄFELI, Grundriss, Rz 12.10). In der Praxis wird deshalb die Vertretungsbefugnis aufgrund behördlicher Anordnung (Art. 378 Abs. 1 Ziff. 2) oft die eigene Vorsorge (Art. 378 Abs. 1 Ziff. 1) ausschalten, obwohl diese gem. der gesetzlichen Rangordnung grundsätzlich vorgeht (BSK ZGB I-EICHENBERGER/KOHLER, Art. 378 N 6).

16 3. **Vertretungsberechtigung von Gesetzes wegen** (Art. 378 Abs. 1 Ziff. 3–7): In dritter bis siebter Linie wird das Vertretungsrecht ex lege den **Angehörigen der betroffenen Person** übertragen. Das Vertretungsrecht entsteht nicht nur aufgrund formaler Kriterien, sondern setzt in allen Fällen eine **gelebte Beziehung** zwischen der vertretungsberechtigten Person und dem Patienten voraus (FANKHAUSER, BJM 2010, 257). Es wird vorausgesetzt, dass entweder ein **gemeinsamer Haushalt** besteht oder der Vertreter der urteilsunfähigen Person **regelmässig und persönlich Beistand** leistet. Der gesetzlichen Reihenfolge des Vertretungsrechts unter den Angehörigen liegt die **angenommene Beziehungsintensität** zum Patienten zugrunde. Da die verschiedenen Stufen von unterschiedlichen Beziehungsintensitäten ausgehen, muss auch für jede Stufe gesondert eruiert werden, was unter regelmässigem und persönlichem Beistand zu verstehen ist. Aufgrund des Vorrangs der Privatautonomie kann der Patient in einer Patientenverfügung die **Rangordnung der Angehörigen abändern** oder einzelnen Personen die gesetzlich vorgesehene Vertretungsberechtigung entziehen (gl.M. FamKomm Erwachsenenschutz-GUILLOD/HERTIG PEA, Art. 378 N 5; HÄFELI, Grundriss, Rz 12.09).

An dritter Stelle steht der **Ehegatte** oder der **eingetragene Partner** (Art. 378 Abs. 1 Ziff. 3). Wie beim gesetzlichen Vertretungsrecht für den üblichen Unterhalt (Art. 374 Abs. 1) entsteht die Vertretungsberechtigung auch hier nur dann, wenn entweder ein gemeinsamer Haushalt besteht oder regelmässig und persönlich Beistand geleistet wurde.

An vierter Stelle kommt der **Konkubinatspartner** zum Zug (Art. 378 Abs. 1 Ziff. 4). Dem Konkubinat im Sinne einer hetero- oder homosexuellen Partnerschaft gleichgestellt sind andere Fälle, in denen erwachsene Personen in einer **Verantwortungsgemeinschaft** zusammenleben. Die Verantwortungsgemeinschaft grenzt sich von der gewöhnlichen Wohngemeinschaft dadurch ab, dass die beiden Personen nicht nur im gleichen Haushalt zusammenleben, sondern einander auch regelmässig und persönlich Beistand leisten (Botschaft Erwachsenenschutz, 7037).

Ein Vertretungsrecht kann somit z.B. auch zwischen zwei Freundinnen entstehen, die einen gemeinsamen Haushalt führen und sich dabei durch persönliche Fürsorge unterstützen (HAUSHEER/GEISER/AEBI-MÜLLER, Erwachsenenschutzrecht, Rz 2.71, SCHMID, Art. 378 N 5).
In der weiteren Stufenfolge folgt an fünfter bis siebter Stelle das Vertretungsrecht der Nachkommen (Art. 378 Abs. 1 Ziff. 5), der Eltern (Art. 378 Abs. 1 Ziff. 6) und der Geschwister (Art. 378 Ziff. 7). In diesen drei Fällen wird ausschliesslich vorausgesetzt, dass der urteilsunfähigen Person regelmässig und persönlich Beistand geleistet wurde. Es spielt keine Rolle, ob ein gemeinsamer Haushalt besteht.

2. Mehrzahl von vertretungsberechtigten Personen (Art. 378 Abs. 2)

Sind mehrere Personen auf der gleichen Stufe vertretungsberechtigt, so sollen sie sich untereinander absprechen und nach Möglichkeit gemeinsam entscheiden (gl. M. BSK ZGB I-EICHENBERGER/KOHLER, Art. 378 N 11). Der gutgläubige Arzt darf voraussetzen, dass jede im Einverständnis mit derjenigen der anderen handelt. Können sich verschiedene Personen mit Vertretungsrecht nicht auf eine gemeinsame Auffassung einigen, so soll die Erwachsenenschutzbehörde informiert werden (Art. 381 Abs. 2 Ziff. 2). Diese wird dann bestimmen, wer das Vertretungsrecht ausüben darf, oder sie wird eine Vertretungsbeistandschaft bestellen.

17

Art. 379

C. Dringliche Fälle — In dringlichen Fällen ergreift die Ärztin oder der Arzt medizinische Massnahmen nach dem mutmasslichen Willen und den Interessen der urteilsunfähigen Person.

Art. 380

D. Behandlung einer psychischen Störung — Die Behandlung einer psychischen Störung einer urteilsunfähigen Person in einer psychiatrischen Klinik richtet sich nach den Bestimmungen über die fürsorgerische Unterbringung.

Literatur

Vgl. die Literaturhinweise zu Art. 377.

I. Ausnahmebestimmungen des Erwachsenenschutzrechts

1. Dringliche Fälle (Art. 379)

Reicht wegen Dringlichkeit einer medizinischen Massnahme die Zeit nicht aus, um die vertretungsberechtigte Person zu informieren und deren Entscheid einzuho-

1

len, so ist der Arzt befugt, von sich aus die Massnahmen zu ergreifen, die im Interesse der Gesundheit der betroffenen Person notwendig sind (im gleichen Sinne Art. 8 ÜMB). Diese Regelung entspricht den Grundsätzen der Geschäftsführung ohne Auftrag i.S.v. Art. 419 OR, wonach bei einer Geschäftsbesorgung ohne Auftrag das unternommene Geschäft so zu führen ist, «wie es dem Vorteile und der mutmasslichen Absicht des andern entspricht» (FamKomm Erwachsenenschutz-GUILLOD/HERTIG PEA, Art. 379 N 1). Dringlichkeit setzt sich aus **einem zeitlichen und einem sachlichen Element** zusammen (ausf. dazu: FamKomm Erwachsenenschutz-GUILLOD/HERTIG PEA, Art. 379 ff. m.w.H.). Das **zeitliche Kriterium** setzt voraus, dass die Entscheidung über die Behandlung nicht ohne Nachteil für die urteilsunfähige Person aufgeschoben werden kann. In **sachlicher Hinsicht** ist zunächst an eigentliche Notfallsituationen zu denken, in denen Lebensgefahr besteht. Gleich zu beurteilen ist ein Fall, in dem die Massnahme unerlässlich für die Gesundheit der betroffenen Person ist, weil bei einem Aufschub der therapeutische Nutzen für den Patienten verloren geht (gl.M. BSK ZGB I-EICHENBERGER/KOHLER, Art. 379 N 2; Botschaft ÜMB, 302) Ein Fall von Dringlichkeit kann auch vorliegen, wenn die Vertretungsberechtigung objektiv unklar oder strittig ist und es nicht verantwortbar ist, mit der Behandlung bis zum rechtskräftigen Entscheid der Erwachsenenschutzbehörde zuzuwarten (Botschaft Erwachsenenschutz, 7037; HAUSHEER/GEISER/AEBI-MÜLLER, Erwachsenenschutzrecht, Rz 2.73). Der Entscheid des Arztes richtet sich nach dem objektiven Gesundheitsinteresse und dem mutmasslichen Willen der betroffenen Person. Divergieren die objektiven Gesundheitsinteressen und der mutmassliche Wille, so ist letzterem der Vorrang zu geben, da der Anspruch auf Autonomie höher zu bewerten ist als die Fürsorgepflicht.

2. Behandlung einer psychischen Störung (Art. 380)

2   Die Bestimmungen über die fürsorgerische Unterbringung i.S.v. Art. 426–439 haben gem. Art. 380 **Vorrang** gegenüber der Regelung über die Vertretung bei medizinischen Massnahmen i.S.v. Art. 377–379. Damit übernimmt das Erwachsenenschutzrecht das Konzept des ÜMB, das in Art. 7 ebenfalls eine von den allgemeinen Grundsätzen abweichende Regelung für die Behandlung von Personen mit schweren psychischen Störungen vorsieht. In der Botschaft wird die **Schaffung dieses Sonderrechts** mit dem Argument begründet, die Regelung diene dem Schutz betroffener Personen, ohne weitere Umstände von Angehörigen psychiatrisch versorgt zu werden (Botschaft Erwachsenenschutz, 7037). Die **unterschiedliche rechtliche Klassifikation von körperlichen und psychischen Erkrankungen** führt zu Abgrenzungsschwierigkeiten (s. zu den Koordinationsfragen Art. 426 N 14a) und ist mit der verfassungsrechtlichen Gewährleistung der Rechtsgleichheit (Art. 8 BV) nur schwer vereinbar (vgl. auch die Kritik von GUILLOD/HELLE, ZVW 2003, 347 ff.). Im Unterschied zur somatischen Medizin bleibt die Behandlung von psychischen Erkrankungen damit weiterhin stark von einem paternalistischen bzw. direktiven Verständnis der Arzt-Patienten-Beziehung geprägt (so FANKHAUSER, BJM 2010, 254).

3   Art. 380 hat einerseits zur Folge, dass bei der **Einweisung einer urteilsunfähigen Person in eine psychiatrische Klinik** in jedem Fall nach den Regeln der FU vorzu-

gehen ist, und zwar unabhängig davon, ob sie Widerstand leistet oder nicht (Botschaft Erwachsenenschutz, 7037). Andererseits stellt die Bestimmung sicher, dass sich die **Behandlung psychischer Störungen bei urteilsunfähigen Personen** in der psychiatrischen Klinik immer nach Art. 433 ff. richtet (Botschaft Erwachsenenschutz, 7037 f.). Hingegen bleiben die Art. 377 ff. auch bei FU anwendbar, soweit es um die Behandlung einer **somatischen Erkrankung einer psychisch kranken Person** geht (HAUSHEER/GEISER/AEBI-MÜLLER, Erwachsenenschutzrecht, Rz 2.67; SCHMID, Art. 380 N 3; BSK ZGB I-EICHENBERGER/KOHLER, Art. 380 N 2; **a.M.** FASSBIND, 213, nach dessen Auffassung das FU-Recht den Art. 377 ff. ganz allgemein vorgehen soll). Ist eine psychisch erkrankte Person in urteilsfähigem Zustand **freiwillig in eine psychiatrische Klinik** eingetreten und drängt sich nach einer massiven Verschlechterung ihres Gesundheitszustandes eine Behandlung gegen ihren Widerstand auf, so muss die ärztliche Leitung zunächst eine Zurückbehaltung i.S.v. Art. 427 verfügen, bevor sie gestützt auf Art. 434 eine Behandlung ohne Zustimmung anordnen kann (GUILLOD/HELLE, ZVW 2003, 357).

II. Spezialgesetzliche Sonderregelungen

Für verschiedene besondere Arten von medizinischen Massnahmen existieren spezialgesetzliche Regelungen, die die Entscheidungsbefugnis der vertretungsberechtigten Person einschränken. Ein Vorbehalt gegenüber den Regeln über die Vertretung bei medizinischen Massnahmen gem. Art. 378/379 ergibt sich insb. aus den nachfolgenden Spezialgesetzen: 4

- Das **Sterilisationsgesetz** (Bundesgesetz vom 17.12.2004 über Voraussetzungen und Verfahren bei Sterilisationen; SR 211.111.1) verbietet die Sterilisation von über 18-jährigen, nur vorübergehend urteilsunfähigen Personen (Art. 4 Sterilisationsgesetz). Die Sterilisation von dauernd urteilsunfähigen Personen ist nur ausnahmsweise und unter restriktiven materiellen Voraussetzungen zulässig. Der Entscheid über die Zustimmung liegt bei der Erwachsenenschutzbehörde (Art. 7 Abs. 1 Sterilisationsgesetz). Den gesetzlichen Vertretern gem. Art. 377/378 ZGB steht somit keine Entscheidungsbefugnis zu. Immerhin können sie als nahestehende Personen gelten, die gem. Art. 8 Abs. 1 lit. a Sterilisationsgesetz vor dem Entscheid anzuhören sind (ausführlich BSK ZGB I-EICHENBERGER/KOHLER, Art. 378 N 17).
- Das **Transplantationsgesetz** (Bundesgesetz vom 8.10.2004 über die Transplantation von Organen, Geweben und Zellen; SR 810.21) lässt die Entnahme von Geweben oder Zellen bei Urteilsunfähigen als Lebendspendern nur unter sehr engen Voraussetzungen zu (Art. 13 Transplantationsgesetz). Die Entscheidungsbefugnis liegt bei einer unabhängigen Instanz, die durch die Kantone zu bezeichnen ist. Diese darf die Entnahme nur bewilligen, wenn der gesetzliche Vertreter vorgängig umfassend informiert worden ist und frei und schriftlich zugestimmt hat (Art. 14 Abs. 2 lit. f Transplantationsgesetz). Als gesetzliche Vertreter kommen dabei jeder rechtmässige Vertreter i.S.v. Art. 378 ZBG in Betracht (so FANKHAUSER, BJM 2010, 255).
- Das **Humanforschungsgesetz** (Bundesgesetz vom 30.9.2011 über die Forschung am Menschen, HFG; SR 810.30) regelt im 3. Kapitel die Anforderungen

an die Forschung mit besonders verletzbaren Personen, wobei der erste Abschnitt (Art. 21–24 HFG) der Forschung mit Kindern, Jugendlichen und urteilsunfähigen Erwachsenen gewidmet ist. Urteilsunfähige Erwachsene dürfen gemäss Art. 23 Abs. 1 lit. a HFG in **Forschungsprojekte mit einem erwarteten direkten Nutzen** nur dann einbezogen werden, wenn eine im Zustand der Urteilsfähigkeit erteilte und dokumentierte Einwilligung dies erlaubt. Dabei erfüllt eine rechtsgültige Patientenverfügung die Anforderungen einer dokumentierten Einwilligung (Botschaft Humanforschungsgesetz, BBl 2009 8112). Falls keine dokumentierte Einwilligung vorliegt, können eine bezeichnete Vertrauensperson oder die nächsten Angehörigen nach hinreichender Aufklärung eine stellvertretende Einwilligung erteilen (Art. 23 Abs. 1 lit. b HFG). Die Forschungshandlung ist nur erlaubt, wenn die betroffene Person diese nicht durch Äusserungen oder entsprechendes Verhalten erkennbar ablehnt (Art. 23 Abs. 1 lit. c HFG). Bei **Forschungsprojekten ohne erwarteten direkten Nutzen** (fremdnützige Forschung) müssen gemäss Art. 23 Abs. 2 HFG zusätzlich kumulativ folgende Anforderungen erfüllt sein: Die Forschung darf nur mit minimalen Risiken und Belastungen verbunden sein (lit. a) und sie muss wesentliche Erkenntnisse erwarten lassen, die Personen mit derselben Krankheit oder Störung oder in demselben Zustand längerfristig einen Nutzen bringen können (lit. b).

Art. 381

E. Einschreiten der Erwachsenenschutzbehörde

[1] Die Erwachsenenschutzbehörde errichtet eine Vertretungsbeistandschaft, wenn keine vertretungsberechtigte Person vorhanden ist oder das Vertretungsrecht ausüben will.

[2] Sie bestimmt die vertretungsberechtigte Person oder errichtet eine Vertretungsbeistandschaft, wenn:
1. unklar ist, wer vertretungsberechtigt ist;
2. die vertretungsberechtigten Personen unterschiedliche Auffassungen haben; oder
3. die Interessen der urteilsunfähigen Person gefährdet oder nicht mehr gewahrt sind.

[3] Sie handelt auf Antrag der Ärztin oder des Arztes oder einer anderen nahestehenden Person oder von Amtes wegen.

Literatur

Vgl. die Literaturhinweise zur Einführung.

1   Da die Vertretungsberechtigung bei medizinischen Massnahmen von Gesetzes wegen entsteht, ist ein behördliches Handeln nur dann erforderlich, wenn die Interessen der urteilsunfähigen Person nicht mehr gewahrt oder gefährdet sind. Für das Einschreiten der Behörde sind die Vorschriften zum Verfahren vor der ersten

Instanz (Art. 443 ff.) anwendbar (SCHMID, Art. 381 N 1). Die Intervention der Erwachsenenschutzbehörde erfolgt von Amtes wegen oder auf Antrag des Arztes oder einer anderen nahestehenden Person (Art. 381 Abs. 3). In Übereinstimmung mit den im geltenden Recht entwickelten Grundsätzen fallen unter den Begriff der «nahestehenden Person» diejenigen Personen, die die betroffene Person gut kennen und kraft ihrer Beziehung zu ihr als geeignet erscheinen, deren Interessen wahrzunehmen (vgl. auch Art. 373 N 1 mit ausf. Zitaten).

Konfliktsituationen können sich aus der praktischen Anwendung der Kaskadenordnung ergeben, wenn z.b. unklar ist, welche Angehörigen tatsächlich regelmässig Beistand geleistet haben und damit zur Vertretung befugt sind (Art. 381 Abs. 2 Ziff. 1; WIDMER BLUM, 103). Ein Fall von Interessengefährdung (Art. 381 Abs. Ziff. 3) kann sich aus dem Umstand ergeben, dass eine vertretungsberechtigte Person als Präsumptiverbe die eigenen Interessen am Nachlass in den Vordergrund stellt (so SCHMID, Art. 378 N 1). Sie liegt sodann vor, wenn die Vertretungsperson bei Fehlen von Weisungen der betroffenen Person die Zustimmung zu einer notwendigen, medizinisch indizierten Massnahme verweigert oder ihre Entscheidung auf eine fehlerhafte Ermittlung des mutmasslichen Willens der betroffenen Person abstützt (WIDMER BLUM, 113). Die intervenierende Erwachsenenschutzbehörde verfügt über einen relativ grossen Ermessensspielraum (Botschaft Erwachsenenschutz, 7038). Sie kann unter mehreren vertretungsberechtigten Personen die geeignetste bestimmen oder aber eine Vertretungsbeistandschaft errichten.

Dritter Unterabschnitt: Aufenthalt in Wohn- oder Pflegeeinrichtungen

Vorbemerkungen zu Art. 382–387

Literatur

BIDERBOST, Der neue Erwachsenenschutz im Überblick, SJZ 2010, 310 ff.; BREITSCHMID/STECK/WITTWER, Der Heimvertrag, FamPra.ch 2009, 867 ff.; HAAS, Die Einwilligung in eine Persönlichkeitsverletzung nach Art. 28 Abs. 2 ZGB, Diss. Zürich 2007; HEGNAUER, Struktur der vormundschaftlichen Aufsicht, ZVW 2003, 361 ff.; GEISER, Demenz und Recht, Regulierung – Deregulierung, ZVW 2003, 97 ff.; GUILLOD/HELLE, Traitement forcé: des dispositions schizophrènes?, ZVW 2003, 347 ff.; JOSSEN, Ausgewählte Fragen zum Selbstbestimmungsrecht des Patienten beim medizinischen Heileingriff, Bern 2009; LEUBA/TRITTEN, La protection de la personne incapable de discernement séjournant en institution, ZVW 2003, 284 ff.; MEIER, Übersicht zur Rechtsprechung September 2002 bis Mai 2003, ZVW 2003, 142; MÖSCH PAYOT, Rechtliche Rahmenbedingungen für freiheitsbeschränkende Massnahmen im Heimbereich, ZKE 2014, 5 ff.; MÜLLER, Legalitätsprinzip – Polizeiliche Generalklausel – Besonderes Rechtsverhältnis. Gedanken zu einem neuen Bundesgerichtsentscheid betreffend die Frage der Zwangsmedikation im fürsorgerlschen Freiheitsentzug (BGE 126 I 112 ff.), ZBJV 2000, 725 ff.; POLEDNA/VOKINGER, Die freie Arztwahl in Alters- und Pflegeheimen – Herausforderungen aufgrund des neuen Erwachsenenschutzrechts, Pflegerecht 2013, 66 ff.; SCHWAB, Selbstbestimmung im Alter, ZBJV 2006, 561 ff.; Schweizerische Gesellschaft für Geronotologie, Freiheit und Sicherheit – Richtlinien zum Umgang mit freiheitsbeschränkenden Massnahmen, Bern 2011 (zit. SGG, Freiheit und Sicherheit); TRITTEN, La maltraitance des personnes âgées en MES, Diss. Neuenburg/Basel 2012; vgl. die Literaturhinweise zu Art. 426.

1 Art. 382–387 regeln Aspekte des Aufenthalts in Wohn- und Pflegeeinrichtungen im Sinn eines Heimgesetzfragments (so auch BIDERBOST, SJZ 2010, 315). Die Normen beschränken sich auf den Schutz urteils**un**fähiger Personen, die in einer Einrichtung wohnen, weil insoweit der grösste Regelungsbedarf eruiert wurde (Botschaft Erwachsenenschutz, 7014 f.). Sie statuieren für das Betreuungsverhältnis mit Urteilsunfähigen materiell den Grundsatz des Persönlichkeitsschutzes und formal die kantonale Aufsicht für entsprechende Einrichtungen (Art. 386 und 387), umfassen formale Bedingungen für den Betreuungsvertrag (Art. 382) und regeln insb. Kriterien, Vorgehensweise und das behördliche Einschreiten bei Einschränkungen der Bewegungsfreiheit (Art. 383–385).

2 Die Normen des dritten Unterabschnitts sind auf **volljährige urteilsunfähige Personen** anwendbar, **die in einer Wohn- und Pflegeeinrichtung leben**. Sie betreffen sowohl die Betreuung betagter als auch volljähriger (geistig) behinderter Menschen. Es ist zu beachten, dass die Frage der Urteilsfähigkeit jeweils eine Momentaufnahme ist und die entsprechende Fähigkeit vernunftgemäss zu handeln nur jeweils im konkreten Moment, für eine spezifische Frage zu beantworten ist (BUCHER A., Personen, Rz 58 ff.; s.a. MICHEL, 44 f.). Urteilsfähigkeit ist relativ, ein dynamischer, kein statischer Rechtsbegriff. Urteilsunfähigkeit kann auch partieller Natur sein, also bei einem Aspekt gegeben sein, bei einem anderen nicht (BGE 124 III 5, 7 f. E. 1a). Urteilsunfähigkeit kann sich auch wandeln (BGE 124 III 5, 8 E. 1b). So ist es möglich, dass Urteilsunfähigkeit nur vorübergehend vorhanden ist und sich z.B. durch Tagesform oder gute Erklärung und Aufklärung in Urteilsfähigkeit wandelt und vice versa (GEISER, ZVW 2003, 98; WIDMER BLUM 44 ff.; BSK Erwachsenenschutz-STECK, Art. 382 N 8). Diese Übergänge sind oft schleichend (GEISER, ZVW 2003, 101).

3 Rechtsbeziehungen zu urteilsfähigen Volljährigen und zu urteilsunfähigen Minderjährigen sind hingegen durch die Normen nicht direkt erfasst. Für letztere kommen die Regeln des Kindesrechts (Art. 296 ff. und Art. 327a ff.) und die Pflegekinderverordnung (PAVO) zur Anwendung (FamKomm Erwachsenenschutz-LEUBA/VAERINI, Einf. zu Art. 382–387 N 9; MEIER/LUKIC, Rz 343; differenzierend BSK ZGB I-STECK, Art. 382 N 5 [für Art. 382]).

4 Die Regeln haben darüber hinaus für die **Rechtsbeziehungen zwischen urteilsfähigen Bewohnern und Einrichtungen** die Bedeutung von nützlichen Vorgaben, selbst wenn sie insoweit nicht direkt anwendbar sind (ähnlich FamKomm Erwachsenenschutz-LEUBA/VAERINI, Einf. zu Art. 382–387 N 8). Das gilt insb. für die Normen, welche grundlegende Prinzipien des Persönlichkeitsschutzes und des Grundrechtsschutzes zum Ausdruck bringen und insoweit für die Abwägung zwischen

Freiheit und Sicherheit die Anwendung des Verhältnismässigkeitsprinzips konkretisieren (Art. 383–386; vgl. Mösch Payot, ZKE 2014, 24 f.).

Die Norm bezieht sich auf **Wohn- und Pflegeeinrichtungen**: Während in Wohneinrichtungen nur geringfügige pflegerische Versorgungsleistungen gewährt werden, werden in Pflegeeinrichtungen typischerweise umfassendere Betreuungs-, Pflege- und Versorgungsleistungen erbracht (Breitschmid/Steck/Wittwer, FamPra.ch 2009, 869). Nicht anwendbar sind die Normen auf kurative Gesundheitseinrichtungen wie Spitäler, ausser auf allfällige psychogeriatrische Abteilungen, die urteilsunfähige Personen behandeln (BSK Erwachsenenschutz-Steck, Art. 382 N 17) und wohl auch für Krankenheime, die chronisch kranke Personen über eine lange Dauer betreuen (BSK Erwachsenenschutz-Steck, Art. 382 N 17). Nicht anwendbar sind die Normen auch auf Private, die nicht berufsmässig Angehörige pflegen oder auf Dienstleistungen der Beherbergung ohne besondere persönliche Betreuung (FamKomm Erwachsenenschutz-Leuba/Vaerini, Einf. zu Art. 382–387 N 18). Ebenfalls keine Anwendung finden die Art. 382–387 auf ambulante Angebote, etwa der Spitex, Haushilfedienst und dergleichen. Das ist vor dem Hintergrund der wachsenden Bedeutung dieses Zweigs der Betreuung und Pflege zu bedauern. Immerhin können die Normen insoweit als nützliche Vorgaben betrachtet werden (so auch CHK-Breitschmid, Art. 382 ZGB N 2). Auch in solchen Fällen kann die KESB, falls die notwendige Betreuung nicht oder nicht mehr gewährleistet ist, von Amtes wegen die erforderlichen Massnahmen treffen (Art. 389; gl.M. BSK Erwachsenenschutz-Steck, Art. 382 N 18).

Schwierigkeiten macht die **Abgrenzung zur fürsorgerischen Unterbringung** gem. Art. 426 ff. Diese Frage stellt sich insb. auch, weil die FU neu auch in Wohn- und Pflegeeinrichtungen möglich ist (s. Art. 426 N 2a). Klar ist zweierlei: Urteilsunfähige Personen, welche in einer psychiatrischen Klinik psychisch betreut werden, unterstehen immer den Bestimmungen der FU (Art. 380). Auch sind Beschränkungen in Wohn- und Pflegeeinrichtungen gegenüber Urteilsfähigen immer nur im Rahmen einer FU möglich.

Bei psychischen und somatischen Betreuungen von Urteilsunfähigen in Wohn- und Pflegeeinrichtungen gilt also im Prinzip das Regime der Art. 382 ff. (s. Art. 380 N 1 ff.). Aufenthalte Urteilsunfähiger in Wohn- und Pflegeeinrichtungen gem. Art. 382 und dabei bestehende bewegungsbeschränkende Massnahmen gem. Art. 383 sind von der Unterbringung abzugrenzen. Kriterien sind dafür Art und Weise, Dauer, Ausmass und Intensität der Beschränkung (vgl. EGMR vom 26.2.2002, H.M. c. Suisse, Nr. 39187/98, VPB 66.106, E. 20 ff.; dazu Meier, ZVW 2003, 142). Eine FU ist auf jeden Fall dann notwendig, wenn sich die betroffene Person dem Eintritt in eine Einrichtung, dem weiteren Verbleib oder entsprechender bewegungsbeschränkender Massnahmen aktiv widersetzt (EGMR vom 17.1.2012, Stanev c. Bulgarien, Nr. 36760/06). Im Falle des Widerstands der betroffenen Personen wiegen weitere Massnahmen schwer, womit auch die besonderen formalen und inhaltlichen Schutzbestimmungen der FU den Betroffenen nicht vorenthalten werden dürfen (ähnlich FamKomm Erwachsenenschutz-Leuba/Vaerini, Einf. zu Art. 382–387 N 11 ff.; s. Art. 426 N 2a).

8 Im Rahmen der FU sind auch bewegungsbeschränkende Massnahmen möglich und es werden die Regeln von Art. 383 ff. analog angewendet (Art. 438). Speziell ist hierbei, dass bei einer FU diese Bewegungsbeschränkungen auch gegenüber Urteilsfähigen möglich sind (s. Art. 438 N 1 ff.). In der Lehre findet sich die Meinung, dass auch weitere Normen analog im Bereich der FU angewendet werden sollten, namentlich der Anspruch auf freie Arztwahl (Art. 386 Abs. 4) und die Aufsicht (Art. 387; so FamKomm Erwachsenenschutz-LEUBA/VAERINI, Einf. zu Art. 382–387 N 10).

Art. 382

A. Betreuungsvertrag

¹ Wird eine urteilsunfähige Person für längere Dauer in einer Wohn- oder Pflegeeinrichtung betreut, so muss schriftlich in einem Betreuungsvertrag festgelegt werden, welche Leistungen die Einrichtung erbringt und welches Entgelt dafür geschuldet ist.

² Bei der Festlegung der von der Einrichtung zu erbringenden Leistungen werden die Wünsche der betroffenen Person so weit als möglich berücksichtigt.

³ Die Zuständigkeit für die Vertretung der urteilsunfähigen Person beim Abschluss, bei der Änderung oder bei der Aufhebung des Betreuungsvertrags richtet sich sinngemäss nach den Bestimmungen über die Vertretung bei medizinischen Massnahmen.

Literatur

Vgl. die Literaturhinweise zu Einführung und Vorbem. Art. 382–387.

I. Anwendungsbereich und Inhalt

1 Der Aufenthalt Erwachsener in einer Wohn- oder Pflegeeinrichtung ausserhalb der FU (vgl. dazu Art. 426 N 1 ff.) oder einer strafrechtlichen Massnahme hat eine vertragliche Grundlage. Zentrale Inhalte des Vertrags sind auf der einen Seite das Überlassen von Wohnraum, die Verpflegung, Hotellerieleistungen und das Gewähren von Pflege, dazu individuelle Zusatzleistungen wie medizinisch-therapeutische und/oder sozialpädagogische bzw. agogische Betreuung bzw. Angebote, und auf der anderen Seite das dafür geschuldete Entgelt sowie die Duldung von Persönlichkeitsbeschränkungen, die mit dem Aufenthalt allenfalls verbunden sind. Die Inhalte haben je nach Institution und Zielgruppe eine erhebliche Spannweite. Betreuungsverträge betreffen sowohl stationäre wie teilstationäre Aufenthalte. Beim Betreuungsvertrag handelt es sich typischerweise um einen Innominatkontrakt, der Aspekte der Vertragstypen der Miete (Art. 253 ff. OR), des Kaufvertrags (Art. 184 ff. OR), des Werkvertrags (Art. 363 ff. OR) und des Auftrags (Art. 394 ff. OR) umfasst (BREITSCHMID/STECK/WITTWER, FamPra.ch 2009, 867 ff.; FamKomm

Erwachsenenschutz-Leuba/Vaerini, Art. 382 N 12). Der gesetzliche Begriff des Betreuungsvertrags ist etwas unglücklich, im Regelfall trifft der Terminus Beherbergungs- und Pflegevertrag die typischen Vertragsinhalte besser (FamKomm Erwachsenenschutz-Leuba/Vaerini, Art. 382 N 3).

Für die Betreuungsverträge mit urteils**un**fähigen Personen wird ein **Schriftformerfordernis** statuiert. Dazu gehört auch die Unterschrift aller Parteien, d.h. der Einrichtung und des Vertreters der urteilsunfähigen Person. Die Unterschrift der betroffenen urteilsunfähigen Person ist vor allem dort sinnvoll, wo die betroffene Person partiell, namentlich bezüglich einzelner Vertragsbestandteile urteilsfähig erscheint (weitergehend FamKomm Erwachsenenschutz-Leuba/Vaerini, Art. 382 N 13). Die **Schriftlichkeit** gilt insoweit **als Beweisform** und nicht als Gültigkeitserfordernis des Vertrags (Botschaft Erwachsenenschutz, 7038; OFK ZGB-Fassbind, Rev. Erwachsenenschutzrecht, Art. 382 N 2; FamKomm Erwachsenenschutz-Leuba/Vaerini, Art. 382 N 13; a.M. Schmid, Art. 382 ZGB N 5; wohl auch BSK ZGB I-Steck, Art. 382 N 35). Das ergibt sich schon aus dem besonderen einseitigen Schutzzweck der Norm für den Bewohner. Ist die künftige Bewohnerin hingegen handlungsfähig, so kann sie gültig über die wesentlichen Vertragsinhalte mitentscheiden. Die Norm ist in diesem Fall nicht direkt anwendbar, eine schriftliche Vereinbarung aber zu Transparenz- und Beweiszwecken sehr empfehlenswert und heute wohl auch Standard im Behinderten- und Alterspflegebereich.

1a

In **zeitlicher Hinsicht** sind Verträge ausgenommen, die Aufenthalte über eine relativ kurze Zeit vorsehen, wie bspw. der probeweise Aufenthalt in einer Einrichtung oder der Erholungsurlaub für Betroffene oder Angehörige (Botschaft Erwachsenenschutz, 7038; gl.M. FamKomm Erwachsenenschutz-Leuba/Vaerini, Art. 382 N 2).

1b

In **inhaltlicher Hinsicht** bezieht sich das Schriftformerfordernis auf die wesentlichen Vertragsinhalte eines Betreuungsvertrages, also die wesentlichen Leistungen, welche die Einrichtung erbringt und das dafür geschuldete Entgelt (vgl. zum System der Pflegefinanzierung BSK ZGB I-Steck, Art. 382 N 24 ff.; Art. 382 Abs. 1). Dazu gehören auf jeden Fall **Unterkunft und Verpflegung**, die Nutzung von Mobiliar, wesentliche Haushaltsdienstleistungen, Nutzung von Gemeinschaftsräumen, Aktivitäten und Unterhaltungsprogramm, wesentliche Beschäftigungstherapien und agogische Angebote etc. (Breitschmid/Steck/Wittwer, FamPra.ch 2009, 875 ff.; FamKomm Erwachsenenschutz-Leuba/Vaerini, Art. 382 N 4). Ebenso sind wesentliche Elemente der Beschränkung der Bewegungsfreiheit oder andere Freiheitsbeschränkungen erheblicher Natur in einem schriftlichen Vertrag festzuhalten, soweit sie schon bei Vertragsschluss erkennbar sind. Die Zustimmung des Bewohners bzw. seines Vertreters entbindet die Einrichtung nicht davon, sich bei der Anordnung und Umsetzung von Bewegungsbeschränkungen an die Regeln von Art. 383 ff. zu halten (gl.M. FamKomm Erwachsenenschutz-Leuba/Vaerini, Art. 382 N 6). Aus Beweiszwecken ist es ratsam, überdies auch weitere Klauseln schriftlich festzuhalten, insb. die Regelung der Vertragsauflösung.

2

Pflegeleistungen sollen dagegen gem. der Botschaft nicht der Schriftform unterstehen (Botschaft Erwachsenenschutz, 7038). Das kann m.E. allerdings immer dann

2a

nicht gelten, wenn sie bewegungs- und freiheitseinschränkende Wirkung entfalten (N 5). Überdies bieten gerade im Altersbereich Einrichtungen zum Teil geriatrische Leistungen in ihrer Gesamtheit an, inkl. nicht unerheblicher pflegerischer Leistungen. Die Lehre spricht insoweit von Gesamtverträgen (TRITTEN, 41; FamKomm Erwachsenenschutz-LEUBA/VAERINI, Art. 382 N 5). In diesem Fall untersteht m.E. auch der wesentliche Inhalt des pflegerischen Angebots dem Schriftformerfordernis.

2b Die gesetzliche Regelung des Betreuungsvertrags wurde auf das absolute Minimum beschränkt. Die Kantone können im Rahmen der Aufsicht über Betreuungs- und Pflegeeinrichtungen ergänzende Regelungen aufstellen. Dies ist vor allem in der Romandie in entsprechenden kantonalen Gesetzen bereits geschehen (vgl. für eine Übersicht FamKomm Erwachsenenschutz-LEUBA/VAERINI, Art. 382 N 10). Im Weiteren gibt es für die Praxis ein empfehlenswerter, aber im Einzelfall an die jeweiligen Verhältnisse anzupassender Muster-Pensionsvertrag, der von Curaviva Schweiz (Verband Heime und Institutionen Schweiz) herausgegeben wird.

3 Das Schriftformerfordernis bezieht sich **in personaler Hinsicht** nur auf **Betreuungsverträge mit urteilsunfähigen Personen**. Diese Einschränkung wird mit dem besonderen Schutzbedarf von urteilsunfähigen Personen begründet, da und soweit deren Interessen bei Betreuungsverträgen von einer vertretenden Person wahrgenommen werden müssen (Botschaft Erwachsenenschutz, 7038). Da die Urteilsfähigkeit partiell fehlen oder bestehen kann (vgl. N 4), ist davon auszugehen, dass die schriftliche Form für alle jene wesentlichen Vertragselemente (sog. essentialia negotii) erforderlich ist, bezüglich derer der betroffenen Person die Urteilsfähigkeit fehlt, sei es der Leistungskatalog und -inhalt, das Entgelt oder (mögliche) Freiheitsbeschränkungen, die vertraglich festgelegt werden. Das Schriftformerfordernis dient primär der Transparenz gegenüber den vertretenden Personen, den Angehörigen, aber auch gegenüber der Aufsichtsbehörde und soll Missverständnissen und Missbrauchsrisiken vorbeugen (Botschaft Erwachsenenschutz, 7038). Für die Heime sind schriftliche Aufenthalts- und Betreuungsverträge daher in jedem Fall ratsam.

3a Die Schriftform ist auch für jede wesentliche Abänderung der Leistungen und Kosten zu beachten (Art. 12 OR; FamKomm Erwachsenenschutz-LEUBA/VAERINI, Art. 382 N 15).

II. Stellvertretung und Stellung der urteilsunfähigen Person

4 Abs. 3 regelt die Stellvertretung hinsichtlich des Betreuungsvertrags für Urteilsunfähige. Die betroffene Person ist urteilsunfähig, wenn und soweit die Fähigkeit vernunftgemäss zu handeln fehlt (Art. 16). Die so verstandene Urteilsunfähigkeit ist also relativ, kann partiell oder vorübergehend vorliegen (BUCHER A., Personen, Rz 58 ff.; s.a. MICHEL, 44 f.). Vor diesem Hintergrund wird für Abschluss, Änderung oder Aufhebung eines Betreuungsvertrages mit Urteilsunfähigen ein gesetzliches Stellvertretungsmöglichkeit vorgesehen (Art. 382 Abs. 3).

Ist die betroffene Person bezüglich der Frage des Eintritts in eine Einrichtung urteilsfähig, so hat sie diese Entscheidung in Ausübung eines höchstpersönlichen Rechts selbst zu treffen. Die Stellvertretungsmöglichkeit von Abs. 3 beschränkt sich in diesem Fall auf jene Aspekte des Vertrags, bezüglich derer der betroffenen Person die Urteilsfähigkeit fehlt, bspw. auf den Vertragsabschluss und gewisse Inhalte des Betreuungsvertrags (ähnlich Botschaft Erwachsenenschutz, 7039; OFK ZGB-FASSBIND, Art. 382 N 4).

5

Ist die betroffene Person auch hinsichtlich des Eintritts in die Einrichtung urteilsunfähig, so erstreckt sich das Vertretungsrecht nach Abs. 3 gemäss der wohl herrschenden Lehre auch auf diesen Entscheid, so dass nicht bei jedem Eintritt einer zu diesem Eintrittsentscheid urteilsunfähigen Person eine FU notwendig wird (gl.M. FamKomm Erwachsenenschutz-LEUBA/VAERINI, Art. 382 N 18; BSK ZGB I-STECK, Art. 382 N 48). Die Vertretungsmacht über die betroffene Person umfasst dagegen **nicht die Unterbringung gegen den Willen oder den Widerstand in einer Wohn- oder Pflegeeinrichtung** der betroffenen Person (Botschaft Erwachsenenschutz, 7039). Dafür sind exklusiv als lex specialis die Regeln der FU zu beachten (Vorbem. Art. 382–387 N 1 f.; Art. 426 N 1 ff.; BSK ZGB I-STECK, Art. 382 N 47).

5a

Die **Zuständigkeit für die Stellvertretung für Abschluss, Änderung oder Aufhebung eines Betreuungsvertrages** von Urteilsunfähigen (Art. 382 Abs. 3) bestimmt sich analog der kaskadenhaften Stellvertretung bei medizinischen Massnahmen (vgl. Art. 377/378 N 13). Damit wird die Frage der Vertretungsberechtigung bei Betreuungsverträgen für Urteilsunfähige gesetzlich geklärt und mit der Vertretung bezüglich medizinischer Massnahmen koordiniert. Zur Stellvertretung für den Inhalt, die Änderung oder Aufhebung des Betreuungsvertrags ist somit primär die Person befugt, die von der betroffenen Person (in insoweit urteilsfähigem Zustand) in einem Vorsorgeauftrag oder einer Patientenverfügung hierzu bezeichnet worden ist. Liegen Vertretungsmandate sowohl in einem Vorsorgeauftrag als auch einer Patientenverfügung vor, so dürfte die Entscheidungsmacht der im Vorsorgeauftrag bezeichneten Vertretungsperson vorgehen, da es sich bei der Regelung des Aufenthaltes um einen für den Vorsorgeauftrag typischen, für die Patientenverfügung aber untypischen Bereich handelt (s. Art. 360 N 26; Art. 377/378 N 15).

6

Im Weiteren sind im Sinn einer Kaskade nacheinander vertretungsberechtigt: (2) ein bereits eingesetzter Beistand mit entsprechendem behördlich eingeräumtem Vertretungsrecht, (3) der persönlich Beistand leistende Ehepartner oder eingetragene Partner, (4) die Person, die mit dem Betroffenen einen gemeinsamen Haushalt führt und persönlich Beistand leistet, (5) Nachkommen, die regelmässig persönlich Beistand leisten, (6) Eltern, die regelmässig persönlich Beistand leisten, (7) Geschwister, die regelmässig und persönlich Beistand leisten (s. Art. 377/378 N 13 ff.).

6a

Bei mehreren Vertretungsberechtigten, wie namentlich bei mehreren Geschwistern oder betreuenden Mitbewohnern, dürfen die gutgläubigen Vertretungsadressaten von gegenseitigem Einverständnis ausgehen (Art. 378 Abs. 2).

6b

7 Für die **Rechtsstellung der Vertretungsperson** gelten die allgemeinen Regeln. Die vertretungsberechtigte Person handelt mit Wirkung für die vertretene urteilsunfähige Person. Berechtigungen und Belastungen aus dem Vertrag wirken primär für die vertretene Person (Art. 32 ff. OR; Botschaft Erwachsenenschutz, 7039). Die gesetzliche Vertretungsmacht erstreckt sich dabei ausschliesslich auf den Abschluss, die Änderung und die Aufhebung des Betreuungsvertrages und nach der hier vertretenen Auffassung bei insoweit Urteilsunfähigen auch auf den Eintritt in die Einrichtung, nicht aber etwa auf die Auflösung der vorherigen Wohnung, die Kündigung des entsprechenden Mietvertrages und dergleichen. Falls insoweit kein Vorsorgeauftrag vorhanden ist, hat die vertretungsberechtigte Person bei der Erwachsenenschutzbehörde um Zustimmung zu diesen Handlungen zu ersuchen (Art. 392 Abs. 1) oder die Erwachsenenschutzbehörde bezeichnet – wo notwendig – einen Beistand (FamKomm Erwachsenenschutz-LEUBA/VAERINI, Art. 382 N 19).

7a Die Vertretungsperson muss nach dem **mutmasslichen Willen und den wohlverstandenen Interessen der betroffenen urteilsunfähigen Person** handeln (Art. 377/378 N 12). Aus dem subjektiven Kriterium des mutmasslichen Willens ergibt sich, dass für die Vertretung frühere, in urteilsfähigem Zustand verfügte Weisungen der betroffenen Person zu beachten sind, soweit sie im Rahmen des Erwartungshorizonts der aktuellen Situation erfolgten. Im Weiteren sind frühere Willensäusserungen, Werthaltungen oder auch die Art der Lebensführung zur Eruierung des mutmasslichen Willens zu beachten (gl.M. BSK ZGB I-STECK, Art. 382 N 51; SCHWAB, ZBJV 2006, 567; WIDMER BLUM, 102 ff.). Aus dem objektiven Kriterium des wohlverstandenen Interesses ergibt sich im Übrigen die Ausrichtung an der Interessenlage einer Normalperson in der Situation des Betroffenen (analog der Vertretung bei medizinischen Massnahmen, dazu Art. 377/378 N 12; Art. 435 N 1 ff.).

7b Die Stellvertretung erfolgt auf einer vertraglichen, einer gesetzlichen oder einer familienrechtlichen Grundbeziehung. Der Vertreter haftet für allfälligen Schaden nach dem Auftragsrecht des OR (Art. 456 i.V.m. Art. 382 Abs. 3). Auch kann bei einer den Betroffenen gefährdenden oder gar **missbräuchlichen Ausübung des Vertretungsrechts die KESB angerufen** werden, etwa von einer nahestehenden Person oder der Ärzteschaft (Art. 381 Abs. 3), aber auch von Dritten (Art. 443). Daran ist etwa zu denken, wenn Angehörige ihr Vertretungsrecht nutzen, einen Eintritt einer Person in eine Einrichtung zu realisieren, um die Wohnung der betroffenen Person selber nutzen zu können (FamKomm Erwachsenenschutz-LEUBA/VAERINI, Art. 382 N 20). Durch das Errichten einer spezifischen Vertretungsbeistandschaft kann die KESB dann das gesetzliche Vertretungsrecht nach Art. 382 Abs. 3 aufheben. Beruht das Vertretungsrecht auf einem Vorsorgeauftrag oder einer Patientenverfügung hat die KESB parallel dazu die entsprechenden Befugnisse zu entziehen (Art. 368 Abs. 2; Art. 373 Abs. 2).

8 Bei der Festlegung der Leistungen der Einrichtung müssen die **Wünsche der betroffenen Person** so weit wie möglich berücksichtigt werden (Abs. 2). Das Gesetz nimmt hier wie andernorts (vgl. Art. 377 Abs. 3) darauf Bezug, dass das Recht auf Selbstbestimmung auch bei Fragen bestehen kann, wo es an der Urteilsfähigkeit fehlt (BSK ZGB I-STECK, Art. 382 N 41; BUCHER A., Personen, Rz 508). Das gilt insb.

für deutliche Willensbekundungen, die offensichtlich nicht von der Fähigkeit getragen sind, Folgen und Risiken der jeweiligen Entscheidung abzuschätzen. Es handelt sich dabei um eine rechtliche Grauzone zwischen Urteilsunfähigkeit und Urteilsfähigkeit (MICHEL, 4; s.a. Art. 377/378 N 8).

Die Berücksichtigung der Selbstbestimmung in diesem Bereich verlangt, dass Beschränkungen üblicher Freiheiten (Lebensgestaltung, Körperpflege, Alkoholkonsum, Kommunikation, sexuelle Selbstbestimmung, Sterbebegleitung) auch bei Urteilsunfähigen gegen deren Wunsch nur soweit und solange zulässig sind, als sie mit Blick auf überwiegende Organisations-, Sicherheits- und Schutzinteressen notwendig und unabdingbar sind (MÖSCH PAYOT, ZKE 2014, 15 ff.; gl.M. BSK ZGB I-STECK, Art. 382 N 41). Massgeblich ist insoweit das Verhältnismässigkeitsprinzip. Entsprechend sind die Einrichtungen zu einer gewissen **Vielfalt und Flexibilität in ihrem Hausregime und Betreuungsangebot** verpflichtet (gl.M. FamKomm Erwachsenenschutz-LEUBA/VAERINI, Art. 382 N 8). Das gilt unabhängig davon, ob diese Beschränkungen im Voraus und generell in Hausordnungen oder im Einzelfall mit konkreten Weisungen erfolgen.

9

Art. 383

B. Einschränkung der Bewegungsfreiheit

I. Voraussetzungen

¹ Die Wohn- oder Pflegeeinrichtung darf die Bewegungsfreiheit der urteilsunfähigen Person nur einschränken, wenn weniger einschneidende Massnahmen nicht ausreichen oder von vornherein als ungenügend erscheinen und die Massnahme dazu dient:
1. eine ernsthafte Gefahr für das Leben oder die körperliche Integrität der betroffenen Person oder Dritter abzuwenden; oder
2. eine schwerwiegende Störung des Gemeinschaftslebens zu beseitigen.

² Vor der Einschränkung der Bewegungsfreiheit wird der betroffenen Person erklärt, was geschieht, warum die Massnahme angeordnet wurde, wie lange diese voraussichtlich dauert und wer sich während dieser Zeit um sie kümmert. Vorbehalten bleiben Notfallsituationen.

³ Die Einschränkung der Bewegungsfreiheit wird so bald wie möglich wieder aufgehoben und auf jeden Fall regelmässig auf ihre Berechtigung hin überprüft.

Art. 384

II. Protokollierung und Information

¹ Über jede Massnahme zur Einschränkung der Bewegungsfreiheit wird Protokoll geführt. Dieses enthält insbesondere den Namen der anordnenden Person, den Zweck, die Art und die Dauer der Massnahme.
² Die zur Vertretung bei medizinischen Massnahmen berechtigte Person wird über die Massnahme zur Einschränkung der Bewegungsfreiheit informiert und kann das Protokoll jederzeit einsehen.
³ Ein Einsichtsrecht steht auch den Personen zu, welche die Wohn- oder Pflegeeinrichtungen beaufsichtigen.

Art. 385

III. Einschreiten der Erwachsenenschutzbehörde

¹ Die betroffene oder eine ihr nahestehende Person kann gegen eine Massnahme zur Einschränkung der Bewegungsfreiheit jederzeit schriftlich die Erwachsenenschutzbehörde am Sitz der Einrichtung anrufen.
² Stellt die Erwachsenenschutzbehörde fest, dass die Massnahme nicht den gesetzlichen Vorgaben entspricht, so ändert sie die Massnahme, hebt sie auf oder ordnet eine behördliche Massnahme des Erwachsenenschutzes an. Nötigenfalls benachrichtigt sie die Aufsichtsbehörde der Einrichtung.
³ Jedes Begehren um Beurteilung durch die Erwachsenenschutzbehörde wird dieser unverzüglich weitergeleitet.

Literatur

Vgl. die Literaturhinweise zu Einführung, Vorbem. Art. 382–387 und Art. 426.

I. Normzweck und materielle Regelung

1 Art. 383 und 384 enthalten die materiellen Voraussetzungen für Einschränkungen der Bewegungsfreiheit urteilsunfähiger Personen in Pflege- und Wohneinrichtungen und entsprechende formale Regeln für die Dokumentation, Protokollierung und Information durch die Einrichtungen. Die Bewegungsfreiheit ist im öffentlich-rechtlichen Kontext als **Teil der persönlichen Freiheit** durch die Europäische Menschenrechtskonvention (Art. 5 EMRK), die Verfassung (Art. 10 Abs. 2 und Art. 31 BV), aber auch im privatrechtlichen Bereich als Ausfluss des Persönlichkeitsschutzes (Art. 28) geschützt. Die Bewegungsfreiheit hat nicht absoluten Charakter, sondern kann unter bestimmten Voraussetzungen eingeschränkt werden

(BSK ZGB I-STECK, Art. 383 N 2; FamKomm Erwachsenenschutz-VAERINI, Art. 383 N 1; Botschaft Erwachsenenschutz, 7039).

Die entsprechenden Freiheitsgarantien stehen in einem Spannungsverhältnis zu Schutzinteressen für die Betroffenen selbst oder für Dritte, zu Ordnungsinteressen der Einrichtungen oder auch zu pädagogischen und disziplinarischen Interessen (MÖSCH PAYOT, ZKE 2014, 8 ff. m.w.H.). Grundsätzlich bedürfen Einschränkungen der jeweiligen Freiheiten einer gesetzlichen Grundlage im materiellen oder bei schweren Freiheitsbeschränkungen auch im formellen Sinn (vgl. Art. 36 Abs. 1 BV; BGE 126 I 112 E. 3). Art. 383 bietet eine gesetzliche Grundlage für Einschränkungen der Bewegungsfreiheit (BSK ZGB I-STECK, Art. 383 N 3). Darüber hinaus sind mögliche Rechtfertigungsgründe für Einschränkungen die Einwilligung der urteilsfähigen betroffenen Person bzw. des mutmasslichen Willens der urteilsunfähigen betroffenen Person (MICHEL, 120 ff.; HAAS, 311 ff.; s.a. Art. 435 N 2). In eigentlichen Notstands- oder Notwehrsituationen können Einschränkungen zudem unter engen Voraussetzungen auch ohne formelle Gesetzesgrundlage gerechtfertigt sein (MÖSCH PAYOT, ZKE 2014, 15 ff. m.w.H.; im öffentlich-rechtlichen Kontext dazu MÜLLER, ZBJV 2000, 725 ff.; HÄFELIN/MÜLLER/UHLMANN, N 2467 ff.; einschränkend EGMR vom 8.10.2009, Gsell c. Suisse, Nr. 12675/05; zum Ganzen für den strafrechtlichen Bereich JOSSEN, 51 ff.; s.a. Art. 433–435 N 3).

2

Für Beschränkungen der Freiheit, die mit Betreuung zusammenhängen, kennt das neue Erwachsenenschutzrecht unterschiedliche Regelungsbereiche (krit. dazu GUILLOD/HELLE, ZVW 2003, 347 ff.). Art. 383 ff. regeln nur die Beschränkung der Bewegungsfreiheit von Urteilsunfähigen als Teil der persönlichen Freiheit (ausf. dazu MÖSCH PAYOT, ZKE 2014, 8 ff.). Daneben sind im Erwachsenenschutzrecht mit Bezug auf die Freiheit folgende Regelungen zu berücksichtigen: Art. 377 ff. für medizinische Massnahmen gegenüber Urteilsunfähigen, Art. 426 ff. für die FU und die entsprechende Betreuung und Art. 434 und 435 für medizinische Zwangsmassnahmen bei psychischen Störungen im Rahmen einer FU. Für Beschränkungen der Bewegungsfreiheit im Rahmen einer FU gelten die Art. 383 ff. sinngemäss (s. Art. 438 N 1 ff.).

3

Die Regelung der Einschränkung der Bewegungsfreiheit umfasst **nur Massnahmen gegenüber urteilsunfähigen Personen**. In der Praxis dürfte es schwierig sein, in jedem Fall die Urteilsunfähigkeit festzustellen, zumal diese als relatives Phänomen dynamisch veränderbar ist und punktuell differenziert werden muss (s. Vorbem. Art. 382–387 N 2). Den Wohn- und Pflegeeinrichtungen ist zu raten, im Zweifel den entsprechenden Grundzustand regelmässig ärztlich begutachten und dokumentieren zu lassen. **Bewegungseinschränkende Zwangsmassnahmen gegen den erklärten Willen urteilsfähiger Personen können nicht auf der Grundlage von Art. 383 ff. gerechtfertigt werden.** Das Erwachsenenschutzrecht bietet für freiheitsbeschränkende Massnahmen gegenüber Urteilsfähigen einzig in Art. 426 für die FU und in Art. 434 und 435 für medizinisch motivierte Zwangsmassnahmen bzw. medizinische Notfallmassnahmen eine Grundlage (s. Art. 426 N 1 ff.; Art. 433–435 N 1 ff.).

4

5 Gemäss der Botschaft ist der **Begriff der Einschränkung der Bewegungsfreiheit weit zu verstehen**. Im Kern geht es um die Beschränkung der körperlichen Bewegungsmöglichkeiten (BSK ZGB I-STECK, Art. 383 N 7; Botschaft Erwachsenenschutz, 7039). Zu denken ist an folgende Bewegungsbeschränkungen:
   – Massnahmen der **Isolierung**, wie beim Unterbringung in einer geschlossenen Umgebung, etwa durch das Abschliessen von Türen, in Zimmern, Abteilungen, Gebäuden (mit oder ohne Garten; vgl. BGE 134 I 209 E. 2.3);
   – Mechanische **Festhaltemassnahmen** wie das Hindern am Verlassen des Bettes, etwa durch das Anbringen von Bettgittern;
   – **Bewegungsbeschränkungen und Fixationsmassnahmen**, etwa durch Gurten, Spezialdecken, Blockierungen von Stuhlsitzflächen durch Brett oder Tischchen; dazu gehört auch das selektive Blockieren von Händen, Armen oder Beinen etwa durch Verbände oder Handschuhe;
   – die **Wegnahme üblicher Fortbewegungshilfsmittel** wie Rollstühle oder Stöcke (FamKomm Erwachsenenschutz-VAERINI, Art. 383 N 9 f.; SGG, Freiheit und Sicherheit, 5).

5a Bei **Überwachungsmassnahmen** wie elektronischen Meldern oder elektronischen Bettvorlagen und Klingelmatten, Überwachungskameras oder auch Sitz- und Nachtwachen sind die Regeln von Art. 383 und 384 nur dann anwendbar, wenn damit subjektiv bei der betroffenen Person der Eindruck erweckt wird, sie sei eingesperrt oder in ihrer Bewegungsfreiheit beschränkt (**ähnlich** FamKomm Erwachsenenschutz-VAERINI, Art. 383 N 9 f.). Gleiches gilt bei mündlichen oder schriftlichen Anordnungen, Ausgehverboten etc. (gl.M. BSK ZGB I-STECK, Art. 383 N 9).

5b Es gilt also für die Abgrenzung ein **subjektiver Massstab**. Sobald bei den Betroffenen der Eindruck eines geschlossenen Milieus erweckt wird, sind die Normen zur Bewegungsbeschränkung anwendbar. Mit Blick auf den subjektiven Massstab ist in Grenzfällen die Anwendung von Art. 383/384 abhängig von der erkennbaren Auswirkung auf die Betroffenen. **Nicht anwendbar sind somit die Regeln**, wenn die Massnahmen die Betroffenen objektiv und subjektiv nicht in ihrer Bewegungsfreiheit beschränken, sondern *einzig* die allgemeine Überwachung und das rechtzeitige Einschreiten bei Gefährdungen ermöglichen (ähnlich FamKomm Erwachsenenschutz-VAERINI, Art. 383 N 9 ff.; MEIER/LUKIC, Rz 354; so schon LEUBA/TRITTEN, ZVW 2003, 293).

6 **Nicht zum Anwendungsbereich von Art. 383 ff. gehören zunächst Unterbringungen**, durch die jemand gegen oder ohne seinen Willen an einem bestimmten, begrenzten Ort für eine gewisse Dauer festgehalten wird (BGE 126 I 112 E. 3b; s. Art. 426 N 14). Eine Freiheitsentziehung und die damit verbundene Betreuung sind nur im Rahmen einer FU (Art. 426) zulässig (gl.M. FamKomm Erwachsenenschutz-VAERINI, Art. 383 N 2; MEIER/LUKIC, Rz 352), wobei für Bewegungseinschränkungen in Rahmen der FU wiederum auf die Art. 383 ff. verwiesen wird (s. Art. 438 N 1 ff.). Insbesondere bei länger dauernden isolierenden Massnahmen sind die Übergänge von bewegungsbeschränkenden Massnahmen und der Unterbringung allerdings fliessend, zumal die FU in stationären Einrichtungen aller Art, auch solchen ohne geschlossenen Abteilungen, möglich sind (s. Art. 426 N 14

m.w.H.). Für die Abgrenzung der Beschränkung der Bewegungsfreiheit von der Unterbringung sind die Art und Weise, die Dauer, das Ausmass und die Intensität der Beschränkung massgeblich, also die Auswirkungen der zu beurteilenden Massnahme insgesamt (vgl. EGMR vom 26.2.2002, H.M c. Suisse, Nr. 39187/98, VPB 66.106, E. 20 ff.; dazu MEIER, ZVW 2003, 142). Bei schweren Freiheitsbeschränkungen sind also im Zweifel die Rahmenbedingungen und Verfahrensregeln der FU zu beachten (Art. 426 ff.; vgl. Vorbem. Art. 382–387 N 1 f. sowie Art. 426 N 2a).

Die **Abgrenzung zu medizinischen Massnahmen** ist schwieriger als prima vista erkennbar. Gemäss der Botschaft sollen von den bewegungsbeschränkenden Massnahmen nach Art. 383 ff. **medikamentöse Massnahmen, die bewegungseinschränkend wirken**, z.B. Ruhigstellen durch Medikamente und dergleichen, unterschieden werden (Botschaft Erwachsenenschutz, 7039). Letztere sollen sich nach den Regeln von Art. 377 ff. richten (s. Art. 377 N 1 ff.; s.a. Art. 438 N 1; Botschaft Erwachsenenschutz, 7039; OFK ZGB-FASSBIND, Rev. Erwachsenenschutzrecht, Art. 383 N 1; FamKomm Erwachsenenschutz-VAERINI, Art. 383 N 8). Damit wird nach dem äusseren Instrumentarium der bewegungsbeschränkenden Massnahmen unterschieden, was mit Blick auf die Zielsetzung des Persönlichkeitsschutzes nicht überzeugt (kritisch schon GEISER, ZVW 2003, 107): Der Umfang des Persönlichkeitsschutzes sollte sich an den Folgen für die Betroffenen und nicht an den Instrumenten der Bewegungsbeschränkung orientieren. Die Wohn- und Pflegeeinrichtung trifft dabei im Rahmen des Betreuungsvertrages, und vor allem wo die medizinisch-pflegerische Betreuung Teil der vertraglichen Vereinbarung ist, eine eigenständige Verantwortung. Insoweit sind von Wohn- und Pflegeeinrichtungen m.E. für die entsprechenden Massnahmen mit bewegungsbeschränkender Wirkung ebenfalls die Art. 383–385 zu beachten. Die ärztliche Verantwortung wird davon nicht berührt und richtet sich nach Art. 377–380. Daraus ergibt sich, dass bei ärztlich verantworteten Massnahmen mit bewegungsbeschränkender Wirkung gegenüber Urteilsunfähigen von der Arztperson die Bestimmungen zu den medizinischen Massnahmen zu beachten sind, insb. der Einbezug der Vertretungsperson (Art. 378), die Notfallregel von Art. 379 (dazu Art. 379/380 N 1) und der Rechtsschutz hiervon (Art. 381). Gleichzeitig aber besteht eine eigenständige Garantenpflicht der Wohn- und Pflegeeinrichtung bezüglich der Einhaltung des Schutzes der Persönlichkeit vor übermässigen bewegungsbeschränkenden Wirkungen solcher Medikamente, wie für alle anderen Beschränkungen der Bewegungsmöglichkeit gegenüber Urteilsunfähigen auch. Bei medikamentösem Sedieren liegt es daher in der Verantwortung der Wohn- und Pflegeeinrichtung sicherzustellen, dass die materiellen Schranken (Art. 383) und die Verfahrensregeln eingehalten werden (Art. 384). Auch steht Betroffenen und ihnen nahestehenden Personen der Rechtsschutz nach Art. 385 offen. Im Streitfall mit der Arztperson gebietet es die Schutzpflicht gegenüber der Persönlichkeit der betroffenen Person der Wohn- und Pflegeeinrichtung, die KESB anzurufen (Art. 381 Abs. 3).

Pädagogisch oder disziplinarisch motivierte bewegungsbeschränkende Massnahmen (wie Ausgehverbot, Zimmerarrest etc.) fallen in den Anwendungsbereich, wenn damit Bewegungseinschränkungen verbunden sind. Insoweit würde etwa das auch kurzfristige Einschliessen oder das Verbot, Räume zu verlassen, erfasst. Solche Massnahen sind also nur soweit zulässig, als die besonderen Motive nach Art. 383 Abs. 1 erfüllt sind (ernsthafte Gefahr abwenden, schwerwiegende Störung des Gemeinschaftslebens abwenden). Daraus ist abzuleiten, dass davon unabhängige, rein pädagogische oder disziplinierende Motive Bewegungsbeschränkungen bei Erwachsenen nicht rechtfertigen können, es sei denn, es gebe andere entsprechende gesetzliche Grundlagen, eine echte Einwilligung der urteilsfähigen Betroffenen oder es liege eine eigentliche Notstands- und Notwehrsituation vor (vgl. dazu Mösch Payot, ZKE 2014, 23).

9 «Bewegungseinschränkungen» i.S.v. **Freiheitsbeschränkungen** – wie Kommunikationsverbote und Konsumationsverbote – dürften nicht in den Anwendungsbereich der Norm fallen. So sehr die ratio des Persönlichkeitsschutzes dafür sprechen würde, so deutlich spricht der Wortlaut der Norm dagegen: Bewegungseinschränkungen sind nicht Freiheitseinschränkungen, sondern ein Ausschnitt davon (gl.M. FamKomm Erwachsenenschutz-Vaerini, Art. 383 N 11; Meier/Lukic, Rz 354). Insoweit ist es den Kantonen aber unbenommen, Bestimmungen über Voraussetzungen, Verfahren und Rechtsschutz zu erlassen.

10 Als erste generelle Voraussetzung müssen bewegungseinschränkende Massnahmen für Urteilsunfähige **verhältnismässig** sein. Dementsprechend muss die Massnahme hinsichtlich des (erlaubten) Zwecks überhaupt **geeignet** und **notwendig** sein (weniger einschneidende Massnahmen reichen nicht aus) und der **Zweck muss überdies schwerer wiegen als die Folgen** für die betroffene Person (s.a. BGE 134 III 289 E. 3; FamKomm Erwachsenenschutz-Vaerini, Art. 383 N 19 ff.). Dem entspricht auch, dass die Massnahme so bald wie möglich aufzuheben ist (Art. 383 Abs. 3).

11 Die **zulässigen Zwecksetzungen für bewegungsbeschränkende Massnahmen** sind abschliessend genannt. Massnahmen sind zum **Schutz der betroffenen Person oder Dritter zulässig, um ernsthafte Gefahren für das Leben oder die körperliche Integrität abzuwenden** (s. Art. 427 N 4 ff.). Damit gemeint ist eine zeitlich dringliche Gefährdung von gewisser Erheblichkeit (so auch OFK ZGB-Fassbind, Rev. Erwachsenenschutzrecht, Art. 383 N 1). Es muss dabei um schwerwiegende Fälle gehen, wie etwa hinsichtlich der Selbstgefährdung bei versuchten Selbstverstümmelungen (FamKomm Erwachsenenschutz-Vaerini, Art. 383 N 15) oder bei ernsthaften Gefahren für Dritte wie bei aggressivem Verhalten, insb. Drohungen mit Gewalt oder bei körperlichen Angriffen (FamKomm Erwachsenenschutz-Vaerini, Art. 383 N 16).

11a Als zweites zulässiges Motiv wird die **Beseitigung einer schwerwiegenden Störung des Gemeinschaftslebens** genannt. Auch insoweit muss es um intensive Störungen gehen, welche bei Nichtintervention eine nahe Gefahr der Eskalation mit sich bringen. Eine blosse – auch wiederholte – Verletzung der Hausordnung genügt meistens nicht (gl.M. BSK ZGB I-Steck, Art. 383 N 14). Schon vom Wortlaut her muss die entsprechende Störung bereits bestehen und durch die Massnahme beseitigt werden können. Eine blosse präventive vorsorgliche Verhinderung einer erwarteten Störung dagegen rechtfertigt die Bewegungsbeschränkung nicht. Vorbehalten sind allerdings unmittelbare Gefahrenlagen (enger wohl FamKomm Erwachsenenschutz-VAERINI, Art. 383 N 18).

Besonders wichtig ist zur Einhaltung der Regelung die sorgfältige **Interessenabwägung**. Das ist nur möglich mit einer genauen vorgängigen Analyse der Problematik, der mit der Bewegungsbeschränkung begegnet werden soll. Unter Umständen hängen das Ausmass der Gefährdung und die Zumutbarkeit der Störungen direkt vom Personaleinsatz und der Überwachungsintensität ab; Einschränkungen der Bewegungsfreiheit werden aber nicht ohne weiteres mit mangelndem Personalbestand bzw. den entsprechenden Mehrkosten zu rechtfertigen sein (BSK ZGB I-STECK, Art. 383 N 13; MEIER/LUKIC, Rz 355; Botschaft Erwachsenenschutz, 7040; vgl. auch BGer vom 6.2.2006, 4P.244/2005 E. 4). Weiter sind auf der Basis der Problemanalyse geeignete Massnahmen und mögliche Alternativen zu Bewegungsbeschränkungen zu suchen und abzuwägen. Überdies sind die tatsächliche Eingriffswirkung und mögliche Nebenwirkungen von Bewegungsbeschränkungen in die Erwägungen einzubeziehen. Zum Beispiel kann durch falsche Einschränkungen der Bewegungsfreiheit das Sturz- und Verletzungsrisiko erhöht werden, etwa wenn Betroffene versuchen, über das Bettgitter zu steigen (FamKomm Erwachsenenschutz-VAERINI, Art. 383 N 22; LEUBA/TRITTEN, ZVW 2003, 284, 294). 11b

II. Formelle Regeln und Einschreiten der Erwachsenenschutzbehörde

Die betroffene Person ist, ausser in Notsituationen, vor der Einschränkung der Bewegungsfreiheit über die Art, den Grund und die voraussichtliche Dauer der Massnahme **umfassend zu informieren** (Art. 383 Abs. 2). Die Massnahme muss überdies regelmässig auf ihre Berechtigung hin überprüft werden (Art. 383 Abs. 3). Der Zweck dieser Bestimmung liegt darin, die Massnahme für die Betroffenen soweit wie möglich nachvollziehbar zu machen, und Stress und Frustration abzubauen (Botschaft Erwachsenenschutz, 7040). Das spielt insb. bei Betroffenen eine Rolle, die zwar hinsichtlich der Frage der Notwendigkeit der Massnahme nicht urteilsfähig erscheinen, aber in der Lage sind, sich ein (vielleicht getrübtes) Bild von der Massnahme, ihrer Dauer und der Betreuungsperson zu machen. Gleichzeitig hat die Norm den Zweck, bei den Pflegenden zur Reflexion über die Massnahme und ihre Notwendigkeit beizutragen (Botschaft Erwachsenenschutz, 7040). Die betroffene Person ist in geeigneter Form aufzuklären. Dabei ist vor allem auf den Schwächezustand der betroffenen Person Rücksicht zu nehmen und die Kommunikation in Art und Inhalt entsprechend anzupassen (FamKomm Erwachsenenschutz-VAERINI, Art. 383 N 25). 12

Die **Massnahmen zur Bewegungseinschränkung sind schriftlich zu protokollieren**. Das Gesetz enthält die Vorgabe, dass Namen der anordnenden Person, Zweck, Art und Dauer zu protokollieren sind. Weitere Aspekte wie der Zeitraum, beigezogene und informierte Personen, Überwachungsmassnahmen und insb. durchgeführte Kontrollen gehören auch dazu (FamKomm Erwachsenenschutz-VAERINI, Art. 384 N 3 m.w.H.). 13

13a Die **Anordnung der Massnahme obliegt der Wohn- und Pflegeeinrichtung** und somit deren Leitung. Diese Aufgabe kann auch durch ein entsprechendes internes Reglement an andere geeignete interne Stellen delegiert werden, etwa die Pflegeleitung oder die ärztliche Leitung. Das kantonale Recht kann insoweit ergänzende Regelungen vorsehen, auch können durch die Aufsicht Konkretisierungen vorgegeben werden. Eine geeignete Person wird das Fachwissen brauchen, um Motive, Hintergründe und Folgen der Massnahmen erkennen und die nötigen Güterabwägungen vornehmen zu können. Dafür dürfte je nach Konstellation eine medizinische, pflegerische oder eine sozial(päd)agogische Grundbildung notwendig sein. Es dürfte sinnvoll sein, wenn die in Aussicht genommene Massnahme mit weiteren Personen (Betreuungsteam, Hausarzt, Angehörige) besprochen wird (FamKomm Erwachsenenschutz-Vaerini, Art. 383 N 27), wobei die Verantwortung für den Entscheid bei der Einrichtung (bzw. ihrer Vertretungsperson) liegt und dies auch klar zu benennen und wahrzunehmen ist.

13b Die **zur Vertretung bei medizinischen Massnahmen berechtigte Person hat ein Informations- und Einsichtsrecht** in das Protokoll. Letzteres steht überdies der Aufsichtsstelle zu. Dies dient der Transparenz, einer gewissen Kontrolle und dem Rechtsschutz vor Missbrauch (Botschaft Erwachsenenschutz, 7040). Die Information hat unmittelbar zu erfolgen, insb. bei sehr schwerwiegenden Massnahmen, zum Beispiel bei einem Festbinden oder einer Isolation (FamKomm Erwachsenenschutz-Vaerini, Art. 384 N 5). Ein Einsichtsrecht steht grundsätzlich auch der **betroffenen Person** zu, soweit sie diesbezüglich urteilsfähig ist oder wieder geworden ist (FamKomm Erwachsenenschutz-Vaerini, Art. 384 N 7). **Weitere nahestehende Personen** haben kein Einsichtsrecht, ausser die insoweit urteilsfähige Person berechtigt hierzu. Auch steht diesen Personen das Recht zu, gemäss Art. 385 die Erwachsenenschutzbehörde anzurufen. Im Rahmen dieses Verfahrens können sie das Protokoll einsehen (Art. 449b). Aus Beweisgründen sollte die Informationsübermittlung schriftlich festgehalten werden. Die Berechtigung zur Einsichtnahme ergibt sich auch aus den einschlägigen Datenschutzgesetzen von Bund bzw. Kantonen (vgl. dazu FamKomm Erwachsenenschutz-Vaerini, Art. 384 N 9 ff.).

13c Die Dauer der Massnahme ist von Vornherein **zu begrenzen** und die Massnahmen sind **regelmässig zu überprüfen**. Die Massnahme ist umso häufiger zu überprüfen je schwerwiegender sie ist. Je nach Natur der Massnahme ist aufgrund der erhöhten Gefährdung während der Massnahme eine verstärkte Überwachung notwendig. Das Gesetz sagt nicht, wer die Überprüfung vorzunehmen hat. Oft dürfte es die Person sein, welche die Massnahme auch angeordnet hat, möglich wären aber auch interne Regelungen, dass Drittpersonen von innerhalb oder ausserhalb die Massnahmen regelmässig überprüfen (FamKomm Erwachsenenschutz-Vaerini, Art. 383 N 31 f.).

14 Gegen die Massnahme kann die betroffene oder eine ihr nahestehende Person schriftlich die **Erwachsenenschutzbehörde am Sitz der Einrichtung anrufen**. Als nahestehend gilt jede Person, welche faktisch mit der betroffenen Person verbunden ist. Die nahestehende Person hat ein eigenes Recht, sich der Massnahme zu widersetzen, allenfalls auch gegen den Willen des Betroffenen oder der zur Vertretung bei medizinischen Massnahmen berechtigten Person (FamKomm Erwachsenenschutz-VAERINI, Art. 385 N 5). Die entsprechende Berechtigung zur Anrufung der Behörde steht somit einem weiteren Kreis zu, als das eingeschränkte Vertretungsrecht beim Abschluss des Betreuungsvertrages (BSK ZGB I -STECK, Art. 385 N 10 m.w.H.).

Die Erwachsenenschutzbehörde hat die Massnahmen zu prüfen und kann sie ändern, aufheben oder behördliche Massnahmen anordnen. Begehren um Beurteilungen durch die Erwachsenenschutzbehörde sind dieser weiterzuleiten, zum Beispiel auch durch das Pflegepersonal oder die Angehörigen (BSK ZGB I-STECK, Art. 386 N 18 m.w.H.). Im Weiteren ist die Aufsichtsbehörde durch die Erwachsenenschutzbehörde über Massnahmen im Zusammenhang mit der Überprüfung zu benachrichtigen. Dies ist insb. dann angezeigt, wenn wiederholte oder schwere Verstösse gegen die Bestimmungen zu freiheitsbeschränkenden Massnahmen vorliegen (gl. M. BSK ZGB I-STECK, Art. 386 N 17; Botschaft Erwachsenenschutz, 7041). Gegen den Entscheid der KESB über die Zulässigkeit der Massnahmen ist eine Beschwerde bei der gerichtlichen Beschwerdeinstanz möglich (Art. 450 ff.). 15

Art. 386

C. Schutz der Persönlichkeit

¹ Die Wohn- oder Pflegeeinrichtung schützt die Persönlichkeit der urteilsunfähigen Person und fördert so weit wie möglich Kontakte zu Personen ausserhalb der Einrichtung.

² Kümmert sich niemand von ausserhalb der Einrichtung um die betroffene Person, so benachrichtigt die Wohn- oder Pflegeeinrichtung die Erwachsenenschutzbehörde.

³ Die freie Arztwahl ist gewährleistet, soweit nicht wichtige Gründe dagegen sprechen.

Literatur

Vgl. die Literaturhinweise zu Vorbem. Art. 382–387.

I. Normzweck

Die Norm bekräftigt in genereller Weise den **Schutz der Persönlichkeit** (Art. 28) bzw. die Geltung entsprechender Grundrechte bei öffentlich-rechtlichen Verhältnissen für urteilsunfähige Personen im Rahmen der Pflegeverhältnisse. Ergänzend schafft die Norm eine entsprechende Schutzpflicht der Wohn- und Pflegeeinrichtungen (BSK ZGB I-STECK, Art. 386 N 2 m.w.H; FamKomm Erwachsenenschutz-LEUBA/VAERINI, Art. 386 N 1). Der Schutz der Persönlichkeit als Grundnorm betrifft den gesamten Bereich der Normen zum Aufenthalt in Wohn- und Pflegeeinrichtungen und ist deswegen, zum Beispiel als Auslegungshilfe, auch für den Bereich der Betreuungsverträge und der bewegungseinschränkenden Massnahmen von Be- 1 deutung (gl.M. FamKomm Erwachsenenschutz-LEUBA/VAERINI, Art. 386 N 1). Darüber hinaus werden einzelne **Emanationen des Persönlichkeitsschutzes** konkret erwähnt, namentlich die Förderung externer Kontakte (Abs. 1), die Meldung an die KESB von Personen, um die sich niemand kümmert (Abs. 2) und die bedingte freie Arztwahl (Abs. 3). Ein anderer wesentlicher Aspekt des Persönlichkeitsschutzes, die Bewegungsfreiheit, ist spezifisch und besonders hervorgehoben in den Art. 383–385 geregelt.

II. Norminhalt

2 Der generelle Schutz der Persönlichkeit wird nach dem Vorbild der Stellung des Arbeitgebers (Art. 328 OR) statuiert (BSK ZGB I-STECK, Art. 386 N 2; Botschaft Erwachsenenschutz, 7041), und trägt dem besonderen tatsächlichen Näheverhältnis in einer Pflegesituation Rechnung. Dazu gehört, dass sich die Einrichtung um das tägliche Wohl der urteilsunfähigen Bewohner kümmert, deren Bedürfnissen Rechnung trägt, Einsamkeit verringert und Leiden lindert (so Botschaft Erwachsenenschutz, 7041). Zu den geschützten Persönlichkeitsbereichen gehören Aspekte der physischen und psychischen Integrität, der Sexualität, der Freiheit der Lebensgestaltung, der Bewegungsfreiheit und der Privat- und Geheimsphäre (BSK ZGB I-STECK, Art. 386 N 2 ff.; FamKomm Erwachsenenschutz-LEUBA/VAERINI, Art. 386 N 2; Botschaft Erwachsenenschutz, 7038).

2a Die Einrichtung hat aufgrund ihrer Garantenpflicht die urteilsunfähigen Bewohner vor jeder Verletzung ihrer Persönlichkeit zu schützen. Die Schutzpflicht der Einrichtung beinhaltet die Verhinderung von Verletzungen durch die Einrichtung und ihre Hilfspersonen (Angestellte) genauso wie der Schutz vor Verletzungen durch andere Heimbewohner, Angehörigen oder Dritte. Die konkret geeigneten und notwendigen Massnahmen sind abhängig vom Ursprung, von der Art, von der Schwere und von den Gründen der Persönlichkeitsverletzungen. Sie beinhalten sowohl konzeptionelle und organisatorische präventive Vorkehren wie auch bei Verdachtsfällen und Vorfällen konkrete fallbezogene Massnahmen (FamKomm Erwachsenenschutz-LEUBA/VAERINI, Art. 386 N 5 ff.). Die Schutzpflicht der Einrichtung findet ihre Grenzen in berechtigten Interessen der Einrichtung und anderer Bewohner (ähnlich OFK ZGB-FASSBIND, Art. 386 N 1).

2b Gegen Verletzungen der Schutzpflichten stehen im privatrechtlichen Kontext die klassischen Instrumente des Persönlichkeitsschutzes zur Verfügung, also Unterlassungs- und Abwehrklage (Art. 28a Abs. 1 und 2) sowie Schadenersatz- und Genugtuungsansprüche (Art. 41 bzw. Art. 49 OR). Ist die Grundlage des Aufenthaltes für die Bewohner öffentlich-rechtlicher Natur, so sind entsprechend den jeweiligen kantonalen Grundlagen Staatshaftungsansprüche möglich. Ergänzend können Verletzungen der Persönlichkeit trotz entsprechender Garantenstellung für die Verantwortlichen strafrechtliche Konsequenzen haben (FamKomm Erwachsenenschutz-LEUBA/VAERINI, Art. 387 N 9). Im Vordergrund stehen Körperverletzungsdelikte (Art. 122 ff. StGB), Delikte gegen die Freiheit (Art. 180 ff. StGB, insb. Freiheitsberaubung, Art. 183 StGB) oder Delikte gegen die sexuelle Integrität (Art. 187 ff. StGB).

Im Sinne konkreter Teilgehalte des Persönlichkeitsschutzes sollen die Einrichtungen **Kontakte zu Personen ausserhalb der Einrichtung** fördern (Art. 386 Abs. 1). Ist die Person ohne Bezugsperson von ausserhalb der Einrichtung, so ist die Erwachsenenschutzbehörde zu benachrichtigen, welche von Amtes wegen für Abhilfe zu sorgen und die gebotenen behördlichen Massnahmen anzuordnen hat (BSK ZGB I-STECK, Art. 386 N 9; Botschaft Erwachsenenschutz, 7041). 3

Die **freie Arztwahl** ist zu gewährleisten, soweit nicht wichtige Gründe dagegen sprechen (Art. 386 Abs. 3). Als wichtig sind nur Gründe anzuerkennen, die nicht einzig aus der Interessensphäre der Institution stammen (gl.M. BSK ZGB I-STECK, Art. 386 N 16; FamKomm Erwachsenenschutz-LEUBA/VAERINI, Art. 386 N 15). In diesem Sinne nennt die Botschaft den Fall des Arztes, der geografisch zu weit weg ist oder es nicht möglich ist, in einem Notfall sofort zu reagieren und ins Heim zu kommen (Botschaft Erwachsenenschutz, 7041 f.). Faktische Grenzen können im Weiteren bestehen, weil die Kostenübernahme durch die obligatorische Krankenpflegeversicherung gesetzlichen Beschränkungen unterliegt (BSK ZGB I-STECK, Art. 386 N 13). 3a

Der Anspruch auf freie Arztwahl besteht in allen Einrichtungen, einerlei ob sie privatrechtlicher oder öffentlich-rechtlicher Natur sind und unabhängig von ihrer inneren Organisation, zum Beispiel einem allfälligen Hausarztsystem. Hauseigene Arztdienste schliessen das Recht auf freie Arztwahl als Persönlichkeitsrecht also nicht aus (gl.M. BSK ZGB I-STECK, Art. 386 N 17; FamKomm Erwachsenenschutz-LEUBA/VAERINI, Art. 386 N 156; a.M. POLEDNA/VOKINGER, Pflegerecht 2013, 71 ff.). Ein Abweichen hiervon aus organisatorischen Gründen (Mehraufwand durch mehrere Ärzte) oder allgemeinen Interessen der Organisation (Sicherstellung hausinterne Versorgung) verkennt den Charakter der freien Arztwahl als Persönlichkeitsrecht. Selbstverständlich besteht aber bei Urteilsfähigkeit die Möglichkeit, selbstbestimmt und freiwillig von einer Einrichtung angebotene ärztliche Dienstleistungen in Anspruch zu nehmen, was oft aufgrund der praktischen Vorteile von Betroffenen auch in Anspruch genommen werden dürfte. Auf das Recht der freien Arztwahl kann wegen seines Charakters als Persönlichkeitsrecht aber nur auf Zusehen hin und nur von der betroffenen urteilsfähigen Person im Betreuungsvertrag verzichtet werden. Das heisst auch, dass die betroffene Person jederzeit auf diesen Entscheid zurückkommen kann, z.B. wieder den ärztlichen Rat bzw. die Behandlung durch die frühere Hausärztin verlangen kann (gegen jede Einschränkungsmöglichkeit im Betreuungsvertrag aber FamKomm Erwachsenenschutz-LEUBA/VAERINI, Art. 386 N 156; hingegen für eine gültige Einschränkungsmöglichkeit BSK ZGB I-STECK, Art. 386 N 18). In jedem Fall hat die Einrichtung soweit dies möglich ist, das Wahlrecht bezüglich der Ärztin oder des Arztes zu gewährleisten und darf einen entsprechenden Sinneswandel nicht ohne Weiteres direkt oder indirekt verunmöglichen. Im Rahmen der öffentlichen-rechtlichen Pflege- und Heimversorgung kann eine weitergehende Beschränkung nur zulässig sein, wo ein Eingriff in das entsprechende Grundrecht auf persönliche Freiheit (Art. 10 BV) durch eine gesetzlichen Grundlage, ein öffentliches Interesse und den Grundsatz der Verhältnismässigkeit gedeckt wäre (Art. 36 BV). Im Regelfall scheitert dies für die Wohn- und Pflegeinrichtungen bereits an der notwendigen Qualität der Geset- 3b zesgrundlage, am genügend begründbaren öffentlichen Interesse an einer Einschränkung oder dann an der Verhältnismässigkeit (a.M. offenbar POLEDNA/VOKINGER, Pflegerecht 2013, 71 ff.).

Art. 387

D. Aufsicht über Wohn- und Pflegeeinrichtungen

Die Kantone unterstellen Wohn- und Pflegeeinrichtungen, in denen urteilsunfähige Personen betreut werden, einer Aufsicht, soweit nicht durch bundesrechtliche Vorschriften bereits eine Aufsicht gewährleistet ist.

Literatur

Vgl. die Literaturhinweise zu Einführung und Vorbem. Art. 382–387.

I. Normzweck und -inhalt

1 Die Zielsetzung hinter der Aufsichtspflicht der Kantone für Wohn- und Pflegeeinrichtungen, in denen urteilsunfähige Personen leben, liegt im **besonderen Schutzbedürfnis** dieser Personen (HEGNAUER, ZVW 2003, 361, 368; LEUBA/TRITTEN, 298; Botschaft Erwachsenenschutz, 7042; BSK ZGB I-STECK, Art. 387 N 3). Die Wirksamkeit des Schutzes urteilsunfähiger Personen in Wohn- und Pflegeeinrichtungen hängt insb. von der Regelmässigkeit und der Qualität der Kontrollen und anderer aufsichtsrechtlicher Instrumente ab. In Ergänzung zur individuell-konkreten Kontrolle im Verfahren gem. Art. 385 (Art. 383–385 N 14) soll die Aufsicht präventiv und generell-abstrakt den Schutz der Persönlichkeit der Bewohner sicherstellen (gl.M. BSK ZGB I-STECK, Art. 387 N 3; OFK ZGB-FASSBIND, Art. 387 N 1). Mit der Aufsicht sollen Missstände verhindert oder aufgedeckt werden und Massnahmen zu deren Behebung ermöglicht werden. Es sollen aber auch realisierte Verbesserungen erkannt und gewürdigt werden können (gl.M. FamKomm Erwachsenenschutz-LEUBA/VAERINI, Art. 387 N 2).

Die Kantone sind frei zu bestimmen, welche Behörde die Aufsicht wahrzunehmen hat. Die Aufgabe kann der KESB übertragen werden oder einer anderen Behörde, etwa die kant. Aufsichtsbehörde oder die kant. Heimaufsicht (gl.M. BSK ZGB I-STECK, Art. 387 N 6; FamKomm Erwachsenenschutz-LEUBA/VAERINI, Art. 387 N 7; **a.M.** BERNHART, Rz 667, der die KESB wegen möglicher Vorbefasstheit aufgrund der Zuständigkeit für individuell-konkrete Anrufungen nach Art. 385 ausschliessen will).

2 Die Aufsichtspflicht bezieht sich auf **Institutionen, in denen urteilsunfähige Personen betreut** werden, unabhängig von der Grösse der Einrichtung (gl.M. BSK ZGB I-STECK, Art. 387 N 7; FamKomm Erwachsenenschutz-LEUBA/VAERINI, Art. 387 N 3). Da die Urteilsfähigkeit bzw. Urteilsunfähigkeit keine Eigenschaft bestimmter Betreuten, sondern ein relativer Zustand hinsichtlich spezifischer Einzelfragen ist (WIDMER BLUM, 38 ff.), erstreckt sich das Aufsichtserfordernis auf den allergrössten

Teil von Einrichtungen der Behinderten- und Alterspflege. Sie ergänzt die entsprechenden, schon bislang bestehenden Aufsichtserfordernisse hinsichtlich Einrichtungen für Kinder (Art. 316).

Anders als im Bereich des Pflegekinderwesens (vgl. Art. 316 und die entsprechende VO) besteht keine Delegationsnorm, die es dem Bund erlauben würde, auf Verordnungsstufe Art, Form, Umfang und Inhalt der Aufsicht genauer zu bestimmen. Aus der gesetzessystematischen Stellung der Norm am Ende des Unterabschnitts zum Aufenthalt in Wohn- oder Pflegeeinrichtungen lässt sich aber immerhin ableiten, dass die kantonale Aufsicht mindestens die Einhaltung jener Bestimmungen einzubeziehen hat. Somit erstreckt sich die Aufsicht insb. auch auf die Überprüfung des Vorhandenseins schriftlicher Verträge für urteilsunfähige Personen unter Einhaltung der korrekten Stellvertretung (Art. 382), auf die Achtung der Persönlichkeit des urteilsunfähigen Bewohners, inkl. der Einhaltung der Gewährleistung der freien Arztwahl im Rahmen von Art. 386; auf die Einhaltung der Regeln zu bewegungsbeschränkenden Massnahmen und deren Dokumentation im Sinne von Art. 383–385 (FamKomm Erwachsenenschutz-LEUBA/VAERINI, Art. 387 N 3 ff.). Im Übrigen obliegt es den Kantonen, die Einzelheiten der Aufsicht, die Form, die Kontrollmittel, die Intensität der Aufsicht und die Sanktionen zu regeln. Selbstverständlich gehören auch unangemeldete Besuche zum Repertoire der Aufsicht (BSK ZGB I-STECK, Art. 387 N 9; FamKomm Erwachsenenschutz-LEUBA/VAERINI, Art. 387 N 9). 3

Die Aufsichtspflicht gem. Art. 387 ist beschränkt auf Einrichtungen, für die nicht schon durch andere bundesrechtliche Vorschriften eine Aufsicht gewährleistet ist. Zu denken ist an die Aufsicht der Datenschutzbehörde über die Bearbeitung von Personendaten (Botschaft Erwachsenenschutz, 7042; BSK ZGB I-STECK, Art. 387 N 4). 4

II. Entstehung und Würdigung

Der Vorentwurf enthielt noch eine singuläre Sachnorm für die Ausgestaltung der Aufsicht. Diese sah vor, dass Besuche in Einrichtungen unangemeldet erfolgen sollten. Davon erhoffte man sich eine präventive Wirkung (BerichtExpK Erwachsenenschutz 03, 78). Die Regel wurde aber in der Vernehmlassung mehrheitlich abgelehnt und fand so keinen Eingang in den bundesrechtlichen Entwurf. Anträge auf Wiederaufnahme einer entsprechenden Norm sind in der parlamentarischen Beratung abgelehnt worden, wobei von Seite des Bundesrates darauf verwiesen wurde, dass unangemeldete Besuche selbstverständlich möglich seien, auch ohne entsprechende spezifische Norm (AmtlBull NR 2008, 1522; AmtlBull StR 2007 833 ff.). 5

Die Recht gewordene Norm belässt nun den **Kantonen Ermessen bei der Bestimmung der Zuständigkeit, der Art und des Umfangs der Aufsicht** über Pflegeeinrichtungen, in denen urteilsunfähige Personen betreut werden. Damit wurde eine Differenz zum Pflegekinderwesen geschaffen (vgl. Art. 316). Da der Schutzbedarf für urteilsunfähige Erwachsene in Pflegeeinrichtungen genau so ausgeprägt sein kann wie für (urteilsfähige oder urteilsunfähige) Kinder in Pflegesitua- 6 tionen, ist dies zu bedauern (krit. zur entsprechenden Norm des VE Erwachsenenschutz 03 zu Recht HEGNAUER, ZVW 2003, 368; gl.M. BSK ZGB I-STECK, Art. 387 N 5).

7 Immerhin ist zu beachten, dass die Kantone, ganz unabhängig von der Ausführlichkeit der bundesrechtlichen Vorgaben, verpflichtet sind, **geeignete Aufsichtsmassnahmen** vorzusehen. Dazu gehören mindestens die Vornahme von regelmässigen, allenfalls auch unangemeldeten, Inspektionen und die Behandlung von Beschwerden Betroffener (HEGNAUER, ZVW 2003, 362). Die Behörde ist auch berechtigt, die Protokolle der Institutionen zu bewegungseinschränkenden Massnahmen einzusehen (Art. 384 Abs. 3).

8 Hat die Aufsichtsbehörde aus eigener Beobachtung oder aufgrund von Meldungen Dritter Anhaltspunkte, dass die Schutzinteressen der urteilsunfähigen Bewohner in Wohn- oder Pflegeeinrichtungen verletzt werden könnten, so ist sie nicht nur berechtigt, sondern **verpflichtet, in geeigneter und verhältnismässiger Weise aktiv zu werden**. Sonst setzt sie sich dem Vorwurf der Rechtsverweigerung aus und könnte allenfalls haftpflichtig werden (vgl. Art. 454 N 4). Zusätzlich besteht von der Sache her Bedarf, durch **aufsichtsgestützte Weisungen** den Einrichtungen Rechtssicherheit zu gewährleisten, insb. durch Konkretisierungen für den Bereich freiheitsbeschränkender Massnahmen (gl.M. BSK ZGB I-STECK, Art. 387 N 10).

Kantonale Bestimmungen zur Aufsicht über Wohn- und Pflegeeinrichtungen (Art. 387 ZGB)	
AG	**Departement Bildung, Kultur und Sport** § 15 Betreuungsgesetz i.V.m. § 25 Betreuungsverordnung **Departement Gesundheit und Soziales** § 57 SPG i.V.m. §§ 37/38 SPV
AI	**Gesundheits- und Sozialdepartement** Art. 20 EG ZGB
AR	**Departement Gesundheit, Fachstelle Heimaufsicht und -beratung** Art. 4 Heimverordnung
BE	**Gemeindebehörden unter Oberaufsicht des Alters und Behindertenamtes der Gesundheits- und Fürsorgedirektion** Art. 34 HEV
BL	**Volkswirtschafts- und Gesundheitsdirektion** § 15 GeBPA i.V.m. § 2 Verordnung zum Gesetz über die Betreuung und Pflege im Alter **Bildung-, Kultur- und Sportdirektion** § 26 SHG i.V.m. § 8 Heimverordnung
BS	**Abteilung Behindertenhilfe des Amtes für Sozialbeiträge im Wirtschafts-, Sozial- und Umweltdepartement** Pflegeheim-Qualitätskommission der Abteilung für Langzeitpflege des Bereiches für Gesundheitsversorgung im Gesundheitsdepartement § 22 KESG

	Kantonale Bestimmungen zur Aufsicht über Wohn- und Pflegeeinrichtungen (Art. 387 ZGB)
FR	Direktion für Gesundheit und Soziales Art. 7 PflHG; Art. 12 Gesetz für Hilfe an Sonderheime für Behinderte oder Schwererziehbare
GL	Departement für Volkswirtschaft und Inneres Art. 43 Sozialhilfegesetz
GR	Regierung Art. 30 BIG i.V.m. Art. 1 BIV; Art. 28a–c Gesundheitsgesetz
LU	Gesundheits- und Sozialdepartement (für mehr als drei Personen, sonst Gemeinden)/Regierungsstatthalter § 70 SHG; § 19 SHG i.V.m. § 58 Abs. 1 SHV
NW	Kantonales Sozialamt Art. 33 EG ZGB i.V.m. Art. 44 SHG
OW	Regierungsrat Art. 27 EV KESR
SG	Gemeinde bzw. Kanton (Amt für Soziales) Art. 33 SHG; Art. 9 Verordnung über Behinderteneinrichtung; Art. 10 Verordnung über private Betagten- und Pflegeheime (sGS 381.18)
SH	Departement des Innern Art. 2 AbPG; Art. 15 SHEG i.V.m. § 5 SHEV
SO	Departement des Innern §§ 21 und § 25 SG
SZ	Kanton (Amt für Gesundheit und Soziales) und Gemeinden § 5 SEG
TG	Departement für Finanzen und Soziales §§ 2 und 3 Verordnung des Regierungsrates über die Heimaufsicht
UR	Regierungsrat (Gesundheits-, Sozial- und Umweltdirektion Art. 27 EG KESR
VS	Staatsrat (Departement für Gesundheit) Art. 38 VKES i.V.m. Art. 94 Gesundheitsgesetz
ZG	Direktion des Innern § 6 SEG Gesundheitsdirektion § 30 GesG
ZH	Bezirksrat § 14 EG KESR

Elfter Titel:

Die behördlichen Massnahmen

Erster Abschnitt:

Allgemeine Grundsätze

Art. 388

A. Zweck

¹ Die behördlichen Massnahmen des Erwachsenenschutzes stellen das Wohl und den Schutz hilfsbedürftiger Personen sicher.
² Sie sollen die Selbstbestimmung der betroffenen Person so weit wie möglich erhalten und fördern.

Literatur

AFFOLTER, Die Aufwertung der Selbstbestimmung im neuen Erwachsenenschutzrecht, AJP 2006, 1057 ff.; BASLER SCHERRER, Vermögensanlage unter Erwachsenenschutzrecht, ZKE 2011, 177 ff.; BIDERBOST, Beistandschaft nach Mass – das revidierte Handwerkszeug des Erwachsenenschutzes, AJP 2010, 3 ff.; DERS., Die Erziehungsbeistandschaft (Art. 308 ZGB), Diss. Freiburg 1996; DERS., Eine Beistandschaft ist eine Beistandschaft?!?, ZVW 2003, 299 ff.; DERS., Massschneidern im Kindes- und Erwachsenenschutz – Haute Couture? Prêt-à-porter? Oder Masskonfektion?, Jusletter vom 31.5.2014; BREITSCHMID/KAMP, Vermögensverwaltung im Bereich des Kindes- und Erwachsenenschutzes, in: Rosch/Wider (Hrsg.), Zwischen Schutz und Selbstbestimmung, Festschrift für Professor Christoph Häfeli zum 70. Geburtstag, Bern 2013; BREITSCHMID/MATT, Im Vorfeld des Vorsorgeauftrags: Wirrungen um die (altrechtliche) Vorsorgevollmacht (BGE 134 III 385 ff.), Pflegerecht 4/2012, 223 ff.; CAVIEZEL, Die Vermögensverwaltung durch den Vormund, Diss. Fribourg 1988; HÄFELI, Der Entwurf für die Totalrevision des Vormundschaftsrechts – Mehr Selbstbestimmung und ein rhetorisches (?) Bekenntnis zu mehr Professionalität, FamPra.ch 2007, 1 ff.; LANGENEGGER, Aspekte des Systems der amtsgebundenen behördlichen Massnahmen des neuen Erwachsenenschutzrechtes, ZVW 2003, 317 ff.; MEIER, Les curatelles du nouveau droit de la protection de l'adulte: quelques notions/dispositions-pièges pour la pratique, FamPra.ch 2012, 927 ff.; DERS., Nouveau droit de la protection de l'adulte: Introduction générale et système des curatelles, ZBGR 2013, 73 ff.; NUSSBERGER, Das Vertretungsrecht und die Handlungsfähigkeit im neuen Erwachsenenschutzrecht, AJP 2012, 1677 ff.; ROSCH, Die Begleitbeistandschaft – per aspera ad astra?, FamPra.ch 2010, 268 ff.; DERS., Die Bestimmung der Aufgabenbereiche des Beistandes nach nArt. 391 ZGB, ZKE 2010, 184 ff.; DERS., Neue Aufgaben, Rollen, Disziplinen, Schnitt- und Nahtstellen: Herausforderungen des neuen Kindes- und Erwachsenenschutzrechts, ZKE 2011, 31 ff.; RÜETSCHI, Das neue Erwachsenenschutzrecht – Auswirkungen auf das Schuldbetreibungs- und Konkurswesen, AJP 2012, 1718 ff.; vgl. die Literaturhinweise zur Einführung.

I. Adressatenkreis

1 Adressatin von Art. 388 ZGB ist primär die **Erwachsenenschutzbehörde**; die Bestimmung hat zudem programmatische Bedeutung für die Führung der Beistandschaften bei Auslegungsfragen insb. in Bezug auf Auftrag und Rolle, aber auch im Rahmen von Art. 392 Ziff. 2 und 3 (gl.M. FamKomm Erwachsenenschutz-HÄFELI, Art. 388 N 1). Zur Fürsorgerischen Unterbringung (FU) s. Art. 426 N 2.

II. Schutzzweck und Schutzobjekt

2 Das behördliche Massnahmensystem dient dem **Wohl und den Interessen von schutz- und hilfsbedürftigen Personen** (BerichtExpK Erwachsenenschutz 95, 55; Einführung N 1 ff., N 42; BSK ZGB I-HENKEL, Vor Art. 388–399 N 3); damit wird terminologisch der Begriff des «Mündelwohls» abgelöst. Ihnen gemeinsam ist ein **Schwächezustand**, den sie nicht aufgrund ihrer eigenen Fähigkeiten, durch eigene Vorsorge (insb. Art. 360 ff.) oder durch subsidiäre Möglichkeiten auszugleichen oder zumindest ausreichend zu mildern vermögen. Schwächezustände sind i.d.R. psychische oder geistige Behinderung oder vorübergehende Urteilsunfähigkeit resp. Abwesenheit (für die Beistandschaften s. Art. 390 N 2 ff.; für die FU s. Art. 426 N 6 f.). Aus dem Schwächezustand muss sodann eine **Hilfs- und Schutzbedürftigkeit** – im Sinne eines inneren Zusammenhangs – resultieren (s. Einführung N 42; CHK-FOUNTOULAKIS, Art. 390 ZGB N 4 [verlangt sogar Kausalität]; BK-SCHNYDER/MURER, Syst. Teil N 15 ff., 242 ff.; OFK ZGB-FASSBIND, Art. 388 N 1; HÄFELI, Wegleitung, 174 f.; BerichtExpK Erwachsenenschutz 95, 75 ff.). Die Feststellung einer Hilfs- und Schutzbedürftigkeit ist eine **Rechtsfrage** (BGer vom 8.4.2005, 5C.17/2005 E. 5.1; gl.M. CHK-FOUNTOULAKIS, Art. 390 ZGB N 4), wobei sich das Bundesgericht hier zu Recht eine gewisse Zurückhaltung auferlegt, indem es nur dort eingreift, wo die kantonale Instanz ihr Ermessen überschritten hat (BGer vom 3.3.2011, 5A_686/2010 E. 3.1.; FamKomm Erwachsenenschutz-MEIER, Art. 390 N 20; ROSCH/GARIBALDI/PREISCH, Hoffnungsträgerin, 427 f. m.w.H.). **Geschützte Rechtsgüter** sind die Person oder das Vermögen, streng genommen letztlich einzig die Person (BK-SCHNYDER/MURER, Syst. Teil N 19 f.). Als **sekundäre Schutzobjekte** kommen die Familie und die Sicherheit Dritter in Betracht (Botschaft Erwachsenenschutz, 7044; BerichtExpK Erwachsenenschutz 95, 33 f.; kritisch auch: HÄFELI, Grundriss, N 16.13; s. Art. 390 N 6). Nicht relevant ist die Frage des **Verschuldens**. Ursachen der Schutz- und Hilfsbedürftigkeit sind nur soweit zu berücksichtigen, als sie für

die Klärung der Aufgabenbereiche einer behördlichen Massnahme notwendig sind (gl.M. CHK-Fountoulakis, Art. 388 ZGB N 3; BSK ZGB I-Henkel, Art. 388 N 7). Ein hilfreicher Ablauf für die Praxis, sei es für Abklärungen oder für Supervisionen oder Coachings, findet sich in Einführung N 43.

III. Behördliche Massnahme als typische Rechtsfolge

Typische Rechtsfolge für eine Hilfs- und Schutzbedürftigkeit ist die Errichtung von behördlichen Massnahmen zu deren **Behebung bzw. Überwindung, Minderung oder Ausgleichung**. Dabei wird zwischen **amtsgebundenen** und **nicht amtsgebundenen** Massnahmen unterschieden, je nachdem, ob sie an eine Person resp. deren Amt gebunden sind. Die Beistandschaften sind amtsgebundene Massnahmen, wohingegen die FU oder direktes Handeln der Erwachsenenschutzbehörde gem. Art. 392 ZGB nicht amtsgebunden sind.

3

IV. Selbstbestimmung bzw. Komplementarität und erweitertes Massnahmenziel (Abs. 2)

Die behördlichen Massnahmen sind Hilfemassnahmen zum Schutz, die nötigenfalls ohne oder gegen den Willen der betroffenen Person erfolgen; zugleich ist die Selbstbestimmung soweit wie möglich zu erhalten und zu fördern. Darin liegt auch das grundsätzliche Spannungsverhältnis oder das Doppelgesicht von behördlichen Massnahmen begründet. Es geht um Eingriffe, um zu helfen (vgl. auch KOKES, Rz 1.6.). Die im Kindesschutzrecht geltende **Komplementarität** (BK-Hegnauer, Art. 283 aZGB N 41) wird mit Einführung der massgeschneiderten Massnahmen im Erwachsenenschutzrecht erst richtig möglich und in Art. 388 Abs. 2 festgehalten (gl.M. BSK ZGB I-Henkel, Art. 388 N 9). Behördliche Massnahmen sollen die Schutz- und Hilfsbedürftigkeit kompensieren und nur dort wirken, wo die betroffene, also schutz- und hilfsbedürftige Person dazu nicht in der Lage ist (vgl. Art. 406).

4

Neben dieser Kompensation der Schutz- und Hilfsbedürftigkeit führt das revidierte Recht auch eine **dynamische Zielsetzung** der behördlichen Massnahmen in Art. 388 Abs. 2 ein (gl.M. CHK-Fountoulakis, Art. 388 ZGB N 5). Die Massnahme ist darauf auszurichten, dass die Selbstbestimmung gefördert wird und erhalten bleibt. Ziel muss somit sein, die Massnahme soweit möglich wieder entbehrlich zu machen. Unter Berücksichtigung der Fähigkeiten der betroffenen Person gilt im Zweifelsfalle eine **Vermutung zugunsten der Förderung der Selbstbestimmung**. Ausdruck dieser Selbstbestimmung bei den behördlichen Massnahmen sind die Grundsätze der Subsidiarität und der Verhältnismässigkeit (Art. 389), bei der Beistandschaft die Mitwirkung bei der Wahl des Beistandes (Art. 401), die weitestgehende Berücksichtigung des Willens bzw. der Lebensgestaltung und der Meinung der schutzbedürftigen Person (Art. 406 Abs. 1), das eigene Handeln der schutzbedürftigen Person (Art. 407), die Beiträge zu freien Verfügung (Art. 409), die Partizipation im Rahmen der Rechenschaftsablage (Art. 410 f.). Zum Verhältnis von Menschenwürde und Selbstbestimmung eingehend FamKomm-Häfeli, Art. 388 N 3. Zum Verhältnis von Selbst- und Fremdbestimmung, siehe Einführung N 11, N 42.

5

V. Internationales Privatrecht

6 Für die Zuständigkeit, für das anwendbare Recht sowie für die Anerkennung und Vollstreckung ausländischer Entscheidungen und Massnahmen gilt gemäss **Art. 85 Abs. 2 IPRG** das Haager Übereinkommen vom 13.1.2000 über den internationalen Schutz von Erwachsenen **(HEsÜ)** und für Kinder das Haager Übereinkommen vom 19.10.1996 **(HKsÜ)**. Gemäss Art. 85 Abs. 3 IPRG sind die schweizerischen Gerichte und Behörden ausserdem in einer Notsituation zuständig, also wenn es für den Schutz einer Person oder von deren Vermögen unerlässlich ist. Massnahmen, die nicht in einem Vertragsstaat der Haager Übereinkommen ergangen sind, werden gem. Art. 85 Abs. 4 IPRG **anerkannt**, wenn sie im Staat des gewöhnlichen Aufenthaltes ergangen oder dort anerkannt werden. **Die Hauptzuständigkeit** der Behörden, d.h. der Verwaltungsbehörden oder Gerichte, für die **Massnahmen** zum Schutze von Erwachsenen befindet sich gem. Art. 5 Abs. 1 HEsÜ am Ort des **gewöhnlichen Aufenthaltes**, d.h. am tatsächlichen Mittelpunkt der Lebensführung, dem Ort des sozialen Umfeldes und des Schwerpunktes der sozialen Bindungen und der Integration (KROPHOLLER, vor Art. 19 N 139 ff.). Die Behörden des Vertragsstaates, dem der Erwachsene angehört, sind aber dann für Massnahmen der Personen- oder Vermögenssorge gem. Art. 7 HEsÜ zuständig, wenn diese der Auffassung sind, dass sie besser in der Lage sind, das Wohl des Betroffenen zu beurteilen. Für die Vermögenssorge sind andernfalls die Behörden am Sitz des Vermögens gem. Art. 9 HEsÜ zuständig. Vorbehalten bleibt gem. Art. 10 HEsÜ jeweils die Dringlichkeitszuständigkeit jedes Vertragsstaates, wo sich der Erwachsene oder das Vermögen befindet. Die jeweils zuständige Behörde wendet grundsätzlich **ihr eigenes Recht** gem. Art. 13 HEsÜ an (lex fori). Die angeordneten Massnahmen werden gem. Art. 22 HEsÜ von den anderen Vertragsstaaten grundsätzlich **anerkannt**.

Art. 389

B. Subsidiarität und Verhältnismässigkeit

¹ Die Erwachsenenschutzbehörde ordnet eine Massnahme an, wenn:
1. die Unterstützung der hilfsbedürftigen Person durch die Familie, andere nahestehende Personen oder private oder öffentliche Dienste nicht ausreicht oder von vornherein als ungenügend erscheint;
2. bei Urteilsunfähigkeit der hilfsbedürftigen Person keine oder keine ausreichende eigene Vorsorge getroffen worden ist und die Massnahmen von Gesetzes wegen nicht genügen.

² Jede behördliche Massnahme muss erforderlich und geeignet sein.

I. Adressatenkreis

Adressatin von Art. 389 ZGB ist die **Erwachsenenschutzbehörde**. Der Grundsatz der Verhältnismässigkeit gilt unabhängig davon auch für Beistände im Rahmen ihrer Amtshandlungen und ihrer Ermessensausübung sowie für die Instanzen gem. Art. 427 und 429 (s. Art. 426 N 2; gl.M. BSK ZGB I-Henkel, Art. 389 N 1).

II. Verhältnismässigkeitsprinzip

Erwachsenenschutzrecht ist weitgehend Eingriffssozialrecht. Formal ist es Zivilrecht mit teilweise öffentlich-rechtlichem Charakter (vgl. Einführung N 8 ff., N 35 ff.). Es steht dauerhaft im Spannungsverhältnis zwischen Selbst- und Fremdbestimmung (vgl. Art. 388 N 4 f.). Das behördliche Massnahmensystem greift in das Grundrecht der **persönlichen Freiheit** (Art. 10 BV), allenfalls auch in die Menschenwürde (Art. 7 BV), die Privatsphäre (Art. 13 BV) und das Recht auf Ehe (Art. 14 BV) ein (vgl. FamKomm Erwachsenenschutz-Gächter/Kaufmann, Verfassungs- und völkerrechtliche Aspekte, N 14 ff.; BerichtExpK Erwachsenenschutz 95, 56, 145, 156 f.; CHK-Fountoulakis, Art. 389 ZGB N 1). Dementsprechend kann es nur gemäss den Voraussetzungen des Art. 36 BV eingeschränkt werden (BGE 106 Ia 33 E. 3; 126 I 112 E. 3), wobei dem Verhältnismässigkeitsprinzip eine besondere Bedeutung zukommt und dieses deshalb in Art. 389 ausdrücklich wiederholt wird (Bericht VE Erwachsenenschutz 98, 5). Mit dem Verhältnismässigkeitsprinzip wird gewährleistet, dass eine **behördliche Massnahme** möglichst wenig Fremdbestimmung zulässt und gleichzeitig wirksam ist. Zu den behördlichen Massnahmen (11. Titel) gehören die amtsgebundenen Massnahmen, also die Beistandschaften, aber auch weitere im 11. Titel erwähnte behördliche Massnahmen (insb. die FU; direktes Handeln der Behörde). Offen, aber eher theoretisch ist die Diskussion, ob für das Kriterium des **öffentlichen Interesses** im Gegensatz zur übrigen Grundrechtslehre ein privates Interesse der betroffenen Person ausreicht (ausf. BSK ZGB I-Geiser, vor Art. 397a–f N 8a aZGB; BSK ZGB I-Geiser/Etzensberger, Art. 437 N 10).

1. Diagnose und Ziel der behördlichen Massnahme

Behördliche Massnahmen werden aufgrund der **Untersuchung des Sachverhaltes** (insb. Schwächezustand, Hilfs- und Schutzbedürftigkeit) und aufgrund einer (daraus ableitbaren) **Prognose** angeordnet (BK-Schnyder/Murer, Syst. Teil N 253; KOKES, Rz 1.16; BGE 120 II 384 E. 4d). Mit der Prognose (und der vorausgehenden Diagnose) werden die Ziele für die Ausgleichung der Hilfs- und Schutzbedürftigkeit definiert.

2. Eignung der behördlichen Massnahmen

Eine behördliche Massnahme muss geeignet sein, um das aufgrund der Prognose definierte Ziel der Massnahme zu erreichen. Geprüft wird die **Zwecktauglichkeit** der Massnahme (Häfelin/Müller/Uhlmann, Rz 587 ff.).

3. Erforderlichkeit (Abs. 2) und Subsidiarität der behördlichen Massnahme (Abs. 1)

5 Eine behördliche Massnahme darf nur angeordnet werden, wenn nicht eine gleich geeignete, aber mildere Massnahme für das angestrebte Ziel **ausreichend** ist (HÄFELIN/MÜLLER/UHLMANN, Rz 610) und zwar in sachlicher, zeitlicher, personeller und räumlicher Hinsicht. Subsidiäre privatrechtliche Formen können gesetzlicher (vgl. Art. 166, Art. 374 ff.), rechtsgeschäftlicher (vgl. die eigene Vorsorge, Art. 360 ff.) oder quasirechtsgeschäftlicher (Geschäftsführung ohne Auftrag, Art. 419 ff. OR) Natur sein. Fehlen solche, sind sie nicht ausreichend oder ist die schutz- und hilfsbedürftige Person nicht fähig, solche privatautonom abzuschliessen und zu überwachen (BGE 134 III 385 E. 4.2; BGer vom 17.11.2008, 5A_588/2008 E. 3.3.2.; BREITSCHMID/MATT, Pflegerecht 4/2012, 223 ff. m.w.H.; FamKomm Erwachsenenschutz-MEIER, Art. 390 N 24; krit. BIDERBOST, Jusletter vom 31.3.2014, FN 22; a.M. BSK ZGB I-HENKEL, Art. 389 N 8; HAUSHEER/GEISER/AEBI-MÜLLER, Familienrecht, Rz 20.04; beide mit Verweis auf BGE 132 III 222, der aber nur auf die Frage der Urteilsunfähigkeit in Bezug auf das Rechtsgeschäft und nicht in Bezug auf die minimale Überwachung fokussiert ist; zudem schafft Art. 397a OR nur teilweise Abhilfe), kommen behördliche Massnahmen in Frage.

Art. 389 Abs. 1 ZGB verpflichtet die Behörde, eine Massnahme anzuordnen, sofern nicht die aufgeführten subsidiären Formen in ausreichendem Ausmass bestehen oder eingerichtet werden können (sog. «subsidiarité de principe»). M.E. sind die beiden Ziffern des Abs. 1 nicht als zwei voneinander getrennte Bereiche (Urteilsunfähige und andere hilfsbedürftige Personen) zu sehen, sondern als offene und zudem im Lichte des Verhältnismässigkeitsprinzips möglichst breit auszulegende subsidiäre Möglichkeiten, welche inhaltlich **die Erforderlichkeit** des Abs. 2 nicht auf die Situationen gemäss den beiden Ziffern des Abs. 1 eingrenzen (gl.M. Bericht VE Erwachsenenschutz, 7; BSK ZGB I-HENKEL, Art. 389 N 4). Im Sinne dieser weiten Auslegung sind auch Personen, die hilfs- und schutzbedürftige Personen unterstützen, entweder nahestehende Personen oder aber diese unterstützen die Betroffenen mit privaten Dienstleistungen (franz. «services»). Im Rahmen des Verhältnismässigkeitsprinzips wird somit die Subsidiarität nochmals geprüft (sog. Erforderlichkeit), aber hier in Bezug auf die Stufenfolge (vgl. Einführung N 41; sog. «subsidiarité de mesure»; vgl. zum Ganzen auch KOKES Rz 1.15; FamKomm Erwachsenenschutz-HÄFELI Art. 389 N 14).

4. Zumutbarkeit der behördlichen Massnahme

6 Die Zumutbarkeit prüft im Sinne einer umfassenden wertenden Abwägung, ob die behördliche Massnahme im Verhältnis von **Eingriffszweck und Eingriffswirkung** gerechtfertigt resp. ob ein überwiegendes öffentliches Interesse im Vergleich zu den privaten Interessen gegeben ist (HÄFELIN/MÜLLER/UHLMANN, Rz 613 ff.). Gerade bei schwerwiegenden Eingriffen in die persönliche Freiheit, in denen subsidiäre Massnahmen fehlen, kommt diesem Merkmal wesentliche Bedeutung zu (a.M. Botschaft Erwachsenenschutz, 7043). In Art. 23 VE war die Zumutbarkeit noch explizit erwähnt. Sie geniesst als unumstrittener Aspekt des Verhältnismässigkeitsprinzips in Lehre und Rechtsprechung Verfassungsrang und ist auch im Rahmen

des Erwachsenenschutzrechtes anzuwenden (gl.M. CHK-FOUNTOULAKIS, Art. 389 ZGB N 5; OFK ZGB-FASSBIND, Art. 389 N 2; FamKomm Erwachsenenschutz-HÄFELI, Art. 389 N 12). Die Zumutbarkeit ist zudem massgeblicher Anhaltspunkt für die Eingriffsschwelle, die individuell zu bestimmen ist und massgeblich von der Massnahme und der Schwere der Schutzbedürftigkeit (Gefährdungssituation) abhängt (vgl. BSK ZGB I-HENKEL, Art. 390 N 6 m.w.H.).

Zweiter Abschnitt:

Die Beistandschaften

Erster Unterabschnitt: Allgemeine Bestimmungen

Art. 390

A. Voraussetzungen

¹ Die Erwachsenenschutzbehörde errichtet eine Beistandschaft, wenn eine volljährige Person:
1. wegen einer geistigen Behinderung, einer psychischen Störung oder eines ähnlichen in der Person liegenden Schwächezustands ihre Angelegenheiten nur teilweise oder gar nicht besorgen kann;
2. wegen vorübergehender Urteilsunfähigkeit oder Abwesenheit in Angelegenheiten, die erledigt werden müssen, weder selber handeln kann noch eine zur Stellvertretung berechtigte Person bezeichnet hat.

² Die Belastung und der Schutz von Angehörigen und Dritten sind zu berücksichtigen.

³ Die Beistandschaft wird auf Antrag der betroffenen oder einer nahestehenden Person oder von Amtes wegen errichtet.

Literatur

Vgl. die Literaturhinweise zu Art. 388.

I. Geltungsbereich

Das revidierte Recht sieht nur noch zwei Hauptmassnahmen im Erwachsenenschutz vor: Die Fürsorgerische Unterbringung (FU) und die Beistandschaft. Die Beistandschaft ist im Unterschied zur FU eine amtsgebundene Massnahme (vgl. Art. 388 N 3). Es wird immer **eine Beistandschaft** angeordnet, wobei eine solche aus unterschiedlichen Beistandschafts*arten* bestehen kann (BSK ZGB I-HENKEL, vor Art. 388–398 N 2). Art. 390 ZGB regelt die **generellen** Voraussetzungen, die vorliegen müssen, damit überhaupt eine Beistandschaft errichtet werden darf (vgl. insb. die beiden Varianten in Abs. 1); die **speziellen Voraussetzungen** finden sich dann bei den einzelnen Beistandschaftsarten. Zur Eingriffsschwelle s. Art. 389 N 6. Adressatin von Art. 390 ist die Erwachsenenschutzbehörde im Rahmen ihrer Kompetenz zur Anordnung von Beistandschaften. Schutzobjekt sind volljährige natürliche Personen i.S.v. Art. 14. Der Schutz Minderjähriger wird durch den Kindesschutz, insb. Art. 306 ff., aber auch in einem weiten Sinn durch Art. 273 ff., Art. 276 ff., Art. 318 ff. etc. sichergestellt. Ein Verfahren kann jedoch bereits kurz vor der Volljährigkeit durch die Erwachsenenschutzbehörde anberaumt werden, soweit dies als geboten erscheint (FamKomm Erwachsenenschutz-MEIER, Art. 390 N 5).

II. Schwächezustände und Schutzbedürftigkeit (Abs. 1 Ziff. 1)

1. Geistige Behinderung, psychische Störung oder ähnlicher in der Person liegender Schwächezustand

2   Die bisher stigmatisierenden Begriffe der Geistesschwäche und -krankheit werden terminologisch durch geistige Behinderung und psychische Störung und «ähnliche Schwächezustände» ersetzt. Es sind weiterhin **Rechtsbegriffe** und unterliegen im Grundsatz der Definitionsmacht und Auslegungshoheit der Rechtswissenschaften (gl.M. CHK-FOUNTOULAKIS, Art. 390 ZGB N 3; MEIER/LUKIC, N 403; FamKomm Erwachsenenschutz-MEIER, Art. 390 N 7; zum alten Recht ZK-EGGER, Art. 369 aZGB N 35; BK-SCHNYDER/MURER, Art. 369 aZGB N 26 ff.; BGer vom 12.10.2009, 5A.602/2009 E. 2). Wo die Begrifflichkeit sich jedoch mit der medizinischen Terminologie deckt, wie bei der geistigen Behinderung und der psychischen Störung (Botschaft Erwachsenenschutz, 7043) ist die rechtsanwendende Instanz daran gebunden (gl.M. HÄFELI, Grundriss, Rz 16.07; hier wohl verneinend die oben genannten Autoren zum revidierten Recht [insb. FamKomm Erwachsenenschutz-MEIER, Art. 390 N 13 mit Blick auf das alte Recht]; die Frage ist aber wohl nicht von entscheidender Bedeutung, weil der faktische Handlungsspielraum der Behörde kaum vorhanden ist, einen nach den Regeln der Kunst erstellten medizinischen Bericht bzw. ein Gutachten anders zu beurteilen, zumal die Auffangbestimmung [siehe sogleich] in der Regel anwendbar ist [diesbez. im Ergebnis wohl ähnlich BSK ZGB I-HENKEL, Art. 390 N 14, aber auch FamKomm Erwachsenenschutz-MEIER, Art. 390 N 13). **Geistige Behinderung** meint «angeborene oder erworbene Intelligenzdefekte verschiedener Schweregrade» (weitere Hinweise insb. zur Abgrenzung zur psychischen Störung bei FamKomm Erwachsenenschutz-MEIER, Art. 390 N 8), **psychische Störung** «umfasst die anerkannten Krankheitsbilder der Psychiatrie» (Botschaft Erwachsenenschutz, 7043), unabhängig davon, ob sie körperliche oder nicht körperliche Ursachen haben, sowie Demenz und Suchterkrankungen (ausf. in BerichtExpK Erwachsenenschutz 03, 32). Psychische Störung und geistige Behinderung sind nicht mit Urteilsunfähigkeit gleichzusetzen. Zwar ist Urteilsunfähigkeit in aller Regel ein Schwächezustand, aber er ist nicht Voraussetzung für die

Errichtung einer Beistandschaft. Mit einer Auffangbestimmung («ähnliche in der Person liegende Schwächezustände») werden vergleichbare Zustände abgedeckt, die nicht unter die anderen subsumierbar sind (BGer vom 5.3.2014, 5A_773/2013 E. 4.1.), wie Unerfahrenheit, Misswirtschaft oder seltene Formen schwerer körperlicher Behinderung (Botschaft Erwachsenenschutz, 7043), schwerste Formen von Unwilligkeit oder multiple Behinderungen; sie müssen «in der Person liegen» und nicht bloss auf äusseren Umständen beruhen (BSK ZGB I-Henkel, Art. 390 N 13). Diese schwierig zu bestimmenden weiteren Schwächezustände sollten mit Vorsicht und der gebotenen Zurückhaltung angewendet werden (BGer vom 5.3.2014, 5A_773/2013 E. 4.1., der festhält, dass der Umstand, dass eine Person «in einer Art und Weise mit Geld umgeht, die nach landläufiger Auffassung unvernünftig ist», nicht ausreichend ist für eine Verbeiständung), bieten sie unreflektiert angewendet Raum für Gesinnungsrecht oder moralische Umerziehung bzw. Disziplinierung für unangepasstes eigensinniges bzw. dissoziales Verhalten (BSK ZGB I-Henkel, Art. 390 N 3 m.w.H.; FamKomm Erwachsenenschutz-Meier, Art. 390 N 17; KOKES, Rz 1.8 m.w.H.; OFK ZGB-Fassbind, Art. 390 N 1).

2. Teilweise oder keine Erledigung von eigenen Angelegenheiten

Der Schwächezustand muss derart gestaltet sein und dazu führen, dass bei der betroffenen Person die Fähigkeit zur Ausübung ihres Selbstbestimmungsrechtes in Bezug auf die zu erledigende Angelegenheit ausgeschlossen oder derart beeinträchtigt ist, dass eigenverantwortliches Entscheiden nicht mehr möglich oder zumindest erschwert ist (Rosch, ZKE 2010, 186; gl.M. BSK ZGB I-Henkel, Art. 390 N 17; ähnlich: Häfeli, Grundriss, Rz 16.06; vgl. auch oben Art. 388 N 2). Der Begriff «eigene Angelegenheiten» ist derart weit gefasst, dass er konturlos wirkt. Das Verhältnismässigkeitsprinzip (insb. die Zumutbarkeit) grenzt ihn aber ein und wird nur **wesentliche** oder **wichtige eigene Angelegenheiten** (also Rechtsgeschäfte, geschäftsähnliche Handlungen oder Realakte) als Voraussetzung für eine Beistandschaft zulassen (gl.M. OFK ZGB-Fassbind, Art. 390 N 1; BSK ZGB I-Henkel, Art. 390 N 19). Die Schutzbedürftigkeit kann den persönlichen und gesamten rechtsgeschäftlichen, insb. vermögensrechtlichen Bereich umfassen (CHK-Fountoulakis, Art. 390 ZGB N 3; FamKomm Erwachsenenschutz-Meier, Art. 390 N 19). Eigene Angelegenheiten sind solche, die im wohlverstandenen Interesse des Betroffenen liegen und in Bezug auf seine gegenwärtige Lebenssituation stehen.

III. Schwächezustände und Schutzbedürftigkeit (Abs. 1 Ziff. 2)

1. Vorübergehende Urteilsunfähigkeit oder Abwesenheit

Die volljährige Person muss **vorübergehend**, d.h. nicht dauerhaft in Bezug auf die in Frage stehende Angelegenheit, urteilsunfähig sein; andernfalls greift Art. 390 Abs. 1 Ziff. 1. Die Urteilsunfähigkeit muss aber von einer gewissen Dauer sein (CHK-Fountoulakis, Art. 390 ZGB N 6; Meier/Lukic, N 411). **Abwesenheit** ist örtlich zu verstehen und dürfte den (zunehmend) seltenen Fall betreffen, in dem jemand nicht mehr bzw. nicht rechtzeitig kontaktierbar oder aber verschollen ist (gl.M Häfeli, Grundriss, Rz 16.11).

2. Zu erledigende Angelegenheiten bei fehlender Stellvertretung

5 Die **Urteilsunfähigkeit oder Abwesenheit** muss sich sodann auf eine zu erledigende Angelegenheit beziehen (s. N 3). Die Revision hat Art. 392 aZGB an die Vorstellungen der Praxis und Lehre angepasst und spricht nunmehr nicht mehr von «dringenden», sondern bloss noch von «Angelegenheiten, die erledigt werden müssen» (zur bisherigen offenen Auslegung BK-Schnyder/Murer, Art. 392 aZGB N 62). Sie müssen **wichtig** oder **wesentlich** sein (gl.M. OFK ZGB-Fassbind, Art. 390 N 1), ohne dass zwingend zeitliche Dringlichkeit erforderlich ist (Botschaft Erwachsenenschutz, 7043). Eigenes Handeln und die Erteilung sowie Überwachung einer privatautonomen Vollmacht (Art. 32 ff. OR, Art. 394 ff. OR, Art. 360 ff. ZGB; beachte aber BGE 134 III 385 E. 4.2, s. hierzu Art. 389 N 5) ist hier aufgrund des Schwächezustandes nicht möglich.

IV. Belastung und Schutz von Dritten (Abs. 2)

6 Personen leben in verschiedenen Systemen wie Familien-, Arbeits-, Freizeitsystemen etc. Diese Verknüpfungen und Wechselwirkungen zwischen Systemen und Personen sind in die Sachverhaltsanalyse (vgl. Art. 389 N 3) von hilfs- und schutzbedürftigen Personen miteinzubeziehen. Insofern sind die Belastung und der Schutz gerade von **Angehörigen**, aber auch von **Dritten** zu berücksichtigen. Alleine vermögen sie aber keine behördlichen Massnahmen zu rechtfertigen (Botschaft Erwachsenenschutz, 7043; BerichtExpK Erwachsenenschutz 03, 33 f.; OFK ZGB-Fassbind, Art. 390 N 3; CHK-Fountoulakis, Art. 391 ZGB N 11 m.w.H.; FamKomm Erwachsenenschutz-Meier, Art. 390 N 27; zu Art. 370 s. BGer vom 29.10.2009, 5A.540/2009 E. 4.2 f., dessen Schlussfolgerungen im revidierten Recht wegen Art. 390 Abs. 1 ZGB nicht *tel quel* übernommen werden können), denn Erwachsenenschutzrecht hat keine polizeiliche Ordnungsfunktion (BSK ZGB I-Henkel, Art. 390 N 23; siehe aber: BGer vom 5.9.2012, 5A_607/2012 E. 4 f., sowie Kritik in plädoyer 6/2012, 20 ff. und Art. 426 N 8a). Vielmehr ist die Belastung im Rahmen der Verhältnismässigkeitsprüfung miteinzubeziehen (so im Ergebnis auch: OFK ZGB-Fassbind, Art. 390 N 3). Diese Interessen Dritter müssen zudem «gewichtige» sein, damit sie überhaupt Berücksichtigung finden (FamKomm Erwachsenenschutz-Meier, Art. 390 N 31 m.w.H.); das ergibt sich wiederum aus dem Aspekt der Zumutbarkeit des Verhältnismässigkeitsprinzips. Einzig erbrechtliche Interessen sind auch im revidierten Recht nicht ausreichend (BGer vom 11.12.2013, 5A_683/2013 E. 1.3.2).

V. Rechtsfolge/Antrag/Offizialmaxime

7 **Rechtsfolge** ist die Anordnung einer Beistandschaft gem. Art. 393 ff., sofern die jeweiligen tatbestandsmässigen Voraussetzungen gegeben und keine subsidiären Massnahmen möglich sind sowie eine Beistandschaft verhältnismässig ist. Abs. 3 regelt zudem abschliessend, wer antragsberechtigt ist. Eine Beistandschaft kann die betroffene Person **beantragen**, sofern sie **urteilsfähig** ist (ZK-Egger, Art. 372 aZGB N 7; BerichtExpK Erwachsenenschutz 95, 78; vgl. Art. 426 N 16); andernfalls hat die **Behörde** den Antrag als Meldung gem. Art. 443 Abs. 1 ZGB entgegenzuneh-

men und von Amtes wegen zu bearbeiten. **Nahestehende** Personen (vgl. Art. 426 N 16) und somit nicht nur Angehörige gem. Art. 390 Abs. 2 ZGB können zudem eine Massnahme beantragen. Die Behörde hat von Amtes wegen sämtliche Meldungen nach Art. 443 gem. Art. 446 zu prüfen und gegebenenfalls eine Beistandschaft zu errichten (zur Abgrenzung s. Art. 443 N 2; gl.M. BSK ZGB I-HENKEL, Art. 390 N 26).

Art. 391

B. Aufgabenbereiche

¹ Die Erwachsenenschutzbehörde umschreibt die Aufgabenbereiche der Beistandschaft entsprechend den Bedürfnissen der betroffenen Person.

² Die Aufgabenbereiche betreffen die Personensorge, die Vermögenssorge oder den Rechtsverkehr.

³ Ohne Zustimmung der betroffenen Person darf der Beistand oder die Beiständin nur dann deren Post öffnen oder deren Wohnräume betreten, wenn die Erwachsenenschutzbehörde die Befugnis dazu ausdrücklich erteilt hat.

Literatur

Vgl. die Literaturhinweise zur Einführung.

I. Individualisierte Umschreibung der Aufgabenbereiche

Die revidierten Massnahmen sind nicht mehr typengebunden und -fixiert, sondern **«doppelt massgeschneidert»**, entsprechend der Stufenfolge (Begleitung, Vertretung, Mitwirkung oder umfassende Beistandschaft) und den Bedürfnissen der betroffenen Person (Botschaft Erwachsenenschutz, 7044). **«Bedürfnisse»** meint hier den aufgrund der Ausrichtung auf das Wohl der betroffenen Person und durch den ordre public objektivierten **Bedarf**, der unter besonderer Berücksichtigung der subjektiv geäusserten oder aufgrund der bisherigen Lebensführung erkennbaren Wünsche und des Willens einer schutz- und hilfebedürftigen Person eruiert wird (ROSCH, ZKE 2010, 185 m.w.H.; ähnlich: FamKomm Erwachsenenschutz-MEIER, Art. 391 N 6).

Es muss nicht jede einzelne Aufgabe aufgezählt werden. Ausreichend ist, wenn die **Aufgabenbereiche**, wie z.B. Wohnungs-, vermögensrechtliche Angelegenheiten oder solche, welche die Gesundheit betreffen, umschrieben werden (Botschaft Erwachsenenschutz, 7044; eine Ausnahme bildet Art. 392 Ziff. 2 und zumindest vom Wortlaut her Art. 314 Abs. 3, Art. 360 Abs. 2). Die in der Sozialarbeit häufig verwendeten «Lebensbereiche» (Wohnen, Gesundheit, Ausbildung/Beruf, soziale Beziehungen, Finanzen, Vermögen etc.) können hier durchaus als Vorbild für die Benennung der Aufgabenbereiche dienen. Diese müssen **klar** umrissen und **eindeutig** sein, damit der Auftrag und die damit verbundenen Sorgfaltspflichten der Beistände eindeutig ableitbar sind, aber sie müssen auch praktikabel sein (ROSCH, ZKE 2010, 185 f., 188 ff.; «Massschneidern bedeutet Massnehmen und Masshalten» [KOKES, Rz 5.66]). Darin liegt ein grundsätzliches Spannungsverhältnis. Das Individualisierungsprinzip verpflichtet grundsätzlich zur klaren und eindeutigen Massschneiderung. Dennoch war es nicht im Sinne des Gesetzgebers, dass sich Behörde und Beistände andauernd mit Anpassungsbegehren in Bezug auf die Massschneiderung selbst beschäftigen, was letzten Endes auch nicht im Sinne der verbeiständeten Personen liegt (ähnlich KOKES, Rz 5.75; vgl. BGer vom 10.3.2014, 5A_4/2014 E. 6.2, wonach die Höhe der IV/EL-Leistungen, die sich im Laufe der Jahre verändern, nicht festgehalten werden müssen). Lösungsvorschläge finden sich mit Hauptaugenmerk auf die Praktikabilität bei KOKES, Rz 5.22 ff., 5.65 ff. **Standardanordnungen sind in jedem Einzelfall kritisch zu hinterfragen** (OFK ZGB-FASSBIND, Art. 391 N 2, BSK ZGB I-HENKEL, Art. 391 N 2, MEIER/LUKIC, Rz 419). Die Praxis geht teilweise noch weiter, so dass kaum mehr ein Unterschied zu altrechtlichen Massnahmen erkennbar ist, was nicht im Sinne des Gesetzgebers ist (gl. M. FamKomm Erwachsenenschutz-MEIER, Art. 391 N 2, 17; ähnlich: OFK ZGB-FASSBIND, Art. 391 N 2). Ansatzpunkt muss hier der Schwächezustand sein; es gibt Schwächezustände, wie die Demenz, wo der Verlauf einigermassen vorhersehbar ist und demgemäss offen massgeschneidert werden kann; demgegenüber lassen andere Schwächezustände – mangels Vorhersehbarkeit – keine solche weite Massschneiderung zu, wie etwa Borderline Störungen oder oft auch Schizophrenien. Der Umfang der Aufgaben beschränkt sich auf jeden Fall nicht auf akut zu erledigende Angelegenheiten. Im Rahmen der Prognosestellung (s. Art. 389 N 3) **absehbare und konkrete Betreuungsbedürfnisse** sind zu berücksichtigen (BerichtExpK Erwachsenenschutz 95, 110), wie z.B. bei schubartig verlaufenden Krankheitsbildern, welche befristet einen (akuten) Handlungsbedarf auslösen; weitergehende **hypothetische bzw. präventive Aufgaben** sind unzulässig (ROSCH, ZKE 2010, 186 f.; vgl. SCHMID, vor Art. 390 ff. ZGB N 5; gl.M. BSK Erwachsenenschutz-MEIER, Art. 391 N 10); es ist nicht zu fragen, ob ein Aufgabenbereich (hypothetisch) relevant werden könnte, sondern ob dies auch **wahrscheinlich** ist; eine Beistandschaft «auf Vorrat» ist somit unzulässig (KOKES, Rz 5.66; FamKomm Erwachsenenschutz-MEIER, Art. 391 N 14). Einzig die umfassenden Beistandschaften benötigen keine Umschreibung der Aufgabenbereiche (Art. 398 Abs. 2; vgl. aber Art. 398 N 3 i.f.). **Inhaltlich** müssen die Aufgabenbereiche mit dem Schwächezustand und der Schutzbedürftigkeit korrelieren (gl.M. BSK ZGB I-HENKEL, Art. 391 N 7; ähnlich: BGer vom 10.3.2014, 5A_4/2014 E. 6.2.) und verhältnismässig sein (BerichtExpK Erwachsenenschutz 03, 34); sie betreffen die Personensorge wie persönliche Beratung und Betreuung (s. ausf. Art. 393 N 2, inbs. zur «beiläufigen Personensorge», die nicht jeweils massgeschneidert werden muss,), die Vermögenssorge wie Unterstützung bei der Vermögens- und Einkommensverwaltung sowie den Rechtsverkehr (im Einzelnen ROSCH, ZKE 2010, 188 ff. m.w.H.; FamKomm Erwachsenenschutz-MEIER, Art. 391 N 21 ff. m.w.H. und Einführung N 3). **«Rechtsverkehr»** meint rechtsgeschäftliche oder rechtsgeschäftsähnliche Handlungen, die den Bereich der Vermögens- oder Personensorge betreffen können (gl.M. BSK ZGB I-HENKEL, Art. 391 N 21). Um eine möglichst klare Situation im Rechtsverkehr sicherzustellen, sind neben den Formulierungen der Aufgabenbereiche auch die dazugehörigen **Kompetenzen** im Rechtsverkehr festzuhalten (vertretungslose Betreuung, konkurrierende Kompetenz, ausschliessliche Kompetenz, Mitwirkung; dies gilt m.E. auch für Art. 408 ZGB; s. ausf. ROSCH, ZKE 2010, 189, 194; s.a. Art. 394/395 N 3 i.f.; ausdrücklich auch CHK-FONTOULAKIS, Art. 391 ZGB N 4; HÄFELI, Grundriss, Rz 17.04; a.M. BSK ZGB I-HENKEL, Art. 391 N 12, dann aber stark relativierend, so dass für die Praxis de facto kaum Unterschiede ersichtlich sind. Der Hintergrund der Diskrepanz dürfte vielmehr darin liegen, dass HENKEL von den Massnahmen und weniger von den Aufgabenbereichen her massschneidert [vgl. 2a]).

Um zu einem massgeschneiderten Beschluss zu kommen, verwendet man am einfachsten das Schema in Einführung N 43. Die sich aus dem Schutzbedarf ergebenden Aufgabenbereiche sind sodann in Bezug auf die notwendigen Kompetenzen, die der Beistand bzw. die Beiständin für die Mandatsführung benötigt unter Beachtung des Verhältnismässigkeitsprinzips zu prüfen (vgl. die Fragen bei Einführung N 42). Es ist somit für jeden Aufgabenbereich die Frage zu stellen, welche **Kompetenzen** der Beistand bzw. die verbeiständete Person benötigt: 2a
- Begleithandlungen (s. Art. 393)?
- Mitwirkungshandeln (s. Art. 396)? oder
- Vertretungshandeln (s. Art. 394/395) und zwar mit konkurrierender oder ausschliesslicher Kompetenz (vgl. Art. 394/395 N 4 f.).

Damit kann jeder Aufgabenbereich relativ einfach massgeschneidert werden. Ein anderer – ebenso zulässiger – Ansatz wählt die KOKES, in dem sie von den Massnahmen ausgeht (KOKES, Rz 5.21 f., Rz 5.65 ff.).

II. Post und Wohnung (Abs. 3)

Art. 391 Abs. 3 umfasst die Personensorge und beschränkt die **Handlungsfreiheit** des Betroffenen ohne die Handlungsfähigkeit zu berühren (gl.M. BSK ZGB I-HENKEL, Art. 391 N 25; zum Begriffspaar Handlungsfreiheit/Handlungsfähigkeit s. Einführung N 25). Es handelt sich um reine Anordnungen zum Verhalten, welche die betroffene Person dulden muss und welche nicht Folgen eines Rechtsgeschäftes sind, um sog. **Realakte im Bereich der Personensorge**. Art. 8 EMRK und Art. 13 Abs. 1 BV umschreiben den Anspruch auf Achtung des Privat- und Familienlebens, des Rechts auf Wohnung und die Achtung des Briefverkehrs. Art. 391 Abs. 3 bietet die gesetzliche Grundlage gem. Art. 36 BV für einen Grundrechtseingriff. Er zählt abschliessend Situationen auf, welche eng mit der Persönlichkeit der betroffenen Person verbunden sind. E contrario dürfen ähnlich gelagerte und weitergehende Eingriffe in die Persönlichkeitssphäre der schutzbedürftigen Person (z.B. Bestimmung des Aufenthaltes, über Medikamenteneinnahme, über Essgewohnheiten) ohne deren Einwilligung nicht ohne gesetzliche Grundlage (z.B. Art. 426 ff.) und nur unter Berücksichtigung des Verhältnismässigkeitsgrundsatzes erfolgen (ROSCH, FamPra.ch 2010, 291; gl.M. OFK ZGB-FASSBIND, Art. 391 N 3; FamKomm Erwachsenenschutz-MEIER, Art. 391 N 39). 3

«**Wohnräume**» meint neben Wohnungen auch Büros, Mieträume wie Hotels und Wohnwagen (HÄFELIN/HALLER/KELLER, Rz 383); «**Post**» umfasst den gesamten 4

Briefverkehr inkl. elektronischer Formen wie E-Mail, SMS, geschützte Facebook-Einträge etc. Der Beistand kann somit nur mit Zustimmung der urteilsfähigen betroffenen Person oder mit Ermächtigung der Behörde die Wohnung betreten bzw. die Post öffnen. Die Zustimmung ist höchstpersönlich (BSK ZGB I-HENKEL, Art. 391 N 24) setzt **Urteilsfähigkeit** der betroffenen Person voraus, woran keine hohen Anforderungen zu stellen sind (KOKES, Rz 5.78). Wie erwähnt ist auch bei einer Ermächtigung das Verhältnismässigkeitsprinzip zentral (vgl. auch KOKES, Rz 5.79). Insbesondere bei Ermächtigungen gegen den Willen der urteilsfähigen Person sollte im Sinne der **Transparenz** die Öffnung der Korrespondenz und das Betreten der Wohnung in Anwesenheit der betroffenen Person geschehen, wobei letztere auf die Anwesenheit verzichten kann (FamKomm Erwachsenenschutz-MEIER, Art. 391 N 38; BSK ZGB I-HENKEL, Art. 391 N 28 m.w.H.). Mit der Befugnis, die Wohnung zu betreten, kann der Beistand aber auch, ohne die KESB zu involvieren, Dritte zum (selbständigen) Betreten der Wohnräume ermächtigen (BSK ZGB I-HENKEL, Art. 392 N 31), soweit dies im Einzelfall geboten bzw. verhältnismässig ist. **Rechtfertigungsgründe** sind vorbehalten, insb. bei äusserster Dringlichkeit; der Beistand ist in solchen Fällen somit nicht auf eine Ermächtigung bzw. eine Zustimmung angewiesen.

5 Die nur selten erforderliche **Postumleitung** bedarf einer ausdrücklichen Zustimmung im Unterschied zum Schreiben des Beistandes, dass künftig die Post an ihn zu adressieren sei (KOKES, Rz 5.79; FamKomm Erwachsenenschutz-MEIER, Art. 391 N 36).

6 Diskutiert wird in der Praxis, inwiefern z.B. in einen **Aufgabenbereich Administration** nicht auch gleich das Postöffnen – und damit die Korrespondenz des Beistandes mit Dritten – integriert ist. M.E. verweist die Sonderstellung in einem eigenen Absatz darauf, dass die Zustimmung bzw. die Ermächtigung jeweils zusätzlich erforderlich ist (so auch: FamKomm Erwachsenenschutz-MEIER, Art. 391 N 32; OFK ZGB-FASSBIND, Art. 391 N 3). Bis zu einem (anderslautenden) höchstrichterlichen Entscheid sind deshalb die Befugnisse gem. Art. 391 Abs. 3 ZGB gesondert zu erteilen. Dabei ist anzugeben, ob die Ermächtigung **zeitlich befristet** ist oder nicht (FamKomm Erwachsenenschutz-MEIER, Art. 391 N 34).

Art. 392

C. Verzicht auf eine Beistandschaft

Erscheint die Errichtung einer Beistandschaft wegen des Umfangs der Aufgaben als offensichtlich unverhältnismässig, so kann die Erwachsenenschutzbehörde:
1. von sich aus das Erforderliche vorkehren, namentlich die Zustimmung zu einem Rechtsgeschäft erteilen;
2. einer Drittperson für einzelne Aufgaben einen Auftrag erteilen; oder

3. eine geeignete Person oder Stelle bezeichnen, der für bestimmte Bereiche Einblick und Auskunft zu geben sind.

Literatur

Vgl. die Literaturhinweise zur Einführung.

I. Geltungsbereich

Art. 393 aZGB regelte im Ingress das direkte Handeln der Vormundschaftsbehörde in Bezug auf die Verwaltungsbeistandschaft. Art. 392 ist in Bezug auf den **Geltungsbereich** umfassender und bezieht sich auf die Vermögenssorge, Personensorge und die Vertretung. Die Bestimmung schränkt Art. 390 Abs. 1, Art. 381 aber auch Art. 403 ein, weil auf eine Beistandschaft verzichtet wird, obwohl die Voraussetzungen erfüllt sind; Art. 392 ist diesbez. **lex specialis**. Art. 391 Abs. 3 ist anwendbar (BSK ZGB I-Henkel, Art. 392 N 11). **Ausnahme** dieser lex specialis Regelung ist Art. 403, welcher selbst schon direktes Handeln der Behörde vorsieht; in diesem Fall ist Art. 403 («regelt diese Angelegenheit selber») bereits ein Anwendungsfall von Art. 392 Ziff. 1 und geht daher vor (FamKomm Erwachsenenschutz-Meier, Art. 392 N 14; vgl. auch BSK ZGB I-Henkel, Art. 392 N 8, 20).

1

Art. 392 steht in einem **Spannungsverhältnis zur allgemeinen Subsidiarität behördlicher Massnahmen**, insb. zu privatautonomen Handlungen (Vollmachten, Auftragsrecht). Finden sich geeignete privatautonome – in Bezug auf den Aufgabenumfang u.U. auch umfassendere – Massnahmen oder können solche eingerichtet werden, so sind behördliche Massnahmen (s. Art. 389 N 2) – und somit auch solche gem. Art. 392 – nicht angezeigt. Wo sie aber angezeigt sind, kann Art. 392 zum Tragen kommen, sofern die Voraussetzungen erfüllt sind.

2

II. Tatbestand

Damit Art. 392 anwendbar ist, müssen die Voraussetzungen für eine Beistandschaft erfüllt sein (vgl. Art. 390), aber auch die Subsidiarität und die Verhältnismässigkeit müssen im Grundsatz gegeben sein (vgl. Art. 389). Verhältnismässigkeit wird deshalb im vorliegenden Kontext weniger auf Art. 389 zu beziehen sein, sondern vielmehr auf den Aufgabenumfang (siehe N 4; KOKES, Rz 4.3.; Meier, FamPra.ch 2012, 937 ff.; FamKomm Erwachsenenschutz-Meier, Art. 392 N 4 ff.; anders noch die Vorauflage). Es ist somit nicht eine Ersatzlösung, falls die Voraussetzungen für eine Beistandschaft nicht erfüllt ist (BSK ZGB I-Henkel, Art. 392 N 5). Die **«Offensichtlichkeit»** darf nicht als eigenständiges Kriterium gelten, sondern ist im Lichte des Verhältnismässigkeitsprinzips als Verstärkung zu sehen (gl. M.: FamKomm Erwachsenenschutz-Meier, Art. 392 N 4; **a.M.** Botschaft Erwachsenenschutz, 7045). Das Kriterium weist aber auf eine gewisse Zurückhaltung bei der Auslegung hin: Im Zweifelsfall ist eine Beistandschaft anzuordnen (gl.M.: FamKomm Erwachsenenschutz-Meier, Art. 392 N 4; CHK-Fountoulakis, Art. 392 ZGB N 4; Häfeli, Grundriss, Rz 18.02). Ziel ist es vorab, unverhältnismässigen und un-

3

nötigen Verwaltungsaufwand ohne Mehrwert für die betroffenen Personen zu verhindern (OFK ZGB-Fassbind, Art. 392 N 2).

4   Die Beistandschaft muss aufgrund des **Aufgabenumfangs unzumutbar** sein. Darunter sind i.d.R. kleine, punktuelle und gut überblickbare Aufgaben zu verstehen wie Konten- oder Grundbuchsperren, die aber zeitlich nicht zwingend dringlich sein müssen (OFK ZGB-Fassbind, Art. 392 N 1; BSK ZGB I-Henkel, Art. 392 N 7; siehe aber N 5); es geht nicht um vorsorgliche Massnahmen i.S.v. Art. 445 Abs. 1 (FamKomm Erwachsenenschutz-Meier, Art. 392 N 3; s. BSK ZGB I-Langenegger, Art. 392 aZGB N 14). Es handelt sich um eine **Kann-Vorschrift**, weshalb die Behörde nach pflichtgemässem Ermessen zu entscheiden hat (offener BSK ZGB I-Henkel, Art. 392 N 2).

III. Rechtsfolge

1. Direktes Handeln der Behörde (Ziff. 1)

5   Sind die tatbestandsmässigen Voraussetzungen erfüllt, kann die Erwachsenenschutzbehörde ordentlich, vorsorglich oder superprovisorisch das **Erforderliche** selbständig und direkt anordnen und gegebenenfalls auch die Handlungsfähigkeit beschränken (Fassbind, 49). Es handelt sich in aller Regel um dringliche oder einfache und liquide Angelegenheiten (FamKomm Erwachsenenschutz-Meier, Art. 392 N 11). Bereiche, die einer ausführlichen Abklärung bedürfen, wie regelmässig der Verkauf eines Grundstückes, erfüllen schon nicht die Voraussetzungen des Art. 392. Ausdrücklich erwähnt wird beispielhaft die **Zustimmung**. Die Behörde kann anstelle der Anordnung einer Mitwirkungsbeistandschaft gegebenenfalls direkt zustimmen (Botschaft Erwachsenenschutz, 7045; kritisch BSK ZGB I-Henkel, Art. 392 N 20; KOKES, Rz 4.7). Hierher gehören aber gegebenenfalls auch die aufgrund einer Interessenkollision oder Verhinderung nicht handlungsfähigen gesetzlichen Vertreter bei einem zustimmungsbedürftigen Geschäft oder aber die zustimmungsbedürftigen Geschäfte im Bereich der höchstpersönlichen Rechte (a.M. BK-Schnyder/Murer, Art. 392 aZGB N 36 m.w.H.; s.a. Art. 396 N 2). Wo eine Beistandschaft besteht ist in aller Regel die Erweiterung des Aufgabenbereichs angezeigt; vorbehalten ist selbstverständlich Dringlichkeit (FamKomm Erwachsenenschutz-Meier, Art. 392 N 11; weitergehend: BSK ZGB I-Henkel, Art. 392 N 18). Mit dem direkten Handeln der Behörde wird der **Instanzenzug** verkürzt.

5a Im Rahmen ihres direkten Handelns hat die Behörde die gleichen **Pflichten** wie der Beistand; namentlich Art. 406 ff. sind zu beachten. Soweit Art. 416 tangiert ist, braucht es keine zusätzliche Ermächtigung (FamKomm Erwachsenenschutz-Meier, Art. 392 N 15; Häfeli, Grundriss, Rz 18.07). Handelt die Behörde direkt, so verpflichtet sie die betroffene Person durch ihre Handlungen (gesetzliche Vertretung; FamKomm-Erwachsenenschutz-Meier, Art. 392 N 16; BSK ZGB I-Henkel, Art. 392 N 13). Das direkte Handeln bedarf sodann keiner besonderen Beendigungsform i.S.v. Art. 421 ff. (FamKomm Erwachsenenschutz-Rosch, Vor Art. 421–425 N 9). Die Haftung muss sich für die Drittperson nach Art. 454 f. richten, weil es keinen Unterschied machen kann, ob eine Beistandschaft errichtet wurde oder nicht (s. Art. 454–456 N 3; **a.M.** KOKES, Rz 4.14).

2. Auftragserteilung an Dritte (Ziff. 2)

Die Behörde kann auch an **Dritte**, d.h. natürliche und juristische Personen, Aufträge nach Obligationenrecht erteilen. Dritte sind nicht bereits involvierte Beistände oder Behördenmitglieder (gl.M. BSK ZGB I-HENKEL, Art. 392 N 28 f.). Zudem darf die Auftragserteilung an Dritte nicht in Amtshandlungen eingreifen, die in die Kompetenz der Beistände fallen, diese umgehen oder «ausschliessen» (Botschaft Erwachsenenschutz, 7045; gl.M. BSK ZGB I-HENKEL, Art. 392 N 25). Die **einzelnen Aufgaben** müssen eindeutig und klar umschrieben sein (s. für Aufgabenbereiche Art. 391 N 2).

6

Gemäss der Botschaft geht es bei der Auftragserteilung an Dritte «nicht um einen Auftrag im Sinn eines Amtes, sondern um einen Auftrag nach Obligationenrecht für eine bestimmte, genau umschriebene Aufgabe» (Botschaft Erwachsenenschutz, 7045). Ziff. 2 ist in vielerlei Hinsicht ein **Hybrid**, das an der Schnittstelle zum Obligationenrecht zahlreiche Fragen aufwirft:

6a

- **Vertragspartei**: Diskutiert wird, ob die Behörde selbst Vertragspartei (FamKomm Erwachsenenschutz-MEIER, Art. 392 N 19; KOKES, Rz 4.14; CHK-FOUNTOULAKIS, Art. 392 ZGB N 6) sei oder in gesetzlicher Vertretung der schutzbedürftigen Person handle (HAUSHEER/GEISER/AEBI-MÜLLER, Familienrecht, Rz 20.163). Das ist relevant für das Rechtsverhältnis und die damit zusammenhängenden Fragen. Aufgrund des Gesetzeswortlautes und der Intention des Gesetzgebers ist beides möglich; die praktische Relevanz ist gering, weil die Autoren, welche die Behörde als Vertragspartei sehen, ein Handeln gemäss Art. 392 Ziff. 1 zulassen (KOKES, Rz 4.14). Wichtig ist aber, dass die KESB im Einzelfall erkenntlich macht, in welcher der beiden Formen sie handelt (**a.M.** KOKES, Rz 4.14 hinsichtlich der Haftungsfrage, die hier anders beantwortet wird [N 5a]).
- Dritte als **Organ des Erwachsenenschutzes**: Für die Frage der Haftung ist entscheidend, ob Dritte im Sinne des Obligationenrechts Dritte sind oder aber Organe des Erwachsenenschutzes (FamKomm Erwachsenenschutz-MEIER, Art. 392 N 18). Mit Blick auf die Bestrebungen im Bereich der **Haftung** (Art. 454 ff.) darf es für den Betroffenen keinen Unterschied machen, ob eine Beistandschaft errichtet wurde oder nicht, weshalb Dritte als Organ des Erwachsenenschutzes zu sehen sind (s. Art. 454–456 N 3; FamKomm Erwachsenenschutz-MEIER, Art. 392 N 22; OFK ZGB-FASSBIND, Art. 454 N 2; CHK-FOUNTOULAKIS, Art. 393 ZGB N 10; HÄFELI, Grundriss, Rz 18.11; **a.M.** Botschaft, 7045).
- **Beschwerdemöglichkeit**: Hier stellt Art. 419 klar, dass – trotz des obligationenrechtlichen Impetus – Beschwerde möglich ist.
- **Entschädigung**: Hier ist m.E. ein Entgelt nach den Bestimmungen des Obligationenrechtes angezeigt (**a.M.** FamKomm Erwachsenenschutz-MEIER, Art. 392 N 21; HÄFELI, Grundriss, Rz 18.13), wobei die Regelung gem. Art. 404 faktisch kaum zu einem unterschiedlichen Resultat führen würde. Wo die Behörde aber selbst Vertragspartei ist, benötigt sie für die Entnahme der Entschädigung aus dem Vermögen der betroffenen Person eine entsprechende rechtliche Grundlage.
- **Schlussberichterstattung/Beendigung**: Fraglich ist, ob die Bestimmungen über die Schlussberichterstattung (Art. 425 ZGB) oder diejenigen des Obligatio-

nenrechts (Art. 400 OR) zur Anwendung kommen bzw. ob die Beendigung nach Obligationenrecht oder Erwachsenenschutz erfolgt. M.E. kommen hier die obligationenrechtlichen Bestimmungen zum Tragen, namentlich Art. 400 (SCHMID, Art. 425 N 2; FamKomm Erwachsenenschutz-ROSCH, Vor Art. 421–425 N 9; a.M. BSK ZGB I-AFFOLTER/VOGEL, Art. 425 N 2). Mit Art. 397a OR ist sodann der Informationsfluss gewährleistet.

3. Aufsichtsperson/-stelle (Ziff. 3)

7   Art. 392 Ziff. 3 lehnt sich in der Formulierung an Art. 307 Abs. 3 an. Diese Bestimmung wird vor allem zum Tragen kommen, wo die Behörde Zweifel darüber hat, welche Aufgabenbereiche einem Beistand zu übertragen sind oder wo sie sich ein besseres Bild von der Schutzbedürftigkeit des Betroffenen verschaffen möchte (FamKomm Erwachsenenschutz-MEIER, Art. 392 N 23). Ziel ist hier wie dort eine mit Beratung verbundene **Kontrolle** und/oder die **Überwachung** der Weisungen der Behörde. Die Person oder Stelle ist Gehilfe der Behörde, nicht Beistand der schutzbedürftigen Person und somit ohne selbständige Befugnisse; namentlich hat sie keine Vertretungsbefugnisse; sie hat aber beobachtende und rapportierende Funktion (BIDERBOST, 452 ff.; HENKEL, 77 ff.; gl.M. FamKomm Erwachsenenschutz-MEIER, Art. 392 N 24), wobei beratende Tätigkeit nicht ausgeschlossen, aber auch nicht verpflichtend ist (BSK ZGB I-HENKEL, Art. 392 N 34 f.). Die Aufsicht ist einzurichten, wenn sie über einen **längeren Zeitraum** durchzuführen ist; andernfalls dürfte die Behörde gem. Art. 392 Ziff. 1 direkt handeln. Zu denken ist etwa an eine Person, welche rechtswirksam einen Bevollmächtigten bestellt hat, nun aber wegen Krankheit diesen nicht mehr überwachen kann (BGer vom 17.11.2008, 5A.588/2008 E.3.3.2; BGE 134 III 385 E.4.2; gl.M. FamKomm Erwachsenenschutz-MEIER, Art. 392 N 23). Art. 392 Ziff. 3 gibt eine gesetzliche Grundlage zum Datenaustausch. Der Person oder Stelle ist – unter Berücksichtigung der weiteren datenschutzrechtlichen Vorgaben – Auskunft und Einblick zu geben (gl.M. FamKomm Erwachsenenschutz-MEIER, Art. 392 N 24; BSK ZGB I-HENKEL, Art. 392 N 32 f.), womit die Massnahme gerade im Vergleich zur Begleitbeistandschaft eher stärker in die Persönlichkeitsrechte eingreift (KOKES, Rz 4.20; HÄFELI, Grundriss, Rz 18.16 m.w.H. zur Entstehungsgeschichte). Die **Bereiche** sind zu umschreiben (Botschaft Erwachsenenschutz, 7045); gemäss dem Gesetzestext müssen sie «bestimmt» und damit **genau umschrieben** sein (BSK ZGB I-HENKEL, Art. 392 N 33), was gerade auch im Hinblick auf Informationsrechte zentral ist. Die Bestimmungen über die Beistandschaft und deren Führung finden keine (direkte) Anwendung (s. Art. 388 N 1 ff.). Art. 401 ist nicht anwendbar (gl.M. CHK-FOUNTOULAKIS, Art. 392 ZGB N 8; BSK ZGB I-HENKEL, Art. 392 N 36). Demgegenüber haftet die beauftragte Person nach Art. 454 f. (FamKomm Erwachsenenschutz-MEIER, Art. 392 N 26; CHK-FOUNTOULAKIS, Art. 392 ZGB N 11; HÄFELI, Grundriss, Rz 18.18); Ziff. 3 kann sodann nicht gegen den Willen der beauftragten Person oder Stelle durchgesetzt werden.

Zweiter Unterabschnitt: Die Arten von Beistandschaften

Art. 393

A. Begleitbeistandschaft

¹ Eine Begleitbeistandschaft wird mit Zustimmung der hilfsbedürftigen Person errichtet, wenn diese für die Erledigung bestimmter Angelegenheiten begleitende Unterstützung braucht.

² Die Begleitbeistandschaft schränkt die Handlungsfähigkeit der betroffenen Person nicht ein.

Literatur

SCHMID, Ende der Beistandschaft und Ende des Amts des Beistands (Art. 385 und 410–415 VE), ZSR 2003 I, 331 ff.; vgl. die Literaturhinweise zur Einführung und zu Art. 388.

I. Vorbemerkungen und Geltungsbereich

Ursprünglich war die **Begleitbeistandschaft** analog zu Art. 308 Abs. 1 gedacht (Bericht VE Erwachsenenschutz, 16). Nach Überarbeitung in der Expertenkommission (BerichtExpK Erwachsenenschutz 03, 35) wurde der Artikel im Vernehmlassungsverfahren stark kritisiert, abgelehnt und z.t. die Massnahme ausschliesslich mit Zustimmung der betroffenen Person gefordert (VE Erwachsenenschutz/ Vernehmlassungen, 182 ff.). Letzteres wurde berücksichtigt, wodurch sich gemäss der Botschaft Erwachsenenschutz (7045) der neue Artikel zusätzlich Art. 394 nähere (zur Entstehungsgeschichte ROSCH, FamPra.ch 2010, 268 ff. m.w.H.). Ihn als Nachfolgeinstitut von Art. 394 aZGB zu sehen ist insb. im Hinblick auf die umfassenden Kompetenzen der altrechtlichen Bestimmung nicht zutreffend (so aber FamKomm Erwachsenenschutz-GEISER, Art. 14 und 14a SchlT N 12; Art. 14 SchlT N 5), aber auch weil die betroffene Person jeweils für jede (Art der) Beistandschaft einen Antrag gem. Art. 390 Abs. 3 stellen kann (gl.M. BSK ZGB I-HENKEL, Art. 393 N 1). 1

Als sehr niederschwellige Massnahme bereitet Art. 393 **Abgrenzungsschwierigkeiten** in dreierlei Hinsicht. **Erstens** bietet die Abgrenzung zu ähnlichen oder gleichen Massnahmen wie beratende und begleitende Dienstleistungen im Rahmen der Sozialhilfegesetzgebungen oder von privaten Trägern (wie Pro Senectute, Pro Infirmis etc.) Schwierigkeiten. Diese haben grundsätzlich gem. **Art. 389 Abs. 1 Ziff. 1 Vorrang**. Die behördlichen **hoheitlich angeordneten Massnahmen** des Eingriffssozialrechts – auch wenn sie mit Zustimmung der betroffenen Person erfolgen – zeitigen mit Berichterstattung und behördlichen Kontrolltätigkeiten weitergehende Folgen als die genannten Tätigkeiten, die von der betroffenen Person sofort unterbunden werden können (ROSCH, FamPra.ch 2010, 285 f. m.w.H.; BerichtExpK Erwachsenenschutz 95, 80). Dementsprechend dürfte die Begleitbeistandschaft eher selten als einzige Art der Beistandschaft in Frage kommen (z.B. 2

bei volljährigen Jugendlichen, die ihre Angelegenheiten noch nicht selbständig besorgen können; wenn eine stärkere Art der Beistandschaft nicht mehr notwendig ist, Begleitung aber für eine Übergangszeit angezeigt ist [so auch FamKomm Erwachsenenschutz-MEIER, Art. 393 N 13]); in Kombination mit anderen Arten der Beistandschaft dürfte sie aber durchaus ihren Platz finden, auch wenn diese zum Teil gegen den Willen angeordnet wurden (vgl. die diffizilen Stufen der Freiwilligkeit bei ROSCH, FamPra.ch 2012, 279 ff.; a.M. BSK ZGB I-HENKEL, Art. 393 N 14). Inwiefern sie hauptsächlich symbolischer Natur ist (so FamKomm Erwachsenenschutz-MEIER, Art. 393 N 11), wird sich zeigen. **Zweitens** ist Begleitung i.S. der Begleitbeistandschaft (N 4) z.T. in allen anderen Beistandschaften – auch ohne Zustimmung – vorgesehen. Alle Beistandschaften enthalten einen Anteil an Begleitung im Sinne der Personensorge (s. Art. 405 Abs. 1), wie Kontaktaufnahme, Beratung, vertrauensbildende Massnahmen etc. Diese Realakte der Personensorge (N 3) bilden die zu jeder Beistandschaft gehörige sog. «**beiläufige Personensorge**». **Darüber hinaus gehende spezifische Begleithandlungen** wie Kochen, Essensplanung etc. (vgl. N 4) gehören zum Umfang der Begleitbeistandschaft und bedürfen der Zustimmung (ROSCH, FamPra.ch 2010, 289 f. m.w.H.; gl.M. OFK-ZGB-FASSBIND, Art. 394 N 1, Art. 396 N 1; BSK ZGB I-HENKEL, Art. 393 N 9). **Drittens** ist der Beistand – im Unterschied zum Beauftragten nach Art. 392 Ziff. 3 – nicht primär Gehilfe der Behörden, sondern **Vertrauens- und Ansprechperson** der betroffenen Person (analog zu BSK ZGB I-BREITSCHMID, Art. 308 N 4). Siehe ferner Art. 392 N 7, zu den Konkurrenzen: Art. 394/395 N 1, Art. 396 N 1, 5.

II. Tatbestand

3 Die Begleitbeistandschaft bezieht sich auf **Personensorge** in einem **umfassenden** Sinn (und kann damit auch in Bereiche der Vermögenssorge oder der Vertretung hineinragen [vgl. die Tätigkeiten in N 4]; ROSCH, FamPra.ch 2010, 282 f.; im Ergebnis gl.M.: FamKomm Erwachsenenschutz-MEIER, Art. 393 N 16). Die «**bestimmten Angelegenheiten**» müssen mit der Hilfsbedürftigkeit korrelieren (s. Art. 391 N 2) und wichtig und wesentlich sein (s. Art. 390 N 3; gl.M. FamKomm Erwachsenenschutz-MEIER, Art. 393 N 15; a.M. gegen den Wortsinn «und ohne die systematische Stellung von Art. 391 ZGB zu berücksichtigen»: BSK ZGB I-HENKEL, Art. 393 N 15 ff. m.w.H.). Das **Zustimmungserfordernis** ist absolut. Es bezieht sich auf den Zeitpunkt der Errichtung und bedarf der Urteilsfähigkeit (ROSCH, FamPra.ch 2010, 277 f. m.w.H.), wobei diese tief anzusetzen ist (FamKomm Erwachsenenschutz-MEIER, Art. 393 N 7 m.w.H.). Damit ist auch gesagt, dass die Behörde von Amtes wegen ein Verfahren einleiten kann und die Zustimmung im Rahmen des Verfahrens einholt (ROSCH, FamPra.ch 2010, 278 ff.; gl.M. FamKomm Erwachsenenschutz-MEIER, Art. 393 N 7). Der **Widerruf** der Zustimmung ist bis zum Zeitpunkt möglich, in dem die Begleitbeistandschaft ausgesprochen wurde (ROSCH, FamPra. ch 2010, 293; BSK ZGB I-HENKEL, Art. 393 N 7; offener: FamKomm-Erwachsenenschutz-MEIER, Art. 393 N 8; wobei die Unterschiedlichkeit im Ergebnis kaum praxisrelevant ist; BK-SCHNYDER/MURER, Art. 372 aZGB N 42 ff.; BGE 106 II 298 E. 2; zum Aufhebungsantrag s. N 6). Art. 390 Abs. 3 gilt; die Zustimmung ist ein zusätzliches Erfordernis. Sie ist **absolut höchstpersönlich** (gl.M. FamKomm Erwachse-

nenschutz-MEIER, Art. 393 N 7; KOKES, Rz 5.26). Als weitere Voraussetzung ist die
Kooperationsfähigkeit und -bereitschaft zu prüfen.

Ist die Zustimmung aufgrund von **Urteilsunfähigkeit** nicht einzuholen oder wird 3a
die Zustimmung verweigert, so kann eine Vertretungsbeistandschaft angeordnet
werden (vgl. Art. 394 N 1; gl.M. HÄFELI, Grundriss, Rz 19.07).

III. Rechtsfolge und Vertretungsmacht

Rechtsfolge ist die Errichtung einer Begleitbeistandschaft. **«Begleitung»** umfasst 4
beratende, vermittelnde, unterstützende sowie betreuerische Hilfestellungen in
einem i.d.R. ambulanten Setting. Gegenstand der Betreuung sind also faktische
Verhaltensweisen, wie Kochen, Putzen, Erstellen eines Essensplans, Beratungsgespräche, Begleitung bei der sozialen Integration (z.b. Vereinstätigkeiten) zur Verhinderung von Isolation, Begleitung und Beratung in Bezug auf Rechtsgeschäfte
ohne Vertretungsrechte (z.b. Abschluss Erbvertrag, Patientenverfügung etc.), Beratung in Bezug auf die persönliche Hygiene, Fahrten zum Arzt, Kontrolle der Medikamenteneinnahme, Organisation von Nachbarschaftshilfe oder von Ferien, Mithilfe bei der Durchsetzung des Verbots zu persönlichem Kontakt zu Drittpersonen
etc. (ROSCH, FamPra.ch 2010, 283). Zur Überprüfung der Wirksamkeit gehört auch
ein überwachendes und kontrollierendes Moment (BerichtExpK Erwachsenenschutz 03, 35; AmtlBull StR 2007 835).

Die Begleitbeistandschaft stellt – ähnlich wie Art. 308 Abs. 1 – eine **vertretungslose** 5
Betreuung dar. Sie schränkt die **Handlungsfähigkeit** nicht ein, da die Schutzbedürftigkeit nicht in einer Vertretungsbedürftigkeit, sondern in einer Hilfestellungsbedürftigkeit besteht (ROSCH, FamPra.ch 2010, 283 ff.; BIDERBOST, 276 f.; gl.M.
FamKomm Erwachsenenschutz-MEIER, Art. 393 N 17 ff. m.w.H.). Es geht – ähnlich
wie in Art. 308 Abs. 1 – um tatsächliches Einwirken auf das schutzbedürftige System, weshalb auch die Handlungsfreiheit eingeschränkt ist (ROSCH, FamPra.ch
2010, 283; SCHMID, Art. 393 N 8; a.M. BSK ZGB I-HENKEL, Art. 393 N 2). Eine **Vertretung** ist trotzdem ausserhalb des behördlichen Auftrags im Rahmen einer Duldungsvollmacht (BK-ZÄCH, Art. 33 OR N 47 ff.) oder des allgemeinem Stellvertretungs- (Art. 32 ff. OR) und Auftragsrechts (Art. 394 ff. OR) gegeben sowie
ausnahmsweise möglich als Stellvertretung ohne Ermächtigung (Art. 38 f. OR), als
Geschäftsführung ohne Auftrag (Art. 419 ff. OR) oder im Rahmen der Notstandshilfe (gl.M. FamKomm Erwachsenenschutz-MEIER, Art. 393 N 22), wobei Art. 416
Abs. 3 ZGB zu beachten ist. Zudem stehen dem Beistand nach der hier vertretenen
Auffassung zur Ausführung des Mandates notwendige bzw. minimale **Informationskompetenzen** zu, welche die betroffene Person dulden muss (ROSCH,
FamPra.ch 2010, 284 f. m.w.H.; OFK ZGB-FASSBIND, Art. 393 N 2; BIDERBOST,
412 ff.; BerichtExpK Erwachsenenschutz 03, 35f; **a.M.** FamKomm Erwachsenenschutz-MEIER, Art. 393 N 22; BSK ZGB I-HENKEL, Art. 393 N 23; KOKES, Rz 5.27;
HÄFELI, Grundriss, Rz 19.14 in Bezug auf Art. 413 Abs. 3, welcher in der Praxis tatsächlich kaum zur Anwendung kommen dürfte, weil es nur schwerlich vorstellbar
ist, dass der Beistand zur Erfüllung seiner Aufgabe Dritte über die Massnahme informieren muss). Art. 391 Abs. 3 bleibt anwendbar (FamKomm Erwachsenen-

schutz-MEIER, Art. 393 N 24). Art. 416 Abs. 1 und 2 sowie Art. 417 sind nicht anwendbar, da der Begleitbeistand nie vertretungsberechtigt ist.

6 Analog zu Art. 394 aZGB muss eine Begleitbeistandschaft auf Antrag der betroffenen Person **aufgehoben** werden, auch wenn die Voraussetzungen für die Anordnung weiterhin gegeben sind; die Behörden haben aber im Rahmen des Aufhebungsverfahrens zu prüfen, ob andere (weitergehende) behördliche Massnahmen angezeigt sind (ROSCH, FamPra.ch 2010, 293; gl.M. FamKomm Erwachsenenschutz-MEIER, Art. 393 N 31; BSK ZGB I-HENKEL, Art. 393 N 7; HÄFELI, Grundriss, Rz 19.03) oder aber eine geeignete Stelle oder Person gem. Art. 392 Ziff. 3 ZGB (FamKomm Erwachsenenschutz-MEIER, Art. 393 N 25).

Art. 394

B. Vertretungsbeistandschaft
I. Im Allgemeinen

[1] Eine Vertretungsbeistandschaft wird errichtet, wenn die hilfsbedürftige Person bestimmte Angelegenheiten nicht erledigen kann und deshalb vertreten werden muss.

[2] Die Erwachsenenschutzbehörde kann die Handlungsfähigkeit der betroffenen Person entsprechend einschränken.

[3] Auch wenn die Handlungsfähigkeit nicht eingeschränkt ist, muss die betroffene Person sich die Handlungen des Beistands oder der Beiständin anrechnen oder gefallen lassen.

Art. 395

II. Vermögensverwaltung

[1] Errichtet die Erwachsenenschutzbehörde eine Vertretungsbeistandschaft für die Vermögensverwaltung, so bestimmt sie die Vermögenswerte, die vom Beistand oder von der Beiständin verwaltet werden sollen. Sie kann Teile des Einkommens oder das gesamte Einkommen, Teile des Vermögens oder das gesamte Vermögen oder das gesamte Einkommen und Vermögen unter die Verwaltung stellen.

[2] Die Verwaltungsbefugnisse umfassen auch die Ersparnisse aus dem verwalteten Einkommen oder die Erträge des verwalteten Vermögens, wenn die Erwachsenenschutzbehörde nichts anderes verfügt.

[3] Ohne die Handlungsfähigkeit der betroffenen Person einzuschränken, kann ihr die Erwachsenenschutzbehörde den Zugriff auf einzelne Vermögenswerte entziehen.

⁴ **Untersagt die Erwachsenenschutzbehörde der betroffenen Person, über ein Grundstück zu verfügen, so lässt sie dies im Grundbuch anmerken.**

Literatur

Vgl. die Literaturhinweise zur Einführung und zu Art. 388 und 393.

I. Geltungsbereich und Einordnung

Art. 394 umfasst (rechtsgeschäftliche oder rechtsgeschäftsähnliche) **Vertretungshandlungen** (BK-ZÄCH, vor Art. 32–40 OR N 101 ff.) im Bereich der **Personen- und Vermögenssorge**, sofern diese einer Vertretung zugänglich sind (Art. 19c, 412; vgl. aber Art. 396 N 2a). Art. 395 beinhaltet dahingegen Vertretungshandlungen nur im Bereich der Vermögenssorge, hier aber umfassend. Art. 395 ist **lex specialis** zur Vertretungsbeistandschaft ohne Beschränkung der Handlungsfähigkeit gem. Art. 394 Abs. 1 und 3 (gl.M. FamKomm Erwachsenenschutz-MEIER, Art. 394 N 5; HÄFELI, Grundriss, Rz 19.17). Für Vertretungshandlungen im Rahmen der Vermögenssorge verbleibt bei Art. 394 Abs. 1 kaum mehr Platz. Die **Begleitbeistandschaft** gem. Art. 393 kann neben der Vertretungsbeistandschaft errichtet werden; fehlt die Zustimmung, so kann ggf. anstelle einer Begleitbeistandschaft eine Vertretungsbeistandschaft angeordnet werden; insofern muss Vertretung nicht nur in einem rechtsgeschäftlichen Sinne verstanden sein, sondern – ähnlich Art. 308 Abs. 2 – auch für Tathandlungen bzw. Tathandlungsaufträge möglich sein, wie die Sorge um eine geeignete Wohnsituation oder medizinische Betreuung etc. (s. Art. 393 N 2 f., insb. N 3a; ROSCH, FamPra.ch 2010, 288 f., 290; HÄFELI, FamPra.ch 2007, 10; gl.M. OFK ZGB-FASSBIND, Art. 394 N 1; HÄFELI, Grundriss, Rz 19.18). Zur beiläufigen Personensorge vgl. Art. 393 N 2. Bei Urteilsfähigkeit der betroffenen Person greift **Art. 396** weniger weit in die persönliche Freiheit ein als Art. 394 Abs. 2, da der Mitwirkungsbeistand nicht gesetzlicher Vertreter ist (Art. 396 N 2). Die Mitwirkungsbeistandschaft kann aber in Bezug auf andere Aufgabenbereiche neben der Vertretungsbeistandschaft errichtet und mit ihr kombiniert werden (gl. M. BSK ZGB I-HENKEL, Art. 394 N 21 f.).

1

II. Vertretung mangels Erledigung bestimmter Angelegenheiten (Art. 394 Abs. 1 und 3)

Eine Vertretungsbeistandschaft ist anzuordnen, wenn eine schutz- und hilfsbedürftige Person i.S.v. Art. 390 Abs. 1 eine bestimmte Angelegenheit infolge eines Schwächezustandes i.S.v. Art. 390 nicht erledigen kann und deshalb vertreten werden muss. Der Beistand vertritt die betroffene Person im Rahmen der gem. Art. 391 übertragenen Aufgabenbereiche und ist in diesem Rahmen **gesetzlicher Vertreter**, sofern die Geschäfte einer Vertretung zugänglich sind (s. N 1). Er vertritt die verbeiständete Person im Sinne seiner Pflicht zur umfassenden Interessenwahrung **selbständig** und **direkt** (gl.M. BSK ZGB I-HENKEL, Art. 394 N 20; BSK ZGB I-BIDERBOST, Art. 417 aZGB N 13, 16 f.; Art. 433 N 6), d.h. durch die Handlungen des Beistandes wird die verbeiständete Person im genannten Aufgabenbereich verpflichtet. Es be-

2

darf zur Vertretung keiner zusätzlichen Ermächtigung oder Zustimmung durch die verbeiständete Person. Zum Gutglaubensschutz s. Art. 452. **Überschreitet** der Vertreter seine Vertretungsmacht, gilt gem. Art. 7 ZGB Art. 38 f. OR analog. Die **Handlungsfähigkeit** der betroffenen Person wird – analog zu Art. 308 Abs. 2 – zwar nicht rechtlich, aber **faktisch eingeschränkt** (sog. Einschränkung der Handlungsfreiheit, vgl. Einführung N 25), da die betroffene Person sich die Handlungen des Beistandes anrechnen resp. «sich gefallen lassen» muss (Art. 394 Abs. 3); die Vertretungsbefugnis des Beistandes tritt kumulativ zur Handlungsfähigkeit der schutzbedürftigen Person hinzu (BK-Bucher, Art. 14 ZGB N 95). Die betroffene Person kann somit weiterhin selbständig Rechtshandlungen vornehmen und ggf. die Handlungen des Beistandes – unter Vorbehalt einer Haftung nach culpa in contrahendo – auch rückgängig machen (s. Affolter, AJP 2006, 1063 m.w.H.); es besteht eine **konkurrierende Kompetenz**; die Massnahme kann auch gegen den Willen angeordnet werden und es braucht somit keine Zustimmung der betroffenen Person (OFK ZGB-Fassbind, Art. 394 N 1). Bei **kollidierenden Handlungen** kommen gem. Art. 7 die Grundsätze des OR betr. Nichterfüllung, Unmöglichkeit oder Irrtum analog zur Anwendung (gl.M. OFK ZGB-Fassbind, Art. 394 N 3; BSK ZGB I-Biderbost, Art. 417 N 22 f. aZGB; Botschaft Erwachsenenschutz, 7046). Zur Vertretung bei **medizinischen Massnahmen** s. Art. 433–435 N 2 f.

2a Die verbeiständete Person kann dem Beistand auch ausserhalb der von der KESB angeordneten Aufgabenbereiche weitere Aufgaben über Vollmacht bzw. Auftrag (Art. 32 ff., 394 ff. OR) übertragen. Die Handlungen auf der Basis von Vollmacht und Auftrag sind aber ausserhalb der gesetzlichen Mandatsführung angesiedelt und entsprechend richten sich die Sorgfaltspflichten und die Haftung nach Obligationenrecht und nicht nach Art. 454 ZGB (siehe unten Art. 454–456 N 5). Deshalb sollte der Beistand von dieser Möglichkeit nur zurückhaltend Gebrauch machen. Demgegenüber kann die urteilsfähige verbeiständete Person gemäss **Art. 416 Abs. 2** dem Beistand für mitwirkungsbedürftige Geschäfte gem. Art. 416 Abs. 1 die Zustimmung erteilen, soweit die Handlungsfähigkeit nicht beschränkt wurde. In solchen Fällen bedarf es somit keiner zusätzlichen Mitwirkung durch die KESB (vgl. Einführung N 31).

III. Vertretungsbeistandschaft gem. Art. 395

3 Die Vertretungsbeistandschaft mit Vermögensverwaltung gem. Art. 395 ist «eine spezielle Art der Vertretungsbeistandschaft» (Botschaft Erwachsenenschutz, 7046). Der Begriff des **Vermögens** wird in einem weiten Sinn verstanden und umfasst das umgangssprachlich geprägte Vermögen i.e.S. als auch das Einkommen wie Lohn und Rente (Caviezel, 20 f., 31 f. m.w.H.; Botschaft Erwachsenenschutz, 7046); dazu gehören auch negatives Vermögen, also Schulden, ist die Massnahme doch auch zur Schuldensanierung möglich (OFK ZGB-Fassbind, Art. 395 N 1, BSK ZGB I-Henkel, Art. 395 N 9). Gemäss Art. 395 Abs. 2 gehören auch die **Ersparnisse** aus dem verwalteten Vermögen und die **Vermögenserträge** dazu, sofern die Behörde nichts anderes verfügt. Die Behörde hat die Vermögenswerte resp. Teile davon, welche unter die Verwaltung gestellt werden, gem. Art. 395 Abs. 1 zu bestimmen. Damit wurde Art. 393 Ziff. 2 aZGB, bei welchem immer das gesamte

Vermögen betroffen war, auf die Bedürfnisse des Einzelfalles ausgerichtet. Die
«Verwaltung» des Vermögens umfasst «jedes tatsächliche (z.B. Pflücken von
Früchten) oder rechtliche (z.b. Verkauf dieser Früchte) Handeln, das nach seiner
typischen Beschaffenheit dazu bestimmt ist, das verwaltete Vermögen zu erhalten,
zu mehren oder der seinem Zweck entsprechenden Verwendung zuzuführen» (BerichtExpK Erwachsenenschutz 03, 37; CAVIEZEL, 159 ff., 168 ff.; gl.M. FamKomm
Erwachsenenschutz-MEIER, Art. 395 N 20). Die Verwaltungshandlung **kann** sowohl
«die **Verpflichtung** (z.b. Vermietung der verwalteten Wohnung) wie **Verfügung**
(z.b. Eigentumsübertragung zur Erfüllung eines Kaufvertrages), aber auch die
Prozessführung» beinhalten (BerichtExpK Erwachsenenschutz 03, 37). Der **Umfang** der Verwaltungstätigkeit muss nicht massgeschneidert werden, ist aber m.e.
aufgrund der systematischen Stellung und der Rechtssicherheit trotzdem individuell zu bestimmen (trotz Art. 408 ZGB; ROSCH, ZKE 2010, 193 f. m.w.H. s. Art. 391
N 2 a.E.; gl.M. FamKomm-Erwachsenenschutz-MEIER, Art. 395 N 22 i.f.). Vgl. zu
den Rechten und Pflichten des Verwalters Art. 408–410 ZGB.

Zu beachten ist hier insb. **Art. 408 Abs. 2 Ziff. 3**, wonach der Beistand nötigenfalls **3a**
die verbeiständete Person in den laufenden Bedürfnissen, also für den üblichen
und alltäglichen Unterhaltsbedarf – analog zu Art. 166 ZGB – vertreten darf. Bedarf er weitergehender Befugnisse ist hier ein eigener bzw. zusätzlicher Aufgabenbereich «masszuschneidern» oder es ist ihm hierüber ausdrücklich die Kompetenz
im Rahmen von Art. 395 zu erteilen. Damit wird auch deutlich gemacht, dass nicht
sämtliche finanziell relevanten Geschäfte, wie Wohnen, Arbeit etc. über Art. 395
abgehandelt werden können.

Zur sorgfältigen Vermögensverwaltung gemäss Art. 408 Abs. 1 hat der Bundesrat **3b**
Ausführungsbestimmungen erlassen, s. hinten die Kommentierung der VBVV.

Analog zu Art. 394 Abs. 3 besteht **konkurrierende Kompetenz** (s. N 2). Die Be- **4**
hörde kann gem. **Art. 395 Abs. 3** den Zugriff auf *einzelne* Vermögenswerte entziehen (z.B. Kontosperre), ohne dass die Handlungsfähigkeit de iure eingeschränkt
wird. Die Vermögenswerte, die faktisch entzogen werden, sind einzeln zu nennen;
die *gesamten* Vermögenswerte sollten nur ausnahmsweise dem Zugriff entzogen
werden (vgl. BGer vom 3.12.2013, 5A_540/2013 E. 5.2). Die hilfsbedürftige Person
kann aber weiterhin über Vermögenswerte verfügen, z.B. einen Vertrag mit Kostenfolgen abschliessen, da sie handlungsfähig bleibt, und haftet auch aus dem
Vermögen, auch wenn z.B. das entsprechende Konto gesperrt ist. Art. 394 Abs. 3
begründet somit kein Sondervermögen (Botschaft Erwachsenenschutz, 7047;
SCHMID, ZSR 2003 I, 326 f.; kritisch FamKomm Erwachsenenschutz-MEIER,
Art. 395 N 25, der im Sinne der Klarheit für alle Beteiligten den Entzug der Handlungsfähigkeit favorisiert). Untersagt die Behörde die Verfügung über ein Grundstück, so ist dies gem. **Art. 395 Abs. 4** im Grundbuch anzumerken. Der Eintrag hat
deklaratorische Wirkung (OFK ZGB-FASSBIND, Art. 395 N 4; FamKomm Erwachsenenschutz-MEIER, Art. 395 N 33). «**Grundstück**» meint gemäss Legaldefinition in
Art. 655 einerseits Liegenschaften, aber auch selbständige und dauernde Rechte
an Grundstücken (wie Baurechte) sowie Bergwerke und Miteigentumsanteile an
Grundstücken. (Eingehend zu Art. 395 Abs. 4 FamKomm Erwachsenenschutz-MEIER,

Art. 395 N 30 ff.) Art. 395 Abs. 4 soll im Zusammenhang mit der **Revision** der Mitteilungspflichten (Art. 449c VE ZGB) gestrichen werden bzw. systematisch korrekt in **Art. 449 Abs. 1 Ziff. 5 VE ZGB** Eingang finden (vgl. Art. 449c N 5). Zusätzlich soll gemäss VE dem Grundbuch auch der Umstand gemeldet werden, dass für eine verbeiständete Person die Handlungsfähigkeit in Bezug auf die Verfügung über ein Grundstück eingeschränkt wurde.

4a Im Rahmen von Art. 395 **Abs. 3** gilt der **Gutglaubensschutz** Dritter, und Art. 452 Abs. 1 ist ausnahmsweise nicht anwendbar (FamKomm Erwachsenenschutz-Meier, Art. 395 N 28).

4b Soweit der Beistand die Vermögensverwaltung oder Teile davon übernimmt, sind die Sonderregelungen gemäss Art. 68d SchKG zu beachten, wonach die Betreibungsurkunden bei konkurrierender Kompetenz dem Beistand und der verbeiständeten Person, bei Beschränkung der Handlungsfähigkeit nur dem Beistand zuzustellen ist, sobald die Ernennung des Beistandes dem Betreibungsamt mitgeteilt wurde. Letzteres geschieht im Rahmen der Anordnung durch die Behörde oder im Rahmen von Art. 413 Abs. 1 ZGB durch den Beistand (FamKomm Erwachsenenschutz-Meier, Art. 395 N 40; Häfeli, Grundriss, Rz 19.39).

IV. Beschränkung der Handlungsfähigkeit (Art. 394 Abs. 2)

5 Erweist sich oder erscheint eine Vertretungsbeistandschaft gem. Art. 394 Abs. 1 und 3 oder gem. Art. 395 als nicht geeignetes Mittel zur Ausgleichung des Schwächezustandes (vgl. Art. 389 N 2 ff.), weil z.B. die betroffene Person die Erledigung der wesentlichen oder wichtigen Angelegenheit (gewollt oder ungewollt) **vereitelt** oder **durchkreuzt**, so ist die Beschränkung der Handlungsfähigkeit gem. Art. 394 Abs. 2 oder eine Mitwirkungsbeistandschaft (s. Art. 396 N 1 ff.) zu prüfen. Art. 394 Abs. 2 ist Art. 308 Abs. 3 nachgebildet (Affolter, AJP 2006, 1063). Wird die Handlungsfähigkeit gem. Art. 394 Abs. 2 beschränkt, erhält der gesetzliche Vertreter die **ausschliessliche Kompetenz** über den umschriebenen Aufgabenbereich (s. N 1). Eingeschränkt werden kann die **Verpflichtungsfähigkeit alleine oder zusammen mit der Verfügungsfähigkeit**, mit Rücksicht auf die Schutzbedürfnisse i.d.R. wohl aber nicht die Verfügungsfähigkeit für sich alleine, weil damit kein Sondervermögen gebildet wird (Schmid, ZSR 2003 I, 326; Langenegger, ZVW 2003, 323 f.; gl.M. FamKomm Erwachsenenschutz-Meier, Art. 394 N 12; BSK ZGB I-Henkel, Art. 394 N 32). In der Praxis wird in aller Regel sowohl die Verpflichtungs- wie auch die Verfügungsfähigkeit beschränkt. Bei **Urteilsfähigkeit** gelten die Regeln für beschränkt Handlungsunfähige gem. Art. 19 ff. analog, ohne dass eine allfällige Zustimmungsbedürftigkeit durch die Behörde wegfallen würde (Biderbost, ZVW 2003, 307; Botschaft Erwachsenenschutz, 7095; BerichtExpK Erwachsenenschutz 95, 83 f.; gl.M. FamKomm Erwachsenenschutz-Meier, Art. 394 N 21). Die urteilsfähige verbeiständete Person kann somit im Rahmen von Art. 19c und 19a mit Zustimmung des Beistandes handeln, wobei für die Geschäfte gem. Art. 416 Abs. 1 Art. 416 Abs. 2 zu beachten ist (vgl. Einführung N 31; gl.M. CHK-Fountoulakis, Art. 394 ZGB N 7; Art. 395 N 4; BSK ZGB I-Henkel, Art. 394 N 34). Dadurch wird die Vertretungskompetenz des Vertretungsbeistandes nicht begrenzt (Bucher A., Personen, Rz 116;

eine Begrenzung gibt es aber u.a. bei Art. 19c, 409 (vgl. BGer vom 3.12.2003, 5A_540/2013 E. 5.1.2), Art. 323 und 414; bei medizinischen Massnahmen s. Art. 426 N 2). Zudem kann die verbeiständete Person im Rahmen von Art. 409 frei handeln. Bei Beschränkung der Handlungsfähigkeit ist jeweils Art. 452 zu beachten. Folge des Entzuges der Handlungsfähigkeit ist ferner, dass **Vollmacht und Auftrag** im besagten Aufgabenbereich **erlöschen**, soweit nicht das Gegenteil angeordnet wurde oder sich aus der Natur des Geschäftes ergibt (Art. 35 Abs. 1 OR bzw. Art. 405 Abs. 1 OR; FamKomm Erwachsenenschutz-MEIER, Art. 394 N 34; HÄFELI, Grundriss, Rz 19.26; BSK ZGB I-HENKEL, Art. 394 N 34a). Mit Art. 394 Abs. 2 wird es gegenüber dem alten Recht möglich, eine Einkommensverwaltung gegen den Willen der betroffenen Person bereits auf Stufe der Vertretungsbeistandschaft anzuordnen, was im alten Recht nur im Rahmen einer Entmündigung möglich war (Botschaft Erwachsenenschutz, 7047).

Schranken der Anwendung von Art. 394 Abs. 2 finden sich dort, wo die Beschränkung der Handlungsfähigkeit in Ausmass oder/und Wirkung einer anderen Beistandschaft gleichkäme, wie der umfassenden Beistandschaft (dazu krit. LANGENEGGER, ZVW 2003, 329 f.; ausführlich BSK ZGB I-HENKEL, Art. 394 N 17zu Art. 308 Abs. 3 BIDERBOST, 378 ff. m.w.H.; s.a. Art. 398 N 5).

6

Art. 396

C. Mitwirkungsbeistandschaft

¹ Eine Mitwirkungsbeistandschaft wird errichtet, wenn bestimmte Handlungen der hilfsbedürftigen Person zu deren Schutz der Zustimmung des Beistands oder der Beiständin bedürfen.
² Die Handlungsfähigkeit der betroffenen Person wird von Gesetzes wegen entsprechend eingeschränkt.

Literatur

Vgl. die Literaturhinweise zur Einführung.

I. Vorbemerkung und Geltungsbereich

Die durch die Erwachsenenschutzbehörde zu errichtende Mitwirkungsbeistandschaft ist **Art. 395 Abs. 1 aZGB nachgebildet** mit der Ausnahme, dass nicht jeweils der gesamte, abschliessende Katalog zwingend der Zustimmung unterliegt, sondern dass die Behörde diesen gem. Art. 391 massgeschneidert festzulegen hat. Anhaltspunkt bietet wohl der Katalog von Art. 416. Art. 392 Ziff. 1 geht Art. 396 vor. Art. 393 kann neben Art. 396 angeordnet resp. mit ihm kombiniert werden. Zum Verhältnis zu Art. 393 s.a. N 5; zum Verhältnis zu Art. 394 f. s. Art. 394/395 N 1.

1

II. Tatbestand

2 In Bezug auf die allgemeinen Voraussetzungen sowie die Umschreibung der Aufgabenbereiche wird auf Art. 389 N 2 ff., 390 N 2 ff. sowie 391 N 1 f. verwiesen. Die Mitwirkungsbeistandschaft setzt **Urteilsfähigkeit** in Bezug auf die von der Erwachsenenschutzbehörde umschriebenen Geschäfte voraus, da die betroffene Person handelndes Subjekt ist und der Beistand nur mitwirkt (gl.M. CHK-FOUNTOULAKIS, Art. 396 ZGB N 3; BSK ZGB I-HENKEL, Art. 396 N 2, 8). Bei der Mitwirkungsbeistandschaft geht es z.b. um kaufsüchtige Menschen, die zwar urteilsfähig sind in Bezug auf den einzelnen Kaufvertrag, aber trotzdem sich selber aufgrund eines Schwächezustandes schädigen. Unzulässig ist die Anordnung einer Mitwirkungsbeistandschaft im Bereich der **höchstpersönlichen Rechte** auch in denjenigen Fällen, in denen das Gesetz gem. Art. 19c bei Urteilsfähigkeit rechtswirksames Handeln von der Zustimmung des gesetzlichen Vertreters abhängig macht, da der Mitwirkungsbeistand nicht gesetzlicher Vertreter ist (N 3). Dies gilt auch, wenn der gesetzliche Vertreter gerade bei der Zustimmung – analog zum Mitwirkungsbeistand – über keine Vertretungsbefugnis verfügt (BUCHER A., Personen, Rz 152; gl.M. SCHMID, Art. 396 ZGB N 9; OFK ZGB-FASSBIND, Art. 396 N 1; CHK-FOUNTOULAKIS, Art. 396 ZGB N 5).

2a Trotzdem hat der Gesetzgeber teilweise eine Beistandschaft hier vorgesehen (vgl. bei Art. 260 und Art. 183 Botschaft, 7099, bzw. bei Art. 468 Botschaft, 7105). Möglich ist das grundsätzlich mit einer **Vertretungsbeistandschaft**, bei welcher zwar der Beistand nicht anstelle der betroffenen Person handeln, aber im Rahmen von Art. 183, 260 und 468 die Zustimmung erteilen kann. Dies wäre vereinbar mit dem Gesetzeswortlaut («gesetzliche Vertretung»). Die Tendenz in der Lehre geht jedoch dahin, entgegen dem Gesetzeswortlaut und der Konzeption der Mitwirkungsbeistandschaft (vgl. auch Botschaft, 7048) diese in den genannten Fällen auch anzuwenden (FamKomm Erwachsenenschutz-MEIER, Art. 396 N 15 f. m.w.H.; Art. 394 N 23; BSK ZGB I-HENKEL, Art. 396 N 15 f.). Dies hat trotz aller Bedenken im Hinblick auf die Praxis den Vorteil, dass es einfacher handhabbar ist, wobei sich die Notwendigkeit einer solchen Massnahme nicht oft stellen dürfte. Im Lichte des Verhältnismässigkeitsprinzips ist m.E. in solchen singulären Fällen eine Vertretungsbeistandschaft mit Beschränkung der Kompetenz des Beistandes auf die Zustimmung den Vorzug zu geben, weil sie ohne Beschränkung der Handlungsfähigkeit möglich ist.

III. Rechtsfolge und Vertretungsmacht

3 Bei einer Mitwirkungsbeistandschaft ist weder das Handeln der betroffenen Person, noch dasjenige des Beistandes für sich allein ausreichend. Handelndes Subjekt ist – wie bereits erwähnt – die urteilsfähige betroffene Person; der Mitwirkungsbeistand stimmt dem Geschäft zu analog zu Art. 19a **ausdrücklich oder stillschweigend, vorgängig oder nachträglich** oder aber nicht zu. Er ist **nicht gesetzlicher Vertreter** (BerichtExpK Erwachsenenschutz 03, 38 f.; gl.M. FamKomm Erwachsenenschutz-MEIER, Art. 396 N 23; BSK ZGB I-HENKEL, Art. 396 N 19; OFK ZGB-FASSBIND, Art. 396 N 1) und kann nicht vertretend für die betroffene

Person handeln. Diese ist in ihrer **Handlungsfähigkeit** gem. Art. 396 Abs. 2 **eingeschränkt**, weil das Rechtsgeschäft nur mit Mitwirkung des Beistandes gültig zustande kommt (gl.M. FamKomm Erwachsenenschutz-MEIER, Art. 396 N 23; BSK ZGB I-HENKEL, Art. 396 N 21). Art. 452 Abs. 1 und 3 ist anwendbar (gl.M. FamKomm Erwachsenenschutz-MEIER, Art. 396 N 37; BSK ZGB I-HENKEL, Art. 396 N 22), wohingegen Art. 452 Abs. 2 entfällt (s. Art. 452 N 5). **Fehlt** die erforderliche Mitwirkung des Beistandes, so richten sich die Rechtsfolgen analog nach Art. 19a Abs. 2 und Art. 19b (Botschaft Erwachsenenschutz, 7048; gl.M. FamKomm Erwachsenenschutz-MEIER, Art. 396 N 25 ff.; CHK-FOUNTOULAKIS, Art. 396 ZGB N 4; s. Einführung N 31 ff.).

Handelt «der Mitwirkungsbeistand» dennoch als gesetzlicher Vertreter, so nimmt er die Vertretungshandlungen ausserhalb seines Mandates und damit nicht als Beistand war; es kommen die allgemeinen obligationenrechtlichen Bestimmungen, vorab Art. 39 OR zum Zug (s. Art. 393 N 5; FamKomm Erwachsenenschutz-MEIER, Art. 396 N 24) und Art. 416 Abs. 3 ZGB ist zu beachten (CHK-FOUNTOULAKIS, Art. 396 ZGB N 6). 3a

Eine vorbestehende **Vollmacht oder ein Auftrag** gem. Art. 35 bzw. 405 OR bleibt mit Anordnung einer Mitwirkungsbeistandschaft bestehen, weil die Massnahme nicht einen Verlust der Handlungsfähigkeit, sondern zur eine Einschränkung zur Folge hat (FamKomm Erwachsenenschutz-MEIER, Art. 396 N 33). 3b

Der Beistand handelt im Interesse der verbeiständeten Person; dieses Interesse leitet sich hier massgeblich aus dem Schutzbedarf ab und ist ein objektiviertes Interesse (die verbeiständete Person ist ja urteilsfähig, schädigt sich aber). Art. 412 kommt nicht zur Anwendung, da die urteilsfähige Person selber handelt und es ist nicht Aufgabe des Beistandes die Interessen der Familie o.ä. zu vertreten (FamKomm Erwachsenenschutz-MEIER, Art. 396 N 33; KOKES, Rz 5.46). Er ist aber befugt, Dritte über die Massnahmen zu orientieren (Art. 413 Abs. 3; FamKomm Erwachsenenschutz-MEIER, Art. 396 N 37). 3c

Ferner sind **Betreibungsurkunden** auch dem Mitwirkungsbeistand zuzustellen, wenn er im Aufgabenbereich der Vermögensverwaltung tätig ist (RÜETSCHI, AJP 2012, 1724 m.w.H.; **a.M.** FamKomm Erwachsenenschutz-MEIER, Art. 396 N 34, der «Vermögensverwaltung» i.S.v. Art. 68d SchKG auf die Beistandschaft und nicht den Aufgabenbereich bezieht). 3d

Fällt eines der umschriebenen Geschäfte zusätzlich unter den Katalog der in Art. 416 umschriebenen **zustimmungsbedürftigen Geschäfte**, so ist eine zusätzliche Zustimmung der Behörde nicht erforderlich, weil der Mitwirkungsbeistand gemäss Art. 416 Abs. 1 nicht gesetzlicher Vertreter ist (HÄFELI, FamPra.ch 2007, 12; BerichtExpK Erwachsenenschutz 03, 39; SCHNYDER, Jusletter vom 3.5.2004, Rz 21; gl.M. FamKomm Erwachsenenschutz-MEIER, Art. 396 N 31; BSK ZGB I-HENKEL, Art. 396 N 24). Inwiefern Art. 417 zur Anwendung kommt ist umstritten (pro: CHK-FOUNTOULAKIS, Art. 396 ZGB N 6; **contra**: FamKomm Erwachsenenschutz-MEIER, Art. 396 N 32; BSK ZGB I-HENKEL, Art. 396 N 24, die Art. 417 als Variante von Art. 416 sehen; demgegenüber spricht die Botschaft, 7058, von «Ergänzung»; 4

ferner: HÄFELI, Grundriss, Rz 19.47). Art. 417 ist m.E. aufgrund der wenig eindeutigen Materialien auch auf die Mitwirkungsbeistandschaft anwendbar, z.b. im Rahmen einer Beistandschaft mit diversen Kombinationen, wo die Unabhängigkeit des Mitwirkungsbeistandes aufgrund der übrigen Beistandschaftsarten nicht per se gegeben ist (s.a. Art. 417 N 3).

5 Im alten Recht war bei Art. 395 Abs. 1 aZGB **Personensorge** möglich, sofern «die körperliche und psychische Gesundheit nicht alleiniges Schutzobjekt ist» (BGE 108 II 92 E. 4; BK-SCHNYDER/MURER, Art. 395 aZGB N 24 ff. m.w.H.). Im revidierten Recht wurde diese Funktion Art. 393 zugewiesen, welcher während des Gesetzgebungsverfahrens in seiner ursprünglich gedachten Weite eingeschränkt wurde (Art. 393 N 1; ROSCH, FamPra.ch 2010, 268 ff.). Dies hat zur Folge, dass die Mitwirkungsbeistandschaft immer auch die **beiläufige Personensorge** umfasst (s. Art. 393 N 2). Für weitergehende Personensorge kann eine **Begleitbeistandschaft** angeordnet werden. **Fehlt** die **Zustimmung**, kommt eine Mitwirkungsbeistandschaft theoretisch in Frage (gl.M. OFK ZGB-FASSBIND, Art. 396 N 1; BSK ZGB I-HENKEL, Art. 396 N 14), sofern sie eine zwecktaugliche Massnahme ist, was in aller Regel nicht der Fall sein wird, da sie Urteilsfähigkeit und aktives Tun der schutzbedürftigen Person voraussetzt. Eine Vertretungsbeistandschaft wäre dann gegebenenfalls angezeigt (Art. 394/395 N 1).

Art. 397

D. Kombination von Beistandschaften Die Begleit-, die Vertretungs- und die Mitwirkungsbeistandschaft können miteinander kombiniert werden.

1 Es entspricht der Idee der massgeschneiderten Massnahmen, dass für die gleiche Person gegebenenfalls **mehrere Arten von Beistandschaft** – mit Ausnahme von Art. 398 – angeordnet werden können. Die Abgrenzungen und Kombinationsmöglichkeiten wurden bei den einzelnen Artikeln erwähnt (Art. 393 N 2; Art. 394/395 N 1; Art. 396 N 1, 5). Deren spezifische Voraussetzungen sind jeweils zu beachten, z.B. Zustimmungsbedürftigkeit im Rahmen der Begleitbeistandschaft oder Urteilsfähigkeit bei der Mitwirkungsbeistandschaft.

2 Terminologisch sollte von **Kombinationen von Beistandschaften** gesprochen werden und nicht von «kombinierten Beistandschaften», um Missverständnisse mit der entsprechenden altrechtlichen Beistandschaft (Art. 392 Ziff. 1 i.V.m. Art. 393 Ziff. 2 aZGB) zu vermeiden.

3 Dazu, wie die **Massnahmen kombiniert** bzw. **massgeschneidert** werden, s. Art. 391 2a.

Art. 398

E. Umfassende Beistandschaft

¹ Eine umfassende Beistandschaft wird errichtet, wenn eine Person, namentlich wegen dauernder Urteilsunfähigkeit, besonders hilfsbedürftig ist.
² Sie bezieht sich auf alle Angelegenheiten der Personensorge, der Vermögenssorge und des Rechtsverkehrs.
³ Die Handlungsfähigkeit der betroffenen Person entfällt von Gesetzes wegen.

Literatur

Vgl. die Literaturhinweise zur Einführung und zu Art. 388 und 393.

I. Vorbemerkung und Geltungsbereich

Die umfassende Beistandschaft ist das **Nachfolgeinstitut der Vormundschaften** (BerichtExpK Erwachsenenschutz 03, 12). Umstritten ist, ob Art. 398 überhaupt notwendig ist (abl. LANGENEGGER, ZVW 2003, 329 ff.; krit. BIDERBOST, ZVW 2003, 308 ff.; befürwortend HÄFELI, FamPra.ch 2007, 12 f.; SCHMID, ZSR 2003 I, 322 ff.). Einigkeit besteht darin, dass Art. 398 **ultima ratio** sein soll (ebenso Botschaft Erwachsenenschutz, 7048; FamKomm Erwachsenenschutz-MEIER, Art. 398 N 5; BSK ZGB I-HENKEL, Art. 398 N 5,10; OFK ZGB-FASSBIND, Art. 398 N 1). Mit einer umfassend definierten Vertretungsbeistandschaft gem. Art. 394 Abs. 2 käme man zum selben Ergebnis, hätte aber nicht die **starren Folgeerscheinungen** (Entzug der Handlungsfähigkeit; s. N 5; BIDERBOST, AJP 2010, 10). Zur Abgrenzung zu Art. 394 Abs. 2 s. Art. 394/395 N 6; zur automatischen Überführung der Vormundschaften in umfassende Beistandschaften s. Art. 14 SchlT. Infolge des massgeschneiderten Systems im neuen Recht dürfte es kaum mehr umfassende Beistandschaften geben (gl.M. FamKomm Erwachsenenschutz-MEIER, Art. 398 N 5). 1

II. Tatbestand

Voraussetzung für eine umfassende Beistandschaft ist eine **besondere Hilfsbedürftigkeit**. Zur Hilfsbedürftigkeit s. Art. 388 N 2. «Besonders hilfsbedürftig» (im VE noch «besonders ausgeprägt hilfsbedürftig») verweist mit Blick auf die Rechtsfolgen auf den Grad der Hilfsbedürftigkeit; eine solche muss in qualifizierter Form vorliegen (BIDERBOST, ZVW 2003, 309; gl.M. CHK-FOUNTOULAKIS, Art. 398 N 2). Die exemplarisch aufgeführte «**dauernde Urteilsunfähigkeit**» bedeutet gerade im Hinblick auf Art. 17 ex lege bereits Handlungsunfähigkeit; sie muss nicht noch entzogen werden (Botschaft Erwachsenenschutz, 7048). Zudem ist i.d.R. bei dauernder Urteilsunfähigkeit – unabhängig der Frage der lucida intervalla (also der lichten Augenblicke) – die Schutzbedürftigkeit derart, dass es oftmals keiner umfassenden Beistandschaft bedarf, weil eine Vertretungsbeistandschaft ohne Beschränkung der Handlungsfähigkeit ausreichend ist. Personen mit besonderer Hilfsbedürftigkeit sind zum **Beispiel** solche, welche aufgrund einer psychischen Störung (z.B. 2

massive Wahnvorstellungen, Ängste, Suchterkrankung), einer geistigen Behinderung oder ähnlichen Schwächezuständen (z.b. qualifizierte Kooperationsverweigerung wie stark ausgeprägte Widerspenstigkeit) keine Realitätsvorstellungen mehr haben und zusätzlich die Gesamtheit ihrer Interessen falsch einschätzen (ähnlich BIDERBOST, ZVW 2003, 310; HÄFELI, Wegleitung, 312; gl.M. BSK ZGB I-HENKEL, Art. 398 N 12; vgl. Art. 390 N 2 ff.).

3   Zu beachten sind insb. die **Verhältnismässigkeit** (Art. 389), aber auch die allgemeinen Bestimmungen, insb. Art. 388 Abs. 2 und Art. 390. Eine **psychiatrische Begutachtung** gem. Art. 374 Abs. 2 ist nicht mehr automatisch vorgesehen; es gilt Art. 446 Abs. 2. Ferner müssen die **Aufgabenbereiche** nicht gem. Art. 391 umschrieben werden, weil es sich gem. Art. 398 Abs. 2 um eine umfassende Vertretung handelt; für eine erfolgreiche Zusammenarbeit zwischen Behörde und Beiständen und aufgrund der Begründungspflicht (Art. 29 BV) ist es dennoch angezeigt, dass im Minimum die Schwerpunkte und das Ziel der Mandatsführung im Beschluss ausdrücklich erwähnt werden (gl.M. HAUSHEER/GEISER/AEBI-MÜLLER, Familienrecht, Rz 20.114; OFK ZGB-FASSBIND, Art. 398 N 2; FamKomm Erwachsenenschutz-MEIER, Art. 398 N 28; BSK ZGB I-HENKEL, Art. 398 N 24; KOKES, Rz 5.53).

3a Für das Betreten der Wohnung und das Öffnen der Korrespondenz bedarf es auch hier der Ermächtigung der Behörde gem. Art. 391 Abs. 3 bzw. der Zustimmung der betroffenen Person (FamKomm Erwachsenenschutz-MEIER, Art. 398 N 28).

III. Rechtsfolge und Vertretungsmacht

4   Rechtsfolge ist die Errichtung einer umfassenden Beistandschaft mit gleichzeitigem **Dahinfallen der Handlungsfähigkeit** gem. Art. 398 Abs. 3. Die **gesetzliche Vertretung** umfasst gem. Art. 398 Abs. 2 sämtliche Angelegenheiten der Personen- und Vermögenssorge sowie des Rechtsverkehrs; sie ist **umfassend** (gl.M. FamKomm Erwachsenenschutz-MEIER, Art. 398 N 16 ff.). Soweit die betroffene Person noch **urteilsfähig** ist, kann sie im Rahmen von Art. 19 ff. dennoch Verpflichtungen eingehen; bei **Urteilsunfähigkeit** gilt Art. 19c Abs. 2 (insb. höchstpersönliche Rechte; gl.M. FamKomm Erwachsenenschutz-MEIER, Art. 398 N 20 ff.), wobei Art. 416 Abs. 2 zu beachten ist. Ferner hat der Mandatsträger insb. Art. 409 und 412 zu beachten. Zu **Vollmacht** und **Auftrag**, siehe Art. 35 Abs. 1 bzw. Art. 405 Abs. 1 und Art. 394/395 N 5.

5   Das Dahinfallen der Handlungsfähigkeit zeigt **weitere Auswirkungen**, welche Fragen der **Rechtsgleichheit** in Bezug auf die einzelnen massgeschneiderten Beistandschaften aufwerfen (gl.M. BSK ZGB I-HENKEL, Art. 398 N 29; namentlich in Bezug auf den unselbständigen gesetzlichen Wohnsitz (Art. 26 ZGB), auf das automatische Entfallen der elterlichen Sorge (Art. 296 Abs. 2, Art. 298 Abs. 2), der Prozessfähigkeit, der Betreibungsfähigkeit, auf die Haftung des Familienhauptes (Art. 333), auf die Inventaraufnahme (Art. 553 Abs. 1), auf das Ausweisgesetz (Art. 5, 11 Abs. 1, Art. 13 Abs. 1 AwG), auf den Ausschluss vom Stimmrecht bei Urteilsunfähigkeit (Art. 2 BG über die politischen Rechte [SR 161.1], Art. 4 BG über die politischen Rechte der Auslandschweizer [SR 161.5]), auf die Meldepflicht bei Sterilisation

(Art. 10 SterG), auf das Antragsrecht im Strafverfahren (Art. 30 StGB), auf den Erhalt eines Waffenerwerbsscheins (Art. 8 Waffengesetz) sowie auf klinische Versuche (Art. 55 HMG). **Demgegenüber** wird die umfassende Beistandschaft mit den massgeschneiderten Beistandschaften z.T. gleichgesetzt bei der Anerkennung gem. Art. 260 Abs. 2, bei Abschluss eines Erbvertrages (Art. 468 Abs. 2) und bei der Erbschaftsverwaltung (Art. 554 Abs. 3).

Dritter Unterabschnitt: Ende der Beistandschaft

Art. 399

[1] Die Beistandschaft endet von Gesetzes wegen mit dem Tod der betroffenen Person.

[2] Die Erwachsenenschutzbehörde hebt eine Beistandschaft auf Antrag der betroffenen oder einer nahestehenden Person oder von Amtes wegen auf, sobald für die Fortdauer kein Grund mehr besteht.

Literatur

AFFOLTER, Das Ende der Beistandschaft und die Vermögenssorge, ZKE 2013, 379 ff.; SCHMID, Ende der Beistandschaft und Ende des Amts des Beistands (Art. 385 und 410–415 VE), ZSR 2003 I, 331 ff.; vgl. die Literaturhinweise zur Einführung.

Im Unterschied zum alten Recht nennt das neue Erwachsenenschutzrecht in Art. 399 Abs. 1 den **Tod** der betroffenen Person nun ausdrücklich als Beendigungsgrund der Beistandschaft. Die behördliche Massnahme endete allerdings auch schon unter altem Recht mit dem Tod der betroffenen Person sowie mit deren Verschollenenerklärung (zum alten Recht BSK ZGB I-GEISER [4. Aufl.], vor aArt. 431–456 N 2). Nach neuem Recht ist ebenfalls davon auszugehen, dass die **Verschollenenerklärung** gem. Art. 38 die Beistandschaft **von Gesetzes wegen beendet**, wobei nach Art. 38 Abs. 2 die Wirkung auf den Zeitpunkt der Todesgefahr oder der letzten Nachricht zurückbezogen wird. Gleich wie im Fall, dass der **Tod** der betroffenen Person dem Beistand und der Erwachsenenschutzbehörde **erst mit zeitlicher Verzögerung bekannt** wird, haben sich die Erben die nach dem Ende der Beistandschaft vorgenommenen Vertretungshandlungen des Beistands und die Mitwirkungshandlungen der Erwachsenenschutzbehörde anrechnen zu lassen, dies gestützt auf analoge Anwendung von Art. 406 OR und Art. 37 OR bei Erlöschen von Auftrag und Vollmacht (gl.M. FamKomm Erwachsenenschutz-MEIER, Art. 399 N 10; als Möglichkeit offen gelassen von BSK ZGB I-HENKEL, Art 399 N 2). Eine entsprechende Regel gilt gem. Art. 369 nun auch für den Vorsorgeauftrag. Die analoge Anwendung dieser Bestimmung führt zum gleichen Ergebnis (als Lösung

1

vorgesehen von HENKEL, a.a.O.). Eine andere Lösung des praktischen Problems wäre, das Ende der Beistandschaft in solchen Fällen ausnahmsweise erst auf den Zeitpunkt der Rechtskraft der Verschollenerklärung bzw. der Kenntnisnahme des Todes anzusetzen (zum alten Recht BSK ZGB I-GEISER [4. Aufl.], vor aArt. 431–456 N 2 und aArt. 439 N 7; als Möglichkeit offen gelassen von HENKEL, a.a.O.).

2 Endet die Beistandschaft, welche die Vermögensverwaltung umfasste, mit dem Tod der betroffenen Person, so obliegt dem Beistand die **Erbschaftsverwaltung, sofern nichts anderes angeordnet** wird (Art. 554 Abs. 3). Entgegen dem Wortlaut dieser Bestimmung wird der Beistand jedoch, wie schon unter dem alten Recht, nicht von Gesetzes wegen Erbschaftsverwalter, sondern **nur, wenn** die dafür **zuständige Behörde** eine Erbschaftsverwaltung anordnet und den **Beistand einsetzt** (Botschaft Erwachsenenschutz, 7049; s.a. FamKomm Erwachsenenschutz-MEIER, Art. 399 N 10). Die Bestimmung von Art. 554 Abs. 3 stellt lediglich einen unverbindlichen Hinweis an die mit der Erbgangsicherung befasste Behörde dar, dass für den Fall einer Erbschaftsverwaltung die Einsetzung des Beistandes mit dessen Einverständnis zu prüfen ist (BSK ZGB I-HENKEL, Art. 399 N 14 m.w.H.).

3 Schon unter dem alten Recht galt die Maxime, dass eine behördliche Massnahme aufzuheben ist, sobald für deren Fortdauer kein Grund mehr besteht (Botschaft Erwachsenenschutz, 7049). Die Beistandschaft ist nun gem. **Art. 399 Abs. 2** auf Antrag der betroffenen oder einer nahestehenden Person aufzuheben, sobald für die Fortdauer kein Grund mehr besteht. Der Begriff der nahestehenden Person ist gleich zu verstehen wie in Art. 390 Abs. 3. Der Beistand ist ebenfalls selbständig antragsberechtigt (dazu BSK ZGB I-HENKEL, Art 399 N 4). Das Verfahren ist rasch an die Hand zu nehmen und wenn die Prüfung ergibt, dass die Voraussetzungen und Gründe, die zur Anordnung der Beistandschaft führten, nicht mehr erfüllt sind und keine neuen Gründe für eine Fortdauer hinzu gekommen sind, ist die Beistandschaft aufzuheben. Eine Änderung der tatsächlichen Verhältnisse ist jedoch nicht stets erforderlich; u.U. genügt auch eine andere Sichtweise der Erwachsenenschutzbehörde, z.B. bez. Erforderlichkeit oder Zwecktauglichkeit der Massnahme, welche ja nie in materielle Rechtskraft erwächst (HAUSHEER/GEISER/AEBI-MÜLLER, Erwachsenenschutzrecht, Rz 2.82).

4 Während im VE Erwachsenenschutz 03 in Anlehnung an die Bestimmung von Art. 439 Abs. 1 aZGB noch vorgesehen war, die für die Besorgung bestimmter einzelner Geschäfte errichtete Beistandschaft mit der Erledigung dieser Geschäfte von Gesetzes wegen enden zu lassen, bedarf es nun, abgesehen vom Todesfall der betroffenen Person (N 1), stets eines **förmlichen Aufhebungsbeschlusses** der Erwachsenenschutzbehörde, um eine Beistandschaft zu beenden (Botschaft Erwachsenenschutz, 7049). Dies ist aus Gründen der Rechtssicherheit zu begrüssen und entspricht im Übrigen der Praxis unter altem Recht zu Art. 439 aZGB (GEISER ET AL., 74).

5 Für das **Verfahren** gelten die Regeln in Art. 446 ff. Während nach altem Recht zur Aufhebung einer u.a. gestützt auf ein psychiatrisches Gutachten (Art. 374 Abs. 2) errichteten Vormundschaft wiederum ein psychiatrisches Gutachten zur Frage

der Aufhebung beigezogen werden musste (aArt. 436 ZGB), sieht das neue Recht eine solche Begutachtungspflicht nicht mehr vor. Dies gilt auch für Aufhebung bzw. Anpassung von umfassenden Beistandschaften, die gestützt auf Art. 14 Abs. 2 SchlT aus Vormundschaften nach aArt. 369 ZGB hervorgegangen sind (KOKES, Rz 9.7).

Für die kantonalen Ausführungsbestimmungen zum Ende der Beistandschaft und zum Ende des Amts des Beistands s. die Tabelle nach der Komm. von Art. 425.

Vierter Unterabschnitt: Der Beistand oder die Beiständin

Vorbemerkungen zu Art. 400–404

Literatur

AFFOLTER, Doppelunterstellung von professionellen vormundschaftlichen Mandatsträger(inne)n in öffentlichen Verwaltungen am Beispiel der Stadt Luzern, ZVW 2006, 232 ff.; BOKSTALLER, Die mehrfache Vormundschaft (Art. 379 II ZGB), Diss. Freiburg i.Ue. 1978; BOVAY, La revision du droit de la tutelle, ZVW 1977, 133 ff.; DISCHLER, Die Wahl des geeigneten Vormunds, Diss. Freiburg i.Ue. 1984; FLÜCKIGER, L'obligation d'être tuteur: un principe de subsidiarité à l'épreuve de l'art. 4 CDEH, in: Caroni et al. (Hrsg.), Auf der Scholle und in lichten Höhen, Festgabe zum 65. Geburtstag von Paul Richli, Zürich 2011, 179 ff. (zit. l'obligation); HÄFELI, Der Entwurf für die Totalrevision des Vormundschaftsrechts. Mehr Selbstbestimmung und ein rhetorisches (?) Bekenntnis zu mehr Professionalität, FamPra. ch 2007, 1 ff.; LANGENEGGER, Amtsvormunde, ihre Vorgesetzten und ihre unterstellten Mitarbeiterinnen und Mitarbeiter, ZVW 2004, 51 ff.; MATHIS, Die Betreuung von Privatvormunden in der Gemeinde Kriens, ZVW 1997, 1 ff.; STAUB-BERNASCONI, Systemtheorie, soziale Probleme und soziale Arbeit: lokal, national, international – oder vom Ende der Bescheidenheit, Bern etc. 1995, 235 ff.; STAUFFER, Verwandte als Vormund, ZVW 1957, 121 ff.; vgl. auch die Literaturhinweise zur Einführung.

Die ausführlichen Bestimmungen über die Bestellung des Vormunds im früheren Recht (Art. 379–391 aZGB) sind nur vor dem Hintergrund der damaligen gesellschaftlichen Verhältnisse zu verstehen. Das Sozialwesen im Allgemeinen und das Vormundschaftswesen im Besonderen waren noch nicht «verberuflicht». Der Gesetzgeber musste somit durch entsprechende Bestimmungen (namentlich durch eine Amtspflicht) sicherstellen, dass angeordnete Massnahmen auch wirklich jemandem übertragen werden konnten. 1

Das neue Recht trägt den eingetretenen gesellschaftlichen Veränderungen und der Professionalisierung Rechnung und enthält nur noch fünf Bestimmungen (Art. 400–404); im letzten dieser fünf Artikel werden auch die Entschädigung und die Spesen geregelt (Art. 405). Den Bestimmungen liegen die folgenden Leitideen zugrunde: 2
– Persönliche und fachliche Eignung als Voraussetzung für die Übernahme eines Mandates (Art. 400 Abs. 1);

- Nebeneinander von professionellen und privaten Mandatsträgern;
- grösstmögliche Selbstbestimmung durch ein Vorschlagsrecht und ein «beschränktes Ablehnungsrecht» der zu betreuenden Person (Art. 401);
- Abschwächung des «Vorrechts» von Verwandten;
- Festhalten an einer (abgeschwächten) Amtspflicht (Art. 400 Abs. 2) ohne abschliessende Aufzählung der Ablehnungs- (Art. 383 aZGB) und Ausschliessungsgründe (Art. 384 aZGB);
- persönliche Ausübung des Mandats.

3 Bewusst verzichtet wird aufgrund der zahlreichen ungeklärten Fragen auf die Unterstellung von verbeiständeten Erwachsenen unter die elterliche Sorge (Art. 385 Abs. 3 aZGB), wobei Verwandte bei entsprechender Eignung weiterhin als Beistand eingesetzt werden können. Verzichtet wird auch auf Art. 386 aZGB betr. vorläufige Fürsorge sowie auf die Verfahrensbestimmungen betr. Anfechtung und Ablehnung und die Übergabe des Amtes (Art. 388–391 aZGB). Neu ist die Verpflichtung der KESB, für die erforderliche Instruktion, Beratung und Unterstützung der Mandatsträger zu sorgen (Art. 400 Abs. 3).

Art. 400

A. Ernennung
I. Allgemeine Voraussetzungen

[1] Die Erwachsenenschutzbehörde ernennt als Beistand oder Beiständin eine natürliche Person, die für die vorgesehenen Aufgaben persönlich und fachlich geeignet ist, die dafür erforderliche Zeit einsetzen kann und die Aufgaben selber wahrnimmt. Bei besonderen Umständen können mehrere Personen ernannt werden.

[2] Die ernannte Person ist verpflichtet, die Beistandschaft zu übernehmen, wenn nicht wichtige Gründe dagegen sprechen.

[3] Die Erwachsenenschutzbehörde sorgt dafür, dass der Beistand oder die Beiständin die erforderliche Instruktion, Beratung und Unterstützung erhält.

Literatur

Vgl. die Literaturhinweise zur Einführung und vor Art. 400.

I. Voraussetzungen für die Ernennung als Beistand

1. Die Person des Beistands

1 Wie im alten Recht kann weiterhin nur eine **natürliche Person** als Beistand ernannt werden (Botschaft Erwachsenenschutz, 7049). **Juristischen Personen** des privaten Rechts, Vereinen oder rechtsfähigen Personengesellschaften, oder des öffentlichen Rechts sowie einer öffentlich-rechtlich organisierten Berufsbeistand-

schaft können keine Beistandschaften übertragen werden (Botschaft Erwachsenenschutz, 7049; für das alte Recht: DISCHLER, Nr. 56).

Ausländer und im Ausland wohnsässige Personen sind grundsätzlich wählbar. Nach DISCHLER stellt der ausländische Wohnsitz lediglich einen Aspekt der Eignung für das jeweilige Amt dar, und es ist im Einzelfall zu prüfen, ob eine Person mit ausländischem Wohnsitz als Beistand geeignet ist (DISCHLER, Nr. 342 f.).

Nach dem neuen Recht **verbeiständete Personen, deren Handlungsfähigkeit nicht eingeschränkt ist**, dürften wegen mangelnder Eignung i.d.R. dennoch nicht in Frage kommen; **dauernd Urteilsunfähige** sind als Beistand nicht wählbar, auch wenn sie selber nicht unter Beistandschaft stehen (FamKomm Erwachsenenschutz-ROSCH, Art. 421 N 19 f. vgl. bereits zum alten Recht BK-SCHNYDER/MURER, aArt. 379 N 53).

2. Privat- oder Berufsbeistand

Auch im neuen Recht können **Privatpersonen, Fachpersonen von privaten oder öffentlichen Sozialdiensten** oder ein **Berufsbeistand** ernannt werden. Das Gesetz verzichtet nicht nur auf eine Hierarchisierung der nicht klar voneinander abgrenzbaren Gruppen verschiedener Mandatsträger (Botschaft Erwachsenenschutz, 7049), sondern auch auf die explizite Erwähnung des Berufsbeistands, was angesichts entsprechender Postulate der Praxis und im Schrifttum zu bedauern ist. Die fehlende Unterscheidung von Privat- und Berufsbeistand ist auch deshalb unbefriedigend, weil im Zusammenhang mit der Entschädigung (Art. 404 Abs. 1) und mit dem Ende des Amtes des Beistands (Art. 421 Ziff. 3, Art. 424 a.E., Art. 425 Abs. 1) doch der Begriff des Berufsbeistands auftaucht (HÄFELI, Grundriss, Rz 21.08; HÄFELI, FamPra.ch 2007, 15 f.).

Es können im Wesentlichen die vier folgenden Organisationsmodelle von Berufsbeistandschaften unterschieden werden:
- kommunale und regionale, meist öffentlich-rechtlich organisierte Dienste, die Mandate für alle Altersstufen führen (z.B. LU, AG, SG, FR, GE, VD);
- kommunale und regionale Berufsbeistandschaften für Erwachsene z.T. kombiniert mit Sozialhilfeaufgaben nach Sozialhilfegesetz (z.B. ZH);
- kommunale und regionale Jugendsekretariate, Berufsbeistandschaften für Kinder und Jugendliche, die gleichzeitig freiwillige Erziehungs- und Familienberatung anbieten (z.B. ZH);
- kommunale und regionale polyvalente Sozialdienste, welche wirtschaftliche Hilfe und freiwillige persönliche Sozialhilfe im Rahmen von Sozialhilfegesetzen und evtl. Spezialgesetzen leisten und Mandate für alle Altersstufen führen (z.B. regionale Sozialdienste im Kanton Bern und Gemeindesozialdienste im Kanton Aargau).

Die ausserordentliche Vielfalt von Formen und Strukturen ist das Resultat einer komplexen, kantonal und regional disparaten Entstehungs- und Entwicklungsgeschichte des privaten und öffentlichen Sozialwesens (HÄFELI, Grundriss, Rz 21.08). Es ist auch unter dem neuen Recht mehrheitlich Sache der Kantone, diese Dienste bereitzustellen. Einige Kantone haben die Berufsbeistandschaften kantonalisiert (z.B. Schwyz, Uri, Zug), doch in vielen Kantonen sind weiterhin die Gemeinden für die Führung solcher Dienststellen zuständig (z.B. Aargau, Luzern, Solothurn, St. Gallen, Thurgau, Zürich).

6 Obwohl schätzungsweise gesamtschweizerisch ca. zwei Drittel aller behördlichen Massnahmen von Berufsbeiständen (früher Amtsvormunden) geführt werden, ist das **Institut des Privatbeistands auch in Zukunft von praktischer und gesellschaftlicher Bedeutung**. Damit wird verhindert, dass jede mitmenschliche Hilfe an Institutionen und professionelle Dienste delegiert wird. Dabei ist jedoch zu berücksichtigen, dass angesichts der Komplexität vieler Betreuungsaufgaben **der Einsatz von Privatpersonen beschränkt bleibt**, selbst wenn diese auf ihre Aufgabe vorbereitet und während der Ausübung ihres Amtes begleitet werden (Abs. 3; vgl. Botschaft Erwachsenenschutz, 7050; FamKomm Erwachsenenschutz-HÄFELI, Art. 400 N 4; HÄFELI, Grundriss, Rz 21.09).

7 Berufsbeistand und Privatbeistand haben gegenüber der verbeiständeten Person die gleiche Rechtsstellung. Die unterschiedliche Rechtsstellung des Berufsbeistands gegenüber dem Gemeinwesen als Arbeitnehmer nach Privatrecht oder öffentlichem Recht hat keinen Einfluss auf den Auftrag als Beistand (BK-SCHNYDER/ MURER, Art. 379 aZGB N 49–83). Berufsbeistand und Privatbeistand haben im Rahmen der Führung der Beistandschaft (Art. 405–414) dieselben Rechte und Pflichten und sie unterstehen namentlich derselben Sorgfalts- und Verschwiegenheitspflicht (Art. 413).

8 Mit Rücksicht auf ihre Aufsichtsaufgaben ist auch klar, dass Mitglieder der KESB und ihre Hilfspersonen als Beistand nicht in Frage kommen (Botschaft Erwachsenenschutz, 7050).

3. Persönliche und fachliche Eignung

9 Art. 400 Abs. 1 umschreibt die erforderliche Eignung etwas ausführlicher als Art. 379 aZGB, wo «nur» von Eignung gesprochen wurde. Die Lehre leitete daraus eine allgemeine Eignung für die Führung von Mandaten und eine besondere Eignung für das jeweilige konkrete Mandat ab (BSK ZGB I-HÄFELI, aArt. 379 N 11 ff.). Unter persönlicher und fachlicher Eignung wird heute **professionelle Handlungskompetenz** verstanden, die sich aus **Fach-, Methoden-, Sozial- und Selbstkompetenz** ergibt. Die Konkretisierung der vier Kompetenzbereiche mit Blick auf die Führung von behördlichen Massnahmen im Kindes- und Erwachsenenschutz wird als **Kompetenzprofil** bezeichnet und leitet sich aus dem **Funktionsprofil** eines Mandatsträgers ab. Das Funktionsprofil umfasst alle im Gesetz (Art. 391 Abs. 2) bezeichneten Aufgabenbereiche der Beistandschaften im Erwachsenenschutz: Die «Personensorge» als persönliche Hilfe zur Lebensbewältigung, die «Vermögenssorge» in Form der Einkommens- und Vermögensverwaltung und den Rechtsverkehr, m.a.W. Vertretung) (HÄFELI, Grundriss, Rz 21.11; FamKomm Erwachsenenschutz-HÄFELI, Art. 400 N 10; vgl. auch FamKomm Erwachsenenschutz-ROSCH, Art. 423 N 7). Im **Kindesschutz** ergeben sich die Aufgaben aus dem allgemeinen Auftrag der **Abwendung von Kindeswohlgefährdungen** und können sämtliche Lebensbereiche des Kindes umfassen.

Fachkompetenz im Rahmen von Kindes- und Erwachsenenschutzmassnahmen 10
bedeutet, dass der Mandatsträger über fundiertes Wissen betr. die vielfältigen Erscheinungsformen der Probleme der verschiedenen Zielgruppen und Schwächezustände (Beschreibungswissen) verfügen muss; ebenso wie über Erklärungswissen aus Medizin, Sozial- und Humanwissenschaften zu diesen individuellen und gesellschaftlichen Problemen (Disziplinen-Wissen), aber auch über die materiellen und formellen Rechtsgrundlagen sowie die organisatorischen und institutionellen Rahmenbedingungen (Professions- und Kontextwissen) dieser Tätigkeit (HÄFELI, FamPra.ch 2007, 14).

Fachkompetenz ist nicht nur die Akkumulation von Kenntnissen, sondern vielmehr die kognitive Fähigkeit, das fachliche Wissen kritisch zu prüfen, zu gewichten sowie zu vertiefen und selbständig zu erweitern (HÄFELI, Grundriss, Rz 21.13).

Methodenkompetenz ist die Fähigkeit, Fachwissen geplant und zielgerichtet bei 11
der Lösung von beruflichen Aufgaben umzusetzen. Mandatsträger müssen berufs- und feldspezifische Verfahren und Problemlösungsmethoden kennen und beherrschen und in der Lage sein, die jeweils tauglichen Methoden und Verfahren situationsgerecht anzuwenden. Professionelles Handeln geschieht planmässig, beruht auf wissenschaftlicher Grundlage und wird unter Einsatz von erprobten Methoden und Techniken angewendet. Von besonderer Bedeutung in der kindes- und erwachsenenschutzrechtlichen Tätigkeit sind Methoden der Beratung, Verhandlung, Ressourcenerschliessung und des Sozialmanagements (HÄFELI, FamPra.ch 2007, 14; HÄFELI, Grundriss, Rz 21.14).

Sozialkompetenz beinhaltet Fähigkeiten, mit denen soziale Beziehungen im beruf- 12
lichen Kontext bewusst gestaltet werden. Dazu gehören namentlich Beziehungsfähigkeit als Fähigkeit, berufliche Beziehungen einzugehen, motivierend und sachbezogen zu gestalten und aufrecht zu erhalten; Rollenflexibilität als Fähigkeit unterschiedliche Rollen (Berater, Untergebener/Vorgesetzter, Experte) einnehmen zu können; Teamfähigkeit; Kritikfähigkeit und Konfliktfähigkeit als Fähigkeit, Konflikte wahrnehmen, ansprechen und zu konstruktiven Lösungen beitragen zu können (HÄFELI, FamPra.ch 2007, 14 f.; HÄFELI, Grundriss, Rz 21.15).

Selbstkompetenz ist die Fähigkeit, die eigene Person als wichtiges Werkzeug in 13
die berufliche Tätigkeit einbringen zu können. Darunter versteht man bestimmte, für die berufliche Tätigkeit förderliche, persönliche Einstellungen und Wertvorstellungen, z.B. ein adäquates Engagement für die betreuten Personen, d.h. weder Überidentifikation und damit Überengagement noch Desinteresse; Achtung und Respekt vor dem Individuum sowie Bereitschaft und Fähigkeit, die eigenen Wertvorstellungen zu reflektieren und die eigene Machtausübung zu kontrollieren. Auch im revidierten Erwachsenenschutzrecht kann zwischen Mandatsträgern und verbeiständeten Personen ein erhebliches Machtgefälle bestehen, indem der Beistand über weitgehende Entscheidungsbefugnisse über die betreuten Personen verfügt. Auch wenn es sich um gesetzlich legitimierte und behördlich kontrollierte Macht handelt, wird die Grenze von der im Interesse der betreuten Person notwendigen Begrenzungsmacht zur schädigenden Behinderungsmacht, z.B. durch Missachtung oder Geringschatzung von legitimen persönlichen Wün-

schen der betreuten Person, leicht überschritten, wenn der Beistand nicht sehr sensibilisiert ist für diese Grenzüberschreitungen (zu den Begriffen «Begrenzungsmacht» und «Behinderungsmacht» s. STAUB-BERNASCONI, 235 ff.). Flexibilität und Belastbarkeit sowie die Fähigkeit, aus Erfahrungen zu lernen, sind weitere Elemente der erforderlichen Selbstkompetenz in der vormundschaftlichen Tätigkeit (HÄFELI, FamPra.ch 2007, 15; HÄFELI, Grundriss, Rz 21.16).

14 Zwei weitere Aspekte der Eignung sind die Anforderung an die Person, **die erforderliche Zeit** für die jeweiligen Aufgaben einsetzen zu können und die Pflicht des Beistands, **die übertragenen Aufgaben selber wahrzunehmen**. Das bedeutet nicht, dass keine Teilaufgaben, wie z.B. die Vermögensverwaltung oder die persönliche Betreuung, namentlich bei Unterbringung in einer Einrichtung, an andere Personen übertragen werden dürfen. Hingegen ist das Institut des *tuteur général*, der Hunderte von Massnahmen führt, ohne je persönlichen Kontakt mit den betreuten Personen zu pflegen, nicht mehr zulässig (Botschaft Erwachsenenschutz, 7050; vgl. ausführlich m.w.H. BSK ZGB I-REUSSER, Art. 400 N 30; vgl. auch hinten Art. 408 N 2; HÄFELI, Grundriss, Rz 21.18 f.).

II. (Abgeschwächte) Amtspflicht – Instruktion, Beratung und Unterstützung

15 Obwohl die Amtspflicht unter dem alten Recht (Art. 382 aZGB) umstritten und von geringer praktischer Bedeutung war (BSK ZGB I-HÄFELI, aArt. 382/383 N 1 ff.), hält das neue Recht daran fest, wobei immerhin bei Vorliegen **wichtiger Gründe**, wie etwa starke aktuelle oder bevorstehende berufliche oder familiäre Belastungen oder bereits übernommene öffentliche Aufgaben, die Übernahme des Amtes abgelehnt werden kann (Botschaft Erwachsenenschutz, 7050; BSK ZGB I-REUSSER, Art. 400 N 48). Ob diese Rechtspflicht zur Amtsübernahme tatsächlich geeignet ist, die Solidarität zu stärken, darf bezweifelt werden. Viel wichtiger ist die in Abs. 3 statuierte Pflicht der KESB, dem Beistand die erforderliche Instruktion, Beratung und Unterstützung zukommen zu lassen. Der VE Erwachsenenschutz 03 enthielt noch die Verpflichtung der Kantone, für die Aus- und Weiterbildung von Behördenmitgliedern und Mandatsträgern und dafür, dass genügend ausgebildete Berufsbeistände zur Verfügung stehen, zu sorgen. Auch die im VE Erwachsenenschutz 03 vorgesehene Kostenbeteiligung des Bundes wurde fallen gelassen. Damit und mit der Ablehnung einer Bundesaufsicht über den Kindes- und Erwachsenenschutz und dem nur fakultativen Erlass einer Bundesratsverordnung über die Aufsicht (Art. 441 Abs. 2) nimmt der Bund weiterhin seine Verantwortung für eine einheitliche Anwendung des Bundesrechts nicht wahr (HÄFELI, FamPra.ch 2007, 16; zur Aus- und Weiterbildung von Mandatsträgerinnen und Mandatsträgern, vgl. HÄFELI, Grundriss, Rz 21.21).

16 Während die Amtspflicht bisher unter rein zivilrechtlichen Gesichtspunkten betrachtet wurde, bereichert FLÜCKIGER mit seinem Beitrag die Diskussion aus Sicht der EMRK und aus öffentlich-rechtlicher Sicht. Er kommt zum Schluss, dass die Amtspflicht **dem Verbot der Zwangs- und Pflichtarbeit nach Art. 4 EMRK** widerspricht und dass sie sowohl unter dem Gesichtspunkt des **öffentlichen Interesses**

und der **Verhältnismässigkeit** sowie der **Rechtsgleichheit** nicht haltbar ist (FLÜCKIGER, l'obligation). REUSSER setzt sich ausführlich mit der Argumentation von FLÜCKIGER auseinander und verteidigt die Amtspflicht u. a. auch mit Hinweisen auf ähnliche Amtspflichten in den Nachbarländern Italien und Deutschland (BSK ZGB I-REUSSER, Art. 400 N 46 f.). Sie räumt durchaus ein, dass eine Person, die eine Beistandschaft völlig widerwillig und unter Zwang übernimmt, nicht richtig in der Lage sein wird, ein Vertrauensverhältnis zur betreuten Person und ihren Angehörigen zu schaffen (Art. 406 Abs. 2; BSK ZGB I-REUSSER, Art. 400 N 40).

Die Kontroverse wird möglicherweise bald beendet sein. Bereits vor Inkrafttreten des neuen Rechts wurde eine parlamentarische Initiative eingereicht, welche die Streichung von Art. 400 Abs. 2 verlangt (Pa Iv.12.413 Schwaab Jean Christophe). Die Rechtskommission des Nationalrats hat an ihrer Sitzung vom 24.1.2014 der Streichung zugestimmt. Die Rechtskommission des Ständerats hat die Vorlage im Zeitpunkt der Drucklegung noch nicht behandelt. 17

Art. 401

II. Wünsche der betroffenen Person oder ihr nahestehender Personen

¹ Schlägt die betroffene Person eine Vertrauensperson als Beistand oder Beiständin vor, so entspricht die Erwachsenenschutzbehörde ihrem Wunsch, wenn die vorgeschlagene Person für die Beistandschaft geeignet und zu deren Übernahme bereit ist.

² Sie berücksichtigt, soweit tunlich, Wünsche der Angehörigen oder anderer nahestehender Personen.

³ Lehnt die betroffene Person eine bestimmte Person als Beistand oder Beiständin ab, so entspricht die Erwachsenenschutzbehörde, soweit tunlich, diesem Wunsch.

Literatur

Vgl. die Literaturhinweise zu Vorbem. Art. 400–404.

I. Der Vertrauensbeistand

1. Begriff und Normzweck

Bereits unter dem früheren Recht (Art. 381 aZGB) hatte die VormBehörde eine von der betreuten Person bezeichnete **Vertrauensperson** einzusetzen, wenn nicht wichtige Gründe dagegen sprachen. Als solche kam in erster Linie fehlende Eignung in Frage. Das neue Recht formuliert dies denn auch ausdrücklich. Die Bestimmung ist Ausdruck des **Selbstbestimmungsrechts** und trägt der Tatsache Rechnung, dass das für eine erfolgreiche Betreuung erforderliche Vertrauensverhältnis eher entsteht, wenn die betroffene Person den Beistand selber bezeichnen kann (Botschaft Erwachsenenschutz, 7050). Als zusätzliche Voraussetzung muss 1 die vorgeschlagene Person zur Übernahme des Amtes bereit sein (Abs. 1 a.E.), was im Widerspruch zur Amtspflicht steht.

1a Die KESB ist verpflichtet, den Vorschlag einzuholen (BGE 107 II 504; 107 Ia 343; BGer vom 17.01.2003, 5P.394/2002). Macht die KESB die betroffene Person nicht auf das Vorschlagsrecht aufmerksam, begeht sie eine formelle Rechtsverweigerung (BGE 107 Ia 345), gegen die beim zuständigen Gericht Beschwerde geführt werden kann (Art. 450 ff.). Das Vorschlagsrecht ist sowohl bei der Ersternennung als auch bei einem Mandatsträgerwechsels zu beachten. Die Nichtberücksichtigung eines Vorschlags ist zu begründen, z.b. mit mangelnder Eignung (BGer vom 5.10.2000, 5P. 332/2000; vgl. HÄFELI, Grundriss, Rz 21.24). Das Bundesgericht hat in seinem Entscheid vom 3.12.2013 (BGE 140 III 1) unmissverständlich festgehalten, dass das Vorschlagsrecht im Lichte des Selbstbestimmungsrechts zu respektieren ist.

2. Berücksichtigung der Wünsche Angehöriger oder anderer nahestehender Personen

2 Auf die im alten Recht enthaltene, aber widerlegbare Eignungsvermutung zugunsten naher Verwandter und des Ehegatten (Art. 380 aZGB) verzichtet das neue Recht mit guten Gründen (vgl. ausf. dazu schon STAUFFER, ZVW 1957, 121 ff. und HÄFELI, Grundriss, Rz 21.26). Während dem Vorschlag einer geeigneten Vertrauensperson zu entsprechen ist, hat die Behörde, soweit tunlich, Wünsche der Angehörigen oder anderer nahestehender Personen nur, aber immerhin, zu berücksichtigen (Abs. 2). Dies ist von Bedeutung, wenn sich die betroffene Person nicht selber äussert oder äussern kann, oder wenn sie eine nicht geeignete Person vorschlägt und dank der Kenntnis des Umfeldes durch die Familie eine geeignete Person zu finden ist (Botschaft Erwachsenenschutz, 7051).

II. Verwandte und weitere Angehörige als Beistand

3 Auf das Institut der erstreckten elterlichen Sorge (Art. 385 Abs. 3 aZGB) verzichtet das neue Recht. Bei entsprechender Eignung sind jedoch **Eltern und weitere Angehörige, wie Kinder oder Geschwister der zu betreuenden Person als Beistand wählbar** und die Behörde kann ihnen im Rahmen von Art. 420 gar eine **Sonderstellung** einräumen (vgl. Komm. zu Art. 420).

III. Ablehnung einer Person als Beistand durch die betroffene Person

4 Weiterer Ausdruck des gestärkten Selbstbestimmungsrechts ist das Recht der betroffenen Person, eine bestimmte Person als Beistand **abzulehnen**. Diesem Wunsch hat die Erwachsenenschutzbehörde, soweit tunlich, zu entsprechen (Abs. 3). Das Ablehnungsrecht gilt somit nicht absolut. Namentlich soll die betroffene Person nicht durch wiederholte Ablehnung die Massnahme vereiteln können (Botschaft Erwachsenenschutz, 7051).

Art. 402

III. Übertragung des Amtes auf mehrere Personen

¹ Überträgt die Erwachsenenschutzbehörde eine Beistandschaft mehreren Personen, so legt sie fest, ob das Amt gemeinsam ausgeübt wird oder wer für welche Aufgaben zuständig ist.

² Die gemeinsame Führung einer Beistandschaft wird mehreren Personen nur mit ihrem Einverständnis übertragen.

Die **Mehrfachbeistandschaft** i.S.v. Art. 379 Abs. 2 aZGB ist auch im neuen System der massgeschneiderten Massnahmen in indizierten Situationen möglich. So sind z.b. folgende Ausgestaltungen denkbar: die Aufteilung von persönlicher Betreuung im Rahmen einer Begleitbeistandschaft (Art. 393) und die Vermögensverwaltung im Rahmen einer Vertretungsbeistandschaft (Art. 395) auf zwei (oder mehr) für die verschiedenen Aufgaben je besonders geeignete Personen (Art. 402). 1

Der Inhalt deckt sich bei leicht veränderter Formulierung vollumfänglich mit Art. 379 aZGB. Das Amt kann **gemeinsam ausgeübt** oder aufgrund einer **Aufgabenzuteilung** von zwei oder (wohl selten) mehr Personen wahrgenommen werden (Abs. 1), was beim massgeschneiderten Massnahmensystem des neuen Rechts von besonderer Bedeutung ist. 2

Die Aufteilung des Amtes auf zwei Personen empfiehlt sich u.a. in Fällen, in denen eine private Vertrauensperson geeignet ist für die persönliche Betreuung, aber nicht für die Verwaltung eines beträchtlichen Vermögens. Hier könnte die Vermögensverwaltung einem Berufsbeistand übertragen werden. Eine andere Konstellation, in der die Aufteilung des Mandats auf zwei Personen geprüft werden könnte, liegt vor, wenn ein Angehöriger für die persönliche Betreuung geeignet und bereit ist, aber nicht mit der Vermögensverwaltung beauftragt werden möchte, weil er befürchtet, andere Angehörige könnten ihm «Bereicherungsabsichten» unterstellen (FamKomm Erwachsenenschutz-HÄFELI, Art. 402 N 3; HÄFELI, Grundriss, Rz 21.23). 3

Ebenfalls wie im früheren Recht kann die gemeinsame Führung einer Beistandschaft mehreren Personen richtigerweise **nur mit deren Einverständnis übertragen werden**. Dies drängt sich auf, weil die gemeinsame Führung eines Mandats die Bereitschaft und Fähigkeit zur Zusammenarbeit voraussetzt (FamKomm Erwachsenenschutz-HÄFELI, Art. 402, N 4;. HÄFELI, Grundriss, Rz 21.22). 4

Art. 403

B. Verhinderung und Interessenkollision

¹ Ist der Beistand oder die Beiständin am Handeln verhindert oder widersprechen die Interessen des Beistands oder der Beiständin in einer Angelegenheit denjenigen der betroffenen Person, so ernennt die Erwachsenen-

schutzbehörde einen Ersatzbeistand oder eine Ersatzbeiständin oder regelt diese Angelegenheit selber.
² Bei Interessenkollision entfallen von Gesetzes wegen die Befugnisse des Beistands oder der Beiständin in der entsprechenden Angelegenheit.

I. Ersatzbeistand bei Verhinderung oder Interessenkollision

1   Die frühere Beistandschaft zur Vertretung wegen Verhinderung (Art. 392 Ziff. 3 aZGB) oder Interessenkollision (Art. 392 Ziff. 2 aZGB) wird ersetzt durch das Institut der **Ersatzbeistandschaft**. Diese terminologische Neuerung dient der Abgrenzung gegenüber der «ordentlichen» Vertretungsbeistandschaft nach Art. 394 f.

1a Bei Verhinderung der Eltern als gesetzliche Vertreter des Kindes und bei Interessenkollision zwischen ihnen und dem Kind enthält Art. 306 Abs. 2 in einer Parallelnorm dieselbe Regelung. In diesem Fall geht Art. 306 den Konstellationen von Art. 403 Abs. 1 vor.

1b Art. 403 Abs. 2 und Art. 306 Abs. 3 präzisieren, dass bei Interessenkollision die Befugnisse des Beistands oder der Beiständin sowie der Eltern von Gesetzes wegen in der entsprechenden Angelegenheit entfallen. Klassisches Beispiel einer Interessenkollision ist die Erbteilung zwischen einem überlebenden Ehegatten und den unter seiner elterlichen Sorge stehenden Kindern. Dies gilt jedoch nicht bei der Verhinderung, was zu konkurrierenden Vertretungsbefugnissen und der Gefahr von kollidierendem Handeln von Beistand und Ersatzbeistand führt (FASSBIND, 264; HÄFELI, Grundriss, Rz 21.45 f.).

II. Eigenes Handeln der KESB

2   Neu ist die ausdrückliche Möglichkeit der KESB, **die Angelegenheit selber zu regeln**. Dies erscheint namentlich sinnvoll, wenn es sich um liquide Sachverhalte und einmalige punktuelle Vertretungshandlungen handelt.

3   Wenn die Vertretungsmacht des Beistands entfällt, weil er eigene Interessen in einer Angelegenheit hat, kann dieser Mangel nicht durch die Zustimmung der Erwachsenenschutzbehörde zu seinem Handeln ersetzt werden, sondern die Erwachsenenschutzbehörde hat die verbeiständete Person direkt zu vertreten und damit selber die Verantwortung für das Geschäft zu übernehmen (BSK ZGB I-HENKEL, Art. 392 N 21). Die Ernennung eines Ersatzbeistands ist gestützt auf Art. 403 Abs. 1 anzuordnen.

Kantonale Bestimmungen zur Person des Beistands (Art. 400 ZGB)	
AG	**§ 66 EG ZGB – Pflichten der Kindes- und Erwachsenenschutzbehörde** ¹ Die Kindes- und Erwachsenenschutzbehörde ernennt Berufsbeiständinnen und Berufsbeistände oder geeignete Privatpersonen für die Führung von Beistandschaften. ² Sie ist verantwortlich für die fachliche Führung, Instruktion und Unterstützung der Beiständinnen und Beistände.

	Kantonale Bestimmungen zur Person des Beistands (Art. 400 ZGB)	
	§ 67 EG ZGB – Pflichten der Gemeinden [1] Die Gemeinden sorgen dafür, dass genügend und geeignete Beiständinnen und Beistände zur Verfügung stehen. Sie schlagen der Kindes- und Erwachsenenschutzbehörde auf deren Ersuchen hin geeignete Personen vor. [2] Unterlassen es die Gemeinden, Berufsbeiständinnen und Berufsbeistände zu stellen, ernennt die Kindes- und Erwachsenenschutzbehörde die nötigen Fachleute auf deren Kosten. [3] Der Regierungsrat regelt die fachlichen Anforderungen an die Beiständinnen und Beistände, deren Aktenführung sowie die Ablage und Prüfung der Rechnungen durch Verordnung. [4] Die Entschädigung der Beiständinnen und Beistände regelt der Regierungsrat durch Verordnung. Bei volljährigen Personen wird die Entschädigung aus deren Vermögen entrichtet. Unterschreitet das Vermögen einen vom Regierungsrat durch Verordnung festzulegenden Mindestsatz, trägt die Gemeinde die Entschädigung sowie den Spesen- und Auslagenersatz. [5] Bei Kindesschutzmassnahmen bevorschusst die Gemeinde die entsprechenden Kosten. Sie kann diese von den Eltern im Rahmen ihrer Unterhaltspflicht zurückfordern. **§ 7 VKESR – Vorschlagsrecht der Gemeinden** [1] Die Kindes- und Erwachsenenschutzbehörde erkundigt sich vor der Ernennung bei der Gemeinde nach geeigneten Berufsbeiständinnen und -beiständen oder nach Privatpersonen, die als Beiständinnen und Beistände geeignet sind. [2] Diese Anfrage entfällt, wenn aufgrund der Umstände die Person der Beiständin oder des Beistands bereits feststeht, namentlich wenn es sich um Angehörige oder andere nahe stehende geeignete Personen handelt oder die betroffene Person eine geeignete Vertrauensperson als Beiständin oder Beistand wünscht. **§ 8 Abs. 1 VKESR – Persönliche Anforderungen an Berufsbeiständinnen und -beistände** Die Gemeinden haben im Rahmen des Auswahlverfahrens von Berufsbeiständinnen und -beiständen Betreibungsregister- und Strafregisterauszüge einzuverlangen.	
AI	**Art 22 EG ZGB** [1] Der Kindes- und Erwachsenenschutzbehörde ist eine Berufsbeistandschaft angegliedert, welche für die Umsetzung von behördlichen Massnahmen zuständig ist (Art. 400 Abs. 3 ZGB). [2] Die Berufsbeistände übernehmen die Betreuungs- und Verwaltungsmandate, welche die Kindes- und Erwachsenenschutzbehörde nicht einer Privatperson überträgt.	
AR	**Art. 52 EG ZGB – Berufsbeistandschaften und private Beiständinnen und Beistände a) Organisation** [1] Die Gemeinden führen Berufsbeistandschaften in drei Regionen: a) Hinterland (Urnäsch, Herisau, Schwellbrunn, Hundwil, Stein, Schönengrund, Waldstatt); b) Mittelland (Teufen, Bühler, Gais, Speicher, Trogen);	

\multicolumn{2}{|l|}{**Kantonale Bestimmungen zur Person des Beistands (Art. 400 ZGB)**}
	c) Vorderland (Rehetobel, Wald, Grub, Heiden, Wolfhalden, Lutzenberg, Walzenhausen, Reute). ² Die Zusammenarbeit der Gemeinden richtet sich nach dem Gemeindegesetz. Sie schliessen zu diesem Zweck eine Vereinbarung ab, welche zu ihrer Verbindlichkeit der Genehmigung durch den Regierungsrat bedarf. Darin bestimmen sie namentlich den Sitz, und sie regeln die Zusammenarbeit und die Aufteilung der Kosten. ³ Die fachliche Eignung der Leitungen und der Mitarbeitenden muss durch Ausbildung oder Praxis nachgewiesen sein. Das Arbeitspensum der Berufsbeiständinnen und Berufsbeistände beträgt mindestens 40 Stellenprozente. ⁴ Im Übrigen ist die Organisation der Berufsbeistandschaften Sache der Gemeinden. **Art. 53 Abs. 1 EG ZGB – b) Zuständigkeit** Die Berufsbeistandschaften a) führen ein Verzeichnis der privaten Beiständinnen und Beistände; b) führen die Mandate, welche die Kindes- und Erwachsenenschutzbehörde nicht privaten Beiständinnen und Beiständen überträgt; c) sorgen in Absprache mit der Kindes- und Erwachsenenschutzbehörde für eine periodische Weiterbildung der Beiständinnen und Beistände.
BE	**Art. 2 ZAV – Grundsätze** ¹ Die KESB richtet ihre Aufträge nach Artikel 22 Absatz 2 KESG nicht an bestimmte Personen, sondern an den kommunalen Dienst. Vorbehalten bleibt eine anderslautende Abmachung zwischen der Präsidentin oder dem Präsidenten der KESB und der Leitung des kommunalen Dienstes. ² Der kommunale Dienst bezeichnet die Kontaktpersonen für die Zusammenarbeit mit der KESB. ³ Die KESB kann ihre Aufträge mit Auflagen und Fristen verbinden. Ist der kommunale Dienst nicht in der Lage, eine Auflage zu erfüllen oder eine Frist einzuhalten, sucht er mit der KESB eine einvernehmliche Lösung. **Art. 3 ZAV – Aufgaben auf Anordnung der KESB** Die kommunalen Dienste erfüllen auf Anordnung der KESB namentlich die folgenden Aufgaben: a) Durchführen von Sachverhaltsabklärungen im Kindesschutz nach Artikel 307 ff. des Schweizerischen Zivilgesetzbuchs (ZGB)1), im Bereich der gesetzlichen Massnahmen für urteilsunfähige Personen nach Artikel 374 ff. ZGB und im Hinblick auf behördliche Massnahmen für Erwachsene gemäss Artikel 388 ff. ZGB, b) Führen von Beistandschaften und Vormundschaften für Minderjährige sowie von Beistandschaften für Erwachsene, c) Durchführen von Abklärungen im Hinblick auf die Regelung des persönlichen Verkehrs, der Informations- und Auskunftsrechte der Eltern, die Vaterschafts- und Unterhaltsregelung sowie die Regelung der gemeinsamen elterlichen Sorge, d) Durchführen von Abklärungen im Hinblick auf die Gültigkeitsprüfung für einen Vorsorgeauftrag (Art. 363 Abs. 2 ZGB), e) Erfüllen von Aufgaben nach Artikel 392 ZGB, f) Durchführen von Abklärungen zum Schutz von Personen in Wohn- oder

Kantonale Bestimmungen zur Person des Beistands (Art. 400 ZGB)	
	Pflegeeinrichtungen, um die sich niemand von ausserhalb der Einrichtung kümmert (Art. 386 Abs. 2 ZGB), g) Vollzug von ambulanten Massnahmen im Bereich der Nachbetreuung nach Artikel 33 KESG, h Erfüllen von Aufgaben nach Artikel 307 Absatz 3 ZGB, i) Durchführen von Abklärungen im Hinblick auf die Aufnahme von Pflegekindern und die Ausübung der Pflegekinderaufsicht **Art. 4 ZAV – Rekrutierung von privaten Beiständinnen und Beiständen** ¹ Den kommunalen Diensten obliegt die Rekrutierung von privaten Beiständinnen und Beiständen. ² Sie führen bei den als Beiständinnen und Beiständen infrage kommenden Personen eine Eignungsabklärung anhand der Kriterien von Artikel 400 ZGB durch. ³ Sie können die betroffenen Personen dazu anhalten, Auszüge aus dem Strafregister und dem Betreibungsregister vorzulegen. **Art. 5 ZAV – Errichtung einer Beistandschaft** ¹ Nimmt die KESB die Errichtung einer Beistandschaft in Aussicht, so schlägt ihr der zuständige kommunale Dienst eine Person als Beiständin oder Beistand vor. Vorbehalten bleiben Fälle nach Artikel 401 ZGB, in denen die betroffene Person, deren Angehörige oder nahestehende Personen eine persönlich und fachlich geeignete Person als Beiständin oder Beistand vorschlagen. ² Kann die KESB dem Vorschlag des kommunalen Dienstes nicht entsprechen, sucht sie mit ihm eine einvernehmliche Lösung. **Art. 6 ZAV – Ausbildung, Beratung und Unterstützung der privaten Beiständinnen und Beistände** ¹ Die kommunalen Dienste sind zuständig für die Ausbildung, Beratung und Unterstützung der privaten Beiständinnen und Beistände, soweit nicht a) die KESB anderweitige Instruktionen der Beiständin oder dem Beistand erteilt hat (Art. 400 Abs. 3 ZGB) oder b) sie die entsprechenden Aufgaben gestützt auf Artikel 26 Absatz 2 KESG an Private übertragen hat. ² Die privaten Beiständinnen und Beistände können mit den kommunalen Diensten vereinbaren, dass diese gewisse Aufgaben wie namentlich die Rechnungsführung in ihrem Auftrag erfüllen.
BL	**§ 60 EG ZGB – Zuständigkeit der Einwohnergemeinden** ¹ Die Einwohnergemeinden sind zuständig für die Führung der Kindes- und Erwachsenenschutzbehörden. Sie tragen deren Kosten. ² Sie bestellen kreisweise gemeinsame Kindes- und Erwachsenenschutzbehörden gemäss § 34b^{bis} des Gemeindegesetzes. ³ Sie haben auf ihre Kosten die berufsmässige Führung von Mandaten im Bereich des Kindes- und Erwachsenenschutzes bereitzustellen.
BS	**§ 36 VoKESG – Amt für Beistandschaften und Erwachsenenschutz** ¹ Das Amt für Beistandschaften und Erwachsenenschutz (ABES) ist eine Dienststelle des Departements für Wirtschaft, Soziales und Umwelt.

Kantonale Bestimmungen zur Person des Beistands (Art. 400 ZGB)	
	² Die Aufgabe des ABES ist die Führung von Beistandschaften und Vormundschaften entsprechend dem Beschluss der KESB. Ausserdem kann die KESB das ABES mit Aufgaben gemäss Art. 392 ZGB beauftragen. Das ABES kann im Auftrag der KESB, wenn die Voraussetzungen für die Errichtung einer Beistandschaft nicht gegeben sind und keine andere Institution oder Behörde die notwendige Unterstützung bieten kann, der betroffenen Person eine kurzfristige Hilfestellung leisten. ³ Einzelheiten bezüglich der Organisation des ABES, Qualitätsstandards an Mandatsführung und Rechnungsführung, Aktenaufbewahrung und Stundung und Erlass von Entschädigungen sind in der Geschäftsordnung ABES geregelt. **§ 37 VoKESG – Kinder- und Jugenddienst** ¹ Der Kinder- und Jugenddienst (KJD) ist eine Abteilung des Erziehungsdepartements. ² Die Aufgabe des KJD ist unter anderem die Führung von Beistandschaften und Vormundschaften für Kinder und Jugendliche entsprechend dem Beschluss der KESB sowie die Übernahme von Abklärungsaufträgen gemäss § 8 der Verordnung. **§ 38 VoKESG – Abteilung Sucht** ¹ Die Abteilung Sucht ist eine Dienststelle des Gesundheitsdepartements. ² Sie übernimmt Abklärungsaufträge gemäss § 8 und vollzieht Entscheide der KESB im Zusammenhang mit substanz- und/oder verhaltensgebundenen Abhängigkeiten. Sie überwacht den Vollzug von stationären und ambulanten Massnahmen sowie von Weisungen der KESB in diesen Bereichen und berichtet der KESB vor Ablauf der Behandlungszeit. ³ Für nachträgliche Verfügungen über den Vollzug, wie Änderung und Aufhebung von Weisungen oder Entlassung aus einer Massnahme, ist die KESB zuständig. **§ 39 VoKESG – Ernennung und Einsatz der beruflichen Mandatsträgerinnen und Mandatsträger** ¹ Die Leitungen des ABES und des KJD stellen sicher, dass die beruflichen Mandatsträgerinnen und Mandatsträger über einen anerkannten Abschluss in den Bereichen Soziale Arbeit, Recht, Psychologie, Pädagogik, Finanzen oder eine andere gleichwertige und geeignete Ausbildung und über die notwendigen Weiterbildungen, verbunden mit einer entsprechenden Berufspraxis verfügen. ² Die KESB vereinbart mit den Leitungen von ABES und KJD Richtlinien für die Übertragung von Mandaten unter Berücksichtigung von deren Verfügbarkeit und Eignung. ³ Die fachliche Aufsicht und Führung der beruflichen Mandatsträgerinnen und Mandatsträger bleiben der Leitung der jeweiligen Dienststelle vorbehalten.
FR	**Art. 9 KESG – Wahl der Beiständin oder des Beistands** ¹ Die Schutzbehörde kann folgende Personen zur Beiständin oder zum Beistand ernennen: a) eine Person, die das Amt privat ausübt; b) eine Mitarbeiterin oder einen Mitarbeiter einer öffentlichen Berufsbeistandschaft;

Kantonale Bestimmungen zur Person des Beistands (Art. 400 ZGB)	
	c) eine Mitarbeiterin oder einen Mitarbeiter des für den Jugendschutz zuständigen kantonalen Amtes **[Heute: Jugendamt.]**; d) eine Mitarbeiterin oder einen Mitarbeiter einer vom Staatsrat anerkannten sozialen Institution. ² Die Behörde ernennt in erster Linie eine Mitarbeiterin oder einen Mitarbeiter der öffentlichen Berufsbeistandschaft der Wohnsitzgemeinde der Person, für die eine Schutzmassnahme angeordnet wurde, wenn deren Interessen dem nicht entgegenstehen. **Art. 10 KESG – Vereidigung** ¹ Die Beiständin oder der Beistand wird vor der Schutzbehörde vereidigt und erhält die Ernennungsurkunde und die allgemeinen Vorschriften über ihre oder seine Amtspflichten. ² Die Mitarbeiterinnen und Mitarbeiter einer öffentlichen Berufsbeistandschaft und die Mitarbeiterinnen und Mitarbeiter des für den Jugendschutz zuständigen kantonalen Amtes werden jedoch nur einmal vereidigt, entweder bei Amtsantritt oder bei der Übernahme des ersten Auftrags. **Art. 12 KESG – Öffentliche Berufsbeistandschaft** ¹ Jede Gemeinde setzt eine öffentliche Berufsbeistandschaft ein. Mehrere Gemeinden können beschliessen, gemeinsam einen solchen Dienst einzurichten. ² Der Staatsrat kann die Gemeinden, die offenkundig keine öffentliche Berufsbeistandschaft sicherstellen können, dazu verpflichten, mit einer anderen Gemeinde oder einer Gruppierung von Gemeinden zusammenzuarbeiten oder die entsprechenden Aufgaben an diese zu übertragen. ³ Jeder Dienst verfügt über genügend Personal. Die Beiständinnen und Beistände können die erforderlichen Fähigkeiten und Fachkenntnisse vorweisen. Das Amt wird berufsmässig in einem Teil- oder Vollzeitpensum ausgeübt. Der Staatsrat kann die Anforderungen an die Beiständinnen und Beistände auf dem Verordnungsweg genauer festlegen.
GL	**Art. 76 EG ZGB** ¹ Als Beiständin oder Beistand kann jede natürliche Person ernannt werden, welche die für die vorgesehenen Aufgaben notwendigen persönlichen und fachlichen Voraussetzungen erfüllt (Art. 400 ZGB). ² Betreuungs- und Verwaltungsmandate, welche die Kindes- und Erwachsenenschutzbehörde nicht einer geeigneten Privatperson gemäss Absatz 1 überträgt, können Berufsbeiständinnen und Berufsbeiständen übertragen werden. ³ Berufsbeiständinnen und Berufsbeistände werden nach den Bestimmungen des kantonalen Personalrechts angestellt, soweit sie nicht im Auftragsverhältnis arbeiten. **Art. 13 Verordnung über die Kindes- und Erwachsenenschutzbehörde – Angliederung der Berufsbeistandschaft** Die Berufsbeistandschaft ist den Sozialen Diensten angegliedert.
GR	**Art. 46 EG ZGB** ¹ Das Betreiben der Berufsbeistandschaft ist eine regionale Aufgabe. Die Regionen können die Aufgabe alleine oder gemeinsam erfüllen.

Kantonale Bestimmungen zur Person des Beistands (Art. 400 ZGB)

[2] Die Berufsbeistandschaften führen im Auftrag der Kindes- und Erwachsenenschutzbehörden die angeordneten Massnahmen im Kindes- und Erwachsenenschutz.

[3] Sie sind zuständig für die Beratung und Unterstützung der privaten Vormünder und Beistände.

Art. 47 EG ZGB
[1] Die Berufsbeistandschaften bestehen in der Regel jeweils aus einem Leiter, den Berufsbeiständen und den Mitarbeitern des Sekretariates.
[2] Die Regionen haben sicherzustellen, dass die für die sach- und zeitgerechte Aufgabenerfüllung notwendigen Stellen geschaffen und besetzt werden.
[3] Die Aufsichtsbehörde kann auf Antrag der Kindes- und Erwachsenenschutzbehörde bei Säumnis der Region auf deren Kosten einen Berufsbeistand ernennen.

Art. 48 EG ZGB
[1] Als Berufsbeistand kann angestellt werden, wer über die erforderliche persönliche Eignung und einen anerkannten Abschluss in der Regel in den Bereichen Sozialarbeit, Pädagogik/Psychologie oder Recht verfügt.
[2] In begründeten Ausnahmefällen kann mit Zustimmung der zuständigen Kindes- und Erwachsenenschutzbehörde vom Erfordernis eines anerkannten Abschlusses abgesehen werden.
[3] Die Kindes- und Erwachsenenschutzbehörde kann bei der Anstellung von Berufsbeiständen mit beratender Stimme zur Unterstützung beigezogen werden.

Art. 49 EG ZGB – 8. Geschäftsführung
Der Leiter führt die Berufsbeistandschaft in personeller, betrieblicher und fachlicher Hinsicht. Er überwacht die gesamte Geschäftstätigkeit und vertritt die Berufsbeistandschaft nach aussen.

Art. 50 EG ZGB
[1] Die Berufsbeistände führen die Beistandschaften, welche die Kindes- und Erwachsenenschutzbehörde nicht einer Drittperson überträgt.
[2] Die Bestimmungen über die Führung der Beistandschaften gelten für den Bereich des Kindesschutzes sinngemäss.

Art. 14 KESV – Anerkannter Abschluss
[1] Als anerkannter Abschluss gilt ein Abschluss in der Regel auf Bachelorstufe an einer universitären oder pädagogischen Hochschule, Fachhochschule oder einer gleichwertigen Ausbildungsstätte.
[2] Für die Zustimmung zur Anstellung von geeigneten Personen, die über keinen anerkannten Abschluss verfügen, haben die Regionen der zuständigen Kindes- und Erwachsenenschutzbehörde ein begründetes Gesuch einzureichen.
[3] Die Zustimmung kann befristet und mit der Auflage zur Absolvierung einer geeigneten Aus- oder Weiterbildung oder zu organisatorischen Massnahmen versehen werden.
[4] Der Entscheid kann beim Departement angefochten werden. Das Verfahren richtet sich nach dem Gesetz über die Verwaltungsrechtspflege.

Kantonale Bestimmungen zur Person des Beistands (Art. 400 ZGB)	
	Art. 15 KESV – Ernennung durch Aufsichtsbehörde ¹ Verfügt die Berufsbeistandschaft nicht über das erforderliche Personal oder eine zweckmässige Organisation für die korrekte Aufgabenerfüllung, sucht die Kindes- und Erwachsenenschutzbehörde mit der zuständigen regionalen Behörde eine Einigung. ² Kommt keine Einigung zustande, kann die Kindes- und Erwachsenenschutzbehörde beim Departement ein begründetes Gesuch um Ernennung einer Berufsbeiständin oder eines Berufsbeistandes einreichen, sofern ein Missverhältnis zwischen dem tatsächlichen und dem erforderlichen Personal besteht.
LU	**§ 36 EG ZGB – Voraussetzungen und Aufgaben** ¹ Als Beistand oder als Beiständin kann jede natürliche Person ernannt werden, die für die vorgesehenen Aufgaben persönlich und fachlich geeignet ist und die dafür erforderliche Zeit einsetzen und die Aufgaben selber wahrnehmen kann. ² Die Aufgaben des Beistands oder der Beiständin richten sich nach dem Bundesrecht und den Anordnungen der Kindes- und Erwachsenenschutzbehörde. **§ 37 EG ZGB – Berufsbeistandschaft** Die Gemeinden schaffen die Voraussetzungen für eine ausreichende Zahl von Berufsbeiständinnen und -beiständen.
NW	**Art. 31 EG ZGB – Amtsbeistandschaft** Der Kanton führt zum Zwecke der Übernahme von Kindes- und Erwachsenenschutzmassnahmen eine Amtsbeistandschaft
OW	**Art. 7 EG ZGB – Zuständigkeit, Organisation und Kosten** ¹ Zuständig für ein Mandat ist jeweils die Einwohnergemeinde am Wohnsitz der betroffenen Person, soweit die Kindes- und Erwachsenenschutzbehörde nichts anderes bestimmt. ² Die Einwohnergemeinden sorgen für eine ausreichende Anzahl an berufsmässigen und privaten Beiständinnen und Beiständen, welche die erforderliche Eignung mitbringen. Sie führen zuhanden der Kindes- und Erwachsenenschutzbehörde ein Verzeichnis. ³ Können die Entschädigung und der Spesenersatz der Beiständin oder des Beistands nicht aus dem Vermögen der betroffenen Person bezahlt werden, gilt Art. 24 dieser Verordnung. **Art. 8 EG ZGB – Beiständin oder Beistand – a. Allgemein** ¹ Als Beiständin oder Beistand kann jede natürliche Person ernannt werden, welche über die für die vorgesehenen Aufgaben notwendigen persönlichen und fachlichen Voraussetzungen verfügt. ² Die Aufgaben der Beiständin oder des Beistands richten sich nach dem Bundesrecht und den Anordnungen der Kindes- und Erwachsenenschutzbehörde. **Art. 9b EG ZGB – Berufsbeistandschaft** ¹ Die Einwohnergemeinden führen zum Zwecke der Übernahme von Kindes- und Erwachsenenschutzaufgaben Berufsbeistandschaften. ² Die Berufsbeiständinnen oder Berufsbeistände übernehmen die Aufgaben, insbesondere die Betreuungs- und Verwaltungsmandate, welche die Kindes- und Erwachsenenschutzbehörde nicht einer Privatperson zuweist.

Kantonale Bestimmungen zur Person des Beistands (Art. 400 ZGB)	
SG	**Art. 31 Einführungsgesetz zur Bundesgesetzgebung über das Kindes- und Erwachsenenschutzrecht** Die Kindes- und Erwachsenenschutzbehörde ernennt als Beiständin oder Beistand: a) Privatpersonen; b) Berufsbeiständinnen und Berufsbeistände. Mitglieder sowie Mitarbeiterinnen und Mitarbeiter der Kindes- und Erwachsenenschutzbehörde werden nicht als Beiständin oder Beistand ernannt. Die politischen Gemeinden sorgen dafür, dass genügend Berufsbeiständinnen und Berufs-zur Verfügung stehen.
SH	**Art. 56 EG KESR** ¹ Die Gemeinden führen Berufsbeistandschaften. Eine Zusammenarbeit zwischen den Gemeinden richtet sich nach dem Gemeindegesetz. ² Im Kanton Schaffhausen hat es höchstens vier Berufsbeistandschaften. Die fachliche Eignung der Mitarbeitenden muss durch Ausbildung oder Praxis nachgewiesen sein. ³ Das Arbeitspensum der Berufsbeistände beträgt mindestens 40 Stellenprozente. Die Kindes- und Erwachsenenschutzbehörde kann Ausnahmen bewilligen. ⁴ Im Übrigen ist die Organisation der Berufsbeistandschaft Sache der Gemeinden. **Art. 57 EG KESR** ¹ Die Berufsbeistandschaften a) übernehmen die Betreuungs- und Verwaltungsmandate, welche die Kindes- und Erwachsenenschutzbehörde nicht einem privaten Mandatsträger überträgt; b) sorgen in Absprache mit der Kindes- und Erwachsenenschutzbehörde für eine regelmässige Weiterbildung der Berufsbeistände; c) weisen die Kindes- und Erwachsenenschutzbehörde auf hilfsbedürftige Personen hin; d) unterstützen die Kindes- und Erwachsenenschutzbehörde bei deren Vorabklärungen. ² Die Kindes- und Erwachsenenschutzbehörde kann bei Säumnis, insbesondere bei Fehlen eines geeigneten Berufsbeistandes, auf Kosten der Berufsbeistandschaften Ersatzmassnahmen ergreifen.
SO	**§ 115 EG ZGB – A. Zuständigkeiten für die Führung von Massnahmen (Art. 314, 327a, 389, 392 und 400 ZGB)** ¹ Die Sozialregionen führen die durch die Kindes- und Erwachsenenschutzbehörde festgelegten Massnahmen; die Kindes- und Erwachsenenschutzbehörden betrauen damit in der Regel den Sozialdienst am Wohnort der betroffenen Person. ² Die Sozialregionen sorgen für eine ausreichende Anzahl geeigneter Mandatspersonen. Im Unterlassungsfall ernennt die Kindes- und Erwachsenenschutzbehörde die nötigen Fachleute auf Kosten der säumigen Sozialregion. ³ Der Sozialdienst schlägt der Kindes- und Erwachsenenschutzbehörde auf deren Ersuchen hin geeignete Personen vor. Nach Rücksprache mit der Kindes- und Erwachsenenschutzbehörde kann der Sozialdienst auch private Mandatsträger vorschlagen.

Kantonale Bestimmungen zur Person des Beistands (Art. 400 ZGB)	
SZ	**§ 30 EG ZGB – III. Mandatsführung – 1. Beistand** ¹ Als Beistand ist jede natürliche Person ernennbar, welche die für die vorgesehenen Aufgaben notwendigen persönlichen und fachlichen Voraussetzungen vorweisen kann (Art. 400 ZGB). ² Die Berufsbeistände der zuständigen Amtsbeistandschaft übernehmen die Betreuungs- und Verwaltungsmandate, welche die Kindes- und Erwachsenenschutzbehörde nicht einem Mitarbeiter einer Fachstelle oder einer Privatperson überträgt. **§ 33 EG ZGB – V. Amtsbeistandschaft** ¹ Jeder Kindes- und Erwachsenenschutzbehörde ist mindestens eine kantonale Amtsbeistandschaft angegliedert, welche für die Umsetzung der behördlichen Massnahmen verantwortlich ist. ² Der Regierungsrat ordnet die Amtsbeistandschaften. **§ 3 Vollzugsverordnung zum KESR – 2. Amtsbeistandschaften** ¹ Die der KESB Innerschwyz unterstellten Amtsbeistandschaften umfassen folgende Gemeinden: a) Amtsbeistandschaft Innerschwyz1: Gersau, Illgau, Ingenbohl, Morschach, Muotathal, Riemenstalden und Schwyz. b) Amtsbeistandschaft Innerschwyz 2: Arth, Küssnacht, Lauerz, Sattel, Steinen und Steinerberg. ² Die der KESB Ausserschwyz unterstellten Amtsbeistandschaften umfassen folgende Gemeinden: a) Amtsbeistandschaft Mitte: Alpthal, Einsiedeln, Oberiberg, Rothenthurm und Unteriberg. b) Amtsbeistandschaft Höfe: Feusisberg, Freienbach und Wollerau. c) Amtsbeistandschaft March: Altendorf, Galgenen, Innerthal, Lachen, Reichenburg, Schübelbach, Tuggen, Vorderthal und Wangen
TG	**§ 17 EG ZGB** ¹ Die Gemeinden schaffen und finanzieren Berufsbeistandschaften. ² Die fachliche Eignung des Leiters und der Berufsbeistände muss nachgewiesen sein. **§ 17a EG ZGB** ¹ Die Berufsbeistandschaft sorgt im Auftrag der Kindes- und Erwachsenenschutzbehörde für die nötige Betreuung. Sie legt verbindliche Standards fest, in welcher Qualität und Quantität die Betreuungsleistungen zu erbringen sind. ² Die Berufsbeistandschaft ist für die Instruktion und Begleitung von Privatbeiständen zuständig. ³ Sie sorgt für eine fachliche Weiterbildung der Berufs- und Privatbeistande. ⁴ Sie führt im Auftrag der Kindes- und Erwachsenenschutzbehörde Sachverhaltsabklärungen durch. **§ 50 EG ZGB** ¹ Die Kindes- und Erwachsenenschutzbehörde ernennt als Beistand im Sinne von Artikel 400 Absatz 1 ZGB einen Berufsbeistand, eine Fachperson eines privaten oder öffentlichen Sozialdienstes oder eine geeignete Privatperson.

Kantonale Bestimmungen zur Person des Beistands (Art. 400 ZGB)
² Sie weist die von der Massnahme betroffene Person auf ihr Recht hin, eine Vertrauensperson als Beistand vorzuschlagen oder eine bestimmte Person abzulehnen (Artikel 401 Absatz 1 und 3 ZGB).

§ 78 KESV

¹ Die politischen Gemeinden stellen sicher, dass bei den von ihnen bestellten Berufsbeistandschaften genügend Personen tätig sind, welche die Anforderungen von Artikel 400 Absatz 1 ZGB erfüllen.

² Personen, die als Berufsbeiständin oder Berufsbeistand tätig sind, haben in der Regel über einen anerkannten Abschluss in den Bereichen Soziale Arbeit, Recht, Psychologie, Pädagogik oder über einen Nachdiplomkurs für vormundschaftliche Mandatsführung, je verbunden mit entsprechender Berufspraxis und Weiterbildung, sowie über Grundkenntnisse in Administration und Buchhaltung zu verfügen.

³ Hinsichtlich des Beizugs von Privatbeiständinnen und Privatbeistanden können die fachlichen Anforderungen reduziert werden, doch hat eine entsprechende Unterstützung solcher Personen durch die Berufsbeistandschaft zu erfolgen.

⁴ Die Kindes- und Erwachsenenschutzbehörde kann die Vorlage von Belegen verlangen. Stellt sie fest, dass die Berufsbeistandschaft in quantitativer oder qualitativer Hinsicht ungenügend besetzt ist, meldet sie den Missstand der Trägerschaft der Berufsbeistandschaft und erstattet, wenn nicht innert nützlicher Frist Abhilfe geschaffen wird, dem Obergericht einen entsprechenden Bericht.

⁵ Die Berufsbeistandschaften sorgen in Absprache mit der Behörde für eine regelmässige Weiterbildung der Beiständinnen und Beistände, weisen die Behörde auf hilfsbedürftige Personen hin und unterstützen die Behörde gegebenenfalls bei Abklärungen.

§ 79 KESV

Die Leitung der Berufsbeistandschaft versorgt die Kindes- und Erwachsenenschutzbehörde regelmässig mit den Informationen, welche die Behörde für ihre Aufgabenerfüllung, insbesondere im Zusammenhang mit der Ernennung von Beiständinnen und Beistanden, benötigt. Dazu gehören die Informationen über die verfügbaren Berufsbeiständinnen und Berufsbeistande (Ausbildung, Pensum, Erreichbarkeit), über die verfügbaren Privatbeiständinnen und Privatbeistande (persönliche und berufliche Qualifikation, Entschädigungs- und Spesenansätze), über die interne Arbeitsorganisation der Berufsbeistandschaft (Stellvertretung, fachlicher Austausch, Supervision, Weiterbildung) sowie über die von der Berufsbeistandschaft festgelegten Standards der professionellen Betreuungsarbeit (allgemeine Arbeitsweise, angestrebte Qualität und Quantität, Hilfepläne, Zielvereinbarung, Evaluation, Dokumentation).

§ 80 KESV

¹ Bevor die Kindes- und Erwachsenenschutzbehörde im Einzelfall eine Beiständin oder einen Beistand ernennt und beauftragt, nimmt sie hinsichtlich der Eignung und Verfügbarkeit mit der Leitung der Berufsbeistandschaft Rücksprache.

	Kantonale Bestimmungen zur Person des Beistands (Art. 400 ZGB)	
		² Mit der Ernennung sorgt die Kindes- und Erwachsenenschutzbehörde für die nötige Formulierung des Auftrags und die Instruktion der Beiständin oder des Beistands. Sie ist ihr oder ihm gegenüber weisungsbefugt, greift jedoch nicht ohne Not in die auftragsgemäss ausgeführte Tätigkeit der Beiständin oder des Beistands ein. ³ Die fachliche Aufsicht der Leitung der Berufsbeistandschaft sowie die administrative Aufsicht der Trägerschaft der Berufsbeistandschaft bleiben vorbehalten. **§ 81 KESV** ¹ Als wichtiger Grund im Sinn von Artikel 400 Absatz 2 ZGB gilt namentlich das Amt als Mitglied einer vom Volk oder vom Grossen Rat gewählten Behörde. ² Lehnt eine Beiständin oder ein Beistand die Wahl ab oder bis Kindes- und Erwachsenenschutzbehörde oder gegebenenfalls die Beschwerdeinstanz entschieden hat. **§ 81 KESV** ¹ Als wichtiger Grund im Sinn von Artikel 400 Absatz 2 ZGB gilt namentlich das Amt als Mitglied einer vom Volk oder vom Grossen Rat gewählten Behörde. ² Lehnt eine Beiständin oder ein Beistand die Wahl ab oder wird die Ernennung angefochten, ist das Mandat weiterzuführen, bis die Kindes- und Erwachsenenschutzbehörde oder gegebenenfalls die Beschwerdeinstanz entschieden hat.
UR	**Art. 13 EG KESR** ¹ Der Kanton führt eine Berufsbeistandschaft mit einer oder mehreren Personen, die Beistandschaften und für Kinder zudem Vormundschaften übernehmen. Die Mitarbeitenden der Berufsbeistandschaft werden nach den Bestimmungen des kantonalen Personalrechts angestellt, soweit sie nicht im Auftragsverhältnis arbeiten. ² In administrativer Hinsicht ist die Berufsbeistandschaft der zuständigen Direktion angegliedert. In fachlicher Hinsicht ist sie der Kindes- und Erwachsenenschutzbehörde unterstellt. ³ Die Aufgaben der Berufsbeiständin oder des Berufsbeistands richten sich nach dem Bundesrecht und den Anordnungen der Kindes- und Erwachsenenschutzbehörde. ⁴ Die Übertragung der Beistandschaft an eine andere natürliche Person als die Berufsbeiständin oder den Berufsbeistand bleibt gewährleistet	
VS	**Art. 17 EG ZGB – Grundsätze** ¹ Die Berufsbeistandschaft übernimmt Betreuungs- und Verwaltungsmandate, welche die Kindes- und Erwachsenenschutzbehörde weder einer Privatperson noch dem kantonalen Jugendamt übertragen kann. ² Zuständig ist die Berufsbeistandschaft der Gemeinde, in welcher die betroffene Person ihren Wohnsitz hat. **Art. 18 EG ZGB – Rechtlicher Status** ¹ Die Berufsbeistandschaft ist eine kommunale Einrichtung. ² Die Gemeinde erfüllt diese Aufgabe: a) durch Errichtung einer eigenen Berufsbeistandschaft;	

Kantonale Bestimmungen zur Person des Beistands (Art. 400 ZGB)	
	b) durch Delegation an eine andere Gemeinde, an eine Gemeindevereinigung oder an Dritte; c) durch einen interkommunalen privatrechtlichen Zusammenarbeitsvertrag oder durch eine Gemeindevereinigung als Träger einer Berufsbeistandschaft. ³ Die Aufgabendelegation und die interkommunalen Vereinbarungen gemäss Absatz 2 Buchstaben b und c sind durch das Gemeindegesetz geregelt. **Art. 19 EG ZGB – Verordnete Zusammenarbeit** Eine Gemeinde, die offensichtlich nicht in der Lage ist, den Betrieb einer Berufsbeistandschaft zu gewährleisten, kann vom Staatsrat angewiesen werden, in einer der nach Artikel 18 Absatz 2 Buchstaben b und c vorgesehenen Form zusammenzuarbeiten. **Art. 19a EG ZGB – Interne Organisation** ¹ Die Berufsbeistandschaft verfügt über einen oder mehrere vollamtliche oder teilamtliche Berufsbeistände. ² Da die Behörde dem Berufsbeistand Mandate überträgt, die aufgrund ihres Aufwandes oder ihrer Komplexität keiner Privatperson anvertraut werden können, muss der Berufsbeistand über die erforderliche Eignung und die entsprechenden Spezialkenntnisse verfügen. ³ Die Berufsbeistandschaft hat: a) sicherzustellen, dass die Berufsbeistände die Instruktion, Beratung und Unterstützung erhalten, die sie für die Erfüllung ihrer Aufgaben benötigen; b) die Vertraulichkeit der bearbeiteten Daten zu garantieren.
ZG	**§ 46 EG ZGB – Allgemein** ¹ Als Beiständin oder Beistand kann jede natürliche Person ernannt werden, welche die für die vorgesehenen Aufgaben notwendigen persönlichen und fachlichen Voraussetzungen vorweisen kann (Art. 400 ZGB). ² Das Amt für Kindes- und Erwachsenenschutz führt ein Mandatszentrum. Mandate, welche die Kindes- und Erwachsenenschutzbehörde nicht einer geeigneten Privatperson übertragen kann, werden durch das Mandatszentrum oder eine Fachstelle geführt.
ZH	**§ 15 EG KESR** ¹ Die KESB ernennt zur Führung von Beistandschaften a. nebenamtlich tätige Personen (private Mandatsträgerinnen und Mandatsträger), b. Berufsbeiständinnen und Berufsbeistände. ² Die Gemeinden melden der KESB nebenamtlich tätige Personen, die zur Führung von Beistandschaften bereit sind. **§ 20 EG KESR** ¹ Die Gemeinden sorgen dafür, dass in ausreichender Zahl Berufsbeiständinnen und Berufsbeistände zur Führung von Massnahmen des Erwachsenenschutzes zur Verfügung stehen. ² Die KESB kann im Einzelfall bei Säumnis der Gemeinde auf deren Kosten eine Berufsbeiständin oder einen Berufsbeistand ernennen

Art. 404

C. Entschädigung und Spesen

¹ Der Beistand oder die Beiständin hat Anspruch auf eine angemessene Entschädigung und auf Ersatz der notwendigen Spesen aus dem Vermögen der betroffenen Person. Bei einem Berufsbeistand oder einer Berufsbeiständin fallen die Entschädigung und der Spesenersatz an den Arbeitgeber.

² Die Erwachsenenschutzbehörde legt die Höhe der Entschädigung fest. Sie berücksichtigt dabei insbesondere den Umfang und die Komplexität der dem Beistand oder der Beiständin übertragenen Aufgaben.

³ Die Kantone erlassen Ausführungsbestimmungen und regeln die Entschädigung und den Spesenersatz, wenn diese nicht aus dem Vermögen der betroffenen Person bezahlt werden können.

Literatur

KOKES, Sozialversicherungsrechtliche Fragen im Zusammenhang mit der Entschädigung von privaten Mandatsträgerinnen und Mandatsträgern – Empfehlungen zu Handen der kantonalen Aufsichtsbehörden (überarbeitete Version vom Juli 2010; ‹http://www.kokes.ch›, dort: Dokumentation, Empfehlungen, «Entschädigung PriMa» [3.6.2014]).

I. Anspruch des Beistands auf Entschädigung und Spesen

Der Beistand hat Anspruch auf eine angemessene Entschädigung und auf Ersatz der notwendigen Spesen (Abs. 1). Wie im früheren Recht (Art. 416 aZGB) regelt die Entschädigung die gesamte Tätigkeit des Beistands. Erfasst werden sowohl die Vermögensverwaltung wie auch die persönliche Fürsorge. Dabei hat der Mandatsträger einen festen Anspruch auf Entschädigung. Es handelt sich nicht um ein nobile officium (Ehrenamt), das grundsätzlich unentgeltlich auszuüben wäre (BSK ZGB I-REUSSER, Art. 404 N 17 m.H.).

Der Anspruch gilt wie im bisherigen Recht für private und berufliche Mandatsträger und es gelten die gleichen Ansätze. Beim Berufsbeistand fliesst die Entschädigung allerdings in die Kasse des Anstellungsträgers, was im neuen Recht im zweiten Satz von Abs. 1 ausdrücklich festgehalten wird.

II. Kostentragung

Der VE Erwachsenenschutz 03 sah vor, dass Entschädigung und Spesen vom Gemeinwesen ausgerichtet werden, wobei die Kosten ganz oder teilweise der verbeiständeten Person hätten belastet werden können, wenn deren Verhältnisse es erlauben. Nach Kritik in der Vernehmlassung wurde die bisherige Regelung übernommen. Da die Beistandschaft den Interessen der betroffenen Person dient, hat diese primär für die Kosten der staatlich organisierten Dienstleistung aufzukommen (Botschaft Erwachsenenschutz, 7051).

4   Die Kantone haben Ausführungsbestimmungen zu erlassen und die Entschädigung und den Spesenersatz zu regeln, wenn diese nicht aus dem Vermögen der betroffenen Person bezahlt werden (Abs. 3). Unter dem alten Recht ermächtigte die Mehrheit der Kantone die Gemeinden, die Entschädigung festzulegen.

III. Bemessung der Entschädigung

5   Die Höhe der Entschädigung wird von der KESB festgelegt; sie berücksichtigt dabei insb. den Umfang und die Komplexität der dem Beistand übertragenen Aufgaben (Abs. 2). Das neue Recht verpflichtet zwar die Kantone, Ausführungsbestimmungen zu erlassen; diese ist jedoch mangels bundesrechtlicher Richtlinien erneut sehr heterogen ausgefallen. Vielleicht gelingt es der KOKES mit entsprechenden Empfehlungen eine gewisse Harmonisierung zu bewirken.

6   In der Praxis sind zwei Modelle vertreten: Pauschalentschädigungen pro Berichtsperiode und Entschädigungen nach Stundenansatz. Beide Modelle unterscheiden i.d.R. auch Mandate von unterschiedlicher Komplexität. Die kantonalen Ansätze sind sehr unterschiedlich (HÄFELI, Grundriss, Rz 21.40; BSK ZGB I-REUSSER, Art. 404 N 44 f.).

Kantonale Bestimmungen zu Entschädigung und Spesen (Art. 404 Abs. 3 ZGB)	
AG	**§ 67 EG ZGB – Pflichten der Gemeinden** ¹ Die Gemeinden sorgen dafür, dass genügend und geeignete Beiständinnen und Beistände zur Verfügung stehen. Sie schlagen der Kindes- und Erwachsenenschutzbehörde auf deren Ersuchen hin geeignete Personen vor. ² Unterlassen es die Gemeinden, Berufsbeiständinnen und Berufsbeistände zu stellen, ernennt die Kindes- und Erwachsenenschutzbehörde die nötigen Fachleute auf deren Kosten. ³ Der Regierungsrat regelt die fachlichen Anforderungen an die Beiständinnen und Beistände, deren Aktenführung sowie die Ablage und Prüfung der Rechnungen durch Verordnung. ⁴ Die Entschädigung der Beiständinnen und Beistände regelt der Regierungsrat durch Verordnung. Bei volljährigen Personen wird die Entschädigung aus deren Vermögen entrichtet. Unterschreitet das Vermögen einen vom Regierungsrat durch Verordnung festzulegenden Mindestsatz, trägt die Gemeinde die Entschädigung sowie den Spesen- und Auslagenersatz. ⁵ Bei Kindesschutzmassnahmen bevorschusst die Gemeinde die entsprechenden Kosten. Sie kann diese von den Eltern im Rahmen ihrer Unterhaltspflicht zurückfordern. **§ 13 V KESR – Entschädigung der Beiständinnen und Beistände; Allgemeines** ¹ Die Kindes- und Erwachsenenschutzbehörde bemisst die Entschädigung entweder nach dem notwendigen zeitlichen Aufwand oder nach einem nach Schwierigkeit des Mandats zu bestimmenden Pauschalbetrag. ² Der Stundenansatz beträgt Fr. 80.–. Die Entschädigung für eine zweijährige Rechnungs- beziehungsweise Berichtsperiode beträgt im Gesamten maximal

Kantonale Bestimmungen zu Entschädigung und Spesen (Art. 404 Abs. 3 ZGB)

	Fr. 20 000.–. In begründeten Einzelfällen kann vom Stundenansatz und vom Gesamtbetrag abgewichen werden. ³ Der Pauschalbetrag für eine zweijährige Rechnungs- beziehungsweise Berichtsperiode beträgt Fr. 500.– bis Fr. 4000.–. ⁴ Ausgewiesene Spesen und Auslagen sind zusätzlich zu ersetzen. Für Reisespesen gelten die §§ 4 bis 10 der Verordnung über Spesen, Sitzungsgelder und übrige Entschädigungen vom 31.1.2001. Bei geringfügigem Spesenaufwand kann eine Pauschale in der Höhe von Fr. 20.– bis Fr. 50.– gewährt werden. **§ 14 V KESR – Kostentragung** ¹ Die Gemeinde trägt die Entschädigung sowie den Spesen- und Auslagenersatz, wenn das Vermögen gemäss § 67 Abs. 4 EG ZGB im Zeitpunkt der Rechnungsablage und unter Berücksichtigung der Belastung der Entschädigung den Betrag von Fr. 15 000.– unterschreitet. ² Die Gemeinden können für den Fall, dass eine Berufsbeiständin oder ein Berufsbeistand bestellt ist (§ 66 Abs. 1 EG ZGB), diese oder diesen selbst besolden und die von der Kindes- und Erwachsenenschutzbehörde festgelegte Entschädigung sowie den Spesen- und Auslagenersatz aus dem Vermögen der verbeiständeten Person
AI	**Art. 23 EG ZGB** Ist bei der betroffenen Person kein Vermögen und kein genügendes Einkommen vorhanden, ist die von der Kindes- und Erwachsenenschutzbehörde festgesetzte Entschädigung des Beistands vom Kanton zu übernehmen (Art. 404 Abs. 1 ZGB).
AR	**Art. 54 EG ZGB – c) Entschädigung und Spesen** ¹ Die Beiständinnen und Beistände haben Anspruch auf eine Entschädigung und den Ersatz der Auslagen aus dem Vermögen der betroffenen Person gemäss Art. 404 ZGB. Die Kindes- und Erwachsenenschutzbehörde legt die Entschädigung fest. ² Die Entschädigung beträgt pro Jahr zwischen Fr. 600.– und Fr. 20 000.– zuzüglich Auslagen. ³ Bei einer Vermögensverwaltung beträgt die Entschädigung höchstens 5 Promille des verwalteten Reinvermögens. ⁴ Bei besonders schwierigen Verhältnissen, die ausserordentliche Bemühungen erfordern, kann eine Entschädigung höchstens bis zum doppelten Maximalbetrag festgelegt werden. ⁵ Ist kein Vermögen vorhanden, ist die von der Kindes- und Erwachsenenschutzbehörde festgesetzte Entschädigung von der zuständigen Berufsbeistandschaft zu tragen. ⁶ Der Regierungsrat erlässt einen Tarif.
BE	**Art. 15 Abs. 1 ZAV** Soweit die Entschädigung für eine Berufsbeiständin oder einen Berufsbeistand aus dem Vermögen der betroffenen Person bezahlt wird, tritt der Kanton in den entsprechenden Anspruch des Arbeitgebers ein (Art. 404 Abs. 1 Satz 2 ZGB).

Kantonale Bestimmungen zu Entschädigung und Spesen (Art. 404 Abs. 3 ZGB)

Art. 2 ESBV
[1] Private Beiständinnen und Beistände haben Anspruch auf eine angemessene Entschädigung und auf Ersatz der notwendigen Spesen.
[2] Berufsbeiständinnen und Berufsbeistände sind für die Führung einer Beistandschaft durch ihr Gehalt abgegolten. Ein weitergehender Anspruch steht ihnen nicht zu.

Art. 3 ESBV
[1] Die Entschädigung erfolgt entweder durch Abgeltung des gebotenen Aufwands (Entschädigung mittels Stundenansatz) oder in Form einer Jahrespauschale.
[2] Von der Möglichkeit der Jahrespauschale ist namentlich Gebrauch zu machen, wenn die Beiständin oder der Beistand in einer nahen Beziehung zur betroffenen Person steht oder aus freien Stücken bereit ist, auf eine Aufwandentschädigung zu verzichten.

Art. 4 ESBV
[1] Bei der Abgeltung des gebotenen Aufwands trägt die KESB namentlich dem Umfang und der Komplexität der von der Beiständin oder dem Beistand zu erfüllenden Aufgaben Rechnung.
[2] Der Stundenansatz beträgt höchstens 120 Franken. Bei seiner Festlegung berücksichtigt die KESB die konkreten Umstände des Einzelfalls, namentlich
a) die wirtschaftliche Situation der verbeiständeten Person,
b) die Höhe des zu verwaltenden Vermögens,
c) die berufliche und persönliche Situation der Beiständin oder des Beistands,
d) die mit der Führung der Beistandschaft übernommene Verantwortung,
e) allfällige branchenübliche Tarifansätze.
[3] Setzt die Erfüllung der Aufgaben besondere Fachkenntnisse voraus, kann der Zeitaufwand für die fachspezifische Tätigkeit mittels einer detaillierten Honorarnote nach den unteren Tarifansätzen des entsprechenden Berufsverbands in Rechnung gestellt werden.
[4] In begründeten Fällen kann die KESB von den Regeln nach den Absätzen 1 bis 3 abweichen.

Art. 5 ESBV
[1] Die Jahrespauschale beträgt
a) 1000 bis 4000 Franken für eine persönliche Betreuung mit oder ohne Rechnungsführung bei insgesamt grossem Aufwand,
b) 500 bis 2000 Franken für eine persönliche Betreuung mit Rechnungsführung,
c) bis 1000 Franken für eine persönliche Betreuung ohne Rechnungsführung bei geringem Aufwand.
[2] Bei der Festlegung der Jahrespauschale innerhalb der Tarifrahmen berücksichtigt die KESB die Kriterien nach Artikel 4 Absatz 2 Buchstaben a bis d.
[3] In begründeten Fällen kann sie von den Regeln nach den Absätzen 1 und 2 abweichen.

Kantonale Bestimmungen zu Entschädigung und Spesen (Art. 404 Abs. 3 ZGB)

Art. 6 ESBV
[1] Der Spesenersatz richtet sich
a) bei privaten Beiständinnen und Beiständen, die von einer kantonalen KESB eingesetzt worden sind, nach der kantonalen Personalgesetzgebung, wobei für die Benützung öffentlicher Verkehrsmittel Billette zweiter Klasse zu verrechnen sind,
b) bei privaten Beiständinnen und Beiständen, die von der burgerlichen KESB eingesetzt worden sind, nach dem Personalrecht der Burgergemeinde Bern,
c) bei Berufsbeiständinnen und Berufsbeiständen nach dem für sie geltenden Personalrecht.
[2] In begründeten Fällen kann die KESB von den Regeln nach Absatz 1 abweichen.
[3] Soweit Infrastrukturspesen von privaten Beiständinnen und Beiständen (Telefon-, Porto-, Papier-, Kopierkosten und dergleichen) nicht bereits in der Entschädigung enthalten sind, werden sie durch eine Infrastrukturpauschale von jährlich 100 bis 200 Franken abgegolten.

Art. 7 ESBV
[1] Die KESB legt die Art der Entschädigung (Aufwandentschädigung oder Jahrespauschale) wenn möglich bereits bei der Bestellung der Beiständin oder des Beistands fest.
[2] Über die Höhe der Entschädigung und des Spesenersatzes entscheidet sie in der Regel gleichzeitig mit der periodischen Berichts- und Rechnungsprüfung (Art. 36 Abs. 1 KESG) durch Verfügung. Die Beiständin oder der Beistand macht der KESB die dazu nötigen Angaben und reicht die erforderlichen Unterlagen ein.
[3] Im Falle der Mitwirkung der Beiständin oder des Beistands an einer Inventaraufnahme werden die Entschädigung und der Spesenersatz unmittelbar nach der Inventaraufnahme festgelegt.

Art. 8 ESBV
Bei besonders aufwendigen Beistandschaften oder Einzelgeschäften kann die KESB einer privaten Beiständin oder einem privaten Beistand eine angemessene Akontozahlung zusprechen

Art. 9 ESBV
[1] Die Entschädigung und der Spesenersatz werden aus dem Vermögen der betroffenen Person bezahlt, soweit dieses mindestens dem Wert von 15 000 Franken entspricht.
[2] Können die Mittel für die Entschädigung und den Spesenersatz nicht oder nur teilweise dem Vermögen der betroffenen Person entnommen werden, so werden die Kosten vom Kanton oder von der für die Sozialhilfe zuständigen Burgergemeinde vorfinanziert.
[3] Bei Minderjährigen werden die Kosten für die Führung einer Beistandschaft oder Vormundschaft den Eltern in Rechnung gestellt, sofern diese die Voraussetzungen nach Absatz 1 erfüllen.

Kantonale Bestimmungen zu Entschädigung und Spesen (Art. 404 Abs. 3 ZGB)	[4] Die Entschädigung von Beiständinnen und Beiständen, die mit der Überwachung des persönlichen Verkehrs gemäss Artikel 308 Absatz 2 ZGB beauftragt worden sind, werden den Eltern in der Regel je zur Hälfte belastet. **Art. 10 ESBV** [1] Soweit die Entschädigung für Berufsbeiständinnen und Berufsbeistände, die von einer kantonalen KESB eingesetzt wurden, aus dem Vermögen der betroffenen Person bezahlt wird, tritt der Kanton in den entsprechenden Anspruch des Arbeitgebers ein (Art. 404 Abs. 1 Satz 2 ZGB). [2] Der aus dem Vermögen der betroffenen Person bezahlte Spesenersatz steht dem Arbeitgeber der Berufsbeiständin oder des Berufsbeistandes zu. **Art. 11 ESBV** [1] Werden die Kosten für die Entschädigung und den Spesenersatz vorfinanziert, so ist die betroffene Person zur Nachzahlung verpflichtet, wenn sich ihre wirtschaftlichen Verhältnisse so weit verbessert haben, dass sie die Voraussetzungen von Artikel 9 Absatz 1 erfüllt und ihr eine Nachzahlung zugemutet werden kann. [2] Eine Nachzahlungspflicht besteht auch dann, wenn die betroffene Person von einer Berufsbeiständin oder einem Berufsbeistand betreut wird. Der Nachzahlungsanspruch steht in diesem Fall zu: a) dem Kanton für die Entschädigung, b) der Burgergemeinde für die Entschädigung und den Spesenersatz. [3] Beim Tod der betroffenen Person sind die Erbinnen und Erben bis zur Höhe der nach dem Schuldenabzug verbleibenden Erbschaft zur Nachzahlung der Kosten verpflichtet. **Art. 12 ESBV** [1] Die KESB, welche die Beiständin oder den Beistand eingesetzt hat, ordnet die Nachzahlung durch Verfügung an. [2] Der Nachzahlungsanspruch verjährt mit Ablauf eines Jahres, seit dem die Behörde nach Absatz 1 von seiner Entstehung Kenntnis erhalten hat, in jedem Fall aber zehn Jahre nach seiner Entstehung.
BS	**§ 25 VoKESG – Entschädigung von Mandatsträgerinnen und Mandatsträgern im Grundsatz** [1] Die KESB spricht der Mandatsträgerin oder dem Mandatsträger pro jährliche Berichtsperiode eine pauschale Entschädigung zu. Die Höhe der Entschädigung richtet sich nach dem für die Führung der Beistandschaft oder Vormundschaft notwendigen Zeitaufwand und der Komplexität der übertragenen Aufgaben sowie der persönlichen und finanziellen Verhältnisse der verbeiständeten oder bevormundeten Person. [2] Die minimale Entschädigung beträgt pro jährliche Berichtsperiode CHF 500.00, die maximale Entschädigung CHF 12 500.00. Ausnahmsweise kann bei besonderen Umständen vom Minimum und Maximum abgewichen werden. [3] Die Einzelheiten bestimmt das Reglement.

Kantonale Bestimmungen zu Entschädigung und Spesen (Art. 404 Abs. 3 ZGB)

§ 26 VoKESG – Entschädigung nach Stundenaufwand
¹ Sind für die Führung der Beistandschaft oder Vormundschaft besondere Fachkenntnisse erforderlich, legt die KESB die Entschädigung der Mandatsträgerin oder des Mandatsträgers nach Zeitaufwand fest.
² Die KESB bestimmt die entsprechenden Tätigkeitsbereiche der Mandatsträgerin oder des Mandatsträgers sowie den Stundenansatz, unter Berücksichtigung branchenüblicher Ansätze.
³ Die Einzelheiten bestimmt das Reglement.

§ 27 VoKESG – Spesenersatz
¹ Die Mandatsträgerin oder der Mandatsträger hat Anspruch auf Ersatz der Spesen, die im Rahmen ihrer bzw. seiner Mandatsführung notwendigerweise entstanden sind.
² Die Einzelheiten bestimmt das Reglement.

§ 28 – Ausrichtung der Entschädigung und des Spesenersatzes im Grundsatz
Die Entschädigung und der Spesenersatz für die Mandatsträgerin bzw. den Mandatsträger ist aus dem Vermögen der betroffenen Person zu entrichten, soweit nicht die Voraussetzungen für eine Entschädigung durch den Kanton gemäss § 29 der Verordnung gegeben sind.

§ 29 VoKESG – Ausrichtung der Entschädigung und des Spesenersatzes zu Lasten des Kantons
¹ Die Mandatsträgerinnen und Mandatsträger haben Anspruch auf Entschädigung und Spesenersatz durch den Kanton, sofern das Vermögen der betroffenen Person unter dem eineinhalbfachen Betrag der Vermögensfreigrenzen der Richtlinien der Schweizerischen Konferenz für Sozialhilfe (SKOS) liegt.
² Die Höhe der Entschädigung der Mandatsträgerin oder des Mandatsträger ist auf einen Betrag von CHF 1300 pro jährliche Berichtsperiode und geführte Massnahme beschränkt. Vorbehalten bleiben die Fälle der Entschädigung nach Stundenaufwand gemäss § 26 der Verordnung.
³ Ist die Mandatsträgerin oder der Mandatsträger Ehegattin bzw. Ehegatte, eingetragene Partnerin bzw. eingetragener Partner, Elternteil oder Nachkomme der betroffenen Person oder wird das Mandat durch eine berufliche Mandatsträgerin oder einen beruflichen Mandatsträger ausgeübt, besteht kein Anspruch auf Entschädigung zu Lasten des Kantons. Spesenersatz wird auf Gesuch hin gewährt.
⁴ Kommt die betroffene Person nachträglich in günstige finanzielle Verhältnisse, kann der Kanton sie während 10 Jahren seit Entstehung der Kosten zu deren Nachzahlung verpflichten.
⁵ Beim Tod der betroffenen Person können die Erbinnen und Erben unter solidarischer Haftung bis zur Höhe des Nettonachlasses zur Nachzahlung verpflichtet werden.

§ 30 VoKESG – Entschädigung und Spesenersatz für berufliche Mandatsträgerinnen und Mandatsträger
Die Entschädigung und der Spesenersatz für berufliche Mandatsträgerinnen und Mandatsträger richten sich nach §§ 25 bis 29 der Verordnung. 2 Die Leitung der entsprechenden Dienststelle bzw. Abteilung kann die von der KESB

	Kantonale Bestimmungen zu Entschädigung und Spesen (Art. 404 Abs. 3 ZGB)
	zugesprochene Entschädigung entsprechend den vom Departement genehmigten Richtlinien stunden oder erlassen.
FR	**Art. 11 KESG – Entschädigung und Spesenersatz** ¹ Die Schutzbehörde setzt die Entschädigung der Beiständin oder des Beistandes und den Ersatz begründeter Spesen grundsätzlich bei der periodischen Prüfung des Tätigkeitsberichts und der Rechnung fest. ² Wenn die Beträge für die Entschädigung und den Spesenersatz nicht aus dem Vermögen der betroffenen Person erhoben werden können, gehen sie zu Lasten von deren Wohnsitzgemeinde, wie es in den Artikeln 9 ff. des Sozialhilfegesetzes vom 14.11.1991 festgelegt ist. Bei Besserung der Finanzlage der betroffenen Person muss diese die Beträge zurückerstatten, die sie während der letzten zehn Jahre von der Gemeinde erhalten hat. ³ Der Staatsrat legt auf dem Verordnungsweg die Entschädigung und den Ersatz der Spesen der Beiständin oder des Beistandes fest.
GL	**Art. 91 EG ZGB** ¹ Die Kindes- und Erwachsenenschutzbehörde legt die Entschädigung und den Spesenersatz der Beiständinnen und Beistände fest. ² Können Entschädigung und Spesenersatz nicht oder nur teilweise aus dem Vermögen der betroffenen Person bezahlt werden, so sind die Kosten vom Staat zu übernehmen. ³ Der Regierungsrat erlässt die weiteren erforderlichen Bestimmungen über die Berufsbeistandschaft, die Entschädigung der Beiständinnen und Beistände, sowie die Entschädigung der Vorsorgebeauftragten. **Verordnung über die Kindes- und Erwachsenenschutzbehörde** **Art. 14 – Entschädigung und Spesenersatz** ¹ Die KESB legt die Entschädigung und den Spesenersatz der Mandatsträger in der Regel mit der Abnahme des Rechenschaftsberichtes fest. ² Die Entschädigung und der Spesenersatz werden dem verwalteten Vermögen der betreuten Person belastet oder unterstützungspflichtigen Dritten in Rechnung gestellt, soweit dies zumutbar erscheint. ³ Bei Vermögenslosigkeit oder Fehlen von unterstützungspflichtigen Dritten werden die Entschädigung und der Spesenersatz vom Staat getragen. Als vermögenslos gilt eine Person, deren Reinvermögen weniger als 20 000 Franken beträgt. ⁴ Bei Schlussberichten zufolge Tod der betreuten Person gilt eine Person als vermögenslos, deren Nachlassvermögen weniger als 10 000 Franken beträgt. **Art. 15 – Inhalt der Entschädigung** ¹ Die Entschädigung deckt den Aufwand für die den Mandatsträgern ausgewiesenen Aufgaben, in der Regel jedoch Folgendes: a) die persönliche Betreuung und Kontaktpflege; b) Kontakt zu Dritten (Amtsstellen, Heimen, Schulen, Angehörigen usw.); c) administrative Angelegenheiten, namentlich Anträge für Stipendien, Sozialhilfe und Sozialversicherungen, Ausfüllen der Steuererklärung; d) Mitwirkung bei Inventaraufnahmen e) Organisation von Haushaltauflösung, Unterkunft usw.; Rechnungsführung und Berichterstattung.

Kantonale Bestimmungen zu Entschädigung und Spesen (Art. 404 Abs. 3 ZGB)

² Werden Teile dieser Aufgaben an Dritte delegiert, kann die KESB entstehende Kosten von der Entschädigung abziehen.
³ Für Bemühungen, die nicht zu den eigentlichen Aufgaben der Mandatsträger gehören, jedoch notwendig sind, kann separat Rechnung gestellt werden, sofern die Kosten nicht ganz oder anteilmässig Dritten belastet werden können. Das Entgelt für solche Bemühungen ist vorgängig mit der KESB zu vereinbaren.

Art. 16 – Höhe der Entschädigung
¹ Die Mandatsträger erhalten für die Mandatsführung eine Entschädigungspauschale je nach Umfang und Komplexität der Aufgabe, mindestens 100 Franken, höchstens 2250 Franken pro Jahr.
² Mandatsträgern, die einen ausgewiesenen und notwendigen Mehraufwand nachweisen, kann die KESB eine zusätzliche Entschädigung ausrichten.
³ Sind mit der Mandatsführung Aufgaben verbunden, die spezifische Fachkenntnisse erfordern, kann die KESB für diese Tätigkeiten zum Voraus einen Stundenansatz vereinbaren. Die Entschädigung erfolgt in diesen Fällen nach Aufwand und aufgrund einer detaillierten Rechnung.
⁴ Die Entschädigungen werden in der Regel pro rata auf ganze Monate berechnet.
⁵ Sozialorganisationen, welche Fachpersonen für die Mandatsübernahme zur Verfügung stellen, erhalten zusätzlich zur Entschädigungspauschale:
a) eine Eröffnungspauschale von 500 Franken/Mandat oder eine Übernahmepauschale von 250 Franken/Mandat;
b) Sockelbeitrag zwischen 1000 Franken und 34 000 Franken, der je nach Anzahl Mandate mittels Leistungsvereinbarung vorgängig vereinbart wird.

Art. 17 – Spesen
¹ Spesen werden in der Regel nach effektivem und belegtem Aufwand entschädigt. Auf Antrag kann auch eine Pauschale vergütet werden.
² Für Reisen werden die Fahrspesen für die Bahn 2. Klasse vergütet. Bei Benützung eines privaten Motorfahrzeugs werden 60 Rappen pro Kilometer vergütet.

GR

Art. 17 KESV
¹ Die Entschädigung für die Führung von Beistandschaften und Vormundschaften bemisst sich in der Regel nach dem zeitlichen Aufwand, der für die sachgerechte Aufgabenerfüllung notwendig ist.
² Die Kindes- und Erwachsenenschutzbehörde kann in ihrem Entscheid über die Errichtung einer Massnahme ein Kostendach vorsehen.
³ Die konkrete Entschädigung und den Spesenersatz legt die Kindes- und Erwachsenenschutzbehörde in der Regel mit der Abnahme des Rechenschaftsberichts fest.

Art. 30 KESV
¹ Die Entschädigung der Berufsbeiständinnen und -beistände erfolgt mittels Stundenansatz. Dieser beträgt zwischen 90 und 120 Franken und wird von der Kindes- und Erwachsenenschutzbehörde festgelegt.

Kantonale Bestimmungen zu Entschädigung und Spesen (Art. 404 Abs. 3 ZGB)	
	² Die Entschädigung für die Führung von Beistandschaften und Vormundschaften im Kindesschutz erfolgt in der Regel durch eine Pauschale. Diese beträgt pro Jahr zwischen 500 und 5000 Franken und kann bei besonderer Beanspruchung angemessen erhöht, höchstens jedoch verdoppelt werden. ³ Die Entschädigung stellt einen Beitrag an die Lohn- und Infrastrukturkosten sowie die Spesen dar. **Art. 31 KESV** ¹ Private Beiständinnen und Beistände werden in der Regel durch eine Pauschale entschädigt. ² Die Entschädigungspauschale pro Jahr beträgt zwischen 500 und 5000 Franken. Bei besonderer Beanspruchung kann sie angemessen erhöht, höchstens jedoch verdoppelt werden. ³ Für ausserordentliche Verrichtungen kann eine aufwandbezogene Entschädigung festgelegt werden. Der Stundenansatz beträgt 30 Franken. ⁴ Erfordert die Beistandschaft die Ernennung einer Fachperson, kann diese für die konkreten fachspezifischen Verrichtungen nach dem üblichen Stundenansatz des entsprechenden Berufstarifs entschädigt werden. ⁵ Spesen und Barauslagen werden erstattet, sofern sie ausgewiesen sind und erforderlich waren. Eine pauschale Spesenentschädigung kann im Voraus mit der Kindes- und Erwachsenenschutzbehörde vereinbart werden. **Art. 32 KESV** Auf die Erhebung von Massnahmekosten kann teilweise oder ganz verzichtet werden, wenn das Vermögen der Eltern unter dem Freibetrag von 10 000 Franken liegt und deren Einkommen nur knapp ausreicht, um ihren Verpflichtungen nachzukommen und ihren Lebensunterhalt zu bestreiten **Art. 33 KESV** Für das Inkasso der Entschädigung, des Spesenersatzes und die Barauslagen der Berufsbeiständinnen und Berufsbeistände ist die Trägerschaft der jeweiligen Berufsbeistandschaft zuständig. **Art. 34 KESV** ¹ Sofern nicht Dritte zahlungspflichtig sind und keine öffentlich-rechtliche Unterstützungspflicht des Gemeinwesens besteht, werden die Entschädigung, der Spesenersatz sowie die Barauslagen der privaten Beiständinnen und Beistände in der Regel vorläufig durch die Kindes- und Erwachsenenschutzbehörde getragen. ² Trägt die Kindes- und Erwachsenenschutzbehörde die Kosten für Entschädigung, Spesen und Barauslagen vorläufig, geht der Rückerstattungsanspruch auf sie über.
LU	**§ 38 EG ZGB – Entschädigung und Spesen** ¹ Der Beistand oder die Beiständin hat Anspruch auf eine angemessene Entschädigung und den Ersatz der notwendigen Spesen. Entschädigung und Spesenersatz werden aus dem Vermögen der betroffenen Person bezahlt. Bei einem Berufsbeistand oder einer Berufsbeiständin fallen die Entschädigung und der Spesenersatz an den Arbeitgeber oder die Arbeitgeberin. ² Können die Entschädigung und der Spesenersatz nicht aus dem Vermögen

	Kantonale Bestimmungen zu Entschädigung und Spesen (Art. 404 Abs. 3 ZGB)
	der betroffenen Person bezahlt werden, sind diese Kosten von der unterstützungspflichtigen Gemeinde zu tragen. ³ Der Regierungsrat regelt die Höhe der Entschädigung und den Spesenersatz. **§ 20 V-KES – Entschädigung und Spesenersatz für die Betreuungsperson** ¹ Die Entschädigung für die Betreuungsperson bemisst sich in der Regel nach dem zeitlichen Aufwand und den Anforderungen an die Mandatsführung. Der Stundenansatz beträgt zwischen 30 und 120 Franken. Fahrspesen und Auslagen werden entsprechend den Ansätzen der Besoldungsverordnung für das Staatspersonal vom 24.9.2002 separat entschädigt. ² Verlangt die Massnahme den Einsatz einer privaten Fachperson, kann diese nach dem entsprechenden Berufstarif oder nach den üblichen Ansätzen mit einem Abzug von 15 Prozent entschädigt werden. **§ 21 V-KES – Kostentragung** ¹ Die betroffene Person trägt die Kosten für die Amtshandlungen und für die Massnahmen, einschliesslich Entschädigung und Spesenersatz für die Betreuungsperson gemäss den Ansätzen von § 20. Ist die betroffene Person minderjährig, tragen die Eltern die Kosten. ² Beträgt das steuerrechtliche Reinvermögen der betroffenen Person nicht mehr als 12 000 Franken oder bei Ehepaaren nicht mehr als 18 000 Franken, trägt das unterstützungspflichtige Gemeinwesen die Kosten für die Massnahmen. ³ Einer betroffenen Person in wirtschaftlich günstigen Verhältnissen kann die Kindes- und Erwachsenenschutzbehörde die vollen Kosten auferlegen.
NW	**Art. 41 EG ZGB – 1. Behördliche Massnahmen im Erwachsenenschutzverfahren** Im Rahmen des Erwachsenenschutzverfahrens trägt die betroffene Person die Kosten des Einschreitens der Kindes- und Erwachsenenschutzbehörde und der angeordneten Massnahmen wie insbesondere für die: 1. Anordnung und Aufhebung von Erwachsenenschutzmassnahmen; 2. Einsetzung von Beiständinnen oder Beiständen inklusive Entschädigung für die Mandatsführung; 3. Bericht- und Rechnungsabnahme; 4. Anstaltsunterbringung. **Art. 42 EG ZGB – 2. Behördliche Massnahmen im Kindesschutzverfahren** ¹ Im Rahmen des Kindesschutzverfahrens tragen die Eltern in der Regel die Kosten für: 1. das Einschreiten der Kindes- und Erwachsenenschutzbehörde, sofern dieses zur Anordnung einer Massnahme führt; 2. die Anordnung einer Massnahme; 3. die angeordnete Massnahme. ² Sind die Eltern dazu nicht in der Lage, trägt das Kind die Kosten nach Ermessen der Kindes- und Erwachsenenschutzbehörde, soweit es sich in wirtschaftlich guten Verhältnissen befindet. **Art. 43 EG ZGB – 3. Kostentragung bei Mittellosigkeit** ¹ Verfügen die kostenpflichtigen Personen nicht über hinreichende finanzielle Mittel, trägt der Kanton die Kosten.

	Kantonale Bestimmungen zu Entschädigung und Spesen (Art. 404 Abs. 3 ZGB)
	² Er kann sie auf dem zivilrechtlichen Weg bei den nach Art. 328 ZGB unterstützungspflichtigen Verwandten geltend machen.
	Art. 45 EG ZGB – Entschädigung von Beiständinnen und Beiständen ¹ Der Anspruch der Beiständinnen und Beistände auf Entschädigung aus dem Vermögen der betroffenen Person richtet sich nach Art. 404 Abs. 1 ZGB. ² Der Regierungsrat erlässt in einer Vollziehungsverordnung die Ausführungsbestimmungen gemäss Art. 404 Abs. 3 ZGB.
OW	**Art. 25 EV KESR – Entschädigung und Spesenersatz** Der Regierungsrat regelt in Ausführungsbestimmungen die Entschädigung und den Spesenersatz für die Beiständin oder den Beistand. **Art. 4 AB V KESR – Allgemeines** ¹ Die Kindes- und Erwachsenenschutzbehörde legt die Entschädigung und den Spesenersatz der Beiständinnen und Beistände in der Regel mit der Abnahme des Rechenschaftsberichtes fest. ² Die Entschädigung und der Spesenersatz werden dem verwalteten Vermögen der betreuten Person belastet oder unterstützungspflichtigen Dritten in Rechnung gestellt, soweit dies zumutbar erscheint. ³ Bei Vermögenslosigkeit oder Fehlen von unterstützungspflichtigen Dritten werden die Entschädigung und der Spesenersatz von der zuständigen Einwohnergemeinde getragen. Als vermögenslos gilt eine Person, deren Reinvermögen weniger als Fr. 25 000.– beträgt. ⁴ Bei Schlussberichten zufolge Tod der betreuten Person werden die Entschädigung und der Spesenersatz dem Nachlassvermögen belastet, soweit dieses ausreicht. Die restlichen Kosten trägt die zuständige Einwohnergemeinde. ⁵ Private Mandatsträger können auf eine Entschädigung zu Gunsten des Vermögens der betreuten Person verzichten. Der Verzicht ist bei Abnahme des Rechenschaftsberichtes ausdrücklich der Kindes- und Erwachsenenschutzbehörde mitzuteilen. ⁶ Die Kindes- und Erwachsenenbehörde kann in einem Reglement die Entschädigung und den Spesenersatz näher regeln. **Art. 5 AB V KESR – Bemessung der Entschädigung** ¹ Die Entschädigung richtet sich nach dem Umfang und der Komplexität der Aufgaben, die den Beiständinnen und Beiständen durch das eidgenössische oder kantonale Recht sowie durch die Kindes- und Erwachsenenschutzbehörde zugewiesen werden. ² Bemühungen, die nicht zu den eigentlichen Aufgaben der Beiständinnen oder Beistände gehören, jedoch notwendig sind, können separat entschädigt werden. ³ Solche Bemühungen sind vorgängig mit der Kindes- und Erwachsenenschutzbehörde zu vereinbaren. **Art. 6 AB V KESR – Höhe der Entschädigung und des Spesenersatzes** ¹ Die Entschädigung der Beiständin oder des Beistandes für die Mandatsführung beträgt mindestens Fr. 350.–, jedoch höchstens Fr. 5000.– pro Jahr. ² Ausnahmsweise kann eine höhere Entschädigung festgelegt werden, wenn sehr umfangreiche, komplexe oder spezielle Aufgaben übertragen wurden.

Kantonale Bestimmungen zu Entschädigung und Spesen (Art. 404 Abs. 3 ZGB)

	³ Fahrspesen werden zusätzlich mit einer jährlichen Pauschale im Betrage von Fr. 100.– bis maximal Fr. 300.–, je nach Aufwand, abgegolten. Höhere Fahrspesen sind gesamthaft detailliert auszuweisen. ⁴ Für die Barauslagen wie Porti, Telefon usw. kann anstelle einer detaillierten Abrechnung eine Jahrespauschale von in der Regel Fr. 200.– bezogen werden. Höhere Barauslagen sind gesamthaft detailliert auszuweisen. **Art. 7 AB V KESR – Entschädigung von privaten Fachpersonen** ¹ Für die Entschädigung von privaten Fachpersonen, insbesondere von Rechtsanwälten und Treuhändern, gelten grundsätzlich die Ansätze gemäss Art. 6 dieser Ausführungsbestimmungen. ² Sind mit der Mandatsführung Aufgaben verbunden, die spezifische Fachkenntnisse voraussetzen und sich nicht mit den Aufgaben der Beiständin oder des Beistandes decken, kann die Entschädigung gemäss detaillierten Honorarnoten nach Ermessen festgesetzt werden. Soweit vorhanden sind die unteren Tarife des jeweiligen Berufsverbundes heranzuziehen.
SG	**Art. 32 EG KESR** Die Regierung regelt durch Verordnung die Grundsätze der Entschädigung und des Spesenersatzes der Beiständin oder des Beistandes.
SH	**Art. 58 EG KESR** ¹ Die Entschädigung des Beistandes beträgt pro Jahr zwischen Fr. 500.– und Fr. 3000.– zuzüglich der notwendigen Spesen. ² Bei besonders schwierigen Verhältnissen, die ausserordentliche Mühe erfordern, kann eine höhere Entschädigung zugebilligt werden. ³ Bei einem Reinvermögen von weniger als Fr. 25 000.– erfolgt die Entschädigung des privaten Beistandes vorab aus der Staatskasse; die Kindes- und Erwachsenenschutzbehörde fordert die Beträge jährlich von den Berufsbeistandschaften zurück. ⁴ Der Regierungsrat regelt das Nähere.
SO	**Art. 119 EG ZGB – C. Entschädigung für die Mandatsführung – Art. 314, 327c, 392 und 404 ZGB – I. Kostentragung** ¹ Die von der Massnahme betroffene Person hat die Kosten der Mandatsführung zu tragen, sofern sie nicht als bedürftig im Sinne der Bestimmungen über die unentgeltliche Rechtspflege gilt. ² Der Mandatsträger hat spätestens zum Zeitpunkt der Berichterstattung einen Antrag mit Begründung darüber zu stellen, von wem und zu welchen Anteilen die Entschädigung und Auslagen zu tragen sind. **§ 120 Abs. 1 EG ZGB – II. Höhe der Entschädigung** ¹ Die durch die Kindes- und Erwachsenenschutzbehörde festzulegende Entschädigung und der notwendige Auslagenersatz für Mandatsträger richten sich nach dem kantonalen Gebührentarif.
SZ	**§ 31 EG ZGB – 2. Entschädigung und Spesen** ¹ Der Beistand hat Anspruch auf Entschädigung und Spesenersatz nach Massgabe von Art. 404 Abs. 1 und 2 ZGB. ² Ist kein Vermögen vorhanden, trägt der Kanton die Entschädigung und den Spesenersatz. ³ Der Regierungsrat erlässt die weiteren Ausführungsbestimmungen.

Kantonale Bestimmungen zu Entschädigung und Spesen (Art. 404 Abs. 3 ZGB)

§ 16 VV KESR – Entschädigung
[1] Der Mandatsträger erhält je nach den Anforderungen an die Mandatsführung, der Höhe des Vermögens und dem zeitlichen Aufwand eine Entschädigung zwischen Fr. 50.– und Fr. 180.– pro Stunde.
[2] Die Entschädigung kann bei ausgewiesenem ausserordentlichem Aufwand erhöht werden.
[3] Verlangt die Massnahme den Einsatz einer privaten Fachperson, kann diese nach dem entsprechenden Berufstarif oder nach den üblichen Ansätzen mit einem Abzug von 20 Prozent entschädigt werden.

§ 17 VV KESR – Spesenersatz
Fahrspesen und Auslagen richten sich nach den Ansätzen der Vollzugsverordnung zur Personal- und Besoldungsverordnung vom 4. Dezember 2007.

§ 18 VV KESR – Kostentragung
[1] Die betroffene Person trägt die Kosten für die Amtshandlungen, die Massnahmen sowie die Entschädigung und den Spesenersatz für den Beistand. Ist die betroffene Person minderjährig, tragen die Eltern die Kosten.
[2] Beträgt das Reinvermögen der betroffenen Person nicht mehr als Fr. 15 000.– oder bei Ehepaaren nicht mehr als Fr. 25 000.–, kann auf eine Kostenerhebung verzichtet werden.

TG

§ 51 EG ZGB
Das Obergericht regelt Entschädigung und Ersatz der Spesen im Sinne von Artikel 404 Absatz 3 ZGB.

§ 88 KESV
[1] Die Kindes- und Erwachsenenschutzbehörde legt die Entschädigung der Beiständin oder des Beistands entweder nach dem notwendigen zeitlichen Aufwand oder nach einem entsprechend der Schwierigkeit des Mandats zu bestimmenden Pauschalbetrag fest.
[2] Der Stundenansatz beträgt je nach Anforderungen Fr. 50.– bis Fr. 70.–. Dieser Ansatz kann bei besonders schwierigen und komplexen Fällen ausnahmsweise bis maximal auf das Doppelte erhöht werden.
[3] Der Pauschalbetrag für eine zweijährige Rechnungs- oder Berichtsperiode betragt in der Regel Fr. 1000.– bis Fr. 10 000.–.
[4] Erfordert die Beistandschaft den Einsatz einer privaten Fachperson, kann diese nach den üblichen Ansätzen oder Berufstarifen entschädigt werden.
[5] Spesen und Auslagen, wie insbesondere Fahrspesen für Besuche bei der betroffenen Person im Rahmen der persönlichen Fürsorge, sind zusätzlich zu ersetzen; die entsprechenden Kosten sind soweit möglich zu belegen. Massgebend für die Spesenansätze sind die Bestimmungen der Verordnung des Regierungsrates über die Rechtsstellung des Staatspersonals. Bei geringem Spesenaufwand können pauschale Spesen von Fr. 100.– bis Fr. 400.– pro Jahr zugesprochen werden.
[6] Wird die Tätigkeit als Beiständin oder Beistand in Erfüllung einer sittlichen Pflicht geleistet, kann die Entschädigung auf Spesen und Auslagen beschränkt werden.
[7] Bei privaten Beiständinnen und Beistanden rechnet die Behörde gegebenenfalls die Sozialversicherungsbeiträge ab.

Kantonale Bestimmungen zu Entschädigung und Spesen (Art. 404 Abs. 3 ZGB)	
	§ 89 KESV [1] Die Kosten für die Entschädigung an die Beiständin oder den Beistand samt Spesen und Auslagen sind von der betroffenen Person zu tragen. [2] Verstirbt die betroffene Person, sind die Kosten aus ihrem Nachlass zu bezahlen. [3] Können die Entschädigung und der Spesen- und Auslagenersatz nicht oder nur teilweise aus dem Vermögen der betroffenen Person bezahlt werden, sind diese Kosten von der Politischen Gemeinde zu tragen, in welcher die betroffene Person ihren Wohnsitz oder Aufenthalt hat.
UR	**Art. 19 EG KESR – Entschädigung der Beiständin oder des Beistands** [1] Die Kindes- und Erwachsenenschutzbehörde legen die Entschädigung und den Ersatz der Spesen für die Beiständin oder den Beistand fest. [2] Soweit die Entschädigung und der Ersatz der Spesen nicht aus dem Vermögen der betroffenen Person bezahlt werden können, trägt der Kanton die Kosten. [3] Der Regierungsrat erlässt Richtlinien für die Entschädigung und den Spesenersatz. **Reglement zum EG KESR** **Art. 9 – Richtlinien zur Entschädigung/a) Grundsatz** [1] Die Beiständin oder der Beistand wird in der Regel bei der Abnahme des Rechenschaftsberichts pauschal entschädigt. [2] Die Pauschalentschädigung gilt für eine zweijährige Berichtsperiode. Dauerte der Betreuungsauftrag nicht zwei Jahre, wird die Pauschalentschädigung anteilmässig geleistet. [3] Mit der Pauschalentschädigung sollen namentlich folgende Leistungen der Beiständin oder des Beistands abgegolten werden: a) soziale Betreuung und Kontaktpflege; b) Kontakte mit Amts- und Fürsorgestellen, Heimen usw.; c) Mitwirkung bei der Inventaraufnahme; d) Rechnungsführung und Rechenschaftsbericht; e) Steuererklärung und Verrechnungssteuerantrag; f) Anträge für Sozialhilfeleistungen, wie AHV/IV, Ergänzungsleistungen, Versicherungsleistungen, Stipendien und dergleichen; g) Organisation von Therapiestellen, Unterkunft, Haushaltsauflösungen usw. [4] Werden Teile dieser Aufgaben nicht erfüllt oder Dritten delegiert, mindert sich die Pauschalentschädigung entsprechend. [5] Ausserordentliche Leistungen sind besonders zu entschädigen, sofern sie im Voraus mit der Kindes- und Erwachsenenbehörde vereinbart worden sind. **Art. 10 – b) Höhe der Pauschalentschädigung** [1] Die Pauschalentschädigung soll betragen: a) fünf Prozent der verwalteten laufenden Einkünfte (ohne Rückerstattungen, Ergänzungsleistungen, Sozialhilfeleistungen und Liegenschafts und Kapitalerträge);

Kantonale Bestimmungen zu Entschädigung und Spesen (Art. 404 Abs. 3 ZGB)

b) drei Prozent des Bruttoliegenschaftsertrags, sofern die Beiständin oder der Beistand die Verwaltung selbst besorgt;
c) drei Promille des verwalteten Vermögens (ohne Liegenschaften).

² Die Entschädigungen nach Absatz 1 werden kumuliert.

³ Betreut die Beiständin oder der Beistand einen Minderjährigen ohne die Pflicht, eine Rechnung zu führen, soll ihr oder ihm die Mindestentschädigung nach Artikel 11 ausgerichtet werden.

Art. 11 – c) Mindestentschädigung

¹ Sofern die nach Artikel 10 berechnete Entschädigung die nachstehenden Richtwerte unterschreitet, soll der Beiständin oder dem Beistand für die zweijährige Berichtsperiode folgende Entschädigung zugesprochen werden:
a) 2400 Franken bei einer Betreuung mit Rechnungsführung;
b) 2000 Franken bei einer Betreuung ohne nennenswerten Geldverkehr oder bei Rechnungsführung ohne nennenswerte Betreuung;
c) 1000

² In begründeten Fällen soll die Mindestentschädigung nach Absatz 1 nach oben oder unten korrigiert werden. Abweichungen sollen begründet werden.
Franken bei geringem Aufwand ohne Rechnungsführung.

Art. 13 – Auszahlung der Entschädigung

¹ Die Entschädigung der Beiständin oder des Beistands wird dem Vermögen der betreuten Person belastet, wenn dieses 15 000 Franken übersteigt. Andernfalls bevorschusst der Kanton die Entschädigung.

² Die beschlossene Entschädigung ist der betreuten Person mit einer Verfügung zu eröffnen.

Art. 14 – Auszahlung der Spesen und der Barauslagen

¹ Die Barauslagen und die Spesen der Beiständin oder des Beistands werden aus dem Vermögen der betreuten Person bezahlt.

² Übersteigt das betreute Vermögen 15 000 Franken, kann die Beiständin oder der Beistand ihre oder seine Spesen und Barauslagen laufend aus dem betreuten Vermögen beziehen. Andernfalls bevorschusst der Kanton die Spesen und die Barauslagen.

Art. 15 – Beim Tod der betreuten Person

Stirbt die betreute Person, werden sämtliche noch ausstehenden Entschädigungen, Spesen und Barauslagen aus dem Vermögen der betreuten Person bezahlt.

Art. 16

Die Richtlinien für die Entschädigung, die Barauslagen und die Spesen der Beiständin oder des Beistands gelten sinngemäss für den Vormund einer oder eines Minderjährigen.

VS

Art. 34 VKES – Kosten und Entschädigungen

¹ Die eidgenössische Zivilprozessordnung definiert die Begriffe der Kosten und Entschädigungen und beschliesst ihre Verteilung und Liquidation.

² Die Kriterien für die Festsetzung des Gebührentarifs und der Auslagen sind im GTar aufgeführt, insbesondere in den Artikel 18 und 34.

Kantonale Bestimmungen zu Entschädigung und Spesen (Art. 404 Abs. 3 ZGB)

ZG	**§ 47 EG ZGB – Entschädigung und Spesen** ¹ Die Beiständin oder der Beistand hat Anspruch auf eine Entschädigung und den Ersatz der notwendigen Spesen, die aus dem Vermögen der betroffenen Person ausgerichtet werden. ² Ist kein Vermögen vorhanden, ist die von der Kindes- und Erwachsenenschutzbehörde festgesetzte Entschädigung vom Kanton zu tragen. ³ Der Regierungsrat erlässt eine Gebührenordnung über die Entschädigung und den Spesenersatz unter Berücksichtigung des Aufwandes für Verwaltung und des Vermögens.
ZH	**§ 21 EG KESR** ¹ Die Entschädigung für die Führung einer Beistandschaft beträgt für eine zweijährige Berichtsperiode Fr. 1000 bis Fr. 25 000. ² Der Spesenersatz richtet sich a. bei privaten Mandatsträgerinnen und Mandatsträgern nach dem für die Mitglieder der KESB geltenden Personalrecht, b. bei Berufsbeiständinnen und Berufsbeiständen nach dem für sie geltenden Personalrecht. ³ In begründeten Fällen kann die KESB von den Regelungen nach Abs. 1 und 2 abweichen. ⁴ Der Regierungsrat regelt die Einzelheiten in einer Verordnung. **§ 22 EG KESR** ¹ Soweit Entschädigung und Spesenersatz nicht aus dem Kostentragung Vermögen der betroffenen Person bezahlt werden können, trägt die Kosten jene Gemeinde, in der die betroffene Person zivilrechtlichen Wohnsitz hat. ² Kommt die betroffene Person nachträglich in günstige wirtschaftliche Verhältnisse, kann die Gemeinde sie zur Nachzahlung der Kosten verpflichten. ³ Beim Tod der betroffenen Person können die Erbinnen und Erben bis zur Höhe der nach dem Schuldenabzug verbleibenden Erbschaft zur Nachzahlung der Kosten verpflichtet werden. ⁴ In den Fällen von Art. 442 Abs. 2 ZGB trägt bis zur Übernahme des Verfahrens durch die Wohnsitzbehörde die Gemeinde am Aufenthaltsort der betroffenen Person die Kosten gemäss Abs. 1. **§ 24 EG KESR** ¹ Die Entschädigung und der Spesenersatz für private Mandatsträgerinnen und Mandatsträger richten sich nach § 21. ² Für Berufsbeiständinnen und Berufsbeistände richtet sich a) die Entschädigung nach dem Kinder- und Jugendhilfegesetz vom 14.3.2011 (KJHG), b) der Spesenersatz nach § 21 Abs. 2 lit. b. ³ Bei erheblichem Kindesvermögen kann die Entschädigung auch für Berufsbeiständinnen und Berufsbeistände nach § 21 festgesetzt werden. **§ 25 EG KESR** ¹ Die Kostentragung für die Führung von Beistandschaften durch private Mandatsträgerinnen und Mandatsträger und durch Berufsbeiständinnen und Berufsbeistände richtet sich nach dem KJHG.

> **Kantonale Bestimmungen zu Entschädigung und Spesen (Art. 404 Abs. 3 ZGB)**
>
> ² Bei erheblichem Kindesvermögen können die Entschädigung und der Spesenersatz diesem belastet werden.
>
> **§ 26 EG KESR**
> Die Bestimmungen für die Beiständinnen und Beistände gelten sinngemäss für die Vormundinnen und Vormunde.
> S. ferner:
>
> **Verordnung vom 3. Oktober 2012 über Entschädigung und Spesenersatz bei Beistandschaften (ESBV; LS 232.35).**

Fünfter Unterabschnitt: Die Führung der Beistandschaft

Literatur

AFFOLTER, Zur Inventarisierung und Verwendung verbeiständeter Vermögen, ZVW 2004, 212 ff (zit. Inventarisierung); BRACK/GEISER (Hrsg.), Aktenführung in der Sozialarbeit, 4. Aufl., Bern 2009 (zit. Aktenführung); BREITSCHMID/KAMP, Vermögensverwaltung im Bereich des Kindes- und Erwachsenenschutzes, in: Rosch/Wider (Hrsg.), Festschrift für Professor Christoph Häfeli zum 70. Geburtstag, Bern 2013, 155 ff. (zit. FS Häfeli); DÖRFLINGER, Zusammenarbeit zwischen KESB und den Banken – Art. 9 der Verordnung über die Vermögensverwaltung (VBVV); ELSENER, Das Vormundschaftsgeheimnis, Die Schweigepflicht der vormundschaftlichen Organe und Hilfsorgane, Diss. Zürich 1993 (zit. Schweigepflicht); GEISER, Zu den Wirkungen des öffentlichen Vormundschaftsinventars, ZVW 1998, 222 ff.; GEISER, Vermögenssorge im Erwachsenenschutzrecht, ZKE 2013, 329 ff.; HÄFELI, Der Entwurf für die Totalrevision des Vormundschaftsrechts, Mehr Selbstbestimmung und ein rhetorisches (?) Bekenntnis zu mehr Professionalität, FamPra.ch 2007, 1 ff.; DERS., Die Vermögensanlage im Rahmen vormundschaftlicher Mandate aus rechtlicher und sozialarbeiterischer Sicht, ZVW 2001, 309 ff.; HEGNAUER, Das Wohl des Mündels als Maxime der Vormundschaft, ZVW 1984, 81 ff.; KOKES, Vermögensanlage im Rahmen von vormundschaftlichen Mandaten – Ergänzungen zu den gleichnamigen Empfehlungen der VBK vom September 2001, ZVW 2009, 199 ff (zit. KOKES, ZVW 2009); ROSCH/GARIBALDI/PREISCH, Zusammenarbeit zwischen Kindes- und Erwachsenenschutzbehörde und Berufsbeistandschaft. Anspruch, Hoffnung und Wirklichkeit, ZKE 2012, 404 ff.; SENN, Mündelsichere Kapitalanlagen, Diss. Zürich 1972; SBVg/KOKES, Empfehlungen der SBVg und der KOKES vom 25.7.2013 zur Vermögensverwaltung gemäss Kindes- und Erwachsenenschutzrecht («www.kokes.ch», dort: Dokumentation, Empfehlungen (27.7.2014; zit. SBVg/KOKES, Empfehlungen); VBK, Empfehlungen für die Vermögensanlage im Rahmen von vormundschaftlichen Mandaten, ZVW 2001, 332 ff. (<http://www.kokes.ch>, dort: Dokumentation, Empfehlungen; 27.7.2014; zit. VBK, ZVW 2001); VOLL/JUD/MEY/HÄFELI/STETTLER, Zivilrechtlicher Kindesschutz: Akteure, Prozesse, Strukturen, Luzern 2008; ZOBRIST, Zehn Basisstrategien zur Förderung der Veränderungsmotivation und zum Umgang mit Widerstand im Kindes- und Erwachsenenschutz, ZKE 2010, 431 ff.; DERS., Die psychosoziale Dimension der vormundschaftlichen Arbeit im Zwangskontext, ZVW 2008, 465 ff.; DERS., Methodische Aspekte zwischen Selbst- und Fremdbestimmung, ZKE 2012, 388 ff.

Vorbemerkungen zu Art. 405–414

Die Bestimmungen über die Führung der Beistandschaft umfassen lediglich noch 10 Artikel (Art. 405–414), wobei auch noch Art. 420 (Achter Unterabschnitt: Besondere Bestimmungen für Angehörige) in diesen Zusammenhang gehört. Das Vormundschaftsrecht von 1912 widmete diesem Thema in den beiden Abschnitten über das Amt des Vormundes und das Amt des Beistandes mit 23 Artikeln mehr als doppelt so viele Bestimmungen. 1

Dennoch wird das Verhältnis des Beistands zur betreuten Person konkreter geregelt und neu auch die Sorgfalts- und Verschwiegenheitspflicht explizit normiert (Art. 413). Die persönliche Fürsorge und das Selbstbestimmungsrecht der betreuten Person erhalten ein grösseres Gewicht, während auf eine ausführliche Regelung der Vermögensverwaltung verzichtet wird. Der Bundesrat hat jedoch Bestimmungen über die Anlage und die Aufbewahrung des Vermögens erlassen (Art. 408 Abs. 3). Schliesslich stellen auch die Empfehlungen der SBVg und der KOKES vom 25.7.2013 zur Vermögensverwaltung gemäss Kindes- und Erwachsenenschutzrecht (SBVg/KOKES, Empfehlungen) eine wichtige Hilfe bei der Umsetzung der neuen Bestimmungen über die Führung der Beistandschaft dar. 2

Das neue Recht verzichtet auch auf die Bestimmung über die Amtsdauer (wie in Art. 415 aZGB), und die Entschädigung und Spesen werden im Unterabschnitt über den Beistand geregelt (Art. 404). 3

Art. 405

A. Übernahme des Amtes

¹ Der Beistand oder die Beiständin verschafft sich die zur Erfüllung der Aufgaben nötigen Kenntnisse und nimmt persönlich mit der betroffenen Person Kontakt auf.

² Umfasst die Beistandschaft die Vermögensverwaltung, so nimmt der Beistand oder die Beiständin in Zusammenarbeit mit der Erwachsenenschutzbehörde unverzüglich ein Inventar der zu verwaltenden Vermögenswerte auf.

³ Wenn die Umstände es rechtfertigen, kann die Erwachsenenschutzbehörde die Aufnahme eines öffentlichen Inventars anordnen. Dieses hat für die Gläubiger die gleiche Wirkung wie das öffentliche Inventar des Erbrechts.

⁴ Dritte sind verpflichtet, alle für die Aufnahme des Inventars erforderlichen Auskünfte zu erteilen.

Literatur

Vgl. die Literaturhinweise zur Einführung.

I. Norminhalt

1 Die Bestimmung enthält sowohl eine **allgemeine Umschreibung der Pflichten** des Beistands bei der Übernahme des Amtes (Abs. 1) als auch **konkrete Anweisungen zur Inventaraufnahme**, in Fällen, in denen die Beistandschaft die Vermögensverwaltung umfasst (Abs. 2 und 3), sowie die **Verpflichtung von Dritten**, die für die Aufnahme des Inventars erforderlichen Auskünfte zu erteilen (Abs. 4).

2 Der Erwachsenenschutz umfasst Personensorge, Vermögenssorge und Vertretung in einem oder beiden dieser Bereiche. Die Aufgaben im Einzelfall ergeben sich aus dem jeweiligen massgeschneiderten «individuellen Betreuungsportfolio» (HÄFELI, FamPra.ch 2007, 10).
Die Beiständin hat sich für die zur Erfüllung der ihr übertragenen Aufgaben erforderlichen Kenntnisse zu verschaffen; diese Bestimmung ist im Lichte der massgeschneiderten und damit hochgradig individualisierten Massnahmen des neuen Rechts zu sehen. Die Verpflichtung, **persönlich mit der betroffenen Person Kontakt aufzunehmen**, ist Ausdruck der grösseren Bedeutung der persönlichen Betreuung (Botschaft Erwachsenenschutz, 7052). Aus der Sicht professioneller Sozialarbeit handelt es sich dabei um eine Selbstverständlichkeit.

2a Die persönliche Kontaktaufnahme hat auch bei Beistandschaften zu erfolgen, in denen die persönliche Betreuung eine untergeordnete Rolle spielt, namentlich auch wenn sich die betroffene Person in einer stationären Einrichtung befindet und die Kommunikation durch deren Gesundheit eingeschränkt oder gar unmöglich ist. Die Beiständin und die betreute Person sollen sich persönlich kennen lernen. Dies ist die Voraussetzung für die Verwirklichung der Leitlinien für das Handeln der Beiständin: die Interessenwahrung, die Rücksichtnahme auf deren Meinung, die Achtung des Willens, das Leben entsprechend ihren Fähigkeiten nach eigenen Wünschen zu gestalten, der Aufbau eines Vertrauensverhältnisses sowie nach Möglichkeit den Schwächezustand zu lindern oder eine Verschlimmerung zu verhindern (BSK ZGB I-AFFOLTER, Art. 405 N 12 f.; HÄFELI, Grundriss, N 22.07 f.;).

3 Die Bestimmungen über die Inventaraufnahme im Falle der Vermögensverwaltung sind unverändert gegenüber dem früheren Recht: die Inventaraufnahme ist richtigerweise weiterhin eine **gemeinsame Aufgabe von Mandatsträgern und Behörde** (Abs. 2) und auch die Möglichkeit der KESB, namentlich bei unklaren Vermögensverhältnissen, ein öffentliches Inventar anzuordnen, das für die Gläubiger die gleiche Wirkung hat wie das öffentliche Inventar des Erbrechts, hat sich in der Praxis als zweckmässig erwiesen.

4 Die ausdrückliche Verpflichtung von Dritten, alle für die Aufnahme des Inventars erforderlichen Auskünfte zu erteilen, ist Art. 581 Abs. 2 nachgebildet (Botschaft Erwachsenenschutz, 7052); sie dient der Klarheit und soll unnötige Erschwernisse bei der Erstellung von Inventaren verhindern. Mit dem Erlass der bundesrätlichen Verordnung über die Vermögensverwaltung im Rahmen einer Beistandschaft

(VBVV, SR 211.223.11), welche Rechte und Pflichten der KESB und der Beiständin bei der Vermögensverwaltung enthält, gewinnt das Eingangsinventar zusätzliche Bedeutung.

II. Die Inventaraufnahme im Besonderen

1. Das «gewöhnliche» Vermögensinventar

Das Inventar bildet **die Grundlage für die Rechnungsführung und Vermögensverwaltung** durch den Beistand. Es ist deshalb «unverzüglich» aufzunehmen, d.h. vor den ersten den Vermögensstand beeinflussenden Dispositionen (BSK ZGB I-GULER, aArt. 398 N 3 f.; AFFOLTER, Inventarisierung, 214 ff.). **Die Verantwortung für die sofortige Aufnahme trägt primär die KESB.** Für die Auslegung des Begriffs «unverzüglich» bietet ein Bundesgerichtsentscheid vom 2.12.2008 Anhaltspunkte. Das BGer hat die Mitglieder einer Vormundschaftsbehörde haftbar gemacht für den Vermögensschaden, der einer verbeiständeten Person entstand, weil die Behörde nicht auf einer fristgerechten Erstellung des Eingangsinventars beharrte und mehrere Monate wartete, bis sie die Beiständin in ihrem Amt einstellte (BGE 135 III 198). Sollte die Behörde untätig bleiben, hat jedoch der Mandatsträger diese zum Handeln aufzufordern (BSK ZGB I-GULER, aArt. 398 N 3 m.H.). Sachlich korrekt und zweckmässig ist es jedoch, wenn die Behörde die Federführung hat. Namentlich private Mandatsträger sind rasch einmal überfordert ohne entsprechende Anleitung (Fragebogen zum Besitzstandsinventar in: KOKES, Rz 7.18; HÄFELI, Grundriss, Rz 22.12).

5

Das Inventar hat **alle Aktiven und Passiven** zu enthalten, also auch allfälliges Geschäftsvermögen oder Anteile daran, so wie Anteile an einer unverteilten Erbschaft. Unter den Begriff des aktiven Vermögens fallen Bargeld, Konti, Wertschriften, BVG-Ansprüche, Freizügigkeitskapitalien, Sammlungen, wertvolle Kunstgegenstände sowie Tiere, die zu Vermögens- und Erwerbszwecken gehalten werden (jedoch nicht Haustiere). Weiter fallen darunter Ansprüche und Berechtigungen gegenüber Familienstiftungen und Trusts, Fahrhabe, Schmuck und Liegenschaften (BSK ZGB I-AFFOLTER, Art. 405 N 19 ff.).

6

Auf die Aufnahme eines Inventars kann nicht verzichtet werden. Dies ergibt sich aus Art. 405 Abs. 2 i.V.m. Art. 395. Bei einfachen Vermögensverhältnissen und wenn lediglich ein Konto zu verwalten und kein anderes Vermögen vorhanden ist, genügt wohl ein Kontoauszug und die Feststellung, dass keine weiteren Vermögenswerte vorhanden sind.

6a

Die Genehmigung des Besitzstandsinventars erfolgt in einem rechtsmittelfähigen Beschluss (KOKES, Rz 7.19). Dieser enthält nötigenfalls auch Anweisungen für die Umwandlung von Vermögensanlagen, die im Zeitpunkt der Errichtung der Beistandschaft die Voraussetzungen nach Art. 6 und 7 der VBVV nicht erfüllen (Art. 8 VBVV).

6b

Die regelmässigen Einkünfte und Verpflichtungen gehören nicht zum eigentlichen Inventar. Da das Inventar jedoch die Grundlage für die gesamte Rechnungsführung sowie Einkommens- und Vermögensverwaltung darstellt, ist es zweck-

7

mässig, die entsprechenden Angaben mindestens in einem Anhang aufzuführen (BSK ZGB I-Affolter, Art. 405 N 19).

7a Das Gesetz äussert sich nicht zum Stichtag, auf den das Inventar aufgenommen werden soll. In Frage kommen das Datum der Massnahmenerrichtung oder das Datum der Rechtskraft der Massnahme. Aus Gründen der Rechtssicherheit empfiehlt es sich, das Datum der Massnahmenerrichtung als Stichtag festzulegen. Auf keinen Fall kann der Beistand oder die Beiständin das Datum nach eigenem Ermessen festlegen (Häfeli, Grundriss, Rz 22.18; KOKES, Rz 7.15).

7b Als Straftatbestände bei Inventarisationsvergehen kommen Urkundenfälschung gem. Art. 251 StGB und Urkundenfälschung im Amt gem. Art. 317 StGB in Frage (BGE 121 IV 216; ZVW 1996 Nr. 7, 76).

2. Das öffentliche Inventar

8 Das öffentliche Inventar i.S.v. Art. 580 ff. schützt den Beistand vor den Folgen einer unklaren Vermögenssituation. Die für die Aufnahme eines öffentlichen Inventars nach kantonalem Recht zuständige Instanz eröffnet das Verfahren mit einem Rechnungsruf, der in einem amtlichen Publikationsorgan publiziert wird. Nach Ablauf der behördlich angesetzten Frist, innert welcher die Gläubiger ihre Forderungen anmelden können, wird das Inventar erstellt und dient dann als Grundlage für die Rechnungsführung und Vermögensverwaltung.

9 Namentlich wenn **nicht alle Verpflichtungen bekannt** sind oder wenn vermutet wird, dass Aktiven vor den Organen des Kindes- und Erwachsenenschutzes verheimlicht werden sollen, oder wenn sonst **Unklarheiten über die Vermögensverhältnisse** bestehen, kann ein öffentliches Inventar angeordnet werden (BSK ZGB I-Guler, aArt. 398 N 9 m.H.; ausführlich: Geiser, ZVW 1998, 222 ff.; zum neuen Recht Häfeli, Grundriss, Rz 22.20).

10 Das öffentliche Inventar hat für die Gläubiger die gleiche Wirkung wie das öffentliche Inventar des Erbrechts (Art. 580 ff.). Danach ist die Haftung für Forderungen, die aus eigener Schuld nicht angemeldet wurden, ausgeschlossen (BSK ZGB I-Affolter, Art. 405 N 34).

Art. 406

B. Verhältnis zur betroffenen Person

¹ Der Beistand oder die Beiständin erfüllt die Aufgaben im Interesse der betroffenen Person, nimmt, soweit tunlich, auf deren Meinung Rücksicht und achtet deren Willen, das Leben entsprechend ihren Fähigkeiten nach eigenen Wünschen und Vorstellungen zu gestalten.

² Der Beistand oder die Beiständin strebt danach, ein Vertrauensverhältnis mit der betroffenen Person aufzubauen und den Schwächezustand zu lindern oder eine Verschlimmerung zu verhüten.

Literatur

Vgl. die Literaturhinweise zur Einführung und vor Art. 405.

I. Leitlinien für das Handeln des Beistands

Art. 406 enthält eine Reihe von Leitlinien für das Handeln des Beistands, die den Grundsätzen professioneller Sozialarbeit entsprechen.

1

1. Interessenwahrung

In Analogie zum Kindeswohl galt unter dem alten Recht das «Mündelwohl» als Maxime der Vormundschaft (HEGNAUER, ZVW 1984, 81 ff.). Es bedeutet, dass **die Interessen der betreuten Person den Interessen des Gemeinwesens und privater Dritter vorgehen**, ohne diese indes völlig zu missachten. Art. 369 und 370 aZGB nennen die Gefährdung der Sicherheit anderer als dritte alternative soziale Voraussetzung der Entmündigung neben der Unfähigkeit zur Besorgung der eigenen Angelegenheiten und der Schutzbedürftigkeit (HEGNAUER, ZVW 1984, 84). Das neue Recht verpflichtet den Beistand ausdrücklich, die Aufgaben im Interesse der betroffenen Person wahrzunehmen (Abs. 1 a.A.).

2

2. Selbstbestimmung

Das Wohl der betreuten Person verlangt **umfassende Achtung ihrer Persönlichkeit**; das bedeutet namentlich, dass der noch vorhandenen Fähigkeit zur Selbstbestimmung Spielraum zu gewähren ist, soweit diese für die betreute Person selbst und Dritte unschädlich ist (HEGNAUER, ZVW 1984, 85). Nach neuem Recht hat der Beistand oder die Beiständin, soweit tunlich, auf die Meinung der betreuten Person Rücksicht zu nehmen und deren Willen zu achten, das Leben entsprechend ihren Fähigkeiten nach eigenen Wünschen und Vorstellungen zu gestalten (Abs. 2 a.E.). Es handelt sich um eine Konkretisierung von Art. 388 Abs. 2, wonach **die Selbstbestimmung** der betroffenen Person durch die behördlichen Massnahmen soweit wie möglich zu erhalten und zu fördern ist (Botschaft Erwachsenenschutz, 7052). Selbstbestimmung bedeutet auch Selbstverantwortung. Der Beistand oder die Beiständin hat jedoch darauf zu achten, die verbeiständete Person nicht zu überfordern. Es ist wohl in der Praxis nicht einfach, die Balance zu finden zwischen einer aus betrieblichen Gründen einfacheren «Überbetreuung» und einer unter Berufung auf Selbstbestimmung erzeugten Vernachlässigung. Weitere Bestimmungen, die das Selbstbestimmungsrecht stärken sollen, sind Art. 407 (eigenes Handeln der betroffenen Person), Art. 409 (Beträge zur freien Verfügung) sowie die Bestimmungen in Art. 410 Abs. 2 und Art. 411 Abs. 2 betr. Beizug der betreuten Person zur Berichterstellung, Erläuterung der Rechnung und Aushändigung von Kopien der Rechnung und des Berichts, wenn die betreute Person dies wünscht. Die Verwirklichung dieser Leitidee setzt nicht nur Methodenkompetenz voraus, sondern ist nur möglich, wenn der Beistand oder die Beiständin über entsprechende zeitliche Ressourcen verfügt (HÄFELI, Grundriss, Rz 22.23; vgl. auch Art. 400 Abs. 1 Satz 1 und vorne Art. 400 N 14)

3

3. Vertrauensverhältnis

4 Der Beistand strebt danach, ein **Vertrauensverhältnis zur betroffenen Person** aufzubauen (Abs. 2 a.A.). Diese Voraussetzung für ein erfolgreiches Wirken hängt einerseits von den methodischen Fähigkeiten des Beistands ab, andererseits aber auch vom Verhalten der betreuten Person (Botschaft Erwachsenenschutz, 7052). Je nach deren Schwächezustand entsteht gar kein Vertrauensverhältnis oder es ist zeitweise gestört.

5 Sozialarbeit im Zwangskontext oder mit **«Pflichtklientschaft»** findet unter besonderen Rahmenbedingungen statt und stellt spezifische Anforderungen an das methodische Rüstzeug der Mandatsträger. Dazu gehören nach ZOBRIST namentlich Auftrags- und Rollenklärung, Förderung von Problemeinsicht und Veränderungsmotivation sowie Umgang mit Widerstand (ZOBRIST, ZVW 2008, 471 ff.; ZOBRIST, ZKE 2012, 288 ff.).

4. Linderung des Schwächezustands bzw. Verhütung einer Verschlimmerung

6 Der Schwächezustand soll durch die Führung der Beistandschaft nach Möglichkeit gelindert werden, und wo dies nicht möglich ist, wenigstens eine Verschlimmerung des Zustands verhütet werden (Abs. 2 a.E.). Selbst das bescheidene Ziel der Verhütung einer Verschlimmerung ist nicht in allen Fällen zu erreichen, namentlich bei den biologisch-medizinisch bedingten Abbauerscheinungen des Alters. Hier ist es Aufgabe des Beistands, dafür zu sorgen, dass die Person unter einer behördlichen Massnahme ihren pflegerischen Bedürfnissen entsprechend untergebracht ist und betreut wird, weshalb auch bei weitgehend delegierter Betreuung an eine stationäre Einrichtung periodisch **persönliche Kontakte zur betreuten Person** und deren Betreuungspersonen unabdingbar sind (FamKomm Erwachsenenschutz-HÄFELI, Art. 406 N 6; HÄFELI, Grundriss, Rz 22.26).

II. Rechtsvergleichung

7 Art. 406 entspricht weitgehend § 1901 Abs. 1–4 BGB des deutschen Betreuungsrechts, das insb. in der ersten Phase der Entstehungsgeschichte des Erwachsenenschutzrechts in manchen Teilen als Vorbild galt (BerichtExpK Erwachsenenschutz 95, 5 ff.).

Art. 407

C. Eigenes Handeln der betroffenen Person

Die urteilsfähige betroffene Person kann, auch wenn ihr die Handlungsfähigkeit entzogen worden ist, im Rahmen des Personenrechts durch eigenes Handeln Rechte und Pflichten begründen und höchstpersönliche Rechte ausüben.

1 Art. 407 hat keinen eigenständigen Inhalt; er wiederholt im Interesse der Transparenz, was sich aus den Art. 19–19c ergibt: Die urteilsfähige betroffene Person

kann, auch wenn ihr die Handlungsfähigkeit entzogen worden ist, im Rahmen des Personenrechts durch eigenes Handeln Rechte und Pflichten begründen und insb. höchstpersönliche Rechte ausüben (Botschaft Erwachsenenschutz, 7052; zu den Begriffen beschränkte Handlungsunfähigkeit und beschränkte Handlungsfähigkeit vgl. Einführung N 16 ff. und BSK ZGB I-AFFOLTER, Art. 407 N 1).

Auf die Bestimmung über den selbständigen Betrieb eines Berufes oder Gewerbes (Art. 412 aZGB) wurde im neuen Recht angesichts der fehlenden praktischen Bedeutung verzichtet. In Fällen ohne oder mit geringer Beschränkung der Handlungsfähigkeit und entsprechenden weiteren Voraussetzungen bestehen für eine solche Tätigkeit ohnehin keine Hindernisse. 2

Art. 408

D. Vermögensverwaltung
I. Aufgaben

¹ Der Beistand oder die Beiständin verwaltet die Vermögenswerte sorgfältig und nimmt alle Rechtsgeschäfte vor, die mit der Verwaltung zusammenhängen.

² Insbesondere kann der Beistand oder die Beiständin:
1. mit befreiender Wirkung die von Dritten geschuldete Leistung für die betroffene Person entgegennehmen;
2. soweit angezeigt Schulden bezahlen;
3. die betroffene Person nötigenfalls für die laufenden Bedürfnisse vertreten.

³ Der Bundesrat erlässt Bestimmungen über die Anlage und die Aufbewahrung des Vermögens.

I. Sorgfältige Vermögensverwaltung und Abschluss von Rechtsgeschäften

1. Sorgfältige Verwaltung

Abs. 1 1. Satzteil entspricht Art. 413 Abs. 1 aZGB. Die **sorgfältige Verwaltung** besteht in der **Erhaltung** und nach Möglichkeit der **Vermehrung** des Vermögens, jedoch nur, wenn die Bedürfnisse der betreuten Person gedeckt sind. Dazu gehört auch die Erfüllung von persönlichen Wünschen, die in einem reellen Verhältnis zum vorhandenen Vermögen stehen (BSK ZGB I-AFFOLTER, Art. 408 N 4 f.; GEISER, ZKE 2013, 335). Dies ist erneut Ausdruck der grösstmöglichen **Selbstbestimmung** (vgl. Art. 406 N 3). 1

Zwischen der betreuten Person und dem Beistand besteht trotz behördlich angeordneter Massnahme ein **auftragsähnliches Verhältnis**. Daraus folgt auch die **Pflicht zur persönlichen Amtsführung**, die jedoch den Beizug von **Hilfspersonen** (Vermögens- oder Liegenschaftsverwalter, Bank) nicht ausschliesst. Der Mandatsträger hat jedoch die Pflicht zur sorgfältigen Auswahl, Instruktion und Überwachung der Hilfspersonen und die Verantwortlichkeit bleibt beim Beistand (BSK ZGB I-AFFOLTER, Art. 408 N 13 ff.). 2

3   Die bisherige privatrechtliche Kaskadenhaftung (aArt. 426 ff.) wurde ersetzt durch die Staatshaftung; haftbar ist der Kanton (Art. 454 Abs. 3), der allerdings nach kantonalem Recht auf die Person, die den Schaden verursacht hat, Rückgriff nehmen kann (Art. 454 Abs. 4; vgl. Art. 454–456 N 2 ff.).

2. Abschluss von Rechtsgeschäften (Art. 408 Abs. 1)

4   Die generelle Befugnis, Rechtsgeschäfte vorzunehmen, die mit der Vermögensverwaltung zusammenhängen, ergibt sich aus der Pflicht der Vermögensverwaltung; sie ist hier im Gegensatz zum geltenden Recht dennoch explizit erwähnt.

II. Rechte und Pflichten im Einzelnen

1. Nicht abschliessende Aufzählung

5   Die Aufzählung der Rechte und Pflichten in Abs. 2 Ziff. 1–3 ist nicht abschliessend. Sie konkretisiert dennoch den Auftrag der Vermögensverwaltung, indem sie drei wichtige Befugnisse ausdrücklich erwähnt.

2. Entgegennahme der von Dritten geschuldeten Leistungen (Art. 408 Abs. 2 Ziff. 1)

6   Diese Befugnis ergibt sich ohne Weiteres aus dem allgemeinen Auftrag der Vermögensverwaltung, genauso wie etwa die Drittauszahlung von Forderungen zu veranlassen, allenfalls für die Unterbrechung einer drohenden Verjährung zu sorgen, dingliche Rechte und Nutzniessungen geltend zu machen, verpfändete Werte freizukaufen oder einen drohenden Konkurs abzuwenden (BSK ZGB I-AFFOLTER, Art. 408 N 17 f.; BSK ZGB I-GULER, aArt. 413 N 5). Der Beistand handelt selbständig, soweit nicht von Gesetzes wegen (Art. 416) oder durch Anordnung der KESB (Art. 417) deren Mitwirkung erforderlich ist (BSK ZGB I-GULER, aArt. 413 N 5).

3. Bezahlung von Schulden

7   Da die betreute Person mit Zustimmung des Beistands Rechtsgeschäfte abschliessen und sich deswegen auch verschulden kann, obliegt dem Beistand auch die Befugnis, Schulden zu bezahlen. Dies gilt jedoch nicht oder nur beschränkt bei Schulden, welche die betreute Person, deren Handlungsfähigkeit eingeschränkt oder wie bei der umfassenden Beistandschaft (Art. 398) von Gesetzes wegen entzogen ist, ohne Zustimmung des Beistands begründet hat. Diese Rechtsgeschäfte kommen ohne die Zustimmung des Beistands gar nicht zustande.

4. Vertretung für die laufenden Bedürfnisse

8   Die Art. 166 Abs. 1 nachgebildete Bestimmung erlaubt dem Beistand, Rechtsgeschäfte für den üblichen alltäglichen Unterhaltsbedarf der betroffenen Person abzuschliessen und das verwaltete Vermögen anzuzehren, sofern dies nötig ist (Botschaft Erwachsenenschutz, 7053).

III. Bestimmungen des Bundesrates über die Anlage und die Aufbewahrung des Vermögens

1. Neuerung gegenüber dem früheren Recht

Die Art. 399–404 aZGB enthielten Bestimmungen über die **Art der Vermögensanlage**. Diese Bestimmungen waren jedoch naturgemäss sehr allgemein gehalten, da die Vermögensanlage weniger eine rechtliche als eine **wirtschaftliche Aufgabe** darstellt und den Veränderungen der Wirtschaft allgemein und der Finanzwirtschaft im Besonderen unterworfen ist. In der Praxis hat sich dennoch das Bedürfnis nach **Richtlinien für die vormundschaftliche Vermögensverwaltung und -anlage** manifestiert. Diesem Bedürfnis kam die VBK nach und erliess bereits 2001 entsprechende Empfehlungen und 2009 Ergänzungen dazu (s. VBK, ZVW 2001, 332 ff.; KOKES, ZVW 2009, 222 ff., ‹http://www.kokes.ch›, dort: Dokumentation, Empfehlungen [27.7.2014]; HÄFELI, ZVW 2001, 309 ff.; BREITSCHMID/KAMP, FS Häfeli, 155 ff.). Diese Empfehlungen werden abgelöst durch die Verordnung über die Vermögensverwaltung im Rahmen der Beistandschaft oder Vormundschaft VBVV vom 4.7.2012 (SR 211.223.11) und ergänzt durch die gemeinsamen Empfehlungen der SBVg und der KOKES vom 25.7.2013 (vgl. ‹www.kokes.ch/Dokumentation/Empfehlungen SBVg/KOKES›, [27.7.2014]).

9

Art. 425 Abs. 2 aZGB ermächtigte die Kantone, Bestimmungen aufzustellen über die Anlage und Verwahrung des Mündelvermögens sowie über die Art der Rechnungsführung und Rechnungslegung und der Berichterstattung. Entsprechende Erlasse bedurften zu ihrer Gültigkeit der Genehmigung des Bundes (aArt. 425 Abs. 3). Die Kantone haben von dieser Rechtsetzungsbefugnis unterschiedlich, allgemein jedoch sehr zurückhaltend Gebrauch gemacht. Mustergültig hatte der Kanton Luzern diese Fragen geregelt in der VO über die Geschäftsführung sowie über die Anlage und Aufbewahrung von Vermögenswerten im Vormundschaftswesen, Änderung vom 9.2.2001, SLR 206 (aufgehoben). Diese VO diente der VBK/KOKES auch als Vorlage für ihre Empfehlungen.

10

2. Verordnung des Bundesrates

Im Interesse einer einheitlichen Anwendung des Bundesrechts erlässt künftig der Bundesrat Bestimmungen über die Anlage und Aufbewahrung des Vermögens (Botschaft Erwachsenenschutz, 7053).

11

Mit der Verabschiedung der Verordnung vom 4. Juli 2012 über die Vermögensverwaltung im Rahmen der Beistandschaft oder Vormundschaft VBVV (SR 211.223.11) ist der Bundesrat dieser neuen Pflicht termingerecht nachgekommen (s.u. ausführlich Kommentar VBVV). Die Verordnung orientiert sich an den bisherigen Empfehlungen der KOKES und regelt die Anlage und Aufbewahrung von Vermögenswerten einer Person, die unter umfassender Beistandschaft, einer Vertretungsbeistandschaft mit Vermögensverwaltung oder einer Minderjährigenvormundschaft sowie einer Beistandschaft nach Art. 325 steht (Art. 1 VBVV).

12

13 Der schon im alten Recht massgebliche Grundsatz «Sicherheit vor Rendite» wird in Art. 2 Abs. 2 VBVV bekräftigt, obwohl auch unter dem neuen Recht Vermögenswerte Ertrag bringend anzulegen sind (Art. 2 Abs. 1 VBVV). Das Risiko der Anlage ist durch Verteilung auf verschiedene Anlagekategorien, Regionen und Wirtschaftszweige gering zu halten (Art. 2 Abs. 3 VBVV). Bargeld, das nicht zur Deckung der laufenden Bedürfnisse benötigt wird, muss unverzüglich (unter altem Recht innert eines Monats, Art. 401 Abs. 2 aZGB) auf ein Konto bei einer Bank, die dem Bankengesetz untersteht, einbezahlt oder bei der Postfinance angelegt werden (Art. 3 VBVV).

14 Wertschriften und Wertgegenstände, wichtige Dokumente und dergleichen sind bei einer Bank oder der Postfinance aufzubewahren (Art. 4 VBVV). Die bisherige «Schirmlade» lebt durch die ausnahmsweise Aufbewahrung in einem eigenen feuer-, wasser- und diebstahlsicheren Archiv weiter (Art. 4 Abs. 3 VBVV).

15 Bei der Wahl der Anlage sind die gesamten persönlichen Verhältnisse der betroffenen Person zu berücksichtigen, namentlich das Alter, die Gesundheit, die Bedürfnisse des Lebensunterhalts, das Einkommen und das Vermögen sowie der Versicherungsschutz (Art. 5 VBVV). Dabei sind die Liquidität für die Deckung des gewöhnlichen Lebensunterhalts und die zu erwartenden ausserordentlichen Aufwendungen durch unterschiedliche Laufzeiten der Anlagen sicherzustellen (Art. 5 Abs. 3 VBVV).

16 Die Verordnung unterscheidet drei Vermögenssubstrate: Vermögen, das der Sicherstellung des gewöhnlichen Lebensunterhaltes dient (Art. 6 VBVV), sowie Vermögen, das über die Sicherstellung des gewöhnlichen Lebensunterhalts hinausgeht und für weitergehende Bedürfnisse verwendet werden kann (Art. 7 Abs. 1 und 2 VBVV) und schliesslich Vermögen von Personen in besonders günstigen finanziellen Verhältnissen (Art. 7 Abs. 3 VBVV). Für Vermögensteile des gewöhnlichen Lebensunterhalts werden ausschliesslich aus wirtschaftlicher Sicht «sichere» konservative Anlagen als zulässig erklärt (Art. 6 VBVV). Für Vermögen, das darüber hinausgeht, sind, sofern es die persönlichen Verhältnisse der betroffenen Person erlauben, zusätzlich zu den in Art. 6 VBVV aufgezählten Anlagen weitere, mit gewissen erhöhten Risiken verbundene Anlagen zulässig, namentlich auch Anlagefonds mit höchstens 25 Prozent Aktien und zu höchstens 50 Prozent Titel ausländischer Unternehmen (Art. 7 Abs. 1 und 2 VBVV). Bei ausserordentlich günstigen Vermögensverhältnissen kann die KESB auch weitergehende Anlagen bewilligen (Art. 7 Abs. 3 VBVV). Vermögensanlagen, die im Zeitpunkt der Errichtung einer Beistandschaft oder Minderjährigenvormundschaft die Voraussetzungen nach Art. 6 und 7 VBVV nicht erfüllen, müssen innert angemessener Frist umgewandelt werden, was der bisherigen Formulierung «nicht zur Unzeit» in Art. 402 Abs. 2 aZGB entspricht. Eine «massgeschneiderte», den persönlichen Bedürfnissen Rechnung tragende Vermögensanlage setzt eine Anlagestrategie voraus, die bei der Errichtung der Massnahme festzulegen und immer wieder den veränderten Verhältnissen anzupassen ist (GEISER, ZKE 2013, 342 ff.).

17 Art. 9 VBVV regelt den Vertragsabschluss mit der Bank und Art. 10 VBVV die Aufbewahrung der Konto- und Depotbelege sowie die Akteneinsicht von KESB und

Beistand oder Beiständin bzw. Minderjährigenvormund und -vormundin in diese Konti und Depots. Bedauerlicherweise wurde der Anregung der KOKES nicht entsprochen, einen dreiseitigen Vertrag zwischen Beistand bzw. Vormund, der Bank und der KESB vorzusehen. Mit der Formulierung in Art. 9 VBVV sind die Aufsichtspflicht und -befugnis der KESB nur ungenügend gewährleistet. Immerhin scheinen der Wortlaut von Art. 9 Abs. 2 VBVV und der erläuternde Bericht dazu dreiseitige Verträge, wie sie in der Praxis bereits verbreitet sind (z.b. in den Kantonen Zürich und Bern), nicht auszuschliessen. Art. 11 VBVV hält die Dokumentationspflicht fest.

Die sehr weit gehenden Mitwirkungspflichten der KESB bei der Vermögensanlage und Verwaltung – sie beaufsichtigt, ordnet an, bewilligt, genehmigt und entscheidet – wird im Schrifttum kritisiert, weil sie bei den Beteiligten zu Ratlosigkeit und Unsicherheit geführt habe (DÖRFLINGER, ZKE 2013, 359 f.). Die VBVV äussert sich insb. nicht über die Form der Mitteilung der Verfügungsrechte. In Frage kommen Mitteilung mittels Entscheid, mittels standardisierter «Anlageverträge» und mittels Formular gemäss den Empfehlungen SBVg/KOKES (DÖRFLINGER, ZKE 2013, 376 ff.). 18

Insgesamt schreibt die Verordnung auf Bundesrechtsebene fort, was bisher als Empfehlungen der KOKES schon Anwendung fand. Nach dem neuen Recht ist kein Raum mehr für rechtsetzende kantonale Regelungen im Bereich der Vermögensverwaltung und –anlage. Die VBVV wird ergänzt und konkretisiert durch die Empfehlungen der SBVg und KOKES. 19

Art. 409

II. Beträge zur freien Verfügung Der Beistand oder die Beiständin stellt der betroffenen Person aus deren Vermögen angemessene Beträge zur freien Verfügung.

Literatur

Vgl. die Literaturhinweise zur Einführung.

I. Normzweck

Das neue Erwachsenenschutzrecht führt mit seinen massgeschneiderten, dem Einzelfall gerecht werdenden Betreuungsmassnahmen und den fein abgestuften Eingriffen in die Handlungsfähigkeit der betroffenen Person, die bei der umfassenden Beistandschaft (Art. 398) von Gesetzes wegen entfällt, zu unterschiedlichen Graden der Fremdbestimmung (HÄFELI, FamPra.ch 2007, 13). Im Sinne einer weiteren Konkretisierung des jeweils verbleibenden **Selbstbestimmungsrechts und des Grundsatzes der Verhältnismässigkeit** wird der Beistand verpflichtet, der betreuten Person angemessene Beträge aus dem Vermögen zur freien Verfügung zu stellen. Die Vorschrift gilt nicht nur für die Vermögensverwaltung nach Art. 395, sondern sinn- 1 gemäss auch bei anderen Massnahmen, welche die Verwaltung von Vermögen beinhalten (Botschaft Erwachsenenschutz, 7053; BSK ZGB I-AFFOLTER, Art. 409 N 3; HÄFELI, Grundriss, Rz 22.48 f.).

II. Angemessene Beträge

1a Die **Angemessenheit** beurteilt sich insb. nach den **Vermögensverhältnissen der betroffenen Person** und danach, welche Vermögenswerte in ihrer Verwaltung oder ihrem Zugriffsbereich geblieben sind. Dabei sind der langfristige Unterhaltsbedarf unter Berücksichtigung der Lebenserwartung und Reserven für einen vorübergehend oder dauernd erhöhten Lebensbedarf zu berücksichtigen. Welche Beträge im Einzelfall effektiv zur Verfügung gestellt werden, hängt auch von den Lebensgewohnheiten und von den Fähigkeiten der betroffenen Person ab, in eigener Verantwortung mit Vermögenswerten umzugehen. Hauptkriterium bleibt jedoch das Selbstbestimmungsrecht und nicht private oder öffentliche Interessen, das Vermögen zu erhalten und zu mehren (HÄFELI, Grundriss Rz 22.48). In diesem Licht ist auch ein Vermögensverzehr zu akzeptieren. Die Beiständin verletzt jedoch ihre Sorgfaltspflicht, wenn sie innert kurzer Zeit und ohne bewusste und wohlbegründete Entscheide, die im Interesse der verbeiständeten Person liegen würden, einen hohen Kapitalverzehr zulässt (BSK ZGB I-AFFOLTER, Art 409 N 5 m.H., BGE 136 III 113).

III. Wirkungen

1b Die verbeiständete Person kann dieses Vermögen frei verwalten und frei darüber verfügen, mit Hilfe dessen Rechte ausüben und Verpflichtungen eingehen. Im Rahmen der ihr frei zur Verfügung gestellten Beträge kommt ihr volle Handlungs- und Prozessfähigkeit zu und weder Art. 412 Abs. 1 betr. verbotene Geschäfte noch Art. 416 über zustimmungsbedürftige Geschäfte finden Anwendung (FASSBIND, 284). Die Verfügungsfreiheit wird sich aber i.d.R. wohl eher auf Alltagsgeschäfte beziehen.

1c Das freie Vermögen untersteht nicht der Verwaltung des Beistands, weshalb er darüber auch keine Rechnung zu führen hat. Es empfiehlt sich jedoch, Hinweise auf entsprechende Konten dennoch in der Rechnung pro memoria aufzuführen, was auch für die Steuerdeklaration und allfällige Ergänzungsleistungsansprüche relevant sein kann (BSK ZGB I-AFFOLTER, Art. 409 N 7).

IV. Neuerung gegenüber dem Vormundschaftsrecht

2   Art. 414 aZGB regelte die Verwendung von sog. freiem Vermögen: Danach konnte ein Bevormundeter frei verwalten, was ihm zur freien Verwendung zugewiesen wurde, oder was er mit Einwilligung des Vormundes durch eigene Arbeit erwarb. Die neue Norm ist allgemeiner und offener formuliert.

Art. 410

III. Rechnung

¹ Der Beistand oder die Beiständin führt Rechnung und legt sie der Erwachsenenschutzbehörde in den von ihr angesetzten Zeitabständen, mindestens aber alle zwei Jahre, zur Genehmigung vor.

² Der Beistand oder die Beiständin erläutert der betroffenen Person die Rechnung und gibt ihr auf Verlangen eine Kopie.

I. Rechnungsführung und Vorlage zur Genehmigung

1. Norminhalt

Abs. 1 deckt sich mit Art 413 Abs. 2 aZGB. Die Beibehaltung der zwingenden Periodizität von zwei Jahren bei gleichzeitiger Möglichkeit der KESB, im Einzelfall geringere Zeitabstände festzulegen, ist **verhältnismässig und praktikabel**. Demgegenüber erscheint die Praxis einzelner Kantone, generell eine einjährige Rechenschaftsperiode und erst noch auf Ende des Kalenderjahres festzulegen (§ 4 VoKESG BS; Art. 14 Abs. 1 KESG FR) weder notwendig noch zweckmässig, weil dadurch auch in Fällen, in denen kaum Veränderungen in den Vermögensverhältnissen stattgefunden haben, Rechnung abgelegt werden muss und die Konzentration auf Ende des Kalenderjahres einen entsprechend grossen administrativen Aufwand verursacht.

2. Normzweck

Rechnungsführung und Rechnungsablage sind neben der Berichterstattung über die persönlichen Verhältnisse (Art. 411) **die wesentlichen Instrumente der Aufsicht über die Mandatsführung**. Sie sind ausserdem unentbehrlich für die Geltendmachung von Verantwortlichkeitsklagen durch die betreute Person selbst oder durch deren Erben (Art. 454 ff.).

3. Inhalt und Form der Rechnung

Die Rechnung hat Auskunft zu geben über sämtliche Ein- und Ausgaben während der Berichtsperiode und auch eine Gegenüberstellung des Vermögens zu Beginn und am Ende der Berichtsperiode zu enthalten. Anhand von Originalbelegen ist der Nachweis zu erbringen, dass die Bewirtschaftung des Vermögens im Interesse der verbeiständeten Person erfolgt ist. Aus der Rechnung muss auch ersichtlich sein, ob alle vermögensrelevanten Rechtsansprüche (Ergänzungsleistungen, Sozialversicherungsrenten und -kapitalien, Krankheitskostenrückerstattungen, Sachleistungsansprüche, verjährbare private Forderungen etc. geltend gemacht wurden (BSK ZGB I-AFFOLTER, Art. 410 N 6).

Das Bundesrecht enthält keine Vorschriften über die Gestaltung der Rechnungsablage. Die bundesrätlichen Ausführungsbestimmungen zur Vermögensverwaltung beschränken sich auf die Anlage und die Aufbewahrung des Vermögens (Art. 408 Abs. 3). In kantonalen Erlassen, namentlich auf Verordnungsstufe, sind Konkretisierungen zu finden (z.b. §§ 8–12 V KESR AG) oder in Form von Richtlinien einzelner KESB. Geregelt werden die Frist für die Berichterstattung und Rechnungsablage seit Ablauf der Rechnungs- bzw. Berichtsperiode, die Säumnisfolgen sowie die Pflicht der KESB, eine Kontrolle über die Fälligkeit der Rechnungen und Berichte zu führen, Form und Minimalinhalt der Berichterstattung und Rechnungsablage und schliesslich die Frist zur Genehmigung durch die KESB und die Aufbewahrung von Rechnungs- und Berichtsexemplar. Die Rechnung hat sich jedenfalls an buchhalterischen Standards zu orientieren; sie muss mindestens ordentlich, übersichtlich und vollständig sein (HÄFELI, Grundriss, Rz 22.57). Berufsbeistandschaften verwenden i.d.r. informatikgestützte Fallbewirtschaftungstools. Von privaten Mandatsträgern kann jedoch i.d.R. nicht verlangt werden, dass sie dieselben Standards erfüllen; sie sind auch oft auf Vorgaben und Unterstützung angewiesen (BSK ZGB I-AFFOLTER, Art. 410 N 13).

II. Erläuterung der Rechnung und Aushändigen einer Kopie

1. Achtung der Persönlichkeit und Transparenz

3   Schon unter dem alten Recht war der wenigstens 16-jährige urteilsfähige Bevormundete, soweit tunlich, zur Rechnungsablage beizuziehen (Art. 413 Abs. 3 aZGB). Neu hat der Beistand generell der betroffenen Person die Rechnung zu erläutern und ihr auf Verlangen eine Kopie auszuhändigen (Abs. 2). Es versteht sich von selbst, dass die betreute Person dafür über minimale kognitive Fähigkeiten verfügen muss; doch können auch einer Person mit bescheidenen intellektuellen Fähigkeiten ihre Vermögensverhältnisse erläutert werden. An die Urteilsfähigkeit sind deshalb keine hohen Anforderungen zu stellen (BSK ZGB I-AFFOLTER, Art. 410 N 14). Die Bestimmung dient der **Achtung der Persönlichkeit und der Transparenz** (Botschaft Erwachsenenschutz, 7053). Es ist auch nicht zulässig, betreuten Personen deren Vermögensverhältnisse, z.B. den Erwerb einer Erbschaft, nur deshalb zu verschweigen, weil sie in Kenntnis ihrer guten Vermögensverhältnisse Wünsche äussern könnten (HÄFELI, Grundriss, Rz 22.58).

3a Die verbreitete Praxis, die Kenntnisnahme und Erläuterung der Rechnung von der betreuten Person unterschriftlich bestätigen zu lassen, ist zweckmässig, bundesrechtlich aber nicht erforderlich. Wird die verbeiständete Person nicht beigezogen und kann oder will sie die Rechnung nicht unterzeichnen, hat dies die Beiständin der KESB zu begründen. Die Mitwirkung der betreuten Person bei der Rechnungsablage und deren Einverständnis bedeutet jedoch keine Décharge an den Beistand und hindert eine spätere Verantwortlichkeitsklage nicht (HÄFELI, Grundriss, Rz 22.59).

2. Aushändigen einer Kopie auf Verlangen

4   Die Formulierung bedeutet nicht, dass die betreute Person formell um Aushändigung einer Kopie ersuchen muss. Es liegt durchaus **im Ermessen des Beistands**,

der betroffenen Person auch ohne ausdrückliches Verlangen eine Kopie der Rechnung zu übergeben. Es soll jedoch vermieden werden, dass eine völlig urteilsunfähige Person eine Rechnungskopie erhält, die dann in falsche Hände geraten kann (Botschaft Erwachsenenschutz, 7053).

Art. 411

E. Berichterstattung   ¹ Der Beistand oder die Beiständin erstattet der Erwachsenenschutzbehörde so oft wie nötig, mindestens aber alle zwei Jahre, einen Bericht über die Lage der betroffenen Person und die Ausübung der Beistandschaft.
² Der Beistand oder die Beiständin zieht bei der Erstellung des Berichts die betroffene Person, soweit tunlich, bei und gibt ihr auf Verlangen eine Kopie.

Literatur

Vgl. die Literaturhinweise zur Einführung.

I. Neuerung gegenüber dem früheren Recht

1. Rechtslage im früheren Recht

Das Vormundschaftsrecht enthielt keine Bestimmung zur Berichterstattung über die persönlichen Verhältnisse. In der Praxis wurden jedoch regelmässig solche Berichte erstattet und verschiedene Kantone hatten auch entsprechende Bestimmungen erlassen (z.B. § 51 VormV ZG, in Kraft bis 31.12.2012; § 108 EG ZGB ZH, in Kraft bis 31.12.2012). 1

2. Aufwertung der persönlichen Betreuung

Das neue Recht unterscheidet bewusst zwischen der Rechnungsablage (Art. 410) und der Berichterstattung über die Lage der betroffenen Person und die Ausübung der Beistandschaft (Art. 411 Abs. 1). Damit wird die eigenständige Bedeutung der persönlichen Betreuung hervorgehoben (Botschaft Erwachsenenschutz, 7054). 2

II. Zweck der Berichterstattung

1. Kontrolle und Standortbestimmung

Die Berichterstattung über die Ausübung der Beistandschaft im Allgemeinen und über die Vermögensverwaltung und persönliche Betreuung im Besonderen dient einem doppelten Zweck: Als Rechenschaftsbericht ermöglicht sie der Erwachsenenschutzbehörde **Kontrolle und Aufsicht** über die Tätigkeit des Mandatsträgers. Als **Standortbestimmung** dient sie insb. der Überprüfung der Massnahme auf ihre Zwecktauglichkeit und Notwendigkeit. Diese Auswertung der vergangenen Betreuungsperiode soll möglichst zusammen mit der betreuten Person vorgenommen 3 werden (Botschaft Erwachsenenschutz, 7054; Häfeli, Grundriss, Rz 22.62; BSK ZGB I-Affolter, Art. 411 N 1 f.).

2. Zielformulierungen für die nächste Berichtsperiode

4 Aus der Standortbestimmung und Auswertung sollen, wiederum möglichst mit der betreuten Person zusammen, **Ziele für die nächste Betreuungsperiode** formuliert werden (Botschaft Erwachsenenschutz, 7054). Evaluation und Zielformulierungen sind heute allgemein **anerkannte, professionelle Standards der Sozialarbeit**. Berichtsraster verschiedener KESB (u.a. der KESB der Stadt Zürich) enthalten als verbindliche Vorgabe die Rubrik Zielformulierungen. Wo die Ziele aufgrund des psychophysischen Zustands der betreuten Person nicht mit dieser zusammen formuliert werden können, ist dies Aufgabe des Mandatsträgers.

III. Inhalt und Form der Berichterstattung

5 Massgebend für den Inhalt der Berichterstattung ist der jeweilige Auftrag. Angesichts der massgeschneiderten Massnahmen im neuen Erwachsenenschutzrecht, aber auch bei der sehr unterschiedlich ausgestalteten Beistandschaft nach Art. 308 Abs. 2 für Kinder, hat sich der Mandatsträger Rechenschaft zu geben, worüber die Behörde Informationen erwartet und auch auf welche sie aufgrund des Mandats Anspruch hat. Der Bericht hat insb. Auskunft zu geben über Art und Umfang der Auftragserfüllung.

6 Es ist nicht erforderlich, dass die Behörde für die Wahrnehmung ihrer Aufsicht- und Kontrollfunktion jegliche Details aus dem Leben der betreuten Person und der oft wechselhaften Beziehung zwischen Beistand und der betreuten Person kennt. Das für eine erfolgreiche Betreuung notwendige **Vertrauensverhältnis zwischen Mandatsträger und betreuter Person** darf nicht durch eine lückenlose, «rapportähnliche» Berichterstattung gefährdet werden (Häfeli, Grundriss, Rz 22.66; BSK ZGB I-Affolter, Art. 411 N 5).

7 Der Bericht hat Auskunft zu geben über Erfolge und Misserfolge in der Lebensführung der betreuten Person, jedoch nur, soweit die persönliche Betreuung Inhalt des behördlichen Auftrags ist. Zudem hat er **die Grenzen der Selbständigkeit** und die daraus resultierende Betreuungsbedürftigkeit zu dokumentieren. Die Ausführlichkeit des Berichts richtet sich nach Art und Umfang des Auftrags. Je nachdem genügt ein kurzer summarischer Bericht oder es ist eine ausführliche Schilderung der Entwicklung notwendig. Eine ausführliche Berichterstattung ist angezeigt bei komplexer Problemsituation mit ungünstiger Prognose, v.a. wenn weitergehende Massnahmen beantragt werden oder für später nicht ausgeschlossen werden können (Botschaft Erwachsenenschutz, 7054; Häfeli, Grundriss, Rz 22.67).

8 Bei Minderjährigen soll der Bericht je nach Inhalt des Mandats Auskunft geben über Aufenthalt, die Betreuungs- und Erziehungssituation, den Gesundheitszustand, über die körperliche und seelisch-geistige Entwicklung, allfällige therapeutische Massnahmen, die schulische und berufliche Ausbildung, die Beziehung zu den Eltern und anderen Bezugspersonen (Häfeli, Grundriss, Rz 22.68).

Bei Personen unter umfassender Beistandschaft interessieren, wiederum je nach Auftrag, **die Verhältnisse in den wichtigsten Lebensbereichen** wie Wohnen, Arbeit, soziale Einbettung, Verwendung des Einkommens, das seelisch-körperliche Befinden, Fortschritte und Rückschläge bei der Überwindung der Schwächezustände, die eine behördliche Massnahme erforderlich machten (HÄFELI, Grundriss, Rz 22.69; BSK ZGB I-AFFOLTER, Art. 411 N 6). 9

Nicht nur der Inhalt eines Berichts ist von Bedeutung, sondern ebenso **die Art und Weise der Formulierung**, insb. von andauernden und neuen Schwächen. Dabei geht es nicht um eine Vertuschung oder Bagatellisierung von Tatsachen, sondern um die Vermeidung von verletzenden, blossstellenden und etikettierenden Äusserungen. Ob von Alkoholismus oder aber Alkoholkrankheit und ihren konkreten Auswirkungen auf die berufliche Situation und die sozialen Beziehungen gesprochen wird, von Misswirtschaft oder aber von den Schwierigkeiten im Umgang mit Geld als Ursache von Schulden, von querulatorischem Verhalten oder aber von häufigem Anecken und Auseinandersetzungen aus geringfügigem Anlass, macht für die betreute Person einen erheblichen Unterschied, obwohl die nicht stigmatisierenden Begriffe und die Beschreibung der Auswirkungen keineswegs den Sachverhalt beschönigen oder die Betreuungsbedürftigkeit kaschieren. **Der Respekt vor der Person** und die Tatsache, dass ihr der Bericht erläutert und auf Verlangen eine Kopie ausgehändigt wird, erfordern entsprechende Sorgfalt beim sprachlichen Ausdruck (HÄFELI, Grundriss, Rz 22.70; BRACK/GEISER, Aktenführung, 123 ff.). 10

Trotz der individuellen und mandatsbezogenen Berichterstattung sind Musterformulare mit Standardaufbau, wie sie zahlreich in der Praxis im Umlauf sind, sinnvoll und vor allem für private Mandatsträger sowie noch wenig erfahrene professionelle Beistände hilfreich (HÄFELI, Grundriss, Rz 22.71). 11

IV. Beizug zur Berichterstellung und Aushändigen einer Kopie

1. Achtung der Persönlichkeit und Transparenz

Wie die Erläuterung der Rechnung (Art. 410 Abs. 2), ist auch der Beizug der betroffenen Person zur Erstellung des Berichts (Art. 411 Abs. 2) vorerst Ausdruck der Achtung der Persönlichkeit und dient der Transparenz. Der Beizug überhaupt und Umfang und Art liegen im pflichtgemässen Ermessen («soweit tunlich») des Beistands oder der Beiständin, wobei auf den Verzicht des Beizugs hohe Anforderungen zu stellen sind und rein betriebliche Gründe ihn nicht rechtfertigen (BSK ZGB I-AFFOLTER, Art. 411 N 9; HÄFELI, Grundriss, Rz 22.72). 12

2. Stärkung der Eigenaktivität und Selbstverantwortung

Darüber hinaus soll der Beizug zur Berichterstellung die Eigenaktivität und Selbstverantwortung stärken. Unterstützt werden diese allgemeinen Zielsetzungen zusätzlich durch die gemeinsamen Zielformulierungen. 13

Der Beizug der betreuten Person zur Berichterstattung und die gemeinsamen Zielformulierungen werden, wie bei der Rechnungsablage, nach Möglichkeit dokumentiert durch die Unterschrift der betroffenen Person (Art. 410 N 3a). 13a

13b Kindesschutzmassnahmen richten sich primär an die Eltern und behalten diese mit Ausnahme der Vormundschaft für Kinder (Art. 327a–c) in der Verantwortung. Daraus ergibt sich, dass primär die Eltern zur Berichterstattung beigezogen werden. Wenn immer möglich, ist je nach Auftrag und nach Massgabe des Alters und der Reife des betroffenen Kindes, auch dieses zur Berichterstellung beizuziehen. Dies ergibt sich auch aus Art. 301 Abs. 1 und 2.

3. Aushändigen einer Kopie auf Verlangen

14 Wie bei der Aushändigung einer Kopie der Rechnung (Art. 410 N 4) muss auch die Aushändigung einer Kopie des Berichts nicht nur auf ausdrückliches Verlangen der betreuten Person erfolgen, sondern es liegt im Ermessen des Beistands, ihr von sich aus eine Kopie zu geben. Auch Kinder, die zur Berichterstellung beigezogen wurden, haben Anspruch auf eine Kopie.

Art. 412

F. Besondere Geschäfte ¹ Der Beistand oder die Beiständin darf in Vertretung der betroffenen Person keine Bürgschaften eingehen, keine Stiftungen errichten und keine Schenkungen vornehmen, mit Ausnahme der üblichen Gelegenheitsgeschenke.
² Vermögenswerte, die für die betroffene Person oder für ihre Familie einen besonderen Wert haben, werden wenn immer möglich nicht veräussert.

I. Verbotene Geschäfte

1. Geltungsbereich

1 Wie im alten Recht (Art. 408 aZGB) sind Schenkungen, das Eingehen von Bürgschaften und die Errichtung von Stiftungen zulasten der betreuten Person verboten, d.h. sie dürfen weder durch die verbeiständete Person selbst, auch wenn diese urteilsfähig ist und der Beistand die Zustimmung erteilt hat, noch durch einen Ersatzbeistand (Art. 403 Abs. 1) vorgenommen werden (BSK ZGB I-Leuba, aArt. 408 N 2). Ausgenommen sind allein die sog. Gelegenheitsgeschenke, z.B. Weihnachts- oder Geburtstagsgeschenke. Der Begriff **Gelegenheitsgeschenke** ersetzt den Begriff **der erheblichen Schenkung** im bisherigen Recht (Botschaft Erwachsenenschutz, 7054).

2 Das neue Recht enthält in Art. 304 Abs. 3 eine ausdrückliche Bestimmung, wonach die Eltern in Vertretung des Kindes ebenfalls keine Bürgschaften eingehen, keine Stiftungen errichten und keine Schenkungen mit Ausnahme der üblichen Gelegenheitsgeschenke vornehmen dürfen.

3 Im Rahmen der Mitwirkungsbeistandschaft (Art. 396) kann angeordnet werden, dass diese Geschäfte der Zustimmung des Beistands unterliegen (Botschaft Erwachsenenschutz, 7054). Da die Mitwirkung keine Vertretung beinhaltet, ist Art. 412 nicht anwendbar.

2. Normzweck

Das Verbot bestimmter Geschäfte soll die betreute Person vor Verpflichtungen schützen, die erfahrungsgemäss selten in ihrem Interesse eingegangen, sondern eher die Interessen der Erben schützen würden (BSK ZGB I-LEUBA, aArt. 408 N 7). 4

II. Vermögenswerte mit besonderem Wert für die betroffene Person oder für ihre Familie

1. Geltungsbereich

Art. 400 Abs. 2 aZGB schützte nur bewegliche Gegenstände, die für die Familie oder die betroffene Person einen besonderen Wert hatten, vor der Veräusserung und Art. 404 Abs. 1 aZGB liess die Veräusserung von Grundstücken unabhängig vom affektiven Wert nur in den Fällen zu, wo die Interessen der betreuten Person es erforderten. Demgegenüber erfasst Art. 412 Abs. 2 **alle Vermögenswerte mit affektivem Wert** (Botschaft Erwachsenenschutz, 7054; BSK ZGB I-AFFOLTER, Art. 412 N 11; vgl. auch Art. 8 Abs. 1 VBVV). Das neue Recht verzichtet richtigerweise auf die überholte Regelung der Art oder Form der Veräusserung von Grundstücken nach dem Muster von Art. 404 Abs. 2 und 3 aZGB (öffentliche Versteigerung). 5

2. Normzweck

Es zeugt vom **Respekt des Gesetzgebers vor der betreuten Person** und ihrer Familie, dass Vermögensgegenstände, die für diese Personen aufgrund der Biographie und der Familiengeschichte eine besondere Bedeutung haben, unabhängig von ihrem wirtschaftlichen Wert nicht ohne Not veräussert werden sollen. Die Relativierung «wenn immer möglich» lässt wohl zu, dass auch solche Vermögenswerte veräussert werden können, wenn dies zur Sicherung des Lebensunterhaltes der betreuten Person unabdingbar ist. 6

Art. 413

G. Sorgfalts- und Verschwiegenheitspflicht

¹ Der Beistand oder die Beiständin hat bei der Erfüllung der Aufgaben die gleiche Sorgfaltspflicht wie eine beauftragte Person nach den Bestimmungen des Obligationenrechts.

² Der Beistand oder die Beiständin ist zur Verschwiegenheit verpflichtet, soweit nicht überwiegende Interessen entgegenstehen.

³ Dritte sind über die Beistandschaft zu orientieren, soweit dies zur gehörigen Erfüllung der Aufgaben des Beistands oder der Beiständin erforderlich ist.

Literatur

Vgl. die Literaturhinweise zur Einführung.

I. Normadressat

1 Die Sorgfalts- und Verschwiegenheitspflicht richtet sich an den Beistand. Sie gilt auch für den Beistand im Rahmen von Kindesschutzmassnahmen. Die Verschwiegenheitspflicht der KESB ist in Art. 451 Abs. 2 geregelt.

II. Norminhalt

1. Sorgfaltspflicht des Beistands

2 Abs. 1 verweist in Bezug auf die Sorgfaltspflicht des Beistands auf das Auftragsrecht nach den Bestimmungen des OR. Die Haftung für Schäden, die durch die Verletzung dieser Sorgfaltspflicht entstehen, ist in Art. 454 f. geregelt.

3 Art. 413 aZGB auferlegte dem Vormund die Pflicht, das **Vermögen** des Bevormundeten sorgfältig zu verwalten. **Die Sorgfaltspflicht des neuen Erwachsenenschutzrechts erstreckt sich auf sämtliche Aufgaben des Beistands.** Diese Ausdehnung hat Auswirkungen auf die Verantwortlichkeit. Zwar haftet nach Art. 454 Abs. 3 neu der Kanton für Schaden, der im Rahmen der behördlichen Massnahmen des Erwachsenenschutzes durch widerrechtliches Handeln oder Unterlassen entstanden ist. Das kantonale Recht regelt jedoch den Rückgriff auf die Person, die den Schaden verursacht hat (Art. 454 Abs. 4).

4 Inhalt, Umfang und Massstab der Sorgfaltspflicht richten sich nach dem Inhalt des behördlichen Auftrags. Im Rahmen der persönlichen Betreuung von Kindern und Erwachsenen ist das jeweilige Gefährdungspotenzial massgebend für die anzuwendende Sorgfalt. Das bedeutet, dass z.B. bei Säuglingen und Kleinkindern, die von ihren Eltern vernachlässigt werden, besonders hohe Anforderungen an die Vorkehrungen zur Abwendung der bestehenden Gefährdung erwartet werden (HÄFELI, Grundriss, Rz 22.83 m.w.H.).

4a Es ist von einem objektivierten Sorgfalts- bzw. Fahrlässigkeitsbegriff auszugehen, indem die Sorgfalt relevant ist, die eine gewissenhafte und ausreichend sachkundige Beistandsperson unter Berücksichtigung des konreten Auftrages und der konkreten Umstände anzuwenden pflegt (FASSBIND, 292; vgl. auch ROSCH/GARIBALDI/PREISCH, ZKE 2012, 421). Bei berufsmässiger und entgeltlicher Ausübung wendet das Bundesgericht einen höheren Sorgfaltsmassstab an (BGE 115 II 62 E. 3a).

2. Verschwiegenheitspflicht des Beistands

5 In Anlehnung an das Datenschutzrecht statuiert das neue Erwachsenenschutzrecht für den Beistand eine Verschwiegenheitspflicht, soweit nicht überwiegende Interessen der betroffenen Person, Dritter oder der Öffentlichkeit entgegenstehen (Abs. 2; vgl. auch Art. 451 N 3 ff)

Interessen der betroffenen Person können es z.B. rechtfertigen, dass der Beistand einer jungen Frau mit einer geistigen Behinderung deren Eltern über wichtige Ereignisse orientiert, damit diese ihre Tochter sachgerecht unterstützen können (Botschaft Erwachsenenschutz, 7055). Auch der Beistand eines minderjährigen Jugendlichen darf dessen Eltern über wichtige Ereignisse, z.B. im Zusammenhang mit seiner beruflichen Eingliederung, für welche der Beistand zu sorgen hat, orientieren, und zwar auch, wenn die elterliche Sorge in diesem Bereich gestützt auf Art. 308 Abs. 3 beschränkt wurde. 6

3. Informationsanspruch Dritter

Interessen Dritter, z.B. eines Arbeitgebers oder einer stationären Einrichtung, in der die betreute Person lebt, können ebenfalls die punktuelle Durchbrechung der Verschwiegenheitspflicht rechtfertigen, weil und insoweit dies für die Wahrnehmung der Rechte und Pflichten dieser Dritten gegenüber der betreuten Person erforderlich ist. 7

Nach Abs. 3 sind Dritte über die Beistandschaft zu orientieren, soweit dies zur gehörigen Erfüllung der Aufgaben des Beistands erforderlich ist. Dabei geht es nicht nur um die Information über das Bestehen einer Beistandschaft, sondern auch um die dem Beistand übertragenen Aufgaben und Vertretungsbefugnisse sowie für den Dritten relevante Sachverhalte und Themen aus der Mandatsführung. 8

Der Beistand hat im Einzelfall eine Interessenabwägung vorzunehmen und über **Art und Umfang der Informationen an Dritte** zu entscheiden. Eine Entbindung von der Schweigepflicht durch die KESB ist nicht vorgesehen und auch eine Entbindung vom Amtsgeheimnis ist im Rahmen von Art. 413 Abs. 3 nicht erforderlich (HÄFELI, Grundriss, Rz 22.88). Das Gesetz sieht zwar nicht vor, dass Dritte, die ein Interesse glaubhaft machen, vom Beistand Auskunft verlangen können. Diese Regelung gilt nach Art. 451 Abs. 2 für die KESB, die auf Verlangen Auskunft geben muss über das Vorliegen und die Wirkungen einer Massnahme des Erwachsenenschutzes. Es ist jedoch Dritten, welche eine vom Mandatsträger an sie delegierte Aufgabe gegenüber der betreuten Person erfüllen, nicht untersagt, selber um Informationen nachzusuchen. 9

Für Angehörige und Nahestehende, die keinen Beitrag zur Betreuung der betroffenen Person leisten, sondern bisweilen vielmehr zur Schutz- und Hilfsbedürftigkeit beigetragen haben, besteht kein Anspruch auf Informationen durch die Beiständin. Noch grössere Zurückhaltung ist gegenüber Medien geboten, weil diese i.d.R. nichts Wesentliches zur Betreuung beitragen können und weil die Verbeiständeten Anspruch auf Schutz ihrer Privatsphäre geniessen (BSK ZGB I-AFFOLTER/GERBER JENNI, Art. 413 N 10). 9a

Schliesslich verpflichtet Art. 453 die Erwachsenenschutzbehörde, die Polizei und die betroffenen Stellen zur Zusammenarbeit, wenn die ernsthafte Gefahr besteht, dass eine hilfsbedürftige Person sich selbst gefährdet oder ein Verbrechen oder Vergehen begeht, mit dem sie jemanden körperlich, seelisch oder materiell schwer 10 schädigt. Diese Zusammenarbeitspflicht zwingt den Beistand in bestimmten Fällen ebenfalls, die Verschwiegenheitspflicht zu durchbrechen.

4. Sanktionen bei Verletzung der Verschwiegenheitspflicht

11 Die Sanktionen bei Verletzung der Verschwiegenheitspflicht werden nicht ausdrücklich festgehalten. Es kommen die allgemeinen Regeln über die Verantwortlichkeit (Art. 454 f.) zum Tragen (vgl. Art. 451 N 4a).

III. Neuerungen gegenüber dem früheren Recht

12 Das bisherige Recht enthielt keine ausdrückliche Bestimmung zur Verschwiegenheitspflicht. Die Lehre hat jedoch eine generelle Schweigepflicht, auch als Vormundschaftsgeheimnis bezeichnet, postuliert (BK-SCHNYDER/MURER, Art. 360 aZGB N 144). Abgeleitet wurde sie aus dem **Sinn und Zweck des Vormundschaftsrechts, aus Art. 27 f. sowie aus BV und EMRK** (BK-SCHNYDER/MURER, Art. 360 aZGB N 145) und begründet wurde sie mit den **Interessen der betreuten Person** (a.a.O., N 147–155), aber auch mit dem **öffentlichen Interesse** (a.a.O., N 156).

13 Lehre und Rechtsprechung haben sich über Jahrzehnte eingehend und z.T. kontrovers mit dieser Schweigepflicht und ihren konkreten Auswirkungen auf Auskunftspflicht, Akteneinsicht, Aktenedition und ihrem Verhältnis zu Amts- und Berufsgeheimnis befasst (vgl. die Zusammenstellung bei ELSENER, Das Vormundschaftsgeheimnis, 143–170).

14 Kontrovers ist auch die Meinung zur **Geltung des Amtsgeheimnisses** für Berufsbeistände bzw. Privatbeistände. Die h.L. ist aus systematisch-dogmatischen Gründen der Auffassung, das Amtsgeheimnis gelte nur für Berufsbeistände in einem öffentlich-rechtlichen Anstellungsverhältnis (**a.M.** SCHOENENWEID/HÄFELI/BORGHI/DESCHENAUX/STEINAUER, in: Elsener, 164 ff.; zur Begründung vgl. HÄFELI, Grundriss, Rz 22.80 m.H.).

Art. 414

H. Änderung der Verhältnisse — **Der Beistand oder die Beiständin informiert die Erwachsenenschutzbehörde unverzüglich über Umstände, die eine Änderung der Massnahme erfordern oder eine Aufhebung der Beistandschaft ermöglichen.**

1 Das frühere Recht kannte keine entsprechende Norm. Die Pflicht, die KESB über die Umstände zu informieren, die eine Änderung oder Aufhebung der Massnahme erfordern, ergibt sich aus dem allgemeinen Auftrag jeder behördlichen Massnahme. Die ausdrückliche Erwähnung konkretisiert und ergänzt Art. 406 und dient der Verwirklichung des Subsidiaritäts- und des Verhältnismässigkeitsprinzips (Art. 389). Sie geht von der Pflicht der Behörde aus, eine Massnahme unverzüglich veränderten Verhältnissen anzupassen (Botschaft Erwachsenenschutz, 7055).

Eine solche Meldung innerhalb einer Berichtsperiode dürfte allerdings eher die Ausnahme sein. Im Rahmen der periodischen Berichterstattung hat sich der Beistand jedoch darüber zu äussern, ob die Massnahme weiter geführt, geändert oder aufgehoben werden soll.

2

Das Kindesschutzrecht enthält in Art. 313 eine ähnliche Norm, deren Adressat allerdings die Kindesschutzbehörde ist. Dennoch gehört es auch zu den Aufgaben des Beistands oder des Vormunds von Kindern, mindestens im Rahmen der periodischen Berichterstattung, nötigenfalls aber auch innerhalb einer Berichtsperiode, der Kindesschutzbehörde die Aufhebung oder Anpassung der bestehenden Kindesschutzmassnahmen zu beantragen.

3

Die Bestimmung soll sicherstellen, dass der betreuten Person der aufgrund des Schwächezustandes zustehende Schutz und die erforderliche Hilfe gewährt werden. Es soll damit aber auch vermieden werden, dass Personen länger als nötig unter einer Erwachsenen- oder Kindesschutzmassnahme oder einer Massnahme mit zu weit gehendem Eingriff in die Rechtsstellung und Freiheit der Person stehen. Erfahrungsgemäss besteht die Tendenz, dass eine einmal errichtete Massnahme bestehen bleibt. Eine Nationalfondsstudie hat festgestellt, dass namentlich Kindesschutzmassnahmen, einmal errichtet, bis zur Volljährigkeit dauern. Dabei scheinen weniger rechtliche und sozialarbeiterische Indikationen, d.h. eine rechtlich erhebliche Gefährdung, der nur mit einer Kindesschutzmassnahme begegnet werden kann, ausschlaggebend zu sein, als Gründe der Mandatsführung. Änderungen und Aufhebung von Massnahmen sind mit Zusatzaufwand verbunden. Sie bedürfen einer entsprechenden Begründung und lösen möglicherweise Rückfragen der zuständigen Behörde aus. Ausserdem können Legitimationsbedürfnisse – der Nachweis einer bestimmten Fallzahl pro Mandatsträger – dazu führen, dass vor allem «gut laufende Fälle» nicht aufgehoben werden (Voll/Jud/Mey/Häfeli/Stettler, 123 ff.).

4

Kantonale Bestimmungen zur Mandatsführung, namentlich Rechnungsablage und Berichterstattung (Art. 410 und 411 ZGB)	
AG	**§ 9 V KESR – Rechnungsablage und Berichterstattung** ¹ Die Beiständin oder der Beistand legt die Rechnung und den Bericht innert drei Monaten seit Ablauf der Rechnungs- beziehungsweise Berichtsperiode oder nach Beendigung des Mandats der Kindes- und Erwachsenenschutzbehörde vor. Diese kann bei Vorliegen besonderer Gründe die Frist verkürzen oder verlängern. ² Die Kindes- und Erwachsenenschutzbehörde führt über die Fälligkeit der Rechnungen und Berichte (Art. 410 und 411 ZGB) eine Kontrolle. **§ 10 V KESR – Form und Inhalt von Beistandschaftsrechnung und -bericht** ¹ Die Beiständin oder der Beistand hat die Beistandschaftsrechnung in doppelter Ausfertigung der Kindes- und Erwachsenenschutzbehörde einzureichen. Die Rechnung enthält die a) Übersicht über den aktuellen Bestand des Vermögens, b) Veränderungen des Vermögens in Bestand und Anlage, c) Einnahmen und Ausgaben. ² Die Angaben in Absatz 1 lit. a–c sind zu belegen.

	Kantonale Bestimmungen zur Mandatsführung, namentlich Rechnungsablage und Berichterstattung (Art. 410 und 411 ZGB)
	³ Zusammen mit der Beistandschaftsrechnung ist auch der Bericht über die Lage der betroffenen Person und die Ausübung der Beistandschaft in doppelter Ausfertigung einzureichen. Soweit notwendig, beantragt die Beiständin oder der Beistand die Anpassung der Massnahme. **§ 11 V KESR – Prüfungsentscheid** ¹ Die Kindes- und Erwachsenenschutzbehörde hat Rechnung und Bericht zu prüfen (Art. 415 ZGB) und ihren Prüfungsentscheid in beide Rechnungs- und Berichtsdoppel einzutragen. ² Die Kindes- und Erwachsenenschutzbehörde entscheidet in der Regel innert drei Monaten über die Genehmigung von Rechnung und Bericht. **§ 12 V KESR – Aufbewahrung** ¹ Ein Rechnungs- und Berichtsexemplar mit den Belegen ist von der Kindes- und Erwachsenenschutzbehörde aufzubewahren, das andere an die Beiständin oder den Beistand zurückzugeben. **§ 15 V KESR – Aktenführung** ¹ Die Beiständin oder der Beistand hat alle für die betroffene Person wichtigen Unterlagen bis zur Beendigung des Mandats sicher aufzubewahren und wesentliche Ereignisse in geeigneter Form festzuhalten. ² Nach Beendigung des Mandats sind die Akten der Kindes- und Erwachsenenschutzbehörde zu übergeben.
AI	**Art. 24 EG ZGB** Die Kindes- und Erwachsenenschutzbehörde nimmt die Aufsicht über die Beistände wahr und kann ihnen Weisungen erteilen.
AR	**Art. 55 Abs. 1 EG ZGB – Aufsicht** Die Kindes- und Erwachsenenschutzbehörde nimmt die Aufsicht über die Beiständinnen oder Beistände wahr und kann ihnen Weisungen erteilen.
BL	**§ 74 EG ZGB – Rechnung und Berichterstattung** ¹ Die Mandatsträgerin bzw. der Mandatsträger hat in den von der Kindes- und Erwachsenenschutzbehörde angesetzten Zeitabständen, mindestens aber alle zwei Jahre, Rechnung abzulegen und Bericht über die Lage der betroffenen Person und die Ausübung des Mandats zu erstatten. ² Die Rechnung enthält eine Übersicht über den aktuellen Bestand des Vermögens, die Veränderung des Vermögens in Bestand und Anlage sowie die Einnahmen und Ausgaben während der Rechnungsperiode. Alle Angaben sind zu belegen. ³ Die Mandatsträgerin bzw. der Mandatsträger legt die Rechnung und den Bericht innert drei Monaten seit Ablauf der Berichtsperiode der Kindes- und Erwachsenenschutzbehörde vor. Diese kann bei Vorliegen besonderer Gründe diese Frist verkürzen oder verlängern. ⁴ Die Kindes- und Erwachsenenschutzbehörde fasst ihren Entscheid über die Genehmigung von Rechnung und Bericht innert weiterer drei Monate. ⁵ Die Schlussrechnung und der Schlussbericht sind innert drei Monaten seit Beendigung des Mandats vorzulegen. Die Kindes- und Erwachsenenschutzbehörde kann diese Frist bei Vorliegen besonderer Gründe verkürzen oder

	Kantonale Bestimmungen zur Mandatsführung, namentlich Rechnungsablage und Berichterstattung (Art. 410 und 411 ZGB)
	verlängern. Der Entscheid über die Genehmigung von Schlussrechnung und Schlussbericht erfolgt innert weiterer drei Monate. [6] Werden die Rechnung und der Bericht nicht fristgerecht vorgelegt, kann die Kindes- und Erwachsenenschutzbehörde diese auf Kosten der Mandatsträgerin bzw. des Mandatsträgers durch eine Drittperson erstellen lassen. Das Gleiche gilt bei mangelhafter Rechnungsablage und Berichterstattung. **§ 75 EG ZGB – Kontrolle der Buchhaltung der Berufsbeistandschaften** [1] Die Einwohnergemeinden kontrollieren periodisch bei den Berufsbeistandschaften die Buchhaltung und Gesamtbilanz sowie die Einhaltung der Vorschriften des Bundes über die Anlage und Aufbewahrung der Vermögen. [2] Der Regierungsrat regelt die Anforderungen an die Personen, welche Kontrollen im Sinne von Absatz 1 vornehmen können
BS	**§ 33 VoKESG – Inventar und Budget** [1] Umfasst der Auftrag die Verwaltung von Vermögenswerten, hat die Mandatsträgerin oder der Mandatsträger zusammen mit der KESB nach Rechtskraft der Massnahme ein Inventar über die verwalteten Vermögenswerte aufzunehmen. [2] Bei einem verwalteten Vermögen von mindestens CHF 50 000 oder auf Anordnung der KESB hat die Mandatsträgerin oder der Mandatsträger zusammen mit dem Inventar ein Budget vorzulegen. **§ 34 Abs. 1 VoKESG – Bericht und Rechnung** Die Mandatsträgerinnen und Mandatsträger haben jährlich auf die von der KESB festgesetzten Termine einen Bericht über die persönliche Situation der betroffenen Person und Ausübung des Mandats sowie eine Rechnung zur Genehmigung vorzulegen. **§ 35 Abs. 1 VoKESG – Anlage und Sicherung von Vermögenswerten** Gestützt auf das Inventar und das Budget sowie unter Berücksichtigung der persönlichen Verhältnisse der betroffenen Person entscheidet die KESB über die Sicherstellung der Vermögenswerte sowie die Anlage gemäss Art. 4 ff. der Verordnung über die Vermögensverwaltung im Rahmen einer Beistandschaft oder Vormundschaft (VBVV).
FR	**Art. 13 KESG – Inventar** [1] Das Inventar, das durch die Beiständin oder den Beistand bei ihrem oder seinem Amtsantritt aufgenommen worden ist, muss regelmässig aktualisiert werden. [2] Das ursprüngliche Inventar und dessen Ergänzungen und Änderungen müssen in zwei Doppeln erstellt werden, von denen das eine von der Beiständin oder vom Beistand aufbewahrt und das andere bei der Schutzbehörde hinterlegt werden muss. **Art. 14 Abs. 1 KESG – Rechnung und Tätigkeitsbericht** Die Beiständin oder der Beistand muss jährlich auf den 31. Dezember seine Rechnung abschliessen und sie der Schutzbehörde zusammen mit dem Jahresbericht innerhalb von zwei Monaten nach Abschluss der Rechnungsperiode abliefern.

	Kantonale Bestimmungen zur Mandatsführung, namentlich Rechnungsablage und Berichterstattung (Art. 410 und 411 ZGB)
	² Die Schutzbehörde kann für die Rechnung der Beiständinnen und Beistände, die in einer öffentlichen Berufsbeistandschaft angestellt sind, eine Fristverlängerung bis spätestens 30. Juni bewilligen. ³ Für den Fall der Verspätung setzt die Schutzbehörde der Beiständin oder dem Beistand eine Frist von dreissig Tagen zur Eingabe der Rechnung. Nach Ablauf dieser Frist kann sie die Beiständin oder den Beistand ihres beziehungsweise seines Amtes entheben und eine neue Frist setzen, innert der die zur Aufstellung der Rechnung nötigen Schriftstücke der Behörde vorgelegt werden müssen. Die Rechnung wird auf Kosten der Beiständin oder des Beistandes erstellt. ⁴ Die Schutzbehörde kontrolliert die Rechnung innert sechs Monaten nach deren Eingabe. **Art. 15 KESG – Formelle Anforderungen** Der Staatsrat kann auf dem Verordnungsweg die formellen Anforderungen für die Inventare, die Rechnung und die periodischen Berichte festsetzen, die von der Beiständin oder vom Beistand verlangt werden. **Art. 16 KESG – Beendigung des Amtes** Bei der Beendigung des Amtes muss die Beiständin oder der Beistand innert dreissig Tagen den Schlussbericht und gegebenenfalls die Schlussrechnung in zwei Doppeln an die Schutzbehörde abliefern. Bei Verspätungen gilt Artikel 14 Abs. 3 sinngemäss.
GL	**Art. 85 Abs. 1 EG ZGB** Die Rechnung der Beiständin oder des Beistands muss alle Einnahmen und Ausgaben während der Rechnungsperiode enthalten, mit den erforderlichen Belegen versehen sein und den Bestand des verwalteten Vermögens ausweisen.
GR	**Art. 50a EG ZGB** Die Beistände unterstehen der fachlichen Aufsicht der Kindes- und Erwachsenenschutzbehörde, welche ihnen Weisungen erteilen kann. **Art. 50b EG ZGB** Die Kindes- und Erwachsenenschutzbehörde kann Beiständen, die ihren gesetzlichen Pflichten schuldhaft nicht nachkommen, die Kosten der Ersatzvornahme überbinden. **Art. 16 KESV – Weisungsbefugnis** Die Kindes- und Erwachsenenschutzbehörde erteilt die für die Führung der Beistandschaften und Vormundschaften erforderlichen Weisungen, insbesondere über die Inventaraufnahme, die Art und den Umfang der Rechnungsführung und Rechnungsablage **Art. 17 KESV – Inventaraufnahme** ¹ Das Inventar enthält die zu verwaltenden Aktiven und Passiven. Diese sind genau zu bezeichnen und soweit erforderlich zu schätzen. ² Das instruierende Behördenmitglied kann die Aufnahme des Inventars in Zusammenarbeit mit der Beiständin oder dem Beistand an den unterstützenden Dienst delegieren. Anschliessend hat es das Inventar zu prüfen und zu genehmigen.

Kantonale Bestimmungen zur Mandatsführung, namentlich Rechnungsablage und Berichterstattung (Art. 410 und 411 ZGB)

Art. 18 KESV – Öffentliches Inventar
[1] Ordnet das instruierende Behördenmitglied ein öffentliches Inventar an, kann es eine Notarin oder einen Notar mit dessen Errichtung beauftragen.
[2] Das Inventar ist in der Regel in Zusammenarbeit mit der Beiständin oder dem Beistand zu errichten

Art. 19 KESV – Budget
Umfasst die Vertretungsbeistandschaft für die Vermögensverwaltung auch das Einkommen, kann die Kindes- und Erwachsenenschutzbehörde die Einreichung eines Budgets verlangen

Art. 20 KESV – Rechenschaftsablage
[1] Die Rechenschaftsablage umfasst die Berichterstattung und die Rechnung.
[2] Die Rechnung umfasst:
a) eine Übersicht über den aktuellen Vermögensstand;
b) die Veränderungen des Vermögens in Bestand und Anlage;
c) sämtliche Einnahmen und Ausgaben während der Rechnungsperiode.
[3] Die Einnahmen und Ausgaben sind mit Belegen auszuweisen.
[4] Bei der Rechnungsablage sind sämtliche Belege und Vermögensnachweise vorzulegen.
[5] Der Rechnungsabschluss ist von der Mandatsträgerin oder dem Mandatsträger zu unterzeichnen.
[6] Der verbeiständeten Person ist auf Begehren Einsicht in die Rechnung und die Belege zu gewähren.

Art. 21 KESV – Frist
[1] Die Rechnung und der Bericht sind innert zwei Monaten nach Ablauf der Rechnungs- und Berichtsperiode der Kindes- und Erwachsenenschutzbehörde vorzulegen. Diese kann die Frist verkürzen oder verlängern.
[2] Werden die Rechnung und der Bericht nicht fristgerecht vorgelegt, kann die Kindes- und Erwachsenenschutzbehörde eine angemessene Nachfrist setzen. Bleibt auch diese ungenutzt, kann sie auf Kosten der Beiständin oder des Beistandes die Rechnung von einer fachkundigen Drittperson erstellen lassen sowie weitere Vollstreckungshandlungen vornehmen. Das Gleiche gilt bei mangelhafter Rechnungsablage.
[3] Für die Schlussrechnung und den Schlussbericht gelten Absatz 1 und 2 analog.

LU

§ 39 EG ZGB – Aufsicht
[1] Die Kindes- und Erwachsenenschutzbehörde beaufsichtigt die Mandatsführung der Beiständinnen und Beistände.
[2] Sie kann Weisungen erteilen.

§ 10 V-KES – Aktenführung
[1] Die Betreuungsperson hat alle für die betroffene Person wichtigen Unterlagen aufzubewahren und wesentliche Ereignisse in geeigneter Form festzuhalten.
[2] Sie bewahrt wichtige Unterlagen bis zur Beendigung ihres Amtes sicher auf. Nach Beendigung des Amtes werden sie der Kindes- und Erwachsenenschutzbehörde übergeben. In Absprache mit der Kindes- und Erwachsenenschutzbehörde kann die Aktenübergabe abweichend geregelt werden.

Kantonale Bestimmungen zur Mandatsführung, namentlich Rechnungsablage und Berichterstattung (Art. 410 und 411 ZGB)

§ 11 V-KES – Rechnung und Berichterstattung

[1] Die Betreuungsperson führt die Rechnung und erstattet Bericht.

[2] Sie führt nach den §§ 12 ff. Rechnung über die für die betroffene Person getätigten Einnahmen und Ausgaben sowie über das verwaltete Vermögen. Zur Rechnung gehören alle Belege, chronologisch geordnet und nummeriert.

[3] Der Bericht enthält eine Darstellung der persönlichen Verhältnisse der betroffenen Person, der festgelegten Ziele und der dazu getroffenen Massnahmen sowie einen Antrag betreffend die weitere Betreuung und die Ziele für die nächste Berichtsperiode.

[4] Bei der Übertragung oder der Beendigung einer Massnahme legt die Betreuungsperson die Schlussrechnung und den Schlussbericht vor. Die Grundsätze der Absätze 2 und 3 sind sinngemäss anwendbar. Die Kindes- und Erwachsenenschutzbehörde kann den Berufsbeistand oder die Berufsbeiständin von dieser Pflicht entbinden, wenn das Arbeitsverhältnis endet.

§ 12 V-KES – V. – Rechnungsführung/Grundlagen und Grundsätze

[1] Grundlage der Rechnung bildet bei neu angeordneten Massnahmen das Inventar nach Artikel 405 ZGB, bei bestehenden Massnahmen der Vermögensbestand gemäss letzter Rechnungsablage.

[2] Die Rechnungsführung richtet sich nach den allgemeinen Grundsätzen der Buchführung wie namentlich Vollständigkeit, Klarheit, Wahrheit, Genauigkeit, Spezifikation und Bruttoprinzip.

[3] Die Rechnung ist in der Regel in der Form der doppelten Buchhaltung zu führen. In einfachen Fällen kann die Kindes- und Erwachsenenschutzbehörde die Rechnungsführung in Form der einfachen Kassenrechnung nach § 14 zulassen.

§ 13 V-KES – Doppelte Buchhaltung

[1] Die Rechnungsführung in der Form der doppelten Buchhaltung umfasst die Erfolgsrechnung und die Bilanz einschliesslich Vergleich mit dem Anfangsinventar oder der Vorperiode.

[2] Der Kontenplan richtet sich nach den Weisungen der Aufsichtsbehörde.

§ 14 V-KES – Einfache Kassenrechnung

[1] Die Rechnungsführung in der Form der einfachen Kassenrechnung umfasst
a) die Führung eines Kassenbuchs und gegebenenfalls eines Postcheck- oder eines Bankbuchs (Geldjournal),
b) die Kassenrechnung als Rekapitulation aller Geldvorgänge während der Rechnungsperiode, geordnet nach Rubriken,
c) die Vermögensrechnung mit dem gesamten Bestand an Aktiven und Passiven am Ende der Rechnungsperiode, einschliesslich Vergleich mit dem Anfangsinventar oder der Vorperiode.

[2] Die Rubriken der Kassenrechnung werden durch Weisungen der Aufsichtsbehörde festgelegt.

§ 15 V-KES – Geschäftsbetriebe

Die Buchführung für Geschäftsbetriebe ist Sache der betroffenen Person und richtet sich nach den Vorschriften der Artikel 957 ff. des Schweizerischen Obligationenrechts vom 30.3.1911 8. Eigenkapital oder Bilanzfehlbeträge sind in die vormundschaftliche Bilanz aufzunehmen.

	Kantonale Bestimmungen zur Mandatsführung, namentlich Rechnungsablage und Berichterstattung (Art. 410 und 411 ZGB)
OW	**Art. 10 V-KESR – Aufsicht** [1] Die Beiständinnen und Beistände unterstehen der fachlichen Aufsicht der Kindes- und Erwachsenenschutzbehörde. Diese kann ihnen Weisungen erteilen und Massnahmen ergreifen. [2] Die Kindes- und Erwachsenenschutzbehörde kann insbesondere die Aufgabe den Beiständinnen oder Beiständen einer anderen Berufsbeistandschaft übertragen, wenn die zuständige Einwohnergemeinde: a) nicht über eine ausreichende Anzahl an Berufsbeiständinnen und Berufsbeiständen verfügt; b) nicht über Berufsbeiständinnen und Berufsbeistände mit der erforderlichen Eignung verfügt. [3] Die Kosten der Übertragung gehen zulasten der zuständigen Einwohnergemeinde.
SG	**Art. 33 EG KESR** Die Kindes- und Erwachsenenschutzbehörde übt die fachliche Aufsicht über die Beiständinnen und Beistände aus. Sie erlässt Weisungen.
SO	**§ 116 EG ZGB – B. Mandatsführung mit Einkommens- und Vermögensverwaltung – Art. 327c, 405 ff. und 425 ZGB – I. Form und Inhalt** [1] Der Mandatsträger hat über Einnahmen und Ausgaben ein jederzeit nachgeführtes Kassabuch zu führen. [2] Die Rechnung muss sämtliche Erträge und Aufwände während der Rechnungsperiode abbilden, ebenso den Stand des Vermögens am Ende der Rechnungsperiode im Vergleich zum Stand des Vermögens der vorangegangenen Rechnung. [3] Erträge und Aufwände sind durch Belege auszuweisen. [4] Die Rechnung ist vom Mandatsträger zu unterschreiben. [5] Die Rechnung ist im Doppel auszufertigen. **§ 117 EG ZGB – II. Aufbewahrung und Herausgabepflicht** [1] Die Rechnung mit sämtlichen Belegen ist vom Mandatsträger für die Dauer der Mandatsführung im Original aufzubewahren; die Kindes- und Erwachsenenschutzbehörde darf die Unterlagen jederzeit herausverlangen. [2] Wird die Mandatsführung beendet, sind alle Rechnungen mit sämtlichen Belegen der Kindes- und Erwachsenenschutzbehörde im Original auszuhändigen. [3] Die Kindes- und Erwachsenenschutzbehörde bewahrt die Unterlagen für die Dauer der Verjährungsfrist nach Artikel 455 ZGB auf. **§ 118 EG ZGB – III. Verspätete oder unterlassene Rechnungsablage** [1] Die Kindes- und Erwachsenenschutzbehörde hat einem Mandatsträger, welcher die Rechnung nicht innert der vorgeschriebenen Zeit eingibt, eine angemessene Nachfrist zu setzen. [2] Bleibt die Nachfrist unbenutzt, so darf die Kindes- und Erwachsenenschutzbehörde dem säumigen Mandatsträger die Akten abnehmen und auf dessen Kosten die Rechnung von einer fachkundigen Drittperson ausfertigen lassen sowie weitere Vollstreckungshandlungen vornehmen.

\multicolumn{2}{l}{**Kantonale Bestimmungen zur Mandatsführung, namentlich Rechnungsablage und Berichterstattung (Art. 410 und 411 ZGB)**}
SZ	**§ 32 EG ZGB** Die Kindes- und Erwachsenenschutzbehörde nimmt die Aufsicht über die Beistände wahr und kann ihnen Weisungen erteilen.
TG	**§ 54 EG ZGB** [1] Die Beistandschafts- und Schlussrechnung (Artikel 410 Absatz 1 und Artikel 425 Absatz 1 ZGB) müssen über den Vermögensstatus, Veränderungen des Vermögens in Bestand und Anlage sowie über Einnahmen und Ausgaben Auskunft erteilen. Die Belege sind beizufügen. [2] Bei unzureichender oder säumiger Rechnungsablage kann die Kindes- und Erwachsenenschutzbehörde die Rechnung nach vorgängiger Verwarnung auf Kosten des Beistandes durch einen Dritten erstellen lassen. **§ 82 KESV** [1] Die Beiständin oder der Beistand hat alle für die Situation der betroffenen Person wichtigen Unterlagen bis zur Beendigung des Mandats sicher aufzubewahren und wesentliche Ereignisse oder Zustände in Aktennotizen festzuhalten. [2] Nach Beendigung des Mandats sind diese Akten der Leitung der Berufsbeistandschaft zu übergeben; die Übergabe kann nach Absprache früher erfolgen. [3] Für die Archivierung gelten § 68 Absatze 2 und 3 sinngemäss. **§ 83 KESV** [1] Die Aufnahme des Vermögensinventars kann an das Fachsekretariat der Kindes- und Erwachsenenschutzbehörde in Zusammenarbeit mit der Beiständin oder dem Beistand delegiert werden. Das Inventar ist anschliessend von der Behörde zu genehmigen. [2] Das Inventar enthält die zu verwaltenden Aktiven und Passiven. Diese sind genau und übersichtlich zu verzeichnen und soweit erforderlich in ihrem Wert zu schätzen. [3] Hat die Beiständin oder der Beistand das Inventar aufgenommen, gelten bei Mängeln des Inventars oder bei Verzug bei dessen Erstellung die Bestimmungen von § 86 sinngemäss. [4] Ordnet das zuständige Mitglied der Kindes- und Erwachsenenschutzbehörde ein öffentliches Inventar an, gelten die Vorschriften über das öffentliche Inventar im Erbrecht sinngemäss, insbesondere die Verordnung des Obergerichts über die Errichtung des öffentlichen Inventars (Inventarverordnung). Das zuständige Mitglied der Kindes- und Erwachsenenschutzbehörde entscheidet anstelle der Einzelrichterin oder des Einzelrichters des Bezirksgerichts. **§ 84 KESV** Der Bericht über die persönlichen Verhältnisse hat unter Beilage der massgeblichen Akten zu enthalten: 1. Personalien der betroffenen Person; 2. Art der Massnahme mit der Zusammenfassung des Schwächezustands, des Schutzbedarfs und des behördlichen Auftrags; 3. Persönliche Verhältnisse, erreichter und künftiger Handlungsbedarf, künftige Ziele; 4. Begründung für Beibehaltung, Aufhebung oder Änderung der Massnahme, verbunden mit einem konkreten Antrag.

Kantonale Bestimmungen zur Mandatsführung, namentlich Rechnungsablage und Berichterstattung (Art. 410 und 411 ZGB)

§ 85 KESV

¹ Die Rechnung hat zu enthalten:
1. Personalien der betroffenen Person;
2. Rechnung mit Einnahmen und Ausgaben;
3. Angaben zur Veränderung des Kapitals;
4. Bilanz über die Einkommens- und Vermögensänderungen;
5. Nachweise zu Rechnung und Bilanz mit Originalbelegen und zugehöriger Korrespondenz.

² Soweit nicht ein Berufsbeistand eingesetzt wird, entscheidet die Kindes- und Erwachsenenschutzbehörde, ob die Rechnung in der Form der doppelten Buchhaltung oder als einfache Kassenrechnung zu führen ist. Die Behörde legt nötigenfalls den Kontenplan beziehungsweise die Rubriken der Kassenrechnung fest.

³ Die Buchführung für Geschäftsbetriebe richtet sich nach den üblichen Grundsätzen. Eigenkapital oder Bilanzfehlbeträge sind in die Bilanz betreffend Beistandschaft aufzunehmen.

§ 86 KESV

¹ Die Beiständin oder der Beistand legt den Bericht über die persönlichen Verhältnisse und die Rechnung innerhalb von zwei Monaten nach Ablauf der Berichts- oder Rechnungsperiode oder nach Beendigung des Mandats vor. Die Kindes- und Erwachsenenschutzbehörde kann aus triftigen Gründen diese Frist verlängern oder verkürzen.

² Die Behörde führt über die Fälligkeit von Berichten und Rechnungen eine Kontrolle.

³ Sie prüft Bericht und Rechnung, insbesondere hinsichtlich Vollständigkeit und Korrektheit sowie hinsichtlich der Vorgaben des Bundes über die Anlage und Aufbewahrung von Vermögen, und entscheidet in der Regel innert zwei Monaten über die Genehmigung.

⁴ Der Bericht und die Rechnung werden den Akten beigefügt. Der Beiständin oder dem Beistand sind Bericht und Rechnung samt Genehmigungsvermerk in einer Kopie auszuhändigen.

⁵ Wird die Rechnung innert einer Nachfrist nicht eingereicht oder weist sie erhebliche Mängel auf, kann die Behörde die Rechnung durch einen Dritten erstellen lassen. Die entstehenden Kosten können der Beiständin oder dem Beistand auferlegt werden; dieser oder diesem steht das Beschwerderecht zu.

⁶ Wird der Bericht innert einer Nachfrist nicht oder mangelhaft eingereicht, erstattet die Behörde zunächst eine Meldung an die Leitung der Berufsbeistandschaft und sodann an deren Trägerschaft. Vorbehalten bleibt eine Untersuchung der Amtsführung der Beiständin oder des Beistands sowie eine Entlassung im Sinn von Artikel 423

§ 87 KESV

¹ Der Verkauf von Gegenständen oder Rechten mit einem geschätzten Wert von über Fr. 10 000.– sowie der Verkauf von Grundstücken erfolgt durch öffentliche Versteigerung, sofern die Kindes- und Erwachsenenschutzbehörde nicht einen freihändigen Verkauf bewilligt.

Kantonale Bestimmungen zur Mandatsführung, namentlich Rechnungsablage und Berichterstattung (Art. 410 und 411 ZGB)	
	² Die öffentliche Versteigerung erfolgt nach den Grundsätzen von §§ 79 ff. EG ZGB. ³ Vor dem Verkauf ist die Schätzung eines Experten einzuholen, wenn bei Gegenständen die Schätzung gemäss Eingangsinventar als nicht mehr zutreffend erscheint, oder wenn ein Grundstück einen Wert von offensichtlich über Fr. 50 000.– aufweist. ⁴ Vor der Versteigerung sind Ort, Tag und Stunde der Versteigerung im Amtsblatt zu publizieren. Die Publikation hat zweimal zu erfolgen, wenn ein Grundstück versteigert wird.
VS	**Art. 32 EG ZGB – Grundsätze** ¹ Die Führung der Beistandschaft richtet sich nach den Bestimmungen von Artikel 405 ff. ZGB ² Die folgenden ergänzenden Ausführungsbestimmungen betreffen insbesondere die Vermögensverwaltung. ³ Die Führung der Beistandschaft untersteht unabhängig davon, ob es sich um Kindes- oder Erwachsenenschutzmassnahmen handelt, denselben rechtlichen Bestimmungen. **Art. 33 EG ZGB – Inventar** ¹ Das vom Beistand bei der Übernahme des Mandats (Art. 405 Abs. 2 ZGB) erstellte Vermögensinventar ist in analoger Anwendung der Artikel 98 und 99 des vorliegenden Gesetzes zu errichten. ² Ordnet die Schutzbehörde ein öffentliches Inventar an (Art. 405 Abs. 3 ZGB), sind die Artikel 106 und 108 des vorliegenden Gesetzes analog anwendbar. ³ Ist die Errichtung des Inventars mit einem besonderen Aufwand verbunden, kann die Schutzbehörde die Unterstützung der Berufsbeistandschaft anfordern. **Art. 34 EG ZGB – Wertsachen und Vermögensanlagen** ¹ Der Staatsrat erlässt Bestimmungen über die Aufbewahrung und Erhaltung von Wertsachen, Kostbarkeiten und wichtigen Dokumenten der betroffenen Person. ² Er bestimmt die Institute, die für die Entgegennahme von Wertsachen und Vermögensanlagen in Frage kommen. ³ Die vom Bundesrat gemäss Artikel 408 Absatz 3 ZGB erlassenen Bestimmungen bleiben vorbehalten. **Art. 35 EG ZGB – Versteigerung** ¹ Der Verkauf von Gegenständen oder Rechten mit einem geschätzten Wert von 10 000 Franken und darüber sowie der Verkauf von Grundstücken erfolgt durch öffentliche Versteigerung, ausser die Erwachsenenschutzbehörde bewillige einen freihändigen Verkauf. ² Die öffentliche Versteigerung erfolgt nach den Anforderungen von Artikel 189 des vorliegenden Gesetzes. ³ Vor dem Verkauf ist eine Schätzung eines Experten einzuholen: a) für Gegenstände, deren Schätzung im Eingangsinventar nicht mehr richtig erscheint; b) für Grundstücke, deren Wert offensichtlich über 50 000 Franken liegt.

Kantonale Bestimmungen zur Mandatsführung, namentlich Rechnungsablage und Berichterstattung (Art. 410 und 411 ZGB)

⁴ Vor der Versteigerung sind Ort, Tag und Stunde der Versteigerung zu publizieren. Die Publikation hat zweimal zu erfolgen, wenn ein Grundstück versteigert wird.

Art. 36 EG ZGB – Rechnung und Berichterstattung
¹ Die Rechnung hat alle Einnahmen und Ausgaben des Rechnungsjahres sowie den aktuellen Vermögensstand der betroffenen Person auszuweisen.
² Der Beistand hat der Schutzbehörde alle Belege zu den Kontoeintragungen zur Verfügung zu halten.
³ Darüber hinaus bestimmt der Staatsrat die formellen Anforderungen an die periodische Rechnungsablage und Berichterstattung (Art. 410 und 411 ZGB) des Beistands.

Art. 26 VKES – Periodische Rechnung
¹ Die Rechnung muss entsprechend den bei der kaufmännischen Buchführung zu beachtenden Grundsätzen vorgelegt werden. Die KESB kann den Beistand ermächtigen, die Rechnung in Form von Bankauszügen vorzulegen.
² Die Rechnung muss die Rechnungsbelege (Quittungen, Erklärungen, Urkunden, usw.) und eine Berichterstattung (Art. 27) enthalten.
³ Wenn mit Zustimmung der KESB eine Einnahme oder Ausgabe erzielt wurde, muss das Datum dieser Einwilligung angegeben werden.
⁴ Das Original der Rechnung bleibt im Besitz der KESB. Sie wird mit dem Vermerk der Genehmigung versehen und vom Präsidenten der KESB oder seinem Stellvertreter und vom Schreiber oder seinem Stellvertreter unterschrieben.

Art. 27 VKES – Berichterstattung
Die schriftliche Berichterstattung orientiert die KESB über die im Laufe des Rechnungsjahres vorgenommenen Handlungen sowie die persönlichen Kontakte des Beistandes mit der betroffenen Person, über die ihr zur Verfügung stehenden Mittel, ihre Bedürfnisse, ihre Lebensbedingungen und Erziehung, ihr Verhalten sowie alle anderen, aussagekräftigen und wissenswerten Umstände.

Art. 28 VKES – Schlussrechnung
¹ Die Schlussrechnung gibt alle Daten, Buchungen sowie die finanziellen Vorgänge wieder. Sie enthält in chronologischer Reihenfolge:
a) die vom Beistand in Zusammenarbeit mit der KESB, ja sogar mit der ÖBB, erstellten Inventare;
b) die Inventare des Kindesgutes, welche im Anschluss an die von der KESB erlassenen Massnahmen zum Schutze des Kindesgutes erstellt und hinterlegt wurden;
c) die öffentlichen Inventare;
d) die ergänzenden Inventare;
e) die Rechnungen und die begleitenden Berichte;
f) die Beratungen und Beschlüsse, die sich auf die Prüfung und die Genehmigung der unter a, b, d und e erwähnten Inventare, Berichte und Rechnungen beziehen;
g) die Angabe der dem Beistand zugesprochenen Entschädigung.

	Kantonale Bestimmungen zur Mandatsführung, namentlich Rechnungsablage und Berichterstattung (Art. 410 und 411 ZGB)
	[2] Die Schlussrechnung wird vom Beistand unterzeichnet; sie wird vom Präsident der KESB oder seinem Stellvertreter und vom Schreiber oder seinem Stellvertreter genehmigt. **Art. 29 VKES – Aufbewahrung von Wertsachen** [1] Der die Rechnung begleitende Bericht gibt an, welche wichtigen Dokumente und Wertgegenstände in einer durch die Bundesverordnung über die Vermögensverwaltung im Rahmen einer Beistandschaft oder Vormundschaft anerkannten Einrichtung aufbewahrt werden. [2] Eine Quittung oder Empfangsbestätigung des Aufbewahrers wird den Akten beigelegt.
ZG	**§ 48 EG ZGB – Aufsicht** Die Kindes- und Erwachsenenschutzbehörde nimmt die Aufsicht über die Mandatsführenden wahr und kann ihnen Weisungen erteilen.
ZH	**§ 16 EG KESR** Die Beiständinnen und Beistände unterstehen fachlich der Aufsicht der KESB. Diese kann ihnen Weisungen erteilen. **§ 17 EG KESR** [1] Das Inventar gemäss Art. 405 Abs. 2 ZGB enthält die zu verwaltenden Aktiven und Passiven und die wesentlichen Einnahmen und Ausgaben. Diese sind genau und übersichtlich zu verzeichnen und soweit erforderlich zu schätzen. [2] Bei Verzug oder Mängeln setzt die KESB eine Frist an. Wird diese nicht genutzt, kann die KESB das Inventar auf Kosten der Beiständin oder des Beistands durch einen Dritten erstellen lassen. [3] Die KESB prüft und genehmigt das Inventar. [4] Ordnet die KESB ein öffentliches Inventar gemäss Art. 405 Abs. 3 ZGB an, beauftragt sie die Notarin oder den Notar damit. **§ 18 EG KESR** [1] Die Beiständinnen und Beistände reichen die Berichte und Rechnungen gemäss Art. 410, 411 und 425 ZGB innert zweier Monate nach Ablauf der Berichts- bzw. Rechnungsperiode ein. [2] § 17 Abs. 2 gilt sinngemäss. **§ 23 EG KESR** [1] In den Fällen von Art. 318 Abs. 2 und 3 ZGB setzt die KESB eine Frist von zwei Monaten zur Einreichung des privaten Inventars an. Sie kann die Frist in begründeten Fällen erstrecken. [2] § 17 Abs. 2 und 3 gelten sinngemäss. [3] Ordnet die KESB die Aufnahme eines amtlichen Nachlassinventars nach § 125 EG ZGB an, entfällt die Pflicht zur Aufnahme eines privaten Inventars.

Sechster Unterabschnitt: Die Mitwirkung der Erwachsenenschutzbehörde

Vorbemerkungen zu Art. 415–418

Literatur

MEIER, Le consentement des autorités de tutelle aux actes du tuteur, Diss. Fribourg 1994 (zit. Consentement).

Die KESB hat den Beistand in seiner Tätigkeit **generell zu beaufsichtigen** und muss von Amtes wegen einschreiten, wenn sie feststellt oder erfährt, dass die Interessen der verbeiständeten Person gefährdet sind (HAUSHEER/GEISER/AEBI-MÜLLER, Erwachsenenschutzrecht, Rz 2.143). 1

Das seit 2013 geltende neue Recht sieht für die Steuerung und Beaufsichtigung der Tätigkeit des Beistands nach erfolgter Anordnung der Massnahme dieselben Instrumente vor wie das alte bis 2012 geltende Recht, nämlich die **Prüfung der Rechnungen und Berichte** des Beistands und die Anordnung der allenfalls daraus erkennbaren nötigen (Korrektur-)Massnahmen, die Bezeichnung von bestimmten risikoträchtigeren Geschäften bzw. solchen von grosser Tragweite, die der Beistand nicht selbständig alleine, sondern nur mit **Zustimmung der KESB** abschliessen darf, sowie die Behandlung von **Beschwerden** gegen Handlungen oder Unterlassungen des Beistands. Neu kann die KESB den Katalog der zustimmungsbedürftigen Geschäfte im Einzelfall über den gesetzlich vorgegebenen Katalog hinaus erweitern, allerdings nur, wenn wichtige Gründe dafür sprechen. 2

Die Erwachsenenschutzbehörde kann unter dem neuen Recht bei der Anordnung der massgeschneiderten Massnahme die Art und Weise der Führung derselben durch den Beistand stärker als nach geltendem Recht im Voraus definieren. Sie wird dabei jedoch darauf achten, den Spielraum des Beistands für eine **autonome, bedarfsgerechte und kreative Gestaltung der Massnahmenführung** nicht übermässig einzuschränken (vgl. auch KOKES, Rz 5.75). Dasselbe gilt grundsätzlich auch bei der Anwendung der Mitwirkungsinstrumente, insb. was Weisungen und Empfehlungen zur Massnahmenführung (u. Art. 415 N 5) sowie die Unterstellung weiterer Geschäfte unter ein behördliches Zustimmungserfordernis (u. Art. 417) anbelangt. 3

Die bundesrechtlichen Vorschriften über die Mitwirkung der KESB werden ergänzt durch **Organisationsvorschriften der Kantone**. Sehr viele Kantone haben trotz der wesentlichen Bedeutung der Prüfungen und/oder Genehmigung von Rechnungen und Berichten der Beiständinnen und Beistände für die Qualitätssicherung und Steuerung der kindes- und erwachsenenschutzrechtlichen Massnahmen und einer interdisziplinären Beurteilung der Berichte (dazu BSK ZGB I-VOGEL, Art. 415 N 20 f.), jedoch einer früheren Empfehlung der VBK (heute: KOKES) folgend (ZVW 2008, 86), diese Geschäfte in die Einzelzuständigkeit von Präsidentin- 4 nen, Präsidenten oder einzelnen Mitgliedern der KESB delegiert. Dabei ist in einzelnen Kantonen wenigstens im Bereich des Kindesschutzes nicht ausdrücklich Einzelzuständigkeit vorgesehen (vgl. die Tabelle nach Art. 419 «Kantonale Bestimmungen zu Mitwirkung und Einschreiten der KESB [Art. 415–419 ZGB]»; zu Berichterstattung und Rechnungsführung auch die Tabelle nach Art. 414 «Kantonale Bestimmungen zur Mandatsführung, namentlich Rechnungsablage und Berichterstattung [Art. 410 und 411 ZGB]»).

Art. 415

A. Prüfung der Rechnung und des Berichts

[1] Die Erwachsenenschutzbehörde prüft die Rechnung und erteilt oder verweigert die Genehmigung; wenn nötig, verlangt sie eine Berichtigung.

[2] Sie prüft den Bericht und verlangt, wenn nötig, dessen Ergänzung.

[3] Sie trifft nötigenfalls Massnahmen, die zur Wahrung der Interessen der betroffenen Person angezeigt sind.

Literatur

ROSCH/GARIBALDI/PREISCH, Kindes- und Erwachsenenschutzbehörde, Hoffnungsträgerin oder Hemmschuh?: die Zusammenarbeit mit der KESB aus Sicht der Berufsbeistände und Berufsbeiständinnen, ZKE 2012, 416 ff.; vgl. die Literaturhinweise zur Einführung.

1   Die KESB hat die **Rechnung zu prüfen**, die der Beistand gem. Art. 410 zu führen und auf den von der KESB festgesetzten Termin einzureichen hat (s. Art. 410 N 1 ff.). Zur Rechnungsprüfungspflicht gehört die Führung einer entsprechenden **Pendenzenkontrolle**, die es der KESB ermöglicht, den Beistand nötigenfalls an die Einreichungspflicht zu erinnern. Eine solche Kontrolle ist in einzelnen kantonalen Verordnungen vorgeschrieben (z.B. AG: § 9 Abs. 2 V KESR; TG: § 86 Abs. 2 KESV), die Notwendigkeit der Führung lässt sich jedoch auch direkt aus dem ZGB ableiten. Die Frist zur Einreichung wird von den Kantonen in der Regel auf zwei oder drei Monate nach Ende der Rechnungsperiode angesetzt. Der Prüfungsumfang richtet sich nach den inhaltlichen Mindestanforderungen an die Rechnungsführung gem. Art. 410. Diese werden z.T. in den kantonalen Verordnungen konkretisiert (s. z.B. TG: § 85 KESV), wobei die (z.B. chronologisch in einem Journal) geordnete Auflistung sämtlicher Einnahmen und Ausgaben und die geordnete Beilage der Rechnungsbelege, welche belegen, dass die Ausgaben im Interesse der verbeiständeten Person getätigt wurden, sowie die Ausweise zu Vermögensbestand zu Beginn und am Ende der Rechnungsperiode und zu dazwischen vorgenommenen Vermögensveränderungen als Minimalstandards anzusehen sind (vgl. BSK ZGB I-AFFOLTER, Art. 410 N 5 ff.). Die KESB kann den Umständen entsprechend differenziertere Abrechnungen mit Gruppierung von Einnahmen und Ausgaben nach Sachgebieten verlangen (HÄFELI, Wegleitung, 230). Grundsätzlich ist eine lückenlose und nicht

nur eine stichprobenweise Prüfung der Rechnung vorzunehmen. Nebst der formellen Richtigkeit der Rechnung ist die Angemessenheit der Einkommens- und Vermögensverwaltung (Art. 408 N 1) zu prüfen (Botschaft Erwachsenenschutz, 7055) und es ist die Übereinstimmung derselben mit den Bestimmungen der VBVV nachzuprüfen (s.a. BSK ZGB I-VOGEL, Art. 415 N 7). Sodann ist zu prüfen, ob die betroffene Person gemäss Vorschrift von Art. 410 Abs. 2 beigezogen worden ist.

Die KESB hat den **Bericht zu prüfen**, den der Beistand gem. Art. 411 zu erstatten und spätestens zwei Jahre nach Anordnung der Beistandschaft oder nach der letzten Berichterstattung oder auf einen von der KESB festgesetzten Termin einzureichen hat (s. Art. 411 N 1 ff.). Zur Berichtsprüfungspflicht gehört wie zur Rechnungsprüfungspflicht (s.o. N 1) die Führung einer **Pendenzenkontrolle**. Bezüglich des Berichtsinhalts geben einzelne KESB standardisierte Raster der Aspekte vor, zu denen sie im Bericht eine Aussage erwarten (zum Inhalt vgl. im Übrigen Art. 411 N 5 ff.). Die inhaltliche Prüfung des Berichtes hat auch die Prüfung zu enthalten, ob die betroffene Person gemäss Vorschrift von Art. 411 Abs. 2 bei der Erstellung des Berichtes beigezogen worden ist. Die KESB kann die Ergänzung von Berichten verlangen, die ihr zu wenig aussagekräftig sind.

2

Die praktische Vornahme der Rechnungsprüfung kann die KESB an hierfür geeignete Mitarbeiter oder mit Auftrag an Dritte delegieren und selbst nur noch das **Prüfungsergebnis** zur Kenntnis nehmen. Hingegen sollen die Mitglieder der KESB die **wesentlichen Berichtsinhalte selbst zur Kenntnis** nehmen, allenfalls zusammen mit den Empfehlungen eines Mitarbeiters, der eine Vorprüfung vorgenommen hat.

3

Das **Prüfungsergebnis** ist dem Beistand und, wenn nicht ausreichende Gründe dagegen sprechen, der betroffenen Person in einem **formellen Entscheid** mitzuteilen, in welchem auch der Termin für die nächste Rechnungsablage bzw. nächste Berichterstattung festgesetzt und allfällige Massnahmen gem. Abs. 3 festgesetzt werden (N 5). Mit einem Entscheid der Nichtgenehmigung der Rechnung werden immer solche Massnahmen verbunden sein. Obschon nach dem Wortlaut von Abs. 2 nicht vorgesehen, ist auch das Resultat der Prüfung des Berichtes im Entscheid festzuhalten (s.a. SCHMID, Art. 415 N 6; FamKomm Erwachsenenschutz-BIDERBOST, Art. 415 N 8), wobei die Bestätigung des Beistands im Amt einer Genehmigung gleichkommt (s. dazu Art. 421 N 3). Möglich ist auch, bestimmte Teile der Rechnung oder des Berichtes von der Genehmigung auszunehmen. Dem Entscheid kommt grundsätzlich keine Rechtswirkung gegenüber Dritten zu (Botschaft Erwachsenenschutz, 7056; SCHMID, Art. 415 N 9; BSK ZGB I-VOGEL, Art. 415 N 14). **Dritte sind entsprechend nicht zur gerichtlichen Beschwerde gemäss Art. 450 legitimiert**, um damit eigene Interessen geltend zu machen. Geht aus dem Bericht hervor, dass erforderliche Zustimmungen im Sinne von Art. 416 nicht eingeholt worden sind, soll die Behörde, allenfalls nach Einholung weiterer Informationen, mit dem Entscheid über die Berichtsgenehmigung die Zustimmung ausdrücklich erteilen oder ausdrücklich davon absehen (vgl. dazu a. SCHMID, Art. 415 N 7; BSK ZGB I-VOGEL, Art. 415 N 8 u. 14). Die Annahme einer stillschweigenden behördlichen Zustimmung durch vorbehaltlose Berichts- und Rechnungsgenehmigung

4

wird aus Gründen der Rechtssicherheit und des Schutzes der Interessen der betroffenen Person nur ausnahmsweise begründbar sein. Die Auffassung, wonach die nach inhaltlicher Prüfung behördlich ausgesprochene Genehmigung der Rechnung dieser erhöhte Beweiskraft und die Vermutung der Richtigkeit verleiht (BSK ZGB I-Vogel, Art. 415 m.H.) ist insofern von Bedeutung, als damit im Amt nachfolgende KESB und Beiständinnen und Beistände ohne Verletzung einer Sorgfaltspflicht von einer eigenen erneuten detaillierten Rechnungsprüfung absehen und sich auf eine Plausibilitätsprüfung beschränken können. Sodann gestattet die Vermutung der Richtigkeit der Rechnung die Entsorgung von Rechnungsbelegen des üblichen Zahlungsverkehrs nach Ablauf der Verjährungsfristen für die entsprechenden Forderungen.

5   Das Prüfungsergebnis kann Anlass zu **Massnahmen** ganz unterschiedlicher Art und Tragweite geben, wobei solche in erster Linie **durch die Interessenlage der verbeiständeten Person** geboten und gerechtfertigt sein müssen. Denkbar ist, dass die KESB auch einmal eine Massnahme trifft, um einen Beistand vor Schaden zu bewahren (was letztlich wiederum den Interessen der verbeiständeten Person dienlich sein kann). Je nach Tragweite und zugedachter Verbindlichkeit sind die Massnahmen im formellen Entscheid (N 4) anzuordnen oder dem Beistand separat mitzuteilen. Kleinere Berichtigungen in der Rechnung können unter Benachrichtigung des Beistandes auch durch die KESB selber vorgenommen werden (FamKomm Erwachsenenschutz-Biderbost, Art. 415 N 8). Als Massnahmen kommen bspw. in Betracht, die Aufforderung, einen finanziellen Anspruch noch geltend zu machen und in der nächsten Rechnung auszuweisen, ein Schreiben an den Beistand mit Empfehlungen zu bestimmten Aspekten der Massnahmenführung oder die Einladung zu einer Besprechung darüber mit einem Behördenmitglied (z.B. über Einsatz methodischer Mittel wie Zielvereinbarungen und Handlungsplänen [s. dazu CHK-Vogel, Art. 415 ZGB N 9]), die Anweisung, bestimmte Vermögensanlagen zu überprüfen, die Bestellung eines Ersatzbeistandes, um Verantwortlichkeitsansprüche gegen den Beistand oder die Behörde zu prüfen und geltend zu machen (Hausheer/Geiser/Aebi-Müller, Erwachsenenschutzrecht, Rz 2.145) oder letztlich auch die Entlassung des Beistands (Art. 423). Die KESB wird sich jedoch eine gewisse Zurückhaltung auferlegen bei Interventionen hinsichtlich der Ermessensausübung und Methodenauswahl im Rahmen der Mandatsführung, die grundsätzlich den Beiständen und Beiständinnen zustehen, insb. wenn ein Berufsbeistand oder eine Berufsbeiständin die Beistandschaft führt (dazu und zum Grundsatz der «Nicht-ohne-Not-Intervention» s. Rosch/Garibaldi/Preisch, ZKE 2012, 427 f.).

6   Kommt der Beistand trotz wiederholter Mahnung, allenfalls verstärkt durch Androhung der Ungehorsamsstrafe gegen eine amtliche Verfügung (Art. 292 StGB), seiner Berichterstattungs- und Rechnungsablagepflicht nicht oder nur krass ungenügend nach, so kommt, nach entsprechender vorgängiger Androhung, die **Ersatzvornahme** auf Kosten des säumigen Beistandes in Betracht (s. dazu auch u. Art. 421–425 N 9 u. CHK-Vogel, Art. 415 ZGB N 5 m.H.).

Die Prüfung von Bericht und Rechnung kann Anlass geben, die bestehende Beistandschaft veränderten Bedürfnissen anzupassen, etwa hinsichtlich zu besorgender Aufgaben oder Einschränkungen der Handlungsfähigkeit. Solche **Massnahmenänderungen** können im Entscheid betr. Genehmigung von Bericht und Rechnung angeordnet oder mit einem separaten Entscheid beschlossen werden (BSK ZGB I-Vogel, Art. 415 N 15). Dies gilt während der dreijährigen Übergangsfrist gemäss Art. 14 Abs. 3 SchlT ZGB auch für die Überführung altrechtlicher Beistandschaften ins neue Recht.

7

Art. 416

B. Zustimmungsbedürftige Geschäfte
I. Von Gesetzes wegen

¹ Für folgende Geschäfte, die der Beistand oder die Beiständin in Vertretung der betroffenen Person vornimmt, ist die Zustimmung der Erwachsenenschutzbehörde erforderlich:
1. Liquidation des Haushalts, Kündigung des Vertrags über Räumlichkeiten, in denen die betroffene Person wohnt;
2. Dauerverträge über die Unterbringung der betroffenen Person;
3. Annahme oder Ausschlagung einer Erbschaft, wenn dafür eine ausdrückliche Erklärung erforderlich ist, sowie Erbverträge und Erbteilungsverträge;
4. Erwerb, Veräusserung, Verpfändung und andere dingliche Belastung von Grundstücken sowie Erstellen von Bauten, das über ordentliche Verwaltungshandlungen hinausgeht;
5. Erwerb, Veräusserung und Verpfändung anderer Vermögenswerte sowie Errichtung einer Nutzniessung daran, wenn diese Geschäfte nicht unter die Führung der ordentlichen Verwaltung und Bewirtschaftung fallen;
6. Aufnahme und Gewährung von erheblichen Darlehen, Eingehung von wechselrechtlichen Verbindlichkeiten;
7. Leibrenten- und Verpfründungsverträge sowie Lebensversicherungen, soweit diese nicht im Rahmen der beruflichen Vorsorge mit einem Arbeitsvertrag zusammenhängen;
8. Übernahme oder Liquidation eines Geschäfts, Eintritt in eine Gesellschaft mit persönlicher Haftung oder erheblicher Kapitalbeteiligung;
9. Erklärung der Zahlungsunfähigkeit, Prozessführung, Abschluss eines Vergleichs, eines Schiedsvertrags oder eines Nachlassvertrags, unter Vorbehalt vorläu-

figer Massnahmen des Beistands oder der Beiständin in dringenden Fällen.
² Die Zustimmung der Erwachsenenschutzbehörde ist nicht erforderlich, wenn die urteilsfähige betroffene Person ihr Einverständnis erteilt und ihre Handlungsfähigkeit durch die Beistandschaft nicht eingeschränkt ist.
³ Immer der Zustimmung der Erwachsenenschutzbehörde bedürfen Verträge zwischen dem Beistand oder der Beiständin und der betroffenen Person, ausser diese erteilt einen unentgeltlichen Auftrag.

Literatur

Vgl. die Literaturhinweise zur Einführung und zu Vorbem. Art. 415–418.

I. Zustimmung der KESB zu bestimmten Geschäften (Abs. 1)

1   Die **Regelung** ist jener des **alten Rechtes nachgebildet** (Art. 421 u. 422 aZGB), wobei nach nun geltendem Recht alle zustimmungsbedürftigen Geschäfte lediglich noch der KESB und nicht einzelne noch der Aufsichtsbehörde zu unterbreiten sind (Botschaft Erwachsenenschutz, 7056). Im Unterschied zum früheren Recht verzichtet das neue Recht (s. Botschaft Erwachsenenschutz, 7056) auf das Zustimmungserfordernis zum Ehevertrag (weil die Zustimmung des Beistands – falls gem. Art. 181 Abs. 2 überhaupt erforderlich – genügt), zur Adoption (weil Art. 266 Abs. 3 i.V.m. Art. 265 Abs. 3 ausreichenden Schutz gewährleistet), zum Erwerb eines Bürgerrechts oder Verzicht auf ein solches (weil die Zustimmung des gesetzlichen Vertreters genügt), zur Verlegung des Wohnsitzes des Bevormundeten (weil gem. Art. 26 und 442 Abs. 1 und 5 die KESB ohnehin involviert ist, wenn eine Person unter umfassender Beistandschaft den Wohnsitz verlegt), zur Ermächtigung des Entmündigten zum selbständigen Betrieb eines Berufs oder Gewerbes (weil dies allenfalls mit massgeschneiderter Massnahme zu regeln ist) und zum Abschluss eines Lehrvertrages (weil dies unter der Aufsicht der Berufsbildungsämter steht und weil es als Sonderregelung neben derjenigen für andere Ausbildungsgänge nicht überzeugt).

2   Gleich wie nach h.L. die Anwendung von aArt. 421 und 422 ZGB bei der Mitwirkungsbeiratschaft (BSK ZGB I-Langenegger [4. Aufl.], aArt. 395 N 11; BSK ZGB I-Geiser [4. Aufl.], aArt. 421/422 N 9) ist nach neuem Recht die **Anwendung** von Art. 416 ZGB bei der **Mitwirkungsbeistandschaft ausgeschlossen**. Dies verdeutlicht die Formulierung «in Vertretung der betroffenen Person» im Einleitungssatz der Bestimmung (Botschaft Erwachsenenschutz, 7056; Hausheer/Geiser/Aebi-Müller, Erwachsenenschutzrecht, Rz 2.146; Schmid, Art. 416 N 8; o. Art. 396 N 3). Der Ausschluss des behördlichen Zustimmungserfordernisses gilt für die von der Mitwirkungsbeistandschaft erfassten Rechtsgeschäfte auch dann, wenn die Mitwirkungsbeistandschaft gem. Art. 397 mit anderen Beistandschaften kombiniert ist (BSK ZGB I-Henkel, Art. 396 N 25; relativierend o. Art. 396 N 3).

Nicht anwendbar ist Art. 416 sodann auf Geschäfte, welche von einer nach Art. 392 3
Ziff. 2 beauftragten Drittperson abgeschlossen werden. Die KESB hat, wenn es ihr
angezeigt erscheint, in solchen Fällen bei der Auftragserteilung auf Auftragsrecht
basierende Genehmigungsvorbehalte anzubringen (gl.M. BSK ZGB I-Vogel,
Art. 416/417 N 9).

Die **Zustimmung der KESB kann das Handeln des Beistands nicht ersetzen**. Fehlte 4
dem Beistand z.B. infolge Interessenkollision die Vertretungsmacht (Art. 403
Abs. 2), wird der Mangel des Rechtsgeschäftes durch die Zustimmung nicht geheilt
(BSK ZGB I-Geiser [4. Aufl.], aArt. 421/422 N 2; so nun auch BSK ZGB I-Vogel,
Art. 416/417 N 2). Im Zustimmungsverfahren kann die KESB auch mit Einverständnis oder auf Vorschlag der anderen Vertragspartei keine Ergänzung oder Änderung
eines Vertrages vornehmen; solches hat der Beistand zu vereinbaren und den ergänzten bzw. geänderten Vertrag neu zur Zustimmung vorzulegen. Die Zustimmung ist grundsätzlich nicht im Voraus zu einer vom Beistand vorgelegten Vertragsofferte zu erklären, sondern erst dem von allen Vertragsparteien abgeschlossenen
Vertrag. Der Beistand kann allenfalls jedoch eine Vorausmeinung der KESB zum beabsichtigen Vertragsabschluss einholen; die KESB ist an diese Meinungsäusserung
aber nicht gebunden (Meier, Consentement, 124 f.; BSK ZGB I-Vogel, Art. 416/417
N 45). Bei besonderen Umständen, insb. wenn der Schwebezustand unzumutbar
wäre, kann die Ermächtigung zum Abschlusses eines im Wesentlichen definierten
Rechtsgeschäftes zum Voraus erteilt werden, allenfalls auch bereits als antizipierte
Zustimmung mit der Zuweisung der entsprechenden Aufgabe an den Beistand (Häfeli, Grundriss, Rz 23.34), z.B. mit den Aufgaben, die Miete der Wohnung der betroffenen Person zu kündigen und den Haushalt zu liquidieren (Art. 416 Abs. 1 Ziff. 1;
andere Beispiele s. FamKomm Erwachsenenschutz-Biderbost, Art. 416 N 42). Die
vorgängige Zustimmung kann auch zweckmässig sein, wenn eine Vertragsbedingung von zeitlichen Kursschwankungen abhängt. In diesem Fall kann je nach Interessenlage der betroffenen Person die Zustimmung an die Bedingung eines Mindestoder Höchstbetrags geknüpft werden.

Der Beistand hat bei der KESB **Antrag** zu stellen und dieser alle für den Entscheid 5
erforderlichen Angaben und Unterlagen zu liefern. Dazu gehört auch die Information, ob und ggf. wie die betroffene Person bei der Entscheidung einbezogen worden ist und wie sie gegenüber dem beabsichtigten Rechtsgeschäft eingestellt ist
(s.u. N 7 ff.). Je nach den Umständen hat die Behörde die betroffene Person vor
dem Entscheid noch anzuhören (FamKomm Erwachsenenschutz-Biderbost,
Art. 416 N 46). Die Zustimmung ist von der KESB **schriftlich** (i.d.R. in Form eines
beschwerdefähigen Beschlusses) zu erteilen oder zu verweigern. Die Zustimmung
bedarf nicht der gleichen (allenfalls qualifizierten) Form wie das Rechtsgeschäft
(BGE 117 II 18 E. 4b).

Im Einzelnen bedürfen die in Abs. 1 Ziff. 1–9 aufgezählten Geschäfte von Gesetzes 6
wegen der Zustimmung:
– **Zu Ziff. 1 und 2**: Diese Zustimmungserfordernisse kannte das alte Recht nicht,
  trotz der grossen Tragweite von **Haushaltauflösungen**, **Wohnungskündigungen** und **Übertritten in betreute Wohneinrichtungen** für die betroffenen Perso-

nen. Die Praxis behalf sich bisweilen damit, dass sie auch die Veräusserung von Mobiliar und Hausrat mit geringem Liquidationswert als zustimmungsbedürftig gem. Art. 421 Ziff. 2 aZGB bezeichnete. Gemäss Botschaft Erwachsenenschutz (7057) gilt das Zustimmungserfordernis von Ziff. 2 nicht im Fall von Art. 382 Abs. 3. Es ist nicht klar ersichtlich, was damit gemeint ist. Handelt es sich bei der zur Vertretung bei medizinischen Massnahmen berufenen und damit zum Abschluss des Betreuungsvertrages vertretungsberechtigten Person um den Beistand (Art. 378 Abs. 1 Ziff. 2 ZGB), ist nach der hier vertretenen Auffassung nicht einzusehen, weshalb er für den Abschluss des Betreuungsvertrages, mit dem u.a. die Unterbringung der verbeiständeten Person auf Dauer in der Wohn- oder Pflegeeinrichtung vereinbart wird, keine Zustimmung der KESB bräuchte (gl.M. BSK ZGB I-Vogel, Art. 416/417 N 16; FamKomm Erwachsenenschutz-Biderbost, Art. 416 N 24; Häfeli Grundriss, Rz 23.24). Die sich auf die erwähnte Bemerkung in der Botschaft stützende gegenteilige Meinung (so Schmid, Art. 416 N 13; Meier/Lukic, Introduction, Rz 620 FN 747; KOKES, Rz 7.49) ist angesichts des Umstandes, dass Wohn- und Pflegeeinrichtungen, in denen urteilsunfähige Personen betreut werden, gem. Art. 387 einer Aufsicht unterstehen, vertretbar. Die gegenteilige Meinung bezeichnet die Regelung von Art. 382 als «in sich genügend», welche die vertragsschliessende Person unabhängig von der Grundlage ihres Vertretungsrechtes gleich behandle (KOKES, Rz 7.49). Der Abschluss eines Dauervertrags über die Unterbringung der betroffenen Person ist auch zustimmungsbedürftig, wenn es sich bei dieser um ein minderjähriges Kind handelt (vgl. BGer vom 24.12.2013, 5A_742/2013) und die Unterbringung durch den Vormund oder durch den Beistand mit entsprechender durch die KESB verliehener Kompetenz vorgenommen und der Vertrag nicht lediglich namens und im Auftrag der Inhaber der elterlichen Sorge durch einen Beistand abgeschlossen wird.

– **Zu Ziff. 3**: Diese Zustimmungserfordernisse entsprechen denjenigen von Art. 422 Ziff. 5 aZGB (**Annahme oder Ausschlagung einer Erbschaft** sowie **Erbverträge**) und Art. 421 Ziff. 9 aZGB (**Erbteilungsverträge**). Mit der Formulierung «wenn dafür eine ausdrückliche Erklärung erforderlich ist» wird für die Annahme oder Ausschlagung der Erbschaft verdeutlicht, was schon die Praxis unter geltendem Recht so handhabte (keine Zustimmung, wenn eine Ausschlagung vermutet wird; eine Zustimmung zur Annahmeerklärung nur in den von Art. 574, 575 und 588 anvisierten Fällen erforderlich, ansonsten ein Erwerb [und damit Annahme] der Erbschaft gem. Art. 560 von Gesetzes wegen erfolgt; Geiser et al., 109 f.; BSK ZGB I-Vogel, Art. 416/417 N 17). Die **Fristen des Erbrechtes** für die Ausschlagung und Annahmeerklärungen sind von der KESB **einzuhalten**; sie muss ihren Zustimmungsentscheid vor Ablauf der Frist treffen und mitteilen (Geiser et al., 110; BSK ZGB I-Geiser [4. Aufl.], aArt. 421/422 N 31 m.H. auf Verlängerungsmöglichkeiten; BSK ZGB I-Vogel, Art. 416/417 N 17). Hinsichtlich des Abschlusses eines **Erbvertrages** sind neu Art. 468 Abs. 1 und 2 zu beachten. Soweit die verbeiständete Person im Erbvertrag als Erblasserin auftritt, bedarf sie gem. Art. 468 Abs. 2 lediglich der mitwirkenden Zustimmung des Beistandes, sofern ihre Handlungsfähigkeit entsprechend eingeschränkt ist. Der behördlichen Zustimmung gem. Art. 416 Abs. 1 Ziff. 3 bedarf der Erbvertrag nur insoweit, als die verbeiständete Person darin als Gegenkontrahentin des Erblassers beteiligt ist und die entsprechende Vertretung durch den Beistand vorgesehen ist (SCHMID, Art. 416 N 15; BSK ZGB I-VOGEL, Art. 416/417 N 19). Zustimmungsbedürftig sind sodann **Erbteilungsverträge** i.S.v. Art. 634 Abs. 1. Diesen im Kontext von Art. 416 Abs. 1 Ziff. 3 begrifflich gleichzusetzen und damit ebenfalls zustimmungsbedürftig sind Verträge mit Miterben über die Abtretung von Erbanteilen gem. Art. 635 Abs. 1. Schliesst die Erbengemeinschaft mit Dritten Rechtsgeschäfte ab, die vom Katalog von Art. 416 Abs. 1 erfasst sind, bedarf es einer Zustimmung nach Art. 416 Abs. 1 oder 2, wenn ein Miterbe durch einen Beistand vertreten wird (Anwendungsbeispiel s. BSK ZGB I-VOGEL, Art. 416/417 N 18).

- **Zu Ziff. 4**: Diese Zustimmungserfordernisse entsprechen denjenigen von Art. 421 Ziff. 1 und Ziff. 3 aZGB, wobei der Ersatz der Ausdrücke «Kauf, Verkauf» des bisherigen Rechts durch «Erwerb, Veräusserung» die Praxis nachvollzieht, welche den **Erwerb sowie jede rechtsgeschäftliche Verminderung dinglicher Rechte an** Grundstücken dem Zustimmungserfordernis von Art. 421 Ziff. 1 aZGB unterstellte (BSK ZGB I-GEISER [4. Aufl.], aArt. 421/422 N 13; BSK ZGB I-VOGEL, Art. 416/417 N 20). Mit dem Ersatz des Begriffs «Bauten» des alten Rechts durch den Begriff **«Erstellen von Bauten»** ist nichts gewonnen. Auch grössere Renovationen fallen darunter. Was noch als ordentliche Verwaltungshandlung gilt, soll nach Art. 647a (Vertretungsbefugnisse des einzelnen Miteigentümers) bestimmt werden (Botschaft Erwachsenenschutz, 7057); vertretbar wäre auch, die notwendigen baulichen Massnahmen gem. Art. 647c als ordentliche Verwaltungshandlungen des Beistands gelten zu lassen.
- **Zu Ziff. 5**: Dieses Zustimmungserfordernis entspricht demjenigen von Art. 421 Ziff. 2 aZGB, wobei auch hier (wie bei Ziff. 4) die neue Verwendung der Ausdrücke «Erwerb, Veräusserung», ergänzt durch die «Errichtung einer Nutzniessung», die geltende Praxis nachvollzieht. Zur Bestimmung des Umfangs der ordentlichen Verwaltung und Bewirtschaftung sind Lehre und Rechtsprechung zu Art. 227 beizuziehen (Botschaft Erwachsenenschutz, 7057; BSK ZGB I-GEISER [4. Aufl.], aArt. 421/422 N 14; OFK ZGB-FASSBIND, Art. 416 N 2). Noch unter die **ordentliche Verwaltung** fällt die **Neuanlage von Wertschriften** (Vermögensdispositionen), soweit dabei die **Anlagepolitik nicht wesentlich verändert** wird (BSK ZGB I-HAUSHEER/AEBI-MÜLLER, 4.A., Art. 227/228 N 8 ff.), insb. die Wiederanlage in Obligationen nach deren Rückzahlung. Dispositionen, die sich im Rahmen einer von der KESB genehmigten **Anlagestrategie** bewegen, fallen ebenfalls unter den Begriff der ordentlichen Verwaltung und Bewirtschaftung und bedürfen keiner separaten Zustimmung im Einzelfall (s.u. Art. 6 VBVV N 34 sowie Art. 7 VBVV N 30; BSK ZGB I-VOGEL, Art. 416/417 N 26 m.H. auf BSK ZGB I-GEISER [4. Aufl.], aArt. 421/422 N 14a).
- **Zu Ziff. 6**: Diese Zustimmungserfordernisse entsprechen denjenigen von Art. 421 Ziff. 4 und 5 aZGB. Neu wird die Zustimmung nur noch für erhebliche **Darlehen** verlangt. Ob ein solches als **erheblich** gelten muss, ist nach den konkreten Einkommens- und Vermögensverhältnissen zu beurteilen (Botschaft Erwachsenenschutz, 7057). Nicht als Darlehensgewährung gilt die Anlage auf einem Bankkonto, weil dort die sichere und zinstragende Aufbewahrung von

Geld und nicht die Kreditgewährung im Vordergrund steht (BSK ZGB I-GEISER [4. Aufl.], aArt. 421/422 N 16 m.H. auf BGE 70 II 77 E. 3, 6). Hingegen fallen Kreditkartenverträge und Überziehung von Bankkonten darunter, wenn die vereinbarten Kreditlimiten gemessen an den Verhältnissen der betroffenen Person als erheblich bezeichnet werden müssen (BSK ZGB I-VOGEL, Art. 416/417 N 27; a.M. aus Gründen der Praxistauglichkeit OFK ZGB-FASSBIND, Art. 416 N 2). Unter den Begriff der **Eingehung wechselrechtlicher Verbindlichkeiten** fallen Verpflichtungen im Rahmen der Bestimmungen von Art. 991–1099 OR, inkl. Wechselbürgschaft (Art. 1020 ff. OR).

- **Zu Ziff. 7**: Diese Zustimmungserfordernisse entsprechen denjenigen von Art. 421 Ziff. 11 und Art. 422 Ziff. 4 aZGB. Erfasst werden **Leibrenten und Verpfründungsverträge** gem. Art. 516 ff. OR sowie dem VVG unterstellte **Lebensversicherungsverträge** und zwar reine Risikoversicherungen und gemischte Versicherungen. Keine Zustimmung ist erforderlich, wenn der Lebensversicherungs- und Leibrentenvertrag dem Freizügigkeitsgesetz untersteht und zudem im Zusammenhang mit einem Arbeitsverhältnis steht (Botschaft Erwachsenenschutz, 7057).

- **Zu Ziff. 8**: Dieses Zustimmungserfordernis entspricht demjenigen von Art. 422 Ziff. 3 aZGB. Erfasst wird die **Übernahme oder Liquidation eines Geschäftes**; auch die unentgeltliche Übernahme bedarf der Zustimmung (gl.M. BSK ZGB I-VOGEL, Art. 416/417 N 30; offen gelassen von MEIER, Consentement, 451). Der **Eintritt in eine Gesellschaft** bedarf **immer** dann der Zustimmung, **wenn** die verbeiständete Person als Gesellschaftsmitglied **unbeschränkt haftet** (als Kollektivgesellschaftsmitglied, als Komplementär bei Kommandit- und Kommanditaktiengesellschaft, als Genossenschafter oder Vereinsmitglied, wenn das Mitglied nach Statuten unbeschränkt haftet oder ihm eine unbeschränkte Nachschusspflicht auferlegt ist, gl.M. BSK ZGB I-VOGEL, Art. 416/417 N 31). Ob der Beitritt zu einer einfachen Gesellschaft eine unbeschränkte Haftung nach sich zieht, ist im Einzelfall zu prüfen. In den **übrigen Fällen** ist die Zustimmung erforderlich, **wenn** die **Kapitalbeteiligung** gemessen am Gesamtvermögen der verbeiständeten Person als **erheblich** bezeichnet werden muss. Welchen Anteil am Gesellschaftskapital die verbeiständete Person mit ihrer Beteiligung hält, ist nicht entscheidend. Für den Austritt aus der Gesellschaft bedarf es keiner Zustimmung, es sei denn, der Austritt stelle wirtschaftlich betrachtet die Liquidation eines Geschäftsbetriebes dar (zum Ganzen BSK ZGB I-GEISER [4. Aufl.], aArt. 421/422 N 29, m.H.a. MEIER, Consentement, 460 ff.; gl.M. BSK ZGB I-VOGEL, Art. 416/417 N 31).

- **Zu Ziff. 9**: Diese Zustimmungserfordernisse entsprechen denjenigen von Art. 421 Ziff. 8 und 10 aZGB. Der Beistand bedarf der Zustimmung zur **Vertretung** der verbeiständeten Person **in einem Prozess**. Die Bestimmung gilt für Zivil- und Verwaltungsstreitigkeiten sowie für Schadenersatzforderungen, die in einem Strafverfahren adhäsionsweise geltend gemacht werden. Die Zustimmung ist auch erforderlich, wenn die verbeiständete Person beklagte Partei ist (gl.M. BSK ZGB I-VOGEL, Art. 416/417 N 33). Der **Abschluss** eines **gerichtlichen Vergleichs** bedarf der Zustimmung, nicht jedoch der Vergleich ausserhalb eines hängigen Rechtsstreites (BSK ZGB I-GEISER [4. Aufl.], aArt. 421/422 N 20 m.H. auf BGE 64 II 406

E. 1; u.a. **a.M.** BK-Kaufmann, Art. 421 ZGB N 27; Meier, Consentement, 413 f.). Die unbefriedigende und uneinheitliche Praxis unter altem Recht kann unter neuem Recht dank der Möglichkeit, weitere Geschäfte als zustimmungsbedürftig zu bezeichnen (s. Art. 417 N 1), verbessert werden (gl.M. BSK ZGB I-Vogel, Art. 416/417 N 35). Der Zustimmung bedarf sodann der Abschluss eines **Schiedsvertrages** (und damit auch einer Schiedsklausel in einem anderen Vertrag, s. Meier, Consentement, 418 f.), eines **Nachlassvertrages** gem. Art. 302 ff. SchKG (in der Gläubiger- oder der Schuldnerposition, s. Meier, Consentement, 422; gl. M. BSK ZGB I-Vogel, Art. 416/417 N 38) sowie die **Insolvenzerklärung** gem. Art. 191 SchKG. **Vorbehalten** bleiben bei den Zustimmungserfordernissen gem. Ziff. 9 die **vorläufigen Massnahmen** des Beistands in **dringenden Fällen**. Dies etwa, wenn es eine Frist zur Erhebung eines Rechtsmittels oder eine dem Beklagten angesetzte Frist zu wahren gilt. Die Massnahme des Beistands ist nur vorläufig, hat sich auf das Notwendige zu beschränken und die Zustimmung der KESB ist nachträglich einzuholen (s.a. BSK ZGB I-Geiser [4. Aufl.], aArt. 421/422 N 20; gl.M. BSK ZGB I-Vogel, Art. 416/417 N 39). Gemäss Art. 67 Abs. 3 lit. b ZPO kann überdies bei Gefahr im Verzug die in ihrer Handlungsfähigkeit eingeschränkte jedoch urteilsfähige betroffene Person vorläufig das Nötige selbst vorkehren (s. BSK ZGB I-Vogel, Art. 416/417 N 39 m.H.a. Meier/Lukic, Rz 620).

II. Zustimmung der betroffenen urteilsfähigen Person anstelle der KESB (Abs. 2)

Die Bestimmung von Art. 416 Abs. 2 ist derjenigen von Art. 419 Abs. 2 aZGB nachgebildet (Botschaft Erwachsenenschutz, 7057). Sie gelangt zur Anwendung, wenn der Beistand in Vertretung der betroffenen Person ein zustimmungsbedürftiges Geschäft gem. Abs. 1 Ziff. 1–9 abzuschliessen gedenkt und wenn die **betroffene Person** bez. dieses konkreten Geschäftes **urteilsfähig** ist und ihre **Handlungsfähigkeit im entsprechenden Bereich nicht eingeschränkt** worden ist. Der Beistand hat die urteilsfähige betroffene Person gem. Art. 406 Abs. 1 ohnehin einzubeziehen (o. Art. 406 N 3). Ist sie zudem in ihrer Handlungsfähigkeit bez. des abzuschliessenden Geschäftes nicht eingeschränkt, kann ihre Zustimmung an die Stelle der Zustimmung der KESB treten (zum Ganzen Geiser et al., 73). Der Beistand hat jedoch nicht die Wahl, ob er mit der Zustimmungsanfrage zuerst an die betroffene Person oder an die Behörde gelangt. Der Anspruch auf Selbstbestimmung gebietet Ersteres. Die Zustimmung der betroffenen Person schliesst somit die Mitwirkung der Behörde aus (FamKomm Erwachsenenschutz-Biderbost, Art. 416 N 9).

7

Der Einbezug der betroffenen Person wird dem Beistand i.d.R. definitive Klarheit bez. der **Frage der Urteilsfähigkeit** für das konkrete Geschäft verschaffen. Der Beistand soll sich nicht zum Vornherein auf die Vermutung der Urteilsfähigkeit abstützen. Erscheint ihm letztere jedoch gegeben, braucht er keine weiteren Abklärungen zu treffen, sondern kann – gestützt auf die Vermutung – die Erklärung der betroffenen Person entgegennehmen und gegebenenfalls das Geschäft mit ihrer Zustimmung abschliessen (Botschaft Erwachsenenschutz, 7058). Es braucht nicht

8

systematisch ein Arztzeugnis oder ein psychiatrisches Gutachten eingeholt zu werden (SCHMID, Art. 416 N 6). Die Zustimmung der betroffenen Person bewirkt keine haftungsmässige Entlastung des Beistands.

9   Die **betroffene Person** ist, auch wenn sie urteilsfähig und in ihrer Handlungsfähigkeit nicht eingeschränkt ist, **nicht verpflichtet**, eine **Entscheidung** zu treffen und kann diese dem Beistand und der KESB überlassen (gl.M. BSK ZGB I-VOGEL, Art. 416/417 N 44). Sie kann ihr Desinteresse für eine bestimmte Art von Geschäften auch im Voraus generell erklären, was den Beistand von der Pflicht entbindet, sie in jedem Einzelfall einzubeziehen.

10 **Verweigert** die urteilsfähige **verbeiständete Person** die **Zustimmung**, hat der Beistand entweder vom Abschluss des fraglichen Geschäftes abzusehen oder dieses der KESB zur Zustimmung zu unterbreiten. Der Beistand hat die KESB mit dem Zustimmungsantrag über die Zustimmungsverweigerung der verbeiständeten Person zu informieren. Die KESB hat unter Würdigung aller wesentlichen Umstände einen beschwerdefähigen Entscheid zu treffen. Gegebenenfalls prüft sie, ob die Handlungsfähigkeit der betroffenen Person im Hinblick auf künftige Geschäfte derselben Art einzuschränken ist. Wird aufgrund der Zustimmungsverweigerung der betroffenen Person vom Abschluss des Geschäftes abgesehen, bewirkt dies keine haftungsmässige Entlastung des Beistands bzw. der KESB.

10a Die in ihrer Handlungsfähigkeit eingeschränkte, jedoch **urteilsfähige Person** kann gemäss **Art. 19 Abs. 1** mit Zustimmung ihres Beistandes **Rechtsgeschäfte** abschliessen (BSK ZGB I-HENKEL, Art. 394 N 34 und Art. 398 N 30; o. Einführung N 31). Diese Möglichkeit wird durch Art. 416 Abs. 2 insofern eingeschränkt, als in Fällen, in denen es um Geschäfte geht, für deren Abschluss die betroffene urteilsfähige Person in ihrer Handlungsfähigkeit durch die Beistandschaft eingeschränkt ist, die **Zustimmung des Beistandes** allein **nicht genügt**, sondern, wenn die Geschäfte unter den Katalog von Art. 416 Abs. 1 fallen, zusätzlich die Zustimmung der KESB zu erwirken ist (o. Einführung N 31a), wobei das entsprechende Gesuch auch von der betroffenen Person gestellt werden kann, welche die Zustimmung ihres Beistandes gemäss Art. 19 Abs. 1 erhalten hat (MEIER/LUKIC, Introduction, Rz 619). Würde in solchen Fällen die Zustimmung des Beistandes als ausreichend erachtet, wäre der Schutz, den erstens die Einschränkung der Handlungsfähigkeit im konkreten Fall und zweitens die behördliche Mitwirkung nach Art. 416 Abs. 1 generell für entsprechende Geschäfte vorsieht, nicht mehr vollständig gewährleistet. Soll die betroffene urteilsfähige Person weiterhin aktiv Rechtsgeschäfte aus dem Katalog von Art. 416 Abs. 1 initiieren können und erscheint dabei zu ihrem Schutz lediglich die Mitwirkung des Beistandes als erforderlich und nicht auch noch diejenige der Behörde, so steht die Massnahme der **Mitwirkungsbeistandschaft** zur Verfügung. Diese kann, wenn die Verhältnisse es erfordern, auch für identische Aufgabenbereiche mit einer **Vertretungsbeistandschaft kombiniert** werden (dazu BSK ZGB I-HENKEL, Art. 396 N 25 f. u. Art. 397 N 11), sodass je nach aktuellem Bedarf entweder die betroffene urteilsfähige Person mit Zustimmung des Beistandes oder der Beistand als Vertreter der z.B. vorübergehend urteilsunfähigen oder passiven betroffenen Person mit Zustimmung der KESB handeln kann.

III. Verträge zwischen dem Beistand und der betroffenen Person (Abs. 3)

Die Bestimmung entspricht im Wesentlichen derjenigen von Art. 422 Ziff. 7 aZGB. Die systematische Einordnung der neuen Bestimmung hinter Abs. 2 und das Wort «immer» machen deutlich, dass der Beistand, ungeachtet der Art der Beistandschaft und der ihm auferlegten Aufgaben (KOKES, Rz 7.56), auch mit der handlungsfähigen verbeiständeten Person ohne **Zustimmung der KESB** grundsätzlich nicht rechtsgültig kontrahieren kann. Damit werden gewisse Unsicherheiten betr. den Anwendungsbereich der geltenden Regelung beseitigt (s. BSK ZGB I-Geiser [4. Aufl.], aArt. 421/422 N 33). Art. 416 Abs. 3 bewirkt keine Einschränkung der Handlungsfähigkeit der betroffenen Person, weshalb die handlungsfähige verbeiständete Person den Vertrag mit dem Beistand abschliessen kann. Dieser Vertrag unterliegt jedoch der an den Interessen der verbeiständeten Person ausgerichteten Überprüfung und dem Zustimmungserfordernis der KESB (gl.M. BSK ZGB I-Vogel, Art. 416 N 12). Ist die verbeiständete Person jedoch nicht handlungsfähig, bedarf sie einer von der Person des als Vertragspartner involvierten Beistandes unabhängigen Vertretung. Das Zustimmungserfordernis bleibt auch in diesem Fall bestehen, d.h. auch wenn die verbeiständete Person durch einen für das fragliche Geschäft eingesetzten Ersatzbeistand, durch eine vorsorgebeauftragte Person oder durch den Ehegatten oder den eingetragenen Partner im Rahmen der Vertretung von Gesetzes wegen vertreten wird (gl.M. KOKES, Rz 7.56); desgleichen, wenn die minderjährige verbeiständete Person durch die Inhaber der elterlichen Sorge vertreten wird. Schliesst die KESB namens der betroffenen Person durch eigenes Handeln den Vertrag mit dem Beistand ab (Art. 403 Abs. 1 i.V.m. Art. 392 Ziff. 1) erübrigt sich eine zusätzliche Zustimmung nach Art. 416 Abs. 3 (s.a. BSK ZGB I-Vogel, Art. 416/417 N 12), es sei denn, das eigene Handeln falle nach kantonalem Recht in die Einzelzuständigkeit eines Behördenmitgliedes und die Zustimmung nicht.

Vom Zustimmungserfordernis **ausgenommen** sind einzig **unentgeltliche Aufträge** i.S.v. Art. 394 ff. OR, welche die urteilsfähige verbeiständete Person ihrem Beistand erteilt. Solche Aufträge können nur in einem Aufgabenbereich erteilt werden, der von der Beistandschaft nicht erfasst ist; die Beteiligten können einvernehmlich den von der Aufsicht und Mitwirkung der KESB erfassten Aufgabenbereich nicht verringern (gl.M. BSK ZGB I-Vogel, Art. 416/417 N 13). I.d.R. wird es zweckmässig sein, Aufgaben, die dauernd wahrzunehmen sind, anlässlich der nächsten ordentlichen Berichterstattung der KESB zur Aufnahme in den Aufgabenkatalog des Beistands zu beantragen. Solange und soweit der Beistand im Rahmen eines von der betroffenen Person erteilten Auftrags (entgeltlich mit Zustimmung der KESB oder unentgeltlich) tätig ist, haftet er nach Auftragsrecht (Art. 398 m OR).

Art. 417

II. Auf Anordnung   Die Erwachsenenschutzbehörde kann aus wichtigen Gründen anordnen, dass ihr weitere Geschäfte zur Zustimmung unterbreitet werden.

1   Die Bestimmung folgt dem Konzept der massgeschneiderten Massnahmen (Botschaft Erwachsenenschutz, 7058). Als wichtige Gründe fallen insb. die **grosse Tragweite** oder ein mit dem Geschäft verbundenes **hohes Risiko** in Betracht, z.B. die Regelung einer strittigen Angelegenheit in einem aussergerichtlichen Vergleich (s. Art. 416 N 6), womit u.U. auch die Verhandlungsposition des Beistandes gestärkt werden kann (CHK-Vogel, Art. 416–417 ZGB N 23). Mit der Unterstellung weiterer Geschäfte unter das Zustimmungserfordernis kann im Einzelfall u.U. auch eine nicht ausreichende Fachkompetenz eines ansonsten geeigneten Beistandes ausgeglichen werden (FamKomm Erwachsenenschutz-Biderbost, Art. 417 N 2). Inhaltlich wird der Begriff der «Geschäfte» nicht eingeschränkt und es können auch persönlichkeitsbetonte Vertretungshandlungen (FamKomm Erwachsenenschutz-Biderbost, a.a.O.) einem Zustimmungserfordernis unterstellt werden, z.B. Zustimmung zu medizinischen Massnahmen oder Erhebung eines Strafantrags gegen Angehörige der betroffenen Person.

2   Der Beistand hat – anders als noch nach dem Vorentwurf – nicht die Befugnis, Geschäfte von sich aus der KESB zur Zustimmung zu unterbreiten, würde dies doch zu einer unzulässigen Vermischung der Verantwortlichkeiten führen (Botschaft Erwachsenenschutz, 7058). Der Beistand kann sich somit – richtigerweise – der ihm zugedachten **Autonomie in der Massnahmenführung** nicht entledigen (s. dazu vor Art. 415 N 3). Gleichwohl muss dem **Beistand** zugestanden werden, der **KESB** zumindest vorzuschlagen, wenn nicht gar zu **beantragen** (dazu bejahend und zum Ganzen nun BSK ZGB I-Vogel, Art. 416/417 N 42), ein Geschäft von grosser Tragweite **dem Zustimmungserfordernis** von Art. 417 ZGB **zu unterstellen**, bevor der Beistand es abschliesst. Ein entsprechendes Vorschlagsrecht müsste auch der betroffenen Person selber oder einer nahestehenden Person zugestanden werden. Das Mitwirkungsinstrument der Zustimmung dient nicht in erster Linie der Abgrenzung von Verantwortlichkeiten, sondern der Qualität der Entscheidungen. Alternativ hat der Beistand Anspruch auf die erforderliche Instruktion, Beratung und Unterstützung durch die KESB (OFK ZGB-Fassbind, Art. 417 N 2), was im Einzelfall einen Antrag auf ein zusätzliches Zustimmungserfordernis entbehrlich machen kann.

3   Art. 417 ist als Variante und Ergänzung von Art. 416 gleich wie diese Bestimmung im Rahmen einer Mitwirkungsbeistandschaft nicht anwendbar (BSK ZGB I-Henkel, Art. 396 N 24; FamKomm Erwachsenenschutz-Meier, Art. 396 N 32 m.H.a. frühere a.M.; Häfeli, Grundriss, Rz 19.47; relativierend bez. Mitwirkungsbeistandschaften in Kombination mit anderen Beistandschaften o. Art. 396 N 3 m.H.a. **a.M.** CHK-Fountoulakis, Art. 396 ZGB N 6).

Art. 418

III. Fehlen der Zustimmung

Ist ein Geschäft ohne die erforderliche Zustimmung der Erwachsenenschutzbehörde abgeschlossen worden, so hat es für die betroffene Person nur die Wirkung, die nach der Bestimmung des Personenrechts über das Fehlen der Zustimmung des gesetzlichen Vertreters vorgesehen ist.

Der Verweis auf die Bestimmungen des Personenrechtes entspricht inhaltlich demjenigen von Art. 424 aZGB. In der Sache ändert sich nichts (BSK ZGB I-GEISER [4. Aufl.], aArt. 424 N 1 ff.; zur anlogen Anwendung BGE 117 II 18 E. 4c; BSK ZGB I-VOGEL, Art. 418 N 1 f.). Konkret ergeben sich die **Wirkungen** für die betroffene Person aus Art. 19a Abs. 2 (sog. **Schwebezustand** des Rechtsgeschäfts mit bindender Wirkung beim Vertragspartner und Ende des Schwebezustandes nach angemessener Frist, allenfalls nach Fristansetzung; s.o. Einführung N 32), **Art. 19b Abs. 1** (**Rückabwicklung/-forderung** bereits **vollzogener Leistungen**; Haftung der verbeiständeten Person nur so weit Leistungen in ihrem Nutzen verwendet worden sind oder so weit sie noch bereichert ist oder sich der Bereicherung böswillig entäussert hat; s.o. Einführung N 33) sowie **Art. 19b Abs. 2**, inhaltlich wiederholt in **Art. 452 Abs. 3** (auf negatives Vertragsinteresse begrenzte **Schadenersatzpflicht** der verbeiständeten Person, wenn sie den anderen zur irrtümlichen Annahme ihrer Handlungsfähigkeit verleitet hat; s.o. Einführung N 33 und u. Art. 452 N 6). 1

Nicht auszuschliessen ist, dass ausser den Beistand (dazu: BSK ZGB I-VOGEL, Art. 418 N 12 m.H.a. OFK ZGB-FASSBIND, Art. 418 N 2) auch die **KESB** wegen fehlerhafter Auskünfte an Dritte bez. Zustimmungserfordernissen gemäss Art. 416 oder 417 eine **Schadenersatzpflicht (culpa in contrahendo)** treffen könnte. 2

Der in Rechtskraft erwachsene **Feststellungsentscheid** der KESB, wonach eine behördliche **Zustimmung** zu einem bestimmten Rechtsgeschäft **nicht erforderlich** ist, bewirkt dessen Gültigkeit rückwirkend auf den Zeitpunkt des Abschlusses durch den Beistand (BSK ZGB I-VOGEL, Art. 418 N 13). Ein solcher Entscheid ist jedoch selbstverständlich nicht zulässig, um damit vorgängige Falschauskünfte von Beistand oder Behörde zu rechtfertigen. Der Entscheid würde in diesem Fall u.U. einen Schadenersatzanspruch der betroffenen Person begründen. 3

Siebter Unterabschnitt: Einschreiten der Erwachsenenschutzbehörde

Art. 419

Gegen Handlungen oder Unterlassungen des Beistands oder der Beiständin sowie einer Drittperson oder Stelle, der die Erwachsenenschutzbehörde einen Auftrag erteilt hat, kann die betroffene oder eine ihr nahestehende Person und jede Person, die ein rechtlich geschütztes Interesse hat, die Erwachsenenschutzbehörde anrufen.

Literatur

SCHWARZ, Die Vormundschaftsbeschwerde (Art. 420 ZGB), Diss. Zürich 1968; vgl. die Literaturhinweise zu Vorbem. Art. 415–418.

1   Die Anrufung der KESB gem. Art. 419 entspricht der Beschwerdeführung gem. Art. 420 Abs. 1 aZGB. Sie ist gegen alle Handlungen und Unterlassungen möglich, die der Beistand im Rahmen der Führung der Beistandschaft vornimmt. Der betroffenen Person wird damit ein **umfassendes Instrument** in die Hand gegeben, sich **gegen ungerechtfertigte Massnahmen des Beistands** zu wehren. Die Erwachsenenschutzbehörde kann nötigenfalls korrigierend Einfluss auf die Führung der Massnahme nehmen. Der Sinn der Beschwerdemöglichkeit liegt in der **Wahrung oder Wiederherstellung richtiger Massnahmenführung** und damit in der Sicherung wohlverstandener Interessen der betroffenen Person (BSK ZGB I-GEISER [4. Aufl.], aArt. 420 N 1 m.H.a. ZK-EGGER, Art. 420 ZGB N 48; BSK ZGB I-SCHMID, Art. 419 N 1). Gerügt werden können auch Handlungen oder Unterlassungen von Drittpersonen oder Stellen, denen die KESB gestützt auf Art. 392 Ziff. 2 einen Auftrag erteilt oder gestützt auf Art. 392 Ziff. 3 einen Anspruch auf Einblick und Auskunft gewährt hat (BSK ZGB I-SCHMID, Art. 419 N 10).

2   Zur Anrufung der KESB **legitimiert** ist die **betroffene Person**, wenn sie über die erforderliche Urteilsfähigkeit für diesen Schritt verfügt. An die Urteilsfähigkeit sind nur geringe Anforderungen zu stellen. Wer verständlich zum Ausdruck bringen kann, dass er mit einer Handlung oder Unterlassung des Beistands nicht einverstanden ist, gilt in diesem Rahmen als urteilsfähig (s.a. Botschaft Erwachsenenschutz, 7059). Legitimiert ist sodann eine der verbeiständeten Person **nahestehende Person**, sofern sie damit Interessen der ersteren wahrnehmen will. Der Begriff der nahestehenden Person ist weit auszulegen. Die Legitimation von **Drittpersonen** ist gegeben, wenn sie ein rechtlich geschütztes Interesse mit Bezug auf die Wirkung, welche mit der behördlichen Massnahme erzielt werden sollte, geltend machen können. Dies ist dann der Fall, wenn zu erkennen ist, dass die erwachsenenschutzrechtliche Massnahme i.S.v. Art. 390 Abs. 2 auch dem **Schutz und der Entlastung von Angehörigen und Dritten** dienen soll. Als rechtlich geschützt gilt

zudem das Interesse der zur Verwandtenunterstützung verpflichteten Person, wenn der Beistand nichts gegen die Verschleuderung des Vermögens unternimmt (Botschaft Erwachsenenschutz, 7059). Hingegen steht das Instrument der Anrufung der KESB Dritten nicht zur Verfügung, um Ansprüche gegen die verbeiständete Person geltend zu machen, die letztlich mit zivilprozessualen oder betreibungsrechtlichen Verfahren durchzusetzen wären (s.a. BSK ZGB I-GEISER [4. Aufl.], aArt. 420 N 31; HAUSHEER/GEISER/AEBI-MÜLLER, Erwachsenenschutzrecht, Rz 1.86). Immerhin könnte die unbegründete beharrliche Weigerung des Beistands, einer offensichtlich berechtigten Forderung einer Drittperson nachzukommen, die Interessen der verbeiständeten Person im Hinblick auf Kosten- und Entschädigungsfolgen in einem Ausmass gefährden, das ein Einschreiten der KESB rechtfertigen würde, noch bevor sie dem Beistand die Zustimmung gem. Art. 416 Abs. 1 Ziff. 9 zur Vertretung der verbeiständeten Person als Beklagte im Prozess verweigern müsste.

Nach erfolgter Anrufung der KESB soll in einem möglichst **einfachen Verfahren innert kurzer Zeit ein materiell richtiger Entscheid** zustande kommen (BSK ZGB I-GEISER [4. Aufl.], aArt. 420 N 18; Botschaft Erwachsenenschutz, 7059). Die Anrufung der KESB führt nicht zu einem Rechtsmittelverfahren im technischen Sinn; anwendbar sind die **erstinstanzlichen Verfahrensvorschriften** gem. Art. 443 ff. ZGB (HAUSHEER/GEISER/AEBI-MÜLLER, Erwachsenenschutzrecht, Rz 1.88; BSK ZGB I-SCHMID, Art. 419 N 14). Sie ist an **keine Frist** gebunden. Der Beistand hat jedoch die Möglichkeit, der verbeiständeten Person eine beabsichtigte Handlung und den vorgesehenen Zeitpunkt ihrer Ausführung anzukündigen. Wenn eine Handlung des Beistands durch das Einschreiten der KESB nicht mehr korrigiert werden kann, besteht ein Anspruch auf Durchführung des Verfahrens und einen materiellen Entscheid nur, wenn es um eine Grundsatzfrage geht, deren Klärung im Interesse der Praxis liegt (Botschaft Erwachsenenschutz, 7059) oder im konkreten Einzelfall um eine Frage, die für die weitere Massnahmenführung von Belang ist BSK ZGB I-SCHMID, Art. 419 N 16). Verantwortlichkeitsansprüche bleiben vorbehalten (Botschaft Erwachsenenschutz, 7059). Ergänzend zu den Verfahrensvorschriften von Art. 443 ff. sind, soweit vorhanden, **kantonale Verfahrensregeln** oder, bei deren Fehlen, sinngemäss die **Bestimmungen der ZPO** anzuwenden (Art. 450f). U.U. kann ein Konflikt zwischen betroffener Person und Beistand ohne formelles Verfahren und Beschluss der Behörde bereinigt werden, wobei allerdings Rechtsverweigerung zu vermeiden ist (FamKomm Erwachsenenschutz-BIDERBOST, Art. 419 N 7). In der Regel dürfte dies bedeuten, dass die Person, welche die KESB angerufen hat, ihr Begehren zurückzuziehen oder zumindest ihr Desinteresse an einer formellen Erledigung zu erklären hätte. 3

Der Entscheid der KESB unterliegt der **Beschwerde an die gerichtliche Beschwerdeinstanz** (BSK ZGB I-SCHMID, Art. 419 N 17). 4

Kantonale Bestimmungen zu Mitwirkung und Einschreiten der KESB (Art. 415–419 ZGB)	
AG	**§ 60b EG ZGB – Einzelzuständigkeiten** [1] Die Bezirksgerichtspräsidentin oder der Bezirksgerichtspräsident entscheidet in Einzelzuständigkeit [...]. [2] [...]. [3] In die Einzelzuständigkeit fallen ferner folgende Geschäfte des Erwachsenenschutzes: a)–e) [...], f) Prüfung der Rechnung und des Berichts (415 Abs. 1 und 2, 425 Abs. 2), [...]. [4] Die Bezirksgerichtspräsidentin oder der Bezirksgerichtspräsident kann die Angelegenheiten gemäss § 60b Abs. 1–3 dem Kollegium zur Beurteilung überweisen, wenn es die rechtlichen oder tatbeständlichen Verhältnisse rechtfertigen. **§ 9 Abs. 2 V KESR – Rechnungsablage und Berichterstattung** Die Kindes- und Erwachsenenschutzbehörde führt über die Fälligkeit der Rechnungen und Berichte (Art. 410 und 411 ZGB) eine Kontrolle. **§ 11 V KESR – Prüfungsentscheid** [1] Die Kindes- und Erwachsenenschutzbehörde hat Rechnung und Bericht zu prüfen (Art. 415 ZGB) und ihren Prüfungsentscheid in beide Rechnungs- und Berichtsdoppel einzutragen. [2] Die Kindes- und Erwachsenenschutzbehörde entscheidet in der Regel innert drei Monaten über die Genehmigung von Rechnung und Bericht.
AR	**Art. 47 Abs. 2 EG zum ZGB – Einzelzuständigkeiten** [2] In die Einzelzuständigkeit jedes Mitgliedes fallen folgende Geschäfte des Erwachsenenschutzes: 1.–4. [...]; 5. Rechnungsprüfung (Art. 415 Abs. 1 und 425 Abs. 2 ZGB); [...]. [3] Wenn die Art der Entscheidung es erfordert, kann das zuständige Mitglied eine Entscheidung in Dreierbesetzung verlangen.
AI	**Art. 4 EG ZGB** [1] [...]. [2] Der Präsident der Kindes- und Erwachsenenschutzbehörde oder ein beauftragtes Mitglied leitet die Verfahren, macht Mitteilungen in den gesetzlich vorgesehenen Fällen und ist zuständige Behörde für: [...]; ZGB Art. 415 Abs. 1 Prüfung und Genehmigung der Rechnung; [...].
BL	**§ 64 EG ZGB – Spruchkörper, Zuständigkeit** [1] Der Spruchkörper ist unter Vorbehalt von Absatz 2 zuständig für: a. [...]; b. Beschwerden gegen Handlungen oder Unterlassungen der Beiständin bzw. des Beistands, einer Drittperson oder Stelle, der die Kindes- und Erwachsenenschutzbehörde einen Auftrag erteilt hat (Artikel 419 ZGB); [...].

Kantonale Bestimmungen zu Mitwirkung und Einschreiten der KESB (Art. 415–419 ZGB)	
	² Das Präsidium des Spruchkörpers oder das von ihr delegierte Mitglied eines Spruchkörpers ist zuständig für den Erlass folgender erstinstanzlicher Entscheide: a.–h. […]; i. Genehmigung der Rechnung und des Berichts (Artikel 415 Absatz 1, Artikel 425 Absatz 2 ZGB); […].
BS	**§ 4 KESG – Einzelentscheide** ¹ Zuständig für Einzelentscheide ist die Vorsitzende oder der Vorsitzende einer Spruchkammer. ² Einzelentscheide sind in folgenden Fällen vorgesehen: a)–d) […] e) Mitwirkung der Kindes- und Erwachsenenschutzbehörde: Art. 415 ZGB: Prüfung der Rechnung […].
FR	**Art. 5 KESG – Übertragung von Zuständigkeiten** Die Präsidentin oder der Präsident der Schutzbehörde kann folgende Zuständigkeiten an ein einzelnes Mitglied der Erwachsenenschutzbehörde übertragen: a)–b) […]; c) die Kontrolle der Rechnung der Personen, bei denen eine Schutzmassnahme ergriffen wurde, vor der Genehmigung. **Art. 14 KESG – Rechnung und Tätigkeitsbericht** ¹⁻³ […]; ⁴ Die Schutzbehörde kontrolliert die Rechnung innert sechs Monaten nach deren Eingabe.
GL	**Art. 65 EG ZGB** ¹ Die Kindes- und Erwachsenenschutzbehörde entscheidet grundsätzlich in Dreierbesetzung. ²⁻⁴ […]. ⁵ Folgende Geschäfte kann die Behörde einem einzelnen ständigen Mitglied übertragen: 1.–14. […]; 15. Bericht- und Rechnungsprüfung (Art. 415 Abs. 1 und 2 und 425 Abs. 2 ZGB); […].
LU	**§ 49 EGZGB – Einzelzuständigkeiten** ¹ In Kindesschutzverfahren entscheidet ein Mitglied der Kindes- und Erwachsenenschutzbehörde über: a.–l. […]. m. Prüfung der Rechnung und des Berichts (Art. 415 ZGB), n.–s. […]. ² In Erwachsenenschutzverfahren entscheidet ein Mitglied der Kindes- und Erwachsenenschutzbehörde über: a.–f. […], g. Prüfung der Rechnung und des Berichts (Art. 415 ZGB), […].

Kantonale Bestimmungen zu Mitwirkung und Einschreiten der KESB (Art. 415–419 ZGB)	
	³ Ist vor der Kindes- und Erwachsenenschutzbehörde ein Verfahren hängig, kann diese auch über Geschäfte gemäss den Absätzen 1 und 2 entscheiden. **§ 7 V-KES – Prüfung von Rechnung und Bericht** Ein Mitglied der Kindes- und Erwachsenenschutzbehörde a. prüft die Rechnung und entscheidet über deren Genehmigung, b. prüft den Bericht und entscheidet über dessen Genehmigung, c. erlässt im Genehmigungsentscheid allfällig notwendige neue Anordnungen zur bestehenden Massnahme, soweit nicht die Gesamtbehörde zuständig ist, d. bestimmt den Termin für die nächste Rechnungsablage und Berichterstattung, e. setzt die Entschädigung und den Spesenersatz der Betreuungsperson fest.
NW	**Art. 30 EG ZGB – Präsidium** ¹ […]. ² In die Zuständigkeit des Präsidiums fallen folgende Geschäfte des Erwachsenenschutzes: 1.–5. […]; 6. Rechnungsprüfung (Art. 415 Abs. 1 und Art. 425 Abs. 2 ZGB); […].
OW	**Art. 1 AB EV KESR – Einzelzuständigkeit** ¹ […]. ² In die Zuständigkeit eines Mitgliedes fallen folgende Geschäfte des Erwachsenenschutzes: a)–d) […]; e. Prüfung der Rechnung und des Berichts (Art. 415 und 425 ZGB); […]. **Art. 2 Abs. 1 AB zu V Einf. KESR – Erweiterung des Spruchkörpers** Das einzelzuständige Mitglied ist in besonderen Fällen berechtigt, die Sache dem Kollegium zum Entscheid vorzulegen.
SH	**Art. 57d JG – Einzelzuständigkeit** ¹ Die Kindes- und Erwachsenenschutzbehörde behandelt folgende ihr zugewiesenen Aufgaben durch ein Mitglied der Behörde: 1.–14. […]; 15. Prüfung der Rechnung und des Berichts (Art. 415 Abs. 1 und Abs. 2 ZGB); […].
SZ	**§ 28 EG ZGB – Einzelzuständigkeit** ¹⁻² […]. ³ In die Einzelzuständigkeit jedes Mitgliedes fallen die folgenden Geschäfte des Erwachsenenschutzes: a)–d) […]; e) Rechnungsprüfung (Art. 415 Abs. 1 und 425 Abs. 2 ZGB); […].

Kantonale Bestimmungen zu Mitwirkung und Einschreiten der KESB (Art. 415–419 ZGB)

SO	**§ 118 EG ZGB – Verspätete oder unterlassene Rechnungsablage** ¹ Die Kindes- und Erwachsenenschutzbehörde hat einem Mandatsträger, welcher die Rechnung nicht innert der vorgeschriebenen Zeit eingibt, eine angemessene Nachfrist zu setzen. ² Bleibt die Nachfrist unbenutzt, so darf die Kindes- und Erwachsenenschutzbehörde dem säumigen Mandatsträger die Akten abnehmen und auf dessen Kosten die Rechnung von einer fachkundigen Drittperson ausfertigen lassen sowie weitere Vollstreckungshandlungen vornehmen. **§ 138 EG ZGB – Einzelkompetenz/a) Präsidium** ¹ In die Einzelzuständigkeit des Präsidiums fallen a.–g. […]; h. Berichtsprüfung und Vollstreckungsverfügungen, soweit die angeordnete Massnahme in der Einzelzuständigkeit liegt; […]. **§ 139 EG ZGB – b) Übrige Mitglieder** ¹ In die Einzelzuständigkeit jedes Mitgliedes der Kindes- und Erwachsenenschutzbehörde fallen a)–k) […]; l) Berichtsprüfung und Vollstreckungsverfügungen, soweit die angeordnete Massnahme in der Einzelzuständigkeit liegt; […]. **§ 136 EG ZGB – Beschlussfassung/Entscheidgremium** ¹⁻² […]. ³ Im Rahmen eines vor der Kollegialbehörde hängigen Verfahrens kann diese auch über Geschäfte entscheiden, die in der Einzelkompetenz liegen. […].
SG	**Art. 17 EG-KES – Einzelzuständigkeit/Grundsatz** Die Kindes- und Erwachsenenschutzbehörde bezeichnet die Mitglieder, denen nach Massgabe dieses Erlasses Einzelzuständigkeit mit Verfügungsbefugnis zukommt. **Art. 19 EG-KES – Erwachsenenschutzverfahren** Einzelzuständigkeit im Erwachsenenschutzverfahren besteht für: a)–g) […]; f) Prüfung und Genehmigung der Rechnung und des Berichts (Art. 415 Abs. 1 und 2, Art. 425 Abs. 2 ZGB); […].
TG	**§ 4 EG ZGB – Einzelrichterliche Zuständigkeiten** ¹ Der Präsident oder ein von diesem bezeichnetes Mitglied der Kindes- und Erwachsenenschutzbehörde ist für folgende Aufgaben und Entscheide zuständig: 1.–12. […]; 13. Rechnungsprüfung (Artikel 415 Absatz 1 und Artikel 425 Absatz 2 ZGB); […].

Kantonale Bestimmungen zu Mitwirkung und Einschreiten der KESB (Art. 415–419 ZGB)	
	§ 54 Abs. 2 EG ZGB – Rechnungsführung Bei unzureichender oder säumiger Rechnungsablage kann die Kindes- und Erwachsenenschutzbehörde die Rechnung nach vorgängiger Verwarnung auf Kosten des Beistandes durch einen Dritten erstellen lassen. **§ 86 KESV – Berichterstattung** [1] […]. [2] Die Behörde führt über die Fälligkeit von Berichten und Rechnungen eine Kontrolle. [3] Sie prüft Bericht und Rechnung, insbesondere hinsichtlich Vollständigkeit und Korrektheit sowie hinsichtlich der Vorgaben des Bundes über die Anlage und Aufbewahrung von Vermögen, und entscheidet in der Regel innert vier Monaten über die Genehmigung. [4] Der Bericht und die Rechnung werden den Akten beigefügt. Der Beiständin oder dem Beistand sind Bericht und Rechnung samt Genehmigungsvermerk in einer Kopie auszuhändigen. [5] Wird die Rechnung innert einer Nachfrist nicht eingereicht oder weist sie erhebliche Mängel auf, kann die Behörde die Rechnung durch einen Dritten erstellen lassen. Die entstehenden Kosten können der Beiständin oder dem Beistand auferlegt werden; dieser oder diesem steht das Beschwerderecht zu. [6] Wird der Bericht innert einer Nachfrist nicht oder mangelhaft eingereicht, erstattet die Behörde zunächst eine Meldung an die Leitung der Berufsbeistandschaft und sodann an deren Trägerschaft. Vorbehalten bleibt eine Untersuchung der Amtsführung der Beiständin oder des Beistands sowie eine Entlassung im Sinn von Artikel 423 ZGB.
UR	**Art. 6 Reglement zum EG/KESR – Zuständigkeiten/Entscheidungen der einzelnen Mitglieder im Bereich des Erwachsenenschutzes** [1] Jedes Mitglied der Kindes- und Erwachsenenschutzbehörde ist befugt, im Bereich des Erwachsenenschutzes als einzelnes Behördenmitglied: a)–h) […]; i) die periodischen Rechnungen, die Schlussrechnung und den Schlussbericht zu prüfen und zu genehmigen (Art. 415 Abs. 1 und 425 Abs. 2 ZGB); j) von der Pflicht, einen Schlussbericht und eine Schlussrechnung abzulegen, zu entbinden (Art. 425 Abs. 1 Satz 2 ZGB); […]. [2] Wenn die Art der Entscheidung es erfordert, kann das zuständige Mitglied eine Entscheidung der Kindes- und Erwachsenenschutzbehörde in Dreierbesetzung verlangen.
VS	**Art. 112 EG ZGB – Beratungen und interne Kompetenzaufteilung** [1] Unter Vorbehalt der in den Absätzen 3 und 4 aufgezählten Fälle, trifft die Schutzbehörde ihre Entscheide als Kollegialbehörde (Art. 440 Abs. 2 ZGB). Dies namentlich in folgenden Fällen: a)–g) […]; h) Entscheid über Beschwerden nach Art. 419 ZGB; […]. [2] […].

Kantonale Bestimmungen zu Mitwirkung und Einschreiten der KESB (Art. 415–419 ZGB)

³ In die ausschliessliche Kompetenz des Präsidenten der Schutzbehörde oder seines Stellvertreters fallen:
a)–i) [...];
j) die Erteilung oder Verweigerung der Zustimmung zu Handlungen des gesetzlichen Vertreters (Art. 327c Abs. 2, 374 Abs. 3, 416 und 417 ZGB);
k)–l) [...];
m) die Genehmigung oder Nichtgenehmigung der ihm zur Prüfung unterbreiteten Rechnungen (Art. 318 Abs. 3, 322 Abs. 2 und Art. 324 Abs. 2 ZGB; Art. 327c Abs. 2, 368 Abs. 2, 415 Abs. 1 und 425 Abs. 1 ZGB)
[...].
⁴ Der Präsident kann zu diesem Zweck folgende Kompetenzen einem einzelnen Mitglied der Behörde oder einem delegierten Beisitzer übertragen:
a)–i) [...];
j) die vorgängige Überprüfung von Rechnungen, die der Schutzbehörde zur Genehmigung unterbreitet werden und die Prüfung der Berichte an die Schutzbehörde (Art. 318 Abs. 3, 322 Abs. 2 und 324 Abs. 2 ZGB; Art. 327c Abs. 2, 368 Abs. 2, 415 Abs. 1 und 425 Abs. 1 ZGB);
[...].

Art. 114 EG ZGB – Rechtsmittelinstanzen
¹ Die zuständige Rechtsmittelinstanz ist:
a) die Schutzbehörde für Beschwerden gegen Handlungen und Unterlassungen des Beistands oder einer Drittperson oder Stelle, der die Schutzbehörde einen Auftrag erteilt hat (Art. 419 ZGB);
[...].

Art. 24 VKES – Zustimmung der KESB
¹ Die Handlungen, welche der Zustimmung der KESB unterstellt sind, bilden Gegenstand einer Beratung, welche die Tragweite des Beschlusses und die an die Zustimmung geknüpften Bedingungen präzisiert. Diese Beratung wird in einem Protokoll übertragen.
² Das Protokoll über den Abschluss eines Erbteilungsvertrages führt summarisch die den Berechtigten zugeteilten Lose auf.
³ Das Protokoll, welches die Zustimmung über die Aufnahme oder Gewährung von erheblichen Darlehen enthält, erwähnt die Summe, den Zinssatz und die Dauer des abgeschlossenen Vertrages.

Art. 26 VKES – Periodische Rechnung
¹⁻² [...].
³ Wenn mit Zustimmung der KESB eine Einnahme oder Ausgabe erzielt wurde, muss das Datum dieser Einwilligung angegeben werden.
⁴ Das Original der Rechnung bleibt im Besitz der KESB. Sie wird mit dem Vermerk der Genehmigung versehen und vom Präsidenten der KESB oder seinem Stellvertreter und vom Schreiber oder seinem Stellvertreter unterschrieben.

Art. 30 VKES – Prüfungsverfahren der Rechnung und der Berichterstattung
¹ Die Rechnung und die Berichte müssen bei der KESB innert der von ihr festgesetzten Frist hinterlegt werden. Wenn die Rechnung nach zweimaliger

Kantonale Bestimmungen zu Mitwirkung und Einschreiten der KESB (Art. 415–419 ZGB)	
	Mahnung nicht vorgelegt wird, so lässt die KESB diese auf Kosten des Beistandes durch einen Dritten erstellen. Im Übrigen sind die Bestimmungen über die Zwangsvollstreckung von Verwaltungsentscheiden anwendbar. ² Die KESB prüft die Berichte und die Rechnung sowohl unter dem Gesichtspunkt der Einhaltung der gesetzlichen Bestimmungen als auch der Notwendigkeit der verschiedenen Handlungen und der Richtigkeit der Buchführung. ³ Die KESB kann vom Beistand sämtliche zusätzliche Auskünfte verlangen und falls erforderlich eine Frist zur Ergänzung oder Berichtigung der Rechnung festlegen. Sie kann dies auch selber auf Kosten des Beistandes vornehmen. […]. **Art. 31 VKES – Genehmigungsverfahren** ¹ Die Genehmigung des Berichtes und gegebenenfalls der Rechnung durch die KESB muss spätestens innert drei Monaten nach ihrer Hinterlegung erfolgen. ² Die Vorlegung des Berichtes und gegebenenfalls der Rechnung erfolgen in laufender Sitzung. Im Beschluss oder im Protokoll wird die Anwesenheit der Mitglieder der KESB, der Eltern und gegebenenfalls der betroffenen Person erwähnt. **Art. 32 Abs. 1 VKES – Aufbewahrung der Akten** Die KESB ist für die Aufbewahrung der Rechnungen, der Berichte, der Genehmigungsbeschlüsse der Rechnungen, der Beweisunterlagen und der Inventare in einem geeigneten Lokal verantwortlich. Auf ein begründetes Gesuch kann die KESB dem Beistand eine Kopie aushändigen.
ZG	**§ 43 EG ZGB – Einzelzuständigkeiten** ¹ […]. ² In die Einzelzuständigkeit jedes Mitgliedes fallen folgende Geschäfte des Erwachsenenschutzes: a)–d) […]; e) Rechnungsprüfung (Art. 415 Abs. 1 und 425 Abs. 2 ZGB); […]. ³ Wenn die Art der Entscheidung es erfordert, kann das zuständige Mitglied eine Entscheidung in Dreierbesetzung verlangen.
ZH	**§ 45 EG KESR – Einzelzuständigkeit** ¹ Ein Mitglied der KESB entscheidet über die a.–q. […], r. Prüfung und Genehmigung der Rechnung und des Berichts (Art. 318 Abs. 3, Art. 322 Abs. 2, Art. 415 Abs. 1 und 2 und 425 Abs. 2 ZGB) und Festsetzung der Entschädigung der Beiständin oder des Beistandes (Art. 404 Abs. 2 ZGB), […]. ² Im Zusammenhang mit einem hängigen Verfahren kann das Kollegium aus zureichenden Gründen über Geschäfte gemäss Abs. 1 entscheiden.

Vgl. zu Art. 415 auch die Tabelle nach Art. 414 «Kantonale Bestimmungen zur Mandatsführung, namentlich Rechnungsablage und Berichterstattung (Art. 410 und 411 ZGB)».

Achter Unterabschnitt: Besondere Bestimmungen für Angehörige

Art. 420

Werden der Ehegatte, die eingetragene Partnerin oder der eingetragene Partner, die Eltern, ein Nachkomme, ein Geschwister, die faktische Lebenspartnerin oder der faktische Lebenspartner der betroffenen Person als Beistand oder Beiständin eingesetzt, so kann die Erwachsenenschutzbehörde sie von der Inventarpflicht, der Pflicht zur periodischen Berichterstattung und Rechnungsablage und der Pflicht, für bestimmte Geschäfte die Zustimmung einzuholen, ganz oder teilweise entbinden, wenn die Umstände es rechtfertigen.

Literatur

Vgl. die Literaturhinweise zu Vorbem. Art. 400–404.

I. Neuerung gegenüber dem alten Recht

Das neue Recht verzichtet auf das Institut der erstreckten elterlichen Sorge (Art. 385 Abs. 3 aZGB) und formuliert auch kein «Vorrecht» mehr für Ehegatten und Verwandte (Art. 380 aZGB). Es räumt aber Ehegatten, dem eingetragenen Partner, dem faktischen Lebenspartner und Verwandten eine **Sonderstellung** ein, indem die KESB für Angehörige, die das Amt des Beistands übernehmen, bestimmte «Erleichterungen» in der Amtsführung zugestehen kann. 1

Begründet wird diese Sonderstellung mit der gesellschaftlichen Wertung dieser Beziehung und mit Art. 8 EMRK betr. die Achtung des Privat- und Familienlebens (Botschaft Erwachsenenschutz, 7059). 2

II. Norminhalt

Die Erwachsenenschutzbehörde kann in **pflichtgemässem Ermessen** Angehörige, die eine Beistandschaft führen, von der Inventarpflicht (Art. 405 Abs. 2), der Pflicht zur periodischen Beichterstattung (Art. 411) und Rechnungsablage (Art. 410) und der Pflicht, für bestimmte Geschäfte die Zustimmung einzuholen (Art. 416), ganz oder teilweise entbinden, wenn die Umstände es rechtfertigen. 3

4 Diese «Erleichterungen» entbinden die KESB jedoch nicht von ihrer Aufsichtspflicht über die Mandatsführung und sie haben insb. keine Auswirkung auf die Verantwortlichkeit und die direkte Staatshaftung. Sie ändern auch nichts an den übrigen Rechten und Pflichten der Mandatsträger.

5 Eine oder mehrere dieser Entbindungen müssen ausdrücklich verfügt werden, andernfalls haben die Mandatsträger die gesetzlichen Pflichten zu erfüllen.

III. Würdigung

6 Trotz der nachvollziehbaren Begründung hat die KESB im Einzelfall zu prüfen, ob die Voraussetzungen für die «Erleichterung» beim jeweiligen Mandatsträger erfüllt sind. Reine «Rücksichtnahme» oder «Schonung» oder weil die betreffende Person ohne diese Entbindungen nicht bereit wäre, das Mandat zu übernehmen, genügen nicht als Entscheidungskriterien. Vielmehr hat sich die Behörde soweit als möglich zu vergewissern, ob die angehörige Person nicht nur grundsätzlich und für das zur Diskussion stehende Mandat im Besonderen **fachlich und persönlich geeignet** ist und ob sie auch ohne diese Pflichten Gewähr für eine im Interesse der betreuten Person liegende Mandatsführung bietet. Die Entbindung von diesen Pflichten ist deshalb restriktiv zu handhaben (vgl. auch FASSBIND, 297; BSK ZGB I-SCHMID, Art. 420 N 6; HÄFELI, Grundriss, Rz 21.27).

7 Die Erfahrung zeigt, dass Verwandte und andere Angehörige, die an sich durchaus in der Lage sind, ein **Betreuungsmandat** zu führen, sich für die Betreuung eines nahen Angehörigen nicht eignen. In der Literatur wurden die Probleme solcher Mandate früh dargestellt und die entsprechenden Risiken haben sich im Laufe der Zeit nicht verändert (vgl. STAUFFER, ZVW 1957, 121 ff.). Zudem sind erfahrungsgemäss besonders private Mandatsträger gerade von Berichterstattung und Rechnungsablage überfordert. Dieser Mangel darf jedoch nicht in erster Linie durch Entbindung von diesen Pflichten, sondern soll durch entsprechende Unterstützung bei der Erfüllung behoben werden (vgl. MATHIS, ZVW 1997, 6 f.).

8 Hat die Behörde während der Amtsführung aus eigener Beobachtung oder aufgrund von Meldungen Dritter Anhaltspunkte dafür, dass der Mandatsträger **das Amt mangelhaft führt**, ist sie nicht nur berechtigt, sondern verpflichtet, eine oder alle Entbindungen rückgängig zu machen und insb. künftig die Berichterstattung und Rechnungsablage sowie allenfalls die Zustimmung zu einzelnen Geschäften zu verlangen, auch wenn der Beistand unter diesen Umständen «droht», das Mandat niederzulegen.

Neunter Unterabschnitt: Das Ende des Amtes des Beistands oder der Beiständin

Art. 421

A. Von Gesetzes wegen

Das Amt des Beistands oder der Beiständin endet von Gesetzes wegen:
1. mit Ablauf einer von der Erwachsenenschutzbehörde festgelegten Amtsdauer, sofern keine Bestätigung im Amt erfolgt;
2. mit dem Ende der Beistandschaft;
3. mit dem Ende des Arbeitsverhältnisses als Berufsbeistand oder Berufsbeiständin;
4. im Zeitpunkt, in dem der Beistand oder die Beiständin verbeiständet oder urteilsunfähig wird oder stirbt.

Art. 422

B. Entlassung
I. Auf Begehren des Beistands oder der Beiständin

[1] Der Beistand oder die Beiständin hat frühestens nach vier Jahren Amtsdauer Anspruch auf Entlassung.
[2] Vorher kann der Beistand oder die Beiständin die Entlassung aus wichtigen Gründen verlangen.

Art. 423

II. Übrige Fälle

[1] Die Erwachsenenschutzbehörde entlässt den Beistand oder die Beiständin, wenn:
1. die Eignung für die Aufgaben nicht mehr besteht;
2. ein anderer wichtiger Grund für die Entlassung vorliegt.

[2] Die Entlassung kann von der betroffenen oder einer ihr nahestehenden Person beantragt werden.

Art. 424

C. Weiterführung der Geschäfte

Der Beistand oder die Beiständin ist verpflichtet, nicht aufschiebbare Geschäfte weiterzuführen, bis der Nachfolger oder die Nachfolgerin das Amt übernimmt, sofern die Erwachsenenschutzbehörde nichts anderes anordnet. Diese Bestimmung gilt nicht für den Berufsbeistand oder die Berufsbeiständin.

Art. 425

D. Schlussbericht und Schlussrechnung

¹ Endet das Amt, so erstattet der Beistand oder die Beiständin der Erwachsenenschutzbehörde den Schlussbericht und reicht gegebenenfalls die Schlussrechnung ein. Die Erwachsenenschutzbehörde kann den Berufsbeistand oder die Berufsbeiständin von dieser Pflicht entbinden, wenn das Arbeitsverhältnis endet.

² Die Erwachsenenschutzbehörde prüft und genehmigt den Schlussbericht und die Schlussrechnung auf die gleiche Weise wie die periodischen Berichte und Rechnungen.

³ Sie stellt den Schlussbericht und die Schlussrechnung der betroffenen Person oder deren Erben und gegebenenfalls der neuen Beiständin oder dem neuen Beistand zu und weist diese Personen gleichzeitig auf die Bestimmungen über die Verantwortlichkeit hin.

⁴ Sie teilt ihnen zudem mit, ob sie den Beistand oder die Beiständin entlastet oder die Genehmigung des Schlussberichts oder der Schlussrechnung verweigert hat.

Literatur

AFFOLTER, Das Ende der Beistandschaft und die Vermögenssorge, ZKE 2013, 379 ff.; MOTTIEZ, Die Rechtspflichten von vormundschaftlichen Mandatsträger(inne)n nach dem Tod der betreuten Person, ZVW 2006, 267 ff.; VBK, Das Ende des vormundschaftlichen Amtes bei Auflösung des privat- oder öffentlich-rechtlichen Anstellungsverhältnisses von professionellen Mandatsträgerinnen und Mandatsträgern, ZVW 2006, 224 ff.; vgl. die Literaturhinweise zu Art. 399, 393 und zu Vorbem. Art. 415–418.

I. Allgemeines und Verfahren

1   Die Bestimmungen zum Ende des Amtes des Beistands lehnen sich inhaltlich an diejenigen des bis Ende 2012 geltenden Rechtes zum Ende des vormundschaftlichen Amtes (Art. 441–450 aZGB) an. Anders als das alte braucht das neue Recht keine besonderen Verfahrensvorschriften zur Amtsenthebung aufzustellen. Für die Entlassung des Beistands gelten die allgemeinen **Verfahrensregeln** (Art. 443 ff.) und die KESB hat von Amtes wegen zu handeln. Überdies kann die Entlassung von der betroffenen Person oder einer ihr nahestehenden Person beantragt werden (Art. 423 Abs. 2). Der Begriff der nahestehenden Person ist gleich zu verstehen wie in Art. 390 Abs. 3.

Die bundesrechtlichen Vorschriften über das Ende des Amtes des Beistandes oder der Beiständin werden ergänzt durch Organisationsvorschriften der Kantone (vgl. Tabelle nach Art. 425 «Kantonale Bestimmungen zum Ende der Beistandschaft und zum Ende des Amts des Beistands [Art. 399 und Art. 421–425 ZGB]»). 1a

II. Zu einzelnen Norminhalten

Im Unterschied zum bis Ende 2012 geltenden Recht bezeichnet das neue Recht das **Ende der Beistandschaft** (s.o. Art. 399) ausdrücklich als **Beendigungsgrund von Gesetzes wegen** für das Amt des Beistands (Art. 421 Ziff. 2). Das Ende der Massnahme war jedoch schon unter altem Recht ‹ipso iure› Beendigungsgrund für das Amt (BSK ZGB I-GEISER [4. Aufl.], aArt. 441–444 N 3, 9). Es gibt dennoch Situationen, in denen das Amt des Beistands die Massnahme überdauert (s. Art. 399 N 1). Im Übrigen beendet das Ende der Beistandschaft das Amt des Beistands in dem Sinne, dass keine Betreuungs- und Vertretungsbefugnisse mehr für eine verbeiständete Person bestehen. Der Beistand hat jedoch noch Schlussbericht und Schlussrechnung zu erstatten und Unterlagen und Gegenstände, die der vormals verbeiständeten Person zustehen, dieser bzw. ihren Rechtsnachfolgern herauszugeben. Diese Pflichten obliegen dem Beistand noch aufgrund des zu Ende gegangenen Amtes. 2

Im Unterschied zur Situation bei Beendigung des Amtes ohne Beendigung der Massnahme trifft den Beistand im Falle des Endes der Beistandschaft **keine Weiterführungspflicht** (N 8) und kommen ihm auch keine entsprechenden Befugnisse aufgrund des zu Ende gegangenen Amtes zu. Die **Besorgung** notwendiger Geschäfte kann **nur noch im Auftrag der betroffenen Person** oder **deren Erben** oder in **Geschäftsführung ohne Auftrag** erfolgen (BSK ZGB I-GEISER [4. Aufl.], aArt. 441–444 N 26 a.E.; BSK ZGB I-VOGEL, Art. 421–424 N 9; zur Besorgung von Angelegenheiten nach dem Tod der verbeiständeten Person s.a.: SVBB Schweizerische Vereinigung der Berufsbeiständinnen und Berufsbeistände ‹http://www.svbb-ascp.ch› dort: Dokumentation, Erwachsene, «Vermögensrelevante Handlungen nach dem Tod einer Person, die unter einer vormundschaftlichen Massnahme stand» und «Konkursrechtliche Delikte der Beiständin nach dem Tod der verbeiständeten Person»; 4.6.2014], und MOTTIEZ, ZVW 2006, 271 ff.).

Dass die KESB die Möglichkeit hat, eine **Amtsdauer** festzulegen, nach deren Ablauf das Amt des Beistands, vorbehältlich einer Bestätigung im Amt, von Gesetzes wegen endet, ergibt sich einzig aus der Bestimmung von Art. 421 Ziff. 1. In den Gesetzesunterabschnitten über den Beistand (Art. 400 ff.) und über die Führung der Beistandschaft (Art. 405 ff.) fehlen jegliche Hinweise auf eine Amtsdauer (im Unterschied zum bis 2012 geltenden Recht s. Art. 415 aZGB). Die Entlassung des Beistands aus seinem Amt durch einfache Unterlassung der Bestätigung, ohne dass ein Grund gem. Art. 422 ff. gegeben wäre, dürfte i.d.R. den Interessen der betroffenen Person nicht dienen (gl.M. BSK ZGB I-VOGEL, Art. 421–424 N 9; s.a. BSK ZGB I-GEISER [4. Aufl.], aArt. 441–444 N 11). **In der Regel** soll deshalb von der Festsetzung einer bestimmten Amtsdauer abgesehen und damit der Beistand auf **unbestimmte Dauer** eingesetzt werden (gl.M. HÄFELI, Grundriss, Rz 20.05). Dies ändert nichts an der Pflicht, periodisch Rechnung abzulegen (Art. 410) und Bericht zu erstatten (Art. 411). 3

4 Neu endet gem. Art. 421 Ziff. 3 das Amt des Beistands von Gesetzes wegen, wenn er **Berufsbeistand** ist und sein Arbeitsverhältnis beim Sozialdienst, der aufgrund eines Leistungsauftrages die Führung der entsprechenden Beistandschaft zu gewährleisten hat, beendet wird. Dieser Sozialdienst hat in einem zusammen mit der Erwachsenenschutzbehörde festgelegten Verfahren die Übergangs- und Nachfolgeregelungen zu treffen (s. dazu auch u. N 5, 8 und 9; FamKomm Erwachsenenschutz-Rosch, Art. 421 N 11; zur Praxis unter altem Recht VBK, ZVW 2006, 224 ff.). Nicht als Berufsbeistände im Sinne der Bestimmung von Art. 421 Ziff. 3 gelten freiberuflich tätige Personen, die die Führung von Beistandschaften berufsmässig in eigenem Namen übernehmen (BSK ZGB I-Vogel, Art. 421–424 N 11). Nicht auszuschliessen ist, dass ein vormaliger Berufsbeistand das Amt als Privatperson weiter ausübt, z.B. nach seiner Alterspensionierung.

5 Gemäss Art. 421 Ziff. 4 endet das Amt von Gesetzes wegen im Falle des **Todes, der Urteilsunfähigkeit oder der Verbeiständung** (vgl. dazu Rosch, ZVW 2009, 361 FN 19) des Beistands. In solchen Situationen hat die KESB die zweckmässigen Massnahmen zur Wahrung der Interessen der betroffenen Person umgehend zu treffen (s.a. N 9), es sei denn, der Beistand sei als Berufsbeistand bei einem Sozialdienst verpflichtet gewesen (N 4) und die Interessen der betroffenen Person würden einstweilen bis zur Regelung der Nachfolge mittels dienstinterner Stellvertretungslösungen wahrgenommen, welche im Einvernehmen mit der KESB für solche Situationen vorausschauend getroffen worden sind (Affolter, ZKE 2013, 395).

5a Nach dem klaren Wortlaut des Gesetzes endet das Amt im Zeitpunkt, in dem der **Beistand selber verbeiständet** wird, von Gesetzes wegen. In der Praxis dürfte dieser Fall selten eintreten, ist doch davon auszugehen, dass bei sich abzeichnender Schutz- und Hilfebedürftigkeit des Beistandes, spätestens im Verfahren der Abklärung der Beistandsbedürftigkeit, eine Entlassung des Beistandes aus dem Amt gestützt auf Art. 422 Abs. 2 auf sein eigenes Begehren oder gestützt auf Art. 423 Abs. 1 noch vor seiner eigenen Verbeiständung angeordnet werden kann. Ist Urteilsunfähigkeit des Beistandes Grund für dessen Beistandsbedürftigkeit wird das Amt aus diesem Grund beendet (nachstehend N 5b). Unter Umständen sind örtlich zwei verschiedene KESB für die Verbeiständung und die Entlassung des Beistandes zuständig. Erhält die für die Entlassung zuständige Behörde erst im Nachhinein von der Verbeiständung Kenntnis, hat sie mit einem (anfechtbaren) Entscheid die erforderlichen Feststellungen und Massnahmen zu treffen, gleich wie im Fall, in dem sie erst im Nachhinein vom Eintritt der Urteilsunfähigkeit erfährt. In der Lehre wird kritisiert, dass die Verbeiständung des Beistandes zwingend zum Amtsende führt und vorgeschlagen, dass die KESB im Einzelfall entscheiden können soll, dass die ex lege-Wirkung nicht eintritt (FamKomm Erwachsenenschutz-Rosch, Art. 421 N 19 f.; BSK ZGB I-Vogel, Art. 421–424 N 14). De lege ferenda wäre eine praktikable Lösung, diese Fälle in Art. 423 Abs. 1 Ziff. 2 zu regeln, indem dort die Verbeiständung des Beistandes namentlich als wichtiger Grund aufgeführt und im Gegenzug in Art. 421 Ziff. 4 gestrichen oder wenigstens auf die Verbeiständungen beschränkt wird, mit denen eine Einschränkung der Handlungsfähigkeit einhergeht.

Eine bloss vorübergehende **Urteilsunfähigkeit des Beistandes** muss nicht zwingend zur Beendigung des Amtes führen. Eine solche weitgehende Folge läge nicht im Interesse der betroffenen Person. Dauert die Urteilsunfähigkeit zwar an, darf aber mit der Wiedererlangung der Urteilsfähigkeit gerechnet werden, hat die KESB gestützt auf Art. 403 Abs. 1 einen Ersatzbeistand zu bestellen, ohne das Amt des ordentlichen Beistandes zu beenden (MEIER/LUKIC, Rz 644 FN 797; BSK ZGB I-VOGEL, Art. 421–424 N 16; FamKomm Erwachsenenschutz-ROSCH, Art. 421 N 22). Beurteilt die KESB die **Urteilsunfähigkeit** des Beistandes als voraussichtlich dauernd, hat sie in einem (anfechtbaren) Feststellungsentscheid zu erkennen, dass das Amt wegen Urteilsunfähigkeit gestützt auf Art. 421 Ziff. 4 beendet worden ist (dazu SCHMID, Art. 421 N 7; BSK ZGB I-VOGEL, Art. 421–424 N 16; FamKomm Erwachsenenschutz-ROSCH, Art. 421 N 23). Gleichwohl ist das Amtsende allenfalls bereits vor dem Entscheid der KESB ex lege eingetreten. Soweit der genaue Zeitpunkt der Urteilsunfähigkeit und damit der Amtsbeendigung im Einzelfall relevante Auswirkungen hat, etwa bez. der Frage, ob Vertretungshandlungen des Beistandes noch gültig erfolgt sind, hat die KESB den Zeitpunkt im (anfechtbaren) Feststellungsentscheid zu definieren (dazu auch BSK ZGB I-VOGEL, Art. 421–424 N 17 mit Anmerkung betr. restriktiver Anerkennung eines Gutglaubensssschutzes Dritter; KOKES, Rz 8.5).

Endet das Amt durch **Tod des Beistandes** wird es nicht auf dessen Erben übertragen (BSK ZGB I-VOGEL, Art. 421–424 N 15; FamKomm Erwachsenenschutz-ROSCH, Art. 421 N 24) und es trifft diese auch keine Weiterführungspflicht nach Art. 424. Sie haben jedoch gestützt auf Art. 448 im Verfahren der Übertragung der Beistandschaft an eine neue Beistandsperson mitzuwirken und der KESB sachdienliche Informationen zu liefern, soweit sie dazu in der Lage sind. Allenfalls kann ein mit den Verhältnissen vertrauter Erbe als neuer Beistand eingesetzt werden (MEIER/LUKIC, Rz 644). Auch die Verschollenerklärung des Beistandes beendet dessen Amt, was jedoch kaum je von praktischer Bedeutung sein dürfte, da im Zeitpunkt der Feststellung der Verschollenheit die Nachfolge normalerweise bereits seit Langem geregelt sein dürfte.

Einen **Anspruch auf Entlassung nach vier Jahren (Art. 422 Abs. 1)** hatten vormundschaftliche Amtsträger schon nach altem Recht (Art. 415 Abs. 3 i.V.m. Art. 367 Abs. 3 aZGB). In der Praxis wurde dieses Rücktrittsrecht eher **selten beansprucht**. Berufsbeistände werden es i.d.R. aufgrund der für sie geltenden Anstellungsbedingungen nicht beanspruchen dürfen (gl.M. BSK ZGB I-VOGEL, Art. 421–424 N 19). Das Rücktrittsrecht nach vier Jahren gilt für die einzelne Beistandschaft. Die KESB kann dem Zurückgetretenen gestützt auf Art. 400 Abs. 2 eine andere Beistandschaft auferlegen, wobei fraglich ist, wie lange diese Bestimmung noch Bestand haben wird (vgl. o. Art. 400 N 17).

Als **wichtige Gründe** für einen **Anspruch auf frühere Entlassung (Art. 422 Abs. 2)** kommen insb. gesundheitliche Gründe und wesentliche Veränderungen in der beruflichen Beanspruchung in Betracht, insb. wenn damit noch eine Verlegung des Arbeits- und Wohnortes verbunden ist. Nicht nur der Berufsbeistand (Art. 421 Ziff. 3), sondern auch jeder andere Beistand soll sich ohne übermässige Rücksichtnahme auf laufende erwachsenenschutzrechtliche Amtsverpflichtungen beruflich verändern dürfen. Auch die Veränderung organisationsrechtlicher Verhältnisse (z.B. Auflösung des Leistungsvertrags zwischen KESB und Sozialdienst) kommt als wichtiger Grund i.S.v. Art. 422 Abs. 2 in Betracht (FamKomm Erwachsenenschutz-Rosch, Art. 421 N 14 ff., insb. N 16). Blosse Amtsmüdigkeit gilt an sich nicht als wichtiger Grund (Botschaft Erwachsenenschutz, 7060), wobei die KESB sich bei der Behandlung eines Rücktrittsgesuchs eines amtsmüden oder amtsverdrossenen Beistandes an den Interessen der betroffenen Person auszurichten hat (vgl. BSK ZGB I-Vogel, Art. 421–424 N 21; gl.M. und zum Ganzen: FamKomm Erwachsenenschutz-Rosch, Art. 421 N 13 ff.).

7   Die zur Wahrung der Interessen der betroffenen Person nicht bzw. **nicht mehr vorhandene Eignung** eines Beistands rechtfertigt die **Entlassung nach Art. 423 Abs. 1 Ziff. 1** unabhängig von dessen Willen und Verschulden. Dies war schon unter altem Recht so (Art. 445 Abs. 2 aZGB). Für die Beurteilung der Eignung gelten grundsätzlich die gleichen Kriterien wie im Zeitpunkt der Einsetzung (s.o. Art. 400 N 9 ff.). Als **anderer wichtiger Grund** für eine **Entlassung i.S.v. Art. 423 Abs. 1 Ziff. 2** kann allenfalls einer der im alten Recht (aArt. 445 Abs. 1) erwähnten Amtsenthebungsgründe (insb. Amtsmissbrauch, strafrechtliche Delikte, Zahlungsunfähigkeit) gelten (gl.M. BSK ZGB I-Vogel, Art. 421–424 N 24). Bei der Beurteilung, ob eine Handlung eines Beistands diesen der Vertrauensstellung unwürdig erscheinen lässt, ist die **Haltung der verbeiständeten Person** zu dieser Frage nach Möglichkeit zu berücksichtigen. Die Veränderung organisationsrechtlicher Verhältnisse (z.B. Auflösung des Leistungsvertrags zwischen KESB und Sozialdienst) kann nicht nur als wichtiger Grund in einem Entlassungsgesuch eines Berufsbeistandes vorgebracht werden (s.o. N 6), sondern ist u.U. auch wichtiger Grund i.S.v. Art. 423 Abs. 1 Ziff. 2.

8   Die **Weiterführungspflicht** bez. notwendiger Geschäfte bestand nach altem Recht (Art. 444 aZGB) nur für den Fall, dass die vormundschaftliche Massnahme nicht beendet, sondern mit einem Amtsnachfolger weitergeführt wurde (BSK ZGB I-Geiser [4. Aufl.], aArt. 441–444 N 26). Das ist auch nach neuem Recht so. Dieses spricht in **Art. 424** im Unterschied zum früheren Recht nicht von notwendigen, sondern von nicht aufschiebbaren Geschäften, was die Pflicht zur möglichst baldigen Übergabe bzw. Übernahme der für die Amtsführung erforderlichen Unterlagen und Informationen noch stärker zum Ausdruck bringt (gl.M. BSK ZGB I-Vogel, Art. 421–424 N 31). Die Weiterführungspflicht lässt die Vertretungs- oder Zustimmungsbefugnisse und die Verantwortlichkeit im entsprechenden Umfang andauern (BSK ZGB I-Geiser, a.a.O.; Schmid, Art. 424 N 2). Der Berufsbeistand ist gemäss zweitem Satz von Art. 424 von der Weiterführungspflicht dispensiert und der zuständige Sozialdienst hat die Besorgung der nicht aufschiebbaren Geschäfte zu gewährleisten (BSK ZGB I-Affolter [4. Aufl.], aArt. 451–453 N 23; BSK ZGB I-Vogel, Art. 421–424 N 31; KOKES, Rz 8.14; s.a. o. N 4). Der Berufsbeistand gilt jedoch nur von der Weiterführungspflicht dispensiert, wenn sein Amt infolge Beendigung des Arbeitsverhältnisses nach Art. 421 Ziff. 3 geendet hat, nicht jedoch in anderen Fällen eines Beistandswechsels (KOKES, Rz 8.14; Affolter, ZKE 2013, 395).
Die KESB kann eine andere Anordnung treffen und die Weiterführungspflicht und damit die **Weiterführungsbefugnisse beseitigen**. Sie muss gegebenenfalls eine

solche Anordnung treffen, wenn die Weiterführung durch einen bisherigen Beistand gar nicht mehr möglich ist (nach Tod oder Eintritt der Urteilsunfähigkeit) oder aus Sicht der KESB (etwa nach Entlassung des Beistandes aufgrund Art. 423 Abs. 1) nicht mehr verantwortet werden kann (BSK ZGB I-Vogel, Art. 421–424 N 30; KOKES, Rz 8.15; FamKomm Erwachsenenschutz-Rosch, Art. 421 N 6 ff.).

Der Norminhalt von **Art. 425** entspricht im Wesentlichen demjenigen der Bestimmungen von aArt. 451–453. Die Pflicht zur Erstattung eines **Schlussberichts** und ggf. einer **Schlussrechnung** obliegt allen Beiständen, die in amtsgebundenen kindes- oder erwachsenenschutzrechtlichen behördlichen Massnahmen tätig gewesen sind und deren Amt zu Ende gegangen ist (Schmid, Art. 425 N 1 f.; BSK ZGB I–Affolter/Vogel, Art. 425 N 2). Die Bestimmung betrifft die nach Art. 392 Ziff. 2 Beauftragten nicht (a.M. Affolter/Vogel, a.a.O.), obschon solche Beauftragte den Haftungsbestimmungen gemäss Art. 454 u. 455 unterliegen und Schlussbericht und -rechnung u.a. als Grundlage für die allfällige Geltendmachung der Verantwortlichkeit dienen (BSK ZGB I-Affolter, Art. 425 N 1). Die KESB hat im Falle von Art. 392 Ziff. 2 bereits im Zuge der Erteilung des Auftrages die zweckmässigen Vorkehrungen im Hinblick auf den Abschluss des Auftrages zu treffen (KOKES, Rz 4.17) und nach Abschluss die Beteiligten entsprechend zu informieren.

Inhaltlich soll der Schlussbericht adressatengerecht ausgestaltet werden. Im Falle der Weiterführung der Massnahme sind auch die Informationsbedürfnisse des nachfolgenden Amtsträgers zu berücksichtigen (zum Ganzen: BSK ZGB I-Affolter/Vogel, Art. 425 N 21 ff.).

Einem **säumigen Beistand** hat die KESB eine Frist zur Einreichung von Schlussrechnung und Schlussbericht anzusetzen, nötigenfalls unter Androhung der strafrechtlichen Folgen bei Ungehorsam gegen eine amtliche Verfügung gem. Art. 292 StGB (Botschaft Erwachsenenschutz, 7061). Ist der Beistand, etwa in einem Falle von Art. 421 Ziff. 4, nicht mehr in der Lage, eine Rechnung und einen Bericht zu erstatten, hat die KESB entweder selbst die adäquaten Feststellungen zu treffen und in einem Bericht festzuhalten. Sie kann stattdessen auch eine Person mit der **Ersatzvornahme** beauftragen (dazu BSK ZGB I-Affolter [4. Aufl.], aArt. 451–453 N 76; BSK ZGB I-Affolter/Vogel, Art. 425 N 36 ff.; FamKomm Erwachsenenschutz-Rosch, Art. 425 N 17 f.; im Falle Berufsbeistand s.o. N 4 f.). Eine solche **Ersatzvornahme** ist, auf Kosten des Beistandes, auch möglich, wenn dieser trotz Mahnung und allfälliger weiterer Interventionen der KESB Schlussbericht und -rechnung nicht oder nicht ordnungsgemäss erstattet, obschon er dazu in der Lage wäre (BSK ZGB I-Affolter/Vogel, Art. 425 N 38 f.).

Im Falle der Beendigung des Amtes infolge Aufgabe der Berufstätigkeit als **Berufsbeistand** (Art. 421 Ziff. 3) kann die KESB von der **Pflicht entbinden** (zur Praxis unter altem Recht s. VBK, ZVW 2006, 226). Unter Beibehaltung der Berichtsperiode wird in diesem Fall die Pflicht zur Berichterstattung und Rechnungsablage dem Nachfolger des abgetretenen Berufsbeistandes übertragen (BSK ZGB I-Affolter/Vogel, Art. 425 N 20).

Die **Prüfung** von Schlussrechnung und Schlussbericht erfolgt nach den gleichen Regeln wie die Prüfung der periodischen Rechnungen und Berichte (FamKomm Erwachsenenschutz-Rosch, Art. 425 N 17 f.; s.o. Art. 415 N 1 ff.). Der gem. **Art. 425**

Abs. 4 vorzunehmenden Mitteilung der KESB bez. Entlastung des Beistands und Genehmigung oder Nichtgenehmigung von Schlussbericht und Schlussrechnung kommt grundsätzlich keine Rechtswirkung gegenüber der (vormals) verbeiständeten Person und Dritten zu (Botschaft Erwachsenenschutz, 7056 [zu Art. 415 ZGB]; BSK ZGB I-AFFOLTER/VOGEL, Art. 425 N 52). Gemäss Art. 425 Abs. 3 sind Schlussbericht und -rechnung der betroffenen Person oder deren Erben und ggf. der neuen Beistandsperson bzw. einer neu zuständigen KESB zuzustellen. Diese Zustellung erfolgt i.d.R. zusammen mit dem schriftlichen Entscheid betr. Genehmigung und Entlastung des Beistandes, in welchem auf die Bestimmungen über die Verantwortlichkeit hinzuweisen ist, auch wenn die Prüfung keinerlei Mängel in der Amtsführung hat erkennen lassen (KOKES, Rz 8.18). Den Anforderungen an die Konkretisierung dieses Hinweises (s. BSK ZGB I-AFFOLTER/VOGEL, Art. 425 N 56) wird z.B. mittels Beilage eines Auszuges aus dem ZGB (Art. 454 und 455) Genüge getan. Wenn die Beistandschaft wegen Tods der betroffenen Person zu Ende ging, ist der Entscheid der KESB allen Erben oder, wenn diese einen gemeinsamen Erbenvertreter bestellt haben, diesem zu eröffnen. Gängige Praxis ist es, Schlussbericht und -rechnung lediglich einem Erben für sich und zuhanden der übrigen Erben oder einem Willensvollstrecker zuzustellen unter Hinweis darauf im Entscheid betr. Genehmigung und Entlastung des Beistandes (s. KOKES, Rz 8.19).

Kantonale Bestimmungen zum Ende der Beistandschaft und zum Ende des Amts des Beistands (Art. 399 und Art. 421–425 ZGB)	
AG	§ 60b EG ZGB – Einzelzuständigkeiten ¹ Die Bezirksgerichtspräsidentin oder der Bezirksgerichtspräsident entscheidet in Einzelzuständigkeit […]. ² […]. ³ In die Einzelzuständigkeit fallen ferner folgende Geschäfte des Erwachsenenschutzes: a)–f) […], g) Entbindung von der Pflicht zur Ablage des Schlussberichts und der Schlussrechnung (425 Abs. 1 Satz 2), […]. ⁴ Die Bezirksgerichtspräsidentin oder der Bezirksgerichtspräsident kann die Angelegenheiten gemäss § 60b Abs. 1–3 dem Kollegium zur Beurteilung überweisen, wenn es die rechtlichen oder tatbeständlichen Verhältnisse rechtfertigen.
AR	Art. 47 EG ZGB – Einzelzuständigkeiten ¹ […]. ² In die Einzelzuständigkeit jedes Mitgliedes fallen folgende Geschäfte des Erwachsenenschutzes: 1.–5. […]; 6. Entbindung von der Pflicht zur Ablage des Schlussberichtes und der Schlussrechnung gemäss Art. 425 Abs. 1 Satz 2 ZGB; […]. ³ Wenn die Art der Entscheidung es erfordert, kann das zuständige Mitglied eine Entscheidung in Dreierbesetzung verlangen.

Kantonale Bestimmungen zum Ende der Beistandschaft und zum Ende des Amts des Beistands (Art. 399 und Art. 421–425 ZGB)	
AI	**Art. 4 EG ZGB** ¹ […]. ² Der Präsident der Kindes- und Erwachsenenschutzbehörde oder ein beauftragtes Mitglied leitet die Verfahren, macht Mitteilungen in den gesetzlich vorgesehenen Fällen und ist zuständige Behörde für: […] ZGB Art. 425 Abs. 2 Prüfung und Genehmigung des Schlussberichtes und der Schlussrechnung; […].
BL	**§ 64 EG ZGB – Spruchkörper, Zuständigkeit** ¹ […]. ² Das Präsidium des Spruchkörpers oder das von ihr delegierte Mitglied eines Spruchkörpers ist zuständig für den Erlass folgender erstinstanzlicher Entscheide: a.–h. […]; i. Genehmigung der Rechnung und des Berichts (Artikel 415 Absatz 1, Artikel 425 Absatz 2 ZGB); […].
BS	**§ 4 KESG – Einzelentscheide** ¹ Zuständig für Einzelentscheide ist die Vorsitzende oder der Vorsitzende einer Spruchkammer. ² Einzelentscheide sind in folgenden Fällen vorgesehen: a)–e) […] f) Ende des Amtes der Beiständin oder des Beistands: Art. 425 ZGB: Prüfung und Genehmigung von Schlussbericht und Schlussrechnung bei einer Beistandschaft ohne Vermögensverwaltung […].
FR	**Art. 16 KESG – Beendigung des Amtes** Bei der Beendigung des Amtes muss die Beiständin oder der Beistand innert dreissig Tagen den Schlussbericht und gegebenenfalls die Schlussrechnung in zwei Doppeln an die Schutzbehörde abliefern. Bei Verspätungen gilt Artikel 14 Abs. 3 sinngemäss.
GL	**Art. 65 EG ZGB** ¹ Die Kindes- und Erwachsenenschutzbehörde entscheidet grundsätzlich in Dreierbesetzung. ²⁻⁴ […]; ⁵ Folgende Geschäfte kann die Behörde einem einzelnen ständigen Mitglied übertragen: 1.–14. […]; 15. Bericht- und Rechnungsprüfung (Art. 415 Abs. 1 und 2 und 425 Abs. 2 ZGB); […].
GR	**Art. 21 Abs. 3 KESV – Frist** Für die Schlussrechnung und den Schlussbericht gelten Absatz 1 und 2 analog. [Diese lauten: ¹ Die Rechnung und der Bericht sind innert zwei Monaten nach Ablauf der Rechnungs- und Berichtsperiode der Kindes- und Erwachsenenschutzbehörde vorzulegen. Diese kann die Frist verkürzen oder verlängern.

	Kantonale Bestimmungen zum Ende der Beistandschaft und zum Ende des Amts des Beistands (Art. 399 und Art. 421–425 ZGB)
	² Werden die Rechnung und der Bericht nicht fristgerecht vorgelegt, kann die Kindes- und Erwachsenenschutzbehörde eine angemessene Nachfrist setzen. Bleibt auch diese ungenutzt, kann sie auf Kosten der Beiständin oder des Beistandes die Rechnung von einer fachkundigen Drittperson erstellen lassen sowie weitere Vollstreckungshandlungen vornehmen. Das Gleiche gilt bei mangelhafter Rechnungsablage.]
LU	[Keine ausdrückliche Bestimmung für Einzelzuständigkeit betr. Prüfung und Genehmigung Schlussbericht; vgl. jedoch Tabelle nach Art. 415–419/allenfalls Anwendung von § 49 Abs. 2 lit. g EG ZGB gestützt auf Art. 425 Abs. 2.]
NW	**Art. 30 Abs. 2 EG ZGB – Präsidium** In die Zuständigkeit des Präsidiums fallen folgende Geschäfte des Erwachsenenschutzes: 1.–5. […]; 6. Rechnungsprüfung (Art. 415 Abs. 1 und Art. 425 Abs. 2 ZGB); 7. Entbindung von der Pflicht zur Abgabe des Schlussberichts und der Schlussrechnung gemäss Art. 425 Abs. 1 Satz 2 ZGB; […].
OW	**Art. 1 Abs. 2 AB EV KESR – Einzelzuständigkeit** In die Zuständigkeit eines Mitgliedes fallen folgende Geschäfte des Erwachsenenschutzes a.–d. […]; e. Prüfung der Rechnung und des Berichts (Art. 415 und 425 ZGB); […]. **Art. 2 Abs. 1 AB EV KESR – Erweiterung des Spruchkörpers** Das einzelzuständige Mitglied ist in besonderen Fällen berechtigt, die Sache dem Kollegium zum Entscheid vorzulegen.
SH	[Keine ausdrückliche Bestimmung für Einzelzuständigkeit betr. Prüfung und Genehmigung Schlussbericht; vgl. jedoch Tabelle nach Art. 415–419; allenfalls Anwendung von Art. 57d Abs. 1 Ziff. 15 JG gestützt auf Art. 425 Abs. 2 ZGB]
SZ	**§ 28 EG ZGB – Einzelzuständigkeit** ¹⁻² […]. ³ In die Einzelzuständigkeit jedes Mitgliedes fallen die folgenden Geschäfte des Erwachsenenschutzes: a)–d) […]; e) Rechnungsprüfung (Art. 415 Abs. 1 und 425 Abs. 2 ZGB); […].
SO	**§ 138 EG ZGB – Einzelkompetenz – a) Präsidium** ¹ In die Einzelzuständigkeit des Präsidiums fallen a.–g. […]; h. Berichtsprüfung und Vollstreckungsverfügungen, soweit die angeordnete Massnahme in der Einzelzuständigkeit liegt; […].

	Kantonale Bestimmungen zum Ende der Beistandschaft und zum Ende des Amts des Beistands (Art. 399 und Art. 421–425 ZGB)
	§ 139 EG ZGB – b) Übrige Mitglieder ¹ In die Einzelzuständigkeit jedes Mitgliedes der Kindes- und Erwachsenenschutzbehörde fallen a)–k) [...]; l) Berichtsprüfung und Vollstreckungsverfügungen, soweit die angeordnete Massnahme in der Einzelzuständigkeit liegt; [...]. **§ 136 Abs. 3 EG ZGB – Beschlussfassung/Entscheidgremium** Im Rahmen eines vor der Kollegialbehörde hängigen Verfahrens kann diese auch über Geschäfte entscheiden, die in der Einzelkompetenz liegen.
SG	**Art. 17 EG-KES – Einzelzuständigkeit/Grundsatz** Die Kindes- und Erwachsenenschutzbehörde bezeichnet die Mitglieder, denen nach Massgabe dieses Erlasses Einzelzuständigkeit mit Verfügungsbefugnis zukommt. **Art. 19 EG-KES – Erwachsenenschutzverfahren** Einzelzuständigkeit im Erwachsenenschutzverfahren besteht für: a)–e) [...]; f) Prüfung und Genehmigung der Rechnung und des Berichts (Art. 415 Abs. 1 und 2, Art. 425 Abs. 2 ZGB); [...].
TG	**§ 4 EG ZGB – Einzelrichterliche Zuständigkeiten** ¹ Der Präsident oder ein von diesem bezeichnetes Mitglied der Kindes- und Erwachsenenschutzbehörde ist für folgende Aufgaben und Entscheide zuständig: 1.–12. [...]; 13. Rechnungsprüfung (Artikel 415 Absatz 1 und Artikel 425 Absatz 2 ZGB); [...]. **§ 54 Abs. 2 EG ZGB – Rechnungsführung** Bei unzureichender oder säumiger Rechnungsablage kann die Kindes- und Erwachsenenschutzbehörde die Rechnung nach vorgängiger Verwarnung auf Kosten des Beistandes durch einen Dritten erstellen lassen.
UR	**Artikel 6 Regl. EG KESR – Zuständigkeiten/Entscheidungen der einzelnen Mitglieder im Bereich des Erwachsenenschutzes** ¹ Jedes Mitglied der Kindes- und Erwachsenenschutzbehörde ist befugt, im Bereich des Erwachsenenschutzes als einzelnes Behördenmitglied: a)–h) [...]; i) die periodischen Rechnungen, die Schlussrechnung und den Schlussbericht zu prüfen und zu genehmigen (Art. 415 Abs. 1 und 425 Abs. 2 ZGB); j) von der Pflicht, einen Schlussbericht und eine Schlussrechnung abzulegen, zu entbinden (Art. 425 Abs. 1 Satz 2 ZGB); [...].
VS	**Art. 112 EG ZGB – Beratungen und interne Kompetenzaufteilung** ¹ Unter Vorbehalt der in den Absätzen 3 und 4 aufgezählten Fälle, trifft die Schutzbehörde ihre Entscheide als Kollegialbehörde (Art. 440 Abs. 2 ZGB).

	Kantonale Bestimmungen zum Ende der Beistandschaft und zum Ende des Amts des Beistands (Art. 399 und Art. 421–425 ZGB)
	² […]. ³ In die ausschliessliche Kompetenz des Präsidenten der Schutzbehörde oder seines Stellvertreters fallen: a)–l) […]; m) die Genehmigung oder Nichtgenehmigung der ihm zur Prüfung unterbreiteten Rechnungen (Art. 318 Abs. 3, 322 Abs. 2 und Art. 324 Abs. 2 ZGB; Art. 327c Abs. 2, 368 Abs. 2, 415 Abs. 1 und 425 Abs. 1 ZGB); […]. ⁴ Der Präsident kann zu diesem Zweck folgende Kompetenzen einem einzelnen Mitglied der Behörde oder einem delegierten Beisitzer übertragen: a)–i) […]; j) die vorgängige Überprüfung von Rechnungen, die der Schutzbehörde zur Genehmigung unterbreitet werden und die Prüfung der Berichte an die Schutzbehörde (Art. 318 Abs. 3, 322 Abs. 2 und 324 Abs. 2 ZGB; Art. 327c Abs. 2, 368 Abs. 2, 415 Abs. 1 und 425 Abs. 1 ZGB); […]. **Art. 28 Abs. 2 VKES – Schlussrechnung** Die Schlussrechnung wird vom Beistand unterzeichnet; sie wird vom Präsident der KESB oder seinem Stellvertreter und vom Schreiber oder seinem Stellvertreter genehmigt. Vgl. zur Schlussrechnung auch die Tabelle mit den kantonalen Bestimmungen zu Art. 415–419.
ZG	**§ 43 EG ZGB – Einzelzuständigkeiten** ¹ […]. ² In die Einzelzuständigkeit jedes Mitgliedes fallen folgende Geschäfte des Erwachsenenschutzes: a)–d) […]; e) Rechnungsprüfung (Art. 415 Abs. 1 und 425 Abs. 2 ZGB); f) Entbindung von der Pflicht zur Ablage des Schlussberichtes und der Schlussrechnung gemäss Art. 425 Abs. 1 Satz 2 ZGB; […]. ³ Wenn die Art der Entscheidung es erfordert, kann das zuständige Mitglied eine Entscheidung in Dreierbesetzung verlangen.
ZH	**§ 45 EG KESR – Einzelzuständigkeit** ¹ Ein Mitglied der KESB entscheidet über die a.–q. […], r. Prüfung und Genehmigung der Rechnung und des Berichts (Art. 318 Abs. 3, Art. 322 Abs. 2, Art. 415 Abs. 1 und 2 und 425 Abs. 2 ZGB) und Festsetzung der Entschädigung der Beiständin oder des Beistandes (Art. 404 Abs. 2 ZGB), […]. ² Im Zusammenhang mit einem hängigen Verfahren kann das Kollegium aus zureichenden Gründen über Geschäfte gemäss Abs. 1 entscheiden.

Dritter Abschnitt:

Die fürsorgerische Unterbringung

Art. 426

A. Die Massnahmen
I. Unterbringung zur Behandlung oder Betreuung

¹ Eine Person, die an einer psychischen Störung oder an geistiger Behinderung leidet oder schwer verwahrlost ist, darf in einer geeigneten Einrichtung untergebracht werden, wenn die nötige Behandlung oder Betreuung nicht anders erfolgen kann.
² Die Belastung und der Schutz von Angehörigen und Dritten sind zu berücksichtigen.
³ Die betroffene Person wird entlassen, sobald die Voraussetzungen für die Unterbringung nicht mehr erfüllt sind.
⁴ Die betroffene oder eine ihr nahestehende Person kann jederzeit um Entlassung ersuchen. Über dieses Gesuch ist ohne Verzug zu entscheiden.

Literatur

ABRECHT, Les conditions du placement à des fins d'assistance, ZVW 2003, 338 ff.; AEMISEGGER/SCHERRER, Fürsorgerische Freiheitsentziehung und Zwangsmedikation nach der Praxis des Bundesgerichtes, Jusletter vom 3.5.2004; BÄRISWYL, Entwicklungen im Datenschutzrecht, SJZ 1993, 394 ff.; BIRCHLER, Die fürsorgerische Unterbringung Minderjähriger, ZKE 2013, 141 ff.; BERNHART, Handbuch der fürsorgerischen Unterbringung, Basel 2011; BREITSCHMID, Rechtliche Situation der Fürsorgerischen Freiheitsentziehung: Standort und Ausblick, in: Bornatico et al. (Hrsg.), Freiheitsentziehung: Fürsorge- und Ordnungsrecht im Spannungsfeld des Art. 397a, Zürich etc. 2004, 57 ff.; BRIDLER/GASSMANN, Zukunft der Psychiatrie: ambulante Zwangsbehandlung, ZKE 2011, 1 ff.; BUCHER E., Das Horror-Konstrukt der «Zwangsmedikation»: zweimal (ohne Zuständigkeit) ein Ausflug ins juristische Nirwana, ZBJV 2001, 764 ff.; DERS., Der Persönlichkeitsschutz beim ärztlichen Handeln, in: Wiegand (Hrsg.), BTJP, Arzt und Recht, Bern 1985, 39 ff. (zit. Arzt und Recht); CAVIEZEL-JOST, Die materiellen Voraussetzungen der fürsorgerischen Freiheitsentziehung, Diss. Fribourg 1988; ETZENSBERGER, Die «Fürsorgerische Unterbringung» und «Behandlung einer Psychischen Störung» aus der Sicht eines praktischen Psychiaters (Art. 416–430 VE), ZSR 2003 I, 361 ff.; FASSBIND, Systematik der elterlichen Personensorge in der Schweiz, Diss. Basel 2006 (zit. Personensorge); GEISER, Die fürsorgerische Freiheitsentziehung als Rechtsgrundlage für eine Zwangsbehandlung?, in: Gauch et al. (Hrsg.), Familie und Recht. Festgabe der Rechtswissenschaftlichen Fakultät der Universität Freiburg für Bernhard Schnyder zum 65. Geburtstag, Freiburg 1995, 289 ff.; DERS., Medizinische Zwangsmassnahmen bei psychisch Kranken aus rechtlicher Sicht, recht 2006, 91 ff.; GUILLOD/HELLE, Traitement forcé: des dispositions schizophrènes?, ZVW 2003, 347 ff.; HAAS, Die Einwilligung in eine Persönlichkeitsverletzung nach Art. 28 Abs. 2, Diss. Luzern 2007; JOSET, Zwangsmedikation im Rahmen der fürsorgerischen Freiheitsentziehung, AJP 2000, 1424 ff.; MAIER, Die Praxis der Fürsorgerischen Freiheitsentziehung, Praxis 2001, 1575 ff.; MEYER LÖHRER, «Im Ergebnis eine rein polizeilich motivierte Fürsorge», plädoyer 6/2012, 20 ff.; MÜLLER, Zum Erfordernis einer hinreichenden gesetzlichen Grundlage für schwere Grundrechtseingriffe, recht 1994, 31 ff.; DERS., Legalitätsprinzip – Polizeiliche Generalklausel – Besonderes Rechtsverhältnis. Gedanken zu einem neuen Bundesgerichtsentscheid betr. die Frage der Zwangsmedikation im fürsorgerischen Freiheitsentzug (BGE 126 I 112 ff.), ZBJV 2000, 725 ff.; DERS., Das besondere Rechtsverhältnis, Bern 2003; PALLY, Die gesetzliche Regelung von medizinischen Eingriffen zugunsten des Nasciturus, AJP 2008, 855 ff.; PÄRLI, Zwangsmassnahmen in der Pflege, AJP 2011, 360 ff.; ROSCH, Die fürsorgerische Unterbringung im revidierten Kindes- und Erwachsenenschutzrecht, AJP 2011, 505 ff.; DERS., Medizinische Massnahmen im Rahmen einer fürsorgerischen Unterbringung: Schnitt und Nahtstellen, AJP 2014, 3 ff.; SAMW, Zwangsmassnahmen in der Medizin, Medizinisch-ethische Richtlinien der SAMW, ⟨http://www.samw.ch⟩ (dort: Ethik, Richtlinien, Archiv; 18.10.2011; zurzeit in Revision; zit. Zwangsmassnahmen); SCHNYDER, Die Entstehung und die Inhalte des neuen Erwachsenenschutzrechts, Jusletter vom 3.5.2004; vgl. die Literaturhinweise zur Einführung.

I. Vorbemerkungen/Einordnung

1. Revisionen von 1981 und 2008

1   Am 1.1.1981 traten die Bestimmungen über die Fürsorgerische Freiheitsentziehung (FFE) in Kraft, welche unter Berücksichtigung einer EMRK-konformen Regelung (insb. Art. 5 f. EMRK) die kantonalen administrativen Versorgungsgesetze abgelöst hatten (zur Entstehungsgeschichte BSK ZGB I-GEISER, vor aArt. 397a–f N 1 ff.; ZK-SPIRIG, vor Art. 397a–f aZGB N 1 ff.). Nach Auffassung des Gesetzgebers, der Expertengruppe und -kommissionen haben sich die Umschreibungen der Tatbestandsvoraussetzungen der FFE im Wesentlichen bewährt, weshalb sich der revidierte Art. 426 ZGB eng an das vorrevidierte Recht anlehnt (BerichtExpK Erwachsenenschutz 95, 116; Botschaft Erwachsenenschutz, 7062). Neu wurde die Terminologie angepasst und der Anwendungsbereich teilweise erweitert (ABRECHT, ZVW 2003, 338 ff.).

Die fürsorgerische Unterbringung des geltenden Rechts bedarf wie die Beistandschaft eines Schwächezustandes (psychische Störung, geistige Behinderung, schwere Verwahrlosung) und eines Schutzbedarfes («die nötige Betreuung oder Behandlung kann nicht anders erfolgen»), der sich aus dem Schwächezustand konkret ableitet (vgl. BGer vom 11.4.2013, 5A_189/2013 E. 3.3.2; BGer vom 17.1.2014 5A_872/2013 E. 6.2.2. f.). Unabhängig von der fürsorgerischen Unterbringung kann auch eine Beistandschaft angeordnet werden (gl.M. CHK BREITSCHMID/MATT, Art. 426 N 2; FamKomm Erwachsenenschutz-GUILLOD, Art. 426 N 21; MEIER/LUKIC, N 659).

1a

2. Gesetzessystematik/Zwecksetzung

Die Bestimmungen über die Fürsorgerische Unterbringung (FU) bilden den 3. Abschnitt im 11. Titel der behördlichen Massnahmen und folgen auf die Abschnitte «Allgemeine Grundsätze» und «Beistandschaften». Im Gegensatz zu den Beistandschaften ist die FU eine **nicht amtsgebundene** Massnahme. Deshalb und weil die Verfahrensregelungen teilweise differenzierter sind (insb. Zuständigkeiten), teilweise von den allgemeinen Bestimmungen abweichen (Art. 427, 430 ff., 439), ist die FU in einem **eigenen Abschnitt** geregelt. Im Verhältnis zu den allgemeinen Bestimmungen gilt **Art. 388** unumschränkt; das **Verhältnismässigkeitsprinzip** des Art. 389 gilt explizit für die Erwachsenenschutzbehörde (s. Art. 389 N 1 ff.) und analog für die Instanzen gem. Art. 427 und 429 (s. Art. 429-430 N 1 f.; gl.M. FamKomm Erwachsenenschutz-GUILLOD, Art. 426 N 20 f.). Neu werden im revidierten Recht auch die **medizinische Behandlung (inkl. ambulanter Massnahmen und die Nachbetreuung)** von Personen unter FU geregelt (zur Abgrenzung zur FU N 14, N 14a; Art. 433–435 N 1, 4); wird zusätzlich die **Bewegungsfreiheit** eingeschränkt, so gelten gem. Art. 438 die Bestimmungen der Art. 383 ff. sinngemäss (zur Abgrenzung der FU von Einschränkungen der Bewegungsfreiheit Art. 438 N 1). Für Personen mit vorab somatischen Leiden, aber auch für weitere Personen, die nicht in einer psychiatrischen Klinik wegen einer psychischen Störung (Art. 380) untergebracht werden, gelten die Bestimmungen gem. Art. 378 ff. (zur genauen Abgrenzung s. N 14 f.; Art. 433–435 N 1, 4). Die Bestimmungen über die FU und damit insbesondere das Recht über den Aufenthalt einer erwachsenen Person zu bestimmen, sind **abschliessend**, es sei denn, der Gesetzgeber delegiert Kompetenzen an die Kantone (Art. 429, 430, 437); insb. unterstützende und pflegerische Massnahmen vor und nach der Unterbringung verbleiben in der Kompetenz der Kantone (gl.M. FamKomm Erwachsenenschutz-GUILLOD, Art. 426 N 23 f.; BSK ZGB I-GEISER/ETZENSBERGER, vor Art. 426–439 N 10; OFK ZGB-FASSBIND, Art. 426 N 1), aber allenfalls auch medizinische Zwangsmassnahmen ausserhalb einer FU, z.B. bei Notfallsituationen (vgl. Art. 433–435 N 3). Eine allfällige **Zustimmung** gem. Art. 416 Abs. 1 Ziff. 2 entfällt im Rahmen einer FU. Zum Begriff der FU s. N 13. Zu **vorsorglichen Massnahmen** im Rahmen der FU s. Art. 445 (entgegen der bisherigen Anwendbarkeit des Art. 386 [BK-SCHNYDER/MURER, Art. 386 aZGB N 26]; a.M. Art. 445 N 8d; BERNHART, 216 ff.; entgegen dieser Lehrmeinung zeigt sich, dass dort, wo Behördenmitglieder in Einzelkompetenz entscheiden bzw. keine ärztliche FU vorgesehen ist [z.B. BL], vorsorglich entschieden werden muss; einer vollumfänglichen Delegation

2

an das kantonale Recht mangelt es an einer entsprechenden klaren gesetzlichen Bestimmung). Zur Unterbringung mit dem Zweck der **Begutachtung** s. Art. 449 N 1 ff. Zum **internationalen Privatrecht** s. Art. 388 N 6.

2a   Art. 382 regelt die Unterbringung einer urteilsunfähigen Person in einer **Wohn- oder Pflegeeinrichtung**. Soweit die betroffene Person sich nicht der Unterbringung widersetzt und diese dem mutmasslichen Willen entspricht, ist zunächst Art. 383 ff. ZGB anwendbar (vgl. N 14 f.; ähnlich FamKomm Erwachsenenschutz-GUILLOD, Art. 426 N 16, der u.a. aber auch auf eine Patientenverfügung abstellt; dies kann m.E. nur dann ein Indiz sein, wenn sie noch dem aktuellen Willen entspricht und sich die betroffene Person namentlich nicht wehrt (vgl. ROSCH, AJP 2014, 7, insb. FN 48). Dort wo aber **Umstände**, **Intensität** und **Dauer** der Massnahme weiteingreifend sind, ist auch eine FU anzuordnen, weil der Rechtsschutz hier ausgebauter ist (vgl. auch die Abgrenzung zur FU Art. 438 N 3 m.w.H.; Art. 383–385 N 6).

3   Die FU, wie auch die FFE, unterscheiden sich von den im **Strafgesetz** und in den Strafprozessordnungen vorgesehenen Freiheitsentziehungen; letztere verfolgen andere öffentliche Interessen, haben andere Schutzbereiche und sehen als Folge von Delinquenz u.U. Freiheitsstrafen vor (ZK-SPIRIG, vor Art. 397a–f aZGB N 51; BSK ZGB I-GEISER/ETZENSBERGER, vor Art. 426–439 N 9; s.a. N 7). Zur Schwierigkeit der Abgrenzung bzw. zur Ambivalenz BREITSCHMID, 73 ff.; CAVIEZEL-JOST, 66 ff.; FamKomm Erwachsenenschutz-GUILLOD, Art. 426 N 1; s. unten N 8 f.

4   Die FU ist einzig auf die **Personensorge** ausgerichtet (BBl 1973 III 27) und eine selbständige Massnahme des Erwachsenenschutzrechts. Sie soll auf den Wiedereintritt in das «zivile Leben» vorbereiten (BBl 1977 III 6) und dient somit der **Wiedererlangung der Selbständigkeit und Selbstverantwortung** (gl.M. BSK ZGB I-GEISER/ETZENSBERGER, vor Art. 426–439 N 14; u. N 9). Es kann sich aber – gerade bei Suchtmittelabhängigen oder dementen Personen – auch um Situationen handeln, wo durch die Einweisung und die Betreuung die Situation stabilisiert werden kann oder im Ausnahmefall lediglich die Destabilisierung verzögert wird; hier ist regelmässig die Wiedererlangung der Selbständigkeit nicht mehr möglich. Die Unterbringung muss aber eine Verbesserung der Situation nach sich ziehen; besonders zu beachten ist in diesen Fällen das Verhältnismässigkeitsprinzip. Gegenstand ist die Einweisung von Personen wegen fürsorgerischer Gründe in eine Einrichtung, ihre Betreuung und – neu – ihre Behandlung (Art. 433 ff.). Zu den Interventionen s. unten N 9.

II. Voraussetzungen

1. Betroffene Person

5   Art. 397a aZGB nannte – im Gegensatz zu Art. 5 EMRK – als betroffene Personen mündige und entmündigte Personen; Art. 426 kennt keine solchen einschränkenden Kriterien. Gemeint sind einerseits ausschliesslich **natürliche Personen**. Gemäss Art. 314b sind bei einer zwangsweisen Platzierung andererseits materiellrechtlich bei **minderjährigen Personen** die Bestimmungen des Obhutsentzuges gem. Art. 310 und nur formellrechtlich die Bestimmungen der FU sinngemäss an-

zuwenden (BGer vom 17.5.2013, 5A_188/2013 E. 3; Botschaft Erwachsenenschutz, 7102; im Einzelnen ROSCH, AJP 2011, 514 ff.; gl.M. FASSBIND, 313; FamKomm Erwachsenenschutz-GUILLOD, Art. 426 N 31). Materiellrechtlich gelten aber die Bestimmungen über die Einschränkung der Bewegungsfreiheit und medizinischen Massnahmen (Art. 433 ff.) «sinngemäss» bei einer Einweisung in eine geschlossene Einrichtung oder eine psychiatrische Klinik (s. weiterführend ROSCH, AJP 2011, 514 ff.; KUKO-COTTIER, Art. 314b N 3 ff.). Sind sich die Eltern über eine Platzierung ihres Kindes einig, so gelten die Bestimmungen über die elterliche Sorge (BSK ZGB I-BREITSCHMID, Art. 310 N 21; FamKomm Erwachsenenschutz-GUILLOD, Art. 426 N 30). Die FU ist ferner gegenüber **urteilsfähigen und urteilsunfähigen** Personen anwendbar (BerichtExpK Erwachsenenschutz 95, 117; gl.M. BSK ZGB I-GEISER/ ETZENSBERGER, Art. 426 N 5).

2. Schwächezustand und Schutzbedürftigkeit

Art. 426 nennt als **Voraussetzung** einer FU, dass Schwächezustände vorliegen   6
müssen, welche die persönliche Fürsorge notwendig machen und deren Ausgleichung nicht anders erbracht werden kann als durch eine Unterbringung in einer Einrichtung zum Zweck der Betreuung oder Behandlung; der Schutzbedarf muss dabei genau konkretisiert werden können (vgl. BGer vom 11.4.2013, 5A_189/ 2013 E. 3.3.2; BGer vom 17.1.2014, 5A_872/2013 E. 6.2.2. f.). Die Voraussetzungen stehen somit in einem **inneren Zusammenhang** und **bedingen sich gegenseitig**. Das bedeutet auch, dass ein Schwächezustand alleine nie ausreichend ist; es bedarf der Notwendigkeit einer Betreuung oder Behandlung, die sich aus dem Schwächezustand ableitet. Zusätzlich zu den erwähnten Voraussetzungen muss der Unterbringungsort ein geeigneter sein, womit die **Eignung einer bestimmten Einrichtung** zur Rechtsfolge und auch zur Voraussetzung wird (gl.M. BSK ZGB I-GEISER/ETZENSBERGER, Art. 426 N 7).

Als (abschliessend aufgezählte) **Schwächezustände** nennt Art. 426 neben der psy-   7
chischen Störung und der geistigen Behinderung (zu den Definitionen s. Art. 390 N 2) die **schwere Verwahrlosung**, obwohl diese Voraussetzung schon im vorrevidierten Recht umstritten war (BSK ZGB I-GEISER/ETZENSBERGER, Art. 426 N 20; ABRECHT, ZVW 2003, 341). Er lehnt sich an den Begriff des lasterhaften Lebenswandels i.S.v. Art. 370 an (ZK-SPIRIG, Art. 397a ZGB N 91). «Schwere Verwahrlosung» ist auf einen «Zustand der Verkommenheit zugeschnitten, der mit der Menschenwürde schlechterdings nicht mehr vereinbar ist» (BGE 128 III 12 E. 3; BBl 1977 III 25; gl.M. FamKomm Erwachsenenschutz-GUILLOD, Art. 426 N 41; BSK ZGB I-GEISER/ETZENSBERGER, Art. 426 N 20). **Art. 5 EMRK** nennt als eine Voraussetzung die **Landstreicherei**. Der Verwahrlosungstatbestand wollte diejenigen Sachverhalte abdecken, in welchen die EMRK die Unterbringung zulässt, ohne dass die anderen im Gesetz genannten Schwächezustände vorliegen (BBl 1977 III 25); dies gilt auch für Art. 426. Der Begriff der Verwahrlosung ist somit enger gefasst als derjenige der Landstreicherei des Art. 5 EMRK; demgegenüber setzt Art. 5 EMRK im Unterschied zu Art. 426 das Fehlen einer Wohnung voraus, wodurch in der **Literatur** die Übereinstimmung mit der EMRK angezweifelt wird (vgl. BSK ZGD I-GEISER/ETZENSBERGER, Art. 426 N 20; ZK-SPIRIG, Art. 397a aZGB N 90 ff.; ABRECHT, ZVW 2003,

341). Im Gegensatz zu den anderen Schwächezuständen können bei der Verwahrlosung auch **somatische Ursachen** zu einer FU führen (ZK-SPIRIG, vor Art. 397a–f ZGB N 52; gl.M. BERNHART, Rz 305). Dies ist im Hinblick auf die Neuordnung bei der Zwangsmedikation unbefriedigend und führt zu Wertungswidersprüchen (s. N 14 f.; N 2). **«Schwer»** meint im Gegensatz zu völliger Verwahrlosung, dass letztere nicht abgewartet werden muss, bis eingegriffen werden kann (gl.M. BSK Erwachsenenschutz-GEISER/ETZENSBERGER, Art. 426 N 21; BERNHART, Rz 307; ausf. zum Begriff CAVIEZEL-JOST, § 14); der Begriff der schweren Verwahrlosung ist sehr restriktiv auszulegen (FamKomm Erwachsenenschutz-GUILLOD, Art. 426 N 41; BERNHART, Rz 304 ff.). In der **Praxis** sind Einweisungen aufgrund einer schweren Verwahrlosung selten, da zumeist das Kriterium der psychischen Störung oder geistigen Behinderung erfüllt ist (Botschaft Erwachsenenschutz, 7062; BGE 128 III 12 E. 3; gl.M. FamKomm Erwachsenenschutz-GUILLOD, Art. 426 N 42). Die Beurteilung der Schwächezustände bedarf in aller Regel – auch unabhängig von Art. 450e Abs. 3 – einer Einschätzung eines **Sachverständigen**, also eines Arztes mit genügend spezifischen Fachkenntnissen (BGer vom 11.4.2013, 5A_189/2013 E. 2.2.; BSK ZGB I-GEISER, aArt. 397e N 20 m.w.H.), idealerweise eines Psychiaters.

7a Eingewiesen werden darf nicht zum Zwecke der **Umerziehung** oder wegen der Gesinnung, also nicht weil die Ansichten oder das Benehmen des Betroffenen mit den Regeln, die man in einer Gesellschaft hat, nicht übereinstimmen (FamKomm Erwachsenenschutz-GUILLOD, Art. 426 N 39; BSK ZGB I-GEISER/ETZENSBERGER, Art. 426 N 21); es geht nicht um eine disziplinierende Massnahme gegenüber abweichendem Verhalten.

8 Die FU dient – im Hinblick auf Art. 388 Abs. 1 – primär dem Wohl und dem Schutz der betroffenen Person. Sekundär sind gem. **Art. 426 Abs. 2** ggf. der Schutz und die **Belastung von Angehörigen und Dritten** zu berücksichtigen. Alleine für sich vermögen sie aber nie eine FU zu rechtfertigen (Botschaft Erwachsenenschutz, 7062 f.; HAUSHEER/GEISER/AEBI-MÜLLER, Familienrecht, Rz 20.173; Art. 390 N 6; gl. M. BERNHART, Rz 339; FamKomm Erwachsenenschutz-GUILLOD, Art. 426 N 62); Ausnahme hiervon ist Art. 427, der auch für Fremdgefährdungen anwendbar ist (FamKomm Erwachsenenschutz-GUILLOD, Art. 426 N 62; vgl. Art. 427 N 4). **Angehörige** und **Dritte** sind sämtliche in Bezug auf die FU relevanten natürlichen Personen. Nicht unter Art. 426 subsumiert werden darf die Belästigung Dritter, soweit sie polizeirechtlich (z.B. kollektive Störung der öffentlichen Ordnung durch eine Drogenanlaufstelle) bekämpft werden kann; Belastung ist mehr als Belästigung (ZK-SPIRIG, Art. 397 ZGB N 341 ff. m.w.H.; CHK-BREITSCHMID/MATT, Art. 426 ZGB N 7; o. N 3). Die Belastung muss sodann derart sein, dass sie unzumutbar ist (ZK-SPIRIG, Art. 397a aZGB N 352 ff.; zur Unzumutbarkeit im Speziellen CAVIEZEL-JOST, § 19 B.).

8a Diesem Umstand trägt die bundesgerichtliche Rechtsprechung im Fall **BGE 138 III 593** nicht ausreichend Rechnung. Aufgrund einer nicht ausreichenden Regelung an der Grenze von Jugend- zum Erwachsenenstrafrecht hat das Bundesgericht eine FFE bestätigt, obwohl polizeiliche und Interessen der öffentlichen Sicherheit und nicht sozialstaatliche bzw. fürsorgerische Interessen vorlagen. Aus dem Fremdgefährdungspozential eines psychisch Erkrankten macht es generalisierend ein Schutzbedürfnis («wer die Sicherheit anderer bedroht, ist persönlich schutzbedürftig» [E. 5.2.]). Damit wird diese – bereits heute oft schwierige Grenzziehung – zusätzlich verwischt, was zu Recht deutlich kritisiert wird (MEYER LÖHRER, plädoyer 6/2012, 20 ff.; gl.M. HAUSHEER/GEISER/AEBI-MÜLLER, Familienrecht, Rz 20.173; BSK ZGB I-GEISER/ETZENSBERGER, Art. 426 N 43a). Es ist zu hoffen, dass dieser Entscheid vorab den Gesetzgeber zu Lösungen aufbietet und es ein Einzelfall bleibt (zurückhaltend denn auch das Bundesgericht: «Dieser Auffassung ist jedenfalls im vorliegenden Fall zuzustimmen.» [E. 5.2.]), zumal der Entscheid auch im Spannungsverhältnis zum Doppelbestrafungsverbot steht und gegen Art. 426 Abs. 2 verstösst. Die Belastung Dritter kann richtigerweise nur im Rahmen der **Verhältnismässigkeitsprüfung** Eingang finden (Vgl. Art. 390 N 6; gl.M. FamKomm Erwachsenenschutz-GUILLOD, Art. 426 N 5, 63; relativierend: BERNHART, Rz 389, 392 wenn die Gefahr Hauptursache und die betroffene Person urteilsunfähig ist).

Die Schutzbedürftigkeit bezieht sich einzig auf die Personensorge (N 4). Darunter sind einerseits **therapeutische Massnahmen** zu verstehen, aber auch weitere Formen der **Betreuung**, welche die betroffene Person für ein menschenwürdiges Dasein benötigt, wie Kochen, Essen, Körperhygiene etc. (gl.M. BSK ZGB I-GEISER/ETZENSBERGER, Art. 426 N 10; zu den einzelnen Bereichen der Personensorge in Bezug auf die einzelnen Schwächezustände ZK-SPIRIG, Art. 397a aZGB N 219 ff.). Andererseits fallen neu auch medizinische Behandlungen darunter, zur Behandlung s. Komm. Art. 433 ff.; eine Einweisung kann aber auch aufgrund einer somatischen Erkrankung erfolgen, soweit die Voraussetzungen des Schwächezustandes erfüllt sind (N 7); die Behandlung gem. Art. 433 ff. ist dann aber nur mit Einwilligung möglich (BSK ZGB I-GEISER/ETZENSBERGER, Art. 426 N 10; vgl. hinten N 14, N 14a). Die Schutzbedürftigkeit muss sich aus dem Schwächezustand ergeben (vgl. Art. 391 N 2) und weist auch auf die erforderliche Personensorge im Einzelfall hin; die betroffene Person bedarf des Schutzes, der ihr nur mit einer Unterbringung gewährt werden kann. Durch diese Schutzbedürftigkeit unterscheidet sich die Massnahme auch zentral von polizeilichen Massnahmen oder solchen der öffentlichen Sicherheit (FamKomm Erwachsenenschutz-GUILLOD, Art. 426 N 48 ff.; vgl. N 8a). Besondere Schwierigkeiten bieten FU gegenüber selbstschädigendem Verhalten von **Schwangeren** (OGer BE vom 9.5.2007, 28.3.2008, 9.5.2008, unveröff. [die Urteile liegen dem Autor vor]). Hier ist m.E. unter Berücksichtigung des Verhältnismässigkeitsprinzips eine FU – wenn überhaupt – nur gerade in den allerletzten Wochen vor der Niederkunft zulässig (s.a. PALLY, AJP 2008, 855 ff.; a.M. FASSBIND, Personensorge, 89 ff.).

Die Unterscheidung zwischen **Betreuung und Behandlung** kann im Einzelfall Schwierigkeiten bereiten. Medizinische Massnahmen sind solche mit diagnostischem, präventivem und therapeutischem (Heil-)Zweck. Dazu können durchaus auch pflegerische Massnahmen zählen (vgl. Art. 370 N 7; FamKomm Erwachsenenschutz-BÜCHLER/MICHEL, Art. 370 N 19; ROSCH, AJP 2014, 4). Solche können aber durchaus betreuerische Massnahmen sein. Der Unterschied besteht vorab darin, dass medizinische Massnahmen, rechtlich relevante Eingriffe in die physische oder psychische Integrität darstellen und eines Rechtfertigungsgrundes bedürfen. Sie sind in aller Regel sowohl grundrechtlich relevant, weil insb. das Grundrecht auf persönliche Freiheit tangiert ist, bzw. auch zivilrechtlich relevant, weil die Persönlichkeitsrechte der Betroffenen berührt sind (ROSCH, AJP 2014, 4; vgl. auch Art. 433–435 N 2 ff.).

3. Verhältnismässigkeit

10   Die FU ist ein schwerer Eingriff in das Grundrecht der persönlichen Freiheit. Dementsprechend kommt der **Verhältnismässigkeit** grosse Bedeutung zu (BGE 134 III 289 E. 4; s. Art. 389 N 2 ff.; gl.M. FamKomm Erwachsenenschutz-GUILLOD, Art. 426 N 64). Das Ziel muss zunächst gemäss der Prognosestellung überhaupt mit einer FU erreicht werden können **(Geeignetheit der Massnahme)**. Problematisch sind Situationen, bei denen kaum Aussicht auf Veränderung besteht, z.b. Alkohol- oder Medikamentensucht. Als Mindestvoraussetzung genügt hier die vertretbare Hoffnung, dass der mit der Anstaltseinweisung verbundene Entzug die betroffene Person für eine weitergehende Behandlung motiviert (CHK-AFFOLTER/STECK/VOGEL, Art. 397a aZGB N 5; gl.M. BSK ZGB I-GEISER/ETZENSBERGER, Art. 426 N 18, 25; vgl. auch N 4). Zur Bedeutung der **geeigneten Einrichtung** s. N 11. Ferner haben sämtliche weniger weit in die Persönliche Freiheit eingreifenden geeigneten Massnahmen Vorrang insb. ambulante oder private Massnahmen. Dies zeigt sich auch in der Formulierung von Art. 426 Abs. 1 i.f. ZGB, wonach «die nötige Behandlung oder Betreuung nicht anders erfolgen kann». Hinzu kommen **Rechtfertigungsgründe**, insb. die **Einwilligung** der Betroffenen, auch wenn diese Einwilligung nur eine formale ist **(a.M.** BK-SCHNYDER/MURER, Syst. Teil N 260 aZGB). Die Einwilligung ist eine einseitige empfangsbedürftige Willenserklärung und setzt Urteilsfähigkeit voraus. Sie muss ein Akt wirklicher Selbstbestimmung sein (ROSCH, FamPra.ch 2010, 277 ff.). Dies erfordert, dass «der Betroffene die Fähigkeit besitzt, Bedeutung und Tragweite des Eingriffes zu beurteilen, und, dass ihm die Freiheit der Entscheidung nicht durch ausserhalb der Sache liegende Einflüsse, insb. Willensmängel, genommen ist» (PEDRAZZINI/OBERHOLZER, 125). Demgegenüber untersteht eine Unterbringung, die entgegen dem (mutmasslichen/hypothetischen) Willen der betroffenen Person erfolgt, den Bestimmungen der FU. Gerade im Hinblick auf die ausserordentliche Schwere des Eingriffs ist der **Zumutbarkeit** grosse Beachtung zu schenken. Die zwangsweise Unterbringung in einer Einrichtung kann nur zugemutet werden, wenn Eingriffszweck und -wirkung gegeneinander abgewogen werden. Sie führen in aller Regel dazu, dass nur materiell **schwerwiegende oder akute Situationen** zu einer Unterbringung führen dürfen, z.B. wenn einer alkoholkranken Person aufgrund der medizinischen Befunde ein Leberversagen unmittelbar droht. Die FU ist **ultima ratio** (Botschaft Erwachsenenschutz, 7062; gl.M. FamKomm Erwachsenenschutz-GUILLOD, Art. 426 N 65; CHK-BREITSCHMID/MATT, Art. 426 ZGB N 4).

4. Geeignetheit der Einrichtung

11   Die FU beschränkt sich auf **stationäre** Einrichtungen (BerichtExpK Erwachsenenschutz 03, 16). Als stationäre – in Abgrenzung zur ambulanten – Einrichtung resp. Massnahme wurde im vorrevidierten Recht ein Aufenthalt von **mehreren Stunden**

gegen den Willen des Betroffenen an einem bestimmten Ort verstanden (BGer vom 28.3.2008, 5A_137/2008 E. 3.1, wonach zweieinhalb Stunden täglich ausreichend sind; BSK ZGB I-GEISER, vor aArt. 397a–f N 6; ZK-SPIRIG, Art. 397a aZGB N 116; siehe aber deutlich **relativierend** unten Art. 438 N 3). Der Begriff der **Einrichtung** ist weit auszulegen (Botschaft Erwachsenenschutz, 7062; gl.M. MEIER/LUKIC, N 675; FamKomm Erwachsenenschutz-GUILLOD, Art. 426 N 67). Gemeint ist jede organisatorische Einheit, in der sich eine Person ohne oder gegen ihren Willen zum Zweck der Personensorge aufhält (ähnlich BSK ZGB I-GEISER/ETZENSBERGER, Art. 426 N 35). Dazu gehören auch Alters- und Pflegeeinrichtungen ohne geschlossene Abteilungen, wo keine freiheitsentziehenden Massnahmen i.S.v. Art. 5 EMRK möglich sind (EGMR vom 26.2.2002, H.M c. Suisse, Nr. 39187/98, VPB 66.106), sowie offenbar sogar die Wohnung z.b. der Tochter, welche der betroffenen Person auf Anweisung der Behörde zugewiesen wird (so BerichtExpK Erwachsenenschutz 03, 60 f.; mit Verweis auf diesen Bericht ROSCH, FamPra.ch, 2010, 291 f.; gl.M. FamKomm Erwachsenenschutz-GUILLOD, Art. 426 N 67; BSK ZGB I-GEISER/ETZENSBERGER, Art. 426 N 35). Mit dieser Ausweitung wird die Begrifflichkeit strapaziert, so dass der Gesetzeswortlaut kaum mehr erkennbar ist, weshalb die eigene Wohnung oder diejenige der Familie abzulehnen ist; sie ist keine Einrichtung (gl.M. OFK ZGB-FASSBIND, Art. 426 N 1). Im Unterschied zu Art. 314b ZGB muss es auch keine geschlossene Einrichtung sein. Somit dürfte auch das bisherige Kriterium für eine Anstalt, dass die Bewegungsfreiheit aufgrund der Betreuung und Überwachung spürbar eingeschränkt (BGE 121 III 306 E. 2) wird, deutlich relativiert werden (a.M. HAUSHEER/GEISER/AEBI-MÜLLER, Familienrecht, Rz 20.176; OFK ZGB-FASSBIND, Art. 426 N 1; BSK ZGB I-GEISER/ETZENSBERGER, Art. 426 N 35 alle mit Blick auf das vorrevidierte Recht, was zu vielen Abgrenzungsfragen führt). Es ist ausreichend, wenn jemand in ein offenes Altersheim eingewiesen wird, wenn man davon ausgeht, dass die eingewiesene Person sich mit der Situation arrangiert (auch wenn dies durchaus im Einzelfall ethische Fragen aufwerfen kann). Hier wird kein einschränkendes Setting benötigt und dennoch wird eine FU notwendig (vgl. die damit korrelierende Definition der Unterbringung, N 14 f.). Der Begriff «Einrichtung» umfasst sinnvollerweise in Anlehnung an das deutsche Recht auch Krankenhäuser, Pflege- und Altersheime, Seniorenresidenzen, betreute Wohngruppen (MüKo BGB-SCHWAB, § 1906 N 45). Der Entscheid über eine FU bezieht sich immer auf eine **bestimmte Einrichtung**, bei deren Wechsel auch ein neuer Entscheid ergehen muss (gl.M. FamKomm Erwachsenenschutz-GUILLOD, Art. 426 N 76; BERNHART, N 431; BSK ZGB I-GEISER/ETZENSBERGER, Art. 426 N 54; **a.M.** BGE 122 I 18 E. 2f; **differenzierend** OFK ZGB-FASSBIND, Art. 426 N 4). Die Kantone haben in ihren Ausführungsbestimmungen in der Regel vorgesehen, dass bei einem Wechsel der Einrichtung auch ein neuer Entscheid ergehen muss (so ausdrücklich: AG, BE, GR, SG, TG; anders aber: GL, ZH).

Es muss eine Einrichtung zur Verfügung stehen, mit welcher das Ziel der Unterbringung überhaupt erreicht werden kann **(Geeignetheit)**. Sie muss über die Organisation und personellen Kapazitäten verfügen, um der eingewiesenen Person die Pflege und Fürsorge resp. die Behandlung zu erbringen, die diese im Wesentlichen benötigt (BGer vom 1.4.2014, 5A_212/2014 E. 2.3.1; BGE 114 II 213 E. 7; 12

HAUSHEER/GEISER/AEBI-MÜLLER, Familienrecht, Rz 20.176; gl.M. FamKomm Erwachsenenschutz-GUILLOD, Art. 426 N 74; s.a. Art. 19 KESV FR). Mangels einer solchen Einrichtung ist eine FU unzulässig (gl.M. FamKomm Erwachsenenschutz-GUILLOD, Art. 426 N 75; BSK ZGB I-GEISER/ETZENSBERGER, Art. 426 N 39) bzw. die betroffene Person muss sofort entlassen werden (problematisch insofern: BGE 138 III 593 [derselbe Fall wie unter N 8a]); die Eignung kann im Rechtsmittelverfahren überprüft werden. Gemäss Bundesgericht scheint eine geeignete Einrichtung in Ausnahmesituationen auch eine Strafanstalt sein zu können (BGer vom 5.9.2013, 5A_607/2012 E. 8.3.; vom 11.1.2010, 5A.864/2009 E. 3.3; BGE 112 II 490 E. 4c; **abl.** aber BGer vom 20.11.2002, 5C.250/2002 E. 2; BGer vom 22.1.2003, 5C.11/2003 E. 2.4.). Zur spezifischen Eignung der Einrichtung in Bezug auf unterschiedliche Schwächezustände s. ZK-SPIRIG, Art. 397a aZGB N 136 ff. In der Literatur und in der Vernehmlassung zum Vorentwurf wurde zudem gefordert, dass die **Kantone** im revidierten Recht zur Errichtung von geeigneten Anstalten verpflichtet werden sollten (VE Erwachsenenschutz/Vernehmlassungen, 252 ff.; BSK ZGB I-GEISER [3. Aufl.], aArt. 397a N 24; BerichtExpK Erwachsenenschutz 95, 93). Dem ist der Gesetzgeber nicht nachgekommen.

12a Von der fürsorgerischen Unterbringung ist zu unterscheiden, ob die (geeignete) Einrichtung auch bereit ist, die betroffene Person zu übernehmen. Darüber kann sie in der Regel selbständig bestimmen, es sei denn im kantonalen öffentlichen Recht ist eine **Aufnahmepflicht** vorgesehen (vgl. FamKomm Erwachsenenschutz-GUILLOD, Art. 426 N 72).

III. Rechtsfolge

1. Befugnis («darf»)

13 Wenn die Voraussetzungen gem. Art. 426 erfüllt sind, **darf** die verfügende Instanz eine FU anordnen. Damit soll der Schutz der Freiheit des Betroffenen betont und nicht ein Ermessensspielraum für die Behörde ermöglicht werden (Botschaft Erwachsenenschutz, 7062; gl.M. FamKomm Erwachsenenschutz-GUILLOD, Art. 426 N 33; ZK-SPIRIG, Art. 397a aZGB N 19).

2. Fürsorgerische Unterbringung

14 Der Begriff **Unterbringung** zerfällt in die ohne oder gegen den Willen der betroffenen Person angeordnete Bestimmung über den Aufenthalt einerseits, in die Betreuung bzw. Behandlung in der Anstalt andererseits (BerichtExpK Erwachsenenschutz 95, 91) und in die Nachbetreuung. Der Begriff rückt das Zwangs- zugunsten des Behandlungselements in den Hintergrund (BREITSCHMID, 66) und korreliert mit dem Begriff der Einrichtung (N 11). «**Behandlung**» meint hier Betreuung mit medizinischer Behandlung; «**Betreuung**» demgegenüber (therapeutische) Massnahmen ohne medizinische Behandlung (Botschaft Erwachsenenschutz, 7062; s.a. zu den Abgrenzungsschwierigkeiten N 9a). Neben den eigentlichen bisherigen freiheitsentziehenden Massnahmen in geschlossenen Abteilungen i.S.v. Art. 5 EMRK kommen Massnahmen hinzu, bei denen es sich nicht mehr um eine Freiheitsentzie-

hung im Sinne der EMRK handelt (EGMR vom 26.2.2002, H.M c. Suisse, Nr. 39187/98, VPB 66.106). Die FU i.w.S. wird als **Bestimmung über den Aufenthalt gegen den (mutmasslichen/hypothetischen) Willen einer Person mit dem Ziel der Personensorge (FU i.e.S.**; BGE 126 I 112 E. 3b) **sowie die mit dem Aufenthalt verbundenen Betreuung und/oder Behandlung** (insb. medizinische Behandlung, Beschränkung der Bewegungsfreiheit) verstanden (andere Terminologie bei SCHNYDER, Jusletter vom 3.5.2004, Rz 25; gl.M. BSK ZGB I-GEISER/ETZENSBERGER, Art. 426 N 29; ähnlich: HÄFELI, Grundriss, Rz 26.01). Diese Definition korrelliert mit dem offenen Einrichtungsbegriff (vgl. Rz N 11 f.). Die Ausweitung der Begriffe führt dazu, dass auch der Personenkreis, welcher die medizinischen Massnahmen (ohne Zustimmung) umfasst, sich vergrössert (s. Art. 433–435 N 1). Letzten Endes handelt es sich um bundesrechtliche Begriffe; die Auslegung des Bundesgerichtes ist hier abzuwarten.

Im revidierten Recht hat man verschiedene Voraussetzungen für Betreuungs- und Behandlungsmassnahmen im Bereich einer Einrichtung geschaffen: **14a**
- Für die Bestimmung des Aufenthaltes gegen den (mutmasslichen/hypothetischen Willen) der betroffenen Person gelten die Bestimmungen der FU (s. zum Unterschied von mutmasslichem und hypothetischem Willen: Art. 433–435 N 2; zur Abgrenzung von bewegungseinschränkenden Massnahmen s. Art. 438 N 3).
- Zur Abgrenzung von Betreuung und Behandlung, s. N 9a.
- Für die Durchführung von medizinischen Massnahmen ist insb. **Art. 380** als **zentrale Koordinationsnorm** beizuziehen (s.a. Botschaft Erwachsenenschutz, 7037). Dieser beinhaltet eine doppelte Voraussetzung und besagt, dass zu einer Behandlung einer urteilsunfähigen Person mit einer psychischen Störung (Voraussetzung 1) in einer psychiatrischen Klinik (Voraussetzung 2) nicht die gesetzlichen Vertretungsrechte (Art. 377–379 ZGB), sondern die Bestimmungen über die FU zur Anwendung kommen (vgl. zur Frage der Einweisung Art. 379/380 N 3).
- Die Bestimmungen im Rahmen der FU stellen somit das speziellere Gesetz dar, welches den allgemeineren Vertretungsrechten vorgeht (ROSCH, AJP 2014, 7 ff. m.w.H.; s.a. Art. 379/380 N 2; s.a. a.M. BSK ZGB I-GEISER/ETZENSBERGER, Art. 434/435 N 5 [vgl. Art. 433–435 N 3, 3a]). Dies hat zur Folge, dass einerseits für Behandlungen psychischer Störungen *ausserhalb* einer psychiatrischen Klinik, auch wenn unter FU, die Vertretungsrechte gem. Art. 377 ff. ZGB gelten (ablehnend, wenn nicht unter FU: BSK ZGB I-GEISER/ ETZENSBERGER, Art. 434/435 N 5, 6b; gl.M. HAUSHEER/GEISER/AEBI-MÜLLER, Familienrecht, Rz 20.205), andererseits für die Behandlung von somatischen Erkrankungen oder geistigen Behinderungen einer psychisch kranken Person auch *innerhalb* einer psychiatrischen Klinik und auch unter FU die Vertretungsrechte gem. Art. 377 ff. ZGB (so auch HAUSHEER/GEISER/AEBI-MÜLLER, Familienrecht, Rz 20.205; Art. 379/380 N 3; BSK Erwachsenenschutz-EICHENBERGER/KOHLER, Art. 380 N 2; CHK-FANKHAUSER, Art. 380 ZGB N 2; FamKomm Erwachsenenschutz-GUILLOD, Art. 426 N 56; Art. 433 N 10) zur Anwendung kommen (eingehend ROSCH, AJP 2011, 509 ff.; ROSCH, AJP

2014, 8 f.). Damit wird innerhalb einer psychiatrischen Klinik ein **Sonderrecht** geschaffen (ROSCH, AJP 2014, 8; gl.M. CHK-BREITSCHMID/MATT, Art. 426 ZGB N 1), das nur schwierig mit der Rechtsgleichheit (Art. 8 BV) vereinbar ist (s.a. GUILLOD/HELLE, ZVW 2003, 347 ff.) und dessen Praxistauglichkeit noch zu beweisen wäre (gl.M. BSK ZGB I-GEISER/ETZENSBERGER, Art. 426 N 5 i.f.; Art. 434/435 N 6; vgl. auch den Sachverhalt in BGer vom 17.4.2013, 5A_254/2013). Vorbehalten bleiben jeweils dringliche Massnahmen gem. Art. 379 resp. Art. 435.

- Damit ist offen, ob die Durchführung von medizinischen Massnahmen ohne Zustimmung bei nicht psychischer Erkrankung – allenfalls auch in einer psychiatrischen Klinik – oder somatischer Erkrankung in einer psychiatrischen Klinik auch zwangsweise möglich sind. Die Vertretungsrechte gem. Art. 377 ff. legitimieren **Zwangsmassnahmen** nicht (ROSCH, AJP 2014, 9 f. m.w.H.). Dementsprechend stellt sich die Frage, ob die KESB mit der allenfalls zwangsweisen Vollstreckung gem. Art. 450g betraut werden kann (vgl. BSK ZGB I-AFFOLTER, Art. 450g N 45). Das hätte den Vorteil, dass die Fachbehörde sich des Vollstreckungsentscheides annimmt und allenfalls im Rahmen ihrer Einschreitenskompetenz gem. Art. 381 den Entscheid abändert. Für eine Vollstreckung bedarf es aber eines vollstreckbaren Entscheides, wodurch rechtlich sehr fraglich ist, ob eine Zustimmung nach Art. 377 ff. hier dazu gehört. Es ist davon auszugehen, dass der Gesetzgeber diese **Lücke** nicht gesehen hat. Dementsprechend hat die KESB wohl formell die Zustimmungserklärung als Einschreiten i.S.v. Art. 381 Abs. 2 Ziff. 3 entgegenzunehmen und gem. Art. 392 Ziff. 1 zu entscheiden und vollstrecken zu lassen. Andere Lösungen widersprechen dem eindeutigen Wortsinn von Art. 380, indem z.B. psychische Störung dort (im Unterschied zu anderen Artikeln) auch geistige Behinderung heissen kann (so BSK ZGB I-GEISER/ETZENSBERGER, Art. 426 N 6; **a.M.** Botschaft, 7063), oder wenn die Begriffe «psychiatrische Klinik» und «Chefarzt» gem. Art. 434 derart erweitert werden, dass der Begriff nicht mehr dem Wortsinn entspricht. Diese Lösung hat den Vorteil, dass von Bundesrechts wegen die zwangsweise Vollstreckung ermöglicht wird; rechtsstaatlich ist sie aber nicht unproblematisch (vgl. ROSCH, AJP 2014, 10). Alternativ wäre die Vollstreckung im kantonalen Recht zu regeln (kritisch ROSCH, AJP 2014, 10; vgl. z.B. § 24 ff. des Patientinnen- und Patientengesetz vom 5.4.2004 des Kantons Zürich, LS 813.13).
- In Bezug auf die **Beschränkung der Bewegungsfreiheit** innerhalb von Institutionen bei Personen ohne FU gelten die Bestimmungen gem. Art. 383–385; für solche mit FU kommen gem. Art. 438 «sinngemäss» die Art. 383 ff. zur Anwendung, wodurch sich auch diverse Abgrenzungsfragen stellen (s. Art. 438 N 2 f.).
- Zum (sinngemässen) Beizug der **Vertrauensperson**: Art. 432 N 3, Art. 433–435 N 6.
- Zur FU mit dem Zweck der **medizinischen Abklärung** s. Art. 449 N 1 ff.

3. Geeignete Einrichtung

S. N 11 f.

IV. Entlassungsvoraussetzungen (Abs. 3 und 4)

1. Allgemeine Voraussetzungen (Abs. 3)

Ein Einweisungsentscheid erwächst in formelle, nie aber in materielle **Rechtskraft** 15 (gl.M. BSK ZGB I-GEISER/ETZENSBERGER, Art. 426 N 44). Die Behörde ist somit – z.B. bei Widerruf – nicht an eine Verfügung gebunden. Die Entlassungsvoraussetzungen im neuen Recht sind **weiter** gefasst als im alten Recht. Betroffene Personen müssen nicht wie in Art. 397a Abs. 3 aZGB entlassen werden, sobald es ihr Zustand erlaubt, sondern erst, wenn die Voraussetzungen für die stationäre Unterbringung nicht mehr erfüllt sind; hierzu gehört auch die Situation, in denen die Voraussetzungen einer FU nie gegeben waren (ABRECHT, ZVW 2003, 345 f.; gl.M. BSK ZGB I-GEISER/ ETZENSBERGER, Art. 426 N 44; FamKomm Erwachsenenschutz-GUILLOD, Art. 426 N 78). Damit will der Gesetzgeber der Drehtürpsychiatrie begegnen, also dem Umstand, dass Patienten die Einrichtung verlassen, sobald die akute Krise vorüber ist, ohne dass stabilisierende Massnahmen ergriffen worden sind, was teilweise zu einer rascheren erneuten Klinikeinweisung führt (Botschaft Erwachsenenschutz, 7063; kritisch dazu: BSK ZGB I-GEISER/ETZENSBERGER, Art. 426 N 44; FamKomm Erwachsenenschutz-GUILLOD, Art. 426 N 79, der die «juristische Grundstimmung», welche der persönlichen Freiheit stets den Vorrang gab, hierfür verantwortlich macht). Wenn sich der Einweisungsgrund im Laufe des Aufenthaltes verändert und der ursprüngliche Grund eine Entlassung erlaubt, der neu aufgetretene jedoch nicht, ist ggf. eine neue FU anzuordnen. Der Entscheid über die Entlassung erfolgt mittels einer **Interessenabwägung im Hinblick auf den Zweck der FU** (gl.M. BSK ZGB I-GEISER/ETZENSBERGER, Art. 426 N 45). Eine fehlende Anschlusslösung für sich allein vermag eine Unterbringung nur solange zu rechtfertigen, bis eine Lösung für das Leben ausserhalb einer Anstalt gefunden worden ist (BGer vom 17.4.2013, 5A_254/2013). Das Gesetz sieht keine bedingte Entlassung vor. Die Entlassung kann aber stufenweise erfolgen, indem die Rahmenbedingungen Schritt für Schritt gelockert werden (BGer vom 28.3.2008, 5A.137/2008 E. 3.1.2). Eine Rückversetzung in eine strengere Stufe oder die Änderung des Betreuungskonzepts bedarf einer erneuten FU, es sei denn, die Stufenordnung gehört zum Betreuungskonzept (gl.M. BSK ZGB I-GEISER/ETZENSBERGER, Art. 426 N 40, 46.; **a.M.** wohl BGE 122 I 18 E. 2f; FamKomm Erwachsenenschutz-GUILLOD, Art. 426 N 86) resp. ist im Behandlungsplan (Art. 433 ZGB) vorgesehen. Weiterhin gibt es – mit Ausnahme von Art. 427 und 429 ZGB – **keine zeitliche Befristung** der Massnahme (gl.M. BSK ZGB I-GEISER/ETZENSBERGER, Art. 426 N 48; FamKomm Erwachsenenschutz-GUILLOD, Art. 426 N 81; OFK ZGB-FASSBIND, Art. 426 N 4, CHK-BREITSCHMID/MATT, letztere beiden sehen vor, dass sie befristet werden kann, was aber wohl in aller Regel nicht im Voraus festgestellt werden kann; hierfür gibt es die periodische Überprüfung nach Art. 431 bzw. auf Entlassungsbegehren der Klinik hin, vgl. 16a). Zur Entlassung infolge Unterbringung zur Begutachtung s. Art. 449 N 3.

2. Entlassung auf Gesuch hin (Abs. 4)

16 Den weiter gefassten Entlassungsvoraussetzungen gem. Art. 426 Abs. 3 steht die **jederzeitige** Möglichkeit, um Entlassung zu ersuchen und die Voraussetzungen der FU als Mittel zu willkürlicher Anwendung von Art. 426 Abs. 3 zu überprüfen, gegenüber. Diese jederzeitige Möglichkeit steht unter dem Vorbehalt des Rechtsmissbrauchsverbots sowie des Grundsatzes von Treu und Glauben. So ist auf ein in «**unvernünftigen Abständen**» gestelltes Entlassungsgesuch nicht einzutreten, es sei denn, die Verhältnisse haben sich verändert (BGE 131 III 457 E. 1; gl.M. BSK B ZGB I-GEISER/ETZENSBERGER, Art. 426 N 49 m.w.H.). Das Gesuch setzt Urteilsfähigkeit voraus, an welche keine hohen Anforderungen zu stellen sind (BSK ZGB I-GEISER/ETZENSBERGER, Art. 426 N 49; FamKomm Erwachsenenschutz-GUILLOD, Art. 426 N 87), muss analog zu Art. 450e nicht begründet werden und richtet sich an die Behörde gem. Art. 428 resp. an die Einrichtung gem. Art. 429 Abs. 3. Massgeblich ist die Lage des Betroffenen im Zeitpunkt des neuen Entscheides (CHK-BREITSCHMID/MATT, Art. 426 ZGB N 8; BSK ZGB I-GEISER/ETZENSBERGER, Art. 426 N 44). Bei einer Ablehnung des Gesuchs kann das Gericht angerufen werden (Art. 439 Abs. 1 Ziff. 3 und Art. 450). **Legitimiert** zum Gesuch sind der Betroffene und ihm nahestehende Personen. **Nahestehend** ist eine Person, die «kraft ihrer Eigenschaft und regelmässig kraft ihrer Beziehungen (Verwandtschaft; Freundschaft) als geeignet erscheint, die Interessen der betroffenen Person wahrzunehmen» (BGer vom 25.3.2009, 5A.837/2008 E. 5.2). Hierzu gehören die Eltern, die Geschwister, die Kinder des Betroffenen, Verwandte, Ehepartner und Lebensgefährte, der Vormund (siehe aber BGer vom 5.11.2013, 5A_663/2013 E. 3, welcher das Abhängigkeitsverhältnis zum Mandatsträger in den Vordergrund rückt), Arzt, Sozialarbeiter, Pfarrer, nicht aber Vereine (BGer vom 25.3.2009, 5A.837/2008 E. 5.2; gl.M. BSK ZGB I-GEISER/ETZENSBERGER, Art. 426 N 50). Massgebend ist die tatsächliche Verbundenheit (FamKomm Erwachsenenschutz-GUILLOD, Art. 390 N 28). Das Recht ist **höchstpersönlich** (gl.M. BSK ZGB I-HENKEL, Art. 390 N 26). Es ist – im Gegensatz zum nachfolgenden Verfahren – sogar **absolut vertretungsfeindlich** (gl.M. FamKomm Erwachsenenschutz-GUILLOD, Art. 426 N 94).

16a Die Entlassung kann auf Gesuch hin oder von Amtes wegen von der Erwachsenenschutzbehörde oder der **Einrichtung** angeordnet werden (FamKomm Erwachsenenschutz-GUILLOD, Art. 426 N 81). Damit ist auch gesagt, dass neben den Antragsberechtigten auch die Einrichtung eine Meldung über eine vorzunehmende Entlassung machen kann, welche die KESB von Amtes wegen zu prüfen hat; die Meldeperson muss – aufgrund eines mangelnden Antragsrechts – allenfalls vom Berufsgeheimnis gem. Art. 321 StGB entbunden werden, soweit sie selber nicht nahestehende Person ist; regelmässig wird die betroffene Person die Einwilligung gemäss Art. 321 Ziff. 2 StGB zur Meldung wohl geben. Einige Kantone haben den Datenaustausch in ihren Ausführungsbestimmungen ausdrücklich geregelt (so: AG, BE, BL [Art. 428 N 1], FR, GL, GR, TG, UR, ZH).

16b Ein **Urlaub** oder «**Ausgang**» (**Kurzurlaub**), der im Rahmen der FU gewährt wird, stellt keine Entlassung dar; falls der Betroffene nicht zurückkehrt, muss grundsätzlich nicht neu entschieden werden (FamKomm Erwachsenenschutz-GUILLOD,

Art. 426 N 83; BSK ZGB I-Geiser/Etzensberger, Art. 426 N 47). Grenzen hierbei finden sich dort, wo die betroffene Person für längere Zeit nicht mehr zurückkehrt, was im Hinblick auf die Voraussetzungen im Einzelfall zu bestimmen ist, aber in aller Regel nach einer Woche gegeben sein müsste; dann müsste erneut eine FU geprüft werden (weitergehend Kt. TG und ZH: drei Monate).

Ein **Entlassungsbegehren innert** der **Rechtsmittelfrist** sollte – soweit nicht als solches explizit erkenntlich – im Zweifelsfalle als Beschwerde erfasst werden, weil dadurch der Rechtsschutz der betroffenen Person am besten gewährleistet ist (Bernhart, Rz 407; FamKomm Erwachsenenschutz-Guillod, Art. 426 N 96 f.). Zur Koordination von Entlassungsgesuch und Verfahren: Art. 439 N 4a; Art. 427 N 5 ff.; Art. 429 N 3a. 16c

3. Beschleunigungsgebot

Die zuständige Stelle hat **ohne Verzug** zu entscheiden. Dies ergibt sich bereits aus Art. 41 Abs. 4 BV und Art. 5 Abs. 4 EMRK. Nicht ausgeschlossen ist, dass bevor ein Gericht angerufen wird, eine nichtrichterliche Behörde (N 16) das Gesuch beurteilt (EGMR vom 21.1.1998, S.M. c. Schweiz, Nr. 26900/95, VPB 62.91). Das **Gebot des beschleunigten Verfahrens** gilt bereits vom Zeitpunkt an, an dem das Gesuch der zuständigen Stelle unterbreitet wurde (EGMR vom 20.2.2003, Hutchison Reid c. Vereinigtes Königreich, Nr. 50272/99, zit. aus Botschaft Erwachsenenschutz, 7063 f.). Was als Frist angemessen ist, hängt wesentlich von den Umständen des Einzelfalls ab (BGE 127 III 389 E. 3a; BGer vom 30.6.2009, 5A.341/2009 E. 7); die Beurteilung dürfte in der Regel innerhalb von **24 Stunden** für Einrichtungen und für die KESB analog zu Art. 427 Abs. 2 **innert dreier Tage** erfolgen können bzw. sicherlich nicht länger als fünf Arbeitstage dauern (analog zu Art. 450e Abs. 5; gl.M. FamKomm Erwachsenenschutz-Guillod, Art. 426 N 102). 17

Kantonale Bestimmungen zur Unterbringung allgemein (Art. 426 ZGB)	
AG	**§ 67h EG ZGB – Verlegung in eine andere Einrichtung** ¹ Bei Verlegung in eine andere Einrichtung ist ein neuer Unterbringungsentscheid zu erlassen. ² Bei ärztlicher Zuständigkeit sind auch die Kaderärztinnen und Kaderärzte sowie die Heimärztinnen und Heimärzte der überweisenden Einrichtung zur Anordnung der Verlegung befugt. ³ Die gesamte Dauer der ärztlichen Einweisung darf sechs Wochen nicht übersteigen. **§ 67i EG ZGB – Entlassung** ¹ Ist die Einrichtung nicht selbst für die Entlassung zuständig, erstattet sie der Kindes- und Erwachsenenschutzbehörde unverzüglich Meldung, sobald die Voraussetzungen für die Unterbringung nicht mehr erfüllt sind. ² Entlassungsgesuche der betroffenen oder einer ihr nahe stehenden Person sind an die Einrichtung zu richten. Ist diese nicht selbst zuständig, leitet sie das Gesuch mit einem begründeten Antrag ohne Verzug an die Kindes- und Erwachsenenschutzbehörde weiter.

	Kantonale Bestimmungen zur Unterbringung allgemein (Art. 426 ZGB)
	³ Ist die Einrichtung für die Entlassung zuständig, hört sie die betroffene Person persönlich an, bevor sie einen Entscheid fällt. Der schriftliche Entlassungsentscheid ist mit einer Rechtsmittelbelehrung zu versehen. ⁴ Die für die Entlassung zuständige Stelle hat die Beiständin oder den Beistand rechtzeitig über die bevorstehende Entlassung zu orientieren. **§ 67r EG ZGB – Kosten** ¹ Die Kosten einer fürsorgerischen Unterbringung, der stationären oder ambulanten Behandlung sowie der Nachbetreuung gehen zu Lasten der betroffenen Person. ² Subsidiär werden die Kosten gemäss der Gesetzgebung über die öffentliche Sozialhilfe und die soziale Prävention von der Wohnsitzgemeinde der betroffenen Person getragen.
BE	**Art. 29 KESG** ¹ Die Einrichtung hat bei einer Anfrage der Kindes- und Erwachsenenschutzbehörde oder der Ärztin oder des Arztes zu prüfen, ob die fürsorgerische Unterbringung einer bestimmten Person bei ihr möglich ist. Sie erstattet der Kindes- und Erwachsenenschutzbehörde Bericht. ² Soweit es die Prüfung erfordert, darf die Kindes- und Erwachsenenschutzbehörde der Einrichtung Personendaten bekannt geben. Die Einrichtung untersteht für den Umgang mit diesen Daten den gleichen Pflichten wie die Kindes- und Erwachsenenschutzbehörde. ³ Soweit eine Stelle besteht, die mit der Koordination von Unterbringungen betraut ist, gilt Absatz 2 für sie sinngemäss. **Art. 30 KESG – Versetzung** Die Versetzung in eine andere Einrichtung ist nur gestützt auf einen Unterbringungsentscheid zulässig. **Art. 31 KESG** Die für die Entlassung zuständige Einrichtung (Art. 428 Abs. 2 und Art. 429 Abs. 3 ZGB) hat die Kindes- und Erwachsenenschutzbehörde und eine allfällige Beiständin oder einen allfälligen Beistand so rechtzeitig über die bevorstehende Entlassung zu orientieren, dass die Nachbetreuung sorgfältig organisiert werden kann.
FR	**Art. 21 KESG – Vollstreckung des Unterbringungsentscheids** ¹ Kann ein Unterbringungsentscheid nur unter Anwendung körperlichen Zwangs vollstreckt werden, so kann die Präsidentin oder der Präsident der Schutzbehörde oder die Ärztin oder der Arzt, die oder der die Unterbringung anordnet, über die Oberamtsperson den Einsatz der Polizei anfordern. ² Die Person, die die Polizei angefordert hat, muss beim Einsatz anwesend sein, sofern nicht ausserordentliche Umstände vorliegen. **Art. 22 KESG – Aufsicht** ¹ Die Schutzbehörde übt die allgemeine Aufsicht über den Vollzug der von ihr angeordneten Unterbringungen und Massnahmen aus. In diesem Rahmen kann sie jederzeit die Einrichtungen besuchen und dort Kontrollen vornehmen

Kantonale Bestimmungen zur Unterbringung allgemein (Art. 426 ZGB)	
	und, von Amtes wegen oder auf Ersuchen, die nötigen Richtlinien und Weisungen erlassen. ² Falls erforderlich informiert sie die Kommission für die Aufsicht über die Berufe des Gesundheitswesens und die Wahrung der Patientenrechte über ihre Feststellungen. ³ Sie kann diese Zuständigkeit an eines ihrer Mitglieder oder an ein Amt oder Organ des Staates, das für die Aufsicht über die Einrichtungen zuständig ist, übertragen. **Art. 23 KESG – Berichte** ¹ Die Leitung der Einrichtung erstattet der Schutzbehörde periodisch Bericht über den Verlauf der angeordneten Unterbringungen und Massnahmen; diese bestimmt, in welchen zeitlichen Abständen die Berichte erfolgen müssen. ² Die Leitung der Einrichtung informiert die Schutzbehörde unverzüglich über jede namhafte Änderung aus medizinischer Sicht und über die besonderen Vorkommnisse. **Art. 24 KESG – Urlaub** Erlaubt es der Zustand der betroffenen Person, so kann ihr die Leitung der Einrichtung mit ärztlichem Einverständnis Urlaub gewähren; sie setzt dessen Dauer und Modalitäten in Zusammenarbeit mit den der betroffenen Person nahestehenden Personen oder der Beiständin oder dem Beistand der betroffenen Person fest. **Art. 25 KESG – Benachrichtigung** Die Schutzbehörde oder allenfalls die Einrichtung benachrichtigt unverzüglich die allfällige Beiständin oder den allfälligen Beistand der betreffenden Person über einen Entscheid über fürsorgerische Unterbringung, über eine Entlassung oder über einen Urlaub. **Art. 19 KESV – Geeignete Einrichtungen (Art. 28 KESG)** ¹ Geeignet sind Gesundheitseinrichtungen und soziotherapeutische Einrichtungen oder ausnahmsweise Strafanstalten, die die Anwesenheit von Pflegepersonal mit Ausbildung in den Bereichen der Psychiatrie und der Psychologie gewährleisten können und die eine enge Zusammenarbeit mit einer externen psychiatrischen Klinik sicherstellen. ² Die Einrichtung muss einen Hausarzt beiziehen, der im Bereich der Psychiatrie spezialisiert oder ausgebildet ist. ³ Das Bewilligungsverfahren wird in der Spezialgesetzgebung geregelt.
GL	**§ 66a Abs. 4–6 EG ZGB** ⁴ Für die Verlegung einer untergebrachten Person in eine andere Einrichtung ist kein neues Einweisungsverfahren erforderlich. Die Zuständigkeit für den Verlegungsentscheid richtet sich nach der Zuständigkeit für die Entlassung aus der Einrichtung. Beruht die Unterbringung auf einem Entscheid der Kindes- und Erwachsenenschutzbehörde, teilt die ärztliche Leitung der Einrichtung dieser die Verlegung mit.

	Kantonale Bestimmungen zur Unterbringung allgemein (Art. 426 ZGB)
	[5] Jede fürsorgerische Unterbringung ist von der verfügenden Stelle der Kindes- und Erwachsenenschutzbehörde mitzuteilen. [6] Ist die Einrichtung nicht selbst für die Entlassung zuständig, stellt die ärztliche Leitung der Einrichtung der Kindes- und Erwachsenenschutzbehörde einen begründeten Entlassungsantrag, sobald die Voraussetzungen für die Unterbringung nicht mehr erfüllt sind. Diese entscheidet unverzüglich.
GR	**Art. 52 EG ZGB** [1] Für die Verlegung in eine andere Einrichtung bedarf es eines neuen Unterbringungsentscheides. [2] Die Zuständigkeit richtet sich nach jener für die Entlassung. **Art. 53 EG ZGB** [1] Die Einrichtung entscheidet über die Entlassung bei der ärztlichen Unterbringung bis sechs Wochen sowie in Einzelfällen, wenn die Kindes- und Erwachsenenschutzbehörde ihr die Entlassungskompetenz übertragen hat. [2] Ist die Kindes- und Erwachsenenschutzbehörde für die Entlassung zuständig, hat die Einrichtung einen begründeten Antrag zu stellen, sobald die Voraussetzungen für die Unterbringung nicht mehr erfüllt sind
LU	**§ 42 EG ZGB – Weiterführung der ärztlich angeordneten Unterbringung** [1] Hält die Einrichtung eine Unterbringung für länger als sechsWochen für notwendig, stellt sie der Kindes- und Erwachsenenschutzbehörde Antrag auf Weiterführung der Massnahme. [2] Der Antrag ist spätestens zehn Tage vor Ablauf der sechswöchigen Frist einzureichen. Die nötigen Unterlagen sind dem Antrag beizulegen. **§ 44 EG ZGB – Polizeiliche Hilfe** Für den Vollzug der fürsorgerischen Unterbringung kann die Hilfe der Polizei in Anspruch genommen werden.
SG	**Art. 36 EG KESR** Die Kindes- und Erwachsenenschutzbehörde ordnet für die Verlegung der betroffenen Person in eine andere Einrichtung eine neue Unterbringung an. Liegt die Zuständigkeit für die Entlassung bei der Einrichtung, entscheidet die ärztliche Leitung über die Verlegung. Die neue Unterbringung wird für längstens fünf Tage angeordnet.
SO	**§ 122 Abs. 1 EG ZGB** [1] Die Leitung einer Institution hat der Kindes- und Erwachsenenschutzbehörde unverzüglich zu melden, wenn die Voraussetzungen für eine fürsorgerische Unterbringung bei einer durch die Kindes- und Erwachsenenschutzbehörde eingewiesenen Person nicht mehr vorliegen. **§ 125 EG ZGB – C. Anordnung von Behandlungen/Meldepflichten/Art. 434 ZGB** [1] Sämtliche Behandlungen ohne Zustimmung der betroffenen Person sind unverzüglich der Kindes- und Erwachsenenschutzbehörde mitzuteilen.
TG	**§ 91 Abs. 1 KESV – Information der Behörde und der Einrichtung** [1] Die Kindes- und Erwachsenenschutzbehörde und die Einrichtung zur fürsorgerischen Unterbringung informieren sich gegenseitig über die getroffenen

	Kantonale Bestimmungen zur Unterbringung allgemein (Art. 426 ZGB)	
		Entscheide und über weitere relevante Tatsachen; die Behörde sorgt gegebenenfalls für die notwendige Information der Beiständin oder des Beistands. **§ 96 KESV – Verlegung in eine andere Einrichtung** ¹ Für die Verlegung einer untergebrachten Person in eine andere Einrichtung ist kein neues Einweisungsverfahren erforderlich. ² Die Zuständigkeit für den Verlegungsentscheid richtet sich nach der Zuständigkeit für die Entlassung aus der Einrichtung. Der Kindes- und Erwachsenenschutzbehörde ist die Verlegung mitzuteilen, wenn die Unterbringung auf einem Entscheid der Behörde beruht. **§ 97 KESV – Beurlaubte oder entwichene Personen** ¹ Die Einrichtung kann eine fürsorgerisch untergebrachte Person in Absprache mit der zuständigen Kindes- und Erwachsenenschutzbehörde beurlauben. ² Entwichene oder nicht wie vereinbart aus dem Urlaub zurückgekehrte Personen können seitens der Behörde oder der Einrichtung polizeilich zugeführt werden. ³ Die Einrichtung informiert die Behörde unverzüglich über entsprechende Vorfälle. ⁴ Erfolgt der Wiedereintritt solcher Personen in die Einrichtung innerhalb von drei Monaten nach Beginn des Urlaubs oder der Entweichung und sind die Voraussetzungen gemäss Artikel 426 Absatz 1 und 2 ZGB nach wie vor erfüllt, ist kein neues Einweisungsverfahren erforderlich. **§ 98 Abs. 3 KESV – Entlassung** Entlassungsgesuche der betroffenen Person oder einer ihr nahe stehenden Person sind mit einem begründeten Antrag unverzüglich der Kindes- und Erwachsenenschutzbehörde weiterzuleiten, sofern die Einrichtung nicht selbst über die Entlassung entscheiden kann.
UR	**Artikel 24 EG KESR – Gegenseitige Information** Die Kindes- und Erwachsenenschutzbehörde und die Einrichtungen zur fürsorgerischen Unterbringung bedienen sich gegenseitig mit den getroffenen Verfügungen. Sie informieren sich gegenseitig über weitere Massnahmen, soweit das erforderlich ist, um die jeweiligen Zuständigkeiten wahrzunehmen.	
VS	**Art. 59 EG ZGB – Geeignete Einrichtungen** Das Gesundheitsgesetz und das Gesetz über die Krankenanstalten und -institutionen bezeichnen und regeln die geeigneten Einrichtungen für die fürsorgerische Unterbringung von Personen, die aufgrund einer psychischen Störung, einer geistigen Behinderung oder schwerer Verwahrlosung einer Betreuung oder Behandlung bedürfen, die nicht anders erbracht werden kann (Art. 426 Abs. 1 ZGB). **Art. 36 VKES – Aufnahme in der für die fürsorgerische Freiheitsentziehung geeigneten Anstalt** ¹ Wenn die Platzierung infolge einer psychischen Störung im Sinne von Artikel 426 ZGB angeordnet wird, wendet sich die zuständige Behörde vorab an den Verantwortlichen der sanitären Einrichtung, die sie für den vorliegenden	

Kantonale Bestimmungen zur Unterbringung allgemein (Art. 426 ZGB)	
	Fall als geeignet erachtet. Gegebenenfalls trifft der Chefarzt des Departements Psychiatrie des Spitalzentrums Unterwallis oder der Chefarzt des Departements Psychiatrie des Spitalzentrums Oberwallis die nötigen Massnahmen, um eine Aufnahme in der als geeignet erscheinenden Einrichtung zu garantieren. ² Wenn die Platzierung einer erwachsenen Person aus einem anderen Grund im Sinne von Artikel 426 ZGB angeordnet wird, wendet sich die KESB über die Dienststelle für Sozialwesen an das Zentrum für Indikation und Weiterbehandlung (ZIW) und übermittelt ihm eine vollständige Akte, welche alle nützlichen Auskünfte über die zu platzierende Person und die Gründe der Massnahme enthält. Im Notfall wird die durch eine fürsorgerische Freiheitsentziehung zu platzierende Person ohne besonderes Verfahren in der durch eine Weisung der Dienststelle für Sozialwesen bestimmten Einrichtung für die in dieser Weisung festgelegte Maximaldauer aufgenommen.
ZH	**§ 32 EG KESR** ¹ Für die Verlegung einer untergebrachten Person in eine andere Einrichtung ist kein neues Einweisungsverfahren erforderlich. ² Die Zuständigkeit für den Verlegungsentscheid richtet sich nach der Zuständigkeit für die Entlassung aus der Einrichtung. ³ Beruht die Unterbringung auf einem Entscheid der KESB, teilt ihr die ärztliche Leitung der Einrichtung die Verlegung mit. **§ 33 EG KESR** ¹ Die Einrichtung kann eine fürsorgerisch untergebrachte Person, die beurlaubt worden oder entwichen ist, innert dreier Monate ohne neues Einweisungsverfahren wieder aufnehmen, wenn die Voraussetzungen von Art. 426 Abs. 1 und 2 ZGB erfüllt sind. ² Die KESB oder die Einrichtung können diese Personen durch die Polizei ausschreiben lassen. Die Einrichtung informiert die KESB über die Ausschreibung, wenn die Person durch die KESB eingewiesen wurde. **§ 34 EG KESR** ¹ Ist die Einrichtung für die Entlassung einer Person zuständig (Art. 428 Abs. 2 oder Art. 429 Abs. 3 ZGB), entscheidet deren ärztliche Leitung. ² Ist die KESB für die Entlassung zuständig, entscheidet sie aufgrund eines begründeten Antrags der ärztlichen Leitung der Einrichtung. Sie entscheidet unverzüglich. **§ 35 EG KESR Pflichten der Einrichtung** ¹ Wird eine Person in eine Einrichtung eingewiesen oder gegen ihren Willen dort zurückbehalten, weist die Einrichtung die betroffene Person auf das Recht hin, a. eine Vertrauensperson gemäss Art. 432 ZGB beizuziehen, b. bei der KESB eine Beiständin oder einen Beistand gemäss Art. 449a ZGB zu beantragen. ² Die Einrichtung meldet der KESB unverzüglich die Aufnahme von ärztlich untergebrachten Minderjährigen.

Art. 427

II. Zurückbehaltung freiwillig Eingetretener

¹ Will eine Person, die an einer psychischen Störung leidet und freiwillig in eine Einrichtung eingetreten ist, diese wieder verlassen, so kann sie von der ärztlichen Leitung der Einrichtung für höchstens drei Tage zurückbehalten werden, wenn sie:
1. sich selbst an Leib und Leben gefährdet; oder
2. das Leben oder die körperliche Integrität Dritter ernsthaft gefährdet.

² Nach Ablauf der Frist kann die betroffene Person die Einrichtung verlassen, wenn nicht ein vollstreckbarer Unterbringungsentscheid vorliegt.

³ Die betroffene Person wird schriftlich darauf aufmerksam gemacht, dass sie das Gericht anrufen kann.

Literatur

Vgl. die Literaturhinweise zur Einführung.

I. Vorbemerkungen

Art. 427 regelt die Zurückbehaltung freiwillig eingetretener Personen mit einer psychischen Störung, nicht aber mit geistiger Behinderung. Letztere können nicht gegen ihren (mutmasslichen/hypothetischen) Willen zurückbehalten werden (N 2). Betroffen sind nur Einrichtungen mit ärztlichen Leitungen (N 5). Damit werden die grundsätzlich der Erwachsenenschutzbehörde und ggf. den Ärzten gem. Art. 428 f. zukommenden **Kompetenzen** zur Anordnung einer FU im Umfang von Art. 427 an die ärztliche Leitung delegiert. Diese sind in dieser Funktion Organe des Erwachsenenschutzes und (s. Art. 454–456 N 3) an die Grundrechte gebunden, da sie staatliche Aufgaben wahrnehmen (Art. 35 Abs. 2 BV) und hoheitlich handeln (s. N 5).

1

Die Bestimmung ist auf **psychiatrische Kliniken** bzw. **Einrichtungen** zugeschnitten, da diese in aller Regel über eine ärztliche Leitung verfügen und auch mehr oder minder ausschliesslich psychische Erkrankungen behandeln (OFK ZGB-FASSBIND, Art. 427 N 1; FamKomm Erwachsenenschutz-GUILLOD, Art. 427 N 8; ROSCH, AJP 2014, 5). Dies ist problematisch, da eine Zurückbehaltung damit namentlich von geistig Behinderten nicht möglich ist und über das Konstrukt der vorsorglichen FU gelöst werden muss, die aber einerseits weniger strenge Voraussetzungen kennt als Art. 427 Abs. 1, andererseits aber Art. 427 weitergeht, da er Fremdgefährdung stärker zulässt (gl.M. FamKomm Erwachsenenschutz-GUILLOD, Art. 427 N 4).

1a

II. Voraussetzungen der Zurückbehaltung

1. Freiwilliger Eintritt, Wille zum Austritt und psychische Störung

2   Im **Grundsatz** gilt, dass wer freiwillig in eine Einrichtung eintritt oder sich nach einer FU freiwillig dort aufhält (BSK ZGB I-Geiser/Etzensberger, Art. 427 N 4), auch wieder freiwillig diese verlassen kann. Mit Art. 427 wird dieser Grundsatz eingeschränkt für Personen mit psychischen Störungen, die besonders gefährdet bzw. gefährdend sind. Das Gesetz erwähnt – im Unterschied zu den Voraussetzungen des Art. 426 – namentlich Personen mit **geistiger Behinderung** nicht, obwohl im Vernehmlassungsverfahren darauf hingewiesen wurde (VE Erwachsenenschutz/Vernehmlassungen, 271, 274). Dies hat zur Folge, dass zwischen geistiger Behinderung und psychischer Störung unterschieden werden muss (zur Begrifflichkeit s. Art. 390 N 2), obwohl auch die geistige Behinderung eine Klassifikation psychischer Störungen gem. ICD-10 ist (F7 ICD-10). Da – mit Ausnahme von Art. 433–435 – in allen anderen Bestimmungen (Art. 16, 390, 426, 333) beide Formen genannt werden, muss trotz dieser Ungleichbehandlung von einem **qualifizierten Schweigen des Gesetzgebers** ausgegangen werden (gl.M. FamKomm Erwachsenenschutz-Guillod, Art. 427 N 7 m.w.H., Meier/Lukic, Rz 677). In diesen Fällen muss die betroffen Person entlassen werden und eine FU gem. Art. 426 angeordnet werden (gl.M. CHK-Breitschmid/Matt, Art. 427 ZGB N 1; BSK ZGB I-Geiser/Etzensberger, Art. 428 N 20). Damit ist die Zurückbehaltung nach Art. 427 auf psychiatrische Kliniken zugeschnitten, zumal diese auch in aller Regel über eine ärztliche Leitung verfügen (s. N 1a).

3   Vorausgesetzt ist zunächst, dass der Eintritt **freiwillig** erfolgte (Kritik zur Terminologie der Freiwilligkeit Rosch, FamPra.ch 2010, 279 ff.) und dass die betroffene Person ihren **Willen zum Austritt** bekundet. Beide Akte bedürfen grundsätzlich der **Urteilsfähigkeit** (OFK ZGB-Fassbind, Art. 427 N 1; BSK ZGB I-Geiser/Etzensberger, Art. 427 N 5; CHK-Breitschmid/Matt, Art. 427 ZGB N 2), an deren Voraussetzungen aber keine hohen Anforderungen zu stellen sind. Bei **Urteilsunfähigkeit** im Rahmen einer Einweisung zur Behandlung gilt Art. 380, womit die Art. 428 f. zum Tragen kommen. Es kann aber sein, dass eine Person zwar urteilsfähig für den Eintritt ist, im Rahmen des Aufenthaltes aber urteilsunfähig wird und davon läuft bzw. sich gegen den Aufenthalt «wehrt»; dann kann Art. 427 auch zum Zug kommen (BSK ZGB I-Geiser/Etzensberger, Art. 427 N 5; zu eng hier FamKomm Erwachsenenschutz-Guillod, Art. 427 N 22); bewegungseinschränkende Massnahmen gem. Art. 383 ff. und Zurückbehaltung können sich überschneiden, wenn es sich um eine Wohn- oder Pflegeeinrichtung mit ärztlicher Leitung handelt. Art. 383 ff. kommen nur zum Zug, wenn die Zurückbehaltung nicht qualitativ eine FU darstellt (zur Abgrenzung siehe Art. 426 N 14 f., Art. 438 N 3). Zum Begriff der Person s. Art. 426 N 5.

2. Selbstgefährdung von Leib und Leben, ernsthafte Gefährdung von Leben und körperlicher Integrität Dritter

Die Selbst- und – in Abweichung zu Art. 426 Abs. 2 – Fremdgefährdung muss unter Berücksichtigung des Verhältnismässigkeitsprinzips dieselbe Intensität wie bei einer Unterbringung gem. Art. 426 aufweisen (s. Art. 426 insb. N 10; gl.M. CHK Breitschmid/Matt, Art. 427 N 3). Damit kann nicht jede Gefährdung des Lebens und der physischen Persönlichkeit («Leib»), bestehend aus körperlicher Integrität und Bewegungsfreiheit (Hausheer/Aebi-Müller, Rz 12.42 ff.), ausreichen, wie z.b. Konsum von körperschädigenden Genussmitteln, Ritzen der Haut etc. Es muss eine **konkrete** und **akute oder schwerwiegende Gefährdung** vorliegen (BGer vom 22.1.2008, 5A.766/2007 E. 5.2; BGer vom 11.4.2013, 5A_189/2013 E. 3.3.2; BGer vom 17.1.2014, 5A_872/2013 E. 6.2.2. f.; gl.M. FamKomm Erwachsenenschutz-Guillod, Art. 427 N 10; BSK ZGB I-Geiser/Etzensberger, Art. 427 N 10), wie aktuelle Suizidalität, schwere Körperverletzung etc. In Bezug auf die **Fremdgefährdung** wird die Gefährdungssituation ausdrücklich qualifiziert («ernsthaft»). Zudem beschränkt sich die Fremdgefährdung auf «Leben» und auf die «körperliche Integrität» als Teilgehalt der physischen Persönlichkeit. (Zur Abgrenzung zu polizeirechtlichen bzw. strafrechtlichen Massnahmen vgl. Art. 426 N 3, 8.) 4

Auf die Problematik der **Fremdgefährdung** und ihrer Abgrenzung zu polizeilichen Massnahmen wurde hingewiesen (Art. 426 N 8, 8a). Im Verhältnis zu Art. 426 bedeutet dies, dass eine Zurückbehaltung einzig wegen Fremdgefährdung nach Art. 427 Abs. 2 folgerichtig **nicht verlängert** werden kann, weil Art. 426 keine eigenständige Fremdgefährdung vorsieht (siehe auch N 1a; FamKomm Erwachsenenschutz-Guillod, Art. 427 N 12). 4a

Unklar ist, inwiefern die Bestimmungen über die **medizinischen Massnahmen** hier zur Anwendung gelangen können (Art. 433 ff.). In den Materialien finden sich keine Hinweise dazu. In der Regel wird es hier um Notfallsituationen handeln, so dass Art. 435 zur Anwendung gelangt (gl.M. BSK ZGB I-Geiser/Etzensberger, Art. 427 N 15). Wenn innert dreier Tage auch ein Behandlungsplan erstellt werden kann und dieser verweigert wird, erscheint es folgerichtig, dass nicht nur Art. 435 anzuwenden ist, sondern auch Art. 433 ff. (gl.M. FamKomm Erwachsenenschutz-Guillod, Art. 433 N 13; **a.M.** in Bezug auf Art. 433 f. BSK ZGB I-Geiser/Etzensberger, Art. 427 N 14 f.). 4b

III. Entscheid der ärztlichen Leitung und Rechtsmittel resp. Entlassung

Sind die genannten Voraussetzungen erfüllt, kann die ärztliche Leitung der Einrichtung die betroffene Person für maximal drei Tage (72 Stunden) zurückbehalten. Die Leitung ist an die **Grundrechte** gebunden und entscheidet **hoheitlich** (N 1), auch wenn das Arzt-Patienten-Verhältnis ggf. privatrechtlicher Natur ist (gl.M. FamKomm Erwachsenenschutz-Guillod, Art. 427 N 15; CHK Breitschmid/Matt, Art. 427 N 4; BSK ZGB I-Geiser/Etzensberger, Art. 427 N 13). Vorausgesetzt ist, dass es sich um eine **Einrichtung mit einer ärztlichen Leitung** handelt (zum Begriff 5 der Einrichtung Art. 426 N 11); es bedarf einer separaten ärztlichen Leitung, die von der administrativen getrennt ist (FamKomm Erwachsenenschutz-GUILLOD, Art. 427 N 8). Ein Heimarzt kann m.E. nicht ärztliche Leitungsfunktion haben. Einrichtungen ohne ärztliche Leitung können Personen nicht zurückbehalten (gl.M. FamKomm Erwachsenenschutz-GUILLOD Art. 427 N 8; CHK-BREITSCHMID/MATT, Art. 427 ZGB N 4; HÄFELI, Grundriss, Rz 26.09; a.M. contra verba legis OFK ZGB-FASSBIND, Art. 427 N 1, der aber zu Recht darauf hinweist, dass es sich um bundesrechtliche Begriffe handelt und die entsprechende Rechtsprechung abzuwarten ist); sie können aber eine (vorsorgliche) FU bei der zuständigen Stelle (Art. 428 f.: Erwachsenenschutzbehörde/Arzt) beantragen (VE Erwachsenenschutz/Verfahren, 29; siehe aber N 4a; a.M. BERNHART, 216 ff.). Die ärztliche Leitung steht in einem Interessenkonflikt betr. Unvoreingenommenheit und Unabhängigkeit (vgl. BGE 137 V 210 E. 2.4.); Art. 427 betrifft aber weitgehend Notfallmassnahmen, so dass die Regelung vertretbar erscheint (FamKomm Erwachsenenschutz-GUILLOD, Art. 427 N 13 f.). Wichtig ist, dass innerhalb der Einrichtung die Befugnisse geklärt sind (OFK ZGB-FASSSBIND, Art. 427 N 1). Der Entscheid der Leitung über die Zurückbehaltung muss **schriftlich** erfolgen und mit einem Hinweis versehen sein, dass die betroffene Person das Gericht anrufen kann (**Rechtsmittelbelehrung**/Abs. 4; gl.M. FamKomm Erwachsenenschutz-GUILLOD, Art. 427 N 16). Sie kann den Entscheid innert zehn Tagen beim Gericht direkt gem. Art. 439 Abs. 1 Ziff. 2 und Abs. 2 anfechten (s. Art. 429 N 4 ff.; VE Erwachsenenschutz/Verfahren, 29). **Art. 430 ZGB** gilt analog (gl.M. FamKomm Erwachsenenschutz-GUILLOD, Art. 427 N 16, aber N 22; BSK ZGB I-GEISER/ETZENSBERGER, Art. 427 N 18; **a.M.** OFK ZGB-FASSBIND, Art. 427 N 3). Mit dem Zurückbehaltungsentscheid hat die ärztliche Leitung die ordentliche Behörde gem. Art. 428 f. in aller Regel zu **informieren**, um einen **vollstreckbaren Unterbringungsentscheid** zu beantragen (siehe N 4a). Liegt nach maximal drei Tagen kein vollstreckbarer Unterbringungsentscheid durch eine zuständige Stelle gem. Art. 428 f. vor (gl.M. BERNHART, Rz 260; OFK ZGB-FASSBIND, Art. 427 N 2; FamKomm Erwachsenenschutz-GUILLOD, Art. 427 N 19), so muss die betroffene Person entlassen werden. Der behandelnde Arzt dürfte bzw. Klinikärzte dürften aufgrund von Interessenkollisionen nicht als Arzt i.S. von Art. 428 f. zugelassen sein (s. ausdrücklich Art. 28 KESG BE, § 27 KESR ZH, § 16 KESV LU; gl.M. BSK ZGB I-GEISER/ETZENSBERGER, Art. 427 N 17). «**Vollstreckbar**» meint, dass er durchsetzbar ist. Ist die aufschiebende Wirkung analog zu Art. 430 Abs. 3 entzogen, so hindert dies die Durchsetzung nicht, auch wenn der Entscheid formell noch nicht in Rechtskraft erwachsen ist und ein Rechtsmittel ergriffen wird (VE Erwachsenenschutz/Verfahren, 29; FamKomm Erwachsenenschutz-GUILLOD, Art. 427 N 19). **Rekurriert** die betroffene Person gegen den **Zurückbehaltungsentscheid** gem. Art. 439 Abs. 1 Ziff. 2 und zugleich gegen den **Unterbringungsentscheid** gem. Art. 450, so hat das Gericht die Verfahren zu **koordinieren**. Rekurriert sie demgegenüber nur gegen den Zurückbehaltungsentscheid und wird dieser aufgehoben, so muss auch der Unterbringungsentscheid dahinfallen (gl.M. OFK ZGB-FASSBIND, Art. 427 N 2, Art. 429 N 2 m.w.H.; BIRCHLER, ZKE 2013, 157), was in solchen und nachstehenden Konstellationen immer gelten muss, um Parallelverfahren zu vermeiden (**a.M.** FamKomm Erwachsenenschutz-GUILLOD, Art. 427 N 25). Umgekehrt reicht die Bestätigung des Zurückbehaltungsentscheides nicht aus, um einen vollstreckbaren Unterbringungsentscheid zu ersetzen («sofern nicht ein vollstreckbarer Unterbringungsentscheid vorliegt»; FASSBIND, 325, 331; BIRCHLER, ZKE 2013, 156; hier geht der Kt. AG weiter: vgl. § 67d Abs. 3 EG ZGB AG [SAR 210.100]); nur wo die KESB gleichzeitig Beschwerdeinstanz gem. Art. 439 ist (z.B. Kt. SH, TG), scheint es möglich, dass diese den Zurückbehaltungsentscheid gleichzeitig mit seiner Bestätigung durch einen vollstreckbaren Unterbringungsentscheid ersetzt.

Zusätzlich kann innerhalb der Rechtsmittelfrist ein **Entlassungsgesuch** gestellt werden. Zuständig für die Entlassung ist die Einrichtung (gl.M. KOKES, Rz 10.22; BSK ZGB I-GEISER/ETZENSBERGER, Art. 427 N 17). Hier gelten die genannten Grundsätze analog. Die Abweisung eines Entlassungsgesuches ersetzt keinen Unterbringungsentscheid; soweit gegen den Entscheid der Einrichtung ein Rechtsmittel ergriffen wird, ist das Gericht zuständig. Das Gericht kann mit dem Abweisungsentscheid den Unterbringungsentscheid nicht «verlängern». Dort, wo die KESB (auch als Gericht) zuständig ist (z.B. Kt. SH, TG), kann sie die Zurückbehaltung allenfalls auch «verlängern». Ansonsten muss unabhängig entschieden werden. Die Verfahren sind zu koordinieren, Entscheide den entsprechenden Instanzen zukommen zu lassen (gl.M. FASSBIND, 325, 331 f.). 6

Wo innerhalb eines **hängigen** Rechtsmittelverfahrens ein Entscheid der KESB auf **Verlängerung** der FU bzw. die Abweisung eines Entlassungsgesuches ergeht, muss dieser nicht nochmals angefochten werden; er gilt als mitangefochten (BIRCHLER, ZKE 2013, 157 f.). Ergeht demgegenüber kein Entscheid, ist auch das Rechtsmittelverfahren gegenstandslos, da die FU automatisch dahinfällt und i.d.R. kein aktuelles Rechtsschutzinteresse mehr besteht (FASSBIND, 326). Eine verlängerte Zurückbehaltung ist nicht möglich (OFK ZGB-FASSBIND, Art. 427 N 2; FamKomm Erwachsenenschutz-GUILLOD, Art. 427 N 20). 7

Kantonale Bestimmungen zur Zurückbehaltung (Art. 427 ZGB)	
BE	**Art. 28 KESG** ¹ Der Unterbringungsentscheid nach Artikel 427 Absatz 2 ZGB darf nicht durch Ärztinnen oder Ärzte getroffen werden, die während des vorangehenden Aufenthalts in der Einrichtung mit der Behandlung der betroffenen Person befasst waren. ² Die Einweisung zur Begutachtung nach Artikel 449 ZGB ist zeitlich zu befristen.
FR	**Art. 17 KESV – Zurückbehaltung freiwillig Eingetretener** Die Massnahme nach Artikel 427 ZGB kann von der ärztlichen Leitung angeordnet werden oder, im Falle der Delegation durch die ärztliche Leitung, von einem verantwortlichen Arzt, der die notwendigen Fachkenntnisse zur Anordnung der Massnahme besitzt.
GL	**§ 66a Abs. 3 EG ZGB** Zum Erlass eines vollstreckbaren Unterbringungsentscheides nach Artikel 427 Absatz 2 ZGB sind die Kindes- und Erwachsenenschutzbehörde oder Ärztinnen und Ärzte, die über einen Facharzttitel in Psychiatrie und Psychotherapie oder Kinder- und Jugendpsychiatrie und -psychotherapie verfügen, zuständig.

	Kantonale Bestimmungen zur Zurückbehaltung (Art. 427 ZGB)
LU	**§ 16 KESV – Zurückbehaltung und weitere Unterbringung** [1] Lehnt die ärztliche Leitung der Einrichtung die Entlassung einer freiwillig eingetretenen Person ab, kann sie diese für längstens drei Tage zurückbehalten (Art. 427 ZGB). [2] Spätestens nach drei Tagen ist die zurückbehaltene Person zu entlassen, ausser die weitere Unterbringung wird von einer Ärztin oder einem Arzt angeordnet, die oder der von der Ein-richtung unabhängig ist (Art. 429 ZGB).
OW	**Art. 16 KESV – Zurückbehaltung freiwillig Eingetretener** Die Bestimmungen in Art. 14 bis 19 dieser Verordnung über die Meldepflichten, die Weiterführung der Unterbringung sowie die Nachbetreuung gelten sinngemäss auch für Fälle der Zurückbehaltung freiwillig Eingetretener durch die Einrichtung.
TG	**§ 95 Abs. 1 KESV – Zurückbehaltung** Bei der Zurückbehaltung freiwillig eingetretener Personen entscheidet die Kindes- und Erwachsenenschutzbehörde, auch wenn anschliessend an die Zurückbehaltung eine ärztliche Unterbringung angeordnet wird, in jedem Fall innert drei Wochen nach Ablauf der Frist von Artikel 427 ZGB.
ZH	**§ 31 EG KESR – Unterbringung freiwillig Eingetretener** Entscheide über die Unterbringung freiwillig Eingetretener gemäss Art. 427 Abs. 2 ZGB dürfen getroffen werden: a. von der KESB auf begründeten Antrag der ärztlichen Leitung der Einrichtung, b. von Ärztinnen und Ärzten gemäss § 27, die über einen Facharzttitel in Psychiatrie und Psychotherapie oder Kinder- und Jugendpsychiatrie und -psychotherapie verfügen.

Art. 428

B. Zuständigkeit für die Unterbringung und die Entlassung
I. Erwachsenenschutzbehörde

[1] Für die Anordnung der Unterbringung und die Entlassung ist die Erwachsenenschutzbehörde zuständig.
[2] Sie kann im Einzelfall die Zuständigkeit für die Entlassung der Einrichtung übertragen.

1 Art. 428 legt die **sachliche Zuständigkeit** fest und erklärt für die Anordnung und Entlassung aus der FU grundsätzlich die Erwachsenenschutzbehörde für zuständig. Zur **örtlichen** Zuständigkeit s. Art. 442. Nicht mehr für eine FU bei Gefahr im Verzug zuständig ist der Beistand (s. Art. 406 Abs. 2 aZGB; Botschaft Erwachsenenschutz, 7065). Ist der Entscheid über die Unterbringung vollzogen und in formelle Rechtskraft erwachsen, so kann die FU nur durch **förmliche Entlassung** aufgehoben werden (gl.M. FamKomm Erwachsenenschutz-GUILLOD, Art. 428 N 6), es sei denn die FU falle mangels eines vollstreckbaren Unterbringungsentscheides gem. Art. 427 Abs. 2 oder Art. 429 Abs. 1 dahin oder sei ausnahmsweise befristet (vgl. Art. 426 N 15).

Wie in Art. 397b Abs. 3 aZGB bestimmt in Art. 428 diejenige Behörde über die Entlassung, welche die FU angeordnet hat. Sie kann diese Zuständigkeit der **Einrichtung** übertragen – mit **jederzeitigem Widerrufsrecht** (BerichtExpK Erwachsenenschutz 95, 119; FamKomm Erwachsenenschutz-Guillod, Art. 428 N 12; BSK ZGB I-Geiser/Etzensberger, Art. 428 N 9; CHK Breitschmid/Matt, Art. 428 N 2). Der Entscheid ergeht nach den einrichtungsinternen Verfahrensgrundsätzen; es ist ein Sachentscheid, welcher Fachkenntnisse bedarf (FamKomm Erwachsenenschutz-Guillod, Art. 428 N 10; OFK ZGB-Fassbind, Art. 428 N 2, kommt zum Schluss, dass das nur die ärztliche Leitung sein kann); Art. 430 ist analog anwendbar (BSK ZGB I-Geiser/Etzensberger, Art. 428 N 11). Ist die Erwachsenenschutzbehörde für die Entlassung zuständig, kann die Einrichtung jederzeit Antrag auf Aufhebung stellen, welchen die Behörde von Amtes wegen entgegenzunehmen hat (siehe Art. 426 N 16a; gl.M. FamKomm Erwachsenenschutz-Guillod, Art. 428 N 13; CHK Breitschmid/Matt, Art. 428 N 3); gegen eine Ablehnung des Gesuches steht der Einrichtung der **Beschwerdeweg** offen (s. Art. 439 Abs. 1 Ziff. 3). Zum Gesuch der betroffenen Person oder ihr nahestehenden Personen s. Art. 426 N 16.

Die KESB muss im Rahmen eines ordentlichen Verfahrens in üblicher Besetzung unter Beachtung sämtlicher Verfahrensregeln entscheiden (FamKomm Erwachsenenschutz-Guillod, Art. 428 N 4 f.). Wo keine ärztliche FU gem. Art. 429 vorgesehen ist (z.B. Kt. BL), kann die KESB oder ein Mitglied vorsorglich gem. Art. 445 entscheiden (s. Kt. AG und BL; gl.M. BSK ZGB I-Geiser/Etzensberger, Art. 428 N 7; vgl. Art. 426 N 2 m.w.H.); die Voraussetzungen sind dann analog zu Art. 430 ZGB zu sehen (v.a. in Bezug auf die Gutachtenspflicht gem. Art. 450e Abs. 3).

\	Kantonale Bestimmungen zur Zuständigkeit (Art. 428 ZGB)
AG	**§ 67b Abs. 1 EG ZGB – Vorsorglich angeordnete Unterbringung** Über die vom zuständigen Mitglied der Kindes- und Erwachsenenschutzbehörde als vorsorgliche Massnahme angeordnete fürsorgerische Unterbringung entscheidet die Behörde in ordentlicher Besetzung spätestens innert 96 Stunden seit dem Entzug der Bewegungsfreiheit.
AR	**Art. 56 EG ZGB – Fürsorgerische Unterbringung/ a) Behördliche Unterbringung** [1] Die fürsorgerische Unterbringung wird von der Kindes- und Erwachsenenschutzbehörde angeordnet (Art. 428 ZGB). [2] Bei vermuteten psychischen Störungen holt die Kindes- und Erwachsenenschutzbehörde ein Gutachten einer sachverständigen Person ein. Darauf kann verzichtet werden, wenn ein Mitglied der Behörde, das beim Entscheid mitwirkt, über das erforderliche Fach- und Sachwissen verfügt.
BL	**§ 78 EG ZGB – Zuständigkeit** [1] Der Spruchkörper der Erwachsenenschutzbehörde als Kollegium ist zuständig für die fürsorgerische Unterbringung und deren Aufhebung, wenn keine Gefahr im Verzuge liegt. [2] Jedes Mitglied der Spruchkörper der Erwachsenenschutzbehörden ist zuständig für die fürsorgerische Unterbringung und deren Aufhebung, wenn Gefahr im Verzuge liegt. Vorbehalten bleibt § 63 Absatz 4 dieses Gesetzes.

Kantonale Bestimmungen zur Zuständigkeit (Art. 428 ZGB)

§ 79 EG ZGB – Fürsorgerische Unterbringung ohne Gefahr im Verzuge, Verfahren

[1] Liegt keine Gefahr im Verzuge, klärt die Erwachsenenschutzbehörde die persönlichen Verhältnisse der betroffenen Person umfassend ab.

[2] Der Spruchkörper der Erwachsenenschutzbehörde hört in der Regel als Kollegium die betroffene Person persönlich an.

[3] Nötigenfalls ist der Bericht oder das Gutachten von Sachverständigen einzuholen.

[4] Ist eine psychiatrische Begutachtung unerlässlich und kann diese nicht ambulant durchgeführt werden, weist die Erwachsenenschutzbehörde die betroffene Person zur Begutachtung in eine geeignete Einrichtung ein. Die Bestimmungen über das Verfahren bei fürsorgerischer Unterbringung sind sinngemäss anwendbar.

§ 80 EG ZGB – Fürsorgerische Unterbringung bei Gefahr im Verzuge, Verfahren

[1] Liegt Gefahr im Verzuge, kann die fürsorgerische Unterbringung ohne Einholung eines Berichts oder Gutachtens von Sachverständigen und ohne nähere Abklärung der persönlichen Verhältnisse der betroffenen Person angeordnet werden.

[2] Die fürsorgerische Unterbringung bei Gefahr im Verzuge kann nur aufgrund eines ärztlichen Zeugnisses erfolgen, das sich auf eine unmittelbar vorausgegangene Untersuchung stützt.

[3] Die betroffene Person ist spätestens innert 24 Stunden seit der fürsorgerischen Unterbringung bei Gefahr im Verzuge von einem Mitglied eines Spruchkörpers der Erwachsenenschutzbehörden persönlich anzuhören und sie ist mündlich und schriftlich darauf hinzuweisen, dass sie beim Präsidium des Kantonsgerichts, Abteilung Verfassungs und Verwaltungsrecht, Beschwerde erheben kann.

[4] Entscheide über die fürsorgerische Unterbringung bei Gefahr im Verzuge und über die Entlassung von Personen, die bei Gefahr im Verzuge untergebracht wurden, können mündlich eröffnet und begründet werden. In diesen Fällen sind sie innerhalb der nächsten 48 Stunden schriftlich zu bestätigen und zu begründen.

[5] Entscheide der Einrichtung über die Zurückbehaltung von freiwillig eingetretenen Personen sind mündlich und schriftlich zu eröffnen und zu begründen und die betroffene Person ist mündlich und schriftlich darauf hinzuweisen, dass sie beim Präsidium des Kantonsgerichts, Abteilung Verfassungs- und Verwaltungsrecht, Beschwerde erheben kann. Diese Entscheide sind unverzüglich der Erwachsenenschutzbehörde mitzuteilen.

§ 81 EG ZGB – Fürsorgerische Unterbringung bei Gefahr im Verzuge, Dauer

Die bei Gefahr im Verzuge in einer Einrichtung untergebrachte Person wird spätestens nach sechs Wochen entlassen, sofern nicht bis zu diesem Zeitpunkt ein vollstreckbarer Unterbringungsentscheid der Erwachsenenschutzbehörde vorliegt.

	Kantonale Bestimmungen zur Zuständigkeit (Art. 428 ZGB)
	§ 82 EG ZGB – Entlassung [1] Jedes Mitglied der Spruchkörper der Erwachsenenschutzbehörden ist bei fürsorgerischer Unterbringung bei Gefahr im Verzuge zuständig für die Entlassung, ansonsten ist der Spruchkörper der Erwachsenenschutzbehörde als Kollegium zuständig. Vorbehalten bleibt § 63 Absatz 4 dieses Gesetzes. [2] Die ärztliche Leitung der Einrichtung überprüft laufend, ob die Voraussetzungen für die fürsorgerische Unterbringung noch erfüllt sind. Ist dies nicht der Fall, so stellt sie unverzüglich der Erwachsenenschutzbehörde Antrag auf Entlassung. [3] Die Erwachsenenschutzbehörde überprüft spätestens sechs Monate nach Beginn der fürsorgerischen Unterbringung ohne Gefahr im Verzuge, ob die Voraussetzungen noch erfüllt sind und ob die Einrichtung weiterhin geeignet ist. Innerhalb von weiteren sechs Monaten ist eine zweite Überprüfung vorzunehmen, anschliessend so oft wie nötig, mindestens aber jährlich (Artikel 431 ZGB). § 79 dieses Gesetzes gilt sinngemäss. [4] Die ärztliche Leitung der Einrichtung leitet Entlassungsgesuche von Personen, gegen die eine fürsorgerische Unterbringung angeordnet worden ist, unverzüglich an die Erwachsenenschutzbehörde weiter. [5] Über Entlassungsanträge und Entlassungsgesuche ist unverzüglich zu entscheiden.
BS	**§ 12 KESG – Allgemeine Zuständigkeit** Die KESB ist zuständig für die Anordnung, die Aufhebung und die periodische Überprüfung einer fürsorgerischen Unterbringung sowie für die Übertragung der Entlassungszuständigkeit in Einzelfällen an die Einrichtung. Vorbehalten bleibt Art. 429 Abs. 3 ZGB, wonach bei einer ärztlich angeordneten Unterbringung die Einrichtung über die Entlassung entscheidet.
FR	**Art. 17 KESG – Zuständigkeit/a) Im Allgemeinen** Gemäss Artikel 428 ZGB ist die Schutzbehörde zuständig, die fürsorgerische Unterbringung einer Person anzuordnen. **Art. 19 KESG – Unterbringungsentscheid/a) Im Allgemeinen** [1] Die Schutzbehörde trifft ihren Entscheid innert einer Frist von fünf Tagen; Notfälle bleiben vorbehalten. [2] Der Entscheid, auf dem eine Begründung und die Rechtsmittel sowie die Möglichkeit, jederzeit um Entlassung zu ersuchen, angegeben sind, ist der betroffenen Person innert zehn Tagen schriftlich mitzuteilen. Bei Bedarf erklärt die Behörde die Gründe ihres Entscheids mündlich und informiert eine der betroffenen Person nahestehende Person darüber. **Art. 27 KESG – Kosten der Unterbringung** [1] Die Kosten, die aus einer fürsorgerischen Unterbringung, den verabreichten Behandlungen in einer geeigneten Einrichtung oder den ambulanten Behandlungen sowie aus der Nachbetreuung entstehen, gehen zu Lasten der betroffenen Person. [2] Ist die Person mittellos, so werden diese Kosten gemäss dem Sozialhilfegesetz vom Staat übernommen.

	Kantonale Bestimmungen zur Zuständigkeit (Art. 428 ZGB)
	Art. 28 KESG – Geeignete Einrichtung ¹ Die Betreuung von Personen im Rahmen der fürsorgerischen Unterbringung unterliegt der Bewilligungspflicht. ² Der Staatsrat bestimmt die anwendbaren Regeln; er legt insbesondere das Verfahren und die Bedingungen für die Erteilung der Bewilligungen fest.
LU	**§ 41 EG ZGB – Zuständigkeit** ¹ Die fürsorgerische Unterbringung kann angeordnet werden a. durch die Kindes- und Erwachsenenschutzbehörde, b. durch in der Schweiz zur selbständigen Berufsausübung zugelassene Ärztinnen und Ärzte für längstens sechs Wochen, wenn Gefahr im Verzug ist, c. durch die ärztliche Leitung der Einrichtung für längstens drei Tage (Zurückbehaltung). ² Über die Entlassung entscheidet a. die Kindes- und Erwachsenenschutzbehörde, wenn sie die fürsorgerische Unterbringung angeordnet hat, b. die Einrichtung, wenn ein Arzt oder eine Ärztin die fürsorgerische Unterbringung oder die ärztliche Leitung der Einrichtung die Zurückbehaltung angeordnet hat.
NW	**Art. 39 Abs. 1 EG ZGB – Fürsorgerische Unterbringung** ¹ Die Kindes- und Erwachsenenschutzbehörde ist für die Anordnung der fürsorgerischen Unterbringung und die Entlassung zuständig.
OW	**Art. 62 EG ZGB – Fürsorgerische Unterbringung** ¹ Die Kindes- und Erwachsenenschutzbehörde ist für die Anordnung der Unterbringung und die Entlassung zuständig, soweit diese nicht der Einrichtung übertragen wurde (428). Durch Verordnung kann die Zuständigkeit zur Anordnung der Unterbringung auf bestimmte Ärzte erweitert werden (429).
SZ	**§ 34 Abs. 1 EG ZGB – V. Fürsorgerische Unterbringung 1. Zuständigkeit zur Anordnung** ¹ Die Kindes- und Erwachsenenschutzbehörde ist befugt, die fürsorgerische Unterbringung anzuordnen (Art. 428 ZGB).
TG	**§ 92 Abs. 1 KESV – Information der Beschwerdeinstanz** ¹ Versendet die Kindes- und Erwachsenenschutzbehörde im Bereich der fürsorgerischen Unterbringung einen zulasten der betroffenen Person lautenden Entscheid, sind der Beschwerdeinstanz gleichzeitig die für ein allfälliges Beschwerdeverfahren massgeblichen Akten samt einem Exemplar des Entscheids zuzustellen.
VS	**Art. 63 EG ZGB – Kosten der Unterbringung, Behandlung und Nachbetreuung** ¹ Die Kosten einer fürsorgerischen Unterbringung, der stationären oder ambulanten Behandlung, sowie jene der Nachbetreuung gehen zu Lasten der betroffenen Person und ihrer Krankenversicherung. ² Subsidiär werden die Kosten gemäss den Bestimmungen des Gesetzes über die Eingliederung und die Sozialhilfe von der Wohnsitzgemeinde der betroffenen Person getragen.
ZG	**§ 49 EG ZGB – Zuständigkeit** ¹ Über die Unterbringung und die Entlassung entscheidet die Kindes- und Erwachsenenschutzbehörde.

> **Kantonale Bestimmungen zur Zuständigkeit (Art. 428 ZGB)**
>
> ² Sobald die Voraussetzungen für die Unterbringung nicht mehr bestehen, beantragt die Einrichtung bei der Kindes- und Erwachsenenbehörde die Entlassung.

Art. 429

II. Ärztinnen und Ärzte
1. Zuständigkeit

¹ Die Kantone können Ärzte und Ärztinnen bezeichnen, die neben der Erwachsenenschutzbehörde eine Unterbringung während einer vom kantonalen Recht festgelegten Dauer anordnen dürfen. Die Dauer darf höchstens sechs Wochen betragen.
² Die ärztliche Unterbringung fällt spätestens nach Ablauf der festgelegten Dauer dahin, sofern nicht ein vollstreckbarer Unterbringungsentscheid der Erwachsenenschutzbehörde vorliegt.
³ Über die Entlassung entscheidet die Einrichtung.

Art. 430

2. Verfahren

¹ Die Ärztin oder der Arzt untersucht persönlich die betroffene Person und hört sie an.
² Der Unterbringungsentscheid enthält mindestens folgende Angaben:
   1. Ort und Datum der Untersuchung;
   2. Name der Ärztin oder des Arztes;
   3. Befund, Gründe und Zweck der Unterbringung;
   4. die Rechtsmittelbelehrung.
³ Das Rechtsmittel hat keine aufschiebende Wirkung, sofern die Ärztin oder der Arzt oder das zuständige Gericht nichts anderes verfügt.
⁴ Ein Exemplar des Unterbringungsentscheids wird der betroffenen Person ausgehändigt; ein weiteres Exemplar wird der Einrichtung bei der Aufnahme der betroffenen Person vorgelegt.
⁵ Die Ärztin oder der Arzt informiert, sofern möglich, eine der betroffenen Person nahestehende Person schriftlich über die Unterbringung und die Befugnis, das Gericht anzurufen.

Literatur

Vgl. die Literaturhinweise zu Art. 426.

I. Befristete Anordnung durch Ärzte (Art. 429)

1 Im Vergleich zu **Art. 397b Abs. 2 aZGB** fallen die einschränkenden Voraussetzungen («psychische Krankheit», «Gefahr im Verzug») in Art. 429 weg. Kantone können generell Ärzte, aber nicht mehr Stellen, bestimmen, welche befristet für eine Dauer von maximal sechs Wochen eine Person in einer Einrichtung unterbringen können. Die **Voraussetzungen** für die FU richten sich nach Art. 426. Eine ärztliche Anordnung gem. Art. 429 ist aber auch bei einer **Zurückbehaltung** in der Einrichtung möglich (VE Erwachsenenschutz/Verfahren, 29), nicht jedoch bei einer Unterbringung zur Begutachtung gem. Art. 449 Abs. 2 (vgl. Art. 449 N 3). Gemäss dem Passus **«neben der Erwachsenenschutzbehörde»** sieht die wohl herrschende Meinung, dass der kantonale Gesetzgeber nur in konkurrierender Kompetenz Ärzte ermächtigen darf (so MEIER/LUKIC, Rz 685; SCHMID, Art. 429 N 3; FamKomm Erwachsenenschutz-GUILLOD, Art. 429 N 6; BSK ZGB I-GEISER/ETZENSBERGER, Art. 429/430 N 3) und den Entscheid nicht dem Gesetzgeber überlässt (so die Vorauflage mit Verweis auf das vorrevidierte Recht; gl.M. CHK-BREITSCHMID/MATT, Art. 429 ZGB N 2 und BGE 134 III 289 E. 2.2 zu Art. 397b Abs. 2 aZGB).

2 Der Gesetzesentwurf hat vorgesehen, dass nur **geeignete Ärzte** bestimmt werden können. Der Gesetzgeber hat das Kriterium der Geeignetheit – im Hinblick auf die kantonalen Unterschiede – gestrichen, aber festgehalten, dass Kantone auch im Hinblick auf die Regelungen der Verantwortlichkeit gem. Art. 454 in der Pflicht sind, eine geeignete Lösung zu bestimmen (AmtlBull StR 2007 836). Die Zulassung von sämtlichen niedergelassenen Ärzten erscheint m.E. im Hinblick auf die Komplexität der Entscheidung und der verfahrensrechtlichen Anforderungen als problematisch (gl.M. OFK ZGB-FASSBIND, Art. 427 N 1; CHK-BREITSCHMID/MATT, Art. 429 ZGB N 2; s.a. ETZENSBERGER, ZSR 2003 I, 366; zur Überforderungssituation von nicht spezialisierten Ärzten, insb. Hausärzten MAIER, Praxis 2001, 1575 ff.; weitergehend: FamKomm Erwachsenenschutz-GUILLOD, Art. 429 N 13, der es als unzulässig erachtet, dass sämtliche Ärzte zugelassen werden). Besonders problematisch sind FU von Ärzten der betreuenden Einrichtungen, weil diese nicht unabhängig sind (vgl. FamKomm Erwachsenenschutz-GUILLOD, Art. 429 N 17; BSK ZGB I-GEISER/ETZENSBERGER, Art. 429–430 N 7, die eine solche Kompetenz mit Verweis auf Art. 427 zu Recht ausschliessen wollen; s.a. BGE 137 V 210 E. 2.4.). Die Obergrenze von **sechs Wochen** gilt absolut. Es ist aber nicht ausgeschlossen, dass das kantonale Recht z.B. für Krisenfälle eine ärztliche Unterbringungszuständigkeit durch Spezialärzte beschränkt auf einen Zeitraum von weniger als sechs Wochen vorsieht (Botschaft Erwachsenenschutz, 7065). Im Gegenzug zu der zeitlich relativ hoch angesetzten Obergrenze von sechs Wochen steht der betroffenen Person oder einer ihr nahestehenden Person der **Beschwerdeweg** betr. den ärztlichen Unterbringungsentscheid gem. Art. 439 Abs. 1 Ziff. 1 offen und diese haben jederzeit die Möglichkeit, ein Entlassungsgesuch gem. Art. 426 Abs. 4 zu stellen. Nach Ablauf der sechs Wochen muss analog zu Art. 427 Abs. 2 ein **vollstreckbarer Unterbringungsentscheid** der Erwachsenenschutzbehörde vorliegen. Zu den Kriterien s. Art. 427 N 5. Ein neuerlicher ärztlicher Unterbringungsentscheid nach Ablauf der sechs Wochen, ohne dass sich der Befund verändert hat, stellt eine Um-

gehung der bundesrechtlichen Kompetenzordnung dar und ist nicht zulässig (gl.M. FamKomm Erwachsenenschutz-GUILLOD, Art. 429 N 30, 32; MEIER/LUKIC, Rz 687). Ebenfalls nicht anwendbar ist sodann Art. 427, weil die Person nicht freiwillig in der Einrichtung ist. Zum Verhältnis von Art. 429 zu den allgemeinen Bestimmungen s. Art. 426 N 2.

Über die **Entlassung** entscheidet, solange kein vollstreckbarer Unterbringungsentscheid vorliegt, nicht der unterbringende Arzt, sondern gem. Art. 429 Abs. 3 die Einrichtung. Es gilt Art. 426 Abs. 3 (s. Art. 426 N 15). 3

Zu den Konkurrenzen im Rechtsmittelverfahren s. Art. 427 N 5 ff. 3a

Die Kantone haben unterschiedliche Regelungen in zeitlicher, aber auch inhaltlicher Hinsicht vorgesehen. Der zeitliche Rahmen reicht von 72 Stunden (Kt. SO) bis zu den gesetzlich vorgesehenen 6 Wochen. Zudem haben diverse Kantone die ärztliche Zuständigkeit (teilweise) auf dringliche Situationen oder auf psychische Erkrankungen beschränkt. 3b

II. Verfahrensbestimmungen (Art. 430)

Der Gesetzgeber hat – angesichts der Schwere des Eingriffs – Verfahrensbestimmungen aufgestellt, damit die Anordnung einer ärztlichen FU in einem korrekten, rechtsstaatlichen Verfahren ergeht. Es handelt sich um **Mindeststandards**. Die Kantone können weitergehende Bestimmungen aufstellen (gl.M. FamKomm Erwachsenenschutz-GUILLOD, Art. 430 N 2; CHK-BREITSCHMID/MATT, Art. 430 ZGB N 1). Der zuständige Arzt hat die betroffene Person **persönlich zu untersuchen**. Damit ist es nicht (mehr) statthaft, einen Entscheid aufgrund von Angaben Dritter zu fassen (Botschaft Erwachsenenschutz, 7065; gl.M. BSK ZGB I-GEISER/ETZENSBERGER, Art. 429/430 N 20); die Untersuchung hat **unmittelbar** zu erfolgen, eine Untersuchung via Skype o.ä. ist nicht ausreichend (BSK ZGB I-GEISER/ETZENSBERGER, Art. 429/430 N 20). Zudem hat der Arzt die betroffene Person im Sinne des rechtlichen Gehörs (Art. 29 Abs. 2 BV) vor einer FU anzuhören. Ohne Anhörung kann der Entscheid – nach den allgemeinen Regeln, die für das rechtliche Gehör gelten – nichtig sein (vgl. FamKomm Erwachsenenschutz-GUILLOD, Art. 430 N 6 m.w.H.). Der anvisierte Entscheid und dessen Voraussetzungen sind somit – auch im Sinne der Qualitätssicherung – auf die Richtigkeit zu überprüfen, indem die betroffene Person, soweit möglich, damit konfrontiert wird und ihre Einschätzung erfragt wird (SG Komm-STEINMANN, Art. 29 BV N 23 ff.). Die betroffene Person muss insb. gem. Art. 5 Ziff. 2 EMRK in verständlicher Weise über die Gründe der Unterbringung orientiert werden und zu dieser Stellung nehmen können, sofern sie ansprechbar ist (Botschaft Erwachsenenschutz, 7065; gl.M. FamKomm Erwachsenenschutz-GUILLOD, Art. 430 N 5; BSK ZGB I-GEISER/ETZENSBERGER, Art. 429/430 N 23). Im Fall, dass eine Person der Amtssprache nicht mächtig ist, muss ein Dolmetscher bestellt werden, wenn ansonsten die Unterrichtung unverstanden bleibt (gl.M. FamKomm Erwachsenenschutz-GUILLOD, Art. 430 N 5; BSK ZGB I-GEISER/ETZENSBERGER, Art. 429/430 N 25). Ausreichend ist eine mündliche Erläuterung (gl.M. BSK ZGB I-GEISER/ETZENSBERGER, Art. 429/430 N 25; CHK-BREITSCHMID/MATT, Art. 430 ZGB N 1). 4

5   Der Arzt muss den Entscheid **begründen**, damit die betroffene Person den Entscheid verstehen und ggf. anfechten kann, aber auch damit allenfalls die Rechtsmittelinstanz den Entscheid überprüfen kann (BGE 122 IV 8 E. 2c; gl.M. BSK ZGB I-Geiser/Etzensberger, Art. 429/430 N 25). Der Entscheid muss neben dem Ort und dem Datum der Untersuchung, dem Namen des Arztes und der Rechtsmittelbelehrung (Art. 31 Abs. 2 BV) auch den **Befund, die Gründe und den Zweck der Unterbringung** festhalten. Es ist namentlich darzulegen, «wie die anordnende Person mit dem Fall in Kontakt gekommen ist, welches der Anlass für die Massnahme ist, ob anamnestische Angaben verfügbar sind, die für die Einschätzung der aktuellen Situation hilfreich sind, und in welchem Zustand sich die betroffene Person befindet. Aus den Darlegungen muss sich ergeben, warum eine stationäre Unterbringung nötig ist und zu welchem Zweck – Behandlung oder Betreuung – sie erfolgt» (Botschaft Erwachsenenschutz, 7066). Zusätzlich ist die geeignete Einrichtung konkret zu bestimmen (vgl. Art. 426 N 11; Bernhart, Rz 430; CHK-Breitschmid/Matt, Art. 430 ZGB N 2; BSK ZGB I-Geiser/Etzensberger, Art. 429/430 N 25). Die **Rechtsmittelbelehrung** muss auf die Möglichkeit hinweisen, dass eine gerichtliche Beurteilung verlangt werden kann, das zuständige Gericht gem. Art. 439 bezeichnen sowie die Rechtsmittelfrist und weitere Formvorschriften für das Rechtsmittel enthalten (gl.M. BSK Erwachsenenschutz-Geiser/Etzensberger, Art. 429/430 N 26); ohne Rechtsmittelbelehrung beginnt die Frist nicht zu laufen (vgl. Art. 438/439 N 5 m.w.H. sowie Art. 450b Abs. 2 im Unterschied zu Abs. 1). Sind die **Personalien** nicht erhältlich, weil die betroffene Person z.B. nicht ansprechbar ist, muss das im Entscheid vermerkt sein (BerichtExpK Erwachsenenschutz 03, 64; Botschaft Erwachsenenschutz, 7066 mit einer Kann-Formulierung). Gemäss **Art. 430 Abs. 4** ist der betroffenen Person ein Exemplar des Entscheides auszuhändigen und ein weiteres der Einrichtung bei der Aufnahme der betroffenen Person vorzulegen. Mit den in den Kantonen für ärztliche FU konzipierten **Formularen** dürften die Entscheide in aller Regel bei der Einweisung vorliegen. Es wird aber nicht immer möglich sein, dass der Entscheid immer mit der Aufnahme in der Einrichtung vorliegt (Etzensberger, ZSR 2003 I, 366; gl.M. FamKomm Erwachsenenschutz-Guillod, Art. 430 N 19).

6   Art. 430 Abs. 3 bestimmt in Umkehrung der Grundregel, wonach ein Entscheid im Falle eines Rechtsmittelzuges **Suspensivwirkungen** zeitigt, dass bei der ärztlichen FU die Inanspruchnahme des Rechtsmittels keine aufschiebende Wirkung des Entscheides bewirkt, sofern der Arzt nichts anderes verfügt. Damit wollte der Gesetzgeber sicherstellen, dass die Personensorge bei Bedarf sofort gewährt werden kann. Folge dieses Entzuges der Suspensivwirkung von Gesetzes wegen ist, dass ein Entscheid zwar nicht formell rechtskräftig, aber vollstreckbar wird. Im Hinblick auf die Schwere des Eingriffs und auf potenzielle Haftungsansprüche ist immer sorgfältig zu prüfen, ob die aufschiebende Wirkung nicht zu erteilen ist. Fehlt die zeitliche Dringlichkeit in Bezug auf den Vollzug der FU, z.B. nicht selten bei einer Entziehungskur, muss die aufschiebende Wirkung gewährt werden (vgl. Art. 450e N 5e; gl.M. BSK ZGB I-Geiser/Etzensberger, Art. 429/430 N 32 f.; CHK-Breitschmid/Matt, Art. 430 ZGB N 3: vgl. FamKomm Erwachsenenschutz-Guillod, Art. 430 N 14 ff.).

Art. 430 Abs. 5 sieht vor, dass der Arzt, sofern möglich, eine dem Betroffenen nahestehende Person **schriftlich** über die Unterbringung und die Befugnis, das Gericht anzurufen, unterrichtet. Diese Art. 397e Ziff. 2 aZGB ersetzende Bestimmung ist problematisch. Gemäss dem Gesetzestext wird eine **Informationspflicht** statuiert, auf die nur verzichtet werden kann, wenn dies nicht möglich ist. **Sinn und Zweck** der Regelung ist aber, dass – namentlich bei nicht ansprechbaren oder urteilsunfähigen Personen – eine nahestehende Person für die betroffene Person ein Rechtsmittel ergreifen kann (gl.M. FamKomm Erwachsenenschutz-GUILLOD, Art. 430 N 20). Dementsprechend ist diese Bestimmung auch so zu verstehen, dass gegen den Willen der **urteilsfähigen** Person niemand informiert werden darf (ebenso Botschaft Erwachsenenschutz, 7066), wobei an die Urteilsfähigkeit minimale Voraussetzungen zu stellen sind (FamKomm Erwachsenenschutz-GUILLOD, Art. 430 N 23 f.). Bei **Urteilsunfähigen** gilt der mutmassliche resp. hypothetische Wille, insb. bei zeitlicher Dringlichkeit (Art. 432 N 3). Zum Begriff der **nahestehenden Personen** s. Art. 426 N 16; hier sind immer diejenigen Personen vorzuziehen, die vom Betroffenen bezeichnet werden (insb. Vertrauenspersonen). Der unterbringende Arzt hat nach **pflichtgemässem Ermessen** die Auswahl zu treffen (gl.M. FamKomm Erwachsenenschutz-GUILLOD, Art. 430 N 25 ff. m.w.H.); andernfalls sind Haftungsansprüche möglich (Art. 454). Die datenschutzrechtlichen Grundsätze sind zu beachten. So ist auch bei einer umfassenden Beistandschaft aus Gründen der informationellen Selbstbestimmung (Art. 13 Abs. 2 BV) keine uneingeschränkte Mitteilungspflicht an den gesetzlichen Vertreter angezeigt; es ist im Rahmen der Beistandschaft auf die Umstände zu achten (Aufgabenbereich, Dauer etc.), die eine solche Information rechtfertigen (s. N 8; gl.M. FamKomm Erwachsenenschutz-GUILLOD, Art. 430 N 31; CHK-BREITSCHMID/MATT, Art. 430 ZGB N 5; ähnlich HÄFELI, Grundriss, Rz 27.08; zu weit: MEIER/LUKIC, Rz 694; zum alten Recht BSK ZGB I-GEISER, aArt. 397c N 9; a.M. ZK-SPIRIG, Art. 397c aZGB N 33). Werden dem Arzt erst **später** nahestehende Personen bekannt, so hat er diese nachträglich zu informieren. In Bezug auf den **Inhalt** muss schriftlich über die Unterbringung und die Befugnis, das Gericht anzurufen (ZK-SPIRIG, Art. 397e ZGB N 113), unterrichtet werden. Hierzu gehört – wenn auch nicht explizit erwähnt – auch die für den Entscheid über die Ergreifung eines Rechtsmittels erforderliche Begründung der FU. Ist eine **Beistandschaft angezeigt**, so ist dies gem. Art. 443 – unter Entbindung vom Berufsgeheimnis gem. Art. 321 StGB – der Erwachsenenschutzbehörde anzuzeigen (vgl. Art. 443 N 2 f.). Die **Kantone** können gem. Art. 443 Abs. 2 weitere Meldepflichten vorsehen (vgl. Art. 443 N 8).

7

Art. 430 Abs. 5 bietet eine gesetzliche Grundlage für einen **Datenaustausch** und steht in einem Spannungsverhältnis zum Amtsgeheimnis, dem Kindes- und Erwachsenenschutzgeheimnis und dem Berufsgeheimnis nach Art. 321 StGB. Die Durchbrechung der Schweigepflicht in Bezug auf Amts- sowie Kindes- und Erwachsenenschutzgeheimnis ist im Rahmen der notstandsähnlichen Pflichtenkollision vorzunehmen (STRATENWERTH AT I, § 10 N 62 ff.; BSK Strafrecht I-SEELMANN, Art. 17 N 16 f.) bzw. es ist zu prüfen, ob sie über Art. 14 StGB gerechtfertigt ist; dies dürfte unter Einbezug der in N 7 genannten Aspekte regelmässig zu bejahen sein.

8

Demgegenüber regelt Art. 321 StGB selbständig die Koordination in Ziff. 3. Art. 430 Abs. 5 ist als «Auskunftspflicht» zu verstehen, wonach auch das Berufsgeheimnis der Ärzte hier zurücksteht. Es sind aber im Sinn der Verhältnismässigkeit nur so viele Informationen weiterzugeben, wie zur Zweckerfüllung («Rechtsmittelergreifung durch Dritte») notwendig. Zudem ist der Arzt als erwachsenenschutzrechtliches Organ (Art. 427 N 1) befugt, der Einrichtung zusätzliche für die Behandlung bzw. Betreuung notwendige Informationen auf Anfrage hin weiterzugeben, soweit die übrigen datenschutzrechtlichen Grundsätze, vorab die Verhältnismässigkeit, nicht verletzt sind (gl.M. BSK ZGB I-Geiser/Etzensberger, Art. 429/430 N 29). Folglich kann der Arzt grundsätzlich dem Beistand als nahestehende Person, der auch zuständig für medizinische Massnahmen ist, über die FU der urteilsunfähigen verbeiständeten Person informieren. Gleiches gilt gegenüber der KESB, in all jenen Fällen, in denen ein vollstreckbarer Unterbringungstitel notwendig wird. Verschieden Kantone haben in diesem Bereich Ausführungsbestimmungen erlassen.

9 Folgen von Verstössen gegen die Formvorschriften gem. Art. 430 sind unterschiedlich zu beurteilen; grundsätzlich führt ein Verfahrensfehler i.S.v. Art. 29 Abs. 2 BV zur **Aufhebung des Entscheides** (BGE 135 I 187 E. 2.2; Rhinow/Koller/Kiss/Thurnherr/Brühl-Moser, Rz 270); ausnahmsweise kann er aber **geheilt** werden, wenn die Rechtsmittelinstanz die fehlerhafte Verfahrenshandlung umfassend nachholt, die Instanz auch dieselbe Überprüfungsbefugnis (Kognition) wie die Vorinstanz hat, und dem Betroffenen dieselben Mitwirkungsrechte wie vor der Vorinstanz zustehen (Rhinow/Koller/Kiss/Thurnherr/Brühl-Moser, Rz 271 f.). Soweit eine unzuständige Person, z.B. ein Psychotherapeut, eine FU anordnet oder die betroffene Person nicht untersucht wird, ist der Entscheid nichtig; eine mangelhafte Anhörung kann aber ggf. im Rechtsmittelverfahren nachgeholt werden. Fehlt eine Rechtsmittelbelehrung, so dürfen der betroffenen Person i.d.R. keine Nachteile erwachsen (BGE 135 III 374 E. 1.2.2). Damit sind i.d.R. solche mangelhaften Entscheide nicht nichtig, sondern anfechtbar. Der Hauptpunkt ist, dass dem Betroffenen aus dem Formfehler kein Nachteil erwachsen darf. Nichtig sind mangelhafte Entscheide nur, «wenn der Fehler besonders schwer ist, wenn er offensichtlich oder zumindest leicht erkennbar ist und wenn zudem die Rechtssicherheit durch die Annahme der Nichtigkeit nicht ernsthaft gefährdet ist» (BGE 129 I 361 E. 2.1).

10 Selbständige Ärzte können bei Verletzung dieser Verfahrensregeln **nach Art. 43 Medizinalberufegesetz (MedBG) sanktioniert** werden; bei unselbständigen Ärzten finden sich in der Regel ähnliche disziplinarrechtliche Sanktionen (FamKomm Erwachsenenschutz-Guillod, Art. 430 N 8).

Kantonale Bestimmungen zu Art. 429 f. ZGB	
AG	**§ 67c EG ZGB – Zuständigkeit bei ärztlicher Unterbringung** [1] Alle kantonalen Amtsärztinnen und Amtsärzte und, wenn Gefahr im Verzug ist, die im Kanton niedergelassenen, zur Berufsausübung berechtigten Ärztinnen und Ärzte, die Kaderärztinnen und Kaderärzte sowie die Heimärztinnen und Heimärzte der überweisenden Einrichtung können eine fürsorgerische Unterbringung einer volljährigen Person für längstens sechs Wochen anordnen (429).

Kantonale Bestimmungen zu Art. 429 f. ZGB	
	² Das Gleiche gilt für die fürsorgerische Unterbringung einer minderjährigen Person zur Behandlung einer psychischen Störung (314b). **§ 67a EG ZGB – Zuständigkeit bei Zurückbehaltung** ¹ In Einrichtungen mit ärztlicher Leitung gelten die diensthabenden Kaderärztinnen und Kaderärzte als ärztliche Leitung (427 Abs. 1). ² In Einrichtungen ohne ärztliche Leitung kann eine freiwillig eingetretene Person nur mittels eines Unterbringungsentscheids am Verlassen der Einrichtung gehindert werden. **§ 67d EG ZGB – Verfahren bei ärztlicher Unterbringung** ¹ Je ein Exemplar des ärztlichen Unterbringungsentscheids ist der betroffenen Person, der Einrichtung, der Kindes- und Erwachsenenschutzbehörde sowie gegebenenfalls der Beiständin oder dem Beistand zukommen zu lassen. ² Im Fall einer aus ärztlicher Sicht notwendigen Verlängerung der Unterbringung hat die Einrichtung den entsprechenden Antrag zusammen mit den Akten der Kindes- und Erwachsenenschutzbehörde mindestens 10 Arbeitstage vor Ablauf der sechswöchigen Frist gemäss § 67c einzureichen. ³ Wird innert der sechswöchigen Frist gemäss § 67c eine ärztliche Einweisung oder eine Ablehnung der Entlassung durch die Einrichtung in einem gerichtlichen Verfahren materiell überprüft und bestätigt, erübrigt sich ein Unterbringungsentscheid der Kindes- und Erwachsenenschutzbehörde gemäss Art. 429 Abs. 2 ZGB. ⁴ Liegt ein gerichtliches Urteil gemäss Absatz 3 vor, ist bis zum Ablauf von sechs Wochen ab dem ärztlichen Unterbringungsentscheid die Einrichtung und danach die Kindes- und Erwachsenenschutzbehörde für die Entlassung der betroffenen Person zuständig. Die betroffene Person wird mit dem gerichtlichen Urteil schriftlich darüber informiert, welche Stelle in welchem Zeitraum für die Behandlung eines Entlassungsgesuchs zuständig ist.
AI	**Art. 25 EG ZGB** ¹ Jeder Arzt, der eine Bewilligung zur Berufsausübung im Kanton besitzt, kann für höchstens sechs Wochen eine fürsorgerische Unterbringung anordnen (Art. 429 ZGB). ² Der ärztliche Unterbringungsentscheid ist der betroffenen Person und der ausgewählten Einrichtung unverzüglich schriftlich auszuhändigen sowie der Kindes- und Erwachsenenschutzbehörde zuzustellen. **Art. 26 EG ZGB** ¹ Hält die Einrichtung oder der einweisende Arzt eine Unterbringung über die ärztlich angeordnete Einweisungszeit hinaus als notwendig, stellt sie oder der Arzt der Kindes- und Erwachsenenschutzbehörde einen Antrag auf Weiterführung der Massnahmen. ² Der Antrag ist spätestens acht Tage vor Ablauf der ärztlich angeordneten Einweisungszeit einzureichen. Die nötigen Unterlagen sind dem Antrag beizulegen.
AR	**Art. 57 EG ZGB – b) Ärztliche Unterbringung: Einweisung** ¹ Jede Arztperson, die eine Bewilligung zur Berufsausübung im Kanton besitzt, kann die Unterbringung (Art. 429 ZGB) und die Zurückbehaltung einer

Kantonale Bestimmungen zu Art. 429 f. ZGB	
	freiwillig in eine Einrichtung eingetretenen Person (Art. 427 Abs. 2 ZGB) anordnen. ² Die Gültigkeit der ärztlichen Unterbringung ist auf sechs Wochen beschränkt. ³ Die anordnende Arztperson stellt den Unterbringungsentscheid (Art. 430 ZGB) unverzüglich der Kindes- und Erwachsenenschutzbehörde zu. **Art. 58 EG ZGB – c) Ärztliche Unterbringung: Entlassung** ¹ Über die Entlassung entscheidet die Einrichtung (Art. 429 Abs. 3 ZGB). ² Die Einrichtung teilt die Entlassung unverzüglich der Kindes- und Erwachsenenschutzbehörde sowie der einweisenden Arztperson mit. **Art. 59 EG ZGB – d) Ärztliche Unterbringung: Weiterführung** ¹ Hält die Einrichtung oder die einweisende Arztperson eine Unterbringung für länger als sechs Wochen für notwendig, stellt sie der Kindes- und Erwachsenenschutzbehörde einen Antrag auf Weiterführung der Massnahme. ² Der Antrag ist spätestens acht Tage vor Ablauf der sechswöchigen Frist einzureichen. Die nötigen Unterlagen sind dem Antrag beizulegen.
BE	**Art. 27 KESG** ¹ Liegt Gefahr im Verzug, sind nebst den Kindes- und Erwachsenenschutzbehörden auch die in der Schweiz zur Berufsausübung zugelassenen Ärztinnen und Ärzte zur Anordnung einer fürsorgerischen Unterbringung befugt. ² Der ärztliche Unterbringungsentscheid ist der Kindes- und Erwachsenenschutzbehörde zur Kenntnis zu bringen. ³ Die ärztliche Unterbringung dauert längstens sechs Wochen.
BS	**§ 13 KESG** ¹ Ärztinnen und Ärzte des zuständigen kantonalen Dienstes sind befugt, Unterbringungen gemäss Art. 429 ZGB für eine Dauer von maximal sechs Wochen anzuordnen. ² Der Regierungsrat kann auch Privatärztinnen und Privatärzte der Fachrichtung Psychiatrie und Psychotherapie für zuständig erklären. **§ 9 VoKESG – Ärztliche Unterbringung** ¹ Der zuständige kantonale Dienst für die ärztlich angeordnete fürsorgerische Unterbringung gemäss § 13 Abs. 1 KESG ist die Abteilung Medizinisch-pharmazeutische Dienste des Gesundheitsdepartements.
FR	**Art. 18 KESG** ¹ Neben der Schutzbehörde können in der Schweiz praktizierende Ärztinnen und Ärzte im Notfall eine fürsorgerische Unterbringung anordnen, wenn die betroffene Person unter psychischen Störungen leidet. ² Die Oberamtsperson kann den Einsatz der Polizei anfordern, um die betroffene Person von einer Ärztin oder einem Arzt untersuchen zu lassen. **Art. 20 KESG** ¹ Im Notfall eröffnet die Schutzbehörde oder die Ärztin oder der Arzt, die oder der die Unterbringung anordnet, den Entscheid unverzüglich schriftlich, unter Angabe der Begründung und der Rechtsmittel sowie der Möglichkeit, jederzeit um Entlassung zu ersuchen. Wenn die Umstände es erfordern, kann der Entscheid mündlich mitgeteilt werden; dieser ist jedoch innert vierundzwanzig Stunden schriftlich zu bestätigen. Die in Artikel 430 Abs. 5 ZGB vorgesehene

Kantonale Bestimmungen zu Art. 429 f. ZGB

Information einer der betroffenen Person nahestehenden Person über den Entscheid bleibt vorbehalten.
² Der ärztliche Unterbringungsentscheid gilt für eine einmalige Dauer von maximal vier Wochen. Nach Ablauf dieser Frist muss die betroffene Person entlassen werden, sofern sie nicht schriftlich eingewilligt hat, die Behandlung freiwillig fortzusetzen, oder sofern kein vollstreckbarer Unterbringungsentscheid der Schutzbehörde vorliegt, der die Unterbringung verlängert.
³ Ärztliche Unterbringungsentscheide werden der Schutzbehörde unverzüglich mitgeteilt.

GL **Art. 66a EG ZGB – a. Ärztliche Anordnung**
¹ Die im Kanton über eine Bewilligung zur selbstständigen Berufsausübung verfügenden Ärztinnen und Ärzte der Grundversorgung oder der Psychiatrie sowie die zuständige Ärztin oder der zuständige Arzt der überweisenden Einrichtung können eine fürsorgerische Unterbringung anordnen, jedoch höchstens für sechs Wochen.

GR **Art. 51 EG ZGB**
¹ Befugt zur Anordnung der fürsorgerischen Unterbringung ist:
a) jeder im Kanton zur selbstständigen Berufsausübung zugelassene Arzt:
  1. der Grundversorgung;
  2. mit einem Facharzttitel der Psychiatrie und Psychotherapie;
  3. mit einem Facharzttitel der Kinder- und Jugendpsychiatrie und -psychotherapie;
b) jeder Bezirksarzt;
c) der behandelnde Arzt der überweisenden Einrichtung.
² Für den Vollzug kann polizeiliche Hilfe beigezogen werden.
³ Der ärztliche Unterbringungsentscheid ist der Kindes- und Erwachsenenschutzbehörde und dem gesetzlichen Vertreter unverzüglich mitzuteilen.

Art. 51a EG ZGB
Dauert die ärztliche Unterbringung länger als sechs Wochen, hat die Einrichtung spätestens zehn Arbeitstage vor Ablauf dieser Frist bei der Kindes- und Erwachsenenschutzbehörde einen begründeten Antrag auf Weiterführung der Massnahme einzureichen.

Art. 22 KESV
Als Ärztinnen und Ärzte der Grundversorgung gelten solche mit folgendem Weiterbildungstitel:
Ärztinnen und Ärzte der Grundversorgung
a) Allgemeinmedizin;
b) Praktischer Arzt oder praktische Ärztin;
c) Innere Medizin;
d) Kinder- und Jugendmedizin.

Art. 23 KESV
¹ In Einrichtungen mit ärztlicher Leitung sind die diensthabenden Chefärztinnen und Chefärzte oder deren Stellvertretung zuständig für:
Zuständigkeiten in der Einrichtung
a) die Zurückbehaltung freiwillig Eingetretener (Art. 427 Abs. 1 ZGB);

	Kantonale Bestimmungen zu Art. 429 f. ZGB
	b) die Entlassung (Art. 428 Abs. 2 ZGB, Art. 429 Abs. 3 ZGB und Art. 53 Abs. 1 EGzZGB); c) den Antrag auf Weiterführung der Massnahme (Art. 51a EGzZGB); d) den Antrag auf Entlassung (Art. 53 Abs. 2 EGzZGB); e) die Anordnung von Massnahmen, welche die Bewegungsfreiheit einschränken (Art. 438 ZGB). ² In Einrichtungen ohne ärztliche Leitung obliegen die Zuständigkeiten gemäss Absatz 1 der Leitung oder der Stellvertretung aus dem pflegerischen oder betreuerischen Bereich. Die Heimärztin oder der Heimarzt beziehungsweise die behandelnde Ärztin oder der behandelnde Arzt ist einzubeziehen.
LU	**§ 41 EG ZGB – Zuständigkeit** ¹ Die fürsorgerische Unterbringung kann angeordnet werden a. durch die Kindes- und Erwachsenenschutzbehörde, b. durch in der Schweiz zur selbständigen Berufsausübung zugelassene Ärztinnen und Ärzte für längstens sechs Wochen, wenn Gefahr im Verzug ist, c. durch die ärztliche Leitung der Einrichtung für längstens drei Tage (Zurückbehaltung). ² Über die Entlassung entscheidet a. die Kindes- und Erwachsenenschutzbehörde, wenn sie die fürsorgerische Unterbringung angeordnet hat, b. die Einrichtung, wenn ein Arzt oder eine Ärztin die fürsorgerische Unterbringung oder die ärztliche Leitung der Einrichtung die Zurückbehaltung angeordnet hat. **§ 17 KESV – Weiterführung der Unterbringung** Hält die Einrichtung eine ärztlich angeordnete Unterbringung von mehr als sechs Wochen für notwendig, stellt sie der zuständigen Kindes- und Erwachsenenschutzbehörde spätestens zehn Tage vor Ablauf der Frist Antrag.
NW	**Art. 39 EG ZGB – Fürsorgerische Unterbringung** ¹ Die Kindes- und Erwachsenenschutzbehörde ist für die Anordnung der fürsorgerischen Unterbringung und die Entlassung zuständig. ² Für die Dauer von höchstens sechs Wochen können gestützt auf Art. 429 Abs. 1 ZGB auch die zur selbständigen Berufsausübung im Kanton zugelassenen Ärztinnen und Ärzte sowie die Chefärztinnen und Chefärzte, die leitenden Ärztinnen und Ärzte und die Oberärztinnen und Oberärzte des Kantonsspitals eine Unterbringung anordnen. ³ Der Entscheid ist unverzüglich der Kindes- und Erwachsenenschutzbehörde zuzustellen.
OW	**Art. 62 EG ZGB – Fürsorgerische Unterbringung** Die Kindes- und Erwachsenenschutzbehörde ist für die Anordnung der Unterbringung und die Entlassung zuständig, soweit diese nicht der Einrichtung übertragen wurde (428). Durch Verordnung kann die Zuständigkeit zur Anordnung der Unterbringung auf bestimmte Ärzte erweitert werden (429). **Art. 14 V-KESR – Anordnung und Entlassung** ¹ Wenn Gefahr im Verzug liegt, kann die fürsorgerische Unterbringung auch durch die im Kanton zur selbstständigen Berufsausübung zugelassenen Ärztinnen oder Ärzte sowie durch die Chefärztinnen und Chefärzte, die leitenden

	Kantonale Bestimmungen zu Art. 429 f. ZGB
	Ärztinnen und Ärzte und die Oberärztinnen und Oberärzte des Kantonsspitals Obwalden angeordnet werden, längstens jedoch für sechs Wochen. ² Die anordnende Ärztin oder der anordnende Arzt stellt den Unterbringungsentscheid unverzüglich der Kindes- und Erwachsenenschutzbehörde zu. ³ Die Einrichtung meldet der Kindes- und Erwachsenenschutzbehörde unverzüglich die Entlassung. Sie organisiert mit der Entlassung eine geeignete Nachbetreuung. **Art. 15 V-KESR – Weiterführung der Unterbringung** ¹ Hält die Einrichtung eine Unterbringung, die länger als sechs Wochen dauert, für notwendig, stellt sie bei der Kindes- und Erwachsenenschutzbehörde einen Antrag auf Weiterführung der Massnahme. ² Der Antrag ist spätestens zehn Tage vor Ablauf der sechswöchigen Frist einzureichen. Die nötigen Unterlagen sind dem Antrag beizulegen.
SG	**Art. 34 EG KESR – Ärztliche Unterbringung/a) Zuständigkeit** Die Amtsärztin oder der Amtsarzt ordnet die ärztliche Unterbringung nach Art. 429 ZGB für längstens sechs Wochen an. Ist Gefahr im Verzug, kann die ärztliche Unterbringung für längstens fünf Tage von einer Ärztin oder einem Arzt angeordnet werden, die oder der in der Schweiz zur Berufsausübung zugelassen ist. **Art. 35 EG KESR – b) Weiterführung** Die Einrichtung beantragt bei der Kindes- und Erwachsenenschutzbehörde rechtzeitig vor Ablauf der ärztlichen Unterbringung deren Weiterführung, wenn sie diese für notwendig erachtet. Die Kindes- und Erwachsenenschutzbehörde entscheidet über die Weiterführung.
SH	**Art. 61 EG KESR – c) Ärztliche Unterbringung** ¹ Neben der Kindes- und Erwachsenenschutzbehörde kann die fürsorgerische Unterbringung angeordnet werden für eine Dauer von bis zu sechs Wochen a) durch den Bezirksarzt oder seine Stellvertretung in den Fällen gemäss Art. 427 Abs. 2 und Art. 429 Abs. 1 ZGB; b) durch einen in der Schweiz zur selbständigen Berufsausübung zugelassenen Arzt in den Fällen gemäss Art. 429 Abs. 1 ZGB; ² Die ärztlichen Unterbringungsentscheide sind der Kindes- und Erwachsenenschutzbehörde mitzuteilen.
SO	**§ 123 Abs. 1 EG ZGB – B. Unterbringung durch Ärzte Art. 429 und 430 ZGB/ I. Zuständigkeit und Dauer** In der Schweiz zur selbständigen Berufsausübung zugelassene Ärzte dürfen eine fürsorgerische Unterbringung für die Dauer von höchstens 72 Stunden anordnen. **§ 124 EG ZGB** ¹ Durch zugelassene Ärzte angeordnete fürsorgerische Unterbringungen sind unverzüglich der Kindes- und Erwachsenenschutzbehörde anzuzeigen. ² Wenn eine Verlängerung der fürsorgerischen Unterbringung über die Dauer von 72 Stunden absehbar wird, ist die Institution verpflichtet, dies der Kindes- und Erwachsenenschutzbehörde unverzüglich und vor Ablauf der ärztlich angeordneten fürsorgerischen Unterbringung anzuzeigen. Die Institution nennt

Kantonale Bestimmungen zu Art. 429 f. ZGB	
	dabei die Diagnose, den Behandlungsplan und eine Frist für die weitere Rückbehaltung.
SZ	**§ 34 EG ZGB – V. Fürsorgerische Unterbringung / 1. Zuständigkeit zur Anordnung** [1] Die Kindes- und Erwachsenenschutzbehörde ist befugt, die fürsorgerische Unterbringung anzuordnen (Art. 428 ZGB). [2] Liegt Gefahr im Verzug, ist nebst der Kindes- und Erwachsenenschutzbehörde auch jeder in der Schweiz zur selbstständigen Berufsausübung zugelassene Arzt befugt, die fürsorgerische Unterbringung anzuordnen (Art. 429 ZGB). [3] Der ärztliche Unterbringungsentscheid ist der Kindes- und Erwachsenenschutzbehörde zur Kenntnis zu bringen. [4] Dauert eine vom Arzt angeordnete Unterbringung länger als sechs Wochen, hat die Kindes- und Erwachsenenschutzbehörde über die weitere Unterbringung zu entscheiden. **§ 19 KESV – Ärztlicher Unterbringungsentscheid** Der einweisende Arzt und die Einrichtung, in welche eine Person eingewiesen wird, stellen den Unterbringungsentscheid unverzüglich der zuständigen KESB zur Kenntnis zu. **§ 20 KESV – Weiterführung** Erachtet die Einrichtung die Weiterführung der ärztlichen Unterbringung über die Dauer von sechs Wochen als notwendig, stellt sie der zuständigen KESB spätestens zehn Tage vor Ablauf der Frist Antrag unter Beilage der erforderlichen Unterlagen.
TG	**§ 58 EG ZGB** [1] Die im Kanton Thurgau zur selbstständigen Berufsausübung zugelassenen Ärzte dürfen für die Dauer von höchstens sechs Wochen eine Unterbringung zur Behandlung oder Betreuung anordnen (Artikel 426 Absatz 1 und Artikel 429 Absatz 1 ZGB). [2] Über Beschwerden gegen ärztliche Unterbringungsentscheide (Artikel 439 ZGB) befindet die Kindes- und Erwachsenenschutzbehörde am zivilrechtlichen Wohnsitz der betroffenen Person. **§ 91 Abs. 1 KESV – Information der Behörde und der Einrichtung** Die Kindes- und Erwachsenenschutzbehörde und die Einrichtung zur fürsorgerischen Unterbringung informieren sich gegenseitig über die getroffenen Entscheide und über weitere relevante Tatsachen; die Behörde sorgt gegebenenfalls für die notwendige Information der Beiständin oder des Beistands. **§ 93 Abs. 1 KESV – Weiterbildung der Ärzteschaft** Ärztinnen und Ärzte, die zur Anordnung der fürsorgerischen Unterbringung befugt sind, sind um ihre regelmässige fachliche Fortbildung besorgt. **§ 94 KESV – Ärztliche Unterbringung** [1] Die einweisende Ärztin oder der einweisende Arzt können für den Vollzug der Einweisung die Polizei beiziehen. [2] Der Einweisungsentscheid ist unverzüglich der Kindes- und Erwachsenenschutzbehörde zuzustellen.

	Kantonale Bestimmungen zu Art. 429 f. ZGB
	³ Die Einrichtung beantragt bei der Kindes- und Erwachsenenschutzbehörde spätestens sieben Tage vor dem Ablauf der sechswöchigen Frist für die ärztliche Unterbringung deren Weiterführung, wenn sie diese als notwendig erachtet. Dem Antrag sind die notwendigen Unterlagen beizulegen, insbesondere die ärztlichen Berichte über den Verlauf der Unterbringung. ⁴ Die Kindes- und Erwachsenenschutzbehörde entscheidet über die Weiterführung der Massnahme innert sieben Tagen.
UR	**Art. 21 EG KESR – Zuständigkeit** ¹ Neben der Kindes- und Erwachsenenschutzbehörde können die in der Schweiz zur Berufsausübung zugelassenen Ärztinnen und Ärzte die fürsorgerische Unterbringung anordnen, Letztere jedoch höchstens für sechs Wochen. ² Die Voraussetzungen und das Verfahren richten sich nach dem Bundesrecht. ³ Die Ärztin oder der Arzt, die oder der die Unterbringung anordnet, hat den Unterbringungsentscheid der betroffenen Person und der ausgewählten Einrichtung auszuhändigen sowie der Kindes- und Erwachsenenschutzbehörde zuzustellen. **Art. 22 EG KESR – Entlassung** ¹ Die Zuständigkeit zur Entlassung aus der fürsorgerischen Unterbringung richtet sich nach dem Bundesrecht. ² Ist die Einrichtung nicht selbst zuständig zur Entlassung und erachtet sie die Voraussetzungen für die Unterbringung als nicht mehr erfüllt, beantragt sie der Kindes- und Erwachsenenschutzbehörde die Entlassung. Sie kann damit Empfehlungen für die Nachbetreuung verbinden. ³ Entlassungsgesuche der betroffenen Person oder einer ihr nahestehenden Person sind unverzüglich der zuständigen Entlassungsbehörde weiterzuleiten. ⁴ Die Verfahrensbestimmungen, die für die Entlassung durch die Kindes- und Erwachsenenschutzbehörde gelten, sind bei Entlassungen durch die Einrichtung sinngemäss anzuwenden. **Art. 24 EG KESR – Gegenseitige Information** Die Kindes- und Erwachsenenschutzbehörde und die Einrichtungen zur fürsorgerischen Unterbringung bedienen sich gegenseitig mit den getroffenen Verfügungen. Sie informieren sich gegenseitig über weitere Massnahmen, soweit das erforderlich ist, um die jeweiligen Zuständigkeiten wahrzunehmen.
VS	**Art. 113 Abs. 1 EG ZGB – Ärztliche Unterbringung** Wenn eine Person an einer psychischen Störung leidet und Gefahr im Verzug ist, sind die an einer Notfallorganisation beteiligten Ärzte ermächtigt, eine fürsorgerische Unterbringung anzuordnen. Diese kann auf unbestimmte Zeit erfolgen, sie darf jedoch sechs Wochen nicht überschreiten (Art. 429 Abs. 1 ZGB).
ZG	**§ 51 EG ZGB – B. Ärztliche Unterbringung Einweisung** ¹ Jede Facharztperson der Psychiatrie, die eine Bewilligung zur Berufsausübung im Kanton Zug besitzt, kann die Unterbringung (Art. 429 ZGB) anordnen.

Kantonale Bestimmungen zu Art. 429 f. ZGB	
	² Bei Gefahr in Verzug kann jede Arztperson, die eine Bewilligung zur Berufsausübung im Kanton Zug besitzt, die Unterbringung anordnen. ³ Die Gültigkeit der ärztlichen Unterbringung ist auf sechs Wochen beschränkt. ⁴ Die anordnende Arztperson stellt den Unterbringungsentscheid unverzüglich der Kindes- und Erwachsenenschutzbehörde zu. **§ 52 EG ZGB – Entlassung** ¹ Über die Entlassung entscheidet die Einrichtung (Art. 429 Abs. 3 ZGB). ² Besteht Rückfallgefahr, so kann die Einrichtung mit der Entlassung eine geeignete Nachbetreuung anordnen. ³ Die Einrichtung teilt die Entlassung unverzüglich der Kindes- und Erwachsenenschutzbehörde mit. **§ 53 EG ZGB – Weiterführung der fürsorgerischen Unterbringung** ¹ Hält die Einrichtung eine Unterbringung für länger als sechs Wochen für notwendig, stellt sie bei der Kindes- und Erwachsenenbehörde einen Antrag auf Weiterführung der Massnahme. ² Der Antrag ist spätestens acht Tage vor Ablauf der sechswöchigen Frist einzureichen. Der Antrag ist zu begründen.
ZH	**§ 27 EG KESR – A. Anordnung der Unterbringung und Entlassung Ärztliche Unterbringung** ¹ Unterbringungen gemäss Art. 429 Abs. 1 ZGB dürfen von Ärztinnen und Ärzten angeordnet werden, die a. über ein eidgenössisches oder ein eidgenössisch anerkanntes ausländisches Diplom verfügen und b. über eine Bewilligung zur selbstständigen Berufsausübung in der Schweiz verfügen oder unter der Verantwortung einer Ärztin oder eines Arztes mit einer entsprechenden Bewilligung arbeiten. ² Die einweisenden Ärztinnen und Ärzte dürfen nicht in einem Unterstellungsverhältnis zur ärztlichen Leitung der aufnehmenden Einrichtung stehen. **§ 29 EG KESR** ¹ Die Unterbringung gemäss Art. 429 Abs. 1 ZGB dauert längstens sechs Wochen. ² Hält die ärztliche Leitung der Einrichtung eine längere Unterbringung für notwendig, stellt sie der KESB rechtzeitig einen begründeten Antrag. Die KESB entscheidet unverzüglich. **§ 30 EG KESR** ¹ Ärztinnen und Ärzte, die fürsorgerische Unterbringungen anordnen, bilden sich in diesem Bereich regelmässig fort. ² Die Psychiatrische Universitätsklinik Zürich bietet Fortbildungskurse an. Der Kanton trägt die Kosten.

Art. 431

C. Periodische Überprüfung

¹ Die Erwachsenenschutzbehörde überprüft spätestens sechs Monate nach Beginn der Unterbringung, ob die Voraussetzungen noch erfüllt sind und ob die Einrichtung weiterhin geeignet ist.

² Sie führt innerhalb von weiteren sechs Monaten eine zweite Überprüfung durch. Anschliessend führt sie die Überprüfung so oft wie nötig, mindestens aber jährlich durch.

I. Vorbemerkungen

Gemäss Art. 426 Abs. 3 muss eine Person entlassen werden, sobald die Voraussetzungen für die Unterbringung nicht mehr erfüllt sind. Zudem kann die betroffene Person jederzeit ein Gesuch um Entlassung gem. Art. 426 Abs. 4 stellen. Aufgrund der Schwere des Eingriffs soll die Erwachsenenschutzbehörde nicht nur auf Gesuch oder Benachrichtigung hin tätig werden, sondern **von Amtes wegen** periodisch die Einweisungsvoraussetzungen und die Geeignetheit der Einrichtung überprüfen (Botschaft Erwachsenenschutz, 7067). Die Überprüfung dient dem **öffentlichen Interesse**, indem sie verhindern soll, dass eine bestehende FU weitergeführt wird, obwohl die Voraussetzungen für deren Anordnung weggefallen sind (VE Erwachsenenschutz/Verfahren, 30) oder nie erfüllt waren (z.B. BGE 125 III 169 E. 2–4; gl.M. FamKomm Erwachsenenschutz-GUILLOD, Art. 431 N 3).

II. Periodische Überprüfung der Voraussetzungen

Die **Überprüfung** ist gemäss der Untersuchungsmaxime (Art. 446 Abs. 1) eine **umfassende**. Sämtliche Voraussetzungen für eine FU müssen überprüft werden (zu den Voraussetzungen s. Art. 426 N 5 ff.; gl.M. BSK ZGB I-GEISER/ETZENSBERGER, Art. 431 N 10). Aufgrund der systematischen Einordnung von Art. 431 und dessen Wortlaut ist ausschliesslich die Unterbringung zu überprüfen, und nicht auch eine allfällig langandauernde Medikation ohne oder gegen den Willen des Betroffenen und deren Voraussetzung. Erhält die Behörde aber Kenntnis von einer nicht lege artis durchgeführten Medikation, hat sie die Situation in die Überprüfung einzubeziehen und gegebenenfalls die Einrichtung zu wechseln (gl.M. CHK-BREITSCHMID/MATT, Art. 431 ZGB N 1). Soweit die medizinische Behandlung aber zur Prüfung der Geeignetheit der Einrichtung notwendig ist, gehört deren Überprüfung dazu (BSK ZGB I-GEISER/ETZENSBERGER, Art. 431 N 9). Die Überprüfung ist zu **dokumentieren** und das Ergebnis **zu verfügen** (gl.M. BSK ZGB I-GEISER/ETZENSBERGER, Art. 431 N 18; CHK-BREITSCHMID/MATT, Art. 431 ZGB N 1). Die Überprüfung soll keine Routineangelegenheit sein (Botschaft Erwachsenenschutz, 7067; gl.M. FamKomm Erwachsenenschutz-GUILLOD, Art. 431 N 7). Daraus ist zu folgern, dass – in Anlehnung an den in der Vernehmlassung auf positives Echo gestossenen Art. 44 VE Erwachsenenschutz/Verfahren – die Kontrollpflicht individuell wahrgenommen werden muss. Dazu gehören als **Mindestanforderung** die persönliche Anhörung (Art. 447) und die Einholung einer Stellungnahme bei der Einrichtung oder allenfalls zusätzlich der Vertrauensperson (gl.M. FamKomm Erwachsenenschutz-GUILLOD, Art. 431 N 8; MEIER/LUKIC, Rz 697; BSK Erwachsenenschutz-GEISER/ETZENSBERGER, Art. 431 N 16 f.). Ergibt sich, dass weitere Abklärungen angezeigt sind, so sind diese zu veranlassen (Art. 446 Abs. 2). Die Behörde kann die Abklärungen an ein Mitglied delegieren (VE Erwachsenenschutz/Verfahren, 30; FamKomm Erwachsenenschutz-GUILLOD, Art. 431 N 8). Ein neues Gutachten braucht es nur bei besonderen Umständen (FamKomm Erwachsenenschutz-GUILLOD, Art. 431 N 8; restriktiver: BERNHART, Rz 409; a.M. das Bundesgericht in BGer vom 11.4.2014, 5A_236/2014 E. 2.3 ff., welches auch für die periodische Überprüfung standardmässig Art. 450e Abs. 3 ZGB anwendet). Nicht geeignet erscheint wegen Interessenkollisionen und Rollenkonfusionen die Delegation der Überprüfung an den Beistand (gl.M. CHK-BREITSCHMID/MATT, Art. 431 ZGB N 3; **a.M.** VE Erwachsenenschutz/Verfahren, 30); zur Stellungnahme kann er aber aufgefordert werden.

2a   Örtlich zuständig ist die KESB am **Wohnsitz** der betroffenen Person (BSK ZGB I-GEISER/ETZENSBERGER, Art. 431 N 7).

3   Die erste Überprüfung erfolgt spätestens sechs Monate nach der Unterbringung. Die **Frist** beginnt mit Anordnung der FU zu laufen; bei Art. 427 beginnt sie mit dem Zurückbehalten durch die ärztliche Leitung und bei Art. 429 mit der ärztlichen Anordnung (gl.M. FamKomm Erwachsenenschutz-GUILLOD, Art. 431 N 4 m.w.H.; MEIER/LUKIC, Rz 696). Von diesem Zeitpunkt an hat innerhalb von sechs Monaten und danach innerhalb von weiteren sechs Monaten eine Überprüfung stattzufinden. Vom zweiten Jahr einer Unterbringung an erfolgt die Überprüfung nur noch jährlich, es sei denn, ein intensiverer **Überprüfungsrhythmus** sei im Einzelfall angezeigt (gl.M. BSK ZGB I-GEISER/ETZENSBERGER, Art. 431 N 11). Säumnis der Behörde erfüllt den Tatbestand der Rechtsverweigerung (VE Erwachsenenschutz/Verfahren, 30) und kann bei der gerichtlichen Beschwerdeinstanz (s. Art. 450a Abs. 2 ZGB) gerügt werden (FamKomm Erwachsenenschutz-GUILLOD, Art. 431 N 6; BSK ZGB I-GEISER/ETZENSBERGER, Art. 431 N 24).

4   Der Entscheid ist der betroffenen Person, der Einrichtung und einer allfälligen Vertrauensperson zu **eröffnen**. Dem Beistand ist der Entscheid nicht in jedem Falle zuzustellen. Massgebend ist auch hier die Würdigung im Einzelfall insb. unter Berücksichtigung der Aufgabenbereiche (vgl. Art. 429/430 N 7). In der Regel dürfte es aber notwendig sein, dass ein Beistand mit Aufgabenbereich Personensorge bzw. medizinische Massnahmen zumindest ein Dispositiv erhält (weitergehend hier: BSK ZGB I-GEISER/ETZENSBERGER, Art. 431 N 19). Gleiches muss für nahestehende Personen und weitere Personen gelten, unter Berücksichtigung des Umstandes, dass diese ggf. zur Beschwerde legitimiert sind (BSK ZGB I-GEISER/ETZENSBERGER, Art. 431 N 20).

Kantonale Bestimmungen zur periodischen Überprüfung (Art. 431 ZGB)	
LU	**§ 43 EG ZGB – Überprüfung** ¹ Die Kindes- und Erwachsenenschutzbehörde prüft erstmals nach sechs Monaten, ob die Voraussetzungen für eine fürsorgerische Unterbringung noch erfüllt sind und ob die Einrichtung weiterhin geeignet ist. ² Die zweite Überprüfung folgt nach weiteren sechs Monaten, die weiteren Überprüfungen finden mindestens einmal jährlich statt. **§ 18 KESV – Periodische Überprüfung** Im Hinblick auf die periodische Überprüfung der Unterbringung stellt die Einrichtung der Kindes- und Erwachsenenschutzbehörde einen Monat vor Ablauf der Frist Antrag.
SZ	**§ 21 KESV – Periodische Überprüfung** Im Hinblick auf die periodische Überprüfung der Unterbringung stellt die Einrichtung der zuständigen KESB einen Monat vor Ablauf der Frist nach Art. 431 ZGB Antrag auf Fortbestand der Massnahme.

Art. 432

D. Vertrauensperson Jede Person, die in einer Einrichtung untergebracht wird, kann eine Person ihres Vertrauens beiziehen, die sie während des Aufenthalts und bis zum Abschluss aller damit zusammenhängenden Verfahren unterstützt.

Literatur

Vgl. die Literaturhinweise zur Einführung.

Personen, die sich im Rahmen einer FU in einer Einrichtung aufhalten, leiden einerseits an einem Schwächezustand und müssen sich andererseits in einer ungewohnten Umgebung wider Willen zurechtfinden. Es fällt in solchen Situationen schwer – unabhängig vom Schwächezustand – von den der Person **zustehenden Rechten Gebrauch zu machen** (gl.M. FamKomm Erwachsenenschutz-GUILLOD, Art. 432 N 1). Deshalb wurde neu das Institut der Vertrauensperson ins Gesetz eingefügt. 1

Eine Vertrauensperson ist entgegen dem Vorentwurf (Art. 426 VE) nur für **Personen** gedacht, welche «gegen oder ohne den Willen im Rahmen einer FU sich in einer Anstalt befinden» (Botschaft Erwachsenenschutz, 7067), und nicht auch für freiwillig eintretende (gl.M. FamKomm Erwachsenenschutz-GUILLOD, Art. 432 N 3; a.M. BERNHART, Rz 590, der sie auch angewendet haben will bei freiwilligem Aufenthalt; selbstverständlich kann jede Person in einer Einrichtung grundsätzlich einen Dritten beiziehen; im Unterschied zur Vertrauensperson gem. Art. 432 kann die Einrichtung sie aber – kantonales Recht vorbehalten – wie andere Dritte behandeln, z.B. in Bezug auf Besuche ausserhalb der offiziellen Besuchszeiten [vgl. N 3]; gl.M. BSK ZGB I-GEISER/ETZENSBERGER, Art. 432 N 4). Zum Personenkreis des Art. 432 2

ZGB gehören aber vom Zeitpunkt der Anordnung der Zurückbehaltung an solche, die freiwillig eintreten und zurückbehalten werden (Art. 427) (s. N 3; gl.M. BSK ZGB I-Geiser/Etzensberger, Art. 432 N 3). Sie haben das **Recht**, eine Person ihres Vertrauens beizuziehen. Vorausgesetzt ist **Urteilsfähigkeit**, an die m.E. nicht allzu hohe Anforderungen zu stellen sind (analog zu Art. 401 Abs. 1; gl.M. FamKomm Erwachsenenschutz-Guillod, Art. 432 N 4; BSK ZGB I-Geiser/Etzensberger, Art. 432 N 9; OFK ZGB-Fassbind, Art. 432 N 1); der Vorschlag eines Urteilsunfähigen hat Indizfunktion. Bei Unklarheiten entscheidet die Erwachsenenschutzbehörde (gl.M. CHK-Breitschmid/Matt, Art. 432 ZGB N 1); die Vertrauensperson ist in jedem Falle die mildere «Massnahme» als eine Beistandschaft, weshalb sie im Falle der Urteilsunfähigkeit der Person a maiore ad minus auch angeordnet werden kann, wenn dies ihrem mutmasslichen Willen entspricht. Zum Schutz kann es angezeigt sein, dass die KESB auch die Ernennung widerrufen kann (so BSK ZGB I-Geiser/Etzensberger, Art. 432 N 10), was in Anbetracht des Selbstbestimmungsrechtes überaus restriktiv zu handhaben ist. **Kantone** können zwar ergänzende Bestimmungen erlassen und bspw. unabhängige Dienste mit der Aufgabe betrauen, die auf Wunsch der betroffenen Person eine Vertrauensperson zur Verfügung stellen (Botschaft Erwachsenenschutz, 7067); diese Bestimmungen dürfen aber nicht das Recht der betroffenen Person einschränken, auch andere Vertrauenspersonen zu bestimmen (gl.M. FamKomm Erwachsenenschutz-Guillod, Art. 432 N 6; CHK-Breitschmid/Matt, Art. 432 ZGB N 2). Das Recht besteht während der gesamten Aufenthaltsdauer und ggf. darüber hinaus, sofern noch Verfahren hängig sind (gl.M. FamKomm Erwachsenenschutz-Guillod, Art. 432 N 8; CHK-Breitschmid/Matt, Art. 432 ZGB N 4).

3 **Vertrauenspersonen** sind primär die in Art. 430 N 7 genannten Personen, hier aber allenfalls zusätzlich auch Anwälte (Botschaft Erwachsenenschutz, 7067) in Berücksichtigung von u.U. unterschiedlichen Aufgaben und Rollen (Affolter, AJP 2006, 1066; krit. zu Mitarbeitenden der Einrichtung als Vertrauenspersonen zu Recht Hausheer/Geiser/Aebi-Müller, Familienrecht, Rz 20.178). **Aufgabe** der Vertrauensperson ist die betroffene Person – ohne dass andere Stelle davon entbunden würden (z.B. gem. Art. 430) – über ihre Rechte und Pflichten zu informieren, ihr bei der Formulierung und Weiterleitung von Anliegen zu helfen, bei Konflikten zu vermitteln und sie bei Verfahren zu begleiten (Botschaft Erwachsenenschutz, 7067). Ausschliesslich mit Einwilligung der betroffenen Person erhält die Vertrauensperson auch **Akteneinsichts- und Auskunftsrecht** (gl.M. FamKomm Erwachsenenschutz-Guillod, Art. 432 N 10), es sei denn, es ist zur Ausübung ihrer Funktion *zwingend* notwendig, z.B. im Rahmen des Behandlungsplanes oder im Rahmen eines Beschwerdeverfahrens als Verfahrensbeteiligte (offener FamKomm Erwachsenenschutz-Guillod, Art. 432 N 11 f., der schon «nötige» Informationen zulässt; a.M. BSK ZGB I-Geiser/Etzensberger, Art. 432 N 12). Das **Besuchsrecht** muss ihr auch ausserhalb der offiziellen Besuchszeiten zustehen; zudem ist sie bei der Erarbeitung des **Behandlungsplanes** gem. Art. 433 eine wichtige Ansprechperson für die Klinik, welche dafür besorgt sein muss, dass die Gespräche wenn immer möglich in Anwesenheit der Vertrauensperson stattfinden (Botschaft Erwachsenenschutz, 7067). Dies gilt sinngemäss auch,

wenn nicht Art. 433 ff. direkt, sondern Art. 377 ff. im Rahmen einer FU anwendbar sind (vgl. Art. 426 N 14, N 14a). Im Unterschied zu Art. 377 ff. hat die Vertrauensperson aber **keinerlei gesetzliche Vertretungsrechte**. Sie muss aber informiert werden über medizinische Massnahmen ohne Zustimmungen (Art. 434 Abs. 2) und über bewegungseinschränkende Massnahmen (Art. 438 i.V.m. Art. 384 Abs. 2). Sie gilt als nahestehende Person (Art. 426 N 16) und kann demgemäss auch **Beschwerde** erheben (sie ist jedoch nicht als Verfahrensbeteiligte vor Bundesgericht zugelassen, s. BGer vom 12.2.2014, 5A_948/2013 E. 2.1.) resp. muss auch über den Unterbringungsentscheid gem. Art. 430 Abs. 5 informiert werden (FamKomm Erwachsenenschutz-GUILLOD, Art. 432 N 9). Allfällige **Entschädigungen** richten sich nach Auftragsrecht (Art. 394 ff. OR) oder Geschäftsführung ohne Auftrag (Art. 419 ff. OR; gl.M. FamKomm Erwachsenenschutz-GUILLOD, Art. 432 N 16; BSK ZGB I-GEISER/ETZENSBERGER, Art. 432 N 16; CHK-BREITSCHMID/MATT, Art. 432 ZGB N 4), es sei denn, es bestehen schon behördliche Massnahmen für diesen Aufgabenbereich (s. Art. 454). Die Vertrauensperson ist nicht Organ des Erwachsenenschutzes, weshalb auch Art. 454 f. nicht zum Tragen kommen (MEIER/LUKIC, Rz 704; FamKomm Erwachsenenschutz-GUILLOD, Art. 432 N 16; BSK ZGB I-GEISER/ETZENSBERGER, Art. 432 N 2), und kann selbstverständlich die Übernahme dieser Aufgabe ablehnen (FamKomm Erwachsenenschutz-GUILLOD, Art. 432 N 7; MEIER/LUKIC, Rz 700). Sie selbst muss urteilsfähig, nicht aber handlungsfähig sein (BSK ZGB I-GEISER/ETZENSBERGER, Art. 432 N 9). Zudem haben die Einrichtungen auf die Möglichkeit eine Vertrauensperson beizuziehen hinzuweisen, was einzelne Kantone explizit in ihren Ausführungsbestimmungen aufgenommen haben (so die Kt. AG, GR [im Unterbringungsentscheid], TG).

Kantonale Bestimmungen zur Vertrauensperson (Art. 432 ZGB)	
AG	**§ 67e Abs. 1 EG ZGB – Beizug einer Vertrauensperson** Jede in eine Einrichtung eingewiesene Person hat das Recht, eine Vertrauensperson beizuziehen. Sie ist sofort nach dem Eintritt in geeigneter Form auf dieses Recht aufmerksam zu machen.
GR	**Art. 24 KESV** Im Unterbringungsentscheid ist die betroffene Person auf das Recht hinzuweisen, eine Vertrauensperson im Sinne von Artikel 432 des Schweizerischen Zivilgesetzbuches zu bezeichnen.
SG	**Art. 40 EG KESR – Vertrauensperson** Die betroffene Person kann eine Person ihres Vertrauens für die Dauer der ambulanten Massnahmen beiziehen. Art. 432 ZGB wird sachgemäss angewendet.
TG	**§ 59 Abs. 1 EG ZGB – Entschädigung der Vertrauensperson** Einer von der untergebrachten Person beigezogenen Vertrauensperson (Artikel 432 ZGB) steht für ihre Tätigkeit kein Anspruch auf Entschädigung zu. **§ 90 Abs. 1 KESV – Information der betroffenen Person** Wird eine Person in eine Einrichtung eingewiesen oder gegen ihren Willen dort zurückbehalten, weist die Einrichtung die betroffene Person auf das Recht hin, eine Vertrauensperson beizuziehen oder bei der Kindes- und Erwachsenenschutzbehörde eine Beiständin oder einen Beistand zu beantragen.

Art. 433

E. Medizinische Massnahmen bei einer psychischen Störung
I. Behandlungsplan

¹ Wird eine Person zur Behandlung einer psychischen Störung in einer Einrichtung untergebracht, so erstellt die behandelnde Ärztin oder der behandelnde Arzt unter Beizug der betroffenen Person und gegebenenfalls ihrer Vertrauensperson einen schriftlichen Behandlungsplan.

² Die Ärztin oder der Arzt informiert die betroffene Person und deren Vertrauensperson über alle Umstände, die im Hinblick auf die in Aussicht genommenen medizinischen Massnahmen wesentlich sind, insbesondere über deren Gründe, Zweck, Art, Modalitäten, Risiken und Nebenwirkungen, über Folgen eines Unterlassens der Behandlung sowie über allfällige alternative Behandlungsmöglichkeiten.

³ Der Behandlungsplan wird der betroffenen Person zur Zustimmung unterbreitet. Bei einer urteilsunfähigen Person ist eine allfällige Patientenverfügung zu berücksichtigen.

⁴ Der Behandlungsplan wird der laufenden Entwicklung angepasst.

Art. 434

II. Behandlung ohne Zustimmung

¹ Fehlt die Zustimmung der betroffenen Person, so kann die Chefärztin oder der Chefarzt der Abteilung die im Behandlungsplan vorgesehenen medizinischen Massnahmen schriftlich anordnen, wenn:
1. ohne Behandlung der betroffenen Person ein ernsthafter gesundheitlicher Schaden droht oder das Leben oder die körperliche Integrität Dritter ernsthaft gefährdet ist;
2. die betroffene Person bezüglich ihrer Behandlungsbedürftigkeit urteilsunfähig ist; und
3. keine angemessene Massnahme zur Verfügung steht, die weniger einschneidend ist.

² Die Anordnung wird der betroffenen Person und ihrer Vertrauensperson verbunden mit einer Rechtsmittelbelehrung schriftlich mitgeteilt.

Art. 435

III. Notfälle ¹ In einer Notfallsituation können die zum Schutz der betroffenen Person oder Dritter unerlässlichen medizinischen Massnahmen sofort ergriffen werden.
² Ist der Einrichtung bekannt, wie die Person behandelt werden will, so wird deren Wille berücksichtigt.

Literatur

Vgl. die Literaturhinweise zur Einführung und zu Art. 426.

I. Ausgangslage und ärztlicher Heileingriff

Die Regelung im alten Recht erfasste bei der FFE nur die Freiheitsentziehung, nicht aber Eingriffe in die körperliche und geistige Unversehrtheit (BGE 118 II 254 E. 6). Erlaubt waren ausschliesslich sog. Zwangsbehandlungen, die zum Vollzug der Freiheitsentziehung dienten und notwendig waren, wie z.B. vorübergehende Sedierung (BSK ZGB I-GEISER, vor aArt. 397a N 7; BGE 121 III 208 E. 2b; gl.M. OFK ZGB-FASSBIND, Art. 434 N 1). Im revidierten Recht ist die FU weitergefasst und beinhaltet auch die Betreuung resp. Behandlung (s. Art. 426 N 14 f.). Art. 433 ff. regeln ausschliesslich den **ärztlichen Heileingriff bei psychisch Kranken im Rahmen einer FU** in einer psychiatrischen Klinik (Art. 380; s. Art. 426 N 14 f.), nicht aber bei geistiger Behinderung (N 4) und bei einer schweren Verwahrlosung, die nicht in einer psychischen Störung gründet (s. Art. 426 N 7; gl.M. FamKomm Erwachsenenschutz-GUILLOD, Art. 426 N 56, Art. 433 N 10). Damit löst der Gesetzgeber einen multipolaren Grundrechtskonflikt (MÜLLER, ZBJV 2000, 751) und führt ein **Sonderrecht** ein (vgl. Art. 426 N 14 f.; gl.M. FamKomm Erwachsenenschutz-GUILLOD, Art. 433 N 3), bei welchen die Vertretungsrechte gemäss Art. 377 ff. ausgeschlossen sind (Art. 426 N 14 f.; gl.M. FamKomm Erwachsenenschutz-GUILLOD, Art. 433 N 4). Die Ausweitung der Begrifflichkeit führt dazu, dass auch der Personenkreis, dem Art. 433 ff. untersteht, grösser als im geltenden Recht ist (Art. 426 N 1 f., 11, 14). Zur Abgrenzung zur Einschränkung der Bewegungsfreiheit s. Art. 438 N 1 f.; zur Abgrenzung zu den gesetzlichen Vertretungsrechten s. Art. 426 N 14 f.; zum Begriff «medizinische Massnahmen» s. N 3a.

Der **ärztliche Heileingriff** ist nach Rechtsprechung (BGE 117 Ib 197 E. 2) und h.L. (GEISER, recht 2006, Rz 1.3; HAUSHEER/AEBI-MÜLLER, Rz 12.49 ff.; BUCHER A., Personen, Rz 497 ff.) eine Verletzung der Persönlichkeit des Patienten, auch wenn er lege artis durchgeführt wurde. Gemäss Art. 28 Abs. 2 ist ein Eingriff nur rechtmässig, wenn die betroffene Person einwilligt, ein überwiegendes privates oder öffentliches Interesse oder ein Gesetz den Eingriff rechtfertigt. Die Einwilligung bedarf der **Urteilsfähigkeit, nicht aber der Volljährigkeit**. Die autonome bzw. selbstbestimmte Entscheidung eines Urteilsfähigen ist zu befolgen (MICHEL, 15 ff. m.w.H., 39; z.T. a.M. BUCHER A., Personen, N 505); dessen Entscheid muss nicht objektiv vernünftig sein, er muss aber aufgrund eines autonom ablaufenden Willensbildungsprozesses gereift sein und mindestens in Übereinstimmung mit der subjektiven Wertewelt des Patienten stehen (MICHEL, 45). An die Urteilsfähigkeit zur Einwilligung sind i.d.R. höhere Anforderungen zu stellen als an die Behandlungsverweigerung (vgl. Art. 370 N 6; BK-BUCHER, Art. 16 N 105, der bei höchstpersönlichen Rechten grundsätzlich hohe Anforderungen stellt [a.M. MICHEL, 79]; GEISER, recht 2006, Rz 2.8; gl.M. CHK-BREITSCHMID/MATT, Art. 434 ZGB N 1; zu Recht differenzierend MICHEL, 80). Zudem darf dem medizinischen Eingriff Art. 27 Abs. 2 nicht entgegenstehen (BGE 114 Ia 350 E. 6; PEDRAZZINI/OBERHOLZER, 145; HAUSHEER/AEBI-MÜLLER, Rz 11.14 f.). Bei **Urteilsunfähigkeit kann ein gesetzlicher Vertreter** (vgl. Art. 378) einwilligen, da Entscheidungen über ärztliche Heileingriffe – im Unterschied zu solchen ohne Heilzweck wie etwa Piercings – relativ höchstpersönliche Rechte sind (HAUSHEER/AEBI-MÜLLER, Rz 07.23; BGE 134 II 235 E. 4). Fehlt ein solcher Vertreter, so hat die Erwachsenenschutzbehörde einen Beistand (Art. 394) zu ernennen oder sie handelt gem. Art. 392 ggf. direkt. Der gesetzliche Vertreter hat den Entscheid nach den Kriterien des **mutmasslichen Willens** *(substituted judgement standard)* zu fällen, sofern eine Person einmal urteilsfähig war, oder des **hypothetischen Willens** *(best interest standard)*, sofern eine Person nie urteilsfähig war. Ausnahme von der Anordnung einer Vertretung ist einzig bei **zeitlicher Dringlichkeit** die **mutmassliche oder hypothetische Einwilligung** (vgl. Art. 435; BGE 117 Ib 197 E. 2; GEISER, FS Schnyder, Rz 1.6 f. m.w.H.; zur Unterscheidung von mutmasslicher und hypothetischer Einwilligung resp. Wille MICHEL, 120 ff., 149 ff.; HAAS, 311 ff.; beide m.w.H.), gemäss derer der Arzt direkt handeln kann. Beim mutmasslichen Willen und der mutmasslichen Einwilligung wird gefragt, ob die betroffene Person eingewilligt hätte, wenn sie urteilsfähig wäre. **Indizien** dafür sind Patientenverfügungen, gem. Art. 9 ÜMB (frühere) Aussagen des Betroffenen (z.B. zu früheren ärztlichen Behandlungen), Aussagen von Angehörigen, Beiständen, Freunden etc. (GEISER, recht 2006, Rz 2.3 ff. m.w.H.; BUCHER E., in: Arzt und Recht, 43 ff.; GEISER, FS Schnyder, Rz 1.10; zum Verhältnis der ÜMB zum nationalen Recht Art. 377 f. N 1 f.); die zeitliche Dringlichkeit bestimmt i.d.R. den Umfang der Abklärungen. Voraussetzung für eine rechtmässige Einwilligung ist sodann, dass die betroffene Person ausreichend über die Behandlung aufgeklärt worden ist (**ärztliche Aufklärungspflicht**, sog. «**informed consent**»; s. N 5, Art. 377 Abs. 2; BGE 133 III 121 E. 4.1.2; 117 Ib 197 E. 3b; 119 II 456 E. 2; BUCHER A., Personen, Rz 499 m.w.H.; HAUSHEER/ AEBI-MÜLLER, Rz 12.52 ff.; MICHEL, 41 ff.; zum Umfang der Einwilligung Art. 377 N 7 f.). Die Einwilligung hat sodann vor dem Eingriff zu erfolgen, ist jederzeit widerrufbar und muss im Zeitpunkt des Eingriffs fortbestehen resp. darf nicht zu früh abgegeben worden sein (HAAS, 157 f.).

3   Die Grundsätze des ärztlichen Heileingriffs gelten grundsätzlich für Personen mit **somatischen** oder **psychischen** Schwierigkeiten (ausf. GEISER, recht 2006, Rz 2.6 ff.; GUILLOD/HELLE, ZVW 2003, 348 f.). Ohne eine Einwilligung ist somit keine ärztliche Heilbehandlung gegen oder ohne den Willen der betroffenen Person möglich, es sei denn, es liegt ein **Gesetz im formellen Sinne** vor (BGer vom 7.10.2013, 5A.666/2013 E. 3.3.; BGE 126 I 112 E. 3c; MÜLLER, recht 1994, 31 ff.), wie das Sterilisationsgesetz, das Epidemiengesetz, Art. 434 f. ZGB, kantonale Gesundheitsgesetze etc. (siehe auch die Übersicht bei Art. 379/380 N 4). Gemäss der Rechtsprechung ge-

nügt u.U. auch die polizeiliche Generalklausel (BGE 126 I 112 E. 3; MÜLLER, ZBJV 2000, 725 ff.; einschränkend EGMR vom 8.10.2009, Gsell c. Suisse, Nr. 12675/05). Zusätzlich hat die Massnahme verhältnismässig zu sein (Art. 389 N 2 ff.; zum Grundrechtseingriff BGE 126 I 112 E. 3). Eine Person kann mit FU zum Zweck einer medizinischen Behandlung untergebracht werden (Art. 433 Abs. 1 Satz 1). Es versteht sich von selbst, dass bei Art. 433 ff. ausschliesslich medizinische Massnahmen **im Rahmen einer FU** gem. Art. 426 f. anzuwenden sind (BGer vom 30.7.2013, 5A_485/2013 E. 2), und nicht, dass im Rahmen einer notwendig erachteten medizinischen Behandlung eine FU angeordnet wird, ohne dass die Voraussetzungen ausreichend geprüft wurden oder man es wider besseres Wissen darauf ankommen lässt, ob die betroffene Person ein Rechtsmittel einlegt (BGer vom 2.8.2007, 5A.387/2007 E. 2.2 f.). Dies gilt insb. für die Zurückbehaltung gem. Art. 427. Ausnahme davon ist nur Art. 380. **Ausserhalb einer FU** können medizinische Massnahmen gegen den Willen einer Person allenfalls aufgrund der **kantonalen Gesetzgebung**, insb. der Gesundheitsgesetze möglich sein, z.b. in Notfallsituationen (vgl. Art. 426 N 2, 14 [Zwangsmassnahmen]; gl.M. BSK ZGB I-GEISER/ETZENSBERGER, Art. 434/435 N 4). Bei **Urteilsunfähigkeit** ist ausserhalb einer psychiatrischen Klinik und gleichzeitiger Behandlung der psychischen Störung (vgl. Art. 426 N 14 f.) und soweit nicht absolut höchstpersönliche Rechte betroffen sind eine Vertretungsbeistandschaft zu errichten (N 2) bzw. es gelten die allgemeinen Vertretungsrechte gemäss Art. 377 ff. (gl.M. FamKomm Erwachsenenschutz-GUILLOD, Art. 433 N 9; OFK ZGB-FASSBIND, Art. 434 N 1; **a.M.** BSK ZGB I-GEISER/ETZENSBERGER, Art. 434/435 N 11, die Art. 377 ff. nur auf somatische Erkrankungen beschränken möchten; vgl. N 3a). Für die ambulanten Zwangsmassnahmen s.a. Art. 437 N 4.

«**Medizinische Massnahmen**» umfassen wie in Art. 377 alle diagnostischen, therapeutischen und pflegerischen Massnahmen (vgl. Art. 377 N 4), welche Eingriffe in die physische oder psychische Integrität darstellen und daher eines Rechtfertigungsgrundes bedürfen (vgl. Art. 426 N 9a m.w.H.); der Begriff beschränkt sich entsprechend seinem Wortsinn namentlich nicht auf somatische Erkrankungen (so aber: BSK ZGB I-GEISER/ETZENSBERGER, Art. 434/435 N 11; OFK ZGB-FASSBIND, Art. 434 N 1, der aber dann im Unterschied zu erstgenannten die allgemeinen Vertretungsrechte anwenden möchte; vgl. auch Art. 426 N 14a); zur Abgrenzung von der **Betreuung** s. Art. 426 N 9a. 3a

II. Behandlungsplan (Art. 433)

Sobald eine Person mit einer psychischen Störung zur Behandlung in einer Einrichtung untergebracht wurde, muss – vorbehältlich Notfallsituationen gemäss Art. 435 – zwingend ein **schriftlicher** Behandlungsplan erstellt werden, welcher die medizinischen Massnahmen pro futuro regelt; im Unterschied zum Behandlungsplan nach Art. 377 bedarf es im Rahmen der FU nicht der Urteilsunfähigkeit. Wird jemand nicht zur Behandlung, sondern zur Betreuung eingewiesen, muss analog ein **Betreuungskonzept** erstellt werden (BSK ZGB I-GEISER/ETZENSBERGER, Art. 433 N 5). Medizinische Massnahmen **im Rahmen der Vollstreckung der Einweisung** sind wie im früheren Recht in der FU eingeschlossen, z.B. im Rahmen einer ärzt- 4 lichen FU (N 1). Ein Behandlungsplan ist gesetzlich nur bei Personen **mit psychischen Störungen** in einer psychiatrischen Klinik vorgesehen (N 1; s.a. Art. 426 N 14, 14a; BGer vom 30.7.2013, 5A_485/2013 E. 2.1). Diese Beschränkung ist nicht einzusehen, können sich doch auch Menschen mit **geistiger Behinderung** in Bezug auf bestimmte Bereiche äussern und auch urteilsfähig sein (BK-BUCHER, Art. 16 ZGB N 73 ff.; HAUSHEER/AEBI-MÜLLER, Rz 06.46 ff.; BGE 124 III 20 E. 4e; gl.M. BSK ZGB I-GEISER/ETZENSBERGER, Art. 433 N 5). Der Behandlungsplan gem. Art. 433 beschränkt sich zudem auf die Behandlung derjenigen **Störungen, welche zur FU geführt haben** (BerichtExpK Erwachsenenschutz 03, 68; für Massnahmen ausserhalb einer FU s. N 3 i.f.; gl.M. FamKomm Erwachsenenschutz-GUILLOD, Art. 433 N 15). Die Behandlung anderer als im Unterbringungsentscheid genannten psychischen Störungen kann sich nicht auf Art. 433 ff. stützen. Da Behandlungspläne unterdessen zum Standardinstrumentarium der lege artis durchgeführten Betreuung bzw. Behandlung in Einrichtungen gehören (ETZENSBERGER, ZSR 2003 I, 367; Botschaft Erwachsenenschutz, 7068), dürften diese auch bei geistig Behinderten und weiterer nicht im Zusammenhang mit der FU oder einer psychiatrischen Klinik stehenden Krankheitsbildern Anwendung finden (gl.M. BSK ZGB I-GEISER/ETZENSBERGER, Art. 433 N 5), nur dass dort keine sich aus Art. 433 ff. ergebenden medizinischen Massnahmen möglich sind. Sind solche angezeigt, gelten die gesetzlichen Vertretungsrechte (Art. 377 ff.) resp. ist ggf. eine Vertretungsbeistandschaft zu errichten (s. N 3 und 2, Art. 426 N 14, 14a; BerichtExpK Erwachsenenschutz 03, 67; gl.M. FamKomm Erwachsenenschutz-GUILLOD, Art. 433 N 31; CHK-BREITSCHMID/ MATT, Art. 433 ZGB N 2; zur Zwangsvollstreckung: ROSCH, AJP 2014, 9 f.).

4a Der Behandlungsplan ist **keine Verfügung** und kann **nicht angefochten** werden (vgl. Art. 439 N 3; VerwGer AG vom 15.1.2013, WBE. 2013.10; FamKomm Erwachsenenschutz-GUILLOD, Art. 433 N 32; SCHMID, Art. 433 N 4; CHK-BREITSCHMID/MATT, Art. 433 ZGB N 6), es sei denn das **kantonale** Recht sieht ein **Rechtsmittel** oder einen **Rechtsbehelf** vor (BSK ZGB I-GEISER/ETZENSBERGER, Art. 433 N 21).

5 Zum Behandlungsplan gehören neben den Personalien und der Diagnose auch die geplanten Abklärungen und Untersuchungen, das Ziel der Behandlung sowie die behandelnden Ärzte (BSK ZGB I-GEISER/ETZENSBERGER, Art. 433 N 8); massgeblich ist hierbei v.a. die **ärztliche Aufklärungspflicht** (Art. 433 Abs. 2; s. N 2 und Art. 5 Abs. 1 ÜMB). Nach der Rechtsprechung des Bundesgerichts ist der Arzt verpflichtet, «den Patienten über Art und Risiken der in Aussicht genommenen Behandlungsmethoden aufzuklären, es sei denn, es handle sich um alltägliche Massnahmen, die keine besondere Gefahr und keine endgültige oder länger dauernde Beeinträchtigung der körperlichen Integrität mit sich bringen. Der Patient soll über den Eingriff oder die Behandlung soweit unterrichtet sein, dass er seine Einwilligung in Kenntnis der Sachlage geben kann. Massstab des Ausmasses der Aufklärung sind auf der einen Seite die vom Arzt gestellte Diagnose und die nach den medizinischen Kenntnissen des damaligen Zeitpunktes mit dem Eingriff verbundenen Risiken» (BGE 117 Ib 197 E. 3b), aber auch über die Kostenfolge (BGE 133 III 121 E. 4.2); ähnlich formuliert es Art. 433 Abs. 2. Die Aufklärung hat **klar, verständlich und vollständig** zu sein (BGE 133 III 121 E. 4.1.2; s.a. Art. 433 Abs. 2;

gl.M. CHK-BREITSCHMID/MATT, Art. 433 ZGB N 3). Der blosse Hinweis «Einstellen der Medikamente» genügt diesen Anforderungen bei weitem nicht.

Der Behandlungsplan wird gem. Art. 433 Abs. 1 vom behandelnden Arzt unter Beizug der betroffenen Person und ggf. ihrer Vertrauensperson schriftlich erstellt. Die **Federführung** liegt beim behandelnden Arzt. Das **Selbstbestimmungsrecht** gem. Art. 388 Abs. 2 findet Anwendung: Soweit wie möglich sind die Wünsche und der Wille der betroffenen Person zu berücksichtigen (Botschaft Erwachsenenschutz, 7068). Die **Vertrauensperson** muss ggf. zur Erstellung des Behandlungsplans beigezogen werden, d.h. immer dann, wenn es die betroffene urteilsfähige Person wünscht und diese auch erreichbar und ansprechbar ist. Demgegenüber muss sie zwingend gem. Art. 433 Abs. 2 zur **ärztlichen Aufklärung** beigezogen werden. Gemäss dem bio-psycho-sozialen Modell erfordert die Erstellung eines Planes eventuell den Beizug weiterer wichtiger Bezugspersonen aufgrund ihres persönlichen (Angehörige) oder professionellen (Fachleute) Bezugs zur betroffenen Person (Botschaft Erwachsenenschutz, 7068). Besteht eine **Beistandschaft**, so ist der Beistand je nach zugewiesenem Aufgabenbereich beizuziehen, sowie der urteilsfähige Betroffene dies nicht verweigert (gl.M. wohl FamKomm Erwachsenenschutz-GUILLOD, Art. 433 N 24, a.M. SCHMID, Art. 433 N 2); der Beizug weiterer Personen bedarf der Zustimmung der urteilsfähigen Person; sie dürfen aber die Behandlung nicht so verzögern, dass die Interessen der eingewiesenen Person ernsthaft gefährdet sind (gl.M. BSK ZGB I-GEISER/ETZENSBERGER, Art. 433 N 11). 6

Ist die eingewiesene Person **urteilsunfähig**, kann sie in der Regel keine Vertrauensperson bestimmen (s. aber Art. 432 N 2). Es stellt sich somit die Frage, ob die gem. Art. 378 vorgesehene Person anzuhören ist. Dies ist m.E. zu verneinen, handelt es sich doch dort um Automatismen, die nicht Gewähr bieten, dass sie von der eingewiesenen Person auch zur Vertrauensperson bestimmt würden. Anders ist es im Falle, wo eine Person in einer Patientenverfügung genannt wird bzw. im Falle eines **Beistandes** mit entsprechendem Aufgabenbereich. Diese sind m.E. anzuhören (so auch MEIER/LUKIC, Rz 718) bzw. sind sie wie eine Vertrauensperson zu behandeln und beizuziehen (FamKomm Erwachsenenschutz-GUILLOD, Art. 433 N 23), soweit dies im Falle der eigenen Vorsorge dem mutmasslichen Willen der betroffenen Person entspricht bzw. man nicht aufgrund der Patientenverfügung (z.B. spezifische Beschränkung auf eine singuläre medizinische Massnahme) zu einem anderen Schluss kommen muss (ähnlich BSK ZGB I-GEISER/ETZENSBERGER, Art. 433 N 12). 6a

Der Behandlungsplan hat **schriftlich** zu erfolgen. Er ist als solcher in der Regel nicht anfechtbar (SCHMID, Art. 433 ZGB N 4, s. N 4a) und der betroffenen Person gem. Art. 433 Abs. 3 zur **Zustimmung** zu unterbreiten. Eine Zustimmung setzt **Urteilsfähigkeit**, aber i.d.R. auch Vertrauen des Betroffenen in die Richtigkeit der Aufklärungspflicht und in die behandelnde Person und Institution voraus. Dies kann gerade bei Personen mit psychischer Störung unter FU nicht automatisch vorausgesetzt werden. Die Motivation zur Zusammenarbeit gehört zum Prozess und ist nicht Voraussetzung. Deshalb ist auch eine (vordergründig) erteilte **Verweigerung** nicht leichthin an- und hinzunehmen (SAMW, Zwangsmassnahmen, 10; **a.M.** SCHMID, 7

Art. 433 ZGB N 7); sie muss auf ihre Kohärenz und Motive hin überprüft werden. Zur Urteilsfähigkeit von Zustimmung und Verweigerung s. N 2. Die medizinische Massnahme richtet sich bei einer Verweigerung nach Art. 434 (FamKomm Erwachsenenschutz-GUILLOD, Art. 433 N 25; MEIER/LUKIC, Rz 720). Ist die betroffene Person **urteilsunfähig**, ist eine allfällige Patientenverfügung nur zu berücksichtigen; sie ist nicht wie sonst verbindlich (vgl. Art. 372 N 5; zu den Hintergründen eingehend: FamKomm Erwachsenenschutz-GUILLOD, Art. 433 N 26 ff.). Damit werden das Sonderstatusverhältnis und damit verbundene Schutz- und Fürsorgepflichten offenbar. Der Staat «hat die negativen, freiheitsbeschränkenden Auswirkungen der Eingliederung soweit möglich mittels gezielter Schutz- und Fürsorgeleistungen auszugleichen oder [...] für die Betroffenen erträglicher zu machen» (MÜLLER, 241). Wenn eine Patientenverfügung rechtsgültig ist, ist sie m.E. – vorbehältlich von Art. 435 und Rechtfertigungsgründen – wenn immer möglich als verpflichtend zu behandeln, da sie weniger einschneidend ist als die Massnahmen gem. Art. 434 (s. Art. 372 N 5, N 8 m.w.H.; gl.M. FamKomm Erwachsenenschutz-GUILLOD, Art. 433 N 29; zurückhaltender: BSK ZGB I-GEISER/ETZENSBERGER, Art. 433 N 16; z.T. **a.M.** Botschaft Erwachsenenschutz, 7068). Ohne Patientenverfügung kommt Art. 434 zum Zug, soweit dessen Voraussetzungen erfüllt sind (MEIER/LUKIC, Rz 720; FamKomm Erwachsenenschutz-GUILLOD, Art. 433 N 27; CHK-BREITSCHMID/MATT, Art. 434 ZGB N 1). Bei Urteilsunfähigkeit kommt der mutmasslich Wille somit nicht zum Tragen (**a.M.** BSK ZGB I-GEISER/ETZENSBERGER, Art. 434/435 N 8, 10). Das erklärte Ziel des Gesetzgebers war mitunter den vorrevidierten Zustand in Bezug auf die mutmassliche Einwilligung zugunsten der Rechtssicherheit und der Praktikabilität zu beseitigen (Botschaft, 7036); zudem finden sich für diese Auffassung auch keine Hinweise in der Botschaft. Ein Behandlungsplan, der **bei freiwilligem Eintritt** erstellt wurde, muss m.E. bei einer **Zurückbehaltung erneut** zur Zustimmung unterbreitet werden, da sich die Rahmenbedingungen, in welcher die Behandlung eingebettet ist, massgeblich verändern. Wird die Zustimmung nicht erteilt oder kann sie nicht erteilt werden, kommt dem ursprünglich zugestimmten Plan bei Urteilsunfähigkeit wesentliche Bedeutung bei der Eruierung des Willens des Betroffenen zu (gl.M. FamKomm Erwachsenenschutz-GUILLOD, Art. 433 N 17; MEIER/LUKIC, Rz 719).

8   Der Behandlungsplan muss gem. Art. 433 Abs. 4 der laufenden Entwicklung **angepasst** werden (gl.M. FamKomm Erwachsenenschutz-GUILLOD, Art. 433 N 16; SCHMID, Art. 433 ZGB N 10). Dies dient einerseits dem Kriterium der Aktualität, andererseits auch der laufenden Überprüfung der Massnahme (s.a. Art. 436 N 1; gl. M. CHK-BREITSCHMID/MATT, Art. 433 ZGB N 5).

III. Medizinische Massnahmen ohne Zustimmung (Art. 434)

9   Eine Behandlung der betroffenen Person gem. Art. 434 ist zunächst einmal nur **ohne deren Zustimmung** (N 7) möglich. Dies ist möglich, wenn die urteilsfähige betroffene Person sich weigert, die betroffene Person sich nicht entschliessen kann oder wenn sie mangels Urteilsfähigkeit (N 2) nicht zustimmen kann (**a.M.** OFK ZGB-FASSBIND Art. 433 N 3). Auch bei Urteilsunfähigkeit ist somit ein Behandlungsplan zu erstellen.

Eine Behandlung gegen resp. ohne den Willen der betroffenen Person bedarf sodann **dreier kumulativer Voraussetzungen**: **Erstens** ist sie nur dann möglich, wenn eine **Gefahrensituation** besteht. Sie ist abschliessend in Art. 434 Abs. 1 Ziff. 1 aufgezählt. Es muss ein ernsthafter gesundheitlicher Schaden für die betroffene Person drohen, oder Leben oder körperliche Integrität Dritter ernsthaft gefährden. Die Begriffe sind – wenn auch terminologisch teilweise abweichend – inhaltlich wie in Art. 427 zu definieren (gl.M. FamKomm Erwachsenenschutz-GUILLOD, Art. 434 N 13). Es geht um **akute oder schwerwiegende Gefährdungen** der physischen Persönlichkeit der betroffenen Person oder des Lebens resp. körperlichen Integrität von Dritten (s. Art. 427 N 4). Nie ausreichend ist eine Behandlung gem. Art. 434 zur Vereinfachung der organisatorischen Abläufe oder damit ausschliesslich die Einrichtungsordnung nicht gestört wird (AmtlBull StR 2007 838 f.; gl.M. FamKomm Erwachsenenschutz-GUILLOD, Art. 434 N 12; BSK ZGB I-GEISER/ETZENSBERGER, Art. 434/435 N 23).

10

Zweitens muss die betroffene Person in Bezug auf ihre **Behandlungsbedürftigkeit urteilsunfähig** sein. Damit ist die Unterscheidung von Urteilsunfähigkeit in die Behandlungsbedürftigkeit und Uneinsichtigkeit kaum mehr vorzunehmen und wird in die Kompetenz des Chefarztes gelegt (krit. zu Recht GUILLOD/HELLE, ZVW 2003, 355 f.; gl.M. FamKomm Erwachsenenschutz-GUILLOD, Art. 434 N 19 ff.; MEIER/LUKIC, Rz 721; PÄRLI, AJP 2011, 366). Unvernünftigkeit belegt noch keine Urteilsunfähigkeit (Art. 426 N 2; BSK ZGB I-GEISER/ETZENSBERGER, Art. 434/435 N 18). Die Urteilsfähigkeit ist eine **relative**; sie bezieht sich auf die eigene Behandlungsbedürftigkeit (Botschaft Erwachsenenschutz, 7069; s. aber BGE 127 I 6 E. 7b.bb in Bezug auf ambivalentes Verhalten). Zudem folgt aus einer psychischen Störung nicht automatisch die Urteilsunfähigkeit (gl.M. FamKomm Erwachsenenschutz-GUILLOD, Art. 434 N 21; BSK ZGB I-GEISER/ETZENSBERGER, Art. 434 N 18). Von Urteilsunfähigkeit in Bezug auf die Behandlungsbedürftigkeit ist i.d.R. dann nicht auszugehen, wenn sich eine zur Verweigerung, nicht aber zur Zustimmung, urteilsfähige Person (N 2) äussert. Ihr Wille ist zu respektieren. Vorausgesetzt ist der Mangel der Urteilsfähigkeit bez. **der konkret geplanten Behandlungsbedürftigkeit** (BGE 127 I 6 E. 7b.bb). An die Urteilsfähigkeit betr. die Behandlungsbedürftigkeit werden weniger hohe Anforderungen gestellt, wie in die Einwilligung in den ärztlichen Eingriff; es ist ausreichend, wenn die betroffene Person die Verweigerung in den Grundzügen erfasst (GEISER, FS Schnyder, Rz 1.8, 1.12; gl.M. CHK-BREITSCHMID/MATT, Art. 434 ZGB N 4; **a.M.** BK-BUCHER, Art. 16 ZGB N 105). Denkbar ist die diesbez. Urteilsunfähigkeit bei fehlenden kognitiven Fähigkeiten (Demenz, Intelligenzmangel, Bewusstseinsstörung), aber auch die Beeinträchtigung der Wahrnehmungs- und Entscheidungsfähigkeit durch Krankheit (Schizophrenie; Botschaft Erwachsenenschutz, 7069 m.w.H.; BUCHER E., ZBJV 2001, 791 ff. m.w.H.). In der Regel müsste in diesen Fällen bei (dauernder) Urteilsunfähigkeit eine **Vertretungsbeistandschaft** errichtet werden (N 3 i.f.), da es sich um typische Schwächezustände handelt, welche eine Schutzbedürftigkeit nach sich ziehen (**a.M.** wohl BerichtExpK Erwachsenenschutz 03, 68). Art. 380 ZGB schliesst dies aber ausdrücklich aus (Botschaft Erwachsenenschutz, 7037 f.; s.a. Art. 426 N 14 f.). Damit werden bei urteilsunfähigen Personen, die aufgrund einer psychischen Störung in einer psychiatrischen Klinik

11

behandelt werden, im Unterschied zu den medizinischen Vertretungsrechten bei den übrigen Urteilsunfähigen (Art. 377 ff.) nur unter engen Voraussetzungen medizinische Massnahmen möglich. Gleichzeitig werden im Einzelfall Interventionen möglich gegenüber in Bezug auf die einzelne medizinische Massnahme urteilsfähigen, aber in Bezug auf die Krankheitseinsicht urteilsunfähigen Patienten (ROSCH, AJP 2014, 5).

12 **Drittens** darf keine angemessene Massnahme zur Verfügung stehen, die weniger einschneidend ist. Es geht um das **Verhältnismässigkeitsprinzip** (Art. 389 N 2; gl. M. FamKomm Erwachsenenschutz-GUILLOD, Art. 434 N 24). Das heisst einerseits, dass medizinische Massnahmen ohne Zustimmung ultima ratio sein sollen (FamKomm Erwachsenenschutz-GUILLOD, Art. 434 N 11; MEIER/LUKIC, Rz 721). Die medizinische Massnahme muss andererseits insb. dem letzten Stand der Wissenschaft entsprechen. Wissenschaftlich zweifelhafte oder umstrittene Massnahmen kommen ebenso nicht in Betracht, wie chirurgische Eingriffe (BerichtExpK Erwachsenenschutz 03, 69; Botschaft Erwachsenenschutz, 7070; gl.M. FamKomm Erwachsenenschutz-GUILLOD, Art. 434 N 25; BSK ZGB I-GEISER/ETZENSBERGER, Art. 434/435 N 22), es sei denn, die betroffene Person wünscht dies im Rahmen ihrer Patientenverfügung (s. Art. 433 Abs. 3). Dann wären die Interessen im Einzelfall unter Berücksichtigung von Art. 388 Abs. 2 gegeneinander abzuwägen (s.a. N 17; s.a. OFK ZGB-FASSBIND, Art. 433 N 3; BSK ZGB I-GEISER/ETZENSBERGER, Art. 434/435 N 24). Insbesondere sind in der Tendenz Beschränkungen der Bewegungsfreiheit wie Fixationen, Neuroleptika, welche den Kerngehalt der persönlichen Freiheit tangieren, vorzuziehen (BGE 126 I 112 E. 3b; GEISER, FS Schnyder, Rz 1.10, 4.7; JOSET, AJP 2000, 1432 f., insb. zu Kerngehaltsgarantie und Neuroleptika; zum Verhältnis von Bewegungseinschränkung und Zwangsmedikation BGE 134 I 221 E. 3.3 i.f.; zum Verhältnis zu disziplinarischen Massnahmen BGE 134 I 209 E. 2.3.2, 2.4). In solchen Fällen kommen die Bestimmungen gem. Art. 438 zum Tragen.

12a Zusätzlich darf die angeordnete Behandlung ausschliesslich einem **therapeutischen bzw. medizinischen** Zweck dienen und nie einem disziplinarischen oder sanktionierenden (FamKomm Erwachsenenschutz-GUILLOD, Art. 434 N 25; BERNHART, Rz 767).

13 Die medizinischen Massnahmen werden vom **Chefarzt** oder seinem **Stellvertreter** (AmtlBull StR 2007 839) hoheitlich angeordnet (s. Art. 427 N 5; gl.M. BSK ZGB I-GEISER/ETZENSBERGER, Art. 434/435 N 36, die insb. auf das rechtliche Gehör hinweisen). In Anbetracht des Katalogs bei somatisch Kranken gem. Art. 378 ist diese Lösung bei psychisch Kranken nur schwierig nachvollziehbar (GUILLOD/HELLE, ZVW 2003, 356). Wem diese Anordnungskompetenz zukommt, bestimmt sich bei von der öffentlichen Hand geführten Einrichtungen nach öffentlichem Recht bzw. bei privaten Einrichtungen nach deren Organisationsstruktur (SCHMID, Art. 434 N 4; CHK-BREITSCHMID/MATT, Art. 434 ZGB N 2). Der Chefarzt darf zudem nicht der behandelnde Arzt sein; es bedarf somit für den Entscheid des Zusammenspiels zweier Spezialärzte (BSK ZGB I-GEISER/ETZENSBERGER, Art. 434/435 N 33). Die Begrenzung auf Chefärzte ist in Anbetracht des offenen Einrichtungsbegriffs bemerkenswert; sie zeigt, dass der Gesetzgeber wohl vorab psychiatrische Kliniken vor

Augen hatte, was zur Bestimmung von Art. 380 passt (vgl. Art. 426 N 14 f.; ROSCH, AJP 2014, 5). Die Anordnung erfolgt schriftlich in Form einer mit Rechtsmittelbelehrung versehenen **Verfügung**. Adressat ist die betroffene Person; eine Kopie geht aber an die Vertrauensperson (Art. 434 Abs. 2). Dem Rechtsmittel dürfte i.d.R. die **aufschiebende Wirkung** entzogen werden (Art. 450e Abs. 2; vgl. Art. 430 N 6). Die Anordnung muss die Massnahme von vornherein **zeitlich begrenzen** und den Zeitpunkt der nächsten Überprüfung festlegen (SAMW, Zwangsmassnahmen, 17; gl.M. BSK ZGB I-GEISER/ETZENSBERGER, Art. 434/435 N 27 m.w.H.; CHK-BREITSCHMID/ MATT, Art. 434 ZGB N 6). Mit der Anordnung ist die betroffene Person verpflichtet, sich der Behandlung zu unterziehen (BSK ZGB I-GEISER/ETZENSBERGER, Art. 434/ 435 N 25). Soweit zu erwarten ist, dass die Medikation nur **zwangsweise** möglich ist, ist bis zur höchstrichterlichen Klärung gleichzeitig die Vollstreckung i.S.v. Art. 450g anzuordnen (BSK ZGB I-GEISER/ETZENSBERGER, Art. 434/435 N 26 gehen davon aus, dass es keine separate Anordnung braucht). Die **Durchführung** der Zwangsmassnahme muss einem klaren Handlungskonzept folgen. Ist sie angeordnet, so ist ein zielgerichtetes, koordiniertes und entschiedenes Vorgehen aller Beteiligten erforderlich, welches im Behandlungsteam abgesprochen sein sollte; bei der Durchführung selbst sind auch sämtlich möglichen deeskalierenden Massnahmen zu ergreifen (SAMW, Zwangsmassnahmen, 15 f. m.w.H. für eine den Sorgfaltspflichten entsprechender Durchführung; ähnlich: FamKomm Erwachsenenschutz-GUILLOD, Art. 434 N 27 f.).

IV. Notfälle (Art. 435)

Art. 434 setzt voraus, dass es **zeitlich noch möglich** ist, ggf. einen Behandlungsplan zu machen oder bei bestehendem Behandlungsplan den **Chefarzt zu involvieren**, so dass dieser noch rechtzeitig eine Anordnung treffen kann. Ist dies nicht mehr möglich, so kommt Art. 435 zum Zug (N 2; MEIER/LUKIC, Rz 723; FamKomm Erwachsenenschutz-GUILLOD, Art. 435 N 3; BSK ZGB I-GEISER/ETZENSBERGER, Art. 434/ 435 N 29). Die Voraussetzungen von Art. 435 und 434 können gleichzeitig erfüllt sein. Sind beide Artikel gleichzeitig anwendbar und zeitlich möglich, so geht Art. 434 vor (gl.M. FamKomm Erwachsenenschutz-GUILLOD, Art. 435 N 5; CHK-BREITSCHMID/MATT, Art. 435 ZGB N 2). Die Notfallsituation gem. Art. 435 muss **aufgrund der psychischen Störung** erfolgen, welche zur FU führte (N 1, 3; gl.M. FamKomm Erwachsenenschutz-GUILLOD, Art. 435 N 10; BSK ZGB I-GEISER/ETZENSBERGER, Art. 434/435 N 30). Andernfalls kommt Art. 435 nicht zur Anwendung, evtl. aber polizeirechtliche Massnahmen (Botschaft Erwachsenenschutz, 7070; N 3; gl. M. FamKomm Erwachsenenschutz-GUILLOD, Art. 435 N 10; MEIER/LUKIC, Rz 723).

14

Notfallsituationen i.S.v. Art. 435 müssen einerseits **zeitlich dringlich** sein, andererseits müssen medizinisch erfolgversprechende Massnahmen vorhanden sein, um die akute Gefahrensituation zu beseitigen resp. die betroffenen Personen ausreichend davor zu schützen. Eine Einwilligung kann aufgrund der zeitlichen Dringlichkeit hier nicht mehr eingeholt werden. Die Gefahrensituationen dürften dieselben wie in Art. 434 Abs. 1 Ziff. 1 sein (N 10). Für langandauernde Behandlungen gegen oder ohne den Willen der betroffenen Person bietet Art. 435 keine ge-

15

setzliche Grundlage. Ähnlich den Vorgaben für die Anwendung von polizeilichen Generalklauseln dürfte auch hier gelten, dass die Anwendung von Art. 434 ZGB bei **typischen und erkennbaren Gefährdungslagen** (AEMISEGGER/SCHERRER, Jusletter vom 3.5.2004, Rz 17; EGMR vom 8.10.2009, Gsell c. Suisse, Nr. 12675/05) sowie bei **langandauernden Zwangsbehandlungen Art. 435 ausgeschlossen** ist (gl. M. FamKomm Erwachsenenschutz-GUILLOD, Art. 435 N 5; CHK-BREITSCHMID/MATT, Art. 435 ZGB N 2). Im somatischen Bereich gehören Herzinfarkt, Hirnschlag, starke Blutungen, schwere Verletzungen etc. zu den Notfallsituationen; im psychiatrischen Bereich sind dies z.b. eine zuvor nicht erhärtete plötzlich auftretende Suizidalität, die ernsthafte Gefährdung Dritter oder aber auch, dass die materielle Umgebung (Fenster, Türen, Möbel etc.) arg in Mitleidenschaft gezogen wird (Botschaft Erwachsenenschutz, 7070). Bei Letzterem ist in Anbetracht des Verhältnismässigkeitsgrundsatzes grosse Zurückhaltung zu üben; es können aber bewegungseinschränkende Massnahmen zum Tragen kommen (gl.M. FamKomm Erwachsenenschutz-GUILLOD, Art. 435 N 13).

16 Zum Verhältnismässigkeitsprinzip gehört auch, dass – analog zu Art. 8 ÜMB – nur **für den Zeitraum des Notfalls unerlässliche medizinische Massnahmen sofort** ergriffen werden dürfen (gl.M. FamKomm Erwachsenenschutz-GUILLOD, Art. 435 N 11; BERNHART, Rz 750). Wenn nicht sofort gehandelt werden muss, ist die medizinische Massnahme u.U. bis zum Zeitpunkt aufzuschieben, indem die betroffene Person einwilligen kann. **Sachlich** sind nur diejenigen medizinischen Massnahmen zu ergreifen, die unerlässlich, also indiziert sind (s.a. N 12, 15). Zudem sind nur Massnahmen zulässig, welche zur ausreichenden Beseitigung der Notfallsituation dienen (gl.M. CHK-BREITSCHMID/MATT, Art. 435 ZGB N 1). Können weniger weit in die persönliche Freiheit eingreifende Massnahmen ergriffen werden, wie u.U. eine Beschränkung der Bewegungsfreiheit (Art. 438 ZGB), so sind diese vorzuziehen (gl.M. FamKomm Erwachsenenschutz-GUILLOD, Art. 435 N 13). Zur **Durchführung** der Massnahme N 13. Die **Einschätzung** der Notfall- und der Gefahrensituation sowie die Auswahl der medizinischen Massnahmen obliegen dem **pflichtgemässen Ermessen** einer entsprechend qualifizierten Medizinalperson (gl.M. CHK-BREITSCHMID/MATT, Art. 435 ZGB N 1); dies kann m.E. nur ein für solche Situationen **qualifizierter** und **geeigneter Arzt** sein (gl.M. FamKomm Erwachsenenschutz-GUILLOD, Art. 435 N 11; BSK ZGB I-GEISER/ETZENSBERGER, Art. 435 N 35).

17 Der **Wille** der betroffenen Person ist zu berücksichtigen. In der Regel ist mangels Urteilsfähigkeit auf den mutmasslichen Willen abzustellen (N 2); soweit zeitlich möglich, ist aber auch ein Vertretungsbeistand zu konsultieren. Dem Wille ist bei der Behandlungsweise gem. Art. 388 Abs. 2 und Art. 9 ÜMB (s. N 2) so weit wie möglich nachzukommen (gl.M. BSK ZGB I-GEISER/ETZENSBERGER, Art. 434/435 N 31), auch wenn dies u.U. nicht zum medizinisch optimalen, aber zur Beseitigung der Notfallsituation ausreichenden Resultat führt (gl.M. CHK-BREITSCHMID/MATT, Art. 435 ZGB N 3; s.a. N 12). Wesentliches Indiz für den mutmasslichen Willen sind – soweit vorhanden – die im Austrittsgespräch festgehaltenen Grundsätze (Art. 436; FamKomm Erwachsenenschutz-GUILLOD, Art. 435 N 19).

Nach einer Notfallbehandlung ist die betroffene Person baldmöglichst über die ergriffenen Massnahmen und die Begründung (vgl. Art. 436 N 1 m.w.H.; gl.M. FamKomm Erwachsenenschutz-GUILLOD, Art. 435 N 14) zu **informieren**, in aller Regel auch die Vertrauensperson (FamKomm Erwachsenenschutz-GUILLOD, Art. 435 N 14; BERNHART, Rz 752), soweit die betroffene Person die Informationsweitergabe nicht ausdrücklich verweigert. 18

Art. 436

IV. Austrittsgespräch
¹ **Besteht eine Rückfallgefahr, so versucht die behandelnde Ärztin oder der behandelnde Arzt mit der betroffenen Person vor deren Entlassung Behandlungsgrundsätze für den Fall einer erneuten Unterbringung in der Einrichtung zu vereinbaren.**
² **Das Austrittsgespräch ist zu dokumentieren.**

Literatur

Vgl. die Literaturhinweise zu Art. 426.

Es gibt FU zur medizinischen Behandlung und solche zur Betreuung, welche ohne medizinische Massnahmen auskommen. Bei einer **FU mit medizinischen Massnahmen** ist gem. Art. 436 ein Austrittsgespräch durch den behandelnden Arzt betr. die Behandlungsgrundsätze zu führen. **Systematisch** ist das Austrittsgespräch bei den medizinischen Massnahmen eingefügt. Mit der Beendigung von medizinischen Massnahmen (auch solcher mit Zustimmung des Patienten) ist i.d.R. auch die FU zum Zwecke der Behandlung beendet. Dann ist im Sinne eines individuellen **Evaluations- und** evtl. institutionellen **Qualitätssicherungsgesprächs** insb. zu eruieren, welche Behandlungsgrundsätze für den Fall eines Rückfalls vereinbart werden können. Entgegen der systematischen Stellung des Artikels ist ausschliesslich das Austrittsgespräch **verpflichtend**, das auf eine erneute Unterbringung ausgerichtet ist, aber auch um die Nachbetreuung zu organisieren. Hingegen ist bei der Beendigung von medizinischen Massnahmen im Rahmen einer FU *auch* eine **Nachbesprechung** angezeigt. Als typisches Instrument einer qualitätsorientierten Medizin gehört es zu jeder (nicht) psychiatrischen Nachbetreuung, gerade bei **Massnahmen ohne resp. gegen den Willen** des Betroffenen (SAMW, Zwangsmassnahmen, 17). Die Nachbesprechung dient auch der Vermeidung von psychischen Traumatisierungen und ist angezeigt, sobald die betroffene Person hierzu fähig ist (gl.M. FamKomm Erwachsenenschutz-GUILLOD, Art. 436 N 7); Ablauf und Inhalt richten sich hier nach den dazu erlassenen internen Richtlinien (FamKomm Erwachsenenschutz-GUILLOD, Art. 436 N 7). Bei **langandauernden** medizinischen Massnahmen gehören diese Gespräche zur laufenden Überprüfung des Behandlungsplanes gem. Art. 433 Abs. 4 (gl.M. CHK-BREITSCHMID/MATT, Art. 436 ZGB N 2). Weitere Personen, insb. die Vertrauensperson und ggf. der Vertretungsbeistand sind für die Nachbesprechung beizuziehen (SAMW, Zwangsmassnahmen, 17 m.w.H. zur Durchfüh- 1 rung lege artis). Diese sind m.E. auch beim Austrittsgespräch miteinzubeziehen. Über den Beizug entscheidet der urteilsfähige Patient selbständig (gl.M. FamKomm Erwachsenenschutz-GUILLOD, Art. 436 N 6; BSK ZGB I-GEISER/ETZENSBERGER, Art. 436 N 8); das Gespräch ist für die eingewiesene Person freiwillig. Diese muss zusätzlich im Hinblick auf eine Vereinbarung (N 3) **urteilsfähig** sein (KOKES, Rz 10.50). Der **behandelnde Arzt** (s. Gesetzeswortlaut) hat ein Austrittsgespräch zu veranlassen; es handelt sich um eine eigentliche **Pflicht** zum Austrittsgespräch (FamKomm Erwachsenenschutz-GUILLOD, Art. 436 N 4; BSK ZGB I-GEISER/ETZENSBERGER, Art. 436 N 8). Da dies aber nicht in jedem Fall möglich ist, weil der Patient sich bspw. verweigert, hat der Gesetzgeber diesen Umstand ein wenig zögerlich im Gesetz umschrieben («versucht»; ähnlich: FamKomm Erwachsenenschutz-GUILLOD, Art. 436 N 4; BSK ZGB I-GEISER/ETZENSBERGER, Art. 436 N 8).

2 Das Gespräch bedingt gem. Art. 436 **Rückfallgefahr**. Diese bezieht sich auf Situationen, in denen eine FU mit medizinischen Massnahmen notwendig wird. Die Rückfallgefahr ist gerade bei psychischen Erkrankungen regelmässig gegeben, so dass dem Kriterium keine wesentlich eingrenzende Wirkung zukommt (ähnlich: FamKomm Erwachsenenschutz-GUILLOD, Art. 436 N 3; gl.M. BSK ZGB I-GEISER/ETZENSBERGER, Art. 436 N 5, die darauf hinweisen, dass dort ausnahmsweise darauf zu verzichten sei, wo das Gespräch kontraindiziert sei). Die **Behandlungsgrundsätze** müssen möglichst klar und genau umrissen sein (FamKomm Erwachsenenschutz-GUILLOD, Art. 436 N 2); sie sollen die Selbstbestimmung bestmöglich wahren (ROSCH, AJP 2011, 511; CHK-BREITSCHMID/MATT, Art. 436 ZGB N 2); sie sind auf die **Zukunft** ausgerichtet und sollen gerade bei Personen, die oft mit einer FU in *derselben* Einrichtung untergebracht werden, einen Aufenthalt – soweit möglich – gemäss ihrem Selbstbestimmungsrecht ermöglichen. Es ist eigentlich ein **vorsorglicher Behandlungsplan** (FamKomm Erwachsenenschutz-GUILLOD, Art. 436 N 14). Je weiter das Gespräch und die darauffolgende medizinische Massnahme im Rahmen einer FU **zeitlich** auseinander liegen, desto weniger Gewicht kommt den im Austrittsgespräch genannten Behandlungsgrundsätzen zu (analog zur Einwilligung HAAS, 157 ff.; gl.M. FamKomm Erwachsenenschutz-GUILLOD, Art. 436 N 14; CHK-BREITSCHMID/MATT, Art. 436 ZGB N 2). Sinnvoll wäre es – gerade bei Personen mit künftigen Unterbringungen in verschiedenen Einrichtungen –, eine **Patientenverfügung** gem. Art. 370 ff. zu verfassen, die dann immerhin gem. Art. 433 Abs. 3 im Falle der Urteilsunfähigkeit zu berücksichtigen ist; andererseits kann der Austrittsvereinbarung faktisch auch grosses Gewicht zukommen, weil sie in Zusammenarbeit mit einem Arzt erfolgt ist (ähnlich FamKomm Erwachsenenschutz-GUILLOD, Art. 436 N 16). Es ist aber auch denkbar, dass der behandelnde Arzt beim Erstellen der Patientenverfügung mitwirkt und dies auch unterschriftlich zur Kenntnis bringt oder sie kann selbständig Teil einer Patientenverfügung sein, wenn sie als Willensäusserung der betroffenen Person formuliert wurde und den Formvorschriften entspricht (s.a. KOKES, Rz 10.50).

3 Das Austrittsgespräch ist gem. Art. 436 Abs. 2 zu **dokumentieren**, von behandelndem Arzt und Patient zu **unterzeichnen** (gl.M. BSK ZGB I-GEISER/ETZENSBERGER, Art. 436 N 10) und – gemäss Sinn und Zweck der Bestimmung – so **aufzubewah-**

ren, dass es bei kommenden medizinischen Massnahmen im Rahmen einer FU schnell abrufbar ist (gl.M. CHK-BREITSCHMID/MATT, Art. 436 ZGB N 3).

Die datenschutzrechtliche Seite ist zudem zu beachten: Soweit möglich ist mit der eingewiesenen Person im Hinblick auf das **Berufsgeheimnis** (Art. 321 Ziff. 2 StGB) zu vereinbaren, dass das Dokument für künftige Behandlungen auch anderen behandelnden Ärzten bzw. Einrichtungen weitergegeben werden darf (FamKomm Erwachsenenschutz-GUILLOD, Art. 436 N 9). Die automatische Datenweitergabe ohne einen solchen Hinweis an eine andere Einrichtung im Falle einer neuerlichen FU ist im Hinblick auf Art. 321 Ziff. 2 StGB zwar praktisch wünschbar, aber zumindest im Falle einer FU gegenüber einem **Urteilsfähigen** rechtlich problematisch (so aber: BSK ZGB I-GEISER/ETZENSBERGER, Art. 436 N 12; FamKomm Erwachsenenschutz-GUILLOD, Art. 436 N 15) und bei **Urteilsunfähigen** nicht minder problematisch, da beim urteilsunfähigen Patienten der Geheimhaltungswille vermutet wird (Bezirksgericht Uster, ER 20.3.1996, in: SJZ 1997; gl.M. BAERISWYL, SJZ 1997, 396; PraxisKomm StGB-TRECHSEL/VEST, Art. 321 N 28). Hier dürfte man i.d.R. davon ausgehen, dass diese Vermutung mit der Errichtung der Behandlungsgrundsätze widerlegt ist; das ist jedoch im Einzelfall zu prüfen (so wohl auch KOKES, Rz 10.50). Auch aus diesem Grund wäre einer Patientenverfügung der Vorrang zu geben (siehe N 2). 4

Art. 437

V. Kantonales Recht
¹ Die Kantone regeln die Nachbetreuung.
² Sie können ambulante Massnahmen vorsehen.

I. Kantonale Regelung der Nachbetreuung

1. Kantonaler Regelungsgegenstand

Der Bundesgesetzgeber hat mit der FU i.w.S. (s. Art. 426 N 14 f.) den Bereich der stationären Unterbringung bei psychischer Störung, geistiger Behinderung und schwerer Verwahrlosung gegen den Willen einer Person sowie die dazugehörigen medizinischen Massnahmen (s. Art. 433–435 N 1 ff., Art. 426 N 14 f.) abschliessend geregelt. Die ambulante **Nachbetreuung** von Personen, die **aus einer FU entlassen** wurden, wurde insb. deshalb nicht im Bundesgesetz geregelt, weil die Voraussetzungen und die Struktur der Kantone unterschiedliche Bedürfnisse und Organisationsformen vorsehen (AmtlBull StR 2007 839). Mit Art. 437 sollte zudem sichergestellt werden, dass man in Bezug auf die Nachbetreuung, insb. aber auf ambulante Zwangsmassnahmen nicht von einem **qualifizierten Schweigen** des Gesetzgebers ausgehen kann (AmtlBull StR 2007 839; VE Erwachsenenschutz/Vernehmlassungen, 254; gl.M. FamKomm Erwachsenenschutz-GUILLOD, Art. 437 N 5). Damit findet sich eine Kompetenzdelegation, die im Hinblick auf die Gesetzessystematik ausschliesslich den Bereich von **psychischer Störung** betreffen kann (FamKomm Erwachsenenschutz-GUILLOD, Art. 437 N 8; BERNHART, Rz 778; s. aber Kt. AG, BS, SO, ZG). Fraglich erscheint, ob die Norm systematisch am richtigen Ort ist (ROSCH, AJP 2014, 6). 1

2   Der Begriff der **Nachbetreuung** umfasst sämtliche ambulanten und stationären Massnahmen, welche **nach einer FU** angezeigt sind. Demgegenüber ist die Definition der **ambulanten Massnahmen** im kantonalen Recht unterschiedlich. Zum Teil werden diese von der Nachbetreuung abgegrenzt, in dem zu den ambulanten Massnahmen nur jene gezählt werden, die zur Verhinderung einer FU und nicht im Nachgang an eine FU angeordnet werden. Zum Teil werden die beiden Begriffe mit überschneidenden Inhalten gesehen: Hier können Nachbetreuungsmassnahmen sowohl ambulante Massnahmen sein als auch stationäre ohne FU; ambulante Massnahmen können jedoch auch zur Verhinderung einer FU angeordnet werden. Vorliegend wird letzter Begrifflichkeit der Vorrang gegeben (ebenso BSK ZGB I-Geiser/Etzensberger, Art. 437 N 3 ff. und wohl BGer vom 7.10.2013, 5A_666/2013, E. 3.1). Zeigt sich, dass im Vergleich zur FU weniger weit in die persönliche Freiheit eingreifende Massnahmen geeignet sind, ist die FU aufzuheben (BGer vom 9.4.2010, 5A.256/2010). **Stationäre** Massnahmen im Rahmen einer Nachbetreuung wären freiwillige Aufenthalte in Einrichtungen wie Pflegeheimen, psychiatrischen Einrichtungen etc. (vgl. Rosch, AJP 2011, 512; gl.M. CHK-Breitschmid/Matt, Art. 437 ZGB N 3; BGer vom 7.10.2012, 5A.666/2013 E. 3.1.). Die Kantone sorgen somit für diese Nachbetreuung und koordinieren sie. Art. 437 ZGB bietet somit die Chance, den gesamten Prozess nach einer FU ganzheitlich zu organisieren. Hierzu gehören v.a. präventive Massnahmen wie aufsuchende Psychiatrie oder Soziale Arbeit (s.a. FamKomm Erwachsenenschutz-Guillod, Art. 426 N 53).

2. Ambulante Massnahmen (Abs. 2)

3   Ausdrücklich erwähnt wird, dass die Kantone ambulante Massnahmen vorsehen können, welche auch zur Verhinderung einer FU angeordnet werden; es gibt für die **stationären** Massnahmen der Nachbetreuung keine Anhaltspunkte, dass der Gesetzgeber von einem qualifizierten Schweigen ausging. «**Ambulante Massnahmen**» meint Massnahmen, bei welchen sich Personen nicht im stationären Rahmen befinden, insb. nicht über Nacht bleiben, und wieder nach Hause gehen können; **teilstationäre** Einrichtungen, wie Tageskliniken, welche in Bezug auf den Betreuungsumfang stationären Einrichtungen gleichkommen können, gehören auch zu ambulanten Einrichtungen (gl.M. FamKomm Erwachsenenschutz-Guillod, Art. 437 N 11), wobei der Eintritt freiwillig erfolgen muss (N 2). **Zuständig** für die Anordnung von ambulanten Massnahmen sollte auch hier die Erwachsenenschutzbehörde sein.

3. Ambulante Zwangsmassnahmen

4   Während der **Parlamentsberatungen** zum Gesetz waren insb. die ambulanten Zwangsmassnahmen umstritten in Bezug auf Sinn, Inhalt und Zulässigkeit (AmtlBull StR 2007 838 f.; AmtlBull NR 2008 1533 ff.). Systematisch ist Art. 437 bei den medizinischen Massnahmen bei einer psychischen Störung untergebracht. Es geht bei den ambulanten Zwangsmassnahmen somit um Massnahmen, welche **nicht** zwingend den Rahmen einer stationären FU bedürfen. Sind im Rahmen einer FU medizinische Massnahmen notwendig, gilt Art. 433 ff. resp. Art. 377 ff. (s. Art. 426 N 14, 14a). Somit kommen nur Massnahmen der **Personensorge** in Betracht, bei

welchen die Bestimmung über den Aufenthalt nicht tangiert wird, also solche ausserhalb von Art. 426 ff. (gl.M. FamKomm Erwachsenenschutz-GUILLOD, Art. 437 N 6; BSK ZGB I-GEISER/ETZENSBERGER, Art. 437 N 8). **Rechtlich verpflichtende Anordnungen**, wie Weisungen zur Medikamenteneinnahme etc., gehören hier streng genommen nicht dazu, da sie – solange keine (zwangsweise) Vollstreckung droht – keine Zwangsmassnahmen sind (ROSCH, AJP 2011, 512 m.w.H.; **a.M.** BGer vom 7.10.2013, 5a.666/2013, wo bereits die Androhung einer erneuten Klinikeinweisung als Zwangsbehandlung definiert wird); dementsprechend finden sich nur eigentliche Zwangsmassnahmen in Kantonen, in denen die ambulanten Massnahmen auch ausdrücklich vollstreckt werden können (z.B. Kt. SH, TG). Trotzdem geht es mit Blick auf die Umsetzung in den Kantonen faktisch vorab um **Weisungen** (gl. M. OFK ZGB-FASSBIND, Art. 437 N 2; BERNHART, Rz 780; FamKomm Erwachsenenschutz-GUILLOD, Art. 437 N 17). Sie benötigen aber einer ausreichenden gesetzlichen Grundlage und bedürfen in aller Regel der Kooperation bzw. des Umstandes, dass die betroffene Person die Massnahme nicht vereitelt (ähnlich: FamKomm Erwachsenenschutz-GUILLOD, Art. 437 N 12; BSK ZGB I-GEISER/ETZENSBERGER, Art. 437 N 6, 8), weil die Vollstreckung wohl regelmässig weder verhältnismässig noch praktikabel ist (gl.M. FamKomm Erwachsenenschutz-GUILLOD, Art. 437 N 15, 17; ROSCH, AJP 2014, 6 f.; zurückhaltender: BSK ZGB I-GEISER/ETZENSBERGER, Art. 437 N 8, MEIER/LUKIC, Rz 730). Eine allfällige Vollstreckung richtet sich nach dem anwendbarem Verfahrensrecht (s. Art. 450g; s.a. OFK ZGB-FASSBIND, Art. 437 N 2), soweit die zwangsweise Vollstreckung nicht ausdrücklich ausgeschlossen ist (z.B. Kt. AG [aber mit der Möglichkeit der polizeilichen Zuführung], BE, SG, ZH; implizit [Prüfung FU] ausgeschlossen: BL, BS, GR). Damit bieten diese Weisungen vorab ein **Druckinstrument** und dienen der Kontrolle und Beaufsichtigung (FASSBIND, 346 ff.; ROSCH, AJP 2014, 6). Weitere Massnahmen gegen den Willen der betroffenen Person bedürfen i.d.R. einer länger dauernden persönlichen Betreuung, welche insb. bei Urteilsunfähigkeit über **Beistandschaften**, insb. Vertretungsbeistandschaften gem. Art. 394, erfolgen können, wie die Aufgabe, das Haus regelmässig durch eine Reinigungsgesellschaft putzen zu lassen oder einen Mahlzeitendienst zu bestellen (gl.M. FamKomm Erwachsenenschutz-GUILLOD, Art. 437 N 10). In anderen Situationen, namentlich bei Urteilsfähigkeit und kurz dauernden Massnahmen, können ambulante Zwangsmassnahmen in Frage kommen, für welche die Kantone zuständig sind (s.a. Art. 433–435 N 3 i.f.). Voraussetzung ist hier ein Gesetz im formellen Sinne, da Zwangs- bzw. Vollstreckungsmassnahmen schwere Eingriffe sind. Zudem müssen m.E. die (verfahrensrechtlichen) **Mindeststandards der Art. 433 ff.** beachtet werden, namentlich die genaue inhaltliche Bestimmung der Zwangsmassnahmen, die Rekursmöglichkeiten, das rechtliche Gehör und die Zuständigkeiten (AmtlBull StR 2007 839; AmtlBull NR 2008 1534; gl.M. FASSBIND, 347 f.). Die zwangsweise Verabreichung von **Medikamenten** gehört aus Sicht des Gesetzgebers nicht dazu (AmtlBull NR 2008 1535); dazu kann aber die polizeiliche Zuführung zu einem Arzt gehören. Bei Massnahmen zur **Beschränkung der Bewegungsfreiheit** müssen die Mindestanforderungen des Bundesgesetzgebers (Art. 383 ff., 438; gl.M. FASSBIND, 348) berücksichtigt werden. Zur psychiatrischen empirischen Literatur vgl. BRIDLER/GASSMANN, ZKE 2011, 8 ff.

5   Die kantonalen Regelungen weisen – gerade bei den ambulanten Massnahmen – eine grosse Unterschiedlichkeit auf. Sie können durchaus auch auf den Bedarf hinweisen, subsidiäre Instrumente zur FU zu finden. Dies ist mitunter zweischneidig, weil sich in verschiedenen Kantonen Anweisungen finden, welche auch zur **Umerziehung und Disziplinierung** von gesellschaftlich nicht erwünschtem Verhalten genutzt werden kann (ROSCH, AJP 2014, 6; gl.M. FASSBIND, 347, in Bezug auf Verhaltensanweisungen). Dementsprechend ist der Verhältnismässigkeit, insb. dem Umstand der Eignung und der Zumutbarkeit (vgl. Art. 389 N 2 ff.) sowie der praktischen Durchführbarkeit, besondere Beachtung zu schenken, aber auch grundsätzliche Zurückhaltung zu üben.

6   Soweit die Vollstreckung einer Massnahme im Einzelfall verhältnismässig sein sollte, sollte es kaum **Überschneidungen** der Vollstreckungsmassnahme und der FU geben. In Ausnahmefällen ist das nicht auszuschliessen, weshalb die Grundsätze zur Abgrenzung sinngemäss jenen bei den bewegungseinschränkenden Massnahmen beizuziehen sind (vgl. sogleich Art. 438 N 3).

7   Der Kanton hat für die ambulanten Massnahmen und Nachbetreuungsmassnahmen eine gerichtliche **Überprüfungsmöglichkeit** mit voller Kognition zu gewährleisten (Art. 5 f. EMRK). Zudem ist die subsidiäre Verfassungsbeschwerde ans Bundesgericht möglich (BSK ZGB I-GEISER/ETZENSBERGER, Art. 437 N 13).

8   Inhaltlich sehen die Kantone keinen abschliessenden Katalog von Massnahmen vor. Sie erwähnen
    –   verpflichtende Beratung (AG, AI, BL, BS, GR, LU, OW, SG, SH, SO, SZ, UR),
    –   Therapie (AG, AI, BL, BS, FR, GR, LU, NW, OW, SG, SH, SO, SZ, TG, UR, VS, ZG),
    –   z.T. ärztliche Behandlung (BE, BL, BS, FR, GL, GR, LU, OW, SO, TG, ZG, ZH),
    –   Medikamenteneinnahme (AG, AI, BL, BE, FR, GL, NW, OW, SG, SH, SZ, TG, UR, VS, ZH),
    –   Verzicht auf Suchtmittel (AG, AI, BL, GL, GR, LU, OW, SG, SH, SO, SZ, UR),
    –   z.T. Verhaltensanweisungen (BE, FR, GL, GR, SO, TG, VS, ZH),
    –   Meldepflichten (AI, BL, BE, GL, LU, NW, OW, SH, TG, VS, ZH),
    –   verpflichtende Kontrollen (z.B. Alkoholtest; AG, AI, BE, GL, GR, SO), vereinzelt inkl. der Ermächtigung die Wohnung zu betreten (AR, AI, LU, OW, SG, SH, SZ),
    –   Bestimmungen über den Aufenthalt bzw. Rayonverbote (SH, ZH).
    Zuständig sind in aller Regel die KESB (AG, AI, AR, BE, BL, BS, FR, GL, GR, LU, NW, OW, SG, SO, SZ, TG, UR, VS, ZG, ZH), teilweise auch Ärzte (AG, AI) oder die Einrichtung (AI). Ebenfalls unterschiedlich ist die Dauer der Massnahmen: Sie dauern in der Regel zwei Jahre (BE, BL, GL, LU, OW, SH, SO, TG, ZG), vereinzelt nur ein Jahr (AG, GR, UR), oder sogar lediglich sechs Monate (AG) oder aber gar drei Jahre (NW). In Bezug auf die Form ergehen ambulante Massnahmen in einer Verfügung; einige Kantone haben aber vorgesehen, dass einvernehmliche Lösungen, namentlich in Form von Vereinbarungen, möglich sind, um ein autoritatives Einschreiten zu verhindern (so AG, AI, AR, BL, GR, OW, SG, TG).

Kantonale Bestimmungen zur Nachbetreuung (Art. 437 ZGB)	
AG	**§ 67k EG ZGB – Nachbetreuung im Allgemeinen** ¹ Bei Rückfallgefahr ist beim Austritt eine Nachbetreuung vorzusehen. Im Rahmen der Nachbetreuung sind jene Massnahmen zulässig, die geeignet erscheinen, einen Rückfall zu vermeiden, namentlich die a) Verpflichtung, regelmässig eine fachliche Beratung oder Begleitung in Anspruch zu nehmen oder sich einer Therapie zu unterziehen, b) Anweisung, bestimmte Medikamente einzunehmen, c) Anweisung, sich alkoholischer Getränke oder anderer Suchtmittel zu enthalten und dies gegebenenfalls mittels entsprechender Untersuchungen nachzuweisen. d) [...] ² Stimmt die betroffene Person der Nachbetreuung zu, trifft die Einrichtung mit ihr im Rahmen des Austrittsgesprächs eine schriftliche Vereinbarung über die Durchführung der Nachbetreuung. Ist diese Vereinbarung sachgerecht, wird sie im Entlassungsentscheid genehmigt. ³ Fehlt die Zustimmung der betroffenen Person oder ist die Nachbetreuungsvereinbarung gemäss Absatz 2 nicht sachgerecht, entscheidet die für die Entlassung zuständige Stelle über die Nachbetreuung. **§ 67 l EG ZGB – Nachbetreuung bei Entlassung durch die Einrichtung** ¹ Ist die Einrichtung für die Entlassung zuständig, legen in Einrichtungen mit ärztlicher Leitung die diensthabenden Kaderärztinnen und Kaderärzte die Nachbetreuung fest. ² Die Nachbetreuung ist auf höchstens sechs Monate zu befristen. Sie fällt spätestens mit Ablauf der festgelegten Dauer dahin, wenn keine Anordnung der Kindes- und Erwachsenenschutzbehörde vorliegt. ³ Die Einrichtung lässt der Kindes- und Erwachsenenschutzbehörde sowie gegebenenfalls der Beiständin oder dem Beistand eine Kopie des Entlassungsentscheids, einschliesslich der vorgesehenen Nachbetreuung, zukommen. ⁴ In Einrichtungen ohne ärztliche Leitung richtet sich die Nachbetreuung nach § 67 m. **§ 67m EG ZGB – Nachbetreuung bei Entlassung durch die Kindes- und Erwachsenenschutzbehörde** ¹ Ist die Kindes- und Erwachsenenschutzbehörde für die Entlassung zuständig, entscheidet sie gestützt auf die ärztliche Beurteilung über die Anordnung der Nachbetreuung. Sie lässt ihren Entscheid gegebenenfalls der Beiständin oder dem Beistand zukommen. ² Die Nachbetreuung ist auf höchstens zwölf Monate zu befristen. Sie fällt spätestens mit Ablauf der festgelegten Dauer dahin, wenn keine neue Anordnung der Kin-des- und Erwachsenenschutzbehörde vorliegt. ³ Die Einrichtung lässt der Kindes- und Erwachsenenschutzbehörde ihren begründeten Antrag bezüglich der Entlassung und der Nachbetreuung zukommen. **§ 67n EG ZGB – Ambulante Massnahmen** ¹ Um die Einweisung in eine Einrichtung zu vermeiden, kann die Kindes- und Erwachsenenschutzbehörde bei einer Person, die an einer psychischen Störung oder an geistiger Behinderung leidet oder schwer verwahrlost ist, am-

Kantonale Bestimmungen zur Nachbetreuung (Art. 437 ZGB)

bulante Massnahmen gegen den Willen der betroffenen Person anordnen, wenn die nötige Behandlung oder Betreuung nicht anders erfolgen kann. § 67k Abs. 1 gilt sinngemäss. Sie lässt ihren Entscheid gegebenenfalls der Beiständin oder dem Beistand zukommen.

[2] Ambulante Massnahmen sind auf höchstens zwölf Monate zu befristen. Sie fallen spätestens mit Ablauf der festgelegten Dauer dahin, wenn keine neue Anordnung der Kindes- und Erwachsenenschutzbehörde vorliegt.

§ 67o Abs. 1 EG ZGB – Rückmeldung der Durchführungsstelle

Die mit der Durchführung der angeordneten Massnahmen im Einzelfall beauftragte Stelle hat der Kindes- und Erwachsenenschutzbehörde Meldung zu erstatten, sobald sich die betroffene Person nicht an die Anordnungen hält oder die Nachbetreuung beziehungsweise die ambulanten Massnahmen die gewünschte Wirkung nicht erzielen.

§ 67p – Vollstreckung der Nachbetreuung und ambulanten Massnahmen

[1] Für das Vollstreckungsverfahren der angeordneten Nachbetreuung und ambulanten Massnahmen ist die Kindes- und Erwachsenenschutzbehörde zuständig.

[2] Die polizeiliche Zuführung ist möglich, falls sie verhältnismässig erscheint. Im Übrigen ist die Anwendung von körperlichem Zwang unzulässig.

AI

Art. 27 EG ZGB

[1] Besteht Rückfallgefahr, kann beim Austritt zwischen der Einrichtung und der austretenden Personen eine geeignete Nachbetreuung vereinbart werden (Art. 437 Abs. 1 ZGB).

[2] Kommt keine solche Vereinbarung zu Stande und ist die Einrichtung für die Entlassung zuständig, beantragt der behandelnde Arzt vor der Entlassung bei der Kindes- und Erwachsenenschutzbehörde eine geeignete Nachbetreuung.

[3] Ist die Kindes- und Erwachsenenschutzbehörde für die Entlassung zuständig, so holt sie die Meinung des behandelnden Arztes ein und entscheidet über eine geeignete Nachbetreuung.

Art. 28 EG ZGB

[1] Die Kindes- und Erwachsenenschutzbehörde kann ambulante Massnahmen zur Vermeidung einer fürsorgerischen Unterbringung anordnen (Art. 437 Abs. 2 ZGB).

[2] Zulässig sind jene Massnahmen, die geeignet erscheinen, eine Einweisung in eine Einrichtung zu verhindern oder einen Rückfall zu vermeiden. Insbesondere sind dies:
a) die Verpflichtung, regelmässig eine fachliche Beratung oder Begleitung in Anspruch zu nehmen oder sich einer Therapie zu unterziehen;
b) die Verpflichtung, eine regelmässige Kontrolle der ärztlich verordneten Medikamenteneinnahme durch eine geeignete Fachstelle zuzulassen;
c) die Auferlegung einer Meldepflicht gegenüber einer Behörde oder Fachstelle;
d) die Anweisung, sich alkoholischer Getränke und anderer Suchtmittel zu enthalten.

[3] Die Kindes- und Erwachsenenschutzbehörde kann den Beistand oder Dritte ermächtigen, die Wohnung der betroffenen Person in deren Anwesenheit

	Kantonale Bestimmungen zur Nachbetreuung (Art. 437 ZGB)
	zu betreten und die Befolgung der ambulanten Massnahmen zu kontrollieren. ⁴ Ambulante Massnahmen können Teil der Nachbetreuung sein.
AR	**Art. 60 EG ZGB – Nachbetreuung** ¹ Besteht Rückfallgefahr wird beim Austritt zwischen der Einrichtung und der austretenden Personen eine geeignete Nachbetreuung vereinbart. ² Kommt keine solche Vereinbarung zustande, und ist die Einrichtung für die Entlassung zuständig, so beantragt die für die Behandlung verantwortliche Person vor der Entlassung bei der Kindes- und Erwachsenenschutzbehörde eine geeignete Nachbetreuung (Art. 437 Abs. 1 ZGB). ³ Ist die Kindes- und Erwachsenenschutzbehörde für die Entlassung zuständig, so holt sie die Meinung der für die Behandlung verantwortlichen Person ein und entscheidet. ⁴ Die Kindes- und Erwachsenenschutzbehörde kann der betroffenen Person eine Beiständin oder einen Beistand bestellen mit der Aufgabe, sie zu begleiten und durch geeignete Kontrollen die Einhaltung der Anweisungen zu überwachen. **Art. 61 EG ZGB – Ambulante Massnahmen** ¹ Die Kindes- und Erwachsenenschutzbehörde kann ambulante Massnahmen zur Vermeidung einer fürsorgerischen Unterbringung anordnen (Art. 437 Abs. 2 ZGB). ² Zulässig sind jene Massnahmen, die geeignet erscheinen, eine Einweisung in eine Einrichtung oder einen Rückfall nach einer Entlassung zu vermeiden. ³ Ambulante Massnahmen können Teil der Nachbetreuung sein. ⁴ Die Kindes- und Erwachsenenschutzbehörde kann die Beiständin oder den Beistand oder Dritte ermächtigen, die Wohnung der betroffenen Person in deren Anwesenheit zu betreten und die Befolgung der ambulanten Massnahmen zu kontrollieren.

BE	**Art. 32 KESG**
	¹ Soweit es geboten ist, namentlich zur Stabilisierung des Gesundheitszustands oder zur Vermeidung eines Rückfalls, ordnet die Kindes- und Erwachsenenschutzbehörde bei der Entlassung aus der Einrichtung eine Nachbetreuung an.
	² Ist die Kindes- und Erwachsenenschutzbehörde zuständig für die Entlassung, so holt sie die Meinung der behandelnden Ärztin oder des behandelnden Arztes oder der für die Betreuung verantwortlichen Person ein.
	³ Ist die Einrichtung zuständig für die Entlassung (Art. 428 Abs. 2 und 429 Abs. 3 ZGB), so trifft die Kindes- und Erwachsenenschutzbehörde die Anordnungen zur Nachbetreuung auf Antrag der Einrichtung.
	
	Art. 33 KESG – Ambulante Massnahmen
	¹ Die Kindes- und Erwachsenenschutzbehörde kann namentlich folgende ambulante Massnahmen anordnen:
	  a. Verhaltensweisungen,
	  b. Meldepflichten,
	  c. Nachkontrollen,
	  d. medizinisch indizierte Behandlungen, insbesondere kontrollierte Medikamentenabgaben.

Kantonale Bestimmungen zur Nachbetreuung (Art. 437 ZGB)	
	[2] Ambulante Massnahmen gemäss Absatz 1 Buchstaben c und d dürfen nur gestützt auf den Bericht der behandelnden Ärztin oder des behandelnden Arztes angeordnet werden. [3] Die Kindes- und Erwachsenenschutzbehörde überwacht die Einhaltung der angeordneten Massnahmen. Die mit dem Vollzug der Massnahmen betrauten Personen und Stellen sowie eine allfällige Beiständin oder ein allfälliger Beistand erstatten ihr darüber Bericht. [4] Die ambulanten Massnahmen dauern längstens zwei Jahre. Eine erneute Anordnung ist zulässig. [5] Eine zwangsweise Vollstreckung der ambulanten Massnahmen gegen den Willen der betroffenen Person ist nicht zulässig.
BL	**§ 86 EG ZGB – Nachbetreuung** [1] Vor der Aufhebung einer fürsorgerischen Unterbringung versucht die behandelnde Ärztin oder der behandelnde Arzt Massnahmen für die Nachbetreuung (§ 88 Absatz 1 dieses Gesetzes) mit der betroffenen Person zu vereinbaren. [2] Die vereinbarten Massnahmen für die Nachbetreuung oder das Nichtzustandekommen einer Vereinbarung sind schriftlich zu dokumentieren und der Erwachsenenschutzbehörde mitzuteilen. [3] Ist keine Vereinbarung zustande gekommen und besteht eine Rückfallgefahr und die Annahme, dass die betroffene Person bei einem Rückfall sich selbst an Leib und Leben gefährdet oder das Leben oder die körperliche Integrität Dritter gefährdet, ordnet die Erwachsenenschutzbehörde auf Antrag der behandelnden Ärztin oder des behandelnden Arztes die notwendigen Massnahmen für die Nachbetreuung an. **§ 87 EG ZGB – Ambulante Massnahmen** [1] Gegenüber Personen, die an einer psychischen Störung leiden und die sich selbst an Leib und Leben gefährden oder das Leben oder die körperliche Integrität Dritter gefährden, kann die Erwachsenenschutzbehörde ambulante Massnahmen anordnen, um eine Behandlung oder Betreuung im Rahmen der fürsorgerischen Unterbringung zu vermeiden. [2] Ambulante Massnahmen können auch im Rahmen der Nachbetreuung im Anschluss an eine fürsorgerische Unterbringung vereinbart oder angeordnet werden. **§ 88 EG ZGB – Massnahmen im Einzelnen** [1] Im Anschluss an eine fürsorgerische Unterbringung im Rahmen der Nachbetreuung (§ 86 Absatz 1 dieses Gesetzes) oder im Rahmen von ambulanten Massnahmen (§ 87 Absatz 1 dieses Gesetzes) kann die betroffene Person insbesondere verpflichtet werden: a. sich einer ärztlichen oder psychologischen Untersuchung, Behandlung oder Kontrolle zu unterziehen; b. bestimmte Medikamente einzunehmen; c. sich Alkohol- und anderen Suchtmitteltests zu unterziehen; d. sich von einer Fachperson, Fachstelle oder Behörde betreuen zu lassen und deren Anweisungen zu befolgen; e. sich regelmässig bei einer bestimmten Fachperson, Fachstelle oder Behörde zu melden.

	Kantonale Bestimmungen zur Nachbetreuung (Art. 437 ZGB)
	² Die Massnahmen werden auf die Dauer von maximal zwei Jahren angeordnet. Sie können verlängert werden, sofern die Voraussetzungen noch erfüllt sind. **§ 89 EG ZGB – Berichterstattung** ¹ Die Fachpersonen, Fachstellen und Behörden, welche mit der Durchführung der vereinbarten oder angeordneten Massnahmen betraut sind, erstatten der Erwachsenenschutzbehörde Bericht: a. nach einem Jahr oder jederzeit gemäss Anordnung der Erwachsenenschutzbehörde; b. unverzüglich, wenn sich die betroffene Person den Massnahmen widersetzt oder entzieht oder ihre Anweisungen nicht befolgt. ² Liegen die Voraussetzungen für vereinbarte oder angeordnete Massnahmen nicht mehr vor, ist dies der Erwachsenenschutzbehörde unverzüglich zu melden. **§ 90 EG ZGB – Nichtbefolgen von Massnahmen** Bei Nichtbefolgen von vereinbarten oder angeordneten Massnahmen oder von Anweisungen der mit deren Durchführung betrauten Fachperson, Fachstelle oder Behörde prüft die Erwachsenenschutzbehörde, ob das Verfahren der fürsorgerischen Unterbringung einzuleiten ist. **§ 91 EG ZGB – Beschwerde bei Nachbetreuung, ambulanten Massnahmen** Beim Kantonsgericht, Abteilung Verfassungs- und Verwaltungsrecht, kann Beschwerde erhoben werden gegen Anordnungen der Erwachsenenschutzbehörde von: a. Massnahmen für die Nachbetreuung; b. ambulanten Massnahmen.
BS	**§ 154 KESG – Ambulante Massnahmen** ¹ Um die Einweisung in eine Einrichtung zu vermeiden oder eine Entlassung aus einer Einrichtung zu einem frühestmöglichen Zeitpunkt vorzunehmen kann die KESB bei einer Person, die an einer psychischen Störung oder an einer geistigen Behinderung leidet oder schwer verwahrlost ist, die notwendigen Weisungen erteilen, insbesondere die Inanspruchnahme von: a. Beratung und Begleitung durch eine geeignete Stelle oder Person, b. Betreuung in haushaltsführenden, pflegerischen und/oder medizinischen Belangen, c. ärztlicher Untersuchung sowie Beratung in medizinischer und sozialer Hinsicht, d. ärztlicher Behandlung gestützt auf den entsprechenden ärztlichen Bericht. ² Die ambulanten Massnahmen müssen geeignet, erforderlich und verhältnismässig sein. Sie dürfen insbesondere nur angeordnet werden, wenn die freiwilligen Hilfsangebote ausgeschöpft sind oder von vornherein als ungenügend erscheinen. **§ 15 KESG – Nachbetreuung** Wird eine Person aus der fürsorgerischen Unterbringung entlassen, kann die KESB eine medizinische Nachbetreuung im Sinne einer ambulanten Kontrolle verfügen, damit der Gesundheitszustand der Person stabilisiert werden kann. Der zu erstellende Behandlungsplan richtet sich sinngemäss nach den Be-

Kantonale Bestimmungen zur Nachbetreuung (Art. 437 ZGB)	
	stimmungen von Art. 433 ZGB. Die Nachbetreuung kann angeordnet werden, wenn folgende Voraussetzungen kumulativ erfüllt sind: a. Die Person psychisch schwer krank oder schwer verwahrlost ist, b. wiederkehrende persönliche Fürsorge und längerfristige oder dauerhafte medizinische Behandlung benötigt und c. infolge der Erkrankung oder Verwahrlosung nicht oder nur beschränkt in der Lage ist, die für die Behandlung und Stabilisierung ihres Zustandes notwendige Hilfe anzunehmen und die im Behandlungsplan angeordnete Therapie auch konsequent zu verfolgen. **§ 16 KESG – Gemeinsame Bestimmungen** ¹ Zuständig für die Anordnung einer Massnahme gemäss §§ 14 und 15 dieses Gesetzes ist die KESB. Für das Verfahren gelten die Bestimmungen der fürsorgerischen Unterbringung sinngemäss. ² Die Massnahmen sind regelmässig zu überprüfen. Art. 431 ZGB ist sinngemäss anwendbar. ³ Die betroffene Person kann jederzeit die Überprüfung einer Massnahme gemäss §§ 14 und 15 dieses Gesetzes beantragen. ⁴ Genügt für die Gewährleistung der persönlichen Fürsorge die ambulante Massnahme oder die medizinische Nachbetreuung nicht bzw. nicht mehr, prüft die KESB die Anordnung einer Massnahme nach Art. 426 ZGB.
FR	**Art. 26 KESG – Nachbetreuung und ambulante Massnahmen** ¹ Die Schutzbehörde kann die Entlassung auf der Grundlage einer medizinischen Beurteilung mit einer Nachbetreuung verknüpfen. ² Rechtfertigt das Bedürfnis nach persönlicher Fürsorge keine Unterbringung, so kann die Schutzbehörde je nach Umständen die betroffene Person verwarnen oder eine ambulante Massnahme anordnen. Die Massnahme kann durch die Behörde, die sie angeordnet hat, wieder aufgehoben werden; sie kann jedoch in Sonderfällen diese Zuständigkeit der Einrichtung oder der Ärztin oder dem Arzt übertragen, die oder der mit der Betreuung der ambulanten Massnahme beauftragt wurde. **Art. 18 KESV – Nachbetreuung und ambulante Massnahmen (Art. 26 KESG)** ¹ Die ambulante Behandlung stützt sich auf eine medizinische Beurteilung und kann darin bestehen, dass eine bestimmte Lebensweise oder die Einnahme bestimmter Medikamente verordnet wird, mit der Verpflichtung, regelmässig bei einer bestimmten Gesundheitsbehörde vorzusprechen oder eine Therapie zu befolgen. ² Die Gesetzgebung über die Suchtbekämpfung bleibt vorbehalten.
GL	**Art. 66b EG ZGB – b. Ambulante Massnahmen** ¹ Ambulante Massnahmen können angeordnet werden a. für die Entlassung aus einer fürsorgerischen Unterbringung (Nachbetreuung), b. zur Vermeidung einer fürsorgerischen Unterbringung. ² Zulässig sind insbesondere Massnahmen, wie: a. Weisungen bezüglich Aufenthalt, Berufsausübung und Verhalten, b. Anordnung einer medizinisch indizierten Behandlung, c. Anordnung einer medizinisch indizierten Medikamenteneinnahme,

	Kantonale Bestimmungen zur Nachbetreuung (Art. 437 ZGB)
	d. Anordnung, sich alkoholischer Getränke und anderer Suchtmittel zu enthalten und dies gegebenenfalls mittels entsprechender Untersuchungen nachzuweisen, e. Meldepflicht bei einer Fachstelle oder Behörde, f. Regelung der Betreuung. **Art. 66c EG ZGB** Die Kindes- und Erwachsenenschutzbehörde ordnet ambulante Massnahmen an, gestützt auf a. einen begründeten Antrag der ärztlichen Leitung der Einrichtung, wenn diese für die Entlassung der betroffenen Person zuständig ist, b. einen Bericht der ärztlichen Leitung der Einrichtung, wenn die Kindes- und Erwachsenenschutzbehörde für die Entlassung zuständig ist. **Art. 66d EG ZGB** [1] Die Kindes- und Erwachsenenschutzbehörde überwacht die Einhaltung der angeordneten Massnahmen. [2] Sie hebt diese auf, wenn ihr Zweck erreicht ist oder nicht erreicht werden kann. [3] Ambulante Massnahmen dauern längstens zwei Jahre. Eine erneute Anordnung ist zulässig. **Art. 66e EG ZGB – c. Nachbetreuung** [1] Die Kindes- und Erwachsenenschutzbehörde stellt für jede Person, die aus der fürsorgerischen Unterbringung entlassen wird, eine angemessene Nachbetreuung sicher. Sie holt vorgängig einen Bericht der ärztlichen Leitung ein. [2] Die Nachbetreuung bezweckt die nachhaltige Stabilisierung des Gesundheitszustandes und die Vermeidung von Rückfällen. [3] Die Bestimmungen über die ambulanten Massnahmen sind sinngemäss anzuwenden.
GR	**Art. 54 EG ZGB** [1] Bei Bedarf kann der behandelnde Arzt mit der untergebrachten Person vor der Entlassung eine geeignete Nachbetreuung vereinbaren. [2] Kommt eine solche Vereinbarung nicht zustande, kann die Kindes- und Erwachsenenschutzbehörde bei Rückfallgefahr auf Antrag des behandelnden Arztes eine geeignete Nachbetreuung für höchstens zwölf Monate anordnen. **Art. 54a EG ZGB** [1] Die Kindes- und Erwachsenenschutzbehörde überwacht die angeordnete Nachbetreuung. [2] Die mit der Durchführung der angeordneten Nachbetreuung beauftragte Person oder Stelle ist verpflichtet, der Kindes- und Erwachsenenschutzbehörde spätestens nach zwölf Monaten oder gemäss Anweisung Bericht zu erstatten. [3] Liegen die Voraussetzungen für die angeordnete Nachbetreuung nicht mehr vor, ist dies der Kindes- und Erwachsenenschutzbehörde unverzüglich mitzuteilen. **Art. 54b EG ZGB** [1] Die Kindes- und Erwachsenenschutzbehörde hebt die angeordnete Nachbetreuung von Amtes wegen oder auf Antrag auf, wenn ihr Zweck erreicht ist

Kantonale Bestimmungen zur Nachbetreuung (Art. 437 ZGB)

	oder nicht erreicht werden kann und eine fürsorgerische Unterbringung notwendig ist. ² Die Nachbetreuung fällt spätestens mit Ablauf der festgelegten Dauer dahin, sofern keine neue Anordnung der Kindes- und Erwachsenenschutzbehörde vorliegt. **Art. 55 EG ZGB** ¹ Die Kindes- und Erwachsenenschutzbehörde kann ambulante Massnahmen anordnen, die geeignet erscheinen, eine fürsorgerische Unterbringung zu verhindern oder einen Rückfall zu vermeiden. ² Sie kann die betroffene Person insbesondere verpflichten: a) regelmässig eine fachliche Beratung oder Begleitung in Anspruch zu nehmen und sich an die damit verbundenen Anweisungen zu halten; b) sich einer medizinisch indizierten Behandlung oder Therapie zu unterziehen; c) sich alkoholischer und anderer Suchtmittel zu enthalten und sich den damit verbundenen Alkohol- und anderen Suchtmitteltests zu unterziehen; d) weitere Verhaltensanweisungen zu befolgen. ³ Ambulante Massnahmen können Teil der Nachbetreuung sein. **Art. 55a EG ZGB** ¹ Die Kindes- und Erwachsenenschutzbehörde überwacht die Einhaltung der ambulanten Massnahmen und überprüft jährlich, ob die Voraussetzungen noch erfüllt sind. ² Sie hebt sie von Amtes wegen oder auf Antrag auf, wenn ihr Zweck erreicht ist oder nicht erreicht werden kann und eine fürsorgerische Unterbringung notwendig ist. ³ Im Übrigen sind die Bestimmungen über die angeordnete Nachbetreuung anwendbar.
LU	**§ 45 EG ZGB – Nachbetreuung** ¹ Soweit notwendig sorgt die Einrichtung rechtzeitig vor der Entlassung der betroffenen Person für eine geeignete Nachbetreuung. ² Die Einrichtung kann bei der zuständigen Behörde persönliche Sozialhilfe, Massnahmen des Kindes- und Erwachsenenschutzrechts oder ambulante Massnahmen beantragen. **§ 40 EG ZGB – d. Ambulante Massnahmen** ¹ Die Kindes- und Erwachsenenschutzbehörde kann ambulante Massnahmen anordnen, namentlich um eine fürsorgerische Unterbringung zu vermeiden oder zu beenden. ² Ambulante Massnahmen können insbesondere folgende Pflichten beinhalten: a. sich bei einer Behörde oder Fachstelle zu melden, b. regelmässig eine fachliche Beratung oder Begleitung inAnspruch zu nehmen oder sich einer Therapie zu unterziehen, c. sich alkoholischer Getränke und anderer Suchtmittel zu enthalten, d. sich ärztlich untersuchen und behandeln zu lassen. ³ Ambulante Massnahmen sind aufzuheben, wenn sie ihren Zweck erfüllt haben. Sie fallen spätestens zwei Jahre nach ihrerAnordnung dahin.

	Kantonale Bestimmungen zur Nachbetreuung (Art. 437 ZGB)
	⁴ Die Kindes- und Erwachsenenschutzbehörde kann die Beiständin oder den Beistand oder Dritte ermächtigen, die Wohnung der betroffenen Person in deren Anwesenheit zu betreten, um die Befolgung der ambulanten Massnahmen zu kontrollieren.
NW	**Art. 38 EG ZGB – Ambulante Massnahme** ¹ Die Kindes- und Erwachsenenschutzbehörde kann bei Personen mit einer psychischen Störung eine ambulante Massnahme anordnen. Sie kann diese Personen insbesondere verpflichten: 1. Medikamente nach medizinischer Empfehlung einzunehmen; 2. regelmässig vor einer bestimmten Person oder Instanz zu erscheinen; 3. sich einer Therapie zu unterziehen. ² Die Dauer einer Massnahme ist auf längstens drei Jahre beschränkt und kann um jeweils höchstens zwei Jahre verlängert werden. ³ Sie ist im Sinne von Art. 431 ZGB periodisch zu überprüfen. **Art. 40 EG ZGB – Nachbetreuung** ¹ Die Kindes- und Erwachsenenschutzbehörde kann im Nachgang zu einer stationären, fürsorgerischen Unterbringung bei Personen mit einer psychischen Störung eine geeignete Nachbetreuung anordnen. Sie holt vorgängig einen Bericht der behandelnden Ärztin beziehungsweise des behandelnden Arztes ein. ² Sie kann diese Personen insbesondere verpflichten, sich nach dem Austritt aus der Einrichtung unter ärztlicher Aufsicht weiterhin medizinisch ambulant behandeln zu lassen. ³ Die Dauer der Massnahme und die periodische Überprüfung richten sich nach Art. 38 Abs. 2 und 3.
OW	**Art. 61 EG ZGB – Ambulante Massnahmen** Die Kindes- und Erwachsenenschutzbehörde kann ambulante Massnahmen anordnen (437). **Art. 63 EG ZGB – Nachbetreuung** Die Kindes- und Erwachsenenschutzbehörde ist für die Nachbetreuung (437) zuständig. Durch Verordnung oder im Einzelfall kann die Zuständigkeit der Einrichtung übertragen werden. **Art. 64 EG ZGB – Überprüfung** Die Kindes- und Erwachsenenschutzbehörde kann die Einhaltung von Anweisungen bei ambulanten Massnahmen oder bei Nachbetreuungen überprüfen. Sie kann Beistände oder Dritte mit der Überprüfung beauftragen. **Art. 11 V-KESR – A. Ambulante Massnahmen Zweck** Die Kindes- und Erwachsenenschutzbehörde kann ambulante Massnahmen anordnen, um einer fürsorgerischen Unterbringung entgegenzuwirken. **Art. 12 V-KESR – Zulässigkeit und Inhalt** ¹ Zulässig sind Massnahmen, die geeignet erscheinen, eine fürsorgerische Unterbringung zu verhindern oder zu beenden oder einen Rückfall zu verhindern. ² Ambulante Massnahmen können insbesondere zum Inhalt haben: a. sich bei einer Behörde oder Fachstelle zu melden;

Kantonale Bestimmungen zur Nachbetreuung (Art. 437 ZGB)

b. regelmässig eine fachliche Beratung oder Begleitung in Anspruch zu nehmen oder sich einer Therapie zu unterziehen oder bestimmte Medikamente einzunehmen;
c. sich alkoholischer Getränke und anderer Suchtmittel zu enthalten;
d. sich ärztlich untersuchen und behandeln zu lassen.

[3] Ambulante Massnahmen sind zu befristen. Sie sind aufzuheben, wenn sie ihren Zweck erfüllt haben. Spätestens zwei Jahre nach ihrer Anordnung oder bei einer fürsorgerischen Unterbringung fallen sie dahin, sofern die Kindes- und Erwachsenenschutzbehörde nicht eine andere Anordnung trifft.

Art. 13 V-KESR – Überprüfung
[1] Die Kindes- und Erwachsenenschutzbehörde kann die Beiständin oder den Beistand oder Dritte ermächtigen, durch geeignete Vorkehren die Einhaltung der Anweisungen zu überprüfen.
[2] Sie kann die Beiständin oder den Beistand oder Dritte ermächtigen, zu diesem Zweck die Wohnung der betroffenen Person zu betreten, soweit möglich in deren Anwesenheit.

Art. 17 V-KESR – C. Nachbetreuung Zweck
[1] Eine geeignete Nachbetreuung kann angeordnet werden, um einer Rückfallgefahr zu begegnen.
[2] Gegenstand der Nachbetreuung können auch ambulante Massnahmen sein.

Art. 18 V-KESR – Anordnung
[1] Ist die Kindes- und Erwachsenenschutzbehörde für die Entlassung zuständig, so holt sie die Meinung der behandelnden Ärztin oder des behandelnden Arztes ein und ordnet eine geeignete Nachbetreuung an.
[2] Ist die Einrichtung für die Entlassung zuständig, vereinbart sie mit der austretenden Person eine geeignete Nachbetreuung. Kommt keine solche Vereinbarung zustande, so beantragt sie vor der Entlassung bei der Kindes- und Erwachsenenschutzbehörde eine geeignete Nachbetreuung.

Art. 19 V-KESR – Überprüfung
Für die Begleitung während der Nachbetreuung sowie die Überprüfung der Einhaltung der Anweisungen gilt Art. 13 dieser Verordnung sinngemäss.

SG

Art. 37 EG KESR – Nachbetreuung
Die Einrichtung und die untergebrachte Person können beim Austritt auf Antrag der behandelnden Ärztin oder des behandelnden Arztes eine geeignete Nachbetreuung vereinbaren.

Art. 38 EG KESR – Ambulante Massnahmen/a) Festlegung
Die Kindes- und Erwachsenenschutzbehörde und die betroffene Person vereinbaren die zur Vermeidung einer fürsorgerischen Unterbringung notwendigen ambulanten Massnahmen. Die Kindes- und Erwachsenenschutzbehörde entscheidet nach Anhörung der behandelnden Ärztin oder des behandelnden Arztes und der betroffenen Person über ambulante Massnahmen, wenn keine Vereinbarung zustande kommt.

Kantonale Bestimmungen zur Nachbetreuung (Art. 437 ZGB)

	Art. 39 EG KESR – b) Arten Ambulante Massnahmen sind insbesondere: a) die Verpflichtung, regelmässig fachliche Beratung oder Begleitung in Anspruch zu nehmen oder sich einer Therapie zu unterziehen; b) die Anweisung, medizinisch indizierte Medikamente einzunehmen; c) die Anweisung, sich alkoholischer Getränke oder anderer Suchtmittel zu enthalten. Ambulante Massnahmen können Teil der Nachbetreuung sein. Die Kindes- und Erwachsenenschutzbehörde kann die Beiständin oder den Beistand sowie Dritte ermächtigen, die Wohnung der betroffenen Person in deren Anwesenheit zu betreten und die Befolgung von ambulanten Massnahmen zu überwachen.
SH	**Art. 59 EG KESR – a) Ambulante Massnahmen** [1] Die Kindes- und Erwachsenenschutzbehörde kann jederzeit eine ambulante Massnahme anordnen, sofern diese als geeignet erscheint, eine Unterbringung, eine Zurückbehaltung oder einen Rückfall bei einer Entlassung zu vermeiden. Insbesondere ist dies die Auflage: a) sich bei einer Behörde oder Fachstelle zu melden und ihr Auskunft zu geben; b) regelmässig eine fachliche Beratung oder Begleitung in Anspruch zu nehmen oder sich einer Therapie oder einer Entziehungskur zu unterziehen; c) bestimmte Medikamente einzunehmen, sofern die Voraussetzungen von Art. 434 ZGB gegeben sind; d) ein bestimmtes Gebiet nicht zu verlassen oder zu meiden. [2] Sie kann den Beistand oder andere von ihr Beauftragte ermächtigen, die Wohnung der betroffenen Person in deren Anwesenheit zu betreten sowie die Befolgung der ambulanten Massnahme zu kontrollieren. [3] Ambulante Massnahmen sind aufzuheben, wenn sie ihren Zweck erfüllt haben. Sie fallen bei einer fürsorgerischen Unterbringung in der Regel als gegenstandslos dahin, spätestens jedoch zwei Jahre nach ihrer Anordnung. **Art. 60 EG KESR – b) Sanktionen** [1] Bei Nichtbefolgen der ambulanten Massnahme kann die Kindes- und Erwachsenenschutzbehörde anordnen: a) eine Ordnungsbusse bis zu Fr. 1000.–; b) die zwangsweise Vollstreckung. [2] Sie muss der betroffenen Person die zwangsweise Vollstreckung unter Ansetzung einer angemessenen Frist zur Erfüllung vorher androhen. In dringlichen Fällen kann sie von einer Androhung absehen **Art. 62 EG KESR – d) Nachbetreuung** [1] Besteht Rückfallgefahr, so beantragt der behandelnde Arzt vor der Entlassung bei der Kindes- und Erwachsenenschutzbehörde eine geeignete Nachbetreuung. [2] Ist die Kindes- und Erwachsenenschutzbehörde für die Entlassung zuständig, so holt sie vor ihrem Entscheid die Meinung der ärztlichen Leitung zu einer allfälligen Nachbetreuung ein.

Kantonale Bestimmungen zur Nachbetreuung (Art. 437 ZGB)	
SO	**§ 126 EG ZGB – D. Die Betreuungsmassnahmen, Art. 437 ZGB/I. Voraussetzungen und Inhalt** ¹ Die Kindes- und Erwachsenenschutzbehörde darf Betreuungsmassnahmen anordnen bei Personen, die an einer psychischen Störung oder an geistiger Behinderung leiden oder verwahrlost sind. ² Betreuungsbedürftigen Personen können für ihr Verhalten Weisungen bis zu einer Dauer von zwei Jahren erteilt werden, namentlich a) sich einer ambulanten ärztlichen Behandlung, Kontrolle oder Untersuchung zu unterziehen; b) sich einer Therapie oder Entzugsbehandlung zu unterziehen; c) sich von einer Fachstelle oder Fachperson betreuen zu lassen; d) sich an eine vorgegebene Tagesstruktur zu halten. **§ 127 EG ZGB – II. Vollzug und Anpassung an veränderte Verhältnisse** ¹ Der Vollzug der Massnahme kann einer geeigneten Person oder Stelle übertragen werden. ³ Die mit dem Vollzug beauftragte Person oder Stelle hat der Kindes- und Erwachsenenschutzbehörde unverzüglich zu melden, wenn eine Betreuungsmassnahme nicht befolgt wird. ⁴ Wird eine Betreuungsmassnahme nicht befolgt, prüft die Kindes- und Erwachsenenschutzbehörde die Anordnung anderer Massnahmen oder die fürsorgerische Unterbringung.
SZ	**§ 35 EG ZGB – 2. Nachbetreuung** ¹ Besteht Rückfallgefahr, so beantragt der behandelnde Arzt vor der Entlassung bei der Kindes- und Erwachsenenschutzbehörde eine geeignete Nachbetreuung. ² Ist die Kindes- und Erwachsenenschutzbehörde für die Entlassung zuständig, so holt sie die Meinung des behandelnden Arztes ein. ³ Die Kindes- und Erwachsenenschutzbehörde kann der betroffenen Person einen Beistand bestellen mit der Aufgabe, sie zu begleiten und durch geeignete Kontrollen die Einhaltung der Anweisungen zu überwachen. **§ 35a EG ZGB – 3. Ambulante Massnahmen/a) Gegenstand** ¹ Die Kindes- und Erwachsenenschutzbehörde kann auf ärztliche Vormeinung ambulante Massnahmen anordnen. ² Zulässig sind jene Massnahmen, die geeignet erscheinen, eine Einweisung in eine Einrichtung zu verhindern oder einen Rückfall zu vermeiden. Insbesondere sind dies: a) die Verpflichtung, regelmässig eine fachliche Beratung oder Begleitung in Anspruch zu nehmen oder sich einer Therapie zu unterziehen, b) die Anweisung, bestimmte Medikamente einzunehmen, c) die Anweisung, sich alkoholischer Getränke und anderer Suchtmittel zu enthalten. ³ Ambulante Massnahmen können Teil der Nachbetreuung sein. **§ 35b EG ZGB – b) Kontrolle** ¹ Die Anweisung, sich alkoholischer Getränke zu enthalten, kann die Kindes- und Erwachsenenschutzbehörde den Wirten und Alkoholverkaufsstellen des

	Kantonale Bestimmungen zur Nachbetreuung (Art. 437 ZGB)	
	Wohnsitz- und Aufenthaltsortes sowie der näheren Umgebung der betroffenen Person bekannt geben. ² Die Kindes- und Erwachsenenschutzbehörde kann den Beistand oder andere Beauftragte ermächtigen, die Wohnung der betroffenen Person in deren Anwesenheit zu betreten und die Befolgung der ambulanten Massnahmen zu kontrollieren.	
TG	**§ 59a EG ZGB** ¹ Fehlt die Zustimmung der betroffenen Person, kann die Kindes- und Erwachsenenschutzbehörde die zur Nachbetreuung im Rahmen einer Entlassung (Artikel 428 sowie Artikel 429 Absatz 3 ZGB) oder zur Vermeidung einer fürsorgerischen Unterbringung erforderlichen Massnahmen anordnen, insbesondere: 1. eine Weisung hinsichtlich des künftigen Verhaltens; 2. die Auferlegung einer Melde- und Rechenschaftspflicht der betroffenen Person gegenüber der Behörde, dem Beistand oder einer geeigneten Fachstelle; 3. eine Aufforderung, die ärztlich verordnete medizinische Behandlung, Therapie oder Medikamenteneinnahme einzuhalten; 4. eine Ermächtigung des Beistandes oder einer geeigneten Fachstelle zur regelmässigen Kontrolle und Berichterstattung hinsichtlich der persönlichen und gesundheitlichen Verhältnisse der betroffenen Person sowie der Einhaltung der ärztlich verordneten medizinischen Behandlung, Therapie oder Medikamenteneinnahme. ² Die Behörde hört die betroffene Person, den Beistand sowie die beteiligten Fachpersonen vorgängig an. Die betroffene Person ist berechtigt, gegen Massnahmen im Sinne von Absatz 1 Beschwerde (Artikel 450 Absatz 1 ZGB) zu erheben. Das Rechtsmittel hat keine aufschiebende Wirkung. ³ Die Behörde überprüft alle drei Monate die Wirksamkeit der angeordneten Massnahmen. Sie hebt sie auf Antrag oder von Amtes wegen wieder auf, sobald sie ihren Zweck erfüllt haben oder eine Unterbringung angeordnet wird. **§ 99 KESV – Massnahmen zur Nachbetreuung und ambulante Massnahmen** ¹ Die Kindes- und Erwachsenenschutzbehörde kann die Beiständin oder den Beistand sowie Dritte ermächtigen, durch geeignete Kontrollen die Befolgung der Massnahmen zu überwachen. Die Behörde kann dazu die Ermächtigung erteilen, die Wohnung der betroffenen Person in deren Anwesenheit zu betreten. ² Die betroffene Person kann für die Dauer der ambulanten Massnahmen oder der Nachbetreuung in sinngemässer Anwendung von Artikel 432 ZGB eine Person ihres Vertrauens beiziehen. Der beigezogenen Person steht für ihre Tätigkeit keine Entschädigung zu. ³ Werden Massnahmen nicht befolgt, kann die Behörde gestützt auf Artikel 128 ZPO Ordnungsbussen verhängen, nach Artikel 292 des Strafgesetzbuchs (StGB) vorgehen oder nach vorgängiger Androhung die zwangsweise Vollstreckung anordnen. ⁴ Die Anordnung von ambulanten Massnahmen oder von Massnahmen zur Nachbetreuung ist in der Regel auf die Dauer von zwei Jahren zu beschränken; sie kann jeweils für höchstens zwei Jahre verlängert werden.	

Kantonale Bestimmungen zur Nachbetreuung (Art. 437 ZGB)	
	§ 100 KESV – Kosten ¹ Die Kosten der Unterbringung und Nachbetreuung sowie von ambulanten Massnahmen werden der betroffenen Person auferlegt, soweit sie nicht von einer Kranken- oder Unfallversicherung getragen werden.
UR	**Art. 20 EG KESR – 3. Kapitel: Ambulante Massnahmen** ¹ Die Kindes- und Erwachsenenschutzbehörde kann von sich aus oder auf ärztlichen Rat ambulante Massnahmen anordnen, um einer fürsorgerischen Unterbringung entgegenzuwirken. ² Zulässig sind insbesondere Massnahmen, die die betroffene Person: a) verpflichten, regelmässig eine fachliche Beratung oder Begleitung in Anspruch zu nehmen oder sich einer Therapie zu unterziehen; b) anweisen, bestimmte Medikamente einzunehmen; c) anweisen, sich alkoholischer Getränke und anderer Suchtmittel zu enthalten. ³ Ambulante Massnahmen sind zu befristen. Sie dauern höchstens zwölf Monate und fallen danach ohne Weiteres dahin, sofern die Kindes- und Erwachsenenschutzbehörde nicht innert dieser Frist eine neue Anordnung trifft. **Art. 23 EG KESR – Nachbetreuung** ¹Die Kindes- und Erwachsenenschutzbehörde stellt für jede Person, die aus der fürsorgerischen Unterbringung entlassen wird, eine angemessene Nachbetreuung sicher. Ist die Einrichtung zuständig zur Entlassung, bestimmt sie die Nachbetreuung. ²Aufgabe der Nachbetreuung ist es, die Lebenssituation der betroffenen Person zu stabilisieren oder zu verbessern und Rückfälle möglichst zu vermeiden. ³Die Bestimmung über die ambulanten Massnahmen ist sinngemäss anzuwenden. ⁴Wer beauftragt ist, Massnahmen der Nachbetreuung durchzuführen, hat der Kindes- und Erwachsenenschutzbehörde zu melden, sobald sich die betroffene Person nicht an die Anordnungen hält.
VS	**Art. 61 EG ZGB – Nachbetreuung** ¹ In allen Fällen, in denen eine Rückfallgefahr besteht, muss beim Austritt eine Nachbetreuung angeordnet werden. ² Es ist Sache der Schutzbehörde, die notwendigen Massnahmen zu treffen. Sie handelt von Amtes wegen, wenn sie über die Entlassung entscheidet. In den übrigen Fällen handelt sie auf Ersuchen der Einrichtung. ³ Auf der Grundlage der Vormeinung des behandelnden Arztes trifft die Erwachsenenschutzbehörde jede Massnahme, die geeignet erscheint, einen Rückfall zu verhindern. Sie kann die Nachbetreuung einem regionalen sozialmedizinischen Zentrum übertragen. ⁴ Wenn die Umstände es erfordern, ernennt die Erwachsenenschutzbehörde einen Schutzbeistand, dessen Aufgabe es ist, die betroffene Person zu begleiten und durch geeignete Kontrollen die Einhaltung der Anweisungen zu überwachen. **Art. 62 EG ZGB – Ambulante Behandlung** ¹ Die ambulante Behandlung kann an Stelle einer Betreuung in einer Einrichtung treten. Sie kann auch Teil der Nachbetreuung sein.

	Kantonale Bestimmungen zur Nachbetreuung (Art. 437 ZGB)
	² Die Schutzbehörde ordnet, gestützt auf eine ärztliche Vormeinung, die ambulante Behandlung an. ³ Die ambulante Behandlung kann namentlich in folgender Form erfolgen: a) Anweisungen für eine bestimmte Lebensweise oder die Einnahme von bestimmten Medikamenten nach medizinischen Empfehlungen; b) die Verpflichtung, regelmässig vor einer bestimmten Gesundheitsbehörde zu erscheinen oder sich einer Therapie zu unterziehen. ⁴ Die betroffene Person kann eine Vertrauensperson bezeichnen, die sie während der Dauer der Behandlung unterstützt (in Analogie zu Art. 432 ZGB).
ZG	**§ 50 EG ZGB – Nachbetreuung** ¹ Besteht Rückfallgefahr, so kann die Kindes- und Erwachsenenschutzbehörde mit der Entlassung eine geeignete Nachbetreuung anordnen. ² Sie holt vorgängig einen Bericht der Einrichtung oder der behandelnden Arztperson ein. **§ 54 EG ZGB – C. Ambulante Massnahmen – Gegenstand** ¹ Die Kindes- und Erwachsenenschutzbehörde kann ambulante Massnahmen anordnen. ² Zulässig sind jene Massnahmen, die geeignet erscheinen, eine Einweisung in eine Einrichtung zu verhindern oder einen Rückfall zu vermeiden. Insbesondere kann sie a) der betroffenen Person Weisungen erteilen; b) die betroffene Person, die mutmasslich an einer psychischen Störung leidet oder schwer verwahrlost ist, anweisen, sich einer ambulanten ärztlichen Untersuchung oder therapeutischen Behandlung zu unterziehen. ³ Ambulante Massnahmen können Teil der Nachbetreuung sein.
ZH	**§ 36 EG KESR – B. Nachbetreuung und ambulante Massnahmen – Nachbetreuung** Vor der Entlassung einer fürsorgerisch untergebrachten Person trifft die Einrichtung Vorkehrungen, um den Gesundheitszustand der Person nach der Entlassung stabil zu halten und deren erneute Unterbringung zu vermeiden. **§ 37 EG KESR** ¹ Die KESB kann im Rahmen der Nachbetreuung ambulante Massnahmen anordnen, falls a. die Entlassung der Person aus der fürsorgerischen Unterbringung dies erfordert oder b. eine erneute fürsorgerische Unterbringung dadurch vermieden werden kann. ² Ambulante Massnahmen sind insbesondere a. Weisungen bezüglich Aufenthalt, Berufsausübung und Verhalten, b. Anordnung einer medizinisch indizierten Behandlung einschliesslich Medikamenteneinnahme, c. Meldepflicht bei einer Fachstelle oder Behörde, d. Regelung der Betreuung. ³ Die Vollstreckung ist ausgeschlossen.

> **Kantonale Bestimmungen zur Nachbetreuung (Art. 437 ZGB)**
>
> **§ 38 EG KESR**
> ¹ Die KESB ordnet ambulante Massnahmen an, gestützt auf
> a. einen begründeten Antrag der Einrichtung, wenn diese für die Entlassung der betroffenen Person zuständig ist,
> b. einen Bericht der Einrichtung, wenn die KESB für die Entlassung zuständig ist.
> ² Ambulante Massnahmen gemäss § 37 Abs. 2 lit. b darf sie nur gestützt auf den Bericht einer Fachärztin oder eines Facharztes für Psychiatrie und Psychotherapie oder Kinder- und Jugendpsychiatrie und -psychotherapie anordnen.
>
> **§ 39 EG KESR**
> ¹ Die KESB überwacht die Einhaltung der angeordneten Massnahmen.
> ² Sie hebt diese auf, wenn
> a. ihr Zweck erreicht ist oder nicht erreicht werden kann,
> b. eine fürsorgerische Unterbringung notwendig ist.
> ³ Ambulante Massnahmen werden für längstens zwei Jahre angeordnet. Sie können verlängert werden.

Art. 438

F. Massnahmen zur Einschränkung der Bewegungsfreiheit

Auf Massnahmen, die die Bewegungsfreiheit der betroffenen Personen in der Einrichtung einschränken, sind die Bestimmungen über die Einschränkung der Bewegungsfreiheit in Wohn- oder Pflegeeinrichtungen sinngemäss anwendbar. Vorbehalten bleibt die Anrufung des Gerichts.

Literatur

Vgl. die Literaturhinweise zu Art. 426.

1   Das revidierte Erwachsenenschutzrecht unterteilt die FU in die Unterbringung gem. Art. 426 f. als Bestimmung über den Aufenthalt gegen den (mutmasslichen/hypothetischen) Willen einer Person, in die medizinischen Massnahmen gem. Art. 433 ff. (s. Art. 426 N 14, 14a) und in die Massnahmen zur **Einschränkung der Bewegungsfreiheit**. Hierunter fallen sämtliche Beschränkungen der Bewegungsfreiheit, die **nicht eine Unterbringung** in einer Einrichtung sind (Art. 426 N 14 f.), sondern **infolge** einer Unterbringung notwendig werden (gl.M. FamKomm Erwachsenenschutz-GUILLOD, Art. 438 N 4). Das heisst, alle Massnahmen, die eine Einrichtung zu einer geeigneten Einrichtung gemäss Art. 426 machen (z.B. geschlossene Einrichtung), sind bereits über den Anordnungsbeschluss gedeckt; weitergehende bewegungseinschränkende Massnahmen fallen in den Anwendungsbereich von Art. 438, z.B. eine nicht vorhersehbare Dekompensation des Eingewiesenen (s.a. zum alten Recht BGE 134 I 209, E. 2.3.; gl.M. BSK ZGB I-GEISER/ETZENSBERGER, Art. 438 N 4; HÄFELI, Grundriss, Rz 28.22; FamKomm Er-

wachsenenschutz-GUILLOD, Art. 438 N 1 f., der von «internen» Einschränkungen spricht). **Medizinische Massnahmen** sind gemäss dem Gesetzgeber (Botschaft Erwachsenenschutz, 7039) keine Massnahmen gem. Art. 438, auch wenn sie – wie sedierende Mittel – zur Folge haben können, dass die Bewegungsfreiheit eingeschränkt wird (zu einer von den Wirkungen ausgehenden Auslegung s. Art. 383–385 N 7; gl.M. FamKomm Erwachsenenschutz-GUILLOD, Art. 438 N 7; BSK ZGB I-GEISER/ETZENSBERGER, Art. 438 N 3); sie dienen auch nicht der Vollstreckung von medizinischen Massnahmen im Rahmen von Art. 377 ff. (so offenbar: BSK ZGB I-GEISER/ETZENSBERGER, Art. 434/435 N 6b). Massnahmen gem. Art. 438 sind einerseits **mechanische Mittel**, wie Gitter, Fesseln, Isolierung (BGE 134 I 209 E. 2.3), Schliessvorrichtungen, Fixiertische an Rollstühlen, Trickschlösser, andererseits auch **elektronische Mittel** wie elektronische Schliessmechanismen, mit Codes gesicherte Lifte, elektronische Fussfesseln etc., nicht aber Massnahmen, welche den betroffenen nicht direkt am Verlassen hindern, wie elektronische Melder, die Nachtwache am Bett, Überwachungskameras etc. (s. ausführlich Art. 383–385 N 5 m.w.H.; gl.M. FamKomm Erwachsenenschutz-GUILLOD, Art. 438 N 6 f.). Die **Dauer** ist zu begrenzen und bei der Anordnung ist der Überprüfungsmodus festzulegen. Isolationen und Fixationen müssen so oft als möglich (z.B. stündlich) überprüft werden (SAMW, Zwangsmassnahmen, 17).

Die Bestimmungen des Art. 383 ff. sind **sinngemäss** anwendbar (s. zu den Voraussetzungen Art. 383 N 1 ff.). Abweichend von diesen Bestimmungen ist zunächst, dass die Einschränkung der Bewegungsfreiheit im Rahmen einer FU nicht von der **Urteilsfähigkeit** abhängt (gl.M.: VerwGer AG vom 14.5.2012, WBE. 2013.263, publ. in: CAN 2013, 142 ff.; FASSBIND, 349; KOKES, Rz 11.12; CHK-BREITSCHMID/ MATT, Art. 438 ZGB N 1; kritisch: SPÜHLER, in: CAN 2013, 144 f.; a.M. FamKomm Erwachsenenschutz-GUILLOD, Art. 438 N 15; BSK ZGB I-GEISER/ETZENSBERGER, Art. 438 N 5, die hier auf die Anwendbarkeit von Art. 436 ff. und sogar Art. 434 ff. verweisen [Kritik in VerwGer AG vom 14.5.2012, WBE. 2013.263 E. 5.6.3]). Hintergrund davon ist, dass auch die FU nicht zwischen Urteilsfähigkeit und Urteilsunfähigkeit unterscheidet (s. Art. 426 N 5) und diese auch bewegungseinschränkenden Charakter haben kann (ROSCH, AJP 2011, 513); richtet sich die Hauptmassnahme an beides, so muss die bewegungseinschränkenden Massnahme der Hauptmassnahme folgen; Ausnahme davon sind nur medizinische Massnahmen, die aber explizit keinen bewegungseinschränkenden Charakter haben. Als weitere Abweichung ist der Rechtsmittelweg bei der FU vereinheitlicht. Es kann gem. Art. 439 das **Gericht** angerufen werden (s.a. Art. 439 Abs. 1 Ziff. 5).

Art. 383 Abs. 2 und 3 gelten auch für Art. 438. Gleiches gilt für die Protokollierung nach Art. 384, wobei neben der vertretungsberechtigten Person, z.B. einem Beistand, auch die Vertrauensperson gemäss Art. 432 zu informieren ist (BSK ZGB I-GEISER/ETZENSBERGER, Art. 438 N 7). Diese kann das Protokoll entsprechend auch einsehen, es sei denn, die von der Massnahme betroffene urteilsfähige Person hat dies ausdrücklich verneint. Sodann ist die **Vertrauensperson** in aller Regel als nahestehende Person im Sinne von Art. 439 ZGB zu sehen.

3 Bewegungseinschränkende Massnahmen bieten an ihren Randbereichen Abgrenzungsschwierigkeiten. Diejenige zwischen FU und bewegungseinschränkenden Massnahmen innerhalb der Einrichtung wurde oben erwähnt (N 1). Eine andere findet sich aber für **Einrichtungen**, wo sich die Frage stellen kann, ob es nun einer FU bedarf oder ob **bewegungseinschränkende Massnahme** nach Art. 383 ff. ZGB ausreichend sind. Für eine nahtlose Anwendung der Instrumente wäre es hilfreich, wenn diese möglichst gut aufeinander abgestimmt konzipiert würden. Dies ist hier nicht der Fall. So richten sich die bewegungseinschränkenden Massnahmen für Wohn- oder Pflegeeinrichtungen an Urteilsunfähige, die FU auch an Urteilsfähige; die Voraussetzungen sind unterschiedlich (bei der FU eine schwerwiegende Gefahrensituation; bei bewegungseinschränkenden Massnahmen auch die Störung der Gemeinschaft), aber auch die Adressaten (Wohn- oder Pflegeeinrichtung gemäss Art. 383; KESB gemäss Art. 428) und die Wirkung der Massnahme («Unterbringung», «Bewegungseinschränkung») sind nicht aufeinander abgestimmt, und der Rechtsschutz ist im Rahmen einer FU umfassender (mit Ausnahme des Umstandes, dass eine Beschwerde gegen die Bewegungsbeschränkung gem. Art. 439 Abs. 2 jederzeit erfolgen kann). Diese Ausgangslage führt unweigerlich zu Konstellationen, die unbefriedigend sind. Die Abgrenzung in der alten bundesgerichtlichen Rechtsprechung zu suchen, welche nach mehreren Stunden eine FU vorsieht, wobei das im Einzelfall auch bereits nach 2,5 Stunden täglich der Fall war (BGer vom 28.3.2008, 5A_137/2008 E. 3.1; BSK ZGB I-Geiser, vor aArt. 397a–f N 6; ZK-Spirig, Art. 397a aZGB N 116; so aber noch: BSK ZGB I-Geiser/Etzensberger, Art. 437 N 9), dürfte der neuen Ausgangslage nicht gerecht werden, zumal die bewegungseinschränkenden Massnahmen auch eingeführt wurden, um nicht in jedem Falle eine FU anordnen zu müssen (Botschaft, 7039). Sie kann nur noch Indiz sein und nicht ausschlaggebendes Abgrenzungskriterium. Vielmehr ist hier in Anlehung an die Rechtsprechung des Europäischen Gerichtshofes für Menschenrechte ein qualitative Unterscheidung zu suchen: Die Gesamtumstände der bewegungseinschränkenden Massnahmen im Hinblick auf **Ausmass, Dauer, Art und Weise, Intensität der Beschränkung und Umfang** müssen so sein, dass eine bewegungseinschränkende Massnahme aufgrund des erhöhten Rechtsschutzes als FU zu qualifizieren ist (vgl. Art. 383–385 N 6; EuGH vom 26.2.2002; H.M. c. Suisse, 39187/98; VPB 66.106, E. 20 ff.; BGE 126 I 112 E. 3c; gl.M. BSK ZGB I-Steck, Art. 383 N 5 f.). Damit ist nicht Voraussetzung, dass eine Person in eine andere Einrichtung transportiert wird; sie kann auch in derselben Einrichtung per FU zurückbehalten werden (Art. 427 ZGB).

Kantonale Bestimmungen zur Bewegungseinschränkung im Rahmen einer FU (Art. 438 ZGB)	
AG	**§ 67g EG ZGB – Einschränkung der Bewegungsfreiheit im Rahmen einer fürsorgerischen Unterbringung** [1] Zuständig zur Anordnung von bewegungseinschränkenden Massnahmen gemäss Art. 438 ZGB sind in Einrichtungen mit ärztlicher Leitung die diensthabenden Kaderärztinnen und Kaderärzte sowie die Heimärztinnen und Heimärzte.

	Kantonale Bestimmungen zur Bewegungseinschränkung im Rahmen einer FU (Art. 438 ZGB)
	² In Einrichtungen ohne ärztliche Leitung sind Massnahmen zur Einschränkung der Bewegungsfreiheit von Kaderpersonen primär aus dem pflegerischen Bereich anzuordnen. Die Einrichtungen bezeichnen in einem Reglement die Funktionen der für die Anordnung zuständigen Kaderpersonen. Die behandelnde Ärztin oder der behandelnde Arzt ist bei der Anordnung bewegungseinschränkender Massnahmen zwingend miteinzubeziehen.
VS	**Art. 40 VKES – Massnahmen zur Einschränkung der Bewegungsfreiheit** ¹ Jede sozialmedizinische Anstalt oder Heim im Sinne der Artikel 382 und folgende ZGB sowie jede für die fürsorgerische Unterbringung von Personen geeignete Anstalt (Art. 426 ff. ZGB) hat die Pflicht zu bezeichnen: a) die Personen, welche eine Massnahme zur Einschränkung der Bewegungsfreiheit anordnen können; b) die verschiedenen zur Verfügung stehenden Massnahmen zur Einschränkung; c) die Abstände, nach welchen die angeordnete Massnahme auf ihre Berechtigung hin überprüft werden muss. ² Für die dem Departement für Gesundheitswesen unterstellten Krankenanstalten und -institutionen sind subsidiär die Bestimmungen des Gesundheitsgesetzes über die Zwangsmassnahmen anwendbar.

Art. 439

G. Anrufung des Gerichts

¹ Die betroffene oder eine ihr nahestehende Person kann in folgenden Fällen schriftlich das zuständige Gericht anrufen:
1. bei ärztlich angeordneter Unterbringung;
2. bei Zurückbehaltung durch die Einrichtung;
3. bei Abweisung eines Entlassungsgesuchs durch die Einrichtung;
4. bei Behandlung einer psychischen Störung ohne Zustimmung;
5. bei Massnahmen zur Einschränkung der Bewegungsfreiheit.

² Die Frist zur Anrufung des Gerichts beträgt zehn Tage seit Mitteilung des Entscheids. Bei Massnahmen zur Einschränkung der Bewegungsfreiheit kann das Gericht jederzeit angerufen werden.

³ Das Verfahren richtet sich sinngemäss nach den Bestimmungen über das Verfahren vor der gerichtlichen Beschwerdeinstanz.

⁴ Jedes Begehren um gerichtliche Beurteilung ist unverzüglich an das zuständige Gericht weiterzuleiten.

I. Vorbemerkungen und Legitimation

1 Der Gesetzgeber wollte bei der FU wie im vorrevidierten Recht (Art. 397d aZGB) einen möglichst **umfassenden Rechtschutz** gewähren (Botschaft Erwachsenenschutz, 7071). Für die Überprüfung des Entscheides gem. Art. 5 Ziff. 4 EMRK ist ein nach kantonalem Recht bezeichnetes **Gericht** zuständig. Die Voraussetzungen an ein Gericht ergeben sich aus **Art. 6 EMRK**. Dabei kommt es insb. nicht auf die Bezeichnung, sondern die inhaltliche Ausgestaltung des Spruchkörpers an (VILLIGER, Rz 412 ff.; BGer vom 18.1.2013 5C_1/2012 E. 4). Gemäss bundesgerichtlicher Rechtsprechung wäre eine **Verwaltungsbehörde** zur Vorprüfung nicht zulässig (BGE 127 III 385 E. 2). Insbesondere scheint die **Erwachsenenschutzbehörde** als ordentlich einweisende Instanz gem. Art. 428 nur bedingt geeignet (so aber noch in Art. 430 VE), sofern sie überhaupt als Gericht konzipiert ist (s.a. BSK ZGB I-GEISER/ETZENSBERGER, Art. 439 N 28 f. m.w.H.). Für **Kinder** gilt Art. 439 gem. Art. 314b sinngemäss (BGE 121 III 306 E. 2c; s.a. Art. 426 N 5), es sei denn, die Platzierung im Rahmen eines Obhutsentzuges erfolgt im Rahmen eines eherechtlichen Verfahrens (gl. M. FamKomm Erwachsenenschutz-GUILLOD, Art. 439 N 6). Zu beachten ist zudem Art. 450e, Art. 450b Abs. 2, Art. 447 Abs. 2 und Art. 449 Abs. 2. Des Weiteren finden sich weitere Verfahrensbestimmungen im kantonalen Recht (vgl. Art. 450f).

2 Zur Klage legitimiert ist zunächst die **betroffene Person** selbst. Die Klageerhebung setzt **Urteilsfähigkeit** voraus, an welche keine hohen Anforderungen gestellt werden dürfen. Es ist ausreichend, wenn die betroffene Person erkennt, dass sie gegen ihren Willen untergebracht wurde, und wenn sie den gegenteiligen Willen zum Ausdruck bringen kann (gl.M. BSK ZGB I-GEISER/ETZENSBERGER, Art. 439 N 19 m.w.H.; CHK-BREITSCHMID/MATT, Art. 439 ZGB N 3). Im Hinblick auf den Schwächezustand und die damit verbundene Behandlung ist es notwendig, dass neben der betroffenen Person auch weitere Personen zur Klage zugelassen werden, welche sich mit ihr verbunden fühlen. Deshalb sind auch der betroffenen Person **nahestehende Personen, insb. Vertrauenspersonen** gem. Art. 432, zugelassen (BGE 122 I 18 E. 2c.bb; s. Art. 426 N 16; gl.M. FamKomm Erwachsenenschutz-GUILLOD, Art. 439 N 15; sie ist jedoch nicht als Verfahrensbeteiligte vor Bundesgericht zugelassen, s. BGer vom 12.2.2014, 5A_948/2013 E. 2.1.); ihnen kommt **Parteistellung** zu (mit allfälliger Kostenfolge). Zu **Gutachten, Begründung der Beschwerde, aufschiebender Wirkung, Anhörung und Beschleunigungsgebot** s. Art. 450e; zu Zuständigkeit, Kognition, Verfahrensschritte, Kosten s. Art. 450 ff.

II. Überprüfungsbefugnis/Begehren/Frist/Zuständigkeit

3 Das Gericht kann lediglich Entscheide gem. **Art. 439 Abs. 1 Ziff. 1–5 ZGB** überprüfen. Der Katalog ist **abschliessend** (gl.M. FamKomm Erwachsenenschutz-GUILLOD, Art. 439 N 20; CHK-BREITSCHMID/MATT, Art. 439 ZGB N 1) und beinhaltet die ärztlich angeordnete Unterbringung gem. Art. 426 f. i.V.m. 429, die Zurückbehaltung in der Einrichtung gem. Art. 427 Abs. 1, die Abweisung eines Entlassungsgesuchs gem. Art. 426 Abs. 4, die Behandlung von psychischen Störungen ohne Zustimmung gem. Art. 434 f. (gl.M. FamKomm Erwachsenenschutz-GUILLOD, Art. 435 N 16) sowie die Einschränkung der Bewegungsfreiheit gem. Art. 438. Nicht über-

prüfbar sind Entscheide, welche die FU ablehnen oder aufheben (BGE 122 I 18 E. 2c.aa; 112 II 104 E. 3; gl.M. FamKomm Erwachsenenschutz-GUILLOD, Art. 439 N 24; der in solchen Fällen auf das Melderecht von nahestehenden Personen nach Art. 443 verweist; BSK ZGB I-GEISER/ETZENSBERGER, Art. 439 N 5, 7). Demgegenüber muss der Wechsel einer Einrichtung anfechtbar sein, da die Geeignetheit der Einrichtung auch Tatbestandsvoraussetzung ist (s. Art. 426 N 6, 11 i.f.; gl.M. FamKomm Erwachsenenschutz-GUILLOD, Art. 439 N 22; BSK ZGB I-GEISER/ETZENSBERGER, Art. 439 N 8; **a.M.** BGE 122 I 18 E. 2f). Der Behandlungsplan ist – soweit im kantonalen Recht nichts anderes vorgesehen ist – für sich alleine nicht anfechtbar, sondern nur im Zusammenhang mit einer Durchführung gemäss Art. 434 oder 435 (s. Art. 433–435 N 4a; SCHMID, Art. 439 ZGB N 14; FamKomm Erwachsenenschutz-GUILLOD, Art. 439 N 26).

Die Anordnung der FU durch die **Erwachsenenschutzbehörde** gem. Art. 426/427 Abs. 2 i.V.m. Art. 428 kann gem. Art. 450 Abs. 1 i.V.m. Art. 450e beim Gericht angefochten werden. Es müssen **m.E.** in Bezug auf die Legitimation (N 2) dieselben Voraussetzungen wie bei Art. 439 gelten. In Bezug auf die **Rechtsmittelfrist** gilt gem. Art. 5 Abs. 4 EMRK und Art. 450b Abs. 2 ZGB die Frist von zehn Tagen. Die Beschwerde muss gem. Art. 450e Abs. 1 nicht begründet sein (BGE 133 III 353 E. 2; s. Art. 450e N 4).

4

Zusätzlich kann innerhalb der Rechtsmittelfrist ein Entlassungsgesuch gestellt werden. Hier gelten die genannten Grundsätze (s. 427 N 5 ff.) analog. Die Abweisung eines Entlassungsgesuches ersetzt keinen Beschwerdeentscheid; soweit das Gericht aber auch über das Entlassungsgesuch befindet (z.B. dort, wo die KESB Gericht i.S. von Art. 439 ist [z.B. Kt. TG, SH]), kann es mit dem Abweisungsentscheid auch über den Beschwerdeentscheid oder allenfalls auch über den Entscheid über eine «Verlängerung» der ärztlichen FU über die kantonale Frist hinaus befinden. Andernfalls sind die Verfahren zu koordinieren; Entscheide den entsprechenden Instanzen zukommen zu lassen (gl.M. FASSBIND, 325, 331 f.).

4a

Das Begehren hat **schriftlich** zu erfolgen. Die beschwerdeführende Person hat unterschriftlich (Art. 13 ff. OR) zu erklären, dass sie mit der Anordnung nicht einverstanden ist, woran keine hohen Anforderungen zu stellen sind (gl.M. FamKomm Erwachsenenschutz-GUILLOD, Art. 439 N 37; BSK ZGB I-GEISER/ETZENSBERGER, Art. 439 N 36). Die bundesrechtlichen Formvorschriften sind abschliessend (BGE 133 III 353 E. 2). Zur **Höchstpersönlichkeit des Begehrens** s. Art. 426 N 16 (gl.M. BSK Erwachsenenschutz-GEISER/ETZENSBERGER, Art. 439 N 37). Jedes Begehren ist gem. **Art. 439 Abs. 4** unverzüglich an das zuständige Gericht weiterzuleiten. Soweit es um Entscheidungen der Klinik geht (Art. 439 Abs. 1 Ziff. 2–5), ist das Gericht am Ort der Klinik örtlich zuständig (Botschaft, 7072; gl.M. MEIER/LUKIC, Rz 737; HAUSHEER/GEISER/AEBI-MÜLLER, Familienrecht, Rz 20.194; FamKomm Erwachsenenschutz-GUILLOD, Art. 439 N 13; **a.M.** BERNHART, Rz 831). Die **Frist** beträgt gem. Art. 439 Abs. 2 zehn Tage, mit Ausnahme der Beschwerde betr. Massnahmen zur Beschränkung der Bewegungsfreiheit, welche jederzeit geltend gemacht werden kann (kritisch: FamKomm Erwachsenenschutz-GUILLOD, Art. 439 N 31 ff. m.w.H.). Die Frist für nahestehende Personen beginnt mit Kenntnisnahme, unabhängig da-

5

von, wie sie vom Entscheid erfahren (vgl. Art. 429/430 N 5; gl.M. FamKomm Erwachsenenschutz-Guillod, Art. 430 N 12, Art. 439 N 29; Schmid, Art. 430 ZGB N 7, BSK ZGB I-Geiser/Etzensberger, Art. 439 N 33; CHK-Breitschmid/Matt, Art. 439 N 4; a.M. BSK ZGB I-Reusser, Art. 450b N 26). Bei **Nichteinhaltung der Frist** ist auf das Begehren nicht einzutreten; dieses mutiert aber zu einem jederzeit zulässigen **Entlassungsgesuch** gem. Art. 426 Abs. 4 (Botschaft Erwachsenenschutz, 7072; gl. M. FamKomm Erwachsenenschutz-Guillod, Art. 439 N 30; BSK ZGB I-Geiser/Etzensberger, Art. 439 N 34.) Zu den allgemeinen Grundsätzen betr. Rechtsmittelfrist s. Art. 450b ZGB.

6 Die gerichtliche Beurteilung setzt zudem ein **aktuelles Rechtschutzinteresse** voraus, das namentlich dann nicht mehr vorliegt, wenn eine Person inzwischen wieder aus einer Einrichtung entlassen wurde (BGer vom 30.7.2013, 5A_485/2013 E. 2.3; BGE 109 Ia 169 E. 3; BGer vom 7.3.2008, 5A.66/2008 E. 2.2.3); darauf kann aber **ausnahmsweise verzichtet** werden, wenn sich die aufgeworfene Frage jederzeit unter gleichen oder ähnlichen Umständen wieder stellen könnte, wenn an ihrer Beantwortung wegen der grundsätzlichen Bedeutung ein öffentliches Interesse besteht und wenn sie im Einzelfall kaum je rechtzeitig verfassungsrechtlich überprüft werden könnte (zur Medikation gegen den Willen BGer vom 21.11.2005, 5P.400/2005 E. 2–4 m.w.H; gl.M. FamKomm Erwachsenenschutz-Guillod, Art. 439 N 18 f.; BSK ZGB I-Geiser/Etzensberger, Art. 439 N 26; vgl. Art. 450a N 2a). Das Interesse an einer Feststellung der Rechtswidrigkeit für einen späteren Verantwortlichkeitsprozess ist z.B nicht ausreichend (BGE 109 Ia 169 E. 3c m.w.H.; gl.M. BSK ZGB I-Geiser/Etzensberger, Art. 439 N 26; FamKomm Erwachsenenschutz-Guillod, Art. 439 N 18).

7 Das Verfahren richtet sich gem. Art. 439 Abs. 3 sinngemäss nach den Art. 450 ff. (s. dort); zum Verfahren bei Massnahmen nach Art. 437, s. Art. 437 N 7.

8 Im **innerkantonalen Bereich** obliegt die Regelung der Zuständigkeit dem kantonalen Gesetzgeber. Demgegenüber muss im **interkantonalen Bereich** eine Ordnung bestehen, die sowohl negative wie auch positive Kompetenzkonflikte ausschliesst (gl.M. Bernhart, Rz 831; BSK ZGB I-Geiser/Etzensberger, Art. 439 N 27). Hier soll von Bundesrechts wegen die Zuständigkeit wie folgt gelten: Gemäss Art. 439 Abs. 1 Ziff. 1 der Ort der Einweisung, gem. Ziff. 2–5 der Ort der Einrichtung (BSK ZGB I-Geiser/Etzensberger, Art. 439 N 27; OFK ZGB-Fassbind, Art. 439 N 1; a.M. CHK-Breitschmid/Matt, Art. 439 ZGB N 6). Diese Bestimmung gilt von Bundesrechts wegen, wenn im interkantonalen Verhältnis ein Kompetenzkonflikt auftritt (BSK ZGB I-Geiser/Etzensberger, Art. 439 N 27).

Kantonale Bestimmungen zur Anrufung des Gerichts (Art. 439 ZGB)	
AG	**§ 67q EG ZGB – Beschwerdeverfahren; besondere Bestimmungen bei fürsorgerischer Unterbringung** ¹ Das Verwaltungsgericht entscheidet als Kollegialgericht über Beschwerden gegen a) eine fürsorgerische Unterbringung einer volljährigen Person, b) eine fürsorgerische Unterbringung einer minderjährigen Person zur Behandlung einer psychischen Störung, c) eine Zurückbehaltung, d) eine Abweisung eines Entlassungsgesuchs, e) eine Behandlung einer psychischen Störung ohne Zustimmung, f) eine Massnahme zur Einschränkung der Bewegungsfreiheit im Rahmen einer fürsorgerischen Unterbringung, g) eine angeordnete Nachbetreuung oder ambulante Massnahme, h) die Vollstreckung dieser Massnahmen. ² In sämtlichen Fällen gelangt Art. 450e Abs. 2 ZGB sinngemäss zur Anwendung. ³ Der betroffenen Person ist eine amtliche Rechtsvertretung zu bestellen, wenn sie ihre Interessen nicht genügend zu wahren vermag oder andere Umstände dies erfordern. Die Entschädigung der Rechtsvertretung richtet sich nach dem massgebenden Tarif und kann von der kostenpflichtigen betroffenen Person zurückgefordert werden. ⁴ Die schriftliche Eröffnung des Entscheids kann auf die Zustellung des Dispositivs beschränkt werden mit dem Hinweis, dass der Entscheid rechtskräftig wird, wenn innert 30 Tagen keine Partei eine schriftlich begründete Ausfertigung verlangt. Verzichten die Parteien auf eine vollständige Ausfertigung, ist eine kurze Begründung in die Akten aufzunehmen.
AI	**Art. 10 EG ZGB** ¹ Gegen Entscheide betreffend die fürsorgerische Unterbringung und gegen auf diesem Gesetz beruhende Entscheide des Handelsregisteramtes, der Kindes- und Erwachsenenschutzbehörde sowie der Standeskommission kann bei der Kommission für allgemeine Beschwerden des Kantonsgerichts Beschwerde geführt werden. ² Soweit das Bundesrecht nichts anderes bestimmt, beträgt die Beschwerdefrist 30 Tage. ³ Dem Gericht steht die volle Kognitionsbefugnis zu. Neue Behauptungen und Beweismittel sind zulässig.
AR	**Art. 66 EG ZGB – Rechtsmittel** ¹ Das Obergericht ist zuständig für Beschwerden gegen Entscheide der Kindes- und Erwachsenenschutzbehörde (Art. 450 ZGB). ² Die Einzelrichterin oder der Einzelrichter des Obergerichtes ist zuständig für Beschwerden gegen die Anordnung einer fürsorgerischen Unterbringung, gegen die Zurückbehaltung in einer Einrichtung und die Abweisung von Entlassungsgesuchen, gegen die Behandlung einer psychischen Störung ohne Zustimmung sowie gegen Massnahmen zur Einschränkung der Bewegungsfreiheit (Art. 439 ZGB).
DL	**§ 66 EG ZGB – Rechtsmittelinstanz** ¹ Das Kantonsgericht, Abteilung Verfassungs- und Verwaltungsrecht, ist zuständig für die Beurteilung von Beschwerden gegen Entscheide der Kindes-

Kantonale Bestimmungen zur Anrufung des Gerichts (Art. 439 ZGB)

und Erwachsenenschutzbehörde (Artikel 450 Absatz 1 ZGB) sowie gegen Entscheide auf dem Gebiet der fürsorgerischen Unterbringung (Artikel 439 Absatz 1 ZGB). Vorbehalten bleibt Absatz 3.
[2] Das Verfahren richtet sich nach Artikel 450–450e ZGB. Im Übrigen sind die Bestimmungen des kantonalen Verwaltungsprozessrechts anwendbar.
[3] Entscheide der Kindes- und Erwachsenenschutzbehörde, die ihr aufgrund des kantonalen Rechts zugewiesen sind, unterliegen der Verwaltungsbeschwerde. Vorbehalten bleiben abweichende gesetzliche Regelungen.

§ 83 EG ZGB – Kosten
[1] Die Kosten inklusive Auslagen, die im Rahmen des Verfahrens der fürsorgerischen Unterbringung anfallen, werden der betroffenen Person überbunden. Wird das Verfahren eingestellt oder erweist sich aufgrund richterlicher Feststellung, dass die Anordnung der fürsorgerischen Unterbringung von Anfang an unrechtmässig war, werden die Kosten durch die Einwohnergemeinden des Kindes- und Erwachsenenschutzkreises, deren Erwachsenenschutzbehörde die fürsorgerische Unterbringung angeordnet hat, übernommen.
[2] Die Kosten des Aufenthaltes in der Einrichtung im Rahmen des Vollzugs der fürsorgerischen Unterbringung gehen unter Vorbehalt der Absätze 3 und 4 zulasten der betroffenen Person, sofern sie nicht durch Dritte übernommen werden.
[3] Sie werden durch die Einwohnergemeinden des Kindes- und Erwachsenenschutzkreises, deren Erwachsenenschutzbehörde die fürsorgerische Unterbringung angeordnet hat, übernommen, wenn sich aufgrund richterlicher Feststellung erweist, dass die Anordnung der fürsorgerischen Unterbringung unrechtmässig war.
[4] Sie werden durch die Einrichtung übernommen, wenn sich aufgrund richterlicher Feststellung erweist, dass die Zurückbehaltung durch deren ärztliche Leitung unrechtmässig war.

§ 84 EG ZGB – Beschwerde bei fürsorgerischer Unterbringung
[1] Beim Kantonsgericht, Abteilung Verfassungs und Verwaltungsrecht, kann Beschwerde erhoben werden gegen Entscheide über:
a. Anordnung der Begutachtung;
b. fürsorgerische Unterbringung;
c. Zurückbehaltung durch die Einrichtung;
d. Abweisung von Entlassungsgesuchen und von Entlassungsanträgen der Einrichtung;
e. Behandlung einer psychischen Störung ohne Zustimmung;
f. Massnahmen zur Einschränkung der Bewegungsfreiheit
[2] Bei fürsorgerischer Unterbringung bei Gefahr im Verzuge im Sinne von § 80 dieses Gesetzes, bei Zurückbehaltung durch die Einrichtung sowie bei Massnahmen zur Einschränkung der Bewegungsfreiheit ist das Präsidium des Kantonsgerichts, Abteilung Verfassungs und Verwaltungsrecht, zuständig.
[3] Die Beschwerde hat keine aufschiebende Wirkung, sofern die Erwachsenenschutzbehörde oder das Kantonsgericht, Abteilung Verfassungs- und Verwaltungsrecht, nichts anderes verfügt. Sobald die Beschwerde beim Kantonsgericht, Abteilung Verfassungs- und Verwaltungsrecht, eingegangen ist, ist

	Kantonale Bestimmungen zur Anrufung des Gerichts (Art. 439 ZGB)
	dessen Präsidium für die Erteilung der aufschiebenden Wirkung zuständig. Dieses kann andere vorsorgliche Massnahmen treffen. ⁴ Das Verfahren richtet sich nach Artikel 450–450e ZGB sowie nach den Bestimmungen über die verwaltungsgerichtliche Beschwerde. **§ 85 EG ZGB – Beschwerde gegen die Kostenentscheide** ¹ Gegen die Kostenentscheide der Erwachsenenschutzbehörde kann beim Kantonsgericht, Abteilung Verfassungs und Verwaltungsrecht, Beschwerde erhoben werden. ² Steht der Kostenentscheid im Zusammenhang mit einer fürsorgerischen Unterbringung bei Gefahr im Verzuge, ist das Präsidium des Kantonsgerichts, Abteilung Verfassungs- und Verwaltungsrecht, zuständig.
BS	**§ 17 KESG – Gerichtliche Beschwerdeinstanzen** ¹ Die gerichtliche Beschwerdeinstanz für alle Beschwerden gegen Entscheidungen der Kindes- und Erwachsenenschutzbehörde ist das Verwaltungsgericht, mit Ausnahme der in Absatz 2 genannten Fälle. ² Die gerichtliche Beschwerdeinstanz gegen Entscheide im Zusammenhang mit der fürsorgerischen Unterbringung von Erwachsenen einschliesslich der in Art. 439 ZGB genannten Fälle sowie der Entscheidungen gemäss §§ 14 und 15 dieses Gesetzes ist die Rekurskommission für fürsorgerische Unterbringungen (nachfolgend FURekurskommission genannt).
GL	**Art. 67 EG ZGB** Gegen Entscheide der Kindes- und Erwachsenenschutzbehörde und gegen ärztliche Verfügungen im Sinne von Artikel 66a Absätze 1 und 3 EG ZGB kann beim Verwaltungsgericht Beschwerde geführt werden (Art. 450 ZGB).
LU	**§ 53 EG ZGB – Entscheide der Kindes- und Erwachsenenschutzbehörde** Entscheide der Kindes- und Erwachsenenschutzbehörde können mit Verwaltungsgerichtsbeschwerde (§§ 156 ff. VRG) beim Obergericht angefochten werden. Dem Obergericht steht auch die Ermessenskontrolle zu. **§ 54 EG ZGB – Bei der fürsorgerischen Unterbringung** ¹ Entscheide der Einrichtung, des anordnenden Arztes oder der anordnenden Ärztin können mit Beschwerde beim Einzelrichter oder bei der Einzelrichterin des Bezirksgerichtes am Ort der Einrichtung angefochten werden. ² Angefochten werden können a. die ärztlich angeordnete Unterbringung, b. die Zurückbehaltung durch die Einrichtung, c. die Abweisung eines Entlassungsgesuchs durch die Einrichtung, d. die Behandlung einer psychischen Störung ohne Zustimmung, e. Massnahmen zur Einschränkung der Bewegungsfreiheit. ³ Liegt die Einrichtung ausserhalb des Kantons, ist der Einzelrichter oder die Einzelrichterin des Bezirksgerichtes Luzern für Beschwerden gegen Entscheide gemäss Absatz 2a zuständig, in den übrigen Fällen das zuständige Gericht am Ort der Einrichtung. ⁴ Entscheide des Einzelrichters oder der Einzelrichterin des Bezirksgerichtes können mit Verwaltungsgerichtsbeschwerde (§§ 156 ff. VRG) beim Obergericht angefochten werden. Dem Obergericht steht auch die Ermessenskontrolle zu.

Kantonale Bestimmungen zur Anrufung des Gerichts (Art. 439 ZGB)	
NW	**Art. 37 EG ZGB – Beschwerde** Beim Verwaltungsgericht kann Beschwerde erhoben werden gegen: 1. Unterbringungen, Zurückbehaltungen, Abweisungen von Gesuchen sowie Behandlungen und Massnahmen gemäss Art. 439 ZGB; 2. Verfügungen der Kindes- und Erwachsenenschutzbehörde; 3. Verfügungen des Präsidiums der Kindes- und Erwachsenenschutzbehörde. **Art. 44 EG ZGB – Gerichtliches Verfahren** [1] Das gerichtliche Verfahren bezüglich fürsorgerischer Unterbringung ist kostenlos.
OW	**Art. 60 EG ZGB – Beschwerdebehörde** [1] Das Verwaltungsgericht ist die gerichtliche Beschwerdeinstanz (450). [2] Das zuständige Gericht im Bereich der fürsorgerischen Unterbringung (439) wird durch das Gerichtsorganisationsgesetz bestimmt.
SG	**Art. 27 EG KESR** Die Verwaltungsrekurskommission beurteilt Beschwerden gegen Verfügungen der Kindes- und Erwachsenenschutzbehörde sowie Verfügungen nach Art. 439 ZGB. Die Einzelrichterin oder der Einzelrichter beurteilt Beschwerden gegen Verfügungen eines Mitgliedes der Kindes- und Erwachsenenschutzbehörde sowie Verfügungen des zuständigen Departementes über die unentgeltliche Rechtspflege und Rechtsverbeiständung im Kindes- und Erwachsenenschutzrecht. **Art. 28 EG KESR** Das Kantonsgericht beurteilt Beschwerden gegen Entscheide der Verwaltungsrekurskommission im Kindes- und Erwachsenenschutzrecht. Die Einzelrichterin oder der Einzelrichter beurteilt: a) Beschwerden gegen Entscheide der Einzelrichterin oder des Einzelrichters der Verwaltungsrekurskommission im Kindes- und Erwachsenenschutzrecht; b) Beschwerden gegen Entscheide der Einzelrichterin oder des Einzelrichters der Verwaltungsrekurskommission und Verfügungen der Verwaltungsrekurskommission über die unentgeltliche Rechtspflege und Rechtsverbeiständung im Kindes- und Erwachsenenschutzrecht.
SZ	**Art. 2b EG ZGB – IV. Verwaltungsgericht** [1] Das Verwaltungsgericht beurteilt: a) Beschwerden gegen Verfügungen und Entscheide der Kindes- und Erwachsenenschutzbehörde (Art. 450 ZGB) b) Beschwerden gegen die Anordnung einer fürsorgerischen Unterbringung, gegen die Zurückbehaltung in einer Einrichtung und die Abweisung von Entlassungsgesuchen, gegen die Behandlung einer psychischen Störung ohne Zustimmung sowie gegen Massnahmen zur Einschränkung der Bewegungsfreiheit (Art. 439 ZGB)
VS	**Art. 114 EG ZGB – Rechtsmittelinstanzen** [1] Die zuständige Rechtsmittelinstanz ist: a) die Schutzbehörde für Beschwerden gegen Handlungen und Unterlassungen des Beistands oder einer Drittperson oder Stelle, der die Schutzbehörde einen Auftrag erteilt hat (Art. 419 ZGB);

	Kantonale Bestimmungen zur Anrufung des Gerichts (Art. 439 ZGB)

	b) ein durch das Kantonsgericht ernannter spezialisierter Richter für Berufungen gestützt auf Artikel 439 ZGB;
	c) das Kantonsgericht für Beschwerden:
	   1. gegen Beschwerdeentscheide der Schutzbehörde (Art. 114 Abs. 1 Bst. a)
	   2. gegen vorsorgliche Massnahmen (Art. 445 Abs. 3 ZGB);
	   3. gegen Entscheide des spezialisierten Richters bei Berufungen gestützt auf Artikel 439 ZGB;
	   4. gegen die übrigen Entscheide der Schutzbehörde (Art. 450 Abs. 1 ZGB).
	² Beschwerden an das Kantonsgericht können durch einen Einzelrichter beurteilt werden.
	³ Diese Rechtsmittelwege gelten in analoger Weise für den Kindesschutz.
	
	Art. 116a EG ZGB – b) Anrufung des Gerichts
	¹ Im Fall von Artikel 439 Absatz 1 Ziffer 1 ZGB befindet sich der Gerichtsstand am Wohnsitz der betroffenen Person.
	² Für die Fälle von Artikel 439 Absatz 1 Ziffer 2 bis 5 ZGB befindet sich der Gerichtsstand am Sitz der Einrichtung.

ZG	**§ 58 EG ZGB – Rechtsmittel** ¹ Das Verwaltungsgericht beurteilt: a) Beschwerden gegen Entscheide der Kindes- und Erwachsenenschutzbehörde (Art. 450 ZGB); b) Beschwerden in den Fällen von Art. 439 ZGB; c) Beschwerden gegen die Anordnung einer Nachbetreuung oder einer ambulanten Massnahme. ² Es ist für die Beurteilung örtlich zuständig, wenn die betroffene Person Wohnsitz im Kanton Zug hat oder wenn die Massnahme von einer Arztperson oder Einrichtung im Kanton Zug angeordnet wurde und die betroffene Person sich im Kanton Zug aufhält.
ZH	**§ 62 EG KESR** ¹ Beschwerden betreffend fürsorgerische Unterbringung (Art. 426 ff. ZGB) werden in erster Instanz vom Einzelgericht gemäss § 30 GOG beurteilt. ² Für Beschwerden gegen Entscheide der KESB richtet sich die örtliche Zuständigkeit nach Art. 442 ZGB. Für Beschwerden gegen ärztlich angeordnete Unterbringungen und gegen Entscheide von Einrichtungen gemäss Art. 439 Abs. 1 ZGB ist das Einzelgericht am Ort der Einrichtung zuständig. **§ 63 EG KESR** ¹ Beschwerden gemäss Art. 450 Abs. 1 ZGB werden in erster Instanz vom Bezirksrat beurteilt. Zuständig ist a. die Bezirksratspräsidentin oder der Bezirksratspräsident bei Entscheiden, die ein einzelnes Mitglied der KESB getroffen hat, b. der Bezirksrat in den übrigen Fällen; er entscheidet in Dreierbesetzung. ² Vorbehalten bleiben die vom Einzelgericht gemäss § 30 GOG zu beurteilenden Beschwerden betreffend fürsorgerische Unterbringung.

Zwölfter Titel:

Organisation

Erster Abschnitt:

Behörden und örtliche Zuständigkeit

Art. 440

A. Erwachsenenschutzbehörde

¹ Die Erwachsenenschutzbehörde ist eine Fachbehörde. Sie wird von den Kantonen bestimmt.
² Sie fällt ihre Entscheide mit mindestens drei Mitgliedern. Die Kantone können für bestimmte Geschäfte Ausnahmen vorsehen.
³ Sie hat auch die Aufgaben der Kindesschutzbehörde.

Literatur zu Art. 440/441

BOHNET, Autorités et procédure en matière de protection de l'adulte, droit fédéral et droit cantonal, in: Guillod/Bohnet (Hrsg.), Le nouveau droit de la protection de l'adulte, Basel 2012, 33 ff.; COTTIER/STECK, Organisation und Verfahren des neuen Kindes- und Erwachsenenschutzes, in: Büchler/Schwenzer/Cottier (Hrsg.), Sechste Schweizer Familienrecht§tage, Bern 2012, 153 ff.; KOKES, Zusammenstellung der kantonalen Behördenorganisation (KESB, Aufsichtsbehörden, Rechtsmittelinstanzen), ZKE 2013, 54 ff.; REUSSER, Das neue Erwachsenenschutzrecht – eine Herausforderung für die Kantone, ZBl 2013, 3 ff.; ROSCH, Neue Aufgaben, Rollen, Disziplinen, Schnitt- und Nahtstellen: Herausforderungen des neuen Kindes- und Erwachsenenschutzrechts, ZKE 2011, 31 ff.; VBK, Vormundschaftliche Instanzen der Kantone [im alten Recht], ZVW 2008, 348 ff.

Literatur zu Art. 440

AFFOLTER, Eckpfeiler einer Qualitätsentwicklung zum neuen Erwachsenenschutzrecht, FamPra.ch 2012, 841 ff.; BASLER SCHERER, Zusammenarbeit zwischen Kindes- und Erwachsenenschutzbehörde und Berufsbeistandschaft, ZKE 2012, 404 ff.; BIERI/VONTOBEL-LAREIDA, Die Umsetzung im Kanton Zürich, ZBl 2013, 53 ff.; DÖRFLINGER, «Der Berg wird steiler, wenn Du näher kommst», ZKE 2011,

447 ff.; DERS., Interdisziplinarität gestalten, ZKE 2010, 177 ff.; FASSBIND, Die Organisation des Kindes- und Erwachsenenschutzes nach neuem Erwachsenenschutzrecht, FamPra.ch 2011, 553 ff.; HÄFELI, Familiengerichte im Kanton Aargau als Kindes- und Erwachsenenschutzbehörde, FamPra.ch 2012, 1001 ff.; HECK, Wo Soziale Arbeit Fachlichkeit in der KESB entfaltet, ZKE 2012, 263 ff.; DERS., Wirkungsvolle Zusammenarbeit – der Beitrag der Sozialarbeit in der Fachbehörde, ZKE 2011, 17 ff.; INVERSINI, Kindesschutz interdisziplinär – Beiträge von Pädagogik und Psychologie, ZKE 2011, 47 ff.; KOKES, Der Einbezug von Sozialhilfebehörden in die Entscheidfindung der Kindesschutzorgane, ZKE 2014, 263 ff.; DIES., Organisation der KESB ab 1.1.2013 – Umsetzung in den Kantonen, ‹http://www.kokes.ch› dort: Organisation, Organisation Kantone (28.7.2014); MARBET, Die Umsetzung im Kanton Aargau, ZBl 2013, 38 ff.; MARTI A., Die Umsetzung im Kanton Schaffhausen, ZBl 2013, 48 ff.; MARTI M., Die Umsetzung im Kanton Bern, ZBl 2013, 43 ff.; REUSSER, Das neue Erwachsenenschutzrecht – eine Herausforderung für die Kantone, ZBl 2013, 3 ff.; ROSCH/GARIBALDI/PREISCH, Kindes- und Erwachsenenschutzbehörde – Hoffnungsträgerin oder Hemmschuh?, ZKE 2012, 416 ff.; RUFLIN/MIANI/DVORAK, Wirkungsorientierung im Kindes- und Erwachsenenschutz, ZKE 2013, 4 ff.; VBK, Kindes- und Erwachsenenschutzbehörden: Aufgaben und erforderliche Kompetenzen, ZVW 2008, 117 ff.; DIES., Kindes- und Erwachsenenschutzbehörde als Fachbehörde (Analyse und Modellvorschläge), ZVW 2008, 63 ff.; VOGEL/WIDER, Kindes- und Erwachsenenschutzbehörde als Fachbehörde – Personelle Ressourcen, Ausstattung und Trägerschaftsformen, ZKE 2010, 5 ff.; WIDER, Multi-, inter- oder transdisziplinäre Zusammenarbeit in der Kindes- und Erwachsenenschutzbehörde – Begriffe, Bedingungen und Folgerungen, in: Rosch/Wider (Hrsg.), Festschrift für Professor Christoph Häfeli zum 70. Geburtstag, Bern 2013, 85 ff. (zit. FS Häfeli); DIES., Interdisziplinär zusammengesetzte Berufsbehörden als unabdingbare Voraussetzung für einen wirksamen Kindesschutz, in: Voll et al. (Hrsg.), Zivilrechtlicher Kindesschutz: Akteure, Prozesse, Strukturen. Eine empirische Studie mit Kommentaren aus der Praxis, Luzern 2008, 214 ff. (zit. Zivilrechtlicher Kindesschutz); ZOBRIST, Fachpersonen der Sozialen Arbeit als Mitglieder der interdisziplinären Kindes- und Erwachsenenschutzbehörde, ZVW 2009, 223 ff.; s. auch die Literaturhinweise oben zu Art. 440/441.

I. Vorbemerkungen

1 Die Organisation der Behörden ist in der Kompetenz der Kantone und war schon im **alten Vormundschaftsrecht** sehr heterogen: In der *Westschweiz* waren die VormBehörden meistens regionale Gerichte (Friedensgericht oder Bezirksgericht, vereinzelt kantonales Spezialgericht), in der *Deutschschweiz* meistens politisch gewählte kommunale Miliz-/Laien-Verwaltungsbehörden (Gemeinderat oder Spezialkommission, vereinzelt kantonal und/oder professionell) und im *Tessin* regionale Verwaltungsbehörden (vgl. zum Ganzen: BK-SCHNYDER/MURER, Art. 361 aZGB N 76 ff.; VBK, ZVW 2008, 348 ff. [Übersicht Instanzen]; VBK, ZVW 2008, 102 ff. [Stärken/Schwächen]). Von Fachleuten wurde seit längerer Zeit eine **Professionalisierung gefordert** (vgl. z.B. OFK ZGB-FASSBIND, Art. 440 N 1, aber auch bereits

BK-SCHNYDER/MURER, Art. 361 aZGB N 117 ff.). Zur Entwicklung und Funktion des Vormundschaftswesens vgl. FamKomm Erwachsenenschutz-VOLL, sozialwissenschaftliche Grundlagen N 3–21.

Auch im **neuen Kindes- und Erwachsenenschutzrecht** verbleibt die Bestimmung der Behördenorganisation weitgehend in der Kompetenz der Kantone. Im Rahmen der Revisionsarbeiten wurde ein Mittelweg zwischen grösstmöglicher Wahrung der Organisationsfreiheit der Kantone und organisatorischer Notwendigkeit zur Verwirklichung des materiellen Bundesrechts gesucht und gefunden. Im alten Vormundschaftsrecht waren die Kantone noch völlig frei bez. der Behördenorganisation; neu macht der **Bund (minimale) Vorgaben** (vgl. N 6 f.) mit dem Ziel der klareren Normierung der Qualitätsanforderungen für die behördliche Tätigkeit (BSK ZGB I-VOGEL, Art. 440/441 N 1).

Die Vorgaben des Bundes beziehen sich lediglich auf die Organisation der KESB i.e.S., d.h. den **Spruchkörper** (FASSBIND, 90). Für das **Behördensekretariat** (Rechtsdienst, interner Abklärungsdienst, Revisorat und Kanzlei), die **externen Abklärungsdienste** sowie die **Berufsbeistandschaften** werden vom Bund keine Vorgaben gemacht. Einzelne Kantone nutzten die Gelegenheit, auch diese Dienste zu reorganisieren (z.B. SZ, ZG). Die organisatorische Nähe zwischen Berufsbeistandschaft und KESB hat Vorteile, wichtig sind aber getrennte Organisationen mit eigenen Leitungsstrukturen (DÖRFLINGER, ZKE 2011, 454 ff.; zur KESB vgl. hinten N 9, zur Berufsbeistandschaft vgl. Art. 400 N 5).

II. Sachlicher Geltungsbereich

Im Vergleich zum alten Recht (vgl. CHK-AFFOLTER/STECK/VOGEL [1. Aufl.], Art. 361 aZGB N 3; BK-SCHNYDER/MURER, Art. 361 aZGB N 48 ff.) wurden die **Aufgaben** der KESB in qualitativer und quantitativer Hinsicht stark erweitert: **Qualitativ anspruchsvoller** wurden die Aufgaben insb. in Bezug auf die Abklärung und Anordnung von auf den Einzelfall massgeschneiderten Massnahmen (Art. 389, 391; Botschaft Erwachsenenschutz, 7073; zur Begründungspflicht: BGer vom 19.3. 2014, 8D_4/2013 E. 3.2). **Quantitativ erweitert** wurde die Behördenarbeit durch die Vereinheitlichung der erstinstanzlichen Zuständigkeit bei der KESB (per 1.1.2013 weggefallene Spruchkompetenz der Aufsichtsbehörden, vgl. Art. 441 N 2) sowie durch zahlreiche neue Aufgaben, u.a. bez. Vorsorgeauftrags (Art. 363 f., 366, 368), Patientenverfügung (Art. 373), bewegungseinschränkender Massnahmen (Art. 385) und FU (Art. 428, 431). Das **kantonale Recht** kann für die KESB weitere Aufgaben (z.B. im Bereich der Nachbetreuung und ambulanten Massnahmen nach Art. 437) oder Zuständigkeiten (z.B. Pflegeplatzbewilligung nach Art. 4 PAVO oder die Aufsicht über Wohn- und Pflegeeinrichtungen nach Art. 387 ZGB) vorsehen (zu den Aufgaben im Erbschaftswesen kritisch: FASSBIND, 91, FN 91; zu weiteren Instanzen mit Spruchkompetenz im KES: BSK ZGB I-VOGEL, Art. 440/441 N 3). Eine detaillierte **Übersicht** mit sämtlichen 110 Aufgaben der KESB gestützt auf Bundesrecht findet sich in VBK, ZVW 2008, 68 ff.; 117 ff.; vgl. auch MEIER/LUKIC, Rz 79–87 für den Erwachsenenschutz; zu den Aufgaben der KESB allgemein und zum Anforderungsprofil: KOKES, Rz 1.56, 1.61.

5 Für die Belange des Kindesschutzes und des Erwachsenenschutzes ist dieselbe Behörde zuständig (Abs. 3). Zwischen Erwachsenenschutzbehörde und Kindesschutzbehörde besteht **Personalunion** (Botschaft Erwachsenenschutz, 7074). Bei genügend grossem Einzugsgebiet (ab ca. 100 000 Einwohner) kann je eine **spezialisierte Kammer** für **Kindesschutz** und **Erwachsenenschutz** geschaffen werden (CHK-Vogel, Art. 440 ZGB N 3), was angesichts der unterschiedlichen Anforderungen ideal wäre (gl.M. Fassbind, 93, FN 99).

III. Bestimmung der Kindes- und Erwachsenenschutzbehörde (Abs. 1 und 3)

1. Bundesrechtliche Vorgaben

6 Um die erweiterten Aufgaben (N 4) adäquat erfüllen zu können, forderte der Bundesgesetzgeber eine Professionalisierung der Behördenorganisation (Botschaft Erwachsenenschutz, 7073). Seit 1.1.2013 werden die erstinstanzlichen Aufgaben im Kindes- und Erwachsenenschutz von einer **Fachbehörde** wahrgenommen. Laienbehörden sind nicht mehr möglich (AmtlBull StR 2007, 823; vgl. auch BSK Erwachsenenschutz-Reusser, Vorbem. N 60); das Erfordernis der **Professionalität** und **Interdisziplinarität** war grossmehrheitlich unbestritten (Botschaft Erwachsenenschutz, 7073). Das im VE vorgeschlagene interdisziplinär zusammengesetzte **Fach*gericht*** (Art. 443 Abs. 1 VE Erwachsenenschutz 03), mit dem eine Anlehnung an die Lösung der Nachbarländer sowie eine einheitliche schweizerische Lösung angestrebt wurde (Häfeli, Grundriss, Rz 29.05), wurde in der Vernehmlassung hingegen stark kritisiert (VE Erwachsenenschutz/Vernehmlassungen, 388 ff.). Es wurde fallengelassen (was vereinzelt sehr bedauert wird: AmtlBull StR 2007, 822; Häfeli, FamPra. ch 2010, 35; Fassbind, 88 f.) und auf die abgeschwächte Form «Fach*behörde*» ausgewichen.

7 Die Mitglieder der KESB werden nach dem **Sachverstand** ausgewählt, den sie für ihre Aufgabe mitbringen müssen und grundsätzlich durch Ausbildung erworben haben (Botschaft Erwachsenenschutz, 7073; Bohnet, Rz 6); die Wahl erfolgt zweckgebunden und **spezifisch** für diese Aufgabe (AmtlBull StR 2007, 840; vgl. auch den italienischen Gesetzeswortlaut *«autorità spezializzata»*). Das Fachwissen muss **in der Behörde selber** vorhanden sein (Hausheer/Geiser/Aebi-Müller, Erwachsenenschutzrecht [1. Aufl.], Rz 1.48; Vogel/Wider, ZKE 2010, 8; Zobrist, ZVW 2009, 229), Fachkompetenz allein auf Ebene des Behördensekretariats reicht nicht (BSK ZGB I-Vogel, Art. 440/441 N 5; kritisch zur Milizbehörde mit professionellem Sekretariat: FamKomm Erwachsenenschutz-Wider, Art. 440 N 15 und 29 f.; kritisch zum Modell VS: Reusser, ZBl 2013, 20 f., sowie Bohnet, Rz 19; kritisch zum Gemeindedelegierten (TI, BL): Reusser, ZBl 2013, 23; kritisch zum «juge laïc»: Bohnet, Rz 11).
Dem französischen Gesetzeswortlaut *«autorité interdisciplinaire»* ist zu entnehmen, dass es sich um eine **interdisziplinär** zusammengesetzte Behörde handeln muss. Neben einem Juristen, der für die korrekte Rechtsanwendung verantwortlich ist, sollen – je nach zu beurteilender Situation – Personen mit einer psychologischen, sozialen, pädagogischen, treuhänderischen, versicherungsrechtlichen oder

medizinischen Ausbildung mitwirken (Botschaft Erwachsenenschutz, 7073). An die Umsetzung der Interdisziplinarität sind hohe Anforderungen geknüpft (DÖRFLINGER, ZKE 2011, 447 ff.; ROSCH, ZKE 2011, 42 ff; ZOBRIST, ZVW 2009, 231 f.; ausführlich zu Begriffen, Bedingungen und Umsetzung: WIDER, FS Häfeli, 85 ff.). Ausserdem muss die Fachbehörde **mindestens drei Mitglieder** umfassen und entscheidet i.d.R. im Kollegium (vgl. N 10).

Auf weitere Vorgaben verzichtete der Bund. Er vertraute darauf, dass die Kantone – u.a. infolge ihrer stärkeren Verantwortung mittels direkter Staatshaftung (Art. 454) – Behörden einsetzen, welche die Bezeichnung «Fachbehörde» auch wirklich verdienen (BSK Erwachsenenschutz-REUSSER, Vorbem. N 62). Auch wenn der Bund gem. der hier vertretenen Meinung durchaus stärkere Vorgaben hätte machen können, wurde das Erfordernis der Fachlichkeit als «Kernstück» (AmtlBull StR 2007, 824), «Hauptintention» (AmtlBull NR 2008, 1537) oder als «Herzstück» (AmtlBull NR 2008, 1511) der Gesetzesrevision bezeichnet.   7a

2. Regelungsbedarf der Kantone

Die Kantone haben einen grossen **Gestaltungsspielraum**: Sie können eine Verwaltungsbehörde oder ein Gericht als KESB einsetzen und bestimmen, ob die KESB auf Gemeinde-, Bezirks-, Kreis- oder Kantonsebene organisiert ist. Ebenfalls zu regeln ist die Frage, ob die Behördenmitglieder ihr Amt im Milizsystem oder berufsmässig ausüben sowie die Zusammensetzung des Spruchkörpers und Anzahl der Mitglieder (Botschaft Erwachsenenschutz, 7073).   8

Die **KOKES** hat **Standards** formuliert, wie die bundesrechtlichen Vorgaben aus fachlicher Sicht umgesetzt werden sollen (VBK, ZVW 2008, 97 ff.):   9
- Die Behördenmitglieder stammen aus den Bereichen Recht, Sozialarbeit und Pädagogik bzw. (Kinder-)Psychologie.
- Das Fachwissen aus den Bereichen Medizin, Psychiatrie, Treuhand und Sozialversicherungen ist intern oder extern jederzeit abrufbar.
- Die Behördenmitglieder werden von einem professionellen Sekretariat mit administrativem, juristischem und sozialarbeiterischem Sachverstand unterstützt (konkretisierend BSK ZGB I-VOGEL, Art. 440/441 N 8, der Vermögensverwaltungs- und Treuhand-Kenntnisse ergänzt; FASSBIND, 90, betont die sozialarbeiterischen Abklärungskenntnisse).
- Der Spruchkörper ist ein Dreier-Kollegium in konstanter Besetzung (zu den Vorteilen einer konstanten Besetzung DÖRFLINGER, ZKE 2010, 180 f.; **a.M.** HAUSHEER/GEISER/AEBI-MÜLLER, Familienrecht, Rz 19.45, die für mehr als drei Personen und für eine volatile Zusammensetzung plädieren).
- Das Behördenamt wird hauptberuflich (mind. 50%-Pensum) ausgeübt (konkretisierend VOGEL/WIDER, ZKE 2010, 12 ff.; HAUSHEER/GEISER/AEBI-MÜLLER, Familienrecht, Rz 19.44, haben sich dieser Meinung angeschlossen, nachdem sie in der Vorauflage [4. Aufl., Rz 19.49] auch ein 30%-Pensum als genügend erachteten).
- Das Einzugsgebiet einer Behörde umfasst mind. 50 000–100 000 Einwohner.
- Die Behörde ist rund um die Uhr erreichbar und entscheidfähig oder der Schutz ist anderswie organisiert (vgl. MEIER/LUKIC, Rz 72).

3. Umsetzung in den Kantonen

9a Die Ausgangslage (vgl. N 1) war für die Kantone unterschiedlich: Die Deutschschweizer Kantone mit ihrem Miliz-/Laiensystem mussten die Behördenorganisation grossmehrheitlich von Grund auf neu organisieren, die Kantone in der Romandie waren als Gerichte bereits professionell organisiert; dort musste lediglich die interdisziplinäre Ausrichtung umgesetzt werden. Unter Nutzung der kantonalen Organisationsfreiheit entstand eine **Vielfalt von Modellen** sowohl auf kantonaler wie interkantonaler Ebene, wobei die **Standards der KOKES** (N 9) **grossmehrheitlich Beachtung** fanden. Insgesamt haben die Kantone trotz verbreiteter Kritik an den hohen Kosten ihre Verantwortung grossmehrheitlich wahrgenommen und es ist – bei allen Unterschieden – eine Behördenlandschaft entstanden, die von Ernsthaftigkeit im Bestreben nach Professionalisierung und Professionalität zeugt (HÄFELI, Grundriss, Rz 29.08, der dieses Resultat als «[politisches] Wunder» bezeichnet; gl.M. FASSBIND, 89 f., der die realitätsbezogene Vorgehensweise des Bundesrats lobt; sowie REUSSER, ZBl 2013, 25, die das Revisionsziel als «weitgehend erreicht» erachtet).

9b Die **kantonalen Ausführungsbestimmungen** wurden in 17 Kantonen im Jahr **2012** verabschiedet (chronologisch vom jüngsten Erlass: NE, GE, TI, BS, ZH, FR, VD, JU, OW, BL, TG, SG, AR, BE, ZG, GL, SO), in 8 Kantonen im Jahr **2011** (NW, LU, GR, AG, SH, AI, UR, SZ) und VS im Jahr **2009**. Zwei Besonderheiten sind festzustellen: Der Kanton VS hat sein Gesetz bereits im Februar 2009 verabschiedet, also 3 Monate nach Verabschiedung durch das Bundesparlament und 2 Jahre vor den anderen Kantonen (was u.U. eine Erklärung für seine Sonderlösung sein könnte). Und: Die Kantone der Deutschschweiz haben die Gesetze tendenziell früher verabschiedet als die Kantone aus der Romandie und im Tessin (was damit zu tun haben dürfte, dass die Behörden in der Deutschschweiz grundsätzlich neu organisiert werden mussten). Die kantonalen Ausführungsbestimmungen sind entweder in den **EG ZGB/GOG** (und zugehörigen Verordnungen, AG, AR, AI, BL, GE, GL, GR, LU, NW, OW, SZ, SO, TG, VS, ZG) oder in **spezifischen Gesetzen** zur Organisation im Kindes- und Erwachsenenschutz (BS, BE, FR, JU, NE, SH, SG, TI, UR, VD, ZH) zu finden. Eine Zusammenstellung der kantonalen Rechtsgrundlagen sowie eine Übersicht zu den Gesetzgebungsarbeiten in den Kantonen finden sich auf ‹http://www.kokes.ch› (dort: Dokumentation, Revision Vormundschaftsrecht [28.7.2014]).

9c Ein Hauptmerkmal bei der Schaffung der neuen Behörden betrifft die **Vorgaben und die Steuerung durch den Kanton** (HÄFELI, Grundriss, Rz 29.10). Die Mehrzahl der Kantone hat entweder kantonale Behörden geschaffen (AG, AR, BE, GR, JU, NW, OW, SH, SO, SZ, TG, UR, ZG) resp. bestätigt (AI, BS, GE, GL, FR, NE, VD) oder relativ starke Vorgaben für die Gemeinden gemacht (z.B. ZH). Einzelne Kantone haben die Hauptverantwortung für die Neuorganisation den Gemeinden übertragen und wenig Vorgaben gemacht (in BL, LU, SG haben die Gemeinden die Verantwortung mehrheitlich wahrgenommen und professionelle Strukturen geschaffen; in TI hat das nur bedingt und in VS nicht geklappt).

9d Die **Organisation der KESB** ist **in den Kantonen** wie folgt geregelt (zu Bst. a–d vgl. eine Übersicht auf ‹http://www.kokes.ch› [dort: Organisation, Organisation Kan-

tone (28.7.2014)]; dort ist auch eine Liste mit den Adressen der KESB sowie eine Suchfunktion nach Gemeinden zu finden):
a) In 6 Kantonen (AG, FR, GE, NE, SH, VD) ist die KESB eine **Gerichtsbehörde** (im formellen Sinn), in den übrigen 20 Kantonen eine **Verwaltungsbehörde**. 2 Kantone (AG: Familiengericht, SH: Spezialgericht) wechselten per 1.1.2013 vom Verwaltungs- zum Gerichtsmodell, die restlichen 24 Kantone haben die staatsrechtliche Einbettung als Gerichts- oder Verwaltungsbehörde aus dem alten Recht beibehalten. TI plant, per 2018 auf das Gerichtsmodell zu wechseln. Zur KESB als Gericht im materiellen Sinn: vgl. BGE 139 III 98 E. 3 f. und REUSSER, ZBl 2013, 21.
b) 20 Kantone haben kantonale Behördenmodelle (eine KESB für den ganzen Kanton oder mehrere regional organisierte kantonale KESB): 13 Kantone (AG, AR, BE, GR, JU, NW, OW, SH, SO, SZ, TG, UR, ZG) wechselten per 1.1.2013 von (inter-)kommunalen zu **kantonalen** Behördenmodellen, 7 Kantone (AI, BS, GE, GL, FR, NE, VD) bestätigten die kantonalen Modelle. Nur noch 6 Kantone haben **(inter-)kommunale** Behördenmodelle (BL, LU, SG, TI, VS, ZH sowie Burger-KESB BE).
c) Die umgesetzte Professionalisierung führte wie angenommen zu weitgehenden **Regionalisierungen**: Die 1413 mehrheitlich kommunalen VormBehörden des alten Rechts wurden per 1.1.2013 von 147 mehrheitlich kantonalen Fachbehörden abgelöst, was einer Reduktion auf rund 10% entspricht. In TI haben sich Mitte 2013 zwei KESB zusammengeschlossen. Derzeit (Stand 1.6.2014) bestehen **schweizweit 146 KESB**.
d) Alle Kantone mit weniger als 100 000 Einwohnern bilden eine einzige kantonale KESB. Die anderen Kantone haben Spruchkörper mit **Einzugsgebieten von i.d.R. mindestens 50 000 Einwohnern**. Weit unter diesem Einzugsgebiet liegen die KESB in den Kantonen VS, TI und die Burger-KESB BE. Im Kanton VS haben 24 der 27 KESB ein Einzugsgebiet unter 20 000 Einwohnern, davon 12 unter 10 000 – es ist anzunehmen, dass hier in den kommenden Jahren weitere Zusammenschlüsse erfolgen werden.
e) Die **interdisziplinäre Zusammensetzung** ist grossmehrheitlich mustergültig umgesetzt (zumindest was die gesetzlichen Vorgaben anbelangt; bei der Stellenbesetzung waren die Handlungsmöglichkeiten z.T. beschränkt). Die Kernkompetenzen Recht und Sozialarbeit sind praktisch überall gesetzlich verankert. Psychologie ist vielerorts ebenfalls gesetzlich vorgesehen, weitere einschlägige Disziplinen wie Pädagogik, Medizin, Psychiatrie, Finanzwesen, Gesundheitswesen etc. sind unterschiedlich vertreten. Vereinzelt wird – neben dem Hochschulabschluss – auch mehrjährige Berufserfahrung vorausgesetzt.
f) Die Unterstützung durch ein **professionelles Sekretariat** mit administrativem, juristischem und sozialarbeiterischem Sachverstand ist praktisch überall gewährleistet (Ausnahmen: VS, in TI, SO, NE, FR, VD nur bedingt vorhanden).
g) **Pensum**: Die hauptamtliche Behördenarbeit (mindestens 50%-Pensum) setzt sich weitgehend durch, vereinzelt sind die Behördenmitglieder für mehrere KESB tätig, um ein hauptamtliches Pensum zu erreichen (z.B. Präsidien in TI). Kleinere Pensen oder Teilnahme gegen Sitzungsgeld bestehen in VS, AI, Burger-KESB BE, den Beisitzern in FR, NE und VD und den zweiten ständigen Mit-

gliedern sowie den Gemeindevertretern in TI und BL. In rund der Hälfte der Kantone besteht ein **Pikettdienst**.

h) **Wahlorgan** resp. Anstellungsinstanz ist in 15 Kantonen der Regierungsrat (AG, AI, AR, BS, BE, GL, GR, JU, NW, OW, SO, SZ, TG, UR, ZG), in 4 Kantonen der Kantonsrat (FR, GE, SH, NE: Präsidium (übrige Mitglieder: Conseil de la Magistrature), in VD das Kantonsgericht und in 6 Kantonen der Gemeinderat/-verband/Sitzgemeinde (BL, LU, SG, TI, VS, ZH).

i) **Spruchkörper**: Die Mehrheit der Kantone hat volatile Spruchkörper mit wechselnder Zusammensetzung. Die Anzahl der Behördenmitglieder ist abhängig von der Grösse des Einzugsgebiets: In kleineren Einzugsgebieten amten i.d.R. 3 Behördenmitglieder, in grösseren Einzugsgebieten 5 oder noch mehr (wobei auch hier meistens in Dreierbesetzung Beschlüsse gefasst werden). Je nach Einzugsgebiet bestehen pro KESB ein, zwei oder noch mehr Spruchkörper (z.B. GE: 8, Stadt Zürich: 3).

9e Die folgende Tabelle gibt eine **Übersicht über die (Re-)Organisation der KESB in den Kantonen der Deutschschweiz** (eine Übersicht mit allen Kantonen findet sich auf ‹http://www.kokes.ch› [dort: Organisation, Organisation Kantone (28.7.2014]), bezüglich KESB etwas ausführlicher: REUSSER, ZBl 2013, 15–20):

	Anzahl VormB (bis 31.12.2012)	Anzahl KESB (ab 1.1.2013)	Einwohnerzahl (pro KESB)
AG	220 VormB (GemR)	11 familiengerichtliche Abteilungen an Bezirksgerichten	30 000–130 000
AI	2 VormB (kant. Kommission)	1 kant. KESB	15 800
AR	20 VormB (GemR od. Kommission)	1 kant. KESB	53 500
BE	337 VormB: – 318 VormB (GemR od. Kommission) – 19 Burger-VormB (Kommission)	12 KESB 11 kant. KESB 1 interkommunale Burger-KESB	50 000–130 000 16 000
BL	66 VormB (GemR od. Kommission)	6 interkommunale KESB	17 000–81 000
BS	1 VormB (kant.)	1 kant. KESB	200 000
FR	7 Friedensgerichte	7 Friedensgerichte	17 000–100 000
GL	1 VormB (kantonal)	1 kant. KESB	40 000
GR	17 VormB (Kreise)	5 kant. KESB	21 000–84 000
LU	87 VormB (GemR)	7 (inter-)kommunale KESB	30 000–80 000
NW	11 VormB (GemR)	1 kant. KESB	41 000
OW	7 VormB (GemR)	1 kant. KESB	36 000

	Anzahl VormB (bis 31.12.2012)	Anzahl KESB (ab 1.1.2013)	Einwohnerzahl (pro KESB)
SG	76 VormB (GemR od. Kommission)	9 interkommunale KESB	36 000–82 000
SH	27 VormB (GemR)	1 kant. Spezialgericht	80 000
SO	22 VormB (Kommission der Gemeinde od. Sozialregion)	3 kant. KESB	72 000–108 000
SZ	30 VormB (Kommission: 3–5 Mitglieder des GemR)	2 kant. KESB	60 000–86 000
TG	79 VormB (GemR od. Kommission)	5 kant. KESB	44 000–63 000
UR	20 VormB (GemR)	1 kant. KESB	35 000
VS	97 VormB (komm. Vorm. Ämter/Kreise)	27 (inter-)kommunale KESB	2 000–31 000
ZG	22 VormB: – 11 VormB (GemR) – 11 Burger-VormB (Burgerrat)	1 kant. KESB	118 000
ZH	171 VormB (GemR od. Kommission)	13 (inter-)kommunale KESB	50 000–376 000

4. Herausforderungen in der Praxis

Folgende Herausforderungen stellen sich in der Praxis: 9f
a) **Umgang mit knappen Ressourcen**: Die zur Verfügung stehenden personellen Ressourcen sind in allen Kantonen knapp, vereinzelt auch ungenügend. Auf der Basis von 1000 laufenden und 200–250 jährlich neu angeordneten Massnahmen sind 2–3 Vollzeitstellen für Behördenmitglieder und 11–13 Vollzeitstellen für die unterstützenden Dienste erforderlich (ausführlich: VOGEL/WIDER, ZKE 2010, 13 ff.). Für die Aufbauarbeit der neuen Behörden (Aufbau- und Ablauforganisation, interne und externe Schnittstellen), die Klärung von Rechtsanwendungsfragen und die Umwandlung von altrechtlichen Massnahmen sind in der Übergangszeit zu den vorgenannten Zahlen zusätzliche Ressourcen notwendig. Das Spannungsfeld zwischen Qualität und Effizienz ist mit «Mut zu pragmatischen Lösungen» zu lösen. Infolge unterschiedlicher Behördenstrukturen, Verfahrensordnungen, soziostruktureller Gegebenheiten und sozialpolitischer Versorgungsstrukturen sind kantonsübergreifende KESB-Ressourcen-Vergleiche nicht möglich; zweckdienlicher ist der Aufbau eines Qualitätsmanagements, das Gewähr bietet für ein effizientes und effektives Arbeiten der KESB (Fazit eines internen Arbeitspapiers der KOKES vom Mai 2014, vgl. auch Bst. b).
b) **Organisationsaufbau und -entwicklung**: Neben den personellen Ressourcen kommt insb. auch der organisatorischen Ausgestaltung der KESB eine zentrale Rolle zu. Strukturen und Abläufe müssen aufgebaut, evaluiert und optimiert werden, die interne Zusammenarbeit zwischen Spruchkörper und unterstützenden Diensten muss geklärt, ausprobiert und optimiert werden (zum Quali-

tätsmanagement: vgl. AFFOLTER, FamPra.ch 2012, 856 ff. und RUFLIN/MIANI/ DVORAK, ZKE 2013, 4 ff.). Aufgaben und Kompetenzen der einzelnen Organisationseinheiten, Sitzungsrhythmus, Stellvertretung, Protokollierung etc. sind in Geschäftsordnungen zu regeln.

c) **Interdisziplinäre Zusammenarbeit**: Ein verknüpftes Miteinander (zum Begriff: WIDER, FS Häfeli, 86–90) ist erst ansatzweise umgesetzt. Ungenügende personelle Dotierung ist auch diesbezüglich ein grosses Hindernis; interdisziplinäre Zusammenarbeit gelingt nur, wenn Gefässe für die «Arbeit an der Zusammenarbeit» geschaffen werden, um gemeinsame Standards, gemeinsame Werthaltungen etc. auszuarbeiten. Die nicht-juristischen Disziplinen müssen sich bei diesen Prozessen noch stärker einbringen. Für eine gleichberechtige Mitarbeit und Mitverantwortung ist wichtig, dass alle Behördenmitglieder den gleichen Status haben (dies ist insb. nicht gegeben bei nebenamtlich tätigen Behördenmitgliedern; auch die zwingende Verknüpfung des Präsidiums mit Abschluss in Rechtswissenschaften ist problematisch, denn die Führung einer KESB ist primär eine Management-Aufgabe). Kooperation gelingt nur unter Gleichen. Zu den Bedingungen des Gelingens der interdisziplinären Zusammenarbeit: WIDER, FS Häfeli, 92 ff.

d) **Zusammenarbeit KESB – Berufsbeistandschaft**: Zwischen KESB und Berufsbeistandschaft muss sich eine Zusammenarbeitskultur entwickeln, in der beide Hauptakteure sich mit gegenseitigem Respekt und Anerkennung der je anderen Rolle begegnen (vgl. DÖRFLINGER, ZKE 2011, 454 ff.; ROSCH/GARIBALDI/ PREISCH, ZKE 2012, 425 ff.; BASLER SCHERER, ZKE 2012, 412 ff.). Der KESB obliegt die Aufsicht und Steuerung, sie legt für ein Mandat im Errichtungsbeschluss die Strategie fest. Die Beiständin konkretisiert den behördlichen Auftrag, setzt diesen operativ um und erstattet Bericht über die Mandatsführung. Zwischen den beiden Leitungen sollten regelmässige Austauschsitzungen zu Qualitätsfragen stattfinden.

e) **Zusammenarbeit mit Gemeinden**: Die Regionalisierung der KESB war mit einem Macht-/Kompetenzverlust der Gemeinden verbunden. In einzelnen Kantonen ist die Zusammenarbeit mit den Gemeinden gesetzlich geregelt (z.B. Information über die Verfahrenseröffnung [LU]; Anhörung [UR] oder Mitteilung [SH] oder Gelegenheit zur Stellungnahme und ggf. Akteneinsicht [AG] von resp. bei Massnahmen mit erheblicher Kostenfolge für die Gemeinde; Einsetzung einer Kommission [SZ]; Gemeindevertreter als Behördenmitglied [TI und ggf. BL]; kritisch zur Zustellung der Beschlüsse: Art. 449c N 4). Auch in den anderen Kantonen ist eine gute Zusammenarbeit zwischen KESB und Gemeinden von zentraler Bedeutung (die Gemeinden sind insb. wichtig bei der Sachverhaltsabklärung, weil sie die lokalen Verhältnisse und Versorgungsstrukturen kennen). Zu Unbehagen und Unstimmigkeiten führt der Umstand, dass die KESB die Platzierung eines Kindes anordnet und die unterstützungspflichtige Gemeinde die Kosten im Rahmen der Sozialhilfe zu übernehmen hat. Nach der hier vertretenen Meinung hat eine Gemeinde **weder ein Mitbestimmungsrecht noch** ist sie **zur Beschwerde legitimiert** (ausführliche Herleitung und Hinweise auf widersprüchliche Judikatur und Doktrin in KOKES, ZKE 2014, 263 ff.; bestätigt in BGer vom 28.3.2014, 5A_979/2013). Denkbar wäre ggf. eine Aufsichtsbeschwerde (vgl. Art. 441 N 5). Zur Abgrenzung zwischen Sozialhilfe und Opferhilfe vgl. Art. 442 N 6a.

f) **Behördenmitglieder im Nebenamt**: Für eine gute Entscheidfindung braucht es – neben Fachwissen aufgrund fachlicher Qualifikation – auch Erfahrungswissen aufgrund regelmässiger Beschäftigung mit der Materie (gl.M. BSK ZGB I-VOGEL, Art. 440/441 N 14, der von «mind. 50%» ausgeht; FASSBIND, 91, postuliert regelmässige Behördensitzungen, eine enge Einbindung in das Verfahren sowie die «tägliche» Beschäftigung mit der Materie). Nebenamtliche Behördenmitglieder sind einseitig abhängig vom Wissen der unterstützenden Dienste sowie der hauptamtlichen Behördenmitglieder und müssen sich faktisch auf eine Plausibilitätsprüfung der Anträge beschränken (FASSBIND, FamPra.ch, 571 ff.), was nicht der Idee des Gesetzgebers entspricht. Sie können ausserdem nur ungenügend in den Arbeitsalltag (Sitzungen, Bildung von gemeinsamen Standards etc.) eingebunden werden. Routine und Praxis beeinflussen das Entscheidverhalten (DÖRFLINGER, ZKE 2010, 180, mit Hinweis auf WIDER, zivilrechtlicher Kindesschutz, 221). Es ist davon auszugehen, dass sich bei kleinen Einzugsgebieten mittelfristig weitere Zusammenschlüsse geben und mehrere Teilpensen zu hauptamtlichen Pensen zusammengeführt werden.

g) **Volatile Spruchkörper**: Spruchkörper, die sich je nach Fall oder Sitzung anders zusammensetzen, haben den Nachteil, dass sich die Gruppe immer wieder neu (er-)finden muss und nur unter erschwerten Bedingungen zu einer gemeinsamen Policy finden kann. Für Professionalität im Sinne einer kohärenten Praxis ist nach der hier vertretenen Meinung eine konstante Zusammensetzung nötig oder zumindest vorteilhaft. Die Zukunft wird zeigen, ob volatile Modelle den Ansprüchen gerecht werden.

h) **Koordination und Vernetzung zwischen den KESB**: Um von gegenseitig gemachten Erfahrungen profitieren zu können, ist die Koordination und Vernetzung zwischen den KESB wichtig. Einzelne Kantone haben das im Gesetz vorgeschrieben (z.B. BE und GR, wo die Präsidien der KESB eine Geschäftsleitung bilden, die zuständig ist für die Koordination der Aufgabenerfüllung innerhalb des Kantons, in anderen Kantonen hat sich das auch ohne gesetzliche Vorgabe ergeben (z.B. ZH, LU). Im Hinblick auf die Ausbildung und Verbreitung von Good-Practice ist zu hoffen, dass diese Modelle Nachahmung finden. Wichtig ist auch der interkantonale Austausch (insb. für Kantone mit einer einzigen KESB).

IV. Einzelzuständigkeiten (Abs. 2)

1. Bundesrechtliche Vorgaben und Regelungsbedarf der Kantone

Im Interesse einer gewissen Interdisziplinarität schreibt das **Bundesrecht** vor, dass die KESB **grundsätzlich** als Kollegialbehörde mit mindestens drei Mitgliedern entscheidet. Bei der Anordnung von Massnahmen und Entscheiden, die die Handlungsfähigkeit einschränken oder in schwerwiegender Weise in die persönliche Freiheit eingreifen oder das Ermessen gross ist, ist die kollegiale Zuständigkeit unentbehrlich (Botschaft Erwachsenenschutz, 7073, 7078; CHK-VOGEL, Art. 440 ZGB N 9; OFK ZGB-FASSBIND, Art. 440 N 4).

11 Im Sinn von **Ausnahmen** können die **Kantone** im Interesse einer effizienten Rechtsanwendung bestimmte Geschäfte der Zuständigkeit eines einzelnen Behördenmitgliedes zuweisen (sog. «ermächtigender Vorbehalt»). Für BOHNET, Rz 9, können die Einzelzuständigkeiten lediglich den Juristen übertragen werden; nach der hier vertretenen Meinung geht diese Forderung zu weit resp. in eine falsche Richtung (insb. bei der Berichtsprüfung spielen weniger rechtliche, sondern vielmehr sozialarbeiterische Überlegungen eine Rolle). Für die Einzelzuständigkeit in Frage kommen Geschäfte, welche nicht zwingend einer interdisziplinären Beurteilung bedürfen, wo kein oder ein geringer Ermessensspielraum besteht oder wo eine rasche Entscheidung nötig ist (vgl. Art. 445 N 9; AmtlBull NR 2008, 1537; CHK-VOGEL, Art. 440 ZGB N 10). Als Ausnahmen sind Einzelkompetenzen nur mit einer gewissen **Zurückhaltung** vorzusehen (MEIER/LUKIC, Rz 69) und bedürfen einer gesetzlichen Grundlage in einem **Gesetz im formellen Sinn** (CHK-VOGEL, Art. 440 ZGB N 11; gl.M. FASSBIND, 93; bestätigt durch KGer GR vom 28.3.2013, ZK1 13 16). Unzulässig oder zumindest kritisch zu würdigen sind Generalklauseln, die Massnahmenentscheide ohne Einfluss auf die Handlungsfähigkeit in die Zuständigkeit eines einzelnen Mitglieds geben, oder Regelungen, die die Zuweisung der Einzelzuständigkeit generell oder für gewisse Geschäfte im Einzelfall an die KESB delegieren, oder kantonale Ausführungsbestimmungen, die grundsätzlich Einzelzuständigkeiten vorsehen und die Zuständigkeit der Kollegialbehörde ausdrücklich und abschliessend bestimmen (vgl. zum Ganzen: BSK ZGB I-VOGEL, Art. 440/441 ZGB N 18; a.M. bezüglich letztem Punkt: SCHMID, Art. 440 N 19).

2. Umsetzung in den Kantonen

12 Die **KOKES** hat eine Liste mit möglichen Ausnahmen erstellt (VBK, ZVW 2008, 84 ff.; vgl. auch VE Erwachsenenschutz/Verfahren, 13 f./Art. 12).

Die Tabelle auf der folgenden Seite enthält die **Umsetzung der Ausgestaltung der Einzelkompetenzen im Erwachsenenschutz in den Kantonen der Deutschschweiz**.

Einzelkompetenzen im Erwachsenenschutz in den Deutschschweizer Kantonen gemäss Art. 440 Abs. 2 ZGB (Stand: 1.6.2014)

	KOKES (ZKE 2008, 84–86)	AG (§ 60b EG ZGB)	AI (Art. 4 II EG ZGB)	AR (Art. 46 f. EG ZGB)	BL (§ 64 II EG ZGB)	BS (§ 4 f. KESG)	BE (Art. 55 u. 57 KESG)	FR (Art. 4 f. KESG)	GL (Art. 65 EG ZGB)	GR (Art. 58–59c EG ZGB)	LU (§ 49 f. EG ZGB)	NW (Art. 30 EG ZGB)	OW (Art. 1 AB VO KESR)	SG (Art. 19 u. 20 EG KES)	SH (Art. 57d Justizgesetz)	SO (§ 138–140 EG ZGB)	SZ (§ 28 EG ZGB)	TG (§ 4 EG ZGB)	UR (Art. 6 R EG KESR)	VS (Art. 112 III u. IV EG ZGB)	ZG (§ 43 EG ZGB)	ZH (§ 44 f. EG KESR)
Vorsorgeauftrag																						
Verurkundung (361)	–	–	–	–	–	x	–	–	–	–	–	–	–	–	x	–	–	–	–	–	–	–
Erkundigung beim Zivilstandsamt (363 I)	x	x	–	x	–	–	–	–	–	–	–	–	–	–	x	–	–	x	x	–	–	–
Überprüfung (363 II)	–	x	–	x	–	–	–	–	–	–	–	–	–	–	–	–	–	x	x	x	x	x
Auslegung/Ergänzung (364)	x	–	–	x	–	–	x	–	–	x	x	x	x	x	–	x	x	–	x	x	x	x
Instruktion/Ausstellung Urkunde (363 III)	–	x	–	x	–	x	–	–	–	–	–	–	–	–	x	–	x	–	x	x	x	x
Festlegung Entschädigung (366 I)	–	–	–	–	–	–	–	x	–	x	x	x	–	x	–	–	x	x	x	x	–	–
Prüfung Kündigung (367 I)	x	x	–	–	–	–	–	x	–	–	–	–	–	x	x	–	x	x	x	x	–	x
Einschreiten bei Gefährdung (368)	–	–	–	–	–	–	–	–	–	–	–	–	–	–	–	–	–	–	–	x	–	–
Vertretung durch Ehegatten und eingetragene Partner																						
Zustimmung a.o. Vermögensverw. (374 III)	x	x	–	x	–	–	x	–	x	x	x	x	x	x	x	x	x	x	x	x	x	x
Ausstellung Urkunde (376)	–	–	–	–	–	–	–	–	–	–	–	–	x	–	–	x	x	x	x	x	–	–
Einschreiten bei Gefährdung (373)	–	–	–	–	–	–	–	–	–	–	–	–	–	–	–	–	–	–	–	x	–	–

	KOKES	AG	AI	AR	BL	BS	BE	FR	GL	GR	LU	NW	OW	SG	SH	SO	SZ	TG	UR	VS	ZG	ZH
Vertretung bei medizinischen Massnahmen/Betreuungsvertrag																						
Errichtung Vertretungsbeistandschaft (381)	x	-	-	-	-	-	-	x	-	-	-	-	-	-	-	-	-	-	-	-	-	-
Bestimmung Vertretungsrecht (381/382 III)	x	x	x	x	-	-	-	-	x	-	x	-	x	x	x	x	x	x	x	x	x	x
Aufenthalt in Wohn- und Pflegeeinrichtungen																						
Einschreiten bei Gefährdung (385, 386)	-	-	-	-	-	-	-	-	-	-	-	-	-	-	-	-	-	-	-	x	-	-
Beistandschaften																						
Auftrag an Dritte (392 Ziff. 2)	-	-	-	-	-	-	-	-	-	-	-	-	-	-	-	-	-	-	-	x	-	-
Person/Stelle mit Einblick (392 Ziff. 3)	-	-	-	-	-	-	-	-	-	-	-	-	-	-	-	-	-	-	x	x	-	-
Aufhebung Beistandschaft ohne Vermögensverwaltung (399 II)	-	-	-	-	-	x	-	-	-	-	-	-	-	-	-	-	-	-	-	-	-	-
Bezeichnung Beistand (400 I)	-	-	-	-	-	-	-	-	-	-	-	-	-	-	-	-	-	-	-	-	-	-
Rekrutierung Beistand (400 I, II)	-	-	-	-	-	-	-	-	-	-	-	-	-	-	-	-	-	-	-	x	-	-
Instruktion/Beratung/Unterstützung (400 III)	-	-	-	-	-	-	-	-	-	-	-	-	-	-	-	-	-	-	-	x	-	-
Anordnung/Aufnahme Inventar (405 II)	x	x	-	x	-	-	x	-	x	x	-	x	x	x	-	x	x	-	x	x	x	-
Anordnung öffentliches Inventar (405 III)	x	x	-	x	-	-	x	-	x	x	x	x	x	x	-	x	x	-	x	x	x	-
Zustimmung (Art. 416/417)	-	-	-	-	-	-	-	-	-	-	-	-	-	-	-	-	-	-	-	-	-	-
Rechnungsprüfung/-genehm. (415 I/425 II)	x	x	x	-	x	x	-	-	x	-	x	x	-	x	x	-	x	x	-	x	x	-
Berichtsprüfung/-genehm. (415 II/425 II)	-	x	x	-	x	x	-	-	x	-	x	-	-	x	x	-	-	-	x	x	-	-
Festsetzung Entschädigung (404 II)	-	-	-	-	-	-	-	-	-	-	-	x	-	-	-	-	-	-	-	-	-	-
Entbindung Berufsbeistand von Schlussbericht/-rechnung (425 I)	-	x	x	-	-	-	-	-	-	-	-	-	-	-	-	-	-	-	x	-	x	-

	KOKES	AG	AI	AR	BL	BS	BE	FR	GL	GR	LU	NW	OW	SG	SH	SO	SZ	TG	UR	VS	ZG	ZH
Entbindung von Pflichten bei Angehörigen als Beistand (420)	-	-	-	-	-	-	-	x	-	-	-	-	-	-	-	-	-	-	-	x	-	-
Anpassung alt- in neurechtliche Massnahmen (14 SchlT ZGB), sofern Entscheid i.d. Sache auch Einzelkomp.	-	-	-	-	-	x	-	x	-	-	-	-	-	-	-	-	-	-	-	-	-	-
Fürsorgerische Unterbringung																						
Anordnung FU, sofern ärztliches Zeugnis zu Diagnose/Behandlungsplan/Frist	-	-	-	-	x	-	-	-	-	-	-	-	-	-	-	x	-	-	-	-	-	-
Anordnung/Aufhebung FU bei Gefahr im Verzug, sofern ärztliches Zeugnis vorliegt	-	-	-	-	x	-	-	-	-	-	-	-	-	-	-	-	-	-	-	-	-	-
Übertragung Entlassungszuständigkeit an Einrichtung (428 II) [bei Gefahr im Verzug]	-	-	-	-	-	-	-	-	-	-	-	-	x	-	-	-	x	-	x	x	-	-
Verfahren vor KESB																						
Abschreibung, Nichteintreten	-	-	-	-	-	-	x	x	-	x	-	-	-	-	-	x	-	-	-	-	-	-
Verfahrensleitende Entscheide, Zwischenentscheide	-	-	-	-	-	-	x	-	-	-	-	-	-	-	-	-	-	-	-	-	-	-
Gewährung unentgeltliche Rechtspflege	-	-	-	-	-	-	-	-	-	x	-	-	-	-	-	-	-	-	-	-	-	-
Delegation Anhörung an Dritte	-	-	-	-	-	-	-	-	-	-	-	-	-	x	-	x	-	-	-	-	-	-
vorsorgliche Massnahmen (445 I)	-	x	x	x	x	x	x	x	-	x	-	-	-	x	-	x	-	-	x	x	-	-
superprovisorische Massnahmen (445 II)	-	x	x	x	x	x	x	x	x	x	x	x	x	x	x	-	x	x	x	x	-	x
Einleitung Übertragungs-/Übernahmeverfahren (442/444)	x	x	-	x	x	x	x	x	x	-	x	x	x	-	-	-	-	-	-	-	x	-

424 Zwölfter Titel: Organisation

	KOKES	AG	AI	AR	BL	BS	BE	FR	GL	GR	LU	NW	OW	SG	SH	SO	SZ	TG	UR	VS	ZG	ZH
Anordnung Verfahrensvertretung (449a)	-	-	-	-	x	x	x	x	-	x	-	-	-	-	-	-	-	-	x	-	-	-
Akteneinsicht/Einschränkung (449b)	x	-	-	x	x	x	x	x	x	-	-	x	-	x	x	x	x	x	x	-	-	-
Entzug aufschiebende Wirkung, sofern Entscheid i.d.S. auch Einzelkomp. (450c)	-	-	-	-	-	x	x	-	-	x	-	-	-	-	-	-	-	-	x	-	-	-
Gewährung aufschiebende Wirkung bei FU (450e II)	-	-	-	-	-	-	-	x	-	x	-	-	-	-	-	-	-	-	-	-	-	-
Vollstreckung (450g)	-	x	-	-	-	-	x	x	-	x	x	-	x	x	x	x	x	x	-	-	-	x
erbrechtl. Aufgaben gemäss kant. Recht	-	-	-	-	-	-	-	-	x	-	-	-	-	-	-	-	-	-	-	-	-	-
Mitteilungen, Auskunft, Anträge																						
Mitteilung an Zivilstandsamt (449c)	x	-	x	-	-	x	x	x	x	-	x	x	x	-	x	-	x	x	x	x	-	-
Mitteilung an Betreibungsamt (68d SchKG)	-	-	-	-	-	-	-	-	-	-	x	-	x	-	-	-	x	x	x	x	-	-
Mitteilung an Einwohneramt (kant. Recht)	-	-	-	-	-	-	-	-	-	-	-	-	-	-	-	-	x	-	-	-	-	-
Auskunft an Dritte (451 II)	x	x	x	x	x	x	-	x	-	-	x	-	x	x	x	x	x	x	-	x	-	x
Mitteilung an Schuldner (452 II)	x	-	x	-	x	x	-	x	x	-	x	x	x	-	x	x	x	x	x	x	-	-
Erhebung Strafantrag (30 II StGB)	-	x	-	x	-	-	-	-	-	-	x	-	x	x	-	-	-	-	-	-	-	-
Antrag Erbschaftsinventar (553 I)	x	x	-	x	-	x	x	x	x	-	x	x	x	-	x	x	x	x	x	x	x	x
Antrag Verschollenenerklärung (550)	-	-	-	-	-	-	-	-	-	-	-	-	-	-	-	x	-	-	-	-	-	-

Legende: x = Einzelkompetenz
            - = Kompetenz Kollegialbehörde

Es können folgende **Besonderheiten** festgehalten werden: 13
a) Die Umsetzung in den Kantonen erfolgte **sehr unterschiedlich** und vereinzelt wohl auch **zufällig**. Mit einem einheitlichen Bundesgesetz über das Verfahren hätte dies verhindert werden können. Es ist zu hoffen, dass der Bundesgesetzgeber auf seinen Entscheid zurückkommt und **mittelfristig ein Bundesgesetz über das Verfahren vor den KESB erlässt**, das aufgrund der gemachten Erfahrungen u.a. auch die Einzelzuständigkeiten verbindlich bezeichnet.
b) Von den 110 Aufgaben, die der KESB gestützt auf Bundesrecht obliegen, sind durchschnittlich rund 20 Aufgaben [d.h. **ein Fünftel**] als Einzelkompetenz ausgestaltet.
c) Unterschiedlich geregelt wurde auch die Frage, **wem** die Einzelzuständigkeit übertragen wird: Dem «Präsidium» (AG, BS, FR, NW), dem «Präsidium oder einem von ihm oder der KESB beauftragten Mitglied» (AI, BE, BL, GL, SG, TG), einem «Mitglied» (AR, LU, OW, SH, SZ, UR, ZG, ZH) oder «je nach Geschäft dem Präsidium oder einem Mitglied» (SO, VS, GR). Für die Anordnung von vorsorglichen Massnahmen wurde vereinzelt eine separate Regelung vorgesehen: sie wurde entweder einschränkend dem Präsidium (AR, LU, SG, SO, ZH) oder umfassender allen Mitgliedern (BS) übertragen.
d) Mit Ausnahme der Kantone UR (Reglement EG KESR) und OW (Ausführungsbestimmungen zu VO KESR) sind die Einzelzuständigkeiten in einem **Gesetz im formellen Sinn** geregelt. In NW könnte der Regierungsrat weitere Geschäfte vorsehen (Art. 30 Abs. 3 EG ZGB), was er aber, soweit ersichtlich, bisher nicht getan hat.
e) Handlungen, die nicht in Form einer Verfügung, sondern im Rahmen einer **faktischen Verwaltungshandlung** erfolgen (z.B. Erkundigen beim Zivilstandsamt, ob ein VA besteht), oder die **Ausstellung von Urkunden** (z.B. Art. 376) können auch ohne explizite Aufzählung von einem einzelnen Behördenmitglied erfolgen.

3. Herausforderungen in der Praxis

Folgende Herausforderungen stellen sich in der Praxis: 14
a) Eine Herausforderung besteht darin, mit den zur Verfügung stehenden **(beschränkten) personellen Ressourcen** die Aufgaben im Sinne des Gesetzgebers bestmöglich zu bewältigen. **Interdisziplinarität** und damit Kollegialzuständigkeit sind wichtige Parameter, und es ist darauf zu achten, dass diese mit den Einzelzuständigkeiten nicht unterlaufen werden. Als Beispiel dient das Massengeschäft der Berichtsprüfung: Die Mehrheit der Kantone hat hierfür Einzelzuständigkeit vorgesehen, obwohl diese Aufgabe – wenn die Steuerung der KESB ggü. den Mandatsträgern ernst genommen wird – wie die Anordnungen von Massnahmen eine interdisziplinäre Sichtweise erfordert. Es ist zu hoffen, dass diese interdisziplinäre Sichtweise auch bei Einzelkompetenzen durch die unterstützenden Dienste gewährleistet wird (bei Berichtsprüfungen sind neben sozialversicherungsrechtlichen und treuhänderischen Gesichtspunkten insb. sozialarbeiterische Aspekte zentral, vgl. FamKomm Erwachsenenschutz-BIDERBOST, Art. 415 N 2). Ähnliche Probleme bieten die **Zirkularbeschlüsse**, die

in einzelnen KESB als Regel gelten. Auch das (Zirkularbeschluss als Regel, Sitzungsbeschluss als Ausnahme) entspricht nicht Sinn und Zweck des Gesetzes.

b) Einzelne Geschäfte wurden bei den Gesetzgebungsarbeiten eventuell **schlicht übersehen**, so z.b. die Festlegung der Entschädigung vom Beistand (geht einher mit der Berichts-/Rechnungsprüfung), Ernennung/Entlassung des Mandatsträgers (relevant bei Mandatsträger-Wechsel), verfahrensleitende Entscheide, oder auch VBVV-Bewilligungen (z.B. Art. 4 Abs. 2 VBVV).

c) Vereinzelt sind die **Formulierungen unpräzis** (z.b. bei «Anordnung/Aufnahme Inventar»: Ist die Prüfung/Genehmigung mitgemeint?; oder «Prüfung der Rechnung nach Art. 415»: Ist die Prüfung des Berichts/Genehmigung mitgemeint?). Diesbezüglich werden redaktionelle Anpassungen erfolgen.

d) **Problematisch** erscheinen nach der hier vertretenen Meinung insb. folgende Einzelkompetenzen, weil sie eine interdisziplinäre Sichtweise erfordern: Abschreiben/Nichteintreten (diverse Kantone), Einschreiten bei Gefährdung (VS), Art. 392 (VS), Art. 420 (FR, VS), Anordnung FU (BL, SO).

e) Einzelzuständigkeiten sind **grundsätzlich fix zugeordnete sachliche Zuständigkeiten**; sie können nur vom Kollegium behandelt werden, wenn das kantonale Recht eine entsprechende Überweisungsnorm (z.B. AG: § 60b Abs. 4 EG ZGB) oder eine Kompetenzattraktion (z.B. LU: § 49 Abs. 3 EG ZGB) vorsieht. Vgl. KGer SG vom 11.11.2013, KES.2013.15, wo festgehalten wird, dass es sich nicht um eine «wahlweise» oder «alternative» Zuständigkeit handelt, sondern dass die Einzelzuständigkeit eine zwingende sachliche Zuständigkeit ist. Diverse Kantone ohne entsprechende Verweisregelung (z.B. AI, BL, FR, GR, SG, SH, SZ, TG, VS) werden diesbezüglich allenfalls Anpassungen vornehmen.

f) In verschiedenen Kantonen laufen **Revisionsbestrebungen** bezüglich der Einzelkompetenzen (aktuell z.B. in AG und SG; in UR und VS bereits abgeschlossen). Tendenziell werden die Einzelzuständigkeiten ausgebaut, punktuell erfolgen auch redaktionelle Anpassungen. Anpassungen sind auch nötig infolge Gesetzesrevisionen mit neuen Aufgaben der KESB (z.B. Sorgerechtsrevision: Entgegennahme der Erklärung der Eltern sowie die Regelung der AHV-Erziehungsgutschriften).

g) Die Bedeutung der Einzelkompetenzen darf nicht überbewertet werden. Die **Ressourceneinsparung** ist in der Praxis **wenig bedeutsam**, denn die in Frage kommenden Geschäfte mit geringem Ermessensspielraum werden auch bei Kollegialzuständigkeiten vom verfahrensleitenden Mitglied vorbereitet und von den anderen i.d.R. ohne Diskussion bestätigt.

Art. 441

B. Aufsichtsbehörde

[1] Die Kantone bestimmen die Aufsichtsbehörden.
[2] Der Bundesrat kann Bestimmungen über die Aufsicht erlassen.

Literatur

AFFOLTER, Mit der Totalrevision des Vormundschaftsrechts zu einer neuen Qualität des Erwachsenenschutzes, ZVW 2003, 393 ff.; BRÜHLMEIER, Hat sich die Einsetzung einer obergerichtlichen Kammer als kantonale Aufsichtsbehörde im Vormundschaftswesen bewährt?, ZVW 1978, 129 ff.; GEISER, Die Aufsicht im Vormundschaftswesen, ZVW 1993, 201 ff. (aktualisiert in BSK ZGB I-GEISER [4. Aufl.], Vor aArt. 420–425); HEGNAUER, Struktur der vormundschaftlichen Aufsicht, ZVW 2003, 361 ff.; VDK Konferenz der kantonalen Vormundschaftsdirektoren, Begriff und Probleme der Aufsicht im Vormundschaftswesen, Protokoll zum Podiumsgespräch vom 27.5.1993, ZVW 1993, 224 ff.; LANGENEGGER, Amtsvormunde, ihre Vorgesetzten und ihre unterstellten Mitarbeiterinnen und Mitarbeiter, ZVW 2004, 51 ff.; s. auch die Literaturhinweise zu Art. 440/441.

I. Sachlicher Geltungsbereich

Die Umsetzung des Kindes- und Erwachsenenschutzes liegt in der Kompetenz der Kantone. Sowohl bei kantonalen wie kommunalen Behördenmodellen (vgl. Art. 440 N 9d Bst. b) obliegt die Aufsicht dem Kanton. Die Aufsicht über die KESB bezweckt die Vereinheitlichung der Rechtsanwendung, die Richtigkeit der Entscheide, das Funktionieren der KESB und die Beschränkung der Macht (BSK ZGB I-GEISER [4. Aufl.], Vor aArt. 420–425 N 2) mit dem Ziel, **Qualität** im Kindes- und Erwachsenenschutz **zu entwickeln** und **zu sichern** (BSK ZGB I-VOGEL, Art. 440/441 N 21). Sie dient m.a.W. nicht nur dazu, Missstände aufzudecken, sondern v.a. auch der Unterstützung der KESB durch die Förderung von Good-Practice-Modellen.

1

Die Aufsicht umfasst zwei Funktionen: Im **Rechtsmittelverfahren** wird die Aufsichtsbehörde *auf Beschwerde hin* tätig und beurteilt die formelle und materielle Richtigkeit der Entscheide der KESB. Im Rahmen der **allgemeinen (administrativen) Aufsicht** handelt die Aufsichtsbehörde *von Amtes wegen* oder *auf Anzeige hin* und steuert die Geschäftsführung der KESB in administrativer, organisatorischer und fachlicher Hinsicht (vgl. BK-SCHNYDER/MURER, Art. 361 aZGB N 67 ff.) und sorgt für deren effiziente Organisation (HAUSHEER/GEISER/AEBI-MÜLLER, Familienrecht, Rz 19.51). Da Beschwerden seit 1.1.2013 zwingend von einem Gericht beurteilt werden (Art. 450; zu den Anforderungen eines «Gerichts» vgl. den vom Resultat her überraschenden BGE 139 III 98 E. 3 f.), verblieb den als Verwaltungsbehörden oder als «Conseil de la Magistrature» bzw. Justizrat organisierten Aufsichtsbehörden lediglich die **allgemeine Aufsicht**, was in sachlicher Hinsicht eine massgebliche Reduktion der Aufgaben bedeutete (CHK-VOGEL, Art. 441 ZGB N 2; MEIER/LUKIC, Rz 90).

Die im alten Recht bestehende **Spruchkompetenz** (z.B. Entzug der elterlichen Sorge, Art. 311 aZGB; je nach Kanton auch Entmündigung, Art. 373 aZGB) sowie die formellen **Mitwirkungsaufgaben** (z.B. Zustimmung nach Art. 422 aZGB) sind per 1.1.2013 entfallen resp. wurden neu der KESB zugewiesen (VBK, ZVW 2008, 68 ff.; vgl. GEISER, ZVW 1993, 210 ff.). Vorbehalten sind die **Aufsicht über Wohn-**

2

und **Pflegeeinrichtungen** (Art. 387 ZGB) oder die **Pflegekinder-Aufsicht** (Art. 316 ZGB), die von den Kantonen zu regeln sind.

3 Vorbehältlich bundesrechtlicher Ausführungsbestimmungen (Abs. 2, vgl. N 11 ff.) sind die **Kantone frei**, wie sie die administrative Aufsicht wahrnehmen (vgl. LANGENEGGER, ZVW 2004, 52; GEISER, ZVW 1993, 216 f.). Da die Ausgestaltung der Aufsicht ein Gradmesser dafür ist, wie viel oder wie wenig einem Kanton an der richtigen Rechtsanwendung liegt (vgl. HEGNAUER, ZVW 2003, 362), sind die Aufgaben der administrativen Aufsicht grosszügig auszugestalten. Primär ist die Aufsichtsbehörde gegenüber den **KESB** verpflichtet, indem sie deren Geschäftsführung unterstützt und überwacht, **mittelbar** auch gegenüber den **Mandatsträgern** (MEIER/LUKIC, Rz 90; gl.M. FASSBIND, 96; BSK ZGB I-LANGENEGGER [4. Aufl.], aArt. 361 N 4; BK-SCHNYDER/MURER, Art. 361 aZGB N 67). Sie hat sich an der zielgerichteten Erfüllung der Aufgaben der untergeordneten Dienste zu orientieren; angesichts der direkten Staatshaftung (Art. 454) hat der Kanton auch ein eigenes Interesse an einer gut funktionierenden Aufsicht.

4 Die administrative Aufsicht erfolgt von Amtes wegen oder auf Anzeige hin und wird primär präventiv, aber auch repressiv, durch Kontrolle oder Vernetzung ausgeübt (vgl. zum Ganzen FamKomm Erwachsenenschutz-WIDER, Art. 441 N 6–10 mit Hinweisen): *Präventiv* durch Erlass von **generellen Weisungen** zu allgemeinen Praxis- oder Organisationsfragen, die Weiterleitung von **Informationen** Dritter (z.B. KOKES), **Einzelfall-Beratungen** oder fachliche **Auskünfte** auf Anfragen, Organisation von **Schulungen**, Erstellen von **Arbeitshilfen** (Merkblätter, Checklisten etc.) sowie die **Dokumentation** zur Rechtsprechung. Bei fehlerhafter oder unterlassener Geschäftsführung durch die KESB erfolgt die Aufsicht *repressiv* durch **direkte Eingriffe** (wie z.B. Disziplinarmassnahmen oder Ersatzvornahmen, zu den Weisungen vgl. N 5). *Kontrolle* erfolgt durch das Einholen von **Rechenschaftsberichten**, **Terminkontrollen**, **Visitationen** sowie **statistische Datenerhebung** und ggf. **Monitoring**, *Vernetzung* durch die Pflege eines regelmässigen **Fachaustauschs** mit der gerichtlichen Rechtsmittelinstanz sowie den KESB (Botschaft Erwachsenenschutz, 7074; BSK ZGB I-VOGEL, Art. 440/441 N 22; HAUSHEER/GEISER/AEBI-MÜLLER, Familienrecht, Rz 19.50 f.; FASSBIND, 96; zum alten Recht (aber immer noch gültig): VDK, ZVW 1993, 224 ff.; BRÜHLMEIER, ZVW 1978, 131; BK-SCHNYDER/MURER, Art. 361 aZGB N 76 ff.; zu den Weisungen GEISER, ZVW 1993, 218). Einzelne Kantone haben Websites zur Aufsicht eingerichtet (z.B. ZH: ‹http://www.kesb-aufsicht.zh.ch› (28.7.2014)]

5 Möglich ist auch eine **Aufsichtsbeschwerde**: Betroffene oder Dritte (legitimiert ist jedermann) gelangen an die Aufsichtsbehörde, ohne einen Anspruch auf einen Entscheid zu haben, die Behörde ist aber verpflichtet, der Sache nachzugehen (OFK ZGB-FASSBIND, Art. 441 N 1; BSK ZGB I-VOGEL, Art. 440/441 N 23 m.w.H.; zu Begriff und Funktion der Aufsichtsbeschwerde vgl. RHINOW/KOLLER/KISS/THURNHERR/BRÜHL-MOSER, Rz 659 ff., sowie HÄFELIN/MÜLLER/UHLMANN, Rz 1835 ff.).
Die **Korrektur eines KESB-Entscheids** im Einzelfall kann **nicht** im Rahmen der allgemeinen Aufsicht erfolgen; diese Zuständigkeit obliegt allein dem zuständigen Gericht im Rechtsmittelverfahren (Art. 450) (Botschaft Erwachsenenschutz, 7074).

Denkbar ist hingegen, dass die Aufsichtsbehörde die KESB **anweist**, einen Entscheid in **Wiedererwägung** zu ziehen (gl.M. ROSCH, ZKE 2011, 34, FN 12; vgl. auch HAUSHEER/GEISER/AEBI-MÜLLER, Familienrecht, Rz 19.50; a.M. FASSBIND, 96 FN 109, der Weisungen nur für künftiges Tun, Unterlassen oder Dulden zulassen will; sowie REUSSER, ZBl 2013, 23, die eine Einmischung im Einzelfall generell ablehnt).

Obwohl sie im Gesetz äusserst knapp erwähnt ist, kommt der administrativen Aufsicht in Bezug auf die Qualitätssicherung im Kindes- und Erwachsenenschutz eine **grosse Bedeutung** zu, weil die Betroffenen sich infolge ihres Schwächezustands oft nicht wirkungsvoll für ihre Rechte einsetzen können und darauf angewiesen sind, dass eine Instanz die ordentliche Rechtsanwendung auch ausserhalb eines Beschwerdeverfahrens kontrolliert (HEGNAUER, ZVW 2003, 361; GEISER, ZVW 1993, 210; vgl. auch Art. 449a und Art. 314a[bis], wonach die KESB eine Verfahrensvertretung anordnen kann).

II. Bestimmung der Aufsichtsbehörde(n) (Abs. 1)

1. Bundesrechtliche Vorgaben

Die Aufsichtsbehörden werden – wie im alten Recht (Art. 361 aZGB) – von den Kantonen bestimmt. Die Kantone sind dabei weitgehend frei, sind aber verpflichtet, eine Behörde vorzusehen. Auf **qualitative Vorgaben**, z.B. interdisziplinäre Zusammensetzung oder Fachlichkeit, wird **verzichtet** (was nicht unproblematisch ist bei einer Aufsicht über interdisziplinär zusammengesetzte professionalisierte Fachbehörden, vgl. Bericht VE Erwachsenenschutz, 10; berechtigte Kritik folgt denn auch: HÄFELI, Grundriss, Rz 30.10; FASSBIND, 95; DÖRFLINGER, ZKE 2010,182 f.; ROSCH, ZKE 2011, 36).

2. Regelungsbedarf der Kantone

Die administrative Aufsicht kann **ein- oder zweistufig**, als **Gericht oder Verwaltungsbehörde**, mit der Rechtsmittelinstanz **zusammengelegt oder** als **separate Behörde** ausgestaltet sein (Botschaft Erwachsenenschutz, 7074).

Eine **zweistufige Aufsicht** ist aufgrund der verbesserten Fachlichkeit und der kleineren Anzahl unterstellter Behörden (vgl. Art. 440 N 6 ff.) **kaum zu rechtfertigen** (VBK, ZVW 2008, 94 f.; OFK ZGB-FASSBIND, Art. 441 N 1). Aus Gründen der Qualitätssicherung und der Effizienz (aus Rechtsmittelverfahren können wichtige Erkenntnisse für die Aufsichtstätigkeit gewonnen werden) ist angezeigt, die beiden Aufsichtsfunktionen **bei einer einzigen Instanz** zusammenzulegen und die administrative Aufsicht der gerichtlichen Beschwerdeinstanz zu übertragen (VBK, ZVW 2008, 95; BERICHTEXPK ERWACHSENENSCHUTZ 95, 59; eher krit. BRÜHLMEIER, ZVW 1978, 131 f., vgl. auch GEISER, ZVW 1993, 222; zur Vorbefassung vgl. BGer vom 8.4.2008, 5A_532/2007 E. 2.4). Damit die richterliche Unabhängigkeit und Gewaltentrennung gewährleistet bleibt, ist die Aufgabenteilung in einem **Organisationsreglement** zu regeln.

10 Die **KOKES** empfiehlt entsprechend eine schlanke Behördenorganisation: Die Aufsicht soll einstufig ausgestaltet und organisatorisch als Inspektorat bei der gerichtlichen Beschwerdeinstanz angesiedelt werden (VBK, ZVW 2008, 95).

3. Umsetzung in den Kantonen

10a Die administrative Aufsicht ist in den Kantonen wie folgt organisiert:
   a) In allen Kantonen ist die Aufsicht **einstufig** ausgestaltet (in TG ist die Aufsicht zweigeteilt, in den anderen Kantonen ist eine einzige Behörde zuständig).
   b) In 9 Kantonen gehört die Aufsicht zum Aufgabenbereich der **Judikative**: Neben den 6 Kantonen mit erstinstanzlichen Gerichtsbehörden (AG, FR, GE, NE, SH, VD) auch JU, TG und TI. In 7 Kantonen ist eine Abteilung resp. Kammer des Obergerichts/Kantonsgerichts zuständig (AG, GE, JU, SH, TG, VD, TI), in 2 Kantonen der Justizrat (FR und NE).
   c) In 17 Kantonen ist die Aufsicht in der **Exekutive** in regierungsrätlichen Departementen oder beim Gesamtregierungsrat eingebettet (AI, AR, BL, BS, BE, GL, GR, LU, NW, OW, SG, SO, SZ, UR, VS, ZG, ZH, wobei die Departements-Zuteilung je nach Kanton variiert zwischen Sozial-, Gesundheits-, Bildungs-, Sicherheits-, Justiz-, Innen- sowie Finanzdepartement, oder die Aufsicht wie beschrieben direkt dem Regierungsrat obliegt).

10b Die folgende Tabelle gibt eine **Übersicht über die administrativen Aufsichtsbehörden in den Kantonen der Deutschschweiz** (eine Übersicht über die Aufsichtsbehörden und Rechtsmittelinstanzen in allen Kantonen findet sich bei KOKES, ZKE 2013, 54 ff.):

Administrative Aufsichtsbehörden in den Deutschschweizer Kantonen	
AG	Obergericht, Abteilung Zivilgericht (§ 59 Abs. 2 EG ZGB)
AI	Regierungsrat (Art. 6 EG ZGB), zuständiges Departement: Gesundheit und Soziales
AR	Regierungsrat (Art. 42 EG ZGB), zuständiges Departement: Inneres und Kultur
BE	Justiz-, Gemeinde- und Kirchendirektion (Art. 18 KESG)/ Kantonales Jugendamt (Art. 4 KESV) [vorbehalten ist die Aufsicht in finanziellen und personellen Belangen über die burgerliche KESB durch die Burgergemeinden, Art. 18 Abs. 1 Satz 2 KESG]
BL	Sicherheitsdirektion (§ 65 Abs. 1 EG ZGB)
BS	Departement für Wirtschaft, Soziales und Umwelt (§ 20 KESG)
FR	Justizrat (Art. 7 KESG)
GL	Departement für Volkswirtschaft und Inneres (Art. 63e Abs. 2 EG ZGB)
GR	Regierung (Art. 41 EG ZGB), Departement für Justiz, Sicherheit, Gesundheit (Art. 36 Abs. 1 KESG)
LU	Regierungsstatthalter Hochdorf und Luzern (§ 2 KESV)
NW	Gesundheits- und Sozialdirektion (Art. 32 EG ZGB)
OW	Regierungsrat (Art. 59 EG ZGB) Sicherheits- und Justizdepartement (Art. 30 V KESR)

Administrative Aufsichtsbehörden in den Deutschschweizer Kantonen	
SG	Departement des Innern (Art. 8 EG KES)
SH	Obergericht (Art. 45 Abs. 1 EG ZGB)
SO	Departement des Innern (Art. 129 EG ZGB)
SZ	Departement des Innern (§ 6 Abs. 1 EG ZGB i.V.m. § 4 Abs. 1 VV KESR)
TG	Fachliche (administrative) Aufsicht: Obergericht (§ 11c Abs. 2 EG ZGB); Administrative Aufsicht i.e.S.: Departement für Justiz und Sicherheit (§ 11 Ziff. 3 EG ZGB und § 11a EG ZGB)
UR	Regierungsrat (Art. 16 EG KESR)
VS	Regierungsrat (Art. 16 EG ZGB), Departement für Bildung und Sicherheit (Art. 5 KESV)
ZG	Direktion des Innern (§ 5 Abs. 1 Ziff. 8 EG ZGB)
ZH	Direktion der Justiz und des Innern (§ 13 EG KESR)

4. Herausforderungen in der Praxis

Folgende Herausforderungen stellen sich in der Praxis: 10c

a) Solange der Bund keine Vorgaben macht, sind die Kantone frei und müssen selber geeignete und praxistaugliche Instrumente definieren. Das führt zu **qualitativen Unterschieden** in den Kantonen.

b) Trotz oder gerade wegen der Professionalisierung der untergeordneten KESB ist es wichtig, dass auch die administrative Aufsichtsbehörde mit ausreichend **Fachlichkeit** und **genügend Ressourcen** ausgestattet wird. Auch sie muss die erforderlichen Kompetenzen aufbauen, um den beschriebenen Zielen (N 1) und Aufgaben (N 4) nachkommen zu können, insb. fundierte Kenntnisse im Kindes- und Erwachsenenschutzrecht, aber auch Expertise in Organisations- und Administrationsfragen (vgl. KOKES, Rz 1.78). Kantone mit rein administrativ ausgestalteten Aufsichtsbehörden (FR, NE, VS) können den Erwartungen kaum gerecht werden.

c) Die KOKES hat die Aufgabe, die kantonalen Aufsichtsbehörden sinnvoll zu ergänzen und zu unterstützen. Sie koordiniert zwischen den Kantonen, gibt ggf. Impulse und ist für die Zusammenarbeit mit dem Bund verantwortlich. Neben der Herausbildung der geeigneten inhaltlichen Ausgestaltung der Aufsicht in den Kantonen muss insb. auch die **Aufgabenabgrenzung zwischen KOKES und Aufsichtsbehörden** stattfinden.

d) 19 Kantone haben die Aufsicht einer von der Rechtsmittelinstanz losgelösten separaten Behörde übertragen (17 Kantone mit Exekutiv-Aufsichtsbehörde sowie FR und NE mit dem «Conseil de la magistrature/Justizrat»): Die Zukunft wird zeigen, inwiefern sich diese Modelle bewähren. Bei getrennter Zuständigkeit ist eine institutionalisierte **Vernetzung zwischen Aufsichtsbehörde und Rechtsmittelinstanz** von zentraler Bedeutung, z.B. durch *regelmässige Fachaustausche* zwischen den beiden Instanzen (CHK-VOGEL, Art. 441 ZGB N 5) oder durch die vereinzelt vorgesehenen kantonalrechtlichen *Mitteilungspflichten* der Beschwerdeinstanz gegenüber den Aufsichtsbehörden (z.B. § 72 EG

KESR ZH). Die Vernetzung ist in der Praxis noch nicht überall vorgesehen und unbedingt zu installieren, nur so können die Erkenntnisse in den Rechtsmittelverfahren für die Aufsichtstätigkeit genutzt werden.

e) Neben der Vernetzung mit der Rechtsmittelinstanz ist bei der Aufsichtsbehörde auch eine hinreichende **Nähe zum Praxisalltag der KESB** nötig. Auch dies kann durch regelmässigen Fachaustausch institutionell verankert werden. Bei gleichzeitiger personalrechtlicher Unterstellung der KESB unter die Aufsichtsbehörde (z.b. ZG oder BE) müssen die Rollen sorgfältig geklärt und auseinandergehalten werden.

III. Ausgestaltung der Aufsicht (Abs. 2)

11 Im Rahmen einer **Kann-Vorschrift** wird der Bundesrat aufgefordert, Ausführungsbestimmungen über die administrative Aufsicht zu erlassen und die einzelnen aufsichtsrechtlichen Aufgaben zu konkretisieren, um auf diesem Weg für eine kohärente **Qualitätsentwicklung** und eine **gewisse Einheit in der administrativen Aufsicht** zu sorgen (Botschaft Erwachsenenschutz, 7074; zu den Anforderungen der Aufsicht: vgl. HEGNAUER, ZVW 2003, 366 f.). Im VE war die bundesrätliche Verordnung über die Aufsicht noch zwingend (Art. 444 Abs. 3 VE Erwachsenenschutz 03) – aus den Materialien geht nicht hervor, weshalb nur noch eine Kann-Vorschrift vorgesehen ist.

Eine **Verbesserung der Aufsicht** wurde bereits im alten Recht gefordert; mit der Kann-Vorschrift werden wesentliche Mängel nicht behoben (HEGNAUER, ZVW 2003, 366 f.; AFFOLTER, ZVW 2003, 399). Wenn das Bundesrecht (punktuelle) Vorgaben betr. Behördenorganisation macht, wäre es konsequent, wenn es auch die Aufsicht über deren Tätigkeit einheitlich ordnet.

11a Einstweilen verzichtet der Bundesrat auf den Erlass solcher Ausführungsbestimmungen. Es ist zu hoffen, dass er – zu einem späteren Zeitpunkt, wenn sich die neue Behördenorganisation eingespielt hat – seine Verantwortung wahrnimmt und Ausführungsbestimmungen erlässt (gl.M. HÄFELI, Grundriss, Rz 30.08 sowie HAUSHEER/GEISER/AEBI-MÜLLER, Familienrecht, Rz 19.51). Solange der Bund keine Vorgaben macht, sind die Kantone in der inhaltlichen und organisatorischen Ausgestaltung der Aufsicht frei (vgl. N 3).

11b Die KOKES übernimmt zwar punktuell koordinative Aufgaben; durch bundesrechtliche Ausführungsbestimmungen könnten die Aufsichtsbehörden jedoch umfassender unterstützt und zusätzlicher Rückhalt und Orientierung geboten werden. Die gesamtschweizerische Koordination (und damit die Unterstützung des Bundes) ist insb. bei der Sorge um eine **aussagekräftige Statistik** gefordert. Da das Bundesamt für Statistik diesbez. keinen Auftrag hat (was bedauert wird, vgl. BSK ZGB I-REUSSER, Vor Art. 360–456 N 3), bemüht sich die KOKES mit dieser Aufgabe, was angesichts der Freiwilligkeit und der beschränkten Ressourcen sehr anspruchsvoll ist (zur Statistik vgl. KOKES, Rz 14.1 ff.). Solange keine bundesrechtliche Steuerung erfolgt, wird der KOKES als koordinierendes Organ weiterhin eine grosse Bedeutung zukommen (vgl. HÄFELI, Grundriss, Rz 30.09).

Auf die Einrichtung einer **Oberaufsicht des Bundes** wurde ebenfalls **verzichtet**, obwohl dies bereits im alten Recht gefordert wurde (BK-SCHNYDER/MURER, Art. 361 aZGB N 122 f.; BSK ZGB I-GEISER [4. Aufl.], Vor aArt. 420–425 N 4; HEGNAUER, ZVW 2003, 367; AFFOLTER, ZVW 2003, 407). Da der Bund solche Oberaufsichten in anderen Bereichen (Zivilstands-, Grundbuch- und Handelsregisterwesen) kennt, ist bedauerlich, dass diese Lücke nicht geschlossen wurde.

12

Die Pflicht der Kantone, für geeignete **Schulungsmöglichkeiten** der Behördenmitglieder und Mandatsträger zu sorgen, versteht sich von selbst und erfolgt nicht zuletzt auch im eigenen Interesse, denn bei Schäden haften die Kantone (Art. 454; AmtlBull NR 2008, 1538).

13

Art. 442

C. Örtliche Zuständigkeit

¹ Zuständig ist die Erwachsenenschutzbehörde am Wohnsitz der betroffenen Person. Ist ein Verfahren rechtshängig, so bleibt die Zuständigkeit bis zu dessen Abschluss auf jeden Fall erhalten.

² Ist Gefahr im Verzug, so ist auch die Behörde am Ort zuständig, wo sich die betroffene Person aufhält. Trifft diese Behörde eine Massnahme, so benachrichtigt sie die Wohnsitzbehörde.

³ Für eine Beistandschaft wegen Abwesenheit ist auch die Behörde des Ortes zuständig, wo das Vermögen in seinem Hauptbestandteil verwaltet worden oder der betroffenen Person zugefallen ist.

⁴ Die Kantone sind berechtigt, für ihre Bürgerinnen und Bürger, die Wohnsitz im Kanton haben, statt der Wohnsitzbehörde die Behörde des Heimatortes zuständig zu erklären, sofern auch die Unterstützung bedürftiger Personen ganz oder teilweise der Heimatgemeinde obliegt.

⁵ Wechselt eine Person, für die eine Massnahme besteht, ihren Wohnsitz, so übernimmt die Behörde am neuen Ort die Massnahme ohne Verzug, sofern keine wichtigen Gründe dagegen sprechen.

Literatur

FÜLLEMANN, Das internationale Privat- und Zivilprozessrecht des Erwachsenenschutzes, Diss. Zürich/St. Gallen 2008; DERS., Das Haager Erwachsenenschutzübereinkommen von 2000, ZVW 2009, 30 ff.; GUILLAUME/DUREL, La protection internationale de l'adulte, in: Guillod/Bohnet (Hrsg.), Le nouveau droit de la protection de l'adulte, Basel 2012, 341 ff.; HEGNAUER, Kommentar zu BGE 129 I 419, ZVW 2003, 465 ff.; DERS., Der Sitz der Vormundschaftsbehörde und der Wohnsitz bevormundeter Personen (Art. 25 Abs. 1 ZGB), ZVW 1981, 67 ff.; REUSSER, Das neue Erwachsenenschutzrecht – eine Herausforderung für die Kantone, ZBl 2013, 3 ff.; RIEMER, Der zivilrechtliche Wohnsitz von Altersheiminsassen, ZVW 1977, 58 ff.; SCHWANDER, Das Haager Kindesschutzübereinkommen von 1966, ZVW 2009, 1 ff.; VBK, Übertragung von vormundschaftlichen Massnahmen, ZVW 2002, 205 ff.

I. Regelungsgegenstand

1 Die Bestimmung regelt die inner- und interkantonale **örtliche Zuständigkeit der Erwachsenenschutzbehörde** (Botschaft Erwachsenenschutz, 7075). Es geht um die Fragen, an welchem Ort behördliche Massnahmen (Beistandschaften oder FU) angeordnet oder die Wirksamkeit eines Vorsorgeauftrags beurteilt werden. Im *Kindesschutz* gelten als lex specialis Art. 275 und 315, bei eherechtlichen Verfahren gilt Art. 23 ZPO. Zur Zuständigkeit nach *kantonalem Recht* vgl. N 12 ff.

2 Bei mehreren KESB hat der Kanton die Zuständigkeitsgebiete zu bestimmen. Umfasst das Zuständigkeitsgebiet mehrere Gemeinden, stellt sich die Frage resp. kann der Kanton konkretisieren, welche Gemeinde in den Fällen des **abgeleiteten Wohnsitzes** (Art. 25 Abs. 2 und Art. 26) als **Sitz der KESB** gilt (vgl. dazu ausführlich FamKomm Erwachsenenschutz-WIDER, Art. 442 N 6, und BSK ZGB I-VOGEL, Art. 442 N 4 mit Hinweisen). Um Gemeinden mit KESB-Standorten vor übermässiger Belastung zu schützen, haben die meisten Kantone das Problem erkannt und explizit vorgesehen, dass in diesen Fällen als Sitz der KESB **die Gemeinde gilt, in der die betroffene Person ihren Lebensmittelpunkt hat**. Die Anknüpfung am Lebensmittelpunkt resp. am gewöhnlichen Aufenthaltsort gilt auch, wenn das kantonale Recht sich zur Frage ausschweigt (REUSSER, ZBl 2013, 24; gl.M. BSK ZGB I-VOGEL, Art. 442 N 4; FASSBIND, 102; KOKES, Rz 1.98; zum alten Recht vgl. HEGNAUER, ZVW 1981, 69 f.; BK-SCHNYDER/MURER, Art. 376 aZGB N 21 und Art. 377 aZGB N 110; BSK ZGB I-GEISER [4. Aufl.], aArt. 376 N 2; **a.M.** BSK ZGB I-STAEHELIN [4. Aufl.], aArt. 25 N 11; DESCHENAUX/STEINAUER, Rz 398a; SCHMID, Art. 442 N 8; BSK ZGB I-STAEHELIN, Art. 26 N 2).

3 Die örtliche Zuständigkeit ist **von Amtes wegen zu prüfen** (Art. 444 Abs. 1) und richtet sich nach der Sachlage im Zeitpunkt der Einleitung des Verfahrens. Der Entscheid einer örtlich nicht zuständigen KESB ist **anfechtbar** (vgl. Art. 444 N 11). Bei unklaren (inner- oder interkantonalen) Zuständigkeiten ist ein **Meinungsaustausch** zwischen den in Frage kommenden Behörden vorgesehen (vgl. Art. 444 Abs. 3). Bei Nichteinigung vgl. Art. 444 Abs. 4 sowie BSK ZGB I-VOGEL, Art. 442 N 19.

4 Sind mehrere Behörden gleichzeitig zuständig (z.B. die Wohnsitz- und Aufenthaltsbehörde), hat diejenige Behörde das Verfahren zu führen, bei der es **zuerst rechtshängig** geworden ist. Vorbehältlich anderslautender kantonaler Regelungen (s. Tabelle u.) ist ein Verfahren rechtshängig, sobald nach aussen hin manifest wird, dass sich eine Behörde mit der Anordnung einer Massnahme befasst (u.a. FASSBIND, 103 FN 123; BSK ZGB I-STAEHELIN, Art. 26 N 3 nennt die Zustellung der Vorladung zur Einvernahme als massgeblicher Zeitpunkt). Aus Rechtssicherheitsgründen und zwecks Wahrung des rechtlichen Gehörs wird empfohlen, die Verfahrenseröffnung der betroffenen Person – bei Kindern (auch) den sorgeberechtigten Eltern – formell

mitzuteilen, sofern nicht überwiegende Interessen entgegenstehen. Bei internationalen Sachverhalten vgl. BSK ZGB I-VOGEL, Art. 442 N 18.

Kantonale Bestimmungen zur Rechtshängigkeit (Art. 442 Abs. 1 ZGB)	
BE	**Art. 45 KESG – Rechtshängigkeit** ¹ Das Verfahren vor der Kindes- und Erwachsenenschutzbehörde wird hängig a mit Einreichung eines Gesuchs, b mit Eingang einer Meldung, die nicht offensichtlich unbegründet ist, c durch Anrufung der Kindes- und Erwachsenenschutzbehörde in den vom ZGB bestimmten Fällen, d mit seiner Eröffnung von Amtes wegen. ² Das Verfahren gilt als von Amtes wegen eröffnet, wenn die Kindes- und Erwachsenenschutzbehörde den betroffenen Personen eine entsprechende Mitteilung macht oder andere Vorkehren trifft, die eine Aussenwirkung haben. ³ Mit Eintritt der Rechtshängigkeit bleibt die Zuständigkeit bis zum Abschluss des Verfahrens erhalten.
BL	**§ 68 EG ZGB – Rechtshängigkeit des Verfahrens** ¹ Das Verfahren vor der Kindes- und Erwachsenenschutzbehörde wird rechtshängig durch: a. die Einreichung eines Antrags oder eines Gesuchs; b. eine Meldung, die nicht offensichtlich unbegründet ist; c. die Anrufung in den im ZGB geregelten Fällen; d. die Eröffnung von Amtes wegen. ² Die Rechtshängigkeit des Verfahrens ist den betroffenen Personen schriftlich oder mündlich mitzuteilen. Erfolgt eine mündliche Mitteilung, so ist dies schriftlich festzuhalten.
BS	**§ 7 Abs. 1 KESG** Der Antrag auf Anordnung einer Kindes- oder Erwachsenenschutzmassnahme bzw. die Meldung, dass eine Person den Schutz nach Kindes- und Erwachsenenschutzrecht benötigt, begründet die Rechtshängigkeit.
GR	**Art. 57 EG ZGB – 2. Rechtshängigkeit** ¹ Das Verfahren vor der Kindes- und Erwachsenenschutzbehörde wird mit Einreichung eines Gesuchs oder durch Eröffnung von Amtes wegen rechtshängig. ² Das Verfahren wird von Amtes wegen eröffnet, wenn: a) eine nicht offensichtlich unbegründete Gefährdungsmeldung eingeht; b) konkrete Hinweise auf die Hilfs- und Schutzbedürftigkeit eines Kindes oder einer volljährigen Person vorliegen; oder c) die Behörde in den vom Zivilgesetzbuch bestimmten Fällen angerufen wird. ³ Die Eröffnung eines Verfahrens ist der betroffenen Person und deren gesetzlichen Vertretern mitzuteilen.
SG	**Art. 22 EG KESR – Rechtshängigkeit** Das Verfahren vor der Kindes- und Erwachsenenschutzbehörde wird rechtshängig: a) durch Eröffnung von Amtes wegen; b) mit Einreichung eines Gesuchs um Anordnung einer Massnahme; c) durch Anrufung der Behörde in den vom ZGB bestimmten Fällen;

	Kantonale Bestimmungen zur Rechtshängigkeit (Art. 442 Abs. 1 ZGB)
	d) mit Eingang einer Gefährdungsmeldung, die nicht offensichtlich unbegründet ist.
SO	**§ 147 EG ZGB – III. Rechtshängigkeit und Verfahrensleitung** ¹ Das Verfahren vor der Kindes- und Erwachsenenschutzbehörde wird hängig a) mit Einreichung eines Gesuchs; b) mit Eingang einer Meldung, die nicht offensichtlich unbegründet ist; c) durch Anrufung der Kindes- und Erwachsenenschutzbehörde in den vom schweizerischen Zivilgesetzbuch bestimmten Fällen; d) durch Eröffnung von Amtes wegen nach entsprechender Mitteilung an die betroffenen Personen oder durch das Treffen von Vorkehrungen, die Aussenwirkung haben. ² Die Rechtshängigkeit des Verfahrens ist den betroffenen Personen schriftlich mitzuteilen. ³ Mit Eintritt der Rechtshängigkeit bleibt die Zuständigkeit bis zum Abschluss des Verfahrens erhalten.
TG	**§ 37 KESV – Rechtshängigkeit** ¹ Das Verfahren vor der Kindes- und Erwachsenenschutzbehörde wird hängig mit der Einreichung eines Gesuchs oder durch Anrufung der Behörde in den vom ZGB vorgesehenen Fällen oder mit dem Eingang einer begründet scheinenden Gefährdungsmeldung oder mit dem Eingang von konkreten Hinweisen auf die Hilfsbedürftigkeit eines Kindes oder einer volljährigen Person. ² Die Eröffnung eines Verfahrens ist den Beteiligten in der Regel schriftlich mitzuteilen. ³ Das Verfahren gilt als von Amtes wegen eröffnet, wenn die Behörde der betroffenen Person eine entsprechende Mitteilung macht oder andere Vorkehren trifft, die gegen aussen eine erkennbare Wirkung haben. ⁴ Mit Eintritt der Rechtshängigkeit bleibt die Zuständigkeit der betreffenden Behörde bis zum Abschluss des Verfahrens erhalten.
VS	**Art. 118a EG ZGB – Verfahrensregeln nach kantonalem Recht/a) Rechtshängigkeit** ¹ Das Verfahren vor der Schutzbehörde wird eingeleitet durch: a) die Einreichung eines Gesuches; b) eine Meldung, die nicht offensichtlich unbegründet ist; c) die Anrufung der Schutzbehörde in den vom Zivilgesetzbuch vorgesehenen Fällen; d) die Eröffnung von Amtes wegen. ² Das Verfahren gilt als von Amtes wegen eröffnet, wenn die Schutzbehörde es den betroffenen Personen anzeigt oder wenn sie Schritte gegenüber Dritten unternimmt. ³ Die Rechtshängigkeit bewirkt, dass die Zuständigkeit bis zum Abschluss des Verfahrens bestehen bleibt. Vorbehalten bleibt der Fall der Zuerkennung an eine andere Behörde im Fall eines positiven Kompetenzkonflikts.
ZH	**§ 47 EG KESR – Rechtshängigkeit** ¹ Das Verfahren vor der KESB wird rechtshängig a. durch Eröffnung von Amtes wegen, b. mit Einreichung eines mündlichen oder schriftlichen Begehrens,

Kantonale Bestimmungen zur Rechtshängigkeit (Art. 442 Abs. 1 ZGB)
c. durch Anrufung der Behörde in den vom ZGB bestimmten Fällen, d. mit Eingang einer Gefährdungsmeldung. ² Die KESB eröffnet ein Verfahren von Amtes wegen durch Mitteilung an die betroffene Person oder andere nach aussen wahrnehmbare Vorkehrungen im Hinblick auf die Anordnung von Massnahmen des Kindes- und Erwachsenenschutzrechts.

II. Ordentliche Zuständigkeit am Wohnsitz (Abs. 1)

Grundsätzlich ist die KESB am **Wohnsitz** der betroffenen Person zuständig. Der Wohnsitz bestimmt sich nach Art. 23–26 ZGB (diese Bestimmungen wurden per 1.1.2013 ohne materielle Änderung präzisiert und redaktionell überarbeitet, Botschaft Erwachsenenschutz, 7096 und 7170; BSK Erwachsenenschutz-REUSSER, Vorbemerkung N 72). Die Wohnsitzzuständigkeit entspricht inhaltlich dem alten Recht (Art. 376 Abs. 1 und Art. 396 Abs. 1 aZGB): Zuständig ist die Behörde am Ort, wo die betroffene Person lebt und ihren **Lebensmittelpunkt** hat, d.h. wo sie sich aufhält und die Absicht hat, dauernd zu verbleiben (vgl. BSK ZGB I-STAEHELIN, Art. 23 N 5 ff.; BGE 137 II 122; 137 III 593; 136 II 405; 134 V 236, 127 V 237).

Bei der Bestimmung der örtlichen Zuständigkeit der KESB ist das **Interesse der betroffenen Person massgebend** (BSK ZGB I-VOGEL, Art. 442 N 3). Damit eine Massnahme möglichst dort errichtet und geführt wird, wo die betroffene Person ihren Lebensmittelpunkt hat, ist der **Wohnsitzbegriff funktionalisiert** resp. zweckbezogen auszulegen (BK-SCHNYDER/MURER, Art. 376 aZGB N 34 f., 39, 55; BSK ZGB I-STAEHELIN, Art. 23 N 3). Zweck der funktionalen Wohnsitzanknüpfung ist, die Zuständigkeit am Lebensmittelpunkt der betroffenen Person zu begründen, um die lokalen Gegebenheiten und Hilfssysteme bestmöglich berücksichtigen zu können (BSK ZGB I-VOGEL, Art. 422 N 3; KOKES, Rz 1.95). Entsprechend sind Wohnsitzregeln **unformalistisch** auszulegen und eine **Zuständigkeit ist im Zweifel anzunehmen** (zum Prinzip des grösseren Sachzusammenhangs vgl. VBK, ZVW 2002, 209). An die Wohnsitzbegründung von Personen in Einrichtungen sind keine hohen Anforderungen zu stellen. Die Begründung des Wohnsitzes am Ort einer Einrichtung ist gem. Lehre und langjähriger Rechtsprechung grosszügig anzunehmen, insb. wenn eine urteilsfähige volljährige Person *selbstbestimmt* in eine Einrichtung eintritt, um dort ihren Lebensabend zu verbringen, selbst wenn der Eintritt vom «Zwang der Umstände» diktiert wird (BSK ZGB I-STAEHELIN, Art. 23 N 19a, 19d und 19h; CHK-BREITSCHMID, Art. 23 ZGB N 3 und 8b; KOKES, Rz 1.92–1.96 mit Hinweisen auf Rechtsprechung; BSK ZGB I-VOGEL, Art. 442 N 5; HÄFELI, Grundriss, Rz 31.02 mit dem Hinweis auf die Belastung von Gemeinden mit Einrichtungen; vgl. zum alten Recht: BUCHER A., Personen, Rz 349, 352 m.w.H.; RIEMER, ZVW 1977, 59 ff.; BK-SCHNYDER/MURER, Art. 376 aZGB N 66 f.; CHK-AFFOLTER/STECK/VOGEL [1. Aufl.], Art. 376 aZGB N 4). An die Urteilsfähigkeit sind **keine hohen Anforderungen** zu stellen resp. diese ist aufgrund der funktionalen Wohnsitzanknüpfung u.U. unbeachtlich, insb. bei der Bestimmung des Wohnsitzes zur Festlegung der KESB-Zuständigkeit (BSK ZGB I-STAEHELIN, Art. 23 N 9). Die *(fremdbestimmte)* Unterbringung durch Behörden oder Private in einer Anstalt begründet keinen Wohnsitz, auch dann nicht, wenn die Person mit der Unterbringung einverstanden ist (BSK ZGB I-STAEHELIN, Art. 23 N 19g ff.; zum Begriff der Anstalt: a.a.O., N 19i).

6a Von der Frage der örtlich zuständigen KESB ist die Frage der **örtlich zuständigen Sozialhilfebehörde** abzugrenzen: Am Ort der Einrichtung kann u.U. zivilrechtlicher Wohnsitz, nicht aber unterstützungsrechtlicher Wohnsitz begründet werden (Art. 5 ZUG, BSK ZGB I-STAEHELIN, Art. 23 N 19h i.f.; BGE 138 V 23; im innerkantonalen Verhältnis sind abweichende Regelungen möglich). Zur sachlichen Zuständigkeitsabgrenzung zwischen KESB und Gemeinde: Art. 440 N 9f Bst. e); örtlicher Zuständigkeitskonflikt zwischen zwei Sozialhilfebehörden: BGer vom 14.3.2014, 8C_701/2013; Abgrenzung zwischen Sozialhilfe und Opferhilfe: BGE 125 II 230 E. 3, BGer vom 26.1.2001, 1A_249/2000 in ZBl 2001, 475 ff., sowie Empfehlungen der Schweizerischen Verbindungsstellen-Konferenz Opferhilfegesetz vom 21.1.2010, 46 (‹http://www.opferhilfe-schweiz.ch› [28.7.2014]).

III. Ausserordentliche Zuständigkeiten

1. Am Aufenthaltsort (Abs. 2)

7 Liegt **Gefahr im Verzug** und ist rasches Handeln geboten, so ist – neben der KESB am Wohnsitz – auch die KESB am Aufenthaltsort (d.h. am Ort, an dem sich die betroffene Person befindet, sog. «einfacher Aufenthalt», HÄFELI, Grundriss, Rz 31.04 mit Hinweisen) zuständig. Es handelt sich dabei um eine **konkurrierende Zuständigkeit** (BSK ZGB I-VOGEL, Art. 442 N 8; MEIER/LUKIC, Rz 74); beide Behörden sind berechtigt und verpflichtet, das Nötige anzuordnen, wobei sich die Behörde am Aufenthaltsort auf das absolut Notwendige zu beschränken hat (CHK-VOGEL, Art. 442 N 7).

Wenn eine Massnahme von einer Aufenthaltsbehörde angeordnet wird, ist die **Wohnsitzbehörde zu benachrichtigen**, die über das weitere Verfahren zu entscheiden hat. Das Verfahren wird in diesen Fällen i.d.R. auf die Wohnsitzbehörde übertragen (vgl. Botschaft Erwachsenenschutz, 7075; OFK ZGB-FASSBIND, Art. 442 N 2). Zur *ausschliesslichen* (Aufenthalts-)Zuständigkeit der KESB am Ort der Einrichtung vgl. N 11.

8 Im **Kindesschutz** galt die Aufenthaltszuständigkeit bereits im alten Recht (unveränderter Art. 315 Abs. 2). Gemäss Praxis (VBK, ZVW 2002, 209) und überwiegender Lehrmeinung (CHK-BIDERBOST, Art. 315–315b ZGB N 3; BSK ZGB I-BREITSCHMID [4. Aufl.], Art. 315–315b N 20) sind die Zuständigkeiten am Wohnsitz und am Aufenthaltsort **rechtlich gleichwertig**. Der Vorrang gebührt derjenigen Behörde, die den **näheren Bezug zum Fall** hat und den Schutz der betroffenen Person besser wahrnehmen kann (a.M. MEIER/STETTLER, N 865; sowie BGE 129 I 419 E. 2.3, welcher der Wohnsitzzuständigkeit absoluten Vorrang einräumt; vgl. dazu krit. präzisierend HEGNAUER, ZVW 2003, 465 ff.).

2. Am Ort des Vermögens (Abs. 3)

Für eine **Beistandschaft wegen Abwesenheit** (Art. 390 Abs. 1 Ziff. 2) ist – neben der KESB am Wohnsitz – auch die KESB am Ort der bisherigen Vermögensverwaltung oder des Vermögensanfalls zuständig. Es handelt sich um eine **konkurrierende Zuständigkeit**, die alle notwendigen Massnahmen zur Sicherung des Vermögens betreffen, meist eine Vertretungsbeistandschaft mit Vermögensverwaltung (Art. 394 f.); denkbar sind auch eine Vertretungsbeistandschaft für eine einzelne Vertretungshandlung (Art. 394) oder eigenes Handeln der KESB (Art. 392; BSK ZGB I-Vogel, Art. 442 N 10 mit Beispielen zu Art. 392). Diese Bestimmung entspricht dem altrechtlichen Art. 396 Abs. 2 aZGB, ist jedoch gem. Wortlaut neu auf die Fälle der Abwesenheit beschränkt (a.M. Meier/Lukic, Rz 75 und FN 62; BSK ZGB I-Vogel Art. 442 N 10; sowie KOKES, Rz 1.103, die für eine analoge Anwendung bei Fällen von vorübergehender Urteilsunfähigkeit plädieren). Zum Vorrang der Wohnsitzzuständigkeit bei vorwiegend personenbezogenen Merkmalen vgl. Fassbind, 104.

9

3. Am Heimatort (Abs. 4)

Für **unterstützte Kinder oder Erwachsene mit Wohnsitz im Kanton** können die Kantone die Zuständigkeit der KESB am Heimatort vorsehen. Diese Bestimmung entspricht dem altrechtlichen Art. 376 Abs. 2 aZGB. Von der Bestimmung hat lediglich der **Kt. BE** Gebrauch gemacht (Burger-KESB gem. Art. 4 KESG BE). Der Kt. ZG hat seine Burger-VormBehörden per 31.12.2012 aufgelöst. Die Zuständigkeit ist nicht konkurrierend, sondern **alternativ zur Wohnsitzzuständigkeit** und gilt damit ausschliesslich (KOKES, Rz 1.105; Fassbind, 104). Kritik zur anachronistischen Regelung: Häfeli, Grundriss, Rz 31.06; sowie Meier/Lukic, 76.

10

4. Am Ort der Einrichtung

Für **Beschwerden gegen bewegungseinschränkende Massnahmen** ist die *KESB* am Ort der Einrichtung zuständig (Art. 385 Abs. 1). Falls für die betroffene Person eine Beistandschaft besteht, **benachrichtigt** die KESB am Ort der Einrichtung die **fallführende Wohnsitz-KESB** in analoger Anwendung von Art. 442 Abs. 2 (BSK ZGB I-Vogel, Art. 442 N 9). Falls die bewegungseinschränkende Massnahme im Rahmen einer FU angeordnet wurde, ist – sofern vom kantonalen Recht nichts anderes vorgesehen – in analoger Anwendung von Art. 385 Abs. 1 das *Gericht* am Ort der Einrichtung zuständig (Art. 438 Satz 2 und Art. 439 Abs. 1 Ziff. 5).

11

5. Örtliche Zuständigkeit nach kantonalem Recht

Die örtliche Zuständigkeit für Aufgaben, die der KESB oder anderen Akteuren (Ärzten, Einrichtungen) gestützt auf kantonale Ausführungsbestimmungen übertragen werden, bestimmt sich nach kantonalem Recht. Möglich ist eine Verweisnorm, dass auch in diesen Fällen die Regeln gem. Art. 442 analog gelten.

12

Die örtliche Zuständigkeit im Zusammenhang mit einer **ärztlichen FU** ist vom kantonalen Recht zu regeln, insb. die Unterbringung (Art. 429 Abs. 1) sowie die Beschwerde (Art. 439 Abs. 1 Ziff. 1, vgl. u. N 13). Für Beschwerden in den Fällen von

12a

Art. 439 Abs. 1 Ziff. 2–5 ist, vorbehältlich anderslautender kantonaler Bestimmungen, das Gericht am Ort der Einrichtung zuständig (FamKomm Erwachsenenschutz-GUILLOD, Art. 439 N 13). Ob auch die Bestätigung der ärztlichen Unterbringung durch die KESB (Art. 429 Abs. 2) sowie die periodische Überprüfung (Art. 431 ZGB) nach kantonalem Recht bestimmt werden kann oder ob Art. 442 ZGB gilt (vgl. Vorauflage resp. FamKomm Erwachsenenschutz-WIDER, Art. 442 N 21), kann mangels Praxisrelevanz offen gelassen werden (vgl. BSK ZGB I-VOGEL, Art. 442 N 15a; kein Kanton hat, soweit ersichtlich, eine andere KESB als die Wohnsitz-KESB als zuständig erklärt). Wichtig scheint hingegen der Hinweis, dass, gestützt auf die funktionale Auslegung der Zuständigkeitsnormen im Einzelfall und wenn die Interessen der betreuten Person es erfordern, ein Meinungsaustausch zwischen den in Frage kommenden KESB stattfindet und ausnahmsweise auch eine andere als die Wohnsitz-KESB die FU begleitet (nicht nur bei «Gefahr im Verzug», sondern allgemein, wenn die Interessen es erfordern).

12b Bei **interkantonalen FU-Kompetenzkonflikten** gilt die wohnörtliche Zuständigkeit; bei Dringlichkeit ist auch die Aufenthaltsbehörde resp. die Behörde am Ort der Einrichtung zuständig (vgl. OGer ZH vom 25.4.2013, Geschäfts-Nr. PA130012-O/U; sowie FASSBIND, 105, der insb. bei FU-Rechtsmittelverfahren den Vorrang der Aufenthalts-Zuständigkeit postuliert, vgl. auch Art. 443 N 1c; zum alten Recht: BSK ZGB I-GEISER [4. Aufl.], aArt. 397d N 9).

12c Ebenfalls nach kantonalem Recht bestimmten sich die Zuständigkeit für die **Verlängerung der Zurückbehaltung** (Art. 427 Abs. 2), die **ambulanten Massnahmen** und die **Nachbetreuung** (Art. 437), die Zuständigkeit der **Rechtsmittelinstanzen** (Art. 450), die **notarielle Beurkundung des Vorsorgeauftrags** (in BS und SH vorgesehen) sowie die Beurteilung von **Verantwortlichkeitsansprüchen** (vgl. VE Erwachsenenschutz/Verfahren, 9/Art. 1; bez. Rechtsmittelinstanz **a.M.**: BOHNET, Rz 46).

13 Je nach kantonaler Behördenstruktur kann es sinnvoll sein, für **Beschwerden nach Art. 439 ZGB** einen **besonderen Gerichtsstand** am Ort der Einrichtung oder für das ganze Kantonsgebiet vorzusehen. Diesem Spezialgericht könnte – neben den Zuständigkeiten nach Art. 439 ZGB – auch die Zuständigkeit zur Beurteilung einer Beschwerde gegen die FU durch die KESB (Art. 450 ZGB) übertragen werden (vgl. z.B. § 17 Abs. 2 KESG BS; gl.M. FASSBIND, 105, sowie FamKomm Erwachsenenschutz-GUILLOD, Art. 439 N 9 f.).

6. Zuständigkeiten bei internationalen Sachverhalten

14 Für Sachverhalte mit internationalem Bezug verweist **Art. 85 Abs. 2 IPRG** auf das Haager Kindesschutzübereinkommen **HKsÜ** (Abs. 1) resp. auf das Haager Erwachsenenschutzübereinkommen **HEsÜ** (Abs. 2). In beiden Übereinkommen wird als Regelfall auf die Zuständigkeit des Staats am **gewöhnlichen Aufenthaltsort** der betroffenen Person abgestellt. Gemäss Art. 85 Abs. 3 IPRG sind die schweizerischen Behörden ausserdem zuständig, wenn es für den Schutz einer Person oder deren Vermögen unerlässlich ist. Daneben sind weitere Sonderzuständigkeiten zu beachten. Vergleiche zum Ganzen BSK ZGB I-VOGEL, Art. 442 N 24 ff., sowie

ausführlich FamKomm Erwachsenenschutz-GUILLAUME, Art. 85 IPRG und Haager Erwachsenenschutzübereinkommen (S. 1203 ff.), sowie BSK IPRG-SCHWANDER, Art. 85 N 141 ff. Zur Abgrenzung der Wohnsitznormen ZGB/IPRG: BSK ZGB I-STAEHELIN, Art. 23 N 4.

IV. Übertragung einer Massnahme nach Wegzug (Abs. 5)

Eine Beistandschaft wird bei Begründung eines neuen Wohnsitzes grundsätzlich **ohne Verzug** an die KESB am neuen Ort übertragen. Bei Vorliegen von wichtigen Gründen kann die Übertragung ausnahmsweise auf einen späteren Zeitpunkt hin erfolgen. Wichtige Gründe dürfen nicht leichthin angenommen werden (OFK ZGB-FASSBIND, Art. 422 N 5); sie sind z.b. gegeben, wenn die Verhältnisse im Einzelfall instabil sind, wenn die Massnahme demnächst ohnehin aufgehoben werden soll oder wenn nur noch letzte Geschäfte abzuschliessen sind (weitere Beispiele in KOKES, Rz 1.129). Auch wenn die im alten Recht praktizierte **«1-jährige Wartefrist» unzulässig** ist (KOKES, Rz 1.108 und 1.123; BSK ZGB I-VOGEL, Art. 442 N 21 f.), ist im Interesse der Kontinuität und angesichts des aufwändigen Verfahrens (vgl. KOKES, Rz 1.125) **vor übereifrigen Übertragungsbestrebungen abzuraten** (gl.M. HÄFELI, Grundriss, Rz 31.10; tendenziell ähnlich BSK Erwachsenenschutz-AFFOLTER, Art. 406 N 12). Spätestens wenn die **Anordnung von neuen** (zusätzlichen resp. anzupassenden) **Massnahmen** ansteht, wird eine Übertragung unabdingbar, weil neue Massnahmen (insb. Verschärfungen) nur am neuen Wohnsitz angeordnet werden können (vgl. CHK-VOGEL, Art. 442 ZGB N 12; BOHNET, Rz 53, mit Hinweis auf BGE 126 III 415 für die Zuständigkeit der Behörde am neuen Wohnsitz sowie BGer vom 16.10.2002, 5C_200/2002 für die Zuständigkeit der Behörde am alten Wohnsitz).

Bei unklaren Verhältnissen ist ein **Meinungsaustausch** zwischen den involvieren Behörden angezeigt (Art. 444 Abs. 3; bei Nichteinigung vgl. Art. 444 N 7 ff.). Massgebend ist das Interesse der betroffenen Person. Es braucht einen Übertragungsbeschluss der abgebenden Behörde und einen Übernahmebeschluss der übernehmenden Behörde; empfohlen wird, den Zeitpunkt der Mandatsübergabe resp. -übernahme im Voraus gemeinsam festzulegen, ansonsten gilt als Übertragungsdatum die Rechtskraft des Übernahmebeschlusses (KOKES, Rz 1.126, zu den einzelnen Verfahrensschritten: KOKES, Rz 1.125).

Eine Übertragung der Massnahmen muss **nicht zwingend einen Wechsel des Mandatsträgers** zur Folge haben; der bisherige Mandatsträger kann – falls das Interesse der betroffenen Person dies erheischt, weil z.b. die Kontinuität der Betreuung wichtig ist – von der Behörde am neuen Wohnsitz ernannt werden (vgl. Art. 401, Vorschlagsrecht).

Zweiter Abschnitt:

Verfahren

Erster Unterabschnitt: Vor der Erwachsenenschutzbehörde

Art. 443

A. Melderechte und -pflichten

¹ Jede Person kann der Erwachsenenschutzbehörde Meldung erstatten, wenn eine Person hilfsbedürftig erscheint. Vorbehalten bleiben die Bestimmungen über das Berufsgeheimnis.
² Wer in amtlicher Tätigkeit von einer solchen Person erfährt, ist meldepflichtig. Die Kantone können weitere Meldepflichten vorsehen.

Literatur

AUER, Bundeskompetenzen in Verfahren vor vormundschaftlichen Behörden, ZVW 2003, 188 ff.; BARONE, Avant-projet de loi fédérale réglant la procédure devant les autorités de protection de l'enfant et de l'adulte, ZVW 2003, 372 ff.; BELSER/EPINAY/WALDMANN, Datenschutzrecht. Grundlagen und öffentliches Recht, Bern 2011; GALLI-WIDMER, Überlegungen einer Praktikerin zum Vorentwurf für ein Bundesgesetz über das Verfahren vor den Kindes- und Erwachsenenschutzbehörden, ZVW 2003, 387; GEISER, Die Aufsicht in Vormundschaftswesen, ZVW 1993, 201 ff.; DERS., Amtsgeheimnis und Verantwortlichkeit, ZSR 2003 I 385 ff.; DERS., Behördenzusammenarbeit im Erwachsenenschutzrecht, AJP 2012, 1688 ff.; GRISEL, L'obligation de collaborer des parties en procédure administrative, Diss. Freiburg 2008; HEGNAUER, Die Anhörung bei der Entmündigung, ZVW 1993, 81 ff.; DERS., Zum Begriff der nahe stehenden Person im Sinne von Art. 397d ZGB, ZVW 1984,

26 ff.; KOKES, Auskunft über das Vorliegen und die Wirkungen einer Massnahme des Erwachsenenschutzes (nArt. 451 Abs. 2 ZGB), ZKE 2012, 278 ff.; MEIER, Protection des données, Bern 2011; ROSCH, Schweigen und Sprechen im System, Bern 2005 (zit. Schweigen); DERS., Menschenrechte und Datenschutz in der Sozialen Arbeit, in: Menschenrechte und Digitalisierung des Alltags, Internationales Menschenrechtsforum Luzern, Bd. VII, Bern 2011, 211 ff. (zit. Menschenrechte); DERS. Melderechte, Melde- und Mitwirkungspflichten, Amtshilfe: die Zusammenarbeit mit der neuen Kindes- und Erwachsenenschutzbehörde, FamPra.ch 2012, 1020 ff.; SCHNYDER B., Zur Vormundschaftsbeschwerde nach Art. 420 ZGB, ZVW 2002, 75 ff.; SCHNYDER O., Das datenschutzrechtliche Auskunftsrecht. In Abgrenzung zum Akteneinsichtsrecht unter besonderer Berücksichtigung des Öffentlichkeitsprinzips in der Verwaltung. Diss. Steg 2002; SIMON, Amtshilfe. Allgemeine Verpflichtungen, Schranken und Grundsätze. Diss. Chur 1991; STECK, Der Vorentwurf für ein Bundesgesetz über das Verfahren vor den Kindes- und Erwachsenenschutzbehörden, ZVW 2003, 236 ff.; vgl. die Literaturhinweise zur Einführung und zu Art. 360.

I. Vorbemerkung

1 Art. 443 soll infolge der Motion Aubert dahingehend revidiert werden, dass der Bundesrat beauftragt werden soll, eine **allgemeine Meldepflicht** gegenüber Kindesschutzbehörden mit gewissen klar umschriebenen Ausnahmen in allen Schweizer Kantonen auszuarbeiten (Motion 08.3790 Aubert Josiane, Schutz des Kindes vor Misshandlung und sexuellem Missbrauch, AmtlBull StR 2010, 1025). M.E. müsste die neue Formulierung insb. alle unter einem strafrechtlich oder berufsethisch geschützten Berufsgeheimnis stehenden Personen verpflichten, nach einer Interessenabwägung im Einzelfall Meldung zu erstatten, ohne dass diese sich vorgängig vom Berufs- oder Amtsgeheimnis entbinden lassen müssen. Zudem wäre auch noch die Strafanzeigepflicht (Art. 302 Abs. 2 StPO) einheitlich auf Bundesebene zu regeln (ROSCH, FamPra.ch 2012, 1031; ähnlich: HÄFELI, Grundriss, Rz 33.05). Diesem Anliegen ist im Vorentwurf – mit Ausnahme der Strafanzeigepflicht – Beachtung geschenkt worden. Folgende Aspekte beinhaltet der Vorentwurf:

Eine Meldepflicht an die KESB wird im **Kindesschutz** bei den Bestimmungen von Art. 314c und Art. 314d VE ZGB eingefügt. In Art. 314e VE ZGB ist zusätzlich eine spezifische Bestimmung für die Mitwirkungspflicht und die Amtshilfe vorgesehen. Der Meldepflicht unterstehen eine relativ umfassende Anzahl von Personen, die mit Kindern und Jugendlichen zu tun haben, neben Personen in amtlicher Tätigkeit auch Fachpersonen, die regelmässig Kontakt mit Kindern haben. Diese sind zur Meldung verpflichtet, «wenn sie den begründeten Anlass zur Annahme haben, dass das Wohl eines Kindes gefährdet sein könnte und sie der Gefährdung nicht im Rahmen ihrer Tätigkeit Abhilfe schaffen können» (Art. 314d Abs. 1 VE ZGB). Vorbehalten bleibt auch hier das Berufsgeheimnis nach Art. 321 StGB. Diese Personen haben ein Melderecht (Art. 314c Abs. 2 VE ZGB).

Die **kantonalen** zusätzlichen Meldepflichten und -rechte werden abgeschafft (Art. 314d Abs. 2 VE ZGB; Art. 443 Abs. 2 VE ZGB), was zweifellos richtig ist, da Meldepflichten an die KESB nicht von föderalistischen Überlegungen geprägt sind. In Art. 448 Abs. 2 VE ZGB und Art. 314e Abs. 2 VE ZGB (**Mitwirkungspflicht**) werden sodann aufgrund der entsprechenden Änderungen im Strafgesetzbuch neu auch die Psychologen aufgeführt. Hier hätte man sich wünschen können, dass auch **Sozialarbeitende** aufgeführt werden, da diese Berufsgruppe hinsichtlich der KESB wohl in der Regel ein höher zu gewichtendes Vertrauensverhältnis haben als die im selben Absatz aufgeführten Zahnärzte oder gar Apotheker (siehe sogleich N 1a). Im Nachfolgenden wird die zurzeit gültige Version kommentiert.

Gerade Meldepflichten sind nicht unproblematisch in Bereichen, in denen der Erfolg der Zusammenarbeit entscheidend von einem **Vertrauensverhältnis** abhängig ist. Dies gilt für weite Bereiche der Sozialen Arbeit, der Psychologie, der Pädagogik sowie der Medizin. Hilfsbedürftige Personen offenbaren ihre Schwierigkeiten oftmals gerade weil der Inhalt des Gesprächs vertraulich behandelt wird. Diese Vertraulichkeit bzw. Intimitätszusicherung ist Basis für das Vertrauen und damit für eine erfolgreiche Zusammenarbeit zu Gunsten der Klientschaft (ROSCH, Menschenrechte, 262 ff.). Meldepflichten können deshalb kontraproduktiv wirken und dem eigentlichen Ziel, nämlich der Verwirklichung des Schutzes von hilfsbedürftigen Personen, zuwiderlaufen (gl.M. BSK ZGB I-AUER/MARTI, Art. 443 N 3). Die Behörde ist gleichzeitig auf Meldungen angewiesen, damit sie tätig werden kann; insofern dient Art. 443 der Verwirklichung des materiellen Rechts (BSK ZGB I-AUER/MARTI, Art. 443 N 4).

1a

Art. 443 regelt die Meldepflicht bzw. das Melderecht, äussert sich hingegen nicht zum **Umfang** des Datenaustausches. Dieser richtet sich nach der Hilfsbedürftigkeit. Es sind so viele Informationen weiterzugeben, damit die Behörde die Art und Weise der Hilfsbedürftigkeit erkennen kann und zu beurteilen vermag, ob ein Verfahren eingeleitet werden muss oder nicht.

1b

Fraglich kann für eine Institution mit Klientschaft aus **verschiedenen Kantonen** sein, gerade bei unterschiedlichen oder gar widersprechenden kantonalen Regelungen (vgl. Art. 433 Abs. 2), welches Recht zur Anwendung gelangt. Art. 443 richtet sich an Personen, die ein Melderecht haben bzw. einer Meldepflicht unterstehen, dies im Unterschied zu den meisten übrigen Bestimmungen, welche den Fokus auf die schutzbedürftige Person richten und für die entsprechend Art. 442 gilt. Dementsprechend muss das Recht am Ort zur Anwendung gelangen, an dem sich die Person befindet. Soweit Einrichtungen nach kantonalem Recht i.S.v. Art. 5 Abs. 1 einer Meldepflicht unterstellt werden, gilt entsprechend das kantonale Recht desjenigen Kantons, in dem sich die Einrichtung befindet, da die Reichweite des kantonalen Rechts auf den eigenen Kanton beschränkt ist. Damit gilt im Konfliktfalle das Recht am Ort der Einrichtung.

1c

II. Melderecht (Abs. 1)

Die Erwachsenenschutzbehörde wird gem. Art. 368 Abs. 1, Art. 373, Art. 376 Abs. 2, Art. 381 Abs. 3 und Art. 390 Abs. 3 entweder auf Antrag oder von Amtes

2

wegen tätig. Antragsberechtigt ist in den aufgezählten Bestimmungen nur ein begrenzter Personenkreis. Art. 443 umschreibt demgegenüber ein **allgemeines Melderecht**. Kann eine Person nicht unter die besondere Kategorie der Antragsstellenden subsumiert werden, kommt ihr auch kein **Antragsrecht** zu; die Behörde hat aber ggf. aufgrund des allgemeinen Melderechts gem. Art. 443 ZGB von Amtes wegen tätig zu werden (s.a. Art. 390 N 7). Im Unterschied zum Mitteilenden hat der Antragstellende Anspruch auf einen materiellen Entscheid, was nicht bedeuten muss, dass ein Verfahren eröffnet und der Entscheid diesem eröffnet werden muss; der antragstellenden Person kommt Parteistellung, nicht aber automatisch Prozessfähigkeit zu (BK-Schnyder/Murer, Art. 373 aZGB N 95 ff., 116, 151; gl.M. FamKomm Erwachsenenschutz-Meier, Art. 390 N 39; BSK ZGB I-Auer/Marti, Art. 443 N 6; Fassbind, 109). **Nicht vorausgesetzt** ist sodann die **Urteilsfähigkeit** des Meldenden (Henkel, 199; gl.M. FamKomm Erwachsenenschutz-Steck, Art. 443 N 11). Die Behörde ist verpflichtet, die Meldung zu prüfen, auch wenn sie **anonym** ist (BK-Schnyder/Murer, Art. 373 aZGB N 83).

3   Die Meldung muss die **Mitteilung einer rechtserheblichen** Tatsache (BK-Schnyder/Murer, Art. 373 aZGB N 83) beinhalten. Sie muss jedoch keinen Antrag i.S. einer Handlungsaufforderung zur Errichtung einer konkreten Massnahme enthalten. Gemäss Art. 443 betrifft die rechtserhebliche Tatsache die **Hilfsbedürftigkeit** einer Person. Es ist ausreichend, wenn die Person hilfsbedürftig erscheint; es muss seitens des Meldenden nicht verifiziert werden, ob sie es tatsächlich auch ist. Es geht um Sachverhalte und Wahrnehmungen, im Rahmen derer Personen aufgrund von Äusserungen oder Verhaltensweisen in Bezug auf ihre persönlichen oder finanziellen Angelegenheiten als derart gefährdet erscheinen, dass sie der Unterstützung, der Hilfe oder des Schutzes Dritter oder des Staates in Form des Kindes- oder Erwachsenenschutzes bedürfen (Rosch, FamPra.ch 2012, 1030; ähnlich: BSK ZGB I-Auer/Marti, Art. 443 N 9, 19; FamKomm Erwachsenenschutz-Steck, Art. 443 N 6). Die mutwillige Meldung wider besseres Wissen stellt eine Persönlichkeitsverletzung dar und kann den Tatbestand der Ehrverletzung (Art. 173 ff. StGB) erfüllen und ggf. zu einer Schadenersatzpflicht führen (Art. 41 ff., 49 OR).

4   Wer ein Melderecht hat, handelt nicht **rechtswidrig**, wenn er es geltend macht (BK-Schnyder/Murer, Art. 373 aZGB N 83). Er ist in Bezug auf eine Amtsgeheimnisverletzung nach Art. 320 StGB durch **Art. 14 StGB** gerechtfertigt (Rosch, FamPra.ch 2012, 1029 m.w.H.; BSK Strafrecht II-Oberholzer, Art. 320 N 11, 13; Stratenwerth/Bommer, BT II, § 59 Rz 11; a.M. Stratenwerth/Wohlers, Art. 321 N 5 für das Berufsgeheimnis). Im Einzelfall müssen aber die Interessen, z.B. bei einem Sozialarbeitenden in der betrieblichen Sozialarbeit, für ein dem Geheimnisschutz entgegenstehendes Melderecht überwiegen (BK-Schnyder/Murer, Art. 360 aZGB N 147; Rosch, Schweigen, 64 ff.), sofern das Gesetz nicht ausdrücklich für diese Situation resp. dieses Berufsfeld selbst eine Abwägung vornimmt (s.a. Art. 451 N 3; BSK DSG-Jöhri/Studer, Art. 19 N 27 m.w.H.; BGE 124 I 176 E. 6b). Vorbehalten bleibt bei Art. 443 nur das Berufsgeheimnis gem. Art. 321 StGB (gl.M. OFK-ZGB-Fassbind, Art. 443 N 2; Schmid, Art. 443 ZGB N 5; Meier/Lukic, Rz 101; CH-Steck, Art. 443 N 3; **a.M.** BSK ZGB I-Auer/Marti, Art. 443 N 10, die auch die Vorschriften des öffentlichen oder privaten Rechts unter Art. 443 subsumieren möchten). Gemäss Art. 321 Ziff. 2

StGB bedarf es hier der Einwilligung der betroffenen Person oder der Entbindung durch die vorgesetzte Behörde (STRATENWERTH/BOMMER, BT II, § 59 Rz 23; BSK Strafrecht II-OBERHOLZER, Art. 321 N 18 f.) resp. eines Rechtfertigungsgrundes (Pflichtenkollision, Notstand etc.). Im Unterschied zur Meldepflicht ist die vom Berufsgeheimnis entbundene Person nur berechtigt und nicht verpflichtet, eine Meldung zu machen (BSK ZGB I-AUER/MARTI, Art. 443 N 12). Die Entscheidung erfolgt im Rahmen einer **Abwägung** aller objektiv relevanten Elemente, insb. der Schweigepflicht und des Melderechts auf der einen Seite und der Vertrauensbeziehung auf der anderen Seite. Bei diesen Überlegungen ist das Vier-Augen-Prinzip zu beachten und das Ergebnis ist zu dokumentieren. Bei strafbaren Handlungen an Minderjährigen ist gem. Art. 364 StGB ausdrücklich Straflosigkeit vorgesehen (BSK Strafrecht II-BIDERBOST, Art. 363 N 10 ff.); siehe auch Art. 453.

III. Meldepflicht (Abs. 2)

Die Meldepflichten finden sich insb. in Art. 75 und 302 StPO und in kantonalen Einführungsgesetzen zum ZGB oder entsprechenden Sondererlassen. Im alten Recht waren Meldepflichten in Art. 368 Abs. 2, Art. 369 Abs. 2, Art. 371 Abs. 2 aZGB verankert. Art. 443 Abs. 2 umschreibt nun explizit eine allgemeine Meldepflicht von Personen in **amtlicher Tätigkeit**, welche von einer Situation erfahren, in welcher eine Person als hilfsbedürftig erscheint (s. N 3).

5

In Anlehnung an die strafrechtliche Begrifflichkeit geht es um Personen, denen die **«Erfüllung einer dem Gemeinwesen zukommenden öffentlich-rechtlichen Aufgabe»** (STRATENWERTH/BOMMER, BT II, § 57 Rz 5) und Befugnisse (Botschaft Erwachsenenschutz, 7076) zufallen. Es kommt weder auf das Anstellungsverhältnis noch auf die Entgeltlichkeit an. Mitglieder von Behörden sind ebenso miterfasst wie private Mandatsträger (gl.M. HÄFELI, Wegleitung, 232; ROSCH, Schweigen, 63 m.w.H.; a.M. ELSENER, 95 f. m.w.H.; BK-SCHNYDER/MURER Art. 360 aZGB N 132; BGE 121 IV 216 E. 3 m.w.H.), da der Begriff der amtlichen Tätigkeit weit auszulegen ist (Botschaft Erwachsenenschutz, 7076). Dazu gehören somit auch Lehrer, Schulbehörden, Amtsärzte, nicht aber Mitarbeitende der Opferhilfe, welche aufgrund einer spezielleren gesetzlichen Grundlage einer besonderen Schweigepflicht unterliegen, teilweise aber auch Private, die öffentliche Aufgaben wahrnehmen, wie ggf. die Spitex (ROSCH, FamPra.ch 2012, 1027 f.; Gutachten 051124 des Bundesamtes für Justiz vom 24.11.2005, in: VPB 70.54 Ziff. 3) Eine Subventionierung ist nicht ausreichend, vielmehr ist ein Steuerungsverhältnis von Staat und Dritten notwendig, wo der Staat also direkt Einfluss auf die Aufgabenerfüllung nimmt oder zumindest wesentliche Rahmenbedingungen festlegt (ROSCH, FamPra.ch 2012, 1028). Die Situation muss in Ausübung einer **amtlichen oder dienstlichen Tätigkeit** wahrgenommen worden sein (STRATENWERTH/BOMMER, BT II, § 57 Rz 3 ff.; BSK Strafrecht II-OBERHOLZER Art. 320 N 8); andernfalls besteht nur ein Melderecht gem. Art. 443 Abs. 1. Art. 443 Abs. 2 umfasst auch die Erwachsenenschutzbehörde selbst, insb. in Bezug auf die Meldepflicht an eine andere Behörde mangels örtlicher Zuständigkeit (ELSENER, 245; BK-SCHNYDER/MURER, Art. 368 aZGB N 118; gl. M. BSK ZGB I-AUER/MARTI, Art. 443 N 20).

6

7 Die Meldepflicht ist **keine absolute**, sondern wird durch Auslegung der unter Meldepflicht stehenden Person mitbeurteilt (gl.M. FASSBIND, 110). Kommt man aber zum Schluss, dass jemand im obigen Sinne «hilfsbedürftig erscheint», ist man zur Meldung verpflichtet. Nicht von der Meldepflicht erfasst sind Situationen, in denen die ggf. meldepflichtigen Personen aufgrund einer sorgfaltspflichtgemässen Einschätzung davon ausgehen, dass sie selbst die Hilfsbedürftigkeit ausgleichen können, auch wenn sich diese Einschätzung im Nachhinein als falsch erweisen sollte. Angestellte im Bereich der Sozialhilfe unterliegen keiner Meldepflicht gem. Art. 443 Abs. 2, wenn sie davon ausgehen können, dass sie selbst im Rahmen der Sozialhilfe die Hilfsbedürftigkeit bald beheben können; dann erscheint die Klientschaft nicht i.S.v. Art. 443 als hilfsbedürftig (N 3). Zudem kann die Meldepflicht mit weiteren Schweigepflichten kollidieren; in Bezug auf das Amtsgeheimnis und das Berufsgeheimnis gilt das für das Melderechte Erwähnte (N 4; gl.M. BSK ZGB I-AUER/MARTI, Art. 443 N 25; **a.M.** OFK ZGB-FASSBIND, Art. 443 N 3). Im Verhältnis zu weiteren Schweigepflichten des kantonalen Rechts oder Bundesrechts ist zunächst zu prüfen, ob der Gesetzgeber die Koordination vorgenommen hat (z.B. Art. 321 Ziff. 3 StGB; Art. 11 Abs. 3 OHG). Fehlt eine Koordination ist mittels Auslegung zu bestimmen, welcher Pflicht nachzukommen ist; hierbei gelangen nicht selten die Regeln der Pflichtenkollision und der Notstandshilfe zur Anwendung (ROSCH, FamPra.ch 2012, 1030). Dabei gilt es derjenigen Pflicht nachzukommen, die aufgrund einer umfassenden Interessenabwägung insb. in Bezug auf den Rang des Rechtsgutes, die Schwere des Eingriffs und der Grösse der Gefahr als die gewichtigere eingestuft wird (ROSCH, Schweigen, 70, 121 ff., 124 ff.; BK-SCHNYDER/MURER, Art. 369 aZGB N 182; **a.M.** BSK Strafrecht II-OBERHOLZER, Art. 321 N 23 f., dieser geht immer von einem Vorrang der Meldepflicht aus, welche gem. Art. 14 StGB gerechtfertigt ist). Dann ist die meldende Person auch durch Art. 14 StGB geschützt.

8 Die Kantone können gem. Abs. 2 Satz 2 weitere Meldepflichten vorsehen (kritisch zu Recht: HÄFELI, Grundriss, Rz 33.06 mit Verweis auf die Rechtsicherheit; siehe dazu der VE oben N 1). Abs. 2 Satz 1 stellt eine **Mindestvorschrift** dar (Botschaft Erwachsenenschutz, 7076). Die kantonalen Meldepflichten dürfen aufgrund der derogatorischen Kraft des Bundesrechts (Art. 49 Abs. 1 BV) aber dem Sinn und Zweck von Art. 443 nicht entgegenstehen (analog zur Meldepflicht im Verhältnis zu kantonalen Anzeigepflichten, z.B. polizeiliche; ELSENER, 269 f.; ROSCH, Schweigen, 109, 121 ff., 124 ff. m.w.H.). Hier erscheinen insb. kantonale Regelungen als problematisch, welche über Art. 321 Ziff. 3 StGB den bundesrechtlich vorgesehenen Vorbehalt des Berufsgeheimnisses pauschal wegbedingen (so: AG [Gesundheitsgesetz], AI); das dürfte nicht i.S. des Gesetzgebers gewesen sein (ROSCH, FamPra.ch 2012, 1043; ähnlich: FamKomm Erwachsenenschutz-STECK, Art. 443 N 26; HÄFELI, Grundriss, Rz 33.07). Zu den meldepflichtigen Anzeigepflichten s. Art. 302 StPO, welche für Mandatsträger gem. Art. 302 Abs. 3 StPO in der Regel entfallen; für Behördenmitglieder s. Art. 302 Abs. 3 i.V.m. Art. 170 StPO, s.a. Art. 75 StPO. Unzulässig sind namentlich **Formvorschriften** oder der Hinweis, dass auf anonyme Meldungen nicht eingetreten wird (vgl. Kt. GE [Art. 34 Abs. 2/3 LaCC]; OFK ZGB-FASSBIND, Art. 390 N 4; BSK ZGB I-HENKEL, Art. 390 N 29; ROSCH, FamPra.ch 2012, 1024, 1043).

Die **Kantone** haben aufgrund der Delegation an die Kantone von Art. 443 Abs. 2 Satz 2 materiell vor allem den Adressatenkreis der Meldepflichtigen ausgeweitet auf Angehörige (GL), auf private Bildungsinstitutionen (TG, BL, AR, GR, LU, OW, SZ, UR), auf Fachpersonen im Gesundheitswesen (FR, GR, OW, SZ, UR), subventionierte Betriebe (BS) oder Institutionen (BS, LU, OW) sowie auf diverse weitere private Personen (OW, VS). Teilweise wurden restriktivere Voraussetzungen, wie akute Fremd- und Selbstgefährdung festgelegt (GR, OW). Dies ist durchaus möglich, soweit damit die Meldepflicht von Art. 443 Abs. 2 nicht tangiert wird. Fällt die Person auch unter Art. 443 Abs. 2, geht dieser zwingend vor (so TG).

9

Eine **Verletzung** der Meldepflicht ist nicht strafbar. Die Kantone können hier (disziplinarische) Sanktionen vorsehen. Strafrechtlich kann sie als Unterlassungsdelikt relevant werden. Vermögensrechtlich kann Staatshaftungsrecht, nicht aber Art. 454 ZGB zum Zuge kommen (BSK ZGB I-AUER/MARTI, Art. 443 N 28 f.; FamKomm Erwachsenenschutz-STECK, Art. 443 N 27 ff.).

10

Kantonale Bestimmungen zur Meldepflicht (Art. 443 ZGB)	
AI	**Art. 21 EG ZGB** ¹ Erfahren Behördenmitglieder, Beamte und Angestellte des Kantons, der Bezirke und der Gemeinden sowie Ärzte in ihrer beruflichen Tätigkeit, dass eine Person hilfsbedürftig erscheint, sind sie gegenüber der Kindes- und Erwachsenenschutzbehörde meldepflichtig (Art. 443 Abs. 2 ZGB). ² Sie sind im Rahmen der gesetzlichen Meldepflicht vom Amts- oder Berufsgeheimnis befreit.
AR	**Art. 48 Abs. 1 EG ZGB – Meldepflicht** Wer in amtlicher Tätigkeit von der Hilfsbedürftigkeit einer Person Kenntnis erhält, ist verpflichtet, der Kindes- und Erwachsenenschutzbehörde Meldung zu erstatten (Art. 443 Abs. 2 ZGB). Darüber hinaus meldepflichtig sind Schulleitungen und Lehrpersonen privater Bildungseinrichtungen sowie Gesundheitsfachpersonen, die in Ausübung ihrer beruflichen Tätigkeit von der Hilfsbedürftigkeit einer Person Kenntnis erhalten.
BL	**§ 67 EG ZGB – Melderechte und -pflichten** ¹ Jede Person kann der Kindes- und Erwachsenenschutzbehörde Meldung erstatten, wenn eine volljährige oder minderjährige Person hilfsbedürftig erscheint. Vorbehalten bleiben die Bestimmungen über das Berufsgeheimnis. ² Personen, die in amtlicher Tätigkeit Kenntnis erhalten von einer hilfsbedürftig erscheinenden volljährigen oder minderjährigen Person, sind zur Meldung an die Kindes- und Erwachsenenschutzbehörde verpflichtet.
BS	**§ 6 EG KESG – Meldepflicht** Personen, die in amtlicher Tätigkeit von einer schutzbedürftigen Person erfahren, haben der KESB Meldung zu erstatten. Mitarbeiterinnen und Mitarbeiter von subventionierten Betrieben und Institutionen, die im Bereich des Kindes- und Erwachsenenschutzes tätig sind, unterstehen ebenfalls der Meldepflicht.
FR	**Art. 1 Abs. 3 KESG** In Ergänzung von Artikel 443 Abs. 2 ZGB kann der Staatsrat die Pflicht zur Meldung an die Kindes- und Erwachsenenschutzbehörde erweitern. Er kann

	Kantonale Bestimmungen zur Meldepflicht (Art. 443 ZGB)
	überdies die betroffenen Personen vom Berufsgeheimnis befreien, damit sie der Behörde Meldung machen können. Des Weiteren koordiniert er die Melderechte und -pflichten im Sinne der Gesetzgebung über den Erwachsenen- und Kindesschutz mit dem Melderecht gemäss der Gesetzgebung über die Betäubungsmittel. **Art. 1 KESV – Recht auf Meldung (Art. 1 Abs. 3 KESG)** ¹ Jede Person kann der Schutzbehörde Meldung erstatten, wenn eine Person hilfsbedürftig erscheint. ² Gesundheitsfachpersonen können Fälle von Personen, die hilfsbedürftig erscheinen, der Schutzbehörde melden, ohne dass sie sich dafür vom Berufsgeheimnis befreien lassen müssen. **Art. 2 KESV – Meldepflicht (Art. 1 Abs. 3 KESG)** Gemäss Artikel 443 Abs. 2 des Zivilgesetzbuchs (ZGB) sind Personen, die in amtlicher Tätigkeit von einer Person erfahren, die hilfsbedürftig erscheint, dazu verpflichtet, der Schutzbehörde darüber Meldung zu erstatten.
GL	**Art. 69 EG ZGB** Die Meldepflicht gemäss Artikel 443 Absatz 2 ZGB obliegt auch den Verwandten in gerader Linie wie auch in Seitenlinie ersten und zweiten Grades.
GR	**Art. 61 EG ZGB** ¹ Fachpersonen aus den Bereichen Medizin, Pflege, Bildung, Erziehung, Betreuung, Sozialberatung und Religion, die in Ausübung ihres Berufes von einer akuten Fremd- oder Eigengefährdung eines Kindes oder einer erwachsenen Person Kenntnis erhalten, sind zur Meldung dieser Gefährdung verpflichtet. ² Wer im Besitz einer Patientenverfügung ist, hat diese dem behandelnden Arzt zu melden, sofern er von der Urteilsunfähigkeit der verfügenden Person Kenntnis erhält.
LU	**§ 46 EG ZGB – Meldungen und Auskünfte** ¹ Jede Person kann der Kindes- und Erwachsenenschutzbehörde oder der Gemeinde Meldung erstatten, wenn eine erwachsene Person oder ein Kind hilfsbedürftig erscheint. ² Mitarbeitende des Kantons, der Gemeinden und privater Institutionen in den Bereichen Bildung, Betreuung und Pflege, die in Ausübung ihres Berufes von der Hilfsbedürftigkeit einer erwachsenen Person oder eines Kindes Kenntnis erhalten, sind zur Meldung und Auskunft verpflichtet. ³ Vorbehalten bleiben die Bestimmungen über das Berufsgeheimnis.
OW	**Art. 22 KESV – Melde- und Mitteilungspflichten** ¹ Neben Personen in amtlicher Tätigkeit sind die Mitarbeitenden von privaten Institutionen in den Bereichen Bildung, Betreuung und Pflege sowie die Ärztinnen, Ärzte und Geistlichen, die in Ausübung ihres Berufes von der Hilfsbedürftigkeit Kenntnis erhalten, zur Meldung verpflichtet. ² Die Einrichtung, welche die fürsorgerische Unterbringung durchführt, teilt der Kindes- und Erwachsenenschutzbehörde alle getroffenen Verfügungen sowie massgebenden Informationen mit. ³ Das zuständige Gericht teilt die Endentscheide in der Sache dem für die Wahrnehmung der Aufsicht zuständigen Departement mit.

Kantonale Bestimmungen zur Meldepflicht (Art. 443 ZGB)	
SO	**§ 142 Abs. 1 EG ZGB – A. Meldepflichten Art. 443 ZGB** Wer eine öffentliche Aufgabe wahrnimmt und im Zusammenhang mit dieser Tätigkeit von einer hilfsbedürftigen Person erfährt, ist verpflichtet, der Kindes- und Erwachsenenschutzbehörde Meldung zu erstatten.
SZ	**§ 29 EG ZGB – II. Melderecht und Meldepflicht** [1] Jede Person ist berechtigt, der Kindes- und Erwachsenenschutzbehörde eine hilfsbedürftige Person zu melden. [2] Mitarbeitende des Kantons, der Bezirke und Gemeinden sowie Lehrpersonen und Ärzte, die in Ausübung ihres Berufes von der Hilfsbedürftigkeit Kenntnis erhalten, sind zur Meldung verpflichtet, sofern mit anderen Massnahmen keine Abhilfe geschaffen werden kann.
TG	**§ 47 EG ZGB – Melderecht, Meldepflicht** [1] Bei einer Gefährdung des Kindeswohls ist jedermann ungeachtet eines allfälligen Amts- oder Berufsgeheimnisses berechtigt, dies der Kindes- und Erwachsenenschutzbehörde zu melden. [2] Wer in Ausübung seiner amtlichen Tätigkeit von einer schweren Gefährdung des Kindeswohls erfährt, ist zur Meldung an die Kindes- und Erwachsenenschutzbehörde verpflichtet.
UR	**Art. 25 EG KESR – Meldepflichten** [1] Jede Person kann der Kindes- und Erwachsenenschutzbehörde Meldung erstatten, wenn eine Person hilfsbedürftig erscheint. Vorbehalten bleiben die Bestimmungen über das Berufsgeheimnis. [2] Wer in amtlicher Tätigkeit von einer solchen Person erfährt, ist meldepflichtig. Ebenfalls meldepflichtig sind Schulleiterinnen und Schulleiter, Lehrpersonen sowie Ärztinnen und Ärzte, die in Ausübung ihres Berufs von der Hilfsbedürftigkeit von Kindern Kenntnis erhalten.
ZG	**§ 44 EG ZGB – Melderecht und Meldepflicht** [1] Jede Person ist berechtigt, der Kindes- und Erwachsenenschutzbehörde eine hilfsbedürftige Person zu melden. [2] Jede Person, die eine Gefährdung des Kindeswohls wahrnimmt, insbesondere Amtspersonen und diejenigen Personen, die beruflich mit der Ausbildung, Betreuung oder der medizinischen oder psychologischen Behandlung von Kindern zu tun haben und im Rahmen ihrer Tätigkeit eine Gefährdung des Kindeswohls wahrnehmen, ist verpflichtet, der Kindes- und Erwachsenenschutzbehörde Anzeige zu erstatten.

Art. 444

B. Prüfung der Zuständigkeit

¹ Die Erwachsenenschutzbehörde prüft ihre Zuständigkeit von Amtes wegen.

² Hält sie sich nicht für zuständig, so überweist sie die Sache unverzüglich der Behörde, die sie als zuständig erachtet.

³ Zweifelt sie an ihrer Zuständigkeit, so pflegt sie einen Meinungsaustausch mit der Behörde, deren Zuständigkeit in Frage kommt.

⁴ Kann im Meinungsaustausch keine Einigung erzielt werden, so unterbreitet die zuerst befasste Behörde die Frage ihrer Zuständigkeit der gerichtlichen Beschwerdeinstanz.

I. Regelungsgegenstand

1   Die Zuständigkeit ist eine **Verfahrensvoraussetzung**, die von Amtes wegen zu prüfen ist (BSK ZGB I-Auer/Marti, Art. 444 N 3; vgl. u. N 4). Der Wortlaut von Art. 444 entspricht nahezu wörtlich der Fassung von Art. 444 E-Erwachsenenschutz. Einzig in Abs. 4 erfolgte im Rahmen der parlamentarischen Beratungen eine rein redaktionelle Änderung, indem der Wortlaut des bundesrätlichen Entwurfs («die Angelegenheit») durch eine neue Formulierung («die Frage ihrer Zuständigkeit») ersetzt wurde (vgl. AmtlBull StR 2008 840; Schmid, Art. 444 N 3; FamKomm Erwachsenenschutz-Steck, Art. 444 N 1).

2   Die Bestimmung knüpft an Art. 442 an, welcher die örtliche Zuständigkeit regelt. Die Pflicht zur Prüfung nach Art. 444 bezieht sich sowohl auf die **sachliche als auch auf die örtliche Zuständigkeit** (Botschaft Erwachsenenschutz, 7076; Schmid, Art. 444 N 1; FamKomm Erwachsenenschutz-Steck, Art. 444 N 2).

II. Sachlicher Geltungsbereich

1. Allgemeines

3   Zwischen der Erwachsenenschutzbehörde und der Kindesschutzbehörde besteht **Personalunion** (Art. 440 Abs. 3; Art. 440 N 5; Botschaft Erwachsenenschutz, 7074; BGer vom 20.3.2014, 5A_852/2013 E. 2.1). Art. 444 ist von Gesetzes wegen sinngemäss auch auf alle Verfahren vor der Kindesschutzbehörde sowie im Verfahren vor der gerichtlichen Beschwerdeinstanz anwendbar (Art. 314 Abs. 1; vgl. auch Art. 327c; BSK ZGB I-Auer/Marti, Art. 444 N 2; FamKomm Erwachsenenschutzrecht-Steck, Art. 444 N 2 f.; vgl. auch OGer ZH vom 12.6.2013, PQ130006-O/U betr. eine übergangsrechtliche Konstellation).

2. Abs. 1

4   Nach Abs. 1 hat die **Prüfung der Zuständigkeit von Amtes** wegen zu erfolgen (BGE 135 III 49 E. 4.2). Die Vorschrift steht damit in einem direkten Zusammenhang mit

dem Untersuchungsgrundsatz (Art. 446 Abs. 1) und dem Offizialgrundsatz (Art. 446 Abs. 3; Botschaft Erwachsenenschutz, 7076; BSK ZGB I-AUER/MARTI, Art. 444 N 5, 15 ff.; FamKomm Erwachsenenschutzrecht-STECK, Art. 444 N 4). Eine Vereinbarung der Verfahrensbeteiligten über die Zuständigkeit und eine Einlassung sind ausgeschlossen (BSK ZGB I-AUER/MARTI, Art. 444 N 6).

3. Abs. 2

Abs. 2 regelt den Fall einer **klaren Unzuständigkeit**. Folge davon ist die unverzügliche Überweisung des Geschäfts an die Behörde, die als zuständig erachtet wird (Botschaft Erwachsenenschutz, 7076). Diese Überweisungs- und Weiterleitungspflicht ist geboten, weil das Kindes- und Erwachsenenschutzrecht vom Untersuchungs- und Offizialgrundsatz beherrscht wird (BSK ZGB I-AUER/MARTI, Art. 444 N 15 ff.; FamKomm Erwachsenenschutzrecht-STECK, Art. 444 N 5; vgl. auch N 4). Die Bestimmung ist dem allgemeinen Rechtsgrundsatz nachgebildet, wonach «der Rechtsuchende nicht ohne Not um die Beurteilung seines Begehrens durch die zuständige Instanz gebracht werden soll» (BGE 121 I 93 E. 1d; BSK ZGB I-AUER/MARTI, Art. 444 N 15). Sie ist auch im Verfahren vor der gerichtlichen Beschwerdeinstanz anzuwenden (OGer ZH vom 1. 7. 2013, Geschäfts-Nr. PA130020). 5

Die **Überweisungspflicht** gilt sowohl im innerkantonalen als auch im interkantonalen Verhältnis, in erster Linie zwischen verschiedenen KESB; ggf. muss die Weiterleitung auch an ein Zivilgericht erfolgen (vgl. z.B. Art. 315a Abs. 1; BSK ZGB I-AUER/MARTI, Art. 444 N 18 f.). 5a

Die **Überweisung** hat **unverzüglich und formlos** – mit Orientierung der am Verfahren beteiligten Personen – zu erfolgen. Es ist unzulässig, stattdessen bloss einen Nichteintretensentscheid zu erlassen (BSK ZGB I-AUER/MARTI, Art. 444 N 20). 5b

4. Abs. 3

Bestehen jedoch **Zweifel an der Zuständigkeit**, hat nach **Abs. 3** ein **Meinungsaustausch** mit der Behörde stattzufinden, deren Zuständigkeit in Frage kommt. Damit wird eine rasche und einfache Bereinigung der Zuständigkeitsfrage zwischen den betroffenen Behörden in einem behördeninternen Verfahren bezweckt, in welches die Verfahrensbeteiligten nicht involviert sind (BSK ZGB I-AUER/MARTI, Art. 444 N 21 ff.; vgl. auch BGE 126 II 126 E. 3; vgl. auch N 7). Solche Fälle kommen u.a. vor, wenn z.B. Unklarheiten darüber bestehen, ob die Anordnung oder Vollstreckung einer Kindesschutzmassnahme (Art. 307 ff.) durch das Zivilgericht oder durch die Kindesschutzbehörde zu erfolgen hat (Botschaft Erwachsenenschutz, 7076; BGE 135 III 49 E. 4 f.; vgl. auch BGE 110 II 92 E. 3; SCHMID, Art. 444 N 2; FamKomm Erwachsenenschutzrecht-STECK, Art. 444 N 6). 6

5. Abs. 4

a) Allgemeines

7 Abs. 4 bezieht sich auf einen Streit über die Zuständigkeit zwischen Behörden und regelt den Fall des **negativen Kompetenzkonflikts**. Erfasst werden davon sowohl *innerkantonale* als auch *interkantonale Zuständigkeitskonflikte* (Botschaft Erwachsenenschutz, 7076 f.; BSK ZGB I-AUER/MARTI, Art. 444 N 25 ff.; FamKomm Erwachsenenschutzrecht-STECK, Art. 444 N 7). Die gesetzliche Regelung ist flexibel und räumt den Behörden die Möglichkeit einer Einigung ein. Nur wenn der Meinungsaustausch zu keiner Verständigung führt, hat die zuerst befasste Behörde von Amtes wegen die strittige Frage ihrer Zuständigkeit der gerichtlichen Beschwerdeinstanz (Art. 450 Abs. 1) zum Entscheid zu unterbreiten (Art. 450 N 8a). Beim Kompetenzkonfliktverfahren handelt es sich um ein behördeninternes Verfahren, in welches die am Verfahren beteiligten Personen nicht involviert sind (BSK ZGB I-AUER/MARTI, Art. 444 N 29; vgl. auch N 6).

7a **Zuständigkeitsstreitigkeiten zwischen der KESB und den am Verfahren beteiligten Personen** werden von Art. 444 nicht erfasst. Ob die KESB das Verfahren vorerst auf die Zuständigkeitsfrage beschränken kann, regelt Art. 444 nicht. Diese Frage beurteilt sich vielmehr nach dem anwendbaren Verfahrensrecht, ggf. entsprechend der Regelung von Art. 450f sinngemäss nach Art. 125 lit. a ZPO. Ist die Zuständigkeit nicht gegeben, wird in diesem Fall ein Nichteintretensentscheid (Endentscheid) gefällt (BSK ZGB I-AUER/MARTI, Art. 444 N 31 f.; vgl. auch Art. 450 N 8).

b) Innerkantonale Zuständigkeitskonflikte

8 Bei **innerkantonalen Zuständigkeitskonflikten** ist die KESB, welcher die Sache von der gerichtlichen Beschwerdeinstanz überwiesen wird, selbstverständlich an den Überweisungsentscheid gebunden (BSK ZGB I-AUER/MARTI, Art. 444 N 27). Nach der bundesgerichtlichen Rechtsprechung zum früheren Recht konnte die unterliegende Behörde den letztinstanzlichen kantonalen Entscheid mit der eidgenössischen Nichtigkeitsbeschwerde anfechten (Art. 68 Abs. 1 lit. e OG; BGer vom 14.11.2008, 5C.196/2006 E. 3; BGer vom 5.2.2001, 5C.16/2001 E. 1a; abw. noch BGE 110 II 92 E. 2.3; vgl. auch BK-SCHNYDER/MURER, Art. 376 aZGB N 129; CHK-AFFOLTER/STECK/VOGEL [1. Aufl.], Art. 376 aZGB N 7). Nach dem *geltenden Recht* (d.h. unter der Herrschaft des BGG) ist eine Anfechtung des letztinstanzlichen Entscheids der gerichtlichen Beschwerdeinstanz mit Beschwerde in Zivilsachen beim BGer zwar grundsätzlich zulässig (Art. 72 Abs. 2 lit. b Ziff. 6 BGG), jedoch nur, sofern die beschwerdeführende Behörde ein rechtlich geschütztes Interesse an der Aufhebung oder Änderung des angefochtenen Entscheids nachweisen kann (Art. 76 Abs. 1 lit. b BGG; BSK BGG-KLETT, Art. 76 N 4; vgl. zum rechtlich geschützten Interesse im Einzelnen BGE 136 V 346 E. 3.3.2; 136 II 274 E. 4; 134 II 45 E. 2.2.1; 133 II 400 E. 2.4.2), was i.d.R. – solange eine konkrete Massnahme noch nicht angeordnet wurde – wohl nicht zutreffen dürfte (FamKomm Erwachsenenschutzrecht-STECK, Art. 444 N 8; vgl. dazu auch BGer vom 5.2.2001, 5C.16/2001 E. 1a).

Solange die als unzuständig erachtete Behörde keine konkrete Massnahme angeordnet hat, ist die **Beschwerdelegitimation der betroffenen Person** oder einer dieser nahestehenden Person **nicht** gegeben (Art. 450 Abs. 2; FamKomm Erwachsenenschutzrecht-STECK, Art. 444 N 9; vgl. auch BGer vom 5.2.2001, 5C.16/2001 E. 1a). 9

c) Interkantonale Zuständigkeitskonflikte

Bei **interkantonalen Zuständigkeitskonflikten** soll der Entscheid der angerufenen gerichtlichen Beschwerdeinstanz grundsätzlich auch die Behörde des anderen Kantons binden (so Botschaft Erwachsenenschutz, 7076 f.). Der unterliegende Kanton ist jedoch berechtigt, beim BGer gegen diesen Entscheid *Beschwerde in Zivilsachen* zu führen (Art. 72 Abs. 2 lit. b Ziff. 6 i.V.m. Art. 120 Abs. 2 BGG; Botschaft Erwachsenenschutz, 7076 f.; SPÜHLER/DOLGE/VOCK, Art. 76 BGG N 5 und Art. 120 BGG N 12; BSK BGG-WALDMANN, Art. 120 N 20 f.; vgl. auch BGE 137 III 593 E. 1.2; HÄFELIN/HALLER/KELLER, Rz 2060). Aus der vom Ständerat veranlassten Präzisierung des Wortlauts von Art. 444 Abs. 4 (AmtlBull StR 2008, 840) ist jedoch abzuleiten, dass die Beschwerdeinstanz des einen Kantons nur über die Nichtzuständigkeit der Behörde des eigenen Kantons verbindlich entscheiden kann (SCHMID, Art. 444 N 3 m.H. auf das Protokoll der ständerätlichen Kommission vom 27./28.8.2007, 31 f.; s.a. BGE 136 V 351 E. 2.3, wonach ein Kanton gegenüber dem andern Kanton nicht hoheitlich handeln kann; FamKomm Erwachsenenschutzrecht-STECK, Art. 444 N 10 f.; vgl. dazu grundsätzlich und eingehend BSK ZGB I-AUER/MARTI, Art. 444 N 28; vgl. auch OGer ZH vom 12.6.2013, PQ130006-O/U, E. III.6). 10

Hat die zuerst angerufene KESB die Sache nach Abs. 2 an die KESB eines anderen Kantons überwiesen, welche ihrerseits das Meinungsaustauschverfahren i.S.v. Abs. 3 in Gang bringt, so ist bei fehlender Einigung für den Entscheid nach Abs. 4 die für die zuerst angerufene KESB zuständige gerichtliche Beschwerdeinstanz anzurufen. 10a

Der Entscheid einer **örtlich unzuständigen KESB** bleibt verbindlich, solange er nicht auf Beschwerde hin durch die gerichtliche Beschwerdeinstanz aufgehoben wird. Hingegen bilden die **sachliche Unzuständigkeit** sowie die funktionelle Unzuständigkeit einen schwerwiegenden Mangel, welcher gem. der Praxis nach einer im konkreten Einzelfall vorzunehmenden Interessenabwägung meist einen Nichtigkeitsgrund darstellt (vgl. dazu BGE 137 III 217 E. 2.4.3; BSK ZGB I-AUER/MARTI, Art. 444 N 35). 11

Art. 445

C. Vorsorgliche Massnahmen

¹ Die Erwachsenenschutzbehörde trifft auf Antrag einer am Verfahren beteiligten Person oder von Amtes wegen alle für die Dauer des Verfahrens notwendigen vorsorglichen Massnahmen. Sie kann insbesondere eine Massnahme des Erwachsenenschutzes vorsorglich anordnen.

² Bei besonderer Dringlichkeit kann sie vorsorgliche Massnahmen sofort ohne Anhörung der am Verfahren beteiligten Personen treffen. Gleichzeitig gibt sie diesen Gelegenheit zur Stellungnahme; anschliessend entscheidet sie neu.

³ Gegen Entscheide über vorsorgliche Massnahmen kann innert zehn Tagen nach deren Mitteilung Beschwerde erhoben werden.

Literatur

SPÜHLER/DOLGE/GEHRI, Schweizerisches Zivilprozessrecht und Grundzüge des internationalen Zivilprozessrechts, 9. Aufl., Bern 2010.

I. Regelungstatbestand

1 Der Text von Art. 445 stimmt wörtlich mit demjenigen von Art. 445 E-Erwachsenenschutz überein. Mit der Norm wird inhaltlich grundsätzlich an die Reglung von Art. 386 aZGB angeknüpft, doch wird der Anwendungsbereich einerseits allgemeiner formuliert, andererseits präzisiert (FamKomm Erwachsenenschutz-STECK, Art. 445 N 2; vgl. hinten N 5, 8).

2 Die im materiellen Recht festgelegten Massnahmen sollen das Wohl und den Schutz hilfsbedürftiger Personen sicherstellen (Art. 388 Abs. 1). Es ist deshalb von entscheidender Bedeutung, dass sie rechtzeitig angeordnet und durchgeführt werden. Zur Verwirklichung des Schutzzwecks ist es oft unumgänglich, dass **notwendige Massnahmen schon während des Verfahrens** wirksam werden. Um dieses wichtige Anliegen zu gewährleisten, wurde eine bundesrechtliche Norm geschaffen (Botschaft Erwachsenenschutz, 7077). Neu ist, dass auch die superprovisorische Anordnung durch das Bundesrecht eine ausdrückliche Regelung erfährt (Abs. 2; BSK ZGB I-AUER/MARTI, Art. 445 N 19; FamKomm Erwachsenenschutz-STECK, Art. 445 N 4; vgl. hinten N 9).

II. Sachlicher Geltungsbereich

1. Allgemeines

3 Art. 445 ist nicht nur auf alle Verfahren vor der Erwachsenenschutzbehörde, sondern sinngemäss auch auf alle Verfahren vor der **Kindesschutzbehörde** anwendbar (Art. 314 Abs. 1 und Art. 327c; FamKomm Erwachsenenschutz-STECK, Art. 445 N 5).

4 Obwohl das Gesetz dies nicht ausdrücklich sagt, gelangt die Bestimmung selbstverständlich auch im **Verfahren vor der gerichtlichen Beschwerdeinstanz** (Art. 450 ff.) zur Anwendung. Das lässt sich indirekt auch aus Art. 450c ableiten (vgl. auch N 10 f.; Art. 450c N 4; Art. 450 N 8b; FamKomm Erwachsenenschutz-STECK, Art. 445 N 6; vgl. auch BSK ZGB I-AUER/MARTI, Art. 445 N 25; OGer ZH vom 6.3.2013, PQ 130001-U). Für das Verfahren vor Bundesgericht gilt hingegen Art. 104 BGG.

2. Abs. 1

Die Behörde handelt auf **Antrag einer am Verfahren beteiligten Person** (Abs. 1). Am 5
Verfahren beteiligt ist immer und in erster Linie die von der behördlichen Anordnung
unmittelbar betroffene Person. Darunter fallen ferner eine **nahestehende Person** i.S.
der gesetzlichen Bestimmungen (Art. 368 Abs. 1, Art. 373 Abs. 1, Art. 376 Abs. 2,
Art. 381 Abs. 3, Art. 385 Abs. 1, Art 399 Abs. 2, Art. 401 Abs. 2, Art. 419, Art. 423
Abs. 2, Art. 426 Abs. 4, Art. 430 Abs. 5, Art. 439 Abs. 1; vgl. auch Art. 450 Abs. 2
Ziff. 2; BSK ZGB I-Auer/Marti, Art. 445 N 21 ff.; FamKomm Erwachsenenschutz-
Steck, Art. 445 N 7; Art. 450 N 12; für das frühere Recht: Art. 397d Abs. 1 aZGB; BGE
114 II 213 E. 3, 6; 122 I 18 E. 2c.bb; 137 III 67 E. 3.4; BGer vom 12.1.2011, 5A_857/
2010 E. 1.3; BGer vom 25.3.2009, 5A_837/2008 E. 5.2; BSK ZGB I-Geiser [4. Aufl.],
aArt. 397d N 13; CHK-Affolter/Steck/Vogel [1. Aufl.], Art. 397d aZGB N 9), die **Vertrauensperson** (Art. 432; Botschaft Erwachsenenschutz, 7067) sowie der **Beistand oder die Beiständin** (BGE 112 II 104 E. 3; 113 II 232 E. 2a).

Gegebenenfalls steht das Antragsrecht auch **Drittpersonen** zu, deren zivilrechtliche 5a
Ansprüche und Verpflichtungen Gegenstand des Verfahrens sind (vgl. BGE 121 III 1
E. 2a; BGer vom 2.9.2005, 5C.51/2005 E. 2.1; vgl. auch Art. 450 Abs. 2 Ziff. 3 und
Art. 450 N 13; ferner für das frühere Recht CHK-Affolter/Steck/Vogel [1. Aufl.],
Art. 420 aZGB N 6 und 13; FamKomm Erwachsenenschutzrecht-Steck, Art. 445
N 7).

Die Behörde muss auch **ohne Antrag** einer beteiligten Person **von Amtes wegen** tätig 6
werden, wenn dies zum Schutz der betroffenen Person notwendig ist. Dies folgt
aus dem uneingeschränkten Untersuchungsgrundsatz (BSK ZGB I-Auer/Marti,
Art. 445 N 23; FamKomm Erwachsenenschutz-Steck, Art. 445 N 8; vgl. dazu auch
Art. 446 N 4 ff.). Ein solches Vorgehen der KESB kann insb. angebracht sein, wenn
sie aufgrund einer Gefährdungsmeldung (Art. 443 N 3 ff.) die Schutzbedürftigkeit
einer Person abklären muss.

Der Entscheid erfolgt grundsätzlich durch die **Kollegialbehörde**, soweit nicht das 7
kantonale Recht dafür eine *Einzelzuständigkeit* vorsieht (Art. 440 Abs. 2; FamKomm Erwachsenenschutz-Steck, Art. 445 N 9; vgl. auch OGer ZH vom 6.3.2013,
Geschäfts-Nr. PQ130001-O/U). Viele Kantone haben von dieser Möglichkeit Gebrauch gemacht (vgl. dazu im Einzelnen BSK ZGB I-Auer/Marti, Art. 445 N 24).

Der **Begriff der vorsorglichen Massnahme** umfasst wie im bisherigen Recht 8
(Art. 386 Abs. 1 aZGB) alle zum Schutz der betroffenen Person notwendigen Vorkehrungen bez. der persönlichen Fürsorge, der Vermögenssorge und der Vertretung (CHK-Affolter/Steck/Vogel [1. Aufl.], Art. 386 aZGB N 1). Die Anordnung
einer vorsorglichen Massnahme setzt **Dringlichkeit** voraus. Dringlichkeit liegt
dann vor, wenn die sofortige Anordnung der fraglichen Massnahme geboten ist,
weil sonst der Zweck des Hauptverfahrens und sein Erfolg in Frage stehen würden
(BSK ZGB I-Auer/Marti, Art. 445 N 9).

Darunter fällt auch der **vorläufige Entzug der Handlungsfähigkeit**, der im Gesetz 8a
nicht mehr ausdrücklich erwähnt wird (bisher aArt. 386 Abs. 2; vgl. dazu auch
BGer vom 24.6.2013, 5A_280/2013, E. 3.3.4; BGer 7.2.2013, 5A_92/2013; ferner

für das frühere Recht BGer vom 26.6.2012, 5A_175/2012 E. 5.2; BGer vom 10.6.2009, 5A_237/2009 E. 2.1; BGer vom 19.2.2010, 5A_143/2010; HAUSHEER/ GEISER/AEBI-MÜLLER, Erwachsenenschutzrecht [1. Aufl.], Rz 1.84, 2.148; SCHMID, Art. 445 N 8; BSK ZGB I-AUER/MARTI, Art. 445 N 16 ff.; FamKomm Erwachsenenschutzrecht-STECK, Art. 445 N 10).

8b Angesichts des Zwecks einer durch die Dauer des Verfahrens begrenzten vorsorglichen Anordnung, die voraussichtlich später durch eine definitive Massnahme ersetzt werden soll, wird als selbstverständlich vorausgesetzt, dass dem **Grundsatz der Verhältnismässigkeit** besondere Beachtung zukommt (Botschaft Erwachsenenschutz, 7077; SCHMID, Art. 445 N 4; FamKomm Erwachsenenschutzrecht-STECK, Art. 445 N 11). Es ist die mildeste Massnahme zu treffen, die den angestrebten Erfolg noch zu gewährleisten vermag. Die vorsorgliche Massnahme darf deshalb «nicht stärker in die Rechtsposition der betroffenen Person eingreifen als die in der Sache zur Diskussion stehende voraussichtlich definitive Massnahme» (BSK ZGB I-AUER/ MARTI, Art. 445 N 10; zum Grundsatz der Verhältnismässigkeit vgl. BGE 124 I 40 E. 3e; BGer vom 26.6.2012, 5A_175/2012 E. 5.2; BGer vom 8.4.2011, 5A_82/2011 E. 3.1; BGer vom 2.6.2008, 5A_197/2008 E. 2.1; BGer vom 23.7.2007, 5A_396/2007 E. 2.2; BGer vom 10.7.2007, 5A_312/2007, E. 2.1; BGer vom 9.2.2004, 5P.16/2004 E. 5.1). Auch die vorsorgliche Massnahme muss deshalb erforderlich und geeignet (vgl. Art. 389 Abs. 2) und i.S. des Grundsatzes der Verhältnismässigkeit zumutbar sein (Art. 389 N 6).

8c Es gibt **keinen numerus clausus** der erlaubten Massnahmen (BSK ZGB I-AUER/ MARTI, Art. 445 N 11). Als Massnahmen möglich sind alle zum Schutz der betroffenen Person notwendigen Vorkehrungen bez. der persönlichen Fürsorge, der Vermögenssorge und der Vertretung (BSK ZGB I-AUER/MARTI, Art. 445 N 13 ff.; vgl. vorne N 8). Darunter fallen insb. Sicherungs- und Regelungsmassnahmen (BSK ZGB I-AUER/MARTI, Art. 445 N 4; zum Begriff vgl. SPÜHLER/DOLGE/GEHRI, Kap. 11 Rz 275 ff.), ggf. auch Anordnungen, die über die Dauer des Verfahrens hinaus Wirkungen entfalten (z.B. Kündigungen; SCHMID, Art. 445 N 5; FamKomm Erwachsenenschutz-STECK, Art. 445 N 11).

8d Die Anordnung einer **fürsorgerischen Unterbringung** als vorsorgliche Massnahme ist grundsätzlich unzulässig. Für dringliche Fälle kommt hier nur die ärztliche Unterbringung i.S.v. Art. 429 in Frage (BSK ZGB I-AUER/MARTI, Art. 445 N 12). Einer besonderen Regelung bedarf es jedoch dann, wenn das kantonale Recht keine ärztliche Zuständigkeit i.S.v. Art. 429 Abs. 1 vorsieht. So verhält es sich z.B. im Kanton BL: Nach § 78 Abs. 1 EG ZGB BL ist der Spruchkörper der KESB als Kollegium zuständig für die FU und deren Aufhebung, *«wenn keine Gefahr im Verzuge liegt»*. Hingegen liegt *«bei Gefahr im Verzuge»* die alleinige Zuständigkeit beim Präsidium des Spruchkörpers oder einem delegierten Mitglied; die gleiche Regelung der Zuständigkeit besteht überdies generell auch für die Anordnung vorsorglicher Massnahmen nach Art. 445 Abs. 1 und 2 ZGB (vgl. § 78 Abs. 2 und § 64 Abs. 2 lit. b und c EG ZGB BL). Um eine vorsorgliche Massnahme im eigentlichen, technischen Sinn, die nur für die Dauer des Verfahrens bis zur Rechtskraft des Entscheids in der Hauptsache wirksam ist, handelt es sich aber bei der dringlichen

Anordnung einer FU nicht. Vielmehr entspricht ein solcher Entscheid des zuständigen Einzelmitglieds der KESB einem Entscheid in der Hauptsache i.S.v. Art. 428 Abs. 1, der nach Art. 450 ff. direkt bei der gerichtlichen Beschwerdeinstanz anfechtbar ist.

Die im Rahmen eines Verfahrens angeordnete **ambulante Begutachtung** erfolgt zu Beweiszwecken und stellt keine vorsorgliche Massnahme dar (BGer vom 28.6.2005, 5P.41/2005 E. 1.4; BSK ZGB I-Auer/Marti, Art. 445 N 12; FamKomm Erwachsenenschutz-Steck, Art. 445 N 12; zur Frage der Anfechtbarkeit vgl. Art. 450 N 8c, 8e). Eine solche Anordnung stellt aber einen Zwischenentscheid dar, der unter den Voraussetzungen des kantonalen Verfahrensrechts mit gerichtlicher Beschwerde angefochten werden kann (BGer vom 29.10.2013, 5A_655/2013 E. 2.1; vgl. auch BGer vom 14.7.2014, 5A_211/2014 E. 1; BGer vom 23.7.2014, 5A_320/2014 E. 1.2; vgl. ferner Art. 450 N 8c–8f).

8e

Anders verhält es sich, wenn im Hinblick auf die Anordnung einer allfälligen FU die unerlässliche **psychiatrische Begutachtung nur stationär** durchgeführt werden kann und die betroffene Person zu diesem Zweck in eine geeignete Einrichtung eingewiesen werden muss (Art. 449). Eine solche Anordnung dient – als Grundlage für eine mutmassliche Anordnung einer FU – nicht direkt, sondern nur mittelbar der Krisenintervention. Sie erfolgt zwar auch zu Beweiszwecken, stellt aber gleichzeitig eine schwerwiegende Beschränkung der persönlichen Freiheit der betroffenen Person dar. Der Entscheid ergeht in einem eigenständigen Verfahren und ermöglicht erst einen Entscheid in der Hauptsache (Anordnung einer FU, Art. 428 Abs. 1). Insoweit kommt ihm in materieller Hinsicht die Bedeutung einer besonderen vorsorglichen Massnahme zu (vgl. auch Art. 158 Abs. 2 ZPO), die stets als selbständig zu eröffnender Zwischenentscheid ergeht. Angesichts der Schwere des Eingriffs muss der Entscheid der KESB bei der gerichtlichen Beschwerdeinstanz anfechtbar sein (vgl. Art. 450 N 8b; BSK ZGB I-Auer/Marti, Art. 449 N 16; FamKomm Erwachsenenschutz-Steck, Art. 445 N 13, Art. 449 N 16 f. und Art. 450 N 17; vgl. hinten N 10 ff.; vgl. auch BGer vom 11.4.2005, 5C.45/2005 E. 1).

8f

Der Entscheid über die **Wiederherstellung der aufschiebenden Wirkung** bzw. gegen den Entzug der aufschiebenden Wirkung (Art. 450c N 4 ff.) stellt seiner Natur nach eine vorsorgliche Massnahme dar (BGer vom 18.11.2013, 5A_569/2013, E. 2 [betr. Nichtwiederherstellung der aufschiebenden Wirkung]; OGer ZH vom 6.3.2013, Geschäfts-Nr. PQ130001-O/U; vgl. auch BGE 137 III 475 E. 2).

8g

3. Abs. 2

Nach Abs. 2 kann die vorsorgliche Massnahme **bei besonderer Dringlichkeit** sofort ohne Anhörung der am Verfahren beteiligten Personen getroffen werden (superprovisorische Anordnung). Die Gewährung des rechtlichen Gehörs ist jedoch unverzüglich nachzuholen, indem gleichzeitig mit der Anordnung der Massnahme Gelegenheit zur schriftlichen oder mündlichen Stellungnahme einzuräumen ist (BSK ZGB I-Auer/Marti, Art. 445 N 19 f., 28; FamKomm Erwachsenenschutzrecht-Steck, Art. 445 N 14; OGer ZH, Beschluss vom 6.3.2013, Geschäfts-Nr. PQ130001-O/U). Wegen der Dringlichkeit der Angelegenheit dürfte es unumgäng-

9

lich sein, hiefür eine **Einzelzuständigkeit** vorzusehen. Das kantonale Recht hat dies jedoch ausdrücklich zu regeln (Art. 440 Abs. 2; Botschaft Erwachsenenschutz, 7077; FamKomm Erwachsenenschutzrecht-STECK, Art. 445 N 15). Nach Eingang der Stellungnahme trifft die nach Abs. 1 sachlich zuständige Behörde einen neuen Entscheid, der die superprovisorische Anordnung entweder bestätigt, ändert oder aufhebt (FamKomm Erwachsenenschutzrecht-STECK, Art. 445 N 16). Die Bestimmung von Abs. 2 entspricht inhaltlich der Vorschrift von Art. 265 Abs. 1 und 2 ZPO (Botschaft Erwachsenenschutz, 7077).

4. Abs. 3

10   In Abs. 3 ist festgehalten, dass Entscheide über vorsorgliche Massnahmen **mit Beschwerde anfechtbar** sind (Art. 450 ff.; HAUSHEER/GEISER/AEBI-MÜLLER, Erwachsenenschutzrecht [1. Aufl.], Rz 1.89; BSK ZGB I-AUER/MARTI, Art. 445 N 32 ff.). Damit wird die Bestimmung von Art. 450 Abs. 1 konkretisiert; die Beschwerdefrist wird jedoch im Gegensatz zu Art. 450b Abs. 1 auf zehn Tage verkürzt. Der Weiterzug an das BGer mit Beschwerde in Zivilsachen ist unter den Voraussetzungen von Art. 93 Abs. 1 lit. a BGG (Beschränkung auf die Geltendmachung eines nicht wiedergutzumachenden Nachteils) und Art. 98 BGG (nur Rüge der Verletzung verfassungsmässiger Rechte) zulässig (Art. 72 Abs. 2 lit. b Ziff. 6 i.V.m. Art. 98 BGG; BSK BGG-SCHOTT, Art. 98 N 5, 9, 11; BSK ZGB I-AUER/MARTI, Art. 445 N 34; FamKomm Erwachsenenschutzrecht-STECK, Art. 445 N 17 f.).

11   Nach den Erläuterungen in der Botschaft soll – anders als im Bereich des Zivilprozessrechts (BGE 137 III 417 E. 1.3; 139 III 86 E. 1.1.1; 139 III 516 E. 1.1; GASSER/RICKLI, Art. 265 ZPO N 2 f.; BSK ZPO-SPÜHLER, Art. 319 N 5) – auch die **superprovisorische Anordnung** (N 9) **mit Beschwerde anfechtbar** sein. Dies wird damit begründet, dass solche Massnahmen tief in die Persönlichkeit der betroffenen Person eingreifen können, was einen besonderen Rechtsschutz rechtfertige (Botschaft Erwachsenenschutz, 7077; OFK ZGB-FASSBIND, Art. 445 N 3; FamKomm Erwachsenenschutz-STECK, Art. 445 N 19; CHK-STECK, Art. 445 ZGB N 16; HAUSHEER/GEISER/AEBI-MÜLLER, Familienrecht, Rz 19.86; vgl. auch die weiteren Hinweise in BGer vom 19.6.2014, 5A_268/2014 E. 2.2./2.3; zur Bejahung der Beschwerdefähigkeit – in Bezug auf das frühere Recht – vgl. auch BIDERBOST, ZVW 2006, 67 ff.; vgl. aber N 11a–11d).

11a In der Literatur wird eine selbstständige Anfechtung des Superprovisoriums als problematisch bezeichnet. Die Bedenken werden damit begründet, dass sich die Rechtsmittelbehörde grundsätzlich nur einmal mit der Streitsache sollte befassen müssen. Bereits die selbstständige Anfechtbarkeit einer auf ordentlichem Weg angeordneten vorsorglichen Massnahme führe dazu, dass die gerichtliche Beschwerdeinstanz ggf. zweimal mit der Frage der Notwendigkeit der konkreten Massnahme befasst werde. Werde nun auch noch das Superprovisorium selbstständig anfechtbar, müsste im Extremfall die Frage dreimal Gegenstand der gerichtlichen Beurteilung bilden (ablehnend BSK ZGB I-AUER/MARTI, Art. 445 N 32; kritisch auch SCHMID, Art. 445 N 13, der die Anfechtung nur zulassen will, wenn das Verfahren auf Anordnung einer ordentlichen vorsorglichen Massnahme einige Zeit in Anspruch nimmt, z.B. wenn mehrere Verfahrensbeteiligte anzuhören sind; ganz ablehnend, mit ausführlicher Begründung, OGer ZH vom 12.9.2013, Geschäfts-Nr. PQ130029-O/U, wo auf eine Beschwerde nicht eingetreten wurde; vgl. nunmehr auch mit umfassender Begründung BGer vom 19.6.2014, 5A_268/2014 E. 2–2.7).

Wird – entgegen der in der Botschaft geäusserten Auffassung – davon ausgegangen, dass die Anfechtbarkeit der superprovisorischen Anordnung von der gesetzlichen Regelung in Art. 445 Abs. 3 nicht erfasst werde, fehlt eine entsprechende bundesrechtliche Verfahrensbestimmung und ist die Antwort im kantonalen Verfahrensrecht zu suchen. Soweit dieses keine Norm enthält, ist aufgrund von Art. 450f zu klären, ob die Bestimmung von Art. 265 ZPO sinngemäss anzuwenden ist. Dabei ist den spezifischen Besonderheiten des Kinder- und Erwachsenenschutzrechts angemessen Rechnung zu tragen (BSK ZGB I-AUER/MARTI, Art. 450f N 13; FamKomm Erwachsenenschutz-STECK, Art. 450f N 8 ff.; vgl. dazu aber die Rechtsprechung des Bundesgerichts in BGer vom 19.6.2014, 5A_268/2014 E. 2.6, wonach eine Abweichung von der Regel von Art. 265 ZPO nicht angebracht sei). **11b**

Nach der hier vertretenen Auffassung erscheint eine **uneingeschränkte sinngemässe Anwendung von Art. 265 ZPO nicht adäquat**. Nur wenn ein eigentliches *Zweiparteienverfahren* vorliegt (z.B. Streit unverheirateter Eltern um Kinderbelange), ist Art. 265 ZPO analog anzuwenden, denn in solchen Fällen kann die nachträgliche Gewährung des rechtlichen Gehörs normalerweise sehr rasch erfolgen. Dann macht es wenig Sinn, das Problem anders zu lösen als im vor den Zivilgerichten ausgetragenen Streit miteinander verheirateter oder geschiedener Eltern, wo zwingend von Bundesrechts wegen Art. 265 ZPO zur Anwendung gelangt (vgl. Art. 248, Art. 261 ff., und Art. 296 ff. ZPO i.V.m. Art. 219 ZPO). Wenn jedoch *kein Zweiparteienverfahren* vorliegt, drängt sich eine differenzierte Betrachtungsweise auf. Eine Anfechtungsmöglichkeit kann hier Sinn machen, weil die vom Gesetz verlangte rasche nachträgliche Gewährung des vorerst unterbliebenen rechtlichen Gehörs u.U. faktisch mit grösseren Schwierigkeiten verbunden sein kann. Damit soll gewährleistet werden, dass die gerichtliche Beschwerdeinstanz bei Unrichtigkeit der durch die KESB getroffenen Anordnung ggf. sofort korrigierend eingreifen kann (vgl. BIDERBOST, ZVW 2006, 73), was bei einem schwerwiegenden Eingriff in die Rechte der betroffenen Person von entscheidender Bedeutung sein kann, denn nicht immer sind die verfahrensmässigen Voraussetzungen so, dass die KESB die superprovisorische Anordnung unverzüglich durch einen neuen, ordentlichen Entscheid über vorsorgliche Massnahmen ersetzen kann. Allerdings ist festzuhalten, dass auf eine Beschwerde gegen eine superprovisorsche Massnahme wegen Fehlens des Rechtsschutzinteresses dann nicht mehr einzutreten ist, wenn die KESB (bzw. ggf. die gerichtliche Beschwerdeinstanz) in der Zwischenzeit das rechtliche Gehör nachgeholt und einen neuen Entscheid gefällt hat (vgl. BGer vom 19.6.2014, 5A_268/2014 E. 2.3; BGer vom 2.7.2014, 5A_429/2014 E. 3.3; BGer vom 16.5.2014, 5A_772/2013 E. 4). **11c**

Nach der Rechtsprechung ist davon auszugehen, dass das **Bundesgericht** auf Rechtsmittel gegen Entscheide über superprovisorische Massnahmen grundsätzlich nicht eintritt, weil es in solchen Fällen an der Beschwerdevoraussetzung der **11d**

Ausschöpfung des kantonalen Instanzenzugs mangelt. Vom Beschwerdeführer wird «vor der Ergreifung eines Rechtsmittels an das Bundesgericht verlangt, dass er das kontradiktorische Verfahren [...] durchläuft, in dem er den angestrebten vorläufigen Rechtsschutz erwirken kann» (BGE 137 III 417 E. 1.2; vgl. auch BGer vom 23.7.2010, 5A_473/2010, E. 1.1; BGer vom 19.6.2014, 5A_268/2014 E. 1.1: Danach kommen die dort aufgeführten Ausnahmen für die Fälle nach Art. 445 Abs. 2 nicht in Frage; vgl. auch BGE 139 III 516 E. 1.3, wonach die von einer Kindesschutzbehörde aufgrund von Art. 315a Abs. 3 Ziff. 2 ZGB getroffenen Entscheide mit superprovisorischen Massnahmen vergleichbar sind, gegen die jegliche Beschwerde an das Bundesgericht mangels Erschöpfung des kantonalen Instanzenzugs ausgeschlossen ist [Besprechung von AEBI-MÜLLER in ZBJV 2014, 665]).

12 Sofern die superprovisorische Anordnung beschwerdefähig ist, dürfte eine **schriftliche Begründung** unumgänglich sein. Das ist jedoch im kantonalen Recht zu regeln (Art. 450f N 4 ff.; SCHMID, Art. 445 N 14).

13 Im Rahmen einer gerichtlichen Beschwerde ist grundsätzlich nur zu **prüfen, ob die Voraussetzungen der superprovisorischen Massnahme erfüllt waren.** Das Rechtsschutzinteresse an der Beschwerde entfällt im Zeitpunkt, in dem die superprovisorische Massnahme aufgehoben wird (Botschaft Erwachsenenschutz, 7077; SCHMID, Art. 445 N 13; FamKomm Erwachsenenschutz-STECK, Art. 445 N 20; OFK ZGB-FASSBIND, Art. 445 N 3).

Art. 446

D. Verfahrensgrundsätze

¹ Die Erwachsenenschutzbehörde erforscht den Sachverhalt von Amtes wegen.
² Sie zieht die erforderlichen Erkundigungen ein und erhebt die notwendigen Beweise. Sie kann eine geeignete Person oder Stelle mit Abklärungen beauftragen. Nötigenfalls ordnet sie das Gutachten einer sachverständigen Person an.
³ Sie ist nicht an die Anträge der am Verfahren beteiligten Personen gebunden.
⁴ Sie wendet das Recht von Amtes wegen an.

I. Regelungstatbestand

1 In Art. 446 werden **Verfahrensgrundsätze** kodifiziert, die für das Kindes- und Erwachsenenschutzrecht von fundamentaler Bedeutung sind. Die Bestimmung stimmt wörtlich überein mit Art. 446 E-Erwachsenenschutz. Inhaltlich besteht Übereinstimmung mit den entsprechenden Begriffen in der ZPO (vgl. Art. 296 Abs. 1 und 3 sowie Art. 57 ZPO; FamKomm Erwachsenenschutz-STECK, Art. 446 N 4).

Der **Untersuchungsgrundsatz** (Abs. 1) und der **Offizialgrundsatz** (Abs. 3) galten im Familienrecht schon unter dem früheren Recht, teils aufgrund ausdrücklicher Gesetzesvorschrift (im Scheidungs-, Vaterschafts- und Unterhaltsrecht, Art. 145, Art. 254 und Art. 280) und teils nach ungeschriebenem Bundesrecht (bei den Kindesschutzmassnahmen, Art. 307 ff.) sowie nach Lehre und Rechtsprechung auch für den gesamten Bereich des Vormundschaftsrechts (Botschaft Erwachsenenschutz, 7077 f.; FamKomm Erwachsenenschutz-STECK, Art. 446 N 2; BSK ZGB I-AUER/ MARTI, Art. 446 N 2; vgl. auch CHK-AFFOLTER/STECK/VOGEL [1. Aufl.], Art. 373 aZGB N 6 und Art. 397e aZGB N 2). In Abs. 2 wird der Inhalt des Untersuchungsgrundsatzes in knapper Umschreibung zusammengefasst. Abs. 4 hält den allgemeinen Grundsatz fest, dass die Behörde das **Recht von Amtes wegen anzuwenden** hat.

II. Sachlicher Geltungsbereich

Art. 446 ist auf den gesamten Bereich des Kindes- und Erwachsenenschutzrechts in allen Instanzen anwendbar (Botschaft Erwachsenenschutz, 7078; BGer vom 29.11.2013, 5A_699/2013 E. 4.2; vgl. aber für das Verfahren vor der gerichtlichen Beschwerdeinstanz Art. 450 N 6b und Art. 450a N 2).

1. Untersuchungsgrundsatz (Abs. 1 und 2)

a) Tragweite des Untersuchungsgrundsatzes

Nach dem **Untersuchungsgrundsatz** (Abs. 1) hat die Behörde den Sachverhalt von Amtes wegen zu **erforschen**. Mit dieser Terminologie, die derjenigen in der ZPO entspricht (vgl. Art. 296 Abs. 1 ZPO), wird zum Ausdruck gebracht, dass es sich dabei um den **uneingeschränkten Untersuchungsgrundsatz** handelt, wie er in der Rechtsprechung vom BGer und von der Lehre entwickelt wurde (BGE 137 III 1 E. 5.2; 130 III 734 E. 2.2; 128 III 411 E. 3; 122 III 404 E. 3d; BGer vom 3.2.2014, 5A/ 838/2013 E. 2.4; BGer vom 4.3.2011, 5A_652/2010 E. 3.1; BGer vom 9.5.2007, 5C.271/2006 E. 3.5.4; BGer vom 8.4.2005, 5C.17/2005 E. 3; SCHMID, Art. 446 N 2; FamKomm Erwachsenenschutz-STECK, Art. 446 N 8; vgl. auch BSK ZPO-STECK, Art. 296 N 6 ff., 10 m.w.H.; BSK ZPO-GEHRI, Art. 55 N 18).

Vom Untersuchungsgrundsatz erfasst wird auch die **Prüfung der Zuständigkeit** (HAUSHEER/GEISER/AEBI-MÜLLER, Erwachsenenschutzrecht, Rz 1.81; FamKomm Erwachsenenschutz-STECK, Art. 446 N 9; Art. 444 N 4).

In der Umschreibung von **Abs. 2** wird der Untersuchungsgrundsatz insoweit konkretisiert, als die Behörde angewiesen wird, die *«erforderlichen Erkundigungen»* einzuziehen und die *«notwendigen Beweise»* zu erheben. Der Behörde obliegt damit eine **unbeschränkte Pflicht zur Tatsachenfeststellung** (Botschaft Erwachsenenschutz, 7078; SCHMID, Art. 446 N 5; BGer vom 14.7.2014, 5A_211/2014 E. 3.1). Sie ist verpflichtet, ohne Rücksicht auf Kostenüberlegungen oder auf die Geschäftslast alle notwendigen und geeigneten Abklärungen vorzunehmen, um den rechtlich relevanten Sachverhalt zu ermitteln (FamKomm Erwachsenenschutz-STECK, Art. 446 N 10). Rechtserheblich sind alle Tatsachen (äussere Fakten, aber auch innere Vorgänge), welche für die Beurteilung des in Frage stehenden Rechtsverhältnisses relevant sind. Was hingegen für die Rechtsanwendung unerheblich ist, braucht nicht abgeklärt zu werden (BSK ZGB I-AUER/MARTI, Art. 446 N 4 f.).

5a Analog zu Art. 168 Abs. 2 ZPO gilt das **System des Freibeweises**, wonach keine Bindung an ein bestimmtes Beweismittelsystem besteht. Nebst den klassischen Beweismitteln (Art. 168 Abs. 1 ZPO: Zeugnis, Urkunde, Augenschein, Gutachten, schriftliche Auskunft, Parteibefragung und Beweisaussage; vgl. Art. 169 ff. ZPO) sind alle erforderlichen und geeigneten Ermittlungsmethoden zulässig (Art. 168 Abs. 2 ZPO). Die KESB kann deshalb «nach eigenem Ermessen auch auf unübliche Art Beweise erheben und von sich aus Berichte einholen» (BGE 122 I 53 E. 4a; BGer vom 27.2.2009, 5A_42/2009 E. 3; BGer vom 3.4.2007, 5P.44/2007 E. 2.2.2). In Frage kommen z.b. formlose Gespräche mit Betreuern und Kindern und ggf. unangemeldete Augenscheine in Abwesenheit der betroffenen Personen (SCHMID, Art. 446 N 2; BSK ZGB I-AUER/MARTI, Art. 446 N 10 ff.; FamKomm Erwachsenenschutz-STECK, Art. 446 N 11), wobei in diesen Fällen den am Verfahren beteiligten Personen zur nachträglichen Gewährung des rechtlichen Gehörs Gelegenheit zur Stellungnahme einzuräumen ist (vgl. auch BSK ZPO-STECK, Art. 296 ZPO N 20; Art. 232 Abs. 1 ZPO).

5b Diese Tätigkeit erfolgt **von Amtes wegen** und setzt keinen Antrag einer am Verfahren beteiligten Person voraus (BGE 130 I 180 E. 3.2; 109 II 291 E. 1; 107 II 233 E. 2c; BGer vom 20.8.2013, 5A_505/2013 E. 5.2.1; BGer vom 6.6.2012, 5A_138/2012 E. 4; BGer vom 8.8.2011, 5A_299/2011 E. 5.1; BGer vom 7.4.2008, 5A_722/2007, E. 5.2; FamKomm Erwachsenenschutz-STECK, Art. 446 N 12; BSK ZPO-STECK, Art. 296 N 15 f.; vgl. aber für das kantonale Rechtsmittelverfahren Art. 450a ZGB N 2, und Art. 450e ZGB N 4 f.; für das Verfahren vor Bundesgericht vgl. BGE 133 III 507 E. 5.4; 128 III 411 E. 3.2.1; BGer vom 26.11.2004, 5C.207/2004 E. 2.1; BSK BGG-SCHOTT, Art. 97 N 1 ff.). Die am Verfahren beteiligten Personen und Dritte sind immerhin nach Massgabe des Gesetzes verpflichtet, bei der Abklärung des Sachverhalts mitzuwirken (vgl. dazu im Einzelnen FamKomm Erwachsenenschutz-STECK, Art. 448 N 7 ff.).

5c Die Tatsache, dass ein Verfahren der Untersuchungsmaxime unterliegt, steht einer *antizipierten Beweiswürdigung* jedoch grundsätzlich nicht entgegen (BGE 130 III 734 E. 2.2.3; BGer vom 7.3.2014, 5A_827/2013 E. 3.1; vgl. auch BGer vom 16.6.2014, 5A_821/2013 E. 5). Nur wenn die Beweiswürdigung offensichtlich unhaltbar ist, mit der tatsächlichen Situation in klarem Widerspruch steht, auf einem offenkundigen Versehen beruht oder in stossender Weise dem Gerechtigkeitsgedanken zuwiderläuft, ist durch die Nichtabnahme eines Beweismittels das rechtliche Gehör verletzt (BGE 130 II 425, 428 f. E. 2.1; BGer vom 7.3.2014, 5A_827/2013 E. 3). Hingegen kann der Antrag auf Kindesanhörung nicht aufgrund einer antizipierten Beweiswürdigung abgewiesen werden (BGer vom 16.6.2014, 5A_821/2013 E. 4; BGer vom 29.3.2011, 5A_160/2011 E. 5.2.1; BGer vom 24.1.2008, 5A_536/2007 E. 2.1; vgl. auch Art. 447 N 7f).

b) Anordnung von Gutachten

Wenn der Behörde das nötige Sachwissen fehlt, ist das **Gutachten einer sachverständigen Person** einzuholen (Abs. 2 Satz 3; BSK ZGB I-AUER/MARTI, Art. 446 N 19). Das gilt insb. bei der FU (Art. 426 ff.; vgl. auch Art. 450e N 8 ff.; BGE 137 III 289 E. 4.2; vgl. auch BGer vom 24.11.2011, 5A_787/2011 E. 3.4), aber auch bei Einschränkungen der Handlungsfähigkeit wegen einer psychischen Störung oder einer geistigen Behinderung ist der Beizug eines Gutachtens grundsätzlich als notwendig zu erachten (Art. 450e N 8c, 9a ff.; Botschaft Erwachsenenschutz, 7078; BGE 140 III 97 E. 4; BGer vom 14.7.2014, 5A_211/2014 E. 3.2.1). Die Notwendigkeit einer Begutachtung kann sich überdies auch in anderen Fällen ergeben (vgl. auch BGE 122 III 404 E. 3d; BGer vom 18.3.2011, 5A_805/2010 E. 3.1; BGer vom 29.10.2013, 5A_655/2013 E. 2.1; FamKomm Erwachsenenschutz-STECK, Art. 446 N 13). Vorausgesetzt ist, dass «wenigstens gewisse tatsächliche Umstände dargetan» sind, «die auf eine Hilfsbedürftigkeit der betroffenen Person schliessen lassen». Erst dann muss angenommen werden, dass eine Massnahme des Kindes- und Erwachsenenschutzrechts in Frage kommt (BGer vom 14.7.2014, 5A_211/2014 E. 3.3). Wo es um Fragen der Eltern-Kind-Beziehung geht, bspw. bei erzieherischen Schwierigkeiten eines Kindes, die milieu- und entwicklungsbedingt sind, kann jedoch nach der bundesgerichtlichen Rechtsprechung der Verzicht auf den Beizug von Sachverständigen nicht a priori beanstandet werden (BGer vom 10.9.2010, 5A_361/2010 E. 4.2.1; vgl. auch BGer vom 25.3.2012, 5A_804/2011 E. 2.4.3; BGer vom 28.3.2012, 5A_905/2011 E. 2.5; BGer vom 14.2.2013, 5A_911/2012 E. 6.3.1; BGer vom 26.9.2013, 5A_463/2013 E. 3.2; BGer vom 17.10.2013, 5A_319/2013 E. 2.3.4). Hingegen müssen Kinder, die schwer geschädigt sind, vor der Entscheidung über die geeignete Unterbringung unter psychiatrische Beobachtung gestellt werden (BGE 131 III 409 E. 4.3 m.w.H.; vgl. auch BGer vom 14.7.2014, 5A_211/2014 E. 3.5).

Für die Beurteilung einer psychischen Störung im Rahmen einer FU ist nur eine **Ärztin oder ein Arzt mit genügenden Fachkenntnissen in Psychiatrie und Psychotherapie** sachverständig. Eine Qualifikation als Spezialärztin oder Spezialarzt ist jedoch nicht erforderlich. Auch Allgemeinpraktiker gelten als sachverständig, wenn sie über die nötige fachliche Erfahrung im Umgang mit psychisch kranken Menschen und den nötigen Sachverstand verfügen (SCHMID, Art. 446 N 7; FamKomm Erwachsenenschutz-STECK, Art. 446 N 14; vgl. Art. 450e N 10 f.). Zu den Anforderungen an ein psychiatrisches Gutachten vgl. BSK ZGB I-AUER/MARTI, Art. 446 N 20 ff.; vgl. auch u. Art. 450e N 11b).

Falls ein **Mitglied der Behörde**, das beim Entscheid mitwirkt, über das **erforderliche Fach- und Sachwissen** verfügt, muss nicht zwingend ein externer Experte beigezogen werden (Botschaft Erwachsenenschutz, 7078 f.; SCHMID, Art. 446 N 6 und Art. 450e N 7; so BGE 140 III 97 E. 4.3 [betr. Errichtung einer umfassenden Beistandschaft infolge psychischer Störung oder geistiger Behinderung]). Diese Regelung entspricht der Praxis zur FFE des früheren Rechts (BGE 110 II 122 E. 3), die nun neu auf alle Verfahren anwendbar wird, und weicht von der Auslegung von

Art. 374 Abs. 2 aZGB ab (vgl. dazu auch CHK-Affolter/Steck/Vogel [1. Aufl.], Art. 374 aZGB N 8 und Art. 397e aZGB N 11; vgl. aber die Einschränkung in N 6e).

6c **Eigenes Wissen der Behörde** ist protokollarisch festzuhalten und offenzulegen, wobei den am Verfahren beteiligten Personen dazu das rechtliche Gehör zu gewähren ist (Schmid, Art. 446 N 6; FamKomm Erwachsenenschutz-Steck, Art. 446 N 15; Fassbind, 115; vgl. auch die gestützt auf Art. 450f ZGB ggf. subsidiär zur Anwendung gelangende Bestimmung von Art. 183 Abs. 3 ZPO; Art. 450f ZGB N 4 f.; vgl. ferner BSK ZPO-Dolge, Art. 183 N 39 ff.).

6d Die begutachtende Fachperson muss **unabhängig** sein. Diese Voraussetzung ist grundsätzlich nicht mehr gegeben im Fall einer *Vorbefassung*, was nach den kantonalen Bestimmungen über den **Ausstand** zu beurteilen ist (vgl. ggf. Art. 47 Abs. 1 lit. b ZPO i.V.m. Art. 450f ZGB, Art. 450f ZGB N 4 f.; BSK ZGB I-Auer/Marti, Art. 446 N 24 f.; vgl. auch BSK ZPO-Weber, Art. 47 N 24 ff.). Wenn z.B. die Behörde über die Entlassung einer in ärztlicher Zuständigkeit fürsorgerisch eingewiesenen Person (Art. 428 Abs. 1) zu befinden hat, kommen die einweisende Ärztin oder der Arzt als Gutachter nicht mehr in Frage (vgl. auch AmtlBull StR 2007, 840, Votum Ständerat David und Antwort Bundesrat Blocher). Anders dürfte es sein, wenn die frühere Begutachtung in keinem direkten Zusammenhang mit dem neuen Verfahren steht (FamKomm Erwachsenenschutz-Steck, Art. 446 N 16). Zur Unabhängigkeit der mit dem Gutachten beauftragten Fachperson vgl. auch hinten Art. 450e N 9b, 11 f.

6e Erfolgt jedoch die **FU wegen psychischer Störungen** der betroffenen Person, ist nach der hier vertretenen Auffassung davon auszugehen, dass die besondere Regelung von Art. 450e Abs. 3, wonach hiefür eine externe Begutachtung vorgeschrieben ist, auch für das erstinstanzliche Verfahren anwendbar ist (FamKomm Erwachsenenschutz-Steck, Art. 446 N 17; gl.M. Bernhart, Rz 534; vgl. auch BGer vom 24.11.2011, 5A_787/2011 E. 3.4 und 3.5; BGer vom 14.6.2013, 8C_53/2013 E. 7.5.1; **a.M.** BSK ZGB I-Auer/Marti, Art. 446 N 19; Schmid, Art. 446 N 6; wohl auch Fassbind, 115 f.; vgl. dazu auch u. Art. 450e N 9a; N 6b).

c) Delegation von Abklärungen an geeignete Personen oder Stellen (Abs. 2 S. 2)

7 Mit dieser Bestimmung wird generell eine bundesrechtliche Grundlage dafür geschaffen, dass i.S. einer zweckmässigen und effizienten Abklärung der tatsächlichen Verhältnisse auch Personen eingesetzt werden können, die nicht Mitglieder der Behörde sind. Die Kollegialbehörde oder das Einzelmitglied im Rahmen seiner Zuständigkeit (Art. 440 Abs. 2) können somit **geeignete Fachkräfte** (z.B. Gerichtsschreiberinnen oder Gerichtsschreiber, Sozialarbeiterinnen oder Sozialarbeiter, Ärztinnen oder Ärzte sowie andere Personen oder Stellen) mit **Sachverhaltsabklärungen** beauftragen (Botschaft Erwachsenenschutz, 7078). Die vorausgesetzte Eignung bezieht sich sowohl auf die persönlichen als auch die fachlichen Qualifikationen (Schmid, Art. 446 N 5; vgl. auch KOKES, Rz 1.133 f., 1.136 ff.; N 7a). Es ist Aufgabe des kantonalen Rechts und der Rechtsprechung, dafür die Voraussetzungen im Einzelnen zu regeln (Art. 450f N 4 f., 9).

In der Praxis werden **Abklärungsaufträge** oft auch an **Beistände oder Beiständinnen** erteilt. Dies ist problematisch, denn Mandatsträgerinnen und -träger sind nicht der verlängerte Arm der KESB, sondern haben primär eine andere Aufgabe. Zwar sind sie zur Zusammenarbeit mit der KESB verpflichtet (Art. 405 Abs. 2) und gehalten, den Schwächezustand der hilfsbedürftigen Person «*zu lindern oder zu verhüten*» (Art. 406 Abs. 2) sowie der KESB so «*oft wie nötig*» Bericht zu erstatten (Art. 411 Abs. 1 und Art. 414). Anderseits haben sie von Gesetzes wegen mit der betroffenen Person ein *Vertrauensverhältnis* aufzubauen (Art. 406 Abs. 2). Werden sie von der KESB mit Sachverhaltsabklärungen betraut, besteht die Gefahr, dass wegen Interessenkollisionen die erforderliche Unabhängigkeit nicht gewährleistet und dadurch auch der Beweiswert des Abklärungsberichts herabgesetzt ist.

7a

Die Entscheidkompetenz bleibt in jedem Fall bei der Behörde, die von Bundesrechts wegen als Fachbehörde konstituiert sein muss (Art. 440 Abs. 1), bzw. bei der gerichtlichen Beschwerdeinstanz (Botschaft Erwachsenenschutz, 7078; FamKomm Erwachsenenschutz-STECK, Art. 446 N 18).
Grundsätzlich müssen deshalb auch die **Leitung des Verfahrens und Instruktion** in der Hand des Spruchkörpers bleiben. Die *Delegation der Abklärung* der tatsächlichen Verhältnisse ist vorgesehen für verfahrensrechtliche Vorgänge, für welche aus verfahrensökonomischen Gründen eine Entlastung des Spruchkörpers wünschbar und angezeigt sein kann. Sie sollte nach der hier vertretenen Auffassung jeweils im konkreten Einzelfall erfolgen und ist nur zulässig, soweit das Bundesrecht nicht zwingend ein Tätigwerden der Behörde selber vorschreibt (vgl. auch Art. 447 N 7 ff. und Art. 450e N 12 ff.). Keinesfalls darf sie dazu führen, dass der Grundsatz der Beurteilung durch ein Fachgremium (Art. 440 Abs. 1) ausgehöhlt oder vereitelt wird. Die Verantwortung für die Einhaltung des Untersuchungs- und Offizialgrundsatzes und der vom Gesetz angestrebten Unmittelbarkeit des Verfahrens (Art. 447 N 7a) bleibt in jedem Falle bei der Instanz, welche materiell entscheidet (FamKomm Erwachsenenschutz-STECK, Art. 446 N 19; vgl. auch BSK ZGB I-AUER/MARTI, Art. 446 N 28 ff.; FASSBIND, 115; KOKES, Rz 1.133).

7b

2. Offizialgrundsatz (Abs. 3)

In Abs. 3 wird der **Offizialgrundsatz** festgehalten. Danach ist die Behörde nicht an die Anträge der am Verfahren beteiligten Personen gebunden (BSK ZGB I-AUER/MARTI, Art. 446 N 34 ff.; FamKomm Erwachsenenschutz-STECK, Art. 446 N 20; vgl. auch BSK ZPO-GEHRI, Art. 58 ZPO N 10; BSK ZPO-STECK, Art. 296 ZPO N 29 ff.; ferner BGE 122 III 404 E. 3d; BGer vom 3.2.2014, 5A_838/2013 E. 2.4). Dieser Grundsatz ist untrennbar mit demjenigen des uneingeschränkten Untersuchungsgrundsatzes verbunden (BSK ZPO-STECK, Art. 296 ZPO N 31; N 4 ff.). Er gilt insb. auch im Beschwerdeverfahren (N 3). Die gerichtliche Beschwerdeinstanz muss einen Entscheid der KESB auch «zu Ungunsten» der betroffenen Person abändern können, wenn deren Schutz (Art. 388 f. ZGB) das erfordert (kein Verbot der *reformatio in peius*; BGE 129 III 417 E. 2.1.1; SCHMID, Art. 446 N 8; Art. 450a N 3b und Art. 450d N 5a).

8

3. Rechtsanwendung von Amtes wegen (Abs. 4)

9   Abs. 4 statuiert den **klassischen Grundsatz der Rechtsanwendung von Amtes wegen** *(iura novit curia)*, der für das *materielle Recht* und das *Verfahrensrecht* in gleicher Weise zur Anwendung gelangt. Er besagt, dass die Behörde die Rechtssätze von sich aus anzuwenden hat und an die materiellrechtliche Begründung der Ausführungen der am Verfahren beteiligten Personen nicht gebunden ist, mithin alle Rechtsnormen heranziehen darf, die sie für massgebend erachtet (Botschaft Erwachsenenschutz, 7079; Schmid, Art. 446 N 9; BGE 133 III 638 E. 2; 107 II 119 E. 2a). Der Grundsatz bedeutet auch, dass die betroffenen Personen von der Kenntnis des Rechts dispensiert sind und im Laufe des Verfahrens die rechtliche Begründung ihrer Begehren ändern, auswechseln oder auch ergänzen dürfen (BSK ZGB I-Auer/Marti, Art. 446 N 40 ff.; vgl. im Einzelnen auch BSK ZPO-Gehri, Art. 57 N 1 ff.).

10 Im **Rechtsmittelverfahren** erfährt der Grundsatz insofern gewisse Einschränkungen, als bei der Rüge einer Rechtsverletzung diese zu spezifizieren ist (Rügeprinzip; Schmid, Art. 446 N 10; vgl. Art. 450a Abs. 1 ZGB; Art. 450a N 2; für das Verfahren vor Bundesgericht vgl. Art. 106 Abs. 2 BGG; BGE 133 III 638 E. 2; BSK BGG-Meyer/Dormann, Art. 106 N 15 ff., 19).

Kantonale Bestimmungen zur Abklärung (Art. 446 Abs. 2) und zu den Verfahrensgrundsätzen	
AG	**§ 63 EG ZGB – Abklärungen durch die Gemeinden** [1] Die Gemeinden führen im Auftrag der Kindes- und Erwachsenenschutzbehörde Sachverhaltsabklärungen durch und tragen deren Kosten. [2] Sie können diese Aufgabe an Dritte übertragen. Dabei stellen sie den Datenschutz sicher. [3] Die Kindes- und Erwachsenenschutzbehörde kann gegenüber der Gemeinde eine Nachbesserung der Abklärungsarbeiten anordnen. Notfalls ordnet sie nach vorheriger Androhung die Ersatzvornahme auf Kosten der Gemeinde an. [4] Der Regierungsrat regelt die Einzelheiten durch Verordnung. **§ 64 EG ZGB – Einbezug der Gemeinde** [1] Die Kindes- und Erwachsenenschutzbehörde gibt der Gemeinde vorgängig Gelegenheit zur Stellungnahme, wenn sie durch eine geplante Massnahme in ihren Interessen, insbesondere finanzieller Art, wesentlich berührt werden könnte. Die Gemeinde wird dadurch nicht zur Verfahrenspartei. [2] Der Gemeinde ist Akteneinsicht zu gewähren, soweit dies zur Wahrnehmung ihres Anhörungsrechts notwendig ist. Die Personen, denen Akteneinsicht gewährt wird, unterstehen der Verschwiegenheitspflicht. [3] Bei Gefahr im Verzug ist der Gemeinde nachträglich Gelegenheit zur Stellungnahme zu geben. [4] Der Regierungsrat regelt die Einzelheiten durch Verordnung. **§ 1 V KESR – Koordinationsperson der Gemeinde** [1] Der Gemeinderat bezeichnet die für die Koordination im Kindes- und Erwachsenenschutzrecht zuständige Person sowie ihre Stellvertretung.

Kantonale Bestimmungen zur Abklärung (Art. 446 Abs. 2) und zu den Verfahrensgrundsätzen

² Er teilt der Kindes- und Erwachsenenschutzbehörde mit, wer diese Funktion ausübt.
³ Die Koordinationsperson organisiert die Entgegennahme und Erledigung der Aufträge der Kindes- und Erwachsenenschutzbehörde und ist für die reibungslose Zusammenarbeit der Gemeinde mit der Kindes- und Erwachsenenschutzbehörde verantwortlich.

§ 2 V KESR – Koordinationsperson der Kindes- und Erwachsenenschutzbehörde
¹ Die Kindes- und Erwachsenenschutzbehörde bestimmt eine Koordinationsperson und deren Stellvertretung, die für die Beantwortung von Fragen und die Beratung der Gemeinden sowie der Beiständinnen und Beistände sorgt.
² Sie teilt den Gemeinden sowie den Beiständinnen und Beiständen mit, wer diese Funktion ausübt.

§ 3 V KESR – Abklärungen
¹ Die Abklärungen der Gemeinden erfolgen im Auftrag der Kindes- und Erwachsenenschutzbehörde im Rahmen eines Amts- oder eines Sozialberichts.
² Zu den Abklärungen der Gemeinden gehört auch die Beratung nicht miteinander verheirateter Eltern bei der Erstellung von Verträgen, die den Unterhalt und allenfalls die gemeinsame elterliche Sorge regeln, und bei der Begründung des Kindesverhältnisses durch Anerkennung.

§ 4 V KESR – Amtsbericht
¹ Amtsberichte sind Zusammenstellungen der bereits bei der Gemeinde vorhandenen Informationen. Sie enthalten weder eine Analyse noch eine Bewertung der Daten.
² Bei Bedarf kann die Kindes- und Erwachsenenschutzbehörde die Gemeinde auffordern, zusätzliche Informationen zu erheben. Diese hat sie in ihrem Auftrag zu bezeichnen.

§ 5 V KESR – Sozialbericht
¹ Die Kindes- und Erwachsenenschutzbehörde bezeichnet im Auftrag an die Gemeinde zur Erstellung eines Sozialberichts die zu bearbeitenden Fragestellungen und abzuklärenden Themenbereiche, wie namentlich
a) persönliche Situation,
b) Wohnen,
c) Arbeit,
d) Gesundheit,
e) Erziehung,
f) Schule,
g) Beziehungen zum Umfeld,
h) wirtschaftliche Verhältnisse,
i) Vertretungs-, Betreuungs- und Verwaltungsbedarf.
² Sozialberichte sind Beschreibungen von Lebenssituationen der betroffenen Personen. Sie schildern, analysieren und bewerten den Schwächezustand, die Gefährdungssituation sowie die vorhandenen Fähigkeiten und zeigen den Handlungsbedarf auf.

Kantonale Bestimmungen zur Abklärung (Art. 446 Abs. 2) und zu den Verfahrensgrundsätzen	
	³ In komplexen Themenbereichen sind Sozialberichte von Fachpersonen zu erstellen, die über die erforderliche Ausbildung und Erfahrung zur Abklärung und Bewertung der beauftragten Themenbereiche verfügen. Dies gilt namentlich bei a) Gefährdung des Kindeswohls, b) Sorgerechts- und Besuchsrechtsfragen, c) psychisch kranken und verwahrlosten Menschen, d) suchterkrankten Menschen, e) Menschen mit einer geistigen Behinderung. ⁴ Für die Erstellung von Sozialberichten in weniger komplexen Themenbereichen, namentlich betreffend Betagte, können auch andere Personen mit beruflicher Erfahrung im Kindes- und Erwachsenenschutz eingesetzt werden. ⁵ Sozialberichte müssen nachvollziehbar, transparent und sachlich formuliert sein, die bezeichneten Themenbereiche eingehend abhandeln und bewerten sowie die gestellten Fragen vollständig beantworten. Die abklärende Person nimmt Stellung im Sinn eines Fazits. **§ 6 V KESR – Einbezug der Gemeinde** ¹ Die Gemeinde ist im Sinne von § 64 Abs. 1 EG ZGB in ihren Interessen wesentlich berührt, wenn der Entscheid der Kindes- und Erwachsenenschutzbehörde eine direkte, mindestens vorläufige finanzielle Leistungspflicht der unterstützungspflichtigen Gemeinde bewirkt. ² Die Gemeinde hat im Übrigen das Recht, jederzeit eine Stellungnahme einzureichen.

AR	**Art. 49 EG ZGB – Fachdienste**
	¹ Der Kindes- und Erwachsenenschutzbehörde stehen Fachdienste für die erforderlichen Abklärungen und für das Sekretariat zur Verfügung.
	² Zu den Fachdiensten gehören Personen, die die Kindes- und Erwachsenenschutzbehörde fachlich und administrativ unterstützen.
	
	Art. 2 Tarif KESR – Verfahrenskosten
	¹ Die Kindes- und Erwachsenenschutzbehörde kann Staatsgebühren nach folgenden Ansätzen erheben:
	  1. Prüfung und Einschreiten beim Vorsorgeauftrag (Art. 363 ff. ZGB[2]) Fr. 200.– bis Fr. 3000.–
	  2. Einschreiten bei Patientenverfügungen (Art. 373 ZGB) Fr. 200.– bis Fr. 2000.–
	  3. Entscheid Vertretungsrecht Ehegatten und eingetragene Partner (Art. 374 ff. ZGB) Fr. 200.– bis Fr. 2000.–
	  4. Einschreiten bei medizinischen Massnahmen betr. Vertretungsbefugnis (Art. 381 ZGB) Fr. 200.– bis Fr. 2000.–
	  5. Einschreiten bei Aufenthalt in Wohn- und Pflegeeinrichtungen (Art. 385 ZGB) Fr. 200.– bis Fr. 2000.–
	  6. Vorkehren des Erforderlichen ohne Beistandschaft (Art. 392 ZGB) Fr. 100.– bis Fr. 2000.–
	  7. Errichtung, Abänderung und Aufhebung von Beistandschaften (Art. 393 ff. ZGB) Fr. 200.– bis Fr. 3000.–

Kantonale Bestimmungen zur Abklärung (Art. 446 Abs. 2) und zu den Verfahrensgrundsätzen

8. Wechsel der Beiständin oder des Beistandes (Art. 400 ff. ZGB) Fr. 100.– bis Fr. 2000.–
9. Aufnahme des Inventars (Art. 405 Abs. 2 ZGB) Fr. 100.– bis Fr. 2000.–
10. Mitwirkung bei zustimmungsbedürftigen Geschäften (Art. 416 f. ZGB) Fr. 200.– bis Fr. 4000.–
11. Prüfung der Rechnung und des Berichts (Art. 415 und Art. 425 ZGB) Fr. 200.– bis Fr. 10 000.–
12. Anordnung der Einweisung, Zurückbehaltung oder Entlassung bei fürsorgerischer Unterbringung (Art. 428 und Art. 449 ZGB) Fr. 500.– bis Fr. 2000.–
13. Periodische Überprüfung der fürsorgerischen Unterbringung (Art. 431 ZGB) Fr. 400.– bis Fr. 1000.–
14. Übertragung bzw. Übernahme von Massnahmen bei Wohnsitzwechseln (Art. 442 Abs. 5 ZGB) Fr. 400.– bis Fr. 1000.–
15. Auskunftserteilung über eine Massnahme (Art. 451 Abs. 2 ZGB) Fr. 100.– bis Fr. 1000.–
16. Anpassung altrechtlicher Massnahmen an das neue Recht (Art. 14 Abs. 2 SchlT) Fr. 100.– bis Fr. 2000.–
17. Regelung des persönlichen Verkehrs (Art. 134 Abs. 4 und Art. 273–275 ZGB) Fr. 200.– bis Fr. 6000.–
18. Genehmigung von Unterhaltsverträgen (Art. 287 ZGB) und Abfindungsvereinbarungen (Art. 288 ZGB) Fr. 200.– bis Fr. 2000.–
19. Regelung der elterlichen Sorge (Art. 134 Abs. 3, Art. 298 und Art. 298a ZGB) Fr. 200.– bis Fr. 3000.–
20. Errichtung, Abänderung und Aufhebung von Massnahmen des zivilrechtlichen Kindesschutzes (Art. 307–312 und Art. 314b, Art. 327a ZGB) Fr. 200.– bis Fr. 4000.–
21. Aufforderung der Eltern zur Mediation (Art. 314 Abs. 2 ZGB) Fr. 400.– bis Fr. 1000.–
22. Vollzug gerichtlich angeordneter Kindesschutzmassnahmen (Art. 315a Abs. 1 ZGB) Fr. 100.– bis Fr. 1000.–
23. Bewilligungen und Massnahmen im Pflegekinderbereich (Art. 316 ZGB) Fr. 100.– bis Fr. 3000.–
24. Massnahmen zum Schutz des Kindesvermögens (Art. 318 ff. ZGB) Fr. 200.– bis Fr. 3000.–
25. Weitere Verrichtungen Fr. 100.– bis Fr. 3000.–

² In begründeten Fällen kann die Kindes- und Erwachsenenschutzbehörde innerhalb des gesetzlichen Gebührenrahmens von diesen Ansätzen abweichen.

BE **Art. 22 KESG – Kommunale Dienste**
¹ Die Kindes- und Erwachsenenschutzbehörden arbeiten mit den Sozial- und Abklärungsdiensten sowie den Berufsbeistandschaften zusammen.
² Die kommunalen Dienste sind auf Anordnung der Kindes- und Erwachsenenschutzbehörde verpflichtet, Sachverhaltsabklärungen gemäss Artikel 446 Absatz 2 ZGB vorzunehmen,
³ Der Kanton gilt den Gemeinden die im Rahmen der Tätigkeiten nach Absatz 2 anfallenden Kosten ab.
⁴ Der Regierungsrat regelt die Einzelheiten der Zusammenarbeit und der Abgeltung nach Absatz 3 durch Verordnung.

Kantonale Bestimmungen zur Abklärung (Art. 446 Abs. 2) und zu den Verfahrensgrundsätzen

Art. 25 KESG – Weitere Personen und Stellen
[1] Die Kindes- und Erwachsenenschutzbehörden arbeiten im Rahmen des Bundesrechts mit weiteren betroffenen Personen und Stellen zusammen, namentlich mit
a Lehrkräften,
b Schulbehörden sowie deren Gesundheits- und Beratungsdiensten,
c Betreuungs- und Klinikeinrichtungen,
d Gerichten sowie Straf- und Strafvollzugsbehörden.
[2] Die Datenbekanntgabe richtet sich nach der Datenschutzgesetzgebung. Zusätzlich können die Personen und Stellen nach Absatz 1 und die Kindes- und Erwachsenenschutzbehörden einander unaufgefordert und im Einzelfall Personendaten bekannt geben, wenn die Daten zur Erfüllung der jeweiligen gesetzlichen Aufgabe zwingend erforderlich sind. Besondere Geheimhaltungspflichten bleiben vorbehalten.

Art. 26 KESG – Private
[1] Die Kindes- und Erwachsenenschutzbehörden können im Rahmen ihrer Aufgabenerfüllung mit Privaten zusammenarbeiten, namentlich auf dem Gebiet der Betreuung.
[2] Werden Aufgaben dauerhaft an Private übertragen, so ist mit den Aufgabenträgern ein Leistungsvertrag abzuschliessen, in dem Art, Menge und Qualität der Leistungen, deren Abgeltung und die Qualitätssicherung geregelt werden. Der Leistungsvertrag bedarf der Zustimmung durch die Geschäftsleitung. Er ist der Justiz-, Gemeinde- und Kirchendirektion zur Kenntnis zu bringen.

Art. 2 ZAV – 2. Zusammenarbeit der Kindes- und Erwachsenenschutzbehörden mit den kommunalen Diensten
Grundsätze
[1] Die KESB richtet ihre Aufträge nach Artikel 22 Absatz 2 KESG nicht an bestimmte Personen, sondern an den kommunalen Dienst. Vorbehalten bleibt eine anderslautende Abmachung zwischen der Präsidentin oder dem Präsidenten der KESB und der Leitung des kommunalen Dienstes.
[2] Der kommunale Dienst bezeichnet die Kontaktpersonen für die Zusammenarbeit mit der KESB.
[3] Die KESB kann ihre Aufträge mit Auflagen und Fristen verbinden. Ist der kommunale Dienst nicht in der Lage, eine Auflage zu erfüllen oder eine Frist einzuhalten, sucht er mit der KESB eine einvernehmliche Lösung.

Art. 3 ZAV – Aufgaben auf Anordnung der KESB
Die kommunalen Dienste erfüllen auf Anordnung der KESB namentlich die folgenden Aufgaben:
a Durchführen von Sachverhaltsabklärungen im Kindesschutz nach Artikel 307 ff. des Schweizerischen Zivilgesetzbuchs (ZGB) [SR 210], im Bereich der gesetzlichen Massnahmen für urteilsunfähige Personen nach Artikel 374 ff. ZGB und im Hinblick auf behördliche Massnahmen für Erwachsene gemäss Artikel 388 ff. ZGB,
c Durchführen von Abklärungen im Hinblick auf die Regelung des persönlichen Verkehrs, der Informations- und Auskunftsrechte der Eltern, die Va-

	Kantonale Bestimmungen zur Abklärung (Art. 446 Abs. 2) und zu den Verfahrensgrundsätzen	
		terschafts- und Unterhaltsregelung sowie die Regelung der gemeinsamen elterlichen Sorge,
	d	Durchführen von Abklärungen im Hinblick auf die Gültigkeitsprüfung für einen Vorsorgeauftrag (Art. 363 Abs. 2 ZGB),
	f	Durchführen von Abklärungen zum Schutz von Personen in Wohn- oder Pflegeeinrichtungen, um die sich niemand von ausserhalb der Einrichtung kümmert (Art. 386 Abs. 2 ZGB),
	g	Vollzug von ambulanten Massnahmen im Bereich der Nachbetreuung nach Artikel 33 KESG,
	h	Erfüllen von Aufgaben nach Artikel 307 Absatz 3 ZGB,
	i	Durchführen von Abklärungen im Hinblick auf die Aufnahme von Pflegekindern und die Ausübung der Pflegekinderaufsicht.
BL	**§ 71 EG ZGB – Beizug von Sachverständigen** [1] Die Kindes- und Erwachsenenschutzbehörde sowie ihre Aufsichtsbehörde können Sachverständige beiziehen. [2] Private Sachverständige unterliegen derselben Pflicht zur Verschwiegenheit wie die Behörde, von der sie beigezogen werden.	
BS	**§ 2 KESG – Grundsätze** [1] Die KESB erlässt auf Antrag oder von Amtes wegen die vom Gesetz vorgesehenen behördlichen Massnahmen. [2] Sie erforscht den Sachverhalt von Amtes wegen. Sie kann Abklärungen bei geeigneten Personen oder Institutionen in Auftrag geben. [3] Sie wendet das Recht von Amtes wegen an und ist nicht an die Anträge der Verfahrensbeteiligten gebunden. [4] Das Verfahren der KESB ist nicht öffentlich. **§ 10 Abs. 1 KESG – Zusammenarbeit und Amtshilfe** Die kantonalen Verwaltungsbehörden und Gerichte sind zur Mitwirkung bei der Abklärung des Sachverhaltes verpflichtet, geben die notwendigen Akten heraus, erstatten Bericht und erteilen Auskünfte, soweit nicht schutzwürdige Interessen entgegenstehen **§ 8 Vo KESG – Beauftragte Fachstellen und Subsidiarität** [1] Die KESB kann gestützt auf § 2 Abs. 2 KESG als geeignete Fachstellen namentlich die Abteilung Sucht und den Kinder- und Jugenddienst mit Abklärungen beauftragen. Die beauftragte Stelle ist zur Erfüllung ihres Auftrags ermächtigt, die notwendigen Auskünfte einzuholen und kann von anderen kantonalen Verwaltungsbehörden und Gerichten die Mitwirkung gemäss § 10 Abs. 1 KESG beanspruchen. [2] Im Sinne der Subsidiarität sind Anträge und Meldungen direkt an die zuständige Fachstelle zu richten, wenn eine Hilfestellung auf freiwilliger Basis erbracht werden kann.	
GL	**Art. 63bc Abs. 1 EG ZGB** Die Kindes- und Erwachsenenschutzbehörde kann Dritte, namentlich die Sozialen Dienste, mit der Abklärung oder Begutachtung beauftragen oder bei diesen Auskünfte einholen.	

	Kantonale Bestimmungen zur Abklärung (Art. 446 Abs. 2) und zu den Verfahrensgrundsätzen
	Art. 7 Abs. 1 VKESG – Unterstützende Dienste Die unterstützenden Dienste sind eine der KESB zugehörige Verwaltungseinheit. Sie stehen ihr für Abklärungen, Beratung, Revisorat und Administration zur Seite.
OW	**Art. 5 KESV – Unterstützende Dienste** ¹ Die Kindes- und Erwachsenenschutzbehörde verfügt über unterstützende Dienste. Diese sind Teil der kantonalen Amtsstelle. ² Die unterstützenden Dienste haben die Aufgaben zu erfüllen, die ihnen die Kindes- und Erwachsenenschutzbehörde überträgt. Sie unterstützen diese fachlich und administrativ. Insbesondere unterstützen sie bei den erforderlichen Abklärungen und besorgen das Sekretariat.
SG	**Art. 24 Abs. 1 EG KES – Zeugeneinvernahmen und Anhörungen** Die Zeugeneinvernahme nach Art. 446 Abs. 2 ZGB oder die persönliche Anhörung nach Art. 447 Abs. 1 ZGB erfolgt durch wenigstens ein für das Verfahren zuständiges Mitglied.
SH	**Art. 49 EG ZGB** ¹ Eine geeignete Stelle oder eine geeignete Person, die nicht Mitglied der Kindes- und Erwachsenenschutzbehörde sein muss, kann mit Abklärungen beauftragt werden. ² Sie erstattet der Behörde über ihre Abklärungen einen kurzen Bericht. Diese bestimmt dann, ob das Verfahren weiterzuführen oder einzustellen ist. ³ Die Einstellung ist den Verfahrensbeteiligten mitzuteilen, soweit nicht wichtige Gründe dagegen sprechen.
SO	**§ 143 EG ZGB – B. Abklärungen durch den Sozialdienst einer Sozialregion – Art. 392, 446 und 448 ZGB** ¹ In der Regel klärt der Sozialdienst einer Sozialregion einen Sachverhalt ab und überweist danach Akten, Bericht sowie Antrag an die Kindes- und Erwachsenenschutzbehörde. Der Sozialdienst erledigt zudem die Aufgaben nach Artikel 392 Ziffer 2 und 3 ZGB. ² Der Sozialdienst kann in begründeten Fällen eine andere geeignete Stelle beauftragen, den Sachverhalt abzuklären. In diesem Fall trägt er die Kosten selbst. ³ Bei Bedarf kann die Kindes- und Erwachsenenschutzbehörde zusätzliche Abklärungen vom Sozialdienst einer Sozialregion verlangen. ⁴ Bleibt der Sozialdienst säumig, kann die Kindes- und Erwachsenenschutzbehörde die Abklärungen durch Dritte vornehmen lassen.
SZ	**§ 10 VV KESR – Aufgabenerfüllung** ¹ Die KESB führen das Verfahren von der Sachverhaltsabklärung bis zum Entscheid. ² Die KESB können zur Aufgabenerfüllung, namentlich zur Sachverhaltsabklärung, weitere Personen beiziehen. ³ Sie arbeiten mit den kommunalen Sozialdiensten im Rahmen der Rechtshilfe nach § 20 des Verwaltungsrechtspflegegesetzes zusammen.

Kantonale Bestimmungen zur Abklärung (Art. 446 Abs. 2) und zu den Verfahrensgrundsätzen	
TG	**§ 42 Abs. 3 EG ZGB – Kindes- und Erwachsenenschutz** Die Kindes- und Erwachsenenschutzbehörde kann die Sachverhaltsabklärung an eine von ihr beauftragte Person oder Stelle delegieren, in der Regel an die zuständige Berufsbeistandschaft. **§ 14 Abs. 1 KESV – Fachsekretariat** Das Fachsekretariat unterstützt die Kindes- und Erwachsenenschutzbehörde bei der Aufgabenerfüllung, namentlich in den Bereichen Abklärung und Beratung, Revisorat und Administration, Buchhaltung und Inkasso. **§ 45 KESV – Abklärung des Sachverhalts** Grundsätzlich ist die Kindes- und Erwachsenenschutzbehörde für die Abklärung des Sachverhalts zuständig. In geeigneten Fällen kann sie diese ganz oder teilweise an die zuständige Berufsbeistandschaft oder an die Sozialen Dienste der Politischen Gemeinde delegieren. Ausnahmsweise können auch andere Stellen oder Drittpersonen damit beauftragt werden. **§ 46 KESV – Amts- und Sozialberichte** ¹ Die Kindes- und Erwachsenenschutzbehörde kann bei den Politischen Gemeinden Amts- oder Sozialberichte einholen. ² Amtsberichte stellen die bei der Politischen Gemeinde bereits vorhandenen Informationen zusammen, ohne Analyse und Bewertung der Daten. ³ Sozialberichte beschreiben die Lebenssituation der betroffenen Person, analysieren den Schwäche- oder Gefährdungszustand der Person und zeigen den Handlungsbedarf auf. Die Kindes- und Erwachsenenschutzbehörde hat bei der Auftragserteilung die konkreten Fragestellungen zu formulieren. ⁴ Sozialberichte sind bei komplexeren Themen, insbesondere bei einer Gefährdung des Kindeswohls, bei Sorge- und Besuchsrechtsfragen und bei Personen mit psychischen Erkrankungen, geistigen Behinderungen oder Suchterkrankungen von Fachpersonen zu erstellen, die über die notwendige Qualifikation verfügen. Solche Berichte sind nur einzuholen, wenn sie als Entscheidungsgrundlage tatsächlich notwendig sind. ⁵ Soweit der betroffenen Person nicht die unentgeltliche Rechtspflege bewilligt wurde, kann die Politische Gemeinde bei ihr für die Erstellung von Amts- und Sozialberichten eine Aufwandentschädigung entsprechend § 27 Absatz 2 geltend machen. ⁶ Die Kindes- und Erwachsenenschutzbehörde kann bei der Politischen Gemeinde zusätzliche Informationen verlangen. **§ 47 KESV – Einbezug der Politischen Gemeinden** ¹ Die Kindes- und Erwachsenenschutzbehörde kann die Politische Gemeinde, in welcher die betroffene Person ihren Wohnsitz oder Aufenthalt hat, im Verfahren zur Stellungnahme einladen. ² Die Politischen Gemeinden sind in hängigen Verfahren auch ohne entsprechende Aufforderung berechtigt, der Kindes- und Erwachsenenschutzbehörde eine schriftliche Stellungnahme einzureichen. Es steht ihnen jedoch kein Auskunfts- oder Akteneinsichtsrecht zu.

Kantonale Bestimmungen zur Abklärung (Art. 446 Abs. 2) und zu den Verfahrensgrundsätzen	
	§ 51 KESV – Zusammenarbeit mit Privaten ¹ Die Kindes- und Erwachsenenschutzbehörden können im Rahmen ihrer Aufgabenerfüllung mit gemeinnützigen Organisationen oder Privatpersonen zusammenarbeiten. ² Werden Aufgaben dauerhaft an gemeinnützige Organisationen oder Privatpersonen übertragen, so ist mit ihnen, soweit nicht das Departement für Justiz und Sicherheit bereits eine entsprechende Vereinbarung getroffen hat, eine Leistungsvereinbarung abzuschliessen, in der die Art, die Menge und die Qualität der Leistungen, deren Abgeltung und die Qualitätssicherung geregelt werden. Die Einhaltung der Vereinbarung ist durch die Behörde regelmässig zu kontrollieren. ³ Die abgeschlossenen Leistungsvereinbarungen sind dem Obergericht zur Genehmigung zu unterbreiten. **§ 57 KESV – Gutachten** ¹ Unter Vorbehalt von dringlichen Massnahmen holt die Kindes- und Erwachsenenschutzbehörde das medizinisch-psychiatrische Gutachten einer unabhängigen sachverständigen Person ein, wenn über die geistigen Fähigkeiten oder bezüglich der psychischen Stabilität der betroffenen Person Zweifel bestehen und der zu treffende Entscheid dadurch beeinflusst werden kann, oder wenn über eine unfreiwillige Unterbringung oder Behandlung aufgrund einer psychischen Störung oder einer geistigen Behinderung entschieden werden muss. Medizinisch-psychiatrische Fachpersonen, welche die betroffene Person aktuell behandeln oder früher behandelt oder begutachtet haben, gelten nicht als unabhängig. ² Für die Feststellung der Urteilsfähigkeit, insbesondere als Voraussetzung für die Wirksamkeit der eigenen Vorsorge, genügt in der Regel ein aussagekräftiges Arztzeugnis. ³ Im Übrigen entscheidet die Behörde nach pflichtgemässem Ermessen, wann ein Gutachten eingeholt wird.
VS	**Art. 118c EG ZGB – c) Vorabklärungen** ¹ Der Präsident oder sein Stellvertreter unterbreitet das Ergebnis seiner Vorabklärungen der Schutzbehörde, die darüber entscheidet, ob das Verfahren fortgesetzt oder eingestellt wird. Artikel 112 Absätze 3 und 4 dieses Gesetzes bleiben vorbehalten. ² Wird das Verfahren fortgesetzt, erstellt er den Sachverhalt, erhebt die erforderlichen Beweise und unterbreitet der Schutzbehörde einen Entscheidentwurf. ³ Die Abklärungen und gewisse Instruktionshandlungen können einem Beisitzer, einer geeigneten Drittperson oder einer spezialisierten Stelle übertragen werden. ⁵ Das Verfahren richtet sich im Übrigen nach den Grundsätzen von Artikel 446 Absätze 3 und 4 ZGB. **Art. 118f EG ZGB – f) Begutachtung** ¹ Unter Vorbehalt von dringlichen vorsorglichen Massnahmen wird eine medizinisch-psychiatrische Begutachtung angeordnet:

Kantonale Bestimmungen zur Abklärung (Art. 446 Abs. 2) und zu den Verfahrensgrundsätzen	
	a) wenn Zweifel bestehen bezüglich der geistigen Fähigkeiten oder bezüglich der psychischen Stabilität der betroffenen Person und wenn der Entscheid, der zu treffen ist, dadurch beeinflusst werden kann; b) bei jedem Entscheid über eine unfreiwillige Unterbringung oder Behandlung aufgrund einer psychischen Störung. ² Eine Person darf gegen ihren Willen nur unter den Voraussetzungen von Artikel 449 ZGB zur Begutachtung in einer Einrichtung untergebracht werden. ³ Die Feststellung der Urteilsunfähigkeit als Voraussetzung für die Wirksamkeit der eigenen Vorsorge (Art. 360 ff. ZGB) oder von Massnahmen von Gesetzes wegen (Art. 374 ZGB) geschieht in der Regel durch ein Arztzeugnis. **Art. 41 VKES – Begutachtung/Kostenvorschuss** ¹ Die KESB erforscht den Sachverhalt von Amtes wegen und leistet für die von ihr angeordneten Begutachtungen Kostenvorschuss. ² Sofern eine Partei eine Begutachtung verlangt, kann die KESB ihre Anordnung von einem Kostenvorschuss abhängig machen.
ZH	**§ 49 EG KESR** ¹ Die KESB klärt die tatsächlichen Verhältnisse selbst ab. Sie kann mit der Durchführung der Abklärungen ein Mitglied oder eine geeignete Person oder Stelle beauftragen (Art. 446 Abs. 2 ZGB). Vorbehalten bleiben §§ 51 Abs. 1, 53 und 54. ² Die KESB holt von der Wohnsitzgemeinde einen Bericht zu den über die betroffene Person vorhandenen Informationen ein, die für das hängige Verfahren wesentlich sind.

Kantonale Bestimmungen zur Beiladung und zu den Verfahrensparteien	
AG	**§ 61 EG ZGB – Beiladung** ¹ Die instruierende Kindes- und Erwachsenenschutzbehörde kann Dritte von Amtes wegen oder auf Antrag zum Verfahren beiladen, wenn diese durch den Ausgang des Verfahrens in eigenen Interessen berührt werden könnten. ² Beigeladene haben Parteistellung und die damit verbundenen Rechte und Pflichten. Über die Anträge der ursprünglichen Parteien können sie nicht hinausgehen. Die Verfügung über den Streitgegenstand steht ihnen nicht zu. Mit der Beiladung wird der Entscheid auch für die Beigeladenen verbindlich. ³ Verzichten Beigeladene auf eine aktive Teilnahme am Verfahren, tragen sie keine Kosten. **§ 62 Abs. 1 EG ZGB** Im erstinstanzlichen Verfahren vor der Kindes- und Erwachsenenschutzbehörde sind Partei, a–b) [aufgehoben] c) wer durch Gesuch ein Verfahren einleitet, d) gegen wen ein Verfahren eingeleitet wird, e) Dritte, die sich am Verfahren mit eigenen Anträgen beteiligen, f) wor beigeladen ist.

Kantonale Bestimmungen zur Beiladung und zu den Verfahrensparteien	
BS	**§ 12 Abs. 1 VoKESG – Vorladung** Die Vorladung zu mündlichen Verhandlungen gemäss § 3 Abs. ² KESG richtet sich nach Art. 133 ff. der schweizerischen Zivilprozessordnung vom 19.12.2008 (ZPO). Die übrigen Einladungen der KESB können durch gewöhnliche Post oder formlos erfolgen.
LU	**§ 35 Abs. 2 EG ZGB** Die Kindes- und Erwachsenenschutzbehörde kann zur Aufgabenerfüllung, namentlich zur Sachverhaltsabklärung, weitere Personen beiziehen.

(Erarbeitung der Tabellen durch Daniel Rosch)

Art. 447

E. Anhörung

¹ **Die betroffene Person wird persönlich angehört, soweit dies nicht als unverhältnismässig erscheint.**

² **Im Fall einer fürsorgerischen Unterbringung hört die Erwachsenenschutzbehörde die betroffene Person in der Regel als Kollegium an.**

Literatur

BODENMANN/RUMO-JUNGO, Die Anhörung von Kindern aus rechtlicher und psychologischer Sicht, FamPra.ch 2003, 22 ff.

I. Regelungsgegenstand

1   Die Norm von Art. 447 regelt die **Anhörung der betroffenen Person**. Im **früheren Recht** wurde die Anhörung der betroffenen Person nur punktuell im ZGB, im Übrigen aber durch das kantonale Recht geregelt, wobei jedoch das übergeordnete Recht der verfassungsrechtlichen Grundsätze und aufgrund der Rechtsprechung auch ungeschriebenes Bundesrecht zu beachten waren (Art. 314 Ziff. 1, Art. 374 Abs. 2, Art. 397, 397f Ziff. 3 aZGB; CHK-AFFOLTER/STECK/VOGEL [1. Aufl.], Art. 374 aZGB N 1 ff. und Art. 397f aZGB N 9; Art. 446 N 4). Im **geltenden Recht** wird nunmehr die persönliche Anhörung ausdrücklich und generell in Art. 447 ZGB und für das Kind wie bisher in einer eigenen besonderen Bestimmung (neu Art. 314a; vgl. dazu N 6) geregelt (FamKomm Erwachsenenschutz-STECK, Art. 447 N 1; CHK-BIDERBOST, Art. 314a ZGB N 1). Die Formulierung in Art. 447 entspricht wörtlich derjenigen in Art. 447 E-Erwachsenenschutz.

2   In Abs. 1 wird der **allgemeine Grundsatz** festgehalten. Abs. 2 enthält eine **besondere Vorschrift** für den Fall der **fürsorgerischen Unterbringung**.

II. Sachlicher Geltungsbereich

1. Grundsatz (Abs. 1)

a) Allgemeines

Das **Recht, von der Behörde persönlich angehört zu werden** (Art. 447), ist Teil 3
des umfassenderen verfassungsrechtlich garantierten Anspruchs auf rechtliches
Gehör (Art. 29 Abs. 2 BV). Der Anspruch auf rechtliches Gehör wird zusätzlich
durch die Bestimmungen von Art. 449a (Verfahrensbeistand) und Art. 449b (Akteneinsicht) verwirklicht (Schmid, Art. 447 N 1; FamKomm Erwachsenenschutz-Steck, Art. 447 N 4).

In allgemeiner Hinsicht gilt, dass der **Anspruch auf rechtliches Gehör** Teilgehalt 4
des *allgemeinen Grundsatzes auf ein faires Verfahren* i.S.v. Art. 6 Ziff. 1 EMRK
und Art. 29 Abs. 1 BV ist (BGE 133 I 100 E. 4.3; 129 I 85 E. 4.1; BSK ZGB I-Auer/
Marti, Art. 447 N 5). Art. 6 Ziff. 1 EMRK geht jedoch insofern weiter als Art. 29 BV,
indem auch die Öffentlichkeit des Verfahrens garantiert wird. Dieser Grundsatz
umfasst unter anderem das Recht des Einzelnen, seine Argumente dem Gericht
mündlich in einer öffentlichen Sitzung vorzutragen (*Parteiöffentlichkeit*; BSK
ZPO-Gehri, Art. 54 ZPO N 3 ff.), wobei nach der bundesgerichtlichen Rechtsprechung allerdings vorausgesetzt wird, dass dafür ein klarer Antrag gestellt wurde
(BGE 136 I 279 E. 1.–5; 122 V 47 E. 3a). Fehlt ein Antrag auf Durchführung einer
öffentlichen Verhandlung und wird lediglich um mündliche Anhörung i.S. eines
Beweisantrages ersucht, hat Art. 6 Ziff. 1 EMRK keine über Art. 29 Abs. 2 BV hinausgehende Bedeutung (BGE 134 I 140 E. 5.2; BGer vom 15. 7. 2013, 5A_306/2013
E. 2.1). In Bezug auf die nach Art. 30 BV garantierte *Publikumsöffentlichkeit* ist indessen auch im Kindes- und Erwachsenenschutzrecht nach der Regel von Art. 450f
sinngemäss Art. 54 Abs. 4 ZPO anwendbar, wonach die familienrechtlichen Verfahren nicht öffentlich sind (vgl. dazu FamKomm Erwachsenenschutz-Steck,
Art. 450f N 8 ff., 12).

Art. 29 Abs. 2 BV räumt **keinen Anspruch auf persönliche Anhörung** ein (BGE 130 4a
II 425 E. 2.1; BGer vom 15. 7. 2013, 5A_306/2013 E. 2.2). Der verfassungsrechtliche
Anspruch auf rechtliches Gehör kann aber durch eidgenössisches oder kantonales
Verfahrensrecht über die Minimalgarantie von Art. 29 Abs. 2 BV hinaus ausgedehnt werden (BGE 134 I 140 E. 5.3; BSK ZGB I-Auer/Marti, Art. 447 N 6; vgl. N 5).

b) Persönliche Anhörung

Für den Bereich des **Kindes- und Erwachsenenschutzrechts** geht das Recht der 5
betroffenen Person auf persönliche (d.h. mündliche) Anhörung über den verfassungsmässigen Anspruch auf rechtliches Gehör hinaus, indem Art. 447 eine allgemeine **Pflicht der Behörde zur persönlichen Anhörung** der betroffenen Person
statuiert (vgl. aber BGer vom 10. 3. 2014, 5A_4/2014 E. 5.1, wonach die Vorschriften
des ZGB über das Verfahren vor der gerichtlichen Beschwerdeinstanz [Art. 450 ff.]
eine persönliche Anhörung nicht vorschreiben; in Bezug auf Kinder vgl. zudem
auch N 7 f und Art. 446 N 5c). Mit diesem umfassenden, qualifizierten Mitwirkungs-

recht soll i.S. einer *verfahrensrechtlichen Garantie* dazu beigetragen werden, das Wohl und den Schutz der hilfsbedürftigen Person sicherzustellen und ihre Selbstbestimmung so weit wie möglich zu erhalten und zu fördern (Art. 388). Dieser Pflicht genügt weder die schriftliche Stellungnahme noch die Vertretung im Verfahren durch eine Rechtsvertretung oder eine Beistandschaft (Botschaft Erwachsenenschutz, 7079; BSK ZGB I-AUER/MARTI, Art. 447 N 7 f.; FamKomm Erwachsenenschutz-STECK, Art. 447 N 7).

5a Soweit sich die persönliche Anhörung im Mitwirkungsrecht erschöpft, kann eine urteilsfähige betroffene Person auch darauf **verzichten** (BSK ZGB I-AUER/MARTI, Art. 447 N 9, 14). Dient indessen die Anhörung der *Sachverhaltsermittlung* (N 7 ff.), ist ein Verzicht grundsätzlich selbst dann ausgeschlossen, wenn die betroffene Person, soweit sie zur Mitwirkung verpflichtet ist, sich widersetzen sollte (Art. 448 Abs. 1; BSK ZGB I-AUER/MARTI, Art. 447 N 11). Fraglich ist jedoch, inwieweit in einem solchen Falle die Mitwirkungspflicht mit Zwangsmassnahmen durchgesetzt werden könnte (Art. 448 Abs. 1; Art. 448 N 2; vgl. dazu auch BSK ZGB I-AUER/MARTI, Art. 448 N 17 ff.; FamKomm Erwachsenenschutz-STECK, Art. 448 N 15 ff.). Nicht unbedenklich ist eine Praxis, wonach die KESB von einer Anhörung absehen dürfen soll, wenn sich die betroffene Person mit der in Aussicht genommenen Massnahme einverstanden erklärt hat. Sie ist mit dem Untersuchungsgrundsatz kaum in Einklang zu bringen. Vielmehr hat die Anhörung grundsätzlich zu erfolgen, soweit sie unter den gegebenen konkreten Umständen zumutbar ist (vgl. auch N 8).

6   Die Pflicht zur persönlichen Anhörung wird für **Kinder** in Art. 314a besonders geregelt und näher umschrieben (BSK ZGB I-AUER/MARTI, Art. 447 N 15). Der im materiellen Recht verankerte Grundsatz des Kindeswohls geniesst als «*oberste Maxime des Kindesrechts in einem umfassenden Sinn*» Verfassungsrang (Art. 11 Abs. 1 BV; BGE 132 III 359 E. 4.4.2; 129 III 250 E. 3.4.2; vgl. auch BGE 131 III 409 E. 4.4.2; BGer vom 3.6.2010, 5A_89/2010 E. 4; BGer vom 24.1.2008, 5A_536/2007 E. 2; BSK ZPO-STECK, Vorbem. zu Art. 295–304 N 1 und Art. 298 N 1 ff.) und ist daher in allen familienrechtlichen Verfahren zu befolgen (BGer vom 22.8.2008, 5A_388/2008 E. 2; FamKomm Erwachsenenschutz-STECK, Art. 447 N 8; vgl. auch FamKomm Scheidung-SCHWEIGHAUSER, Anhang ZPO, Art. 298 N 1 ff.). Eine Anhörung muss unter Umständen im Vollstreckungsverfahren noch einmal angeordnet werden (BGer vom 22.8.2008, 5A_388/2008 E. 3; BGer vom 4.2.2014, 5A_754/2013 E. 3).

7   Die persönliche Anhörung erfüllt einen doppelten Zweck. Sie erfolgt einerseits zur **Wahrung der Persönlichkeitsrechte** der betroffenen Person (BGer vom 3.6.2010, 5A_89/2010 E. 4.1; BGer vom 23.7.2012, 5A_432/2012, E. 3.2). Anderseits ist sie – als Konsequenz des uneingeschränkten Untersuchungsgrundsatzes (Art. 446 ZGB N 4 ff.) – oft auch zur **Sachverhaltsfeststellung** unentbehrlich (vgl. BGer vom 16.6.2014, 5A_821/2013 E. 4; BGer vom 6.8.2013, 5A_473/2013 E. 3; BGer vom 12.2.2013, 5A_916/2012 E. 3.1; BGer vom 12.3.2012, 5A_701/2011 E. 2.2.2; BGer vom 3.8.2011, 5A_467/2011 E. 6.1; BGer vom 14.7.2011, 5A_397/2011 E. 2.2; BGer vom 8.8.2011, 5A_299/2011 E. 3; BGer vom 6.7.2010, 5A_50/2010 E. 2.1;

BGer vom 5.7.2007, 5C.316/2006 E. 2; BGer vom 5.11.2010, 5A_471–472/2010 E. 2.4; BGer vom 10.9.2010, 5A_361/2010 E. 2 ff.; BGer vom 9.3.2010, 5A_55/2010 E. 4.1; BSK ZPO-STECK, Art. 298 ZPO N 5; FamKomm Scheidung-SCHWEIGHAUSER, Anhang ZPO, Art. 298 N 11 ff.). Dies gilt insb. dann, wenn eine Beschränkung der Handlungsfähigkeit in Frage steht, wenn mit der beabsichtigten Anordnung auf andere Weise in die Persönlichkeitsrechte eingegriffen wird oder wenn die betroffene Person ausdrücklich eine Anhörung verlangt (Botschaft Erwachsenenschutz, 7079; FamKomm Erwachsenenschutz-STECK, Art. 447 N 9).

Die persönliche Anhörung der betroffenen Person gehört deshalb nach der hier vertretenen Auffassung nicht zu den Verfahrenshandlungen, die von der Behörde i.S.v. Art. 446 Abs. 2 S. 2 regelmässig und systematisch einer geeigneten aussenstehenden Person oder Stelle delegiert werden darf (FamKomm Erwachsenenschutz-STECK, Art. 447 N 10; vgl. auch BGE 117 II 132 E. 1–5; tendenziell jedoch weniger restriktiv Botschaft Erwachsenenschutz, 7080; in Bezug auf die Anhörung von Kindern vgl. auch BSK ZPO-STECK, Art. 298 ZPO N 7 ff. sowie FamKomm Scheidung-SCHWEIGHAUSER, Anhang ZPO, Art. 298 N 15 ff.). Vielmehr erfordert der **Grundsatz der Beurteilung durch die Fachbehörde** (Art. 440 Abs. 1 und 2 ZGB), dass die persönliche Anhörung im Regelfall durch ein Mitglied der Behörde selbst oder durch erfahrene und geeignete Mitarbeiterinnen oder Mitarbeiter erfolgt, welche bei den Entscheidungen mitwirken. Insoweit verlangt das Gesetz auch eine gewisse *Unmittelbarkeit* des Verfahrens. Eine Anhörung durch das Kollegium ist aber nicht vorschrieben (BSK ZGB I-AUER/MARTI, Art. 447 N 16 ff.; vgl. dazu auch z.B. § 49 und § 51 EG KESR ZH; N 9).   7a

In besonders gelagerten Fällen kann die **Anhörung durch eine aussenstehende Fachperson** angezeigt sein (z.B. durch eine Psychiaterin oder einen Psychiater; für die Anhörung von Kindern vgl. BGE 133 III 553 E. 4; 131 III 409 E. 4.4.3; BGer vom 14.7.2011, 5A_397/2011 E. 2.4; BGer vom 6.7.2010, 5A_50/2010 E. 2; BGer vom 24.1.2008, 5A_536/2007 E. 2.1; FamKomm Erwachsenenschutz-STECK, Art. 447 N 11; vgl. im Übrigen auch BSK ZPO-STECK, Art. 298 N 11 ff. sowie FamKomm Scheidung-SCHWEIGHAUSER, Anhang ZPO, Art. 298 N 18 ff.; vgl. auch z.B. § 51 Abs. 3 EG KESR ZH).   7b

c)   Durchführung der Anhörung

Die Anhörung stellt ein wesentliches Element des Verfahrens dar (N 5, 7) und bildet eine **wichtige Grundlage für die Entscheidfindung** (vgl. Art. 388 Abs. 2). Das Ergebnis der Anhörung ist deshalb zu den Akten zu erheben (Art. 449b; FamKomm Erwachsenenschutz-STECK, Art. 447 N 12 und Art. 449b N 5).   7c

Wie schon im früheren Recht (N 1) fehlen auch im geltenden Recht gesetzliche Verfahrensvorschriften über die Durchführung der Anhörung. Gewisse Richtlinien sind durch die Gerichtspraxis geschaffen worden (N 7e–7g). Im Übrigen ist es weiterhin Sache des **kantonalen Verfahrensrechts**, hiefür die erforderliche gesetzliche Regelung zu erlassen. Subsidiär sind nach Art. 450f sinngemäss die Bestimmungen der ZPO anwendbar (Art. 450f N 4 f., 7 f.; BSK ZGB I-AUER/MARTI, Art. 447 N 16; FamKomm Erwachsenenschutz-STECK, Art. 447 N 13; vgl. dazu Art. 176, 193   7d und 235 ZPO). Die Anhörung ist **nicht öffentlich**. Ohne Zustimmung der betroffenen Person dürfen deshalb nur Verfahrensbeteiligte anwesend sein (BSK ZGB I-AUER/MARTI, Art. 447 N 24; BERNHART, Rz 514; vgl. auch Art. 54 Abs. 3 ZPO).

7e Über die **Führung des Anhörungsprotokolls** enthält das Gesetz in Bezug auf das Kindes- und Erwachsenenschutzrecht einzig in Art. 314a Abs. 2 ZGB eine kurzgefasste, gegenüber Art. 144 aZGB und Art. 314a aZGB leicht erweiterte Bestimmung, welche die bisherige bundesgerichtliche Rechtsprechung wiedergibt (BGE 122 I 53. E. 4; vgl. auch BGer vom 26.3.2010, 5A_860/2009 E. 2; BSK ZGB I-AUER/ MARTI, Art. 447 N 23 und im Einzelnen N 7f und 7g). Art. 314a Abs. 2 ZGB stimmt im Wesentlichen mit Art. 298 Abs. 2 ZPO überein (in Art. 298 Abs. 2 ZPO werden als zu informierende Personen nebst den Eltern auch noch die Beiständin oder der Beistand des Kindes erwähnt; vgl. auch BSK ZPO-STECK, Art. 298 N 23 ff.).

7f Die knappe gesetzliche Regelung über die **Anhörung des Kindes** wurde durch die bundesgerichtliche Rechtsprechung zu Art. 144 aZGB und Art. 314a aZGB und die Lehre konkretisiert. Sie kann in Bezug auf Kinder auch auf das neue Recht (Art. 314a Abs. 1 und 2 ZGB) angewendet werden (Botschaft Erwachsenenschutz, 7101; FamKomm Erwachsenenschutz-STECK, Art. 447 N 15). Danach ist die Anhörung des Kindes schonungsvoll, altersgerecht und dem Stand der Entwicklung angepasst, in aller Regel in Abwesenheit der Eltern durchzuführen (zum Alter des Kindes vgl. BGE 131 III 553 E. 1.2; BGer vom 12.3.2012, 5A_701/2011 E. 2; BGer vom 30.4.2008, 5A_53/2008 E. 2; BGer vom 15.5.2008, 5A_43/2008 E. 4.1; BGer vom 24.1.2008, 5A_536/2007 E. 2; BGer vom 11.10.2007, 5A_117/2007 E. 4.2; BGer vom 23.9.2005, 5C.209/2005 E. 3; BODENMANN/RUMO-JUNGO, FamPra.ch 2003, 26 ff.; vgl. auch BGer vom 4.2.2014, 5A_754/2013 E. 3, mit Verweisung auf BGE 131 III 553 ff., wonach bei jüngeren Kindern die Anhörung ausschliesslich der Sachverhaltsabklärung dient und in diesem Falle im Sinne eines Beweismittels ausdrücklich angerufen werden muss, während bei älteren Kindern der persönlichkeitsrechtliche Aspekt im Vordergrund steht und das (urteilsfähige) Kind ein eigenes Mitwirkungsrecht hat. Im gleichen Sinne BGer vom 16.6.2014, 5A_821/ 2013 E. 4). Wiederholte Anhörungen sind möglichst zu vermeiden, insb. dann, wenn keine neuen Erkenntnisse zu erwarten sind (BGE 133 III 553 E. 4; BSK ZPO-STECK, Art. 298 N 22; vgl. auch BGer vom 14.7.2014, 5A_322/2014 E. 5; BGer vom 12.3.2012, 5A_701/2011 E. 2.2.2; BGer vom 3.8.2011, 5A_467/2011 E. 6.1; BGer vom 29.3.2011, 5A_160/2011 E. 5.2.1; BGer vom 14.7.2011, 5A_397/2011 E. 2.4; BGer vom 6.7.2010, 5A_50/2010 E. 2: «Eine Anhörung um der Anhörung willen ist zu vermeiden»). Das Protokoll soll mit dem Kind besprochen werden, und es sind nur die wesentlichen Ergebnisse der Anhörung festzuhalten. Soweit das Kind es explizit wünscht, sind seine Aussagen nicht zu protokollieren. Es muss aber darauf aufmerksam gemacht werden, dass der Entscheid nicht auf nicht protokollierte Aussagen abgestellt werden kann. Die Eltern und eine ggf. bestehende, durch die Behörde angeordnete Kindesvertretung (Art. 314a^{bis} ZGB), sind über das Ergebnis mündlich oder schriftlich zu informieren. Der Anspruch auf rechtliches Gehör ist gewahrt, wenn ihnen das Ergebnis der Anhörung, nicht aber Einzelheiten des Gesprächsinhalts bekannt gegeben werden und sie vor dem Entscheid dazu Stellung nehmen können (BGE 122 I 53 E. 4c und 5; BGer vom 10.9.2010,

5A_361/2010 E. 2; vgl. im Einzelnen auch BSK ZPO-Steck, Art. 298 ZPO N 14 f., 18 ff., 23 f.; FamKomm Scheidung-Schweighauser, Anhang ZPO, Art. 298 N 21 ff., 31 ff.; Bodenmann/Rumo-Jungo, FamPra.ch 2003, 22, 39).

In Bezug auf **erwachsene Personen** kann in dem Sinne die Praxis zur Anhörung der Kinder für diejenigen Fälle sinngemäss herangezogen werden, die eine besonders **schonungsvolle Behandlung der betroffenen Person** erfordern, um den vom Gesetz angestrebten Zweck der Massnahme zu erreichen und zu gewährleisten (Art. 388 Abs. 1; FamKomm Erwachsenenschutz-Steck, Art. 447 N 16; vgl. auch BSK ZGB I-Auer/Marti, Art. 447 N 21).

7g

d) *Ausnahmen von der Anhörungspflicht*

Ausnahmen von der Pflicht zur persönlichen Anhörung nach Abs. 1 sind zulässig, wenn die persönliche Anhörung nach den gesamten Umständen als **unverhältnismässig** erscheint (Art. 4; BSK ZGB I-Auer/Marti, Art. 447 N 25 ff.). Dies kann etwa vorkommen, wenn ergänzende Anordnungen zu treffen sind oder eine bestehende Massnahme erweitert werden muss und es dabei auf den persönlichen Eindruck nicht mehr ankommt, oder wenn die betroffene Person sich nicht mehr äussern kann (z.B. wenn für eine im Koma liegende Person unter Vertretungsbeistandschaft auch noch eine Vermögensverwaltung angeordnet werden muss, vgl. Botschaft Erwachsenenschutz, 7079; BSK ZGB I-Auer/Marti, Art. 447 N 32, 36, auch 39, wenn sich die Frage der Unverhältnismässigkeit erst im gerichtlichen Beschwerdeverfahren stellt). Der Umstand allein, dass die physische oder psychische Gesundheit einer betroffenen Person die Durchführung erschwert, lässt jedoch eine persönliche Anhörung nicht zum vornherein als unnötig erscheinen, solange ein persönlicher Kontakt unter dem Gesichtspunkt von Art. 388 als sinnvoll und angezeigt erscheint (BSK ZGB I-Auer/Marti, Art. 447 N 12, 30; FamKomm Erwachsenenschutz-Steck, Art. 447 N 17). Die persönliche Anhörung ist grundsätzlich dann geboten, wenn eine Massnahme in Aussicht genommen wird; sie erübrigt sich jedoch in aller Regel, wenn andere Aufgaben der KESB wahrzunehmen sind wie bspw. die Prüfung der Rechnung oder des Rechenschaftsberichts (Art. 415 Abs. 1; BSK ZGB I-Auer/Marti, Art. 447 N 25). Wenn die persönliche Anhörung aus Gründen besonderer Dringlichkeit nicht möglich ist (vgl. Art. 445 Abs. 2), ist sie bei nächster Gelegenheit nachzuholen (BSK ZGB I-Auer/Marti, Art. 447 N 26 f.; vgl. auch Art. 445 N 9.).

8

Die **Ablehnung der Anhörung** durch eine urteilsfähige Person ist hingegen stets zu respektieren (Botschaft Erwachsenenschutz, 7079; BSK ZGB I-Auer/Marti, Art. 447 N 28, 36; für den Fall, dass es lediglich um die Sachverhaltsermittlung gehen sollte vgl. N 5a). Verweigert ein **Kind** die Mitwirkung, ist dies zu respektieren, doch ist zu überprüfen, ob der Verzicht dem Willen des Kindes entspricht (FamKomm Erwachsenenschutz-Steck, Art. 447 N 18; BSK ZGB I-Auer/Marti, Art. 447 N 31; BSK ZPO-Steck, Art. 298 ZPO N 17; FamKomm Scheidung-Schweighauser, Anhang ZPO, Art. 298 N 30). Zur Verweigerung der Mitwirkungspflicht vgl. im Einzelnen auch FamKomm Erwachsenenschutz-Steck, Art. 448 N 18 ff.).

8a

8b Falls die Anhörung der betroffenen Person ausgeschlossen ist, besteht für ihren Rechtsvertreter, der selber von der zu prüfenden Massnahme nicht betroffen ist, **kein Anspruch auf mündliche Anhörung** (BGer vom 12.1.2011, 5A_857/2010 E. 3; BSK ZGB I-GEISER [4. Aufl.], Art. 397f N 20; BSK ZGB I-AUER/MARTI, Art. 447 N 13; FamKomm Erwachsenenschutz-STECK, Art. 447 N 19).

2. Persönliche Anhörung bei fürsorgerischer Unterbringung (Abs. 2)

9 Für den Fall der **fürsorgerischen Unterbringung** wird vorgeschrieben, dass die Anhörung *in der Regel* vor dem Kollegium stattzufinden hat (vgl. auch Art. 450e ZGB N 12 ff.; BGE 139 III 257 E. 4 ff., 4.3; BGer vom 2.8.2013, 5A_519/2013 E. 3.3). Damit wird an der früher geltenden Regelung nicht mehr festgehalten, wonach bei Verfahren der FFE die mündliche Einvernahme der betroffenen Person vor dem Kollegium (des Gerichts erster Instanz) nach Art. 397f Abs. 3 aZGB zwingend und eine Delegation an einen Gerichtsausschuss unzulässig war (BGE 115 II 129 E. 6c; abweichend noch BGE 110 II 122 E. 4; in Bezug auf Kinder BGE 131 III 409 E. 4.3 [zu Art. 314 aZGB]; vgl. auch CHK-AFFOLTER/STECK/VOGEL [1. Aufl.], Art. 397f aZGB N 9 f.). Nach geltendem Recht ist eine *Delegationsmöglichkeit* ausnahmsweise zulässig, wofür ähnliche Gründe wie in N 8 ff. aufgeführt massgebend sein können (BSK ZGB I-AUER/MARTI, Art. 447 N 33 ff.; FamKomm Erwachsenenschutz-STECK, Art. 447 N 20; vgl. auch BGE 131 III 409 E. 4.4.1 und 4.4.2; 116 II 406 f. E. 2). Auch bei einer FU ist denkbar, dass von einer persönlichen Anhörung ganz abgesehen wird (BSK ZGB I-AUER/MARTI, Art. 447 N 36; vgl. auch N 8 und 8a).

III. Sanktionen bei Verletzung der Pflicht zur Anhörung

10 Die **Unterlassung der gebotenen persönlichen Anhörung** stellt eine Rechtsverletzung dar, die mit Beschwerde gegen den Endentscheid gerügt werden kann (Art. 450a N 4; BSK ZGB I-AUER/MARTI, Art. 447 N 37). Ein ablehnender Entscheid kann mit Beschwerde in Zivilsachen beim BGer angefochten werden (Art. 72 Abs. 2 lit. b Ziff. 6 BGG; FamKomm Erwachsenenschutz-STECK, Art. 447 N 21; Art. 450 ZGB N 7, 8c).

11 In Art. 314a Abs. 3 ist ein **Beschwerderecht des urteilsfähigen Kindes** wegen Verweigerung der Anhörung ausdrücklich festgehalten (die Altersgrenze von 16 Jahren gemäss Art. 314a Abs. 2 aZGB wurde zu Recht aufgehoben; vgl. Art. 314a Abs. 3 und Art. 314b Abs. 2 ZGB; Botschaft Erwachsenenschutz, 7102; BSK ZGB I-AUER/MARTI, Art. 447 N 38; FamKomm Erwachsenenschutz-STECK, Art. 447 N 22; zum früheren Recht BGer vom 28.3.2011, 5A_503/2010 E. 3.2).

12 Wird eine im erstinstanzlichen Verfahren zu Unrecht **unterlassene persönliche Anhörung** i.S.v. Art. 447 Abs. 1 von der gerichtlichen Beschwerdeinstanz nachgeholt, ist damit ausnahmsweise der Mangel geheilt, weil die Beschwerdeinstanz in rechtlicher und tatsächlicher Hinsicht eine umfassende Überprüfung vornimmt und normalerweise eine Rückweisung an die erste Instanz nicht erfolgen sollte (Art. 450 N 6a; BSK ZGB I-AUER/MARTI, Art. 447 N 37). Das muss nach der hier vertretenen Auffassung grundsätzlich auch bei einer Verletzung von Art. 447 Abs. 2 möglich sein, sofern die gerichtliche Beschwerdeinstanz die in Art. 450e Abs. 4

Satz 1 vorgeschriebene Anhörung selber gesetzeskonform durchführt (differenzierend und teilweise abweichend BSK ZGB I-AUER/MARTI, Art. 447 N 37). Hat die gerichtliche Beschwerdeinstanz zu Unrecht die persönliche Anhörung (Art. 450e Abs. 4 Satz 1) unterlassen, führt dies im Verfahren vor Bundesgericht zur Aufhebung des kantonalen Entscheids (BGE 139 III 257, 259 f., E. 4, mit Besprechung von WOLF/THUT, ZBJV 2014, 658 ff.; vgl. Art. 450e N 12a, 12c).

Kantonale Bestimmungen zur Anhörung (Art. 447 ZGB)	
AG	**§ 64a Abs. 1 EG ZGB – Anhörung gemäss Art. 447 ZGB** Die betroffene Person wird unter Vorbehalt von Art. 447 Abs. 2 ZGB durch die Kindes- und Erwachsenenschutzbehörde oder ein einzelnes Mitglied der Kindes- und Erwachsenenschutzbehörde angehört. **§ 65 Abs. 1 EG ZGB – Protokoll** Von der Unterzeichnung des Protokolls durch die Parteien, die Zeuginnen und Zeugen sowie die Gutachterinnen und Gutachter kann abgesehen werden. **§ 64b EG ZGB – Vorgehen bei Kindesanhörung gemäss Art. 314a ZGB** ¹ Die Kindes- und Erwachsenenschutzbehörde lädt das Kind zur Anhörung ein, orientiert es in altersgerechter Weise über seine Rechte und hört es an. ² Das Kind wird in der Regel durch ein einzelnes Mitglied der Kindes- und Erwachsenenschutzbehörde angehört. ³ Verzichtet die Kindes- und Erwachsenenschutzbehörde entgegen dem Wunsch des Kindes auf die Anhörung, eröffnet sie dies dem urteilsfähigen Kind in einem Entscheid.
BE	**Art. 51 KESG – Anhörung** ¹ Die persönliche Anhörung der betroffenen Person (Art. 447 Abs. 1 ZGB) erfolgt grundsätzlich durch das instruierende Mitglied. Ist der persönliche Eindruck der betroffenen Person nicht von entscheidender Bedeutung, kann die Anhörung an eine andere geeignete Person übertragen werden. ² Im Fall einer fürsorgerischen Unterbringung hört die Kindes- und Erwachsenenschutzbehörde die betroffene Person in der Regel als Kollegium an (Art. 447 Abs. 2 ZGB). ³ Die persönliche Anhörung des betroffenen Kindes richtet sich nach Artikel 314a ZGB. ⁴ Soweit geboten, sind neben der betroffenen Person auch die ihr nahestehenden Personen sowie die Behörden und Stellen anzuhören, die sich mit ihr befasst haben. **Art. 52 KESG – Protokollierung** ¹ Bei erwachsenen Personen ist der wesentliche Inhalt der Anhörung zu protokollieren. ² Bei Kindern sind nur die für den Entscheid wesentlichen Ergebnisse zu protokollieren (Art. 314a Abs. 2 ZGB).
BL	**§ 70 EG ZGB – Anhörung** ¹ In Verfahren auf Anordnung, Abänderung oder Aufhebung von Massnahmen sind die betroffenen Personen persönlich anzuhören, soweit dies nicht als unverhältnismässig erscheint. Vorbehalten bleibt Absatz 2.

Kantonale Bestimmungen zur Anhörung (Art. 447 ZGB)	
	² In Verfahren bezüglich Massnahmen zum Schutz des Kindes oder des Kindesvermögens ist das Kind persönlich anzuhören, soweit nicht sein Alter oder andere wichtige Gründe dagegen sprechen. ³ Die persönlichen Anhörungen sind zu protokollieren. Bei der Anhörung von Kindern sind im Protokoll nur die für den Entscheid wesentlichen Ergebnisse festzuhalten. ⁴ Ist eine förmliche Anhörung nicht möglich, so ist über die Wahrnehmungen ein Protokoll zu führen. ⁵ Das Protokoll kann schriftlich, akustisch, audiovisuell oder mit anderen geeigneten technischen Hilfsmitteln aufgezeichnet werden. ⁶ Im Verfahren der fürsorgerischen Unterbringung gelten im Weiteren die Bestimmungen der §§ 79 Absatz 2 und 80 Absatz 3 dieses Gesetzes.
BS	**§ 9 Abs. 2 KESG** Die Spruchkammer hört die betroffene Person in der Regel als Kollegium an. Die Vorsitzende oder der Vorsitzende kann von einer persönlichen Anhörung absehen, wenn diese unverhältnismässig erscheint und die betroffene Person nicht ausdrücklich eine Anhörung verlangt **§ 11 VoKESG – Rechtliches Gehör** ¹ Die Anhörung der betroffenen Person kann durch Mitarbeitende des Abklärungsdienstes der KESB erfolgen. ² Vorbehalten bleiben die Bestimmungen im Zusammenhang mit der Anhörung des Kindes gemäss Art. 314a ZGB, der Anhörung im Falle einer fürsorgerischen Unterbringung gemäss Art. 447 Abs. 2 ZGB sowie der Anhörung bei mündlichen Verhandlungen gemäss § 9 KESG. **§ 13 VoKESG – Protokollierung von mündlichen Verhandlungen** ¹ Die anlässlich einer mündlichen Verhandlung getätigten Aussagen der betroffenen Person und weiteren angehörten Personen werden in ihrem wesentlichen Inhalt zu Protokoll genommen. Das Protokoll ist von der das Protokoll verfassenden Person zu unterzeichnen. ² Auf Anordnung der Vorsitzenden oder des Vorsitzenden der Spruchkammer können anstelle einer schriftlichen Protokollierung die Aussagen auf Tonband, auf Video oder mit anderen geeigneten Hilfsmitteln aufgezeichnet werden. ³ Vorbehalten bleibt Art. 314a Abs. 2 ZGB.
GL	**Art. 63bb Abs. 1 EG ZGB** Die Kindes- und Erwachsenenschutzbehörde regelt die Protokollführung. Diese hat beratende Stimme. **Art. 7 Abs. 3 VKESG** Die KESB bestimmt in der Regel einen Mitarbeitenden der unterstützenden Dienste für die Protokollführung. **Art. 9 VKESG – Anhörung** ¹ Die Einladung zu einer Anhörung gemäss Artikel 447 Absatz 1 ZGB erfolgt in der Regel formlos und ohne Androhung von Säumnisfolgen.

	Kantonale Bestimmungen zur Anhörung (Art. 447 ZGB)
	² Die Anhörung erfolgt durch ein Mitglied der KESB und einen Mitarbeitenden der unterstützenden Dienste. ³ In besonderen Fällen kann die Anhörung einer aussenstehenden Fachperson übertragen werden. ⁴ Der Inhalt der Anhörung wird schriftlich festgehalten. In begründeten Fällen kann die Anhörung elektronisch aufgezeichnet werden.
GR	**Art. 58a EG ZGB** ¹ Die persönliche Anhörung der betroffenen Person erfolgt in der Regel durch ein Behördenmitglied. Bei Vorliegen besonderer Verhältnisse kann eine geeignete Fachperson damit beauftragt werden. ² Auf Verlangen der betroffenen Person oder bei einem schweren Eingriff in die Persönlichkeitsrechte erfolgt die Anhörung durch die Kollegialbehörde, sofern dies nicht als unverhältnismässig erscheint. ³ Der für den Entscheid wesentliche Inhalt ist in einem Protokoll festzuhalten **Art. 9 KESV** ¹ Behördenmitglieder, welche Kindesanhörungen durchführen, müssen hierfür befähigt sein. ² Bei Vorliegen besonderer Verhältnisse soll die Anhörung durch eine besonders befähigte Fachperson durchgeführt werden. ³ Von der Anhörung von Kindern unter 16 Jahren durch die Kollegialbehörde ist in der Regel abzusehen. **Art. 10 KESV** Als schwerer Eingriff in die Persönlichkeitsrechte gelten insbesondere der Entzug der Handlungsfähigkeit sowie der Obhutsentzug oder der Entzug der elterlichen Sorge. **Art. 11 KESV** Der Wohnsitzgemeinde ist vor dem Entscheid Gelegenheit zur Stellungnahme zu geben, sofern sie durch die geplante Massnahme in ihren Interessen, insbesondere finanzieller Art, wesentlich berührt wird. Bei Gefahr im Verzug ist ihr nachträglich Gelegenheit zur Stellungnahme zu geben.
LU	**§ 47 Abs. 2 EG ZGB** Die persönliche Anhörung der betroffenen Person erfolgt in der Regel durch das ver-fahrensleitende Behördenmitglied. Wo besondere Verhältnisse es rechtfertigen, kann die Anhörung an eine andere geeignete Person delegiert werden.
SG	**Art. 24 Abs. 2 EG-KES – Zeugeneinvernahmen und Anhörungen** Auf Verlangen der betroffenen Person erfolgt die persönliche Anhörung nach Art. 447 Abs. 1 ZGB durch sämtliche für den Fall zuständigen Mitglieder.
SH	**Art. 51 EG ZGB** ¹ Die Verfahrensleitung kann auch die Mitglieder des Fachsekretariates oder andere geeignete Personen mit Anhörungen und Zeugeneinvernahmen beauftragen. ² Der wesentliche Inhalt ist in einem Protokoll festzuhalten. Bei Kindern sind nur die für den Entscheid wesentlichen Ergobnisse zu protokollieren. Zur Un-

Kantonale Bestimmungen zur Anhörung (Art. 447 ZGB)	
	terstützung der Protokollführung können Tonaufnahmegeräte verwendet werden. [3] Das Protokoll wird durch die protokollführende Person unterzeichnet.
SO	**§ 148 EG ZGB – IV. Anhörung Art. 447 ZGB** [1] Die persönliche Anhörung der betroffenen Person gemäss Artikel 447 Absatz 1 ZGB[60] erfolgt grundsätzlich durch das fallführende Mitglied der Kindes- und Erwachsenenschutzbehörde. Wo besondere Verhältnisse es rechtfertigen, kann die Anhörung an eine andere geeignete Person übertragen werden. [2] Soweit geboten, sind neben der betroffenen Person auch die ihr nahestehenden Personen sowie die Behörden und Stellen anzuhören, die sich mit ihr befasst haben.
TG	**§ 32 Abs. 1 KESV – Persönliches Erscheinen** Zu Verhandlungen und Anhörungen vor der Kindes- und Erwachsenenschutzbehörde sowie vor der Beschwerdeinstanz hat die vertretene Person persönlich zu erscheinen, soweit sie nicht von der Verfahrensleitung davon dispensiert wurde. **§ 54 KESV – Notwendigkeit von Anhörungen** [1] Die betroffene Person ist grundsätzlich persönlich anzuhören, soweit dies nicht als unverhältnismässig erscheint oder aus objektiven Gründen nicht in Betracht kommt, wie etwa wenn Gefahr im Verzug ist. [2] Soweit notwendig sind neben der betroffenen Person auch die Angehörigen oder der betroffenen Person nahe stehende Personen und gegebenenfalls ihre Vertrauensperson anzuhören. [3] Im Verfahren bezüglich Massnahmen zum Schutz des Kindes ist das Kind persönlich anzuhören, soweit nicht sein Alter oder andere triftige Gründe dagegen sprechen. [4] Bei Behörden und Stellen, die sich mit der betroffenen Person befasst haben, wird in der Regel ein schriftlicher Bericht eingeholt. **§ 55 Abs. 1 KESV – Vorladung zur Anhörung** Die Einladung zu einer Anhörung ergeht entsprechend den Artikeln 133 ff. ZPO. Die Einladung kann vorerst auch formlos und ohne Androhung von Säumnisfolgen erfolgen. **§ 56 KESV – Durchführung von Anhörungen** [1] Anhörungen erfolgen durch die Behörde oder eine Delegation der Behörde. [2] Die Anhörung von Kindern erfolgt durch ein geeignetes Mitglied der Behörde oder durch eine Fachperson. [3] Erfolgt die Anhörung durch die Behörde oder eine Delegation der Behörde, sind die Aktuarin oder der Aktuar ebenso wie die Mitglieder berechtigt, Ergänzungsfragen zu stellen. [4] In der Regel ist der wesentliche Inhalt von Aussagen zu protokollieren. [5] Ist eine förmliche Anhörung nicht möglich, so ist über die Wahrnehmungen der befragenden Personen ein Protokoll zu führen. [6] Das Anhörungsprotokoll ist von der angehörten Person und von der befragenden Person beziehungsweise von der Verfahrensleitung zu unterzeichnen. Im Verfahren betreffend fürsorgerische Unterbringung und bei der Anhörung

	Kantonale Bestimmungen zur Anhörung (Art. 447 ZGB)
	von Kindern kann auf die Unterzeichnung durch die angehörte Person verzichtet werden. ⁷ Zur Unterstützung des Protokolls können Bild- oder Tonaufnahmegeräte verwendet werden. Dies ist den Beteiligten zu Beginn der Anhörung bekannt zu geben.
VS	**Art. 118e EG ZGB – e) Recht auf Anhörung** ¹ Die betroffene Person wird persönlich angehört, es sei denn die Schutzbehörde erachte dies als unverhältnismässig, die Person widersetze sich der Anhörung oder andere Gründe verunmöglichen dies, wie wenn Gefahr im Verzug ist. Die Schutzbehörde kann die betroffene Person verpflichten, zu erscheinen, nötigenfalls unter Anwendung von Zwang. ² Die wesentlichen Elemente der Anhörung sind in einem Protokoll festzuhalten. ³ Die Anhörung kann durch eines der Mitglieder oder durch eine andere geeignete Person erfolgen, wenn die Entscheidung, die getroffen werden muss, dies erlaubt. Die betroffene Person kann jedoch eine Anhörung durch das Kollegium verlangen. ⁴ Im Fall einer fürsorgerischen Unterbringung wird die betroffene Person in der Regel durch das Kollegium der Schutzbehörde angehört (Art. 447 Abs. 2 ZGB). ⁵ Die Anhörung des Kindes richtet sich nach Artikel 314a ZGB. **Art. 23 VKES – Protokolle** Die KESB ist verpflichtet, ihre Verhandlungen schriftlich festzuhalten. Sie erfüllt diese Verpflichtung, indem sie entweder einen Beschluss erlässt oder ein vorschriftsmässiges Protokoll verfasst.
ZH	**§ 50 EG KESR** Die Einladung zu einer Anhörung gemäss Art. 447 Abs. 1 ZGB kann formlos und ohne Androhung von Säumnisfolgen erfolgen. **§ 51 EG KESR** ¹ Die Anhörung der betroffenen Person erfolgt durch ein Mitglied der KESB, wenn a. die Beschränkung oder der Entzug der Handlungsfähigkeit oder der elterlichen Sorge oder der Entzug der Obhut Gegenstand des Verfahrens bildet oder b. angenommen werden muss, dass die betroffene Person mit der infrage stehenden Massnahme nicht einverstanden ist. ² In den übrigen Fällen kann die Anhörung durch geeignete Mitarbeitende des Sekretariats erfolgen. ³ In besonderen Fällen kann die Anhörung einer aussenstehenden Fachperson übertragen werden. ⁴ Aus wichtigen Gründen kann die betroffene Person die Anhörung durch das Kollegium verlangen. **§ 52 EG KESR** Der wesentliche Inhalt der Anhörung wird von der Person, welche die Anhörung durchführt, oder einer Mitarbeiterin oder einem Mitarbeiter des Sekretariats schriftlich festgehalten.

(Erarbeitung der Tabelle durch Daniel Rosch)

Art. 448

F. Mitwirkungspflichten und Amtshilfe

¹ Die am Verfahren beteiligten Personen und Dritte sind zur Mitwirkung bei der Abklärung des Sachverhalts verpflichtet. Die Erwachsenenschutzbehörde trifft die zur Wahrung schutzwürdiger Interessen erforderlichen Anordnungen. Nötigenfalls ordnet sie die zwangsweise Durchsetzung der Mitwirkungspflicht an.

² Ärztinnen und Ärzte, Zahnärztinnen und Zahnärzte, Apothekerinnen und Apotheker und Hebammen sowie ihre Hilfspersonen sind nur dann zur Mitwirkung verpflichtet, wenn die geheimnisberechtigte Person sie dazu ermächtigt hat oder die vorgesetzte Stelle sie auf Gesuch der Erwachsenenschutzbehörde vom Berufsgeheimnis entbunden hat.

³ Nicht zur Mitwirkung verpflichtet sind Geistliche, Rechtsanwältinnen und Rechtsanwälte, Verteidigerinnen und Verteidiger, Mediatorinnen und Mediatoren sowie ehemalige Beiständinnen und Beistände, die für das Verfahren ernannt wurden.

⁴ Verwaltungsbehörden und Gerichte geben die notwendigen Akten heraus, erstatten Bericht und erteilen Auskünfte, soweit nicht schutzwürdige Interessen entgegenstehen.

Literatur

GÄCHTER/EGLI, Informationsaustausch im Umfeld der Sozialhilfe. Rechtsgutachten zuhanden der Gesundheits- und Fürsorgedirektion des Kantons Bern, 2009, ‹www.gef.be.ch› dort: Die Direktion, Organisation, Rechtsamt, Downloads und Publikationen (22.7.14); ROSCH, Datenschutzrechtliche Analyse der Rechtslage und Anpassungsbedarf in Bezug auf die Sozialberatung im Kanton St. Gallen, Juni 2013, ‹www.soziales.sg.ch› dort: Sozialberatung (22.7.14; zit. Gutachten Datenschutz); TRECHSEL/PIETH, Schweizerisches Strafgesetzbuch. Praxiskommentar, 2. Aufl., Zürich/St. Gallen 2013; vgl. die Literaturhinweise zu Art. 443.

I. Mitwirkungspflicht

1   Die KESB hat zwar gem. Untersuchungsmaxime (Art. 446 Abs. 1) den Sachverhalt selbständig abzuklären; sie benötigt aber in der Regel hierfür auch die Mithilfe Dritter. Art. 448 Abs. 1 sieht eine Mitwirkungspflicht der am Verfahren beteiligten Personen und Dritten bei der Abklärung des **rechtserheblichen Sachverhaltes** resp. der Tatsachenlage vor; für den Kindesschutz ist eine analoge spezifische Bestimmung vorgesehen (vgl. Art. 443 N 1). Vor der Einführung dieser expliziten gesetzlichen Grundlage wurden Mitwirkungspflichten aus dem rechtlichen Gehör (GRISEL,

Rz 111 ff. m.w.H.) sowie aus dem Grundsatz von Treu und Glauben im Verfahren hergeleitet (GRISEL, Rz 109 m.w.H.; HÄFELIN/MÜLLER/UHLMANN, Rz 1626). Es geht inhaltlich in der Regel um Tatsachen, welche die betroffene Person besser als die KESB kennt und welche letztere nur mit unvernünftigem Aufwand erheben könnte (BGE 124 II 361 E. 2b; BSK ZGB I-AUER/MARTI, Art. 448 N 5); dazu können auch Tatsachen gehören, welche zum Nachteil der unter Mitwirkungspflicht stehenden Person gereichen (BGE 132 II 113 E. 3.2.; BSK Erwachsenenschutz-AUER/MARTI, Art. 448 N 6; FamKomm Erwachsenenschutz-STECK, Art. 448 N 7). Die Mitwirkungspflicht wird **eingegrenzt** durch das Aussageverweigerungsrecht sowie das Gebot der Verhältnismässigkeit (HÄFELIN/MÜLLER/UHLMANN, Rz 1631a; GRISEL, Rz 121, 342 ff., 390 ff.; BGE 131 IV 36 E. 3; FamKomm Erwachsenenschutz-STECK, Art. 448 N 20, sieht ein absolutes Aussageverweigerungsrecht für die betroffene Person vor; anderweitig kann sie aber m.e. zur Mitwirkung verpflichtet werden). Die Pflicht besteht gegenüber dem Staat, repräsentiert durch die verfahrensleitende Behörde (RHINOW/KOLLER/KISS/THURNHERR/BRÜHL-MOSER, Rz 890). Der **Personenkreis** umfasst die schutzbedürftige Person, allenfalls deren gesetzliche Vertreter, je nach Konstellation nahestehende Personen, Vertrauenspersonen, den Ehegatten etc. sowie für die Abklärung des Sachverhaltes relevante und notwendige Dritte; dazu können auch Minderjährige gehören (s.a. BSK ZGB I-AUER/MARTI, Art. 448 N 2 f.). Die geforderte Mitwirkung muss **zur Wahrung der schutzwürdigen**, d.h. rechtlichen oder tatsächlichen aktuellen **Interessen** insb. der betroffenen Person erfolgen (analog BGE 114 V 201 E. 2; 127 V 1 E. 1; gl.M. FASSBIND, 124) und i.S. des **Verhältnismässigkeitsprinzips** geeignet, erforderlich und zumutbar sein (Art. 388 N 2 ff.; gl.M. BSK ZGB I-AUER/MARTI, Art. 448 N 12). Die Anordnung ergeht in Form einer selbständigen **Zwischenverfügung** bzw. die betroffene Person kann auch eine Verfügung verlangen; hier ist das anwendbare Verfahrensrecht zu konsultieren (vgl. Art. 450f; BSK ZGB I-AUER/MARTI, Art. 448 N 11; FamKomm Erwachsenenschutz-STECK, Art. 448 N 28). Betroffene Personen können somit die Mitwirkung verweigern resp. gegen eine entsprechende Anordnung den **Beschwerdeweg** einschlagen, wenn diese z.B. unverhältnismässig ist. Oftmals sieht hier das (kantonale) Verfahrensrecht vor, dass es für den Rechtsmittelweg einen nicht wieder gutzumachenden Nachteil braucht (zur ZPO: vgl. Art. 319 lit. b Ziff. 2 ZPO; BSK ZGB I-AUER/MARTI, Art. 448 N 11; ROSCH, FamPra.ch 2012, 1045). Die Mitwirkungspflicht bezieht sich auf sämtliche Arten der Sachverhaltserhebung (BSK ZGB I-AUER/MARTI, Art. 448 N 4) und **beinhaltet** namentlich die Mitwirkung in Bezug auf Auskünfte, auf Zeugenaussagen, auf Herausgabe von Urkunden und auf Duldung von ärztlichen und behördlichen Untersuchungen sowie von Augenscheinen (Botschaft Erwachsenenschutz, 7080), aber auch die Entbindung von allfälligen Schweigepflichten (krit. ROSCH, Menschenrechte, 213 f.) und die Meldung von veränderten Verhältnissen. Es finden sich teilweise aber auch Spezialbestimmungen, welche die Mitwirkungspflicht umschreiben (Art. 405 Abs. 4, Art. 449 Abs. 1; BSK ZGB I-AUER/MARTI, Art. 448 N 4); diese konsumieren Art. 448 Abs. 1 Satz 1, nicht aber zwingend die weiteren Anordnungen, insb. die zwangsweise Durchsetzung.

Die Mitwirkungspflicht ist besonders dort problematisch, wo sie Dritte betrifft, die unter einer **besonderen Schweigepflicht** stehen und deren Schweigepflicht nicht

1a

in Art. 448 geregelt ist, z.B. Personen unter Opferhilfegeheimnis, Bewährungshilfegeheimnis, Suchthilfegeheimnis, berufsethischen Schweigepflichten etc. Soweit diese Personen noch zu sog. freiwilligen Dienstleistern gehören, wie z.b. die Pro-Werke, sind sie im Dilemma, mitzuwirken und damit die Zusammenarbeit zu gefährden oder nicht mitzuwirken und allenfalls nach kantonalem Recht gebüsst zu werden. Würde man gerade bei solchen Dienstleistern besonders weit mit der Mitwirkungspflicht gehen, müssten diese ihre Klientschaft vor Beginn der Zusammenarbeit informieren, dass sie allenfalls der Mitwirkung unterstehen, was zur Folge hätte, dass diese wohl auf die Dienstleistung verzichten würde. Auch hier sind im Rahmen der Anordnungen der KESB die «schutzwürdigen Interessen zu wahren». Deshalb ist besonders darauf zu achten, dass die datenschutzrechtliche Zweckbindung eingehalten wird bzw. weitere «überwiegende Interessen» der Stellen genau geprüft und zurückhaltend angewendet werden, soweit das kantonale Recht hier nicht eine eigenständige Regelung vorsieht (z.b. BE mit Verweis auf Datenschutzgesetz, SO). Es stellt sich somit die Frage, ob die betroffene Person nach Treu und Glauben damit rechnen durfte und musste, dass ihre Daten im Rahmen der Mitwirkung an die KESB gehen. Bei Zweckänderung muss dies im kantonalen Recht vorgesehen sein (z.b. § 6 Abs. 4 IDG BL; § 9 Abs. 1 IDG ZH; Art. 10 Abs. 1 lit. c KDSG BE) oder die betroffene Person muss mit der Zweckänderung einverstanden sein. Zudem sind dort, wo das Gesetz nicht selber schon eine Interessenabwägung vornimmt, die bestehenden Schweigepflichten im Sinne einer Auslegung gegeneinander abzuwägen (vgl. zum Ganzen: ROSCH, FamPra.ch 2012, 1044 ff. m.w.H.; vgl. zum Verhältnis der Schweigepflichten zueinander auch: ROSCH, Gutachten Datenschutz, 10 ff.).

1b Die betroffene Person muss i.S. des Grundsatzes von Treu und Glauben zudem über die Tragweite und Inhalt der Mitwirkungspflicht **aufgeklärt** werden (BGE 132 II 113 E. 3.2.), aber auch über allfällige Verweigerungsrechte und Säumnisfolgen (BSK ZGB I-AUER/MARTI, Art. 448 N 16).

1c Das kantonale Recht regelt zuweilen unter anderem die **Entschädigung** mitwirkungspflichtiger Dritter, aber oft auch die Verweigerungsgründe, soweit sie nicht aus Art. 448 ersichtlich sind (BSK ZGB I-AUER/MARTI, Art. 448 N 4).

2 Die **zwangsweise Durchsetzung** der Mitwirkungspflicht wird explizit im Gesetz festgehalten. Darunter kann der direkte oder indirekte Zwang fallen (VE Erwachsenenschutz/Verfahren, 21). Sie muss verhältnismässig sein (Botschaft Erwachsenenschutz, 7081) und richtet sich gem. Art. 450f ZGB nach den Bestimmungen der ZPO, soweit das kantonale Recht nichts anderes anordnet (s. Art. 450f N 5 ff.; Art. 167 ZPO mit allfälligen Alternativen; gl.M. OFK ZGB-FASSBIND, Art. 448 N 1 m.w.H.; BSK ZGB I-AUER/MARTI, Art. 448 N 18). Nach Art. 167 ZPO kann eine Ordnungsbusse bis CHF 1000 verhängt, eine Strafandrohung nach Art. 292 StGB ausgesprochen, die zwangsweise Durchsetzung angeordnet oder aber die Prozesskosten auferlegt werden, die durch die Verweigerung verursacht worden sind. Soweit das kantonale Recht keine eigenen Bestimmungen hat (so aber BE, GR, TG), kann Art. 167 ZPO zur Lückenfüllung analog beigezogen werden (BSK ZGB I-AUER/MARTI, Art. 448 N 22; gl. M. FamKomm Erwachsenenschutz-STECK, Art. 448 N 8, 12).

II. Ausnahmen von der Mitwirkungspflicht (Abs. 2 und 3)

Das Gesetz unterscheidet in Art. 448 zwischen Personen gem. Abs. 2 (Medizinalpersonen), welche zur Erhebung des Sachverhaltes beigezogen werden können, und Personen gem. Abs. 3, welche nicht zu den Medizinalpersonen gehören, aber auf ein besonderes Vertrauensverhältnis zur Erfüllung ihrer Berufsaufgaben angewiesen sind und deshalb aufgrund einer generell-abstrakten Rechtsgüterabwägung gar nicht zur Mitwirkung verpflichtet werden können (gl.M. BSK ZGB I-Auer/Marti, Art. 448 N 37). Es handelt sich bei beiden Katalogen um **abschliessende Aufzählungen** (gl.M. Schmid, Art. 448 ZGB N 9; BSK Erwachsenenschutz-Auer/Marti, Art. 448 N 29, 37; **a.M.** OFK ZGB-Fassbind, Art. 448 N 2); zu bedauern ist besonders, dass Sozialarbeitende nicht aufgeführt sind (vgl. Art. 443 N 1). 3

Ein Teil der in Art. 321 StGB unter Berufsgeheimnis stehenden Personen werden in Abs. 2 von der Mitwirkungspflicht ausgenommen, wenn keine Einwilligung der verletzten Person vorliegt oder die vorgesetzte Stelle diese auf Gesuch der Erwachsenenschutzbehörde hin nicht **vom Berufsgeheimnis entbindet**. Die vorgesetzte Stelle hat eine Interessenabwägung der widerstreitenden Interessen (Schweigen versus Mitwirkung) vorzunehmen (BSK ZGB I-Auer/Marti, Art. 448 N 33 f., die gerade im Zusammenhang mit Medizinalpersonen davon ausgehen, dass es selten zu einer Entbindung kommt) und das rechtliche Gehör zu gewähren (BSK ZGB I-Auer/Marti, Art. 448 N 35). Ohne eine solche Entbindung bzw. ohne eine Einwilligung besteht keine Pflicht zur Mitwirkung im Verfahren (gl.M. BSK ZGB I-Auer/Marti, Art. 448 N 27). Eine Mitwirkung kann aber auch ohne entsprechende Entbindung im Rahmen von weiteren Rechtfertigungsgründen erfolgen (s. Art. 451 N 3), welche jedoch voraussetzen, dass die Medizinalpersonen von sich aus tätig werden. Der **Personenkreis** umfasst Ärzte, Zahnärzte, Apotheker, Hebammen und ihre Hilfspersonen (zur Revision siehe Art. 443 N 1). **Hilfsperson** ist, «wer bei der Berufstätigkeit eines der genannten (Haupt-)Geheimnisträgers in der Weise mitwirkt, dass er grundsätzlich von den dabei wahrgenommenen Tatsachen ebenfalls Kenntnis erhält» (PraxKomm StGB-Trechsel/Vest, Art. 321 StGB N 13, sogar bis zum Reinigungspersonal [**a.M.** zu Recht: Stratenwerth, BT II, § 59 N 17, der Personen in untergeordneten Rollen ausschliesst]. Zudem ist im Medizinalbereich, der Adressatenkreis auf Personen beschränkt, die mit «Patienten oder Informationen über Patienten in Berührung kommen.» [PraxKomm StGB-Trechsel/Vest, Art. 321 StGB N 13], m.a.W. insb. Zugang zum Patientendossier haben; s.a. BSK Strafrecht II-Oberholzer, Art. 321 N 6). 4

Es fehlen namentlich die neu unter Berufsgeheimnis stehenden Psychologen, welche doch wichtige Zusammenarbeitspartner sind, aber auch **weitere Berufsgruppen**, welche nicht dem Berufsgeheimnis nach Art. 321 StGB unterstehen wie z.B. Sozialarbeitende oder Psychotherapeuten (Stratenwerth/Bommer, BT II § 59 Rz 17; gl. M. BSK ZGB I-Auer/Marti, Art. 448 N 29; vgl. aber die Revision hierzu Art. 443 N 1). 4a

Im Unterschied zum Berufsgeheimnis setzt Art. 448 voraus, dass die KESB und nicht die betroffene Person ein **Gesuch** stellen muss. Damit wird über Art. 14 StGB eine neue Möglichkeit zum Ausschluss der Strafbarkeit des Berufsgeheimnis geschaffen (BSK ZGB I-Auer/Marti, Art. 448 N 32). Inwiefern die vorgesetzte Stelle 4b durch die Ermächtigung dann ihrerseits ihre Schweigepflicht verletzen könnte, hat das Bundesgericht in einem jüngeren Entscheid offen gelassen (BGE 138 I 331 E. 6.2.; so aber ausdrücklich: GÄCHTER/EGLI, Rz 196, weil die vorgesetzte Behörde nicht Geheimnisherr ist).

5 Demgegenüber gar **nicht zur Mitwirkung verpflichtet** sind gem. Abs. 3 Geistliche, Rechtsanwälte und Verteidiger, Mediatoren sowie ehemalige für das zu untersuchende Verfahren ernannte Beistände. Aktuelle Verfahrensbeistände gehören nicht dazu. Die Personen gem. Abs. 3 sind aber gem. **Art. 453 Abs. 2 ZGB, Art. 364 StGB** oder im Rahmen von Art. 321 Ziff. 2 StGB ggf. berechtigt, eine Meldung an die Behörde zu machen (s. Art. 453 N 5, Art. 443 N 2 ff.; BSK ZGB I-AUER/MARTI, Art. 448 N 38 ff. m.w.H.).

5a Je nach anwendbarem Verfahrensrecht ergeben sich **weitere Verweigerungsrechte** aufgrund der kantonalen Verwaltungsverfahrensgesetze oder aber der ZPO. Diese sind nebst Art. 448 Abs. 2 und 3 ZGB anwendbar (BSK ZGB I-AUER/ MARTI, Art. 448 N 23; ROSCH, FamPra.ch 2012, 1047). Im Rahmen der ZPO ist Art. 163 ff. ZPO zu beachten. Art. 166 Abs. 1 lit. b und c ZPO betreffen Personen unter Amtsgeheimnis bzw. Berufsgeheimnis, denen unter Umständen Verweigerungsrechte zugebilligt werden. Art. 166 Abs. 2 ZPO sieht sodann für Trägerinnen und Träger anderer als in Abs. 1 genannter gesetzlich geschützter Geheimnisse vor, dass diese die Mitwirkung verweigern können, wenn sie glaubhaft machen, dass das Geheimhaltungsinteresse das Interesse an der Wahrheitsfindung überwiegt. Diese Bestimmungen gelangen aber nur zur Anwendung, soweit nicht Art. 448 Abs. 2 bzw. Abs. 3 greift.

III. Amtshilfe (Abs. 4)

6 Verwaltungseinheiten können ihre Aufgaben oft nur mit Unterstützung anderer Verwaltungseinheiten erfüllen. Stehen diese Verwaltungseinheiten nicht in einem Subordinationsverhältnis zueinander, so wird die Mithilfe als Amtshilfe bezeichnet. Es geht um die gegenseitige Hilfe der Verwaltungseinheiten im Einzelfall auf Gesuch hin bei der Erfüllung ihrer gesetzlich umschriebenen Aufgaben, die nicht verfahrensrechtlich geregelt sind (HÄFELIN/MÜLLER/UHLMANN, Rz 1258 ff.; SIMON, 44; BSK DSG-JÖHRI/STUDER, Art. 19 N 9). Art. 448 Abs. 4 stellt eine allgemeine Amtshilfenorm dar. Die Bestimmung kann im kantonalen Recht konkretisiert werden (ROSCH, FamPra.ch 2012, 1047 f.; BSK ZGB I-AUER/MARTI, Art. 448 N 42). Von der Amtshilfe ist die **Rechtshilfe** zu unterscheiden, welche denselben Vorgang umschreibt, wobei ein Gericht Informationen einholt (vgl. Art. 194 ff. ZPO).

7 **Voraussetzungen** für die Amtshilfe sind zunächst eine **gesetzliche Grundlage** (SIMON, 116 ff.), wie sie Art. 448 Abs. 4 umschreibt, sowie eine begründete Anfrage im Hinblick auf einen Datenaustausch im Einzelfall zur Erfüllung einer gesetzlich umschriebenen Aufgabe (ROSCH, Schweigen, 85; BSK DSG-JÖHRI/STUDER, Art. 19 N 42 ff.). Es geht somit um reaktiven Informationsaustausch; Amtshilfe betrifft nicht die aktive Information von Dritten (sog. «Spontanauskunft» oder «spontane Amtshilfe»; vgl. KOKES, Rz 1.230; Kt. BE sieht aber in Art. 25 Abs. 2 KESG BE und Kt. TG in Art. 49 Abs. 2 KESV TG eine Spontanauskunft vor). Zudem dürfen keine besonde-

ren Geheimhaltungsbestimmungen einen Datenaustausch verbieten (SIMON, 73 ff.; BSK DSG-JÖHRI/STUDER, Art. 19 N 25 ff.; vgl. hinten N 9) und das Verhältnismässigkeitsprinzip sowie die datenschutzrechtlichen Grundsätze müssen gewahrt sein (SIMON, 119 ff.; BSK DSG-JÖHRI/STUDER, Art. 19 N 4 ff.; gl.M. FASSBIND, 127). Die beantragende Behörde hat die gewünschten Auskünfte bzw. Unterlagen konkret zu bezeichnen und den Grund des Ersuchens zu nennen (BGer vom 15.3.2002, 2A.534/2001 E. 4.1; BGE 125 II 65 E. 6a, 6b.aa). Sind die Voraussetzungen der Amtshilfe erfüllt, so ist i.S. der informationellen Selbstbestimmung und aus methodischer Sicht – falls möglich und soweit damit nicht das Ziel des Datenaustausches vereitelt wird – die Einwilligung der betroffenen Person einzuholen, auch wenn dies rechtlich nicht erforderlich ist (ROSCH, Schweigen, 96, 101; § 13 IDAG AG).

Art. 448 Abs. 4 beschränkt die Amtshilfe auf den Austausch zwischen der Erwachsenenschutzbehörde und **Verwaltungsbehörden**, den Verwaltungsorganen resp. Gerichten. Verwaltungsbehörden werden gem. Datenschutzrecht in aller Regel weit ausgelegt, so dass alle Verwaltungseinheiten, Behörden und Dienststellen, die für das Gemeinwesen handeln, sowie Private, soweit sie in Erfüllung von ihnen übertragenen öffentlichen Aufgaben tätig sind, dazugehören (ROSCH, FamPra.ch 2012, 1048; vgl. Art. 443 N 6; BSK ZGB I-AUER/MARTI, Art. 448 N 43). Der **Umfang** des Datenaustausches unterliegt dem **Verhältnismässigkeitsprinzip**. Es dürfen nur die zur Erfüllung der Aufgabe notwendigen Akten, Berichte und Auskünfte weitergeleitet werden und auch dann nur, wenn nicht **überwiegende Interessen** diesem Datenaustausch entgegenstehen, sofern das Gesetz überhaupt eine Interessenabwägung zulässt und nicht den Umfang selbst bestimmt (s. N 9; Art. 451 N 4; BSK DSG-JÖHRI/ STUDER, Art. 19 N 32 f.; zur Interessenabwägung N 27 ff. m.w.H.). Die eingeholten Informationen sind zu den Akten aufzunehmen und unterstehen dem Akteneinsichtsrecht (Art. 449b; FamKomm Erwachsenenschutz-STECK, Art. 448 N 44 f.).

8

Die Amtshilfeverpflichtung geht der Schweigepflicht, insb. gegenüber dem Amtsgeheimnis, vor (gl.M. BSK ZGB I-AUER/MARTI, Art. 448 N 45). Ausnahmen davon sind wiederum Personen mit einer besonderen Schweigepflicht, z.B. im Opferhilfebereich, im Sozialversicherungsbereich, in der Sozialhilfe etc. (ROSCH, FamPra.ch 2012, 1048; gl.M. BSK ZGB I-AUER/MARTI, Art. 448 N 46). Hier ist eine **Interessenabwägung** vorzunehmen, soweit der Gesetzgeber die Koordination nicht selber vorgenommen hat (z.B. Art. 321 Ziff. 3 StGB; Art. 11 OHG). Das Berufsgeheimnis, das Opferhilfegeheimnis und das Suchthilfegeheimnis gem. Art. 3c BetMG gehen somit im Grundsatz der Amtshilfe vor. Wo sich keine Koordination ergibt, ist eine Abwägung der Interessen vorzunehmen. So tritt m.E. grundsätzlich das **Sozialversicherungsgeheimnis** zurück (ROSCH, FamPra.ch 2012, 1048, 1029 f.), wobei auch hier die besonderen Bestimmungen in den Einzelgesetzen (insb. Art. 50a AHVG, Art. 97 Abs. 1 UVG, Art. 66a IVG, Art. 97a AVIG, Art. 84a KVG, aber auch Art. 32 ATSG) zu konsultieren sind. Spezialgesetzlich geregelt sind zudem Bereiche, welche dem ATSG nicht unterstellt sind, wie die Gewährung von Beiträgen zur Förderung der Altershilfe (Art. 101bis AHVG, Förderung der Invalidenhilfe (Art. 71 bis Art. 76 IVG), Leistungen der gemeinnützigen Institutionen im Bereich der Ergänzungsleistungen (Art. 17 f. ELG), Beiträge für Kurse in der Arbeitslosenversicherung (Art. 60,

9

Art. 64a AVIG), Beiträge zur Förderung der Arbeitsmarktforschung in der Arbeitslosenversicherung (Art. 73 AVIG).

10 Verpflichtet werden Gerichte und Verwaltungsbehörden. Damit stellt sich auch die Frage, ob die **Reichweite des Erwachsenenschutzrechtes** ausreicht, um Dritte zur Amtshilfe zu verpflichten. Hier wäre es gesetzgebungstechnisch geboten, die entsprechenden Verpflichtungen im jeweiligen Gesetz zu verankern und damit diese mit den anderen Rechtsbereichen zu koordinieren, im Wissen darum, dass solche «Übergriffe in andere Rechtsbereiche» nicht selten sind (z.B. Art. 20 JStG).

Kantonale Bestimmungen zur Mitwirkungspflicht und Amtshilfe (Art. 448 ZGB)	
BE	**Art. 24 KESG** ¹ Die Kindes- und Erwachsenenschutzbehörden können die Unterstützung der Polizeiorgane des Kantons und der Gemeinden anfordern, namentlich zur Vorführung von betroffenen Personen oder zu deren Überführung in eine Einrichtung. Vorbehalten bleibt Artikel 33 Absatz 5. ² Die Datenbekanntgabe richtet sich nach der Datenschutzgesetzgebung. Zusätzlich können die Behörden nach Absatz 1 einander unaufgefordert und im Einzelfall Personendaten bekannt geben, wenn die Daten zur Erfüllung der jeweiligen gesetzlichen Aufgabe zwingend erforderlich sind. Besondere Geheimhaltungspflichten bleiben vorbehalten. **Art. 25 KESG** ¹ Die Kindes- und Erwachsenenschutzbehörden arbeiten im Rahmen des Bundesrechts mit weiteren betroffenen Personen und Stellen zusammen, namentlich mit a Lehrkräften, b Schulbehörden sowie deren Gesundheits- und Beratungsdiensten, c Betreuungs- und Klinikeinrichtungen, d Gerichten sowie Straf- und Strafvollzugsbehörden. ² Die Datenbekanntgabe richtet sich nach der Datenschutzgesetzgebung. Zusätzlich können die Personen und Stellen nach Absatz 1 und die Kindes- und Erwachsenenschutzbehörden einander unaufgefordert und im Einzelfall Personendaten bekannt geben, wenn die Daten zur Erfüllung der jeweiligen gesetzlichen Aufgabe zwingend erforderlich sind. Besondere Geheimhaltungspflichten bleiben vorbehalten. **Art. 50 KESG** ¹ Die Mitwirkungspflicht (Art. 448 ZGB) umfasst namentlich a die Erteilung der erforderlichen Auskünfte, b die Herausgabe von Urkunden, c die Duldung von ärztlichen Untersuchungen sowie von behördlichen Durchsuchungen und Augenscheinen. ² Verweigern die Verfahrensbeteiligten oder Dritte die Mitwirkung, so kann die Kindes- und Erwachsenenschutzbehörde unter Wahrung des Grundsatzes der Verhältnismässigkeit a die zwangsweise Durchsetzung der Mitwirkungspflicht anordnen, b polizeiliche Hilfe in Anspruch nehmen, c eine Ordnungsbusse bis 5000 Franken anordnen.

Kantonale Bestimmungen zur Mitwirkungspflicht und Amtshilfe (Art. 448 ZGB)	
BS	**§ 10 KESG – Zusammenarbeit und Amtshilfe** ¹ Die kantonalen Verwaltungsbehörden und Gerichte sind zur Mitwirkung bei der Abklärung des Sachverhaltes verpflichtet, geben die notwendigen Akten heraus, erstatten Bericht und erteilen Auskünfte, soweit nicht schutzwürdige Interessen entgegenstehen. ² Die KESB sowie die mit der Vollstreckung von Entscheidungen beauftragte Person können nötigenfalls polizeiliche Hilfe beanspruchen.
GR	**Art. 58b EG ZGB** ¹ Verweigern die am Verfahren Beteiligten oder Dritte unberechtigterweise die Mitwirkung, kann das instruierende Behördenmitglied die zwangsweise Durchsetzung der Mitwirkungspflicht anordnen. Zulässig sind insbesondere: a) die persönliche Vorführung; b) die Untersuchung durch einen Arzt; c) die Herausgabe oder Sicherstellung von Dokumenten, Gegenständen und Vermögenswerten. ² Für die zwangsweise Durchsetzung kann polizeiliche Hilfe beigezogen werden. ³ Personen, die unberechtigterweise die Mitwirkungspflicht verletzen, haben die durch die zwangsweise Durchsetzung verursachten Kosten zu tragen.
NW	**Art. 35 Abs. 1 EG ZGB – Amtshilfe, Informationspflicht** Die kantonalen und die kommunalen Verwaltungsbehörden sowie die Gerichte leisten der Kindes- und Erwachsenenschutzbehörde Amtshilfe gemäss Art. 448 Abs. 4 ZGB.
SO	**§ 144 EG ZGB – C. Amtshilfe und Zusammenarbeit (Art. 426 ff., 448 und 450g ZGB)** ¹ Die Kindes- und Erwachsenenschutzbehörde, die Aufsichtsbehörde und die Gerichte gewähren in Angelegenheiten des Kindes- und Erwachsenenschutzes gegenseitig Einsicht in alle Entscheide und Akten. ² Um geeignete Massnahmen durchzuführen, kann die Kindes- und Erwachsenenschutzbehörde öffentliche oder gemeinnützige Institutionen und geeignete Privatpersonen beiziehen. ³ Die Kindes- und Erwachsenenschutzbehörden, die gerichtliche Beschwerdeinstanz, die Sozialdienste, die Beistände, die Vormünder und die Ärzte können polizeiliche Hilfe in Anspruch nehmen, soweit es verhältnismässig erscheint. Namentlich, a) wenn unter Beistandschaft oder Vormundschaft stehende Personen, die vermisst sind oder sich einer Massnahme des Kindes- oder Erwachsenenschutzes durch Flucht entziehen, ausfindig gemacht oder beigebracht werden müssen; b) wenn sich eine Vorführung als notwendig erweist; c) wenn beim Vollzug einer Massnahme des Kindes- und Erwachsenenschutzes Widerstand zu erwarten ist.
TG	**§ 36 Abs. 1 KESV – Information von Gerichten und anderen Behörden** ¹ Soweit keine besonderen Vorschriften bestehen, richtet sich die Auskunftserteilung und die Gewährung der Einsicht in Entscheide und Akten gegenüber Gerichten und Verwaltungsbehörden sinngemäss nach den §§ 25 ff. der Verordnung des Obergerichts über die Information in Zivil- und Strafgerichtsverfahren und die Akteneinsicht durch Dritte (Informationsverordnung).

Kantonale Bestimmungen zur Mitwirkungspflicht und Amtshilfe (Art. 448 ZGB)

§ 41 KESV – Mitwirkungspflicht
[1] Die am Verfahren beteiligten Personen und Dritte sind nach Massgabe von Artikel 160 ff. ZPO zur Mitwirkung am Verfahren verpflichtet.
[2] Verweigern Verfahrensbeteiligte die Mitwirkung, kann gestützt auf Artikel 167 ZPO eine zwangsweise Durchsetzung der Mitwirkungspflicht erfolgen. Zulässig sind insbesondere:
1. die persönliche Vorführung;
2. die Untersuchung durch eine Ärztin oder einen Arzt;
3. die Herausgabe oder Sicherstellung von Dokumenten, Gegenständen und Vermögenswerten;
4. die Auferlegung der zusätzlich entstehenden Kosten.

[3] Verweigern Dritte die Mitwirkung, ist nach Artikel 167 ZPO vorzugehen.

§ 48 KESV – Amtshilfe und Zusammenarbeit
[1] Bei Differenzen im Zusammenhang mit Artikel 448 Absatz 4 ZGB vermittelt das Obergerichtspräsidium.
[2] Kommt keine Einigung zustande, hat die Kindes- und Erwachsenenschutzbehörde bei Verwaltungsstellen deren Aufsichtsbehörde anzurufen. Im Bereich der Zivil- und Strafrechtspflege entscheidet das Obergericht.
[3] Bei Problemen im Bereich von Artikel 317 ZGB vermittelt das Obergerichtspräsidium; über Kompetenzkonflikte entscheidet das Obergericht.

§ 49 KESV – Zusammenarbeit mit anderen Stellen
[1] Die Kindes- und Erwachsenenschutzbehörden arbeiten im Rahmen des Bundesrechts mit beteiligten Stellen und Personen zusammen, namentlich mit Schulbehörden, Schulleitungen und deren Beratungsdiensten, Lehrpersonen, Betreuungs- und Klinikeinrichtungen sowie deren Aufsichtsbehörden, Gerichten sowie Strafverfolgungs- und Strafvollzugsbehörden, insbesondere der Jugendanwaltschaft, sowie der kantonalen Pflegekinderfachstelle und anderen Fachstellen. Die Kindes- und Erwachsenenschutzbehörden sorgen für eine zeit- und sachgerechte Information dieser Einrichtungen.
[2] Die Institutionen und Personen gemäss Absatz 1 können der Kindes- und Erwachsenenschutzbehörde unaufgefordert und im Einzelfall Personendaten bekannt geben, wenn die Daten zur Erfüllung der gesetzlichen Aufgaben der Behörde zwingend erforderlich sind.

§ 50 KESV – Zusammenarbeit mit der Polizei
[1] Die Kindes- und Erwachsenenschutzbehörden arbeiten im Rahmen des Bundesrechts mit den Polizeiorganen zusammen.
[2] Die Kindes- und Erwachsenenschutzbehörden oder die mit dem Vollzug von Massnahmen beauftragte Person können zur Vollstreckung von Anordnungen beim Polizeikommando die Unterstützung der Polizeiorgane anfordern, namentlich zur Vorführung von betroffenen Personen oder zu deren Überführung in eine Einrichtung.
[3] Wenn Massnahmen des Erwachsenenschutzes angezeigt erscheinen, meldet das Polizeikommando der zuständigen Kindes- und Erwachsenenschutzbehörde, wenn eine Person in Gewahrsam genommen wurde, oder wenn ihr gegenüber eine Wegweisung oder Fernhaltung verfügt wurde.

Kantonale Bestimmungen zur Mitwirkungspflicht und Amtshilfe (Art. 448 ZGB)	
VS	**Art. 35 VKES – Mitwirkungspflicht und Amtshilfe** ¹ Die Mitwirkungspflicht der am Verfahren beteiligten Personen und Dritten sowie die Hilfe der Verwaltungsbehörden und der Gerichte werden durch das Schweizerische Zivilgesetzbuch geregelt. ² Ein Gesuch um Amtshilfe sollte schriftlich und mit entsprechender Begründung erfolgen.

Art. 449

G. Begutachtung in einer Einrichtung

¹ Ist eine psychiatrische Begutachtung unerlässlich und kann diese nicht ambulant durchgeführt werden, so weist die Erwachsenenschutzbehörde die betroffene Person zur Begutachtung in eine geeignete Einrichtung ein.

² Die Bestimmungen über das Verfahren bei fürsorgerischer Unterbringung sind sinngemäss anwendbar.

Literatur

Vgl. die Literaturhinweise zur Einführung.

Art. 450e Abs. 3 setzt ein Sachverständigengutachten bei einer FU und einer psychischen Störung zwingend voraus; Art. 446 Abs. 2 sieht vor, dass die Erwachsenenschutzbehörde nötigenfalls ein solches auch ausserhalb von Art. 450e anordnet. Art. 448 Abs. 1 kann ggf. mit Zwang eine Mitwirkungspflicht durchsetzen, z.B. das Unterziehen unter eine ambulante Begutachtung. Art. 449 Abs. 1 ist im Rahmen dieser Durchsetzung der Mitwirkungspflicht **lex specialis** zu Art. 448 Abs. 1 (gl.M. BSK ZGB I-AUER/MARTI, Art. 449 N 5; FamKomm Erwachsenenschutz-STECK, Art. 449 N 7; **a.M.** FASSBIND, 128, im Hinblick auf Art. 448 Abs. 1); er sieht eine Unterbringung in einer Einrichtung zur *stationären* Begutachtung gegen den Willen der betroffenen Person vor. Art. 449 Abs. 1 ersetzt die bisherige Einweisung gem. Art. 397a aZGB zur Abklärung. Eine Behandlung gem. **Art. 433 f.** ist nicht erlaubt (Botschaft Erwachsenenschutz, 7062; BGer vom 11.12.2013, 5A_900/2013 E. 2.1; gl.M. FamKomm Erwachsenenschutz-GUILLOD, Art. 426 N 15; BSK ZGB I-AUER/MARTI, Art. 449 N 6; BERNHART, Rz 361; OFK ZGB-FASSBIND, Art. 449 N 2); ggf. aber die Anwendung von bewegungseinschränkenden Massnahmen (N 3 i.f.). Mit einem (vorsorglichen) Unterbringungsentscheid gem. Art. 426 ff. kann gleichzeitig ein Gutachtensauftrag erteilt werden, ohne dass zusätzlich Art. 449 herangezogen werden muss (gl.M. BSK ZGB I-AUER/MARTI, Art. 449 N 7). Die untergebrachte Person muss aber in diesem Falle gem. Art. 426 Abs. 3 wieder entlassen werden, unabhängig davon, ob das Gutachten beendet werden konnte (s. N 3; gl.M. BSK ZGB I-AUER/MARTI, Art. 449 N 7). Die Einweisung zur Begutachtung dient sodann nicht der **Krisenintervention** und kann nicht vorsorglich angeordnet werden (VerwGer AG vom 6.3.2013, Geschäftsnr. WBE.2013.82).

Zwölfter Titel: Organisation

2   **Voraussetzung** einer stationären Begutachtung ist, dass – als Ausfluss des Verhältnismässigkeitsprinzips – eine psychiatrische Begutachtung unerlässlich ist, um eine Massnahme der Erwachsenenschutzbehörde, insb. eine FU anzuordnen und dass diese nicht ambulant durchgeführt werden kann, weil es z.B. einer länger dauernden Beobachtungsphase bedarf (BGer vom 27. 8. 2012, 5A_576/2012 E. 5; BGer vom 11. 12. 2013, 5A_900/2013 E. 2. 1). **«Betroffene Person»** meint den Adressaten einer Massnahme gem. Art. 449 und nicht allfällig involvierte Dritte. Es muss eine **akute Notwendigkeit** für eine Unterbringung zur Abklärung vorliegen (gl.M. BSK ZGB I-AUER/MARTI, Art. 449 N 9; FamKomm Erwachsenenschutz-STECK, Art. 449 N 8; BGer vom 14. 4. 2010, 5A.250/2010 E. 2. 3) und ist auf die zum Zweck notwendige Zeit beschränkt (BGer vom 11. 12. 2013, 5A_900/2013, E. 2. 1; BGer vom 27. 8. 2012, 5A_576/2012 E. 5. 1 m.w.H.; AFFOLTER, AJP 2006, 1065; gl.M. BSK Erwachsenenschutz-AUER/MARTI, Art. 449 N 11; FamKomm Erwachsenenschutz-STECK, Art. 449 N 10). Daran fehlt es, wenn einzig zu klären ist, wie die gesundheitliche Störung am besten zu behandeln ist (BSK Erwachsenenschutz-AUER/MARTI, Art. 449 N 9; BGer vom 19. 9. 2007, 5A_474/2007). Das **Verhältnismässigkeitsprinzip** ist strikt zu beachten (Art. 389 N 2 ff.). Zur **geeigneten Einrichtung** s. Art. 426 N 11 f.; zur Unterscheidung von **ambulanter und stationärer Massnahme** s. Art. 437 N 3 (gl.M. BSK ZGB I-AUER/MARTI, Art. 449 N 10, 12).

3   Das **Verfahren** wird sinngemäss nach den Bestimmungen über die FU durchgeführt. **Einweisungsbehörde** ist ausschliesslich die Erwachsenenschutzbehörde gem. Art. 428; eine FU gem. Art. 427 und 429 ist hier nicht zulässig (vgl. Art. 426 N 1; gl.M. FamKomm Erwachsenenschutz-GUILLOD, Art. 426 N 19; gl.M. im Ergebnis: BSK ZGB I-AUER/MARTI, Art. 449 N 14; BERNHART, Rz 438; a.M. SCHMID, Art. 429 N 2; FamKomm Erwachsenenschutz-STECK, Art. 449 N 12, die ärztliche FU zur Unterbringung ausnahmsweise zulassen). **Art. 450e** ist **direkt**, d.h. sinngemäss, **anwendbar** (s. Art. 439 N 4, 450e N 1 ff.). Mit dem Einweisungsentscheid hat die KESB zu bestimmen, welche Abklärungen vorzunehmen sind (BSK ZGB I-AUER/MARTI, Art. 449 N 16). Der Aufenthalt in der Einrichtung hat sich auf die «absolut notwendige Zeit» zu beschränken (BerichtExpK Erwachsenenschutz 03, 62). Die betroffene Person kann jederzeit ein Entlassungsgesuch stellen (Art. 426 Abs. 4) und ist in Abweichung von Art. 426 Abs. 3 dann zu **entlassen**, wenn die für die Begutachtung notwendigen stationären Abklärungen erfolgt sind, wenn die betroffene Person freiwillig in der Einrichtung verbleibt oder aber wenn aufgrund der ersten Ergebnisse oder der veränderten Situation eine ambulante Abklärung als ausreichend erscheint (gl.M. BSK ZGB I-AUER/MARTI, Art. 449 N 17; FamKomm Erwachsenenschutz-STECK, Art. 449 N 6). Ergibt die Begutachtung, dass eine FU gem. Art. 426 ff. angeordnet werden muss, so ist die Massnahme gem. Art. 449 aufzuheben und durch eine FU gem. Art. 426 ff. zu ersetzen (gl.M. BSK ZGB I-AUER/MARTI, Art. 449 N 6; FamKomm Erwachsenenschutz-STECK, Art. 449 N 15). Eine allfällige notwendige **Beschränkung der Bewegungsfreiheit** richtet sich nach Art. 438 (s. Art. 438 N 1 f.; gl.M. KOKES, Rz 10.13; BSK ZGB I-AUER/MARTI, Art. 449 N 6; FASSBIND, 129).

4   Der **Sachverständige** muss sodann eine ausgewiesene Fachperson sein und gleichzeitig unbefangen, d.h. unabhängig und nicht bereits vorbefasst sein (vgl.

Art. 450 N 9 ff.; für den behandelnden Arzt: BGE 118 II 249 E. 2a/b; zudem dürfen KESB-Mitglieder nicht Sachverständige sein: BGE 137 III 289 E. 4.4.).

Art. 449a

H. Anordnung einer Vertretung

Die Erwachsenenschutzbehörde ordnet wenn nötig die Vertretung der betroffenen Person an und bezeichnet als Beistand oder Beiständin eine in fürsorgerischen und rechtlichen Fragen erfahrene Person.

Art. 449a ZGB ist in Anlehnung an Art. 397f Abs. 2 aZGB resp. Art. 147 aZGB/ Art. 299 ZPO entstanden und gilt – trotz Art. 450e Abs. 4 – für alle Verfahren des Erwachsenenschutzes. Für die FU s. Art. 450e Abs. 4 (s. Art. 450e N 13) und für Vertretung von **Kindern** Art. 314a[bis], welche **leges speciales** zu Art. 449a sind (gl.M. FASSBIND, 120). Das Recht auf Vertretung und Verbeiständung im Verfahren ergibt sich aus dem Anspruch auf **rechtliches Gehör** gem. Art. 29 Abs. 2 BV (hierzu ausführlich: BSK ZGB I-AUER/MARTI, Art. 449a N 3 f.). 1

Eine Vertretung ist – trotz Untersuchungs- und Offizialmaxime – immer dann «nötig» bzw. **notwendig**, wenn die betroffene Person im Einzelfall nicht in der Lage ist, ihre Interessen selbständig wahrzunehmen, und wenn sie zudem ausserstande ist, selber eine Vertretung (BGer vom 27. 1. 2003, 5C.9/2003 E. 5) zu bestellen, namentlich wenn sie **urteilsunfähig** ist, aber auch aufgrund der **Schwere des Eingriffs** bzw. der **Komplexität** der Umstände (ausf. OFK ZGB-FASSBIND, Art. 449a N 2; VE Erwachsenenschutz/Verfahren, 23; BSK ZGB I-AUER/MARTI, Art. 449a N 7 f.; FamKomm Erwachsenenschutz-STECK, Art. 449a N 8 ff.). Die fehlende **Aussichtslosigkeit** des Verfahrens gem. Art. 29 Abs. 3 BV ist kein Kriterium (BSK ZGB I-AUER/ MARTI, Art. 449a N 9). Die Vertretung steht nur der betroffenen Person zu (gl.M. BSK ZGB I-AUER/MARTI, Art. 449a N 5; OFK ZGB-FASSBIND, Art. 449a N 2), somit der Person, welcher vom Verfahren, z.B. in Bezug auf die Errichtung einer behördlichen Massnahme, unmittelbar betroffen ist. Eine Vertretung kann **auch gegen den Willen der betroffenen Person** angeordnet werden, sofern dies notwendig wird und die Postulationsfähigkeit der vertretenen Person nicht eingeschränkt wird (gl. M. BSK ZGB I-AUER/MARTI, Art. 449a N 4, 14, was gem. diesen Autoren aber einen Unterschied im zugrundeliegenden Rechtsverhältnis bedeutet [BSK ZGB I-AUER/ MARTI, Art. 449a N 31 ff.]: setzt die KESB einen Beistand gegen den Willen ein, besteht ein öffentlich rechtliches Verhältnis zwischen betroffener Person und Verfahrensbeistand, andernfalls ein privatrechtliches; das Verhältnis zwischen Gemeinwesen und Verfahrensbeistand verbleibt aber immer dem öffentlichen Recht; FamKomm Erwachsenenschutz-STECK, Art. 449a N 15). Sie kann aber gegen eine entsprechende prozessleitende Verfügung i.d.R. ein Rechtsmittel ergreifen (BSK ZGB I-AUER/MARTI, Art. 449a N 16 f.). Die Ernennung erfolgt **auf Antrag oder von Amtes wegen** (gl.M. BSK ZGB I-AUER/MARTI, Art. 449a N 14). Sie gilt grundsätzlich von Beginn des Verfahrens an und für das gesamte Verfahren unter Einschluss des Beschwerdeverfahrens (Botschaft Erwachsenenschutz, 7082); nicht aber vor 2

Bundesgericht (BGer vom 12.2.2014, 5A_948/2013 E. 2.1). Zur Teilnahme des Rechtsbeistandes an der Beweiserhebung s. BGE 119 Ia 260 E. 6c.

2a Die betroffene Person hat, einen **Anspruch** auf die Bestellung eines Verfahrensbeistandes, sofern die Voraussetzungen dafür erfüllt sind (BSK ZGB I-AUER/MARTI, Art. 449a N 1).

3 Der Beistand muss nicht zwingend Rechtsanwalt sein (wird ein solcher aber von der KESB bestimmt, ist er – im Unterschied zu den übrigen Disziplinen – verpflichtet das Mandat zu übernehmen (Art. 12 lit. g BGFA); ist der Beistand aber einmal ernannt, kann er nicht ohne Zustimmung der KESB das Mandat niederlegen (BSK ZGB I-AUER/MARTI, Art. 449a N 19, 22). Eine in **fürsorgerischen und rechtlichen Fragen** erfahrene Person ist ausreichend. Darunter sind neben sozialwissenschaftlichen, sozialarbeiterischen und rechtlichen Kenntnissen v.a. Erfahrung mit der Klientengruppe sowie Sozialkompetenz und Verhandlungsgeschick im Umgang mit Akteuren im System zu verstehen (gl.M. BSK ZGB I-AUER/MARTI, Art. 449a N 11). Die Voraussetzungen müssen für das konkrete Mandat vorliegen (BSK ZGB I-AUER/MARTI, Art. 449a N 12). Die Entschädigung des Verfahrensbeistandes und deren Berechnung richten sich nach Art. 404 Abs. 2 und 3 resp. nach kantonalem Recht (BGer vom 23.6.2008, 5A.319/2008 E. 1–4; gl.M. BSK ZGB IAUER/MARTI, Art. 449a N 4; OFK ZGB-FASSBIND, Art. 449a N 2; s.u. die Regelung in Kt. AG und TG). Schuldner der Entschädigung bleibt aber das **Gemeinwesen**, auch wenn die Entschädigung aus dem Vermögen des Verbeiständeten zu bezahlen ist (BSK ZGB I-AUER/MARTI, Art. 449a N 25 m.w.H.); Die KESB legt die Entschädigung fest (BSK ZGB I-AUER/MARTI, Art. 449a N 29). Der Anspruch auf **unentgeltliche Rechtsverbeiständung** erfolgt nach Art. 29 Abs. 3 BV und der dazugehörigen Rechtsprechung (SG KommSTEINMANN, Art. 29 BV N 37 ff.; BGer vom 29.6.2009, 5A.388/2009 E. 3.2; BGE 125 V 32 E. 4 bez. nichtstreitige Verfahren) resp. nach kantonalem Recht.

	Kantonale Bestimmungen zur Verfahrensvertretung (Art. 449a ZGB)
AG	**§ 62a Abs. 1 EG ZGB – Vertretung** In erstinstanzlichen Verfahren im Kindes- und Erwachsenenschutzrecht können sich die Beteiligten durch Personen nach freier Wahl verbeiständen und, soweit nicht persönliches Handeln oder Erscheinen nötig ist, vertreten lassen. **§ 62b EG ZGB – Verfahrensbeistandschaft** [1] Die Verfahrensbeiständin oder der Verfahrensbeistand (314a[bis], 449a, Art. 299 Abs. 1 ZPO) wird nach dem üblichen Berufsansatz oder, wenn es sich um eine ordentliche Beiständin oder einen ordentlichen Beistand handelt, nach den Regelungen über die Entschädigung der Beiständinnen und Beistände entschädigt. [2] Handelt es sich bei der Verfahrensbeiständin oder dem Verfahrensbeistand um eine Rechtsanwältin oder einen Rechtsanwalt, kommen die Regelungen über die Entschädigung der Rechtsanwältinnen und Rechtsanwälte zur Anwendung.
BE	**Art. 48 KESG – Vertretung** In den Verfahren vor der Kindes- und Erwachsenenschutzbehörde können sich die betroffenen Personen durch in fürsorgerischen und rechtlichen Fragen er-

	Kantonale Bestimmungen zur Verfahrensvertretung (Art. 449a ZGB)
	fahrene Personen und Organisationen sowie durch nahestehende Personen verbeiständen oder, soweit nicht persönliches Handeln oder Erscheinen nötig ist, vertreten lassen.
	Art. 49 KESG – Entschädigung des amtlich beigeordneten Verfahrensbeistands Die Entschädigung einer nach den Artikeln 314abis und 449a ZGB beigeordneten Verfahrensbeistandschaft richtet sich nach Artikel 36.
BS	**§ 8 Abs. 1 KESG – Anordnung einer Vertretung** Die KESB prüft von Amtes wegen, ob die betroffene Person oder das betroffene Kind im Verfahren vor der KESB eine Vertreterin oder einen Vertreter benötigt. In Kindesschutzverfahren richten sich die Voraussetzungen für die Anordnung einer Kindesvertretung nach Art. 314a bis ZGB.
TG	**§ 40 KESV – Angeordnete Vertretung** ¹ Die Verfahrensleitung der Kindes- und Erwachsenenschutzbehörde prüft von Amtes wegen, ob die betroffene Person oder das betroffene Kind im Verfahren vor der Behörde eine Vertreterin oder einen Vertreter benötigt. ² Wird von Amtes wegen eine Vertretung eingesetzt, richtet sich deren Entschädigung bei Anwältinnen oder Anwälten nach § 13 Absatz 2 der Verordnung über den Anwaltstarif in Zivil- und Strafsachen[10], bei anderen Personen nach dem Stundenansatz für Beiständinnen und Beistände. Die vorgesehene Entschädigung ist im Ernennungsentscheid zu regeln.

Art. 449b

I. Akteneinsicht

¹ Die am Verfahren beteiligten Personen haben Anspruch auf Akteneinsicht, soweit nicht überwiegende Interessen entgegenstehen.
² Wird einer am Verfahren beteiligten Person die Einsichtnahme in ein Aktenstück verweigert, so wird auf dieses nur abgestellt, wenn ihr die Behörde von seinem für die Sache wesentlichen Inhalt mündlich oder schriftlich Kenntnis gegeben hat.

Literatur

Vgl. die Literaturhinweise zur Einführung und zu Art. 443.

I. Akteneinsichtsrecht

Das Akteneinsichtsrecht als Konkretisierung des verfassungsmässigen Rechts auf rechtliches Gehör (Art. 29 Abs. 2 BV) sichert jedem, der von einem gerichtlichen oder administrativen (auch nichtstreitigen) Verfahren betroffen ist, die Möglichkeit zu, die Entscheidgrundlagen der Behörde zu kennen (SG Komm-STEINMANN, Art. 29 BV N 21, 28 f.; Botschaft Erwachsenenschutz, 7082). Es setzt voraus, dass Akten ge- 1 führt werden (BGE 130 II 473 E. 4.1.). Anspruch auf Akteneinsicht haben nur Personen, welche an einem Verfahren als **Partei** beteiligt sind (zur Problematik des Parteibegriffs Rhinow/Koller/Kiss/Thurnherr/Brühl-Moser, Rz 858 ff.). Betroffen sind nur **entscheidrelevante Akten**, somit Akten, die geeignet sind, einer Behörde als Grundlage des Entscheids zu dienen (SG Komm-Steinmann, Art. 29 BV N 21, 28). Dazu können auch interne Akten gehören (BGE 115 V 297 E. 2g m.w.H.; 125 II 473 E. 4c; Rhinow/Koller/Kiss/Thurnherr/Brühl-Moser, Rz 338), nicht aber Akten, denen kein Beweischarakter zukommt, sondern vielmehr ausschliesslich der verwaltungsinternen Meinungsbildung dienen und für den verwaltungsinternen Gebrauch bestimmt sind, wie Entwürfe, Intervisionsunterlagen, Mitberichte, Anträge, Notizen etc. (BGE 132 II 485 E. 3.4., wobei es nicht ausreichend ist, Dokumente als «intern» zu bezeichnen [BGE 115 V 297 E. 2g.bb]). Geschützt wird damit die interne Meinungsbildung der Behörden (gl.M. BSK ZGB I-Auer/Marti, Art. 449b N 5 f.). Das Einsichtsrecht findet i.d.R. am **Sitz der Behörde** statt; dem Betroffenen muss es grundsätzlich erlaubt sein, Fotokopien auf eigene Kosten herzustellen (BGer vom 5.12.2013, BGer 5A_502/2013 E. 4.2., in dem explizit festgehalten wird, dass das Recht nicht umfasst, mit Dossierkopien bedient zu werden; BGE 122 I 109 E. 2a/b; 125 II 321 E. 3; 127 V 219 E. 1; Rhinow/Koller/Kiss/Thurnherr/Brühl-Moser, Rz 336 m.w.H.; gl.M. BSK ZGB I-Auer/Marti, Art. 449b N 7; FamKomm Erwachsenenschutz-Steck, Art. 449b N 9). Ein Anspruch auf Aktenedition gibt es nicht, wobei praxisgemäss Rechtsanwälten die Akten zur Einsicht überlassen werden (BSK Erwachsenenschutz-Auer/Marti, Art. 449b N 7 m.w.H.; vgl. Kt. BE) Das umfassende Akteneinsichtsrecht gilt nicht bei abgeschlossenem Verfahren (Kieser, Art. 47 ATSG N 6; **a.M.** Botschaft Erwachsenenschutz, 7082), es sei denn, dieses sei relevant für ein aktuelles, laufendes Verfahren (Elsener, 285) oder es überwiegen die Interessen i.S. eines besonders schützenswerten Interesses an einer Akteneinsicht (BGE 125 I 257 E. 3 f. bez. archivierten Vormundschaftsakten; BGE 122 I 153 E. 6; vgl. Kt. GL, TG); zu beachten ist in aller Regel das kantonale Datenschutzrecht (BSK ZGB I-Auer/Marti, Art. 449b N 29). Ausnahmsweise kann der Anspruch auch nicht beteiligten Dritten zukommen (Rhinow/Koller/Kiss/Thurnherr/Brühl-Moser, Rz 335).

2   Im Unterschied zum Akteneinsichtsrecht hat die Person, über welche Daten bearbeitet werden, einen Anspruch auf das **datenschutzrechtliche Auskunftsrecht** (BGE 125 II 473 E. 4, insb. zu sog. internen Akten; BGE 123 II 534 E. 2). Dieser Anspruch beschränkt sich nicht auf Personen mit Parteistellung; zudem unterscheidet er sich in Bezug auf den Umfang vom Akteneinsichtsrecht: Er beschränkt sich nicht auf entscheidrelevante Akten, sondern umfasst grundsätzlich alle Akten, über welche Daten der betroffenen Person bearbeitet wurden, begründet aber keinen Anspruch auf Einblick in Datenbearbeitungen Dritter (Schnyder O., 212 f., 220 f.; gl.M. BSK ZGB I-Auer/Marti, Art. 449b N 30). Zusätzlich dauert das Auskunftsrecht über den Abschluss des Verfahrens hinaus und bedarf grundsätzlich keines Interessennachweises (Rosch, Schweigen, 88 f.).

II. Beschränkung des Akteneinsichtsrechts

Das Akteneinsichtsrecht gilt nicht uneingeschränkt. Es unterliegt – mit Ausnahme des unbedingten Anspruchs auf Kenntnis der biologischen Abstammung (BGE 128 I 63 E. 2–5) – einer **umfassenden Interessenabwägung** (s.a. Art. 451 N 4; BGE 122 I 153 E. 6b/c; gl.M. BSK ZGB I-Auer/Marti, Art. 449b N 8 ff.; FamKomm Erwachsenenschutz-Steck, Art. 449b N 11). Bei überwiegenden öffentlichen oder privaten Interessen ist die Akteneinsicht zu verweigern resp. der betreffende Teil abzudecken oder der Inhalt zusammenzufassen. Mit Zurückhaltung ist auch eine Verweigerung des Akteneinsichtsrechts zum Schutze der betroffenen Person zulässig (sog. **Aufklärungsschaden**, BGE 122 I 153 E. 6c.cc; gl.M. BSK ZGB I-Auer/Marti, Art. 449b N 10). **Eltern** haben zudem keinen unbedingten Anspruch, in das Gesprächsprotokoll ihres Kindes Einsicht zu nehmen (BGE 122 I 53 E. 4 f.). 3

Wird gem. Art. 449b Abs. 2 der betroffenen Person die **Einsicht verweigert**, so darf – analog zu Art. 48 ATSG – nur darauf abgestellt werden, wenn ihr vom wesentlichen Inhalt Kenntnis gegeben wurde (BGE 100 Ia 97 E. 5; vgl. auch Art. 314a). Damit wird dem Gehörsanspruch des Art. 29 BV Rechnung getragen; es handelt sich nicht um eine Ausnahme von der Gehörsgewährung (Kieser, Art. 48 ATSG N 8 f.). Der **wesentliche Inhalt** ist der betroffenen Partei mündlich oder schriftlich mitzuteilen. Bei mündlicher Mitteilung empfiehlt es sich, ein Protokoll zu erstellen (gl.M. BSK ZGB I-Auer/Marti, Art. 449b N 14). Nicht wesentlich kann die Nennung der Namen sein. Die Information hat aber so konkret zu sein, dass der betroffenen Person eine wirksame Wahrnehmung ihrer Rechte ermöglicht wird (Kieser, Art. 48 ATSG N 11; Häfelin/Müller/Uhlmann, Rz 1695 ff. m.w.H.; gl.M. BSK ZGB I-Auer/ Marti, Art. 449b N 15). Massgeblich ist: Je schwerer die beabsichtigte Anordnung wiegt bzw. je grösser die Betroffenheit ist, desto detaillierter ist über den Inhalt des betreffenden Aktenstücks zu informieren (BSK ZGB I-Auer/Marti, Art. 449b N 15, z.T. a.M. Bernhart, Rz 546). Zudem ist der betroffenen Person Gelegenheit zur Stellungnahme i.S. des **rechtlichen Gehörs** zu geben (gl.M. BSK ZGB I-Auer/ Marti, Art. 449b N 17). 4

Wo das Akteneinsicht nicht bzw. nur teilweise gewährt wird, hat der Entscheid in einer **Zwischenverfügung** zu ergehen, wobei auch hier das anzuwendende Verfahrensrecht über allfällige Möglichkeiten, ein Rechtsmittel zu ergreifen, entscheidet (BSK ZGB I-Auer/Marti, Art. 449b N 27). Ist kein kantonales Rechtsmittel möglich, so kann auch der Endentscheid angefochten werden (FamKomm Erwachsenenschutz-Steck, Art. 449b N 15). 5

Kantonale Bestimmungen zum Akteneinsichtsrecht (Art. 449b ZGB)	
AG	**§ 64 EG ZGB – Einbezug der Gemeinde** [1] Die Kindes- und Erwachsenenschutzbehörde gibt der Gemeinde vorgängig Gelegenheit zur Stellungnahme, wenn sie durch eine geplante Massnahme in ihren Interessen, insbesondere finanzieller Art, wesentlich berührt werden könnte. Die Gemeinde wird dadurch nicht zur Verfahrenspartei. [2] Der Gemeinde ist Akteneinsicht zu gewähren, soweit dies zur Wahrnehmung ihres Anhörungsrechts notwendig ist. Die Personen, denen Akteneinsicht gewährt wird, unterstehen der Verschwiegenheitspflicht.
BE	**Art. 53 KESG** [1] Für jedes Verfahren ist ein Aktendossier anzulegen. Rechtserhebliche Unterlagen sind systematisch zu erfassen. [2] Über das Einsichtsrecht nach Artikel 449b ZGB entscheidet die Präsidentin oder der Präsident. [3] Akten werden nur Anwältinnen und Anwälten herausgegeben. Besteht keine anwaltliche Vertretung, erfolgt die Einsichtnahme, wo nötig unter Aufsicht, in den Räumen der Kindes- und Erwachsenenschutzbehörde. Auf Verlangen können gegen Gebühr Kopien angefertigt werden.
GL	**Art. 64a EG ZGB** [1] Über die Akteneinsicht bei abgeschlossenen Verfahren entscheidet die Instanz, welche die Akten aufbewahrt. [2] Die Akteneinsicht wird gewährt, wenn ein schutzwürdiges Interesse geltend gemacht werden kann. [3] Entscheide über die Akteneinsicht können schriftlich innert 30 Tagen mit Beschwerde bei der Aufsichtsbehörde angefochten werden.
GR	**Art. 64a EG ZGB** [1] Über die Akteneinsicht bei abgeschlossenen Verfahren entscheidet die Instanz, welche die Akten aufbewahrt. [2] Die Akteneinsicht wird gewährt, wenn ein schutzwürdiges Interesse geltend gemacht werden kann. [3] Entscheide über die Akteneinsicht können schriftlich innert 30 Tagen mit Beschwerde bei der Aufsichtsbehörde angefochten werden.
SO	**§ 144 Abs. 1 EG ZGB** Die Kindes- und Erwachsenenschutzbehörde, die Aufsichtsbehörde und die Gerichte gewähren in Angelegenheiten des Kindes- und Erwachsenenschutzes gegenseitig Einsicht in alle Entscheide und Akten.
TG	**§ 36 Abs. 1 KESV – Information von Gerichten und anderen Behörden** Soweit keine besonderen Vorschriften bestehen, richtet sich die Auskunftserteilung und die Gewährung der Einsicht in Entscheide und Akten gegenüber Gerichten und Verwaltungsbehörden sinngemäss nach den §§ 25 ff. der Verordnung des Obergerichts über die Information in Zivil- und Strafgerichtsverfahren und die Akteneinsicht durch Dritte (Informationsverordnung). **§ 44 KESV – Akteneinsicht bei hängigem Verfahren** [1] Über die Akteneinsicht der betroffenen Person und der übrigen Verfahrensbeteiligten entscheidet die Verfahrensleitung der Kindes- und Erwachsenenschutzbehörde. [2] Eine Übergabe der Originalakten darf nur an die in einem kantonalen Anwaltsregister oder in einer kantonalen EU/EFTA-Anwaltsliste eingetragenen

Kantonale Bestimmungen zum Akteneinsichtsrecht (Art. 449b ZGB)
Anwältinnen und Anwälte erfolgen. Werden Originalakten verspätet oder unvollständig oder anderweitig unkorrekt zurückgegeben, kann die Herausgabe von Akten künftig verweigert werden. ³ Besteht keine anwaltliche Vertretung, erfolgt die Einsichtnahme, wo nötig unter Aufsicht, in den Räumen der Kindes- und Erwachsenenschutzbehörde. Auf Verlangen können gegen Gebühr Aktenkopien angefertigt werden. **Art. 10 Abs. 1 VKESG – Offenbarungspflicht** Die vom Verfahren Betroffenen haben nach vorangegangener Anmeldung Einsicht in die sie betreffenden Akten, soweit nicht schützenswerte Interessen Dritter oder der Öffentlichkeit entgegenstehen. **§ 69 KESV – Akteneinsicht bei abgeschlossenen Verfahren** ¹ Über die Akteneinsicht bei abgeschlossenen Verfahren entscheidet die Instanz, welche die Akten aufbewahrt. ² Die Akteneinsicht wird gewährt, wenn ein schutzwürdiges Interesse geltend gemacht werden kann. ³ Entscheide über die Akteneinsicht unterliegen der Beschwerde.

Art. 449c

J. Mitteilungspflicht

Die Erwachsenenschutzbehörde macht dem Zivilstandsamt Mitteilung, wenn:
1. sie eine Person wegen dauernder Urteilsunfähigkeit unter umfassende Beistandschaft stellt;
2. für eine dauernd urteilsunfähige Person ein Vorsorgeauftrag wirksam wird.

Art. 449c stellt eine gesetzliche Grundlage dar, welche es der Erwachsenenschutzbehörde trotz grundsätzlicher Verschwiegenheitspflicht gem. **Art. 451** erlaubt, die genannten Informationen an das für die Stimmregisterführung zuständige Zivilstandsamt weiterzuleiten (s. Art. 451 N 3). Art. 42 lit. c und Art. 43 Abs. 3 ZStV haben Art. 449c ZGB aufgenommen, so dass sich keine Konkurrenzen mehr ergeben sollten. Das Zivilstandsamt hat sodann gem. **Art. 49 Abs. 1 lit. d ZStV** von Amtes wegen der Gemeindeverwaltung des aktuellen oder letzten bekannten Wohnsitzes oder Aufenthaltsortes der betroffenen Person im Hinblick auf die Führung des Einwohnerregisters die entsprechenden Daten weiterzuleiten. Dies erfolgt in **automatisierter** Form (Art. 49 Abs. 3 ZStV). Die Mitteilung hat **unverzüglich**, also wenn sie rechtskräftig ist, zu erfolgen und sollte die Voraussetzungen nach Art. **43 Abs. 5 und 6 ZStV** erfüllen, namentlich, dass die Information in Form eines Auszuges erfolgt, der die vollständigen Personenstandsdaten auf Grund von Zivilstandsurkunden, das Dispositiv sowie das Datum des Eintritts der Rechtskraft enthält.

Gemäss Art. 136 Abs. 1 Satz 1 BV stehen in Bundesangelegenheiten allen volljährigen Schweizern die politischen Rechte zu, soweit sie nicht wegen Geisteskrankheit resp. -schwäche entmündigt sind. Art. 2 des BG vom 17.12.1976 über die **politischen Rechte** (SR 161.1) konkretisiert die Verfassungsbestimmung dahingehend, dass diejenigen Personen als vom Stimmrecht ausgeschlossen gelten, welche wegen dauernder Urteilsunfähigkeit unter umfassender Beistandschaft stehen (Art. 398 ZGB) oder durch eine vorsorgebeauftragte Person vertreten werden (Art. 363 ZGB). Die Mitteilungspflichten im ZGB und in der ZStV stellen somit sicher, dass die für die Führung des Stimmregisters verantwortliche Behörde von den entsprechenden Umständen Kenntnis erhält (so der Sinn gem. Botschaft Erwachsenenschutz, 7082). **Nicht davon erfasst** sind demgegenüber nicht dauernd urteilsunfähige Personen unter umfassender Beistandschaft sowie weitere urteilsunfähige Personen resp. Personen, die aufgrund eines Schwächezustandes diesbezüglich schutzbedürftig wären (s. zur Problematik in Bezug auf die Rechtsgleichheit Art. 398 N 4 f.; gl.M. FamKomm Erwachsenenschutz-STECK, Art. 449c N 8). Eine Meldung an das Zivilstandesamtes erscheint aber **a maiore ad minus** in Fällen zulässig, in denen die Meldung im Einzelfall an die Stimmregisterführung angezeigt erscheint, aber eine umfassende Beistandschaft insb. aus Gründen der Verhältnismässigkeit nicht angeordnet werden darf.

3 Art. 449c regelt ausschliesslich die Meldepflichten betr. politischer Rechte auf Bundesebene. Das **kantonale Recht** kann gem. Art. 39 Abs. 1 BV **weitere Meldepflichten** oder -rechte aufgrund der kantonalen Normen betr. Stimmrecht resp. Stimmrechtsausschluss bei kantonalen oder kommunalen Wahlen und Abstimmungen vorsehen (gl.M. BSK ZGB I-AUER/MARTI, Art. 449c N 4).

4 Die Kantone sehen zum Teil vor, dass auch die Gemeinden mit dem Beschluss oder dem Dispositiv bedient werden (vgl. AG, LU, NW, SH). Dies ist ausschliesslich zulässig, wenn die Gemeinden diesen Beschluss auch zur Erfüllung einer ihr obliegenden Aufgabe zwingend benötigen (so Art. 26 KESG SG, Art. 62 EG ZGB GR), was nur in Ausnahmefällen gegeben sein dürfte (ähnlich FASSBIND, 129, der davon ausgeht, dass die Aufzählung für das kantonale Recht abschliessend ist).

5 Art. 449c ZGB wird aktuell bereits wieder **revidiert**. Hintergrund ist die parlamentarische Initiative Joder, 11.449, Publikation von Erwachsenenschutzmassnahmen, welche verlangt, dass Erwachsenenschutzmassnahmen im **Betreibungsregister** einzutragen sind und dass das Betreibungsamt Dritte bei der Einholung eines Betreibungsregisterauszuges über eine allfällige Massnahme informiert. Der Vorentwurf sieht vor, dass sowohl Vormundschaften, Beistandschaften gemäss Art. 325, Beistandschaften, welche Vermögensverwaltungsbefugnisse umfassen, unabhängig davon, ob sie in die Handlungsfähigkeit eingreifen, dem Betreibungsamt zu melden sind (vgl. Art. 449c Abs. 1 Ziff. 3 VE ZGB). Daneben sind weitere Meldepflichten an Einwohnergemeinden, Grundbuchamt und Behörden, welche Ausweise ausstellen vorgesehen. Wesentlich ist sodann, dass im Schuldbetreibungs- und Konkursgesetz ein Art. 8a Abs. 3bis VE SchKG eingefügt werden soll, wonach das Betreibungsamt im Rahmen der Auskunft auch Kenntnis von einer Einschränkung oder dem Entzug der Handlungsfähigkeit infolge einer Massnahme des Erwachsenenschutzes geben muss. Die altrechtliche Publikationspflicht wollte man aus Gründen der Stigmatisierung und des Persönlichkeitsschutzes abschaffen (Botschaft Erwachse-

nenschutz, 7090); die vorgesehene Regelung ist de facto als **stigmatisierender** und viel problematischer anzusehen als die Publikation in einem Amtsblatt, das in der Regel der allgemeinen Bevölkerung wenig bekannt und vertraut war. Ein Betreibungsregisterauszug, welchen die Betroffenen in der Regel freiwillig beizubringen haben, wird demgegenüber in diversen Kontexten verlangt, z.b. wenn es um den Abschluss eines Mietvertrages geht. Damit wird in diversen Beziehungen offenkundig, dass Erwachsenenschutzmassnahmen bestehen, was als ausserordentlich stigmatisierend wirken dürfte. Zu erwartende Folge ist, dass wer unter einer entsprechenden Erwachsenenschutzmassnahme steht, es z.b. schwieriger haben wird, eine Wohnung zu erhalten. Die **Akzeptanz** gegenüber Erwachsenenschutzmassnahmen dürfte damit mit guten Gründen entscheidend sinken. Hinzu kommt, dass auch Private aufgrund von Auskünften des Betreibungsamtes Listen und Datenbanken erstellen, deren Aktualität so keineswegs gewahrt werden kann, dementsprechend auch bei der Löschung im Betreibungsamt weitergereicht werden und weiterexistieren.

Kantonale Bestimmungen zur Mitteilungspflicht (Art. 449c ZGB)	
AG	**§ 65c Abs. 1 EG ZGB – Mitteilung an Gemeinde und andere Behörden** Die Kindes- und Erwachsenenschutzbehörde informiert die Wohnsitzgemeinde über die Anordnung und Aufhebung von Massnahmen im Kindes- und Erwachsenenschutz, soweit nicht überwiegende Interessen entgegenstehen. Sie informiert weitere Amtsstellen und Behörden, soweit dies zur Erfüllung ihrer gesetzlichen Aufgaben erforderlich ist.
AR	**Art. 62 Abs. 1 – Mitteilungspflicht** Die Kindes- und Erwachsenenschutzbehörde meldet die Anordnung einer Beistandschaft oder die Vertretung durch eine vorsorgebeauftragte Person der Einwohnerkontrolle der betroffenen Gemeinde.
BE	**Art. 5 KESV – Mitteilung von Entscheiden** ¹ Das Kindes- und Erwachsenengericht eröffnet dem KJA seine Entscheide auf dem Gebiet des Kindes- und Erwachsenenschutzes sowie des Pflegekinderwesens. ² Ausgenommen von der Pflicht zur Eröffnung nach Absatz 1 sind a Zwischenentscheide, einschliesslich solcher betreffend die unentgeltliche Rechtspflege, b Nichteintretensentscheide, c Abschreibungsverfügungen.
GL	**Art. 62 EG ZGB** ¹ Die Kindes- und Erwachsenenschutzbehörde teilt Entscheide den Behörden mit, die zur Erfüllung ihrer gesetzlichen Aufgaben Kenntnis von der Anordnung und Aufhebung einer Beistandschaft oder Vormundschaft sowie der Regelung der elterlichen Sorge haben müssen. ² Entscheide in Kinderbelangen sind dem Kind nach den Bestimmungen der Zivilprozessordnung über Kinderbelange in familienrechtlichen Angelegenheiten mitzuteilen
GR	**Art. 62 EG ZGB** ¹ Die Kindes- und Erwachsenenschutzbehörde teilt Entscheide den Behörden mit, die zur Erfüllung ihrer gesetzlichen Aufgaben Kenntnis von der Anord-

	Kantonale Bestimmungen zur Mitteilungspflicht (Art. 449c ZGB)
	nung und Aufhebung einer Beistandschaft oder Vormundschaft sowie der Regelung der elterlichen Sorge haben müssen. ² Entscheide in Kinderbelangen sind dem Kind nach den Bestimmungen der Zivilprozessordnung über Kinderbelange in familienrechtlichen Angelegenheiten mitzuteilen. **Art. 12 KESV** Entscheide sind im Dispositiv insbesondere mitzuteilen: a) den Wohnsitzgemeinden, sofern die Entscheide eine Kostenfolge für sie zur Folge haben oder haben können; b) den Einwohnerkontrollen, sofern eine Aktualisierung der Daten im Einwohnerregister oder im Stimmregister erforderlich ist; c) den Schulbehörden, sofern ein Obhutsentzug vorliegt oder die elterliche Sorge betroffen ist; d) den Grundbuchämtern, sofern die Handlungsfähigkeit einer Grundeigentümerin oder eines Grundeigentümers eingeschränkt wird; e) der Steuerverwaltung, sofern unentgeltliche Rechtspflege gewährt worden ist.
LU	**§ 51 EG ZGB – Stellungnahme und Orientierung der Gemeinde** ¹ Die Kindes- und Erwachsenenschutzbehörde informiert die Gemeinde, in der die betroffene Person ihren Wohnsitz hat, über die Eröffnung eines Verfahrens. ² Sie kann die Gemeinde zur Stellungnahme einladen und zieht allfällige bei der Gemeinde vorhandene, sachbezügliche Akten bei. ³ Sie stellt der Gemeinde Entscheide über die Anordnung und die Aufhebung von Mass-nahmen zu.
NW	**Art. 35 Abs. 2 EG ZGB** Die Kindes- und Erwachsenenschutzbehörde informiert die Gemeinde am Wohnsitz der betroffenen Person über die Anordnung und Aufhebung von Kindes- und Erwachsenenschutzmassnahmen.
SG	**Art. 26 Abs. 1 EG-KES – Mitteilung an andere Behörden und Stellen** Die Kindes- und Erwachsenenschutzbehörde informiert andere Behörden und Stellen über angeordnete Kindes- und Erwachsenenschutzmassnahmen, soweit diese zur Erfüllung ihrer gesetzlichen oder öffentlichen Aufgaben auf die Information angewiesen sind und das öffentliche Interesse an der Information gegenüber den Persönlichkeitsrechten der betroffenen Personen überwiegt.
SH	**Art. 52 EG ZGB** ¹ Falls eine Anordnung der Kindes- und Erwachsenenschutzbehörde eine Änderung des Eintrags im Einwohnerregister zur Folge hat, informiert die Behörde die Register führende Gemeinde. ² Vor der Anordnung von kindes- und erwachsenenschutzrechtlichen Massnahmen mit voraussichtlich erheblicher Kostenfolge für die Gemeinden, insbesondere bei Fremdplatzierungen, wird die zuständige Berufsbeistandschaft sowie die betroffene Gemeinde in der Regel informiert. Vorsorgliche Massnahmen bleiben vorbehalten.

Kantonale Bestimmungen zur Mitteilungspflicht (Art. 449c ZGB)	
TG	**§ 61 KESV – Mitteilungen im Allgemeinen*** ¹ Die Kindes- und Erwachsenenschutzbehörde teilt ihre Entscheide den Behörden mit, die zur Erfüllung ihrer gesetzlichen Aufgabe Kenntnis von Anordnungen und Massnahmen sowie deren Beendigung haben müssen. ² Mitteilungen an Amtsstellen und an Drittpersonen können auf dem Korrespondenzweg oder mit Formular erfolgen, insbesondere in den Fällen von Artikel 413 Absatz 3 und Artikel 452 Absatz 2 ZGB sowie an: 1. das Betreibungsamt gemäss Artikel 68c und 68d des Bundesgesetzes über Schuldbetreibung und Konkurs (SchKG); 2. das Grundbuchamt gemäss Artikel 395 Absatz 4 ZGB; 3. die Banken und andere Institute gemäss Artikel 395 Absatz 3 ZGB; 4. das Zivilstandsamt gemäss Artikel 449c ZGB und Artikel 42 Absatz 1 Buchstabe c der Zivilstandsverordnung; 5. das kantonale Migrationsamt gemäss Artikel 82 Absatz 2 der Verordnung über Zulassung, Aufenthalt und Erwerbstätigkeit (VZAE); 6. die Kantonale Ausweisstelle gemäss Artikel 13 Absatz 1 Buchstabe c des Bundesgesetzes über die Ausweise für Schweizer Staatsangehörige (AwG); 7. den zuständigen konsularischen Posten gemäss Artikel 37 Buchstabe b des Wiener Übereinkommens über die konsularischen Beziehungen; 8. die Zentrale Ausgleichskasse gemäss Artikel 18c der Verordnung über die Familienzulagen (FamZV); 9. die Sozialen Dienste der Politischen Gemeinde, in welcher die betroffene Person ihren Wohnsitz oder Aufenthalt hat, soweit es um die Anordnung und Aufhebung von Massnahmen oder um den Verzicht auf Massnahmen geht; 10. die zuständige Schulbehörde, wenn durch den Entscheid schulpflichtige Kinder betroffen sind und diese Behörde vom Entscheid Kenntnis haben muss. 11. [aufgehoben] 12. [aufgehoben] ³ Einem Kind, welches das 14. Altersjahr vollendet hat, ist der Entscheid zuzustellen, wenn damit Kinderbelange geregelt werden. Kindern unter 14 Jahren können Entscheide über Kinderbelange zugestellt werden, sofern die Behörde dies als notwendig erachtet. ⁴ Entscheide betreffend die fürsorgerische Unterbringung oder ambulante Massnahmen oder Massnahmen zur Nachbetreuung sind gegebenenfalls der Vertrauensperson der betroffenen Person ebenfalls zuzustellen. **§ 61a KESV – Meldungen an das Einwohneramt** ¹ Die Kindes- und Erwachsenenschutzbehörde meldet dem Einwohneramt der Politischen Gemeinde, in welcher die betroffene Person ihren aktuellen oder zuletzt bekannten Hauptwohnsitz hat: 1. die Anordnung, Übertragung, Übernahme, Änderung oder Aufhebung von umfassenden Beistandschaften sowie von anderen Beistandschaften unter Angabe der Art der Beistandschaft sowie mit einem ausdrücklichem Vermerk, wenn durch die Massnahme die Handlungsfähigkeit der betroffenen Person eingeschränkt wird;

Kantonale Bestimmungen zur Mitteilungspflicht (Art. 449c ZGB)	
	2. die Feststellung oder den Verlust der Wirksamkeit des Vorsorgeauftrags für eine dauernd urteilsunfähige Person; 3. die Anordnung, Übertragung, Übernahme, Änderung oder Aufhebung einer Vormundschaft über eine minderjährige Person; 4. andere Entscheide, welche einen Einfluss auf den Wohnsitz einer Person haben, insbesondere im Zusammenhang mit der Obhut über minderjährige Personen. ² In diesen Fällen teilt die Behörde dem Einwohneramt gleichzeitig die Kontaktadresse der zuständigen Mandatsträgerin oder des zuständigen Mandatsträgers sowie gegebenenfalls des Aufenthaltsorts der betroffenen Partei, wie etwa Erziehungs-, Versorgungs-, Heil- oder Strafanstalt oder Pflegefamilie, sowie den Wechsel dieser Adressen mit. ³ Das Einwohneramt der Gemeinde ist bezüglich der erhaltenen Informationen an das Amtsgeheimnis gemäss Artikel 451 ZGB gebunden und vorbehältlich besonderer rechtlicher Grundlagen nicht berechtigt, diese Informationen an andere Amtsstellen oder Dritte weiterzugeben. Vorbehalten bleiben Mitteilungen an andere Einwohnerämter.

Kantonale Bestimmungen zu den Verfahrenskosten	
AG	**§ 65a EG ZGB – Kosten im Erwachsenenschutzverfahren** ¹ In Erwachsenenschutzverfahren werden die Gerichtskosten in erster Instanz der betroffenen Person auferlegt, es sei denn, besondere Umstände rechtfertigen eine andere Verteilung oder den Verzicht auf die Erhebung von Gerichtskosten. ² Besondere Umstände, die den Verzicht auf die Erhebung von Gerichtskosten rechtfertigen, liegen namentlich vor, wenn von der Anordnung einer Massnahme abgesehen wird. ³ Keine Gerichtskosten werden erhoben in a) erster Instanz im Zusammenhang mit Art. 419 ZGB, es sei denn, das Verfahren ist mutwillig oder leichtfertig veranlasst oder dessen Durchführung in rechtlich vorwerfbarer Weise erschwert worden, b) erster und zweiter Instanz in Verfahren auf Erlass ambulanter Massnahmen, fürsorgerischer Unterbringungen und Nachbetreuungen sowie in Verfahren betreffend die Sterilisation von Personen unter umfassender Beistandschaft und von dauernd urteilsunfähigen Personen. ⁴ Im Übrigen sind die Bestimmungen der Zivilprozessordnung zu den Kosten anwendbar, insbesondere im Beschwerdeverfahren, für die Parteientschädigung sowie die unentgeltliche Rechtspflege. **§ 65b EG ZGB – Kosten im Kindesschutzverfahren** ¹ In Kindesschutzverfahren kann in erster Instanz auf die Erhebung von Gerichtskosten verzichtet werden, wenn besondere Umstände es rechtfertigen. ² Besondere Umstände, die den Verzicht auf die Erhebung von Gerichtskosten rechtfertigen, liegen namentlich vor, wenn von der Anordnung einer Massnahme abgesehen wird. ³ Keine Gerichtskosten werden erhoben in erster Instanz im Zusammenhang mit Art. 419 ZGB, es sei denn, das Verfahren ist mutwillig oder leichtfertig veranlasst oder dessen Durchführung in rechtlich vorwerfbarer Weise erschwert worden.

	Kantonale Bestimmungen zu den Verfahrenskosten
	⁴ Im Übrigen sind die Bestimmungen der Zivilprozessordnung zu den Kosten anwendbar, insbesondere bei der Kostenverteilung, im Beschwerdeverfahren, für die Parteientschädigung sowie die unentgeltliche Rechtspflege.
AR	**Art. 50 EG ZGB – Verfahrenskosten** ¹ Die Kindes- und Erwachsenenschutzbehörde kann Gebühren zuzüglich Auslagen erheben. Die Gebühren betragen zwischen Fr. 100.– und Fr. 10 000.–. * ² Der Regierungsrat erlässt einen Tarif. *
BE	**Art. 63 KESG – Verfahrenskosten** ¹ Die Verfahrenskosten werden der betroffenen Person auferlegt, es sei denn, die besonderen Umstände rechtfertigten eine andere Verlegung oder den Verzicht auf die Erhebung von Verfahrenskosten. ² Besondere Umstände, die den Verzicht auf die Erhebung von Verfahrenskosten rechtfertigen, können namentlich vorliegen, wenn von der Anordnung einer Massnahme abgesehen wird. Verfahrenskosten werden jedoch auch in diesem Fall ganz oder teilweise auferlegt a der betroffenen Person, sofern sie das Verfahren mutwillig oder leichtfertig veranlasst oder dessen Durchführung in rechtlich vorwerfbarer Weise erschwert hat, b der gesuchstellenden Person, sofern sie mutwillig oder leichtfertig gehandelt hat. ³ Unter Vorbehalt von Absatz 4 werden keine Verfahrenskosten erhoben in Verfahren betreffend a die fürsorgerische Unterbringung, b die Sterilisation von Personen unter umfassender Beistandschaft oder dauernd urteilsunfähiger Personen, c die Errichtung einer umfassenden Beistandschaft wegen geistiger Behinderung, d Kindesschutzmassnahmen, e Artikel 419 ZGB, es sei denn, das Verfahren sei mutwillig oder leichtfertig veranlasst oder dessen Durchführung in rechtlich vorwerfbarer Weise erschwert worden. ⁴ Die Kosten für besondere Untersuchungen und Gutachten können auch in den Fällen von Absatz 3 Buchstaben a bis c der betroffenen Person auferlegt werden, wenn sie sich in günstigen Verhältnissen befindet. Der Regierungsrat legt durch Verordnung Einkommens- und Vermögensgrenzwerte fest und regelt, welche Dokumente die betroffene Person zur Darlegung ihrer Einkommens- und Vermögensverhältnisse einzureichen hat. **Art. 64 KESG – Parteikosten und Parteientschädigung** ¹ Grundsätzlich besteht kein Anspruch auf Parteikostenersatz oder Parteientschädigung. ² Sieht die Kindes- und Erwachsenenschutzbehörde von der Anordnung einer Massnahme ab oder liegen andere besondere Umstände vor, so kann sie zusprechen a einen angemessenen Parteikostenersatz, sofern eine anwaltliche Vertretung besteht und diese aufgrund der tatsächlichen und rechtlichen Verhältnisse geboten ist,

Kantonale Bestimmungen zu den Verfahrenskosten		
	b	eine angemessene Parteientschädigung und Auslagenersatz, sofern die betroffene Person in einem aufwendigen Verfahren ihre Rechte selbst wahrnimmt oder sich durch jemanden vertreten lässt, der nicht Anwältin oder Anwalt ist.
	Art. 9 KESV – Kostengutsprache Ordnet die KESB die Behandlung oder Unterbringung in einer Einrichtung oder eine andere kostenpflichtige Massnahme an, so kann sie auf Gesuch der für den Vollzug der Massnahme vorgesehenen Einrichtung oder Stelle eine Kostengutsprache leisten.	
	Art. 10 KESV – Kostenpflicht der betroffenen Person [1] Die KESB entscheidet nach pflichtgemässem Ermessen, ob Massnahmekosten, für die nicht Dritte zahlungspflichtig sind, ganz oder teilweise von der betroffenen Person getragen werden. [2] Die betroffene Person hat sich grundsätzlich in dem Umfang an den Kosten von Massnahmen zu beteiligen, in dem ihr Einkommen und Vermögen die sich aus der Sozialhilfegesetzgebung ergebenden Grenzen übersteigt, welche für die Berechnung der Beiträge von Betroffenen oder Eltern an die Kosten solcher Massnahmen massgebend sind. [3] Handelt es sich bei der Massnahme um die Behandlung oder Unterbringung in einer Einrichtung, die durch Betriebsbeiträge des Kantons finanziert wird, so trifft die KESB den Entscheid über die Kostenbeteiligung aufgrund einer Vollkostenrechnung.	
	Art. 11 KESV – Nachzahlung [1] Hat der Kanton oder die für die Sozialhilfe zuständige Burgergemeinde die Kosten für die Massnahme finanziert, so ist die betroffene Person zur Nachzahlung verpflichtet, wenn sich ihre wirtschaftlichen Verhältnisse so weit verbessert haben, dass ihr Einkommen und Vermögen die in der Sozialhilfegesetzgebung festgelegten Grenzen übersteigt, welche für die Berechnung der Rückerstattung wirtschaftlicher Hilfe massgebend sind. [2] Die Vorschriften der Sozialhilfegesetzgebung über die Befreiung von der Rückerstattungspflicht gelten sinngemäss.	
	Art. 12 KESV – 7. Kosten für besondere Untersuchungen und Gutachten Die betroffene Person hat sich in dem Umfang an den Kosten für besondere Untersuchungen und Gutachten zu beteiligen, in dem ihr Einkommen und Vermögen die Grenzen übersteigt, welche für die Pflicht zur Unterstützung Verwandter gemäss Artikel 328 Absatz 1 ZGB massgebend sind.	
BS	**§ 23. VoKESG – Gebühren der KESB** [1] Die KESB erhebt für ihre Tätigkeiten folgende Gebühren: 1. Einzelentscheide CHF 50 bis 500 1.a. Führung der Beistandschaft: Aufnahme des Inventars und Anordnung der Aufnahme eines öffentlichen Inventars (Art. 405 ZGB i.V.m. § 4 lit. d KESG) 1.b. Anordnung vorsorglicher Massnahmen (Art. 445 ZGB i.V.m. § 4 lit. ha KESG)	

Kantonale Bestimmungen zu den Verfahrenskosten

	1.c.	Entzug der aufschiebenden Wirkung einer Beschwerde, sofern der Entscheid in der Sache ebenfalls ein Einzelentscheid ist (Art. 450c ZGB i.V.m. § 4 lit. i KESG)
	1.d.	Anordnung einer Vertretung (Art. 449a und Art. 314a[bis] ZGB i.V.m. § 4 lit. hb KESG)
	1.e.	Örtliche Zuständigkeit: Einleitung eines Übertragungsverfahrens bei Wohnsitzwechsel (Art. 442 ZGB i.V.m. § 4 lit. g KESG)
	1.f.	Akteneinsicht und Einschränkung des Akteneinsichtsrechts soweit nicht aufgrund einer spezialgesetzlichen Regelung unentgeltlich (Art. 449b ZGB i.V.m. § 4 lit. hc KESG)
	1.g.	Meldung an das Zivilstandsamt bei umfassender Beistandschaft und Vorsorgeauftrag (Art. 449c ZGB i.V.m. § 4 lit. hd KESG)
	1.h.	Entscheid über die Informationsberechtigung: Auskunft über das Vorliegen und die Wirkungen einer Massnahme (Art. 451 Abs. 2 ZGB i.V.m. § 4 lit. ja KESG)
	1.i.	Mitteilung eingeschränkter oder entzogener Handlungsfähigkeit (Art. 452 ZGB i.V.m. § 4 lit. jb KESG)
	1.j.	Scheidungsfolgen:
	1.ja.	Neuregelung des Kindesunterhalts bei Einigkeit der Eltern oder Tod eines Elternteils (Art. 134 Abs. 2 ZGB i.V.m. § 4 lit. ka KESG)
	1.jb.	Neuregelung des persönlichen Verkehrs in nichtstreitigen Fällen ohne gleichzeitige Neubeurteilung der elterlichen Sorge und/oder des Unterhalts (Art. 134 Abs. 4 ZGB i.V.m. 315b Abs. 2 ZGB, § 4 lit. kb KESG)
	1.k.	Antrag zur Anordnung einer Kindesvertretung im Scheidungsverfahren der Eltern (Art. 299 Abs. 2 lit. b ZPO i.V.m. § 4 lit. l KESG)
	1.l.	Wirkungen der Ehe (Eheschutzmassnahmen): Neuregelung des persönlichen Verkehrs in nicht-streitigen Fällen ohne gleichzeitige Neubeurteilung der elterlichen Sorge und/oder des Unterhalts (Art. 179 Abs. 1 ZGB i.V.m. 315b Abs. 1 Ziff. 3 ZGB, § 4 lit. m KESG)
	1.m.	Unterhaltspflicht der Eltern: Genehmigung des Abschlusses und der einvernehmlichen Abänderung eines Unterhaltsvertrages (Art. 287 ZGB i.V.m. § 4 lit. n KESG)
	1.n.	Kindesvermögen:
	1.na.	Entgegennahme des Kindesvermögensinventars nach Tod eines Elternteils und Prüfung der Anordnung der Inventaraufnahme oder periodischen Rechnungsstellung und Berichterstattung (Art. 318 ZGB i.V.m. § 4 lit. oa KESG)
	1.nb.	Bewilligung zur Anzehrung des Kindesvermögens bis zu einem Betrag von CHF 5000 (Art. 320 ZGB i.V.m. § 4 lit. ob KESG)
	1.o.	Anordnung einer Vertretungsbeistandschaft für das ungeborene Kind zur Wahrung erbrechtlicher Ansprüche (Art. 544 Abs. 1bis ZGB i.V.m. § 4 lit. p KESG)
	1.p.	Antrag um Anordnung eines Erbschaftsinventars (Art. 553 ZGB i.V.m. § 4 lit. q KESG)
2.	Kollegialentscheide CHF 100 bis 2000	
	2.a.	Anordnung, Änderung, Aufhebung einer Massnahme nach Kindes- oder Erwachsenenschutzrecht

Kantonale Bestimmungen zu den Verfahrenskosten

2.b. Vorsorgeauftrag: Feststellung der Wirksamkeit (Art. 363 Abs. 1 und 2), Instruktion beauftragte Person, Entscheid über Entschädigung und Spesen (Art. 366)
    2.c. Entscheidungen im Zusammenhang mit der Patientenverfügung
    2.d. Entscheidungen im Zusammenhang mit der Vertretung bei medizinischen Massnahmen
    2.e. Entscheidungen im Zusammenhang mit dem Aufenthalt in Wohn- und Pflegeeinrichtungen, insbesondere bezüglich Einschränkung Bewegungsfreiheit
    2.f. Entscheidungen im Zusammenhang mit der Vertretung durch eine Ehegattin, einen Ehegatten oder eine eingetragene Partnerin bzw. einen eingetragenen Partner
    2.g. Zustimmungsgeschäfte (Art. 416 f. ZGB)
    2.h. Entscheidungen bezüglich Anlage von Vermögenswerten (Art. 6 ff. VBVV)
    2.i. Gemeinsame elterliche Sorge und Neuregelung der elterlichen Sorge (Art. 298 Abs. 2 und 3, 298a Abs. 1 und 2 ZGB)
    2.j. Regelung des persönlichen Verkehrs (Art. 134 Abs. 4 und 275 Abs. 1 ZGB)
3. Berichts- und Rechnungsprüfung CHF 100 bis 7500
    3.a. Die Höhe der Gebühr für die jährliche Berichts- und Rechnungsprüfung richtet sich nach dem für die Prüfung notwendigen Zeitaufwand und die Komplexität der Verhältnisse.
    3.b. Ist der Aufwand der KESB gering, so ist die Gebühr um bis zur Hälfte zu ermässigen; bei einem grossen Aufwand zu verdoppeln, höchstens bis auf CHF 12 500.
4. Gebühren für Urkunden oder andere Bescheinigungen
    4.a. Ausstellung einer Urkunde für den Vorsorgeauftrag CHF 10 bis 500
    4.b. Ausstellung einer Urkunde für die Vertretung der Ehegattin bzw. des Ehegatten oder der eingetragenen Partnerin bzw. des eingetragenen Partners CHF 10 bis 500
    4.c. Bescheinigungen über gesetzliche Vertretungsbefugnisse CHF 10 bis 500
    4.d. Beratung in Bezug auf die Ausfertigung eines Vorsorgeauftrages und/oder Verurkundung eines Vorsorgeauftrags (§ 10a KESG) CHF 100 bis 1000.
    4.e. Fotokopien oder elektronische Kopien
        4.ea. pro Seite CHF 1
        4.eb. ab der 40. Seite pro Seite CHF 0.50
[2] Ist der Aufwand der KESB gering, so ist die Gebühr gemäss Ziff. 1 lit. a–p um bis zur Hälfte zu ermässigen; bei einem grossen Aufwand zu erhöhen, maximal aber bis auf CHF 1000.
[3] Ist der Aufwand der KESB gering, so ist die Gebühr gemäss Ziff. 2 lit. a–j um bis zur Hälfte zu ermässigen; bei einem grossen Aufwand zu erhöhen, maximal aber bis auf CHF 4000.
 	
§ 24 Abs. 1 VoKESG – Stundung und Erlass
Wenn die betroffene Person nicht über die notwendigen finanziellen Mittel verfügt oder die Erhebung von Gebühren aus anderen Gründen nicht verhält-

Kantonale Bestimmungen zu den Verfahrenskosten	
	nismässig erscheint, kann die KESB die Gebühren gemäss § 23 der Verordnung entsprechend den vom Departement genehmigten Richtlinien stunden oder erlassen.
FR	**Art. 6 KESG – Verfahrens- und Parteikosten** ¹ Die Verfahrenskosten gehen zu Lasten der betroffenen Person; Artikel 108 ZPO bleibt vorbehalten. ² Die Schutzbehörde erhebt die Kosten, die der Staatsrat in einem Tarif festsetzt. Es können keine Kostenvorschüsse verlangt werden. ³ Parteikosten können zugesprochen werden, soweit das Verfahren einen Konflikt privater Interessen betrifft. Im Versöhnungsverfahren werden indessen keine Parteikosten zugesprochen, und den Gemeinwesen dürfen Parteikosten weder zugesprochen noch auferlegt werden. **Art. 5 KESV – Verfahrenskosten (Art. 6 Abs. 2 KESG)** Die von der Schutzbehörde erhobenen Gebühren werden im Justizreglement geregelt.
GL	**Art. 92 EG ZGB** ¹ Die Kindes- und Erwachsenenschutzbehörde erhebt für ihre Amtshandlungen Gebühren. ² Der Landrat erlässt einen Gebührentarif. Die Höhe der Gebühren richtet sich nach dem Umfang und dem Schwierigkeitsgrad der Verrichtung.
GR	**Art. 63 EG ZGB – 3. Kosten/a) Verfahren** ¹ Für das Verfahren vor der Kindes- und Erwachsenenschutzbehörde werden Kosten erhoben. ² In Kindesschutzverfahren und in Verfahren betreffend den persönlichen Verkehr, die elterliche Sorge oder den Unterhalt sind die Verfahrenskosten von den Eltern, dem sorgeberechtigten oder dem unterhaltspflichtigen Elternteil zu tragen. ³ Bei Vorliegen besonderer Umstände kann auf die Erhebung von Verfahrenskosten verzichtet werden, sofern das Verfahren nicht mutwillig oder trölerisch eingeleitet worden ist. ⁴ In Verfahren vor der Kindes- und Erwachsenenschutzbehörde wird in der Regel keine Parteientschädigung zugesprochen. ⁵ Im Übrigen richtet sich die Erhebung von Verfahrenskosten nach der Gesetzgebung über die Zivilrechtspflege **Art. 25 Abs. 1 KESV** ¹ Die Entscheidgebühr bemisst sich nach dem Aufwand, dem Interesse und den wirtschaftlichen Verhältnissen der kostenpflichtigen Person. ² Die Entscheidgebühr in Verfahren vor der Kindes- und Erwachsenenschutzbehörde beträgt: a) bei Entscheiden der Kollegialbehörde Fr. 500.– bis 30 000.– b) bei Entscheiden, die in der Einzelzustän-digkeit eines Behördenmitgliedes liegen Fr. 100.– bis 10 000.– ³ In Verfahren, die einen besonders grossen Aufwand verursachen, darf eine Entscheidgebühr bis 100 000 Franken erhoben werden.

	Kantonale Bestimmungen zu den Verfahrenskosten
	Art. 26 KESV Die von Dritten in Rechnung gestellten Kosten für die Sachverhaltsabklärung sind Bestandteil der Verfahrenskosten. **Art. 27 KESV – Kosten für Sachverhaltsabklärung** ¹ Die Verfahrenskosten sind von der betroffenen Person zu tragen. ² In Kindesschutzverfahren und in Verfahren betreffend den persönlichen Verkehr, die elterliche Sorge oder den Unterhalt werden die Kosten in der Regel den Eltern je zur Hälfte auferlegt. Bei Vorliegen besonderer Umstände kann eine andere Kostenaufteilung verfügt werden. **Art. 28 KESV** Besondere Umstände, die den teilweisen oder ganzen Verzicht auf die Erhebung von Verfahrenskosten rechtfertigen, können insbesondere vorliegen bei: Verzicht auf Kostenerhebung a) Absehen von der Anordnung einer Massnahme; b) Kindesschutzmassnahmen, sofern das Vermögen der Eltern unter dem Freibetrag von 10 000 Franken liegt und deren Einkommen nur knapp ausreicht, um ihren Verpflichtungen nachzukommen und ihren Lebensunterhalt zu bestreiten; c) Personen, die nachweislich auf die Unterstützung der öffentlichen Sozialhilfe angewiesen sind.
LU	**§ 19 KESV – Gebühren** Für ihre Amtshandlungen erhebt die Kindes- und Erwachsenenschutzbehörde Gebühren nach den §§ 4 und 7 der Verordnung über den Gebührenbezug der Gemeinden vom 23. November 2010.
NW	**Art. 41 EG ZGB – Behördliche Massnahmen / 1. im Erwachsenenschutzverfahren** Im Rahmen des Erwachsenenschutzverfahrens trägt die betroffene Person die Kosten des Einschreitens der Kindes- und Erwachsenenschutzbehörde und der angeordneten Massnahmen wie insbesondere für die: 1. Anordnung und Aufhebung von Erwachsenenschutzmassnahmen; 2. Einsetzung von Beiständinnen oder Beiständen inklusive Entschädigung für die Mandatsführung; 3. Bericht- und Rechnungsabnahme; 4. Anstaltsunterbringung. **Art. 42 EG ZGB – 2. im Kindesschutzverfahren** ¹ Im Rahmen des Kindesschutzverfahrens tragen die Eltern in der Regel die Kosten für: 1. das Einschreiten der Kindes- und Erwachsenenschutzbehörde, sofern dieses zur Anordnung einer Massnahme führt; 2. die Anordnung einer Massnahme; 3. die angeordnete Massnahme. ² Sind die Eltern dazu nicht in der Lage, trägt das Kind die Kosten nach Ermessen der Kindes- und Erwachsenenschutzbehörde, soweit es sich in wirtschaftlich guten Verhältnissen befindet.

	Kantonale Bestimmungen zu den Verfahrenskosten
	Art. 43 EG ZGB – 3. Kostentragung bei Mittellosigkeit [1] Verfügen die kostenpflichtigen Personen nicht über hinreichende finanzielle Mittel, trägt der Kanton die Kosten. [2] Er kann sie auf dem zivilrechtlichen Weg bei den nach Art. 328 ZGB 2 unterstützungspflichtigen Verwandten geltend machen.
SG	**Art. 25 EG-KES – Kosten** [1] Für das Verfahren vor der Kindes- und Erwachsenenschutzbehörde wird kein Kostenvorschuss verlangt. [2] Die Verfahrenskosten werden in der Verfügung über die Hauptsache festgelegt.
SH	**Art. 54 EG ZGB** [1] Die Kosten der Kindes- und Erwachsenenschutzbehörde bestehen aus den Gebühren für die amtliche Tätigkeit und allfälligen Barauslagen. Die Gebühr beträgt zwischen Fr. 100.– und Fr. 10 000.– und richtet sich nach dem Aufwand und der Schwierigkeit des Geschäftes. Die Interessen der gebührenpflichtigen Person und ihre wirtschaftliche Leistungsfähigkeit können berücksichtigt werden. Kostenvorschüsse werden in der Regel nicht verlangt. [2] Minderjährigen dürfen keine Kosten auferlegt werden. Den Eltern minderjähriger Betroffener dürfen Kosten auferlegt werden, sofern sie nicht bedürftig sind. [3] Aus zureichenden Gründen können die Gebühren ganz oder teilweise erlassen werden. Bei mutwilligem oder leichtfertigem Verhalten können eine Ordnungsbusse bis Fr. 1000.– sowie die Kosten auferlegt werden. **Art. 55 EG ZGB** [1] Für das Verfahren vor der Kindes- und Erwachsenenschutzbehörde werden in der Regel keine Parteientschädigungen zugesprochen. [2] Im Beschwerdeverfahren vor dem Obergericht ist bei Obsiegen eine Parteientschädigung zuzusprechen.
SO	**§ 149 EG ZGB – V. Verfahrenskosten** [1] Das Verfahren vor der Kindes- und Erwachsenenschutzbehörde ist grundsätzlich kostenfrei. [2] Für bestimmte Verrichtungen und Verfügungen werden durch die Kindes- und Erwachsenenschutzbehörde Gebühren erhoben, sofern die gebührenpflichtige Person nicht als bedürftig im Sinne der Bestimmungen über die unentgeltliche Rechtspflege gilt. [3] Gebührenpflichtig sind die durch eine Verfügung betroffenen Personen; in Kinderbelangen gelten in der Regel die Eltern als betroffene Personen. [4] Die Art der Geschäfte sowie die Höhe der Gebühr bestimmt sich nach dem kantonalen Gebührentarif. Auslagen sind zusätzlich zu ersetzen.
TG	**§ 31 KESV – Kostenvorschüsse** [1] Im Verfahren vor der Kindes- und Erwachsenenschutzbehörde und vor der Beschwerdeinstanz werden in der Regel keine Kostenvorschüsse verlangt. Vorbehalten bleiben insbesondere Fälle, in welchen das Verfahren offensichtlich mutwillig oder leichtfertig veranlasst wurde. Der Kostenvorschuss ist in bar zu leisten. [2] Im Übrigen darf den Verfahrensbeteiligten keine Sicherheitsleistung auferlegt werden.

Kantonale Bestimmungen zu den Verfahrenskosten

§ 62 KESV – Verfahrenskosten
[1] Die Kosten des Verfahrens vor der Kindes- und Erwachsenenschutzbehörde bestehen aus der Verfahrensgebühr und den Kosten einer von der Behörde angeordneten Vertretung sowie den Barauslagen.
[2] Als Barauslagen gelten alle der Behörde entstandenen Auslagen, insbesondere für Leistungen Dritter, wie die Kosten für Gutachten und ärztliche Fachberichte sowie die Auslagen für Übersetzungen, für Publikationen und für entrichtete Gebühren.

§ 63 KESV – Kostenverlegung
[1] Die Kostenverlegung wird in der Regel im verfahrenserledigenden Entscheid vorgenommen.
[2] Die Verfahrenskosten werden der betroffenen Person auferlegt, sofern nicht besondere Umstände eine andere Verlegung der Kosten oder den Verzicht auf Verfahrenskosten rechtfertigen. Vorbehalten bleibt die Gewährung der unentgeltlichen Rechtspflege.
[3] Soweit die betroffene Person das Verfahren nicht mutwillig oder leichtfertig veranlasst oder dessen Durchführung in vorwerfbarer Weise erschwert hat, werden keine Verfahrenskosten erhoben:
1. in Verfahren betreffend fürsorgerische Unterbringung;
2. in Verfahren nach Artikel 419 ZGB;
3. bei Aufsichtsbeschwerden;
4. gegenüber Minderjährigen;
5. in Verfahren betreffend die Sterilisation.

[4] In Verfahren betreffend fürsorgerische Unterbringung und betreffend Sterilisation können die Barauslagen der Behörde, insbesondere die Kosten für Gutachten und Fachberichte, der betroffenen Partei auferlegt werden, wenn sie sich in günstigen wirtschaftlichen Verhältnissen befindet.
[5] In Kindesschutzverfahren und in Verfahren betreffend den persönlichen Verkehr, die elterliche Sorge oder den Unterhalt sind die Verfahrenskosten in der Regel von den Eltern zu tragen.

§ 64 KESV – Inkasso, Erlass und Stundung
[1] Das Inkasso der Verfahrenskosten ist Sache der Kindes- und Erwachsenenschutzbehörde.
[2] Über Stundung, Reduktion und Erlass der Verfahrenskosten entscheidet die Behörde, bis zu einem Betrag von Fr. 500.– deren Präsidium.
[3] Bei einem Weiterzug von Entscheiden regelt die Beschwerdeinstanz in ihrem Entscheid, welche Kosten durch welche Instanz bezogen werden.

§ 65 KESV – Parteikosten und Parteientschädigungen
[1] Im Verfahren vor der Kindes- und Erwachsenenschutzbehörde besteht kein Anspruch auf Parteikostenersatz oder Entschädigung. Die Behörde kann indessen, wenn sie von einer Massnahme absieht oder besondere Umstände vorliegen, ausnahmsweise eine angemessene Entschädigung zusprechen, wenn eine anwaltliche Vertretung besteht und diese sachlich geboten war, oder wenn in einem aufwändigen Verfahren eine betroffene Person sich sel-

Kantonale Bestimmungen zu den Verfahrenskosten	
	ber vertritt oder sich durch jemanden vertreten lässt, der nicht Anwältin oder Anwalt ist. ² Minderjährigen werden keine Parteikosten auferlegt.
UR	**Art. 18 Abs. 1 EG KESR – Grundsatz** Der Kanton trägt die Kosten der Organisation der Kindes- und Erwachsenenschutzbehörde und der Verfahren vor dieser. **Art. 8 Reglement EG KESR – Spruchgebühren** ¹ Die Spruchgebühren der Kindes- und Erwachsenenschutzbehörde sind mit dem Entscheid in der Sache zu verfügen. Sie richten sich grundsätzlich nach der Gebührenverordnung und nach dem Gebührenreglement. ² Gebühren werden dem Vermögen der betreuten Person belastet. ³ Kostenvorschüsse werden nur ausnahmsweise verlangt. ⁴ Minderjährigen werden in der Regel keine Kosten auferlegt. Den Eltern minderjähriger Betroffener können Kosten auferlegt werden, sofern sie nicht bedürftig sind. ⁵ Der Regierungsrat kann zu den Gebühren eine Tarifordnung erlassen. Siehe ferner: **Tarifordnung vom 18.12.2012 der Kindes- und Erwachsenenschutzbehörde (RB 9.2119)**
VS	**Art. 41 VKES – Begutachtung/Kostenvorschuss** ¹ Die KESB erforscht den Sachverhalt von Amtes wegen und leistet für die von ihr angeordneten Begutachtungen Kostenvorschuss. ² Sofern eine Partei eine Begutachtung verlangt, kann die KESB ihre Anordnung von einem Kostenvorschuss abhängig machen.
ZG	**§ 57 EG ZGB – Kosten** ¹ Die Gebühren für Amtshandlungen im Kindes- und Erwachsenenschutz richten sich unter Vorbehalt von Absatz 2 und 3 nach dem Verwaltungsgebührentarif und dem Verwaltungsrechtspflegegesetz. ² Keine Kosten sind zu erheben in Kindesschutzfällen und im Bereich der fürsorgerischen Unterbringung. ³ Im Erwachsenenschutz kann in begründeten Fällen auf eine Kostenerhebung verzichtet werden. Ein Kostenvorschuss darf nicht verlangt werden.
ZH	**§ 60 EG KESR** ¹ Es werden keine Kostenvorschüsse verlangt. ² Die Gebühren für ein Verfahren vor der KESB betragen zwischen Fr. 200 und Fr. 10 000. In besonderen Fällen können die Gebühren verdoppelt oder es kann auf ihre Erhebung verzichtet werden. ³ Die Gebühren werden insbesondere nach dem Aufwand und der Schwierigkeit des Verfahrens und der Bedeutung des Geschäfts festgelegt. ⁴ Weitere Kosten der KESB werden zusätzlich in Rechnung gestellt. ⁵ Die KESB auferlegt Gebühren und weitere Kosten den Verfahrensbeteiligten unter Berücksichtigung des Ausgangs des Verfahrens. Sie kann auf die Erhebung von Verfahrenskosten, die weder eine am Verfahren beteiligte Person noch Dritte veranlasst haben, verzichten. ⁶ Parteientschädigungen werden in der Regel nicht zugesprochen.

Zweiter Unterabschnitt: Vor der gerichtlichen Beschwerdeinstanz

Art. 450

A. Beschwerdeobjekt und Beschwerdebefugnis

[1] Gegen Entscheide der Erwachsenenschutzbehörde kann Beschwerde beim zuständigen Gericht erhoben werden.
[2] Zur Beschwerde befugt sind:
1. die am Verfahren beteiligten Personen;
2. die der betroffenen Person nahestehenden Personen;
3. Personen, die ein rechtlich geschütztes Interesse an der Aufhebung oder Änderung des angefochtenen Entscheids haben.

[3] Die Beschwerde ist beim Gericht schriftlich und begründet einzureichen.

Literatur

REUSSER, Das neue Erwachsenenschutzrecht, eine Herausforderung für die Kantone, ZBl 2013, 3 ff.

I. Regelungsgegenstand

1 Das kantonale Recht hat **zwingend** ein **Gericht** zu bezeichnen, das Beschwerden gegen Entscheide der KESB zu beurteilen hat (HAUSHEER/GEISER/AEBI-MÜLLER, Erwachsenenschutzrecht [1. Aufl.], Rz 1.64 f.; BSK ZGB I-STECK, Art. 450 N 6; FamKomm Erwachsenenschutz-STECK, Art. 450 N 2). Von Bundesrechts wegen ist eine einzige kantonale gerichtliche Beschwerdeinstanz hinreichend. Die Kantone können aber auch zwei gerichtliche Instanzen vorsehen, wobei dann als letzte kantonale Instanz nach Art. 75 Abs. 2 BGG zwingend ein oberes Gericht einzusetzen ist (Botschaft Erwachsenenschutz, 7074; BSK ZGB I-STECK, Art. 450 N 15; FamKomm Erwachsenenschutz-STECK, Art. 450 N 10). Davon haben einzig die Kantone St. Gallen und Zürich umfassend Gebrauch gemacht (SG: Verwaltungsrekurskommission, dann KGer [Art. 27 f. EG KESR SG]; ZH: Bezirksrat, dann OGer [§ 63 f. EG KESR ZH]; vgl. REUSSER, ZBl 2013, 3 ff., 24 f.; vgl. auch BGE 139 III 98 E. 3 und 4 [mit Besprechung von WOLF/THUT in ZBJV 2014, 654 ff.]; BGer vom 18.1.2013, 5C_1/2012 E. 2 f.; BGer vom 17.7.2013, 5A_327/2013 E. 2.1 und 3.2). Mehrere Kantone sehen jedoch für die gerichtlichen Beschwerdeverfahren nach Art. 439 zwei Beschwerdeinstanzen vor (vgl. dazu die Tabelle bei Art. 450f N 13; BGer vom 26.6.2014, 5A_444/2014 E. 1.1).

1a Das von der **gerichtlichen Beschwerdeinstanz anzuwendende Verfahren** wird vom Bundesrecht im zweiten Unterabschnitt in sechs Artikeln (Art. 450–450e) punktuell geregelt (Botschaft Erwachsenenschutz, 7083). Für eine allfällige Ergänzung des Verfahrensrechts sind die Kantone zuständig (vgl. Art. 450f N 4 ff.; BGer vom 3.9.2013, 5A_499/2013 E. 3.3; BGer vom 17.7.2013, 5A_327/2013 E. 3.1; BSK ZGB I-AUER/MARTI, Art. 450f N 4 ff.; FamKomm Erwachsenenschutz-STECK, Art. 450f N 3 ff.; vgl. dazu auch die Tabellen bei Art. 450e N 15 und Art. 450f N 13).

Bei der FU kann die betroffene oder eine ihr nahestehende Person in den Fällen von Art. 439 Abs. 1 Ziff. 1–5 das vom kantonalen Recht als zuständig bezeichnete Gericht anrufen (Art. 439 N 3, 8; vgl. dazu auch BGer vom 25.10.2013, 5A_675/2013 E. 2.3.2). Dieses kann mit der gerichtlichen Beschwerdeinstanz i.S.v. Art. 450 Abs. 1 identisch sein, muss aber nicht (FamKomm Erwachsenenschutz-STECK, Art. 450 N 11; BSK ZGB I-STECK, Art. 450 N 16; OFK ZGB-FASSBIND, Art. 450 N 1; vgl. dazu auch die Tabellen bei Art. 450e N 15 und Art. 450f N 13). 2

Das Verfahren vor diesem Gericht richtet sich nach Art. 439 Abs. 3 sinngemäss nach den Bestimmungen von Art. 450 ff. (Botschaft Erwachsenenschutz, 7083; SCHMID, vor Art. 450 ZGB N 10 und Art. 450 ZGB N 14; Art. 439 N 7 sowie Art. 449 N 3 und Art. 450e N 3a ff.; vgl. auch FamKomm Erwachsenenschutz-STECK, Art. 450 N 11 und BSK ZGB I-STECK, Art. 450 N 16). Betr. die Platzierung von Kindern im Rahmen eines Obhutsentzugs vgl. Art. 314b. 2a

Soweit das Gesetz – in Anlehnung an das bisherige Recht (aArt. 420 Abs. 1) – einen besonderen **Rechtsbehelf** vorsieht, wonach in bestimmten Fällen ohne Bindung an eine Frist die KESB angerufen werden kann, so dass diese ggf. «einzuschreiten» hat (vgl. Art. 419, ferner Art. 314 Abs. 1, 368, 373, 376, 381 und 385), handelt es sich dabei **nicht um ein Beschwerdeverfahren im technischen Sinn** (Art. 450 ff.). Anwendbar sind dann vielmehr die Bestimmungen über das erstinstanzliche Verfahren (Art. 443 ff.; Botschaft Erwachsenenschutz, 7083; HAUSHEER/GEISER/AEBI-MÜLLER, Erwachsenenschutzrecht [1. Aufl.], Rz 1.86 ff.; SCHMID, Art. 450 ZGB N 2). Der Entscheid der KESB kann allenfalls nach Art. 450 bei der gerichtlichen Beschwerdeinstanz angefochten werden (BGer vom 7.4.2014, 5A_186/2014 E. 1 und 3; HAUSHEER/GEISER/AEBI-MÜLLER, Erwachsenenschutzrecht [1. Aufl.], Rz 2.144; FamKomm Erwachsenenschutz-STECK, Art. 450 N 15). 3

Art. 450 ZGB regelt das **Beschwerdeobjekt** (N 8 ff.), die **Beschwerdebefugnis** (N 9 ff.; vgl. den Randtitel) sowie die **Form** der Beschwerde (N 14 f.). Die Bestimmung entspricht wörtlich der Fassung von Art. 450 E-Erwachsenenschutz (FamKomm Erwachsenenschutz-STECK, Art. 450 N 1 ff.). 4

II. Sachlicher Geltungsbereich

1. Rechtsnatur der Beschwerde

Das Bundesrecht sieht in der Rechtsmittelordnung von Art. 450 ff. – anders als für das Zivilprozessrecht mit Berufung und Beschwerde (Art. 308 ff. ZPO und Art. 319 ff. ZPO) – als **einziges einheitliches Rechtsmittel** eine **Beschwerde** vor (SCHMID, Art. 450 ZGB N 1; FamKomm Erwachsenenschutz-STECK, Art. 450 N 5). Mit dieser Terminologie knüpft der Gesetzgeber an die bisherige Vormundschaftsbeschwerde (aArt. 420) an. Eine Übereinstimmung und ein direkter Zusammenhang mit der zivilprozessualen Beschwerde (Art. 319 ff. ZPO) sind nicht gegeben. 5

Entsprechend dem Schutzzweck des Kindes- und Erwachsenenschutzrechts besteht die Möglichkeit, die getroffenen Massnahmen jederzeit aufzuheben oder abzuändern, ohne dass sich der Sachverhalt geändert haben muss (vgl. Art. 383, 414 f., 426 Abs. 3 und Art. 431; HAUSHEER/GEISER/AEBI-MÜLLER, Erwachsenenschutzrecht [1. Aufl.], Rz 1.91). Den Begriffen der formellen und materiellen Rechtskraft kommt daher hier – anders als im Zivilprozessrecht – keine entscheidende Bedeutung zu (FamKomm Erwachsenenschutz-STECK, Art. 450 N 6). Deshalb ist auch das ausserordentliche Rechtsmittel der Revision entbehrlich (Botschaft Erwachsenenschutz, 7083 f.; BSK ZGB I-STECK, Art. 450 N 10).

6   Die Beschwerde i.S.v. Art. 450 ist ein **devolutives Rechtsmittel**, d.h. mit der Anfechtung geht das Verfahren mit den vollständigen Akten auf die Rechtmittelinstanz über (BGer vom 17.7.2013, 5A_327/2013 E. 3.1). Diese überprüft den erstinstanzlichen Entscheid in rechtlicher und tatsächlicher Hinsicht umfassend und beurteilt die Sache neu (HAUSHEER/GEISER/AEBI-MÜLLER, Erwachsenenschutzrecht [1. Aufl.], Rz 1.90). Die Beschwerde ist somit auch ein **vollkommenes Rechtsmittel** (Art. 450a; Botschaft Erwachsenenschutz, 7085; SCHMID, Art. 450 ZGB N 1, 3 f. und Art. 450a N 1; FamKomm Erwachsenenschutz-STECK, Art. 450 N 7; vgl. auch BGE 139 III 257 E. 4.3; vgl. hinten Art. 450a N 1a, 3).

6a Damit die Raschheit des Verfahrens gewährleistet ist, muss die Beschwerde mit **reformatorischer Wirkung** ausgestattet sein, d.h. das Rechtsmittel führt, wenn es begründet ist, zur Ausfällung eines neuen Entscheids der gerichtlichen Beschwerdeinstanz (vgl. SPÜHLER/DOLGE/GEHRI, 12. Kap. Rz 19). Deshalb sollte insb. im Zusammenhang mit FU und anderen Entscheiden, die in schwerer Weise in die persönliche Freiheit der betroffenen Person eingreifen, eine blosse Aufhebung des Entscheids und *Rückweisung* des Verfahrens an die Vorinstanz wenn immer möglich unterbleiben und die absolute Ausnahme darstellen (BGE 131 III 409, vgl. auch BGE 117 II 132; FamKomm Erwachsenenschutz-STECK, Art. 450 N 7; BSK ZGB I-STECK, Art. 450 N 12; CHK-AFFOLTER/STECK/VOGEL [1. Aufl.], Art. 397f aZGB N 5).

6b Die **Verfahrensgrundsätze des erstinstanzlichen Verfahrens** (Art. 443 ff.) sind auch im Verfahren vor der gerichtlichen Beschwerdeinstanz anwendbar, soweit das Gesetz in den Art. 450 ff. keine abweichenden Vorschriften enthält (SCHMID, Art. 450 N 5; BSK Erwachsenenschutz-STECK, Art. 450 N 13; OFK ZGB-FASSBIND, Art. 450 N 1). Für Kantone, die ein zweistufiges gerichtliches Beschwerdeverfahren kennen (N 1), sollte dies nach der hier vertretenen Auffassung grundsätzlich für beide Instanzen gelten (FamKomm Erwachsenenschutz-STECK, Art. 450 N 8; teilweise abweichend BSK ZGB I-GEISER, Art. 450e N 11, 25, 39). Nach der bundesgerichtlichen Rechtsprechung finden jedoch die in den Art. 450 bis Art. 450e ZGB enthaltenen Verfahrensvorschriften für das von den Kantonen eingeführte zweitinstanzliche Beschwerdeverfahren (vgl. vorn N 1) keine Anwendung (BGer vom 15.7.2014, 5A_478–479/2014 E. 2.2; BGer vom 17.7.2013, 5A_327/2013 E. 3.2; betr. Anhörung der betroffenen Person vgl. auch BGE 139 III 257 E. 4.3; vgl. zudem hinten Art. 450e N 12c).

7   Gegen den von der letzten kantonalen Instanz (Art. 75 BGG) beurteilten Beschwerdeentscheid ist die **Beschwerde in Zivilsachen an das BGer** zulässig (Art. 72 Abs. 2

lit. b Ziff. 6 und Art. 90 ff. BGG; HAUSHEER/GEISER/AEBI-MÜLLER, Erwachsenenschutzrecht [1. Aufl.], Rz 1.23, 1.95; SCHMID, Art. 450 ZGB N 8, 12; FamKomm Erwachsenenschutz-STECK, Art. 450 N 9; BSK ZGB I-STECK, Art. 450 N 14; vgl. unten N 8a ff.).

2. Beschwerdeobjekt (Abs. 1)

Abs. 1 regelt das **Beschwerdeobjekt**. Anfechtbar sind alle *Endentscheide der KESB* (Abs. 1 i.V.m. Art. 314 Abs. 1; BGer vom 20.3.2014, 5A_852/2013 E. 2.1; N 8a) sowie Entscheide über vorsorgliche Massnahmen (Art. 445 Abs. 3; Art. 445 N 10 ff.; HAUSHEER/GEISER/AEBI-MÜLLER, Erwachsenenschutzrecht [1. Aufl.], Rz 1.89, N 8b) und zwar sowohl Entscheide des Kollegiums als auch solche, die in der Kompetenz eines Einzelmitglieds (Art. 440 Abs. 2) ergangen sind (BSK ZGB I-STECK, Art. 450 N 17 f.; FamKomm Erwachsenenschutz-STECK, Art. 450 N 13 ff.).

8

Der **Anfechtbarkeit bei der gerichtlichen Beschwerdeinstanz** unterliegen insb. folgende Endentscheidungen der KESB (vgl. SCHMID, vor Art. 450 ZGB N 1–10 und Art. 450 ZGB N 14, 17; FamKomm Erwachsenenschutz-STECK, Art. 450 N 14; BSK ZGB I-STECK, Art. 450 N 19):

8a

- Feststellung der Wirksamkeit des Vorsorgeauftrags (Art. 363 Abs. 2);
- Aushändigung einer Urkunde über die Befugnisse (Art. 363 Abs. 3);
- Auslegung und Ergänzung des Vorsorgeauftrags (Art. 364);
- Anordnung ergänzender Massnahmen (Art. 365 Abs. 2);
- Festlegung der Entschädigung und der Spesen (Art. 366 und 404 Abs. 1 und 2);
- Zustimmung zu ausserordentlicher Vermögensverwaltung (Art. 374 Abs. 3);
- Regelung der Vertretung der urteilsunfähigen Person (Art. 382 Abs. 2);
- Schutz der Persönlichkeit (Art. 386 Abs. 2);
- Errichtung und Kombination von Beistandschaften (Art. 393 Abs. 1, 394 Abs. 1, 396 Abs. 1, 397 und 398 Abs. 1) und Umschreibung der Aufgabenkreise (Art. 391 Abs. 1 und 2);
- Erteilen der Befugnis zum Öffnen der Post und zum Betreten der Wohnung (Art. 391 Abs. 3);
- Einschränkung der Handlungsfähigkeit (Art. 394 Abs. 2);
- Regelung der Vermögensverwaltung und Anordnung von Einschränkungen (Art. 395 Abs. 1–4);
- Aufhebung der Massnahme (Art. 399 Abs. 2);
- Ernennung und Instruktion, Beratung und Unterstützung der Beiständin oder des Beistands (Art. 400 Abs. 1 und 3) oder eines Ersatzbeistands (Art. 403) und Übertragung einer Beistandschaft auf mehrere Personen (Art. 400 Abs. 1 und Art. 402);
- Berücksichtigung und Befolgung von Wünschen der betroffenen Personen oder nahestehender Personen (Art. 401);
- Aufnahme des Inventars (Art. 405 Abs. 2) und Anordnung eines öffentlichen Inventars (Art. 405 Abs. 3);
- Anordnung betr. Rechnungslegung (Art. 410 Abs. 1) und Genehmigung der Rechnung und des Berichts (Art. 415) sowie der Schlussrechnung und des Schlussberichts (Art. 425 Abs. 2);
- Zustimmung zu Geschäften der Beiständin oder des Beistandes (Art. 416 f.);

- Entscheide der KESB i.S.v. Art. 419 (vgl. N 3);
- Entbindung der Angehörigen von Pflichten (Art. 420);
- Entlassung der Beiständin oder des Beistandes (Art. 423 f.) sowie alle Anordnungen in diesem Zusammenhang (Art. 424 f.);
- Anordnung der FU (Art. 427 Abs. 2, 428 Abs. 1 und 429 Abs. 2);
- Entlassung aus der FU (Art. 428 Abs. 1);
- Übertragung der Entlassungszuständigkeit auf die Einrichtung (Art. 428 Abs. 2);
- Periodische Überprüfung (Art. 431);
- Kompetenzkonflikte bei bestrittener Zuständigkeit (Art. 444 Abs. 4);
- Entscheidungen über indirekte Vollstreckung (Art. 450g Abs. 1)
- Auskunft über das Vorliegen und die Wirkung einer Massnahme (Art. 451 Abs. 2) und Mitteilung an die Schuldner (Art. 452 Abs. 2);
- Zusammenarbeit mit der Polizei und anderen Stellen (Art. 453 Abs. 1);
- Anpasssung von Massnahmen an das neue Recht (Art. 14 Abs. 2 und 3 SchlT);
- Bestätigung ärztlicher Unterbringungsentscheide (Art. 14 Abs. 4 SchlT);
- Anordnung von kindesrechtlichen Massnahmen bzw. Kindesschutzmassnahmen (Art. 275 Abs. 1, Art. 287 Abs. 1, Art. 298 Abs. 1 und 2, Art. 298a Abs. 2 und 3, Art. 306 Abs. 2, Art. 307–310, Art. 311 Abs. 1, Art. 312, Art. 315a Abs. 1, Art. 318 Abs. 3, Art. 327c Abs. 2 und 3 bzw. seit 1.1.2014 Art. 298b Abs. 1–4, Art. 298d; Art. 301a Abs. 2 und 5, Art. 12 Abs. 4 SchlT);
- Entscheide der KESB im Rahmen der Verordnung über die Vermögensverwaltung im Rahmen einer Beistandschaft oder Vormundschaft (VBVV; vgl. Art. 4 Abs. 3, Art. 6 Abs. 1 lit. d und e und Abs. 2, Art. 7 Abs. 1–3, Art. 8 Abs. 3, Art. 9 Abs. 2 und Art. 10 Abs. 3);
- Entscheide nach Art. 8 Abs. 1 des Bundesgesetzes vom 17.12.2004 über Voraussetzungen und Verfahren bei Sterilisation (Sterilisationsgesetz; SR 211.111.1).

8b Zur Anfechtbarkeit von vorsorglichen Massnahmen vgl. Art. 445 N 10 ff.

8c Über die **Anfechtbarkeit von (selbständig eröffneten) Zwischenentscheiden** (z.B. von Entscheiden betr. Ausstand, Vertretung im Verfahren, Sistierung des Verfahrens oder Mitwirkungspflichten) enthält das Gesetz keine ausdrückliche Regelung. Die Frage ist umstritten. Grundsätzlich sind die Kantone hier frei, die Rechtsmittelordnung zu ergänzen, wobei nach Art. 450f subsidiär sinngemäss die Bestimmungen der ZPO zur Anwendung gelangen (Botschaft Erwachsenenschutz 7084; vgl. dazu auch Art. 450f N 4 ff., 7 ff.). Demnach wäre, soweit das kantonale Recht keine andere Regelung vorsieht, eine *Weiterzugsmöglichkeit analog zu Art. 319b Ziff. 2 ZPO* anzunehmen. Die Anfechtbarkeit wäre mithin nur unter der Voraussetzung zulässig, dass ein nicht leicht wiedergutzumachender Nachteil droht. Die Kognition der Beschwerdeinstanz wäre bez. der Beschwerdegründe gegenüber Art. 450a ZGB i.S.v. Art. 320 ZPO insofern etwas eingeschränkt (vgl. BSK ZPO-Spühler, Art. 319 N 5 und Art. 320 N 2; Sutter-Somm/Hasenböhler/Leuenberger-Freiburghaus/Ahfeldt, Art. 319 ZPO N 13 ff. und Art. 320 ZPO N 5; BK ZPO-Sterchi, Art. 319 N 9 ff. und Art. 320 N 1 ff.; Brunner/Gasser/Schwander-Blickenstorfer, Art. 319 ZPO N 39 ff. und Art. 320 ZPO N 4 ff.). Zudem würde die Beschwerdefrist wohl nur 10 Tage betragen (Art. 321 Abs. 2 ZPO; GASSER/RICKLI, Art. 319 ZPO N 3; vgl. hinten Art. 450b N 4).

Der **Entwurf zu einem Verfahrensgesetz** (vgl. VE für ein BG über das Verfahren vor den Kindes- und Erwachsenenschutzbehörden vom Juni 2003, VE-VKE 2003) hatte eine Regelung vorgesehen, wonach verfahrensleitende Verfügungen über den Ausstand, die Ernennung eines Verfahrensbeistandes, die Sistierung des Verfahrens und die Mitwirkungspflicht mit Beschwerde anfechtbar waren (Art. 45 Abs. 2 Ziff. 1–4 VE-VKE 2003). Andere verfahrensleitende Verfügungen sollten dagegen mit Beschwerde nur anfechtbar sein, wenn durch sie ein nicht wiedergutzumachender Nachteil drohte oder wenn damit ein bedeutender Aufwand erspart werden konnte (Abs. 45 Abs. 3 VE-VKE; vgl. Bericht zum VE-VKE, 31 f., 49). In den bundesrätlichen Entwurf wurde eine entsprechende Bestimmung nicht mehr aufgenommen. Daraus wird anscheinend abgeleitet, «verfahrensleitende Verfügungen» der KESB würden generell «ohne differenzierende Einschränkungen der Beschwerde nach Art. 450» unterliegen, weil das Gesetz ganz allgemein den Terminus «Entscheide» verwendet und nur ein Einheitsrechtsmittel zur Verfügung steht (so SCHMID, Art. 450 N 15 f.; im gleichen Sinn wohl auch HAUSHEER/GEISER/ AEBI-MÜLLER, Erwachsenenschutzrecht [1. Aufl.], Rz 1.89). Dies geht indessen nach der hier vertretenen Auffassung zu weit, denn dann müsste angesichts der Rechtsnatur der Beschwerde (N 5 ff.) in jedem Fall eine uneingeschränkte und umfassende Überprüfung zugelassen werden, was einem effizienten Verfahren und der Rechtssicherheit (Beurteilung innert angemessener Frist, Beschleunigungsgebot, Art. 29 Abs. 1 BV) zuwiderlaufen würde (vgl. BSK ZGB I-STECK, Art. 450 N 23).

8d

Nach hier vertretener Auffassung sollte unterschieden werden: Gegen selbständig eröffnete Zwischenverfügungen über die **Zuständigkeit** und über **Ausstandsbegehren** (RHINOW/KOLLER/KISS/THURNHERR/BRÜHL-MOSER, Rz 1071) sollte die Beschwerde nach den Bestimmungen von Art. 450 ff. uneingeschränkt zulässig und dementsprechend eine spätere Anfechtung – zusammen mit dem Endentscheid – nicht mehr möglich sein. Für **andere selbständig eröffnete Zwischenverfügungen** soll dagegen eine selbständige Anfechtung nur ausnahmsweise und insofern eingeschränkt möglich sein, als sie «einen nicht wieder gutzumachenden Nachteil bewirken können» (RHINOW/KOLLER/KISS/THURNHERR/BRÜHL-MOSER, Rz 1071). In diesem Fall wäre in der Regel wohl, soweit das kantonale Recht keine andere Regelung vorsieht (Art. 450f N 4 ff.), nur eine erschwerte Weiterzugsmöglichkeit analog zu Art. 319 lit. b Ziff. 2 ZPO – beschränkt auf die Beschwerdegründe von Art. 320 ZPO – zuzulassen (vgl. diesbezgl. auch die Hinweise in N 8c; BGer vom 29.10.2013, 5A_655/2013 E. 2).

8e

Für das **Rechtsmittelverfahren vor Bundesgericht** ist Voraussetzung, dass ein Zwischenentscheid i.S.v. Art. 92 f. BGG vorliegt (vgl. dazu im Einzelnen RHINOW/ KOLLER/KISS/THURNHERR/BRÜHL-MOSER, Rz 1870 ff. sowie BGE 137 III 380 E. 1; BGer vom 8.9.2008, 5A_439/2008 E. 1.2; BGer vom 28.3.2011, 5A_503/2010 E. 1.2; BGer vom 6.10.2010, 5A_597/2010 E. 1; BGer vom 23.7.2014, 5A_320/ 2014 E. 1.2; vgl. auch Brunner/Gasser/Schwander-BLICKENSTORFER, Art. 319 ZPO N 39 und 320 ZPO N 8 ff.).

8f

3. Beschwerdebefugnis (Abs. 2)

9 Für die Umschreibung der **Beschwerdebefugnis** knüpft das Gesetz in Abs. 2 materiell an die bisherige Regelung von Art. 420 aZGB an (SCHMID, Art. 450 ZGB N 19). Die Aufzählung in den Ziff. 1–3 ist **abschliessend** (SJZ 2013, 509 f. [OGer ZH vom 21.2.2013, Geschäfts-Nr. PA130005-O/U]; FamKomm Erwachsenenschutz-STECK, Art. 450 N 19; BSK ZGB I-STECK, Art. 450 N 26). Zur Beschwerde befugt sind die am Verfahren beteiligten Personen (Ziff. 1, N 9a), die der betroffenen Person nahestehenden Personen (Ziff. 2; N 12 ff.) sowie Personen, die ein rechtlich geschütztes Interesse an der Aufhebung oder Änderung des angefochtenen Entscheids haben (Ziff. 3; N 13; HAUSHEER/GEISER/AEBI-MÜLLER, Erwachsenenschutzrecht [1. Aufl.], Rz 1.92 f.; SCHMID, Art. 450 ZGB N 20 ff.; vgl. dazu auch BGE 140 III 92 ff. E. 1.1; 136 III 497 ff. E. 1, 2; BGer vom 7.11.2013, 5A_391/2013 E. 2.3; BGer vom 11.12.2013, 5A_683/2013 E. 1.2; BGer vom 2.6.2014, 5A_355/2014 E. 1.3, ferner vorne Art. 445 N 5).

a) Die am Verfahren beteiligten Personen (Abs. 2 Ziff. 1)

9a Am Verfahren beteiligt sind in erster Linie die von der Anordnung der KESB direkt **betroffenen Personen**, mithin die schutzbefohlenen, hilfsbedürftigen Personen. Dies gilt auch in Bezug auf die Beiständin oder den Beistand, wenn deren Handlungen oder Unterlassungen Gegenstand eines Verfahrens vor der KESB geworden sind (Art. 419; vgl. auch N 3). Im Bereich des *Kindesschutzes* können nebst den Kindern auch deren *Eltern* betroffene Personen sein (SCHMID, Art. 450 N 21; OFK ZGB-FASSBIND, Art. 450 N 3). Am Verfahren beteiligt sind auch alle **weiteren Personen**, die sich im erstinstanzlichen Verfahren vor der KESB tatsächlich beteiligt haben oder denen mindestens ein Entscheid der KESB zugestellt wurde (FamKomm Erwachsenenschutz-STECK, Art. 450 N 21 f.; BSK ZGB I-STECK, Art. 450 N 29 f.; SCHMID, Art. 450 N 21 f.; vgl. auch BGer vom 5.11.2013, 5A_663/2013 E. 1.2; BGer vom 2.6.2014, 5A_355/2014 E. 1.3; BGer vom 28.3.2014, 5A_979/2013 E. 6).

10 Anders als im früheren Recht (Art. 378 aZGB; BK-SCHNYDER/MURER, Art. 373 aZGB N 116; vgl. auch z.B. § 62 lit. b EG ZGB AG und § 73 Abs. 2 EG ZGB ZH) ist – abgesehen von Zuständigkeitskonflikten (Art. 444 N 7 ff.) – neu eine **Beschwerdelegitimation des Gemeinwesens** von Bundesrechts wegen grundsätzlich **nicht mehr möglich**. Allein der Umstand, dass eine Person im erstinstanzlichen Verfahren zur Stellungnahme eingeladen oder dass ihr der Entscheid eröffnet wurde, verschafft ihr nicht ohne Weiteres auch die Befugnis zur Beschwerde gegen den Entscheid KESB (BGer vom 28.3.2014, 5A_979/2013 E. 6). Die Beschwerdelegitimation des Gemeinwesens lässt sich weder aus Ziff. 1 noch aus Ziff. 3 herleiten (FamKomm Erwachsenenschutz-STECK, Art. 450 N 23; BSK ZGB I-STECK, Art. 450 N 31, 39; OFK ZGB-FASSBIND, Art. 450 N 3; HÄFELI, Grundriss, Rz 34.12; vgl. auch N 10c und 10d sowie N 13 ff.).

10a Das Gemeinwesen kann deshalb einen Entscheid der KESB nicht anfechten, weil diese aufgrund einer Meldung des Gemeinwesens (Art. 443) untätig geblieben oder nicht nach dessen Vorstellungen tätig geworden ist (SJZ 2013, 509 f. [OGer

ZH vom 21.2.2013 Geschäfts-Nr. PA130005-O/U]; a.M. SCHMID, Art. 450 ZGB N 26: Danach soll das Gemeinwesen zur Beschwerde legitimiert sein, welches die Kosten des Vollzugs von Massnahmen zu tragen hat; vgl. auch OGer SH vom 23.1.2014, OGE 30/2013/9, wonach die Gemeinde, welche Kosten einer Kindesschutzmassnahme zu tragen hat, aufgrund von Art. 52 Abs. 2 EG ZGB/SH legitimiert sei, den Entscheid der KESB mit Beschwerde anzufechten). Die Kompetenz zur Anordnung von Massnahmen des Kindes- und Erwachsenenschutzrechts liegt allein bei der zuständigen KESB und nicht bei der Sozialhilfebehörde. Die Sozialhilfebehörden sind deshalb an die rechtskräftigen Entscheide der KESB gebunden (BGer vom 19.3.2014, 8D_4/2013 E. 3.3 und 5.1; vgl. für das frühere Recht auch BGE 135 V 134, 138 ff. E. 3.2 und 4; vgl. auch Art. 445 N 5 f.). Die Erstattung einer Meldung begründet keine Beteiligung am Verfahren (Art. 443 N 2).

Denkbar wäre aber ggf. der Rechtsbehelf einer **Aufsichtsbeschwerde bei der administrativen Aufsichtsbehörde** (Art. 441 Abs. 1; zu Begriff und Funktion der Aufsichtsbeschwerde vgl. RHINOW/KOLLER/KISS/THURNHERR/BRÜHL-MOSER, Rz 659 ff.; BSK ZGB I-STECK, Art. 450 N 31). Die administrative Aufsichtsbehörde vermag einen Entscheid der KESB im Einzelfall zwar nicht zu korrigieren, doch hat sie *im Rahmen der allgemeinen Aufsicht* die Aufgabe, für eine korrekte, einheitliche Rechtsprechung zu sorgen. Insoweit kann sie von Amtes wegen einschreiten, wenn sie «von fehlerhaftem Tun oder Unterlassen» der KESB (oder indirekt auch von Mandatsträgern) Kenntnis erhält (Botschaft Erwachsenenschutz, 7074). 10b

Nach hier vertretener Auffassung ist die KESB – ausser in den Fällen von Art. 444 Abs. 4 (Art. 444 N 7 ff.) – im Verfahren vor der gerichtlichen Beschwerdeinstanz nicht Partei, sondern **Vorinstanz** (vgl. auch BGer vom 21.3.2014, 5A_83/2014 E. 2 und 3; OGer ZH vom 23.8.2013, Geschäfts-Nr. PQ130018; KGer SG [Einzelrichter im Familienrecht] vom 13.11.2013, KES.2013.15). 10c

Das VerwGer SZ verneinte in seinem Entscheid vom 27.11.2013 (VGE III 2013 162), dass Gemeinwesen, die als Kostenträger für Massnahmen der Kindes- oder Erwachsenenschutzbehörde in Frage kommen können, zur gerichtlichen Beschwerde nach Art. 450 Abs. 2 legitimiert seien (vgl. den im Entscheid des BGer vom 28.3.2014, 5A_979/2013 wiedergegebenen Sachverhalt). Das BGer hat im konkreten Fall die fehlende Legitimation der beschwerdeführenden Gemeinde verneint und festgehalten, «dass das Kindesschutzrecht von der Behörde nicht verlangt, bei der Anordnung eines Obhutsentzugs mit Fremdplatzierung nach Art. 310 Abs. 1 ZGB auch dem finanziellen Interesse des allenfalls kostenpflichtigen Gemeinwesens Rechnung zu tragen». Das BGer kam zum Schluss, dass das Interesse der Gemeinde nicht im Sinne von Art. 450 Abs. 2 Ziff. 3 ZGB rechtlich geschützt sei (a.a.O. E. 4) und hat die gegen den kantonalen Entscheid erhobene Beschwerde mit eingehender Begründung abgewiesen (BGer vom 28.3.2014, 5A_979/2013 E. 2–8). Zur ganzen Problematik ist auf die von AFFOLTER im Auftrag der KOKES ausgearbeiteten Empfehlungen vom 24.4.2014 («Der Einbezug von Sozialhilfebehörden in die Entscheidfindung der Kindesschutzorgane») zu verweisen. Danach besteht in Fällen, in welchen die KESB durch widerrechtliches Handeln oder Unterlassen Schaden verursacht, den Geschädigten der Weg der Verant- 10d wortlichkeitsklage frei (Art. 454; BGer vom 20.3.2014, 5A_852/2013 E. 3.2) und gegebenenfalls die Möglichkeit einer Aufsichtsbeschwerde an die administrative Aufsichtsbehörde; Differenzen zwischen der KESB und den Sozialhilfebehörden seien «idealerweise im Rahmen von Qualitätszirkeln zu besprechen und beizulegen».

11 Die selbständige Ergreifung eines Rechtsmittels setzt entsprechend den allgemeinen Rechtsgrundsätzen **Handlungsfähigkeit** voraus. Für eine handlungsunfähige Person handelt ihre gesetzliche Vertretung. Sofern eine handlungsunfähige Person jedoch urteilsfähig ist, kann sie selbständig Rechte ausüben, die ihr um ihrer Persönlichkeit willen zustehen, und vorläufig selbst das Nötige vorkehren, wenn Gefahr im Verzug ist (BGer vom 1.7.2011, 5A_884/2010 E. 2; vgl. dazu auch Art. 19c Abs. 1 ZGB und Art. 67 Abs. 1–3 ZPO; Botschaft Erwachsenenschutz, 7084; betr. Urteilsfähigkeit von Kindern vgl. BGE 120 Ia 369 E. 1a; BGer vom 9.10.2003, 6P.121/2003 E. 3; vgl. ferner BSK ZPO-STECK, Art. 300 N 3 ff.).

b) Nahestehende Personen (Abs. 2 Ziff. 2)

12 Der Begriff der **nahestehenden Person** (Abs. 2 Ziff. 2) wird im Gesetz oft verwendet (vgl. Art. 368 Abs. 1, 373 Abs. 1, 376 Abs. 2, 381 Abs. 3, 385 Abs. 1, 389 Abs. 1 Ziff. 1, 390 Abs. 3, 399 Abs. 2, 401 Abs. 2, 419, 423 Abs. 2, 426 Abs. 4, 430 Abs. 5 und 439 Abs. 1; vgl. auch Art. 397d Abs. 1 aZGB). Er ist weit auszulegen (BSK ZGB I-STECK, Art. 450 N 32). Es handelt sich dabei nach Lehre und Rechtsprechung um eine Person, welche die betroffene Person gut kennt und kraft ihrer Eigenschaften sowie kraft ihrer Beziehungen zu dieser als geeignet erscheint, deren Interessen zu wahren. Eine Rechtsbeziehung ist nicht erforderlich. Entscheidend ist vielmehr die faktische Verbundenheit.

12a **Nahestehende Personen** können sein: Die Eltern, die Kinder, andere durch Verwandtschaft oder Freundschaft mit der betroffenen Person Verbundene, der Lebensgefährte, die Vertrauensperson (Art. 432), aber auch der Beistand, Arzt, Sozialarbeiter, Geistliche oder andere Personen, welche die betroffene Person betreut und begleitet haben (Botschaft Erwachsenenschutz, 7084; vgl. BGE 137 III 67 E. 3.4.1; 122 I 18 E. 2c.bb; 114 II 213 E. 3; 113 II 232 E. 2a; BGer vom 12.1.2011, 5A_857/2010 E. 1.3; BGer vom 29.6.2011, 5A_150/2011 E. 3.4; BGer vom 11.12.2013, 5A_683/2013 E. 1.2; KGer SG vom 8.7.2011, FamPra.ch 2011, 106, E. 2; vgl. auch BGE 112 II 104 f.; SCHMID, Art. 450 N 23; BSK ZGB I-GEISER [4. Aufl.], Art. 397d N 13; CHK-AFFOLTER/STECK/VOGEL [1. Aufl.], Art. 397d aZGB N 9).

12b Nicht ausgeschlossen ist, dass auch eine **Bank** bzw. der oder die zuständige Bankangestellte die Qualifikation **als nahestehende Person** erfüllt (BGE 137 III 67 E. 3.6, wo das aber im konkreten Fall verneint wurde; vgl. ferner BGer vom 25.3.2009, 5A_837/2008 E. 5.2: Dem Verein «Psychex», der die Interessen von Zwangsinternierten verfolgt, war die besondere Nähe zur betroffenen Person abgesprochen worden, was als nicht willkürlich beurteilt wurde; vgl. zudem BGer vom 7.11.2013, 5A_391/2013 E. 2.2: Keine Legitimation einer GmbH, welche für Amtsstellen und privatrechtliche Einrichtungen Kinder und Jugendliche in Pflegefamilien unterbringt und die Beteiligten während des Pflegeverhältnisses begleitet und berät; Art. 445 N 5 f.).

Die **Legitimation der nahestehenden Person** setzt nicht notwendigerweise voraus, dass die Interessen der betroffenen Person wahrgenommen werden (Botschaft Erwachsenenschutz, 7084 unter Hinweis auf BGE 122 I 18 E. 2c.bb; SCHMID, Art. 450 N 23). Denkbar ist auch, dass mehrere nahestehende Personen unabhängig voneinander als am Verfahren beteiligt auftreten (Botschaft Erwachsenenschutz, 7084). 12c

Nahestehende Personen erscheinen ggf. selber als **betroffene Personen** (N 9a) z.B. bei Streit über Vertretungsrechte i.S.v. Art. 378 (vgl. auch SCHMID, Art. 450 N 22). 12d

c) *Dritte (Abs. 2 Ziff. 3)*

Auch **Dritte**, die nicht über die Qualifikation der nahestehenden Person verfügen, können nach Abs. 2 Ziff. 3 zur Beschwerde legitimiert sein. Dass ein Dritter im Interesse einer anderen Person überhaupt ein Rechtsmittel ergreifen kann, ist allerdings nicht selbstverständlich (vgl. dazu BGE 137 III 67 und die dort wiedergegebene Lehre und Rechtsprechung zu Art. 420 aZGB). Diese gesetzliche Regelung knüpft an Art. 419 ZGB an, wonach gegen Handlungen oder Unterlassungen des Beistandes sowie einer von der Behörde beauftragten Drittperson oder Stelle die KESB angerufen werden kann. Vorausgesetzt ist aber auch hier, dass die beschwerdeführende Person ein **rechtliches Interesse** hat, das durch das Kindes- und Erwachsenenschutzrecht geschützt werden soll, d.h. dass sie sich auf «Interessen der schutzbedürftigen Person beruft oder die Verletzung eigener Rechte und Interessen geltend macht», die hätten berücksichtigt werden müssen (BGE 137 III 67 E. 3.1). Solche Interessen können auch Personen geltend machen, die der schutzbedürftigen Person nicht nahe stehen. Ein bloss tatsächliches Interesse genügt nicht (Botschaft Erwachsenenschutz, 7084 f.; SCHMID, Art. 450 N 25; BSK ZGB I-STECK, Art. 450 N 37 f.; FamKomm Erwachsenenschutz-STECK, Art. 450 N 27; OFK ZGB-FASSBIND, Art. 450 N 3; FASSBIND, 132; HÄFELI, Grundriss, Rz 34.11; vgl. zudem für das frühere Recht BGE 121 III 1 E. 2a; BGer vom 29.6.2011, 5A_150/2011 E. 3.4; BGer vom 12.1.2011, 5A_857/2010 E. 1.3; BGer vom 25.3.2009, 5A_837/2008 E. 5.2; BGer vom 2.9.2005, 5C. 51/2005 E. 2.1; CHK-AFFOLTER/STECK/VOGEL [1. Aufl.], Art. 420 aZGB N 6, 13 m.w.H.; vgl. ferner die Hinweise bei Art. 445 N 5a). 13

Mit «Personen, die ein rechtlich geschütztes Interesse an der Aufhebung oder Änderung des angefochtenen Entscheids haben» (Abs. 2 Ziff. 3) sind nach der hier vertretenen Auffassung **Privatpersonen** gemeint. Das Gemeinwesen fällt nicht darunter (vgl. N 10 ff.; N 13b). 13a

Würde die **Beschwerdelegitimation des Gemeinwesens** i.S.v. Abs. 2 Ziff. 3 grundsätzlich bejaht, wäre im Übrigen zu beachten, dass die KESB nach dem Grundsatz von Art. 389 Abs. 2 die Anordnungen treffen muss, die «erforderlich und geeignet» sind, wobei sie den Grundsatz der Verhältnismässigkeit zu wahren hat, was ein- 13b schliesst, dass die Anordnung der betroffenen Person zumutbar sein muss (vgl. auch Art. 445 N 8b). Es darf nicht sein, dass eine solche grundsätzlich notwendige und berechtigte Anordnung ggf. einzig zum Schutz von fiskalischen Interessen des Gemeinwesens unterbleibt. Ein schützenswertes rechtliches Interesse wäre nach der Rechtsprechung des BGer jedenfalls nur gegeben, soweit das Gemeinwesen nicht hoheitlich handelt, sondern sich auf dem Boden des Privatrechts bewegt oder als dem Bürger gleichgeordnetes Rechtssubjekt auftritt und durch den angefochtenen staatlichen Akt wie eine Privatperson betroffen wird (BGE 119 Ia 214). Ein rechtliches Interesse des Gemeinwesens in diesem Sinne, das durch das Kindes- und Erwachsenenschutzrecht zu schützen wäre, ist nach hier vertretener Auffassung nicht ersichtlich (vgl. auch BGE 138 II 506, 511 E. 2.3).

4. Form der Beschwerde (Abs. 3)

14 Die Beschwerde ist nach Abs. 3 beim Gericht **schriftlich und begründet** einzureichen. Für Beschwerden bei FU besteht jedoch aufgrund von Art. 450e Abs. 1 ZGB keine Begründungspflicht (Art. 450e N 4 ff.). Soweit aber die Kantone ein zweistufiges Beschwerdeverfahren vorsehen, kann nach der bundesgerichtlichen Rechtsprechung die Begründungspflicht für das Verfahren vor der oberen Beschwerdeinstanz vorgeschrieben werden (vgl. auch BGer vom 17.7.2013, 5A_327/2013 E. 3.3; KGer SG vom 6.2.2014, KES 2014.2; ferner vorn N 6b).

15 Die gerichtliche Beschwerdeinstanz wird nur tätig, wenn eine zur Beschwerde befugte Person das Rechtsmittel ergreift. Insoweit gilt das **Rügeprinzip** (BSK ZGB I-STECK, Art. 450 N 43; vgl. Art. 450a N 2, 5). Es dürfen jedoch in formeller Hinsicht keine hohen Anforderungen gestellt werden. Ein von einer betroffenen urteilsfähigen Person unterzeichnetes Schreiben ist hinreichend, sofern das Anfechtungsobjekt ersichtlich ist und daraus hervorgeht, warum sie mit der getroffenen Anordnung ganz oder teilweise nicht einverstanden ist. *Mängel* (z.B. fehlende Unterschrift oder fehlende Vollmacht) sind nach Massgabe des kantonalen Rechts innert einer angemessenen *Nachfrist* zu beheben (vgl. auch Art. 450f N 9; Botschaft Erwachsenenschutz, 7085; SCHMID, Art. 450 ZGB N 27 f.; FamKomm Erwachsenenschutz-STECK, Art. 450 N 31; BSK ZGB I-STECK, Art. 450 N 42; OFK ZGB-FASSBIND, Art. 450 N 4; vgl. dazu auch BGE 121 II 252 E. 4b; BGer 12.9.2013, 5A_601/2013 E. 1; OGer ZH vom 18.6.2013 und vom 8.7.2013, Geschäfts-Nr. PQ130017).

Art. 450a

B. Beschwerdegründe ¹ Mit der Beschwerde kann gerügt werden:
1. Rechtsverletzung;
2. unrichtige oder unvollständige Feststellung des rechtserheblichen Sachverhalts;
3. Unangemessenheit.

² Ferner kann wegen Rechtsverweigerung und Rechtsverzögerung Beschwerde geführt werden.

I. Regelungsgegenstand

Die Bestimmung stimmt wörtlich mit der Fassung von Art. 450a E-Erwachsenenschutz überein, die ihrerseits inhaltlich an die Art. 46 Abs. 1 und 47 des Vorentwurfs für ein Bundesgesetz über das Verfahren vor der Kindes- und Erwachsenenschutzbehörde (VE-VKE 2003) anknüpfte (BSK ZGB I-STECK, Art. 450a N 2). Sie regelt die **Beschwerdegründe** (vgl. Randtitel).

1

Die Beschwerde ist ein **vollkommenes Rechtsmittel**, das die Überprüfung des erstinstanzlichen Entscheids in rechtlicher und tatsächlicher Hinsicht umfassend ermöglicht (Art. 450 N 6; SCHMID, Art. 450a N 1; RHINOW/KOLLER/KISS/THURNHERR/ BRÜHL-MOSER, Rz 666 ff.; vgl. hinten N 4 ff.).

1a

II. Sachlicher Geltungsbereich

1. Allgemeines

In Abs. 1 wird das **Rügeprinzip** festgehalten (SCHMID, Art. 450a ZGB N 1). Der in Art. 446 statuierte strenge Untersuchungs- und Offizialgrundsatz (Art. 446 N 2 ff.) erfährt damit insofern eine gewisse Einschränkung, als ein Weiterzug des erstinstanzlichen Entscheids nicht von Amtes wegen erfolgt, sondern eine Überprüfung des Entscheids die Erhebung einer förmlichen Beschwerde voraussetzt (BSK ZGB I-STECK, Art. 450a N 6). Die gerichtliche Beschwerdeinstanz wird sich deshalb primär auf die geltend gemachten Rügen und Anträge konzentrieren (SCHMID, Art. 450 N 1; vgl. aber hinten N 5; zur Rügepflicht im bundesgerichtlichen Verfahren vgl. BGer 17.7.2013, 5A_469/2013 E. 2.2; BGer 6.6.2013, 5A_299/2013 E. 2; BGer vom 29.10.2013, 5A_667/2013 E. 3.2).

2

Auf eine Beschwerde wird **materiell eingetreten**, wenn eine dazu befugte Person (Art. 450 Abs. 1 Ziff. 1–3; Art. 450 N 9 ff.) begründete Anträge stellt (vgl. aber betr. FU Art. 450e N 4 ff.). Vorausgesetzt ist, dass grundsätzlich im Zeitpunkt der Beschwerdeerhebung ein **eigenes aktuelles Rechtsschutzinteresse** besteht (BGE 134 III 357 E. 1; 109 Ia 169 E. 3c; BGer vom 25.10.2013, 5A_675/2013 E. 3.1; BGer vom 12.1.2011, 5A_857/2010 E. 1.3 und 3; BGer vom 27.10.2003, 5P.364/2003 E. 1.2; BGer vom 11.4.2002, 5C.45/2005: Kein Rechtsschutzinteresse, weil es i.c. nur darum ging, im Hinblick auf einen späteren Haftpflichtprozess die Rechtswidrigkeit einer FFE feststellen zu lassen; vgl. auch BGE 136 III 497 E. 1.1, 2.4; BGer

2a

vom 6.8.2009, 5A_347/2009 E. 2.3; BGer vom 10.7.2007, 5A_312/2007 E. 1.4), doch sind Ausnahmen möglich (BGE 127 I 164; 114 Ia 88; BGer vom 21.11.2005, 5P.400/2005 E. 4; BSK ZGB I-STECK, Art. 450a N 5; vgl. auch CHK-AFFOLTER/STECK/ VOGEL [1. Aufl.], Art. 397d aZGB N 4; vgl. auch Art. 439 N 6).

3 Die gerichtliche Beschwerdeinstanz hat für alle im Gesetz unter **Abs. 1** aufgeführten Beschwerdegründe, Rechtsverletzung (Ziff. 1), unrichtige oder unvollständige Feststellung des rechtserheblichen Sachverhalts (Ziff. 2) und Unangemessenheit (Ziff. 3) **freie Kognition** (d.h. die in tatsächlicher und rechtlicher Hinsicht unbeschränkte Befugnis zur Überprüfung des angefochtenen Entscheids; BGE 139 III 257 E. 4.3; BGer vom 11.4.2013, 5A_189/2013 E. 1.1; BGer vom 10.10.2013, 5A_690/2013 E. 1; HAUSHEER/GEISER/AEBI-MÜLLER, Erwachsenenschutzrecht [1. Aufl.], Rz 1.90; BSK ZGB I-STECK, Art. 450a N 9; SCHMID, Art. 450a N 4; vgl. hinten N 4 ff.; vgl. Art. 450 N 6).

3a Inwiefern im Beschwerdeverfahren **Noven** (neue Tatsachen und Beweismittel) berücksichtigt werden können, entscheidet sich nach dem kantonalen Verfahrensrecht, subsidiär sinngemäss nach den Bestimmungen der ZPO (Art. 450f; Art. 450f N 4 ff., 8c). Bei der Regelung des Novenrechts ist dem bundesrechtlich vorgeschriebenen uneingeschränkten Untersuchungsgrundsatz (Art. 446 N 4 ff.) Rechnung zu tragen. Sofern sinngemäss die Bestimmungen der ZPO zur Anwendung gelangen, ist ins. auf die Bestimmung von Art. 229 Abs. 3 ZPO zu verweisen, wonach neue Tatsachen und Beweismittel bis zur Urteilsberatung zu berücksichtigen sind (SCHMID, Art. 446 N 3), eine Regelung, die nach hier vertretener Auffassung auch im Rechtsmittelverfahren zu beachten ist (BSK ZPO-STECK, Art. 296 N 6 ff., 29 ff., 32 ff. und insb. 42–42c mit Hinweis auf die Kontroverse und abweichende Auffassung in Lehre und Rechtsprechung zu Art. 317 ZPO nach BGE 138 III 625 ff. E. 2; vgl. dazu auch wie hier Sutter-Somm/Hasenböhler/Leuenberger-REETZ/HILBER, Art. 317 ZPO N 70; Brunner/Gasser/Schwander-VOLKART, Art. 317 ZPO N 17; a.M. BSK ZPO-SPÜHLER, Art. 317 N 8; BK ZPO-STERCHI, Art. 317 N 8).

3b Die gerichtliche Beschwerdeinstanz muss einen Entscheid der KESB auch «zu Ungunsten» der betroffenen Person abändern können, wenn deren Schutz (Art. 388 f.) das erfordert. Eine **reformatio in peius** muss deshalb hier zulässig sein (BGE 129 III 417 E 2.1.1; SCHMID, Art. 446 N 8; BSK ZGB I-STECK, Art. 450a N 8; vgl. auch Brunner/Gasser/Schwander-BLICKENSTORFER, vor Art. 308–334 ZPO N 93 f.; ferner RHINOW/KOLLER/KISS/THURNHERR/BRÜHL-MOSER, Rz 1682).

2. Rechtsverletzung (Abs. 1 Ziff. 1)

4 Rechtsverletzung (Abs. 1 Ziff. 1) ist **umfassend** zu verstehen. Darunter fällt jede Verletzung von eidgenössischem und kantonalem Recht sowie falsche Anwendung oder Nichtanwendung von ausländischem Recht (Botschaft Erwachsenenschutz, 7085). Es kommt nicht darauf an, ob der erstinstanzlich entscheidenden Behörde Fehler in materiellrechtlicher oder in verfahrensrechtlicher Hinsicht unterlaufen sind; in beiden Fällen liegt eine Rechtsverletzung i.S.v. Ziff. 1 vor (SCHMID, Art. 450a N 3; BSK ZGB I-STECK, Art. 450a N 10 f.; FamKomm Erwachsenenschutz-STECK, Art. 450a N 8; OFK ZGB-FASSBIND, Art. 450a N 1; vgl. dazu auch Art. 310 ZPO

betr. Berufungsgründe sowie Botschaft ZPO, 7372; BSK ZPO-Spühler, Art. 310 N 1 f.; Gasser/Rickli, Art. 310 ZPO N 1 ff.; Brunner/Gasser/Schwander-Blickenstorfer, Art. 310 ZPO N 4 ff.).

Gegenstand der Rechtskontrolle ist auch die Überprüfung, ob die Schranken des Ermessens (Ermessensüberschreitung, Ermessensunterschreitung und Ermessensmissbrauch) eingehalten worden sind, sowie die Prüfung der Verhältnismässigkeit (Rhinow/Koller/Kiss/Thurnherr/Brühl-Moser, Rz 1120 f., 1123; BSK ZGB I-Steck, Art. 450a N 11; OFK ZGB-Fassbind, Art. 450a N 1). 4a

3. Unrichtige oder unvollständige Feststellung des rechtserheblichen Sachverhalts (Abs. 1 Ziff. 2):

Die richtige und vollständige Feststellung des rechtserheblichen Sachverhalts ist für die Rechtsanwendung entscheidend und hat nach dem uneingeschränkten Untersuchungsgrundsatz zu erfolgen (Art. 446 N 4 ff.). Der Sachverhaltsrüge kommt deshalb eine wichtige Bedeutung zu (OFK ZGB-Fassbind, Art. 450a N 1). Sie lässt sich jedoch nicht immer strikte von der Rüge der Rechtsverletzung trennen (Rhinow/Koller/Kiss/Thurnherr/Brühl-Moser, Rz 1113). Bei dieser Rüge geht es v.a. um **aktenwidrige Feststellungen**. Wenn hingegen eine tatsächliche Feststellung auf falscher Rechtsanwendung beruht (z.B. Verletzung von Beweisregeln, Verletzung des rechtlichen Gehörs, Verletzung des Untersuchungs- und Offizialgrundsatzes) kommt in erster Linie der umfassende Beschwerdegrund der Rechtsverletzung zur Anwendung (BSK ZGB I-Steck, Art. 450a N 12). 5

Die **Rüge der unrichtigen Feststellung des Sachverhalts** nach Ziff. 2 erlaubt deshalb – anders als bei der Beschwerde i.S.v. Art. 320 ZPO – eine umfassende Kontrolle des Sachverhalts und ist nicht auf die Rüge von Willkür beschränkt (BSK ZGB I-Steck, Art. 450a N 13; FamKomm Erwachsenenschutz-Steck, Art. 450a N 9; vgl. dazu auch Botschaft ZPO, 7377; Gasser/Rickli, Art. 320 ZPO N 2; Brunner/Gasser/Schwander-Blickenstorfer, Art. 310 ZPO N 13; BK ZPO-Sterchi, Art 320 N 4 ff.; für das Verfahren vor Bundesgericht vgl. BGer vom 19.3.2014, 5A_110/2014 E. 2.2). 5a

4. Unangemessenheit (Abs. 1 Ziff. 3)

Bei der **Rüge der Unangemessenheit** hat die gerichtliche Beschwerdeinstanz die Handhabung des Ermessens durch die Vorinstanz vollumfänglich zu überprüfen. Sie kann ggf. auch sog. einfache Ermessensfehler (d.h. dem Einzelfall nicht genügend angepasste, unbefriedigende Entscheidungen, die nicht schlechthin unhaltbar und deshalb nicht willkürlich sein müssen) korrigieren. Die gerichtliche Beschwerdeinstanz nimmt dabei eine **Ermessenskontrolle innerhalb der rechtlichen Ermessensgrenzen** (N 6a) vor. Darunter fällt auch die Beurteilung der Zweckmässigkeit oder Angemessenheit der angefochtenen Anordnung, d.h. die **Angemessenheitskontrolle** (Rhinow/Koller/Kiss/Thurnherr/Brühl-Moser, Rz 1124; BSK ZGB I-Steck, Art. 450a N 14; OFK-ZGB-Fassbind, Art. 450a N 1; vgl. nachfolgend N 6a–e). 6

6a Die **Rüge der Unangemessenheit** ist auch in jener der unrichtigen Rechtsanwendung (Ziff. 1), mithin einer Verletzung von Art. 4, enthalten (BGE 81 II 408 E. 1; Gasser/Rickli, Art. 310 ZPO N 3). Indem das Gesetz den Beschwerdegrund der Unangemessenheit in Ziff. 3 besonders erwähnt, wird die Bedeutung der Beschwerde als vollkommenes Rechtsmittel (Art. 450 N 6) zusätzlich unterstrichen. Die volle Ermessensüberprüfung ist besonders auch dort wichtig, wo das Gesetz auf «*wichtige Gründe*» abstellt (Art. 400 Abs. 2, 417, 422 Abs. 2, 423 Abs. 1 Ziff. 2; BSK ZGB I-Steck, Art. 450a N 15; FamKomm Erwachsenenschutz-Steck, Art. 450a N 10).

6b Anders als bei der gerichtlichen Beschwerde nach Art. 450a Abs. 1 Ziff. 3 kann im **Verfahren vor Bundesgericht** nur *Ermessensmissbrauch, Ermessensüberschreitung und Ermessensunterschreitung*, nicht aber die *blosse Unangemessenheit* gerügt werden (Art. 95 BGG; BSK BGG-Schott, Art. 95 BGG N 34; BSK ZGB I-Steck, Art. 450a N 16 ff.; FamKomm Erwachsenenschutz-Steck, Art. 450a N 11; vgl. auch BGE 133 II 35 E. 3; BGer vom 19.3.2014, 5A_110/2014 E. 2.2).

6c Das Bundesgericht schränkt seine **Kognition bei der Auslegung unbestimmter Rechtsbegriffe** in gewissen Fällen ein. Es übt zudem eine gewisse Zurückhaltung, wenn Vorinstanzen über ein besonderes Fachwissen verfügen. Im Rahmen dieses «technischen Ermessens» belässt es der verfügenden Behörde bei der Bewertung von ausgesprochenen Fachfragen einen gewissen Beurteilungsspielraum, soweit sie die für den Entscheid wesentlichen Gesichtspunkte geprüft und die erforderlichen Abklärungen sorgfältig und umfassend durchgeführt hat (BGE 135 II 384 E. 2.2.2 m.w.H.; Rhinow/Koller/Kiss/Thurnherr/Brühl-Moser, Rz 1127 f.).

6d Nach dieser Rechtsprechung dürfen sich bei der Rechtsüberprüfung unbestimmter Rechtsbegriffe auch die **kantonalen Rechtsmittelinstanzen**, soweit das Gesetz nichts anderes bestimmt, zurückhalten (BGE 135 II 384 E. 3.4.2). So hat auch eine Rechtsmittelbehörde, der volle Kognition zusteht, in Ermessensfragen einen Entscheidungsspielraum der Vorinstanz zu respektieren. Wenn es um die Beurteilung technischer oder wirtschaftlicher Spezialfragen geht, in denen die Vorinstanz über ein besonderes Fachwissen verfügt, kann den Rekursinstanzen zugebilligt werden, nicht ohne Not von der Auffassung der Vorinstanz abzuweichen, wobei das allerdings dort nicht gilt, wo von der Rekursinstanz verlangt werden kann, über vergleichbare Fachkenntnisse wie die Vorinstanz zu verfügen (BGE 133 II 35 E. 3; vgl. auch Rhinow/Koller/Kiss/Thurnherr/Brühl-Moser, Rz 1131).

6e Das Bundesrecht schreibt in Art. 440 Abs. 1 zwingend vor, dass die **KESB als Fachbehörde** konstituiert wird (Art. 440 N 6 ff.). Für die gerichtliche Beschwerdeinstanz besteht keine entsprechende bundesrechtliche Vorgabe. Unter den von der bundesgerichtlichen Rechtsprechung festgelegten Voraussetzungen dürfte es deshalb zulässig sein, dass die gerichtliche Beschwerdeinstanz (Art. 450 Abs. 1 und 439 Abs. 1) bei der Ermessenskontrolle die gleiche Zurückhaltung übt und ihr eigenes Ermessen «nicht ohne Not» an die Stelle desjenigen der Vorinstanz setzt (BGE 133 II 35 E. 3; BSK ZGB I-Steck, Art. 450a N 19).

5. Rechtsverweigerung und Rechtsverzögerung (Abs. 2)

In Abs. 2 wird festgehalten, dass wegen **Rechtsverweigerung und Rechtsverzögerung** Beschwerde geführt werden kann. Aus verfassungsrechtlichen Gründen muss die Beschwerdeinstanz ein Gericht sein (Art. 450 N 1; BSK ZGB I-STECK, Art. 450a N 20).

Eine **Rechtsverweigerung** (formelle Rechtsverweigerung i.e.S.) liegt vor, wenn die Behörde trotz rechtlicher Verpflichtung keinen Entscheid erlässt, **Rechtsverzögerung** (als besondere Form der formellen Rechtsverweigerung, BGE 119 Ia 237 E. 2a), wenn sie das Verfahren in ungerechtfertigter Weise nicht innert angemessener Frist erledigt (Botschaft Erwachsenenschutz, 7085; RHINOW/KOLLER/KISS/THURNHERR/BRÜHL-MOSER, Rz 277 ff., 288 ff.; FamKomm Erwachsenenschutz-STECK, Art. 450a N 12).

Ein **Entscheid als Anfechtungsobjekt** ist **nicht notwendig**. Fehlt ein solcher, ist die Tatsache der Verweigerung oder Verzögerung dem anfechtbaren Entscheid gleichzusetzen (Botschaft Erwachsenenschutz, 7085; BSK ZGB I-STECK, Art. 450a N 22; FamKomm Erwachsenenschutz-STECK, Art. 450a N 13; vgl. auch BSK ZPO-UHLMANN, Art. 94 N 1 ff.). Wenn kein Beschwerdeobjekt vorliegt, muss die Beschwerde jederzeit erhoben werden können (Art. 450b Abs. 3 ZGB; vgl. auch SPÜHLER/DOLGE/VOCK, Art. 94 BGG N 1 ff.; vgl. dazu auch BGer vom 25.5.2012, 1C_439/2011, E. 2; BGer vom 17.4.2014, 5A_40/2014 E. 1.1, 5, BGer vom 28.10.2013, 5A_502/2013 E. 3.2.3).

Soweit das Gesetz die am Verfahren beteiligten Personen mit ihren Rügen und Beanstandungen **direkt an die KESB** verweist, um diese zum Einschreiten zu veranlassen (z.B. bei Beanstandungen von Handlungen oder Unterlassungen der Beiständin oder des Beistandes, Art. 419), ist für das Verfahren vor dieser Behörde **Abs. 2 nicht anwendbar** (Botschaft Erwachsenenschutz, 7085; BSK ZGB I-STECK, Art. 450a N 23; FamKomm Erwachsenenschutz-STECK, Art. 450a N 14; OFK ZGB-FASSBIND, Art. 450a N 2; vgl. auch vorne Art. 450 N 3).

Art. 450b

C. Beschwerdefrist

¹ Die Beschwerdefrist beträgt dreissig Tage seit Mitteilung des Entscheids. Diese Frist gilt auch für beschwerdeberechtigte Personen, denen der Entscheid nicht mitgeteilt werden muss.

² Bei einem Entscheid auf dem Gebiet der fürsorgerischen Unterbringung beträgt die Beschwerdefrist zehn Tage seit Mitteilung des Entscheids.

³ Wegen Rechtsverweigerung und Rechtsverzögerung kann jederzeit Beschwerde geführt werden.

I. Regelungsgegenstand

1 Die Bestimmung entspricht wörtlich der Fassung von Art. 450b E-Erwachsenenschutz. Sie regelt die unterschiedlichen **Beschwerdefristen** (vgl. Randtitel).

2 **Abs. 1** (N 4 ff.) enthält die allgemeine Regelung, **Abs. 2** (N 8) die besondere Regelung für die Fälle aus dem Bereich der FU. **Abs. 3** bezieht sich auf die Rechtsverweigerung und Rechtsverzögerung (N 9). Was die Beschwerden gegen vorsorgliche Massnahmen betrifft, wird Art. 450b ergänzt durch Art. 445 Abs. 3 (vgl. Art. 445 N 10).

3 In Bezug auf die **Auslösung der Beschwerdefristen** und den **Fristenlauf** enthält das Bundesrecht keine Regelung. Zum Erlass ergänzender Vorschriften sind hier die Kantone zuständig. Subsidiär gelangen sinngemäss die Bestimmungen der ZPO zur Anwendung (Botschaft Erwachsenenschutz, 7085; SCHMID, Art 450b N 1; FamKomm Erwachsenenschutz-STECK, Art. 450b N 5; vgl. dazu auch hinten Art. 450f N 4 ff.; vgl. auch BSK ZPO-STECK, Art. 238 N 33). Dies betrifft insb. die gesetzliche Regelung über Eröffnung und Zustellung des Entscheids, über Beginn und Ende der Beschwerdefrist sowie über den Stillstand der gesetzlichen und behördlich angeordneten Fristen (vgl. dazu auch BSK ZGB I-REUSSER, Art. 450b N 9 ff., 18 ff.).

II. Sachlicher Geltungsbereich

1. Abs. 1

4 Nach Abs. 1 beträgt die Beschwerdefrist **dreissig Tage** seit Mitteilung des Entscheids. Es handelt sich um eine **gesetzliche Frist**, die nicht erstreckbar ist (HAUSHEER/GEISER/AEBI-MÜLLER, Erwachsenenschutzrecht [1. Aufl.], Rz 1.94; SCHMID, Art. 450b N 1). Die Länge der Frist gilt **einheitlich für alle Fälle**, ausgenommen diejenigen der FU (Abs. 2; FamKomm Erwachsenenschutz-STECK, Art. 450b N 6; BSK ZGB I-REUSSER, Art. 450b N 7; vgl. unten N 8) und der vorsorglichen Massnahmen (Art. 445 Abs. 3; betr. Anfechtung von Zwischenentscheiden vgl. Art. 450 N 8c ff.).

5 Die gesetzliche Regelung entspricht **hinsichtlich der Dauer** den Fristen der zivilprozessualen Bestimmungen für Berufung und Beschwerde in den Art. 311 f. und 321 Abs. 1 ZPO sowie den Fristen im Verfahren vor Bundesgericht in Art. 100 Abs. 1 BGG.

6 Nach allgemeinen Rechtsgrundsätzen läuft die Frist zur Beschwerde **erst ab Kenntnisnahme des Entscheids** (vgl. im Einzelnen auch BSK ZGB I-REUSSER, Art. 450b N 18 ff.; SCHMID, Art. 450b N 2; Art. 142 ZPO; BSK ZPO/BENN, Art. 142 N 11 ff.). Dies gilt in Anlehnung an die Praxis zum früheren Recht zu Art. 420 aZGB und Art. 397d Abs. 1 aZGB auch für das geltende Recht (Art. 450b Abs. 1 ZGB; Botschaft Erwachsenenschutz, 7085 f.; SCHMID, Art. 450b N 2; BSK ZGB I-GEISER [4. Aufl.], Art. 397 d N 20; CHK-AFFOLTER/STECK/VOGEL [1. Aufl.], Art. 397d aZGB N 11). Erforderlich ist deshalb, dass mit der Eröffnung des Entscheids stets auch eine Rechtsmittelbelehrung erfolgt ist.

6a Eine **fehlende oder unrichtige Rechtsmittelbelehrung** führt indessen nicht zwingend zur Unwirksamkeit des Entscheids. Die Rechtsmittelfrist beginnt grundsätzlich trotzdem zu laufen (a.M. BSK ZGB I-GEISER [4. Aufl.], Art. 397e N 8; CHK-AF-FOLTER/STECK/VOGEL [1. Aufl.], Art. 397e aZGB N 5; vgl. auch Art. 430 N 5). Es ist jedoch im konkreten Einzelfall zu prüfen ist, ob die am Verfahren beteiligte Person durch den gerügten Eröffnungsmangel tatsächlich irregeführt und dadurch benachteiligt worden ist. In diesem Sinne findet nach der bundesgerichtlichen Rechtsprechung die Berufung auf Formmängel ihre Grenzen am *Grundsatz von Treu und Glauben*, der auch im Verfahrensrecht Anwendung findet (vgl. BGer vom 21.6.2012, 5A_120/2012 E. 4.1; BGer vom 21.6.2012, 5D_22/2012 E. 3.1). Aus einer fehlenden oder falschen Rechtsmittelbelehrung darf deshalb der beschwerten am Verfahren beteiligten Person grundsätzlich kein Nachteil erwachsen (BGE 124 I 255 E. 1a/aa; vgl. auch BSK ZPO-STECK, Art. 238 N 33 f.).

Probleme ergeben sich dann, wenn einer zur Beschwerde berechtigten Person der Entscheid nicht zugestellt wurde bzw. nicht zugestellt werden konnte. Das ist z.B. der Fall bei einer nahestehenden Person, die am erstinstanzlichen Verfahren nicht teilgenommen hat und die der urteilenden erstinstanzlichen Behörde nicht bekannt war bzw. nicht bekannt sein konnte. Sofern die am erstinstanzlichen Verfahren beteiligten Personen den Entscheid nicht innert der ihnen eröffneten Rechtsmittelfrist anfechten und auch keine andere zur Beschwerde befugte Person innert der gleichen Frist Beschwerde erhebt, wird der **Entscheid vollstreckbar**. 7

Diese Rechtsfolge ist im Hinblick auf den vom Gesetz beabsichtigten Schutzzweck (Art. 388) und im Interesse klarer Verhältnisse unausweichlich. Deshalb sieht das Gesetz in Abs. 1 Satz 2 vor, dass die Beschwerdefrist «auch für beschwerdeberechtigte Personen» gilt, «denen der Entscheid nicht mitgeteilt werden muss» (Botschaft Erwachsenenschutz, 7085f.; SCHMID, Art. 450b N 2). Die Vollstreckbarkeit ist mithin in einem Zeitpunkt eingetreten, bevor eine an sich zur Beschwerde befugte Person die Möglichkeit hatte, vom Rechtsmittel Gebrauch zu machen, weil ihr der Entscheid erst später mitgeteilt wurde. Die Eröffnung des Entscheids an die Betroffenen bzw. an die am erstinstanzlichen Verfahren beteiligten Personen löst somit nach dem Willen des Gesetzgebers die Rechtsmittelfrist gegenüber nahestehenden Personen und Dritten auch dann aus, wenn diese mangels Teilnahme am erstinstanzlichen Verfahren vom Entscheid noch gar keine Kenntnis haben. Nach Ablauf der Frist können diese zwar keine Beschwerde mehr erheben, aber immer noch bei der KESB den Antrag auf Aufhebung oder Änderung der Massnahme stellen (Botschaft Erwachsenenschutz, 7085f.; BSK ZGB I-REUSSER, Art. 450b N 22f.; SCHMID, Art. 450b N 2; vgl. auch CHK-ZGB-STECK, Art. 450b N 6a; vgl. hinten N 7b). 7a

An der in der **1. Aufl. dieses Kommentars** vertretenen abweichenden Auffassung kann nicht festgehalten werden (vgl. dort Art. 450b N 7; vgl. ferner FamKomm Erwachsenenschutz-STECK, Art. 450b N 9f.; CHK ZGB-STECK, Art. 450b N 5f.). Vielmehr ist zu präzisieren: Die förmliche Eröffnung des Entscheids der KESB erfolgt naturgemäss nur an die am Verfahren beteiligten Personen (Art. 450 Abs. 2 Ziff. 1). Mit der Eröffnung des Entscheids wird nach den anwendbaren Verfahrensregeln (N 3) die Beschwerdefrist ausgelöst. Diese Frist gilt nach Abs. 1 Satz 2 für alle zur Beschwerde befugten Personen (Art. 450 Abs. 2 Ziff. 1–3), selbst wenn sie am erst- 7b instanzlichen Verfahren nicht teilgenommen haben. Nur wenn von am erstinstanzlichen Verfahren nicht beteiligten, zur Beschwerde befugten Personen (Art. 450 Abs. 2 Ziff. 2 und 3 ZGB) innert dieser laufenden Beschwerdefrist bei der gerichtlichen Beschwerdeinstanz Beschwerde erhoben wird, ist darauf einzutreten.

2. Abs. 2

8 Auf dem Gebiet der **FU** beträgt die Frist nach Abs. 2 nur **zehn Tage**. Die zehntägige Frist gilt ebenso für Beschwerden nach Art. 439 Abs. 2 (hingegen können Beschwerden gegen Massnahmen zur Beschränkung der Bewegungsfreiheit [Art. 439 Abs. 1 Ziff. 5] jederzeit geltend gemacht werden; Art. 439 N 5; vgl. auch BSK ZGB I-REUSSER, Art. 450b N 24 ff.; FamKomm Erwachsenenschutz-STECK, Art. 450b N 11). Die gleiche Frist von zehn Tagen gilt generell für Beschwerden gegen **vorsorgliche Massnahmen** (Art. 445 N 10; damit besteht die analoge Regelung, wie sie nach den Bestimmungen der ZPO für Rechtsmittel gegen zivilgerichtliche Entscheide gilt, die im summarischen Verfahren ergangen sind, vgl. Art. 314 und 321 Abs. 2 ZPO).

3. Abs. 3

9 Nach Abs. 3 kann wegen **Rechtsverweigerung** und **Rechtsverzögerung jederzeit Beschwerde** geführt werden (vgl. dazu Art. 450a N 7 ff.; HAUSHEER/GEISER/AEBI-MÜLLER, Erwachsenenschutzrecht [1. Aufl.], Rz 1.89; FamKomm Erwachsenenschutz-STECK, Art. 450b N 12). Eine zeitliche Beschränkung kann sich aber aus dem Erfordernis des Rechtsschutzinteresses ergeben (SCHMID, Art. 450b N 4; vgl. auch BSK ZGB I-REUSSER, Art. 450b N 27 unter Hinweis auf Art. 321 Abs. 4 ZPO und Art. 100 Abs. 7 BGG).

Art. 450c

D. Aufschiebende Wirkung

Die Beschwerde hat aufschiebende Wirkung, sofern die Erwachsenenschutzbehörde oder die gerichtliche Beschwerdeinstanz nichts anderes verfügt.

I. Regelungsgegenstand

1 Die Bestimmung entspricht wörtlich der Fassung von Art. 450c E-Erwachsenenschutz. Sie regelt die **aufschiebende Wirkung der Beschwerde** (vgl. Randtitel).

II. Sachlicher Geltungsbereich

2 Art. 450c ist **generell** anwendbar (FamKomm Erwachsenenschutz-STECK, Art. 450c N 3). Ausgenommen sind jedoch die Fälle der FU, für welche das Gesetz in Art. 450e Abs. 2 eine eigene Norm – im Sinne der umgekehrten Regel – vorgesehen hat (vgl. Art. 450e N 5; BSK ZGB I-GEISER, Art. 450c N 2).

Im Anwendungsbereich von Art. 450c ZGB hat die Beschwerde grundsätzlich **Suspensivwirkung** (SCHMID, Art. 450c N 1; FamKomm Erwachsenenschutz-STECK, Art. 450c N 4; BGer vom 26.6.2014, 5A_233/2014 E. 4). Sie hemmt im Umfang der Beschwerdeanträge den Eintritt der Rechtskraft und der Vollstreckbarkeit und kann insoweit als ordentliches Rechtsmittel bezeichnet werden (Botschaft Erwachsenenschutz, 7086; vgl. auch RHINOW/KOLLER/KISS/THURNHERR/BRÜHL-MOSER, Prozessrecht, N 680 ff.; SPÜHLER/DOLGE/GEHRI, 12. Kap. Rz 15, 67 f.). Damit wird der Schutz der rechtsuchenden Person vor den Folgen eines ungerechtfertigten Eingriffs bezweckt (BSK ZGB I-GEISER, Art. 450c N 3). 3

Wird durch den angefochtenen Entscheid ein **Begehren abgewiesen** bzw. von der Anordnung einer Massnahme abgesehen, kann sich der Suspensiveffekt nur auf die Kostenregelung beziehen (BSK ZGB I-GEISER, Art. 450c N 4). 3a

In Kantonen, die ein **zweistufiges Beschwerdeverfahren** kennen (Art. 450 N 1) ist Art. 450c in beiden Rechtsmittelinstanzen anwendbar (BSK ZGB I-GEISER, Art. 450c N 5). 3b

Auf die **Beschwerde in Zivilsachen** an das Bundesgericht ist Art. 450c nicht anwendbar. Ihr kommt im Regelfall keine aufschiebende Wirkung zu, sondern nur, wenn der Instruktionsrichter oder die Instruktionsrichterin von Amtes wegen oder auf Antrag eine andere Anordnung trifft (Art. 103 Abs. 1 und 3 BGG; BSK BGG-MEYER/DORMANN, Art. 103 N 12 und 26 f.; FamKomm Erwachsenenschutz-STECK, Art. 450c N 8). 3c

Im Bereich des Kindes- und Erwachsenenschutzes ist der Vollzug einer Anordnung oft dringlich, so dass nicht zugewartet werden kann, bis die Entscheidung rechtskräftig wird. Die **aufschiebende Wirkung** muss deshalb der Beschwerde **entzogen** werden können, damit die angeordnete Massnahme sofort vollstreckbar wird (BSK ZGB I-GEISER, Art. 450c N 6). Der Entscheid, mit welchem die aufschiebende Wirkung entzogen wird, ist seiner Natur nach eine vorsorgliche Massnahme (i.S. einer Sicherungsmassnahme; vgl. SPÜHLER/DOLGE/GEHRI, 11. Kap. Rz 275) und kann als Zwischenentscheid mit gerichtlicher Beschwerde angefochten werden (BGer vom 18.11.2013, 5A_569/2013 E. 2; vgl. auch BGE 137 III 475 E. 2; 134 II 192 E. 1.5; Art. 450 N 8c ff.; Art. 445 N 8g). 4

Der **Entzug der aufschiebenden Wirkung** darf jedoch nur ausnahmsweise und im Einzelfall erfolgen und kommt nur bei Gefahr im Verzug in Frage. Dabei «sind die Interessen an einem sofortigen Vollzug des Entscheides gegen jene an einer rechtsstaatlich einwandfreien Prüfung der Rechtslage gegeneinander abzuwägen» (BSK ZGB I-GEISER, Art. 450c N 7). 4a

Die **KESB** kann gestützt auf Art. 450c den Entzug der aufschiebenden Wirkung in ihrem Entscheid selber anordnen. Sie bleibt dafür solange ausschliesslich zuständig, bis das Rechtsmittel eingereicht ist. Der Devolutiveffekt tritt erst ein, wenn die KESB ihre Vernehmlassung (vgl. Art. 450d) der gerichtlichen Beschwerdeinstanz einreicht. Bis zu diesem Zeitpunkt kann sie auf ihren Entscheid zurückkommen (BSK ZGB I-GEISER, Art. 450c N 8; vgl. auch hinten Art. 450d N 4) 4b

4c Für den Fall, dass die KESB den Entzug der aufschiebenden Wirkung unterlässt, ist auch die gerichtliche Beschwerdeinstanz dafür zuständig (FamKomm Erwachsenenschutz-STECK, Art. 450c N 5). Die Notwendigkeit dazu kann sich ggf. auch erst im Laufe des Rechtsmittelverfahrens ergeben. Möglich ist auch, dass die Beschwerdeinstanz statt eines Entzugs der aufschiebenden Wirkung selber vorsorgliche Massnahmen erlässt (Art. 445 N 4). Sie kann nötigenfalls auch den erstinstanzlich angeordneten Entzug wieder aufheben (BSK ZGB I-GEISER, Art. 450c N 8 f.; FamKomm Erwachsenenschutz-STECK, Art. 450c N 6).

4d Aus dem Schutzzweck von Art. 388 Abs. 1 ergibt sich, dass über einen Entzug der aufschiebenden Wirkung **von Amtes wegen** – auch ohne Antrag einer am Verfahren beteiligten Person – nach pflichtgemässem Ermessen zu entscheiden ist (FamKomm Erwachsenenschutz-STECK, Art. 450c N 7; vgl. auch vorne Art. 446 N 4 ff.).

5 Wird die aufschiebende Wirkung entzogen, ist immer zu prüfen, ob auch der **Kostenpunkt** davon betroffen sein soll oder nicht. In der Regel rechtfertigt es sich, die Vollstreckung des Kostenentscheids auszusetzen, wenn mit dem Vollzug der vorinstanzlich angeordneten Massnahme nicht bis zum Rechtsmittelentscheid zugewartet werden konnte (BSK ZGB I-GEISER, Art. 450c N 10).

Art. 450d

E. Vernehmlassung der Vorinstanz und Wiedererwägung

¹ Die gerichtliche Beschwerdeinstanz gibt der Erwachsenenschutzbehörde Gelegenheit zur Vernehmlassung.
² Statt eine Vernehmlassung einzureichen, kann die Erwachsenenschutzbehörde den Entscheid in Wiedererwägung ziehen.

Literatur

HAUSER/SCHWERI/LIEBER, GOG, Kommentar zum zürcherischen Gesetz über die Gerichts- und Behördenorganisation im Zivil- und Strafprozess vom 10. Mai 2010, Zürich 2012.

I. Regelungsgegenstand

1 Die Bestimmung entspricht wörtlich der Fassung von Art. 450d E-Erwachsenenschutz. Sie regelt einerseits das Recht der KESB, sich im Beschwerdeverfahren in einer **Vernehmlassung** zu äussern (Abs. 1), und legt andererseits fest, dass sie statt eine Vernehmlassung einzureichen ihren Entscheid in **Wiedererwägung** ziehen kann (Abs. 2).

II. Sachlicher Geltungsbereich

1. Vernehmlassung (Abs. 1)

Grundsätzlich nimmt die erstinstanzlich entscheidende KESB am Beschwerdeverfahren **nicht** teil (FamKomm Erwachsenenschutz-STECK, Art. 450d N 2; vgl. auch Art. 450 N 10c).

2

Das Gesetz räumt der Vorinstanz jedoch ein **Recht auf Vernehmlassung** ein. Die gerichtliche Beschwerdeinstanz hat sie zu einer Vernehmlassung einzuladen (Abs. 1; vgl. auch Art. 324 ZPO, wonach im Beschwerdeverfahren im Zivilprozessrecht die Rechtsmittelinstanz die Vorinstanz um eine Stellungnahme «ersuchen» kann, ferner Art. 102 Abs. 1 BGG, wonach das Bundesgericht eine Vernehmlassung «soweit erforderlich» einholt). In der Regel steht es der Behörde frei, von dieser Möglichkeit keinen Gebrauch zu machen, doch kann die gerichtliche Beschwerdeinstanz sie auch zu einer Vernehmlassung verpflichten, wenn dies zur Klärung der Situation unerlässlich ist (Botschaft Erwachsenenschutz, 7086; SCHMID, Art. 450d ZGB N 1; BSK ZGB I-REUSSER, Art. 450d N 16). Die Vernehmlassung der Vorinstanz dient der Unterstützung der gerichtlichen Beschwerdeinstanz bei der richtigen Abklärung des Sachverhalts und allenfalls der richtigen Normeninterpretation (BSK ZGB I-REUSSER, Art. 450d N 3 m.H.). Bei Rechtsverzögerungsbeschwerden ist die Stellungnahme der Vorinstanz immer geboten (SCHMID, Erwachsenenschutz, Art. 450d ZGB N 1).

2a

Erweist sich die **Beschwerde als offensichtlich unzulässig oder zum vornherein als unbegründet**, ist auf Einholung einer Vernehmlassung zu verzichten, weil sie keinen Sinn macht und nur zu einem unnötigen Zeitverlust führen würde (BSK ZGB I-REUSSER, Art. 450d N 6 ff. m.H.a. die Analogie zu Art. 57 Abs. 1 VwVG und Art. 312 Abs 1 ZPO).

2b

Sofern das kantonale Recht **zwei Rechtsmittelinstanzen** vorsieht (vgl. Art. 450 N 1), kommt Art. 450d nur im Verfahren vor der unteren Rechtsmittelinstanz zwingend zur Anwendung (BSK ZGB I-REUSSER, Art. 450d N 10).

2c

Aus dem **Grundsatz des rechtlichen Gehörs** (Art. 29 Abs. 2 BV und Art. 6 Ziff. 1 EMRK) ist abzuleiten, dass die am Verfahren beteiligten Personen Anspruch darauf haben, sich zur Vernehmlassung des KESB zu äussern (SCHMID, Art. 450d ZGB N 2; BSK ZGB I- REUSSER, Art. 450d N 19; FamKomm Erwachsenenschutz-STECK, Art. 450d N 4; vgl. auch Art. 449b ZGB).

3

Im Übrigen regelt Art. 450d Abs. 1 das **Vorgehen der Rechtsmittelinstanz** ebenso wenig wie die ZPO. Soweit das kantonale Verfahrensrecht selber keine spezifischen Normen aufweist, ist im Einzelfall praxisgemäss nach allgemein anerkannten Grundsätzen vorzugehen; die Vorinstanz wird aufgefordert, innert (grundsätzlich erstreckbarer) kurzer Frist zur Beschwerde schriftlich Stellung zu nehmen und ihre Akten einzureichen (vgl. dazu im Einzelnen BSK ZGB I-REUSSER, Art. 450d N 11 ff.; ferner z.B. HAUSER/SCHWERI/LIEBER, § 83 N 17 f.).

3a

Inhaltlich ist die Vernehmlassung der KESB grundsätzlich auf die Beschwerdeanträge und die Beschwerdebegründung zu beschränken, doch dürfen auch neue

3b

Tatsachen und Beweismittel vorgebracht werden. Die Vorbringen werden von der Rechtsmittelinstanz im Rahmen von Art. 446 Abs. 3 gewürdigt (BSK ZGB I- REUSSER, Art. 450d N 17 f. m.w.H.; vgl. auch vorne Art. 446 N 8 f.).

2. Wiedererwägung (Abs. 2)

4 In Abs. 2 wird der KESB die Möglichkeit eingeräumt, statt eine Vernehmlassung einzureichen, ihren durch Beschwerde angefochtenen Entscheid in **Wiedererwägung** (sog. «Wiedererwägung pendente lite») zu ziehen und **über die Sache neu zu entscheiden**. Damit weicht das Gesetz – in Anlehnung an die Regelung von Art. 53 Abs. 3 ATSG und Art. 58 VwVG – vom Grundsatz des Devolutiveffekts ab (SCHMID, Art. 450d ZGB N 3; BSK ZGB I-REUSSER, Art. 450d N 20 f.; FamKomm Erwachsenenschutz-STECK, Art. 450d N 5; vgl. vorne Art. 450 N 6).

4a Ob im konkreten Fall eine **Wiedererwägung** in Frage kommt, entscheidet die KESB nach **freiem, pflichtgemässem Ermessen**. Die am Verfahren beteiligten Personen haben grundsätzlich keinen Rechtsanspruch auf Wiedererwägung. Entscheidet sich die KESB gegen eine Wiedererwägung, hat die gerichtliche Beschwerdeinstanz das Beschwerdeverfahren fortzusetzen, auch wenn nach ihrer Auffassung eine solche geboten wäre (BSK ZGB I-REUSSER, Art. 450d N 24).

5 Eine Wiedererwägung ist grundsätzlich nur so lange zulässig, als die übrigen am Verfahren beteiligten Personen zur Beschwerde **noch nicht Stellung genommen haben**. Andernfalls muss das Beschwerdeverfahren weitergeführt werden (Botschaft Erwachsenenschutz, 7086; BSK ZGB I-REUSSER, Art. 450d N 22; FamKomm Erwachsenenschutz-STECK, Art. 450d N 5; vgl. auch Art. 53 Abs. 3 ATSG).

5a Bei der Wiedererwägung ist die KESB nicht an das Verbot der sog. *«reformatio in peius»* gebunden (d.h. ein Beschwerdeführer kann durch einen Beschwerdeentscheid auch schlechter gestellt werden; vgl. KOKES, Rz 1.163). Eine Änderung der Entscheidung muss nach dem Schutzzweck des Gesetzes stets im wohlverstandenen Interesse der betroffenen Person erfolgen (Art. 388 f.), so dass – anders als nach zivilprozessualen Grundsätzen unter der Herrschaft der Dispositionsmaxime (SPÜHLER/DOLGE/GEHRI, Zivilprozess, 12. Kap. Rz 43) – im Bereich des Kindes- und Erwachsenenschutzrechts angesichts des Offizialgrundsatzes das Verbot der «reformatio in peius» keine Beachtung finden kann (Botschaft Erwachsenenschutz, 7086; BGE 129 III 417; BGer vom 3.6.2011, 5A_898/2010 E. 6.1; BGer vom 18.1.2010, 5A_652/2009 E. 3.1; SCHMID, Art. 450 N 5 und Art. 450d N 3; BSK ZPO-STECK, Art. 296 ZPO N 30; Art. 446 N 8; Art. 450a N 3b).

5b Bei **Beschwerden aus dem Gebiet der FU** kann wegen der Dringlichkeit und Notwendigkeit einer raschen Vollstreckung des Entscheids (vgl. Art. 450e N 5, 14) eine Wiedererwägung nur in Frage kommen, wenn die KESB die sofortige Entlassung verfügen oder einem sonstigen Beschwerdeantrag (z.B. Einweisung in eine andere Einrichtung) entsprechen will (BSK ZGB I-REUSSER, Art. 450d N 23).

6 Mit der Regelung von Abs. 2 wird eine **neue erstinstanzliche Entscheidung** angestrebt (vgl. im Einzelnen BSK ZGB I-REUSSER, Art. 450d N 20 ff.). Diese kann v.a. dann zweckmässig sein, wenn die KESB erst durch die Beschwerde bemerkt, dass

ihr Fehler unterlaufen sind, die sofort und ohne grösseren Aufwand korrigierbar sind. Damit lässt sich allenfalls die Durchführung eines zweitinstanzlichen Verfahrens vermeiden.

Falls die KESB von der Möglichkeit der Wiedererwägung Gebrauch macht, wird die gerichtliche Beschwerdeinstanz das angehobene Verfahren – vor Einholung einer Vernehmlassung und vor Durchführung des Beschwerdeverfahrens – bis zum neuen Entscheid **einstweilen sistieren** (Botschaft Erwachsenenschutz, 7087; BSK ZGB I-Reusser, Art. 450d N 25; FamKomm Erwachsenenschutz-Steck, Art. 450d N 9). 7

Beim **Rechtsbehelf der Wiedererwägung** wird in einem ersten Schritt geprüft, ob Gründe für ein Rückkommen auf eine Verfügung bestehen; in einem zweiten Schritt geht es darum, ob diese Gründe eine Änderung der Verfügung rechtfertigen. Die neue Entscheidung ist selbständig anfechtbar, auch wenn sie im Ergebnis die ursprüngliche Entscheidung bestätigt (BGer vom 29.10.2013, 5A_655/2013 E. 2.2 m.w.H.). 7a

Erlässt die erstinstanzliche Behörde unter gleichzeitiger Aufhebung des ursprünglichen Entscheids einen neuen Entscheid, wird das hängige Beschwerdeverfahren zufolge nachträglichen Wegfalls des Anfechtungsobjekts **gegenstandslos**. Der neue Entscheid der KESB unterliegt wieder der Anfechtung bei der gerichtlichen Beschwerdeinstanz (Art. 450 Abs. 1; BSK ZGB I-Reusser, Art. 450d N 26 ff., 29; FamKomm Erwachsenenschutz-Steck, Art. 450d N 9; vgl. auch BGE 95 I 276 E. 1a). 7b

Sofern das kantonale Recht **zwei gerichtliche Beschwerdeinstanzen** vorsieht Art. 450 N 1) bleibt nach der hier vertretenen Auffassung entsprechend dem Sinn der gesetzlichen Regelung (vgl. N 5) die Möglichkeit der KESB, eine Wiedererwägung anzustrengen, auf das Verfahren vor der ersten Beschwerdeinstanz beschränkt (FamKomm Erwachsenenschutz-Steck, Art. 450d N 10; vgl. auch BSK ZGB I-Reusser, Art. 450d N 10; N 2c). 8

Ein Entscheid der **KESB, der formell rechtskräftig geworden ist**, kann grundsätzlich ausserhalb eines gerichtlichen Beschwerdeverfahrens **nicht mehr in Wiedererwägung** gezogen werden. Hingegen dürfte nicht ausgeschlossen sein, dass die KESB in einem hängigen Verfahren einen noch nicht rechtskräftigen Entscheid – auf Antrag einer zur Beschwerde befugten Person (Art. 450 Abs. 2) – gestützt auf Art. 450d Abs. 2 auch ausserhalb eines Beschwerdeverfahrens in Wiedererwägung zieht (BSK ZGB I-Reusser, Art. 450d N 31, 33). Vgl. auch BSK ZGB I-Reusser, Art. 450d N 32, wonach nach verwaltungsrechtlichen Grundsätzen zu beurteilen sei, ob bei bestimmten Geschäften (z.B. Genehmigung der Rechnung und Prüfung des Berichts des Beistands, Art. 415) stets ein Anspruch auf Wiedererwägung bestehe, sofern ein Grund vorliegt, der in einem gerichtlichen Beschwerdeverfahren eine *Revision* erfordern würde (Art. 66 VwVG). 9

Art. 450e

F. Besondere Bestimmungen bei fürsorgerischer Unterbringung

¹ Die Beschwerde gegen einen Entscheid auf dem Gebiet der fürsorgerischen Unterbringung muss nicht begründet werden.
² Die Beschwerde hat keine aufschiebende Wirkung, sofern die Erwachsenenschutzbehörde oder die gerichtliche Beschwerdeinstanz nichts anderes verfügt.
³ Bei psychischen Störungen muss gestützt auf das Gutachten einer sachverständigen Person entschieden werden.
⁴ Die gerichtliche Beschwerdeinstanz hört die betroffene Person in der Regel als Kollegium an. Sie ordnet wenn nötig deren Vertretung an und bezeichnet als Beistand oder Beiständin eine in fürsorgerischen und rechtlichen Fragen erfahrene Person.
⁵ Sie entscheidet in der Regel innert fünf Arbeitstagen seit Eingang der Beschwerde.

I. Regelungsgegenstand

1 Dieser Gesetzesartikel befasst sich mit der **fürsorgerischen Unterbringung**. Grundsätzlich gelten hier die gleichen Bestimmungen wie für die übrigen Verfahren. Weil es sich aber um einen besonders sensiblen Bereich mit schweren Eingriffen in die persönliche Freiheit der betroffenen Personen handelt, sind ergänzende (teilweise abweichende) Bestimmungen unentbehrlich (Botschaft Erwachsenenschutz, 7087; BSK ZGB I-GEISER, Art. 450e N 4 f., 8).

2 Der Wortlaut der **Abs. 1–4** ist identisch mit der Fassung von Art. 450e Abs. 1–4 E-Erwachsenenschutz. **Abs. 5** lautete im bundesrätlichen Entwurf: «*Sie* [sc. die gerichtliche Beschwerdeinstanz] *entscheidet ohne Verzug*». Im Nationalrat entschied sich die Mehrheit für die Formulierung «*Sie entscheidet innert fünf Arbeitstagen seit Eingang der Beschwerde*» (AmtlBull NR 2008, 1539 f.). Der Ständerat stimmte dieser Änderung zu, fügte aber zusätzlich den Passus «*in der Regel*» ein, welcher Formulierung sich schliesslich auch der NR anschloss (AmtlBull StR 2008, 882, 1058 und AmtlBull NR 2008, 1796 f., 1975; FamKomm Erwachsenenschutz-STECK, Art. 450e N 1; BSK ZGB I-GEISER, Art. 450e N 37).

II. Sachlicher Geltungsbereich

1. Allgemeines

3 **Anfechtungsobjekt** sind ausschliesslich die **Entscheide der KESB i.S.v. Art. 428 Abs. 1**. In erster Linie geht es um Entscheide, mit welchen eine *FU* angeordnet oder ein *Entlassungsgesuch abgewiesen* wurde. Aber auch Entscheide der KESB, welche die Anordnung einer FU ablehnen oder die betroffene Person aus der Einrichtung entlassen, fallen darunter (FamKomm Erwachsenenschutz-STECK, Art. 450e N 3; SCHMID, Art. 450e N 2).

Für die Anfechtung von Entscheiden, die in die **ärztliche Zuständigkeit** fallen (vgl. Art. 428 Abs. 2, Art. 429 f. sowie Art. 434 und 438), gilt der Rechtsweg nach Art. 439 (vgl. Art. 439 Abs. 1 Ziff. 1 und Abs. 2), doch richtet sich das Verfahren hier nach Art. 439 Abs. 3 sinngemäss ebenfalls nach Art. 450 ff. (Botschaft Erwachsenenschutz, 7087; Art. 450 N 2 f.; BSK ZGB I-GEISER, Art. 450e N 6 ff.; HAUSHEER/GEISER/AEBI-MÜLLER, Erwachsenenschutzrecht [1. Aufl.], Rz 2.184; SCHMID, Art. 450e ZGB N 1 f.; vgl. vorne Art. 439 N 7). Durch gerichtliche Beschwerde **nicht überprüfbar** sind jedoch Entscheide der Ärztin oder des Arztes, welche die FU ablehnen oder aufheben (vgl. dazu Art. 439 N 3; FamKomm-Erwachsenenschutz-GUILLOD, Art 439 N 24, wonach nahestehende Personen, die die Entlassung als verfrüht und für eine Gefährdung der betroffenen Person halten, den Weg einer Gefährdungsmeldung [Art. 443] an die KESB einschlagen müssen). 3a

Das Gleiche (vgl. N 3a) gilt in Bezug auf bestimmte **Anordnungen der Einrichtung** (Art. 439 Abs. 1 Ziff. 2–5; SCHMID, Erwachsenenschutz, Art. 450e ZGB N 1 f.; FamKomm Erwachsenenschutz-STECK, Art. 450e N 4; vgl. aber N 3c sowie Art 439 N 3 ff.). 3b

Der **Entscheid der Einrichtung über ein Entlassungsgesuch** ist nur im Fall der Abweisung anfechtbar (Art. 439 Abs. 1 Ziff. 3 ZGB; SCHMID, Erwachsenenschutz, Art. 450e N 2; FamKomm Erwachsenenschutz-STECK, Art. 450e N 3; Art. 439 N 3; kritisch BSK ZGB I-GEISER, Art. 450e N 9). 3c

Die Kantone können für die **Anrufung des Gerichts gemäss Art. 439** eine besondere Gerichtsinstanz oder die in Art. 450 Abs. 1 bestimmte gerichtliche Beschwerdeinstanz als zuständig erklären (Art. 450 N 2). Das Verfahren richtet sich nach Art. 439 Abs. 3 in beiden Fällen sinngemäss nach den Bestimmungen über das in Art. 450 ff. geregelte Beschwerdeverfahren (Botschaft Erwachsenenschutz, 7087; HAUSHEER/GEISER/AEBI-MÜLLER, Erwachsenenschutzrecht [1. Aufl.], Rz 2.184; Art. 450 N 2a; vgl. vorne N 3a). 3d

2. Abs. 1

Nach Abs. 1 muss der Entscheid auf dem Gebiet der FU – abweichend von der allgemeinen Regelung in Art. 450 Abs. 3 – **nicht begründet** werden (Art. 450 N 14). Wie im früheren Recht (Art. 397d aZGB) wird im Gesetz jedoch am **Erfordernis der Schriftlichkeit** festgehalten (Botschaft Erwachsenenschutz, 7087; SCHMID, Art. 450e ZGB N 3; BSK ZGB I-GEISER, Art. 450e N 10; FamKomm Erwachsenenschutz-STECK, Art. 450e N 6). Ein formeller Antrag ist nicht erforderlich, doch muss aus der schriftlichen Eingabe erkennbar sein, dass die Anfechtung der angeordneten Massnahme beabsichtigt ist. Das gilt auch, wenn die betroffene Person anwaltlich vertreten ist (BGE 133 III 353 E. 2; vgl. auch Botschaft Erwachsenenschutz, 7085; Art. 450a N 2 f.; CHK-AFFOLTER/STECK/VOGEL [1. Aufl.], Art. 397d aZGB N 10). 4

In den Kantonen St. Gallen und Zürich, die ein **zweistufiges Rechtsmittelverfahren** kennen (vgl. Art. 450 N 1), stellt sich die Frage, ob die Formerleichterung nach Abs. 1 auch für die zweite Rechtsmittelinstanz gelte. Nach der bundesgerichtlichen 4a

Rechtsprechung ist dies nicht der Fall (vgl. BGer vom 17.7.2013, 5A_327/2013 E. 3.2: Danach finden die in den Art. 450 bis Art. 450e enthaltenen Verfahrensvorschriften auf das Verfahren vor der zweiten kantonalen Beschwerdeinstanz keine Anwendung. Mangels ausdrücklicher bundesrechtlicher Regelung fällt die Regelung des zweitinstanzlichen Beschwerdeverfahrens in die Kompetenz der Kantone und diese sind auch befugt, eine begründete Beschwerde an die zweite kantonale Instanz zu verlangen; vgl. auch BGer vom 23.9.2013, 5A_631/2013; BGer vom 22.10.2013, 5A_786/2013; BGer vom 15.7.2014, 5A_478–479/2014 E. 2.2; BSK ZGB I-Geiser, Art. 450e N 11; BGE 122 I 31 ff. in Bezug auf die Rechtsprechung zu Art. 397d aZGB betr. das *«einfache und rasche Verfahren»*). Angesichts der besonderen Schutzbedürftigkeit der von einer FU betroffenen Person (vgl. Botschaft Erwachsenenschutz, 7087; N 1) stellt sich jedoch nach dem Gesetzeswortlaut und der ratio legis die Frage, ob Art. 450e Abs. 1 ZGB nicht zwingend für das gesamte – erst- und zweitinstanzliche – Beschwerdeverfahren Anwendung finden müsste (vgl. auch Art. 450 N 6b).

4b Im Verfahren der **Beschwerde in Zivilsachen vor Bundesgericht** findet Art. 450e Abs. 1 ZGB keine Anwendung, sondern gelten die Bestimmungen von Art. 90 ff. BGG (Art. 450 N 7).

3. Abs. 2

5 FU erfolgen häufig in Krisensituationen und ertragen deshalb keinen Aufschub. Dies erfordert, dass die angeordnete Massnahme bei Bedarf sofort vollstreckbar ist, weshalb in diesen Fällen der Beschwerde i.d.R. **kein Suspensiveffekt** zukommen darf (Botschaft Erwachsenenschutz, 7087; Schmid, Art. 450e ZGB N 4; BSK ZGB I-Geiser, Art. 450e N 12 ff.; FamKomm Erwachsenenschutz-Steck, Art. 450e N 7; vgl. auch Art. 397e Ziff. 4 aZGB; CHK-Affolter/Steck/Vogel [1. Aufl.], Art. 397e aZGB N 8). In Abs. 2 wird deshalb – abweichend von der allgemeinen Regelung (Art. 450c N 2) – festgelegt, dass der Beschwerde von Gesetzes wegen grundsätzlich keine aufschiebende Wirkung zukommt (vgl. auch die inhaltlich analoge Bestimmung von Art. 430 Abs. 3 ZGB). Der Entscheid ist zwar formell noch nicht rechtskräftig, wohl aber vollstreckbar (BSK ZGB I-Geiser, Art. 450e N 13). Damit erhält die Beschwerde in Angelegenheiten der FU insoweit den Charakter eines **ausserordentlichen Rechtsmittels** (vgl. auch Spühler/Dolge/Gehri, 12. Kap. Rz 16).

5a Die KESB oder die gerichtliche Beschwerdeinstanz kann jedoch die **aufschiebende Wirkung anordnen** (vgl. auch Art. 450c N 2; Schmid, Art. 450e ZGB N 5; BSK ZGB I-Geiser, Art. 450e N 12; FamKomm Erwachsenenschutz-Steck, Art. 450e N 8; Hausheer/Geiser/Aebi-Müller, Erwachsenenschutzrecht [1. Aufl.], Rz 2.183). Diese Regelung gilt auch für den Weiterzug des ersten gerichtlichen Beschwerdeentscheids an die zweite gerichtliche Beschwerdeinstanz (BSK ZGB I-Geiser, Art. 450e N 16; vgl. Art. 450 N 1; N 4a).

5b Der **Entscheid über die Anordnung der aufschiebenden Wirkung** hat nach dem Untersuchungs- und Offizialgrundsatz (Art. 446 Abs. 1 und 3; Art. 446 N 4 ff., 8) **von Amtes wegen** zu erfolgen. Ein Antrag der beschwerdeführenden Person kann sinnvoll sein, ist aber nicht erforderlich (SCHMID, Art. 450e N 5; BSK ZGB I-GEISER, Art. 450e N 13).

Wegen den schweren Folgen einer ungerechtfertigten fürsorgerischen Unterbringung und einer allfälligen Haftung des Kantons muss mit **grösster Sorgfalt geprüft werden**, ob die aufschiebende Wirkung nicht anzuordnen ist (Art. 454 ZGB; CHK-AFFOLTER/STECK/VOGEL [1. Aufl.], Art. 397e aZGB N 9). Sobald ein Rechtsmittel eingereicht ist, liegt die Verantwortung dafür bei der Rechtsmittelinstanz (BSK ZGB I-GEISER, Art. 450e N 13; SCHMID, Art. 450e N 5).

5c

Für das **Verfahren vor Bundesgericht** gilt nicht Art. 450e Abs. 2, sondern Art. 103 Abs. 1 und 3 BGG (vgl. auch Art. 450c N 3c).

5d

Die aufschiebende Wirkung ist zu erteilen, wenn der **Vollzug des Entscheids nicht dringlich ist**. Die bewilligte aufschiebende Wirkung kann jedoch bei Bedarf jederzeit wieder entzogen werden (BSK ZGB I-GEISER [4. Aufl.], Art. 397e ZGB N 17 f.). Dringlichkeit ist immer gegeben, wenn mit dem Vollzug nicht zugewartet werden kann, bis sich die Rechtsmittelinstanz voraussichtlich mit der angeordneten Massnahme befasst. Da die Beschwerdefrist 10 Tage beträgt (Art. 450b Abs. 2) und über die Beschwerde i.d.R. innert 5 Tagen zu entscheiden ist (Abs. 5; N 14 ff.), ist die aufschiebende Wirkung in jedem Fall zu gewähren, wenn mit der Unterbringung 15 Tage zugewartet werden kann (BSK ZGB I-GEISER, Art. 450e N 14).

5e

Dringlichkeit in diesem Sinne ist normalerweise bei Beschwerden gegen die **Abweisung eines Entlassungsgesuchs** gegeben (Art. 428 Abs. 1 und 2, Art. 429 Abs. 3, Art. 439 Abs. 2 Ziff. 3; Botschaft Erwachsenenschutz, 7087). In diesem Fall enthält die angefochtene Entscheidung keine neue Anordnung, so dass sich deshalb die Frage der Hemmung der Vollstreckung nicht stellt; vielmehr bleibt der bisherige Zustand einstweilen erhalten (FamKomm Erwachsenenschutz-STECK, Art. 450e N 10; vgl. auch CHK-AFFOLTER/STECK/VOGEL [1. Aufl.], Art. 397e aZGB N 9 m.w.H.).

6

Was die **Beschwerdegründe** betrifft, ist die allgemeine Norm von Art. 450a anwendbar (Botschaft Erwachsenenschutz, 7087; vgl. Art 450a N 4 ff.).

7

4. Abs. 3

Nach der früheren gesetzlichen Regelung in Art. 397e Ziff. 5 aZGB war der Beizug einer aussenstehenden Fachperson – anders als in den Fällen von Art. 374 aZGB – nicht zwingend vorgeschrieben. Vielmehr war hinreichend, dass die sachverständige Person Mitglied des entscheidenden Gerichts war (vgl. CHK-AFFOLTER/STECK/VOGEL [1. Aufl.], Art. 374 aZGB N 8 und Art. 397e aZGB N 11 ff.). Im geltenden Recht schreibt nunmehr Abs. 3 vor, dass bei **psychischen Störungen** gestützt auf das **Gutachten einer sachverständigen Person** entschieden werden muss (Botschaft Erwachsenenschutz, 7087 f.; BGE 140 III 105, 106 E. 2.3; BGer vom 11.4.2013, 5A_189/2013 E. 2.2; BGer vom 17.7.2013, 5A_469/2013 E. 2.3; BGer vom 21.10.2013, 5A_755/2013 E. 2.2; BGer vom 27.9.2013, 5A_687/2013 E. 3; BGer vom 26.6.2014, 5A_444/2014 E. 3; BSK ZGB I-GEISER, Art. 450e N 17; FamKomm

8

Erwachsenenschutz-STECK, Art. 450e N 12; für das frühere Recht vgl. BGer vom
24.11.2011, 5A_787/2013 E. 3.4).

8a Zu den psychischen Störungen zählen auch **Suchtkrankheiten** wie Drogen-, Medikamenten- und Alkoholsucht (Botschaft Erwachsenenschutz, 7062; BGE 140 III 105, 106 E. 2.3; 137 III 289 E. 4.2; BGer vom 27.2.2012, 5A_111/2012 E. 2; HAUSHEER/GEISER/AEBI-MÜLLER, Erwachsenenschutzrecht [1. Aufl.], Rz 2.159; FamKomm Erwachsenenschutz-STECK, Art. 450e N 12).

8b Die Norm von Abs. 3 ist **zwingend** (BGE 140 III 105 E. 2.3; 140 III 101 E. 6.2.2; FamKomm Erwachsenenschutz-STECK, Art. 450e N 13) und auch auf die Tatbestände von Art. 439 anwendbar (BSK ZGB I-GEISER, Art. 450e N 17). Daraus ist abzuleiten, dass in diesen Fällen die Notwendigkeit einer Abklärung durch das Gutachten einer sachverständigen Person auch für das erstinstanzliche Verfahren vor der KESB immer zu bejahen ist (vgl. Art. 446 N 6; vgl. hinten N 9a).

8c Falls die FU aus anderen Gründen (zufolge **geistiger Behinderung** oder **schwerer Verwahrlosung**) angeordnet werden muss (Art. 426 Abs. 1), ist Abs. 3 nicht anwendbar. Hier ist die Beschwerdeinstanz grundsätzlich frei, je nach den Besonderheiten des konkreten Falls einen Gutachter oder eine Gutachterin beizuziehen oder nicht (BSK ZGB I-GEISER, Art. 450e N 18; FamKomm Erwachsenenschutz-STECK, Art. 450e N 14). Die Anordnung eines Gutachtens kann dann aber u.U. aufgrund von Art. 446 Abs. 2 Satz 3 trotzdem angezeigt sein, worüber von Amtes wegen zu entscheiden ist (Art. 446 N 5 f.; vgl. auch BGE 140 III 97 E. 4).

9 Die in Abs. 3 vorgeschriebene sachverständige Person muss unabhängig sein (N 11) und darf deshalb **nicht Mitglied der gerichtlichen Beschwerdeinstanz** sein. Erforderlich ist – aufgrund der neueren Rechtsprechung des EGMR (Urteil vom 29.3.2001, D.N c. Suisse, VPB 65.122; vgl. auch BGE 119 Ia 260 E. 6d, wonach die «Verquickung sachverständiger und richterlicher Funktionen» als nicht ganz unbedenklich bezeichnet wurde; BGE 137 III 289 E. 4.4 sowie BGer vom 14.4.2010, 5A_250/2010 E. 2.4) – mithin ein **externes Gutachten** (SCHMID, Art. 446 N 6; FamKomm Erwachsenenschutz-STECK, Art. 450e N 16; vgl. auch BGE 140 III 105 E. 2.7, wonach ein Fachrichter den Beizug eines unabhängigen Gutachters nicht zu ersetzen vermag; betr. Verteilung der Aufgaben zwischen Gutachtern und Rechtsanwendern vgl. auch BGer vom 12.6.2014, 9C_850/2013).

9a Konsequenterweise muss dies – bei der Beurteilung von psychischen Störungen – nach der hier vertretenen Auffassung auch schon für das **erstinstanzliche Verfahren vor der KESB** gelten (FamKomm Erwachsenenschutz-STECK, Art. 450e N 16; BERNHART, Rz 534; vgl. vorne N 8b; vgl. auch Art. 446 N 6d; **a.M.** SCHMID, Art. 446 N 6; BSK ZGB I-AUER/MARTI, Art. 446 N 19; OFK ZGB-FASSBIND, Art. 446 N 2; vgl. auch BGE 140 III 97 E. 4).

9b Hat schon die **KESB ein unabhängiges Gutachten eingeholt**, darf auch die gerichtliche Beschwerdeinstanz darauf abstellen (Botschaft Erwachsenenschutz, 7088; SCHMID, Art. 446 N 6; BSK ZGB I-GEISER, Art. 450e N 19; FamKomm Erwachsenenschutz-STECK, Art. 450e N 16; vgl. auch BGE 139 III 257 E. 4.3). Unter Umständen kann es jedoch erforderlich sein, bereits nach kurzer Zeit eine neue

Begutachtung anzuordnen (BGer vom 28.3.2008, 5A_137/2008 E. 3.3.2; vgl. auch BGer vom 26.6.2014, 5A_444/2014 E. 3.1; hinten N 11b).

Wie nach dem früheren Recht ist sachverständige Person ein **Arzt oder eine Ärztin** mit genügenden Fachkenntnissen in Psychiatrie und Psychotherapie. Eine Qualifikation als Spezialarzt in diesen Disziplinen ist jedoch nicht erforderlich. Auch Allgemeinpraktiker vermögen den gesetzlichen Anforderungen zu genügen, wenn sie über die nötige fachliche Erfahrung im Umgang mit psychisch kranken Menschen und den erforderlichen Sachverstand verfügen und unter den konkreten Umständen geeignet sind, ein objektives Gutachten zu erstellen (SCHMID, Art. 446 N 7;. BGE 137 III 289 E. 4.4; CHK-AFFOLTER/STECK/VOGEL [1. Aufl.], Art. 397e aZGB N 12 m.H.a. BGE 128 III 12 E. 4a; 119 II 319 f. E. 2; BGer vom 12.8.2004, 5C. 163/ 2004 E. 3 und BGer vom 27.1.2003, 5C.9/2003 E. 3). Psychologen oder Sozialarbeitende erfüllen diese Voraussetzungen nicht (BSK ZGB I-GEISER, Art. 450e N 18; FamKomm Erwachsenenschutz-STECK, Art. 450e N 17). **10**

Die mit dem Gutachten beauftragte Fachperson muss **unabhängig** sein (N 9; Botschaft Erwachsenenschutz, 7087 f.; SCHMID, Art. 450e N 7; BSK ZGB I-GEISER, Art. 450e N 18 f.; FamKomm Erwachsenenschutz-STECK, Art. 450e N 18; BGE 137 III 289, 292 E. 4.4; 128 III 12, 15 E. 4a; 118 II 249, 251 E. 2a; CHK-AFFOLTER/STECK/ VOGEL [1. Aufl.], Art. 397e aZGB N 13 m.w.H.). **11**

An die Unabhängigkeit der Fachpersonen sind auch in Bezug auf eine **Vorbefasstheit** die gleichen Anforderungen zu stellen wie an die urteilenden Behördenmitglieder. Die Fachperson, die sich im erstinstanzlichen Verfahren über die psychische Störung der betroffenen Person geäussert hat, darf im Beschwerdeverfahren nicht mehr mitwirken. Eine erneute Mitwirkung ist auch im Verfahren vor der KESB ausgeschlossen, wenn zunächst die Klinikleitung zu einem Entlassungsgesuch Stellung zu nehmen hat und die betroffene Person in der Folge den Rechtsweg beschreitet; auch in der gleichen Klinik tätige Ärzte dürfen in diesem Falle nicht als Sachverständige auftreten (BGE 137 III 289 E. 4.4; 128 III 12 E. 4a; 118 II 249 E. 2c; BGer vom 24.11.2011, 5A_787/2011 E. 3.4; BGer vom 8.6.2010, 5A_358/2010 E. 1; BGer vom 28.3.2008, 5A_137/2008 E. 3.3; Botschaft Erwachsenenschutz, 7087 f.; SCHMID, Art. 446 ZGB N 7; BSK ZGB I-GEISER, Art. 450e N 18 f.; FamKomm Erwachsenenschutz-STECK, Art. 450e N 18; vgl. auch CHK-AFFOLTER/ STECK/VOGEL [1. Aufl.], Art. 397e aZGB N 13 m.w.H.). Hingegen sind Klinikärztinnen und -ärzte, auch wenn sie Beamte sind und als solche in einem gewissen Abhängigkeitsverhältnis zum einweisenden Staat stehen, als Sachverständige nicht grundsätzlich ausgeschlossen (BGE 118 II 249 E. 2a). **11a**

Nach der bundesgerichtlichen Rechtsprechung hat sich das **Sachverständigengutachten** insb. über den Gesundheitszustand der betroffenen Person, aber auch darüber zu äussern, wie sich allfällige gesundheitliche Störungen hinsichtlich der Gefahr einer Selbst- oder Drittgefährdung oder einer Verwahrlosung auswirken können, und ob sich daraus ein Handlungsbedarf ergibt. Wird ein Behandlungsbzw. Betreuungsbedarf bejaht, ist weiter wesentlich, mit welcher konkreten Gefahr für die Gesundheit oder das Leben der betroffenen Person bzw. von Dritten zu rechnen ist, wenn die Behandlung unterbleibt. Im Weiteren hat die Expertise Ant- **11b** wort auf die Frage zu geben, ob aufgrund des festgestellten Handlungsbedarfs eine stationäre Behandlung bzw. Betreuung unerlässlich ist und ob die betroffene Person über glaubwürdige Krankheits- und Behandlungseinsicht verfügt. Schliesslich ist als Letztes die Frage zu beantworten, welche Einrichtung zur Verfügung steht und weshalb diese ggf. in Frage kommt. Aufgrund des Gutachtens muss die gerichtliche Beschwerdeinstanz in der Lage sein, die sich aus Art. 426 ergebenden Rechtsfragen zu beantworten, nämlich ob ein Schwächezustand i.s. dieser Vorschrift vorliegt (BGE 140 III 105 E. 2.4; 140 III 101 E. 6.2.3; 137 III 289 E. 4.5; BGer vom 11.4.2013, 5A_189/2013 E. 2.2; BGer vom 17.7.2013, 5A_469/2013 E. 2.4; BGer vom 27.9.2013, 5A_687/2013 E. 3; BGer vom 21.10. 2013, 5A_755/2013 E. 2.2; zur Frage der Geeignetheit der Einrichtung vgl. BGE 112 II 486 E. 4c; 114 II 213 E. 7). Unter Umständen kann es erforderlich sein, bereits nach kurzer Zeit eine neue Begutachtung anzuordnen (BGer vom 28.3.2008, 5A_137/2008 E. 3.3.2).

11c Das Gutachten kann **schriftlich oder mündlich** erstattet werden. Erfolgt es mündlich, muss das Ergebnis in einem Protokoll in den Akten festgehalten werden (BGer vom 17.7.2013, 5A_469/2013 E. 2.5; BERNHART, Rz 859).

5. Abs. 4 Satz 1

12 Abs. 4 Satz 1 knüpft an Art. 397f Abs. 3 aZGB an (vgl. CHK-AFFOLTER/STECK/VOGEL [1. Aufl.], Art. 397f aZGB N 9). Die Vorschrift, wonach die Anhörung vor der KESB **i.d.R. vor dem Kollegium** (d.h. dem gesamten Spruchkörper) stattzufinden hat (Art. 447 N 9), wird damit auf das Verfahren vor der gerichtlichen Beschwerdeinstanz ausgedehnt (SCHMID, Art. 450e ZGB N 8). Die betroffene Person muss grundsätzlich persönlich und mündlich einvernommen werden und Gelegenheit haben, sich selber der Beschwerdeinstanz gegenüber zur Massnahme und zu allen Umständen zu äussern, welche eine FU rechtfertigen oder als unnötig erscheinen lassen können. Eine mündliche Äusserung setzt aber nicht zwingend voraus, dass sich die betroffene Person im Gerichtssaal befindet. Möglich ist auch, die Anhörung mit einer Videoübertragung ortsgebunden durchzuführen (BSK ZGB I-GEISER, Art. 450e N 22).

12a Die Anhörung ist nicht in jedem Fall möglich und sinnvoll. Deshalb schreibt das Gesetz sie für den Regelfall vor. **Die Ausnahme (Nichtanhörung)** ist restriktiv auszulegen. Nur wenn die Anhörung unmöglich ist, weil z.B. die betroffene Person jede Aussage verweigert, kann – bzw. muss – aufgrund der Akten entschieden werden (BSK ZGB I-GEISER, Art. 450e N 24). Für die **zulässigen Ausnahmen** hinsichtlich Delegation an ein Einzelmitglied und hinsichtlich des Verzichts auf eine Anhörung kann auf die Kommentierung von Art. 447 (Art. 447 N 8 ff.) verwiesen werden. Wurde der Anspruch auf mündliche Anhörung durch die KESB unzulässigerweise verletzt, hat die Rechtsmittelinstanz wegen des Beschleunigungsgebots das Versäumte selber nachzuholen (BSK ZGB I-GEISER, Art. 450e N 26, unter Hinweis auf BGE 131 III 409 E. 4.4.1; Art. 447 N 10 ff.).

12b Sofern das kantonale Recht als **Beschwerdeinstanz ein Einzelgericht** vorsieht, findet die Anhörung vor diesem statt. Das Bundesrecht steht dem nicht entgegen. Aus Abs. 4 kann nicht abgeleitet werden, die Kantone seien verpflichtet, als gerichtliche Beschwerdeinstanz zwingend ein Kollegium einzusetzen (FamKomm Erwachsenenschutz-STECK, Art. 450e N 19).

Nach den gesetzlichen Regelungen in den Kantonen SG und ZH, wo ein **zweistufiges Rechtsmittelverfahren** besteht (Art. 450 N 1), kann grundsätzlich in der zweiten Rechtsmittelinstanz auf die **nochmalige mündliche Anhörung verzichtet werden** (vgl. Art. 29 EG KESR SG, wonach das KGer bei Beschwerden gegen eine FU auf eine Anhörung verzichten kann, wenn schon die Verwaltungsrekurskommission die betroffene Person angehört hat und diese keine Anhörung mehr verlangt, ferner § 69 EG KESR ZH, wonach das OGer in der Regel keine Anhörung gem. Art. 450e Abs. 4 ZGB durchführt; vgl. dazu OGer ZH vom 15.1.2013, ZR 2012 Nr. 112; OGer ZH vom 26.2.2013, Geschäfts-Nr. PA130002-O/U). Auch in der Lehre wird die Auffassung vertreten, dass ein Anspruch auf mündliche Anhörung nur vor der ersten gerichtlichen Beschwerdeinstanz besteht, während vor der zweiten gerichtlichen Beschwerdeinstanz nur noch das rechtliche Gehör (Art. 29 Abs. 2 BV) zu gewähren sei, solange nicht nur eine von der Vorinstanz bereits angeordnete Massnahme bestätigt wird. Anders verhalte es sich, wenn die zweite Rechtsmittelinstanz im Rechtsmittelverfahren selber eine Massnahme anordnen will (so BSK ZGB I-GEISER, Art. 450e N 25; vgl. auch FamKomm Erwachsenenschutz-STECK, Art. 450e N 19). Ob an dieser Auffassung festgehalten werden kann, ist nicht klar. Das BGer hat – ausdrücklich unter Hinweis auf die abweichende Regelung bei der Frage der Anordnung eines Gutachtens, Art. 450e Abs. 3 (a.a.O. S. 262; N 9b) – ausgeführt, dass es nicht zulässig sei, auf die persönliche Anhörung vor der zweiten Rechtsmittelinstanz zu verzichten (vgl. BGE 139 III 257 E. 4.3: In casu ging es allerdings primär um eine andere Frage. Beanstandet wurde vom BGer zu Recht, dass wohl die [erstinstanzliche] KESB [«Justice de paix», VD, eine gerichtliche Behörde] die betroffene Person mündlich angehört hatte, nicht jedoch die [einzige] kantonale gerichtliche Beschwerdeinstanz [«Chambre des curatelles du Tribunal cantonal», VD]; vgl. dazu auch die Besprechung von WOLF/THUT, ZBJV 2014, 658 ff.).

12c

6. Abs. 4 Satz 2

Abs. 4 Satz 2 (Anordnung einer Vertretung) enthält eine Wiederholung des in Art. 449a ZGB statuierten Grundsatzes und entspricht inhaltlich der bisherigen Regelung von Art. 397f Abs. 2 aZGB (Art. 449a N 1 ff.; vgl. auch CHK-AFFOLTER/ STECK/VOGEL [1. Aufl.], Art. 397f aZGB N 6). Auf die ursprünglich im Vorentwurf vorgesehene obligatorische Verbeiständung wurde aufgrund der Kritik im Vernehmlassungsverfahren verzichtet. Sie wurde angesichts der Möglichkeit, nach Art. 432 ZGB eine Vertrauensperson beizuziehen, als unverhältnismässig erachtet (Botschaft Erwachsenenschutz, 7088; SCHMID, Art. 450e N 9; BSK ZGB I-GEISER, Art. 450e N 29).

13

Obwohl das Verfahren vom Untersuchungsgrundsatz beherrscht wird, das Recht von Amtes wegen anzuwenden ist und das Verfahren einfach ausgestaltet sein muss, bereitet einer betroffenen Person die Geltendmachung ihres Anliegens vor Gericht oft Schwierigkeiten (BSK ZGB I-GEISER, Art. 450e N 27). Das Gesetz schreibt vor, dass für die betroffene Person *«wenn nötig»* eine **Vertretung** anzu-

13a

ordnen ist; der Beistand oder die Beiständin muss in diesem Fall eine «*in fürsorgerischen und rechtlichen Fragen erfahrene Person*» sein (FamKomm Erwachsenenschutz-STECK, Art. 449a N 10 f.; vgl. auch BGE 130 I 180 E. 2.2 und 3; 125 V 32 E. 4b; 107 II 314 E. 2; BGer vom 6.10.2010, 5A_597/2010 E. 2.2; ferner BGE 122 I 8 E. 2c). Die Bestimmung gilt auch vor einer zweiten Beschwerdeinstanz und im Rechtsmittelverfahren vor dem Bundesgericht (BSK ZGB I-GEISER, Art. 450e N 36).

13b Das Bundesrecht setzt dafür **kein Anwaltspatent** voraus, doch steht es den Kantonen frei, für den Bereich der nicht in die Zivilgerichtsbarkeit fallenden Verfahren sowohl die berufsmässige als auch die nichtberufsmässige Vertretung zu regeln (BSK ZGB I-GEISER, Art. 450e N 31; FamKomm Erwachsenenschutz-STECK, Art. 449a N 17 ff.; z.B. gilt nach kantonal zürcherischem Recht im erst- und zweitinstanzlichen Beschwerdeverfahren das Anwaltsmonopol, nicht dagegen für das Verfahren vor der KESB, vgl. OGer ZH vom 11.3.2013, Geschäfts-Nr. PQ130003-O/Z 1 sowie vom 29.4.2013, Geschäfts-Nr. PQ 130013-O/U, und OGer ZH vom 16.5.2013, Geschäfts-Nr. PQ130010-O/U).

13c Der **Anspruch auf Rechtsvertretung** steht nur der betroffenen Person, nicht aber einer anderen am Verfahren beteiligten Person zu (BSK ZGB I-GEISER, Art. 450e N 28; FamKomm Erwachsenenschutz-STECK, Art. 450e N 20).

13d Die **Bestellung** erfolgt von Amtes wegen oder auf Antrag der betroffenen Person. Besteht noch keine Rechtsvertretung und fehlt ein Antrag, hat die gerichtliche Beschwerdeinstanz **von Amtes wegen** zu prüfen, ob die Anordnung einer gesetzlichen Vertretung notwendig ist (Botschaft Erwachsenenschutz, 7081; FamKomm Erwachsenenschutz-STECK, Art. 450e N 20; vgl. auch Art. 449a N 2; N 13a). Die Anordnung muss ggf. auch *gegen den Willen der betroffenen Person* erfolgen, doch hat diese trotzdem Anspruch darauf, selbständig Anträge und Begehren zu stellen (BSK ZGB I-GEISER, Art. 450e N 15, 32; vgl. auch BGE 119 Ia 260 E. 6, wonach für die Begutachtung der betroffenen Person die Anwesenheit der Rechtsvertretung ausgeschlossen werden kann, wenn diese nachträglich in das Gutachten Einblick und zu den Schlussfolgerungen Stellung nehmen kann; BSK ZGB I-GEISER, Art. 450e N 35).

13e Eine Verbeiständung ist unentbehrlich, wenn die betroffene Person **urteilsunfähig** ist (BSK ZGB I-GEISER, Art. 450e N 30; FamKomm Erwachsenenschutz-STECK, Art. 450e N 12). Die Notwendigkeit ist auch zu bejahen, wenn die Urteilsfähigkeit der betroffenen Person an sich noch zu bejahen ist, diese aber mit dem Gang des Verfahrens allein nicht zurechtkommt, ihr mithin die **Postulationsfähigkeit** fehlt (FamKomm Erwachsenenschutz-STECK, Art. 449a N 13). Dies ist der Fall, wenn sich aufgrund der konkreten Umstände herausstellt, dass die betroffene Person nicht in der Lage ist, selber ihre Interessen im Verfahren sachgerecht zu vertreten und sie zudem ausserstande ist, selber eine Vertretung zu bestellen (Botschaft Erwachsenenschutz, 7081, SCHMID, Art. 449a N 2; FamKomm Erwachsenenschutz-STECK, Art. 449a N 8 ff. m.w.H.).

13f Sofern für die betroffene Person aufgrund einer früher angeordneten Massnahme schon eine **Beistandschaft besteht**, obliegt die Vertretung grundsätzlich der Beiständin oder dem Beistand nach Massgabe der anwendbaren gesetzlichen Bestimmungen des materiellen Rechts (Art. 390, 394). Auch dann kann sich jedoch u.U. die Anordnung einer besonderen Vertretung im Verfahren i.S.v. Art. 449a bzw. Art. 450e Abs. 4 stellen, wenn sich die bestehende Vertretung als ungenügend erweist (FamKomm Erwachsenenschutz-STECK, Art. 449a N 20; vgl. vorne N 13e).

Wählt die betroffene Person selber eine Rechtsvertretung, findet Art. 450e Abs. 4 ZGB keine Anwendung, sondern liegt ein privatrechtliches Auftragsverhältnis vor. Wird die Rechtsvertretung jedoch von KESB oder der gerichtlichen Beschwerdeinstanz bestellt, richtet sich das Rechtsverhältnis zur betroffenen Person nach dem anwendbaren Verfahrensrecht (BSK ZGB I-GEISER, Art. 450e N 34; vgl. auch FamKomm Erwachsenenschutz-STECK, Art. 449a N 21 ff.). Es wird ein **öffentlichrechtliches Verhältnis** zwischen dem Staat, der angeordneten Vertretung und der betroffenen Person begründet (BGE 132 V 200 E. 5.1.4; 131 I 217 E. 2.4; 122 I 1 E. 3a; BGer vom 22.11.2011, 5D_160/2011 E. 1.2). Für die Vertretung des Kindes gilt die Bestimmung von Art. 314a[bis] (FamKomm Erwachsenenschutz-STECK, Art. 449a N 25 m.w.H.). 13g

Art. 450e Abs. 4 regelt nicht, wer die **Kosten der Verbeiständung** zu tragen hat. Die Bestimmung betrifft nicht den Anspruch auf unentgeltliche Rechtspflege. Ob die Rechtsvertretung durch das Gemeinwesen zu entschädigen ist, beurteilt sich nach Art. 29 Abs. 3 BV und den daraus abgeleiteten verfahrensrechtlichen Grundsätzen (vgl. dazu BGer vom 3.11.2008, 5A_671/2008 E. 3; BGer vom 8.9.2008, 5A_439/2008 E. 3; BGer vom 8.11.2006, 5P.393/2006 E. 2.2; die Kosten für die Vertretung des Kindes sind zu den Verfahrenskosten zu zählen, vgl. dazu FamKomm Erwachsenenschutz-STECK, Art. 449a N 30 f.). Zu den allgemeinen Voraussetzungen für einen Anspruch auf eine unentgeltliche Rechtsvertretung vgl. sodann BGE 138 II 217 E. 2; 129 I 129 ff. E. 2; 124 I 304 E. 2; 122 I 49 E. 2c.bb; 113 II 392 E. 1. 13h

Die **ungerechtfertigte Verweigerung** der Anordnung einer «nötigen» Rechtsvertretung stellt eine Rechtsverletzung (Art. 450e Abs. 4) dar. Bei einem zweistufigen Rechtsmittelverfahren (Art. 450 N 1) kann der fehlerhafte Entscheid der ersten bei der zweiten gerichtlichen Beschwerdeinstanz nach Art. 450a angefochten werden (vgl. Art. 450a N 1a, 2 ff.; FamKomm Erwachsenenschutz-STECK, Art. 449a N 32 ff.). Gegen den Rechtsmittelentscheid der letzten kantonalen Instanz ist die Beschwerde in Zivilsachen an das BGer zulässig (Art. 72 Abs. 2 lit. b Ziff. 6, Art. 75 und Art. 90 ff. BGG; für die Anfechtung von Zwischenentscheiden vgl. Art. 93 Abs. 1 lit. a BGG; BGer vom 28.3.2011, 5A_503/2010 E. 1.2; BGer vom 6.10.2010, 5A_597/2010 E. 1.1.2; BGer vom 8.9.2008, 5A_439/2008 E. 1; FamKomm Erwachsenenschutz-STECK, Art. 449a N 35). 13i

7. Abs. 5

In Abs. 5 wird vorgeschrieben, dass bei Fällen von FU über die Beschwerde **i.d.R. innert fünf Arbeitstagen** zu entscheiden ist. Die FU hat einen schwerwiegenden Eingriff in die persönliche Freiheit der betroffenen Person zur Folge, indem Menschen gegen ihren Willen festgehalten werden. Bei der gerichtlichen Überprüfung 14 der Zulässigkeit einer solchen Anordnung ist deshalb die Gewährleistung einer raschen Abwicklung des Verfahrens von zentraler Bedeutung. Die betroffene Person hat Anspruch darauf, dass die Massnahme so rasch als möglich auf ihre Rechtmässigkeit geprüft wird (BGE 122 I 18 E. 2d; 127 III 385 E. 3a; BGer vom 5.11. 2010, 5A_708/2010 E. 4.1; BGer vom 14.4.2010, 5A_250/2010 E. 3.1; BGer vom 30.6.2009, 5A_341/2009 E. 3.3; FamKomm Erwachsenenschutz-STECK, Art. 450e N 21; zum Beschleunigungsgebot im Einzelnen vgl. ferner BSK ZGB I-GEISER, Art. 450e N 37 ff.). Aus diesem Grunde wurde in den parlamentarischen Beratungen eine feste Frist verlangt.

15 Es ist indessen nicht zu übersehen, dass in gewissen Fällen die gesetzliche Frist von fünf Arbeitstagen **nicht ausreichen** wird. Da die Beschwerde nicht begründet werden muss (Abs. 1; N 4), sind u.U. weitere Abklärungen und Verfahrensschritte erforderlich (z.B. ggf. neu die Bestellung einer Beistandschaft; N 13 ff.). Bei psychischen Störungen ist überdies zwingend ein Gutachten einer aussenstehenden Fachperson einzuholen (Abs. 3; N 8 ff.). Um notwendige sorgfältige Abklärungen nicht durch eine rigide Fristbestimmung zu verunmöglichen (vgl. auch das Votum von Bundesrätin Widmer-Schlumpf, AmtlBull NR 2008, 1540), wurde in Abs. 5 schliesslich der Passus «*in der Regel*» eingefügt.

16 Die Frist hat deshalb den **Charakter einer Ordnungsvorschrift** (AmtlBull NR 2008, 1540, Votum von NR Graffenried; vgl. auch SCHMID, Art. 450e N 10; N 2; vgl. auch KGer SG vom 15.5.2014, KES.2013.22, wonach diese Bestimmung für die zweite kantonale (Beschwerde-)Instanz nicht anwendbar ist; vgl. auch Art. 450 N 6b). Bei Überschreitung der Frist sieht das Gesetz keine Sanktion vor, doch kann ggf. beim Bundesgericht die **Verletzung des Beschleunigungsgebots** gerügt werden (BSK ZGB-GEISER, Art. 450e N 42 m.H. auf die Haftungsfolgen nach Art. 454 f.).

Kantonale Bestimmungen zum Verfahren vor der Beschwerdeinstanz	
BE	**Art. 65 KESG – Gerichtliche Beschwerdeinstanz** Das Kindes- und Erwachsenenschutzgericht der Zivilabteilung des Obergerichts ist die zuständige gerichtliche Beschwerdeinstanz. **Art. 66 KESG – Anfechtungsobjekt** Das Kindes- und Erwachsenenschutzgericht beurteilt Beschwerden gegen Verfügungen und Entscheide a der Kindes- und Erwachsenenschutzbehörden, b der Ärztinnen und Ärzte sowie der Einrichtungen. **Art. 67 KESG – Instruktion** Die Instruktion des Beschwerdeverfahrens richtet sich nach Artikel 450d ZGB und sinngemäss nach Artikel 47 Absatz 2. **Art. 68 KESG – Öffentlichkeit** [1] Das Verfahren vor dem Kindes- und Erwachsenenschutzgericht ist nicht öffentlich.

Kantonale Bestimmungen zum Verfahren vor der Beschwerdeinstanz

² Auf Antrag einer verfahrensbeteiligten Person ordnet das Kindes- und Erwachsenenschutzgericht die Durchführung einer öffentlichen Verhandlung an, sofern nicht überwiegende Interessen entgegenstehen.
³ Die Urteilsberatungen finden unter Ausschluss der Verfahrensbeteiligten und der Öffentlichkeit statt.

Art. 69 KESG – Beschwerdegründe und -entscheid
¹ Die Überprüfungsbefugnis des Kindes- und Erwachsenenschutzgerichts richtet sich nach Artikel 450a ZGB.
² Das Kindes- und Erwachsenenschutzgericht ist nicht an die Begehren der Verfahrensbeteiligten gebunden. Hebt es die angefochtene Verfügung oder den angefochtenen Entscheid auf, so urteilt es in der Sache oder weist die Akten ausnahmsweise zu neuer Beurteilung an die Kindes- und Erwachsenenschutzbehörde zurück.

Art. 70 KESG – Kostenverlegung
¹ Die Kostenverlegung richtet sich grundsätzlich nach den Bestimmungen des Gesetzes vom 23.5.1989 über die Verwaltungsrechtspflege (VRPG).
² In einem aufwendigen Verfahren kann das Kindes- und Erwachsenenschutzgericht der betroffenen Person, die ihre Rechte im Beschwerdeverfahren selbst wahrnimmt oder sich durch jemanden vertreten lässt, der nicht Anwältin oder Anwalt ist, eine angemessene Parteientschädigung und Auslagenersatz zusprechen.
³ Keine Verfahrenskosten werden erhoben in Verfahren betreffend
a die fürsorgerische Unterbringung,
b die Sterilisation von Personen unter umfassender Beistandschaft oder dauernd urteilsunfähiger Personen,
c die Errichtung einer umfassenden Beistandschaft wegen geistiger Behinderung,
d Kindesschutzmassnahmen.
⁴ Artikel 63 Absatz 4 betreffend die Kosten für besondere Untersuchungen und Gutachten gilt sinngemäss.
⁵ Der Grosse Rat regelt die Verfahrenskosten durch Dekret.

Art. 71 KESG – Übrige Verfahrensbestimmungen
Die folgenden Bestimmungen über das Verfahren vor der Kindes- und Erwachsenenschutzbehörde finden im Verfahren vor dem Kindes- und Erwachsenenschutzgericht sinngemäss Anwendung:
a Vertretung (Art. 48 und 49),
b Mitwirkungspflicht (Art. 50),
c Protokollierung (Art. 52),
d Aktenführung und -einsicht (Art. 53),
e Entscheidfindung (Art. 61).

BS § **19 Abs. 2 KESG – Verfahren**
Das Verfahren vor der FU-Rekurskommission ist nicht öffentlich. Der Entscheid wird im Anschluss an die Beratung von der Vorsitzenden oder dem Vorsitzenden in der Regel mündlich eröffnet und kurz begründet. Anstelle der mündlichen Eröffnung kann auch eine schriftliche Eröffnung des Entscheids erfolgen.

Kantonale Bestimmungen zum Verfahren vor der Beschwerdeinstanz	
	Das Verfahren ist kostenlos, doch kann bei offensichtlich mutwilliger Beschwerdeführung eine Spruchgebühr auferlegt werden.
SG	**Art. 27 EG KESR – Zuständigkeit/a) Verwaltungsrekurskommission** ¹ Die Verwaltungsrekurskommission beurteilt Beschwerden gegen Verfügungen der Kindes- und Erwachsenenschutzbehörde sowie Verfügungen nach Art. 439 ZGB. ² Die Einzelrichterin oder der Einzelrichter beurteilt Beschwerden gegen Verfügungen eines Mitglieds der Kindes- und Erwachsenenschutzbehörde sowie Verfügungen des zuständigen Departementes über die unentgeltliche Rechtspflege und Rechtsverbeiständung im Kindes- und Erwachsenenschutzrecht. **Art. 28 EG KESR – b) Kantonsgericht** ¹ Das Kantonsgericht beurteilt Beschwerden gegen Entscheide der Verwaltungsrekurskommission im Kindes- und Erwachsenenschutzrecht. ² Die Einzelrichterin oder der Einzelrichter beurteilt: a) Beschwerden gegen Entscheide der Einzelrichterin oder des Einzelrichters der Verwaltungsrekurskommission im Kindes- und Erwachsenenschutzrecht; b) Beschwerden gegen Entscheide der Einzelrichterin oder des Einzelrichters der Verwaltungsrekurskommission und Verfügungen der Verwaltungsrekurskommission über die unentgeltliche Rechtspflege und Rechtsverbeiständung im Kindes- und Erwachsenenschutzrecht. **Art. 29 Abs. 1 EG KESR – Verzicht auf Anhörung** Das Kantonsgericht kann bei Beschwerden gegen eine fürsorgerische Unterbringung auf eine Anhörung verzichten, wenn die Verwaltungsrekurskommission die betroffene Person angehört hat und diese keine Anhörung verlangt. **Art. 30 Abs. 1 EG KESR – Stellungnahme der Verwaltungsrekurskommission** Das Kantonsgericht gibt der Verwaltungsrekurskommission Gelegenheit zur Stellungnahme.
TG	**§ 70 KESV – Untersuchungsgrundsatz** ¹ Für das Verfahren vor der Beschwerdeinstanz gilt Artikel 446 ZGB sinngemäss. **§ 71 KESV – Beschränkte Öffentlichkeit** ¹ Das Verfahren vor der Beschwerdeinstanz ist nicht öffentlich. Auf Antrag eines Verfahrensbeteiligten kann die Beschwerdeinstanz die Durchführung einer öffentlichen Verhandlung anordnen, sofern nicht überwiegende Interessen entgegenstehen. ² Die Urteilsberatung ist nicht öffentlich. **§ 72 KESV – Verfahren** ¹ Die Beschwerdeinstanz setzt den am Verfahren beteiligten Personen Frist zur schriftlichen Stellungnahme zur Beschwerde an. Erweist sich die Beschwerde als offensichtlich unzulässig oder unbegründet oder als offensichtlich begründet, wird auf die Einholung von Stellungnahmen verzichtet. ² Die Beschwerdeinstanz kann von Amtes wegen oder auf Antrag einer beteiligten Person eine mündliche Verhandlung anordnen. Führt die Beschwerde-

Kantonale Bestimmungen zum Verfahren vor der Beschwerdeinstanz

instanz eine mündliche Verhandlung durch, kann sie auf die Einholung schriftlicher Stellungnahmen der Verfahrensbeteiligten verzichten.
[3] Aus zureichenden Gründen kann die Beschwerdeinstanz die Vorinstanz zur Abgabe einer Vernehmlassung verpflichten.
[4] Bei Beschwerden gegen Entscheide betreffend fürsorgerische Unterbringung findet Artikel 450e ZGB Anwendung. Die Beschwerdeinstanz kann die ärztlich verantwortliche Person der Einrichtung verpflichten, an der mündlichen Verhandlung teilzunehmen; diese ist zur Auskunft verpflichtet.

§ 73 KESV – Vorsorgliche Massnahmen
[1] Vorsorgliche Massnahmen und superprovisorische Anordnungen können während des Beschwerdeverfahrens von der Verfahrensleitung der Beschwerdeinstanz oder von der Kindes- und Erwachsenenschutzbehörde getroffen werden.

§ 74 KESV – Schlechterstellung
[1] Nimmt die Beschwerdeinstanz einen Entscheid in Aussicht, der eine Schlechterstellung der beschwerdeführenden Person zur Folge haben kann, macht sie die am Verfahren Beteiligten vorgängig darauf aufmerksam und ermöglicht ihnen eine entsprechende Stellungnahme.

§ 75 KESV – Beschwerdeentscheid
[1] Hebt die Beschwerdeinstanz den angefochtenen Entscheid auf, urteilt sie in der Sache selbst oder weist die Akten zu neuer Beurteilung an die Kindes- und Erwachsenenschutzbehörde zurück.
[2] Bei Verfahren betreffend fürsorgerische Unterbringung erfolgt in der Regel keine Rückweisung. Das Verfahren ist indessen zu neuer Beurteilung zurückzuweisen, wenn es die Vorinstanz versäumt hat, bei psychischen Störungen der betroffenen Person ein Gutachten einzuholen.

§ 76 KESV – Kostenverlegung
[1] Die Kostenverlegung richtet sich sinngemäss nach den Bestimmungen der ZPO.
[2] Soweit die betroffene Person das Verfahren nicht mutwillig oder leichtfertig veranlasst oder dessen Durchführung in vorwerfbarer Weise erschwert hat, werden in Verfahren betreffend fürsorgerische Unterbringung und in Verfahren betreffend Sterilisation keine Gebühren erhoben.
[3] Die Beschwerdeinstanz kann in aufwändigen oder komplizierten Verfahren statt einer blossen Umtriebsentschädigung ausnahmsweise eine angemessene Parteientschädigung zusprechen, wenn eine betroffene Person sich selber vertritt oder sich durch jemanden vertreten lässt, der nicht Anwältin oder Anwalt ist.
[4] Minderjährigen werden weder Verfahrenskosten noch Parteientschädigungen auferlegt, sofern sie sich nicht in günstigen Verhältnissen befinden.

§ 77 KESV – Aktenrückgabe und Archivierung
[1] Die Beschwerdeinstanz gibt nach Ablauf der Rechtsmittelfrist zuzüglich 14 Tagen die erstinstanzlichen Verfahrensakten an die Vorinstanz zurück. Die Rückgabe kann aus triftigen Gründen früher erfolgen, insbesondere bei Rückweisungen an die Vorinstanz oder wenn die Akten dringend benötigt werden.

Kantonale Bestimmungen zum Verfahren vor der Beschwerdeinstanz	
	² Die Beschwerdeinstanz archiviert die Rechtsmittelakten in den vor ihr geführten Verfahren
ZH	**§ 62 EG KESR** ¹ Beschwerden betreffend fürsorgerische Unterbringung (Art. 426 ff. ZGB) werden in erster Instanz vom Einzelgericht gemäss § 30 GOG beurteilt. ² Für Beschwerden gegen Entscheide der KESB richtet sich die örtliche Zuständigkeit nach Art. 442 ZGB. Für Beschwerden gegen ärztlich angeordnete Unterbringungen und gegen Entscheide von Einrichtungen gemäss Art. 439 Abs. 1 ZGB ist das Einzelgericht am Ort der Einrichtung zuständig. **§ 63 EG KESR** ¹ Beschwerden gemäss Art. 450 Abs. 1 ZGB werden in erster Instanz vom Bezirksrat beurteilt. Zuständig ist a. die Bezirksratspräsidentin oder der Bezirksratspräsident bei Entscheiden, die ein einzelnes Mitglied der KESB getroffen hat, b. der Bezirksrat in den übrigen Fällen; er entscheidet in Dreierbesetzung. ² Vorbehalten bleiben die vom Einzelgericht gemäss § 30 GOG zu beurteilenden Beschwerden betreffend fürsorgerische Unterbringung. **§ 64 EG KESR** Für Beschwerden gegen Entscheide des Bezirksrates und des Einzelgerichts gemäss § 30 GOG ist das Obergericht zuständig. **§ 65 EG KESR** Art. 446 Abs. 1 ZGB gilt vor den Beschwerdeinstanzen sinngemäss. **§ 66 EG KESR** ¹ Die Beschwerdeinstanz setzt den am Verfahren beteiligten Personen Frist zur schriftlichen Stellungnahme an. Erweist sich die Beschwerde als offensichtlich unzulässig oder unbegründet, verzichtet sie auf die Einholung von Stellungnahmen. ² Sie kann von Amtes wegen oder auf Antrag einer beteiligten Person eine mündliche Verhandlung anordnen. Führt sie eine mündliche Verhandlung durch, kann sie auf die Einholung schriftlicher Stellungnahmen verzichten. **§ 67 EG KESR** Neue Anträge sind gemäss Art. 317 Abs. 2 ZPO zulässig. Antragsrecht **§ 68 EG KESR** ¹ Aus zureichenden Gründen kann die Beschwerdeinstanz die Vorinstanz zur Abgabe einer Vernehmlassung gemäss Art. 450d Abs. 1 ZGB verpflichten. ² Die Wiedererwägung gemäss Art. 450d Abs. 2 ZGB ist nur im Beschwerdeverfahren vor erster Instanz zulässig. **§ 69 EG KESR** Bei Beschwerden gegen Entscheide auf dem Gebiet der fürsorgerischen Unterbringung führt das Obergericht in der Regel keine Anhörung gemäss Art. 450e Abs. 4 ZGB durch.

Kantonale Bestimmungen zum Verfahren vor der Beschwerdeinstanz
§ 70 EG KESR Bei Beschwerden gegen Entscheide betreffend fürsorgerische Unterbringung kann die Beschwerdeinstanz die ärztlich verantwortliche Person der Einrichtung verpflichten, an der mündlichen Verhandlung teilzunehmen. Diese ist zur Auskunft verpflichtet.
§ 71 EG KESR Bei Entscheiden im Zusammenhang mit einer fürsorgerischen Unterbringung ist eine Rückweisung ausgeschlossen.
§ 72 EG KESR Die Beschwerdeinstanzen teilen rechtskräftige Endentscheide in der Sache der Aufsichtsbehörde mit.
§ 73 EG KESR Auf das Beschwerdeverfahren sind § 44 Abs. 2 und § 60 Abs. 1 sinngemäss anwendbar.

(Erarbeitung der Tabelle durch Daniel Rosch)

Dritter Unterabschnitt: Gemeinsame Bestimmung

Art. 450f

Im Übrigen sind die Bestimmungen der Zivilprozessordnung sinngemäss anwendbar, soweit die Kantone nichts anderes bestimmen.

Literatur

AUER, Bundeskompetenzen in Verfahren vor vormundschaftlichen Behörden, ZVW 2003, 188 ff.; STECK, Die Regelung des Verfahrens im neuen Kindes- und Erwachsenenschutzrecht, ZBl 2013, 26 ff.

I. Regelungsgegenstand

Der dritte Unterabschnitt enthält in Art. 450f ZGB eine Norm, die sich ausdrücklich sowohl auf das **Verfahren** vor der KESB als auch auf dasjenige vor der gerichtlichen Beschwerdeinstanz bezieht und deshalb als **gemeinsame Bestimmung** bezeichnet wird (BSK ZGB I-AUER/MARTI, Art. 450f N 1, 12; FamKomm Erwachsenenschutz-STECK, Art. 450f N 2). 1

Der Wortlaut ist identisch mit der Fassung von Art. 450f E-Erwachsenenschutz. 2

II. Sachlicher Geltungsbereich

1. Allgemeines

3   Das Kindes- und Erwachsenenschutzrecht ist wie das frühere Vormundschaftsrecht als **formelles Zivilrecht** zu qualifizieren. In rechtstheoretischer Hinsicht wird es jedoch dem **öffentlichen Recht** zugeordnet (vgl. HAUSHEER/GEISER/AEBI-MÜLLER, Erwachsenenschutzrecht [1. Aufl.], Rz 1.01, 1.20; Einführung N 35 ff.; STECK, ZBl 2013, 26 ff.; CHK-AFFOLTER/STECK/VOGEL [1. Aufl.], Art. 373 aZGB N 1 m.w.H.; AUER, ZVW 2003, 188 ff.; vgl. auch BGer vom 3.11.2011, 5A_582/2011, E. 3.2). Aus diesem Grund lässt sich für die Regelung des Verfahrens aus Art. 122 Abs. 1 BV keine umfassende bundesrechtliche Kompetenz ableiten (AUER, ZVW 2003, 196 f.).

4   In Lehre und Rechtsprechung ist jedoch – insb. für den Bereich des Familienrechts – anerkannt, dass der Bund im Rahmen seiner Kompetenzen zur Reglung des materiellen Zivilrechts befugt ist, in Bereichen, in denen eine Verwirklichung des materiellen Rechts dringend eine einheitliche bundesrechtliche Regelung erfordert, auch **Verfahrensregeln** zu erlassen (AUER, ZVW 2003, 191 ff.; vgl. auch BGE 119 II 89 E. 2c). Davon hat der Bundesgesetzgeber beim Kindes- und Erwachsenenschutzrecht Gebrauch gemacht (BGE 137 III 531 E. 3.3; BGer vom 17.7.2013, 5A_327/2013, E. 3.1). Das geltende Recht enthält in diesem Sinne in den Art. 443 ff. eine für alle kantonalen Instanzen verbindliche **punktuelle und rudimentäre bundesrechtliche Verfahrensordnung**. Grundsätzlich bleibt für das Verfahren das **kantonale Recht vorbehalten**. Die Kantone regeln das Verfahren, soweit es nicht bereits vom Bundesgesetzgeber festgelegt worden ist (BGer vom 3.9.2013, 5A_499/2013 E. 3.3; BGer vom 25.7.2013, 5A_360/2013 E. 3.3). Das kantonale Verfahrensrecht konkretisiert z.T. die im ZGB enthaltenen Bestimmungen, doch hat es in jedem Fall die bundesrechtlichen Vorgaben sowie das übergeordnete Recht (BV und EMRK) und die dazu ergangene bundesgerichtliche Rechtsprechung zu beachten (Botschaft Erwachsenenschutz, 7088; HAUSHEER/GEISER/AEBI-MÜLLER, Erwachsenenschutzrecht [1. Aufl.], Rz 1.21, 1.24, 1.79; vgl. SCHMID, Art. 450f N 3; BSK ZGB I-AUER/MARTI, Art. 450f N 2 f.; FamKomm Erwachsenenschutz-STECK, Art. 450f N 3 ff.).

5   Unter den genannten Voraussetzungen besteht somit eine **kantonale Kompetenz zum Erlass von Verfahrensbestimmungen**. Die Kantone sind weiterhin frei, das Verfahren nach ihren Verwaltungsrechtspflegegesetzen oder in anderen Erlassen zu regeln (Art. 450 N 1a; Art. 450g N 6; BGer vom 20.3.2013, 5A_852/2013 E. 2.1). Machen sie davon keinen Gebrauch, sind nach Art. 450f von Bundesrechts wegen die Bestimmungen der schweizerischen ZPO sinngemäss als **ergänzendes kantonales Verfahrensrecht** anwendbar (Botschaft Erwachsenenschutz, 7088; vgl. SCHMID, Art. 450f N 2; FamKomm Erwachsenenschutz-STECK, Art. 450f N 4; STECK, ZBl 2013, 29 ff., 31 ff.; vgl. auch BGE 139 III 225 E. 2.3; BGer vom 15.3.2012, 5A_804/2011, E. 3.2.1; BGer vom 7.5.2012, 5A_134/2012, E. 4.2; BGer vom 19.3.2013, 5A_50/2013 E. 3.1; BGer vom 25.7.2013, 5A_360/2013 E. 3.3; BGer vom 31.1.2013, 5A_744/2013 E. 2.2; BGer vom 3.2.2014, 5A_838/2013 E. 2.1).

Dies ist der Fall, wenn der Kanton darauf **verzichtet**, die **bisherigen Verfahrensordnungen** an die neuen Verhältnisse **anzupassen**, so dass diese ggf. sogar hinfällig werden (z.B. die kantonalen Zivilprozessordnungen zufolge Inkrafttreten der Schweizer ZPO; N 8b). Erlässt der Kanton dagegen eine Verfahrensregelung, erfolgt der sinngemässe Rückgriff auf die Bestimmungen der ZPO nur, soweit die kantonale Regelung **lückenhaft** ist. In verfahrensrechtlicher Hinsicht besteht deshalb eine *Kaskadenordnung*: Primär gelten die bundesrechtlichen Grundregeln (Art. 443 ff. ZGB), in zweiter Linie sind die besonderen kantonalrechtlichen Verfahrensbestimmungen und subsidiär sinngemäss die Bestimmungen der ZPO anwendbar (BSK ZGB I-AUER/MARTI, Art. 450f N 2 ff.; FamKomm Erwachsenenschutz-STECK, Art. 450f N 5 ff.). 6

2. Sinngemässe Anwendung der Bestimmungen der ZPO

Beim gesetzgeberischen Entscheid, ob der Kanton eine besondere Verfahrensordnung erlassen soll, ist zu beachten, dass die **ZPO** das Verfahren vor den kantonalen Instanzen für streitige Zivilsachen und gerichtliche Anordnungen der freiwilligen Gerichtsbarkeit regelt, jedoch nicht das vor der KESB und der gerichtlichen Beschwerdeinstanz anwendbare Verfahrensrecht (Art. 1 lit. a und b ZPO). Der Bereich des Kindes- und Erwachsenenschutzrechts (früher Vormundschaftsrecht) wurde dabei **ausdrücklich ausgeklammert** (Botschaft ZPO, 7257 f.; BGE 137 III 531 E. 3.3; vgl. auch BGer vom 15.3.2012, 5A_804/2011 E. 3.2.1; BGer vom 7.5.2012, 5A_134/2012 E. 4.2; BSK ZGB I-AUER/MARTI, Art. 450f N 5 ff.; FamKomm Erwachsenenschutz-STECK, Art. 450f N 8). Es fragt sich deshalb, ob eine umfassende sinngemässe Anwendung der zivilprozessualen Bestimmungen i.S.v. Art. 450f die Regelung des Verfahrens adäquat zu lösen vermag. 7

Mit der Formulierung in Art. 450f (**«sinngemäss anwendbar»**) wird zum Ausdruck gebracht, «dass die Regeln der ZPO nicht in jedem Fall strikt anzuwenden sind», sondern vielmehr «der besonderen Natur des materiellen Rechts und der zu seiner Verwirklichung vorgeschriebenen Verfahrensgrundsätze […] Rechnung zu tragen» ist. Es kann daher je nach Situation notwendig sein, die Normen der ZPO «cum grano salis» anzuwenden bzw. davon abzuweichen (BSK ZGB I-AUER/MARTI, Art. 450f N 13; SCHMID, Art. 450f N 2; vgl. auch hinten N 8c). 7a

Dem Verfahrensrecht kommt im Verhältnis zum materiellen Recht eine dienende Funktion zu. Soweit **subsidiär** sinngemäss Verfahrensbestimmungen zur Anwendung gelangen, die für die Bedürfnisse des Zivilprozesses konzipiert worden sind, ist deshalb ernstlich zu prüfen, ob damit den Besonderheiten eines **Eingriffsrechts** (HAUSHEER/GEISER/AEBI-MÜLLER, Erwachsenenschutzrecht [1. Aufl.], Rz 1.20, 1.31 ff.) in verfahrensrechtlicher Hinsicht hinreichend Rechnung getragen werden kann (SCHMID, Art. 450f N 2; FamKomm Erwachsenenschutz-STECK, Art. 450f N 9). Der Schutzzweck des Kindes- und Erwachsenenschutzrechts (Art. 388 Abs. 1 und 389 Abs. 2) erfordert ein «massgeschneidertes» Vorgehen (Botschaft Erwachsenenschutz, 7015 f.) und kann wohl nur dann optimal gewährleistet werden, wenn dafür genügend flexible verfahrensmässige Grundlagen geschaffen werden. Grundsätzlich ist festzustellen, dass weder das Zivilprozessrecht noch das 8

Verwaltungsverfahrensrecht den speziellen Bedürfnissen der hoheitlichen Fürsorge besonders Rechnung tragen (Botschaft Erwachsenenschutz, 7022).

8a   Soweit bisher für den Bereich des Kindes- und Vormundschaftsrechts das Verfahren in den **kantonalen Verwaltungsrechtspflegegesetzen, in den Einführungsgesetzen zum ZGB oder in kantonalen Spezialerlassen** geregelt war (Botschaft, BBl 2006, 7021, war ggf. für das neue Recht sowohl in Bezug auf das Verfahren vor der KESB als auch vor der gerichtlichen Beschwerdeinstanz eine punktuelle Anpassung dieser Gesetzgebung an die veränderten bundesrechtlichen Vorgaben (Art. 443 ff. bzw. Art. 450 ff.) erforderlich. Allfällige Lücken sind nach Art. 450f zu beheben (FamKomm Erwachsenenschutz-STECK, Art. 450f N 10).

8b   In den Kantonen, in welchen früher das Verfahren in den **kantonalen Zivilprozessordnungen** geregelt oder auf diese verwiesen worden war, ist mit der Inkraftsetzung der schweizerischen ZPO mit Wirkung per 1.1.2011 diese gesetzliche Grundlage entfallen. Hier musste eine neue Verfahrensordnung erlassen werden. Dabei stellte sich insb. die Frage, ob die Regelung von Art. 450f mit der sinngemässen Anwendung der Bestimmungen der ZPO genügt oder ob und inwieweit für gewisse Bereiche eine Ergänzung durch besondere kantonale Normen erforderlich wurde (FamKomm Erwachsenenschutz-STECK, Art. 450f N 11; vgl. dazu auch BSK ZGB I-AUER/MARTI, Art. 450f N 9 ff.).

8c   In manchen Bereichen vermag die ergänzende sinngemässe Anwendung von Bestimmungen der ZPO i.V.m. Art. 443 ff. ZGB wohl problemlos eine **genügende Grundlage für ein adäquates Verfahren** bilden. Dies ist bspw. dort der Fall, wo der bundesrechtlich vorgeschriebene *uneingeschränkte Untersuchungsgrundsatz* und der *Offizialgrundsatz* (Art. 446 Abs. 1 und 3 ZGB; Art. 446 ZGB N 4 ff., 8; vgl. auch Art. 296 ZPO) wenig Spielraum lassen für kantonale Ergänzungen und wo ggf. – soweit überhaupt nötig – ohne Weiteres an entsprechende Normen der ZPO (Art. 55 Abs. 2, 56, 57, 58 Abs. 2, 153, 157, 229 Abs. 3, 296 ZPO) angeknüpft werden kann. Da das **Novenrecht** in den Art. 450 ff. ZGB nicht geregelt wird, kann hier insb. auf die Bestimmung von Art. 229 Abs. 3 ZPO verwiesen werden (SCHMID, Art. 446 N 3; FamKomm Erwachsenenschutz-STECK, Art. 450f N 12; vgl. auch BSK ZPO-STECK, Art. 296 ZPO N 6 ff., 29 ff., 32 ff., 42 ff.). Ähnlich verhält es sich in Bezug auf den **Ausschluss der Öffentlichkeit**, der – als zulässige Ausnahme des in Art. 30 Abs. 3 BV verankerten Grundsatzes – in sinngemässer Anwendung von Art. 54 Abs. 4 ZPO in allen Angelegenheiten des Kindes- und Erwachsenenschutzes Anwendung findet (SCHMID, Art. 450f ZGB N 2; vgl. auch BSK ZPO-STECK, Vorbem. zu Art. 295–304 ZPO N 6).

9   Für andere Bereiche dürfte jedoch eine **Detailregelung** im Rahmen einer eigenständigen (allenfalls punktuellen) kantonalen Verfahrensordnung begrüssenswert sein. Zweckmässig ist dies z.B. für die **Rechtshängigkeit**. Dieser Begriff wird in Art. 442 Abs. 1 vorausgesetzt, in den Verfahrensbestimmungen des ZGB aber nicht näher bestimmt. Eine sinngemässe Anwendung von Art. 62 ff. ZPO dürfte hier kaum hilfreich sein (vgl. dazu auch Art. 23 VE-VKE 2003 und den Bericht dazu in Ziff. 2.4.1, 18 f.; vgl. dazu die Tabelle mit den kantonalen Bestimmungen in Art. 442 N 4). Auch für die Handhabung der **Verfahrensleitung und**

Instruktion (Art. 446 ZGB N 7a), der **Verfahrensabläufe** im erst- und zweitinstanzlichen Verfahren (vgl. OGer ZH vom 6.3.2013, Geschäfts-Nr. PQ130001), der **Fristen und Zustellungen** (Art. 450b ZGB N 3 ff.; z.B. Frage des Fristenstillstands, Art. 145 ZPO; vgl. auch OGer ZH vom 18.6.2013 und vom 8.7.2013, Geschäfts-Nr. PQ130017; BGer vom 29.10.2013, 5A_655/2013 E. 2.1 betr. Verfahrensrecht im Kt. AG), der **Protokollierung** (Art. 447 ZGB N 7c und N 7e ff.), für die Regelung der **Kosten und Entschädigungen**, der **unentgeltlichen Rechtspflege** (vgl. OGer ZH vom 16.10.2013, Geschäfts-Nr. PQ130032) sowie hinsichtlich der **Form und der Eröffnung der Entscheide** (vgl. OGer ZH vom 13.3.2013, Geschäfts-Nr. PQ130004) sind im Bestreben, eine klare und übersichtliche Handhabung der Verfahrensordnung zu gewährleisten, ergänzende kantonale Normen zweckmässig (Botschaft Erwachsenenschutz, 7088; SCHMID, Art. 450f N 3; FamKomm Erwachsenenschutz-STECK, Art. 450f N 13; vgl. vorne Art. 450 N 1a; vgl. auch hinten Art. 450g N 6).

3. Verletzung von Verfahrensrecht

Wird in einem **Entscheid** kantonales Verfahrensrecht angewendet, das mit den bundesrechtlichen Verfahrensbestimmungen nicht vereinbar ist, liegt darin eine **Verletzung von Bundesrecht**, die mit gerichtlicher Beschwerde angefochten werden kann (FamKomm Erwachsenenschutz-STECK, Art. 450f N 14; Art. 450a N 4). Sofern die Voraussetzungen von Art. 75 BGG erfüllt sind, kann eine solche Rechtsverletzung sodann mit Beschwerde in Zivilsachen beim BGer gerügt werden (Art. 72 Abs. 2 lit. b Ziff. 6 und Art. 95 lit. a BGG; FamKomm Erwachsenenschutz-STECK, Art. 450f N 15; Art. 450 N 7). 10

Nach Art. 82 lit. b BGG kann zudem eine gegen das Bundesrecht verstossende **kantonale Verfahrensvorschrift** innert einer Frist von dreissig Tagen (Art. 101 BGG) beim BGer im Rahmen der abstrakten Normenkontrolle mit **Beschwerde in öffentlich-rechtlichen Angelegenheiten** angefochten werden (BGE 122 I 18 E. 2a; BSK BGG-AEMISEGGER/SCHERRER REBER, Art. 82 N 24; HAUSHEER/GEISER/AEBI-MÜLLER, Erwachsenenschutzrecht [1. Aufl.], Rz 1.25; SCHMID, Art. 450 N 8; FamKomm Erwachsenenschutz-STECK, Art. 450f N 16; vgl. auch BGer vom 17.12.2012, 5C_2/2012 E. 1.1, und BGer vom 18.1.2013, 5C_1/2012 E. 1.1, je in Bezug auf § 63 EG KESR ZH). 11

Soweit die **Verfahrensvorschriften kantonales Recht** darstellen, kann deren Anwendung vom Bundesgericht mittels Beschwerde in Zivilsachen nur auf Willkür hin überprüft werden und gilt dabei das strenge Rügeprinzip nach Art. 106 Abs. 2 BGG (BGer vom 19.3.2013, 5A_50/2013 E. 3.1; BGer vom 15.7.2013, 5A_306/2013 E. 2.3; BGer vom 15.3.2012, 5A_804/2011 E. 3.2; vgl. auch BGE 139 III 225 E. 2.3; BGer vom 4.7.2014, 5A_379/2014 E. 1; BGer vom 20.3.2013, 5A_852/2013 E. 2.2; BGer vom 31.1.2013, 5A_744/2013 E. 2.2). 12

III. Eigenständige Verfahrensregelungen in den kantonalen Verfahrensordnungen

13 Übersicht über die Regelungen in den Kantonen der Deutschschweiz. Zur Behördenorganisation vgl. Art. 440 N 6 ff.; REUSSER, ZBl 2013, 3 ff., 15 ff., 24 f.; für eine Darstellung der Rechtsquellen s. die Dokumentation der KOKES, ‹http://www.kokes.ch› dort: Dokumentation, Revision Vormundschaftsrecht (15.8.2014).

	Verfahren vor der KESB	Gerichtliche Beschwerdeinstanz	Verfahren vor der gerichtlichen Beschwerdeinstanz
AG	Gericht im formellen Sinn. § 59 und §§ 60b–65c EG ZGB (= besondere Bestimmungen für das Familiengericht) sowie generell Anwendbarkeit des summarischen Verfahrens nach Art. 248 ff. ZPO	Obergericht als Zivilgericht (§ 65d EG ZGB) bzw. Verwaltungsgericht (§ 67q EG ZGB, in Angelegenheiten der FU)	Anwendung der ZPO (Obergericht) bzw. des VRPG (Verwaltungsgericht)
AI	Art. 8 EG ZGB (Verweisung auf das Verwaltungsverfahrensgesetz; VerwVG)	Kantonsgericht (Art. 10 EG ZGB, Kommission für allgemeine Beschwerden)	Keine ausdrückliche Regelung, aufgrund von Art. 8 Ziff. 1 EG ZPO Anwendbarkeit der ZPO
AR	Art. 44–50 EG ZGB	Obergericht (Art. 66 Abs. 1 EG ZGB) bzw. Einzelrichter/Einzelrichterin des Obergerichts in Angelegenheiten der FU (Art. 66 Abs. 2 EG ZGB)	Ausser Art. 66 Abs. 3 EG ZGB (betr. Ausschluss des Fristenstillstandes) keine ausdrückliche Regelung.
BE	Art. 44–64 KESG	KES-Gericht der Zivilabteilung des Obergerichts (Art. 65 KESG)	Art. 66–71 KESG
BL	§§ 67–72 sowie 79–81 EG ZGB. Im Übrigen Verweisung auf die Bestimmungen des kantonalen Verwaltungsverfahrensrechts (VwVG; § 69 Abs. 4 EG ZGB)	Kantonsgericht (Abteilung Verfassungs- und Verwaltungsrecht; § 66 Abs. 1 EG ZGB)	§ 66 Abs. 2 EG ZGB: Verweisung auf die Bestimmungen des Verwaltungsprozessrechts (VPO) sowie § 84 Abs. 4 EG ZGB: Für Angelegenheiten der FU Verweisung auf die Bestimmungen der verwaltungsgerichtlichen Beschwerde (vgl. § 43 ff. VPO).
BS	§§ 2–10 KESG	Verwaltungsgericht (Art. 17 Abs. 1 KESG)	§ 19 Abs. 1 KESG: Verweisung auf das Gesetz

	Verfahren vor der KESB	Gerichtliche Beschwerdeinstanz	Verfahren vor der gerichtlichen Beschwerdeinstanz
		In Angelegenheiten der FU ist gerichtliche Beschwerdeinstanz die FU-Rekurskommission (§ 17 Abs. 2 KESG)	über die Verfassungs- und Verwaltungsrechtspflege (VRPG). § 19 Abs. 2 KESG betr. ergänzende Bestimmung zum Verfahren vor der FU-Rekurskommission
FR	Gericht im formellen Sinn. Art. 1 Abs. 1 lit. c KESG: Verweisung auf die ZPO	Kantonsgericht (Art. 8 KESG)	Art. 1 Abs. 1 lit. c KESG: Verweisung auf die ZPO
GL	Art. 1 EG ZGB: Generelle Verweisung auf die ZPO sowie zusätzlich auf GOG und VRPG. Vgl. auch Art. 64 EG ZGB (Verweisung auf Art. 8–10 VO KESB)	Verwaltungsgericht (Art. 67 EG ZGB)	Art. 1 EG ZGB: Generelle Verweisung auf die ZPO sowie zusätzlich auf GOG und VRPG
GR	Art. 56 ff. EG ZGB: Verweisung auf die ZPO und die kantonale Einführungsgesetzgebung (vgl. Art. 57 ff., 61 ff. EG ZGB)	Kantonsgericht (Art. 60 Abs. 1 EG ZGB)	Art. 60 Abs. 2 EG ZGB: Verweisung auf die ZPO und die kantonale Einführungsgesetzgebung (vgl. Art. 60 Abs. 3 und 61 ff. EG ZGB)
LU	§§ 46 ff. EG ZGB. Im Übrigen generelle Verweisung auf das VRG (§ 47 EG ZGB)	Obergericht (Art. 53 EG ZGB) In Angelegenheiten der FU: Einzelgericht des Bezirksgerichts (1. Rechtsmittelinstanz) und Obergericht (2. Rechtsmittelinstanz; vgl. § 54 EG ZGB)	Verwaltungsgerichtsbeschwerde (§§ 156 ff. VRG)
NW	Art. 34 EG ZGB: Generelle Verweisung auf die Verordnung über das Verwaltungsverfahren und die Verwaltungsrechtspflege (Verwaltungsrechtspflegeverordnung)	Verwaltungsgericht (Art. 37 EG ZGB)	Verwaltungsgerichtsbeschwerde (§§ 88 ff. der Verwaltungsrechtspflegeverordnung)
OW	Art. 67 EG ZGB: Verweisung auf die VO des Kantonsrates betreffend die Einführung des	Verwaltungsgericht (Art. 60 Abs. 1 EG ZGB). In Angelegenheiten der FU.	Art. 67 EG ZGB: Verweisung auf die VO des Kantonsrates betreffend die Einführung des Kindes- und Erwachse-

	Verfahren vor der KESB	Gerichtliche Beschwerdeinstanz	Verfahren vor der gerichtlichen Beschwerdeinstanz
	Kindes- und Erwachsenenschutzrechts (vgl. dort Art. 20: Verweisung auf die Bestimmungen des Verwaltungsverfahrens)	Kantonsgericht (1. Rechtsmittelinstanz) und Obergericht (2. Rechtsmittelinstanz; vgl. Art. 74a und 74b GOG)	nenschutzrechts (vgl. dort Art. 20: Verweisung auf die Bestimmungen des Verwaltungsgerichtsverfahrens). Für Angelegenheiten der FU Anwendbarkeit der ZPO (Art. 74c GOG).
SG	Art. 15 ff. EG KESR. Im Übrigen generelle Verweisung auf die Bestimmungen des Gesetzes über die Verwaltungsrechtspflege (VRP; 10 EG KESR).	1. Rechtsmittelinstanz: Verwaltungsrekurskommission (Art. 27 EG KESR) 2. Rechtmittelinstanz: Kantonsgericht (Art. 28 EG KESR)	Art. 11 EG KESR, generelle Verweisung: – für Verfahren vor der Verwaltungsrekurskommission Anwendbarkeit der Bestimmungen des VRP – für Verfahren vor dem Kantonsgericht Anwendbarkeit der ZPO
SH	Gericht im formellen Sinn. Art. 45 und 46 ff. EG ZGB; generelle Verweisung auf die ZPO (Art. 46 Abs. 3 EG ZGB und Art. 57e Justizgesetz)	Obergericht (Art. 45 EG ZGB und Art. 41 Abs. 1 Justizgesetz). In Angelegenheiten der FU ist die KESB zuständig für Verfahren im Sinne von Art. 439 ZGB (Art. 57a Abs. 2 Justizgesetz). Gegen deren Entscheide ist die Beschwerde an das Obergericht zulässig.	Art. 45 und 46 ff. EG ZGB; generelle Verweisung auf die ZPO (Art. 46 Abs. 3 EG ZGB)
SO	§§ 146 ff. EG ZGB. Im Übrigen als Ergänzung Verweisung auf die Bestimmungen des Gesetzes über den Rechtsschutz in Verwaltungssachen (VRPG) sowie subsidiär der ZPO (§ 145 Abs. 1 EG ZGB)	Verwaltungsgericht (Art. 130 EG ZGB)	§§ 146 ff. EG ZGB. Im Übrigen als Ergänzung Verweisung auf die Bestimmungen des VRPG sowie subsidiär der ZPO (§ 145 Abs. 1 EG ZGB)
SZ	§ 36a EG ZGB. Generelle Verweisung auf die Verordnung über die Verwaltungsrechtspflege	Verwaltungsgericht (§ 2b EG ZGB)	§ 36a EG ZGB. Generelle Verweisung auf die Verordnung über die Verwaltungsrechtspflege

	Verfahren vor der KESB	Gerichtliche Beschwerdeinstanz	Verfahren vor der gerichtlichen Beschwerdeinstanz
TG	§ 42 EG ZGB. Generelle Verweisung auf die ZPO, ferner § 29–69 KESV	Obergericht (§ 11c Abs. 1 EG ZGB). Über Beschwerden gegen ärztliche Unterbringungsentscheide (Art. 439 ZGB) befindet die KESB (§ 58 Abs. 2 EG ZGB; vgl. auch § 45 Abs. 2 des Gesetzes über das Gesundheitswesen)	§ 42 EG ZGB. Generelle Verweisung auf die ZPO, ferner § 70–77 KESV
UR	Art. 6 EG KESR. Generelle Verweisung auf die Bestimmungen der Verordnung über die Verwaltungsrechtspflege (VRPV)	Obergericht (Art. 14 EG KESR)	Art. 15 EG KESR. Generelle Verweisung auf die Bestimmungen über die Verwaltungsgerichtsbeschwerde gemäss der Verordnung über die Verwaltungsrechtspflege (vgl. Art 54 ff. VRPV)
VS	Art. 117 Abs. 1 und 118a ff. EG ZGB	Kantonsgericht (Art. 114 Abs. 1 lit. c und Abs. 2 EG ZGB). In Angelegenheiten von Art. 439 ZGB ist ein speziell ernannter Richter des Kantonsgerichts zuständig, dessen Entscheide an das Kantonsgericht weiterziehbar sind (Art. 114 Abs. 1 lit. b und lit. c Ziff. 3 EG ZGB)	Art. 117 Abs. 3 und 118a ff. EZGB
ZG	§ 56 EG ZGB. Generelle Verweisung auf die Bestimmungen des Verwaltungsrechtspflegegesetzes (VRG)	Verwaltungsgericht (§ 58 Abs. 1 EG ZGB)	§ 56 EG ZGB. Generelle Verweisung auf die Bestimmungen des Verwaltungsrechtspflegegesetzes (vgl. §§ 61 ff. VRG)
ZH	§§ 40 ff. EG KESR. Nach § 40 Abs. 2 EG KESR finden zusätzlich die Bestimmungen des GOG sinngemäss Anwendung. Genereller Hinweis auf die subsidiäre	1. Rechtsmittelinstanz: Bezirksrat (§ 63 EG KESR), bzw. in Angelegenheiten der FU Einzelgericht des Bezirksgerichts (§ 62 EG KESR und § 30 GOG	§ 42 f. und §§ 62 ff. EG KESR. Nach § 40 Abs. 2 EG KESR finden zusätzlich die Bestimmungen des GOG Anwendung. Genereller Hinweis auf die subsidiäre sinngemässe Anwendung

Verfahren vor der KESB	Gerichtliche Beschwerdeinstanz	Verfahren vor der gerichtlichen Beschwerdeinstanz
sinngemässe Anwendung der Bestimmungen der ZPO (§ 40 Abs. 3 EG KESR)	2. Rechtmittelinstanz: Obergericht (§ 64 EG KESR)	der Bestimmungen der ZPO (§ 40 Abs. 3 EG KESR)

Vierter Unterabschnitt: Vollstreckung

Art. 450g

¹ Die Erwachsenenschutzbehörde vollstreckt die Entscheide auf Antrag oder von Amtes wegen.
² Hat die Erwachsenenschutzbehörde oder die gerichtliche Beschwerdeinstanz im Entscheid bereits Vollstreckungsmassnahmen angeordnet, so kann dieser direkt vollstreckt werden.
³ Die mit der Vollstreckung betraute Person kann nötigenfalls polizeiliche Hilfe beanspruchen. Unmittelbare Zwangsmassnahmen sind in der Regel vorgängig anzudrohen.

I. Regelungsgegenstand

1 Der vierte Unterabschnitt zu den Verfahrensbestimmungen befasst sich mit der **Vollstreckung**. Die bundesrechtliche Regelung beschränkt sich auf einen einzigen Artikel (Art. 450g Abs. 1–3; vgl. aber N 6).

2 Der Wortlaut der Bestimmung ist identisch mit der Fassung von Art. 450g E-Erwachsenenschutz. Im **französischen Text** wird in Abs. 2 der Ausdruck «*direkt*» bzw. «*direttamente*» mit «*immédiatement*» angegeben, was unzutreffend ist. In Übereinstimmung mit dem französischen Text in Art. 337 Abs. 1 ZPO sollte stattdessen formuliert werden: «*[...] la décision [...] est exécutable directement*» (vgl. SCHMID, Art. 450g N 8).

II. Sachlicher Geltungsbereich

1. Zuständigkeit und Verfahren (Abs. 1)

3 Grundsätzlich liegt das Zwangsvollstreckungsmonopol beim Staat. Entsprechend erfolgt die (nicht direkte) Vollstreckung der «Entscheide» nach Abs. 1 auf Antrag oder von Amtes wegen durch die **KESB**. Darunter fallen sowohl erstinstanzliche Entscheide der KESB als auch die Entscheide, die von der gerichtlichen Beschwerdeinstanz gefällt worden sind (Botschaft Erwachsenenschutz, 7089; vgl. SCHMID, Art. 450g N 4; BSK ZGB I-AFFOLTER, Art. 450g N 25 ff., 56 ff.; zur direkten Vollstre-

ckung vgl. hinten N 4 ff.). Eine Ausnahme besteht insofern, als im Bereich der FU bei fehlender Zustimmung der betroffenen Person die im Behandlungsplan vorgesehenen medizinischen Massnahmen durch die Chefärztin oder den Chefarzt angeordnet und auch durchgeführt werden (Art. 434 f.). Diese werden in diesem Umfang von Gesetzes wegen anstelle der staatlichen Organe hoheitlich tätig (BSK ZGB I-GEISER/ETZENSBERGER, Art. 433/434 N 25 ff., 41 f.; vgl. Art. 433–435 N 13; vgl. auch die ähnliche Situation nach Art. 427 Abs. 1, Art. 427 N 5).

Generell ist für die **Vollstreckung von Entscheiden** grundsätzlich zu unterscheiden, ob sie auf Geld lauten oder nicht. Im ersten Fall erfolgt die Vollstreckung nach den Regeln des SchKG (N 5c). Im Übrigen ist Grundlage für die Vollstreckung die ZPO (Art. 335 ff. ZPO; vgl. SPÜHLER/DOLGE/GEHRI, 13. Kap. Rz 1 ff.), indessen nur, soweit nicht für Entscheidungen der KESB und der gerichtlichen Beschwerdeinstanz die spezielle Norm von Art. 450g ZGB – und ergänzend kantonales Verfahrensrecht (vgl. Art. 450f N 4 ff.; N 6) – zur Anwendung gelangt (vgl. auch BSK ZGB I-AFFOLTER, Art. 450g N 22 f., 25 ff.). 3a

Von der Vollstreckung behördlicher Entscheide der KESB sind Begehren um **Durchsetzung gesetzlicher Ansprüche** zu unterscheiden. Diese werden von Art. 450g nicht erfasst (BSK ZGB I-AFFOLTER, Art. 450g N 24). Im Bereich des Kindes- und Erwachsenenschutzes sind viele Entscheide wegen ihrer rechtsgestaltenden Wirkung direkt wirksam und somit auch direkt anwendbar oder vollziehbar, so dass sie keines behördlichen Vollzugs bedürfen (vgl. dazu auch die in KOKES, Rz 1.212 aufgeführten Beispiele: Übertragung gemeinsamer elterlicher Sorge, Validierung Vorsorgeauftrag, Errichtung der Beistandschaft, die durch den Beistand oder die Beiständin vollzogen wird; vgl. zudem im Einzelnen ZGB I-AFFOLTER, Art. 450g N 30 f.). 3b

Anordnungen der Zivilgerichte in Kinderbelangen, welche in Matrimonialverfahren ergehen (z.B. die Regelung des persönlichen Verkehrs, Art. 315a ZGB) werden nach den Vorschriften der ZPO vollstreckt (Art. 335 ff. ZPO). Für entsprechende Anordnungen, die nicht in die Zuständigkeit der Zivilgerichte, sondern der KESB fallen (Art. 315 ZGB) fehlt hingegen für die Vollstreckung eine zivilgerichtliche Zuständigkeit (Art. 335 Abs. 1 ZPO; ZGB I-AFFOLTER, Art. 450g N 24 m.H. auf den Entscheid des BezGer Zürich vom 12.4.2011, FamPra.ch 2011, 777 [mit Bemerkungen von D. STECK]), so dass hier ggf. die KESB einen Vollstreckungsentscheid fällen muss. Insbesondere ist der Beistand kein Vollstreckungsorgan zur Durchsetzung von Besuchsrechtsansprüchen (BGer vom 7.6.2011, 5A_101/2011 E. 3.1.4; BSK ZGB I-AFFOLTER, Art. 450g N 9). 3c

Die KESB oder die gerichtliche Beschwerdeinstanz kann ggf., ohne die formelle Rechtskraft der Entscheidung abzuwarten, die **vorzeitige Vollstreckung** anordnen. Dies ist nur dann möglich, wenn für den Fall einer Anfechtung der Entscheidung der Beschwerde die aufschiebende Wirkung entzogen wird (Art. 450c ZGB N 4 ff.) oder wenn im Anfechtungsfall von Gesetzes wegen keine aufschiebende Wirkung eintritt (Art. 450e ZGB N 5; SCHMID, Art. 450g N 1; BSK ZGB I-AFFOLTER, Art. 450g N 47 ff.; vgl. auch Art. 336 Abs. 1 lit. h ZPO). 3d

3e Zusätzlich zu ihren eigenen Entscheiden hat die KESB auch die in den ehe- und scheidungsrechtlichen Verfahren von den Zivilgerichten angeordneten **Kindesschutzmassnahmen** zu vollziehen, soweit sie nach Art. 315a Abs. 1 mit dieser Aufgabe betraut worden ist (Botschaft Erwachsenenschutz, 7089; SCHMID, Art. 450g N 4; BSK ZGB I-AFFOLTER, Art. 450g N 7 ff., 28; SPÜHLER/DOLGE/GEHRI, 13. Kap. Rz 3, BGer vom 25. 2. 2010, 5A_64/2010 E. 1.2).

3f Die **örtliche Zuständigkeit** richtet sich nach Art. 442 (Art. 442 N 1 ff., 16). Dies schliesst eine sinngemässe Anwendung von Art. 339 Abs. 1 ZPO aus (BSK ZGB I-AFFOLTER, Art. 450g N 56 ff., 59; Art. 450f N 4 ff.). Für die Prüfung der sachlichen und örtlichen Zuständigkeit ist Art. 444 ZGB anwendbar (BSK ZGB I-AFFOLTER, Art. 450g N 29). Sie hat von Amtes wegen zu erfolgen (Art. 444 ZGB N 4). Für die *Vollstreckung von Entscheiden zur Rückführung entführter Kinder* richten sich dagegen die örtliche und auch die sachliche Zuständigkeit nach den Bestimmungen des BG-KKE (vgl. Art. 3 ff. BG-KKE; BSK ZPO-STECK, Art. 302 N 29; BSK ZGB I-AFFOLTER, Art. 450g N 21).

3g **Vollstreckungsfähig** und -bedürftig ist ein Entscheid nur, wenn er zu einem bestimmten oder ohne weiteres bestimmbaren Tun, Dulden oder Unterlassen verpflichtet und der betroffenen Person im konkreten Fall klar, verlässlich und definitiv Aufschluss gibt, wie sie sich zu verhalten habe (BGer vom 25. 6. 2003, 5C.105/2003 E. 2.2; BSK ZGB I-AFFOLTER, Art. 450g N 33). Die KESB prüft die Vollstreckbarkeit und ordnet mit einer **Vollstreckungsverfügung** die erforderlichen Massnahmen an (Botschaft Erwachsenenschutz, 7089). Grundsätzlich ist den von der Vollstreckung betroffenen Personen das *rechtliche Gehör* zu gewähren. Dabei sind die Verfahrensbestimmungen von Art. 446–449b und ggf. ergänzend kantonales Verfahrensrecht anwendbar. Soweit die Kantone nichts anderes vorsehen, gelangen im Übrigen nach Art. 450f sinngemäss die Bestimmungen von Art. 335 ff. ZPO zur Anwendung (Art. 450f ZGB N 4 ff.; SCHMID, Art. 450g N 2; BSK ZGB I-AFFOLTER, Art. 450g N 11 ff.; vgl. auch BSK ZPO-DROESE, Art. 341 N 10 ff.).

2. Direkte Vollstreckung (Abs. 2)

4 Nach Abs. 2 ist es zur Gewährleistung des rechtzeitigen Schutzes der betroffenen Person und zum beförderlichen Abschluss des Verfahrens zulässig, dass die KESB oder die gerichtliche Beschwerdeinstanz die Vollstreckung einer notwendigen konkreten Massnahme **direkt im zu vollstreckenden Entscheid** anordnet (Botschaft Erwachsenenschutz, 7089; BSK ZGB I-AFFOLTER, Art. 450g N 56, 60 ff.).

4a Inwieweit ein solches Vorgehen angezeigt erscheint, ist unter dem Gesichtspunkt von Art. 388 Abs. 1 und 389 Abs. 2 **von Amtes wegen** zu prüfen (vgl. Art. 445 ZGB N 6 sowie Art. 446 ZGB N 5b; BSK ZGB I-AFFOLTER, Art. 450g N 64; vgl. auch Art. 11 Abs. 1 BG-KKE, wonach im Anwendungsbereich des BG-KKE die direkte Vollstreckung stets zwingend anzuordnen ist; BSK ZPO-STECK, Art. 302 N 34; vgl. auch BSK ZGB I-AFFOLTER, Art. 450g N 21).

4b Ein **Antrag** einer am Verfahren beteiligten Person ist **nicht vorausgesetzt** (anders im Zivilprozessrecht, Art. 236 Abs. 3 und 337 Abs. 1 ZPO, wonach ein Antrag der obsiegenden Partei verlangt wird; GASSER/RICKLI, Art. 337 ZPO N 1 f.; BSK ZPO-STECK, Art. 236 N 42 ff.).

Die Anordnung einer direkten Vollstreckung setzt die **genaue Umschreibung der konkreten Vollstreckungsmassnahme im Dispositiv des Entscheids** voraus. Die nach dem kantonalen Recht mit dem Vollzug der Massnahme betraute Behörde hat in Bezug auf die Vollstreckbarkeit oder die angeordnete Massnahme keine Prüfungsbefugnisse und muss klar erkennen können, was sie zu vollziehen hat (SCHMID, Art. 450g N 7; BSK ZGB I-AFFOLTER, Art. 450g N 66). 4c

Analog zur Regelung von Art. 336 Abs. 2 ZPO ist eine **Vollstreckbarkeitsbescheinigung** zu empfehlen (SCHMID, Art. 450g N 6). Die KESB bestätigt darin, dass der Entscheid in Rechtskraft erwachsen und vollstreckbar ist (vgl. dazu im Einzelnen BSK ZPO-DROESE, Art. 336 N 19 ff.). 4d

Falls **keine direkte Vollstreckungsmassnahme** angeordnet wird, ist nach Abs. 1 die KESB zum Erlass des Vollstreckungsentscheids auch dann zuständig, wenn in der Sache die gerichtliche Beschwerdeinstanz entschieden hat (N 3). 4e

3. Zwangsmassnahmen (Abs. 3)

In Abs. 3 wird die **Zulässigkeit von Zwangsmassnahmen** von Bundesrechts wegen gesetzlich verankert (Botschaft Erwachsenenschutz, 7089; vgl. auch Art. 448 N 2 und Art. 449 N 1 ff.). 5

Der **Einsatz unmittelbaren Zwangs** erfolgt *«manu militari»*, d.h. mit den äusseren Machtmitteln des Staates. Nötigenfalls kann die mit der Durchführung der Vollstreckung betraute Person **polizeiliche Hilfe** beanspruchen (HAUSHEER/GEISER/AEBI-MÜLLER, Erwachsenenschutzrecht [1. Aufl.], Rz 1.185; BSK ZGB I-AFFOLTER, Art. 450g N 65). Unmittelbare Zwangsmassnahmen sind nach dem *Grundsatz der Verhältnismässigkeit* in der Regel vorgängig anzudrohen (Abs. 3, Satz 2), doch muss ausnahmsweise davon abgesehen werden, wenn der der Massnahme zugrunde liegende Schutzzweck dies erfordert (Botschaft Erwachsenenschutz, 7089; SCHMID, Art. 450g N 10; BSK ZGB I-AFFOLTER, Art. 450g N 33 ff., 51). 5a

Auf **direkten Zwang gegen ein Kind** soll möglichst verzichtet werden (BGE 107 II 301 E. 5; BSK ZGB I-AFFOLTER, Art. 450g N 34, 53 ff.). 5b

Soweit die KESB einen **Kostenentscheid** fällt oder nach Art. 404 eine **Entschädigung** festlegt, erfolgt die Vollstreckung nach den Bestimmungen des SchKG (vgl. auch Art. 335 Abs. 2 ZPO i.V.m. Art. 450f ZGB; BSK ZGB I-AFFOLTER, Art. 450g N 26, 43, 69). 5c

Auch hinsichtlich der Vollstreckung gilt **Art. 450f**, wonach subsidiär sinngemäss die Bestimmungen der ZPO zur Anwendung gelangen (SCHMID, Art. 450g ZGB N 2; BSK ZGB I-AFFOLTER, Art. 450g N 10 ff.; Art. 450f N 4 ff.; N 3a; vgl. dazu auch Art. 343 ff. ZPO). 6

4. Anfechtbarkeit der Vollstreckungsverfügung

7 **Vollstreckungsverfügungen der KESB** ergehen auf der Grundlage von Art. 450g. Sie können daher bei der gerichtlichen Beschwerdeinstanz nach Art. 450 ff. mit **Beschwerde** angefochten werden (Art. 450 N 8a; Art. 450a N 1a, 2 ff.). Gleiches gilt nach Art. 439 für Vollstreckungsanordnungen von Ärztinnen und Ärzten sowie Einrichtungen. Für die Beschwerdefrist gilt Art. 450c Abs. 1 und 2 (BSK Erwachsenenschutz-AFFOLTER, Art. 450g N 66). Ebenso ist der Weiterzug des Beschwerdeentscheids der letzten kantonalen Instanz an das BGer zulässig (Art. 72 Abs. 2 lit. b Ziff. 6 BGG; Art. 450 N 7; vgl. auch BSK ZGB I-AFFOLTER, Art. 450g N 67). Der zu vollstreckende Entscheid darf im Beschwerdeverfahren materiell nicht mehr überprüft werden. Es kann nur noch gerügt werden, es fehlten die Voraussetzungen der Vollstreckung oder die angeordneten Vollstreckungsmassnahmen seien unangemessen oder ungeeignet bzw. unverhältnismässig (vgl. BSK ZGB I-AFFOLTER, Art. 450g N 68; vgl. auch BGer vom 25.2.2010, 5A_64/2010 E. 1.2 betr. Vollstreckung eines im Eheschutzverfahren festgelegten Besuchsrechts [deshalb nur beschränkte Überprüfung nach Art. 98 BGG]).

Dritter Abschnitt:

Verhältnis zu Dritten und Zusammenarbeitspflicht

Art. 451

A. Verschwiegenheitspflicht und Auskunft

¹ Die Erwachsenenschutzbehörde ist zur Verschwiegenheit verpflichtet, soweit nicht überwiegende Interessen entgegenstehen.

² Wer ein Interesse glaubhaft macht, kann von der Erwachsenenschutzbehörde Auskunft über das Vorliegen und die Wirkungen einer Massnahme des Erwachsenenschutzes verlangen.

Literatur

KÄGI-DIENER, Entscheidfindung in komplexen Verwaltungsverhältnissen, Habil. Basel 1994; MÖSCH PAYOT, Datenschutz, Amts- und Berufsgeheimnis, in: Mösch Payot Peter/Schleicher Johannes/Schwander Marianne, Recht für die Soziale Arbeit. Grundlagen und ausgewählte Aspekte, 3. Aufl., Bern 2013, 127 ff.; URSPRUNG, Die interdisziplinäre Zusammenarbeit, ZVW 2003, 369 ff.; VOGEL, Verhältnis der Schweigepflicht nach Art. 413 und 451 ZGB zum Amtsgeheimnis nach Art. 320 StGB, ZKE 2014, 250 ff.; vgl. die Literaturhinweise zur Einführung und zu Art. 443 und Art. 448.

I. Teil des Kindes- und Erwachsenenschutzgeheimnisses

Im früheren Recht wurde das sog. Vormundschaftsgeheimnis als ungeschriebener und vom Strafrecht unabhängiger Grundsatz des Kindes- und Erwachsenenschutzrechts aus diversen bundesrechtlichen Bestimmungen hergeleitet (ELSENER, 179 ff., 191 ff.; BK-SCHNYDER/MURER, Art. 360 aZGB N 107 ff., 131 ff.; BSK ZGB I-LANGENEGGER, Art. 360 aZGB N 10 ff.). Im neuen Recht regelt Art. 413 Abs. 2 die Verschwiegenheitspflicht der Beistände und Art. 451 diejenige der Erwachsenenschutzbehörde, inkl. deren Hilfspersonen (Sekretariate, Abklärungsdienste). Wei-

1

terhin ohne explizite Gesetzesgrundlage für das Kindes- und Erwachsenenschutz-Geheimnis (KES-Geheimnis) sind die Ärzte gem. Art. 427, 429, 434 f. und 438 sowie die gerichtlichen Überprüfungsinstanzen inkl. deren Hilfspersonen (Sachverständige, Gutachter etc.; zum Kreis der **Geheimnisträger** ELSENER, 193 ff.; gl.M. BSK ZGB I-GEISER, Art. 451 N 10, der diese jedoch im Unterschied zur der hier vertretenen Auffassung alle als Hilfspersonen sieht; a.M. FamKomm Erwachsenenschutz-COTTIER/HASSLER, Art. 451 N 8; OFK ZGB-FASSBIND, Art. 451 N 1; wobei die Diskrepanz für die Praxis unbedeutend ist, weil alle Autoren zum selben Ergebnis gelangen). Sie unterstehen weiterhin dem ungeschriebenen KES-Geheimnis (ehemals «Vormundschaftsgeheimnis»), das materiell jedoch mit dem KES-Geheimnis deckungsgleich ist. Nicht vom KES-Geheimnis erfasst werden die vorsorgebeauftragte Person oder der Ehegatte, der eingetragene Partner einer urteilsunfähigen Person oder der Vertreter bei medizinischen Massnahmen, soweit er nicht Beistand ist (Botschaft Erwachsenenschutz, 7090; zur Verschwiegenheitspflicht der vorsorgebeauftragten Person s. Art. 365 N 5). Das KES-Geheimnis tritt zu *allgemeineren* (kantonalen) Schweigepflichten als **lex specialis**, zu einem allfälligen Berufsgeheimnis nach Art. 321 StGB und zu disziplinarischen Schweigepflichten gemäss kantonalem Recht hinzu (ELSENER, 197). Neben dem auf die Allgemeinheit ausgerichteten öffentlichen Interesse im Verwaltungsrecht tritt mit dem KES-Geheimnis ein auf individuelle Schutzbedürftigkeit ausgerichtetes privates und im Vergleich zum Amtsgeheimnis restriktiver gehandhabtes Geheimhaltungsinteresse (ELSENER, 198, 249 f.; gl.M. FamKomm Erwachsenenschutz-COTTIER/HASSLER, Art. 451 N 14). Es handelt sich um eine **besondere Schweigepflicht** (gl.M. KOKES, Rz 1.218).

1a Die Erwachsenenschutzbehörde und ihre Hilfspersonen unterstehen grundsätzlich auch dem **Amtsgeheimnis nach Art. 320 StGB**. Dieses ist trotz weitgehend desselben sachlichen Geltungsbereichs auf die strafrechtliche Verantwortung ausgerichtet; die Interessenlage ist dementsprechend eine andere und das Amtsgeheimnis nach Art. 320 StGB kommt neben dem Kindes- und Erwachsenenschutzgeheimnis vollends unabhängig zum Tragen (Botschaft, 7055; FamKomm Erwachsenenschutz-COTTIER/HASSLER, Art. 451 N 14; BSK ZGB I-GEISER, Art. 451 N 7; OFK ZGB-FASSBIND, Art. 451 N 1; Botschaft Erwachsenenschutz, 7055; ELSENER, 162 ff, 189 f.; VOGEL, ZKE 2014, 250 ff.). Wer gegen das KES-Geheimnis verstösst, verletzt in aller Regel auch das Amtsgeheimnis (BSK ZGB I-GEISER, Art. 451 N 36). Folglich ist bei einem zulässigen Datenaustausch aufgrund von Art. 451 bzw. Art. 413 jeweils die Entbindung vom Amtsgeheimnis vonnöten, was den Datenaustausch in der Praxis wesentlich erschwert.

1b Die Organe des Kindes- und Erwachsenenschutzes sind gemäss Art. 122 Abs. 2 BV Organe des kantonalen Rechts, weshalb die kantonalen Datenschutzgesetze zur Anwendung gelangen (ROSCH, FamPra.ch 2012, S. 1023; BGE 122 I 153 Es 2c/d; gl. M. MEIER, 223 FN 570; FamKomm Erwachsenenschutz-COTTIER/HASSLER, Art. 451 N 19; BSK ZGB I -GEISER, Art. 451 N 5). Somit gelangt der auf Bundesbehörden ausgerichtete Art. 35 DSG nicht zur Anwendung.

Im Verhältnis zum **Sozialversicherungsgeheimnis** gilt Folgendes: Beistände können zudem auch dem weitgefassten Sozialversicherungsgeheimnis unterstellt sein, weil sie z.B. bei Drittauszahlungsstelle sind (vgl. Art. 2 Abs. 1 lit. b und c ATSV). Das Sozialversicherungsgeheimnis geht dem Amtsgeheimnis im strafrechtlichen Bereich vor. Folglich ist das Sozialversicherungsgeheimnis, analog zum Verhältnis von Kindes- und Erwachsenenschutzgeheimnis und Amtsgeheimnis nach Art. 320 StGB, auch unabhängig vom Kindes- und Erwachsenenschutzgeheimnis zu behandeln. Der Beistand hat sich somit jeweils zu überlegen, ob er bei der vorliegenden Fragestellung auch dem Sozialversicherungsgeheimnis untersteht (vgl. ROSCH, Gutachten Datenschutz, a.a.O.).

1c

Geheimnisherr ist die von einer Massnahme des Erwachsenen- oder Kindesschutzrecht betroffene Person und der Staat (ELSENER, 192 f.), vertreten durch die Erwachsenenschutzbehörde (gl.M. FamKomm Erwachsenenschutz-COTTIER/HASSLER, Art. 451 N 7). **Geheimhaltungsobjekt** des KES-Geheimnisses ist «die Gesamtheit der den Geheimnisträgern in Erfüllung ihrer vormundschaftsrechtlichen oder amtlichen Funktion anvertrauten oder von ihnen sonstwie wahrgenommenen persönlichen Verhältnisse des Klienten, seiner Angehörigen oder beteiligter Dritter» (ELSENER, 195; gl.M. FamKomm Erwachsenenschutz-COTTIER/HASSLER, Art. 451 N 12; ähnlich: BSK ZGB I-GEISER, Art. 451 N 11). Dazu gehören auch private und ohne kausalen Bezug zur erwachsenenschutzrechtlichen Arbeit wahrgenommene personenbezogene Elemente der Geheimnissphäre des Klienten, es sei denn, sie sind schon allgemein bekannt oder können ohne Weiteres in Erfahrung gebracht werden und es besteht weder seitens des Klienten noch seitens des Staates ein Geheimhaltungsinteresse (ELSENER, 195; gl.M. FamKomm Erwachsenenschutz-COTTIER/HASSLER, Art. 451 N 12). Zum Geheimhaltungsobjekt gehören einerseits die behördlichen Massnahmen, andererseits aber auch private Massnahmen, welche im Rahmen des Erwachsenenschutzrechtes geregelt wurden wie Vorsorgeauftrag, Patientenverfügung, Massnahmen von Gesetzes wegen für urteilsunfähige Personen (Botschaft Erwachsenenschutz, 7090; gl.M. FamKomm Erwachsenenschutz-COTTIER/HASSLER, Art. 451 N 9). **Zweck** des KES-Geheimnisses ist es, einerseits das Grundrecht auf informationelle Selbstbestimmung der betroffenen Personen (Art. 13 Abs. 2 BV) sowie den Schutz der öffentlichen Interessen (ELSENER, 196 f.) zu gewährleisten. Inwiefern es auch das reibungslose Funktionieren der Verwaltung und Rechtspflege umfasst, ist umstritten (pro: OFK ZGB-FASSBIND, Art. 451 N 1; ELSENER, S. 195; contra: BSK ZGB I-GEISER, Art. 451 N 7, 16; VOGEL, ZKE 2014, 252; ebenso in diese Richtung weisend: FamKomm Erwachsenenschutz-COTTIER/HASSLER, Art. 451 N 14). M.E. gehört sie dazu (die praktische Bedeutung der Frage ist solange gering, als dass das Amtsgeheimnis nach Art. 320 StGB in jedem Falle gleichzeitig tangiert ist [s. N 1a]). Die Schweigepflicht ist wesentliche Voraussetzung für das Entstehen und Aufrechterhalten eines Vertrauensverhältnisses, das wiederum in aller Regel entscheidend für den Erfolg der Massnahme ist. Schweigepflicht und Vertrauensverhältnis korrelieren miteinander (ROSCH, Schweigen, 50 ff., 56 ff., 93 ff., 102 ff.; Botschaft Erwachsenenschutz, 7089; gl.M. BSK ZGB I-GEISER, Art. 451 N 3; FamKomm Erwachsenenschutz-COTTIER/HASSLER, Art. 451 N 2). Zudem geht es in aller Regel um besonders schützenswerte Personendaten

2

(FamKomm Erwachsenenschutz-COTTIER/HASSLER, Art. 451 N 2; ROSCH, Menschenrechte, 263), weil der Intimbereich einer Person betroffen ist.

2a In zeitlicher Hinsicht gilt das Kindes- und Erwachsenenschutzgeheimnis von Beginn des Verfahrens bis zum Tod der geschützten Person; danach kennt das schweizerische Recht keinen **postmortalen Persönlichkeitsschutz** (BGE 129 I 302, E. 1.2.). Die nächsten Angehörigen können aber mit einer Offenlegung verletzt sein, weshalb auch nach dem Tod der betroffenen Person eine sorgfältige Interessenabwägung angezeigt ist (FamKomm Erwachsenenschutz-COTTIER/HASSLER, Art. 451 N 13). Das KES-Geheimnis bindet die verpflichteten Personen über die Beendigung ihrer Arbeit hinaus (FamKomm Erwachsenenschutz-COTTIER/HASSLER, Art. 451 N 13; ELSENER, 376).

II. Durchbrechung des KES-Geheimnisses

3 Art. 451 regelt als Teil des KES-Geheimnisses die Pflicht zur Verschwiegenheit nicht absolut. Durchbrechungen sind möglich. Zunächst ist die **Einwilligung der betroffenen urteilsfähigen Person** möglich (s. Art. 426 N 10). Sie macht den Datenaustausch zulässig (gl.M. BSK ZGB I-GEISER, Art. 451 N 14; a.M. SCHMID, Art. 451 ZGB N 6), wobei auch hier in Bezug auf die Datenmenge die Verhältnismässigkeit zu prüfen ist. Die Einwilligung ist aus persönlichkeitsrechtlicher Sicht diejenige Massnahme, welche am stärksten die Selbstbestimmung der betroffenen Person im Sinne der informationellen Selbstbestimmung beachtet. Im Hinblick auf Art. 388 ist sie wenn immer möglich einzuholen (s.a. ROSCH, Schweigen, 95, 101; gl. M. FamKomm Erwachsenenschutz-COTTIER/HASSLER, Art. 451 N 27). Daneben ist ein Datenaustausch möglich, wenn ein **Gesetz (im formellen Sinne)** einen solchen erlaubt (z.B. Art. 451 Abs. 2, prozessuale Zeugnispflicht, Akteneinsichtsrecht, Art. 452 f., Art. 449b/c etc.) und dieser zudem **verhältnismässig** ist, sowie im Rahmen der **Amtshilfe** (Art. 448; ELSENER, 238 ff.) und **weiterer Rechtfertigungsgründe** (Pflichtenkollision, Notstandshilfe, erlaubte Handlungen gem. Art. 14 StGB). Das bundesrechtlich verankerte KES-Geheimnis geht aufgrund seiner derogatorischen Kraft *allgemeinen* kantonalen Melde- und **Anzeigepflichten** vor. Bundesrechtliche Melde- und **Anzeigepflichten** vermögen zudem das KES-Geheimnis nicht automatisch zu durchbrechen; es bedarf dort, wo der Gesetzgeber die Koordination nicht vorgenommen hat, einer Interessenabwägung im Rahmen der Auslegung (s. N 4; ROSCH, Schweigen, 121 ff. m.w.H.; ELSENER, 269 f. zum Vorrang zu allgemeinen Strafanzeigepflichten), was m.E. auch im Falle von physischer Gewalt gelten muss (ROSCH, Schweigen, 125; **a.M.** die wohl h.L.: ELSENER, 271 m.w.H.; BK-SCHNYDER/MURER, Art. 360 aZGB N 169, 147). Rechtsdogmatisch stellen Anzeige- bzw. Meldepflichten und Melderechte Rechtfertigungsgründe gem. Art. 14 StGB dar (BSK ZGB I-GEISER, Art. 451 N 8); genauer genommen handelt es sich um Pflichtenkollisionen (STRATENWERTH, AT I, § 11 N 65 ff.); s. im Einzelnen Art. 443 N 7 f. Für den **Umfang** des Datenaustausches gilt das Verhältnismässigkeitsprinzip (s. Art. 448 N 8).

3a Eine besondere Fragestellung hinsichtlich der Einwilligung ergibt sich beim Amtsgeheimnis nach Art. 320 StGB und (wie hier vertreten [N 2]) beim KES-Geheimnis, die nicht nur die **Persönlichkeit der Betroffenen** schützen, sondern auch das reibungslose **Funktionieren der Verwaltung**. Dort stellt sich die Frage, ob die Einwilligung der betroffenen Person auch das Interesse der Verwaltung abdeckt. Diese Frage ist grundsätzlich mit der wohl h.L. zu bejahen, mit der Ausnahme, dass die Verwaltung ein selbständiges eigenständiges (wesentliches) Interesse an der Schweigepflicht hat (STRATENWERTH/BOMMER BT II, § 59 N 10; Prax.Komm StGB-TRECHSEL/VEST, Art. 320 N 13 m.w.H.; zu restriktiv: FamKomm Erwachsenenschutz-COTTIER/HASSLER, Art. 451 N 7). Dies ist im Einzelfall zu prüfen; liegt ein solches vor (z.b. im Umgang mit Medien), ist trotz Einwilligung vom Amtsgeheimnis gemäss Art. 320 Ziff. 2 StGB zu entbinden.

Art. 451 Abs. 1 verweist auf **überwiegende Interessen**. Damit wird Art. 28 Abs. 2 und das Verhältnismässigkeitsprinzip i.S. von Art. 36 BV bzw. Art. 5 Abs. 2 BV angesprochen (BGE 127 III 481 E. 3). Es muss aufgrund einer objektiven Beurteilung der Erwachsenenschutzbehörde eine Rechtsgüterabwägung gemäss **pflichtgemässem Ermessen** vorgenommen werden (Botschaft Erwachsenenschutz, 7089; BGE 122 I 153 E. 6b/c), auch wenn eine gesetzliche Grundlage oder die Einwilligung des Verletzten grundsätzlich einen Datenaustausch erlauben. Ein solcher wird nur zulässig, wenn im Hinblick auf Eingriffszweck und -wirkung ein überwiegendes Interesse am Datenaustausch besteht (s.a. BUCHER A., Personen, Rz 531 ff.; gl.M. BSK ZGB I-GEISER, Art. 451 N 20; FamKomm Erwachsenenschutz-COTTIER/HASSLER, Art. 451 N 24 ff.).

4

Der Gesetzgeber hat für die Verletzung des Kindes- und Erwachsenenschutzgeheimnisses keine Sanktion vorgesehen. Es ist Sache der Kantone hier allfällige (disziplinarische) Regelungen vorzusehen, soweit nicht Art. 454 ff. zum Tragen kommen (gl.M. FamKomm Erwachsenenschutz-COTTIER/HASSLER, Art. 451 N 33). In aller Regel dürfte gleichzeitig das Amtsgeheimnis verletzt werden, weshalb strafrechtliche Konsequenzen zu erwarten sind.

4a

III. Auskunft über eine Massnahme (Art. 451 Abs. 2)

Art. 451 Abs. 2 ermöglicht eine Durchbrechung des behördlichen KES-Geheimnisses gem. Art. 451 Abs. 1. Er löst die Publikationspflicht des Art. 375 aZGB ab. Beide Artikel dienen insb. dem **Schutz der Verkehrssicherheit und der betroffenen Person** (BK-SCHNYDER/MURER, Art. 375 aZGB N 24 ff.); im Gegensatz zur bisherigen Publikationspflicht berücksichtigt Art. 451 Abs. 2 stärker persönlichkeitsrechtliche Aspekte. Verpflichtet zur Auskunft ist die KESB; der Beistand kann im Rahmen von Art. 413 Abs. 3 Dritte orientieren. Vorausgesetzt ist zunächst, dass ein Interesse glaubhaft gemacht wird. Die **Glaubhaftmachung** überbindet die Begründungspflicht derjenigen Person, welche die Auskunft wünscht. Das Interesse muss nicht nachgewiesen werden, sondern es muss **ernsthafte Anhaltspunkte** für die Notwendigkeit der Auskunft geben; es ist ausreichend, wenn für sie eine gewisse Wahrscheinlichkeit spricht, auch wenn mit der Möglichkeit zu rechnen ist, dass es sich anders verhalten könnte (BK-HEGNAUER, Art. 256a/b ZGB N 17 ff.; ähnlich: BSK ZGB I-GEISER, Art. 451 N 24 f.). Die Anforderungen sind nicht hoch anzusetzen (Botschaft Erwachsenenschutz, 7089, die eher von einer Offenbarungspflicht

5

spricht). Sodann muss das Interesse nicht ein rechtlich geschütztes sein, sondern ein **tatsächliches Interesse** ist ausreichend (analog zu Art. 970 CHK-Deillon-Scheck, Art. 970 ZGB N 4 ff.; gl.M. FamKomm Erwachsenenschutz-Cottier/Hassler, Art. 451 N 30; BSK Erwachsenenschutz-Geiser, Art. 451 N 22). Im Vordergrund stehen Anfragen betr. der Wirkungen von behördlichen Massnahmen in Bezug auf den Rechtsverkehr, insb. Vertretungs-, Mitwirkungsbeistandschaften sowie umfassende Beistandschaften, also insb. die Frage nach der Handlungsfähigkeit (gl.M. FamKomm Erwachsenenschutz-Cottier/Hassler, Art. 451 N 29; BSK ZGB I-Geiser, Art. 451 N 27). Es muss eine qualifizierte Bezugsnähe zum Gegenstand der Auskunft haben (BSK ZGB I-Geiser, Art. 451 N 23). Dies ist im Rahmen einer Interessenabwägung vorzunehmen (BSK Erwachsenenschutz-Geiser, Art. 451 N 26). Der **Umfang** der Auskunft wird einerseits durch Art. 451 Abs. 2 ZGB selbst eingeschränkt, indem er sich auf das Vorliegen und die Wirkungen der Massnahme beschränkt; andererseits ergeben sich auch Einschränkungen aufgrund des **Verhältnismässigkeitsprinzips**. Es dürfen nur so viele Daten ausgetauscht werden, damit die anfragende Person in ihrer konkreten Situation aufgrund der Auskunft die richtigen Schlüsse ziehen und entsprechend handeln kann (gl.M. FamKomm Erwachsenenschutz-Cottier/Hassler, Art. 451 N 32).

6   Der Gesetzestext beschränkt sich auf «Massnahmen des Erwachsenenschutzes», also behördliche Massnahmen, aber auch die subsidiären Massnahmen; inwiefern jene des Kindesschutzes erfasst sind, ist unklar (ablehnend: OFK ZGB-Fassbind, Art. 451 N 2; FamKomm Erwachsenenschutz-Cottier/Hassler, Art. 451 N 29; relativierend: CHK-Breitschmid, Art. 451 ZGB N 8). Die Beschränkung auf den Erwachsenenschutz erscheint nicht zwingend, zumal die Geheimhaltungspflicht gemäss Art. 451 Abs. 1 durchaus auch den Kindesschutz betrifft. Die Auskunftspflicht dürfte aber praktisch regelmässig im Rahmen der Interessenabwägung scheitern.

7   Das Gesuch ist gemäss der KOKES schriftlich einzugeben und innert zweier Arbeitstage zu beantworten und per A-Post zu versenden (KOKES, ZKE 2012, 279 f. mit Formulierungsvorschlägen).

8   Art. 451 Abs. 2 ist politisch nicht unumstritten. Die parlamentarische Initiative von Rudolf Joder vom 16.6.2011 (11.449, Publikation von Erwachsenenschutzmassnahmen) will die KESB verpflichten, das Betreibungsamt am Wohnsitz der betroffenen Person über die Ergreifung oder die Aufhebung einer Massnahme des Erwachsenenschutzes zu informieren. Zusätzlich sollen diese **Informationen im Betreibungsregister** eingetragen werden und vom Betreibungsamt Dritten bei deren Einholung eines Betreibungsregisterauszuges weiterzugeben (vgl. Art. 449c N 5 m.w.H.).

Kantonale Bestimmungen zur Schweigepflicht (Art. 451 ZGB)	
TG	**§ 20 Abs. 1 KESV – Verschwiegenheit** Die Mitglieder sowie die Mitarbeiterinnen und Mitarbeiter der Kindes- und Erwachsenenschutzbehörden sind gegenüber Dritten zur Verschwiegenheit verpflichtet. Diese Pflicht bleibt auch nach dem Ausscheiden aus dem Amt bestehen. **§ 21 Abs. 1 KESV – Kontakte** Die Mitglieder sowie die Mitarbeiterinnen und Mitarbeiter der Kindes- und Erwachsenenschutzbehörde haben sich jeder Meinungsäusserung über hängige Verfahren gegenüber Verfahrensbeteiligten oder Dritten zu enthalten. Vorbehalten bleiben Kontakte im Rahmen der Verfahrensleitung oder in deren Auftrag. **§ 22 KESV – Entbindung vom Amtsgeheimnis** ¹ Das Obergericht entscheidet über die Entbindung vom Amtsgeheimnis bei den Mitgliedern sowie den Mitarbeiterinnen und Mitarbeitern der Kindes- und Erwachsenenschutzbehörden. ² Die Kindes- und Erwachsenenschutzbehörde entscheidet über die Entbindung vom Amtsgeheimnis bei den Beiständinnen und Beiständen sowie Vormundinnen und Vormunden.

Art. 452

B. Wirkung der Massnahmen gegenüber Dritten

¹ Eine Massnahme des Erwachsenenschutzes kann Dritten, auch wenn sie gutgläubig sind, entgegengehalten werden.

² Schränkt die Beistandschaft die Handlungsfähigkeit der betroffenen Person ein, so ist den Schuldnern mitzuteilen, dass ihre Leistung nur befreiende Wirkung hat, wenn sie diese dem Beistand oder der Beiständin erbringen. Vorher kann die Beistandschaft gutgläubigen Schuldnern nicht entgegengehalten werden.

³ Hat eine Person, für die eine Massnahme des Erwachsenenschutzes besteht, andere zur irrtümlichen Annahme ihrer Handlungsfähigkeit verleitet, so ist sie ihnen für den dadurch verursachten Schaden verantwortlich.

I. Grundsatz der Drittwirkung

Die Frage der Wirkung von erwachsenenschutzrechtlichen Massnahmen auf Dritte entscheidet sich nach einer **Güterabwägung zwischen dem öffentlichen Interesse des Schutzes der betroffenen Person und den Interessen des Rechtsverkehrs** (Botschaft Erwachsenenschutz, 7090). Entsprechend dem geltenden Recht wird auch weiterhin das Schutzinteresse des Betroffenen grundsätzlich hoch gewichtet (FamKomm Erwachsenenschutz-COTTIER/HASSLER, Art. 452 N 1; BSK ZGB I-GEISER, Art. 452 N 11). Zum Schutz des guten Glaubens bestehen aber Einschränkungen und Korrekturen (N 4 ff.).

1

2 Erwachsenenschutzrechtliche Massnahmen und ihre rechtlichen Wirkungen können gem. Art. 452 Abs. 1 also auch gutgläubigen Dritten entgegengehalten werden. Das ist der Fall, wenn die hinsichtlich des Rechtsgeschäftes relevante Handlungsfähigkeit des Betroffenen durch die erwachsenenschutzrechtliche Massnahme beschränkt ist: So bei umfassenden Beistandschaften (Art. 398 Abs. 3) oder bei Beistandschaften nach Art. 394–396 gem. dem Typus der Massnahme und der massgeschneiderten Anordnung (FamKomm Erwachsenenschutz-COTTIER/HASSLER, Art. 452 N 4; BSK ZGB I-GEISER, Art. 452 N 6 ff.). Insoweit wird der gute Glaube Dritter in die bestehende Handlungsfähigkeit nicht geschützt. Sie können also bspw. der Ungültigkeit eines Vertrages mangels Handlungsfähigkeit des Vertragspartners grundsätzlich nicht entgegenhalten, sie hätten von der die Handlungsfähigkeit beschränkenden Beistandschaft nichts gewusst.

2a Die Regelung spielt hingegen keine Rolle, wo die Handlungsfähigkeit hinsichtlich eines Rechtsgeschäftes durch eine erwachsenenschutzrechtliche Massnahme gar nicht berührt ist: So können selbst Personen unter umfassender Beistandschaft bei eigener Urteilsfähigkeit rechtsgeschäftlich unentgeltliche Vorteile erlangen sowie geringfügige Angelegenheiten des täglichen Lebens besorgen (Art. 19 Abs. 2), darüber hinaus auch im Rahmen von Art. 19c höchstpersönliche Rechte selbständig wahrnehmen (s.a. Art. 407 N 1 ff.). Entsprechend bezieht sich die Norm auf Massnahmen, welche die Handlungsfähigkeit betreffen. Dazu gehört auch der Vorsorgeauftrag. Hingegen sind Massnahmen im medizinischen Bereich oder die FU nicht betroffen (BSK ZGB I-GEISER, Art. 452 N 4).

3 Das neue Recht verzichtet auf die frühere Veröffentlichung der Massnahme und statuiert an deren Stelle eine weitgehende Auskunftsberechtigung für Dritte bei entsprechenden tatsächlichen Interessen (Art. 451 Abs. 2). Damit können die berechtigten Informationsinteressen des heutigen Rechtsverkehrs effizient und in genügendem Masse gewahrt werden (so auch BSK ZGB I-GEISER, Art. 452 N 3; FamKomm Erwachsenenschutz-COTTIER/HASSLER, Art. 452 N 1; Botschaft Erwachsenenschutz, 7090).

II. Ausnahmen und Korrekturen der Drittwirkung

4 Mit dem Ziel des Gutglaubensschutzes und dem Schutz von Schuldnern einer verbeiständeten Person werden als Korrektiv zur grundsätzlichen Drittwirkung der Massnahmen des Erwachsenenschutzes ein Ausnahmetatbestand und ein Haftpflichttatbestand vorgesehen:

5 Die **Ausnahme** (Art. 452 Abs. 2) betrifft die **Schuldner eines in der Handlungsfähigkeit durch eine Beistandschaft beschränkten Gläubigers** (s. Art. 390 ff. und insb. Art. 394). Den Schuldnern dieser Person muss die Beschränkung der Handlungsfähigkeit – und somit der Möglichkeit, die Leistung gültig entgegen zu nehmen – mitgeteilt werden, ansonsten die Beistandschaft ihnen nicht entgegengehalten werden kann. Das hat insb. zur Folge, dass der – gutgläubige – Schuldner ohne entsprechende Mitteilung weiterhin befreiend an den (verbeiständeten) Gläubiger leisten kann.

Die entsprechende Schuldnermitteilung hat individuell mündlich oder schriftlich zu erfolgen, eine besondere Formvorschrift besteht insoweit nicht (BSK ZGB I-Geiser, Art. 452 N 21). Ist die Schuldnermitteilung wie vorgesehen individuell erfolgt, kann die Forderung hingegen, entsprechend den allg. Regeln, nur noch mit Leistung an den Beistand getilgt werden (Art. 452 Abs. 2). Für die Praxis der Erwachsenenschutzbehörde bedeutet die neue Regelung, dass bei Errichtung von Beistandschaften, die mit einer Beschränkung der Handlungsfähigkeit verbunden sind, standardisiert eine Schuldneraufstellung und eine Schuldneravisierung vorzunehmen ist, wobei diese Aufgabe auch an den Beistand delegiert werden kann (gl.M. BSK ZGB I-Geiser, Art. 452 N 21; FamKomm Erwachsenenschutz-Cottier/Hassler, Art. 452 N 6; s.a. vorne Art. 408 N 6). Die Schuldneravisierung hat selbstverständlich i.s. des Verhältnismässigkeitsprinzips zu unterbleiben, wenn überwiegende Geheimhaltungsinteressen (Art. 451 Abs. 1) entgegenstehen bzw. die Schuldneravisierung gar nicht notwendig erscheint, etwa wenn der Schuldner im Rahmen laufender Geschäftsbeziehungen auf das bisherige Konto weiter befreiend Zahlungen tätigen kann, weil über dieses Konto die betroffene Person sowieso nicht mehr verfügen kann (BSK ZGB I-Geiser, Art. 452 N 19).

Der Gutglaubensschutz für Schuldner betrifft nur Beschränkungen der Handlungsfähigkeit aufgrund einer Beistandschaft. Es bleibt also insb. möglich, dass der Schuldner, der eine Zahlung an eine zur Entgegennahme der Zahlung urteilsunfähige Person leistet, nicht befreit wird und ein zweites Mal an den gesetzlichen Vertreter leisten muss. Insoweit kann er allerdings entsprechend der allg. Regeln seine Schuld mit der Rückleistungsforderung aus ungerechtfertigter Bereicherung (Art. 62 OR) verrechnen, falls die Leistung beim Gläubiger noch vorhanden ist (BSK ZGB I-Geiser, Art. 452 N 15 f. und 25). 5a

Im Weiteren ergänzt eine **Haftpflichtnorm** (Art. 452 Abs. 3) die Drittwirkung von Beistandschaften. Diese statuiert eine Ersatzpflicht für einen aus der Vertragsungültigkeit entstehenden Schaden, falls die betroffene Person ihren Vertragspartner zur Annahme der Handlungsfähigkeit verleitet hat. Die Norm hat allerdings keinen eigenständigen Charakter (BSK ZGB I-Geiser, Art. 452 N 28), sondern entspricht bloss einer Emanation der entsprechenden generalisierten Bestimmung (Art. 19b Abs. 2), die auf alle beschränkt handlungsunfähigen Personen Anwendung findet (vgl. dazu FamKomm Erwachsenenschutz-Büchler/Michel Art. 19b N 1 ff.). Es handelt sich um eine gesetzlich geregelte Form der Haftung aus culpa in contrahendo (FamKomm Erwachsenenschutz-Cottier/Hassler, Art. 452 N 7; OFK ZGB-Fassbind, Art. 452 N 4). Entsprechend den allg. Haftpflichtregeln muss ein Schaden adäquat kausal durch das Verhalten der verbeiständeten Person verursacht worden sein. Diese muss diesbez. urteilsfähig und deliktsfähig i.S.v. Art. 19 Abs. 3 sein und schuldhaft handeln. Das inkriminierte Verhalten liegt in einem aktiven Verleiten zur irrtümlichen Annahme der Handlungsfähigkeit. Verlangt wird dafür ein aktives Tun, das aber auch dann anzunehmen ist, wenn die betroffene Person die Initiative zum Abschluss eines Rechtsgeschäfts ergreift und dabei das Fehlen der Handlungsfähigkeit verschweigt (BGE 113 II 476 E. 3b; FamKomm Erwachsenenschutz-Cottier/Hassler, Art. 452 N 8 m.w.H.). 6

Dabei kann sich die Täuschung auf den Bestand oder den Umfang der Massnahme beziehen. Einzubeziehen sind aber auch Fälle, wo über die Zustimmung des Beistandes zum entsprechenden Rechtsgeschäft getäuscht wird (BSK ZGB I-Geiser, Art. 452 N 32 f. m.w.H.).

Geschützt ist das negative Interesse: Der Geschäftspartner der verbeiständeten Person ist so zustellen, wie wenn dieser das Geschäft nicht abgeschlossen hätte (BSK Erwachsenenschutz-Geiser, Art. 454 N 37; Schwenzer Rz 14.31; zum alten Recht BSK ZGB I-Leuba, Art. 411 N 1 ff.).

Verjährung und Beweislastregeln richten sich nach h.L. und Rechtsprechung nach deliktsrechtlichen und nicht nach vertragsrechtlichen Regeln. Dies bedeutet, dass der Schadenersatzanspruch ein Jahr nach Kenntnis der Ungültigkeit i.S.v. Art. 60 OR geltend gemacht werden muss und ansonsten verjährt (BSK ZGB I-Geiser, Art. 452 N 42; a.M. OFK ZGB-Fassbind, Art. 452 N 4). Zudem muss der Geschädigte das Verschulden der betroffenen Person beweisen; es findet also, anders als bei der Vertragshaftung, keine generelle Beweislastumkehr hinsichtlich des Verschuldens statt (FamKomm Erwachsenenschutz-Cottier/Hassler, Art. 452 N 13). Allerdings muss wiederum die verbeiständete Person, will sie sich auf eine Haftung ausschliessende Urteilsunfähigkeit berufen, diese selber beweisen (FamKomm Erwachsenenschutz-Cottier/Hassler, Art. 452 N 13 unter Verweis auf BGE 124 II 5).

Art. 453

C. Zusammenarbeitspflicht

¹ Besteht die ernsthafte Gefahr, dass eine hilfsbedürftige Person sich selbst gefährdet oder ein Verbrechen oder Vergehen begeht, mit dem sie jemanden körperlich, seelisch oder materiell schwer schädigt, so arbeiten die Erwachsenenschutzbehörde, die betroffenen Stellen und die Polizei zusammen.

² Personen, die dem Amts- oder Berufsgeheimnis unterstehen, sind in einem solchen Fall berechtigt, der Erwachsenenschutzbehörde Mitteilung zu machen.

Literatur

Vgl. die Literaturhinweise zu Art. 451.

Norminhalt

1   Die Norm statuiert für Gefahrensituationen mit erheblicher **Dritt- oder Selbstgefährdung** eine Zusammenarbeit der Erwachsenenschutzbehörde, der betroffenen Stellen und der Polizei, unabhängig von der Mitwirkung Dritter bei einem kindes- und erwachsenenschutzrechtlichen Abklärungsverfahren (dazu Art. 448 N 1 ff.). Der Hauptzweck der Zusammenarbeitsnorm soll im Vermeiden widersprüchlicher Massnahmen liegen (Botschaft Erwachsenenschutz, 7091). Im Kern hat die Zusammenarbeit dabei den Interessen der hilfebedürftigen Person zu dienen (Fam-

Komm Erwachsenenschutz-COTTIER/HASSLER, Art. 453 N 19). Darüber hinaus geht es darum, in einem präventiven Sinne die Chance der Abwendung der drohenden Gefahren für Betroffene und Dritte zu erhöhen (so explizit BerichtExpK Erwachsenenschutz 03, 81). Insoweit gehört zu den wohlverstandenen Interessen der betroffenen Person auch der Schutz vor Selbstgefährdung und der Schutz Dritter vor schwerwiegenden Verletzungen (gl.M. BSK ZGB I-GEISER, Art. 453 N 2).

Für den Bereich des **Kindesschutzes** kommt nicht Art. 453, sondern Art. 317 (zusammen mit den ausführenden kantonalen Bestimmungen) zur Anwendung, welche eine zweckmässige Zusammenarbeit der Behörden und Stellen des zivilrechtlichen Kindesschutzes, des Jugendstrafrechts und der weiteren Jugendhilfe sicherstellen sollen. Im Weiteren bestehen diverse bundesrechtliche Sondernormen für den Informationsaustausch und die Zusammenarbeit im Kindesschutzbereich, namentlich im Jugendstrafgesetz (Art. 20 JStG), im Strafgesetzbuch (Art. 364 StGB), im Opferhilfegesetz (Art. 11 Abs. 3 OHG) und in der Strafprozessordnung (Art. 75 StPO; FamKomm Erwachsenenschutz-COTTIER/HASSLER, Art. 453 N 2). **1a**

Abs. 1 umschreibt einen notstandsähnlichen Tatbestand (so auch CHK-BREITSCHMID, Art. 453 ZGB N 2), der dann eine nicht näher umschriebene Zusammenarbeit (Abs. 1) und ein Melderecht als Ausnahme von generellen Geheimnispflichten (Abs. 2; N 5 ff.) erlaubt. Verlangt wird zunächst eine «ernsthafte» Gefahr in zwei möglichen Varianten: Einerseits hinsichtlich einer nicht näher präzisierten **Selbstgefährdung** (i.S. eines behördlichen Beschützergaranten), andererseits bezogen auf die Verursachung einer **schweren körperlichen, seelischen oder materiellen Schädigung eines Dritten durch ein Verbrechen oder Vergehen** der hilfsbedürftigen Person. Es geht also um präventive Zusammenarbeit im einen Fall im Vorfeld einer Selbstgefährdung (was genau genommen bereits nicht mehr der Fall ist, wenn die Selbstgefährdung schon besteht!), im anderen Fall im Bereich von ernsthaften Gefährdungen Dritter bez. Schädigungen durch Verbrechen oder Vergehen. **2**

Aus dem Ausnahmecharakter der Norm ergibt sich schon für die **Selbstgefährdung**, dass wohl entgegen dem Wortlaut nicht nur die drohende Gefahr ernsthaften Charakter aufweisen muss, sondern auch die drohende Schädigung erheblich sein sollte (gl.M. BSK ZGB I-GEISER, Art. 453 N 14; OFK-ZGB-FASSBIND, Art. 453 N 2) wie regelmässig bei Suizidalität, schwerer Selbstverletzung oder massiver Verwahrlosung. Nur in einem solchen Fall rechtfertigt es sich, die Amts- und Berufsgeheimnisse (Abs. 2) durch Informationsaustausch zu überspielen. Der entsprechende Austausch dient dann dazu, die Motive, Hintergründe und damit den Selbstbestimmungsgrad (Bestehen von Urteilsfähigkeit) festzustellen, und so die Qualität von Entscheidungen über die Ergreifung oder Abänderung behördliche Massnahmen zu erhöhen. Dazu kann auch die Koordination mit anderen Stellen, mitunter auch mit privaten Organisationen, notwendig sein (z.B. Sterbehilfeorganisationen bei Suizidalität; so CHK-BREITSCHMID, Art. 453 ZGB N 3). **2a**

Dies gilt entsprechend dem Wortlaut der Norm für die Kooperation **zur Abwehr von aus erheblichen Straftaten herrührenden Schädigungen Dritter.** Die drohende Gefahr muss ernsthaft sein und sich auf eine schwere Schädigung durch ein (geplantes) Verbrechen oder Vergehen beziehen. Das umfasst auch eine gewisse Dringlichkeit der Situation (a.M. BSK ZGB I-Geiser, Art. 453 N 13), die aber selbstverständlich auch dann vorliegt, wenn jederzeit mit einer Verwirklichung der Schädigung gerechnet werden muss. Es muss dabei eine strafbare Handlung in Frage stehen, die mit Freiheitsstrafe von mehr als drei Jahren (Verbrechen) bzw. mit Geldstrafe oder Freiheitsstrafe bis zu drei Jahren bedroht ist (Art. 10 StGB), und so Dritte verletzen könnte. Ob insoweit der Betroffene hypothetisch strafbar ist, insb. voraussichtlich schuldfähig ist oder nicht, spielt keine Rolle (gl. M. BSK ZGB I-Geiser, Art. 453 N 15).

3   Als **Normadressat** trifft die Zusammenarbeitspflicht primär die Erwachsenenschutzbehörde; sie kann diese Aufgabe aber auch an den Beistand delegieren (gl. M. BSK ZGB I-Geiser, Art. 453 N 6). Vorsorgebeauftragte Personen oder Nahestehende mit gesetzlicher Vertretungsbefugnis werden von der Bestimmung nicht erfasst (Botschaft Erwachsenenschutz, 7091). Hingegen ist die Polizei spezifisch benannt. Der überdies verwendete offene Terminus «betroffene Stellen» schliesst öffentliche, halböffentliche oder private Stellen ein, etwa Sozial- und Psychiatriedienste, die Opferhilfe, die Spitex, die Schuldenberatung, Sozialversicherungsträger, Gerichte, Strafverfolgungs- und Strafvollzugsbehörden (Botschaft Erwachsenenschutz, 7091). In der Literatur wird vertreten, auch eng involvierte Private (z.B. Arbeitgeber) i.S.v. «Dritten» gem. Art. 448 Abs. 1 seien umfasst (so CHK-Breitschmid, Art. 452 N 1).

Diese Zusammenarbeitsnorm steht für die Frage von Informationsaustauschpflichten bzw. -rechten nicht im luftleeren Raum. Hinsichtlich der Erwachsenenschutzbehörde bestimmt sich das Mass des möglichen Austausches nach Art. 451 so dass Art. 453 insoweit, abgesehen von der bedingten Freizeichnung von strafrechtlichen Geheimhaltungspflichten (Abs. 2), keinen eigenständigen Normgehalt hat (gl.M. BSK ZGB I-Geiser, Art. 453 N 8 f.). Hinsichtlich der «betroffenen Stellen» ist es wiederum unumgänglich, die gesetzlichen Rechtsgrundlagen der Aufträge und Rechtsbeziehungen jener kantonalen und kommunalen Institutionen einzubeziehen, um dann in diesem Lichte hinsichtlich einer konkreten Situation abzuwägen, ob für jene Stelle tatsächlich eine Verpflichtung oder doch eher eine Berechtigung zur Meldung besteht. Aus der Gewichtigkeit der Geheimhaltungsinteressen kann eine Abwägung auch ergeben, dass die Geheimhaltung wichtiger erscheint. Letzteres kann bei Stellen, wo Vertraulichkeit Grundlage der eigenen Tätigkeit ist, besonders wichtig sein (z.B. Opferberatungsstellen, freiwillige Beratungsstellen etc.; s. zum Ganzen Mösch Payot, 132 ff.).

4   Als erste Rechtsfolgen sollen die Stellen in den umschriebenen Gefährdungssituationen «zusammenarbeiten». **Inhalt und Art solcher Zusammenarbeit** sind schwer zu bestimmen (Kägi-Diener, N 577 f. und N 592 ff.). Der Inhalt ist vom Zweck her – namentlich oft dem Abwenden der entsprechenden qualifizierten Gefahren – zu bestimmen. Konkret dürfte es etwa um gegenseitige konstante Information, Absprachen für das Vorgehen im Einzelfall bis hin zur Nutzung strukturierter Formen der Zusammenarbeit (Kooperationsgremien, Ablaufschemata etc.) oder Qualitätskontrollen i.S.v. Nachbetrachtungen gehen (ähnlich Ursprung, ZVW 2003, 370). Wird im Rahmen der Zusammenarbeit in Rechtspositionen der

betroffenen Person eingegriffen, unter anderem durch den Austausch von geheimnisgeschützten Informationen, so sind die üblichen Voraussetzungen zu beachten. Die allg. «Zusammenarbeitsnorm» gereicht dabei nur als genügend gesetzliche Grundlage für das Notwendige. In jedem Fall ist insb. auch das Verhältnismässigkeitsprinzip zu beachten (Art. 388 N 8; gl.M. FamKomm Erwachsenenschutz-COTTIER/HASSLER, Art. 453 N 11). Liegt keine Gefahrenlage i.S.v. Art. 453 vor, so können für die Datenweitergabe und Mitwirkung eventuell die allg. Regeln von Art. 451 bzw. von Art. 448 Abs. 4, zur Anwendung gelangen (FamKomm Erwachsenenschutz-COTTIER/HASSLER, Art. 453 N 11)

Als zweite Rechtsfolge sind **Personen, die einem Amts- oder Berufsgeheimnis unterstehen**, aufgrund einer gesetzlichen Interessenabwägung in einer Ausnahmekonstellation i.S.v. Abs. 1 **ermächtigt, der Erwachsenenschutzbehörde Mitteilung zu machen**, ohne die Zustimmung der vorgesetzten Behörde einholen zu müssen. Damit wird primär ein Rechtfertigungsgrund für den Straftatbestand der Verletzung des Berufs- und Amtsgeheimnisses statuiert (Art. 320 i.V.m. Art. 14 und 321 Ziff. 3 StGB; BSK Strafrecht II-OBERHOLZER, Art. 320 StGB N 11 ff., Art. 321 StGB N 18 ff.). Die Norm verallgemeinert das bereits bestehende Melderecht bei strafbaren Handlungen gegenüber Minderjährigen (s. dazu BSK Strafrecht II-BIDERBOST, Art. 364 StGB N 1 ff.). Das Melderecht in Notsituationen gilt auch für Berufsgruppen, die ansonsten von der Mitwirkungspflicht befreit sind (Art. 448 N 4 f.). 5

Aus der Norm fliesst nicht etwa eine Meldepflicht der Geheimnisträger, aber ein **Melderecht**, das nach Massgabe des jeweiligen Auftrages als freier Ermessensentscheid auf Grundlage einer Güterabwägung ausgeübt werden sollte (gl.M. FamKomm Erwachsenenschutz-COTTIER/HASSLER, Art. 453 N 11; s.a. BSK Strafrecht II-BIDERBOST, Art. 364 StGB N 13 ff., für die analoge Norm in Art. 364 StGB.). Diese wird je nach Auftrag, allfälligen weiteren gesetzlichen Grundlagen, Gewichtigkeit des Geheimnisinteresses, aber auch je nach Bedeutung des Informationsinteresses differenziert ausfallen (krit. URSPRUNG, ZVW 2003, 371 zur entsprechenden Norm des VE Erwachsenenschutz 03). Die Norm ändert nichts daran, dass Personen, die in amtlicher Stellung von einer Gefährdungssituation erfahren, nach den allg. Regeln zu einer Meldung an die KESB verpflichtet sind (s. Art. 443 N 6). 6

Form, Inhalt und Zeitpunkt der Mitteilung sind nicht gesetzlich bestimmt und somit dem freien Ermessen des Geheimnisträgers anheimgestellt. Daraus ergibt sich, dass die Informationen formfrei erfolgen können (gl.M. FamKomm Erwachsenenschutz-COTTIER/HASSLER, Art. 453 N 12). Der Inhalt hat das für den Schutz der Betroffenen Nötige zu enthalten und sich gleichzeitig auf das für den Schutz der Betroffenen Notwendige zu beschränken. Es umfasst häufig nicht die gesamten Akten und Dossiers (BSK Strafrecht II-BIDERBOST, Art. 364 StGB N 13 ff., für die analoge Norm des Art. 364 StGB). Aus dem Sinn der Norm dürfte häufig eine unverzügliche Information unvermeidlich sein (vgl. Art. 443 Abs. 2). 7

Der wenig präzis umschriebene und beschränkte Anwendungsbereich der **Norm** (s. N 2, 3 und 4; krit. dazu URSPRUNG, ZVW 2003, 370 zur entsprechenden Norm des VE Erwachsenenschutz 03; BSK ZGB I-GEISER, Art. 453 N 1) definiert das Mass der Rechtfertigung, in solchen Fällen von Amts-, Berufsgeheimnissen und Daten- 8 schutznormen abzuweichen. Der wenig klare Anwendungsbereich erschwert der Praxis die Verwirklichung des Ziels, den Erwachsenenschutzbehörden durch die Norm den Zugang zu notwendigen Informationen zu erleichtern (Botschaft Erwachsenenschutz, 7091). Die Regelung für Mitwirkung und Amtspflicht ist hingegen differenzierter erfolgt (s. Art. 448 N 1 ff.) und dürfte eher als tragende Grundlage für den Informationsaustausch in Frage kommen.

9   In Ergänzung wurden mit der Revision spezifische Mitwirkungspflichten und die Amtshilfe für Kindes- und Erwachsenenschutzverfahren verankert (Art. 448 N 1 ff.).

Vierter Abschnitt:

Verantwortlichkeit

Art. 454

A. Grundsatz

¹ Wer im Rahmen der behördlichen Massnahmen des Erwachsenenschutzes durch widerrechtliches Handeln oder Unterlassen verletzt wird, hat Anspruch auf Schadenersatz und, sofern die Schwere der Verletzung es rechtfertigt, auf Genugtuung.

² Der gleiche Anspruch besteht, wenn sich die Erwachsenenschutzbehörde oder die Aufsichtsbehörde in den anderen Bereichen des Erwachsenenschutzes widerrechtlich verhalten hat.

³ Haftbar ist der Kanton; gegen die Person, die den Schaden verursacht hat, steht der geschädigten Person kein Ersatzanspruch zu.

⁴ Für den Rückgriff des Kantons auf die Person, die den Schaden verursacht hat, ist das kantonale Recht massgebend.

Art. 455

B. Verjährung

¹ Der Anspruch auf Schadenersatz oder Genugtuung verjährt ein Jahr nach dem Tag, an dem die geschädigte Person Kenntnis vom Schaden erhalten hat, jedenfalls aber zehn Jahre nach dem Tag der schädigenden Handlung.

² Wird der Anspruch aus einer strafbaren Handlung hergeleitet, für die das Strafrecht eine längere Verjährungsfrist vorschreibt, so gilt diese Frist.

³ Beruht die Verletzung auf der Anordnung oder Durchführung einer Dauermassnahme, so beginnt die Verjährung des Anspruchs gegenüber dem Kanton nicht vor dem Wegfall der Dauermassnahme oder ihrer Weiterführung durch einen anderen Kanton.

Art. 456

C. Haftung nach Auftragsrecht

Die Haftung der vorsorgebeauftragten Person sowie diejenige des Ehegatten, der eingetragenen Partnerin oder des eingetragenen Partners einer urteilsunfähigen Person oder des Vertreters oder der Vertreterin bei medizinischen Massnahmen, soweit es sich nicht um den Beistand oder die Beiständin handelt, richtet sich nach den Bestimmungen des Obligationenrechts über den Auftrag.

Literatur

AEPLI, Die Verantwortlichkeit der vormundschaftlichen Organe (unter besonderer Berücksichtigung der verantwortlichkeitsverdächtigen Tätigkeiten), 2. Aufl., Diss. Frick 1980; GROSS, Schweizerisches Staatshaftungsrecht, Stand und Entwicklungstendenzen, 2. Aufl., Bern 2001; GROSS/PRIBNOW, Schweizerisches Staatshaftungsrecht, Ergänzungsband zur 2. Auflage, Bern 2013; MINGER, Die Haftung der Erwachsenenschutzorgane nach dem neuen Erwachsenenschutzrecht, ZKE 2010, 21 ff.; ROBERTO, Schweizerisches Haftpflichtrecht, Zürich 2002; vgl. die Literaturhinweise zu Art. 426 und 443.

I. Vorbemerkungen

1 **Zweck** des Verantwortlichkeitsrechts ist es, bei widerrechtlichem bzw. pflichtwidrigem Verhalten im Rahmen der Anwendung des Erwachsenenschutzrechts für Schadenausgleich und ggf. Genugtuung für die Geschädigten zu sorgen. Das frühere Recht kannte in Art. 426–429 aZGB eine spezifische Kaskadenhaftung der direkt an der Anwendung des Rechts Beteiligten, die sich an der Verschuldenshaftung von Art. 41 ff. OR orientiert (AEPLI, 22) und eine komplizierte Stufen- und Anteilshaftung (Art. 428 f. aZGB) vorsah. Der Gesetzgeber hatte bereits im Jahre 1978 für die Haftung für Freiheitsentziehungen im Rahmen der FFE ein an das Staatshaftungsrecht angelehntes abweichendes System mit einer Primärhaftung des Kantons gegenüber dem Geschädigten vorgesehen (Art. 429a aZGB). Im Rahmen der Revision des Erwachsenenschutzrechts wurde für den gesamten Bereich der behördlichen Massnahmen im Rahmen von Art. 388–439 eine primäre Kausalhaftung des Kantons, ähnlich der Regelung der **Haftung im Grundbuchrecht** (Art. 955), im **Schuldbetreibungs- und Konkursrecht** (Art. 5 SchKG) und im **Zivilstandswesen** (Art. 46) statuiert. Für weitere Bereiche ist die Staatshaftung beschränkt auf rechtswidriges Handeln der Behörden bzw. Aufsichtsbehörden sel-

ber. Für die Haftung von Vorsorgebeauftragten und die Vertretung urteilsunfähiger Ehegatten und Partner und bei medizinischen Massnahmen wird für die Haftung auf das Auftragsrecht verwiesen (BerichtExpK Erwachsenenschutz 95, 67; Botschaft Erwachsenenschutz, 7092).

Die vermögensrechtliche primäre **Staatshaftung** nach Art. 454 ist eine formal zivilrechtliche, aber materiell von der Sache her **öffentlich-rechtliche Haftung** (VE Erwachsenenschutz/Verfahren, 9; STECK, ZVW 2003, 242; a.M. FamKomm Erwachsenenschutz-GEISER, Art. 454 N 34). Weil sie eine Verantwortlichkeit für hoheitliches Handeln darstellt (Botschaft Erwachsenenschutz, 7092), richtet sich das Verfahren nach h.M. grundsätzlich nach kantonalem öffentlichem Recht und nach den kantonalen Haftungsgesetzen. Somit ist der Haftpflichtanspruch nach der hier vertretenen Meinung grundsätzlich auf dem Verwaltungsweg des **kantonalen Rechts** geltend zu machen, wobei es den Kantonen überlassen ist, die Beurteilung den zivilen Gerichten zuzuweisen (vgl. zur analogen Haftpflichtbestimmung zum SchKG AMMON/WALTHER, § 5 Rz 19). Auch das Beweisrecht folgt somit verwaltungsprozessualen Grundsätzen (OFK ZGB-FASSBIND, Art. 454 N 1; SCHMID, Art. 454 N 16; s.a. VE Erwachsenenschutz/Verfahren, 9; STECK, ZVW 2003, 242; MINGER, ZKE 2010, 25; a.M. FamKomm Erwachsenenschutz-GEISER, Art. 454 N 34; unentschieden BSK ZGB I-HAUSHEER, Art. 454 N 40).

2

Die Haftung der vertretungsberechtigten Personen nach Art. 456 dagegen hat formal wie materiell zivilrechtlichen Charakter. Das entsprechende Verfahren richtet sich also nach dem Zivilprozessrecht.

II. Anwendungsbereich und Adressatenkreis

1. Sachlicher Anwendungsbereich

Mit den Art. 454 ff. werden die vermögensrechtliche Haftung, nicht aber die strafrechtliche oder disziplinarische Verantwortlichkeit geregelt (Botschaft Erwachsenenschutz, 7091).

3

Zum sachlichen Anwendungsbereich des **Art. 454 Abs. 1** gehören behördliche Massnahmen gem. dem 11. Titel des ZGB, also Beistandschaften (Art. 390), Massnahmen gem. Art. 392 (vgl. Art. 392 N 5a, N 6a, N 7i f.), die FU (Art. 426 ff.) sowie Behandlungen im Rahmen einer FU (Art. 433 ff.) (Botschaft Erwachsenenschutz, 7092). Insoweit ist eine von jeglichem subjektiven Verschulden unabhängige Haftung für widerrechtliche Verhaltensweisen vorgesehen. Diese Haftung erstreckt sich auf das Handeln oder Unterlassen der Mandatsträger, der nach Art. 392 beauftragten Person, weiterer direkt ausführenden Personen (z.B. bei Behandlungen durch Ärzte im Rahmen einer FU), aber auch auf das Verhalten der Behörden oder auf die unsorgfältige Überwachung derselben (Botschaft Erwachsenenschutz, 7092).

Die entsprechende Haftung gilt auch für den Bereich des Kindesschutzes, da Art. 440 Abs. 3 die Aufgaben der Kindesschutzbehörde der Erwachsenenschutzbehörde zuweist (BGer vom 9.1.2014, 5A_815/2013; BSK ZGB I-HAUSHEER, Art. 454 N 9; MEIER/LUKIC, Rz 155; FamKomm Erwachsenenschutz-GEISER, Art. 454 N 4

3a

und 9). Das gilt für das Instrumentarium gem. Art. 307–312, 327 a–c und die Massnahmen zum Schutz des Kindesvermögens gem. Art. 324 f.

4   Ausserhalb der behördlichen Massnahmen im engen Sinne kommen den Behörden auch im Bereich der Rechtsinstitute der eigenen Vorsorge und im Kontext der Massnahmen von Gesetzes wegen hoheitliche Aufgaben zum Schutze Hilfebedürftiger zu. Auch insoweit besteht die direkte Staatshaftung für widerrechtliches Verhalten, Handeln wie Unterlassen, der Behörden bzw. der Aufsichtsbehörden **(Art. 454 Abs. 2)**. Die direkte Staatshaftung erstreckt sich dabei auf die Verletzung der Sorgfalts-, Überwachungs- und Aufsichtspflichten der Behörden (so auch GEISER, ZSR 2003, 402). Berücksichtigt man den Schutzgedanken des Erwachsenenschutzrechts für die betroffenen Personen, muss sich diese Staatshaftung gem. ZGB auf alle Fälle erstrecken, in denen den Behörden bzw. Aufsichtsbehörden **gesetzliche Aufgaben** übertragen sind. Dies umfasst insb. die Abklärung, Überprüfung und Überwachung der vorsorgebeauftragten Person (vgl. Art. 368), aber auch das Einschreiten bei Schutzbedarf im Rahmen der Anwendung von Patientenverfügungen (Art. 373 i.V.m. 368). Gleiches gilt, wenn im Rahmen der gesetzlichen Vertretung urteilsunfähiger Personen durch den Ehegatten oder Partner Zweifel an den Voraussetzungen einer Vertretung bestehen oder die Interessen der urteilsunfähigen Person gefährdet sind (Art. 376). Analoges gilt im Kontext der Vertretung bei medizinischen Massnahmen (Art. 381). Die direkte Staatshaftung umfasst auch das behördlich Vorgehen und Einschreiten im Rahmen der sachgemässen Aufsicht bei bewegungsbeschränkenden Massnahmen in Wohn- und Pflegeeinrichtungen gegenüber urteilsunfähigen Personen i.S.v. Art. 385 und 387 (gl.M. BSK ZGB I-HAUSHEER, Art. 454 N 5).

Gemäss **Art. 454 Abs. 3** ist ein direkter bundeszivilrechtlicher Haftpflichtanspruch gegenüber der Person, die den Schaden verursacht hat, im Rahmen von Art. 41 ff. OR ausgeschlossen. Es bleiben aber der **Grundrechtsschutz** (insb. persönliche Freiheit, Art. 13 BV) und Ansprüche aus der EMRK wie Art. 5 Ziff. 5 EMRK bei widerrechtlicher Freiheitsentziehung. Vorbehalten sind überdies strafrechtliche Tatbestände und **disziplinarische Verantwortlichkeiten nach kantonalem öffentlichem Recht** (gl.M. BSK ZGB I-HAUSHEER, Art. 454 N 7; OFK ZGB-FASSBIND, Art. 454 N 1).

Geregelt wird in Art. 454 nur das **Aussenverhältnis**, also die Haftung gegenüber der geschädigten Person und nicht das **Innenverhältnis**, also die Haftung des Schadenverursachers gegenüber dem nach aussen haftpflichtigen Kanton. Dieses Regressverhältnis richtet sich nach kantonalem Recht (Botschaft Erwachsenenschutz, 7093).

5   Die Haftung der vorsorgebeauftragten Person, des Ehegatten resp. des eingetragenen Partners einer urteilsunfähigen Person oder des Vertreters bei medizinischen Massnahmen, soweit es sich nicht um den Beistand handelt, richtet sich gem. Art. 456 nach den Bestimmungen des **Auftragsrechts** (Art. 394 ff. OR).

Für die Geltendmachung von Ansprüchen gegenüber der Verwaltung des **Kindesvermögens** durch die Eltern gilt gem. Art. 327 ebenfalls Auftragsrecht (vgl. dazu eingehend BSK OR I-WEBER, Art. 394 ff.; insb. zu Art. 397 und 398 OR).

Analoges gilt für den Beistand, der **privatautonom Aufgaben** wahrnimmt, die nicht durch eine behördliche Anordnung gedeckt sind (z.B. freiwillige Einkommensverwaltung). Auch hier gelten ausschliesslich die Bestimmungen des jeweiligen zugrunde liegenden privatautonomen Rechtsverhältnisses (insb. Vertragshaftungen nach Art. 97 ff., 394 ff. OR (Auftrag) oder auch Art. 420 OR (Geschäftsführung ohne Auftrag), daneben bleibt die allgemeine Haftung aus unerlaubten Handlungen nach **Art. 41 ff. OR anwendbar** (MINGER, ZKE 2010, 27 f., analog für das SchKG AMMON/WALTHER, § 5 Rz 10).

Die Haftung für die Nichtberücksichtigung von **Patientenverfügungen** sowie für den unrechtmässigen Umgang mit Personen in **Wohn- und Pflegeeinrichtungen** findet keine spezifische Regelung, sofern es nicht um das behördliche Vorgehen geht (N 4). Sie richtet sich deswegen ebenfalls nach den Bestimmungen des jeweiligen zugrunde liegenden privatautonomen oder öffentlich-rechtlichen Rechtsverhältnisses (MINGER, ZKE 2010, 32 f.).

2. Aktiv- und Passivlegitimation

Aktivlegitimiert für die primäre Staatshaftung **nach Art. 454** ist die geschädigte bzw. verletzte Person (Botschaft Erwachsenenschutz, 7092), d.h. primär die schutzbedürftige Person selbst. Zudem ist auch ein Anspruch weiterer dem Betroffenen nahestehender Personen oder Dritter möglich, etwa Ansprüche von Erben, Familienmitgliedern etc., welche im Rahmen behördlicher Massnahmen (Art. 454 Abs. 1) oder bei widerrechtlichem Verhalten der Behörde bzw. Aufsichtsbehörde (Art. 454 Abs. 2), z.B. bei der Verletzung von Orientierungsansprüchen (vgl. z.B. Art. 452 Abs. 2), einen Schaden erleiden (s. BerichtExpK Erwachsenenschutz 95, 68). Die von einem Teil der Lehre propagierte Fortsetzung der einschränkenden Praxis zum früheren Recht, welche eine Beschränkung der Aktivlegitimation auf Betroffene in unmittelbar mit dem Erwachsenenschutz zusammenhängende Interessen mit sich brachte (BGE 115 II 15 E. 2; BGer vom 23.11.2004, 2P.230/2003 E. 1.1; vgl. m.w.H. FamKomm Erwachsenenschutz-GEISER, Art. 454 N 19 ff.; OFK ZGB-FASSBIND, Art. 454 N 4), kann u.E. vor dem Hintergrund der erheblichen Veränderung der Aufgaben der Organe des Erwachsenenschutzes und des Haftungsregimes im neuen Recht nicht ohne Weiteres fortgesetzt werden. Insb. spricht für einen weiten Bereich der Aktivlegitimation der klare Wortlaut der neuen Norm («Wer ...»). Das ändert allerdings nichts an den weiteren Voraussetzungen der Haftpflicht, namentlich der Widerrechtlichkeit, was Beschränkungen der Haftpflicht auf vom Schutzzweck der Normen erfasste Interessen mit sich bringt (s. N 7; so wohl auch BSK ZGB I-HAUSHEER, Art. 454 N 33 f.; **a.M.** FamKomm Erwachsenenschutz-GEISER, Art. 454 N 19 ff.; OFK ZGB-FASSBIND, Art. 454 N 4).

6

Für vorsorgebeauftragte Personen (Art. 360 ff.), für in einer Patientenverfügung zur Vertretung berufenen Personen (Art. 370 Abs. 2) und die gesetzlichen Vertreter von Urteilsunfähigen, also Ehepartner bzw. Partner (Art. 374), sowie Vertretungspersonen bei medizinischen Massnahmen (Art. 378) richtet sich die Aktivlegitimation nach den Regeln des Auftrages gem. **Art. 456**.

6a

6b **Passivlegitimiert** ist im Rahmen von Art. 454 Abs. 1 und 2 der Kanton. Dabei ist es möglich, dass es im Rahmen unterschiedlicher konkurrierender örtlicher Zuständigkeiten (Art. 442) zur Haftung mehrerer Kantone – insb. für Unterlassungen – kommen kann. Insoweit haftet jeder Kanton selbständig und ausschliesslich für das ihm zurechenbare widerrechtliche Verhalten. Konkurrierende Zuständigkeiten ändern nichts an der eigenen Pflichtverletzung (FamKomm Erwachsenenschutz-GEISER, Art. 454 N 29; BSK ZGB I-HAUSHEER, Art. 454 N 37). Eine direkte Klage gegen den Schädiger ist explizit ausgeschlossen (s. N 4). Bei Art. 456 sind die im Tatbestand genannten Personen (vorsorgebeauftragte Person, Ehegatte, der eingetragene Partner einer urteilsunfähigen Person, Vertreter bei medizinischen Massnahmen) passivlegitimiert.

III. Haftungsbegründendes Verhalten

7 Die Verantwortlichkeit setzt einen Vermögensschaden, widerrechtliches Verhalten und einen Kausalzusammenhang voraus. Im Unterschied zu den Haftungstatbeständen gem. Art. 55 ff. OR sind keine Entlastungsgründe vorgesehen.

Vermögensschaden meint eine unfreiwillige Vermögensverminderung, also die Differenz zwischen dem Stand des Vermögens bzw. des Einkommens vor und nach dem schädigenden Ereignis (SCHWENZER, Rz 14.03). Der Schaden kann entsprechend den allgemeinen Regeln von Art. 41 ff. OR in diesem Sinne in einer Verminderung der Aktiven, einer Vermehrung von Passiven oder entgangenem Gewinn bestehen. Beispiele für diese drei Konstellationen sind ein Vermögensverlust wegen einer riskanten Geldanlage, eine Vermehrung von Auslagen etwa mangels Umlagerung von mit zu hohen Verwaltungskosten verbundenen Vermögensanlagen sowie Ausfälle von Sozialversicherungsleistungen mangels einer entsprechenden rechtzeitigen Anmeldung.

Eine Schadenszufügung ist i.S. der objektiven Widerrechtlichkeitstheorie dann **widerrechtlich**, wenn sie durch die Verletzung eines absoluten Rechts (z.B. Eigentum, Besitz, Leben, körperliche bzw. psychische Integrität) des Geschädigten gegen eine allgemeine gesetzliche Pflicht verstösst. Ebenso ist die Widerrechtlichkeit zu bejahen bei der reinen Vermögensschädigung, wenn dabei eine einschlägige Schutznorm und somit eine aus einer Garantenstellung fliessende Handlungs- oder Unterlassungspflicht verletzt wird (BGE 134 III 529 E. 3.1 m.w.H; BGE 115 II 15 E. 3; SCHWENZER, Rz 50.05 ff., 50.19 ff.; BK-BREHM, Art. 41 OR N 38b). Im Erwachsenenschutzrecht dient der Schutz primär der unter behördlicher Massnahme stehenden Person. Inwieweit einzelne Schutznormen des neuen Erwachsenenschutzrechts Drittinteressen schützen können ist im Einzelfall abzuwägen. Die für die altrechtlichen Normen bestehende Praxis, dass solche Drittinteressen nur geschützt werden sollen, wenn gewichtige Anzeichen bestehen, dass diese in bedeutendem Masse einer hohen Gefährdung ausgesetzt sind (BGE 115 II 15 E. 4a), kann nicht ohne Weiteres fortbestehen (so auch BSK ZGB I-HAUSHEER, Art. 454 N 33 m.w.H; **a.M.** FamKomm Erwachsenenschutz-GEISER, Art. 454 N 19; OFK ZGB-FASSBIND, Art. 454 N 4).

Die widerrechtliche Handlung kann im Allgemeinen in einem **Tun**, z.B. Verwendung des Vermögens der schutzbedürftigen Person zu eigenen Zwecken, oder **Un-**

terlassen, z.B. Unterlassen der Anordnung einer Massnahme, bestehen. In der Praxis dürften auch zukünftig insb. Unterlassungstatbestände bedeutsam sein. Für die der Sache nach öffentlich-rechtliche Haftung nach Art. 454 (N 2) muss berücksichtigt werden, dass nicht jede in einem Rechtsmittelverfahren umgestossene Ermessenshandlung zu einer Haftung führen kann. Widerrechtlichkeit des Verhaltens von Mitgliedern der Behörden oder der ausführenden Personen ist nur anzunehmen, wenn diese eine für die Ausübung ihrer Funktion bedeutsame Pflicht, gleichsam eine **wesentliche Amtspflicht**, verletzt haben (BGE 123 II 577 E. 4d/dd; 120 Ib 248 E. 2b sowie BGer vom 19.10.2010, 2C_834/2009 E. 2.2 m.w.H; HÄFELIN/MÜLLER/UHLMANN Rz 2259; krit. GROSS, 163 ff.).

Das geforderte sorgfaltsgemässe Verhalten der **Erwachsenenschutzbehörde** ist insb. aus gesetzlichen Bestimmungen abzuleiten, im Rahmen von Art. 454 Abs. 1 mit Blick auf die behördlichen Massnahmen (vgl. allgemein Art. 388 f.). Dazu gehört auch die richtige Auswahl, Instruktion und Überwachung von Mandatsträgern (BSK ZGB I-HAUSHEER, Art. 454 N 21). Zudem umfasst die Sorgfalts- und Amtspflicht die Beachtung verfahrensbezogener Vorschriften der Art. 443–449c. Über Art. 454 Abs. 2 besteht auch eine Verantwortlichkeit bez. der weiteren Aufgaben der Erwachsenenschutzbehörde beim Errichten der gesetzlich vorgesehenen Schutzmassnahmen und deren Überwachung (konkret z.B. Art. 363, Art. 368, 373, 376, 381, 385, 390–392, 415–417, 420, 423, 428). In allgemeiner Hinsicht hat die KESB als Fachbehörde (Art. 440) das Fachwissen zu generieren und die Arbeitsabläufe und die Organisation so zu gestalten, dass die Professionalität, Erfahrung und der erforderliche Sachverstand sichergestellt sind (BSK ZGB I-HAUSHEER, Art. 454 N 19). Konkretisierend können auch Weisungen von Aufsichtsinstanzen zur Ermittlung des gebotenen Tuns herangezogen werden. Das gilt analog auch für die Aufsichtsbehörden.

Bezüglich **Mandatsträgern** kann sich die haftungsbegründende Unsorgfalt aus wesentlichen Verletzungen der gesetzlich vorgesehenen Aufgaben des Beistandes (Art. 405 ff.), der übertragenen konkreten Aufgabenbereiche sowie spezifischer Unterlassungspflichten (vgl. z.B. Art. 391 Abs. 3) ergeben. Generell ist gem. Art. 413 Abs. 1 die Sorgfalt eines Beauftragten nach OR zu beachten (Art. 398 OR). Eine besondere Rolle spielen dabei zur Konkretisierung Stellenbeschreibungen und Weisungen oder auch der Beizug des Berufskodexes Sozialer Arbeit als Indizien (BGE 78 II 338 E. 4), aus denen sich die konkreten objektiven Verhaltens- und Sorgfaltspflichten ableiten lassen (BGer vom 4.12.2009, 5A.342/2009 E. 3.2 f.).

Der **Kausalzusammenhang** meint gem. der herrschenden Adäquanztheorie, dass die Ursache nach gewöhnlichem Lauf der Dinge und der allgemeinen Lebenserfahrung geeignet sein muss, einen Erfolg von der Art des eingetretenen herbeizuführen (BGE 123 III 110 E. 3; SCHWENZER, 19.03). Denkbar sind dabei auch parallel verlaufende adäquate kausale Schadenursachen, etwa von Mandatsträgern und Behörden (BGE 135 III 198 E. 8; BSK ZGB I-HAUSHEER, Art. 454 N 16).

IV. Rechtsfolgen und Ansprüche

Sind die Voraussetzungen erfüllt, so hat die geschädigte Person Anspruch auf Schadenersatz und, sofern es die Schwere der Verletzung rechtfertigt, Anspruch

8

auf Genugtuung. **Schadenersatz** meint die Ersatzleistung für den eingetretenen Schaden unter Berücksichtigung der Schadenersatzbemessung. In der Regel geht es um Ersatz in Form von **Geld**; Naturalersatz ist aber denkbar (SCHWENZER, Rz 15.01; BGE 107 II 134 E. 4). Es gelten insoweit die allgemeinen Regeln nach Art. 41 ff. OR. Nachzuweisen sind alle nachweisbaren Elemente des Schadens (BGE 133 III 462 E. 4.4.2). Lässt sich aber der konkrete Schaden nur schätzungsweise bestimmen, so ist er nach Ermessen des Richters mit Rücksicht auf den gewöhnlichen Lauf der Dinge und auf die vom Geschädigten getroffenen Massnahmen abzuschätzen (Art. 42 Abs. 2 OR). **Genugtuung** ist der Ausgleich für körperliche Schmerzen und seelisches Leiden i.S.v. Art. 49 OR, z.b. die Beeinträchtigung der Lebensfreude (statt aller SCHWENZER, Rz 17.02). In der Praxis geht es v.a. um Ansprüche infolge Tötung, schwerer Körperverletzung sowie Persönlichkeitsverletzungen (SCHWENZER, Rz 17.03).

9 Die **Bemessung** des **Schadenersatzes** richtet sich für die Haftung gem. Art. 454 nach dem kantonalen Staatshaftungsrecht resp. subsidiär dazu gem. den massgebenden Bestimmungen des OR. Analoges gilt für die Frage eines **Genugtuungsanspruchs**, wobei Art. 454 Abs. 1 einen solchen von Vornherein mit der Klausel «sofern die Schwere der Verletzung es rechtfertigt» beschränkt (Bemessung des Schadenersatzes nach Art. 43 f. OR; Genugtuung nach Art. 45 ff. OR; weiterführende Literatur ROBERTO, Rz 577 ff.). Diese Regeln des OR beschlagen auch die Bemessung des Schadenersatzes nach Art. 456.

V. Verjährung

10 Die Regelung der **Verjährungsfrist** gem. Art. 455 Abs. 1 und 2 entspricht derjenigen der ausservertraglichen Haftung (Art. 60 OR) und der betreibungsrechtlichen Haftung (Art. 6 SchKG). Die **relative** Frist beginnt einen Tag nach der tatsächlichen Kenntnis des adäquat kausal verursachten Schadens – wobei der Schaden dem Grundsatz und dem Umfang nach sicher bekannt sein muss, (BGer vom 16.4.2003, 5C.230/2002 E. 3.1) durch eine dem Kanton zurechenbare Handlung oder Unterlassung (BGE 131 III 61 E. 3.1). Daneben besteht eine unabhängig von Kenntnis und Schadenseintritt laufende **absolute** Verjährungsfrist von zehn Jahren ab dem Eintritt des Schadens.

Für Ansprüche aus **strafbaren** Handlungen sind allfällige längere Verjährungsfristen des Strafgesetzbuches vorbehalten. Das gilt sowohl für die relative Frist, die verlängert werden kann aufgrund einer von Art. 454 Abs. 1 oder 2 erfassten Person (dazu FamKomm Erwachsenenschutz-GEISER, Art. 455 N 10 m.w.H.). Dies gilt aber auch für die absolute Verjährungsfrist. Damit werden insb. für schwere Delikte, die mit Mindestfreiheitsstrafe von mehr als drei Jahren bedroht sind (Art. 97 Abs. 1 lit. a und b StGB), und für Tötung, schwere Körperverletzung, Freiheitsberaubung, Entführung und Sexualdelikte gegen Kinder (Art. 97 Abs. 2 StGB, Art. 123b BV) erweiterte Verjährungsfristen vorgesehen.

10a Sowohl die relative als auch die absolute Verjährungsfrist beginnt gem. Art. 455 Abs. 3 nicht vor dem Wegfall einer **Dauermassnahme** oder ihrer Weiterführung durch einen anderen Kanton. Das bedeutet, dass die Verjährungsfrist grundsätzlich mit der Eröffnung eines genehmigten Schlussberichts beginnt. Wird die Massnahme durch die nachfolgende KESB im anderen Kanton nach der Übertragung weitergeführt, so beginnt eine neue relative und absolute Verjährungsfrist erst nach Abschluss jener weitergeführten Massnahme. Anders sieht es aus, wenn in einem anderen Kanton eine neue Massnahme errichtet wird, welche eine in einem anderen Kanton abgeschlossene Massnahme ablöst. Insoweit bewirkt die neue Massnahme einen Stillstand der Verjährungsfrist für die alte Massnahme, so dass nach Ende der neuen Dauermassnahme nur noch deren Restverjährungsfrist zu laufen beginnt (vgl. Art. 134 Abs. 1 Ziff. 2 OR; so auch FamKomm Erwachsenenschutz-GEISER, Art. 455 N 19; BSK ZGB I-HAUSHEER, Art. 455 N 6).

Für die **Fristberechnung**, den **Fristenstillstand** oder die **Unterbrechung** der Verjährung sind, entsprechend der materiell öffentlich-rechtlichen Natur der Haftungsansprüche nach Art. 454, die allgemeinen Regeln des kantonalen Staatshaftungsrechts oder subsidiär von Art. 132–138 OR anwendbar (dazu weiterführend BSK ZGB I-HAUSHEER, Art. 455 N 7). Für Forderungen Urteilsunfähiger gegen die vorsorgebeauftragte Person gilt ein besonderer Fristenstillstand während eines wirksamen Vorsorgeauftrages (Art. 134 Abs. 1 Ziff. 2 OR).

VI. Weitere Fragen

1. Regress

Art. 454 regelt das **Aussenverhältnis**. Die Frage des Rückgriffs im **Innenverhältnis** richtet sich nach **kantonalem Recht** (Staatshaftungsrecht oder Ausführungsbestimmungen zum ZGB). Adressaten des Rückgriffanspruchs sind im Rahmen von Art. 454 Abs. 1 Berufsbeistände, je nach Ausgestaltung im kantonalen Recht überdies private Beistände, Ärzte im Rahmen ihrer Zuständigkeit für medizinische Massnahmen bzw. für Entscheidungen im Rahmen der FU, die Mitglieder der KESB sowie der Aufsichtsbehörde. Gemäss Art. 454 Abs. 2 sind es die Mitglieder der Erwachsenenschutzbehörde oder der Aufsichtsbehörde sowie jeweils deren Hilfspersonen (Sachbearbeitende im Treuhand-, Erbschaftsdienst etc.). Möglich ist je nach kantonalem Recht auch der Rückgriff auf die **Gemeinde**, die politisch-organisatorisch die Trägerin der entsprechenden Behörden ist. In der Regel beschränken die Kantone im Rahmen ihrer Staatshaftungsrechte die Möglichkeiten eines Rückgriffs auf Einzelpersonen auf Absicht und Grobfahrlässigkeit (GROSS, 55 ff.).

Kantonale Bestimmungen zur Verantwortlichkeit (Art. 454 ZGB)	
AG	**§ 67u EG ZGB – Regress** [1] Hat der Kanton Schadenersatz oder Genugtuung gemäss Art. 454 ZGB geleistet, kann er gegen die Mitglieder und Mitarbeitenden der Kindes- und Erwachsenenschutzbehörde sowie die von der Kindes- und Erwachsenenschutzbehörde als Beiständinnen und Beistände ernannten Privatpersonen Rückgriff nehmen, wenn diese den Schaden vorsätzlich oder grobfahrlässig verursacht haben. [2] Bei widerrechtlichen Handlungen einer von einer Gemeinde oder einem Gemeindeverband angestellten oder beauftragten Person oder weiteren Stelle kann der Kanton auch dann Rückgriff auf das betroffene Gemeinwesen nehmen, wenn die Person oder weitere Stelle kein Verschulden trifft. Der Rückgriff des betroffenen Gemeinwesens auf die Person oder weitere Stelle richtet sich nach kantonalem Haftungsrecht. [3] Unter Vorbehalt von § 17 des Haftungsgesetzes (HG) vom 24.3.2009 sind Rückgriffsansprüche beim Verwaltungsgericht geltend zu machen.
AR	**Art. 63 Abs. 1 EG ZGB – Rückgriff im Haftungsfall** Der Rückgriff im Haftungsfall (Art. 454 ZGB) auf die Person, die den Schaden verursacht hat, richtet sich nach den kantonalen Bestimmungen über die Verantwortlichkeit für den von Beamten und Angestellten des Gemeinwesens verursachten Schaden. Nach Massgabe dieser Bestimmungen kann zudem auf die privaten Beiständinnen und Beistände Rückgriff genommen werden.
BE	**Art. 73 KESG** [1] Ansprüche gegen den Kanton nach Artikel 454 ZGB sind mittels Klage beim Regionalgericht geltend zu machen. Das Gericht stellt den Sachverhalt von Amtes wegen fest. Im Übrigen richten sich die örtliche Zuständigkeit und das Verfahren nach der ZPO. [2] Ist der Schaden durch widerrechtliches Handeln oder Unterlassen einer Mitarbeiterin oder eines Mitarbeiters des Kantons oder einer Person ausserhalb der Kantonsverwaltung verursacht worden, so steht dem Kanton der Rückgriff auf die verantwortliche Person zu. Artikel 102 PG gilt sinngemäss. [3] Ist der Schaden durch widerrechtliches Handeln oder Unterlassen einer von der Gemeinde angestellten oder beauftragten Person verursacht worden, so kann der Kanton Rückgriff auf die Gemeinde nehmen. In diesem Fall ersetzt die Gemeinde dem Kanton die aufgrund des Urteils geschuldeten Schadenersatz- und Genugtuungszahlungen sowie die dem Kanton auferlegten Gerichtskosten und die Parteientschädigungen. Ergibt sich die Zahlungspflicht des Kantons aus einem gerichtlichen oder vertraglichen Vergleich, so ist die Gemeinde nur dann zum Ersatz verpflichtet, wenn sie dem Vergleich zugestimmt hat. [4] Über streitige Rückgriffsansprüche nach Absatz 2 erlässt die Justiz-, Gemeinde- und Kirchendirektion nach Rücksprache mit der Finanzdirektion eine Verfügung. Gegen die Verfügung kann beim Verwaltungsgericht Beschwerde nach den Vorschriften des VRPG geführt werden.
BL	**§ 93 EG ZGB – Verantwortlichkeit** [1] Der Kanton haftet für widerrechtliches Handeln oder Unterlassen von Organen des Kindes- und Erwachsenenschutzes (Artikel 454 Absatz 3 ZGB). [2] Der Kanton hat ein doppeltes Rückgriffsrecht:

Kantonale Bestimmungen zur Verantwortlichkeit (Art. 454 ZGB)	
	a) auf die Personen, welche die Verletzung absichtlich oder grobfahrlässig verursacht haben, sowie b) auf die Einwohnergemeinden des Kindes- und Erwachsenenschutzkreises, deren Organe des Kindes- und Erwachsenenschutzes die Verletzung verursacht haben. ³ Die Rückgriffsforderung verjährt ein Jahr nach dem Tag, an dem die Anerkennung oder die rechtskräftige Feststellung der Schadenersatzpflicht des Kantons erfolgt ist.
FR	**Art. 29 KESG** ¹ Die Beurteilung von Haftpflichtansprüchen nach Artikel 454 ZGB richtet sich nach der Zivilprozessordnung und dem Justizgesetz. ² Der Rückgriff des Staats auf die Person, die den Schaden verursacht hat, ist im Gesetz über die Haftung der Gemeinwesen und ihrer Amtsträger geregelt. ³ Wenn die Person, die den Schaden verursacht hat, ihre Tätigkeit in einer öffentlichen Berufsbeistandschaft ausübt, richtet sich der Rückgriff des Staats gegen die Gemeinde oder die Gruppierung von Gemeinden, die für die betroffene Beistandschaft verantwortlich sind.
GL	**Art. 95 EG ZGB** Das Verfahren zur Geltendmachung von Verantwortlichkeitsansprüchen und der Rückgriff des Kantons auf Behördenmitglieder, die einen Schaden verursacht haben, richten sich nach dem Staatshaftungsgesetz vom 5.5.1991.
GR	**Art. 65 EG ZGB** Der Rückgriff auf die Person, die den Schaden vorsätzlich oder grobfahrlässig verursacht hat, erfolgt nach dem Gesetz über die Staatshaftung.
LU	**§ 58 EG ZGB – Haftung** ¹ Der Kanton haftet für den Schaden, der einer Person im Rahmen der behördlichen Massnahmen des Kindes- und Erwachsenenschutzes durch widerrechtliches Handeln oder Unterlassen entstanden ist (Art. 454 ZGB). ² Haftet der Kanton für eine Schadenverursachung durch Angestellte eines andern Gemeinwesens, ersetzt ihm dieses die geleisteten Schadenersatz- und Genugtuungszahlungen sowie die ihm auferlegten Verfahrenskosten. ³ Im Übrigen gilt für den Rückgriff auf Organisationen und Personen das kantonale Haftungsgesetz vom 13.9.1988.
NW	**Art. 36 EG ZGB – Verantwortlichkeit** ¹ Die Verantwortlichkeit im Rahmen der behördlichen Massnahmen des Kindes- und Erwachsenenschutzrechtes richtet sich nach Art. 454 ZGB. ² Der Rückgriff des Kantons auf die Person, die den Schaden verursacht hat, richtet sich nach den Vorschriften des kantonalen Haftungsgesetzes.
OW	**Art. 66 Abs. 1 EG ZGB – Verantwortlichkeit** Haftet der Kanton (454) für eine Schadenverursachung durch eine Behörde, eine Kommission oder einen Angestellten eines anderen Gemeinwesens, ersetzt ihm dieses alle hierfür geleisteten Zahlungen. Im Übrigen gilt für den Rückgriff des Kantons und des Gemeinwesens das Haftungsgesetz.
SG	**Art. 9 EG KESR – Verantwortlichkeit** Der Kanton hat für die nach Art. 454 ZGB zu vergütenden Schadenersatz- und Genugtuungsansprüche ein Rückgriffsrecht auf die Trägerschaft der Kindes-

	Kantonale Bestimmungen zur Verantwortlichkeit (Art. 454 ZGB)
	und Erwachsenenschutzbehörde. Hat die Trägerschaft der Kindes- und Erwachsenenschutzbehörde dem Kanton nach Abs. 1 dieser Bestimmung Ersatz zu leisten, so steht ihr der Rückgriff auf die Personen zu, die den Schaden vorsätzlich oder grobfahrlässig verursacht haben. Soweit das Bundesrecht keine abweichende Regelung enthält, werden die Bestimmungen des Verantwortlichkeitsgesetzes vom 7.12.1959 sachgemäss angewendet.
SH	**Art. 63 EG KESR** Der Rückgriff des Kantons auf die Schaden verursachende Person richtet sich nach dem Haftungsgesetz. Private Beistände sind dabei den Berufsbeiständen gleichgestellt.
SO	**§ 150 EG ZGB – A. Haftung** [1] Der Kanton haftet gemäss Artikel 454 ZGB für den Schaden, der einer Person im Rahmen der behördlichen Massnahmen des Kindes- und Erwachsenenschutzes durch widerrechtliches Handeln oder Unterlassen entstanden ist. [2] Haftet der Kanton für eine Schadensverursachung durch Angestellte eines anderen Gemeinwesens, ersetzt ihm dieses die geleisteten Schadenersatz- und Genugtuungszahlungen sowie die ihm auferlegten Gerichtskosten und Parteientschädigungen. **§ 151 EG ZGB – B. Rückgriffsrecht** [1] Der Rückgriff des Gemeinwesens auf die Person, die den Schaden verursacht hat, richtet sich nach den Bestimmungen des Verantwortlichkeitsgesetzes. Dieses gilt sinngemäss auch für Personen, die sonst nicht in seinen Geltungsbereich fallen. [2] Gegenüber privaten Mandatsträgern, welche die Führung von Mandaten des Kindes- und Erwachsenenschutzrechts als professionelle sowie entgeltliche Dienstleistung anbieten, steht dem Kanton der Rückgriff zu, wenn sie den Schaden vorsätzlich oder fahrlässig verursacht haben. [3] Für die Verjährung gelten die Fristen gemäss Artikel 455 ZGB.
SZ	**§ 36 EG ZGB – VI. Verantwortlichkeit** [1] Der Kanton haftet für den Schaden, der einer Person im Rahmen der behördlichen Massnahmen des Kindes- und Erwachsenenschutzes durch widerrechtliches Handeln oder Unterlassen entstanden ist (Art. 454 ZGB). [2] Für den Rückgriff auf die Person, die den Schaden verursacht hat, ist das kantonale Gesetz über die Haftung des Gemeinwesens und die Verantwortlichkeit seiner Funktionäre anwendbar.
UR	**Artikel 26 EG KESR – Rückgriffsrecht des Kantons** Wird der Kanton wegen behördlicher Massnahmen des Kindes- oder des Erwachsenenschutzrechts schadenersatzpflichtig oder muss er deswegen Genugtuung bezahlen, kann er auf die verursachenden Organe zurückgreifen, wenn diese den Schaden oder die Genugtuung durch vorsätzliche oder grobfahrlässige Verletzung ihrer Amtspflicht verschuldet haben.
VS	**Art. 19b EG ZGB – Zivilrechtliche Verantwortlichkeit** [1] Der Kanton haftet direkt für Schaden, der durch widerrechtliches Handeln oder Unterlassen von Organen des Kindes- und Erwachsenenschutzes entsteht (Art. 454 ZGB). [2] Der Kanton hat ein doppeltes Rückgriffsrecht:

	Kantonale Bestimmungen zur Verantwortlichkeit (Art. 454 ZGB)
	a) gegenüber der Gemeinde oder dem Gemeindeverband, die bzw. der für die betroffene Berufsbeistandschaft verantwortlich ist; b) gegenüber dem Mandatsträger. ³ Artikel 14 ff. des Gesetzes über die Verantwortlichkeit der öffentlichen Gemeinwesen und ihrer Amtsträger regelt das Verfahren über den Rückgriff auf den Berufsbeistand oder Berufsvormund. Diese Bestimmungen finden analoge Anwendung, wenn die Behörde das Mandat einer Privatperson überträgt.
ZG	§ 55 Abs. 1 EG ZGB – Rückgriff bei Haftungsfällen Der Rückgriff im Haftungsfall gemäss Art. 454 ZGB auf die Person, die den Schaden verursacht hat, richtet sich nach dem Verantwortlichkeitsgesetz.

Die Regressmöglichkeiten im Rahmen von Art. 456 richten sich nach Auftragsrecht (insb. nach Art. 399 OR).

2. Haftung bei Besorgungsübertragung und Hilfspersonen

Die Beistände und Behördenmitglieder haben ihre Aufgaben grundsätzlich persönlich auszuüben (**persönliche Amtsführung**). Sie können aber – im Rahmen ihrer Vertretungsmacht und wo persönliches Handeln nicht verlangt wird – **Hilfspersonen** beiziehen (Art. 101 OR) oder Aufgaben mit Erlaubnis substituieren (Art. 398 Abs. 3 OR). Die Abgrenzung zwischen Hilfsperson und Substitut richtet sich primär danach, ob dem Gehilfen v.a. Hilfstätigkeiten übertragen sind (Art. 101 OR), oder ob er als **Substitut** Teilleistungen selbständig im Interesse des Auftraggebers übernimmt (BGE 112 II 347 E. 2b; BSK OR I-Weber, Art. 398 N 3). Dem Mandatsträger bzw. der Behörde obliegt in jedem Fall die Pflicht zur **sorgfältigen Auswahl, Instruktion und Überwachung** seiner Hilfspersonen und Substituten (vgl. Art. 399 Abs. 2 OR; ZK-Egger, Art. 413 ZGB N 9). Die Haftung für Hilfspersonen reicht aber, im Gegensatz zur Haftung für Substituten, noch weiter: Hier besteht eine Haftung für das Handeln der Hilfsperson, wenn diese den Schaden in Ausübung ihrer Verrichtung verursacht hat, wobei auch eine nur «**bei Gelegenheit**» oder anlässlich der Erfüllung erfolgte Schädigung ausreicht (BSK OR I-Wiegand Art. 101 N 10 m.w.H.). Das Verschulden der Hilfsperson ist dem Geschäftsherrn nur dann nicht zuzurechnen, wenn diesem, sofern er selbst gehandelt hätte, kein Verschulden angelastet werden könnte (BSK OR I-Wiegand Art. 101 N 11 ff. m.w.H.). Ein Haftungsausschluss ist gem. Art. 101 Abs. 3 OR nur für leichte Fahrlässigkeit möglich. Dies kann insb. für die Wahrnehmung privatautonomer Aufgaben auch im Erwachsenenschutzbereich gelten (s.a. N 5). Mit Blick auf deren Schutzzweck ist im Bereich der behördlichen Massnahmen aber jede Freizeichnung ausgeschlossen.

3. Feststellungsklage

Die Feststellung der Widerrechtlichkeit einer Handlung kann grundsätzlich nur im Zusammenhang mit einer Haftungsklage verlangt werden, nicht aber im Rahmen einer Feststellungsklage (BGer vom 17.7.2013, 5A_327/2013 E. 1; BGE 136 III 497 E. 2; BGer vom 25.10.2013, 5A_675/2013 E. 3.2; BGer vom 9.1.2014 5A_815/2013 E. 2.2.1).

Schlusstitel:

Anwendungs- und Einführungsbestimmungen

Art. 14 SchlT

V. Erwachsenenschutz
1. Bestehende Massnahmen

¹ Für den Erwachsenenschutz gilt das neue Recht, sobald die Änderung vom 19. Dezember 2008 in Kraft getreten ist.

² Personen, die nach bisherigem Recht entmündigt worden sind, stehen mit dem Inkrafttreten des neuen Rechts unter umfassender Beistandschaft. Die Erwachsenenschutzbehörde nimmt von Amtes wegen so bald wie möglich die erforderlichen Anpassungen an das neue Recht vor. So lange die Behörde im Fall erstreckter elterlicher Sorge nicht anders entschieden hat, sind die Eltern von der Inventarpflicht, der Pflicht zur periodischen Berichterstattung und Rechnungsablage und der Pflicht, für bestimmte Geschäfte die Zustimmung einzuholen, befreit.

³ Die übrigen nach bisherigem Recht angeordneten Massnahmen fallen spätestens drei Jahre nach dem Inkrafttreten der Änderung vom 19. Dezember 2008 dahin, sofern die Erwachsenenschutzbehörde sie nicht in eine Massnahme des neuen Rechts überführt hat.

⁴ Hat ein Arzt gestützt auf Artikel 397b Absatz 2 in der Fassung vom 1. Januar 1981 für eine psychisch kranke Person eine unbefristete fürsorgerische Freiheitsentziehung angeordnet, so bleibt diese Massnahme bestehen. Die Einrichtung teilt der Erwachsenenschutzbehörde spätestens sechs Monate nach dem Inkrafttreten des neuen Rechts mit, ob sie die Voraussetzungen der Unterbringung weiterhin für erfüllt erachtet. Die Erwachsenenschutzbehörde nimmt nach den Bestimmungen über die periodische Überprüfung die erforderlichen Abklärungen vor und bestätigt gegebenenfalls den Unterbringungsentscheid.

I. Regelungsgegenstand

Die Anwendungs- und Einführungsbestimmungen (Schlusstitel) wurden an die revidierten Bestimmungen des ZGB angepasst. Der bisherige **Art. 14 aSchlT** wurde geändert und durch eine **neue Fassung** ersetzt (Botschaft Erwachsenenschutz, 7107). Diese stimmt inhaltlich mit der Regelung im bundesrätlichen Entwurf (Art. 14 E-SchlT) überein.

Die Bestimmung regelt in vier Abätzen die **Überführung der bestehenden Massnahmen ins neue Recht**. Sie gilt zudem in Bezug auf den Grundsatz von Abs. 1 auch für die eigene Vorsorge und die Massnahmen von Gesetzes wegen (Art. 360–387; FamKomm Erwachsenenschutz-GEISER, Art. 14 und 14a SchlT N 1; vgl. auch N 3b).

II. Sachlicher Geltungsbereich

1. Grundsatz (Abs. 1)

3   Abs. 1 bestimmt in Übereinstimmung mit den Grundsätzen des bisherigen intertemporalen Rechts, dass für den **Erwachsenenschutz materiell nur noch das neue Recht anwendbar** ist, sobald das revidierte Bundesrecht (Gesetzesänderung vom 19.12.2008, BBl 2009 141 ff.; AS 2011 725 ff.; Inkrafttreten per 1.1.2013, AS 2011, 767) in Kraft getreten ist (BGer vom 15.7.2013, 5A_306/2013, E.1.4; BGer vom 17.5.2013, 5A_188/2013, E.1.2; BGer vom 11.4.2013, 5A_189/2013, E.1.2; BGer vom 7.2.2013, 5A_63/2013, E.1; BGer vom 16.1.2013, 5A_8/2013, E.1). Das gilt auch für die geänderten Bestimmungen des **Kindesschutzes** (BSK ZGB I-Reusser, Art. 14 SchlT N 4; vgl. auch N 5a).

3a Die Regeln des alten Vormundschaftsrechts und des neuen Kindes- und Erwachsenenschutzrechts sind «*um der öffentlichen Ordnung und Sittlichkeit willen*» (Art. 2 SchlT) aufgestellt worden, und es handelt sich um Rechtsinhalte, deren Inhalt durch das Gesetz «*unabhängig vom Willen der Beteiligten*» (Art. 3 SchlT) umschrieben wird. Solche Normen sind immer **sofort anwendbar** (Hausheer/Geiser/Aebi-Müller, Erwachsenenschutzrecht [1. Aufl.], Rz 3.14 m.w.H.; FamKomm Erwachsenenschutz-Geiser, Art. 14 und 14a SchlT N 3).

3b Die nach dem früheren Recht vor Inkrafttreten der Revision getroffenen Anordnungen bleiben gültig. Es gilt der Grundsatz, dass **keine Rück- bzw. Vorwirkung** stattfindet. Massnahmen des neuen Rechts können deshalb erst mit dessen Inkrafttreten Wirkungen entfalten (FamKomm Erwachsenenschutz-Geiser, Art. 14 und 14a SchlT N 4, 21, vgl. dort auch N 22–25 [betr. Eigene Vorsorge und Massnahmen von Gesetzes wegen]; BSK ZGB I-Reusser, Art. 14 SchlT N 11, vgl. dort auch N 30–36 [betr. Eigene Vorsorge und Massnahmen von Gesetzes wegen]). Auf Patientenverfügungen und Vorsorgeaufträge, die allenfalls vor dem 1.1.2013 erstellt wurden, sind hingegen übergangsrechtlich nicht die Art. 14 und 14a SchlT, sondern Art. 1–4 SchlT anwendbar (KOKES, Rz 13.2).

3c Nach Art. 404 haben die Mandatsträger Anspruch auf eine angemessene **Entschädigung** und auf Ersatz der notwendigen Spesen. Die KESB legt die Entschädigung fest. Die Kantone haben hierzu nach Art. 404 Abs. 3 Ausführungsbestimmungen zu erlassen. Im Sinne einer pragmatischen Lösung wird vom Bundesamt für Justiz in Abweichung vom Grundsatz von Art. 14 Abs. 1 SchlT angeregt, auf Mandate, die am 1.1.2013 bereits bestanden, erst ab diesem Zeitpunkt die neuen Berechnungsgrundlagen anzuwenden, hingegen für die Dauer des Mandatsverhältnisses vor Inkrafttreten des neuen Rechts die Entschädigung nach den Regeln des alten Rechts zu berechnen (Nussberger, ZKE 2012, 272 f.).

2. Abs. 2

4   Hinsichtlich der bestehenden Massnahmen hat die Behörde nach Abs. 2 **von Amtes wegen** so bald als möglich die erforderlichen **Anpassungen an das neue Recht** vorzunehmen. Personen, die nach bisherigem Recht **entmündigt** worden sind, stehen mit Inkrafttreten des neuen Rechts von Gesetzes wegen unter **umfassender**

Beistandschaft (Art. 398; Botschaft Erwachsenenschutz, 7107; HAUSHEER/GEISER/ AEBI-MÜLLER, Erwachsenenschutzrecht [1. Aufl.], Rz 3.15; BGer vom 15.7.2013, 5A_520/2013; BSK ZGB I-REUSSER, Art. 14 SchlT N 13 ff.; KOKES, Rz 13.4., 13.27 und 13.28), unabhängig davon, ob bereits ein Vormund ernannt oder den Eltern die *erstreckte elterliche Sorge* eingeräumt wurde (Art. 385 Abs. 3 aZGB). Da das geltende Recht die erstreckte elterliche Sorge nicht mehr kennt, ist diese in eine umfassende Beistandschaft zu überführen. Ein förmlicher Beschluss ist dafür nicht erforderlich, doch sind die betroffenen Personen über die neue Situation zu informieren (KOKES, Rz 13.4, 13.28). Solange die Behörde nicht anders verfügt, sind die Eltern in diesem Falle aber von Gesetzes wegen (Abs. 2, letzter Satz) weiterhin von der Inventarpflicht, der Pflicht zur periodischen Rechnungsstellung und Berichterstattung sowie der Pflicht, für bestimmte Geschäfte die Zustimmung der Behörde einzuholen, befreit (Botschaft Erwachsenenschutz, 7107; FamKomm Erwachsenenschutz-GEISER, Art. 14 und 14a SchlT N 7 f.; BSK ZGB I-REUSSER, Art. 14 SchlT N 15; KOKES, Rz 13.27).

Im geltenden Recht sind auch Massnahmen möglich, die das frühere Recht nicht kannte. Die KESB muss deshalb prüfen, ob die umfassende Beistandschaft noch angemessen ist, und ggf. «so bald wie möglich» Anpassungen vornehmen (Abs. 1 Satz 2; vgl. OGer ZH vom 17.4.2013, Geschäfts-Nr. NQ120045 sowie vom 14.2.2013, Geschäfts-Nr. NQ120074-O/U). Die Überprüfung hat spätestens im Zusammenhang mit der Abnahme des ersten Berichts unter dem neuen Recht (Art. 411 und 415 Abs. 2) zu erfolgen (FamKomm Erwachsenenschutz-GEISER, Art. 14 und 14a SchlT N 6; BSK ZGB I-REUSSER, Art. 14 SchlT N 16 f.; vgl. auch KOKES, Rz 13.5, wonach die Einhaltung einer Frist von 12 Monaten als angemessen bezeichnet wird). 4a

3. Abs. 3

Die nach früherem Recht angeordneten **Beistandschaften und Beiratschaften** haben zwar Parallelen im neuen Recht. Sie werden aber nicht von Gesetzes wegen automatisch in neue Massnahmen überführt, sondern dauern befristet weiter. In dieser Zeit bleiben die Wirkungen des bisherigen Rechts bestehen, doch gelten für die Amtsführung der Amtsträger, für die Zuständigkeiten und für die Rechtsmittel die Bestimmungen des neuen Rechts (Botschaft Erwachsenenschutz, 7107; FamKomm Erwachsenenschutz-GEISER, Art. 14 und 14a SchlT N 10 f.). 5

Nach Abs. 3 fallen diese unter dem alten Recht angeordneten vormundschaftlichen Massnahmen **spätestens drei Jahre nach Inkrafttreten des neuen Rechts** dahin, sofern die Behörde nicht durch eine neue Entscheidung eine Massnahme des Erwachsenenschutzes nach neuem Recht angeordnet hat (BGer vom 24.6.2013, 5A_280/2013, E. 2.2). Die KESB ist deshalb verpflichtet, in jedem einzelnen Fall – jedenfalls im Zusammenhang mit der Prüfung des Rechenschaftsberichts (Art. 415 Abs. 2) – nötigenfalls abzuklären, welche Massnahme des neuen Rechts zur Wahrung der Interessen der betroffenen Person angezeigt ist (Art. 415 Abs. 3; Botschaft Erwachsenenschutz, 7107; FamKomm Erwachsenenschutz-GEISER, Art. 14 und 14a SchlT N 9, 12; BSK ZGB I-REUSSER, Art. 14 SchlT N 18 ff., 21; vgl. oben N 4a). 5a

5b Vielfach kann davon ausgegangen werden, dass eine bisherige Beistandschaft auf eigenes Begehren (Art. 394 aZGB) in eine neurechtliche **Begleitbeistandschaft** (Art. 393), eine Beistandschaft (Art. 392 f. aZGB) und eine Verwaltungsbeiratschaft (Art. 395 Abs. 2 aZGB) in eine neurechtliche **Vertretungsbeistandschaft** (Art. 394 f.) sowie eine Mitwirkungsbeiratschaft (Art. 395 Abs. 1 aZGB) in eine neurechtliche **Mitwirkungsbeistandschaft** (Art. 396) umzuwandeln ist. Es ist aber im Einzelfall stets zu prüfen, ob diese Massnahme noch angemessen oder aufzuheben oder – unter Berücksichtigung der im neuen Recht anzustrebenden «massgeschneiderten» Massnahmen – abzuändern bzw. anzupassen ist (vgl. dazu HAUSHEER/GEISER/AEBI-MÜLLER, Erwachsenenschutzrecht [1. Aufl,], Rz 3.16; FamKomm Erwachsenenschutz-GEISER, Art. 14 und 14a SchlT N 12; BSK ZGB I-REUSSER, Art. 14 SchlT N 19; für das Vorgehen der KESB im Einzelnen KOKES, Rz 13.4 ff., 13.14 f., 13.29 ff.). Insbesondere ist zu berücksichtigen, dass bei der *Begleitbeistandschaft* dem Beistand oder der Beiständin eine Vertretungsmacht nur zukommt, wenn dies von der KESB zusätzlich so angeordnet wurde. Will die betroffene Person von sich aus dem Beistand oder der Beiständin weitergehende Kompetenzen einräumen, ist Art. 416 Abs. 3 ZGB zu beachten (KOKES, Rz 5.22 ff., 5.24, 5.28).

5c Auf unter dem früheren Recht angeordnete **Kindesschutzmassnahmen** (Art. 307 ff.) ist Abs. 3 nur insoweit anwendbar, als eine Vertretungsbeistandschaft i.S.v. Art. 306 Abs. 2 aZGB (i.V.m. Art. 392 Ziff. 2 aZGB) in eine neurechtliche Beistandschaft nach Art. 306 Abs. 2 zu überführen ist (KOKES, Rz 13.47). Die Errichtung einer Minderjährigenvormundschaft (Art. 327a–c) erfolgt übergangsrechtlich nicht nach Art. 14 SchlT, sondern nach Art. 12 SchlT (KOKES, Rz 13.46). Bei den übrigen Kindesschutzmassnahmen ergibt sich durch die Inkraftsetzung des neuen Rechts kein Anpassungsbedarf (vgl. dazu KOKES, Rz 13.48).

6 Trotz Kritik im Vernehmlassungsverfahren wurde eine **Verlängerung der dreijährigen Frist** auf fünf Jahre aus rechtsstaatlichen Überlegungen abgelehnt. Die zweijährige Frist für die Genehmigung der Rechnung und Berichterstattung (Art. 410 f.) kann den geeigneten Rahmen für eine Überführung der Massnahme bieten. Zudem konnte dies schon vor Inkrafttreten des neuen Rechts vorbereitet werden (Botschaft Erwachsenenschutz, 7108; KOKES, Rz 13.23 ff.; N 5a).

4. Abs. 4

7 Für den **Bereich der FU** gilt ebenso der Grundsatz von Abs. 1, wonach auf die FFE (die zu «FU» umgetauft wurde) ab 1.1.2013 das neue Recht anzuwenden ist (BSK ZGB I-REUSSER, Art. 14 SchlT N 23; KOKES, Rz 13.28; vgl. auch unten N 9).

7a Die **nach früherem Recht angeordnete** FFE bleibt grundsätzlich rechtsgültig, ohne dass dafür ein Entscheid der KESB erforderlich ist (Botschaft Erwachsenenschutz, 7108; BSK ZGB I-REUSSER, Art. 14 SchlT N 24). Indessen gelangt auch hier die *dreijährige Frist nach Abs. 3* zur Anwendung (vgl. N 5a; FamKomm Erwachsenenschutz-GEISER, Art. 14 und 14a SchlT N 13; vgl. aber unten N 7c).

Die **Überprüfung i.S.v. Art. 431** ist als Überführung in eine Massnahme des neuen Rechts i.S.v. Art. 14 Abs. 3 SchlT anzusehen (FamKomm Erwachsenenschutz-GEISER, Art. 14 und 14a SchlT N 14). **7b**

Abs. 4 regelt übergangsrechtlich die Fälle, in denen **ein Arzt** – oder eine andere geeignete Stelle (Art. 397b Abs. 2 aZGB) – gestützt auf Art. 397b Abs. 2 aZGB eine psychisch kranke Person **unbefristet** in eine Klinik eingewiesen hat. Grundsätzlich bleibt diese Massnahme – die mit der neuen Regelung in Art. 429 Abs. 1 nicht mehr vereinbar wäre – bestehen (FamKomm Erwachsenenschutz-GEISER, Art. 14 und 14a SchlT N 15 f., m.w.H. darauf, dass jedenfalls auch hier die Maximalfrist von drei Jahren gilt, vgl. auch oben N 7a). Die **Einrichtung** hat aber **spätestens innert sechs Monaten** der KESB mitzuteilen, ob sie die Voraussetzungen für eine Fortführung der Massnahme für erfüllt erachtet. Die KESB muss dann entscheiden, ob die bestehende Massnahme als FU aufrechterhalten werden darf oder nicht. Diese Überprüfung erfolgt analog der Bestimmung von Art. 431. Gegebenenfalls ist der Unterbringungsentscheid dann zu bestätigen (Botschaft Erwachsenenschutz, 7108; BSK ZGB I-REUSSER, Art. 14 SchlT N 26 ff.; FamKomm Erwachsenenschutz-GEISER, Art. 14 und 14a SchlT N 15; KOKES, Rz 13.27). **7c**

Der betroffenen Person steht es frei, schon vor Ablauf der sechs Monate jederzeit die **Entlassung** zu beantragen und eine **Ablehnung des Entlassungsgesuchs mit gerichtlicher Beschwerde anzufechten** (Botschaft Erwachsenenschutz, 7108; BSK ZGB I-REUSSER, Art. 14 SchlT N 28; vgl. auch BGE 131 III 457 E. 1). **8**

Die **Behandlung einer psychischen Störung** richtet sich ab Inkrafttreten des neuen Rechts in jedem Fall nach den Vorschriften von Art. 433 ff., selbst wenn die bestehende FFE noch nicht in eine Massnahme des neuen Rechts überführt worden ist (Botschaft Erwachsenenschutz, 7108; FamKomm Erwachsenenschutz-GEISER, Art. 14 und 14a SchlT N 13; BSK ZGB I-REUSSER, Art. 14 SchlT N 25; gleichermassen anwendbar sind zudem Art. 431 f. und 438 f.). **9**

5. Haftpflichtrecht

Die Frage, wie übergangsrechtlich bez. einer **Haftung** vorzugehen ist, wird in Art. 14 und 14a SchlT nicht geregelt. Ist das schädigende Verhalten am 1.1.2013 abgeschlossen, richtet sich die Haftung nach Art. 1 Abs. 1 und 2 SchlT ausschliesslich nach dem alten Recht, unabhängig davon, wann die Haftung geltend gemacht wird. Erfolgt das gesamte schädigende Verhalten nach dem 1.1.2013, richtet sich die Haftung ausschliesslich nach neuem Recht (Art. 1 Abs. 3 SchlT), und zwar auch dann, wenn eine altrechtliche Massnahme während dreier Jahre nach Inkrafttreten des neuen Rechts noch weitergeführt wird (N 5a; vgl. dazu im Einzelnen FamKomm Erwachsenenschutz-GEISER, Art. 14 und 14a SchlT N 17 f.). Wenn das schädigende Verhalten unter dem alten Recht begann und nach dem 1.1.2013 andauert, spricht eine Interessenabwägung dafür, für die Haftung ausschliesslich das neue Recht anzuwenden, weil es milder ist (FamKomm Erwachsenenschutz-GEISER, Art. 14 und 14a SchlT N 19; BSK ZGB I-REUSSER, Art. 14 SchlT N 40). **10**

11 Die allgemeine übergangsrechtliche Bestimmung über die **Verjährung** (Art. 49 SchlT) ist hier nicht anwendbar (FamKomm Erwachsenenschutz-GEISER, Art. 14 und 14a SchlT N 20). Erfolgte das schädigende Verhalten ausschliesslich unter dem alten Recht und wurde auch unter diesem die Massnahme beendet und die Schlussrechnung zugestellt, ist das frühere Recht von Art. 454 aZGB anwendbar. Erfolgte das schädigende Verhalten unter dem alten Recht, dauert aber die Massnahme noch an oder wurde keine Schlussrechnung zugestellt, konnte die Verjährungsfrist unter dem alten Recht nicht zu laufen beginnen. Der Beginn der Verjährungsfrist erfolgt deshalb erst nach dem 1.1.2013 und richtet sich nach neuem Recht (Art. 455). Erfolgte das schädigende Verhalten sowohl unter dem alten wie auch unter dem neuen Recht, ist nach Art. 455 Abs. 3 das neue Recht anwendbar (vgl. dazu FamKomm Erwachsenenschutz-GEISER, Art. 14 und 14a SchlT N 20).

Art. 14a SchlT

2. Hängige Verfahren
¹ Hängige Verfahren werden mit dem Inkrafttreten der Änderung vom 19. Dezember 2008 von der neu zuständigen Behörde weitergeführt.
² Das neue Verfahrensrecht findet Anwendung.
³ Die Behörde entscheidet darüber, ob und wieweit das bisherige Verfahren ergänzt werden muss.

I. Regelungsgegenstand

1 Der bisherige **Art. 14a SchlT** wird geändert und durch eine **neue Fassung** ersetzt. Diese stimmt inhaltlich mit der Regelung im bundesrätlichen Entwurf (Art. 14a E-SchlT) überein.

2 Die Bestimmung regelt die übergangsrechtliche Behandlung der im Zeitpunkt des Inkrafttretens des neuen Rechts (d.h. am 1.1.2013) **hängigen Verfahren** (vgl. Randtitel).

II. Sachlicher Geltungsbereich

1. Abs. 1

3 Abs. 1 bestimmt, dass die Weiterführung der bei Inkrafttreten des neuen Rechts hängigen Verfahren den **neu zuständigen Behörden** obliegt (Botschaft Erwachsenenschutz, 7108; vgl. BSK ZGB I-REUSSER, Art. 14a SchlT N 2 ff.; OGer ZH vom 25.1.2013, Geschäfts-Nr. NA120042-O/U, E. 3; KOKES, Rz 13.18 f.). Dieser Grundsatz muss sinngemäss auch für die neue Zuständigkeit der Ärzte gelten (Art. 429; FamKomm Erwachsenenschutz-GEISER, Art. 14 und 14a SchlT N 27; BSK ZGB I-REUSSER, Art. 14a SchlT N 19 f.). Das bedeutet, dass die sachliche Zuständigkeit der bisherigen Behörden und Stellen mit dem 31.12.2012 weggefallen ist und diesbez. mit Wirkung per 1.1.2013 eine neue gesetzliche Regelung gilt.

Abs. 1 gilt auch für **Verfahren auf Aufhebung oder Änderung** einer unter dem alten Recht angeordneten Massnahme (BSK ZGB I-Reusser, Art. 14a SchlT N 4). **3a**

Abs. 1 findet auf **hängige Verfahren** Anwendung. Der Begriff der Rechtshängigkeit eines Verfahrens wird in Art. 442 Abs. 1 erwähnt und vorausgesetzt, aber in den Verfahrensbestimmungen des ZGB nicht näher bestimmt (vgl. FamKomm Erwachsenenschutz-Steck, Art. 450f N 13). Er wird zum Teil in den kantonalen Verfahrensordnungen definiert (vgl. z.B. die Regelung des Kt. ZH in § 47 EG KESR ZH). Fehlt eine kantonale Bestimmung, sind nach Art. 450f die Bestimmungen der ZPO sinngemäss anzuwenden (Art. 450f N 4 ff.; FamKomm Erwachsenenschutz-Steck, Art. 450f N 8 ff.). Da die auf die Bedürfnisse des Zivilprozesses zugeschnittene Regelung von Art. 62 ff. ZPO kaum weiterhilft, ist durch Auslegung zu ermitteln, was unter einem hängigen Verfahren i.S.v. Art. 14a Abs. 1 SchlT zu verstehen ist (vgl. dazu auch BSK ZGB I-Reusser, Art. 14a SchlT N 8). Ein solches liegt jedenfalls vor, wenn das Verfahren noch nicht abgeschlossen ist. Das ist mithin dann der Fall, wenn am 1.1.2013 in einem konkreten Verfahren ein Entscheid der bisher damit befassten Behörde oder Gerichtsinstanz noch ausstehend war oder wenn ein Erledigungsentscheid hinsichtlich einer anzuordnenden Massnahme oder eines anderen Geschäfts zwar vorher ergangen, aber noch nicht in Rechtskraft erwachsen ist (vgl. auch N 3d). Die Hängigkeit in diesem Sinne entfällt mit der Rechtskraft des Entscheids (BSK ZGB I-Reusser, Art. 14a SchlT N 9). **3b**

Ist ein **Entscheid vor Inkrafttreten des neuen Rechts gefällt** worden, läuft aber die Rechtsmittelfrist erst nach dem 1.1.2013 **unbenutzt** ab, gilt das Verfahren nicht mehr als hängig (BSK ZGB I-Reusser, Art. 14a SchlT N 10). **3c**

Können **periodische Berichte und Rechnungen** der unter dem alten Recht bestellten Amtsträger erst nach dem 1.1.2013 geprüft werden, ist das entsprechende Geschäft noch hängig und obliegt diese Aufgabe neu der KESB. Dieser sind die entsprechenden Verfahren zu überweisen, damit sie das Verfahren nach Art. 415 fortführt (BSK ZGB I-Reusser, Art. 14a SchlT N 7). **3d**

2. Abs. 2

Nach Abs. 2 wendet die neu zuständige Behörde (KESB, gerichtliche Beschwerdeinstanz) das **neue Verfahrensrecht** (Art. 443 ff., 450 ff., 450f, 450g; vgl. Art. 450f N 4 ff.; BSK Erwachsenenschutz-Reusser, Art. 14a SchlT N 23 f.; KOKES, Rz 13.19) an. Dies gilt sinngemäss auch für die neuen verfahrensrechtlichen Bestimmungen für Ärzte und Einrichtungen (Art. 430, 433 ff.). **4**

Vorsorgliche Massnahmen, welche von der bisher zuständigen Behörde erlassen wurden, bleiben auch nach Inkrafttreten des neuen Rechts in Kraft (BSK ZGB I-Reusser, Art. 14a SchlT N 26). Die KESB oder ggf. die gerichtliche Beschwerdeinstanz kann sie jedoch gestützt auf Art. 445 jederzeit von Amtes wegen oder auf Antrag einer am Verfahren beteiligten Person aufheben oder abändern (KOKES, Rz 13.27; Art. 445 N 6). **4a**

Die **Beschwerdefrist** (Art. 450b) gehört systematisch zum Verfahrensrecht. Auf hängige Verfahren sind somit ab 1.1.2013 die Beschwerdefristen des neuen **4b**

Rechts anwendbar. Wenn ein Entscheid im Dezember 2012 gefällt wurde und die noch unter dem alten Recht angesetzte 10-tägige Rechtsmittelfrist (Art. 420 aZGB) erst im Jahr 2013 ablief, war ggf. die Beschwerdefrist nach Art. 450 Abs. 1 auf 30 Tage zu verlängern (Nussberger, Bundesamt für Justiz, ZKE 2012, 272; vgl. auch KOKES, Rz 13.21).

4c Die Regel von Abs. 2 gilt auch für die **Vollstreckung** i.S.v. Art. 450g. Am 1.1.2013 noch hängige (d.h. unerledigte) Vollstreckungsbegehren sind der KESB zu überweisen (BSK ZGB I-Reusser, Art. 14a SchlT N 32; Art. 450g N 3).

3. Abs. 3

5   Die betroffene Person hat einen Anspruch darauf, dass sich die Mitglieder der der zur Entscheidung berufenen Behörde selber ein eigenständiges Urteil des Falls bilden. Wechselt die Zuständigkeit mit Inkrafttreten des neuen Rechts, muss die neu zuständige KESB deshalb eine eigene Beurteilung vornehmen. Sie hat nach Abs. 3 im Einzelfall auch darüber zu entscheiden, ob und inwieweit das **bisherige Verfahren ergänzt** werden muss (OGer ZH vom 25.1.2013, Geschäfts-Nr. NA120042-O/U E. 2; FamKomm Erwachsenenschutz-Geiser, Art. 14 und 14a SchlT N 28; BSK ZGB I-Reusser, Art. 14a SchlT N 25). Die betroffene Person muss grundsätzlich von derjenigen Behörde angehört werden (Art. 447), welche entscheiden wird. Fand jedoch die Anhörung wenige Wochen vor dem Entscheid statt und lag dazu ein vollständiges Protokoll der früher zuständigen Behörde vor, war es vertretbar, dass die neue Behörde von einer Wiederholung absah (KOKES, Rz 13.20).

6   Diese gesetzliche Regelung gilt ohne Einschränkung für **alle Instanzen**. Eine Rechtsänderung ist auch noch vor Bundesgericht möglich (Hausheer/Geiser/Aebi-Müller, Erwachsenenschutzrecht [1. Aufl.], Rz 3.17; FamKomm Erwachsenenschutz-Geiser, Art. 14 und 14a SchlT N 26; BSK ZGB I-Reusser, Art. 14a SchlT N 12, 18; KOKES, Rz 13.19).

7   Ein Verfahren, das von der Vormundschaftsbehörde nicht mehr abgeschlossen werden konnte, mithin dort am 1.1.2013 noch hängig war, ist von dieser der **KESB** zur weiteren Behandlung und Entscheidung zu überweisen (N 1, 3b).

8   Wurde der Entscheid noch von der **alten Behörde** (Vormundschaftsbehörde oder eine als Verwaltungsbehörde konstituierte untere kantonale Aufsichtsbehörde) gefällt, den am Verfahren beteiligten Personen jedoch erst nach Inkrafttreten des neuen Rechts mitgeteilt, muss eine **Anfechtung** nach Abs. 2 nach den Bestimmungen des neuen Rechts bei der **gerichtlichen Beschwerdeinstanz** erfolgen. Diese wird dann nach Abs. 3 darüber zu entscheiden haben, ob die Sache zur allfälligen Ergänzung und neuen Entscheidung an die KESB zu überweisen ist (vgl. auch den in BGer vom 17.4.2013, 5A_254/2013 beurteilten Sachverhalt).

9   Wurde die Anordnung der Vormundschaftsbehörde noch nach altem Recht mit **Vormundschaftsbeschwerde** bei einer dafür **zuständigen Verwaltungsbehörde** (untere kantonale Aufsichtsbehörde, vgl. Art. 361 aZGB) angefochten und von dieser bis zum Inkrafttreten des neuen Rechts noch nicht erledigt, ist die Sache grundsätzlich nicht an die gerichtliche Beschwerdeinstanz, sondern an die KESB zu

überweisen, damit diese i.S.v. Abs. 3 die i.d.R. wohl notwendigen Ergänzungen des Verfahrens vornimmt und neu entscheidet (BSK ZGB I-REUSSER, Art. 14a SchlT N 13; tendenziell weniger streng KOKES, Rz 13.22, wonach die Überweisung an die KESB lediglich möglich sei; vgl. auch Art. 14 SchlT N 5).

Über das **gerichtliche Rechtsmittel**, mit welchem ein unter dem bisherigen Recht ergangener Entscheid angefochten wird, hat die gerichtliche Beschwerdeinstanz nach Inkrafttreten des neuen Rechts nach **neuem Verfahrensrecht** zu entscheiden (BSK ZGB I-REUSSER, Art. 14a SchlT N 12; vgl. oben N 4). Falls die kantonale Gerichtsverfassung zufolge der ZGB-Revision geändert worden ist, muss ggf. das angerufene Gericht die Sache dem neu zuständigen Gericht überweisen (Abs. 1). Das kantonale Recht kann jedoch bestimmen, dass das bisher befasste Gericht zuständig bleibt, soweit die Weiterzugsmöglichkeiten an das Bundesgericht nach Art. 75 BGG gewährleistet sind. 10

Gegen die **Behandlung einer psychischen Störung ohne Zustimmung oder eine Massnahme zur Einschränkung der Bewegungsfreiheit** (Art. 439 Abs. 1 Ziff. 4 und 5) ist eine gerichtliche Beschwerde nur zulässig, wenn die Massnahme am 1.1.2013 oder später angeordnet wurde (BSK ZGB I-REUSSER, Art. 14a SchlT N 31; Art. 14 SchlT N 9). 11

Verordnung über die Vermögensverwaltung im Rahmen einer Beistandschaft oder Vormundschaft (VBVV)

Art. 1 VBVV

Gegenstand Diese Verordnung regelt die Anlage und die Aufbewahrung von Vermögenswerten, die im Rahmen einer Beistandschaft oder einer Vormundschaft verwaltet werden.

Literatur

AFFOLTER-FRINGELI, Erwachsenenschutzrecht: Behördliche Schutzmassnahmen und der Verkehr mit den Banken, in: Emmenegger (Hrsg.), Das Bankkonto. Policy – Inhaltskontrolle – Erwachsenenschutz, Schweizerische Bankrechtstagung 2013, Bern 2013, 167 ff. (zit. Bankkonto); DERS., Zur Inventarisierung und Verwahrung verbeiständeter Vermögen, ZVW 2004, 212 ff.; ARTER, Sorgfalt bei der Vermögensverwaltung durch Banken, in: Lorandi et al. (Hrsg.), Innovatives Recht. Festschrift für Ivo Schwander, Zürich 2011, 257 ff.; BALESTRIERI, Die Vermögensverwaltung im neuen Erwachsenenschutzrecht, ZKE 2011, 201 ff.; BASLER SCHERER, Vermögensanlage unter Erwachsenenschutzrecht, ZKE 2011, 177 ff.; BERTSCHINGER, Sorgfaltspflichten des Vermögensverwalters bei Derivaten – Bemerkungen zum Urteil des Bundesgerichts vom 28.7.1995 (4C. 467/1994), SZW 1996, 240 ff.; BREITSCHMID, Fragen um Bank und Kindesvermögen, in: von der Crone et al. (Hrsg.), Aktuelle Fragen des Bank- und Finanzmarktrechts. Festschrift für Dieter Zobl zum 60. Geburtstag, Zürich 2004, 217 ff. (zit. FS Zobl); DERS., Vermögensverwaltung im Kindes- und Erwachsenenschutz, Referat anlässlich der Luzerner Tagung zum Kindes- und Erwachsenenschutz, Kindes- und Erwachsenenschutz: Aktuelle Praxisfragen, 17.5.2013 (zit. Referat); BREITSCHMID/KAMP, Minderjährige Erben, insbesondere planerische Aspekte in Scheidungs- bzw. Stiefsituationen einschliesslich vermögensverwalterischer Belange, successio 2013, 90 ff.; DIES., Vermögensverwaltung im Bereich des Kindes- und Erwachsenenschutzes, in: Rosch/Wider (Hrsg.): Zwischen Schutz und Selbstbestimmung. Festschrift für Professor Christoph Häfeli zum 70. Geburtstag, Bern 2013, 155 ff. (zit. FS Häfeli); DÖRFLINGER, Zusammenarbeit zwischen KESB und den Banken – Art. 9 der Verordnung über die Vermögensverwaltung (VBVV), ZKE 2013, 353 ff.; GEISER, Behördenzusammenarbeit im Erwachsenenschutzrecht, AJP 2012, 1688 ff.; DERS., Sorgfalt in der Vermögensverwaltung durch den Willensvollstrecker, successio 2007, 178 ff.; DERS., Vermögenssorge im Erwachsenenschutzrecht, ZKE 2013, 329 ff.; HÄFELI, Die Vermögensanlage im Rahmen vormundschaftlicher Mandate aus rechtlicher und sozialarbeiterischer Sicht, ZVW 2001, 309 ff.; DERS., Das neue Kindes- und Erwachsenenschutzrecht – Eine Zwischenbilanz und Perspektiven, Jusletter vom 9.12.2013; HEGNAUER, Das Wohl des Mündels als Maxime der Vormundschaft, ZVW 1984, 81 ff.; Kanton Zug, Entwurf betr. die Verordnung über die Vermögensverwaltung im Rahmen einer Beistandschaft oder Vormundschaft (E-VBVV) – Stellungnahme (zit. Kanton Zug, Stellungnahme zur Vernehmlassung); KLEINER/SCHWOB/WINZELER, Kommentar zu Art. 47 BankG, in: Bodmer/Kleiner/Lutz (Begr.), Zobl et al. (Hrsg.), Kommentar zum Bundesgesetz über die Banken und Sparkassen, 21. Aufl., Zürich 2013, 21. Nachlieferung; KOKES, Entwurf zur Verordnung über die Vermögensverwaltung im Rahmen einer Beistandschaft oder Vormundschaft (VBVV) – Stellungnahme, 7.3.2012, ‹http://www.kokes.ch› dort: Dokumentation, Vernehmlassungen (4.6.2014; zit. KOKES Stellungnahme); KOKES, Praxisprobleme von vormundschaftlichen Mandatsträgern im Umgang mit Banken, (Sozial-)Versicherungen und Poststellen – Empfehlungen des Arbeitsausschusses KOKES vom November 2010, ZKE 2011, 234 ff. (zit. Arbeitsausschuss KOKES, ZKE 2011, 234); Nobel, Schweizerisches Finanzmarktrecht und internationale Standards, 3. Aufl., Bern 2010; Nussberger, Das Vertretungsrecht und die Handlungsfähigkeit im neuen Erwachsenenschutzrecht, AJP 2012, 1677 ff.; Rosch, SVBB, Güterrecht und Vormundschaftsrecht, 5.4.2011, ‹http://www.svbb-ascp.ch› dort: Dokumentation, Beratungspraxis Erwachsene (4.6.2014); Rumo-Jungo, Vorsorgeauftrag und Banken, Jusletter vom 9.12.2013; SBVg, Stellungnahme vom 5.3.2012, Entwurf betreffend die Verordnung über die Vermögensverwaltung im Rahmen einer Beistandschaft oder Vormundschaft (E-VBVV) – Anhörung, ‹http://www.swissbanking.org› dort: Standpunkte, Vernehmlassungen 2012 (4.6.2014); SBVg/KOKES, Empfehlungen der SBVg und der KOKES zur Vermögensverwaltung gemäss Kindes- und Erwachsenenschutzrecht, Juli 2013, ‹http://www.kokes.ch› dort: Dokumentation, Empfehlungen (4.6.2014; zit. Empfehlungen SBVg/KOKES); VBK, Empfehlungen für die Vermögensanlage im Rahmen von vormundschaftlichen Mandaten, ZVW 2001, 332 ff., (s.a. ‹http://www.kokes.ch› dort: Dokumentation, Empfehlungen [4.6.2014]); dies., Vermögensanlage im Rahmen von vormundschaftlichen Mandaten – Ergänzungen zu den gleichnamigen Empfehlungen der VKB vom September 2001, in ZVW 2009, 199 ff., (s.a. ‹http://www.kokes.ch› dort: Dokumentation, Empfehlungen [4.6.2014]); Zeiter, Vorsorgeauftrag, Patientenverfügung und Nacherbeneinsetzung auf den Überrest nach Art. 492a ZGB: Überblick über drei neue Rechtsinstitute, SJZ 2013, 225 ff.; Zellweger-Gutknecht, L'impact sur les banques du nouveau droit de la protection de l'adulte, RSDA 2014, 185 ff.; Zondler/Näf, Die Banken und das Erwachsenenschutzrecht, AJP 2013, 1232 ff.; Zobl, Kommentar zu Art. 3a BankG, in: Bodmer/Kleiner/Lutz (Begr.), Zobl et al. (Hrsg.), Kommentar zum Bundesgesetz über die Banken und Sparkassen, 21. Aufl., Zürich 2013, 21. Nachlieferung.

I. Hintergrund und gesetzliche Grundlage

1   Unter altem Recht stand es in der Kompetenz der Kantone, Bestimmungen über die Anlage und Verwahrung von «Mündelvermögen» aufzustellen (Art. 425 Abs. 2 aZGB). Im Interesse einer **einheitlichen Anwendung des Bundesrechts** hat der Bundesrat basierend auf Art. 408 Abs. 3 ZGB die «Verordnung über die Vermögensverwaltung im Rahmen einer Beistandschaft oder Vormundschaft» (nachfolgend **VBVV**) erlassen (BBl 2006 7001, 7053; Begleitbericht VBVV 2012, 2). Mit **Inkrafttreten** der VBVV **am 1.1.2013** (Art. 13) wurden die bisherigen Empfehlungen der VKB (ZVW 2001, 332 ff.; ZVW 2009, 199 ff.) sowie die entsprechenden kantonalen Bestimmungen ersetzt. Da der Bund im Bereich der Anlage und Aufbewahrung von Vermögenswerten legiferiert, können die Kantone keine eigenen (Vollzugs-)Bestimmungen mehr erlassen (*lex superior derogat legi inferiori*; Häfelin/Haller/Keller, Rz 1173 ff.; s. Einführung, N 14; FamKomm Erwachsenenschutz-Häfeli, Art. 408 N 18).

Die **VBVV orientiert** sich stark an den bisherigen **Empfehlungen der VBK** und – 2
bez. den Anlagen- und Aufbewahrungsbestimmungen – an der entsprechenden
Verordnung des Kantons Luzern (Begleitbericht VBVV 2012, 4; s. Verordnung
über das Vormundschaftswesen des Kantons Luzern vom 25.9.2001, SRL 206).
Der Verordnungsgeber versucht mit der VBVV eine möglichst flexible Rahmenordnung zur Aufbewahrung und Anlage von Vermögen aufzustellen (s. BREITSCHMID/
KAMP, FS Häfeli, 159; GEISER, ZKE 2013, 335 und 337).

In Zusammenarbeit mit der **KOKES** hat die **Schweizerische Bankiervereinigung** 3
(SBVg) im Juli 2013 **Empfehlungen** «zur Vermögensverwaltung gemäss Kindes-
und Erwachsenenschutzrecht» erlassen. Diese richten sich an die Banken bzw. deren Mitarbeitende sowie an die Behörden und Mandatsträger. Die Empfehlungen
bezwecken die praktische Umsetzung des neuen Kindes- und Erwachsenenschutzrechts, insb. mit Blick auf die VBVV (Empfehlungen SBVg/KOKES, Ziff. 1).

II. Regelungsgegenstand

Die VBVV regelt einen wesentlichen Bestandteil der **Vermögenssorge**, nämlich die 4
Anlage (Art. 6 ff.) und **Aufbewahrung** (Art. 3 und Art. 4) von Vermögenswerten.
Die VBVV konkretisiert die **Vermögensverwaltungsrechte und -pflichten** einer
Beiständin oder eines Beistands bzw. einer Vormundin oder eines Vormunds
(fortan die «**Betreuungsperson**»). Die Vermögenssorge hat dabei stets im Interesse und zum Schutze der betroffenen Person zu erfolgen und ist nie Selbstzweck
(GEISER, ZKE 2013, 333).

Neben der Statuierung von Grundsätzen für die Anlage und Aufbewahrung (Art. 2 5
und Art. 5), konkretisiert die VBVV die allgemeine **Aufsichtspflicht** der **KESB** gem.
Art. 415 ff. ZGB (Art. 4 Abs. 1 letzter Satz) und statuiert darüber hinaus zahlreiche
Bewilligungs- und Genehmigungspflichten (Art. 4 Abs. 2 letzter Satz, Art. 4
Abs. 3; Art. 6 Abs. 2, Art. 7 Abs. 2, Art. 7 Abs. 3, Art. 8 Abs. 3 letzter Satz, Art. 9
Abs. 1 letzter Satz; s. dazu Art. 6 VBVV N 20 ff., Art. 7 VBVV N 28 ff., Art. 9 VBVV
N 23 ff.). Die VBVV regelt ferner die Dokumentationspflicht der betreuenden Person (Art. 10 Abs. 1 und Art. 11). Zudem räumt die VBVV der betreuenden Person
sowie der KESB zahlreiche Auskunfts- und Einsichtsrechte ein (Art. 10 Abs. 3 und
4; s. Art. 10 VBVV N 3 ff. und N 16 ff., insb. N 18 f.).

III. Anwendungsbereich

1. Adressat

a) Beistandschaft oder Vormundschaft

Die VBVV ist anwendbar auf Vermögen, welches im Rahmen einer Beistandschaft 6
oder Vormundschaft verwaltet wird (Art. 1). **Adressat** der VBVV ist die **betreuende
Person** als Mandatsträgerin, welcher die Vermögenssorge übertragen wurde (s.
N 20 ff.):

Bei der **umfassenden Beistandschaft** wird der betreuenden Person von Gesetzes 7
wegen die Vermögensverwaltung übertragen (Art. 398 Abs. 1 i.V.m Abs. 2 ZGB;

BSK ZGB I-Henkel, Art. 398 N 21 f.), weshalb die VBVV zur Anwendung gelangt. Im Rahmen einer **Vertretungsbeistandschaft mit Vermögensverwaltung** wird der betreuenden Person ebenfalls die Vermögenssorge übertragen werden (Art. 394 i.V.m. Art. 395 ZGB; s. nachfolgend N 22).

8   Im Fall einer **Mitwirkungsbeistandschaft** (Art. 396 ZGB) muss die KESB festlegen, welche (u.a. auch vermögensrechtlichen) Rechtsgeschäfte der Zustimmung des Beistandes bedürfen (s. N 23). Obwohl der Begleitbericht die Anwendung der VBVV im Rahmen der Mitwirkungsbeistandschaft nicht explizit erwähnt, entspricht die Anwendung aber dennoch dem Wortlaut von Art. 1 VBVV bzw. Art. 408 Abs. 3 ZGB sowie dem Schutzzweck der VBVV, soweit die Betreuungsperson in Bereichen der Vermögenssorge ihre Zustimmung abgeben muss (Art. 396 ZGB). Tätigt die unter Mitwirkungsbeistandschaft stehende Person eine Vermögensanlage, sollte die Zustimmung der Betreuungsperson deshalb von den Grundsätzen der VBVV (insb. Art. 2 und Art. 5 ff.) geleitet werden.

9   Dasselbe gilt bei einer **Kombination** von Beistandschaften (Art. 397 ZGB): Der Wortlaut von Art. 1 und der Schutzzweck der VBVV gebieten u.U. ebenfalls eine Anwendung der VBVV (s. zur Vermögenssorge bei Kombinationen von Beistandschaften BSK ZGB I-Henkel, Art. 397 N 11; Häfeli, Grundriss, § 19.52 ff.).

10 Der Wortlaut und Zweck der VBVV rechtfertigen sodann deren grundsätzliche Anwendung im Rahmen einer **Begleitbeistandschaft** (Art. 393 ZGB): Soll die Betreuungsperson die betroffene Person hinsichtlich Vermögensangelegenheiten, z.B. bei der Anlage von Vermögenswerten, mit Rat und Tat begleitend zur Seite stehen, hat sich die Betreuungsperson an den Grundsätzen der VBVV zu orientieren und sich VBVV-konform zu verhalten. Insbesondere sollte die Beratung dem Aspekt der individuellen Zwecksicherheit, Diversifikation, Liquiditätsplanung und Risikofähigkeit der betroffenen Person (s. Art. 2 und Art. 5; Art. 2 VBVV N 2 ff., Art. 5 VBVV N 1 ff., Art. 6 VBVV N 2 ff.) gebührend Rechnung tragen.

11 Gestützt auf Art. 327c Abs. 2 ZGB sind die Bestimmungen der VBVV auch auf die Anlage und die Aufbewahrung des Vermögens einer minderjährigen Person unter **Vormundschaft** anwendbar (Begleitbericht VBVV 2012, 2).

12 Bei den **weiteren Kindesschutzmassnahmen** gem. Art. 307 und Art. 308 ZGB sowie insb. auch bei der **Kindesvermögensverwaltungsbeistandschaft** (Art. 325 ZGB) fehlt zwar der Verweis auf die Anwendbarkeit der Bestimmungen des Erwachsenenschutzes und somit Art. 408 Abs. 3 ZGB, nach hier vertretener Ansicht spricht jedoch nichts gegen eine – zumindest sinngemässe – Anwendung der VBVV auf vermögensrechtliche Belange im Rahmen von Kindesschutzmassnahmen. Im Gegenteil gebietet es der Schutzzweck der VBVV, dass zumindest die Grundsätze der VBVV (Art. 2 und Art. 5) auch im Rahmen von kindesschutzrechtlichen Massnahmen beachtet und eingehalten werden. Im Zusammenhang mit der Kindesvermögensverwaltungsbeistandschaft (Art. 325 ZGB) sowie bei anderen vermögensrechtlichen Vertretungshandlungen der Betreuungsperson (z.B. im Rahmen von Art. 308 Abs. 2 ZGB) sollte die VBVV umfassend beachtet werden. Steht die Betreuungsperson den Eltern in vermögensrechtlichen Angelegenheiten

primär nur beratend zur Seite – mit oder ohne punktuellem Vertretungsrecht – (s. Art. 308 Abs. 1 ZGB) und/oder hat die Betreuungsperson blosse Aufsichtsfunktion inne – mit oder ohne Weisungsrecht – (Art. 307 Abs. 1 und 3 ZGB), hat die Betreuungsperson die Bestimmungen der VBVV im Beratungs- bzw. Aufsichtsprozess zu beachten (s. N 10). Mithin resultiert aus der VBVV und dem ihr zugrundeliegenden Schutzobjekt ein generell anwendbarer Sorgfaltsmassstab für die Mandatsführung bei Kindeschutzmassnahmen.

Im Sinne einer teleologischen Erweiterung des Anwendungsbereichs ist die VBVV über den Wortlaut von Art. 1 bzw. Art. 408 Abs. 3 ZGB hinaus sinngemäss anwendbar, falls die **KESB vermögensrechtliche (Ersatz-)Massnahmen** gem. Art. 392 ZGB anordnet (GEISER, ZKE 2013, 337), und zwar unabhängig davon, ob die KESB selber handelt (Art. 392 Ziff. 1 ZGB) oder eine Drittperson dafür einsetzt (Art. 392 Ziff. 2 ZGB). 13

Die VBVV findet gleichermassen Anwendung auf die **Berufsbeiständin** wie auch auf die **Privatbeiständin**, d.h. eine nahestehende Person, die fortan als Beiständin amtet (Art. 400 ZGB; s. FamKomm Erwachsenenschutz-HÄFELI, Art. 400 N 7). Art. 420 ZGB erlaubt allenfalls eine Abweichung von der VBVV im Einzelfall (GEISER, ZKE 2013, 337). 14

b) Banken, Vermögensverwalter und andere Drittpersonen

Nicht Adressat der VBVV und damit nicht direkt an diese gebunden sind **Banken** (s. zum Begriff Art. 3 VBVV N 14 ff.), **Vermögensverwalter** oder andere **Drittpersonen**. Die VBVV konkretisiert nur die Rechte und Pflichten der Betreuungsperson im Rahmen der Vermögensverwaltung (Art. 408 Abs. 3 ZGB) und kann daher Drittpersonen keine gesetzliche Pflichten auferlegen, wie z.B. von Gesetzes wegen für die Richtigkeit der Zusammensetzung der Anlagen gem. Art. 6 und Art. 7 zu sorgen. Die Haftung von solchen Drittpersonen gegenüber der betroffenen Person ergibt sich einzig aus dem entsprechenden Vertragsverhältnis, bspw. aus Auftragsrecht (Art. 394 ff. OR), oder ist bankaufsichtsrechtlicher Natur (s. SBVg, Stellungnahme vom 5.3.2012, 2). Die Verletzung von Anlagebestimmungen, z.B. die Anlage in Produkte, die nicht den Bestimmungen von Art. 6 bzw. Art. 7 entsprechen, stellen somit nur dann eine Sorgfaltspflichtverletzung der Bank dar, wenn die Bank der Einhaltung der entsprechenden Bestimmungen der VBVV vertraglich zugestimmt hat. 15

c) Private Vorsorge

Keine Anwendung findet die VBVV im Bereich der **privaten Vorsorge**. Vom Anwendungsbereich der VBVV nicht erfasst sind somit **Vorsorgebeauftragte** (Art. 360 ff. ZGB) und Handlungen im Rahmen des gesetzlichen Vertretungsrechts (Art. 374 ff. ZGB; ZEITER, SJZ 2013, 229; GEISER, ZKE 2013, 337) sowie andere vertragliche Instrumente der eigenen Vorsorge i.S.v. Art. 394 ff. OR bzw. Vollmachtenregelungen i.S.v. Art. 32 ff. OR. Die Anwendung der VBVV kann im Vorsorgeauftrag jedoch explizit vorgesehen werden (ZEITER, SJZ 2013, 229). Ohne formelle Geltung zu erlangen, können die **Grundsätze der VBVV** (Art. 2 und Art. 5) **hilfsweise** als 16

Sorgfaltsmassstab für die Mandatsführung des Vorsorgebeauftragten herangezogen werden (GEISER, ZKE 2013, 337).

2. Vermögenswerte

17 Der VBVV unterstehen die der Betreuungsperson zur Verwaltung übertragenen Vermögenswerte. Das Vermögen umfasst «alle geldwerten Rechte und Pflichten der betroffenen Person» (Begleitbericht VBVV 2012, 2). Der Verordnungsgeber geht somit – in Übereinstimmung mit dem Vermögensbegriff gem. Art. 395 bzw. 408 ZGB – von einem **weiten Vermögensbegriff** aus. Darunter fällt nebst **Aktiven** und **Passiven** (negatives Vermögen) auch das **Einkommen** der betroffenen Person (Begleitbericht VBVV 2012, 2).

18 **Zum (aktiven) Vermögen** gehören alle mobilen und immobilen Vermögenswerte, wie z.B. Bargeld (s. Art. 3 VBVV N 3), Werttitel, Sachgüter (Fahrnis, Liegenschaften), Ersparnisse, Kontoguthaben, Lebensversicherungen, Beteiligungen, sowie Nutzungsrechte an Patenten und Lizenzen (BSK ZGB I-GULER [4. Aufl.], aArt. 413 N 7; BALESTRIERI, ZKE 2011, FN 82). Den Vermögenswerten mit besonderem Affektionswert kann im Rahmen von Art. 4 Abs. 2 und Art. 8 Abs. 3 Rechnung getragen werden (s. Art. 4 VBVV N 15 ff. und Art. 8 VBVV N 9 ff.; BREITSCHMID/KAMP, FS Häfeli, 169).

19 **Zum Einkommen** zählen nebst einem allfälligen Lohn bspw. auch Leistungen der Arbeitslosenversicherung (ALV), der AHV/IV oder aus UVG sowie (Miet-)Zinseneinahmen (s. Begleitbericht VBVV 2012, 2; BSK ZGB I-GULER [4. Aufl.], aArt. 413 N 7; BALESTRIERI, ZKE 2011, FN 83).

3. Umfang der Vermögensverwaltung

20 Der **Umfang** der unter die Verwaltung der betreuenden Person fallenden Vermögenswerte ist abhängig von der angeordneten Massnahme (s. Art. 389 Abs. 2 ZGB; Art. 391 Abs. 1 ZGB; BALESTRIERI, ZKE 2011, 207). Zusätzlich zum Aufgabenbereich der Betreuungsperson hat das **Entscheiddispositiv des Anordnungsbeschlusses der KESB** deshalb genau festzuhalten, welche Vermögenswerte von der betreuenden Person verwaltet werden (BBl 2006 7001, 7047; BSK ZGB I-AFFOLTER, Art. 408 N 2; BALESTRIERI, ZKE 2011, 211; AFFOLTER-FRINGELI, Bankkonto, 198; zur Inventarisierung der Vermögenswerte bei Mandatsübernahme s. Art. 405 ZGB N 5 ff.; s. zur Problematik der Inventarisierung ehelichen Vermögens insb. AFFOLTER, ZVW 2004, 215 f.; BSK ZGB I-AFFOLTER, Art. 405 N 21 ff.; s. auch Art. 9 VBVV N 39).

21 Bei einer **umfassenden Beistandschaft** (Art. 398 ZGB) hat der Beistand die umfassende Gesamtverwaltung über das Vermögen inne. Gleiches gilt für die Vormundschaft (Art. 327a i.V.m. 327c Abs. 1 ZGB). Die Vermögensverwaltungsbefugnisse können dabei nicht auf einzelne Vermögensteile beschränkt werden (BSK ZGB I-AFFOLTER, Art. 408 N 2). Der Beistand verwaltet deshalb von Gesetzes wegen auch das Einkommen der betroffenen Person.

22 Im Gegensatz zur altrechtlichen Verwaltungsbeistandschaft (Art. 393 Ziff. 2 aZGB) fällt bei der **Vertretungsbeistandschaft mit Vermögensverwaltung** (Art. 394

i.V.m. Art. 395 ZGB) nicht zwingend das gesamte Vermögen und/oder Einkommen unter die Verwaltung der Betreuungsperson. So kann die KESB Teile oder das gesamte Vermögen unter die Verwaltung der Betreuungsperson stellen oder sie kann die Vermögensverwaltungskompetenzen der Betreuungsperson auch nur auf das Einkommen (bspw. Lohn, Rente etc.; s. N 17 ff.) der betroffenen Person beschränken (AFFOLTER-FRINGELI, Bankkonto, 194). Massgebend ist der Umfang der Vermögensverwaltungskompetenz gem. Entscheiddispositiv des Anordnungsbeschlusses der KESB (s. Art. 394 i.V.m. Art. 395 Abs. 1 und 2 ZGB; BBl 2006 7001, 7047; BSK ZGB I–HENKEL, Art. 395 N 10; BSK ZGB I-AFFOLTER, Art. 408 N 2; AFFOLTER-FRINGELI, Bankkonto, 198).

Im Falle einer **Mitwirkungsbeistandschaft** muss das der betreuenden Person zur Verwaltung übertragene Vermögen ebenfalls genau bestimmt sein und die KESB muss festlegen, welche Anlage- und Bankgeschäfte der Mitwirkung bzw. Zustimmung des Beistandes bedürfen. Zu denken ist bspw. an eine Person, die krankhaft immer wieder neue Anlagen tätigt und dabei bestehende Anlagen aufhebt und massive Verluste einfährt, weshalb sie sich (finanziell) selbst gefährdet. Die KESB kann in einem solchen Fall, die Mitwirkungsbeistandschaft auf die angelegten Vermögenswerte beschränken und künftige Vermögensanlagen von der ausdrücklichen Zustimmung der Betreuungsperson abhängig machen. Die Bank führt diese mitwirkungsbedürftigen Geschäfte sodann nur aus, sofern ihr zusätzlich zum Auftrag der betroffenen Person die schriftliche Zustimmung des Beistandes vorliegt (SBVg/KOKES, Empfehlungen, Ziff. 25).

23

Fallen während der Führung des Mandates **neue Vermögenswerte** an, welche nicht vom Anordnungsbeschluss der KESB umfasst wurden (z.B. Entdeckung von neuen Vermögenswerten oder nachträglicher Vermögenserwerb, insb. durch Erbschaft), benötigt die betreuende Person unter Umständen eine **Ergänzung des Mandats** (Art. 414 ZGB), ausser es handle sich um eine umfassende Beistandschaft (Art. 398 ZGB) bzw. eine Vormundschaft (Art. 327a ff. ZGB; BSK ZGB I-AFFOLTER, Art. 408 N 3). Surrogate aus verwalteten Vermögenswerten, z.B. Anlagegewinne oder die Auszahlung einer Lebensversicherung, stellen keine neuen Vermögenswerte dar und sind vom Anordnungsbeschluss der KESB miterfasst.

24

4. Weiterer Anwendungsbereich

Ist bei **öffentlicher Sammlung für gemeinnützige Zwecke** nicht für die Verwaltung oder Verwendung des Sammelvermögens gesorgt, kann die zuständige Behörde einen Sachwalter oder eine Sachwalterin ernennen (Art. 89b Abs. 1 ZGB). Auf die Sachwalterschaft sind die Vorschriften über die Beistandschaften im Erwachsenenschutz sinngemäss anwendbar (Art. 89b Abs. 3 ZGB), weshalb auch die Bestimmungen der VBVV, insb. die Anlagevorschriften (Art. 6 ff. VBVV), sinngemäss zur Anwendung gelangen.

25

Art. 2 VBVV

Grundsätze der Vermögensanlage

¹ Die Vermögenswerte der verbeiständeten oder bevormundeten Person (betroffene Person) sind sicher und soweit möglich ertragbringend anzulegen.
² Anlagerisiken sind durch eine angemessene Diversifikation gering zu halten.

Literatur

Vgl. die Literaturhinweise zu Art. 1 VBVV.

I. Adressat

1 Die Grundsätze der Vermögensanlage richten sich primär an die Betreuungsperson. Die KESB ist als Aufsichtsorgan sowie im Rahmen der Anordnung von vermögensrechtliche (Ersatz-)Massnahmen gem. **Art. 392 ZGB** (s. Art. 1 VBVV N 13) ebenfalls Adressatin.

II. Moderner Sicherheitsbegriff

2 Der VBVV liegt ein **moderner Begriff der Sicherheit** zugrunde, welcher durch die Anlagekriterien gem. Art. 5 ff. konkretisiert wird (Begleitbericht VBVV 2012, 3). Im Vordergrund steht dabei die **Individualisierung der Anlage** sowie eine umfassende, **ganzheitliche Erfassung** (Begleitbericht VBVV 2012, 3; BASLER SCHERER, ZKE 2011, 180; VBK, ZVW 2001, 333 f.). Der Sicherheitsbegriff der VBVV impliziert ein professionelles Handeln der Betreuungsperson und der KESB (s. BASLER SCHERER, ZKE 2011, 180). Der Beizug von professionellen Drittpersonen, z.B. eines Vermögensverwalters, ist deshalb je nach dem notwendig (s. N 14 ff.).

3 Der Sicherheitsbegriff der VBVV unterscheidet sich deutlich vom ursprünglichen Begriff der **«Mündelsicherheit»**, welcher sich zu fest auf Einzelanlagen, z.B. in Form von Staatsanleihen, fokussiert und sich an einem statischen nominellen Sicherheitsverständnis orientiert. Das Konzept der «Mündelsicherheit» greift mit Blick an die gesetzlichen Sicherheitsanforderungen sowie den heutigen Anlageinstrumente zu kurz (s. BASLER SCHERER, ZKE 2011, 178 und 181; AFFOLTER-FRINGELI, Bankkonto, 209; ähnlich bereits VK OGer ZH, ZVW 2000, 62).

4 Die Grundsätze der Vermögensanlage folgen mehrheitlich den allgemeinen Grundsätzen für eine sichere Anlage wie sie von der damaligen VBK bereits empfohlen wurden (s. VBK, ZVW 2001, 332 ff., sowie VBK, ZVW 2009, 199 ff.). Was einer sicheren Anlage entspricht, ist keine Rechtsfrage, sondern unterliegt einer rein finanzwirtschaftlichen Betrachtungsweise des Einzelfalles (AFFOLTER-FRINGELI, Bankkonto, 209; VBK, Ergänzende Empfehlungen zur Vermögensanlage, ZVW 2001, 333). Aus dem modernen Sicherheitsbegriff der VBVV ergeben sich folgende **Grundsätze und Ziele** der Vermögensanlage:

- Zwecksicherheit (N 5)
- Realwerterhaltung (N 6)
- Sicherheit vor Rendite (N 7)
- Diversifikation (N 8 ff.)
- Liquiditätsplanung (N 12)
- Berücksichtigung der persönlichen Verhältnisse (N 13)
- Professionalität (N 14 ff.)

III. Grundsätze der Vermögensanlage

1. Zwecksicherheit

Die Sicherheit beurteilt sich nicht an der Sicherheit der einzelnen Anlage. Nach dem Grundsatz der **Zwecksicherheit** ist die Orientierung an den konkreten Bedürfnissen der betroffenen Person massgebend (Begleitbericht VBVV 2012, 4; s. BASLER SCHERER, ZKE 2011, 181). Die Sicherheit der Anlage ist somit stets individuell und in Bezug auf die **Risikofähigkeit** der betroffenen Person zu beurteilen (Begleitbericht VBVV 2012, 4; BASLER SCHERER, ZKE 2011, 182; VK OGer, ZVW 2000, 62). Die Risikofähigkeit bestimmt sich anhand der Verhältnisse des zu verwaltenden Vermögens (s. Art. 5 VBVV N 4) und der persönlichen Verhältnisse (s. Art. 5 VBVV N 2 f.) der betroffenen Person (Art. 5; BASLER SCHERER, ZKE 2011, 182 f.). Zu berücksichtigen sind auch die **konkreten gesamtwirtschaftlichen Rahmenbedingungen** (Konjunktur- und Teuerungsentwicklung, branchenspezifische Entwicklungszyklen etc.), weshalb die Zwecksicherheit der Anlage laufend zu überprüfen ist (sog. **Monitoring**; s. VK OGer ZH, ZVW 2000, 62). Mithin unterliegt die Auffassung, was einer sicheren Anlage entspricht, einem permanenten Wandel (AFFOLTER-FRINGELI, Bankkonto, 209).

5

2. Realwerterhaltung und Sicherheit vor Rendite (Art. 2 Abs 1)

Das Vermögen ist nicht nur sicher, sondern soweit möglich auch **ertragbringend** anzulegen (Art. 2 Abs. 1; Begleitbericht VBVV 2012, 2). Unter einer ertragbringenden Anlage ist grundsätzlich eine Vermögensvermehrung im Sinne einer Realwerterhaltung bzw. Inflationskompensierung zu verstehen (BREITSCHMID/KAMP, successio 2013, 107 und FN 152; s. Art. 408 ZGB N 1). Wird die Inflation bei einer Anlage ausser Acht gelassen, können Anlagen trotz Zinserträgen reale Verluste erleiden (BASLER SCHERER, ZKE 2011, 181).

6

Das Vermögen ist nur **soweit möglich** ertragbringend anzulegen. Als Ausfluss des Vorsichtsprinzips gilt auch hier das Prinzip «**Sicherheit vor Rendite**» (Begleitbericht VBVV 2012, 3). Primäres Ziel der Anlage ist deshalb immer die Vermögenserhaltung. Eine Vermögensvermehrung ist bloss sekundär anzustreben, d.h. wenn es die finanzwirtschaftlichen und persönlichen Verhältnisse erlauben (Begleitbericht VBVV 2012, 3; VBK, ZVW 2009, 201; s. BREITSCHMID/KAMP, successio 2013, 105). Gerade zu Zeiten einer volatilen (Finanz-)Marktlage ist eine ertragbringende Anlage äusserst schwierig und mit der Eingehung von einem erhöhten Risiko verknüpft. Risikoreiche, dafür aber rentablere Anlagen sind nur nach den Bestimmungen von Art. 7 zulässig (s. Art. 7 VBVV N 2 ff.)

7

3. Diversifikationsgebot (Art. 2 Abs. 2)

8 Gemäss Art. 2 Abs. 2 sind die Anlagerisiken durch eine **angemessene Diversifikation** gering zu halten. Darunter ist im Allgemeinen die Aufteilung des Vermögens auf Anlagen mit möglichst unterschiedlichen Eigenschaften zu verstehen (Begleitbericht VBVV 2012, 3; BASLER SCHERER, ZKE 2011, 181). Der Begriff der Diversifikation beschreibt «die Streuung der Bestandteile eines Portefeuilles hinsichtlich der Art der gehaltenen Positionen (z.b. Sach- und Geldwerte, Aktien und festverzinsliche Wertpapiere) und der Unterschiedlichkeit von Schuldnern (z.B. bez. Branche und Land)» (Wirtschaftslexikon24.net, ‹http://www.wirtschaftslexikon24.com/d/diversi fikation-diversifizierung/diversifikation-diversifizierung.html› [26.7.2014]; s. auch ARTER, 271). Mittels Diversifikation soll das **Rendite-/Risikoverhältnis** über das gesamte Vermögen hinweg **ausgeglichen** und **optimiert** werden (Begleitbericht VBVV 2012, 3; BASLER SCHERER, ZKE 2011, 181; s. ausführlich ARTER, 271 f.). Das Diversifikationsgebot konkretisiert den Begriff der sicheren Anlage insofern, als durch die Diversifikation der Vermögenswerte Klumpenrisiken vermieden und «durch Streuung der Investition auf verschiedene Anlagekategorien die Wertschwankungen geglättet werden» (BASLER SCHERER, ZKE 2011, 181). Die Pflicht zur Risikoverteilung und Diversifikation ist **Teil der Sorgfaltspflicht** der Betreuungsperson (s. BGer vom 28.7.1995, 4C.467/1994 E. 4b; ARTER, 269; s. auch BERTSCHINGER, SZW 1996, 243).

9 Eine **Diversifikation** ist grundsätzlich **auf sämtlichen Ebenen** vorzunehmen, bspw. in Bezug auf die Anlagekategorie, Fälligkeit und Währung der einzelnen Anlagen sowie durch Verteilung auf verschiedene Anlagekategorien, Regionen und Wirtschaftszweige (s. Art. 2 Abs. 3 E-VBVV; BASLER SCHERER, ZKE 2011, 182; BGer vom 28.7.1995, 4C.467/1994 E. 4b; BGer vom 3.12.2004, 4C.18/2004; ARTER, 269 ff.; s. auch BERTSCHINGER, SZW 1996, 243). Die Anlagebestimmungen gem. Art. 6 und 7 beschränken die Diversifikationsmöglichkeiten jedoch massgebend. Hinsichtlich der Währung der Anlage ist eine Diversifikation ganz eingeschränkt, da Anlagen gem. Art. 6 und 7 grundsätzlich nur in Schweizer Franken zulässig sind (s. z.B. Art. 7 Abs. 1 lit. a–d). Eine Anlage in Rohstoffe, z.B. in Edelmetalle, ist ebenfalls nicht möglich und Investitionen in verschiedene Wirtschaftszweige sind auch nur bedingt möglich (s. z.B. Art. 7 Abs. 1 lit. a und b).

10 Die Diversifikation hat zudem **angemessen** zu erfolgen, d.h. mit Rücksicht auf den Einzelfall und die individuellen Verhältnisse (GEISER, ZKE 2013, 338). Bei kleineren Vermögen ist die Umsetzung des Diversifikationsgebots eher schwierig (Begleitbericht VBVV 2012, 3). Eine Diversifikation kann dabei bloss durch die Wahl der «richtigen» Anlage gem. Art. 6 erfolgen. Andererseits ist eine Umschichtung eines bestehenden Portfolios bzw. einer Vermögensanlage nur aus dem Grund der Risikodiversifikation nicht angezeigt, wenn die betroffene Person vermögend ist und die Anlage der bisherigen Risikostrategie der betroffenen Person entspricht. Die Berücksichtigung der persönlichen Verhältnisse erlaubt es z.b. auch von einer Risikodiversifikation abzusehen, wenn das Vermögen im Wesentlichen aus Anteilen am Familienunternehmen besteht und der gewöhnliche Lebensunterhalt gewährleistet ist (s. Art. 8 Abs. 3; Art. 8 VBVV N 9 ff.; Begleitbericht VBVV 2012, 5; GEISER, ZKE 2013, 338; BREITSCHMID/KAMP, FS Häfeli, 169 f.).

Bei einer Neuanlage bzw. einer Umwandlung von grösseren Vermögenswerten ist 11
von Beginn an eine möglichst breite Diversifikation anzustreben (s. Begleitbericht
VBVV 2012, 3; VBK, ZVW 2009, 201; BREITSCHMID/KAMP, successio 2013, 168 f.).
Dabei sind auch Anlagekosten zu berücksichtigen.

4. Liquiditätsplanung

Wesentliches Element der Sicherheit der Anlage ist die **Liquiditätsplanung**. Auf- 12
grund des Liquiditätsbedarfs der betroffenen Person sind Anlagen so zu wählen,
dass **jederzeit genügend liquide Mittel** für die Bestreitung des **gewöhnlichen Unterhalts** und für zu erwartende ausserordentliche Aufwendungen der betroffenen
Person zur Verfügung stehen (Art. 5 Abs. 3; Begleitbericht VBVV 2012, 4). Eine fehlerhafte Liquiditätsplanung führt zu hohen **Anschaffungskosten** der notwendigen
Liquidität, bspw. infolge Aufnahme eines kurzfristen Kredites mit hohen Zinsen.
Die Anlagen sind deshalb in kurz-, mittel- und langfristige Anlagen aufzuteilen, damit zu jeder Zeit genügend Liquidität für die zu erwartenden Ausgaben vorhanden
ist (BASLER SCHERER, ZKE 2011, 182).

5. Berücksichtigung der persönlichen Verhältnisse

Bei der Vermögensanlage sind die individuellen, **persönlichen Verhältnisse** der be- 13
troffenen Person zu beachten (Art. 5; Art. 5 VBVV N 1 ff.; Zwecksicherheit s. N 5). Es
ist auf den **Willen** und die **Wünsche der betroffenen Person** soweit möglich – d.h.
unter Berücksichtigung des Schwächezustandes der betroffenen Person – Rücksicht zu nehmen (Art. 5 Abs. 1 und Art. 8 Abs. 2 und 3; s. Art. 5 VBVV N 5 ff.; Begleitbericht VBVV 2012, 4; BSK ZGB I-AFFOLTER, Art. 408 ZGB N 4 und N 9).

6. Professionalität und Sorgfaltspflicht

Als Ausfluss der **Sorgfaltspflicht** der Betreuungsperson hat die Anlage des Vermö- 14
gens **professionell** zu erfolgen (s. Art. 408 Abs. 1 i.V.m. Art. 413 ZGB und Art. 398
OR; s. BSK ZGB I-AFFOLTER, Art. 408 N 6). Die betreuende Person ist verantwortlich
für eine sorgfältige, den gesetzlichen Vorgaben sowie ihrem Mandat entsprechende Erfüllung der ihr aufgetragenen Vermögensaufgaben (s. Art. 408 ZGB
N 1 ff.; BALESTRIERI, ZKE 2011, 217; BSK ZGB I-AFFOLTER, Art. 408 N 6 f.).

Die VBVV statuiert **keine Verpflichtung zum Beizug eines (bankexternen) Ver-** 15
mögensverwalters oder einer anderen Fachperson. Der Verordnungsgeber geht
grundsätzlich davon aus – sofern keine komplexen Anlageinstrumente betroffen
sind –, dass der Beistand in der Lage ist, die wirtschaftlichen Bedürfnisse der betroffenen Person zu erkennen, für sie die passende Anlagestrategie (s. Art. 6 VBVV
N 3) zu wählen und die richtigen Anlageentscheidungen selbständig zu treffen (Begleitbericht VBVV 2012, 2). In vielen Fällen wird das für die Anlage notwendige
Wissen und Erfahrung wohl fehlen. Bei der Anlage ist mitunter nicht der Verständnishorizont der betreuenden Person oder der KESB massgebend, sondern es ist
mit Hilfe einer Fachperson die beste individuelle, fallbezogene Lösung zu suchen
(BREITSCHMID/KAMP, successio 2013, 105; DÖRFLINGER, ZKE 2013, 368 FN 17).

16 Je nach **Komplexität** der Vermögensstruktur kann oder muss die betreuende Person deshalb aufgrund ihrer Sorgfaltspflicht die **Hilfe von Fachkräften**, als Hilfspersonen oder Substitute, in Anspruch nehmen (BREITSCHMID/KAMP, FS Häfeli, 158 und FN 22; BSK ZGB I-REUSSER, Art. 400 N 30; BSK ZGB I-AFFOLTER, Art. 408 N 14). Die Bank bzw. die Banken der betroffenen Person sowie andere bankinterne als auch -externe Vermögensverwalter können der Betreuungsperson als Fachperson beratend und unterstützend zur Seite stehen (GEISER, ZKE 2013, 248). Die Betreuungsperson schliesst dafür mit der Fachperson i.d.R. ein **Vermögensberatungsvertrag** bzw. einen **Vermögensverwaltungsvertrag** ab (s. zu den Verträgen im Bereich des Private Banking Art. 9 VBVV N 16). Diese Verträge sind nach Art. 9 Abs. 1 von der KESB vorgängig zu genehmigen (s. Art. 9 VBVV N 23 ff.). Die Fachperson kann die Betreuungsperson – je nach Inhalt des entsprechenden Vertrages – bei der Beurteilung von Anlageprodukten, der Analyse des bestehenden Anlagevermögens sowie von Wertschriftenportfolios, der Erstellung eines Kundenprofils und schliesslich der Ausarbeitung einer Anlagestrategie und der entsprechenden Anlage unterstützen bzw. die Anlage im Namen der betroffenen Person vornehmen (AFFOLTER-FRINGELI, Bankkonto, 207 f.; ARTER, 261 f.; GEISER, ZKE 2013, 248). Die Pflicht zur persönlichen Ausführung des Mandates gem. Art. 400 ZGB steht dem nicht entgegen (BSK ZGB I-AFFOLTER, Art. 408 N 14 und Art. 413 N 2 f.; BSK ZGB I-REUSSER, Art. 400 N 30). Für die **Auswahl, Instruktion und Beaufsichtigung** der beigezogenen Personen ist die Betreuungsperson weiterhin verantwortlich (s. BGE 135 III 198, E. 2.3; BSK ZGB I-AFFOLTER, Art. 408 N 14 f. und Art. 413 N 2 f.; BALESTRIERI, ZKE 2011, 214). Die mit der **fachmännischen Beratung anfallenden Kosten** sind **Auslagen i.S.v. Art. 402 Abs. 1 OR** und der betroffenen Person zu belasten, sofern diese tatsächlich notwendig, d.h. objektiv zur richtigen Ausführung des Auftrages geboten waren (s. BSK OR I-WEBER, Art. 402 N 6). An das Kriterium der Notwendigkeit sollten keine allzu strengen Massstäbe angelegt werden.

17 Für **Sorgfaltspflichtverletzungen der betreuenden Person** haftet der Kanton nach Art. 454 f. ZGB. Der dabei angewendete Sorgfaltsmassstab ist ein hoher (FamKomm Erwachsenenschutz-GEISER, Art. 454 N 12). Eine Sorgfaltspflichtverletzung liegt bereits dann vor, wenn die Verwaltung, d.h. die Anlage, Aufbewahrung und Bewirtschaftung des Vermögens, nicht nach den anerkannten Grundsätzen der Vermögensverwaltung erfolgt. Erfolgt die Anlage auf Wunsch (s. N 13; Art. 5 Abs. 1) oder nach entsprechender Einwilligung der betroffenen Person, befreit dies die betreuende Person bzw. die KESB in ihrer Aufsichtsfunktion nicht von einer Haftung, wenn die Anlage nicht den persönlichen Verhältnissen entspricht (s. Art. 5 VBVV N 1 ff.) bzw. nicht in einem reellen Verhältnis zum Vermögen liegt (BSK ZGB I-HAUSHEER, Art. 454 N 23; BGE 136 III 113 E. 3.2.6; BALESTRIERI, ZKE 2011, 217; CHK-AFFOLTER/STECK/VOGEL, 1. Auflage, Art. 413 N 6 f.).

18 Bei **Sorgfaltspflichtverletzung** im Zusammenhang mit der Anordnung von vermögensrechtliche **(Ersatz-)Massnahmen gem. Art. 392 ZGB** durch die **KESB** (s. Art. 1 VBVV N 13) haftet ebenfalls der Kanton gem. Art. 454 f. ZGB (s. Art. 392 ZGB N 5a und N 6a; **a.M.** KOKES Rz 4.14).

Art. 3 VBVV

Bargeld

Die Beiständin oder der Beistand, die Vormundin oder der Vormund muss Bargeld unverzüglich auf ein Konto bei einer Bank nach Artikel 1 des Bankengesetzes vom 8. November 1934 (Bank) oder bei der Postfinance überweisen, soweit es nicht für die Deckung der kurzfristigen Bedürfnisse der betroffenen Person zur Verfügung stehen soll.

Literatur

Vgl. die Literaturhinweise zu Art. 1 VBVV.

I. Zweck

Die Betreuungsperson hat die Pflicht, **Bargeld der betroffenen Person unverzüglich auf ein Konto bei einer Bank** oder der Postfinance (welche seit Dezember 2012 ebenfalls der Bankaufsicht der FINMA untersteht) zu überweisen. Dadurch soll verhindert werden, dass Bargeld zu lange an einem Ort hinterlegt bleibt, z.B. in einer Schublade oder in einem Tresor der betroffenen Person, wo es vergessen oder verloren gehen könnte (Begleitbericht VBVV 2012, 3; BREITSCHMID/KAMP, FS Häfeli, FN 43). Andererseits wird mit der Pflicht zur Überweisung des Bargelds missbräuchlichem Verhalten, z.B. Veruntreuung durch die betreuende oder eine nahestehende Person, vorgebeugt. 1

II. Adressat

Adressat der Bestimmung ist die Betreuungsperson, d.h. die Beiständin oder der Beistand, die Vormundin oder der Vormund. 2

III. Bargeld

Unter «Bargeld» i.S.v. Art. 3 sind physische liquide (Zahlungs-)Mittel zu verstehen (BREITSCHMID, Referat, 20; SBVg, Stellungnahme vom 5.3.2012, 3). Nicht als Bargeld zu qualifizieren sind bspw. Münzen einer Münzsammlung oder «Goldvreneli». Diese sind grundsätzlich nach Art. 4 aufzubewahren. 3

Handelt es sich beim Bargeld der betroffenen Person um **nicht versteuerte Barmittel**, kommt die betreuenden Person als «Auftragnehmerin» in einen Interessenskonflikt (zum auftragsähnlichen Verhältnis s. Art. 408 ZGB N 2; BSK ZGB I-AFFOLTER, Art. 408 N und N 13): Einerseits hat sie sorgfältig und im Interesse der betroffenen Person zu handeln, andererseits muss ihr Handeln rechtmässig sein. Lehre und Rechtsprechung gehen bei ähnlichen Konstellationen im Umgang mit Schwarzgeld bei der Willensvollstreckung davon aus, dass die Beachtung des Willens der betroffenen Person, z.B. Gelder vor dem Fiskus versteckt zu halten, ihre Grenzen in der Rechtmässigkeit des Handelns findet (s. GEISER, successio 2007, 180). Unversteuertes Bargeld ist somit auf ein Bankkonto zu überweisen, auch 4 wenn dies nicht dem Willen der betroffenen Person entspricht. Die betreuende Person ist mit anderen Worten nicht verpflichtet, zu einer Steuerhinterziehung Hand zu bieten, insb. hinsichtlich der Erstellung der Steuererklärung. Eine wahrheitswidrige Ausfüllung der Steuererklärung wäre auch mit Blick auf eine allfällige Verantwortlichkeit (Art. 454 ZGB) nicht vereinbar. Die betreuende Person untersteht somit einer **Anzeigepflicht** gegenüber der (Steuer-)Behörde, wobei rechtliche Möglichkeiten für eine Minimierung von Bussgeldern im Interesse der betroffenen Person genutzt werden sollten (s. OGer ZH, ZR 1992 Nr. 91, 172 ff., 186 f.; BSK ZGB II-KARRER, Art. 518 N 33 ff.).

IV. Deckung kurzfristiger Bedürfnisse

5   Die Betreuungsperson hat Bargeld, welches **nicht zur Deckung der kurzfristigen Bedürfnisse** der betroffenen Person dient, z.b. für einen anstehenden Nahrungsmitteleinkauf, zu überweisen. Nach altem Recht waren bloss diejenigen Barbeträge zu überweisen, welche den Betrag für die Deckung des laufenden Bedarfs der betroffenen Person überstiegen (Art. 401 Abs. 1 aZGB; BSK ZGB I-GULER [4. Aufl.], aArt. 401 N 4; so auch Art. 3 E-VBVV).

6   Die **Höhe der Barmittel zur Deckung der kurzfristigen Bedürfnisse** beurteilt sich nach den **persönlichen Verhältnissen** des Einzelfalles (s. Art. 5 Abs. 1; Art. 388 und 389 ZGB; s. Art. 5 VBVV N 1 ff.). Grundsätzlich entsprechen die Bargeldbeträge für die Deckung kurzfristiger Bedürfnisse dem üblichen Mass an Bargeld im Portemonnaie (BREITSCHMID, Referat, 20). Der übliche Barmittelbestand in einem **Portemonnaie** dürfte zwischen **CHF 100.− bis CHF 150.−** liegen. Wird Bargeld in einer **Haushaltskasse** aufbewahrt, ist von einem **üblichen Barmittelbestand von CHF 500.−** auszugehen. Bei höheren Beträgen ist üblicherweise nicht mehr von der Deckung kurzfristiger Bedürfnisse auszugehen, weshalb die Barmittel auf ein Konto zu überweisen sind.

7   Komplizierter dürfte sich die Situation gestalten, wenn **mehrere Personen zusammen in einem Haushalt leben** und eine **gemeinsame Haushaltskasse** führen, z.B. wenn die betroffene Person in einer **Lebensgemeinschaft** (s. zum Begriff Art. 378 Abs. 1 Ziff. 4 ZGB; Art. 378 ZGB N 16), **Ehe** oder in einer **eingetragenen Partnerschaft** lebt. Diesem Umstand ist im Rahmen der Beachtung der persönlichen Verhältnisse (Art. 5 Abs. 1) besonders Rechnung zu tragen, insb. ist auf eine **allfällige Unterstützungspflicht** der betroffenen Person (s. nur Art. 163 und Art. 276 f. ZGB; Art. 13 PartG) bei der Ermittlung der kurzfristigen Bedürfnisse Rücksicht zu nehmen (Art. 5 VBVV N 2). In Bezug auf die Barmittel in der **gemeinsamen Haushaltskasse** ist abzuklären, welchen **Anteil davon die betroffene Person in die Haushaltskasse** eingelegt hat, da die Betreuungsperson nur die Barmittel der betroffenen Person und keinesfalls Barmittel von Drittpersonen auf das Bankkonto der betroffenen Person zu überweisen hat (s. N 1 und N 10). Untersteht die verheiratete betroffene Person dem ordentlichen Güterstand der Errungenschaftsbeteiligung (Art. 196 ff. ZGB), kann es sich bei den zu überweisenden Barmittel der betroffenen Person auch um Barmittel aus Errungenschaft handeln (s. zur Inventarisierung ehelichen Vermögens AFFOLTER, ZVW 2004, 215 f.). Die besondere

Problematik zeigt sich insb. dann, wenn die betroffene Person das alleinige Verfügungsrecht über sämtliche alternativen liquiden Mittel innehat, z.b. falls sämtliche ehelichen Konti einzig auf den Namen der betroffenen Person lauten und der andere Ehegatte daran kein Verfügungsrecht hat. Der Ehegatte ist dann möglicherweise auf die Barmittel in der Haushaltskasse sowohl zur Deckung seiner kurzfristigen Bedürfnisse als auch des laufenden Bedarfs angewiesen. In einem solchen Fall kann ausnahmsweise ein grösserer Barmittelbetrag als CHF 500.– (s. N 6) für die betroffene Person und deren Lebenspartner, Ehegatte oder eingetragenen Partner überlassen werden (s. auch zur Situation bei Bestehen einer Errungenschaftsbeteiligung und einem gemeinsamen Haushaltskonto Art. 9 VBVV N 39).

Der Verordnungsgeber scheint vom Konzept auszugehen, dass die **Barmittel**, welche nicht mehr zur Deckung der kurzfristigen Bedürfnisse der betroffenen Person dienen, **grundsätzlich zuerst auf ein Konto**, lautend auf den Namen der betroffenen Person, **zu überweisen** (s. N 10) und sofort ins Inventar aufzunehmen sind (s. N 9). In der Regel kann die Betreuungsperson der betroffenen Person **erst danach einen allfälligen freien Betrag (Art. 409 ZGB) zur Verfügung** stellen. Die Praxis wird den Umgang mit dem Verhältnis von Art. 409 ZGB zu Art. 3 VBVV noch weisen müssen.

V. Inventarisierung und Überweisung auf ein Konto

Das bei Übernahme des Amtes vorgefundene Bargeld ist – wie die anderen Vermögenswerte – in das **Inventar** aufzunehmen (Art. 405 Abs. 2 ZGB; s. BSK ZGB I-Affolter, Art. 405 N 19; Breitschmid/Kamp, FS Häfeli, 156). Verfügt die betroffene Person über einen Tresor und vermutet die betreuende Person, dass sich darin Bargeld befindet, empfiehlt es sich, den Tresor nur im Beisein einer weiteren (Gewährs-)Person zu öffnen (**Vier-Augen-Prinzip**; s. Art. 4 VBVV N 11; s. Dörflinger, ZKE 2013, 358). Einerseits wird dadurch das «Verschwinden» von Bargeld bei Amtsübernahme verhindert, andererseits dient der Beizug einer Gewährsperson dem Schutz der Betreuungsperson vor allfälligen (falschen) Anschuldigungen und Behauptungen seitens Dritter oder der betroffenen Person (s. Art. 4 VBVV N 11; s. Dörflinger, ZKE 2013, 358). Eine sorgfältige Dokumentation des vorgefunden Bargelds und dessen Anlage ist entscheidend für den Selbstschutz sowie für die Erstellung eines sauberen Rechenschaftsberichts (Art. 411 Abs. 1 ZGB; Art. 10 Abs. 1 und Art. 11 VBVV).

Das Bargeld ist auf ein **Konto** bei einer **Bank** oder der Postfinance **zu überweisen** (s. zum Begriff der Bank N 13 ff.), das auf den Namen der betroffenen Person lautet (BSK ZGB I-Affolter, Art. 408 N 9). Es ist zu überprüfen, ob weitere Personen über dieses Konto verfügungsberechtigt sind. Ansonsten sind u.U. die entsprechenden Vorkehrungen zu treffen (Art. 9 VBVV N 18, N 36 f. sowie N 38). Allenfalls ist ein Konto zu eröffnen (s. Art. 9 VBVV N 17). Das Bargeld kann zunächst auf ein bestehendes Zahlungsverkehrs- oder Sparkonto einbezahlt werden. In einem nächsten Schritt ist das überwiesene Bargeld gem. den Anlagebestimmungen von Art. 6 und Art. 7 anzulegen (s. Breitschmid/Kamp, FS Häfeli, 161 f.).

VI. Unverzüglichkeit

11 Die betreuende Person hat die Bargelder **unverzüglich** auf ein Konto zu überweisen. Unter altem Recht hatte die betreuende Person Barschaften noch innert Monatsfrist ab Errichtung der vormundschaftlichen Massnahme zu überweisen (Art. 401 Abs. 2 aZGB; so auch Art. 3 E-VBVV; s. Häfeli, ZVW 2001, 312; BSK ZGB I-Guler [4. Aufl.], aArt. 401 N 1 ff.). Diese Frist ist unter neuem Recht deutlich zu lange. Unverzüglichkeit bedeutet, dass die betreuende Person die Überweisung ab dem Zeitpunkt der Kenntnisnahme von der Existenz sowie des Erhalts der Verfügungsmacht über das Bargeld (bspw. wenn das Geld sich in einem Tresor befindet, sobald sie über den dazugehörigen Schlüssel verfügt) innert angemessener und zumutbarer Frist vorzunehmen hat (Breitschmid/Kamp, FS Häfeli, 161), **d.h. innert zwei bis maximal fünf Werktagen**. Vor Durchführung der Überweisung hat der Beistand den Barbetrag ins Inventar aufzunehmen (Art. 405 Abs. 2 ZGB).

12 Verfügt die betroffene Person über kein eigenes bzw. kein nur auf sie lautendes Konto, hat die betreuende Person notwendigerweise zuerst ein Konto bei einer Bank zu eröffnen. Dafür benötigt sie allerdings zunächst die **Genehmigung** der KESB zum Abschluss des entsprechenden Vertrages mit der Bank (Art. 9 Abs. 1, s. Art. 9 VBVV N 17 und N 23 ff.; kritisch hierzu Dörflinger, ZKE 2013, 360 f.).

VII. Konto bei der Bank oder Postfinance

13 Die Überweisung hat auf ein Konto bei einer **Bank** nach Art. 1 BankG oder bei der **Postfinance** zu erfolgen.

14 Als **Banken** i.S.v. Art. 1 BankG gelten «Banken, Privatbankiers (Einzelfirmen, Kollektiv- und Kommanditgesellschaften) und Sparkassen» (Art. 1 Abs. 1 BankG), die ihren statutarischen oder gesellschaftsvertraglichen *Sitz in der Schweiz* haben. Der Bankenbegriff setzt grundsätzlich voraus, dass das entsprechende Unternehmen sowohl das **Aktivgeschäft**, d.h. auf eigene Rechnung eine unbestimmte Zahl von Personen oder Unternehmen, mit denen sie keine wirtschaftliche Einheit bilden, auf irgendwelche Art finanziert (Art. 2a lit. a und lit. b BankV; s. BSK BankG-Bahar/Stupp, Art. 1 N 33 ff.), als auch das **Passivgeschäft betreibt**, also die gewerbsmässige Aufnahme von Publikumsgeldern auf eigene Rechnung (Art. 1 Abs. 2 BankG; s. BSK BankG-Bahar/Stupp, Art. 1 N 7 ff.; s. zum Ganzen BSK BankG-Bahar/Stupp, Art. 1 N 4 ff.). Für die Bankentätigkeit benötigen die Banken eine entsprechende **Bankbewilligung der FINMA** (Art. 3 BankG; Unterstellungspflicht, s. BSK BankG-Bahar/Stupp, Art. 1 N 2 ff.). Entscheidend für die Qualifikation als «Bank nach Artikel 1 des Bankengesetzes» gem. Art. 3 Abs. 1 ist somit, ob das Unternehmen eine entsprechende Bankenbewilligung für ihre Tätigkeit hat. Nicht entscheidend ist, ob die Bank dem Einfluss vom Ausland untersteht, ausländisch beherrscht oder Teil einer Finanzgruppe oder eines Finanzkonglomerates ist (s. Art. 3b, Art. 3bis, Art. 3ter BankG). Eine Liste mit den Instituten, welche über eine entsprechende Bewilligung der FINMA verfügen, ist auf der Internetseite der FINMA verfügbar (‹http://www.finma.ch› dort: Beaufsichtigte, Bewilligungsträger 26.7.2014).

Zur Zeit des Erlasses der Verordnung hatte die **Postfinance** noch keine Bewilligung, als Bank tätig zu sein. Mit Erteilung der Bankenbewilligung an die Postfinance und der vollständigen Unterstellung unter die Aufsicht der FINMA (s. FINMA, Medienmitteilung, 7.12.2012; FINMA, Medienmitteilung, 26.6.2013), gilt die Postfinance als Bank im Sinne der Verordnung, weshalb deren explizite Erwähnung im Verordnungstext der VBVV mittlerweile überflüssig geworden ist. Auf die explizite Nennung der Postfinance wird deshalb im Folgenden ebenfalls verzichtet. 15

Obwohl **Kantonalbanken** erst in Art. 3a BankG näher definiert werden und damit eigentlich nicht als «Banken nach Artikel 1 des Bankengesetzes» gelten, ist nicht davon auszugehen, dass der Verordnungsgeber die Kantonalbanken vom Anwendungsbereich der VBVV bzw. von Art. 3 VBVV ausnehmen wollte. Die Kantonalbanken werden denn auch bei Anlagen gem. Art. 6 Abs. 1 lit. a mitberücksichtigt. Mithin unterstehen die Kantonalbanken seit der Revision des BankG im Jahre 1999 vollumfänglich der Aufsicht der EBK bzw. der FINMA, weshalb sie ebenfalls eine Bankenbewilligung nach Art. 3 BankG benötigen (s. BSK BankG-Strasser, Art. 3a N 18 ff.; Nobel, 552; Zobl, Art. 3a N 8 ff.). Bargelder können demnach auch auf ein Konto bei einer Kantonalbank überwiesen werden. 16

Nicht als Banken im Sinne von Art. 1 BankG gelten dagegen **Banken mit statutarischem oder gesellschaftsvertraglichem Sitz im Ausland**, welche in der Schweiz errichtete **Zweigniederlassungen, Agenturen** oder **bestellte Vertreter** haben (Art. 2 Abs. 1 BankG; s. zum Begriff der ausländischen Bank Art. 1 Abs. 1 ABV-FINMA). Obwohl diese unselbständigen Geschäftsstellen ebenfalls einer Bewilligungspflicht unterstehen (s. Art. 2 ABV-FINMA), sind die Bestimmungen des BankG (und der BankV) auf diese nur sinngemäss anwendbar (Art. 2 Abs. 1 BankG). Sie unterstehen nicht den gleichen aufsichtsrechtlichen Anforderungen wie Banken mit Sitz in der Schweiz (s. Art. 3 ff. ABV-FINMA; BSK BankG-Chapuis, Art. 2 N 12 ff.). Die Zweigniederlassungen von im Ausland domizilierten Banken und die Vertreter ausländischer Banken sind unter ‹http://www.finma.ch›, dort: Beaufsichtigte, Bewilligungsträger (26.7.2014) aufgeführt. 17

VIII. Haftung für verspätete Überweisung

Eine nicht unverzügliche Überweisung von Bargeldern hat – im Gegensatz zu Art. 401 Abs. 2 aZGB – keine Zinspflicht bzw. keine persönliche Haftung der betreuenden Person zur Folge. Primär haftet der Kanton für durch widerrechtliches Handeln oder Unterlassen verursachten Schaden (Art. 454 Abs. 3 ZGB). Vorbehalten bleibt ein allfälliger Rückgriff auf die Betreuungsperson (Art. 454 Abs. 4 ZGB; Begleitbericht VBVV 2012, 3). Das Rückgriffsrecht richtet sich dabei nach kantonalem Recht. Der Nachweis des Schadens aufgrund nicht unverzüglich vorgenommener Überweisung in Zeiten volatiler Märkte dürfte allerdings sehr schwierig bis gar nicht zu erbringen sein. Andererseits ist ein Schaden nachweisbar, wenn Bargeld wochenlang nicht überwiesen wurde und das Bargeld bei einem Wohnungsbrand vernichtet wird. 18

Art. 4 VBVV

Aufbewahrung von Wertsachen

¹ Die Beiständin oder der Beistand, die Vormundin oder der Vormund muss Wertschriften, Wertgegenstände, wichtige Dokumente und dergleichen einer Bank oder der Postfinance zur Aufbewahrung übergeben. Die Kindes- und Erwachsenenschutzbehörde beaufsichtigt die Aufbewahrung.

² Ausnahmsweise kann die Beiständin oder der Beistand, die Vormundin oder der Vormund Wertsachen an einem andern Ort aufbewahren, wenn die sichere Aufbewahrung gewährleistet ist oder dies vorrangigen Interessen der betroffenen Person dient. Die Ausnahmen bedürfen einer Bewilligung der Kindes- und Erwachsenenschutzbehörde.

³ Die Kindes- und Erwachsenenschutzbehörde kann ausnahmsweise die Aufbewahrung von Wertsachen in ihren Räumlichkeiten anordnen, sofern der Aufbewahrungsort feuer-, wasser- und diebstahlsicher ist.

Literatur

Vgl. die Literaturhinweise zu Art. 1 VBVV.

I. Zweck

1   Wie die Vorgängerbestimmung von Art. 399 aZGB bezweckt die Aufbewahrung nach Art. 4 VBVV den **Schutz des Vermögens von unberechtigten, missbräuchlichen Zugriffen** seitens Dritter sowie der Betreuungsperson, z.B. durch Veruntreuung. Sie dient aber auch als Schutz der betroffenen Person vor sich selbst (Begleitbericht VBVV 2012, 3; zum alten Recht s. AFFOLTER, ZVW 2004, 281). Daneben kommt dieser Bestimmung auch eine **physische Werterhaltungsfunktion** zu, indem die Wertsache von Einflüssen der Elemente wie Feuer, Wasser etc. geschützt werden soll (s. Art. 4 Abs. 3). Die VBVV gestattet aber auch eine praktikabilitäts- und bedürfnisorientierte Aufbewahrung von Wertsachen (Art. 4 Abs. 2). Die antik anmutende Aufbewahrung in der «Schirmlade» (s. §§ 102 ff. aEG ZGB ZH) stellt nur noch die Ausnahme dar (Art. 4 Abs. 3; s. BREITSCHMID/KAMP, FS Häfeli, 160 f.; GEISER, ZKE 2013, 339; AFFOLTER-FRINGELI, Bankkonto, 204).

II. Adressat

2   Adressat der Bestimmung ist einerseits die **Betreuungsperson**. Sie hat die Aufbewahrung der Wertsachen in die Wege zu leiten, diese bspw. der Bank zu übergeben, und hat ggf. die notwendigen Bewilligungen einzuholen bzw. mit der KESB im Falle von Art. 4 Abs. 3 Rücksprache zu nehmen.

Ordnet die **KESB** selbständig die notwendigen Massnahmen i.S.v. Art. 392 ZGB an (s. Art. 1 VBVV N 13), ist die KESB ebenfalls an die Aufbewahrungsregelung gem. Art. 4 gebunden. Ansonsten kommt der KESB primär die Rolle der Aufsichts- bzw. Bewilligungsbehörde zu (s. Art. 4 Abs. 1–3). 3

III. Objekt der Aufbewahrung

Aufbewahrungsobjekte sind **Wertsachen** wie **Wertschriften, Wertgegenstände, wichtige Dokumente und dergleichen** (Art. 4 Abs. 1). Selbstredend sind die Wertsachen im Inventar aufzuführen (Art. 405 Abs. 2 ZGB). Der Schutzzweck dieser Bestimmung gebietet es, den Begriff der Wertsache weit auszulegen. Grundsätzlich ist alles, was einen **objektiven** oder für die betroffene Person **subjektiven Wert** hat, nach dieser Bestimmung aufzubewahren (s. BSK ZGB I-Guler, aArt. 399 N 6). Die objektive Werthaftigkeit eines Gegenstandes beurteilt sich nach dessen Marktwert. Die Bestimmung bezweckt allerdings nicht, dass sämtliche Gegenstände einer Person unter das Aufbewahrungsregime von Art. 4 fallen. Deshalb gelten **Gegenstände des alltäglichen Bedarfs** einer Durchschnittsperson grundsätzlich nicht als Wertsachen. 4

Erfasst werden nicht nur **mobile Wertsachen**, sondern auch **nichtphysische Wertsachen**, wie z.b. elektronische Daten auf einem Computer (z.B. Fotografien), digitale Kunst, selbständig entwickelte Software etc., an denen die betroffene Person die entsprechenden «digitalen» Rechte besitzt, und **nicht physisch ausgegebene Wertpapiere**. Letztere dürften bereits entsprechend aufbewahrt sein. 5

Der Begriff der Kostbarkeiten aus dem alten Recht (Art. 399 aZGB) entspricht nach neuem Recht dem «**Wertgegenstand**». Darunter fallen Kunstobjekte (auch digitale), spezielle Sammlungen (z.B. Briefmarken, Hummelfiguren), Gegenstände aus Gold oder Silber, Schmuck, Kleinodien, aber auch ein teures Automobil in der Garage der betroffenen Person (BSK ZGB I-Guler, aArt. 399 N 6). 6

Als **Wertschriften** gelten nicht nur Wertpapiere im engeren Sinne, sondern generell Papiere mit materiellem Wert (BSK ZGB I-Guler, aArt. 399 N 6; ZK ZGB-Egger, aArt. 399 N 5). 7

Wichtige Dokumente sind z.B. wichtige Verträge (wie z.B. ein Mietvertrag), ein Testament, Erbverträge, Bürgschaftserklärungen, Urteile, welche die betroffene Person betreffen, Schuldanerkennungsurkunden, weitere Urkunden mit Charakter eines definitiven oder provisorischen Rechtsöffnungstitels (s. Art. 80 ff. SchKG) sowie weitere wichtige Dokumente mit Urkundencharakter etc. (s. BSK ZGB I-Guler, aArt. 399 N 6; ZK ZGB-Egger, aArt. 399 N 6 f.). Schul- und Arbeitszeugnisse, Leistungsfähigkeitsausweise, aber auch der Pass oder die Identitätskarte der betroffenen Person betreffen primär nicht die Vermögens-, sondern die Personensorge. Aufgrund des Schutzzwecks der Norm kann eine Aufbewahrung dieser Dokumente trotzdem angezeigt sein. 8

IV. Ort der Aufbewahrung und Funktion der KESB

1. Grundsätzliche Aufbewahrung bei einer Bank (Abs. 1)

9 Die Wertsachen sind grundsätzlich bei einer **Bank** oder der Postfinance in einem **Schrankfach aufzubewahren** (Art. 4 Abs. 1; s. zum Begriff der Bank Art. 3 VBVV N 14 ff.). Die Betreuungsperson hat die Aufbewahrung der Wertsachen zu veranlassen und ist für die Übergabe der Wertsachen zur Aufbewahrung verantwortlich (Art. 4 Abs. 1 erster Satz).

10 Verfügt die betroffene Person bereits über ein **Schrankfach bei einer Bank**, kann die Aufbewahrung in demselben erfolgen. Andernfalls ist ein Schrankfach zu **mieten** und die Betreuungsperson hat einen entsprechenden Schrankfachvertrag im Namen der betroffenen Person mit der Bank abzuschliessen (Art. 9 Abs. 1; s. Art. 9 VBVV N 4 und N 17; zur Qualifikation als Mietvertrag BSK OR I-Koller, Art. 472 N 9; Breitschmid/Kamp, FS Häfeli, 167). Der **neuabzuschliessende Vertrag** mit der Bank ist gem. Wortlaut von **Art. 9 Abs. 1** vorgängig von der **KESB genehmigen** zu lassen. Bei solchen gewöhnlichen Verträgen könnte u.E. auf eine vorgängige explizite Genehmigung durch die KESB verzichtet werden, insb. bei Vorliegen einer besonderen Dringlichkeit (gl.M. Dörflinger, ZKE 2013, 364 f.; s. Art. 9 VBVV N 23 ff.). Es sollte ausreichend sein, wenn die KESB vorab über den Umstand informiert wird, dass ein entsprechender Vertrag abgeschlossen wird. Das weitere Vorgehen stünde sodann im Ermessen der KESB.

11 Die **KESB beaufsichtigt die Aufbewahrung** (Art. 4 Abs. 1 letzter Satz). Insbesondere in der **Anfangsphase** des Mandates ist es wichtig, das «**Vier-Augen-Prinzip**» walten zu lassen: Bei der Inventarisierung (Art. 405 Abs. 2 ZGB) der Wertsachen muss zwingend eine Person der KESB anwesend sein (s. Art. 405 ZGB N 5). Bei der Sichtung (z.B. bei der Öffnung eines Tresors der betroffenen Person) und Übergabe zur Aufbewahrung der Wertsachen sollte ebenfalls stets eine weitere «Gewährsperson», bspw. eine Person der KESB, zugegen sein (s. Dörflinger, ZKE 2013, 358). Damit wird dem «Verschwinden» von Wertsachen vorgebeugt und die Betreuungsperson besser vor ungerechtfertigten Vorwürfen und Anschuldigen seitens Dritter oder der betroffenen Person geschützt (Selbstschutz; s. Dörflinger, ZKE 2013, 358). Eine saubere Dokumentation und Inventarisierung der Wertsachen ist entscheidend (Art. 405 Abs. 2 ZGB und Art. 10 Abs. 1 sowie Art. 11 VBVV).

12 Die betreuende Person hat die KESB von sich aus zu informieren, was sie bei der Bank aufbewahren lässt (Dokumentationspflicht, Art. 11). Entsprechend kann die KESB i.S.v. **Art. 9 Abs. 2** darüber entscheiden, über welche Wertsachen die betroffene Person ein **Verfügungsrecht** hat und wie dieses gestaltet ist (Einzelzugriff oder ein kollektives Verfügungsrecht zusammen mit der Betreuungsperson; Art. 9 Abs. 2 lit. b; s. Art. 9 VBVV N 35 ff., insb. N 41, N 43 ff., insb. N 46). Es ist auch möglich das Verfügungsrecht der Betreuungsperson über die Wertsache von der Bewilligung der KESB, z.B. mittels Doppelunterschrift, abhängig zu machen (Art. 9 Abs. 2 lit. a; Dörflinger, ZKE 2013, 368; Geiser, ZKE 2013, 339; BSK ZGB I-Affolter, Art. 408 N 20). **Eine Beschränkung des Verfügungsrecht der betroffenen Person** muss allerdings **erforderlich** und **verhältnismässig** sein (Art. 389 ZGB; s.

Art. 389 ZGB N 2 ff.). Die Verfügungsbeschränkung darf sich nur auf einzelne Vermögenswerte beziehen und darf mithin **nicht zur faktischen Handlungsunfähigkeit der betroffenen Person** führen, ohne dass die Handlungsfähigkeit formell mittels Entscheid eingeschränkt wird (s. Art. 9 VBVV N 51 f.). Die Verfügungsbeschränkungen sind im Übrigen der Bank mitzuteilen (Art. 9 Abs. 3 VBVV; s. Art. 9 VBVV N 53).

Andererseits kann die **Betreuungsperson** in eigener Kompetenz im Sinne eines Betrages **zur freien Verfügung (Art. 409 ZGB)** bestimmen, dass die betroffene Person über eine **aufbewahrte Wertsache das alleinige Verfügungsrecht** erhält (s. Art. 9 VBVV N 43 ff., insb. N 46), sofern die Voraussetzungen dafür gegeben sind (s. Art. 409 ZGB N 1 f.). Insbesondere muss die **Angemessenheit** der Zurverfügungstellung der aufbewahrten Wertsache gegeben sein. Diese bestimmt sich insb. nach den persönlichen (Vermögens-)Verhältnissen der betroffenen Person (s. Art. 5 VBVV N 2 ff. und Art. 6 VBVV N 2 ff.) «und danach, welche Vermögenswerte in ihrer Verwaltung oder ihrem Zugriffsbereich geblieben sind» (Art. 409 ZGB N 1a; s. FamKomm Erwachsenenschutz-Häfeli, Art. 409 ZGB N 2). Der Wortlaut von Art. 4 Abs. 1 (sowie Abs. 2 und 3) schränkt die Kompetenz der Betreuungsperson, über die freien Beträge i.S.v. Art. 409 ZGB zu befinden, nämlich nicht ein. Die Einräumung des alleinigen Verfügungsrechts an die betroffene Person hat allerdings zur Folge, dass diese z.B. selbständig eine Aufbewahrung der Wertsache aufheben kann. 13

Die Betreuungsperson hat die **Zugriffe auf das Schrankfach** zu dokumentieren (Art.) und im Rechenschaftsbericht festzuhalten (s. Art. 411 Abs. 1 ZGB; Dörflinger, ZKE 2013, 367). Allenfalls ist zur Kontrolle eine regelmässige (Re-)Inventarisierung des Schrankfaches notwendig (Dörflinger, ZKE 2013, 368). 14

2. Ausnahmsweise Aufbewahrung an einem anderen Ort (Abs. 2)

Ausnahmsweise kann die Betreuungsperson Wertsachen **an einem anderen Ort aufbewahren**. Infrage kommt eine Aufbewahrung bei der betroffenen Person oder bei einer Drittperson. Vorausgesetzt wird dabei, dass die Sicherheit gewährleistet ist oder dies vorrangigen Interessen der betroffenen Person dient (Art. 4 Abs. 2). 15

Als **sicherer** und **zweckdienlicher Aufbewahrungsort** ist die SIX SIS AG, die Zentralverwahrerin von börsengehandelten Wertpapieren, zu betrachten (Breitschmid/Kamp, successio 2013, 103; VK OGer ZH, ZVW 2000, 65). Ebenfalls infrage kommen die **privaten Räumlichkeiten** einer an Demenz leidenden betroffenen Person, falls z.B. eine wertvolle Kunstsammlung betroffen ist und deren **Alarm- und Versicherungsschutz** ausreichend gewährleistet ist (Breitschmid/Kamp, FS Häfeli, 161; undifferenziert Begleitbericht VBVV 2012, 3). 16

Hinsichtlich **«digitaler» Wertsachen** kommt eine Aufbewahrung bei Cloud-Anbietern in Frage. Dabei ist auf die Gewährleistung der notwendigen (Datenschutz-)Sicherheit zu achten. 17

18 Aufgrund **vorrangiger Interessen der betroffenen Person** kommt bei Wertsachen, zu denen diese eine **affektionierte Beziehung** hat, z.B. zu einer geerbten Goldhalskette oder einem Musikinstrument, eine Aufbewahrung bei der betroffenen Person in Frage (s. BSK ZGB I-GULER, aArt. 399 N 6). Im Vordergrund steht dabei die Berücksichtigung der **persönlichen Interessen und das Selbstbestimmungsrecht** der betroffenen Person (Art. 406 Abs. 1 i.V.m. Art. 388 Abs. 2 ZGB). Dem Willen der betroffenen Person ist soweit möglich – d.h. unter Berücksichtigung ihres Schwächezustandes – Rechnung zu tragen (s. Art. 5 VBVV N 5 ff.). Eine Aufbewahrung bspw. eines Schmuckstückes bei einer nahestehenden Person kommt dagegen grundsätzlich nicht in Frage, da dies nicht einem «vorrangigen Interesse der betroffenen Person dient», welchem nicht auch durch die Aufbewahrung bei einer Bank begegnet werden kann. Dies gilt umso mehr hinsichtlich der latenten Gefahr einer Interessenskollision anlässlich einer künftigen Erbteilung.

19 Die Aufbewahrung bei der betroffenen Person oder bei Dritten bedarf einer **Bewilligung der KESB**. Die Betreuungsperson ist verantwortlich für das Veranlassen der Aufbewahrung der Wertsache sowie für die vorgängige Einholung der Bewilligung durch die KESB. Mit der aufbewahrenden Drittperson ist ein **Aufbewahrungs- bzw. Hinterlegungsvertrag** abzuschliessen. Bestehende Verträge sind allenfalls anzupassen oder zu ergänzen (s. zur allfälligen Bewilligung dieser Verträge durch die KESB Art. 9 Abs. 1; Art. 9 VBVV N 3 ff., insb. N 12, s. auch N 14 ff., N 23 ff.). Die **Aufbewahrungskosten** dürfen dabei nicht in einem Missverhältnis zum Wert des Gegenstandes stehen (BSK ZGB I-GULER, aArt. 399 N 6). Analog Art. 9 Abs. 2 kann auch hier das **Verfügungsrecht über die Wertsache der betroffenen Person** oder der Betreuungsperson **eingeschränkt** werden (s. Art. 9 VBVV N 35 ff., insb. N 41 und N 46; zur Problematik bei gleichzeitiger Bewirkung der faktischen Handlungsunfähigkeit s. insb. Art. 9 VBVV N 51 f.). Ebenfalls kann die Betreuungsperson in eigener Kompetenz im Sinne eines **Betrages zur freien Verfügung** (Art. 409 ZGB) bestimmen, dass die betroffene Person über eine aufbewahrte Wertsache nach Art. 4 Abs. 2 das alleinige Verfügungsrecht erhält (s. Art. 9 VBVV N 43 ff., insb. N 46), sofern die Voraussetzungen dafür gegeben sind (s. Art. 409 N 1 f.; N 13). Im Weiteren ist auch hier eine saubere Dokumentation und Inventarisierung der aufbewahrten Wertsachen zentral (Art. 10 Abs. 1, Art. 11; Art. 405 Abs. 2 ZGB; s. N 11).

3. Ausnahmsweise Aufbewahrung in den Räumlichkeiten der KESB (Abs. 3)

20 Als weitere Ausnahme können Wertsachen **in den Räumlichkeiten der KESB** aufbewahrt werden, «sofern der Aufbewahrungsort feuer-, wasser- und diebstahlsicher ist» (Art. 4 Abs. 3). In der Regel kommt dafür einzig die Aufbewahrung in einem Tresor infrage. Insofern bleibt die Aufbewahrung in der altrechtliche **«Schirmlade»** dem geltenden Recht weiterhin erhalten. Eine Aufbewahrung in den Räumlichkeiten der KESB ist möglich, falls es notwendig ist, die Zugriffsmöglichkeit auf Wertgegenstände einzuschränken (Begleitbericht VBVV 2012, 3), z.B. bei der Verwahrung von Titeln, welche sich mangels Vertretbarkeit nicht zur Sammelverwahrung eigenen, wie bspw. Beteiligungen an einer Familien-AG (VK OGer ZH, ZVW 2000, 65; BREITSCHMID/KAMP, successio 2013, 104). Eine Zugriffsein-

schränkung kann jedoch auch mittels Aufbewahrung bei einer Bank erfolgen (s. N 12; Art. 9 Abs. 2; s. Art. 9 VBVV N 35 ff.; zur Problematik bei gleichzeitiger Bewirkung der faktischen Handlungsunfähigkeit s. insb. Art. 9 VBVV N 51 f.).

Die **KESB** hat die entsprechende **Aufbewahrung anzuordnen**. Die Anordnung hat mittels formellem Entscheid zu erfolgen (analog Art. 415 Abs. 3 ZGB; s. Art. 415 ZGB N 4). Theoretisch kann die Betreuungsperson in eigener Kompetenz im Sinne eines **Betrages zur freien Verfügung** (Art. 409 ZGB) bestimmen, dass die betroffene Person über die in den Räumlichkeiten der KESB aufbewahrten Wertsachen das alleinige Verfügungsrecht erhält (s. Art. 9 VBVV N 43 ff., insb. N 46; s. Art. 409 ZGB N 1 ff.; N 13). Allerdings dürfte in Bezug auf die bei der KESB speziell aufbewahrten Wertsachen (N 20) meist die Voraussetzung der Angemessenheit der Einräumung eines alleinigen Verfügungsrechts der betroffenen Person (s. N 13; Art. 409 ZGB N 1a) gerade nicht gegeben sein.   21

V. Zeitliche Aspekte der Aufbewahrung

Der Zweck der Norm erfordert, dass die Aufbewahrung **unverzüglich** erfolgt, das heisst nach entsprechender Inventarisierung (Art. 405 Abs. 2 ZGB). Die Wertsachen sind für die gesamte **Dauer** der Massnahme aufzubewahren. Neu hinzukommende Wertsachen sind ebenfalls zu inventarisieren (Art. 11 VBVV und Art. 405 Abs. 2 ZGB) und entsprechend (unverzüglich) aufzubewahren (BSK ZGB I-GULER, aArt. 399 N 4; RIEMER, 93).   22

Art. 5 VBVV

Berücksichtigung der persönlichen Verhältnisse der betroffenen Person

[1] Bei der Wahl der Anlage sind die persönlichen Verhältnisse der betroffenen Person zu berücksichtigen, insbesondere das Alter, die Gesundheit, die Bedürfnisse des Lebensunterhalts, das Einkommen und das Vermögen sowie der Versicherungsschutz. Der Wille der betroffenen Person ist soweit möglich ebenfalls zu berücksichtigen.

[2] Allfällige Versicherungsleistungen, insbesondere bei Altersrücktritt, Unfall, Krankheit oder Pflegebedürftigkeit, sind einzubeziehen.

[3] Die Anlage ist so zu wählen, dass die Mittel für den gewöhnlichen Lebensunterhalt und für zu erwartende ausserordentliche Aufwendungen im Zeitpunkt des Bedarfs verfügbar sind, ohne dass Vermögenswerte zur Unzeit liquidiert werden müssen.

Literatur

Vgl. die Literaturhinweise zu Art. 1 VBVV.

I. Persönliche Verhältnisse der betroffenen Person

1 Zur Bestimmung der **Zwecksicherheit** der Anlage (s. Art. 2 VBVV N 5) sowie der anschliessenden Ausarbeitung der Anlageziele und -strategien (s. Art. 6 VBVV N 3 ff.) ist die Risikofähigkeit der betroffenen Person festzustellen (BASLER SCHERER, ZKE 2011, 182). Mit anderen Worten beurteilt sich die (Zweck-)Sicherheit der Anlage stets individuell, in Abhängigkeit von der Risikofähigkeit der betroffenen Person (Begleitbericht VBVV 2012, 4; BASLER SCHERER, ZKE 2011, 182 f.). Als **Risikofähigkeit** wird die Fähigkeit bezeichnet, Kursschwankungen verkraften zu können, wobei es keine exakte Definition oder Formel gibt, wie die individuelle Risikofähigkeit bestimmt werden kann. Mithin ist die Risikofähigkeit aufgrund verschiedener persönlicher und finanzieller Aspekte zu ermitteln (BASLER SCHERER, ZKE 2011, 182). Deshalb hält Abs. 1 fest, dass bei der Wahl der Anlage **die persönlichen Verhältnisse der betroffenen Person zu berücksichtigen** sind. Dabei sind folgende Aspekte zu beachten:

2 **In Bezug auf die betroffene Person** sind Alter, Gesundheit, Zivilstand, Unterstützungspflichten, Finanzbedarf des (gewöhnlichen und aussergewöhnlichen) Lebensunterhalts (s. Art. 6 VBVV N 3 f.), zu erwartende Sonderaufwendungen (einmalige oder wiederkehrende), Einkommen, Vermögen, allfällige Anwartschaften (z.B. aus Erbschaft), Versicherungsschutz und allfällige Versicherungsleistungen durch Sozial- und Privatversicherungen, insb. bei Altersrücktritt, Unfall, Krankheit oder Pflegebedürftigkeit (Art. 5 Abs. 2), sowie die Wünsche der betroffenen Person zu berücksichtigen (Art. 5 Abs. 1; Begleitbericht VBVV 2012, 4; VBK, ZVW 2001, 333; VK OGer, ZVW 2000, 62). Auch dem mutmasslichen Anlagewillen der betroffenen Person ist Rechnung zu tragen (Art. 5 Abs. 1 letzter Satz; s. N 5 ff.; Begleitbericht VBVV 2012, 4; VBK, ZVW 2001, 333).

3 **Bei Kindern bzw. jungen Erwachsenen** ist auf Erziehungs-, Ausbildungs- und Ausstattungsansprüche Rücksicht zu nehmen. **Bei älteren Personen** stehen dagegen eher Pflegekosten im Vordergrund (BGE 136 III 113 E. 3.2.2). Mithin ist auch die erwartete Lebensdauer der betroffenen Person massgebend (VBK, ZVW 2001, 333). Aktuelle Bedürfnisse – wie z.B. Ferien oder Freizeitaktivitäten – sind ebenfalls zu berücksichtigen und einzuplanen (s. BREITSCHMID/KAMP, FS Häfeli, 101 f.).

4 **In Bezug auf das zu verwaltende Vermögen** sind Höhe und Struktur des Vermögens, Zeitpunkt der Anlage, Dauer der Anlage bzw. Anlagehorizont (insb. mit Blick auf Aspekte der Liquidität; s. Art. 6 VBVV N 2 ff.) sowie das Inflationsrisiko zu beachten (Begleitbericht VBVV 2012, 4; VBK, ZVW 2001, 333; VK OGer ZH, ZVW 2000, 62).

II. Wille der betroffenen Person

5 Grundsätzlich ist der **Wille der betroffenen Person** soweit möglich – d.h. unter Berücksichtigung des Schwächezustandes der betroffenen Person – ebenfalls zu berücksichtigen (Art. 5 Abs. 1 letzter Satz; s. auch Art. 2). Dies gilt auch in Bezug auf den **mutmasslichen Anlagewillen** der betroffenen Person (Begleitbericht VBVV

2012, 4). Die betroffene Person ist deshalb bei (auch bloss subjektiv) wichtigen Entscheidungen in den **Entscheidungsprozess**, z.B. die Budgetplanung, miteinzubeziehen und anzuhören (BREITSCHMID/KAMP, FS Häfeli, 164). Dies gilt insb. bei Entscheidungen, welche Vermögenswerte betreffen, zu denen die betroffene Person eine affektive Beziehung pflegt, wie z.B. bei Hauseigentum oder Beteiligungen am Familienunternehmen (BREITSCHMID/KAMP, FS Häfeli, 169 f.; Art. 8 Abs. 2 und 3; Art. 8 VBVV N 8 ff.).

Da der **Wille** der betroffenen Person **soweit möglich zu berücksichtigen** ist, wird vorausgesetzt, dass die finanziellen Verhältnisse – sprich mindestens die Gewährleistung des gewöhnlichen Finanzbedarfs – dies überhaupt zu lassen (s. zur Erstellung des Budgets und zur Mindestuntergrenze des betreibungsrechtlichen Existenzminimums, Art. 6 VBVV N 4 f.).

6

Entspricht es dem Willen der betroffenen Person, ist u.U. im Einzelfall auch **eine bewusste Vermögensminderung** zulässig und mit der Sorgfaltspflicht der betreuenden Person vereinbar: Vorausgesetzt ist dabei, dass die Vermögensverminderung im Interesse der betroffenen Person liegt (Art. 5 Abs. 1), diese einen entsprechenden Vermögensverzehr in ihrer Vermögensplanung eingeplant hat und der laufende Bedarf gedeckt ist bzw. daraus keine spätere Bedürftigkeit resultiert (BSK ZGB I-AFFOLTER, Art. 408 N 9; BREITSCHMID/KAMP, successio 2013, 107 und FN 173; HEGNAUER, ZVW 1984, 84). Wer z.B. ein Leben lang gespart hat, um später vom ersparten Vermögen als Altersvorsorge Gebrauch zu machen, ist dazu (weiterhin) berechtigt (BSK ZGB I-AFFOLTER, Art. 408 N 9).

7

Ausgaben für die **Erfüllung von Wünschen der betroffenen Person**, z.B. für Freizeitaktivitäten, Ferien oder Ausgaben zur Erhöhung der Lebensqualität etc., rechtfertigt u.U. ebenfalls eine Vermögensverminderung, wenn diese Ausgaben mit dem vorhandenen Vermögen vereinbar sind, d.h. die Vermögensverminderung nicht die Gefahr eine Bedürftigkeit fördert (s. BSK ZGB I-AFFOLTER, Art. 408 N 9; BREITSCHMID/KAMP, successio 2013, 107 und FN 173; BSK ZGB I-GULER, aArt. 413 N 3; BGE 136 III 113, E. 3.2). Als Ausfluss des Selbstbestimmungsrechts sind (materielle) Wünsche der betroffenen Person – unter Berücksichtigung ihres Schwächezustandes – grundsätzlich zu erfüllen, wenn es die Vermögensverhältnisse zulassen (BREITSCHMID/KAMP, successio 2013, 107 und FN 173; AFFOLTER-FRINGELI, Bankkonto, 208; HÄFELI, ZVW 2001, 313; BSK ZGB I-GULER, aArt. 413 N 3).

8

III. Liquiditätsplanung (Abs. 3)

Die Anlagen sind so zu wählen und zu strukturieren (Fälligkeit), dass die Mittel für den gewöhnlichen Lebensunterhalt und für zu erwartende ordentliche und ausserordentliche Aufwendungen im Zeitpunkt des Bedarfs verfügbar sind (Anlagehorizont), ohne dass Vermögenswerte zur Unzeit liquidiert werden müssen (Art. 5 Abs. 3; s. auch Art. 6 VBVV N 2 ff.). Die Anlagen sind deshalb in kurz-, mittel- und langfristige Anlagen aufzuteilen, damit zu jeder Zeit genügend Liquidität vorhanden ist (BASLER SCHERER, ZKE 2011, 182). Die Budgetplanung (s. Art. 6 VBVV N 4) hat entsprechend Rücksicht auf die Liquidität zu nehmen (s. im Übrigen Art. 2 VBVV N 12).

9

Art. 6 VBVV

Sicherstellung des gewöhnlichen Lebensunterhalts

¹ Für Vermögenswerte, die der Sicherstellung des gewöhnlichen Lebensunterhalts der betroffenen Person dienen, sind ausschliesslich folgende Anlagen zulässig:
a. auf den Namen lautende Einlagen, einschliesslich Obligationen und Festgelder, bei Kantonalbanken mit unbeschränkter Staatsgarantie;
b. auf den Namen lautende Einlagen, einschliesslich Obligationen und Festgelder, bei anderen Banken oder bei der Postfinance bis zum Höchstbetrag nach Artikel 37a des Bankengesetzes vom 8. November 1934 pro Institut;
c. festverzinsliche Obligationen der Schweizerischen Eidgenossenschaft und Pfandbriefe der schweizerischen Pfandbriefzentralen;
d. selbstgenutzte und andere wertbeständige Grundstücke;
e. pfandgesicherte Forderungen mit wertbeständigem Pfand;
f. Einlagen in Einrichtungen der beruflichen Vorsorge.

² Anlagen nach Absatz 1 Buchstaben d und e bedürfen der Bewilligung der Kindes- und Erwachsenenschutzbehörde.

Literatur

Vgl. die Literaturhinweise zu Art. 1 VBVV.

I. Adressat

1 Adressat dieser (Anlage-)Bestimmung ist primär die **Betreuungsperson**, da sie die Anlageentscheide fällt und alsdann die Anlage tätigt. Die KESB wirkt nur bei der Erteilung der Bewilligungen für Anlagen gem. Abs. 1 lit. d und e mit (Art. 6 Abs. 2; s. N 20 ff. und N 25 ff.) und hat ansonsten eine reine Aufsichtsfunktion.

II. Anlage für den gewöhnlichen Lebensunterhalt

2 Die Anlage des Vermögens hat Rücksicht auf die individuelle Risikofähigkeit der betroffenen Person zu nehmen (s. zum Begriff der Risikofähigkeit auch Art. 5 VBVV N 1). Die **Risikofähigkeit** der betroffenen Person ist deshalb bei Errichtung der Massnahme zu **analysieren**. Die Risikofähigkeitsanalyse soll der Betreuungsperson Auskunft über die Höhe und Struktur des Vermögens der betroffenen Person, «über eine allfällige Sparquote oder einen zu budgetierenden Vermögensverzehr und über die Prognosen der Vermögensentwicklung» geben (BASLER SCHERER, ZKE 2011, 183). Als **Grundkonzept** gilt, «[j]e kleiner das Vermögen und je unmittelbarer es für die Finanzierung des Lebensunterhalts eingesetzt werden muss,

desto kleiner ist die Risikofähigkeit der betroffen Person und desto höher sind die Anforderungen an die [Zweck-]Sicherheit der Vermögensanlage» (BASLER SCHERER, ZKE 2011, 183; s. Art. 2 VBVV N 5). Umgekehrt gilt, je grösser das Vermögen und «je besser der langfristige Lebensunterhalt einer Person unter Berücksichtigung der Lebenserwartung abgesichert ist, desto eher kann von konservativen, allgemein als sicher geltenden Vermögensanlagen abgewichen» und zumindest ein Teil des Vermögens in risikoreichere, rentablere Anlagen investiert werden (Begleitbericht VBVV 2012, 4; s. auch BASLER SCHERER, ZKE 2011, 183). Ausgehend von diesem Grundsatz unterscheidet die VBVV **zwei Vermögenskomplexe**: Vermögenswerte, die die Sicherstellung des gewöhnlichen Lebensunterhalts der betroffenen Person gewährleisten (Art. 6 Abs. 1 lit. a–f) und Vermögenswerte, die als Rücklagen für weitergehende Bedürfnisse dienen (Art. 7 Abs. 1 lit. a–f und Abs. 3).

Zur Ermittlung des **gewöhnlichen Lebensunterhalts** ist bei Errichtung der Massnahme ein **Budget** bzw. Finanzierungsplan aufzustellen (GEISER, ZKE 2013, 342). Zusammen mit dem Budget und der Analyse der weiteren persönlichen Verhältnisse, d.h. insb. des Anlagehorizonts und des vorhandenen Vermögens (Art. 5; Art. 5 VBVV N 4), kann das **«Anlageziel»** bzw. «Anlageprofil» eruiert werden (s. BASLER SCHERER, ZKE 2013, 183). Die darauf basierende Wahl der Anlagekategorie entspricht der **«Anlagestrategie»** (s. BASLER SCHERER, ZKE 2013, 183; zur Möglichkeit der Genehmigung der Anlagestrategie durch die KESB s. N 34). Dabei sind die allgemeinen Grundsätze der Anlage zu beachten (s. Art. 2). Bei komplexeren Vermögensverhältnissen sowie generell bei Unsicherheiten seitens der Betreuungsperson hat diese die (Sorgfalts-)Pflicht, eine Fachperson aus dem Finanzbereich beizuziehen, bspw. die Bank der betroffenen Person oder einen (bankinternen oder -externen) Vermögensverwalter (s. zur Unterstützung durch Fachpersonen Art. 2 N 16). Allenfalls verfügt die zuständige KESB intern bereits über das notwendige Know-how. Die im Zusammenhang mit der **Anlage** getroffenen **Entscheide** sind im Übrigen zu begründen und zu **dokumentieren** (Art. 11). **Verändern sich die persönlichen Verhältnisse** der betroffenen Person während der Dauer der Massnahme, z.B. Einkommen, Unterstützungspflichten, Gesundheitszustand, Höhe und Struktur des Vermögens etc. (s. Art. 5 VBVV N 2 ff.), ist das Budget an die neuen Verhältnisse anzupassen und es ist die Risikofähigkeit der betroffenen Person zu überprüfen. Allenfalls muss bei Vorliegen einer veränderten Risikofähigkeit ein neues Anlageziel formuliert sowie eine angepasste Anlagestrategie festgesetzt werden (s. Art. 408 ZGB N 11e; GEISER, ZKE 2013, 348; s. auch Art. 8 VBVV N 6).

Das **Budget** hat sämtliche **Einkommen**, d.h. auch solche, die von der Betreuungsperson nicht verwaltet werden (s. dazu Art. 1 VBVV N 19 und N 20 ff.), und die **ordentlichen Ausgaben** der betroffenen Person zu erfassen. Unter Letzteres fallen bspw. Ausgaben für Miete, Krankenkasse, Versicherungen, Verkehrsmittel, Telekommunikation, Internet, Steuern, Abzahlung von Schulden etc. Im Budget sind die Ausgaben für Nahrung, Kleider, Körperpflege etc. unter Einrechnung eines monatlichen **Grundbetrags** zu berücksichtigen. Zur Ermittlung der Höhe des Grundbetrags können die betreibungsrechtlichen Existenzminimumsrichtlinien des jeweiligen Kantons als Referenz beigezogen werden (s. BREITSCHMID/KAMP, FS

Häfeli, 165). Das Budget soll die Weiterführung des bisher gelebten Lebensstandards ermöglichen, sofern es die finanziellen Verhältnisse zulassen. Die **Untergrenze des Budgets** der betroffenen Person entspricht mindestens dem **betreibungsrechtlichen Existenzminimum** gem. der entsprechenden Richtlinie des jeweiligen Kantons. Die Betreuungsperson darf u.E. das Budget der betroffenen Person nicht unter die Untergrenze des betreibungsrechtlichen Existenzminimums «herunterfahren». **Ausserordentliche Ausgaben** sind im Finanzierungsplan ebenfalls mit einzurechnen, um der Liquiditätsplanung Rechnung zu tragen (s. als Budgetbeispiel das Formular der KESB Graubünden für selbständiges Wohnen sowie das Formular zur Erfassung des Vermögens, ‹http://www.gr.ch/DE/institutionen/verwaltung/djsg/kesb/› dort: Dokumentation, Private Mandatsträger/innen [27.7.14]). Auch zur Erstellung eines Budgets kann die Betreuungsperson eine Fachperson beiziehen (s. zur Unterstützung durch Fachpersonen Art. 2 VBVV N 16).

5   Aufgrund des erstellten Budgets zeigt sich, ob eine **Mankosituation** oder eine **Deckung mit** oder **ohne Überschuss** resultiert. Entsprechend kann abgeschätzt werden, ob für die Finanzierung des gewöhnlichen Lebensunterhalts auf das Vermögen der betroffenen Person zurückgegriffen werden muss oder nicht (GEISER, ZKE 2013, 342). Bei einer Mankosituation oder einer knapper Deckung des Lebensunterhalts ohne wesentlichen Überschuss sind die Vermögenswerte konservativ, d.h. bloss werterhaltend, nach Art. 6 Abs. 1 anzulegen. Im Vordergrund stehen dabei Anlagekategorien, die im Falle eines Rückgriffs auf das Vermögen der betroffenen Person eine schnelle Sicherstellung mit liquiden Mitteln ermöglichen (GEISER, ZKE 2013, 342).

III. Anlagekategorien (Abs. 1)

6   Die **Anlagekategorien** zur Sicherstellung des gewöhnlichen Lebensunterhalts nach Art. 6 Abs. 1 sind grundsätzlich **abschliessend**. Vorbehalten bleibt Art. 8 Abs. 3 (GEISER, ZKE 2013, 342). Die Verordnung unterscheidet zwischen unbegrenzten Anlagen und begrenzten Anlagen mit Einzellimiten (s. Art. 6 Abs. 1 lit. b; s. BASLER SCHERER, ZKE 2011, 185). Folgende Anlagen sind gem. Art. 6 Abs. 1 ausschliesslich zulässig:

1. Auf den Namen lautende Einlagen, einschliesslich Obligationen und Festgelder, bei Kantonalbanken mit unbeschränkter Staatsgarantie (lit. a)

7   Die **Einlage** hat auf **den Namen der betroffenen Person** zu lauten. Unter den Begriff der Einlagen fallen das eingezahlte **Bargeld** sowie **Obligationen** und **Festgelder**. Festgelder sind Einlagen mit einer kurzen, festen Laufzeit von mindestens einer Woche und maximal einem Jahr.

8   Es ist zu beachten, dass nicht mehr alle **Kantonalbanken** über eine **unbeschränkte Staatsgarantie** verfügen (s. GEISER, ZKE 2013, 342 f.): Die Banque Cantonale de Genève verfügt noch über eine beschränkte Staatsgarantie; die Banque Cantonale Vaudoise sowie die Berner Kantonalbank verfügen über keine Staatsgarantie mehr. Zur Frage der vorgängigen Bewilligung der Anlage s. N 29 ff.

2. **Auf den Namen lautende Einlagen, einschliesslich Obligationen und Festgelder, bei anderen Banken oder bei der Postfinance bis zum Höchstbetrag nach Artikel 37a des Bankengesetzes vom 8. November 1934 pro Institut (lit. b)**

Die Anlage bei einer Bank (s. zum Begriff Art. 3 VBVV N 14 ff.) hat auf den Namen der betroffenen Person zu lauten. Unter den Begriff der Einlagen fallen das eingezahlte Bargeld sowie Obligationen und Festgelder (s. zum Begriff N 7). Der Höchstbetrag der privilegierten Einlagen nach Art. 37a Abs. 1 BankG beträgt CHF 100 000.– pro Bankinstitut. Die Anlage ist deshalb auf diese Einzellimite je Bankinstitut zu begrenzen. Zur Frage der vorgängigen Bewilligung der Anlage s. N 29 ff. 9

3. **Festverzinsliche Obligationen der Schweizerischen Eidgenossenschaft und Pfandbriefe der schweizerischen Pfandbriefzentralen (lit. c)**

Eine Anlage in **festverzinsliche Obligationen** der Schweizerischen Eidgenossenschaft ist zulässig. Festverzinsliche Obligationen (auch festverzinsliche Anleihen, Vanilla Bonds, Standardanleihen oder Straight Bonds genannt) «werden während der gesamten Laufzeit mit einem **festen Zinssatz** verzinst. Die Anleihensbedingungen können eine einmalige Zinszahlung pro Jahr oder halb- oder vierteljährliche Zahlungen vorsehen» (s. SIX Swiss Exchange Know-how, ‹http://www.six-swiss-exchange.com/knowhow/products/bonds/types/fixed_bonds_de.html›, 27.7.14). 10

«Der **schweizerische Pfandbrief** ist ein mit besonderen grundpfandrechtlichen und gesetzlichen Sicherheiten ausgestattetes, obligationenähnliches Wertpapier, das ausschliesslich von den beiden zu diesem Zweck geschaffenen Pfandbriefinstituten begeben werden darf» (Pfandbriefzentrale der schweizerischen Kantonalbanken AG, ‹http://www.pfandbriefzentrale.ch/merkmale.html›, 29.12.13). Zur Emission von Schweizer Pfandbriefen sind momentan zwei Pfandbriefzentralen ermächtigt: die Pfandbriefzentrale der schweizerischen Kantonalbanken und die Pfandbriefbank schweizerischer Hypothekarinstitute (Art. 1 Abs. 2, Art. 3 und 4 Pfandbriefgesetz vom 25.6.1930, SR 211.423.4; ‹https://www.finma.ch/d/beaufsichtigte/seiten/pfandbriefzentrale.aspx›, 16.11.2013). Zu Fragen der vorgängigen Bewilligung der Anlage s. N 29 ff. 11

Ungedeckte Darlehensgeschäfte mit Wertschriften (Securities Lending) sind bereits aufgrund des FINMA-Rundschreibens 2010/2 «Repo/SLB» vom 17.12.2009, N 10, nicht zulässig. 12

4. **Selbstgenutzte und andere wertbeständige Grundstücke (lit. d)**

Im Weiteren sind Anlagen in selbstgenutzte oder andere wertbeständige Grundstücke zulässig. Der Verordnungsgeber erläutert diese beiden allgemeingehaltenen Begriffe nicht weiter. Als **selbstgenutztes Grundstück** gilt u.E. das unmittelbar selbstbewohnte Eigenheim der betroffenen Person. Aus dem Wortlaut ergibt sich, dass das selbstgenutzte Grundstück ebenfalls wertbeständig sein muss (Art. 6 Abs. 1 lit. d, «und andere wertbeständige Grundstücke»). 13

14 Als «andere wertbeständige» Grundstücke gelten z.B. das geerbte, aber nicht selbstbewohnte Haus der Eltern, das Haus, in dem die betroffene Person vor Eintritt in ein Pflegeheim gelebt hat, eine Wohnung, welche die betroffene Person vermietet, oder ein Ferienhaus. Die Verordnung setzt dabei nicht voraus, dass das Grundstück zwingend in der Schweiz liegen muss (s. GEISER, ZKE 2013, 343, FN 63).

15 Die **Wertbeständigkeit** des Grundstücks richtet sich nach dessen **Marktwert**, wobei allfällige (Miet-)**Einnahmen** und **Kosten** für den laufenden Grundstücksunterhalt beim Anlageentscheid mit zu beachten sind (s. GEISER, ZKE 2013, 343).

16 Als Anlagen in ein Grundstück gelten z.B. **Investitionen** in die **Substanzerhaltung oder Erneuerung, Um- und Ausbau** des Grundstückes sowie die Abzahlung der Hypothek. Bei einer Anlage in ein Grundstück ist zu beachten, dass die schnelle Verfügbarkeit von liquiden Mittel nicht gewährleistet ist, weshalb vorausgesetzt werden muss, dass der laufende Unterhalt bereits anderweitig sichergestellt ist (s. BREITSCHMID/KAMP, FS Häfeli, 171). Die KESB hat die Anlage im Übrigen zu bewilligen (Art. 6 Abs. 2 VBVV; s. N 20 ff., insb. N 25 ff.).

5. Pfandgesicherte Forderungen mit wertbeständigem Pfand (lit. e)

17 Anlagen in **pfandgesicherte Forderungen mit wertbeständigem Pfand** stellen die **Ausnahme** dar. Deren Zulassung ist aufgrund der Umstände des Einzelfalles zu überprüfen. Die KESB muss für die entsprechende Anlage die Bewilligung erteilen (Art. 6 Abs. 2; s. N 20 ff., insb. N 25 ff.), wobei vorausgesetzt wird, dass die Anlage annähernd gleiche Sicherheit wie die übrigen Anlagekategorien nach Abs. 1 gewährleistet (s. GEISER, ZKE 2013, 344). Eine solche Sicherheit ist bspw. bei einem Grundpfandtitel an einer Liegenschaft bzw. bei grundpfandrechtlich sichergestellten Darlehen gewährleistet (s. Kanton Zug, Amt für Kindes- und Erwachsenenschutz, Umsetzungscheckliste zur VBVV, 2 [Stand 18.08.2013]).

6. Einlagen in Einrichtungen der beruflichen Vorsorge (lit. f)

18 Eine Anlage mittels Einlage in **Einrichtungen der beruflichen Vorsorge** ist ebenfalls zulässig. Unter einer Einlage in eine Einrichtung der beruflichen Vorsorge ist – neben den ordentlich zu entrichtenden Pensionskassenbeiträgen – der **freiwillige Einkauf in die 2. Säule** zu verstehen (GEISER, ZKE 2013, 343). Dabei wird implizit vorausgesetzt, dass die betroffene Person erwerbstätig ist (s. Art. 2 f. i.V.m. Art. 5 Abs. 1 BVG) und über eine entsprechende **Beitragslücke** bei der Pensionskasse verfügt. Die Höhe der Einlage ist abhängig vom jeweiligen maximal möglichen Einkaufsbetrag. Dabei ist zu beachten, dass eine Einlage in die berufliche Vorsorge vor allem im überobligatorischen Bereich nicht per se Einfluss auf die künftige Rentenleistung hat (GEISER, ZKE 2013, 343). Ein Einkauf empfiehlt sich zudem nur, wenn der Deckungsgrad der Pensionskasse 100 % oder mehr beträgt, oder anderweitig sichergestellt ist, dass der Einkaufsbetrag ausschliesslich der betroffenen Person zugutekommt.

Bei dieser Anlageform ist zu beachten, dass die **Einlage** in die berufliche Vorsorge **gebunden** und bis zum Eintritt des Vorsorgefalles (Alter, Invalidität) oder eines ausnahmsweisen Vorbezugs (Wohneigentum zum eigenen Bedarf, Aufnahme der selbständigen Tätigkeit, definitive Ausreise aus der Schweiz) nicht mehr frei verfügbar ist. Voraussetzung für die Einlage in eine Einrichtung der beruflichen Vorsorge ist somit, dass der laufende Unterhalt bereits anderweitig sichergestellt ist. 19

IV. Bewilligung der Anlagen durch die KESB (Abs. 2)

1. Allgemeines zu Verhältnis und Wirkung der Bewilligungspflicht nach VBVV und Art. 416 f. ZGB

Die VBVV setzt in Art. 6 Abs. 2 sowie in Art. 7 Abs. 2 und 3 die **Bewilligung der** KESB für bestimmte Anlagegeschäfte voraus. Teilweise **überschneiden** sich dabei die **Anwendungsbereiche mit dem Zustimmungserfordernis nach Art. 416 f.** ZGB, insb. bei Geschäften i.S.v. 416 Abs. 1 Ziff. 4–7 ZGB. 20

Der Gesetzgeber hat in **Art. 416 f. ZGB** die **zustimmungsbedürftigen Geschäfte abschliessend geregelt**. Unter die Zustimmungsbedürftigkeit fallen auch Verträge, die normalerweise mit Banken, Versicherungen oder anderen Finanzinstituten abgeschlossen werden (s. Art. 416 Abs. 1 Ziff. 4–7 ZGB). Die Zustimmung der KESB ist in diesen Fällen Voraussetzung für die Rechtsgültigkeit der Verträge, d.h. die Zustimmung der KESB wirkt konstituierend (Dörflinger, ZKE 2013, 360). 21

Obwohl der Verordnungsgeber mit der **VBVV** auf Verordnungsstufe eine **Bewilligungspflicht** vorsieht (s. Art. 6 Abs. 2 und Art. 7 Abs. 2 und 3), kommt der Bewilligung durch die KESB auf zivil- bzw. vertragsrechtlicher Ebene **keine eigenständige konstituierende Wirkung** zu, da hierfür eine ausdrückliche Grundlage auf Gesetzesebene fehlt (s. Art. 408 Abs. 3 ZGB; Dörflinger, ZKE 2013, 360; s. Gesetzesmässigkeitsprinzip, Häfelin/Haller/Keller, Rz 1869 ff.). Mit anderen Worten ist der Verordnungsgeber ohne ausdrückliche gesetzliche Ermächtigung nicht befugt, den Katalog der zustimmungsbedürftigen Geschäfte nach Art. 416 ZGB zu erweitern und eigenmächtig die Anlagegeschäfte der Betreuungsperson mit Dritten von einer konstituierend wirkenden Bewilligung der KESB abhängig zu machen (Dörflinger, ZKE 2013, 360). 22

Eine **allfällige konstituierende Wirkung** ergibt sich einzig aus Art. 416 f. ZGB, was jeweils im Einzelfall für die einzelnen Anlagen spezifisch zu überprüfen ist (s. ausführlich nachfolgend N 26 ff. und N 29 ff.). 23

Fehlt folglich **die Bewilligung** der KESB und schliesst die Betreuungsperson dennoch ein nach VBVV bewilligungspflichtiges Anlagegeschäft ab (Art. 6 Abs. 2, Art. 7 Abs. 2 und 3) und **ist gleichzeitig auch keine Zustimmung nach Art. 416 f. ZGB notwendig**, ist das **Anlagegeschäft** somit **dennoch gültig und wirksam** (Dörflinger, ZKE 2013, 360). Selbstredend muss vorausgesetzt werden, dass die Betreuungsperson dabei im Rahmen der ihr übertragenen Vermögensverwaltungskompetenzen handelt. Die fehlende Bewilligung der Anlage stellt in diesem Fall sodann lediglich eine Verletzung einer (Sorgfalts-)Pflicht der Betreuungsperson dar, was zu einer Haftung (Art. 454 ff. ZGB) und einem Rückgriff auf die Be- 24 treuungsperson (Art. 454 Abs. 4 ZGB) führen kann. Die fehlende Bewilligung bewirkt aber, dass eine trotzdem getätigte Anlage unzulässig ist, weshalb diese in eine zulässige Anlage **umzuwandeln** ist (analog Art. 8 Abs. 1).

2. Bewilligung von Anlagen nach Abs. 1 lit. d und e

25   **Anlagen in selbstgenutzte und andere wertbeständige Grundstücke** (Art. 6 Abs. 1 lit. d) sowie **pfandgesicherte Forderungen mit wertbeständigem Pfand** (Art. 6 Abs. 1 lit. e) bedürfen der (vorgängigen) **Bewilligung** durch die **KESB** (Art. 6 Abs. 2). Diese Anlagen werden offenbar als riskanter angesehen als die übrigen Anlagen gem. Abs. 1 und bedürfen aus Sicht des Verordnungsgebers einer näheren Überprüfung durch die KESB (DÖRFLINGER, ZKE 2013, 359 und 365). Es ist Sache der Betreuungsperson, die entsprechende Bewilligung einzuholen (Empfehlungen SBVg/KOKES, Ziff. 29). Zur Form der Bewilligung sowie zum Bewilligungsverfahren s. Art. 9 N 33 f.

26   Die Bewilligung der KESB i.S.v. Art. 6 Abs. 1 lit. d und e stellt **grundsätzlich keine** eigenständige **konstituierende Voraussetzung** für die Rechtsgültigkeit der Anlage dar (s. N 21 f.). **Konstituierende Wirkung** kommt dagegen der **Zustimmung der KESB** für die genehmigungsbedürftigen Geschäfte **nach Art. 416 ff. ZGB** zu (s. N 23):

27   Die **Anlage in ein Grundstück** (Art. 6 Abs. 1 lit. d) dürfte **regelmässig** auch nach **Art. 416 Abs. 1 Ziff. 4 ZGB genehmigungsbedürftig** sein. Danach besteht eine Zustimmungspflicht der KESB für den **Erwerb, Veräusserung, Verpfändung oder eine andere dingliche Belastung des Grundstückes**. Erfasst ist ebenso die Ausübung von Kaufs-, Rückkaufs- und Vorkaufsrechten (BSK ZGB I-VOGEL, Art. 416/417 N 20; BSK ZGB I-GEISER, aArt. 421/422 N 13). Unter die Genehmigungspflicht fällt auch die Entlassung von Grundstücken aus zugunsten der betroffenen Person bestehenden Sicherheiten bzw. jede rechtsgeschäftliche Verminderung dinglicher Rechte an Grundstücken (s. Art. 416 ZGB N 6 zu Ziff. 4; BSK ZGB I-VOGEL, Art. 416/417 N 20). Geht mit der Anlage in ein Grundstück der betroffenen Person gleichzeitig ein Erwerb eines anderen Grundstückes einher oder erfolgt eine **dingliche Belastung bzw. eine Reduktion der Hypothek**, ist deshalb die Zustimmung der KESB nach Art. 416 Abs. 1 Ziff. 4 ZGB zwingend vorgängig einzuholen. Erfolgt die Anlage in ein Grundstück der betroffenen Person zwecks reiner **Substanzerhaltung bzw. Unterhalts des Grundstücks**, ist **grundsätzlich keine Zustimmung der KESB nach Art. 416 Abs. 1 Ziff. 4 ZGB** erforderlich (BSK ZGB I-VOGEL, Art. 416/417 N 24). Da jedoch das «Erstellen von Bauten, das über ordentliche Verwaltungshandlungen hinausgeht» gem. Art. 416 Abs. 1 Ziff. 4 ZGB dem Zustimmungserfordernis der KESB untersteht, sind **Investitionen**, die eine **Wertvermehrung** oder eine **Zweckveränderung** zur Folge haben, bspw. der **Aus- und Umbau von Räumlichkeiten, zustimmungsbedürftig**. Da die **Grenzen** zwischen Substanzerhaltungs- und Unterhaltsarbeiten und wertvermehrenden bzw. zweckverändernden Arbeiten **fliessend** sind, sollte stets eine vorgängige **Beurteilung der KESB** eingeholt werden (s. zum Ganzen BSK ZGB I-VOGEL, Art. 416/417 N 24; Art. 416 ZGB N 6 zu Ziff. 4).

Die **Anlage in eine pfandgesicherte Forderung** (Art. 6 Abs. 1 lit. e) ist bspw. nach 28
Art. 416 Abs. 1 Ziff. 6 ZGB genehmigungsbedürftig, wenn die Anlage mit der Aufnahme oder Gewährung eines erheblichen Darlehens einhergeht (Geiser, ZKE 2013, 349). Die Erheblichkeit bemisst sich nach den konkreten Vermögens- und Einkommensverhältnissen der betroffenen Person (Art. 416 ZGB N 6 zu Ziff. 6).

3. Keine Bewilligungspflicht für Anlagen nach Art. 6 Abs. 1 lit. a–c und lit. f

Die **VBVV sieht keine Bewilligungspflicht** für die Anlagen nach Art. 6 Abs. 1 29
lit. a–c und lit. f vor (Art. 6 Abs. 2 *e contrario*). Dagegen stellt sich die Frage der **Bewilligungspflicht** dieser Anlagen nach Art. 416 ZGB, insb. nach **Art. 416 Abs. 1 Ziff. 5 ZGB.**

Nach **Art. 416 Abs. 1 Ziff. 5** ZGB bedürfen u.a. der **Erwerb und die Veräusserung** 30
von anderen Vermögenswerten, z.B. **Aktien oder andere Wertschriften**, der (konstituierend wirkenden) Zustimmung der KESB. Dabei sind jedoch nur diejenigen Verpflichtungsgeschäfte genehmigungspflichtig, welche nicht mehr unter die Führung der **ordentlichen Verwaltung** der Vermögenswerte fallen (s. Art. 416 Abs. 1 Ziff. 5 ZGB). Der Begriff der ordentlichen Verwaltung ist analog Art. 227 ZGB auszulegen (BSK ZGB I-Vogel, Art. 416/417 N 25; BBl 2006 7001, 7057). Massgebendes Abgrenzungskriterium ist die Tragweite der Rechts- oder Tathandlung im Rahmen der Interessenswahrung der Vermögensverwaltung im Einzelfall (BSK ZGB I-Vogel, Art. 416/417 N 25; BSK ZGB I-Hausheer/Aebi-Müller, Art. 227/228 N 9).

Im Zusammenhang mit der **Neuanlage von Wertschriften** ging die h.L. bis anhin 31
davon aus, dass es sich dabei per se um eine ausserordentliche – und damit zustimmungsbedürftige – Verwaltungshandlung der Betreuungsperson i.S.v. Art. 416 Abs. 1 Ziff. 5 ZGB handle, wenn die Neuanlage die bisherige Anlagepolitik bzw. Anlagestruktur des Vermögens der betroffenen Person verändert (BSK ZGB I-Vogel, Art. 416/417 N 26). Dies sei gem. h.L. insb. bei der Anlage von Vermögen in Obligationen (s. Art. 6 Abs. 1 lit. a–c VBVV) aus bisherigem Kontoguthaben der Fall (BSK ZGB I-Vogel, Art. 416/417 N 26; Art. 416 ZGB N 6 zu Ziff. 5). Die Wiederanlage in Obligationen nach Rückzahlung solcher sei dagegen keine Änderung der Anlagepolitik und deshalb eine ordentliche Verwaltungshandlung (Art. 416 ZGB N 6 zu Ziff. 5).

Das **Grundkonzept** der VBVV sieht vor, dass die **Anlage** der Vermögenswerten, die 32
der **Sicherstellung des gewöhnlichen Lebensunterhalts der betroffenen Person** dienen, gem. den **konservativen Anlagekategorien** von Art. 6 zu erfolgen hat (s. N 2 ff.). Die VBVV stellt somit klar, dass eine Anlage in konservative Anlagen i.S.v. Art. 6 Abs. 1 grundsätzlich der **ordentlichen Anlagetätigkeit der Betreuungsperson** entspricht (s. auch BSK ZGB I-Vogel, Art. 416/417 N 26a). Art. 6 unterscheidet dabei nicht zwischen der Anlage aus bereits angelegtem Vermögen und der erstmaligen Neuanlage von Vermögenswerten. Im Gegenteil verpflichtet Art. 8 Abs. 1 die Betreuungsperson, auch die Umwandlung von unzulässigen in zulässige Anlagen vorzunehmen (s. Art. 8 VBVV N 1 ff.). Nur ausnahmsweise und mit Bewilligung

der KESB kann auf eine Umwandlung von unzulässigen Anlagen verzichtet werden (Art. 8 Abs. 3; s. Art. 8 VBVV N 9 f.).

33 Die **Anlagetätigkeit der Betreuungsperson nach Art. 6 Abs. 1 lit. a–c sowie lit. f VBVV** ist deshalb – ungeachtet ob es sich um eine Neuanlage oder um eine Umwandlung von Vermögenswerte (Art. 8 Abs. 1 VBVV) handelt – vom Verordnungsgeber **als ordentliche Verwaltungshandlung** eingestuft worden. Tätigt die Betreuungsperson deshalb (Neu-)Anlagen gem. Art. 6 Abs. 1 lit. a–c (sowie lit. f), insb. Anlagen in Obligationen, Festgelder und Pfandbriefe der schweizerischen Pfandbriefzentralen, liegt eine ordentliche Anlagetätigkeit und keine genehmigungsbedürftige Verwaltungshandlung i.S.v. Art. 416 Abs. 1 Ziff. 5 ZGB vor (s. auch Zürcher Rahmenvertrag, Ziff. 4, dem das gleiche Konzept zugrunde liegt; s. auch Art. 9 VBVV N 21). Die Betreuungsperson ist zur Vornahme dieser Anlagen ausdrücklich ermächtigt und beauftragt. Die Anlage in konservative Anlagekategorien zur Sicherstellung des gewöhnlichen Lebensunterhalts entspricht zudem der Interessenswahrung der betroffenen Person und stellt eine geringfügige Verwaltungshandlung dar (s. dazu BSK ZGB I-HAUSHEER/AEBI-MÜLLER, Art. 227/228 N 8 f.). Eine gegenteilige Ansicht würde dem Konzept der VBVV zu widerlaufen, da diese selbst für die Anlagen gem. Art. 6 Abs. 1 lit. a–c als auch lit. f VBVV keine Bewilligungspflicht vorsieht.

34 Grundsätzlich **empfiehlt** es sich dennoch, dass die Betreuungsperson **vor Tätigung einer Anlage** nach Art. 6 Abs. 1 der KESB die **Anlagestrategie** (zum Begriff s. N 3) zur **Genehmigung** vorlegt. Mit Bestätigung bzw. Genehmigung der Anlagestrategie durch die KESB erhält die Betreuungsperson den klaren Rahmen ihrer ordentlichen Verwaltungstätigkeit aufgezeigt (gl.M. BSK ZGB I-VOGEL, Art. 416/417 N 26). Sie kann sich damit vor allfälligen Unsicherheiten sowie dem Vorwurf der Sorgfaltspflichtverletzung schützen. Mit Bewilligung der Anlagestrategie wird gleichzeitig die Anlage in die einzelnen Anlagekategorien genehmigt (s. Art. 7 VBVV N 30).

Art. 7 VBVV

Anlagen für weitergehende Bedürfnisse

¹ Sofern es die persönlichen Verhältnisse der betroffenen Person erlauben, sind für Bedürfnisse, die über den gewöhnlichen Lebensunterhalt hinausgehen, zusätzlich zu den Anlagen nach Artikel 6 insbesondere folgende Anlagen zulässig:
   a. Obligationen in Schweizer Franken von Gesellschaften mit guter Bonität;
   b. Aktien in Schweizer Franken von Gesellschaften mit guter Bonität, wobei ihr Anteil am Gesamtvermögen höchstens 25 Prozent ausmachen darf;
   c. Obligationenfonds in Schweizer Franken mit Einlagen von Gesellschaften mit guter Bonität, ausgegeben von

Fondsgesellschaften unter der Leitung von schweizerischen Banken;
d. gemischte Anlagefonds in Schweizer Franken mit einem Anteil von höchstens 25 Prozent Aktien und höchstens 50 Prozent Titeln ausländischer Unternehmen, ausgegeben von Fondsgesellschaften unter der Leitung von schweizerischen Banken;
e. Einlagen in Einrichtungen der Säule 3a bei Banken, bei der Postfinance oder bei Versicherungseinrichtungen, die dem Versicherungsaufsichtsgesetz vom 17. Dezember 2004 unterstehen;
f. Grundstücke.

[2] Diese Anlagen bedürfen der Bewilligung der Kindes- und Erwachsenenschutzbehörde.

[3] Sind die finanziellen Verhältnisse der betroffenen Person besonders günstig, so kann die Kindes- und Erwachsenenschutzbehörde auch eine weitergehende Anlage bewilligen.

Literatur

Vgl. die Literaturhinweise zu Art. 1 VBVV.

I. Adressat

Adressat der Bestimmung ist die Betreuungsperson. Diese hat die Anlageentscheide zu fällen und tätigt die Anlage (s. N 2 ff.). Die KESB wirkt bei der Anlage mittels Erteilung der Bewilligungen mit (Art. 7 Abs. 2; s. N 28 ff.) und kann auch weitergehende Anlagen bewilligen (Art. 7 Abs. 3, s. N 31 ff.).

II. Anlage für weitergehende Bedürfnisse

Die **Sicherstellung des gewöhnlichen Lebensunterhalts** (s. Art. 6 VBVV N 2 ff.) **unterscheidet** sich von der **Sicherstellung für darüberhinausgehende, weitergehende Bedürfnisse**. Zusätzlich zu den Anlagekategorien von Art. 6 Abs. 1 lässt Art. 7 Abs. 1 risikoreichere, dafür aber rentablere Anlagekategorien für weitergehende Bedürfnisse zu. Diese zusätzlichen Anlagekategorien haben vor allem inflationskompensierende sowie risikodiversifizierende Funktion und dienen dem längerfristigen Ausgleich von allfälligen Wertschwankungen (s. Art. 2 VBVV N 8 ff.; s. GEISER, ZKE 2013, 344; BASLER SCHERER, ZKE 2011, 181).

Die VBVV orientiert sich in diesem Bereich stark an der Verordnung über das Vormundschaftswesen des Kantons Luzern vom 25. 9. 2001 (SRL 206). Auf eine analoge Anwendung der Richtlinien zur Vermögensanlage im Bereich der beruflichen Vorsorge (Art. 49–59 BVV 2) wurde bewusst verzichtet (Begleitbericht VBVV 2012, 5; s. dazu BREITSCHMID/KAMP, FS Häfeli, 166). Als Grund dafür wurde u.a. die professionellere Verwaltungsstruktur von Pensionskassen sowie die bessere Planbarkeit des Liquiditätsbedarfs angeführt (Begleitbericht VBVV 2012, 5).

4 **Voraussetzung** für eine Anlage nach Art. 7 Abs. 1 ist, dass die persönlichen Verhältnisse eine solche Anlage erlauben (s. Analyse der Risikofähigkeit, Anlageziel bzw. Anlagestrategie, Art. 6 VBVV N 2 ff.; zur Möglichkeit der Genehmigung der Anlagestrategie durch die KESB s. Art. 6 VBVV N 34): Es muss ein ausreichend grosses Einkommen und Vermögen sowie der entsprechende Anlagehorizont gegeben sein, so dass für die Finanzierung des gewöhnlichen Lebensunterhalts nicht auf das Vermögen der betroffenen Person zurückgegriffen werden muss (s. Art. 6 VBVV N 5; GEISER, ZKE 2013, 344; BREITSCHMID/KAMP, FS Häfeli, 166). Die im Zusammenhang mit der Anlage getroffenen Entscheide sind zu begründen und zu **dokumentieren** (Art. 11).

III. Anlagekategorien für weitergehende Bedürfnisse (Abs. 1)

5 Die **Anlagekategorien** zur Sicherstellung des weitergehenden Lebensunterhalts sind **sehr allgemeinen formuliert** und **grundsätzlich abschliessend** (GEISER, ZKE 2013, 344 f.). Vorbehalten bleiben Anlagen nach Art. 7 Abs. 3 sowie nach Art. 8 Abs. 3 (GEISER, ZKE 2013, 344 f.).

6 Eine Anlage nach Art. 7 Abs. 1 bedarf **generell der Bewilligung durch die KESB** (Art. 7 Abs. 2), wobei der KESB weites Ermessen zukommt (s. N 28 ff.). Die Verordnung unterscheidet zwischen unbegrenzten Anlagen und begrenzten Anlagen mit Kategorienlimiten (s. Art. 7 Abs. 1 lit. b und lit. d; s. BASLER SCHERER, ZKE 2011, 185). Folgende Anlagen sind gem. Art. 7 Abs. 1 zulässig:

1. Obligationen in Schweizer Franken von Gesellschaften mit guter Bonität (lit. a)

7 Eine Anlage in **Obligationen in Schweizer Franken** einer **(Aktien-)Gesellschaft mit guter Bonität** ist zulässig. Zur Eruierung der **guten Bonität** der Gesellschaft kann als Referenz die Bewertungen von anerkannten Ratingagenturen beigezogen werden. Es liegt mithin im Ermessen der KESB, welche Gesellschaften sie als mit guter Bonität ausgestattet erachtet und welche nicht (GEISER, ZKE 2013, 345). Als Bonitätsrating sollte die Gesellschaft jedoch mindestens ein **long term Rating A** ausweisen (s. Kanton Zug, Amt für Kindes- und Erwachsenenschutz, Umsetzungscheckliste zur VBVV, 2 [Stand 18.08.2013]; s. auch ZELLWEGER-GUTKNECHT, RSDA 2014, 193). Es bleibt der **KESB** überlassen, ob sie zur **Präzisierung dieser Anlagekategorien** eine **eigene interne Liste** der Gesellschaften mit guter bzw. schlechter Bonität erstellt.

8 Die **Anlage muss in Schweizer Franken** sein. Eine Anlage in Obligationen in anderer Währung ist nicht zulässig. Vermutlich wollte der Gesetzgeber aus Sicherheitsgründen auf die Stabilität des Schweizer Frankens setzen. Die Stabilität des Schweizer Frankens ist allerdings nicht in Stein gemeisselt. Er wird durch die zunehmende internationale finanzpolitische Vernetzung vermehrt unter Druck gesetzt werden. Durch die Einschränkung der Anlage in Obligationen anderer Wäh-

rungen wird die Möglichkeit der Diversifikation stark eingeschränkt (s. Art. 2 VBVV N 8 ff.). Zudem kann eine Anlage in Obligationen in Schweizer Franken nicht die globale Vernetzung eines (schweizerischen) Unternehmens ausblenden und vor ausländischen Währungsverlusten schützen: Bspw. hat ein sinkender Dollarkurs wesentlichen Einfluss auf den Geschäftsverlauf eines schweizerischen Nahrungsmittelkonzerns, welcher mit wesentlichen Anteilen am amerikanischen Markt beteiligt ist. Eine Beschränkung auf Obligationen in Schweizer Franken ist zudem ungerechtfertigt, da ein allfälliger Auslandbezug einer betroffenen Person unberücksichtigt bleibt (GEISER, ZKE 2013, 345). Die Beschränkung auf Obligationen in Schweizer Franken ist somit nicht gerechtfertigt, aber de lege lata hinzunehmen. Aufgrund der abschliessenden Aufzählung von Art. 7 Abs. 1 kann die KESB nur bei besonders günstigen Verhältnissen (s. N 34) eine Anlage in einer anderen Währung bewilligen (s. Art. 7 Abs. 3).

Unter Berücksichtigung des **Diversifikationsprinzips** (Art. 2 Abs. 2; s. Art. 2 VBVV N 8 ff.) empfiehlt sich, obwohl der Verordnungstext dies nicht vorschreibt, im Sinne einer **Einzellimite maximal 5% an Obligationen pro Gesellschaft** gemessen am **Gesamtvermögen** der betroffenen Person zu halten (s. Kanton Zug, Amt für Kindes- und Erwachsenenschutz, Umsetzungscheckliste zur VBVV, 2 [Stand 18.08.2013]). 9

2. Aktien in Schweizer Franken von Gesellschaften mit guter Bonität, wobei ihr Anteil am Gesamtvermögen höchstens 25 Prozent ausmachen darf (lit. b)

Eine Anlage in **Aktien in Schweizer Franken** (s. N 8) einer **(Aktien-)Gesellschaft mit guter Bonität** (s. N 7) ist zulässig. Keine Voraussetzung für die Anlage in Aktien ist, ob die Aktien börsenkotiert sind oder nicht. Ebenfalls keine Rolle spielt, ob die Aktien in der Schweiz oder im Ausland kotiert sind. 10

Der Anteil der Aktien darf dabei im Sinne einer Kategorienlimite «höchstens» 25% am Gesamtvermögen ausmachen. Dieser **Höchstwert von 25%** ist als reine **Orientierungsgrösse** zu verstehen und nicht als absoluter Fixwert (s. BASLER SCHERER, ZKE 2011, 180). Gegen einen absoluten Fixwert von 25% spricht, dass gewisse kurzfristigen Wertschwankungen bei Anlagen für weitergehende Bedürfnisse, die sich selbst durch eine stärkere, risikoreichere Partizipation am Markt und eine höhere Rendite auszeichnen, einer solchen Anlage nämlich immanent sind und in Kauf genommen werden müssen. Das Verhältnis der Aktien zum Gesamtvermögen kann sich folglich ohne Zutun der Betreuungsperson aufgrund der (kurzfristigen) Kursentwicklungen am Markt oder anderen wirtschaftlichen Faktoren verändern: Die Aktie kann an Wert zunehmen oder das restliche Vermögen an Wert verlieren. Ein absoluter Fixwert hätte zur Folge, dass die Betreuungsperson (oder eine beauftragte Hilfsperson) ständig darum bekümmert sein müsste, die Entwicklungen am Aktienmarkt im Auge zu behalten und sie das Vermögen stets umwandeln müsste (sog. **Rebalancing**). Dies wäre mit einem grossen Aufwand für die Betreuungsperson verbunden und würde zu hohen, unnötigen Transaktionskosten führen. Im Weiteren hätte ein absoluter Fixwert von 25% zwangsweise zur Folge, dass die Betreuungsperson die Anlage in Aktien nicht in vollem Umfang von 25% 11 ausschöpfen würde und z.B. lediglich Aktien im Verhältnis zu 20% am Gesamtvermögen halten würde. Ein **kurzfristiges Überschreiten der Grenze von 25%** muss daher **zulässig** sein.

12 Eine Umwandlung bzw. ein Rebalancing bei der **Überschreitung der Orientierungsgrösse von 25%** ist folglich nur bei mittel- und längerfristigen Veränderung der Verhältnisse vorzunehmen, d.h. wenn das Verhältnis des Aktienanteils zum Gesamtvermögen **im durchschnittlichen Vergleich seit einem Jahr** über 25% liegt und daher nicht mehr bloss kurzfristig ist. Zur Berechnung des Gesamtvermögens sind sämtliche Vermögenswerte der betroffenen Person miteinzurechnen, auch solche, die nicht unter der Verwaltung der Betreuungsperson stehen (s. Art. 1 VBVV N 18 und 20 ff.; s. GEISER, ZKE 2013, 345).

13 Unter Berücksichtigung des **Diversifikationsprinzips** (Art. 2 Abs. 2; s. Art. 2 VBVV N 8 ff.) empfiehlt sich im Sinne einer **Einzellimite eine maximale Aktienbeteiligung von 3% pro Gesellschaft** gemessen am Gesamtvermögen (s. Kanton Zug, Amt für Kindes- und Erwachsenenschutz, Umsetzungscheckliste zur VBVV, 3 [Stand 18.08.2013]).

3. Obligationenfonds in Schweizer Franken mit Einlagen von Gesellschaften mit guter Bonität, ausgegeben von Fondsgesellschaften unter der Leitung von schweizerischen Banken (lit. c)

14 Als Anlageoption ist auch eine **Anlage in einem Obligationenfonds in Schweizer Franken** (s. N 8) mit **Einlagen von (Aktien-)Gesellschaften mit guter Bonität** (s. N 7) zulässig.

15 Der Fonds muss dabei «unter der Leitung von schweizerischen Banken» ausgegeben sein. **Dieser Wortlaut ist insofern inkorrekt**, als ein Fonds nicht unter der Leitung einer (Depot-)Bank ausgegeben wird. Die Fonds werden von der Fondsleitung herausgegeben, wobei diese von der Depotbank unabhängig zu sein hat (Art. 28 Abs. 5 KAG). Der Verordnungsgeber wollte mit dieser Bestimmung wohl zum Ausdruck bringen, dass nur eine Anlage in einen **Obligationenfonds** zulässig ist, welcher von einer Fondsleitung ausgegeben und **von einer schweizerischen (Depot-)Bank gehalten wird** (zum Begriff der Bank s. Art. 3 VBVV N 14 ff.).

4. Gemischte Anlagefonds in Schweizer Franken mit einem Anteil von höchstens 25 Prozent Aktien und höchstens 50 Prozent Titeln ausländischer Unternehmen, ausgegeben von Fondsgesellschaften unter der Leitung von schweizerischen Banken (lit. d)

16 Als weitere Anlageoption ist eine **Anlage in gemischte Anlagefonds** in Schweizer Franken (s. N 8) mit einem Anteil von höchstens 25% Aktien und höchstens 50% Titeln ausländischer Unternehmen, ausgegeben von Fondsgesellschaften **unter der Leitung von schweizerischen Banken** (s. N 15), zulässig.

17 Die Zusammensetzung des gemischten Anlagefonds wird vom Verordnungsgeber nicht umschrieben. Der gemischte Anlagefonds kann sich aus zulässigen Anlagen gem. Art. 6 Abs. 1 und Art. 7 Abs. 1 zusammensetzen: Er kann bspw. aus Obligatio-

nen einer Kantonalbank, Obligationsanleihen der Schweizerischen Eidgenossenschaft, Pfandbriefen oder aus Aktien und Obligationen eines schweizerischen Unternehmens bestehen. Zusätzlich kann er sich aus Aktien und Obligationen eines ausländischen Unternehmens zusammensetzen.

Aufgrund der Systematik und der Sicherheit der Anlage muss vorausgesetzt werden, dass – wie nach Art. 7 Abs. 1 lit. a–c – nur **Anteile an Aktien und Obligationen an (Aktien-)Gesellschaften mit guter Bonität** (s. N 7) zulässig sind, obwohl dies in Art. 7 Abs. 1 lit. d nicht wörtlich vermerkt ist. 18

Der **Anteil an Aktien im Verhältnis zum Wert des gemischten Anlagefonds** bemisst sich am Marktwert der Aktien. Der Höchstwert von **25%** ist ebenfalls bloss eine **Orientierungsgrösse** (s. N 11 f.). 19

Der gemischte Anlagefonds setzt sich zudem zu maximal **50% aus Titeln an ausländischen Unternehmen**, d.h. Obligationen oder Aktien, zusammen. Dieser Anteil ist als **Fixgrenze** zu verstehen. Er berechnet sich nämlich statisch anhand der Zusammensetzung des Anlagefonds und unabhängig vom Wert des Titels im Verhältnis zum gesamten Anlagefonds, weshalb nicht eine blosse Orientierungsgrösse vorliegt. Das Problem der Wertschwankung bzw. des Rebalancing (s. N 11 f.) ergibt sich in diesem Zusammenhang somit nicht. 20

In der Praxis werden bereits **vereinzelte gemischte Anlagefonds** angeboten, die sich explizit an den **Bestimmungen der VBVV** orientieren (s. z.B. Factsheet der Credit Suisse vom 30.6.2014 «CS [CH] Strategy Fund – Conservative [CHF]», ‹http://amfunds.credit-suisse.com/ch/de/qualified-investor/products/funds› [27.7.14]). 21

5. Einlagen in Einrichtungen der Säule 3a bei Banken, bei der Postfinance oder bei Versicherungseinrichtungen, die dem Versicherungsaufsichtsgesetz vom 17. Dezember 2004 unterstehen (lit. e)

Als weitere Anlagemöglichkeit sind (gebundene) Anlagen in eine **Vorsorgeeinrichtung der Säule 3a** zulässig (Art. 7 Abs. 1 lit. e). Anerkannte Vorsorgeformen der Säule 3a sind das Vorsorgekonto bei einer Bankenstiftung oder eine Vorsorgepolice bei einer Versicherung, z.B. eine Lebensversicherung. Unter Einlagen in Einrichtungen der Säule 3a sind **Einzahlungen auf das Vorsorgekonto** sowie **die Entrichtung von laufenden (Police-)Beiträgen** zu verstehen. Die Einlagen in die Säule 3a sind bis zu einem gewissen Betrag steuerbegünstigt (s. Art. 7 BVV 3 und Art. 8 BVG; für Personen, die einer Pensionskasse angehören: CHF 6739.– pro Jahr; für Personen, die keiner Pensionskasse angehören: 20% des jährlichen Erwerbseinkommens, im Maximum CHF 33 696.–, Stand 2014). Die Einlagen in eine Einrichtung der Säule 3a bei einer Bank sind bis CHF 100 000.– gesichert (Art. 37a BankG). Der Wortlaut lässt ebenfalls die Neuerrichtung eines Säule 3a Vorsorgeinstrumentes zu. 22

(Ungebundene) **Einlagen in die Säule 3b** sind nach dem Wortlaut von Art. 7 Abs. 1 lit. e **nicht zulässig**. Die Gründe dafür sind nicht ersichtlich. Eine Anlage in eine Einrichtung der Säule 3b ist somit nur nach Art. 7 Abs. 3 zulässig (s. N 31 ff.). 23

24 Eine **Anlage in eine Lebensversicherung** nach Art. 7 Abs. 1 lit. e bedarf grundsätzlich nicht nur der Bewilligung der KESB i.S.v. Art. 7 Abs. 2 (s. N 28 ff.), sondern auch der konstituierend wirkenden **Zustimmung gem. Art. 416 Abs. 1 Ziff. 7 ZGB**.

6. Grundstücke (lit. f)

25 Bereits nach Art. 6 Abs. 1 lit. d sind Anlagen in «selbstgenutzte und andere wertbeständige Grundstücke» zulässig. Nach Art. 7 Abs. 1 lit. f sind **Anlagen in Grundstücke generell zulässig**. Keine Rolle spielt es dabei, ob das Grundstück in der Schweiz oder im Ausland liegt (GEISER, ZKE 2013, 346). Die Wertbeständigkeit des Grundstücks wird nicht explizit vorausgesetzt, muss bei der Anlage aber dennoch beachtet werden (GEISER, ZKE 2013, 346).

26 Aufgrund des sehr allgemein formulierten Wortlauts von Art. 7 Abs. 1 lit. f ist davon auszugehen, dass eine Anlage in neue, das heisst durch Kauf zu erwerbende Grundstücke, zulässig sein muss (vorbehältlich der konstitutiv wirkenden Zustimmung der KESB nach Art. 416 Abs. 1 Ziff. 4 ZGB; s. Art. 6 VBVV N 20 ff., insb. N 27; s. Art. 416 ZGB N 6 zu Ziff. 4). Eine allfällig zum Kauf benötigte Aufnahme einer Hypothek bedarf ebenfalls der konstitutiv wirkenden Zustimmung der KESB (Art. 416 Abs. 1 Ziff. 4 bzw. 6 ZGB; s. ausf. Art. 6 VBVV N 27).

27 Gemäss dem allgemeinen Wortlaut von Art. 7 Abs. 1 lit. f spricht sodann auch nichts gegen eine Anlage in Grundstücke in Form einer Beteiligung an einem Immobilienfonds (s. zur Bewilligung dieser Anlage N 28 ff., insb. N 29).

IV. Bewilligung der Anlagen durch die KESB (Abs. 2)

28 Die **Anlagen für weitergehende Bedürfnisse** sind vorgängig von der KESB zu **bewilligen** (Art. 7 Abs. 2). Der **Bewilligungsvoraussetzung** nach Art. 7 Abs. 2 kommt auf zivil- bzw. vertragsrechtlicher Ebene grundsätzlich **keine eigenständige konstituierende Wirkung** zu (DÖRFLINGER, ZKE 2013, 360), da hierfür eine ausdrückliche gesetzliche Grundlage fehlt (s. Art. 408 Abs. 3 ZGB; s. ausf. Art. 6 VBVV N 21 ff.; s. DÖRFLINGER, ZKE 2013, 359 f.). **Vorbehalten** bleibt jedoch die (konstituierend wirkende) **Bewilligungspflicht nach den Bestimmungen von Art. 416 f. ZGB**, insb. Art. 416 Abs. 1 Ziff. 4–7 ZGB.

29 Im Vordergrund stehen dabei die zustimmungsbedürftigen Geschäfte nach Art. 416 Abs. 1 Ziff. 5 ZGB. Dabei stellt sich – ähnlich wie bei den Anlagen nach Art. 6 Abs. lit. a–c und lit. f (s. Art. 6 VBVV N 30 ff.) – die Frage, ob die **Anlagen nach Art. 7 Abs. 1** ordentliche oder ausserordentliche Verwaltungshandlungen der Betreuungsperson darstellen oder nicht (s. BSK ZGB I-VOGEL, Art. 416/417 N 25 ff.; Art. 416 ZGB N 6 zu Ziff. 5). Im Gegensatz zur konservativen Anlage nach Art. 6 Abs. lit. a–c, welche die Sicherstellung des gewöhnlichen Lebensunterhalts bezweckt, sieht der Verordnungsgeber eine **explizite Genehmigungspflicht für Anlagen für weitergehende Bedürfnisse** vor (Art. 7 Abs. 2). Dadurch bringt der Verordnungsgeber zum Ausdruck, dass die Anlagen gem. Art. 7 Abs. 1 in der Regel nicht mehr zur ordentlichen, sondern **ausserordentlichen Verwaltungstätigkeit** der Betreuungsperson gehören. Die **Anlagen nach Art. 7 Abs. 1** sind deshalb

grundsätzlich gleichzeitig als durch die KESB **zu bewilligendes Anlagegeschäft i.S.v. Art. 416 Abs. 1 Ziff. 5 ZGB** zu qualifizieren. Der Bewilligung der KESB kommt in diesem Zusammenhang deshalb entsprechende konstituierende Wirkung zu. Vorbehalten bleibt die Ausnahme von Art. 416 Abs. 2 ZGB (s. Art. 416 ZGB N 7 ff.). Zur Form der Bewilligung sowie zum Bewilligungsverfahren s. Art. 9 VBVV N 33 f.

Es ist Sache der Betreuungsperson, die entsprechende Bewilligung der KESB einzuholen (Empfehlungen SBVg/KOKES, Ziff. 29). Nach hier vertretener Ansicht hat die KESB **nicht jedes einzelne Anlagegeschäft** zu **bewilligen, sondern** nur die **Anlagestrategie** (s. zum Begriff Art. 6 VBVV N 3) insgesamt (BSK ZGB I-VOGEL, Art. 416/417 N 26). Ansonsten könnte die Betreuungsperson die ihr übertragene Vermögensverwaltung faktisch nicht vornehmen, da sie ständig die Bewilligung der KESB, bspw. beim Kauf von Aktien einer Gesellschaft mit guter Bonität (Art. 7 Abs. 1 lit. b), abwarten müsste (gl.M. GEISER, ZKE 2013, 350). Mit Bewilligung der Anlagestrategie i.S.v. Art. 7 Abs. 2 VBVV bzw. Art. 416 Abs. 1 Ziff. 5 ZGB kann die Betreuungsperson somit **Anlagen in die entsprechenden Anlagekategorien gem. Anlagestrategie** vornehmen. 30

V. Anlage bei besonders günstigen finanziellen Verhältnissen (Abs. 3)

Die KESB kann bei **besonders günstigen finanziellen Verhältnissen** auch eine weitergehende, d.h. eine nicht in Art. 6 Abs. 1 oder 7 Abs. 1 aufgeführte, Anlage **bewilligen** (Art. 7 Abs. 3). 31

Der in **Art. 7 Abs. 3** statuierten **Bewilligungsvoraussetzung** bzw. der Bewilligung durch die KESB kommt auf zivil- bzw. vertragsrechtlicher Ebene grundsätzlich **keine eigenständige konstituierende Bedeutung** für das Anlagegeschäft zu (N 28 ff. und Art. 6 VBVV N 20 ff.; s. DÖRFLINGER, ZKE 2013, 359 f.). Vorbehalten bleibt jedoch auch hier die (konstituierend wirkende) Bewilligungspflicht nach Art. 416 f. ZGB, insb. Art. 416 Abs. 1 Ziff. 4–8 ZGB (s. Art. 6 VBVV N 29 ff.). 32

Gemäss **Art. 416 Abs. 1 Ziff. 5 ZGB** bedürfen nach h.L. diejenigen Anlagegeschäfte einer Zustimmung der KESB, welche nicht mehr zur ordentlichen Verwaltungstätigkeit der Betreuungsperson zu zählen sind (s. BSK Erwachsenenschutz-VOGEL, Art. 416/417 N 25 f.; Art. 6 VBVV N 30 f.). **Eine weitergehende Anlage nach Art. 7 Abs. 3** bei besonders günstigen finanziellen Verhältnissen ist – im Gegensatz zu den ordentlichen, konservativen Anlagen gem. Art. 6 Abs. 1 (s. Art. 6 VBVV N 32 f.) – **grundsätzlich als ausserordentliche Verwaltungstätigkeit** der Betreuungsperson zu qualifizieren. Der Verordnungsgeber geht aufgrund der ausdrücklichen Bewilligungspflicht nach Art. 7 Abs. 3 ebenfalls davon aus, dass nicht mehr eine ordentliche Verwaltungstätigkeit der Betreuungsperson vorliegt. Der Bewilligung der KESB kommt in diesem Zusammenhang deshalb entsprechende konstituierende Wirkung zu. Vorbehalten bleibt die Ausnahme von Art. 416 Abs. 2 ZGB (s. Art. 416 ZGB N 7 ff.). Es ist Sache der Betreuungsperson, die entsprechende Bewilligung einzuholen. Die KESB hat dabei **nicht jedes einzelne Anlagegeschäft** zu **bewilligen, sondern** kann die **Anlagestrategie** (s. zum Begriff Art. 6 VBVV N 3) insge- 33 samt genehmigen (GEISER, ZKE 2013, 350; BSK Erwachsenenschutz-VOGEL, Art. 416/417 N 26; s. N 30). Zur Form der Bewilligung sowie zum Bewilligungsverfahren s. Art. 9 VBVV N 33 f.

34 Das Vorliegen **besonders günstiger finanzieller Verhältnisse** beurteilt sich anhand der Grösse des bestehenden Vermögens sowie anhand des aus dem Budget resultierenden Bedarfs bzw. des Überschusses (s. Art. 6 VBVV N 3 ff.). Nach BREITSCHMID/KAMP soll zur Bestimmung besonders günstiger Verhältnisse Art. 6 Abs. 1 KKV herangezogen werden. Demnach gelte als vermögende Person, wer über mindestens CHF 2 Mio. verfüge (BREITSCHMID/KAMP, FS Häfeli, 165; s. Art. 6 Abs. 1 aKKV). Nach erneuter Revision der KKV gilt u.a. nach Art. 6 Abs. 1 lit. b KKV als vermögend, wer über ein Vermögen von mindestens 5 Mio. CHF verfügt, und zwar unabhängig von persönlichen, fachlichen Qualifikationen und Kenntnissen über die Risiken von Anlagen (s. Art. 6 Abs. 1 lit. a KKV). Diese Änderung in kürzester Zeit zeigt auf, dass sich die Bestimmung einer Fixgrenze, wer als vermögend gilt und wer nicht, als sehr schwierig erweist. Als besonders günstige Vermögensverhältnisse sind somit **Vermögen ab CHF 2 Mio. bis 5 Mio.** zu betrachten, abhängig von der Zusammensetzung des Vermögens, insb. auch von der Höhe des Anteils an Immobilien (s. sinngemäss Art. 6 Abs. 4 KKV) und von den weiteren persönlichen Verhältnissen einer Person, wie z.B. Alter, Gesundheit, Zivilstand, Unterstützungspflichten, Finanzbedarf des (gewöhnlichen und aussergewöhnlichen) Lebensunterhalts und weitere finanzielle Aspekte (Art. 5 VBVV N 4), sowie Krankheit oder Pflegebedürftigkeit (Art. 5; s. Art. 5 VBVV N 1 ff.).

35 **Als weitergehende Anlagekategorien** kommen u.a. Anlagen in Einrichtungen der Säule 3b (s. oben N 23), in Fremdwährungen, Devisen, Versicherungsfonds, Edelmetallen, Beteiligung an Aktien oder Anlage in Obligationen in ausländischer Währung an ausländischen Gesellschaften mit guter Bonität, Beteiligungen an Fonds, die nicht den Vorgaben von Art. 7 Abs. 1 lit. c und lit. d VBVV entsprechen, etc. in Frage (s. GEISER, ZKE 2013, 347; s. Kanton Zug, Umsetzungscheckliste zur VBVV, 1 ff. [Stand 18.08.2013]). Ebenfalls zulässig ist eine Beteiligung an einer Gesellschaft, welche nicht die Rechtsform der Aktiengesellschaft aufweist (vorbehältlich einer allfälligen konstituierenden Zustimmung der KESB, Art. 416 Abs. 1 ZGB Ziff. 8; GEISER, ZKE 2013, 345 f.). Das Vorliegen von besonders günstigen Vermögensverhältnissen bedeutet jedoch nicht per se, dass sämtliche Anlagen zulässig sind (s. N 36).

VI. Unzulässige Anlagen

36 Trotz der Bewilligungskompetenz der KESB bei besonders günstigen finanziellen Verhältnissen (Art. 7 Abs. 3) sind folgende Anlagen nicht zulässig, da diese nicht mit den Grundsätzen der Vermögensanlage (Art. 2) vereinbar sind:
- Bargeld (s. Art. 3; GEISER, ZKE 2013, 338);
- Unregulierte Hedge Fonds;
- COSI (Collateral Secure Instruments), d.h. strukturierte, mit einem bei der Schweizer Börse SIX hinterlegten Pfand, pfandgesicherte Produkte;
- Contracts for Difference (Differenzgeschäfte, sog. CFD).

Als weitere unzulässige Anlagen gelten darüber hinaus Anlagen i.S.v. Art. 412 Abs. 1 ZGB (s. Art. 412 ZGB N 1 ff.). 37

Art. 8 VBVV

Umwandlung in zulässige Anlagen

[1] Erfüllen Vermögensanlagen, die im Zeitpunkt der Errichtung der Beistandschaft oder Vormundschaft bestehen, und Vermögenswerte, die der betroffenen Person nach diesem Zeitpunkt zufliessen, die Voraussetzungen nach den Artikeln 6 und 7 nicht, so müssen sie innert angemessener Frist in zulässige Anlagen umgewandelt werden.

[2] Bei der Umwandlung sind die Wirtschaftsentwicklung, die persönlichen Verhältnisse und soweit möglich der Wille der betroffenen Person zu berücksichtigen.

[3] Auf eine Umwandlung kann verzichtet werden, wenn die Vermögenswerte für die betroffene Person oder für ihre Familie einen besonderen Wert haben und der gewöhnliche Lebensunterhalt sichergestellt ist. Der Verzicht bedarf der Bewilligung der Kindes- und Erwachsenenschutzbehörde.

Literatur

Vgl. die Literaturhinweise zu Art. 1 VBVV.

I. Adressat

Die **Betreuungsperson** ist für die **Konformität der Vermögensanlagen** mit den Bestimmungen der VBVV im Zeitpunkt der Errichtung der Beistandschaft bzw. Vormundschaft **zuständig**. Dies gilt auch für später dem Vermögen zufliessende Vermögenswerte. 1

Die **KESB** erteilt die Bewilligung für den ausnahmsweisen Verzicht auf Umwandlung. Ansonsten kommt ihr primär reine Aufsichtsfunktion zu. Allenfalls kann sie der Betreuungsperson im Rahmen der Überprüfung des Rechenschaftsberichts Weisungen betreffend die Umwandlung erteilen, wenn sie feststellt, dass das Vermögen nicht in Übereinstimmung mit den Voraussetzungen nach Art. 6 und Art. 7 angelegt ist (Art. 415 Abs. 3 ZGB; s. BSK ZGB I-Vogel, Art. 415 N 18). 2

II. Umwandlungspflicht unzulässiger Anlagen (Abs. 1)

(Unsichere) Vermögensanlagen, die die Voraussetzungen nach den Art. 6 und Art. 7 im Zeitpunkt der Errichtung der Massnahme bzw. im Zeitpunkt eines späteren Vermögenszuflusses (s. hierzu Art. 1 VBVV N 24) nicht erfüllen, sind innert angemessener Frist durch sichere Anlagen zu ersetzen (Art. 8 Abs. 1; Begleitbericht VBVV 2012, 5). Die **Zulässigkeit** der Anlage ergibt sich insgesamt aus der **Zweck-** 3

sicherheit der Anlage und wird durch das **individuelle Anlageziel** der betroffenen Person sowie deren **Risikofähigkeit** konkretisiert (s. Art. 2 und Art. 5; s. Art. 2 VBVV N 5; Art. 5 VBVV N 1 ff.; Art. 6 VBVV N 2 ff.). Unter Zuhilfenahme eines **Budgets** sind deshalb die **zulässigen Anlagekategorien**, d.h. eine (eher konservative) Anlage zur Sicherstellung des gewöhnlichen Lebensunterhalts (Art. 6) oder eine Anlage für weitergehende Bedürfnisse (Art. 7), zu ermitteln (s. Art. 6 VBVV N 3 ff.). Selbstredend haben die Vermögensanlagen den **allgemeinen Anlagegrundsätzen** zu entsprechen (Art. 2): Neben der Zwecksicherheit ist insb. der Diversifikation und Liquiditätsplanung gebührend Rechnung zu tragen (s. Art. 2 VBVV N 8 ff. und 12).

4 Im Weiteren ist darauf zu achten, dass die einzelnen Anlagekategorien den verschiedenen **Einzel-** (s. z.B. Art. 6 Abs. 1 lit. b) bzw. **Kategorienlimiten** (s. Art. 7 Abs. 1 lit. b und lit. d) entsprechen und somit als VBVV **konform** gelten. Zudem sind für die **bestehenden Anlagen** je nachdem die entsprechenden **Anlagebewilligungen** einzuholen (s. Art. 6 Abs. 2, Art. 7 Abs. 2 und Abs. 3; s. Art. 6 VBVV N 20 ff., Art. 7 VBVV N 28 ff. und 33 ff.). Andernfalls hat die Betreuungsperson eine Umwandlung vorzunehmen.

5 Unzulässige Anlagen sind **innert angemessener Frist** umzuwandeln. Die Angemessenheit der Umwandlungsfrist ist dabei abhängig von den Umständen des Einzelfalls (s. Art. 8 Abs. 2; Begleitbericht VBVV 2012, 5; BREITSCHMID/KAMP, FS Häfeli, 169). Insbesondere dürfte entscheidend sein, auf welchen ersten Zeitpunkt unter bestehenden Anlageverträgen bzw. -instrumenten eine Umwandlung überhaupt erfolgen kann. Zudem darf die Umwandlung die wirtschaftliche Entwicklung nicht ausser Acht lassen (Art. 8 Abs. 2): Eine Umwandlung darf **nicht zur Unzeit** erfolgen, d.h. wenn die Umwandlung einer Anlage in einem ungünstigen Zeitpunkt nur einen Verlust einbringen würde, wie z.B. der Verkauf von Aktien zu einem sehr tiefen Preis (BREITSCHMID/KAMP, FS Häfeli, 168; BSK ZGB I-GULER [4. Aufl.], aArt. 402 N 4; BGE 48 II 428 E. 2). Die Beurteilung der «Unzeit» beinhaltet immer eine Prognose über die zukünftige Entwicklung einer Anlage, bspw. einer Aktie, weshalb bei erheblichen Zweifeln am Zeitpunkt der Umwandlung bzw. Veräusserung einer Anlage am besten eine Fachperson aus dem Finanzbereich, bspw. die Bank der betroffenen Person oder ein (bankinterner oder -externer) Vermögensverwalter, beigezogen wird (s. VBK, ZVW 2009, 201; s. zur Unterstützung durch Fachpersonen Art. 2 VBVV N 16; s. zum Vermögensverwalter Art. 9 VBVV N 16). Einzig bei der «Anlage» in Bargeld ist das Bargeld unverzüglich «umzuwandeln» und auf ein Konto zu überweisen (s. Art. 3).

6 Als Ausfluss der Sorgfaltspflicht (Art. 408 Abs. 1 und 413 Abs. 1 ZGB) hat die Betreuungsperson u.E. während der **Gesamtdauer der Massnahme** zu gewährleisten, dass die Vermögensanlagen **die Anforderungen einer sicheren Anlage nach Art. 6 und Art. 7** erfüllen. Massgebend für die Konformität der Anlage ist daher nicht bloss der Zeitpunkt der Errichtung der Massnahme bzw. das Zufliessen späterer Vermögenswerte. Aufgrund einer Veränderung der Vermögensstruktur, bspw. infolge Wertverlust bestimmter Anlagen, kann sich nämlich ebenfalls eine Anpassung bzw. Umwandlung der Anlagen während laufender Massnahme auf-

zwingen (s. GEISER, ZKE 2013, 349). Es gilt daher eine allgemeine Umwandlungspflicht unzulässiger Anlagen in VBVV-konforme Anlagen. Dies erfordert, dass die Betreuungsperson die Konformität der Anlage stets überwacht (sog. **Monitoring**). Gegebenenfalls ist auch das Anlageziel sowie die Anlagestrategie anzupassen, falls dies aufgrund Veränderung der persönlichen Verhältnisse der betroffenen Person notwendig würde (s. Art. 6 VBVV N 3).

Der Entscheid zur Umwandlung sowie der dafür ausgewählte Zeitpunkt müssen **dokumentiert** und **begründet** werden (Art. 11). Die **Umwandlung** von Vermögenswerten bedarf nur einer **Zustimmung der KESB**, wenn **die Zielanlage bewilligungspflichtig** ist (s. z.B. Art. 6 Abs. 2 und Art. 7 Abs. 2 und 3) oder wenn es sich bei der Umwandlungshandlung um ein zustimmungsbedürftiges Geschäft nach Art. 416 f. ZGB handelt, z.B. Veräusserung einer Liegenschaft (Art. 416 Abs. 1 Ziff. 4 ZGB; s. zum Verhältnis der Bewilligungspflicht nach VBVV und Art. 416 f. ZGB Art. 6 VBVV N 20 ff.). 7

III. Berücksichtigung der wirtschaftlichen und persönlichen Verhältnisse (Abs. 2)

Die Umwandlung hat der wirtschaftlichen Entwicklung, den persönlichen Verhältnissen (s. Art. 5; Art. 5 VBVV N 1 ff.) und dem Willen der betroffenen Person Rechnung zu tragen, soweit nicht besondere Unsicherheitsfaktoren vorliegen (Abs. 2; BGE 48 II 428 E. 2; Begleitbericht VBVV 2012, 5). Bei der Umwandlung sind in Bezug auf die Wirtschaftsentwicklung die **konkreten gesamtwirtschaftlichen Rahmenbedingungen** (Konjunktur- und Teuerungsentwicklung, branchenspezifische Entwicklungszyklen etc.) zu beachten (s. Art. 2 VBVV N 5). Die Beachtung des Willens und der persönlichen Verhältnisse der betroffenen Person ergeben sich bereits aus den allgemeinen Grundsätzen (Art. 2 und Art. 5). 8

IV. Verzicht auf Umwandlung (Abs. 3)

Dem Grundsatz von Art. 412 Abs. 2 ZGB folgend, wonach «Vermögenswerte, die für die betroffene Person oder für ihre Familie einen besonderen Wert haben, wenn immer möglich nicht veräussert [werden]», statuiert Abs. 3 eine Ausnahme von der Umwandlungspflicht: Bei Vermögenswerten, die einen **besonderen** (Affektions-)**Wert** für die betroffene Person oder ihre Familie haben, ist ein **ausnahmsweiser Verzicht auf die Umwandlung** in eine sichere Anlage zulässig, sofern der gewöhnliche Lebensunterhalt (s. Art. 6 VBVV N 2 ff.) bereits sichergestellt ist. Der Verzicht bedarf der Bewilligung der KESB. Es ist Sache der Betreuungsperson die entsprechende Bewilligung einzuholen (Empfehlungen SBVg/KOKES, Ziff. 29). Zur Form der Bewilligung sowie zum Bewilligungsverfahren s. Art. 9 VBVV N 33 f. 9

Art. 8 Abs. 3 trägt damit den persönlichen Verhältnissen auf besondere Art und Weise Rechnung. Eine emotionale, persönliche Beziehung zu einem (beweglichen oder unbeweglichen) Vermögenswert soll – wenn immer möglich – berücksichtigt werden. Der besondere Wert kann dabei auch bloss wirtschaftlicher Natur sein (Botschaft Erwachsenenschutz, 7054). Insbesondere bei der Vererbung von Fami- 10 lienstücken oder Familienunternehmen muss eine eingehende Prüfung erfolgen, ob die Veräusserung dieser Vermögenswerte tatsächlich notwendig ist. Grundsätzlich sollte auf eine Versilberung im Interesse der betroffenen Person verzichtet werden (Begleitbericht VBVV 2012, 5; BREITSCHMID/KAMP, FS Häfeli, 170). Zudem ist bei Familienunternehmen eine Weiterführung des Unternehmens ad interim zu prüfen und ggf. anzuordnen (Begleitbericht VBVV 2012, 5; BREITSCHMID/KAMP, FS Häfeli, 170).

Art. 9 VBVV

Verträge über die Anlage und Aufbewahrung von Vermögenswerten

¹ Verträge über die Anlage und Aufbewahrung von Vermögenswerten werden von der Beiständin oder dem Beistand, der Vormundin oder dem Vormund und der Bank oder der Postfinance abgeschlossen. Die Verträge sind vorgängig der Kindes- und Erwachsenenschutzbehörde zur Genehmigung zu unterbreiten.

² Die Kindes- und Erwachsenenschutzbehörde entscheidet:
a. über welche Vermögenswerte die Beiständin oder der Beistand, die Vormundin oder der Vormund selbstständig oder nur mit Bewilligung der Kindes- und Erwachsenenschutzbehörde im Namen der betroffenen Person verfügen darf;
b. über welche Vermögenswerte die betroffene Person selber verfügen darf.

³ Sie teilt ihren Entscheid der Beiständin oder dem Beistand, der Vormundin oder dem Vormund sowie der Bank oder der Postfinance mit.

Literatur

Vgl. die Literaturhinweise zu Art. 1 VBVV.

I. Adressat

1 Die **Betreuungsperson** schliesst im Rahmen ihres Mandates für die verwalteten Vermögenswerte die Verträge über die Anlage und Aufbewahrung von Vermögenswerten in Vertretung der betroffenen Person ab (Art. 9 Abs. 1). Als Teil der Vermögensverwaltung ist die **Vertragsgestaltung** sowie **Abschluss** der Verträge Aufgabe der Betreuungsperson und nicht der KESB (DÖRFLINGER, ZKE 2013, 361).

2 Der **KESB** kommt die **Aufsichtsfunktion** zu. Ausnahmsweise schliesst die KESB Verträge mit der Bank direkt ab, falls sie selbständig handelt (Art. 392 Ziff. 1 ZGB; s. Art. 1 VBVV N 13; Art. 392 ZGB N 5 f.). Im Übrigen **genehmigt** die KESB vorgängig die von der Betreuungsperson abgeschlossenen **Verträge** und **entscheidet**

(Art. 9 Abs. 1) über die **Verfügungsberechtigung** an den einzelnen Vermögenswerten (Art. 9 Abs. 2; s. auch Art. 9 VBVV N 23 ff. und 35 ff.).

II. Vertragsparteien (Abs. 1)

1. Zweiseitige Verträge

Aus dem Wortlaut von Art. 9 Abs. 1 ergibt sich, dass die Verträge zwischen der **Bank** (zum Begriff s. Art. 3 VBVV N 14 ff.) und der **betroffenen Person**, welche durch die Betreuungsperson vertreten wird, als **zweiseitige Verträge** abgeschlossen werden. Die bisherige Praxis der **dreiseitigen Verträge** – zwischen der KESB, der Betreuungsperson als Vertreterin der betroffenen Person und der Bank – ist **nicht mehr zulässig**. Die KESB kann somit nicht mehr Vertragspartei sein (s. Anhörungsbericht VBVV 2012, 5; DÖRFLINGER, ZKE 2013, 362; FamKomm Erwachsenenschutz-HÄFELI, Art. 408 N 17; HÄFELI, Grundriss, Rz 22.45).

2. Betroffene Person

Vertragspartner ist zunächst die betroffene Person. Die **Betreuungsperson** schliesst die jeweiligen Verträge **im Namen der betroffenen Person** ab (Begleitbericht VBVV 2012, 6; Empfehlung SBVg/KOKES, Ziff. 30; DÖRFLINGER, ZKE 2013, 361). Wird bspw. ein Zahlungsverkehrskonto oder ein Depot bei einer Bank eröffnet, so lautet dieses ebenfalls auf den Namen der betroffenen Person (BSK ZGB I-AFFOLTER, Art. 408 N 9). Die Führung von Sammelkonti ist damit nicht mehr zulässig (Anhörungsbericht VBVV 2012, 5).

Die **Identität der betroffenen Person** wird bereits vor Erlass des Massnahmenentscheids durch die KESB geprüft und im Entscheiddispositiv der KESB oder einer darauf gestützten Ernennungsurkunde festgehalten, wenn immer möglich unter Beilage einer Kopie des amtlichen Ausweises der betroffenen Person (AFFOLTER-FRINGELI, Bankkonto, 206 f.).

Zum **Nachweis der Vertretungsbefugnis** hat sich die Betreuungsperson gegenüber der Bank mittels eines Auszuges aus dem **vollstreckbaren Entscheiddispositiv** der KESB oder einer darauf gestützten **Ernennungsurkunde** zu legitimeren (Empfehlungen SBVg/KOKES, Ziff. 14; s. auch KOKES, ZKE 2011, 237 und 239). Darin muss der Vertretungsumfang der zu verwaltenden Vermögens- bzw. Einkommensteile genau umschrieben sein (s. Art. 391 Abs. 1, Art. 395 Abs. 1 ZGB; s. Art. 1 VBVV N 20 ff.). Die Betreuungsperson selbst hat sich gegenüber der Bank unter Vorweisung eines amtlichen Ausweises, z.B. des Passes oder der Identitätskarte, identifizieren zu lassen (AFFOLTER-FRINGELI, Bankkonto, 206).

Bei der Aufnahme von Vertragsbeziehungen durch die Betreuungsperson, bspw. bei der Kontoeröffnung, haben die Bank sowie andere Finanzintermediäre **die Bestimmungen des Geldwäschereigesetzes** zu beachten (Art. 2 Abs. 1 und 2 GwG). Insbesondere hat sie gem. Art. 3 und 4 GwG die **Vertragspartei** und die **wirtschaftlich berechtigte Person** zu prüfen und zu identifizieren. Dabei sind für die Kundenidentifikation die Bestimmungen der **Vereinbarung der Standesregeln zur Sorgfaltspflicht der Bank** (VSB 08) zwingend zu beachten (Art. 32 Abs. 1 GwV-

FINMA; Empfehlungen SBVg/KOKES, Ziff. 32). In der Vergangenheit führte dies zu Legitimationsproblemen seitens der Betreuungsperson: Das Vorlegen der Ernennungsurkunde wurde von Banken teilweise als nicht ausreichendes Legitimationsmittel betrachtet (Begleitbericht VBVV 2012, 5 f.; Kanton Zug, Stellungnahme zur Vernehmlassung, 3; Arbeitsausschuss KOKES, ZKE 2011, 234). Der Verordnungsgeber geht davon aus, dass mit dem Wortlaut von Art. 9 Abs. 1 die Berechtigung der Betreuungsperson zum Abschluss von Verträgen mit der Bank klar festgehalten sei, weshalb zukünftig keine Probleme mehr auftreten sollten (Begleitbericht VBVV 2012, 6). Im Weiteren wird die KESB gem. neuer VSB 14 als öffentliche Stelle gem. Art. 2 Ziff. 11 lit. c VSB 14 gelten, welche Echtheitsbestätigungen über Kopien von Identifikationsdokumenten erstellen kann (Empfehlungen SBVg/KOKES, Ziff. 32).

3. Bank/Postfinance

8   Vertragspartei der betroffenen Person ist die **Bank** bzw. **Postfinance** (Art. 9 Abs. 1; zum Begriff s. Art. 3 VBVV N 14 ff.).

4. Weitere mögliche Vertragsparteien

a)   Erweiterung des Anwendungsbereichs von Art. 9 Abs. 1 VBVV

9   Obwohl Art. 9 Abs. 1 keine weiteren Vertragsparteien als die betroffene Person und die Bank bzw. Postfinance aufführt, ist aufgrund des Schutzzwecks der Norm **eine teleologische Erweiterung** auf Verträge mit **anderen Vertragsparteien**, die ebenfalls Vermögenswerte anlegen oder aufbewahren, vorzunehmen. Die Anlage bzw. Aufbewahrung von Vermögenswerten beschränkt sich nämlich nicht nur auf Verträge mit Banken. Als Beispiel sei hier auf Art. 7 Abs. 3 verwiesen, welcher eine weitergehende Anlage zulässt (s. Art. 7 VBVV N 31 ff.), wobei der Vertragspartner nicht zwingend eine Bank sein muss. Der Anwendungsbereich von Art. 9 Abs. 1 ist deshalb auf folgende weitere potentielle Vertragspartner zu erweitern (s. nachfolgend N 9 bis 11):

b)   Versicherungen

10   Art. 9 Abs. 1 ist sinngemäss anwendbar auf Verträge mit **Versicherungen**, obwohl diese nicht explizit aufgeführt werden. Die Betreuungsperson kann im Rahmen der Anlagen für weitergehende Bedürfnisse, z.B. gem. Art. 7 Ziff. 1 lit. e, Verträge mit (Lebens-)Versicherungen abschliessen.

c)   Fondsleitung

11   Bei **Anlagen** in einen **Obligationenfonds** bzw. **Anlagefonds** (s. Art. 7 Abs. 1 lit. c und lit. d) ist nicht nur die **Depotbank** Vertragspartnerin, sondern auch die **Fondsleitung**. Es handelt sich in der Regel um ein Dreiparteienverhältnis (s. Art. 7 VBVV N 14 ff.). Art. 9 Abs. 1 sollte sinngemäss auch Anwendung auf diese Verträge finden.

d)   Vermögensaufbewahrer

Die Aufbewahrung von Wertsachen nach Art. 4 Abs. 2 ist auch an einem anderen Ort als bei einer Bank zulässig, z.B. bei der einer **Verwahrungsstelle** (s. Art. 4 VBVV N 15 ff.). Art. 9 Abs. 1 unterstellt die Verträge zur Aufbewahrung von Vermögenswerten generell der Genehmigungspflicht durch die KESB. Art. 9 Abs. 1 ist deshalb auf sämtliche Aufbewahrungsverträge anwendbar.

e)   (Bank-)Externe Vermögensverwalter

Im Bereich des Private Banking (zum Begriff s. N 16) kann die Bank bzw. der **(bank-)interne Vermögensverwalter** Vertragspartei der betroffenen Person sein. Im Rahmen von (bank-)externen Vermögensverwaltungsverträgen wird dagegen **der (bank-)externe Vermögensverwalter** Vertragspartei (s. ARTER, 260 f.). Diese Verträge unterstehen ebenfalls der Genehmigungspflicht durch die KESB nach Art. 9 Abs. 1 (s. N 16).

III.   Anlage- und Aufbewahrungsverträge (Abs. 1)

1.   Typisierung, Inhalt und Zeitpunkt des Vertragsabschlusses

Als Verträge über die **Anlage** (Art. 6 und Art. 7) und **Aufbewahrung** (Art. 4) von Vermögenswerten **gelten sämtliche Verträge**, die zu diesem Zweck abgeschlossen werden. Gemäss Empfehlungen der SBVg/KOKES sind darunter u.a. die Standardverträge und Formulare zu verstehen, welche auf den Namen der betroffenen Person lauten, wie z.B. die Verträge über die Führung eines Kontos oder Depots oder die Vermögensverwaltungsverträge (Empfehlungen SBVg/KOKES, Ziff. 30). Die Anlage- und Aufbewahrungsverträge, welche die Betreuungsperson in Vertretung der betroffenen Person abschliesst, unterscheiden sich inhaltlich grundsätzlich nicht von den üblichen Standardverträgen, welche mit Personen abgeschlossen werden, die keiner Massnahme unterstehen (DÖRFLINGER, ZKE 2013, 363).

Art. 9 Abs. 1 erfasst daher insb. die **Verträge des standardisierten Privatkundengeschäfts** (sog. «**Retail Banking**»), bspw. die Kontoführungs-, Kredit(karten)-, Kontokorrent-, Sparkonto- und Depotverträge sowie weitere Verträge im Zusammenhang mit der Anlage von Vermögen, wie Tages- und Termingeschäfte, aber auch Wertpapiergeschäfte, Versicherungen, Investmentfonds, Obligationen und gemischten Anlagefonds (DÖRFLINGER, ZKE 2013, 363 ff.). Dies hat zur Folge, dass diese Verträge – obwohl sie stark standardisiert sind – ebenfalls die Genehmigung der KESB benötigen (Art. 9 Abs. 1).

Ebenfalls von Art. 9 Abs. 1 erfasst sind Verträge mit Banken im Zusammenhang mit der **Vermögensberatung** und der **Vermögensverwaltung im weiteren Sinne** (sog. «**Private Banking**» oder «Wealth Management»). Darunter fallen sämtliche Dienstleistungen für Privatkunden im Bereich der Vorsorge- und Finanzplanung, «welche die Planung von Einnahmen und Ausgaben, Immobilienfinanzierung, Absicherung bei Erwerbsausfall und Finanzierungsfragen nach Aufgabe der Erwerbstätigkeit, Güter- und Erbrecht sowie diverse Beratungs- und Anlagedienstleistungen rund um das Vermögen» umfassen (ARTER, 260). Zu den gleichfalls erfassten **Vermögens-**

verwaltungsverträgen im engeren Sinn gehören die Verträge, die eine dauernde Anlage und Bewirtschaftung von Vermögenswerten durch eine damit beauftragte Person mit selbständiger Anlageentscheidungskompetenz beinhalten (ARTER, 260). Der Vermögensverwaltungsvertrag zwischen der Bank und der betroffenen Person stellt nach h.L. einen gemischten Vertrag mit Elementen des Auftrags, Giro- und Hinterlegungsvertrags sowie der Kommission dar (s. nur ARTER, 261 f. m.w.H.).

17 Der **Zeitpunkt** zum Abschluss des entsprechenden Anlage- bzw. Aufbewahrungsvertrags – und damit auch der Zeitpunkt **der Einholung der entsprechenden vorgängigen Genehmigung des Vertrages** (s. N 19) – ergibt sich aus den Umständen und Notwendigkeit des Einzelfalls. Idealerweise regelt die Betreuungsperson mit Abschluss des Vertrages gleichzeitig die zulässigen Verfügungs- (s. Art. 9 Abs. 2 VBVV) und Auskunftsrechte (s. Art. 10 Abs. 2–4 VBVV; s. Art. 10 VBVV N 3 ff. und 16 ff.; s. DÖRFLINGER, ZKE 2013, 369; BREITSCHMID/KAMP, FS Häfeli, FN 77). Muss die Betreuungsperson für die betroffene Person ein **neues Konto eröffnen**, schliesst sie bei Übernahme des Amtes den entsprechenden **Depot- bzw. Hinterlegungsvertrag** ab (zur Qualifikation als gemischter Vertrag, mit Elementen des Auftragsrechts s. BREITSCHMID/KAMP, FS Häfeli, 167; BSK OR I-KOLLER, Art. 472 N 16). Werden Vermögenswerte gem. Art. 4 Abs. 1 bei der Bank in einem Schrankfach aufbewahrt (s. Art. 4 VBVV N 9 f.) wird ein sog. **Schrankfachvertrag** abgeschlossen (zur Qualifikation als Mietvertrag gem. h.M. s. BSK OR I-KOLLER, Art. 472 N 9; BREITSCHMID/KAMP, FS Häfeli, 167). Es steht im Übrigen **nicht im Ermessen der KESB** vom **Abschluss eines Vertrages abzusehen**, wenn die betroffene Person bspw. lediglich ein Vermögen von CHF 50 000.– aufweist. Eine entsprechende Anordnung – wie sie die KESB der Stadt Zürich z.B. in ihrem Merkblatt für Mandatsträger/innen und Banken/Postfinance festhält (s. KESB Stadt Zürich, Merkblatt, Anlage und Aufbewahrung von Vermögenswerten im Rahmen einer Beistandschaft oder Vormundschaft, Ziff. 2, ‹https://www.stadt-zuerich.ch/kesb› dort: Downloads [27.7.2014]) – stünde im Widerspruch zur Verordnung, insb. zu Art. 9 Abs. 1.

18 Die Empfehlungen der SBVg/KOKES sehen im Weiteren vor, dass **Bankverträge**, die vor Errichtung einer Massnahme – unabhängig davon, ob die Handlungsfähigkeit betroffen ist oder nicht – abgeschlossen wurden, **weiterhin ihre Geltung behalten** (Empfehlungen SBVg/KOKES, Ziff. 33). Für Banken empfiehlt es sich, die Weitergeltung des Vertrags, bspw. in AGB des Bankvertrages, bereits vorgängig festzuhalten (s. auch Weitergeltung des Vertrags aufgrund der Natur des Geschäfts, Art. 405 Abs. 1 OR; BGE 101 II 117 E. 5; BGE 94 II 313 E. 3). Im Rahmen der gesetzlichen Zuständigkeiten der Betreuungsperson oder der KESB können die Verträge zudem abgeändert oder gegebenenfalls widerrufen werden (Art. 391 Abs. 2, Art. 392 Ziff. 1, Art. 394 Abs. 1 und 3, Art. 395 und Art. 445 ZGB; Empfehlungen SBVg/KOKES, Ziff. 33). Eine **Abänderung** ist insb. angezeigt, wenn **weitere Personen (Einzel-)Zugriff** auf ein **Bankkonto** der betroffenen Person haben. **Bestehende Vollmachten von Drittpersonen** sind deshalb grundsätzlich **zu widerrufen** (s. AFFOLTER-FRINGELI, Bankkonti, 193 f.).

2. Rahmenverträge über die Anlage- und Aufbewahrung in der Praxis

Der Betreuungsperson ist es überlassen, ob sie mit einer Bank einen **Rahmenvertrag** abschliessen will, der für alle künftigen Verträge gelten soll und dabei insb. Aspekte des Verfügungs- und Auskunftsrechts sowie der Anlage regelt. In der Praxis haben die KESB der **Stadt Zürich** und des **Kantons Bern** zwei Rahmenverträge entwickelt, die die Anlage- und Aufbewahrung bei Involvieren einer Bank regeln (s. Zürcher Rahmenvertrag, Vertrag über die Anlage und Aufbewahrung von Vermögenswerten im Rahmen einer Beistandschaft oder Vormundschaft, ‹https://www.stadt-zuerich.ch/kesb› dort: Downloads [27.7.2014]; Berner Vertrag VBVV, ‹http://www.jgk.be.ch/jgk/de/index/kindes_erwachsenenschutz/erwachsenenschutz.html› dort: Private Mandatstragende [27.7.2013]). Den praktischen Nutzen von solchen Rahmenverträgen wird die Praxis weisen müssen. Problematisch sind solche Rahmenverträge jedoch insb. dann, wenn der generelle Rahmenvertrag eine andere Bestimmung enthält als bspw. der speziellere Kontoführungs- oder Vermögensverwaltungsvertrag und sich die Verträge damit widersprechen bzw. nicht aufeinander abgestimmt sind.

19

Den beiden vorgenannten Rahmenverträgen ist gemeinsam, dass sie die Haftung und Verantwortung bei der Aufbewahrung und Anlage von Vermögenswerten auf die Vertragspartner, d.h. insb. die Banken, ausdehnen. Die Rahmenverträge führen dazu, dass bspw. eine Bank vertraglich an die Einhaltung der Bestimmungen der VBVV gebunden wird (s. Zürcher Rahmenvertrag, Ziff. 1, a.a.O.; Berner Vertrag VBVV, Ziff. 5 und 11, a.a.O.).

20

Der **Zürcher Rahmenvertrag** (a.a.O.) sieht vor, dass für die Anlage und Aufbewahrung von Wertschriften zunächst ein Wertschriftendepot und für Guthaben ein Kapitalkonto eröffnet wird. Über das Wertschriftendepot und das Kapitalkonto kann die Betreuungsperson grundsätzlich nicht selber verfügen (Zürcher Rahmenvertrag, Ziff. 2, a.a.O.). Unter anderem hält der Rahmenvertrag ausdrücklich die Zustimmungsbedürftigkeit für Anlagen nach Art. 6 Abs. 1 lit. d und e sowie Art. 7 fest und konkretisiert, dass bspw. der Verkauf von Wertschriften, die Auslieferung von Titeln und Bezüge von Guthaben aus dem Kapitalkonto ebenfalls einer Zustimmung der KESB bedürfen (Zürcher Rahmenvertrag, Ziff. 3, a.a.O.). Anlagen gem. Art. 6 Abs. 1 lit. a–c und f und deren Finanzierung via Kapitalkonto benötigen dagegen keine Zustimmung der KESB. Keiner Zustimmung bedürfen auch Verkäufe von Wertschriften mit Gutschrift des Erlöses auf dem Kapitalkonto. Zustimmungsbedürftig sind dagegen Verkäufe von Wertschriften mit Gutschrift des Erlöses auf das Verkehrskonto, Bezüge von Guthaben aus dem Kapitalkonto und aus Wertschriftenverkäufen sowie die Auslieferung von Titeln (Zürcher Rahmenvertrag, Ziff. 4, a.a.O.). Die Erträge aus Wertschriften sind generell einem zinstragenden, auf den Namen der betroffenen Person lautenden Verkehrskonto gutzuschreiben, welches i.d.R. auch der Abwicklung des laufenden Zahlungsverkehrs dient. An diesem Konto erhält die Betreuungsperson das alleinige Verfügungsrecht (Zürcher Rahmenvertrag, Ziff. 5, a.a.O.). Mit Unterzeichnung des Rahmenvertrages verpflichtet sich die Bank, der KESB jährlich die entsprechenden Konto- und Depotauszüge zuzustellen. Durch die Zustimmung der Betreuungsperson zur In-

21

formationserteilung an die KESB kann einem allfälliger Konflikt mit dem Bankgeheimnis vorgebeugt werden (s. Art. 10 VBVV N 18). Überdies erhält die KESB jeweils sämtliche Belege von Transaktionen, die den Bestand des Depots oder Kontos verändern (Zürcher Rahmenvertrag, Ziff. 6, a.a.O.). Diese Regelung erscheint wenig sinnvoll, da die KESB folglich wohl mit einer Vielzahl von Belegen überhäuft würde. Die normale Berichterstattung der Betreuungsperson i.S.v. Art. 411 Abs. 1 ZGB sowie die jährlichen Konto- und Depotauszüge sollten grundsätzlich ausreichend sein, damit die KESB ihre Aufsichtsfunktion wahrnehmen kann.

22   Im Gegensatz zum Zürcher Rahmenvertrag schliesst die Betreuungsperson den **Berner Rahmenvertrag** (Berner Vertrag VBVV, a.a.O.) wörtlich in eigenem Namen und nicht in Vertretung der betroffenen Person ab. Generell wird die Betreuungsperson – im Widerspruch zu Art. 9 Abs. 1 (s. N 4) – und nicht die betroffene Person als Vertragspartner betrachtet (s. z.B. Berner Vertrag VBVV, Ziff. 9 und Ziff. 12, a.a.O.). Für die auf die betroffene Person lautende Geschäftsbeziehung wird sodann ein Basisvertrag (BAV) erstellt (Berner Vertrag VBVV, Ziff. 3, a.a.O.). Der Rahmenvertrag regelt die Verfügungsberechtigung der KESB, der Betreuungsperson sowie der betroffenen Person über die verschiedenen Vermögenswerte und Anlagen ausführlich. Generell ist vorgesehen, dass die Betreuungsperson über das Depot und Depotkonto nur kollektiv mit Zustimmung der KESB Verfügungen treffen kann. Zudem wird explizite das (alleinige) Verfügungsrecht der betroffenen Person über das «Sackgeldkonto» festgehalten (s. dazu N 45). Die Betreuungsperson erhält dagegen über das «Betriebskonto» ein alleiniges Verfügungsrecht (Berner Vertrag VBVV, Ziff. 7, a.a.O.). Der Rahmenvertrag regelt explizit die Informationsrechte der KESB, indem festgehalten wird, dass die KESB jährlich Konto- und Depotauszüge sowie sämtliche Transaktionsbelege betreffend Depot und Depotkonto erhält (Berner Vertrag VBVV, Ziff. 8, a.a.O.; zum Bankgeheimnis s. Art. 10 VBVV N 18). Fraglich ist auch hier, ob es überhaupt sinnvoll ist, die KESB mit sämtlichen Transaktionsbelegen zu überhäufen, oder ob nicht eine normale Berichterstattung der Betreuungsperson (Art. 411 Abs. 1 ZGB) ausreicht. Weiter geht der Rahmenvertrag hinsichtlich der Beschränkungen von Anlagen, wie bspw. der Verzicht auf den Erwerb von US-Wertschriften, dies wohl im Hinblick auf die Vermeidung von US-Erbschaftssteuern (Berner Vertrag VBVV, Ziff. 9, a.a.O.). Die Bank verpflichtet sich zudem «keine Verfügungen über Depots und Depotkontos gem. Art. 9 Abs. 1 i.V.m. Art. 7 VBVV ohne förmlichen Bewilligungsentscheid resp. ohne förmlichen präsidialen Bewilligungsentscheid der KESB, auszuführen» (Berner Vertrag VBVV, Ziff. 11, a.a.O.). Die Bank bietet zudem der Betreuungsperson eine Anlageberatung an (Berner Vertrag VBVV, Ziff. 11, a.a.O.). Mit Abschluss des Vertrages erklärt sich die Betreuungsperson einverstanden, dass die Bank die Retrozessionen nicht an die betroffene Person herausgibt (Berner Vertrag VBVV, Ziff. 12, a.a.O.).

IV. Vorgängige Genehmigung durch die KESB (Abs. 1)

1. Genehmigungsbedürftige Verträge

Der Abschluss von Verträgen über die Anlage und Aufbewahrung (s. N 14 ff.) mit der Bank (s. N 8; zum Begriff Art. 3 VBVV N 14 ff.) bzw. anderen Vertragsparteien (N 9 ff.) benötigt grundsätzlich die **vorgängige Genehmigung durch die KESB**. Die Genehmigung ist somit vor Vertragsabschluss bzw. -unterzeichnung einzuholen. Die Einholung der Genehmigung ist Sache der Betreuungsperson (Empfehlungen SBVg/KOKES, Ziff. 29). 23

Die **Genehmigungspflicht umfasst den gesamten Vertrag**, weshalb die KESB auch allfällige **Allgemeine Geschäftsbedingungen** (AGB) zu genehmigen hat. Dabei spielt es gem. Wortlaut von Art. 9 Abs. 1 keine Rolle, ob es sich um einen gewöhnlichen, standardisierten oder einen komplexen Vertrag handelt (kritisch DÖRFLINGER, ZKE 2013, 364 f.). Art. 9 Abs. 1 unterstellt sämtliche Verträge im Bereich der Anlage und Aufbewahrung der vorgängigen Genehmigung. Bei komplexen Verträgen ist die KESB allenfalls auf Hilfe von Fachpersonen angewiesen. DÖRFLINGER schlägt deshalb vor, ein **gesamtschweizerisches Poolwissen** aufzubauen, das grundsätzlich allen KESB zur Verfügung gestellt werden könne (DÖRFLINGER, ZKE 2013, 368). 24

Der KESB sind zur vorgängigen Genehmigung **alle nötigen** Unterlagen für **die Überprüfung des Vertrags einzureichen**, mitunter ist die (endgültige) Vertragsversion vorzulegen, welche die Parteien effektiv abzuschliessen beabsichtigen und nicht bloss ein vorläufiger Vertragsentwurf. Ansonsten liegt u.U. keine vollständige Genehmigung des Vertrags vor. Der Genehmigungsentscheid der KESB sollte deshalb – um Zweifel auszuräumen – auf die Vertragsversion Bezug nehmen, welche ihr vorgelegt wurde. 25

Die **KESB** kann dabei **keine selbständigen Abänderungen des Vertrags** vornehmen, sondern diesen **nur** in seiner Gesamtheit **genehmigen** oder **ablehnen**. Die Vertragsgestaltung ist Aufgabe des Beistandes (s. N 1). Die KESB hat blosse Aufsichtsfunktion. Sie kann dem Beistand allenfalls und nur im Rahmen der Ausübung ihrer allgemeinen Aufsichtsfunktion (Art. 415 Abs. 3 ZGB) verbindliche Weisungen erteilen (BSK ZGB I-VOGEL, Art. 415 N 18 und 416/417 N 2). 26

Nimmt bspw. eine Bank eine (einseitige) **Änderung der AGB** während eines laufenden Vertragsverhältnisses vor, wird die betroffene Person als Bankkundin bzw. die Betreuungsperson i.d.R. schriftlich auf die Änderungen hingewiesen. Die geänderten AGB bedürften – vorbehaltlich einer gegenteiligen Regelung in den bisher geltenden und akzeptierten AGB – ebenfalls einer Genehmigung durch die KESB. In der Praxis wird dem Bankkunden – je nach den bisherigen AGB – meist Frist angesetzt, um gegen die Änderung der AGB zu opponieren, ansonsten davon ausgegangen wird, dass der Bankkunde die neuen AGB stillschweigend akzeptiert. 27

Der **Begleitbericht** hält fest, dass der **Vertrag mit der Bank erst mit Genehmigung der KESB** zustande komme (Begleitbericht VBVV 2012, 6). Der Verordnungsgeber geht folglich von einer konstituierenden Wirkung der vorgängigen Vertragsge- 28 nehmigung aus. Dafür fehlt aber eine ausdrückliche Grundlage auf Gesetzesebene (s. Art. 408 Abs. 3 ZGB). Der Gesetzgeber hat in Art. 416 f. ZGB die zustimmungsbedürftigen Geschäfte abschliessend geregelt. Der Genehmigung durch die KESB kommt somit auf zivil- bzw. vertragsrechtlicher Ebene **keine eigenständige konstituierende Wirkung** zu (s. ausf. hierzu Art. 6 VBVV N 21 ff.; DÖRFLINGER, ZKE 2013, 360). Eine **allfällige konstituierende Wirkung ergibt sich einzig aus Art. 416 ff. ZGB** (s. Art. 6 VBVV N 23; s. ausf. Art. 6 VBVV N 22 ff., 29 ff. und Art. 7 VBVV N 28 ff., 31 ff.).

29 **Fehlt die Bewilligung** der KESB und schliesst die Betreuungsperson dennoch einen nach Art. 9 Abs. 1 bewilligungspflichtigen Vertrag ab und **ist gleichzeitig auch keine Zustimmung nach Art. 416 f. ZGB notwendig**, kommt der Vertrag grundsätzlich **dennoch gültig und wirksam** zustande, sofern die Betreuungsperson im Rahmen der ihr übertragenen Vermögensverwaltungskompetenzen handelt (DÖRFLINGER, ZKE 2013, 360). Die fehlende Genehmigung des Vertrages stellt sodann lediglich eine Verletzung einer (Sorgfalts-)Pflicht der Betreuungsperson dar, was zu einer Haftung (Art. 454 ff. ZGB) und Rückgriff auf die Betreuungsperson (Art. 454 Abs. 4 ZGB) führen kann (s. ausf. hierzu Art. 6 VBVV N 24).

2. Ausnahme von der Genehmigungspflicht

30 Verträge über die Anlage und Aufbewahrung von Vermögen, **die vor Inkrafttreten der VBVV**, d.h. vor dem. 1.1.2013 (s. Art. 13), abgeschlossen wurden, bedürfen keiner (nachträglichen) Genehmigung durch die KESB. Dabei spielt es keine Rolle, ob der Vertrag damals von der betroffenen Person oder vom Beistand bzw. dem Vormund abgeschlossen wurde (DÖRFLINGER, ZKE 2013, 369 f.). Diese Verträge behalten grundsätzlich ihre Geltung.

31 Verträge über die Anlage und Aufbewahrung von Vermögen, **die vor Errichtung der kindes- bzw. erwachsenenschutzrechtlichen Massnahme** abgeschlossen wurden, gelten grundsätzlich ebenfalls weiter (Empfehlungen SBVg/KOKES, Ziff. 33). Eine nachträgliche Genehmigung durch die KESB ist nicht notwendig. Zu beachten bleibt, dass die Verträge, die vor Errichtung der Beistandschaft abgeschlossen wurden, im Rahmen der gesetzlichen Zuständigkeiten durch den Beistand oder die KESB abgeändert oder gegebenenfalls widerrufen werden können (Art. 391 Abs. 2, Art. 392 Ziff. 1, Art. 394 Abs. 1 und 3, Art. 395 und Art. 445 ZGB; Empfehlungen SBVg/KOKES, Ziff. 33). Der abgeänderte Vertrag bedürfte wiederum einer vorgängigen Genehmigung durch die KESB.

32 Wird **nur die Verfügungsbefugnis der Betreuungsperson**, der **KESB** oder der **betroffenen Person** an Vermögenswerten **geändert**, welche bereits einem bestehenden Vertrag unterstehen, ändert dies nichts am restlichen Inhalt des Vertrages, weshalb der Vertrag nicht erneut genehmigt werden muss (DÖRFLINGER, ZKE 2013, 369 f.). Ebenso muss ein einmal durch die KESB genehmigter Vertrag nicht mehr erneut genehmigt werden, falls eine andere KESB örtlich zuständig wird. Der Zuständigkeitswechsel berührt den Vertragsinhalt nicht (DÖRFLINGER, ZKE 2013, 370).

3. Verfahren der Genehmigung

Analog Art. 416 ff. ZGB ist diejenige **KESB örtlich zuständig** für die Genehmigung, welche auch **für die Massnahme zuständig ist** (BSK ZGB I-Vogel, Art. 416/417 N 43). Die Genehmigung durch die KESB erfolgt entweder durch ein Gremium oder durch die zuständige Einzelperson der KESB. Die entsprechenden sachlichen Zuständigkeiten ergeben sich aus dem jeweiligen kantonalen Recht. Je nach Komplexität des Vertrages erfordert die Genehmigung seitens der KESB ein spezielles Fachwissen (s. oben N 24 und Art. 2 VBVV N 14 ff. sinngemäss).

33

4. Form der Genehmigung

Die KESB erteilt die Genehmigung zum Vertrag i.d.R. schriftlich **in Form einer anfechtbaren Verfügung bzw. eines Beschlusses** (s. BSK ZGB I-Vogel, Art. 416/417 N 48 ff.; Art. 416 ZGB N 5; zur Beschwerde s. Art. 450 ZGB N 1 ff.). Untersteht der zur Genehmigung vorgelegte Vertrag speziellen Formvorschriften, z.B. der öffentlichen Beurkundung, gelten diese nicht für die Form der Zustimmung der KESB (BGE 117 II 18 E. 3b; s. BSK ZGB I-Geiser [4. Aufl.], aArt. 421/422 N 41; BSK ZGB I-Vogel, Art. 416/417 N 51).

34

V. Verfügungsberechtigung und Verfügungsbeschränkung (Abs. 2)

1. Handlungsautonomie und Selbstbestimmungsrecht der betroffenen Person

Jede kindes- und erwachsenenschutzrechtliche Massnahme hat verhältnismässig und subsidiär zu sein. Das **Selbstbestimmungsrecht** der betroffenen Person und dessen **Handlungsautonomie** dürfen nur soweit eingeschränkt werden, als es zu deren Schutz erforderlich ist (Verhältnismässigkeitsprinzip, Art. 389 ZGB; Art. 388 ZGB N 4). Die Selbstbestimmung der betroffenen Person ist soweit möglich zu erhalten und zu fördern (Art. 388 Abs. 2 ZGB; Art. 388 ZGB N 4). Diese Grundsätze gelten auch im Rahmen der Vermögensverwaltung und -aufbewahrung: Durch eine zu weit reichende Vermögensverwaltungskompetenz der Betreuungsperson besteht die Gefahr, dass die Handlungsautonomie der betroffenen Person in ungerechtfertigter Weise eingeschränkt wird (s. Affolter, ZVW 2004, 218; Affolter-Fringeli, Bankkonto, 189). Die KESB hat daher die Verfügungsberechtigung der Betreuungsperson sowie der betroffenen Person unter Berücksichtigung dieser Grundsätze bei Entscheiden nach Art. 9 Abs. 2 entsprechend auszugestalten (s. zu den Grenzen einer entsprechenden Regelung N 51 f.).

35

2. Verfügungsberechtigung der Betreuungsperson (Abs. 2 lit. a)

Die **KESB entscheidet** über die **Verfügungsberechtigung** der **Betreuungsperson** (Art. 9 Abs. 2 lit. a). Sie bestimmt, über welche Vermögenswerte die Betreuungsperson im Namen der betroffenen Person **einzeln** oder nur **kollektiv** mit Bewilligung der KESB bzw. einer von ihr bezeichneten Person verfügen kann.

36

37 Der Verordnungsgeber geht dabei grundsätzlich vom Konzept aus, dass die Betreuungsperson über diejenigen **Vermögenswerte** bzw. liquiden Mittel **eigenständig verfügen** können soll, die sie für die Bestreitung des (kurz- bis mittelfristigen) **gewöhnlichen Lebensunterhalts** der betroffenen Person benötigt (DÖRFLINGER, ZKE 2013, 370 f.). Die dafür voraussichtlich benötigten finanziellen Mittel sind anhand des **Bedarfs** für die laufende bzw. nächste Rechenschaftsperiode zu berechnen (s. Art. 411 ZGB; DÖRFLINGER, ZKE 2013, 370 f.). Der Bedarf des gewöhnlichen Lebensunterhalts ergibt sich aus dem aufzustellenden **Budget** (s. Art. 6 VBVV N 3 ff.). Einzuberechnen sind auch aussergewöhnliche Kosten, sofern sich diese überhaupt abzeichnen.

38 Die Bestreitung des gewöhnlichen Lebensunterhalts erfolgt alsdann über ein **Betriebs- bzw. Zahlungsverkehrskonto**, an welchem der **Betreuungsperson** das **alleinige Verfügungsrecht** einzuräumen ist (AFFOLTER, ZVW 2004, 219; AFFOLTER-FRINGELI, Bankkonto, 195). Diesem Konto werden grundsätzlich auch die Einnahmen der betroffenen Person gutgeschrieben (s. aber Art. 395 Abs. 2 ZGB; Art. 1 VBVV N 22). Die KESB sollte keinen Zugriff auf dieses Konto haben.

39 Ist die **betroffene Person verheiratet** und lebt sie unter dem ordentlichen Güterstand der **Errungenschaftsbeteiligung** (Art. 196 ff. ZGB), kann die Vermögenssorge durch die Betreuungsperson und u.U. auch deren Vertretungshandlungen die Vermögensmassen des anderen Ehegatten beschlagen (ROSCH, Rz 1; s. zur Inventarisierung ehelichen Vermögens AFFOLTER, ZVW 2004, 215 f.; zur Beantragung der Gütertrennung bei dauernder Urteilsunfähigkeit der betroffenen Person s. Art. 185 Abs. 2 Ziff. 5 ZGB). Bezüglich der **ehelichen Einkommensverwaltung** ist es weiterhin möglich, dass der Ehegatte der betroffenen Person ein gemeinsames «**Haushaltskonto**» mit der betroffenen Person zusammen führt (ROSCH, Rz 3). Über dieses Haushaltskonto verfügt der Ehegatte – neben der Betreuungsperson – weiterhin die Einzelverfügungsberechtigung. Allenfalls empfiehlt es sich, z.B. aus Gründen der Transparenz oder um Missbrauch vorzubeugen, dass die betroffene Person sowie ihr Ehegatte stattdessen separate Konti führen (ROSCH, Rz 3). Dies hat jedoch zur Folge, dass die Bezahlung von gemeinsamen Rechnungen koordiniert werden muss. Hinsichtlich dem **aktiven Vermögen** (zum Begriff Art. 1 VBVV N 18) und der damit verbundenen Vermögensverwaltung ist dagegen die **Aufteilung in Eigengut und Errungenschaft** vorzunehmen. Nur so wird ersichtlich, welche Vermögenswerte der betroffenen Person zustehen (ROSCH, Rz 4; s. BSK ZGB I-AFFOLTER, Art. 405 N 21 ff.). Die effektive güterrechtliche Auseinandersetzung ist dagegen noch nicht vorzunehmen. Das Gesagte gilt sinngemäss für den Güterstand der Gütergemeinschaft (Art. 221 ff. ZGB).

40 Zur Finanzierung von **ausserordentlichen Ausgaben** bzw. **unvorhergesehenen Mankosituationen**, welche nicht durch die finanziellen Mittel des gewöhnlichen Lebensunterhalts gedeckt werden können, muss der Betreuungsperson zudem über weitere Vermögenswerte ein Verfügungsrecht eingeräumt werden (z.B. mittels Gutschrift eines speziellen Betrags für ausserordentliche Fälle auf dem Zahlungsverkehrskonto oder Einräumung der Verfügungsberechtigung über ein Sparkonto). Ansonsten besteht die Gefahr, dass finanzielle Engpässe nicht durch die

Sicherstellung von genügend Liquidität (s. Art. 2 VBVV N 8 ff.) überbrückt werden können. Es liegt im Ermessen der KESB, zu entscheiden, wie viele Vermögenswerte der Betreuungsperson zur Sicherstellung der kurzfristigen Liquidität in Ausnahmesituationen zur Verfügung gestellt werden.

Hinsichtlich der übrigen Vermögenswerte gilt das «**Vier-Augen-Prinzip**» (DÖRF- 41
LINGER, ZKE 2013, 371). Insbesondere über aufbewahrte Vermögenswerte nach Art. 4 sollte die Betreuungsperson nur mit Zustimmung der KESB, d.h. kollektiv, verfügen dürfen. Im Übrigen liegt es **im Ermessen der KESB**, wie sie die **Kontrolle bzw. Aufsicht über die Betreuungsperson ausgestalten** will und welche weiteren Vermögenswerte sie der kollektiven Verfügungsberechtigung unterwerfen will. Allerdings darf die **Verfügungsbeschränkung nicht zur faktischen Handlungsunfähigkeit** der betroffenen Person führen, ohne dass die Handlungsfähigkeit formell mittels Entscheid eingeschränkt wird (s. Art. 9 VBVV N 51 f.).

Die KESB der Stadt Zürich macht bspw. folgende Vermögensverfügung von ihrer 42
Zustimmung abhängig: 1. Überweisungen vom Kapitalkonto auf das Zahlungsverkehrskonto, z.B. bei einem Übertrag von CHF 40 000.– vom Kapitalkonto XY auf das Zahlungsverkehrskonto YZ, wobei eine solche Überweisung vorwiegend bei Liquiditätsengpässen erforderlich sein dürfte; 2. Verkauf von Wertschriften zugunsten des Zahlungsverkehrskontos; 3. Kauf und Verkauf von Wertschriften gem. Art. 6 Abs. 1 lit. e sowie Art. 7 (KESB Stadt Zürich, Antragsformular für zustimmungspflichtige Vermögensgeschäfte, ‹https://www.stadt-zuerich.ch/kesb› dort: Downloads [27.7.2014]). Die Betreuungsperson hat dabei die entsprechende Zustimmung bei der KESB zu beantragen und einzuholen.

3. Verfügungsberechtigung der betroffenen Person (Abs. 2 lit. b)

a) Betrag zur freien Verfügung

Gemäss Art. 9 Abs. 2 lit. b entscheidet die KESB, über welche Vermögenswerte die 43
betroffene Person selber verfügen kann. Der Verordnungsgeber hat bei Erlass dieser Bestimmung wohl vordergründig an den **Betrag zur freien Verfügung** in Form von «Taschengeld» und Unterhaltsgeld gedacht (Art. 409 ZGB; s. dazu FamKomm Erwachsenenschutz-HÄFELI, Art. 409 N 1 ff.). Als Betrag zur freien Verfügung können der betroffenen Person aber auch andere Vermögenswerte, wie z.B. Wertsachen oder Guthaben auf einem Konto zur freien Verfügung i.S.v. Art. 409 ZGB überlassen werden (s. Art. 4 VBVV N 13, 19, 21).

Grundsätzlich gehört es zur **Aufgabe** der **Betreuungsperson**, im Rahmen ihres 44
Mandates über die **Beträge zur freien Verfügung** zu befinden (Art. 409 ZGB). Insofern konkretisiert Art. 9 Abs. 2 lit. b lediglich Art. 409 ZGB, da ansonsten die Kompetenz der Betreuungsperson in unzulässiger Weise beschnitten würde (DÖRFLINGER, ZKE 2013, 372). Die **Angemessenheit** des Betrages zur freien Verfügung beurteilt sich nach Art. 409 ZGB (Botschaft Erwachsenenschutz, 7053; s. ausf. Art. 4 VBVV N 13; FamKomm Erwachsenenschutz-HÄFELI, Art. 409 N 2). Im Zentrum steht dabei – neben den finanziellen Verhältnissen – das Selbstbestimmungsrecht der betroffenen Person (Art. 388 Abs. 2 ZGB; s. N 35).

45 Die Beträge zur freien Verfügung sind auf ein speziell eingerichtetes «**Sackgeldkonto**» zu überweisen (s. auch Musterformular SBVg/KOKES). Die betroffene Person hat ein **alleiniges** – also ein *freies* – **Verfügungsrecht** über dieses Konto (s. FamKomm Erwachsenenschutz-MEIER, Art. 394 N 21). Das (Sackgeld-)Konto kann als **Subkonto** oder **eigenständiges Konto** eingerichtet werden. Der Beistand ist nicht zeichnungsberechtigt. Aufgrund der Verfügungsberechtigung der betroffenen Person kann ihr eine eigene EC-Karte ausgehändigt werden (s. Musterformular Zeichnungsrecht SBVg/KOKES; Begleitbericht VBVV 2012, 6).

b) Verfügungsberechtigung über Wertsachen

46 Die KESB kann entscheiden, an welchen Wertsachen (zum Begriff s. Art. 4 VBVV N 4) – die allenfalls in einem Schrankfach bei einer Bank aufbewahrt werden (s. Art. 4 Abs. 1) – die betroffene Person ein alleiniges oder kollektives (mit der Betreuungsperson gemeinsames) Verfügungsrecht hat. Die KESB kann die Verfügung der betroffenen Person über bestimmte Wertsachen auch von ihrer vorgängigen Bewilligung abhängig machen (DÖRFLINGER, ZKE 2013, 368). Durch das kollektive Verfügungsrecht bzw. die Einholung der vorgängigen Bewilligung seitens der KESB (bspw. mittels Doppelunterschrift) wird die Verfügungsberechtigung der betroffenen Person jedoch eingeschränkt. Dies ist insb. dann problematisch, wenn die Handlungsfähigkeit der betroffenen Person bei Anordnung der Massnahme durch die KESB formell nicht beschränkt wurde. Die Beschränkung des Verfügungsrechts kann faktisch zur Einschränkung der Handlungsfähigkeit führen (s. N 49 f.). Zu beachten ist deshalb, dass die Beschränkung des Verfügungsrechts der betroffenen Person erforderlich und verhältnismässig ist (N 51 f.; Art. 389 ZGB; s. Art. 389 ZGB N 2 ff.). Im Weiteren kann auch die Betreuungsperson der betroffenen Person im Rahmen des Betrags zur freien Verfügung ein alleiniges Verfügungsrecht an einer Wertsache einräumen (Art. 409 ZGB; s. N 43 ff.; s. auch Art. 4 VBVV N 13).

c) Verfügungsberechtigung über weitere Vermögenswerte

47 Der Entscheid über die Verfügungsberechtigung an weiteren Vermögenswerten spielt insb. bei der **Vertretungsbeistandschaft für die Vermögensverwaltung** (Art. 395 i.V.m. Art. 394 ZGB) eine Rolle, da die umfassende Beistandschaft bzw. Vormundschaft von Gesetzes wegen eine umfassende Vermögensverwaltung bewirkt und die Handlungsfähigkeit der betroffenen Person entfällt (Art. 398 bzw. 327a ZGB). Die KESB hat mit Errichtung der Vertretungsbeistandschaft für die Vermögensverwaltung (und Kombinationen davon, Art. 397 ZGB; s. Art. 1 VBVV N 7 f.) im Sinne einer «Massschneiderung» der Massnahme zugleich zu bestimmen, welche Vermögenswerte der Verwaltung der Betreuungsperson unterstehen und welche nicht (Art. 395 Abs. 1 und Abs. 2 ZGB; s Art. 1 VBVV N 20 ff.). Das Gesagte gilt sinngemäss auch für die Mitwirkungsbeistandschaft (Art. 396 ZGB) sowie die Beistandschaften des Kindesschutzrechts (insb. Art. 325 ZGB; s. Art. 1 VBVV N 8 ff., 12 ff., 20 ff.).

Steht nicht das gesamte Vermögen unter der Verwaltung der Betreuungsperson, so bleibt der **restliche Teil des Vermögens** in der Vermögensverwaltungskompetenz der betroffenen Person, **sofern deren Handlungsfähigkeit nicht eingeschränkt** wurde (Art. 394 Abs. 2 ZGB). Die Frage nach der Entrichtung von Beträgen zur freien Verfügung (Art. 409 ZGB) ist in solchen Konstellationen deshalb von untergeordneter Bedeutung. In einem solchen Fall schafft der Entscheid der KESB gem. Art. 9 Abs. 2 lit. b Klarheit, welche Vermögenswerte weiterhin dem Verfügungsrecht der betroffenen Person unterstehen. Ein solcher Entscheid ist insofern nicht zwingend notwendig und deshalb rein deklaratorisch, als im Ernennungsentscheid, welcher der Bank zumindest als Auszug des Dispositivs vorzulegen ist (Empfehlungen SBVg/KOKES, Ziff. 14), bereits aufgeführt wird, welche Vermögenswerte durch die Betreuungsperson verwaltet werden (s. dagegen N 50). Über Vermögenswerte, die nicht im Dispositiv aufgeführt werden, kann die Betreuungsperson nicht verfügen. E contrario bleibt die betroffene Person weiterhin alleine verfügungsberechtigt (s. DÖRFLINGER, ZKE 2013, 373). 48

Errichtet die KESB eine Vertretungsbeistandschaft für die Vermögensverwaltung, **ohne dabei die Handlungsfähigkeit** einzuschränken, wird dadurch eine **konkurrierende bzw. parallele Handlungsbefugnis** des Beistandes an den entsprechenden Vermögenswerten geschaffen (Art. 394 Abs. 3 ZGB; Art. 394/395 ZGB N 2; s. DÖRFLINGER, ZKE 2013, 373). In einer solchen Konstellation sind der Beistand und die betroffene Person jeweils einzelzeichnungsberechtigt. Dies funktioniert allerdings nur solange, als die betroffene Person durch ihr Handeln (insb. in vermögensrechtlicher Hinsicht) nicht die Handlungen des Beistandes durchkreuzt bzw. diesen aktiv zuwiderhandelt (AFFOLTER-FRINGELI, Bankkonto, 192 f.; Art. 394/395 ZGB N 5). 49

Die KESB kann deshalb **einzelne Vermögenswerte** (z. B. ein Guthaben auf einem Sparkonto) oder **ganze Vermögenskategorien** (z. B. sämtliche Konti bei der Bank X) dem Zugriff der betroffenen Person entziehen, ohne die Handlungsfähigkeit einzuschränken (Art. 395 Abs. 3 ZGB), um dadurch bspw. zu verhindern, dass die betroffene Person weiterhin Gelder von ihrem Konto bezieht (Art. 395 Abs. 3 ZGB; FamKomm Erwachsenenschutz-MEIER, Art. 395 N 26; s. AFFOLTER-FRINGELI, Bankkonto, 193). In Erweiterung des Anwendungsbereichs sind auch solche Einschränkungen gem. Art. 9 Abs. 2 lit. b zu entscheiden und der Bank gem. Art. 9 Abs. 3 mitzuteilen, damit diese den Zugriff auf die Vermögenswerte auch tatsächlich einschränken kann (**a.M.** DÖRFLINGER, ZKE 2013, 373). Wird dadurch der Zugriff auf ein Konto entzogen, kommt dies faktisch einer Kontosperre gleich (NUSSBAUMER, AJP 2012, 1679). Dagegen bleibt die rechtliche Verpflichtungsfähigkeit der betroffenen Person dennoch unberührt (Botschaft Erwachsenenschutz, 7047; Art. 394/ 395 ZGB N 4; BSK ZGB I-HENKEL Art. 395 N 20). Solche Verfügungsbeschränkungen sind insofern heikel, als dadurch faktisch die Handlungsfähigkeit der betroffenen Person stark beschränkt bzw. gänzlich aufgehoben wird (s. nachfolgend N 51 f.). 50

4. Grenzen der Beschränkung des Verfügungsrechts der betroffenen Person

Die Entscheide der KESB über die Verfügungsberechtigung der Betreuungsperson (Art. 9 Abs. 2 lit. a; s. N 36 ff.) sowie über die Verfügungsberechtigung bzw. -be- 51 schränkung der betroffenen Person (Art. 9 Abs. 2 lit. b; s. N 46 ff.) haben stets Einfluss auf das Selbstbestimmungsrecht der betroffenen Person und deren Handlungsautonomie (s. N 35). Die Verfügungsberechtigung der betroffenen Person darf nur eingeschränkt werden, wenn dies verhältnismässig und erforderlich ist (Art. 389 ZGB; s. Art. 389 ZGB N 1 ff.).

52 Eine Verfügungsbeschränkung der betroffenen Person ist insb. dann **problematisch**, wenn die **Handlungsfähigkeit** der betroffenen Person bei Anordnung der Massnahme an sich **formell nicht beschränkt wurde** und somit weiter besteht. Es kann u.E. nicht sein, dass die KESB unter dem Titel der «Verfügungsbeschränkung» gem. Art. 9 Abs. 2 eine faktische Handlungsfähigkeitsbeschränkung bzw. Handlungsunfähigkeit der betroffenen Person durch die Hintertür erwirkt und dabei das Selbstbestimmungsrecht sowie die Handlungsautonomie der betroffenen Person massiv einschränkt. Eine **Verfügungsbeschränkung** durch die KESB darf sich auch weiterhin nur auf **einzelne Vermögenswerte** beziehen (s. Art. 395 Abs. 3 ZGB; zum Begriff des Vermögenswertes s. Art. 1 VBVV N 17 ff.). Die Beschränkung des Verfügungsrechts der betroffenen Person hinsichtlich einer grossen Vielzahl von Vermögenswerten ohne gleichzeitige formelle Einschränkung der Handlungsfähigkeit ist damit unzulässig. In einem solchen Fall ist ein formeller Entscheid der KESB über die Einschränkung der aktiven Handlungsfähigkeit erforderlich (FamKomm Erwachsenenschutz-MEIER, Art. 394 N 11 und 395 N 23).

VI. Mitteilung des Entscheids über die Verfügungsberechtigung (Abs. 3)

53 Die KESB teilt der Bank sowie der Betreuungsperson die Entscheide über die Verfügungsberechtigung bzw. -beschränkung an Vermögenswerten gem. Art. 9 Abs. 2 unverzüglich mit (Art. 9 Abs. 3). Für die Mitteilung an die Bank empfiehlt es sich, das entsprechende Musterformular zu verwenden (Empfehlungen SBVg/Kokes, Ziff. 31). Die SBVg und die KOKES haben hierfür ein eigenes Musterformular zur Verfügung gestellt (Musterformular «Umsetzung Zeichnungsrecht gegenüber der Bank bei Beistandschaften oder Vormundschaften», ‹http://www.kokes.ch› dort: Dokumentation, Empfehlungen [4.6.2014]; s. auch den Vorschlag der Berner Justiz-, Gemeinde- und Kirchendirektion, «Musterbasisvertrag VBVV», ‹http://www.jgk.be.ch› dort: Kindes- und Erwachsenenschutz, Erwachsenenschutz, Formulare & Merkblätter [4.6.2014]).

Art. 10 VBVV

Belege, Auskunft und Einsicht

¹ Die Belege im Zusammenhang mit der Vermögensverwaltung sind auf den Namen der betroffenen Person auszustellen. Die Beiständin oder der Beistand, die Vormundin oder der Vormund muss die Belege aufbewahren.

² Sie oder er kann von der Bank, der Postfinance oder der Versicherungseinrichtung ab dem Zeitpunkt der Über-

nahme des Amtes jederzeit Auskunft über die Konti, Depots und Versicherungen der betroffenen Person und Einsicht in die dazugehörigen Akten verlangen. Soweit es für die Ausübung oder die Beendigung des Amtes erforderlich ist, kann sie oder er diese Auskunft und Einsicht auch für die Zeit vor der Übernahme des Amtes oder nach dem Tod der betroffenen Person verlangen.

³ Die Kindes- und Erwachsenenschutzbehörde kann im Rahmen der Aufsicht von einer Bank, der Postfinance oder einer Versicherungseinrichtung jederzeit Auskunft über die Konti, Depots und Versicherungen der betroffenen Person und Einsicht in die dazugehörigen Akten verlangen.

⁴ Banken, die Postfinance und Versicherungseinrichtungen stellen der Kindes- und Erwachsenenschutzbehörde unaufgefordert jährlich die Konto-, Depot- und Versicherungsauszüge der betroffenen Personen zu.

I. Ausstellung und Aufbewahrung von Belegen (Abs. 1)

Diese Bestimmung über das **Ausstellen** der Belege richtet sich primär an die Banken und andere Finanzinstitute. Die Bank hat die **Konto- oder Depotbelege** im Zusammenhang mit der Vermögensverwaltung auf den **Namen der betroffenen Person** auszustellen. Damit solle ersichtlich werden, dass die betroffene Person Vertragspartnerin des Finanzinstituts sei (Begleitbericht VBVV 2012, 6). Die im Entwurf noch vorgesehene Kennzeichnung des Belegs mit dem Hinweis auf eine bestehende Beistandschaft oder Vormundschaft wurde aus stigmatisierenden und administrativen Gründen gestrichen (Anhörungsbericht VBVV 2012, 6).

Die entsprechenden Belege sind von der Betreuungsperson aufzubewahren. Diese Pflicht ergibt sich bereits aus der Dokumentationspflicht der Betreuungsperson (Art. 11) und ist in Zusammenhang mit der Rechenschaftsablage (Art. 411 ZGB) zu verstehen.

II. Auskunftsrecht der Betreuungsperson (Abs. 2)

1. Auskunftsberechtigung der Betreuungsperson

Das Bestehen des Auskunftsrechts der Betreuungsperson ist – trotz des scheinbar eindeutigen und klaren Wortlauts von Art. 10 Abs. 2 – abhängig von der Art sowie Umfang der angeordneten Massnahme (s. zu den verschiedenen Massnahmen und deren Implikationen im Zusammenhang mit der VBVV Art. 1 VBVV N 6 ff.). Deshalb ist in Bezug auf das Auskunftsrecht wie folgt zu differenzieren:

Im Rahmen der **umfassenden Beistandschaft** (Art. 398 ZGB), **Vertretungsbeistandschaft für die Vermögensverwaltung** (Art. 395 i.V.m. Art. 394 ZGB) sowie der **Vormundschaft** (Art. 327a ff. ZGB) ist die Betreuungsperson gesetzliche Vertreterin der betroffenen Person in vermögensrechtlichen Belangen (zur umfassenden Beistandschaft und zur Vormundschaft s. Art. 1 VBVV N 7, 11 und 21; zur Vertretungsbeistandschaft für die Vermögensverwaltung s. Art. 1 VBVV N 7 und 22; GEISER, AJP 2012, 1692). Die Betreuungsperson ist bereits aufgrund ihrer Mandatierung durch die KESB gesetzliche Vertreterin der betroffenen Person und nicht bloss – aufgrund von Art. 10 Abs. 2 – auskunftsberechtigte Person. Art. 10 Abs. 2 hält das Auskunftsrecht der Betreuungsperson, die bereits aufgrund ihrer Stellung als gesetzliche Vertreterin über ein solches verfügt, lediglich fest. Als gesetzliche Vertreterin der betroffenen Person stehen der Betreuungsperson grundsätzlich die gleichen Auskunftsrechte, wie der (urteilsfähigen) betroffenen Person selber zu (GEISER, AJP 2012, 1692; zu Informationen betreffenden den höchstpersönlichen Bereich s. N 15). Die Betreuungsperson hat deshalb ein jederzeitiges Auskunftsrecht gegenüber der Bank oder der Versicherungseinrichtung (Art. 10 Abs. 2) bzw. jedem anderen Vertragspartner der betroffenen Personen (s. Art. 9 VBVV N 9 ff.). Der Betreuungsperson kann deshalb insb. nicht aufgrund des Bankgeheimnisses (Art. 47 BankG; s. N 18 f.) die Auskunft verweigert werden (BSK BankG-STRATENWERTH, Art. 47 N 22).

5   Ein Auskunftsrecht nach Art. 10 Abs. 2 steht der Betreuungsperson auch im Zusammenhang mit **Kindesschutzmassnahmen** zu, sofern die Betreuungsperson gleichzeitig als gesetzliche Vertreterin fungiert (s. N 4), so z.B. bei der Kindesvermögensverwaltungsbeistandschaft (Art. 325 ZGB) sowie bei Massnahmen nach Art. 308 Abs. 2 ZGB (zur Anwendung der VBVV s. Art. 1 VBVV N 12).

6   Obwohl die Betreuungsperson bei der **Mitwirkungsbeistandschaft** (Art. 396 ZGB) nicht gesetzliche Vertreterin der betroffenen Person ist, steht ihr dennoch ein Auskunftsrecht zu, sofern sie beauftragt wurde, ihre Zustimmung zu vermögensrechtlichen Handlungen abzugeben (zur Anwendung der VBVV s. Art. 1 VBVV N 8 und 23). In diesem Fall nimmt Art. 10 Abs. 2 eine eigenständige Anspruchsgrundlage für das Auskunftsrecht der Betreuungsperson ein. Das Auskunftsrecht beschränkt sich allerdings auf die zur Ausführung des Mandates notwendigen Auskünfte bzw. auf die Bankkonti oder Vermögenswerte, welche dem Zustimmungserfordernis der Betreuungsperson unterstehen (AFFOLTER-FRINGELI, Bankkonto, 202; s. Art. 1 VBVV N 23).

7   Bei Vorliegen einer **Begleitbeistandschaft** (Art. 393 ZGB) oder **Vertretungsbeistandschaft ohne Vermögensverwaltung** (Art. 394 ZGB) stehen das Auskunftsrecht (sowie auch das Verfügungsrecht) in vermögensrechtlicher Hinsicht grundsätzlich einzig der betroffenen Person zu. Die KESB kann jedoch gestützt auf Art. 392 Ziff. 3 ZGB oder im Rahmen der Vertretungsbeistandschaft eine andere Anordnung bezüglich des Auskunftsrechts treffen (Empfehlungen SBVg/KOKES, Ziff. 16).

8   Das Auskunftsrecht gegenüber der Bank steht im Rahmen einer Vertretungsbeistandschaft für die Vermögensverwaltung (Art. 395 i.V.m. Art. 394 ZGB; Empfehlungen SBVg/KOKES, Ziff. 20) sowie einer Mitwirkungsbeistandschaft auch der urteilsfähigen und **betroffenen Person** zu. Bei Urteilsunfähigkeit oder vollständigem Entzug der Handlungsfähigkeit von Gesetzes wegen infolge Anordnung der **umfassenden Beistandschaft** (Art. 398 ZGB) bzw. Vormundschaft (Art. 327a ZGB) steht der **betroffenen Person kein Auskunftsrecht** gegenüber bspw. der Bank mehr zu

(Empfehlungen SBVg/KOKES, Ziff. 24). In diesem Fall hat die Betreuungsperson das alleinige Auskunftsrecht gegenüber der Bank inne (AFFOLTER-FRINGELI, Bankkonto, 202).

Bei **Entzug des Zugriffsrechts** der betroffenen Person auf gewisse Vermögenswerte (zum Begriff s. Art. 1 VBVV N 17 ff.) i.S.v. Art. 395 Abs. 3 ZGB im Zusammenhang mit der Anordnung einer Vertretungsbeistandschaft für die Vermögensverwaltung (Art. 395 i.V.m. Art. 394 ZGB) hat die urteilsfähige, betroffene Person **grundsätzlich weiterhin ein Auskunftsrecht** über die dem Zugriff entzogenen Vermögenswerte. Der Entzug des Zugriffrechts schränkt den Auskunftsanspruch der betroffenen Person über die entsprechenden Vermögenswerte nicht ein. 9

2. Modalitäten des Auskunftsrechts

Das Auskunftsrecht entsteht ab **dem Zeitpunkt der Übernahme des Amtes** durch die Betreuungsperson bzw. mit **Vollstreckbarkeit** des (Ernennungs-)**Entscheids** der KESB (s. N 13). Das Auskunftsrecht **umfasst Informationen über sämtliche Konti, Depots und Versicherungen** der betroffenen Person. Die Betreuungsperson kann zudem die Einsicht in die dazugehörigen Akten, Belege und weiteren für die Mandatsführung relevanten Unterlagen verlangen (Art. 10 Abs. 2). Soweit es für die Ausübung oder die Beendigung des Mandates erforderlich ist, kann die Betreuungsperson **zudem Auskunft und Einsicht auch für die Zeit vor der Übernahme des Amtes oder nach dem Tod der betroffenen Person** verlangen (Art. 10 Abs. 2). Dies ist insofern heikel, als das Auskunftsrecht u.U. mit der (Geheimniswahrungs-) Verpflichtung der Bank betreffend **höchstpersönlichen Information der betroffenen Person** korreliert (s. nachfolgend N 15). Sodann stellt die Bank der Betreuungsperson alle für die Aufnahme des Inventars erforderlichen Informationen zur Verfügung (Empfehlungen SBVg/KOKES, Ziff. 15). 10

Voraussetzung für die Geltendmachung des Auskunftsrechts ist, dass die Betreuungsperson im Rahmen der ihr übertragenen **Vermögensverwaltungskompetenz- bzw. Aufgabenbereichs** handelt: Die Betreuungsperson hat ein Auskunftsrecht, sofern ihr die Vermögenssorge über die entsprechenden Vermögenswerte (zum Begriff Art. 1 VBVV N 17 ff.), bspw. Konti der betroffenen Person, übertragen wurde (AFFOLTER-FRINGELI, Bankkonto, 202; s. Art. 1 VBVV N 20 ff.). Da bei der umfassenden Beistandschaft (Art. 398 ZGB) sowie der Vormundschaft (Art. 327a i.V.m. Art. 327c Abs. 1 ZGB) die umfassende Gesamtverwaltung über das Vermögen der Betreuungsperson übertragen wird, stellt sich dieses Problem nur bei den übrigen Arten von Beistandschaften (s. dazu Art. 1 VBVV N 7 ff. und 20 ff.). 11

Insbesondere bei der **Vertretungsbeistandschaft für die Vermögensverwaltung** (Art. 395 i.V.m. Art. 394 ZGB), aber auch bei der Kindesvermögensverwaltungsbeistandschaft (Art. 325 ZGB) und bei Massnahmen nach Art. 308 Abs. 2 ZGB, ist zu überprüfen, ob die geltend gemachte Anfrage zur Auskunftserteilung hinsichtlich der Vermögensverwaltung tatsächlich vom Kompetenz- bzw. Aufgabenbereich der Betreuungsperson gedeckt ist (s. Art. 1 VBVV N 7 ff. und 22 ff.). Es kann durchaus sein, dass die Betreuungsperson bspw. im Rahmen einer Vertretungsbeistandschaft für die Vermögensverwaltung nicht über sämtliche Konti der betroffenen 12

Person, welche diese bei einer Bank hat, die Verwaltung inne hat (s. Art. 1 VBVV N 22; GEISER, AJP 2012, 1693). Bei der **Mitwirkungsbeistandschaft** (Art. 396 ZGB) ist das Auskunftsrecht der Betreuungsperson auf die zustimmungsbetroffenen Vermögenswerte beschränkt (AFFOLTER-FRINGELI, Bankkonto, 202; s. Art. 1 VBVV N 8 und 23).

13 Die wegen Auskunftserteilung angefragte Bank hat deshalb den Kompetenz- bzw. Aufgabenbereich der Betreuungsperson genau zu überprüfen. Zur Einholung der Auskunft hat die Betreuungsperson einen Auszug aus dem **vollstreckbaren Entscheiddispositiv** der KESB oder eine darauf gestützte **Ernennungsurkunde vorzulegen** (Empfehlungen SBVg/KOKES, Ziff. 14; AFFOLTER-FRINGELI, Bankkonto, 202).

14 Grundsätzlich hat die Betreuungsperson sodann kein Recht auf Auskunft bzw. Einsicht in das **«Sackgeldkonto»** der betroffenen Person, auf welches die Beträge zur freien Verfügung (Art. 409 ZGB) überwiesen werden (s. Art. 9 VBVV N 45; GEISER, AJP 2012, 1693).

15 **Grenzen** findet das Auskunftsrecht der Betreuungsperson bei Informationen aus dem **höchstpersönlichen Bereich** der betroffenen Person. Die höchstpersönlichen Rechte sind grundsätzlich keiner Vertretung zugänglich, solange die betroffene Person urteilsfähig ist (Art. 19c Abs. 1 ZGB; Botschaft Erwachsenenschutz, 7046). Die Bank bzw. die Versicherungseinrichtung darf in diesem Fall die entsprechenden Informationen nur mit Zustimmung der betroffenen Person weitergeben (s. auch GEISER, AJP 2012, 1693). Bei Urteilsunfähigkeit der betroffenen Person ist zu unterscheiden, ob das durch die Betreuungsperson geltend gemachte Auskunftsrecht den **absolut** oder den **relativ höchstpersönlichen Bereich** der betroffenen Person berührt (Art. 19c Abs. 2 ZGB). Im letzteren Fall ist ausnahmsweise eine Stellvertretung der urteilsunfähigen, betroffenen Person zulässig (Botschaft Erwachsenenschutz, 7096).

III. Auskunftsrecht und Einsichtsrecht der KESB (Abs. 3)

16 Die **KESB** ist **nicht gesetzliche Vertreterin** der betroffenen Person, ausser sie handle eigenständig i.S.v. Art. 392 Ziff. 1 ZGB (s. Art. 1 VBVV N 13; GEISER, AJP 2012, 1693; s. KLEINER/SCHWOB/WINZELER, Art. 47 BankG N 76). Ihr stehen deshalb nicht die gleichen Auskunftsrechte wie der Betreuungsperson zu (s. N 3 ff.).

17 Art. 10 Abs. 3 statuiert trotzdem ein jederzeitiges, umfassendes **Auskunfts- und Einsichtsrecht** der KESB gegenüber **Banken, der Postfinance oder Versicherungseinrichtungen** über die Konti, Depots und Versicherungen der betroffenen Person. Begründet wird dieses Auskunftsrecht bzw. Einsichtsrechts mit der allgemeinen Aufsichtsfunktion der KESB (s. «im Rahmen der Aufsicht von einer Bank», Art. 10 Abs. 3), obwohl die KESB eigentlich nicht die Finanzinstitute, sondern die Betreuungsperson zu beaufsichtigen hat (ZONDLER/NÄF, AJP 2013, 1238).

18 Das umfassende Auskunftsrecht gegenüber **Banken** ist **insb. hinsichtlich der Vereinbarkeit mit dem Bankgeheimnis** (Art. 47 BankG) **problematisch** (gl.M. ZONDLER/NÄF, AJP 2013, 1239). Das Gesetz statuiert nämlich lediglich ein Auskunfts-

recht gegenüber der Bank während eines laufenden Verfahrens nach Art. 448 ZGB. Für ein darüberhinausgehendes, umfassendes Auskunftsrecht **fehlt eine ausdrückliche gesetzliche Grundlage** (s. Art. 408 Abs. 3 ZGB; gl.M. ZONDLER/NÄF, AJP 2013, 1239; ZELLWEGER-GUTKNECHT, RSDA 2014, 191; KLEINER/SCHWOB/WINZELER, Art. 47 BankG N 14 und 76).

Die **allgemeine Aufsichtspflicht** der KESB reicht nicht zur Begründung eines generellen Auskunftsrechts gegenüber einer Bank (gl.M. ZONDLER/NÄF, AJP 2013, 1239; KLEINER/SCHWOB/WINZELER, Art. 47 BankG N 76; ZELLWEGER-GUTKNECHT, RSDA 2014, 190 f.; a.M. GEISER, AJP 2012, 1693; undifferenziert AFFOLTER-FRINGELI, Bankkonto, 203). Eine behördliche Verfügung, mit welcher Auskunft von einer Bank verlangt wird, die sich jedoch nicht auf eine entsprechende gesetzliche Grundlage stützen lässt, entbindet die Bank nicht vom Bankgeheimnis (BSK BankG-STRATENWERTH, Art. 47 N 37; ZELLWEGER-GUTKNECHT, RSDA 2014, 191). Daraus folgt, dass die **Weitergabe von Informationen von einer Bank** an die KESB **ausserhalb eines Verfahrens nach Art. 443 ff.** ZGB und einzig gestützt auf das Auskunftsrecht der KESB nach Art. 10 Abs. 3 **grundsätzlich nicht mit dem Bankgeheimnis nach Art. 47 BankG vereinbar** und deshalb **unzulässig** ist. In den Materialien finden sich auch keine weiteren Hinweise, wie und weshalb sich ein umfassendes Auskunftsrecht der KESB begründen liesse (s. Begleitbericht VBVV 2012, 6). 19

Eine **Auskunftserteilung** an die KESB ist dagegen **zulässig**, wenn z.B. im **Vertrag mit der Bank**, bspw. in den **AGB**, die entsprechende Auskunftserteilung an die KESB **vorgesehen** ist und damit der Verzicht auf das Bankgeheimnis bei allgemeinen Auskunftsanfragen der KESB gestützt auf Art. 10 Abs. 3 erklärt wurde. Die Auskunftserteilung ist ebenfalls zulässig, falls die **Betreuungsperson in Vertretung der betroffenen Person** der Bank ihr **Einverständnis** erklärt hat (gl.M. ZONDLER/NÄF, AJP 2013, 1239). 20

Im Weitere kann die KESB die entsprechenden Auskünfte von der Bank nur bei besonderer Dringlichkeit gestützt auf Art. 445 i.V.m. Art. 448 ZGB **im Rahmen einer vorsorglichen Massnahme** verlangen. Vorausgesetzt ist, dass ein besonderer Interessensnachweis, wie z.B. eine Vermögensgefährdung, vorliegt (gl.M. ZONDLER/NÄF, AJP 2013, 1239; KLEINER/SCHWOB/WINZELER, Art. 47 BankG N 76). 21

In jedem Fall hat die KESB der Bank die Ausübung ihres Auskunftsrechts mittels eines **vollstreckbaren Entscheids** zu eröffnen (Empfehlungen SBVg/KOKES, Ziff. 39). 22

IV. Unaufgeforderte Zusendung von Konto-, Depot- oder Versicherungsauszügen an die KESB (Abs. 4)

Art. 10 Abs. 4 sieht vor, dass die Banken und Versicherungseinrichtungen der KESB unaufgefordert jährlich die Konto-, Depot- und Versicherungsauszüge der betroffenen Personen zustellen. Bei der unaufgeforderten Zusendung von **Bankauszügen** stellt sich die gleiche Problematik wie beim umfassende Auskunftsrecht: Es fehlt an einer **ausdrücklichen gesetzlichen Grundlage**, weshalb die Zusendung 23 von Bankbelegen **nicht mit dem Bankgeheimnis** (Art. 47 BankG) **vereinbar** und deshalb **unzulässig** ist (s. N 18 ff.; gl.M. ZONDLER/NÄF, AJP 2013, 1239; KLEINER/ SCHWOB/WINZELER, Art. 47 BankG N 76). Die Bank ist nur zur unaufgeforderten Zusendung von Bankbelegen an die KESB befugt, wenn dies der entsprechende Bankvertrag bzw. die AGB vorsehen oder die Zusendung auf Weisung der Betreuungsperson in Vertretung der betroffenen Person erfolgt (s. N 20).

24 Im Weiteren muss auch der mit der **jährlichen Zusendung** von **Konto-, Depot- oder Versicherungsauszüge** i.S.v. Art. 10 Abs. 4 bezweckte **Datenaustausch** als **behördliche Massnahme** die generellen **Voraussetzungen** der **Erforderlichkeit und Verhältnismässigkeit** nach Art. 389 ZGB erfüllen (s. Art. 389 ZGB N 2 ff.; HÄFELI, Jusletter vom 9.12.2013, Rz 12). Damit muss die KESB – wie bei jeder anderen behördlichen Massnahme (Art. 389 Abs. 1 und 2 ZGB; Art. 389 ZGB N 5 f.) – insb. die Erforderlichkeit des Datenaustauschs und damit u.a. ein besonderes (und überwiegendes öffentliches) Interesse darlegen. Sie muss dartun, warum neben der (ordentlichen) Berichterstattung durch die Betreuungsperson (Art. 411 ZGB) weitere Informationen zur Vermögenssituation der betroffenen Person während laufender Massnahme erforderlich sind und in welchem Umfang die entsprechenden Informationen benötigt werden (s. Art. 389 ZGB N 5 ff.; s. zur Zumutbarkeit einer Massnahme Art. 389 ZGB N 6). Es sei an dieser Stelle dahingestellt, ob und wie die KESB die mit der jährlichen Zusendung der entsprechenden Auszüge verbundene Datenflut überhaupt verarbeiten kann und wie sie dabei die Sicherheit dieser (äusserst) sensiblen Daten zu gewährleisten vermag.

Art. 11 VBVV

Dokumentationspflicht   Die Beiständin oder der Beistand, die Vormundin oder der Vormund muss alle Entscheidungen im Bereich der Vermögensverwaltung sorgfältig und ausführlich dokumentieren.

Literatur

Vgl. die Literaturhinweise zu Art. 1 VBVV.

I. Zweck und Adressat

1 Die Dokumentationspflicht richtet sich an die Betreuungsperson. Mit einer sauberen Dokumentation ihrer getroffenen Entscheidungen soll die KESB gegen spätere Verantwortlichkeitsklagen abgesichert werden (Begleitbericht VBVV 2012, 6). Die Dokumentationspflicht nach Art. 11 spielt zusammen mit der Inventaraufnahme (Art. 405 Abs. 2 ZGB) eine entscheidende Rolle für die Nachvollziehbarkeit der getroffenen Entscheidungen und für die Eruierung des Mittelflusses.

II. Inhalt und Umfang der Dokumentationspflicht

Die Betreuungsperson hat alle Entscheidungen von einer «gewissen Relevanz» im Bereich der Vermögensverwaltung zu dokumentieren (Begleitbericht VBVV 2012, 6). Die Dokumentationspflicht beinhaltet die Führung einer Buchhaltung, aus welcher die Einnahmen und Ausgaben sowie die entsprechende Vermögensanlage ersichtlich werden (Begleitbericht VBVV 2012, 6). Darüber hinaus unterstehen der Dokumentationspflicht alle Entscheidungen im Bereich der Überweisung von Bargeldern (Art. 3), der Aufbewahrung von Vermögenswerten (Art. 4), der Vermögensanlage nach Art. 6 und Art. 7, insb. betreffend das Risikoprofil, Budget bzw. der Feststellung des gewöhnlichen und weitergehenden Lebensunterhalts, der Anlageziele und -strategie (Art. 6 VBVV N 3 ff.) sowie der Liquiditätsplanung (s. Art. 2 VBVV N 12 und Art. 5 VBVV N 9). Zu dokumentieren sind auch die Entscheide betreffend die Umwandlung von Vermögenswerten bzw. dessen Verzicht (Art. 8; s. Art. 8 VBVV N 7 und 9). Ebenso der Dokumentation bedürfen die Verträge mit Dritten (Art. 9 Abs. 1; s. Art. 9 VBVV N 3 ff., 14 ff. und 23 ff.). 2

Die Dokumentation der Entscheidungen muss sorgfältig und ausführlich sein, d.h. es muss nachvollziehbar sein, aus welchen Gründen die Entscheide getroffen wurden. Die Willensäusserungen der betroffenen Person sind bspw. in Form eines Protokolls festzuhalten (s. Begleitbericht VBVV 2012, 6). Die Anforderungen an die Buchhaltung sind dabei abhängig von der Komplexität des Einzelfalles sowie von der wirtschaftlichen Bedeutung der Einkünfte und des Vermögens der betroffenen Person (Begleitbericht VBVV 2012, 6). 3

III. Rechenschaftspflicht gegenüber der KESB

Die Dokumentationspflicht nach Art. 11 verpflichtet die Betreuungsperson in Verbindung mit Art. 410 ZGB sowie Art. 411 ZGB zur Rechenschaftspflicht gegenüber der KESB (s. Art. 410 ZGB N 1 ff.; Art. 411 ZGB N 3 ff.). Der KESB steht ein jederzeitiges Recht auf Rechenschaft seitens der Betreuungsperson zu (Begleitbericht VBVV 2012, 6). 4

Ausnahmsweise kann die KESB im Rahmen der besonderen Bestimmungen für Angehörige die privaten Mandatsträger ganz oder teilweise von der Rechenschaftsablagepflicht entbinden (Art. 420 ZGB; Begleitbericht VBVV 2012, 6; GEISER, ZKE 2013, 337). 5

Art. 12 VBVV

Übergangsbestimmung — Vermögensanlagen, die im Zeitpunkt des Inkrafttretens dieser Verordnung bestehen und zu deren Bestimmungen in Widerspruch stehen, müssen unter Vorbehalt von Artikel 8 Absätze 2 und 3 so rasch wie möglich, spätestens aber innert zwei Jahren, in zulässige Anlagen umgewandelt werden.

Art. 13 VBVV

Inkrafttreten — Diese Verordnung tritt am 1. Januar 2013 in Kraft.

Literatur

Vgl. die Literaturhinweise zu Art. 1 VBVV.

I. Adressat

1 Art. 12 richtet sich primär an die Betreuungsperson, die innert der Übergangsfrist von zwei Jahren seit Inkrafttreten um die Einhaltung der Bestimmungen der Verordnung besorgt ist. Die KESB hat jedoch im Rahmen ihrer Aufsichtsfunktion die Umwandlung innert Frist zu überprüfen.

II. Inkrafttreten und zweijährige Übergangsfrist

2 Die VBVV ist gleichzeitig mit dem neuen Kindes- und Erwachsenenschutzrecht am 1.1.2013 in Kraft getreten. Bestehende Vermögensanlagen nach altem Recht müssen so **rasch wie möglich, spätestens** jedoch nach einer Übergangsfrist von maximal **zwei Jahren seit Inkrafttreten** der Verordnung an die Bestimmungen der VBVV angepasst sein. Die Umwandlung hat zwar so rasch wie möglich zu erfolgen. Sie darf dennoch nicht zur **Unzeit** vorgenommen werden (s. Art. 8 VBVV N 5). Auf die wirtschaftliche Entwicklung ist daher Rücksicht zu nehmen. Zu beachten sind die allgemeinen Bestimmungen zur Umwandlung nach Art. 8: Die bestehenden Anlagen sind dafür zunächst nach den allgemeinen Grundsätzen (Art. 2 und Art. 5) zu analysieren und als Anlage zur Sicherstellung des gewöhnlichen oder weitergehenden Lebensunterhalts einzuordnen (s. Art. 6 VBVV N 2 ff.). Danach sind die Anlagen gegebenenfalls – sofern sie im Widerspruch zu den Anlagebestimmungen gem. Art. 6 und 7 stehen – umzuwandeln (Art. 8 Abs. 1 und 2; s. Art. 8 VBVV N 3 ff.). Vorbehalten bleibt der Verzicht auf Umwandlung aufgrund des besonderen Werts für die betroffene Person oder für ihre Familie (Art. 8 Abs. 3; Art. 8 VBVV N 9 f.).

Glossar

Amtspflicht

Unter Amtspflicht versteht man die nötigenfalls mit behördlichem Zwang durchsetzbare Pflicht einer persönlich und fachlich geeigneten Person, ein Mandat des Erwachsenenschutzes zu übernehmen.
In einem anderen Kontext werden unter Amtspflicht auch die mit dem Amt verbundenen Pflichten des Amtsinhabers verstanden, die sich durch gesetzliche Grundlagen und allfällig definiertem Auftrag ergeben.
Beispiel: Der Berufsbeistand hat die (Amts-)Pflicht mindestens alle zwei Jahre der Kindes- und Erwachsenenschutzbehörde Bericht zu erstatten (Art. 411 ZGB).
(s.a. Professionalisierung, Berufsbeistand, Berufsbeistandschaft)

a maiore ad minus

Mit diesem juristischen Methodensatz wird im Rahmen der → Auslegung vom (gesetzlich oder vertraglich geregelten) Grösseren auf das (nicht ausdrücklich geregelte) Kleinere geschlossen, z.B. von einer umfassenden Regelung auf eine eingeschränktere, von einer stärker wirkenden Eingriffsbefugnis auf eine schwächer wirkende etc.
Beispiel: Gemäss Art. 362 ZGB kann die auftraggebende Person ihren Vorsorgeauftrag jederzeit widerrufen. Wenn sie den gesamten Vorsorgeauftrag widerrufen kann, so muss das erst recht auch für Teile davon gelten.
Der Methodensatz darf nicht unkritisch angewendet werden. Das dem gleichen methodischen Ansatz folgende «argumentum a fortiori» («wenn dieses gilt, dann muss jenes erst recht gelten») ermöglicht bisweı-

len, die Plausibilität des «argmentum a maiore ad minus» besser zu erkennen.

Aktivlegitimation — Die Aktivlegitimation behandelt die persönliche Zuständigkeit zur Klägerrolle. Sie meint die Befugnis der Klägerin, den eingeklagten Anspruch auch geltend machen zu dürfen, also Klägerin sein zu dürfen.
(s.a. Passivlegitimation)

Anfechtungsobjekt — Als Anfechtungsobjekt wird der Entscheid einer Behörde oder eines Gerichts bezeichnet, der Gegenstand des Verfahrens vor der Rechtsmittelinstanz ist.
Beispiel: Der Entscheid der KESB, der mit gerichtlicher Beschwerde angefochten wird, ist im Beschwerdeverfahren (Rechtsmittelverfahren) das Anfechtungsobjekt.
(s.a. Rechtsmittel)

Anhörung — Nach Art. 447 ZGB sind die betroffenen Personen persönlich anzuhören. Die persönliche Anhörung ist Ausdruck des Unmittelbarkeitsprinzips und erfüllt einen doppelten Zweck. Sie steht einerseits der betroffenen Person aufgrund ihrer Persönlichkeit zu und ist ein höchstpersönliches Recht. Anderseits dient sie der Sachverhaltsfeststellung.

Auslegung — Die juristischen Auslegungsmethoden dienen dazu, gesetzlichen Bestimmungen, Vertragsinhalten und rechtlich relevanten Willenserklärungen von Personen eine für den konkreten Anwendungsfall ausreichende Bestimmtheit zu geben, wobei die Auslegung nach dem Sinn vorzunehmen ist, den der Gesetzgeber bzw. die vertragsschliessende bzw. einen Willen erklärende Person, der Bestimmung oder Erklärung beigemessen hatten. Oft ist erst durch Auslegung festzustellen, ob eine Bestimmung auf einen Sachverhalt anwendbar ist. Die Auslegung dient sodann der Konkretisierung unbestimmter Rechtsbegriffe (z.B. «aus wichtigen Gründen», «ordentliche Verwaltung» etc.) im Einzelfall. Auslegungsmethoden richten sich nach dem Wortlaut, der Gesetzessystematik, dem zeitgemässen Verständnis, der Zwecksetzung oder dem historischen Verständnis des Gesetzgebers. Die Auslegung ist kein objektiver, technischer Akt, sondern die eigentliche Kunst der Juristen. Sie ist an ein Vorverständnis gebunden und verlangt seitens des Rechtsanwendenden, dass sich dieser des Vorverständnisses bewusst ist, es transparent und kritisierbar macht und es reflektiert. Orientierungshilfen für die Auslegung bieten ferner die Rechtsprechung

	und die rechtswissenschaftliche Diskussion. (s.a. lex specialis, lex generalis, a maiore ad minus)
Berufsbeistand	Der Berufsbeistand führt im Rahmen eines privatrechtlichen oder öffentlichrechtlichen Anstellungsverhältnisses eine Vielzahl von Kindes- und/oder Erwachsenenschutzmassnahmen. Die Berufsbeiständin ist für die Mandatsführung der Kindes- und Erwachsenenschutzbehörde gegenüber verantwortlich und rechenschaftspflichtig und steht unter deren Aufsicht, während für die arbeitsrechtlichen Belange die Anstellungsträgerschaft bzw. die Leitung der Dienststelle zuständig ist. (s.a. Berufsbeistandschaft, Professionalisierung)
Berufsbeistandschaft	Der Begriff der Berufsbeistandschaft löst jenen der Amtsvormundschaft ab; man versteht darunter eine private oder öffentliche Dienststelle, die Berufsbeistände beschäftigt, welche im Auftrag der Kindes- und Erwachsenenschutzbehörde(n) in einem jeweils definierten Einzugsgebiet behördliche Massnahmen führen. (s.a. Professionalisierung, Amtspflicht, Berufsbeistand)
Beschleunigungsgebot	Die Rechtssuchende hat Anspruch darauf, dass ihr Begehren möglichst rasch resp. innert angemessener Frist beurteilt wird (Art. 29 Abs. 1 BV). Das Beschleunigungsgebot ist das Gegenstück zum Rechtsverzögerungsverbot. So kann eine Verletzung des Beschleunigungsgebotes mit Rechtsverzögerungsbeschwerde geltend gemacht werden.
Betreuungsportfolio	Individuell massgeschneiderter Aufgabenkatalog einer einzelnen Erwachsenenschutzmassnahme oder einer Kombination von Massnahmen, bestehend aus Aufgaben der persönlichen Betreuung, der Einkommens- und/oder Vermögensverwaltung sowie der gesetzlichen Vertretung der betreuten Person im Rahmen dieser Aufgaben. (s.a. Personensorge, Vermögenssorge, Rechtsverkehr)
Betreuungsvertrag	Vertrag zwischen einer Wohn- oder Pflegeeinrichtung und einem Bewohner (oder seinem gesetzlichen Stellvertreter), der die Überlassung von Wohnraum und meist zusätzlich je nach Einrichtung und Zielgruppe betreuerische, medizinische, therapeutisch, sozialpädagogische und/oder agogische Betreuung, Pflege und Hotellerieleistungen beinhaltet.

Bewegungseinschränkende Massnahme	Bewegungseinschränkende Massnahmen verringern die körperlichen Bewegungsmöglichkeiten, sei es durch mechanische oder elektronische Mittel wie geschlossene Türen, Fixationen, Bettgitter und dergleichen. Dabei gilt ein subjektiver Massstab; es genügt also, dass beim Betroffenen der Eindruck erweckt wird, er unterstehe solchen Beschränkungen. In einem weiteren Sinne fallen auch medizinische Mittel darunter, namentlich die medikamentöse Sedation (umstritten). Im weitesten Sinne werden alle Massnahmen darunter subsumiert, welche freiheitsbeschränkende Wirkungen entfalten wie das Verbot der Verwendung von Kommunikationsmitteln oder Geld.
Beweislast	Die Beweislast regelt das Beweisrisiko im Zivil- oder Verwaltungsprozess. Grundsätzlich muss die Partei das Vorhandensein einer behaupteten Tatsache beweisen, wenn sie daraus Rechte ableiten möchte (Art. 8 ZGB).
Dauermassnahme	Eine Dauermassnahme meint eine auf Dauer angelegte Massnahme und steht im Gegensatz zu einer ad hoc eingerichteten Massnahme, z.B. einer Vertretungsbeistandschaft für ein spezifisches Geschäft.
Dispositive Rechtsnorm/ Bestimmung, dispositives Recht	Im Gegensatz zu zwingenden Rechtsnormen, insb. des → öffentlichen Rechts, die im Rahmen eines bestimmten Rechtsverhältnisses von Gesetzes wegen gelten, können dispositive Normen von den Betroffenen als für ihren Fall nicht anwendbar erklärt werden. *Beispiel: Untergang der Vollmacht durch Tod des Vollmuchtgebers als gesetzliche Regel, die jedoch wegbedungen werden kann (Art. 35 Abs. 1 OR).* (s.a. Privatrecht)
Feststellungsklage	Mit der Feststellungsklage wird das Bestehen oder Nichtbestehen eines Rechtsverhältnisses oder eines rechtserheblichen Sachverhaltes festgestellt resp. festgehalten. (s.a. Feststellungsverfügung)
Feststellungsverfügung	Ähnlich einer → Feststellungsklage wird bei der Feststellungsverfügung das Bestehen oder das Nichtbestehen eines Rechtsverhältnisses oder eines rechtserheblichen Sachverhaltes mittels einer → Verfügung festgehalten. Voraussetzung für eine Feststellungsverfügung ist in aller Regel ein tatsächlich oder rechtlich geschütztes Interesse der ersuchenden Partei.
Hypothetischer Wille	S. Mutmasslicher Wille

Intertemporales Recht	Übergangsrecht. Es regelt die Frage, ob das neue oder bisherige Recht zur Anwendung gelangt resp. genauer, inwieweit die rechtlichen Wirkungen von Tatsachen, die vor dem Inkrafttreten eines Gesetzes eingetreten sind, nach den Bestimmungen des Rechts im Zeitpunkt des Eintritts dieser Tatsachen zu beurteilen sind oder ob die Bestimmungen des neuen Recht zur Anwendung gelangen.
Legitimation	Berechtigung der Person, ihre Rechte im Verfahren wahrzunehmen. *Beispiel: Beschwerdelegitimation (= Beschwerdebefugnis, Art. 450 Abs. 2 ZGB). Das Gesetz legt fest, wer zur Erhebung einer Beschwerde gegen eine Entscheidung der KESB befugt ist.* (s.a. Aktivlegitimation/Passivlegitimation, Rechtsmittel)
lex generalis, lex specialis	Der Rechtsgrundsatz «lex specialis derogat legi generali» besagt, dass die speziellere Norm der allgemeinen Norm vorgeht. *Beispiel: Die örtliche Zuständigkeit der Kindes- und Erwachsenenschutzbehörde (KESB) ist im Rahmen einer allgemeinen Norm in Art. 442 ZGB geregelt. Die speziellere Norm im Kindesschutz (z.B. Art. 315 ZGB), die ebenfalls die örtliche Zuständigkeit der KESB zum Gegenstand hat, geht der allgemeinen Norm vor.* Die lex-specialis-Regel ist eine Normenhierarchie-Regel und eine Auslegungsregel. (s.a. Auslegung)
Mutmasslicher Wille	Der mutmassliche Wille stellt einen hilfsweise angenommenen Willen dar für den Fall, dass sich der wirkliche Wille einer Person nicht mehr feststellen lässt, weil sie urteilsunfähig oder verstorben ist. Liegt eine frühere Willenserklärung der betroffenen Person im Kontext der aktuell zu beurteilenden Frage vor, muss durch Auslegung dieser früheren Erklärung und nach den gesamten bekannten Umständen versucht werden, den mutmasslichen wirklichen Willen festzustellen. Fehlen solche Erklärungen (insb. bei Urteilsunfähigkeit seit Geburt) und bekannte Umstände, entspricht der mutmassliche Wille demjenigen einer vernünftigen Person in einer analogen Situation (hypothetischer Wille).
Negativer Kompetenzkonflikt	Wenn sich zwei Behörden (hier: Kindes- und Erwachsenenschutzbehörden) bezüglich der →örtlichen Zuständigkeit nicht einig sind, nennt man dies einen negativen Kompetenzkonflikt. Beide Behörden vertreten die Auf-

fassung, die je andere Behörde sei örtlich zuständig. Das führt dazu, dass keine Behörde die notwendigen Massnahmen anordnet.

Öffentliches Recht Öffentliches Recht regelt Inhalt und Umsetzung öffentlicher Interessen, dabei insb. die Beziehung zwischen dem hoheitlich auftretendem Staat und den Bürgern sowie die Organisation und die Aufgaben des Staates. Es hat zwingenden Charakter. Zum öffentlichen Recht gehören Staatsrecht, →Verwaltungsrecht, Strafrecht, Völkerrecht, Prozessrecht.
(s.a. Privatrecht, dispositives Recht)

Offizialgrundsatz Der Offizialgrundsatz ist in Art. 446 Abs. 3 ZGB verankert. Er besagt, dass die Kindes- und Erwachsenenschutzbehörde nicht an die Anträge der am Verfahren beteiligten Personen gebunden ist.

Passivlegitimation Die Passivlegitimation behandelt die persönliche Zuständigkeit zur Beklagtenrolle. Sie geht der Frage nach, ob der Beklagte die richtige Person ist. Sie umschreibt die Befugnis, gegen den Beklagten den Anspruch richten zu dürfen.
(s.a. Aktivlegitimation)

Personensorge Die Personensorge umfasst alle Massnahmen, die erforderlich sind, um das persönliche Wohl einer bestimmten Person im Alltag zu gewährleisten. Sie umfasst insbesondere die Sorge für Wohnen, Ernährung, Hygiene, Ausbildung, Beruf, Freizeit und die medizinische Betreuung, bei minderjährigen Personen zudem die Erziehung.

Pflichtklientschaft Pflichtklientschaft wird im hiesigen Zusammenhang im Sinne von (sozialer) Arbeit im Zwangskontext verstanden: Personen,
– die im Rahmen einer behördlich *angeordneten* Erwachsenenschutzmassnahme, nötigenfalls gegen ihren Willen, persönlich betreut und/oder deren Einkommen und/oder Vermögen bzw. Teile davon verwaltet werden oder aber
– die im Rahmen der Abklärungsphase diese erdulden oder daran mitwirken müssen (Mitwirkungspflicht →Untersuchungsgrundsatz).
Zur Pflichtklientschaft im Rahmen der Mandatsführung gehört auch die gesetzliche Vertretung dieser Personen im Rahmen des jeweiligen Auftrags.
(s.a. Personensorge, Vermögenssorge, Rechtsverkehr)

Privatrecht	Privatrecht ordnet die Rechtsbeziehungen zwischen Personen (Privatpersonen und juristischen Personen). Organe des Staates können auch privatrechtlich handeln, insb. wenn sie nicht hoheitlich auftreten und sich wie (private) Dritte am Rechtsverkehr beteiligen. Zum Privatrecht gehören das Zivilgesetzbuch und das Obligationenrecht. (s.a. Öffentliches Recht)
Professionalisierung	Unter Professionalisierung wird im hiesigen Kontext ein sich über Jahrzehnte erstreckender Prozess verstanden von der ursprünglichen Führung von Massnahmen des Erwachsenenschutzes durch ausschliesslich private Mandatsträgerinnen und Mandatsträger, meist aus dem sozialen Umfeld der betreuten Person, zur Führung des grösseren Teils dieser Massnahmen durch berufliche, in der Regel allgemein und speziell ausgebildeten Personen. Die Notwendigkeit dieses Prozesses ergab sich aus der zunehmenden Komplexität, der mit der Führung von Massnahmen verbundenen Aufgaben und den dadurch gesteigerten Anforderungen. (s.a. Berufsbeistand, Professionelle Handlungskompetenz, Amtspflicht, Berufsbeistandschaft)
Professionelle Handlungskompetenz	Erfolgreiche Erfüllung von Aufgaben im Rahmen einer behördlichen Massnahme nach allgemein anerkannten beruflichen Standards. Diese Handlungskompetenz ergibt sich aus dem Zusammenwirken der vier Kompetenzfelder: Fach-, Methoden-, Sozial- und Selbstkompetenz. (s.a. Professionalisierung)
Rechtfertigungsgründe	Die Widerrechtlichkeit eines Verhaltens ist ausgeschlossen, wenn ein Rechtfertigungsgrund vorliegt, d.h. wenn im Einzelfall das rechtswidrige Verhalten gerechtfertigt ist. Das Vorliegen eines Rechtfertigungsgrundes führt dazu, dass für einen an sich rechtswidrig verursachten Eingriff oder eine solche Handlung die Rechtsfolgen (z.B. Schadenersatz) nicht eintreten. Rechtfertigungsgründe sind die Einwilligung des urteilsfähigen Betroffenen, Notwehr, Notstand und Selbsthilfe gemäss Art. 52 OR und die rechtmässige Ausübung öffentlicher Gewalt. Verletzungen des Persönlichkeitsrechts können gemäss Art. 28 Abs. 2 ZGB zudem auch bei Vorliegen überwiegender privater oder öffentlicher Interessen gerechtfertigt sein. *Beispiel: Trotz Schweigepflicht des Berufsbeistandes darf dieser mit Einwilligung des Klienten Kontakt mit seinen*

	Verwandten aufnehmen. Diese Kontaktaufnahme ist durch die Einwilligung gerechtfertigt.
Rechtsanwendung von Amtes wegen	Dieser Grundsatz ist in Art. 446 Abs. 4 ZGB verankert. Er besagt, dass die Kindes- und Erwachsenenschutzbehörde das Recht von sich aus anzuwenden hat. Die am Verfahren beteiligten Personen können ihre rechtlichen Auffassungen darlegen, aber auf die rechtliche Würdigung keinen Einfluss nehmen. Sie brauchen das Recht nicht zu kennen.
Rechtsgeschäft	Mit Rechtsgeschäft wird eine Handlung bezeichnet, die aus mindestens einer →Willenserklärung besteht und darauf ausgerichtet ist, eine bestimmte Rechtsfolge herbeizuführen. Einseitige Rechtsgeschäfte bestehen aus nur einer Willenserklärung (z.B. Kündigung, Testament), mehrseitige Rechtsgeschäfte (z.B. Kaufvertrag) aus mindestens zwei Willenserklärungen.
Rechtsinstitut	Gesamtheit der Rechtsregeln über ein bestimmtes Rechtsverhältnis oder einen bestimmten Lebenssachverhalt. *Beispiel: elterliche Sorge, Mietvertrag, Vorsorgeauftrag, eingetragene Partnerschaft.*
Rechtsmittel	Als Rechtsmittel wird der Rechtsbehelf bezeichnet, den das Gesetz einer am Verfahren beteiligten Person zur Verfügung stellt, um einen Entscheid einer Behörde oder eines Gerichts überprüfen und gegebenenfalls verbessern zu lassen. *Beispiel: Gegen einen Entscheid der Kindes- und Erwachsenenschutzbehörde ist das Rechtsmittel der gerichtlichen Beschwerde (Art. 450ff. ZGB) gegeben.*
Rechtsmittel, ordentliches	Ein ordentliches Rechtsmittel richtet sich gegen einen Entscheid, der noch nicht in Rechtskraft erwachsen ist, also gegen einen Entscheid, dessen Frist für die Einlegung des Rechtsmittels noch nicht abgelaufen ist. Es hemmt den Eintritt von Rechtskraft und Vollstreckbarkeit (Suspensivwirkung). *Beispiel: Die gerichtliche Beschwerde (Art. 450ff. ZGB) hat nach Art. 450c ZGB grundsätzlich aufschiebende Wirkung, doch kann diese durch die Kindes- und Erwachsenenschutzbehörde oder durch die gerichtliche Beschwerdeinstanz bei Bedarf entzogen werden.* (s.a. ausserordentliches Rechtsmittel)
Rechtsmittel, ausserordentliches	Ein ausserordentliches Rechtsmittel richtet sich gegen einen Entscheid, der grundsätzlich in Rechtskraft er-

wachsen ist, entweder, weil das Gesetz kein ordentliches Rechtsmittel vorsieht, oder weil die Frist für die Einreichung eines ordentlichen Rechtsmittels abgelaufen ist. Durch das ausserordentliche Rechtsmittel werden die Rechtskraft und die Vollstreckbarkeit nicht gehemmt (keine Suspensivwirkung). Hauptsächlich darin unterscheiden sich die ordentlichen von den ausserordentlichen Rechtsmitteln. Vielfach erlaubt ein ausserordentliches Rechtsmittel nur eine beschränkte Überprüfung des angefochtenen Entscheids.
Beispiel: Die Beschwerde gegen einen Entscheid auf dem Gebiet der fürsorgerischen Unterbringung ermöglicht zwar eine umfassende Überprüfung durch die gerichtliche Beschwerdeinstanz, hat aber grundsätzlich keine aufschiebende Wirkung. Sie ist deshalb insofern ein ausserordentliches Rechtsmittel, als die Kindes- und Erwachsenenschutzbehörde oder die gerichtliche Beschwerdeinstanz nichts anderes verfügt (Art. 450e Abs. 2 ZGB).
(s.a. ordentliches Rechtsmittel)

Rechtsmittel, devolutives

Als devolutiv wird ein Rechtsmittel bezeichnet, über welches eine höhere Instanz entscheidet.
Beispiel: Über eine Beschwerde gegen einen Entscheid der Kindes- und Erwachsenenschutzbehörde entscheidet das Gericht (Art. 450 ff. ZGB). Demgegenüber wird der Entscheid im Einspracheverfahren in aller Regel durch dieselbe verfügende Instanz nochmals überprüft.

Rechtspflege

Rechtsanwendung durch zuständige Justiz- und Verwaltungsbehörden. Die Rechtspflege kann nichtstreitig (z.B. Anordnung einer Beistandschaft durch die KESB, sog. erstinstanzliches Verfahren) oder streitig (z.B. Beschwerde gegen Entscheid der KESB, sog. Rechtsmittelverfahren) sein.
(s.a. Rechtsmittel)

Rechtsverkehr

Der Rechtsverkehr bezeichnet das rechtliche Handeln, das erforderlich ist, um die → Personen- und → Vermögenssorge für eine bestimmte Person zu erbringen. Das rechtliche Handeln im Sinne der Vertretung im Rechtsverkehr besteht in der vertretungsweisen Vornahme von → Rechtsgeschäften oder Realakten.

Rückgriff/Regress

Rückgriff oder Regress ermöglicht es einer Person, die bereits eine Leistung an eine andere Person erbracht hat, diese (teilweise) von einem Dritten wieder zu erhalten, auf diesen Rückgriff zu nehmen, um sich schad-

	los zu halten. Im Rahmen der Staatshaftung hat der Staat z.B. den Schaden zu begleichen, kann aber soweit die gesetzlichen Voraussetzungen (in der Regel Absicht/Grobfahrlässigkeit) gegeben sind, Rückgriff auf den schädigenden öffentlich-rechtlich Angestellten nehmen.
Subsidiaritätsprinzip	Das Subsidiaritätsprinzip stellt die Eigenverantwortung vor staatliches Handeln. Behördliche Massnahmen kommen erst zum Zug, wenn die eigene Vorsorge und die Unterstützung der hilfsbedürftigen Person durch die Familie und private oder öffentliche Dienste nicht genügt (Art. 389 Abs. 1 ZGB).
Substitutionsbefugnis	Die einer *beauftragten* Person (bevollmächtigter Stellvertreterin, Beiständin) erteilte Befugnis, eine Drittperson mit der Besorgung bestimmter Aufgaben/Geschäfte zu beauftragen, wird als Substitutionsbefugnis bezeichnet. Die damit beauftragte Person haftet der auftraggebenden Person nur für die sorgfältige Auswahl des Substituten, nicht jedoch für die richtige Erfüllung der übertragenen Aufgaben durch denselben. Die auftraggebende Person kann den Erfüllungsanspruch (nötigenfalls) direkt gegen den Dritten geltend machen (Art. 398 f. OR). (s.a. Vertretungsmacht)
Superprovisorische Anordnung/ Massnahme	Eine superprovisorische Anordnung ist eine → vorsorgliche Massnahme. Sie kommt zum Zuge, wenn wegen besonderer Dringlichkeit eine vorherige →Anhörung nicht möglich ist. In diesem Falle wird die Massnahme sofort angeordnet. Die Gewährung des rechtlichen Gehörs ist nachzuholen und anschliessend ist zu entscheiden, ob an der getroffenen vorläufigen Massnahme festgehalten wird (Art. 445 Abs. 2 ZGB).
Unentgeltliche Rechtspflege	Grundsätzlich sind die Rechtsverfahren nicht unentgeltlich. Art. 29 Abs. 3 BV garantiert jedoch das Recht auf unentgeltliche Rechtspflege. Danach muss einer bedürftigen Person für die Führung eines nicht aussichtslosen Verfahrens die unentgeltliche Prozessführung bewilligt werden. Unter den gleichen Voraussetzungen hat die bedürftige Person auch Anspruch auf einen unentgeltlichen Rechtsvertreter, soweit es zur Wahrung ihrer Rechte notwendig ist. Bei Bewilligung der unentgeltlichen Rechtspflege ist die Person von der Pflicht befreit, Verfahrenskosten zu bezahlen. Die Verfahrenskosten und die Kosten der (eigenen) Rechtsvertretung

werden auf die Staatskasse genommen. Vorbehalten bleibt jedoch die Nachforderung, wenn die Person zu Mitteln gelangt.

Untersuchungsgrundsatz	Der Untersuchungsgrundsatz ist in Art. 446 Abs. 1 ZGB verankert. Er besagt, dass die Kindes- und Erwachsenenschutzbehörde (KESB) den Sachverhalt von Amtes wegen *erforschen* muss. Die am Verfahren beteiligten Personen sind zwar zur Mitwirkung bei der Abklärung des Sachverhalts verpflichtet (Art. 448 Abs. 1 ZGB). Das Tatsachenmaterial ist jedoch gegebenenfalls vollständig von der KESB zu erheben.
Validierung	Feststellung einer Behörde oder eines Gerichts, dass ein bestimmter rechtlicher Akt gültig errichtet wurde und die Voraussetzung für dessen Wirksamkeit erfüllt sind (vgl. z.B. Art. 363 Abs. 2 ZGB).
Verfügung	Staatliches Handeln erfolgt typischerweise durch eine Verfügung. Die Verfügung ist eine hoheitliche einseitige Anordnung des Staates im Rahmen des → Verwaltungsrechts. Sie ist individuell, an den Einzelnen gerichtet, und konkret, d.h. eine verwaltungsrechtliche Rechtsbeziehung (konkreten Einzelfall) regelnd, und zwar in verbindlicher und erzwingbarer Weise. Beispiele sind der Entscheid einer Verwaltungsbehörde, z.B. Steuerverfügung, Entscheid über Sozialhilfe, Feststellung der Vaterschaft durch das Gericht.
Verjährung	Ein Anspruch kann nach Ablauf einer gesetzlich vorgegebenen Frist verjähren. Dies hat zur Folge, dass der Anspruch nicht mehr durchgesetzt werden kann. Die Verjährung wird nicht von Amtes wegen durch die Entscheidbehörde geprüft, sondern muss mit der Einrede der Verjährung geltend gemacht werden.
Vermögenssorge	Die Vermögenssorge umfasst alle Massnahmen, die erforderlich sind, um das Vermögen und das Einkommen einer bestimmten Person zu erhalten, zu mehren oder der seinem Zweck entsprechenden Verwendung zuzuführen.
Vertretungsmacht	Die Vertretungsmacht meint die Befugnis, anstelle einer anderen Person und mit Wirkung für diese zu handeln, insb. im Rechtsverkehr aufzutreten und Rechtsgeschäfte mit Verpflichtung für die andere Person abzuschliessen. Die Vertretungsmacht kann privatautonom vereinbart werden (Vollmacht, Art. 32 ff. OR) oder kann von Gesetzes wegen vorgesehen sein (z.B.

umfassende Vertretungsmacht im Rahmen der umfassenden Beistandschaft).

Verwaltungsrecht Verwaltungsrecht ist →öffentliches Recht, bietet die Rahmenordnung für die konkrete staatliche Tätigkeit und regelt die Rechtsbeziehung zwischen hoheitlichem Staat/hoheitlicher Verwaltung und Bürgerinnen. Zum Verwaltungsrecht gehören u.a. Sozialhilferecht, Sozialversicherungsrecht, Steuerrecht, Schulrecht, Gesundheitsrecht, Raumplanungsrecht, Prozessrecht.

Vollstreckung Die von der Kindes- und Erwachsenenschutzbehörde (KESB) zu treffenden Massnahmen stellen das Wohl und den Schutz hilfsbedürftiger Personen sicher (Art. 388 Abs. 1 ZGB). Jede Massnahme muss verhältnismässig sein (Art. 389 Abs. 2 ZGB). Damit der vom Gesetz beabsichtigte Zweck erfüllt wird, muss eine von der KESB angeordnete Massnahme auch durchgesetzt, d.h. vollstreckt werden, nötigenfalls durch Zwangsmassnahmen. Dafür besteht in Art. 450g ZGB die notwendige gesetzliche Grundlage.

Vorsorgliche Massnahmen Der Schutzzweck von Art. 388 ZGB erfordert unter Umständen, dass die Anordnung einer Massnahme notwendig ist, bevor das Verfahren vollständig durchgeführt und abgeschlossen werden konnte. In Art. 445 ZGB schafft das Gesetz die Grundlage dafür, dass Massnahmen vorsorglich getroffen werden können. Im Regelfall ist dabei den am Verfahren beteiligten Personen vorgängig das rechtliche Gehör zu gewähren.
(s.a. Anhörung)

Weisungen Weisungen sind verbindliche Aufforderungen oder Anordnungen, die sich an eine natürliche oder juristische Person richten und bestimmte Pflichten konkretisieren.

Widerruf Der Widerruf stellt eine Verlautbarung dar, mit welcher der Erklärende zum Ausdruck bringt, dass ein früher geäusserter Wille nicht mehr gelten soll.
(s.a. Willenserklärung)

Willenserklärung Eine Willenserklärung besteht in der Mitteilung des Willens zur Begründung, Änderung oder Beendigung eines Rechts. Empfangsbedürftige Erklärungen (z.B. Kündigung eines Arbeitsvertrages) sind nur dann wirksam, wenn sie gegenüber einer bestimmten Person abgegeben werden. Nicht empfangsbedürftige Willenser-

klärungen (z.B. Testament) müssen nicht an eine bestimmte Person gerichtet werden.
(s.a. Rechtsgeschäft, Willensmangel)

Willensmangel Als Willensmangel wird die fehlerhafte Willensbildung beim Abschluss eines Vertrages bezeichnet. Unter bestimmten Voraussetzungen kann der Willensmangel die Unverbindlichkeit des Vertrages zur Folge haben. Zu unterscheiden sind die falsche Vorstellung über einen bestimmten Sachverhalt (Irrtum, Art. 23 ff. OR), die absichtliche Täuschung (Art. 28 OR) und die Furchterregung (Art. 29 f. OR).
(s.a. Willenserklärung, Rechtsgeschäft)

Zuständigkeit Zuständigkeit legt fest, wer in einer bestimmten Angelegenheit im Einzelfall hoheitlich entscheiden darf resp. muss, z.B. die Kindes- und Erwachsenenschutzbehörde, die gerichtliche Beschwerdeinstanz, Ärzte etc.

Zuständigkeit, örtliche Die Bestimmung über die örtliche Zuständigkeit (Art. 442 ZGB) regelt den räumlichen Wirkungskreis der einzelnen Kindes- und Erwachsenenschutzbehörde, geht also der Frage nach, welches Gemeinwesen für welche geografische Einheit zuständig ist.

Zuständigkeit, sachliche Die Regeln über die sachliche Zuständigkeit umschreiben die Aufgabenkreise der Kindes- und Erwachsenenschutzbehörde (KESB) nach der Natur des Geschäfts. *Beispiel: Sachlich zuständig für die Anordnung einer fürsorgerischen Unterbringung ist die KESB (Art. 428 ZGB). Zuständig dafür können aber auch Ärztinnen oder Ärzte sein (Art. 429 ZGB).*

Zuständigkeit, funktionelle Die funktionelle Zuständigkeit beantwortet die Frage, welche Instanz die Angelegenheit in einem bestimmten Verfahrensstadium (erstinstanzliches Verfahren oder Rechtsmittelverfahren; →Rechtspflege) zu behandeln hat und scheidet damit auch die Aufgabenkreise der Kindes- und Erwachsenenschutzbehörde und der gerichtlichen Beschwerdeinstanz.
Beispiel: Das kantonale Verfahrensrecht kann bestimmen, dass für die Verfahrensleitung die Präsidentin oder der Präsident oder ein Einzelmitglied zuständig ist.
(s.a. Rechtsmittel)

Sachregister

A

Ablehnungsrecht (Person des Beistands), 401 N 4
Achtung der Persönlichkeit, 410 N 3; 411 N 12
Aktien, VBVV 7 N 10 ff., 18 ff.
Allgemeine Geschäftsbedingungen, Änderung, VBVV 9 N 27
Amtshilfe, 448 N 6 ff.
Amtspflicht, 400 N 15 f.
Amtsvormundschaft, Organisation, 440 N 3
Anhörung
- allgemein, 447 N 4
- Ausnahmen, 447 N 8
- der betroffenen Person, 447 N 3 ff.
- Durchführung, 447 N 7 cff.
- bei FU, 447 N 9; 450e N 12, 12 ff.
- von Kindern, 447 N 6
- persönliche, 447 N 5 ff.
- Sanktionen bei Fehlen, 447 N 10 ff.
- Zweck, 447 N 7

Anlage bei besonders günstigen finanziellen Verhältnissen
- Anlagekategorien, VBVV 7 N 31 ff.

Anlage für den gewöhnlichen Lebensunterhalt, VBVV 6 N 2 ff.
- Anlagekategorien, VBVV 6 N 6 ff.
- Bank, VBVV 6 N 9
- berufliche Vorsorge, VBVV 6 N 18 f.
- Bewilligung der Anlagen, VBVV 6 N 20 ff.
- Festgelder, VBVV 6 N 7 ff.
- Grundkonzept, VBVV 6 N 2
- Grundstücke, andere wertbeständige, VBVV 6 N 14 ff.
- Grundstücke, selbstgenutzte, VBVV 6 N 13 ff.
- Kantonalbanken, VBVV 6 N 8
- Obligationen, VBVV 6 N 7 ff.
- pfandgesicherte Forderungen mit wertbeständigem Pfand, VBVV 6 N 17
- schweizerischer Pfandbrief, VBVV 6 N 11
- zweite Säule, VBVV 6 N 18 f.

Anlage für weitergehende Bedürfnisse, VBVV 7 N 2 ff.
- Aktien, VBVV 7 N 10 ff.
- Anlagekategorien, VBVV 7 N 5 ff.
- Bewilligung, VBVV 7 N 28 ff.
- Bewilligung der Anlagen, VBVV 7 N 6
- Einrichtungen der Säule 3a, VBVV 7 N 22 ff.
- gemischte Anlagefonds, VBVV 7 N 16 ff.
- Gesellschaft mit guter Bonität, VBVV 7 N 7
- Grundstücke, VBVV 7 N 25 f.
- Lebensversicherung, VBVV 7 N 24
- Obligationen, VBVV 7 N 7 ff.
- Obligationenfonds, VBVV 7 N 14 f.
- Voraussetzung, VBVV 7 N 4

Anlage und Aufbewahrung von Vermögenswerten
- Anlage- und Aufbewahrungsverträge, VBVV 9 N 14 ff.
- betroffene Person, VBVV 9 N 4 ff.
- Fondsleitung, VBVV 9 N 11
- Geldwäschereigesetz, VBVV 9 N 7

- Verfügungsberechtigung, VBVV 9 N 35 ff.
- Verfügungsbeschränkung, VBVV 9 N 35 ff.
- Vermögensaufbewahrer, VBVV 9 N 12
- Vermögensverwalter, VBVV 9 N 13
- Versicherungen, VBVV 9 N 10
- Vertragsparteien, VBVV 9 N 3 ff.
- Zweiseitige Verträge, VBVV 9 N 3

Anlage- und Aufbewahrungsverträge
- Berner Rahmenvertrag, VBVV 9 N 22
- Depot- bzw. Hinterlegungsvertrag, VBVV 9 N 17
- Form der Genehmigung, VBVV 9 N 34
- genehmigungsbedürftige Verträge, VBVV 9 N 23 ff.
- Private Banking, VBVV 9 N 16
- Rahmenvertrag, VBVV 9 N 19 ff.
- Retail Banking, VBVV 9 N 15
- Schrankfachvertrag, VBVV 9 N 17
- Verfahren der Genehmigung, VBVV 9 N 33
- Verfügungsberechtigung der Betreuungsperson, VBVV 9 N 36 ff.
- Vermögensberatung, VBVV 9 N 16
- Verträge, VBVV 9 N 14 ff.
- Zürcher Rahmenvertrag, VBVV 9 N 21

Anlagekategorien, VBVV 6 N 34
- Aktien, VBVV 7 N 10 ff.
- Anlage bei besonders günstigen finanziellen Verhältnissen, VBVV 7 N 31 ff.
- Anlage für den gewöhnlichen Lebensunterhalt, VBVV 6 N 6 ff.
- Anlage für weitergehende Bedürfnisse, VBVV 7 N 5 ff.
- Anlagestrategie, VBVV 6 N 34
- ausserordentliche Verwaltungshandlung, VBVV 7 N 29, 33
- Bank, VBVV 6 N 9
- Bargeld, VBVV 6 N 7 ff.
- berufliche Vorsorge, VBVV 6 N 18 f.
- Bewilligung, VBVV 7 N 28 ff.
- Einrichtungen der Säule 3a, VBVV 7 N 22 ff.
- Festgelder, VBVV 6 N 7 ff.
- gemischte Anlagefonds, VBVV 7 N 16 ff.
- Grundstücke, VBVV 7 N 25 f.
- Grundstücke, andere wertbeständige, VBVV 6 N 14 ff.
- Grundstücke, selbstgenutzte, VBVV 6 N 13 ff.
- Kantonalbanken, VBVV 6 N 8
- Konformität der Vermögensanlagen, VBVV 8 N 1
- Lebensversicherung, VBVV 7 N 24
- Monitoring, VBVV 8 N 6
- Obligationen, VBVV 6 N 7 ff.; VBVV 7 N 7 ff.
- Obligationen, festverzinsliche, VBVV 6 N 10
- Obligationenfonds, VBVV 7 N 14 f.
- ordentliche Verwaltungshandlung, VBVV 6 N 30 ff.
- pfandgesicherte Forderungen mit wertbeständigem Pfand, VBVV 6 N 17
- schweizerischer Pfandbrief, VBVV 6 N 11
- Securities Lending, VBVV 6 N 12
- unzulässige Anlagen, VBVV 7 N 36 f.
- zweite Säule, VBVV 6 N 18 f.

Anlagestrategie, VBVV 6 N 3
Anlagewillen, mutmasslicher, VBVV 5 N 5 ff.
Anlageziel, VBVV 6 N 3
Anordnungsbeschluss der KESB, VBVV 1 N 20
Anrufung der KESB gegen Beistand, 419 N 1 ff.
Ärztliche FU
- Befristung, 429 N 2
- Informationspflicht, 429 N 7 f.
- periodische Überprüfung, 431 N 1 ff.
- Überprüfungsrhythmus, 431 N 3
- Verfahrensbestimmungen, 429 N 4 ff.
- Zuständigkeit, 429 N 1 f.

Aufbewahrung
- Gegenstände des alltäglichen Bedarfs, VBVV 4 N 4

Aufbewahrung von Wertsachen, VBVV 4 N 1 ff., 4 ff.
- Aufbewahrungs- bzw. Hinterlegungsvertrag, VBVV 4 N 19
- bei einer Bank, VBVV 4 N 9 ff.
- Beschränkung des Verfügungsrechts der betroffenen Person, VBVV 4 N 12
- Bewilligung der KESB, VBVV 4 N 19

- Dauer, VBVV 4 N 22
- Dokumentationspflicht, VBVV 4 N 12
- Funktion der KESB, VBVV 4 N 9 ff.
- in den Räumlichkeiten der KESB, VBVV 4 N 20 f.
- Schrankfach, VBVV 4 N 9 ff.
- Selbstbestimmungsrecht der betroffenen Person, VBVV 4 N 18

Aufbewahrungsort
- in den privaten Räumlichkeiten, VBVV 4 N 16
- Schrankfach, VBVV 4 N 9

Aufenthalt, örtliche Zuständigkeit, 442 N 7 ff.
Aufgaben KESB, 440 N 4 f.
Aufklärungspflicht, ärztliche, 377/378 N 7
Aufsicht, 441 N 1 ff.
- Ausführungsbestimmungen Bund, 441 N 11 f.
- Einheit, 441 N 11 f.
- Oberaufsicht Bund, 441 N 12
- Qualitätsentwicklung, 441 N 11 f.
- Schulung, 441 N 13
- Umsetzung in den Kantonen, 441 N 10 a ff.
- Wohn- und Pflegeeinrichtungen, 441 N 2

Aufsicht über Wohn- und Pflegeeinrichtungen, 387 N 1 ff.
- Aufsichtsadressaten, 387 N 2 f.
- Ausgestaltung, 387 N 3 ff.
- Normzweck, 387 N 1
- Zuständigkeit, 387 N 6

Aufsichtsbehörde, 450 N 1 ff.
- administrative Aufsicht, 441 N 1 ff.
- Aufgaben, 441 N 1 ff.
- ein- oder zweistufig, 441 N 7
- Empfehlungen KOKES, 441 N 10
- Herausforderungen, 441 N 10c
- Interventionen, 441 N 4 f.
- Mitwirkung, 441 N 2
- Organisation, 441 N 3
- Rechtsmittelverfahren, 441 N 1
- Spruchkompetenz, 441 N 2
- Verwaltungsbehörde oder Gericht, 441 N 7 ff.

Aufsichtsbeschwerde, 441 N 5
Auskunft über Massnahme, 451 N 5

Auskunftsrecht der Betreuungsperson, VBVV 10 N 3 ff.
- Bank, VBVV 10 N 3 ff.
- Begleitbeistandschaft, VBVV 10 N 7
- Grenzen, VBVV 10 N 15
- höchstpersönliche Informationen, VBVV 10 N 10
- Kindesschutzmassnahmen, VBVV 10 N 5
- Mitwirkungsbeistandschaft, VBVV 10 N 6
- Modalitäten, VBVV 10 N 10 ff.
- Sackgeldkonto, VBVV 10 N 14
- bei umfassender Beistandschaft, VBVV 10 N 4
- Vertretungsbeistandschaft für die Vermögensverwaltung, VBVV 10 N 4
- Vertretungsbeistandsschaft ohne Vermögensverwaltung, VBVV 10 N 7
- Vormundschaft, VBVV 10 N 4

Auskunftsrecht der betroffenen Person, VBVV 10 N 8 f.
Auskunftsrecht und Einsichtsrecht der KESB, VBVV 10 N 16 ff.
- Bankgeheimnis, VBVV 10 N 18 ff.

Ausstellung und Aufbewahrung von Belegen, VBVV 10 N 1 f.

B

Bank
- Agentur, VBVV 3 N 17
- Anwendungsbereich der VBVV, VBVV 1 N 15
- Auskunftsrecht der Betreuungsperson, VBVV 10 N 3 ff.
- ausländische Bank, VBVV 3 N 17
- Bankbewilligung der FINMA, VBVV 3 N 14
- Begriff, VBVV 3 N 13 ff.
- Kantonalbank, VBVV 3 N 16
- mit statutarischem oder gesellschaftsvertraglichem Sitz im Ausland, VBVV 3 N 17
- bestellter Vertreter, VBVV 3 N 17

Bankgeheimnis
- Auskunftsrecht und Einsichtsrecht der KESB, VBVV 10 N 18 ff.

- Zusendung von Konto-, Depot- oder Versicherungsauszügen an die KESB, VBVV 10 N 23

Bargeld
- Anzeigepflicht, VBVV 3 N 4
- Begriff, VBVV 3 N 3ff.
- Betrag zur freien Verfügung, VBVV 3 N 8
- Deckung kurzfristiger Bedürfnisse, VBVV 3 N 5ff.
- Haftung für verspätete Überweisung, VBVV 3 N 18
- Haushaltskasse, VBVV 3 N 6f.
- Inventar, VBVV 3 N 9
- Kantonalbank, VBVV 3 N 16
- Konto, VBVV 3 N 10, 13ff.
- nicht versteuerte Barmittel, VBVV 3 N 4
- Überweisung auf ein Konto, VBVV 3 N 1ff.
- Unverzüglichkeit der Überweisung, VBVV 3 N 11f.
- Vier-Augen-Prinzip, VBVV 3 N 9

Begleitbeistandschaft, VBVV 1 N 10
- Auskunftsrecht der Betreuungsperson, VBVV 10 N 7

Begutachtung
- unter Zwang, 449 N 1ff.

Behandlungsplan, 377/378 N 6
- Aktualität, 433 N 8
- Beschwerdeweg, 439 N 1ff.
- Form, 433 N 7
- ohne Zustimmung, 433 N 9ff.
- psychische Störung, geistige Behinderung, 433 N 1
- Selbstbestimmung, 433 N 6
- Urteilsfähigkeit, 433 N 7, 9
- Vertrauensperson, 433 N 6
- Verweigerung, 433 N 7, 9ff.
- Zurückbehaltung, 433 N 7
- Zustimmung, 433 N 7

Behördenorganisation
- altes Recht, 440 N 1
- neues Recht, 440 N 2
- Organisationsfreiheit der Kantone, 440 N 2, 8ff.
- Vorgaben des Bundes, 440 N 6, 7a

Behördliche Massnahmen
- amtsgebundene Massnahmen, 388 N 3
- Anordnung einer Vertretung, 449a N 1ff.
- HESÜ, 388 N 6
- IPR, 388 N 6
- Komplementarität, 388 N 2ff.
- Prognosestellung, 389 N 3
- Schutzzweck, 388 N 1f.
- Schwächezustand, 390 N 2
- Selbstbestimmung, 388 N 5
- Subsidiarität behördlicher Massnahmen/Erforderlichkeit, 389 N 5
- Übertragung, 442 N 15f.
- Verhältnismässigkeit, 389 N 2ff.
- Zwecktauglichkeit/Eignung, 389 N 4

Beistand
- Amtspflicht, 400 N 15f.
- Ausländer, 400 N 2
- Bemessung Entschädigung, 404 N 5
- Berufsbeistand, 400 N 4, 6
- Entschädigung und Spesen, 404 N 1
- erforderliche Zeit, 400 N 14
- Fachkompetenz, 400 N 10
- fachliche und persönliche Eignung, 400 N 9
- Fachperson, 400 N 4
- Kostentragung, 404 N 3
- Methodenkompetenz, 400 N 11
- Privatbeistand, 400 N 4, 6
- professionelle Handlungskompetenz, 400 N 9
- Selbstkompetenz, 400 N 13
- Sozialkompetenz, 400 N 12
- Vertrauensbeistand, 401 N 3
- Verwandte, Angehörige, 401 N 3
- Wechsel bei Übertragung, 442 N 16

Beistandschaft
- Abwesenheit, 390 N 4
- Antrag, 390 N 7
- Aufgabenbereiche, 391 N 1ff.
- Aufsichtsperson/-stelle, 392 N 7
- Beauftragung Dritter, 392 N 6
- Begleitbeistandschaft, 393 N 1ff.
- direktes Handeln der Behörde, 392 N 1ff.
- eigene Angelegenheiten, 390 N 3
- eigenes rechtsgeschäftliches Handeln, 407 N 1f.
- geistige Behinderung, 390 N 2f.
- und Massschneidern, 391 N 2f.

- Mitwirkungsbeistandschaft, 395 N 1 ff.
- Offizialmaxime, 390 N 7
- Post, 391 N 3
- psychische Störung, 390 N 2 f.
- Schutz Dritter, 390 N 6
- Schutzbedürftigkeit, 390 N 2 ff.
- Schwächezustand, 390 N 2 ff.
- umfassende Beistandschaft, 398
- Vermögensbegriff, 394/395 N 3
- Vermögensverwaltung, 394/395 N 3 f.; s.a. VBVV
- Vertretungsbeistandschaft, 394/395 N 1 ff.
- Vertretungsmacht, 393 N 5; 394/395 N 1 ff.
- vorübergehende Urteilsunfähigkeit, 390 N 4
- Wohnung, 391 N 3 f.

Berichterstattung
- Inhalt und Form, 411 N 5 ff.
- Zweck, 411 N 3 f.

Berichts-/Rechnungsprüfung durch KESB
- Delegation von Prüfungsaufgaben, 415 N 3
- inhaltliche Mindestanforderungen, 415 N 1
- Pendenzenkontrolle, 415 N 1 f.
- Prüfungsergebnis und Massnahmen, 415 N 4 f.

Berücksichtigung persönlicher Verhältnisse, VBVV 2 N 13
Berufliche Vorsorge, VBVV 6 N 18 f.
Berufsbeistand, 400 N 4
Berufsbeistandschaft, 400 N 5
- keine Vorgaben des Bundes, 440 N 3
- Zusammenarbeit mit KESB, 440 N 9 f

Beschränkung des Verfügungsrechts der betroffenen Person
- Aufbewahrung von Wertsachen, VBVV 4 N 12

Beschwerde
- allgemein, 450 N 2 ff., 14 f.
- aufschiebende Wirkung, 450; 450c N 2 ff.; 450e N 5
- Befugnis
  - allgemein, 450 N 9 ff., 11
  - Gemeinwesen, 450 N 10 ff., 13 a ff.
- gegen Beistand, 419 N 1 ff.

- Eintreten, 450a N 2 a
- Entscheide Arzt, Einrichtung, 442 N 13
- Form, 450 N 14; 450e N 4 ff.
- freie Kognition, 450a N 3
- Frist, 450b N 1 ff.
- Noven, 450a N 3 a; 450f N 8 c
- Objekte
  - Anfechtung, 450 N 8 ff.
  - FU, 450e N 3 ff.
- wegen Rechtsverletzung, 450a N 4 f.
- wegen Rechtsverweigerung/Rechtsverzögerung, 450a N 7 ff.; 450b N 9
- Rügeprinzip, 450 N 14 a; 450a N 2
- wegen Sachverhaltsfeststellung, 450a N 5
- Spezialgericht FU, 442 N 13
- wegen Unangemessenheit, 450a N 6 ff.
- Zwischenentscheidungen, 450 N 8 c ff.

Beschwerdebefugnis
- allgemein, 444 N 9; 450a N 9 ff.
- von Dritten, 450 N 13
- Form, 450e N 4
- bei FU, 450 N 2; 450e N 1 ff.
- der Gemeinde, 450 N 10

Beschwerdegründe
- allgemein, 450e N 7 f.
- FU bei psychischen Störungen, 450a N 4
- Rechtsverletzung, 450a N 7
- Rechtsverweigerung, 450a N 7
- Rechtsverzögerung, 450a N 5
- Sachverhaltsfeststellung, 450a N 6

Beschwerdeinstanz (Gericht)
- Anforderungen an ein Gericht, 441 N 1

Beschwerdeobjekt
- allgemein, 450 N 8
- Entlassung, 450e N 6
- FU, 450 N 2; 450e N 1 ff.
- vorsorgliche Massnahmen, 445 N 10; 450 N 8
- Zwischenentscheide, 450 N 8–8 b

Beteiligte Personen, 450 N 9 a ff.
- Dritte, 450 N 13 ff.

Betrag zur freien Verfügung, 409 N 1 f.; VBVV 3 N 8; VBVV 9 N 43 ff.
- Aufbewahrung von Wertsachen, VBVV 4 N 13, 19

Betreibungsrechtliches Existenz-
minimum, VBVV 6 N 4
Betreuungsperson
- Dokumentationspflicht, VBVV 11 N 1 ff.
- Rechenschaftspflicht, VBVV 11 N 4 f.
- Verfügungsberechtigung,
  VBVV 9 N 36 ff.
Betreuungsportfolio, 405 N 2
Betreuungsvertrag, 382 N 1 ff.
- Anwendungsbereich, 382 N 2 ff.
- Inhalt, 382 N 3 ff.
- Rechtsstellung der vertretenen Person,
  382 N 8 ff.
- Schriftform, 382 N 4 ff.
- Stellvertretung, 382 N 6 ff.
- mit urteilsunfähigen Personen,
  382 N 5 ff.
- Vertretungsmacht, 382 N 7 ff.
- Wünsche der betroffenen Person,
  382 N 9 f.
Betriebs- bzw. Zahlungsverkehrskonto,
  VBVV 9 N 38
Betroffene Person
- Handlungsautonomie, VBVV 9 N 35
- Handlungsfähigkeit, VBVV 9 N 47 ff., 52
- Identität, VBVV 9 N 5
- Nachweis der Vertretungsbefugnis,
  VBVV 9 N 6
- Selbstbestimmungsrecht, VBVV 9 N 35
- Vertragspartei, VBVV 9 N 4 ff.
Bewegungseinschränkende Massnah-
  men, 383–385 N 1 ff.; 432 N 3; 433 N 7
- und andere Freiheitsbeschränkungen,
  383–385 N 3, 6 f.
- Anrufen Erwachsenenschutzbehörde,
  383–385 N 14
- Begriff, 383–385 N 5
- und disziplinarische Interessen,
  383–385 N 2, 8
- Einsichtsrecht Vertreterin,
  383–385 N 13
- und FU, 438 N 3
- Information der betroffenen Person,
  383–385 N 12
- Informationsrecht Vertreterin,
  383–385 N 13
- und medizinische Massnahmen,
  383–385 N 7; 427 N 1 ff.

- Normzweck, 383–385 N 1 ff.
- und Ordnungsinteressen, 383–385 N 2
- und pädagogische Interessen,
  383–385 N 2, 8
- und persönliche Freiheit, 383–385 N 1
- und Persönlichkeitsschutz,
  383–385 N 1; 386 N 1 ff.
- Protokollierung, 383–385 N 13
- und Schutzinteressen, 383–385 N 2
- und Unterbringung, 383–385 N 6
- gegenüber urteilsfähigen Personen,
  383–385 N 4
- gegenüber urteilsunfähigen Personen,
  383–385 N 4
- Verhältnismässigkeit, 383–385 N 10
- und Vertrauensperson, 438 N 2a
- Voraussetzungen, 383–385 N 10 ff.
- Zuständigkeit Beschwerden, 442 N 11
- Zweck, 383–385 N 11
Bewegungseinschränkung,
  383–385 N 1 ff.; s.a. *Bewegungseinschränkende Massnahmen*
Beweiswürdigung
- antizipierte, 446 N 5c
Bewilligung der Anlagen
- Anlage für weitergehende Bedürfnisse,
  VBVV 7 N 6
- in selbstgenutzte und andere wert-
  beständige Grundstücke,
  VBVV 6 N 25 ff.
- KESB, VBVV 6 N 20 ff.
- Neuanlage von Wertschriften,
  VBVV 6 N 31 ff.
- ordentliche Verwaltungshandlung,
  VBVV 6 N 30 ff.
- pfandgesicherte Forderungen,
  VBVV 6 N 28
- Wirkung, VBVV 6 N 21 ff.
Budget, VBVV 6 N 4
- ordentliche Ausgaben, VBVV 6 N 4
- ausserordentliche Ausgaben,
  VBVV 6 N 4
- betreibungsrechtliches Existenz-
  minimum, VBVV 6 N 4
- Einkommen, VBVV 6
- Mankosituation, VBVV 6 N 5
- Überschuss, VBVV 6 N 5
Bundesaufsicht, 400 N 15

D

Deckung kurzfristiger Bedürfnisse, Definition, VBVV 3 N 5 ff.
Depot- bzw. Hinterlegungsvertrag, VBVV 9 N 17
Digitale Kunst, Aufbewahrung, VBVV 4 N 5
Diversifikation, angemessene, VBVV 2 N 8 ff.
Diversifikationsgebot, VBVV 2 N 8 ff.
– Sorgfaltspflicht, VBVV 2 N 8
Diversifikationsprinzip, VBVV 7 N 9, 13
Dokumentationspflicht
– Inhalt und Umfang, VBVV 11 N 2 f.
– Rechenschaftspflicht, VBVV 11 N 4 f.
– VBVV, VBVV 11 N 1 ff.
Drittwirkung, 452 N 1 ff.
– Ausnahmen, 452 N 4 ff.
– keine Veröffentlichung der Massnahme, 452 N 3
– Schadenersatz, 452 N 6
– Schuldneravis, 452 N 5

E

Eigenes Handeln (KESB), 403 N 2
Einkommen, VBVV 1 N 19; VBVV 6 N 4
Einlagen in Einrichtungen der Säule 3a, VBVV 7 N 22 ff.
Einschränkung
– der Bewegungsfreiheit, 383–385 N 1 ff.
Einwilligung als Rechtfertigungsgrund einer medizinischen Behandlung, 377/378 N 3
Einzelzuständigkeit
– allgemein, 440 N 10 ff.
– Gesetz im formellen Sinn, 440 N 10a
– Umsetzung in den Kantonen, 440 N 10b ff.
– Zurückhaltung, 440 N 10a
Einzelzuständigkeit für vorsorgliche Massnahmen, 445 N 9
Ende der Beistandschaft
– durch Beschluss der KESB, 399 N 3 f.
– von Gesetzes wegen, 399 N 1 f.
Ende des Amtes des Beistandes
– Beendigungsgründe, 421–425 N 2 ff.
– Berufsbeistand, Sonderregeln, 421–425 N 4 ff.

– Schlussrechnung und -bericht, 421–425 N 9
– Verfahren, 421–425 N 1
– Weiterführungspflicht, 421–425 N 2, 8
Entschädigung der Vertrauensperson, 370 N 13
Entschädigung des Beistandes
– Anspruch, 404 N 1
– Ausführungsbestimmungen Kantone, 404 N 5
– Bemessung, 404 N 5
– Berufsbeistand, 404 N 2
– Privatbeistand, 404 N 1 f.
Ersatzbeistand, 403 N 1
Ersatzbeistandschaft, 403 N 1
Erwachsenenschutzbehörde, 440 N 4 ff.; *s.a. Kindes- und Erwachsenenschutzbehörde (KESB)*

F

Fachbehörde, 440 N 4 ff.
Fachgericht, 440 N 6
Fachkompetenz, 400 N 10
Festverzinsliche Obligationen, VBVV 6 N 10
FINMA, VBVV 3 N 14
Fondsleitung, VBVV 9 N 11
Freibeweis, 446 N 5c
Führung der Beistandschaft
– Abschluss von Rechtsgeschäften, 408 N 4
– Aushändigen einer Berichtskopie, 411 N 14
– Beizug zu Berichterstattung, 411 N 12 f.
– Berichterstattung, 411 N 1 ff.
– Bestimmungen für Angehörige, 420 N 1 ff.
– Beträge zur freien Verfügung, 409 N 1 f.
– Bezahlung von Schulden, 408 N 7
– Entgegennahme von Leistungen, 408 N 6
– Erläuterung der Rechnung, 410 N 3
– Informationsanspruch Dritter, 412 N 7 ff.
– Interessenwahrung, 406 N 2
– Inventarpflicht, 405 N 1, 3
– Linderung des Schwächezustands, 406 N 6
– öffentliches Inventar, 405 N 8

- persönliche Kontaktaufnahme, 405 N 2
- Rechnungsführung/Ablage, 410 N 1 f.
- Selbstbestimmung, 406 N 3
- Sorgfaltspflicht Beistand, 413 N 1 ff.
- verbotene Geschäfte, 412 N 1 ff.
- Vermögensinventar, 405 N 5
- Vermögensverwaltung, 408 N 1 ff.
- Verordnung des Bundesrates, 408 N 11 ff.
- Verschwiegenheitspflicht Beistand, 413 N 5 f.
- Vertrauensverhältnis, 406 N 4 f.
- Vertretung für die laufenden Bedürfnisse, 408 N 8

Fürsorgerische Unterbringung (FU), 426 N 1 ff.; 447 N 9; 450e N 1 ff.
- ambulante Zwangsmassnahmen, 437 N 4
- ambulante Zwangsmedikation, 437 N 4
- und andere behördliche Massnahmen, 426 N 2
- und Aufnahmepflicht, 426 N 12a
- Austrittsgespräch, 436 N 1 ff.
- Belastung Dritter, 426 N 8
- Beschleunigungsgebot, 426 N 17
- Beschränkung Bewegungsfreiheit, 426 N 2; 438 N 1 ff.
- Beschwerdeweg, 439 N 1 ff.
- Definition, 426 N 14a
- Entlassung, 426 N 15 ff.
- und geeignete Einrichtung, 426 N 11 f, gegenüber Schwangeren, 426 N 9
- hoheitlicher ärztlicher Entscheid, 427 N 5
- im weiteren/engeren Sinne, 426 N 14
- Kinder, 426 N 5
- Klagelegitimation, 439 N 2
- medizinische Behandlung, 426 N 14a; 433 N 1 ff.
- Nachbetreuung, 437 N 1 ff.
- Nachgespräch, 436 N 2
- nahestehende Personen, 426 N 16; 439 N 2
- örtliche Zuständigkeit bei ärztlicher Unterbringung, 442 N 12
- periodische Überprüfung, 431 N 1 ff.
- polizeiliche Massnahmen, 426 N 3, 8
- Schutzbedürftigkeit, 426 N 6 ff.
- Schwächezustand, 426 N 6 ff.
- schwere Verwahrlosung, 426 N 6
- und Strafrecht, 426 N 3
- Überprüfungsrhythmus, 431 N 3
- Urlaub, 426 N 16b
- Urteilsfähigkeit, 426 N 5; 427 N 3; 432 N 3; 433 N 7
- Verhältnismässigkeit, 426 N 10
- Vertrauensperson, 432 N 1 ff.; 433 N 6
- vollstreckbarer Unterbringungsentscheid, 427 N 5
- Voraussetzungen, 426 N 5 ff.
- als vorsorgliche Massnahme, 445 N 1 ff.
- Zurückbehaltung freiwillig Eingetretener, 427 N 1 ff.
- Zuständigkeit, 427 N 1 ff.; 428 N 1 ff.; 429/430 N 1 ff.
- Zweck, 426 N 4

G
Gefahr im Verzug
- Zuständigkeit am Aufenthaltsort, 442 N 7 f.
Gegenstände des alltäglichen Bedarfs
- Aufbewahrung, VBVV 4 N 4
Geldwäschereigesetz, VBVV 9 N 7
Gemeinde
- kein Beschwerderecht, 440 N 9f
gemischte Anlagefonds, VBVV 7 N 16 ff.
- Aktien, VBVV 7 N 19 f.
- Obligationen, VBVV 7 N 18 ff.
Genehmigungspflicht
- Allgemeine Geschäftsbedingungen, VBVV 9 N 24
- Ausnahme, VBVV 9 N 30 ff.
- Form der Genehmigung, VBVV 9 N 34
- konstituierende Wirkung, VBVV 9 N 28
- Verfahren der Genehmigung, VBVV 9 N 33
Gesellschaft mit guter Bonität, VBVV 7 N 7
Grundsatz des rechtlichen Gehörs, 450d N 3 ff.
Grundsätze der Vermögensanlage
- Berücksichtigung persönlicher Verhältnisse, VBVV 2 N 13
- Diversifikationsgebot, VBVV 2 N 8 ff.
- Liquiditätsplanung, VBVV 2 N 12
- Professionalität, VBVV 2 N 14 ff.
- Realwerterhaltung, VBVV 2 N 6 f.

- Sicherheit vor Rendite, VBVV 2 N 7
- Sorgfaltspflicht, VBVV 2 N 14ff.
- Vermögensverwalter, VBVV 2 N 15ff.
- Zwecksicherheit, VBVV 2 N 5ff.
Grundstücke, VBVV 6 N 13ff.
- Bewilligung der Anlagen,
  VBVV 6 N 25ff.
Gutachten, 446 N 7f.; 450e N 8ff., 14
- allgemein, 446 N 6ff
- FU, 450e N 8ff.

H

Haftung, 440 N 7a; 441 N 13
Handlungsautonomie der betroffenen
  Person, VBVV 9 N 35
Handlungsfähigkeit, 450 N 11;
  VBVV 9 N 47ff., 52
Haushaltskonto, VBVV 9 N 39

I

Inkrafttreten der VBVV, VBVV 12/13 N 2
Interdisziplinäre Zusammenarbeit, Herausforderung, 440 N 9f
Interdisziplinäre Zusammensetzung,
  Umsetzung in den Kantonen, 440 N 9d
Interdisziplinarität, 440 N 6f., 10; 441 N 7
Interesse der betroffenen Person, örtliche
  Zuständigkeit, 442 N 6
Interessenwahrung («Mündelwohl»),
  406 N 2
Inventar, VBVV 3 N 9
Inventaraufnahme
- «gewöhnliches» Inventar, 405 N 5f.
- Inhalt, 405 N 8ff.
- öffentliches Inventar, 405 N 8f.

K

Kantonalbank, VBVV 3 N 16; VBVV 6 N 8
Kindes- und Erwachsenenschutzbehörde
  (KESB), 442 N 4
- Anlagestrategie, VBVV 6 N 34
- Anordnungsbeschluss, VBVV 1 N 20
- Aufgaben, 440 N 4 f.
- Aufsichtsfunktion, VBVV 9 N 2
- Bewilligung der Anlagen,
  VBVV 6 N 20ff.; VBVV 7 N 6, 28ff.
- Einzelzuständigkeit, 440 N 10
- Einzugsgebiet, 440 N 9
- Fachbehörde, 440 N 4ff.

- Gemeinde, Bezirk, Kreis, Kanton,
  440 N 8
- genehmigungsbedürftige Verträge,
  VBVV 9 N 23ff.
- Gericht, 440 N 8, 9d
- interdisziplinäre Zusammensetzung,
  440 N 7
- Interdisziplinarität, 440 N 6f., 10;
  441 N 7
- kollegiale Zuständigkeit, 440 N 10f.
- mehrere KESB, 442 N 2
- Milizsystem, Gemeindedelegierter,
  440 N 7
- Mitglieder, 440 N 7f.
- Organisationsaufbau/-entwicklung,
  440 N 9f
- örtliche Zuständigkeit, 442 N 1ff.
- Pensum, 440 N 9d
- Personalunion, 440 N 5
- Professionalität, 440 N 6
- Regionalisierung, 440 N 9d
- Ressourcen, 440 N 9f
- Sachverstand, 440 N 7
- Sekretariat, 440 N 9d
- Spezialität, 440 N 7
- Spruchkörper (volatil oder konstant),
  440 N 9d
- Standards KOKES, 440 N 9
- Umsetzung in den Kantonen,
  440 N 9aff.
- Verwaltungsbehörde, 440 N 8
- Wahlorgan, 440 N 9d
- Zusammenarbeit mit Gemeinden,
  440 N 9f
- Zusammensetzung, 440 N 8f.
- Zuständigkeitsgebiete, 442 N 2
- Zustimmung bei Umwandlung in
  zulässige Anlagen, VBVV 8 N 7
- Zustimmung bei Verzicht auf Umwandlung von Anlagen, VBVV 8 N 9
Kindesschutzbehörde, 440 N 4 ff.
Kindesschutzmassnahmen
- Auskunftsrecht der Betreuungsperson,
  VBVV 10 N 5
Kindesvermögensverwaltungsbeistandschaft, VBVV 1 N 12
KOKES Konferenz der Kantone für
  Kindes- und Erwachsenenschutz
- Aufgabe, 441 N 10c

Kompetenzkonflikt
- innerkantonal, 444 N 7f.
- interkantonal, 444 N 10
- Meinungsaustausch, 444 N 6
- negativ, 444 N 7

Konkurrierende Handlungsbefugnis, VBVV 9 N 49

Konto
- bei einer Bank, VBVV 3 N 13ff.
- bei der Postfinance, VBVV 3 N 13

L

Laienbehörde, 440 N 6
Liquiditätsplanung, VBVV 2 N 12
- Vermögensanlage, VBVV 5 N 9

M

Massnahmen
- lebensverlängernde, 370 N 9
- medizinische, 370 N 7ff.; 377/378 N 4f.

Medizinische Behandlung
- ambulante Zwangsmassnahmen, 437 N 4
- ambulante Zwangsmedikation, 437 N 4
- ärztliche Aufklärungspflicht, 433–435 N 2, 5
- ärztlicher Heileingriff, 433–435 N 1ff.
- ausserhalb einer FU, 433–435 N 3
- Austrittsgespräch, 436 N 1ff.
- Behandlungsgrundsätze, 436 N 2
- Beschränkung der Bewegungsfreiheit, 438 N 1f.
- Beschwerdeweg, 439 N 1ff.
- best interest standard, 433–435 N 2
- Betreuung, 426 N 9a
- Chefarzt, 433–435 N 13
- Durchführung einer Zwangsbehandlung, 433–435 N 13
- Einwilligung, 433–435 N 2
- FU, 433–435 N 1ff.
- gesetzlicher Vertreter, 433–435 N 2f.
- hypothetischer Wille, 433–435 N 2
- Klagelegitimation, 439 N 2
- mutmasslicher Wille, 433–435 N 2
- Nachbetreuung, 437 N 1ff.
- Nachgespräch, 436 N 1
- Notfälle, 433–435 N 14ff.
- Persönlichkeitsverletzung, 433–435 N 2
- Selbstbestimmung, 433–435 N 4ff., 17
- substituted judgement standard, 433–435 N 2
- Urteilsfähigkeit/Urteilsunfähigkeit, 433–435 N 2f.
- urteilsunfähig bez. Behandlungsbedürftigkeit, 433–435 N 11
- Verhältnismässigkeit, 389 N 2ff.; 433–435 N 12
- Voraussetzungen Zwangsbehandlung, 433–435 N 9ff., 14ff.

Medizinische Massnahmen
- Begriff, 426 N 9a; 433–435 N 3a

Mehrfachbeistandschaft, 402 N 1f
Meinungsaustausch, 442 N 15
- unklare Zuständigkeit, 442 N 3

Melderechte/-pflichten, 443 N 1ff.
- bei Urteilsunfähigkeit des Auftraggebers, 360 N 9f.

Methodenkompetenz, 400 N 10
Milizbehörde, 550 N 7
Mitteilungspflichten, 449c N 1ff.

Mitwirkung der KESB
- Aufsichtsinstrumente, vor 415–418 N 1f.
- und Autonomieanspruch Beistand, vor 415–418 N 3
- Bedeutung, Anwendungsbereich, Verfahren, 416 N 1ff.
- Fehlen der Zustimmung, Wirkung, 418 N 1
- generelle Aufsichtspflicht, vor 415–418 N 1f.
- Zustimmung des Verbeiständeten, 416 N 7ff.
- zustimmungsbedürftige Geschäfte, 416 N 6, 11; 417 N 1ff.

Mitwirkung/Zustimmung des Verbeiständeten, 416 N 7ff.

Mitwirkungsbeistandschaft, VBVV 1 N 8, 23
- Auskunftsrecht der Betreuungsperson, VBVV 10 N 6

Mitwirkungspflichten, 448 N 1ff.
Moderner Sicherheitsbegriff, VBVV 2 N 2

Monitoring, VBVV 2 N 5
- Vermögensanlage, VBVV 8 N 6

Mündelsicherheit, VBVV 2 N 3

N
Nachbetreuung FU, örtliche Zuständigkeit, 442 N 1
Nachweis der Vertretungsbefungnis
– Anlage- und Aufbewahrungsverträge, VBVV 9 N 6
Nahestehende Person, 445 N 5; 450 N 12, 12ff.

O
Obligationen, VBVV 6 N 7; VBVV 7 N 7ff., 18ff.
– festverzinsliche, VBVV 6 N 10
Obligationenfonds, VBVV 7 N 14f.
Offizialgrundsatz, 446 N 2, 8
Örtliche Zuständigkeit, 442 N 8, 12f.
– am Aufenthaltsort, 442 N 7ff.
– am Heimatort, 442 N 10
– am Ort der Einrichtung, 442 N 11
– am Ort des Vermögens, 442 N 9
– am Wohnsitz, 442 N 5
– ärztliche FU, 442 N 12
– Benachrichtigung an Wohnsitzbehörde, 442 N 7
– Erwachsenenschutz, 442 N 1ff.
– Funktionalisierung Wohnsitzbegriff, 442 N 6
– Gefahr im Verzug, 442 N 7
– Interesse der betroffenen Person, 442 N 6
– internationales Recht, 442 N 14
– kantonales Recht, 442 N 1
– Kindesschutz, 442 N 1
– konkurrierende Zuständigkeit, 442 N 7
– mehrere KESB, 442 N 2f.
– Nachbetreuung FU, 442 N 1
– näherer Bezug zum Fall, 442 N 8
– Rechtsmittelverfahren, 442 N 1
– Übertragung Massnahme, 442 N 15f.
– unklare Zuständigkeit, 442 N 3f.
– Verantwortlichkeit (Haftung), 442 N 1

P
Parallele Handlungsbefugnis, VBVV 9 N 49
Patientenverfügung
– als absolut höchstpersönliches Recht, 370 N 6
– Aufklärung, 372 N 2
– Befristung, 372 N 9
– Behandlung ohne Zustimmung, 372 N 5
– Dokumentationspflicht, 372 N 10
– Einschreiten der Erwachsenenschutzbehörde, 373 N 1
– Ersatzverfügung, 370 N 14
– Feststellung der Wirksamkeit, 372 N 1
– Formvorschriften, 371 N 1f.
– FU, 372 N 5
– Hinterlegungsort, 371 N 3
– kantonale Gesundheitsgesetze, 370 N 3
– Notfallsituationen, 372 N 1
– Organspende, 370 N 10
– palliative Methoden, 370 N 9
– passive Sterbehilfe, 370 N 9
– psychische Erkrankung, 370 N 5
– Stempelaufdruck No-CPR, 371 N 2a
– Subsidiaritätsprinzip, 370 N 2
– Versichertenkarte, 371 N 3; 372 N 1
– Vertrauensperson, 370 N 11f.
– Verzicht auf eine Behandlung, 370 N 8f.
– Widerrechtlichkeit des Inhalts, 372 N 7; 373 N 1
– Widerruf, 371 N 5
– Willensmangel, 372 N 9; 373 N 1
– Zwangsernährung, 372 N 8
Pensum KESB, 440 N 9d
Periodische Überprüfung
– und Zuständigkeit, 431 N 2a
Personensorge
– für den Krankheitsfall, 370 N 7
– medizinische Aspekte, 377/378 N 4
Persönliche Anhörung, Persönlichkeitsrecht, 447 N 7
Persönliche Verhältnisse
– Umwandlung in zulässige Anlagen, VBVV 8 N 8
Persönliche Verhältnisse der betroffenen Person, VBVV 5 N 2ff.
– ältere Personen, VBVV 5
– junge Erwachsene, VBVV 5 N 2
– Kinder, VBVV 5 N 2
– Risikofähigkeit, VBVV 5 N 1
– Wille, VBVV 5 N 5
– zu verwaltendes Vermögen, VBVV 5 N 4
– Zwecksicherheit, VBVV 5 N 1
Persönlichkeitsschutz, 386 N 1ff.
– freie Arztwahl, 386 N 3
– Kontakt nach aussen, 386 N 3
– Norminhalt, 386 N 2ff.

Pfandgesicherte Forderungen mit wertbeständigem Pfand, VBVV 6 N 17
– Bewilligung der Anlagen, VBVV 6 N 28
Pflichtklientschaft, 406 N 5
Pikettdienst, 440 N 9d
Postfinance, VBVV 3 N 15
Privatbeistand, 400 N 6
Privatbeiständin, VBVV 1 N 14
Private Banking, VBVV 9 N 16
Private Vorsorge, VBVV 1 N 16
Professionalisierung, vor 400–404 N 2
– geltendes Recht, 440 N 1
– neues Recht, 440 N 6
Professionalität, 440 N 6
Professionelle Handlungskompetenz, 400 N 9

Q
Qualitätssicherung, 440 N 9f

R
Realwerterhaltung, VBVV 2 N 6
Rechenschaftspflicht
– VBVV, VBVV 11 N 4f.
Rechnungsführung
– Ablage, 410 N 1
– Aushändigung Kopie, 410 N 3f.
– Erläuterung, 410 N 3
Rechtsanwendung von Amtes wegen, 446 N 9
Rechtsanwendung von Amtes wegen, iura novit curia, 446 N 9
Rechtshängigkeit, 442 N 4
Rechtsmittel
– Beginn der Frist, 450b N 7b
– Belehrung, 450b N 6a
– devolutives, 450 N 6
– reformatorische Wirkung, 450 N 6a
– vollkommenes, 450 N 6; 450a N 1a
Rechtsmittelverfahren, 442 N 13
– örtliche Zuständigkeit, 442 N 1
Ressourcen (personelle), 440 N 9f
Retail Banking, VBVV 9 N 15
Risikofähigkeit, VBVV 5 N 1; VBVV 6 N 2

S
Sachverhaltsermittlung
– Delegation, 446 N 7ff.
Sachverhaltsfeststellung, 446 N 4, 5; 447 N 7
Sackgeldkonto
– Auskunftsrecht der Betreuungsperson, VBVV 10 N 14
– Verfügungsberechtigung der betroffenen Person, VBVV 9 N 45
Schrankfachvertrag, VBVV 9 N 17
Schutz
– der Persönlichkeit, 386 N 1ff.
Schwächezustand, 441 N 6
– und FU, 426 N 6ff.
Schweizerischer Pfandbrief, VBVV 6 N 11
Securities Lending, VBVV 6 N 12
Selbstbestimmungsrecht,
vor 400–404 N 2; 401 N 1; 406 N 3
– der betroffenen Person, VBVV 9 N 35
Selbstkompetenz, 400 N 13
Sicherheit vor Rendite, VBVV 2 N 7
Sistierung, 450d N 7
Sonderstellung Angehörige, 420 N 1ff.
Sorgfaltspflicht, 413 N 1f.; VBVV 2 N 8, 14ff.
Sozialhilfe
– und Unterstützungswohnsitz bei Heimaufenthalt, 442 N 6a
Sozialhilfebehörde, kein Beschwerderecht, 440 N 9f
Sozialkompetenz, 400 N 12
Spesenersatz Beistand, 404 N 1
statistische Datenerhebung
– Arbeiten der KOKES, 441 N 11b
– Aufgabe der Kantone, 441 N 4
Sterbehilfe, 372 N 7
Superprovisorische Anordnung
– dringliche vorsorgliche Massnahme, 445 N 9ff.

U
Übergangsbestimmung
– VBVV, VBVV 12/13 N 2
Übergangsrecht
– allgemein, SchlT 14a N 1ff.
– Verfahren, SchlT 14a N 1ff.
Übertragung Massnahme, 442 N 15f.
– Übergabefrist, 442 N 15
– Wechsel Mandatsträger, 442 N 16
Überweisung
– wegen Unzuständigkeit, 444 N 5a

Umfassende Beistandschaft, VBVV 1 N 7, 21
– Auskunftsrecht der Betreuungsperson, VBVV 10 N 4
Umwandlung von Anlagen
– Umwandlung in zulässige Anlagen, VBVV 8 N 1 ff.
– Verzicht auf Umwandlung, VBVV 8 N 9 f.
– Zustimmung der KESB, VBVV 8 N 7
Umwandlungspflicht
– unzulässige Anlagen, VBVV 8 N 3 ff.
– Verzicht auf Umwandlung, VBVV 8 N 9 f.
Unterstützungswohnsitz
– bei Heimaufenthalt, 442 N 6a
Untersuchungsgrundsatz
– uneingeschränkter, 446 N 2 ff.
Unzulässige Anlagen
– Anlagekategorien, VBVV 7 N 36 f.
– Monitoring, VBVV 8 N 6
– Umwandlungspflicht, VBVV 8 N 3 ff.
– Verzicht auf Umwandlung, VBVV 8 N 9 f.
Unzuständigkeit, 444 N 5
Urteilsfähigkeit, 450 N 11
– des Verfassers einer Patientenverfügung, 370 N 6

V
VBVV
– Adressat, VBVV 1 N 6 ff.
– Anlage bei besonders günstigen finanziellen Verhältnissen, VBVV 7 N 31 ff.
– Anlage für den gewöhnlichen Lebensunterhalt, VBVV 6 N 2 ff.
– Anlage für weitergehende Bedürfnisse, VBVV 7 N 2 ff.
– Anlagekategorien, VBVV 6 N 6 ff.
– Anlagestrategie, VBVV 6 N 3
– Anlageziel, VBVV 6 N 3
– Anwendungsbereich, VBVV 1 N 6 ff.
– Aufbewahrung von Wertsachen, VBVV 4 N 1 ff.
– Auskunftsrecht der Betreuungsperson, VBVV 10 N 3 ff.
– Auskunftsrecht der betroffenen Person, VBVV 10 N 8 f.
– Auskunftsrecht und Einsichtsrecht der KESB, VBVV 10 N 16 ff.
– Ausstellung und Aufbewahrung von Belegen, VBVV 10 N 1 f.
– Bank, VBVV 1 N 15; VBVV 3 N 13
– Bargeld, VBVV 3 N 3 ff.
– Begleitbeistandschaft, VBVV 1 N 10
– Budget, VBVV 6 N 4 ff.
– Diversifikationsprinzip, VBVV 7 N 9, 13
– Dokumentationspflicht, VBVV 11 N 1 f.
– gesetzliche Grundlage, VBVV 1 N 1 ff.
– Grundsätze der Vermögensanlage, VBVV 2 N 5 ff.
– Inkrafttreten, VBVV 1 N 1; VBVV 12/13 N 2
– Kindeschutzmassnahmen, VBVV 1 N 12
– Kindesvermögensverwaltungsbeistandschaft, VBVV 1 N 12
– Konformität der Vermögensanlagen, VBVV 8 N 1
– Liquiditätsplanung, VBVV 5 N 9
– Mitwirkungsbeistandschaft, VBVV 1 N 8
– moderner Sicherheitsbegriff, VBVV 2 N 2
– öffentliche Sammlung für gemeinnützige Zwecke, VBVV 1 N 25
– persönliche Verhältnisse der betroffenen Person, VBVV 5 N 1 ff.
– Privatbeiständin, VBVV 1 N 14
– private Vorsorge, VBVV 1 N 16
– Regelungsgegenstand, VBVV 1 N 4 ff.
– Risikofähigkeit, VBVV 6 N 2
– Schutz des Vermögens, VBVV 4 N 1
– Übergangsbestimmung, VBVV 12/13 N 2
– Überweisung von Bargeld, VBVV 3 N 1 ff.
– umfassende Beistandschaft, VBVV 1 N 7
– Umwandlung in zulässige Anlagen, VBVV 8 N 1 ff.
– unzulässige Anlagen, VBVV 7 N 36 f.
– Vermögensverwalter, VBVV 1 N 15
– Vermögenswerte, VBVV 1 N 17 ff.
– Verträge über die Anlage und Aufbewahrung von Vermögenswerten, VBVV 9 N 1 ff.

- Vertretungsbeistandschaft mit Vermögensverwaltung, VBVV 1 N 7
- Vormundschaft, VBVV 1 N 11
- Vorsorgebeauftragte, VBVV 1 N 16
- Wertgegenstand, VBVV 4 N 6
- Wertsachen, VBVV 4 N 1 ff.
- Wertschriften, VBVV 4 N 7
- wichtige Dokumente, VBVV 4 N 8

Verantwortlichkeit (Haftung)
- Aktivlegitimation, 454–456 N 6
- Aussen-/Innenverhältnis, 454–456 N 4
- Bemessung Genugtuung/Schadenersatz, 454–456 N 9
- Feststellungsklage, 454–456 N 13
- Fristberechnung/-stillstand, Unterbrechung, 454–456 N 10
- Genugtuung, 454–456 N 8
- Grundrechtsschutz, 454–456 N 4
- haftungsbegründendes Verhalten, 454–456 N 7
- Hilfspersonen, 454–456 N 12
- kantonales Recht, 454–456 N 2
- Kausalzusammenhang, 454–456 N 7
- Kindesvermögen, 454–456 N 5
- öffentliches Recht/Privatrecht, 454–456 N 2
- örtliche Zuständigkeit, 442 N 1
- Passivlegitimation, 454–456 N 6
- privatautonome Aufgaben des Beistandes, 454–456 N 5
- rechtstheoretische Einordnung, 454–456 N 2
- Rückgriff/Regress, 454–456 N 11
- sachlicher Anwendungsbereich, 454–456 N 3 ff.
- Schadenersatz, 454–456 N 8
- strafrechtliche/disziplinarische Verantwortlichkeit, 454–456 N 4
- Substitute, 454–456 N 12
- Verjährung, 454–456 N 10
- Vermögensschaden, 454–456 N 7
- Widerrechtlichkeit, 454–456 N 7
- Zweck, 454–456 N 1

Verfahren
- Beschleunigungsgebot, 450e N 14
- Beschwerde, Zweistufigkeit, 450 N 1 ff.; 450c N 3b, 4a, 12c
- Eröffnung, Mitteilung an Parteien, 442 N 4
- Fristen, Zustellungen, 450e N 4a; 450f N 9
- Grundsätze, Beschwerdeverfahren, 450 N 6b
- kantonale Verfahrensordnung, 450f N 3 ff.
- Öffentlichkeit, Ausschluss, 450f N 8c
- Protokollierung
  - allgemein, 450f N 9
  - Anhörung, 447 N 7f
- Rechtshängigkeit, 450f N 9

Verfahrensgrundsätze, 446 N 1
Verfahrensleitung, 446 N 7b; 450f N 9
Verfügungsberechtigung der Betreuungsperson
- Betriebs- bzw. Zahlungsverkehrskonto, VBVV 9 N 38
- Haushaltskonto, VBVV 9 N 39
- Mitteilung des Entscheids, VBVV 9 N 53
- Vier-Augen-Prinzip, VBVV 9 N 41

Verfügungsberechtigung der betroffenen Person, VBVV 9 N 43 ff.
- Betrag zur freien Verfügung, VBVV 9 N 43 ff.
- Grenzen der Beschränkung, VBVV 9 N 51 ff.
- konkurrierende Handlungsbefugnis, VBVV 9 N 49
- Mitteilung des Entscheids, VBVV 9 N 53
- parallele Handlungsbefugnis, VBVV 9 N 49
- Sackgeldkonto, VBVV 9 N 45
- Verfügungsberechtigung über Wertsachen, VBVV 9 N 46

Verfügungsberechtigung über Wertsachen, VBVV 9 N 46
Verhältnismässigkeit, Grundsatz der, 445 N 8
Vermögen, aktives, VBVV 1 N 18
Vermögensanlage
- Anlage für den gewöhnlichen Lebensunterhalt, VBVV 6 N 2 ff.
- Anlage für weitergehende Bedürfnisse, VBVV 7 N 2 ff.
- Anlagestrategie, VBVV 6 N 3
- Anlageziel, VBVV 6 N 3
- Berücksichtigung persönlicher Verhältnisse, VBVV 2 N 13

Vertretung Urteilsunfähiger durch Ehegatten/Partner 713

- Bewilligung von Anlagen,
  VBVV 7 N 28ff.
- Diversifikationsgebot, VBVV 2 N 8ff.
- Beizug einer Fachkraft, VBVV 2 N 16ff.
- Grundsätze, VBVV 2 N 5ff.
- Liquiditätsplanung, VBVV 2 N 12;
  VBVV 5 N 9
- Monitoring, VBVV 2 N 5; VBVV 8 N 6
- Mündelsicherheit, VBVV 2 N 3
- Professionalität, VBVV 2 N 14ff.
- Realwerterhaltung, VBVV 2 N 6f.
- Risikofähigkeit, VBVV 2 N 5
- Sorgfaltspflicht, VBVV 2 N 14ff.
- Umwandlungspflicht, VBVV 8 N 3ff.
- unzulässige Anlagen, VBVV 7 N 36f.;
  VBVV 8 N 3ff.
- Vermögensverwalter, VBVV 2 N 15ff.
- Zustimmung der KESB bei Umwandlung in zulässige Anlagen, VBVV 8 N 7
- Zustimmung der KESB bei Verzicht auf Umwandlung von Anlagen,
  VBVV 8 N 9
- Zwecksicherheit, VBVV 2 N 5ff.
Vermögensaufbewahrer, VBVV 9 N 12
Vermögensberatung, VBVV 9 N 16
Vermögensberatungsvertrag,
  VBVV 2 N 16
Vermögenssorge
- Bezahlung von Schulden, 408 N 6
- Vermögensverwaltung, 408 N 8f.;
  s.a. VBVV
- Verordnung Bundesrat, 408 N 10
- Vertretung für die laufenden Bedürfnisse, 408 N 7
Vermögensverwalter, VBVV 1 N 15;
  VBVV 2 N 15ff.; VBVV 9 N 13
Vermögensverwaltung
- Ergänzung des Mandats, VBVV 1 N 24
- Mitwirkungsbeistandschaft,
  VBVV 1 N 23
- Umfang, VBVV 1 N 20ff.
- umfassende Beistandschaft,
  VBVV 1 N 21
- Vertretungsbeistandschaft mit Vermögensverwaltung, VBVV 1 N 22
Vermögensverwaltungsvertrag,
  VBVV 2 N 16
Vermögenswerte
- Begriff, VBVV 1 N 17ff.

- Einkommen, VBVV 1 N 18
- neue, VBVV 1 N 24
- Vermögen, VBVV 1 N 19
Vernehmlassung, der Vorinstanz,
  450d N 1ff.
Verschwiegenheitspflicht/Schweigepflicht, 413 N 4ff.
- Akteneinsicht, 449b N 1ff.
- Amtshilfe, 448 N 6ff.
- und Auskunft über Massnahme,
  451 N 5
- Durchbrechungen, 451 N 3f.
- Melderechte/-pflichten, 443 N 1ff.
- umfassende Beistandschaft, 395 N 3ff.;
  398 N 4ff.; 451 N 1ff.
Versicherungen, VBVV 9 N 10
Verträge über die Anlage und Aufbewahrung von Vermögenswerten,
  VBVV 9 N 1ff.
Vertragsparteien bei der Anlage und Aufbewahrung von Vermögenswerten
- Bank, VBVV 9 N 8
- Betroffene Person, VBVV 9 N 4ff.
- Zweiseitige Verträge, VBVV 9 N 3
Vertrauensbeistand
- Berücksichtigung der Wünsche von Angehörigen, 401 N 2
- Selbstbestimmungsrecht, 401 N 1
Vertrauensverhältnis, 406 N 4; 411 N 6
Vertretung bei FU, 450e N 13ff.
Vertretung Urteilsunfähiger durch Ehegatten/Partner, 374 N 1ff.
- neben anderen Rechtsinstituten für Urteilsunfähige, 360 N 22; 363 N 18f.;
  374 N 2, 5
- und Auftragsrecht nach OR,
  375 N 1ff.
- ausserordentliche Verwaltung, Begriff,
  374 N 11
- ausserordentliche Verwaltung, Zustimmung der KESB, 374 N 13
- anstelle Beistandschaft, 374 N 3f.
- Einschreiten der KESB, 376 N 3f.
- Umfang, Inhalte, 374 N 7ff.
- Urkunde betr. Befugnisse, 376 N 1f.
- neben Vertretung nach Eherecht,
  374 N 4af.
- Voraussetzungen, 374 N 3, 6

Vertretungsbeistandschaft mit Vermögensverwaltung, VBVV 1 N 7, 22
– Auskunftsrecht der Betreuungsperson, VBVV 10 N 4
Vertretungsbeistandschaft Vermögensverwaltung, örtliche Zuständigkeit, 442 N 9
Vertretungsbeistandsschaft ohne Vermögensverwaltung
– Auskunftsrecht der Betreuungsperson, VBVV 10 N 7
Vertretungsberechtigung bei medizinischen Massnahmen
– allgemein, 377/378 N 1 ff.
– Aufklärungspflicht, 377/378 N 7
– und Behandlung einer psychischen Störung, 379/380 N 2 f.
– aufgrund behördlicher Anordnung, 377/378 N 15
– und Dringlichkeit der medizinischen Massnahme, 379/380 N 1
– aufgrund eigener Vorsorge, 377/378 N 14
– und Einschreiten der Erwachsenenschutzbehörde, 381 N 1 f.
– Leitplanken der Entscheidung, 377/378 N 12
– Partizipation des Patienten, 377/378 N 8
– Reihenfolge, 377/378 N 13 ff.
– Sonderregelungen in Spezialgesetzen, 379/380 N 4
– von Gesetzes wegen, 377/378 N 16
Verwaltungshandlung
– ausserordentliche, VBVV 7 N 29, 33
– ordentliche, VBVV 6 N 30 ff.
Verwandte als Beistand, 401 N 3
Verzicht auf Umwandlung, Zustimmung der KESB, VBVV 8 N 9
Vier-Augen-Prinzip
– Aufbewahrung von Wertsachen, VBVV 4 N 11
– Bargeld, VBVV 3 N 9
Vollstreckung, 450b N 7
– allgemein, 450g N 1
– direkte, 450g N 4
– ergänzende kantonale Vorschriften, 450g N 6
– Zwangsmassnahmen, 450g N 5

Vormundschaft, VBVV 1 N 11
– Auskunftsrecht der Betreuungsperson, VBVV 10 N 4
Vormundschaftsbehörde, 440 N 1
– altes Recht, 440 N 9e
Vormundschaftswesen, Organisation, 440 N 1
Vorschlagsrecht, Übertragung Massnahme, 442 N 16
Vorsorgeauftrag
– neben anderen Rechtsinstituten für Urteilsunfähige, 360 N 22; 363 N 18 ff.; 374 N 2, 5
– Anfragepflicht der KESB bei Zivilstandsamt, 363 N 1 f.
– Annahme, 363 N 21
– anstelle behördlicher Massnahmen, 360 N 3
– Auftraggeber
  – Handlungsfähigkeit bei Errichtung, 360 N 14 ff.; 363 N 6
  – Sorgebedürftigkeit als Wirksamkeitsvoraussetzung, 363 N 13 f.
  – Urteilsunfähigkeit als Wirksamkeitsvoraussetzung, 363 N 9 f., 15
– und Auftragsrecht nach OR, 365 N 2 ff., 7
– Auslegung, 364 N 1 f.
– Beendigung, 367 N 1 f.; 368 N 4; 369 N 1 ff.
– und eigene Vorsorge nach früherem Recht, 360 N 5 ff., 11
– Entschädigung, 366 N 1 ff.
– Erfüllung durch die vorsorgebeauftragte Person, 365 N 1 ff.
– Erfüllung, flankierende Massnahmen der KESB, 363 N 17; 368 N 1 ff.
– Ergänzung durch KESB, 364 N 3
– Formvorschriften, 361 N 2 ff.
  – Beurkundungsverfahren, 361 N 2
  – Zweck und Wirkung, 361 N 1, 4
– Gültigkeitsprüfung durch KESB, 363 N 6 f.
– Herausgabe an die KESB, 363 N 4 f.
– Inhalt
  – Aufgaben und Weisungen, 360 N 22 f.; 363 N 13, 23; 368 N 5
  – Bestimmung durch Generalklausel, 360 N 21, 23
  – Elemente einer Patientenverfügung, 360 N 26

- Minimalanforderungen, 360 N 21
- widerrechtlicher, 360 N 1 ff., 24; 363 N 20
- und internationales Privatrecht (IPR), 360 N 27
- Kündigung, 367 N 1 f.
- quantitative Prognose, 360 N 2
- Rechtsnatur, 365 N 1
- Registrierung beim Zivilstandsamt, 361 N 5; 362 N 5
- und Selbstbestimmungsanspruch, 360 N 1, 3, 16, 22; 363 N 17; 368 N 1
- und Selbstbindung, zulässige, 360 N 25
- Spesenersatz, 366 N 4
- und Stimm- und Wahlrechtsausschluss, 363 N 25
- Übergangsrecht, 360 N 7 ff.
- Validierungsentscheid der KESB, 363 N 22
- Verantwortlichkeit (Haftung) der KESB, 368 N 6
- Widerruf und Ergänzung, 362 N 4
- Widerruf, vollständiger/teilweiser, 362 N 1 ff.
- Widerrufsrecht, höchstpersönliches, 362 N 5
- Wirksamkeit, Meldung Zivilstandsamt, 363 N 25
- Wirksamkeit, Zeitpunkt, 363 N 10 ff.
- Wirksamkeitsprüfung durch KESB, 363 N 9 ff.

Vorsorgebeauftragte Person, VBVV 1 N 16
- allgemein, 445 N 3 ff.
- Eignung, 363 N 16 ff.
- Einzelzuständigkeit, 445 N 9
- Entlassung (Entzug der Befugnisse), 368 N 4
- Entschädigung, 366 N 1 ff.
- Erfüllung des Auftrags, 365 N 1 ff.
- Ersatzverfügungen, 360 N 19
- Interessenkollision, 365 N 8, 10
- Leistungsvereinbarung mit juristischer Person, 366 N 4
- mehrere Personen, 360 N 20
- natürliche oder juristische Person, 360 N 17
- superprovisorische Anordnung, 445 N 11
- Urkunde betr. Befugnisse, 363 N 23 f.
- Verantwortlichkeit (Haftung), 365 N 4
- Verschwiegenheitspflicht/Schweigepflicht, 365 N 5

Vorsorgliche Massnahmen, 450 N 8b
- ambulante Begutachtung, 445 N 8e
- aufschiebende Wirkung, 445 N 8g
- Begriff, 445 N 8
- Beschwerde, 445 N 10 ff.
- Entzug der Handlungsfähigkeit, 445 N 8a
- stationäre Begutachtung, 445 N 8f
- superprovisorische Anordnung, 445 N 9 ff.
- Verhältnismässigkeit, 445 N 8b
- Zuständigkeit, 445 N 7, 9

W

Wertgegenstand, Begriff, VBVV 4 N 6
Wertpapiere, nicht physisch ausgegebene, VBVV 4 N 5
Wertsachen
- Aufbewahrung von, VBVV 4 N 1 ff.
- Begriff, VBVV 4 N 4 ff.
- digitale, VBVV 4 N 17
- nicht physische, VBVV 4 N 5
- Ort der Aufbewahrung, VBVV 4 N 9, 9 ff.
- Schutz des Vermögens, VBVV 4 N 1
- Wertgegenstand, VBVV 4 N 6
- Wertgegenstände, VBVV 4 N 4
- Wertschriften, VBVV 4 N 4
- wichtige Dokumente, VBVV 4 N 4, 8

Wertschriften, Begriff, VBVV 4 N 7
Wichtige Dokumente
- Aufbewahrung, VBVV 4 N 8
- Begriff, VBVV 4 N 8

Wiedererwägung, 450d N 1 ff.
Wille der betroffenen Person, VBVV 5 N 5 ff.
- Vermögensminderung, VBVV 5 N 7
- Wünsche, VBVV 5 N 8

Wohnsitz
- abgeleiteter, 442 N 2
- Begründung am Ort der Einrichtung, 442 N 6
- Funktionalisierung, 442 N 6
- neues Erwachsenenschutzrecht, 442 N 5

- örtliche Zuständigkeit, 442 N 5
- Sitz der KESB, 442 N 2
- Wegzug, 442 N 15f.

Z

Zurückbehaltung
- und Entlassungsgesuch, 427 N 6
- und Fremdgefährdung, 427 N 4ff.
- hoheitlicher ärztlicher Entscheid, 427 N 5
- und medizinische Massnahmen, 427 N 4b
- Rekurs, 427 N 5
- vollstreckbarer Unterbringungsentscheid, 427 N 5

Zusammenarbeitspflicht, 453 N 1ff.
- Drittgefährdung, 453 N 2
- Mitteilungsrecht, 453 N 5ff.
- Normadressaten, 453 N 3
- Norminhalt, 453 N 1ff.
- Selbstgefährdung, 453 N 2

Zusendung von Konto-, Depot- oder Versicherungsauszügen an die KESB
- Bankgeheimnis, VBVV 10 N 23
- unaufgeforderte, VBVV 10 N 23ff.

Zuständigkeit
- örtliche, 442 N 1ff.; 444 N 2
- Prüfung von Amtes wegen, 444 N 4
- sachliche, 444 N 2ff.
  - KESB/Sozialhilfe, 440 N 9f
  - Sozialhilfe/Opferhilfe, 442 N 6a

Zwecksicherheit, VBVV 2 N 5ff.; VBVV 5 N 1

Zweigniederlassung, Bank, VBVV 3 N 17

Zweiseitige Verträge, Vertragspartei, VBVV 9 N 3

Zweite Säule, VBVV 6 N 18f.